民事案件案由
新释新解与适用指南

[上册]

司伟◎编著

MINSHI ANJIAN ANYOU
XINSHI XINJIE
YU
SHIYONG ZHINAN

中国法治出版社
CHINA LEGAL PUBLISHING HOUSE

图书在版编目（CIP）数据

民事案件案由新释新解与适用指南. 上册 / 司伟编著. -- 北京 : 中国法治出版社, 2025. 8. -- ISBN 978-7-5216-4564-4

Ⅰ. D925.105

中国国家版本馆 CIP 数据核字第 2024G2F450 号

策划编辑：戴　蕊　　责任编辑：周琼妮　　封面设计：杨鑫宇

民事案件案由新释新解与适用指南(上册)

MINSHI ANJIAN ANYOU XINSHI XINJIE YU SHIYONG ZHINAN(SHANGCE)

编著/司　伟

经销/新华书店

印刷/三河市国英印务有限公司

开本/710 毫米×1000 毫米　16 开　　印张/47.5　字数/828 千

版次/2025 年 8 月第 1 版　　2025 年 8 月第 1 次印刷

中国法治出版社出版

书号 ISBN 978-7-5216-4564-4　　定价：298.00 元(上、下册)

北京市西城区西便门西里甲 16 号西便门办公区

邮政编码：100053　　传真：010－63141600

网址：http://www.zgfzs.com　　编辑部电话：010－63141805

市场营销部电话：010－63141612　　印务部电话：010－63141607

(如有印装质量问题，请与本社印务部联系。)

前　言

民事案件案由是民事案件名称的重要组成部分，反映案件所涉及的民事法律关系的性质，是对诉讼争议所包含的法律关系进行的概括，是人民法院进行民事案件管理的重要手段。

自2000年最高人民法院印发《民事案件案由规定（试行）》以来，该规定已多次进行修改。为切实贯彻实施《民法典》，最高人民法院对《民事案件案由规定》再次进行了修改，新修改的规定自2021年1月1日起施行。多年过去了，其间，我国颁布了多部重要的民事法律、法规以及司法解释，当事人以及包括法官、律师在内的法律工作者将在实践中面对许多新类型纠纷，在此背景下，为了准确理解并正确适用最新修改的《民事案件案由规定》，我编写了《民事案件案由新释新解与适用指南》一书。

本书有以下几个突出特点：一是“新”。以最高人民法院最新的《民事案件案由规定》中确立的案由体系为框架，根据《民法典》和新修正的《民事诉讼法》以及最新的民法典相关司法解释等对案由进行了整理，并对案由下的法律依据进行了全面更新，包括了近几年新修订（修正）的《公司法》《反不正当竞争法》等重要法律法规，以及公司法、婚姻家庭、劳动争议等司法解释。二是“精”。本书对案由进行了简要但精炼的解释，对包括管辖在内的实践中适用案由需要注意的重要问题进行了说明，有助于读者全面了解该案由的含义，掌握适用中需要注意的基本问题。三是“全”。本书收录了每个案由在立案乃至审理时可能用到的常用法律条文，让读者通过使用本书就基本上能够了解、掌握某一类纠纷案件的全貌，不必为了查阅、了解相关知识而再去“翻箱倒柜”，从而有助于工作效率的提高。

总之，本书是一本适用于诉讼当事人、审判人员、律师、有关法律工作者和学习研究人员的非常有价值的工具书，能够为当事人明确诉讼请求、准确选择救济途径行使诉权提供指引，为广大审判人员、律师、有关法律工作者和学习研究人员准确定位纠纷适用的具体案由并正确适用法律提供帮助。本书的编辑、出版，得到了中国法治出版社的大力支持，特此感谢。由于时间仓促，书中的纰漏之处在所难免，敬请法律界同仁和各位读者批评指正。

司　伟

2025年8月

总目录

上　册

第一部分　人格权纠纷

第二部分　婚姻家庭、继承纠纷

第三部分　物权纠纷

第四部分　合同、准合同纠纷

第五部分　知识产权与竞争纠纷

第六部分　劳动争议、人事争议

下　册

第七部分　海事海商纠纷

第八部分　与公司、证券、保险、票据等有关的民事纠纷

第九部分　侵权责任纠纷

第十部分　非讼程序案件案由

第十一部分　特殊诉讼程序案件案由

目　录

（上册）

第一部分　人格权纠纷

一、人格权纠纷

第二部分　婚姻家庭、继承纠纷

二、婚姻家庭纠纷

三、继承纠纷

第三部分　物权纠纷

四、不动产登记纠纷

五、物权保护纠纷

六、所有权纠纷

七、用益物权纠纷

八、担保物权纠纷

九、占有保护纠纷

第四部分　合同、准合同纠纷

十、合同纠纷

十一、不当得利纠纷

十二、无因管理纠纷

第五部分　知识产权与竞争纠纷

十三、知识产权合同纠纷

十四、知识产权权属、侵权纠纷

十五、不正当竞争纠纷

十六、垄断纠纷

第六部分　劳动争议、人事争议

十七、劳动争议

十八、人事争议

第一部分　人格权纠纷

一、人格权纠纷

1. 生命权、身体权、健康权纠纷

案由解析

生命权是以公民的生命安全利益为客体的、独立的人格权。生命权为自然人专属享有。人的生命，始于出生，终于死亡，具有至高无上的人格价值。身体权是公民维护其身体完整并支配身体组织、器官、肢体的具体人格权。健康权是指公民享有的以其机体生理机能正常运作和功能完善发挥，并以其维持人体生命活动的利益为内容的人格权。生命权、身体权、健康权纠纷是指生命权、身体权、健康权因受到他人侵害而引起的民事争议。

生命权的主要特征是：(1) 生命权的客体是民事主体的生命安全。(2) 生命权的内容是维护人的生命活动延续。(3) 生命权的保护对象是人的生命活动能力。

身体权的主要特征是：(1) 身体权的客体是公民的身体，是公民身体完全、完整的利益。(2) 身体权体现在对自己身体组成部分的支配权。(3) 身体权是自然人的基本人格权。

健康权的主要特征是：(1) 健康权以人体的生理机能正常运作和功能的正常发挥为具体内容，但不是以人体的整体构造为客体。(2) 健康权以维持人体的正常生命活动为根本利益，但不是以人的生命安全和生命价值为客体。(3) 健康权保护的是自然人身体机能的正常发挥，使其运作、运动自主。

典型形态

在实践中，生命权、身体权、健康权纠纷主要有：

（1）生命权纠纷，是指因公民的生命安全利益受到侵害而引起的纠纷。

（2）身体权纠纷，是指因公民的身体完整性的侵害而引起的纠纷，包括形式上完整性的侵害和实质上完整性的侵害。前者如非法搜查身体、侵扰、冒犯性殴打；后者如破坏和强制利用身体组织和器官。

（3）健康权纠纷，是指因公民的人体机能完善性的破坏和功能发挥受到侵害而引起的纠纷。

常用法律条文及索引

《中华人民共和国民法典》（2020年5月28日公布　2021年1月1日施行）

第十三条　自然人从出生时起到死亡时止，具有民事权利能力，依法享有民事权利，承担民事义务。

第一百一十条第一款　自然人享有生命权、身体权、健康权、姓名权、肖像权、名誉权、荣誉权、隐私权、婚姻自主权等权利。

第一百一十二条　自然人因婚姻家庭关系等产生的人身权利受法律保护。

第九百九十条　人格权是民事主体享有的生命权、身体权、健康权、姓名权、名称权、肖像权、名誉权、荣誉权、隐私权等权利。

除前款规定的人格权外，自然人享有基于人身自由、人格尊严产生的其他人格权益。

第九百九十五条　人格权受到侵害的，受害人有权依照本法和其他法律的规定请求行为人承担民事责任。受害人的停止侵害、排除妨碍、消除危险、消除影响、恢复名誉、赔礼道歉请求权，不适用诉讼时效的规定。

第九百九十六条　因当事人一方的违约行为，损害对方人格权并造成严重精神损害，受损害方选择请求其承担违约责任的，不影响受损害方请求精神损害赔偿。

第一千条　行为人因侵害人格权承担消除影响、恢复名誉、赔礼道歉等民事责任的，应当与行为的具体方式和造成的影响范围相当。

行为人拒不承担前款规定的民事责任的，人民法院可以采取在报刊、网络等媒体上发布公告或者公布生效裁判文书等方式执行，产生的费用由行为人负担。

第一千零二条　自然人享有生命权。自然人的生命安全和生命尊严受法律保护。任何组织或者个人不得侵害他人的生命权。

第一千零三条　自然人享有身体权。自然人的身体完整和行动自由受法律保护。任何组织或者个人不得侵害他人的身体权。

第一千零四条　自然人享有健康权。自然人的身心健康受法律保护。任何组织或者个人不得侵害他人的健康权。

第一千零五条　自然人的生命权、身体权、健康权受到侵害或者处于其他危难情形的，负有法定救助义务的组织或者个人应当及时施救。

第一千零六条　完全民事行为能力人有权依法自主决定无偿捐献其人体细胞、人体组织、人体器官、遗体。任何组织或者个人不得强迫、欺骗、利诱其捐献。

完全民事行为能力人依据前款规定同意捐献的，应当采用书面形式，也可以订立遗嘱。

自然人生前未表示不同意捐献的，该自然人死亡后，其配偶、成年子女、父母可以共同决定捐献，决定捐献应当采用书面形式。

第一千零七条　禁止以任何形式买卖人体细胞、人体组织、人体器官、遗体。

违反前款规定的买卖行为无效。

第一千零八条　为研制新药、医疗器械或者发展新的预防和治疗方法，需要进行临床试验的，应当依法经相关主管部门批准并经伦理委员会审查同意，向受试者或者受试者的监护人告知试验目的、用途和可能产生的风险等详细情况，并经其书面同意。

进行临床试验的，不得向受试者收取试验费用。

第一千零九条　从事与人体基因、人体胚胎等有关的医学和科研活动，应当遵守法律、行政法规和国家有关规定，不得危害人体健康，不得违背伦理道德，不得损害公共利益。

第一千一百七十九条　侵害他人造成人身损害的，应当赔偿医疗费、护理费、交通费、营养费、住院伙食补助费等为治疗和康复支出的合理费用，以及因误工减少的收入。造成残疾的，还应当赔偿辅助器具费和残疾赔偿金；造成死亡的，还应当赔偿丧葬费和死亡赔偿金。

第一千一百八十三条　侵害自然人人身权益造成严重精神损害的，被侵权人有权请求精神损害赔偿。

因故意或者重大过失侵害自然人具有人身意义的特定物造成严重精神损害的，被侵权人有权请求精神损害赔偿。

《中华人民共和国妇女权益保障法》（2022年10月30日修订）

第十二条 国家保障妇女享有与男子平等的政治权利。

第二十一条 妇女的生命权、身体权、健康权不受侵犯。禁止虐待、遗弃、残害、买卖以及其他侵害女性生命健康权益的行为。

禁止进行非医学需要的胎儿性别鉴定和选择性别的人工终止妊娠。

医疗机构施行生育手术、特殊检查或者特殊治疗时，应当征得妇女本人同意；在妇女与其家属或者关系人意见不一致时，应当尊重妇女本人意愿。

《最高人民法院关于审理人身损害赔偿案件适用法律若干问题的解释》（法释〔2003〕20号 2022年2月15日修正）

第一条 因生命、身体、健康遭受侵害，赔偿权利人起诉请求赔偿义务人赔偿物质损害和精神损害的，人民法院应予受理。

本条所称“赔偿权利人”，是指因侵权行为或者其他致害原因直接遭受人身损害的受害人以及死亡受害人的近亲属。

本条所称“赔偿义务人”，是指因自己或者他人的侵权行为以及其他致害原因依法应当承担民事责任的自然人、法人或者非法人组织。

第二条 赔偿权利人起诉部分共同侵权人的，人民法院应当追加其他共同侵权人作为共同被告。赔偿权利人在诉讼中放弃对部分共同侵权人的诉讼请求的，其他共同侵权人对被放弃诉讼请求的被告应当承担的赔偿份额不承担连带责任。责任范围难以确定的，推定各共同侵权人承担同等责任。

人民法院应当将放弃诉讼请求的法律后果告知赔偿权利人，并将放弃诉讼请求的情况在法律文书中叙明。

第三条 依法应当参加工伤保险统筹的用人单位的劳动者，因工伤事故遭受人身损害，劳动者或者其近亲属向人民法院起诉请求用人单位承担民事赔偿责任的，告知其按《工伤保险条例》的规定处理。

因用人单位以外的第三人侵权造成劳动者人身损害，赔偿权利人请求第三人承担民事赔偿责任的，人民法院应予支持。

第四条 无偿提供劳务的帮工人，在从事帮工活动中致人损害的，被帮工人应当承担赔偿责任。被帮工人承担赔偿责任后向有故意或者重大过失的帮工人追偿的，人民法院应予支持。被帮工人明确拒绝帮工的，不承担赔偿责任。

第五条 无偿提供劳务的帮工人因帮工活动遭受人身损害的，根据帮工人和被帮工人各自的过错承担相应的责任；被帮工人明确拒绝帮工的，被帮工人不承担赔偿责任，但可以在受益范围内予以适当补偿。

帮工人在帮工活动中因第三人的行为遭受人身损害的，有权请求第三人承担赔偿责任，也有权请求被帮工人予以适当补偿。被帮工人补偿后，可以向第三人追偿。

第六条　医疗费根据医疗机构出具的医药费、住院费等收款凭证，结合病历和诊断证明等相关证据确定。赔偿义务人对治疗的必要性和合理性有异议的，应当承担相应的举证责任。

医疗费的赔偿数额，按照一审法庭辩论终结前实际发生的数额确定。器官功能恢复训练所必要的康复费、适当的整容费以及其他后续治疗费，赔偿权利人可以待实际发生后另行起诉。但根据医疗证明或者鉴定结论确定必然发生的费用，可以与已经发生的医疗费一并予以赔偿。

第七条　误工费根据受害人的误工时间和收入状况确定。

误工时间根据受害人接受治疗的医疗机构出具的证明确定。受害人因伤致残持续误工的，误工时间可以计算至定残日前一天。

受害人有固定收入的，误工费按照实际减少的收入计算。受害人无固定收入的，按照其最近三年的平均收入计算；受害人不能举证证明其最近三年的平均收入状况的，可以参照受诉法院所在地相同或者相近行业上一年度职工的平均工资计算。

第八条　护理费根据护理人员的收入状况和护理人数、护理期限确定。

护理人员有收入的，参照误工费的规定计算；护理人员没有收入或者雇佣护工的，参照当地护工从事同等级别护理的劳务报酬标准计算。护理人员原则上为一人，但医疗机构或者鉴定机构有明确意见的，可以参照确定护理人员人数。

护理期限应计算至受害人恢复生活自理能力时止。受害人因残疾不能恢复生活自理能力的，可以根据其年龄、健康状况等因素确定合理的护理期限，但最长不超过二十年。

受害人定残后的护理，应当根据其护理依赖程度并结合配制残疾辅助器具的情况确定护理级别。

第九条　交通费根据受害人及其必要的陪护人员因就医或者转院治疗实际发生的费用计算。交通费应当以正式票据为凭；有关凭据应当与就医地点、时间、人数、次数相符合。

第十条　住院伙食补助费可以参照当地国家机关一般工作人员的出差伙食补助标准予以确定。

受害人确有必要到外地治疗，因客观原因不能住院，受害人本人及其陪护人员实际发生的住宿费和伙食费，其合理部分应予赔偿。

第十一条 营养费根据受害人伤残情况参照医疗机构的意见确定。

第十二条 残疾赔偿金根据受害人丧失劳动能力程度或者伤残等级，按照受诉法院所在地上一年度城镇居民人均可支配收入标准，自定残之日起按二十年计算。但六十周岁以上的，年龄每增加一岁减少一年；七十五周岁以上的，按五年计算。

受害人因伤致残但实际收入没有减少，或者伤残等级较轻但造成职业妨害严重影响其劳动就业的，可以对残疾赔偿金作相应调整。

第十三条 残疾辅助器具费按照普通适用器具的合理费用标准计算。伤情有特殊需要的，可以参照辅助器具配制机构的意见确定相应的合理费用标准。

辅助器具的更换周期和赔偿期限参照配制机构的意见确定。

第十四条 丧葬费按照受诉法院所在地上一年度职工月平均工资标准，以六个月总额计算。

第十五条 死亡赔偿金按照受诉法院所在地上一年度城镇居民人均可支配收入标准，按二十年计算。但六十周岁以上的，年龄每增加一岁减少一年；七十五周岁以上的，按五年计算。

第十六条 被扶养人生活费计入残疾赔偿金或者死亡赔偿金。

第十七条 被扶养人生活费根据扶养人丧失劳动能力程度，按照受诉法院所在地上一年度城镇居民人均消费支出标准计算。被扶养人为未成年人的，计算至十八周岁；被扶养人无劳动能力又无其他生活来源的，计算二十年。但六十周岁以上的，年龄每增加一岁减少一年；七十五周岁以上的，按五年计算。

被扶养人是指受害人依法应当承担扶养义务的未成年人或者丧失劳动能力又无其他生活来源的成年近亲属。被扶养人还有其他扶养人的，赔偿义务人只赔偿受害人依法应当负担的部分。被扶养人有数人的，年赔偿总额累计不超过上一年度城镇居民人均消费支出额。

第十八条 赔偿权利人举证证明其住所地或者经常居住地城镇居民人均可支配收入高于受诉法院所在地标准的，残疾赔偿金或者死亡赔偿金可以按照其住所地或者经常居住地的相关标准计算。

被扶养人生活费的相关计算标准，依照前款原则确定。

第十九条 超过确定的护理期限、辅助器具费给付年限或者残疾赔偿金给付年限，赔偿权利人向人民法院起诉请求继续给付护理费、辅助器具费或者残疾赔偿金的，人民法院应予受理。赔偿权利人确需继续护理、配制辅助器具，或者没有劳动能力和生活来源的，人民法院应当判令赔偿义务人继续给付相关费用五至十年。

第二十条 赔偿义务人请求以定期金方式给付残疾赔偿金、辅助器具费的，应当提供相应的担保。人民法院可以根据赔偿义务人的给付能力和提供担保的情况，确定以定期金方式给付相关费用。但是，一审法庭辩论终结前已经发生的费用、死亡赔偿金以及精神损害抚慰金，应当一次性给付。

第二十一条 人民法院应当在法律文书中明确定期金的给付时间、方式以及每期给付标准。执行期间有关统计数据发生变化的，给付金额应当适时进行相应调整。

定期金按照赔偿权利人的实际生存年限给付，不受本解释有关赔偿期限的限制。

第二十二条 本解释所称“城镇居民人均可支配收入”“城镇居民人均消费支出”“职工平均工资”，按照政府统计部门公布的各省、自治区、直辖市以及经济特区和计划单列市上一年度相关统计数据确定。

“上一年度”，是指一审法庭辩论终结时的上一统计年度。

第二十三条 精神损害抚慰金适用《最高人民法院关于确定民事侵权精神损害赔偿责任若干问题的解释》予以确定。

第二十四条 本解释自2022年5月1日起施行。施行后发生的侵权行为引起的人身损害赔偿案件适用本解释。

本院以前发布的司法解释与本解释不一致的，以本解释为准。

《最高人民法院关于确定民事侵权精神损害赔偿责任若干问题的解释》
（法释〔2001〕7号 2020年12月23日修正）

第一条 因人身权益或者具有人身意义的特定物受到侵害，自然人或者其近亲属向人民法院提起诉讼请求精神损害赔偿的，人民法院应当依法予以受理。

第二条 非法使被监护人脱离监护，导致亲子关系或者近亲属间的亲属关系遭受严重损害，监护人向人民法院起诉请求赔偿精神损害的，人民法院应当依法予以受理。

第三条 死者的姓名、肖像、名誉、荣誉、隐私、遗体、遗骨等受到侵害，其近亲属向人民法院提起诉讼请求精神损害赔偿的，人民法院应当依法予以支持。

第四条 法人或者非法人组织以名誉权、荣誉权、名称权遭受侵害为由，向人民法院起诉请求精神损害赔偿的，人民法院不予支持。

第五条 精神损害的赔偿数额根据以下因素确定：

（一）侵权人的过错程度，但是法律另有规定的除外；

（二）侵权行为的目的、方式、场合等具体情节；

（三）侵权行为所造成的后果；

（四）侵权人的获利情况；

（五）侵权人承担责任的经济能力；

（六）受理诉讼法院所在地的平均生活水平。

适用本案由需要注意的问题

◆生命权、健康权、身体权纠纷案件的管辖，适用《民事诉讼法》第 29 条的规定，即由侵权行为地或者被告住所地人民法院管辖。根据《最高人民法院关于适用〈中华人民共和国民事诉讼法〉的解释》第 24 条的规定，侵权行为地包括侵权行为实施地、侵权结果发生地。

◆根据《民事诉讼法》第 30 条的规定，因铁路、公路、水上和航空事故请求损害赔偿提起的诉讼，由事故发生地或者车辆、船舶最先到达地、航空器最先降落地或者被告住所地人民法院管辖。根据《最高人民法院关于适用〈中华人民共和国民事诉讼法〉的解释》第 26 条的规定，因产品、服务质量不合格造成他人财产、人身损害提起的诉讼，产品制造地、产品销售地、服务提供地、侵权行为地和被告住所地人民法院都有管辖权。

◆在确定本案由时，尤其要注意其与第九部分“侵权责任纠纷”中具体案由的协调问题。在确定侵权责任纠纷具体案由时，应先适用根据《民法典》侵权责任编相关规定列出的具体案由。如铁路运输造成的人身损害责任纠纷，其案由应当适用第九部分“侵权责任纠纷”中“铁路运输损害责任纠纷”案由，而不应适用第一部分“人格权”中的“生命权、健康权、身体权纠纷”案由。

◆在适用本案由时，应根据具体侵害的人格权益来确定相应案由，不应直接将“生命权、健康权、身体权纠纷”案由全部引用。

2. 姓名权纠纷

案由解析

姓名权是公民决定、使用和依照法律规定改变自己姓名的权利。姓名是个体公民区别于其他公民的符号，是一个人的自身标志。姓名权的内容主要包括自我命名权、姓名使用权和改名权。

姓名权纠纷是指因干涉、盗用、假冒他人姓名，侵害公民姓名权而引起的纠纷。

姓名权的主要特征是：（1）姓名权的主体只能是自然人，法人不享有姓名权。只有自然人人格的文字标识才叫作姓名，因而只有自然人才享有姓名权。（2）姓名权的客体是自然人对自己人格的文字标识的专有权。姓名权的核心问题就是专有权，他人不得享有、使用，只能是权利人自己享有和使用。（3）姓名权的基本义务是不得非法干涉、使用他人的姓名。姓名权是绝对权、对世权，除了姓名权本人之外，任何人都是义务主体，都负有不得侵害其姓名权的义务。

典型形态

在实践中，姓名权纠纷主要有：

（1）干涉姓名权纠纷，是指因干涉他人对姓名的决定、使用和改变的权利而引发的纠纷。

（2）盗用姓名权纠纷，是指因未经他人同意私自盗用他人姓名而引发的纠纷。

（3）假冒姓名权纠纷，是指因冒用他人姓名，行为人完全以姓名人的身份从事活动而引发的纠纷。

（4）故意混同姓名权纠纷，是指使用可能与姓名权人的姓名混淆的姓名，造成与使用姓名权人的姓名有同样效果而引发的纠纷。

常用法律条文及索引

《中华人民共和国民法典》（2020 年 5 月 28 日公布　2021 年 1 月 1 日施行）

第一百一十条　自然人享有生命权、身体权、健康权、姓名权、肖像权、名誉权、荣誉权、隐私权、婚姻自主权等权利。

法人、非法人组织享有名称权、名誉权和荣誉权。

第一百一十二条　自然人因婚姻家庭关系等产生的人身权利受法律保护。

第一百八十五条　侵害英雄烈士等的姓名、肖像、名誉、荣誉，损害社会公共利益的，应当承担民事责任。

第九百九十三条　民事主体可以将自己的姓名、名称、肖像等许可他人使用，但是依照法律规定或者根据其性质不得许可的除外。

第九百九十四条 死者的姓名、肖像、名誉、荣誉、隐私、遗体等受到侵害的，其配偶、子女、父母有权依法请求行为人承担民事责任；死者没有配偶、子女且父母已经死亡的，其他近亲属有权依法请求行为人承担民事责任。

第九百九十五条 人格权受到侵害的，受害人有权依照本法和其他法律的规定请求行为人承担民事责任。受害人的停止侵害、排除妨碍、消除危险、消除影响、恢复名誉、赔礼道歉请求权，不适用诉讼时效的规定。

第九百九十九条 为公共利益实施新闻报道、舆论监督等行为的，可以合理使用民事主体的姓名、名称、肖像、个人信息等；使用不合理侵害民事主体人格权的，应当依法承担民事责任。

第一千零一十二条 自然人享有姓名权，有权依法决定、使用、变更或者许可他人使用自己的姓名，但是不得违背公序良俗。

第一千零一十三条 法人、非法人组织享有名称权，有权依法决定、使用、变更、转让或者许可他人使用自己的名称。

第一千零一十四条 任何组织或者个人不得以干涉、盗用、假冒等方式侵害他人的姓名权或者名称权。

第一千零一十五条 自然人应当随父姓或者母姓，但是有下列情形之一的，可以在父姓和母姓之外选取姓氏：

（一）选取其他直系长辈血亲的姓氏；

（二）因由法定扶养人以外的人扶养而选取扶养人姓氏；

（三）有不违背公序良俗的其他正当理由。

少数民族自然人的姓氏可以遵从本民族的文化传统和风俗习惯。

第一千零一十七条 具有一定社会知名度，被他人使用足以造成公众混淆的笔名、艺名、网名、译名、字号、姓名和名称的简称等，参照适用姓名权和名称权保护的有关规定。

第一千零二十三条 对姓名等的许可使用，参照适用肖像许可使用的有关规定。

对自然人声音的保护，参照适用肖像权保护的有关规定。

第一千零五十六条 夫妻双方都有各自使用自己姓名的权利。

《中华人民共和国英雄烈士保护法》（2018 年 5 月 1 日施行）

第二十二条 禁止歪曲、丑化、亵渎、否定英雄烈士事迹和精神。

英雄烈士的姓名、肖像、名誉、荣誉受法律保护。任何组织和个人不得在公共场所、互联网或者利用广播电视、电影、出版物等，以侮辱、诽谤或者其他方式侵害英雄烈士的姓名、肖像、名誉、荣誉。任何组织和个人不得将英雄烈士的姓名、肖像用于或者变相用于商标、商业广告，损害英雄烈士的名誉、荣誉。

公安、文化、新闻出版、广播电视、电影、网信、市场监督管理、负责英雄烈士保护工作的部门发现前款规定行为的，应当依法及时处理。

第二十三条 网信和电信、公安等有关部门在对网络信息进行依法监督管理工作中，发现发布或者传输以侮辱、诽谤或者其他方式侵害英雄烈士的姓名、肖像、名誉、荣誉的信息的，应当要求网络运营者停止传输，采取消除等处置措施和其他必要措施；对来源于中华人民共和国境外的上述信息，应当通知有关机构采取技术措施和其他必要措施阻断传播。

网络运营者发现其用户发布前款规定的信息的，应当立即停止传输该信息，采取消除等处置措施，防止信息扩散，保存有关记录，并向有关主管部门报告。网络运营者未采取停止传输、消除等处置措施的，依照《中华人民共和国网络安全法》的规定处罚。

第二十四条 任何组织和个人有权对侵害英雄烈士合法权益和其他违反本法规定的行为，向负责英雄烈士保护工作的部门、网信、公安等有关部门举报，接到举报的部门应当依法及时处理。

第二十五条 对侵害英雄烈士的姓名、肖像、名誉、荣誉的行为，英雄烈士的近亲属可以依法向人民法院提起诉讼。

英雄烈士没有近亲属或者近亲属不提起诉讼的，检察机关依法对侵害英雄烈士的姓名、肖像、名誉、荣誉，损害社会公共利益的行为向人民法院提起诉讼。

负责英雄烈士保护工作的部门和其他有关部门在履行职责过程中发现第一款规定的行为，需要检察机关提起诉讼的，应当向检察机关报告。

英雄烈士近亲属依照第一款规定提起诉讼的，法律援助机构应当依法提供法律援助服务。

第二十六条 以侮辱、诽谤或者其他方式侵害英雄烈士的姓名、肖像、名誉、荣誉，损害社会公共利益的，依法承担民事责任；构成违反治安管理行为的，由公安机关依法给予治安管理处罚；构成犯罪的，依法追究刑事责任。

《最高人民法院关于审理利用信息网络侵害人身权益民事纠纷案件适用法律若干问题的规定》（法释〔2014〕11号　2020年12月23日修正）

第一条 本规定所称的利用信息网络侵害人身权益民事纠纷案件，是指利用信息网络侵害他人姓名权、名称权、名誉权、荣誉权、肖像权、隐私权等人身权益引起的纠纷案件。

第二条 原告依据民法典第一千一百九十五条、第一千一百九十七条的规定起诉网络用户或者网络服务提供者的，人民法院应予受理。

原告仅起诉网络用户，网络用户请求追加涉嫌侵权的网络服务提供者为共同被告或者第三人的，人民法院应予准许。

原告仅起诉网络服务提供者，网络服务提供者请求追加可以确定的网络用户为共同被告或者第三人的，人民法院应予准许。

第三条 原告起诉网络服务提供者，网络服务提供者以涉嫌侵权的信息系网络用户发布为由抗辩的，人民法院可以根据原告的请求及案件的具体情况，责令网络服务提供者向人民法院提供能够确定涉嫌侵权的网络用户的姓名（名称）、联系方式、网络地址等信息。

网络服务提供者无正当理由拒不提供的，人民法院可以依据民事诉讼法第一百一十四条的规定对网络服务提供者采取处罚等措施。

原告根据网络服务提供者提供的信息请求追加网络用户为被告的，人民法院应予准许。

适用本案由需要注意的问题

◆姓名权纠纷案件的管辖，适用《民事诉讼法》第29条的规定，即由侵权行为地或者被告住所地人民法院管辖。根据《最高人民法院关于适用〈中华人民共和国民事诉讼法〉的解释》第24条的规定，侵权行为地包括侵权行为实施地、侵权结果发生地。

3. 名称权纠纷

案由解析

名称权是指法人、非法人组织依照法律规定决定、使用、变更、转让或者许可他人使用自己的名称的权利。

名称权纠纷是指法人、非法人组织的名称权被以非法干涉、盗用、假冒等方式侵害而引起的纠纷。

名称权的主要特征是：（1）名称权的客体是法人、非法人组织的名称。

（2）名称既包括商号，也包括其他名称或代号；既包括已注册登记的名称，也包括未经注册登记的名称。（3）名称可以变更或转让，变更已经登记的名称应依法办理变更登记。（4）名称可以许可他人使用，即法人、非法人组织可以许可其他法人、非法人组织在一定期限或范围内使用自己的名称。

典型形态

在实践中，名称权纠纷主要有：

（1）干涉名称权纠纷，是指因干涉法人、非法人组织对名称的决定、使用和改变的权利而引发的纠纷。

（2）盗用名称权纠纷，是指因未经法人、非法人组织同意私自盗用其名称而引发的纠纷。

（3）假冒名称权纠纷，是指因冒用法人、非法人组织名称，以其身份从事活动而引发的纠纷。

（4）故意混同名称权纠纷，是指使用可能造成与法人、非法人组织名称混淆的名称，误导他人而引发的纠纷。

常用法律条文及索引

《中华人民共和国民法典》（2020 年 5 月 28 日公布　2021 年 1 月 1 日施行）

第一千零一十三条　法人、非法人组织享有名称权，有权依法决定、使用、变更、转让或者许可他人使用自己的名称。

第一千零一十四条　任何组织或者个人不得以干涉、盗用、假冒等方式侵害他人的姓名权或者名称权。

第一千零一十六条　自然人决定、变更姓名，或者法人、非法人组织决定、变更、转让名称的，应当依法向有关机关办理登记手续，但是法律另有规定的除外。

民事主体变更姓名、名称的，变更前实施的民事法律行为对其具有法律约束力。

第一千零一十七条　具有一定社会知名度，被他人使用足以造成公众混淆的笔名、艺名、网名、译名、字号、姓名和名称的简称等，参照适用姓名权和名称权保护的有关规定。

适用本案由需要注意的问题

◆适用本案由注意区分其与“侵害企业名称（商号）权纠纷”之间的区

别与联系。若因为侵犯企业名称或商号，如仿冒、盗用、未经许可使用等发生的纠纷，适用“侵害企业名称（商号）权纠纷”；若因为侵犯企业以外的其他法人或非法人组织名称权纠纷，适用本案由。

4. 肖像权纠纷

案由解析

肖像权是指公民对自己的肖像享有再现、使用并排斥他人侵害的权利，是公民以在自己的肖像上所体现的利益为内容的具体人格权。

肖像权纠纷是指未经许可而使用他人肖像引起的纠纷。

肖像权的主要特征是：（1）肖像权是人格权，肖像权所体现的基本利益是精神利益。法律保护公民的肖像权，最主要的是维护公民的人格尊严，保护肖像权所体现的这种精神利益。（2）肖像权具有明显的物质利益，与其他人格权不同，肖像权是具有一定财产利益的人格权，公民的肖像具有美学价值，具有美学价值的肖像在市场经济条件下能够转化为财产利益。（3）肖像权是公民专有的民事权利。首先体现为形象再现的专有性，即公民享有是否允许他人再现自己形象的权利。其次体现为肖像使用的处分性，肖像使用权是权利人的权利，部分转让使用权，是权利人处分自己权利的行为。（4）肖像权的主体是特定的自然人，肖像反映的是自然人外貌的人格属性，只能为自然人所独有。

典型形态

在实践中，肖像权纠纷主要有：因使用公众人物的肖像引发的纠纷、侵犯死者的肖像权引发的纠纷、非法转让取得的他人肖像使用权引发的纠纷等。

常用法律条文及索引

《中华人民共和国民法典》（2020年5月28日公布　2021年1月1日施行）

第一百一十条第一款　自然人享有生命权、身体权、健康权、姓名权、肖像权、名誉权、荣誉权、隐私权、婚姻自主权等权利。

第一百八十五条　侵害英雄烈士等的姓名、肖像、名誉、荣誉，损害社会公共利益的，应当承担民事责任。

第九百九十三条 民事主体可以将自己的姓名、名称、肖像等许可他人使用，但是依照法律规定或者根据其性质不得许可的除外。

第九百九十四条 死者的姓名、肖像、名誉、荣誉、隐私、遗体等受到侵害的，其配偶、子女、父母有权依法请求行为人承担民事责任；死者没有配偶、子女且父母已经死亡的，其他近亲属有权依法请求行为人承担民事责任。

第九百九十五条 人格权受到侵害的，受害人有权依照本法和其他法律的规定请求行为人承担民事责任。受害人的停止侵害、排除妨碍、消除危险、消除影响、恢复名誉、赔礼道歉请求权，不适用诉讼时效的规定。

第九百九十九条 为公共利益实施新闻报道、舆论监督等行为的，可以合理使用民事主体的姓名、名称、肖像、个人信息等；使用不合理侵害民事主体人格权的，应当依法承担民事责任。

第一千条 行为人因侵害人格权承担消除影响、恢复名誉、赔礼道歉等民事责任的，应当与行为的具体方式和造成的影响范围相当。

行为人拒不承担前款规定的民事责任的，人民法院可以采取在报刊、网络等媒体上发布公告或者公布生效裁判文书等方式执行，产生的费用由行为人负担。

第一千零一十八条 自然人享有肖像权，有权依法制作、使用、公开或者许可他人使用自己的肖像。

肖像是通过影像、雕塑、绘画等方式在一定载体上所反映的特定自然人可以被识别的外部形象。

第一千零一十九条 任何组织或者个人不得以丑化、污损，或者利用信息技术手段伪造等方式侵害他人的肖像权。未经肖像权人同意，不得制作、使用、公开肖像权人的肖像，但是法律另有规定的除外。

未经肖像权人同意，肖像作品权利人不得以发表、复制、发行、出租、展览等方式使用或者公开肖像权人的肖像。

第一千零二十条 合理实施下列行为的，可以不经肖像权人同意：

（一）为个人学习、艺术欣赏、课堂教学或者科学研究，在必要范围内使用肖像权人已经公开的肖像；

（二）为实施新闻报道，不可避免地制作、使用、公开肖像权人的肖像；

（三）为依法履行职责，国家机关在必要范围内制作、使用、公开肖像权人的肖像；

（四）为展示特定公共环境，不可避免地制作、使用、公开肖像权人的肖像；

（五）为维护公共利益或者肖像权人合法权益，制作、使用、公开肖像权人的肖像的其他行为。

第一千零二十一条 当事人对肖像许可使用合同中关于肖像使用条款的理解有争议的，应当作出有利于肖像权人的解释。

第一千零二十二条 当事人对肖像许可使用期限没有约定或者约定不明确的，任何一方当事人可以随时解除肖像许可使用合同，但是应当在合理期限之前通知对方。

当事人对肖像许可使用期限有明确约定，肖像权人有正当理由的，可以解除肖像许可使用合同，但是应当在合理期限之前通知对方。因解除合同造成对方损失的，除不可归责于肖像权人的事由外，应当赔偿损失。

《中华人民共和国英雄烈士保护法》（2018 年 5 月 1 日施行）

第二十二条～第二十六条，见本书“2. 姓名权纠纷”案由相关部分。

《最高人民法院关于确定民事侵权精神损害赔偿责任若干问题的解释》（法释〔2001〕7 号　2020 年 12 月 23 日修正）

第一条～第五条，见本书“1. 生命权、身体权、健康权纠纷”案由相关部分。

《最高人民法院关于审理利用信息网络侵害人身权益民事纠纷案件适用法律若干问题的规定》（法释〔2014〕11 号　2020 年 12 月 23 日修正）

第一条～第三条，见本书“2. 姓名权纠纷”案由相关部分。

适用本案由需要注意的问题

◆肖像权纠纷案件的管辖，适用《民事诉讼法》第 29 条的规定，即由侵权行为地或者被告住所地人民法院管辖。根据《最高人民法院关于适用〈中华人民共和国民事诉讼法〉的解释》第 24 条的规定，侵权行为地包括侵权行为实施地、侵权结果发生地。

◆在确定本案由时，要注意区分其与人格权部分其他具体纠纷的协调，如人体肖像在肖像权之外，还涉及个人隐私权，涉及文化传统和风俗习惯，此时案由应以当事人的诉求选择来确定。

◆肖像是指通过绘画、照相、雕塑、录像、电影艺术等形式使公民外貌在物质载体上再现的物质形态。肖像权的内容包括：（1）肖像制作专有权。肖像权人有权根据自己的合法需要，通过任何形式制作自己的肖像，他人不得干涉，有权允许他人制作自己的肖像，也有权禁止他人非法制作自己的肖像。（2）肖像使用专有权。肖像权人享有对其肖像是否允许传播、展览、复制、用作广告或商标等的专有权。（3）不作为请求权。当他人非法制作、非法使用公民肖像的时候，肖像权人有权请求行为人停止侵害，任何人以营利为目的使用他人肖像，肖像权人都有权要求赔偿其财产利益的损失。

5. 声音保护纠纷

案由解析

声音属于个人的生物识别信息之一，声音保护纠纷是指因丑化、污损、泄露、篡改、伪造、向他人非法提供违反法律、行政法规的规定或者约定处理他人声音的行为而引起的纠纷。

典型形态

（1）以侮辱性的方式模仿、伪造或丑化、污损他人的声音而引发的纠纷。如对他人声音丑化或污损处理，违背公序良俗或违背了他人原有的使用意图而引发他人人格权贬损。

（2）未经同意擅自录制他人的声音或未经同意擅自公开他人的声音而引发的纠纷。如偷拍、偷录等方式使用或公开他人声音，侵犯他人权益。

（3）未经同意擅自使用（包括自行使用、许可或出售给他人使用）他人的声音而引发的纠纷。

常用法律条文及索引

《中华人民共和国民法典》（2020 年 5 月 28 日公布　2021 年 1 月 1 日施行）

第一千零二十三条　对姓名等的许可使用，参照适用肖像许可使用的有关规定。

对自然人声音的保护，参照适用肖像权保护的有关规定。

适用本案由需要注意的问题

◆《民法典》第 1023 条第 2 款规定“对自然人声音的保护，参照适用肖像权保护的有关规定”，依此，声音权益的主体为自然人。

◆声音保护的范畴应当是声音本身，不包括声音的内容或载体，声音的内容或载体应当通过隐私权、著作权等其他民事权利予以保护。声音需与特定的自然人建立起特定的联系，可以识别出特定个人，方具备一定的人格属性，进入法律的保护范畴。

6. 名誉权纠纷

案由解析

名誉权是指公民和法人就其自身属性和价值所获得的社会评价所享有的保有和维护的人格权。

名誉权纠纷是指侵害公民或者法人的名誉权而引起的纠纷。

名誉权的主要特征是：(1) 名誉权的主体包括公民和法人。名誉权专属于权利人本人，不能让与他人或由他人继承，他人也不得代位行使。名誉权只能由权利人自己享有和行使。(2) 名誉权的客体是名誉及其利益。(3) 名誉权保护的是自己的社会评价。名誉权的基本内容是保有和维护自己的社会评价。(4) 名誉权不具有财产性，作为名誉客体的名誉没有财产内容，不直接带来或表现为一定的财产利益，也不能用货币来计算其价值。但是在一定情况下，名誉与财产有间接联系，名誉的好坏往往能够影响财产的取得和丧失。

典型形态

在实践中，名誉权纠纷主要有：

(1) 公民名誉权纠纷，是指公民因名誉权受到侵害，向法院提起诉讼而引发的纠纷。

(2) 法人名誉权纠纷，是指因侵害法人名誉权而引发的纠纷。

常用法律条文及索引

《中华人民共和国民法典》(2020 年 5 月 28 日公布　2021 年 1 月 1 日施行)

第一百一十条第一款　自然人享有生命权、身体权、健康权、姓名权、肖像权、名誉权、荣誉权、隐私权、婚姻自主权等权利。

第一百八十五条　侵害英雄烈士等的姓名、肖像、名誉、荣誉，损害社会公共利益的，应当承担民事责任。

第九百九十四条　死者的姓名、肖像、名誉、荣誉、隐私、遗体等受到侵害的，其配偶、子女、父母有权依法请求行为人承担民事责任；死者没有配偶、子女且父母已经死亡的，其他近亲属有权依法请求行为人承担民事责任。

第九百九十五条　人格权受到侵害的，受害人有权依照本法和其他法律的规定请求行为人承担民事责任。受害人的停止侵害、排除妨碍、消除危险、消除影响、恢复名誉、赔礼道歉请求权，不适用诉讼时效的规定。

第一千零二十九条　民事主体可以依法查询自己的信用评价；发现信用评价不当的，有权提出异议并请求采取更正、删除等必要措施。信用评价人应当及时核查，经核查属实的，应当及时采取必要措施。

第一千零二十四条　民事主体享有名誉权。任何组织或者个人不得以侮辱、诽谤等方式侵害他人的名誉权。

名誉是对民事主体的品德、声望、才能、信用等的社会评价。

第一千零二十五条　行为人为公共利益实施新闻报道、舆论监督等行为，影响他人名誉的，不承担民事责任，但是有下列情形之一的除外：

（一）捏造、歪曲事实；

（二）对他人提供的严重失实内容未尽到合理核实义务；

（三）使用侮辱性言辞等贬损他人名誉。

第一千零二十六条　认定行为人是否尽到前条第二项规定的合理核实义务，应当考虑下列因素：

（一）内容来源的可信度；

（二）对明显可能引发争议的内容是否进行了必要的调查；

（三）内容的时限性；

（四）内容与公序良俗的关联性；

（五）受害人名誉受贬损的可能性；

（六）核实能力和核实成本。

第一千零二十七条　行为人发表的文学、艺术作品以真人真事或者特定人为描述对象，含有侮辱、诽谤内容，侵害他人名誉权的，受害人有权依法请求该行为人承担民事责任。

行为人发表的文学、艺术作品不以特定人为描述对象，仅其中的情节与该特定人的情况相似的，不承担民事责任。

第一千零二十八条　民事主体有证据证明报刊、网络等媒体报道的内容失实，侵害其名誉权的，有权请求该媒体及时采取更正或者删除等必要措施。

第一千零二十九条　民事主体可以依法查询自己的信用评价；发现信用评价不当的，有权提出异议并请求采取更正、删除等必要措施。信用评价人应当及时核查，经核查属实的，应当及时采取必要措施。

第一千零三十条　民事主体与征信机构等信用信息处理者之间的关系，适用本编有关个人信息保护的规定和其他法律、行政法规的有关规定。

《中华人民共和国英雄烈士保护法》（2018年5月1日施行）

第二十二条～第二十六条，见本书“2. 姓名权纠纷”案由相关部分。

《最高人民法院关于确定民事侵权精神损害赔偿责任若干问题的解释》（法释〔2001〕7号　2020年12月23日修正）

第一条～第五条，见本书“1. 生命权、身体权、健康权纠纷”案由相关部分。

《最高人民法院关于审理利用信息网络侵害人身权益民事纠纷案件适用法律若干问题的规定》（法释〔2014〕11号　2020年12月23日修正）

第一条～第三条，见本书“2. 姓名权纠纷”案由相关部分。

适用本案由需要注意的问题

◆名誉权纠纷案件的管辖，适用《民事诉讼法》第29条的规定，即由侵权行为地或者被告住所地人民法院管辖。根据《最高人民法院关于适用〈中华人民共和国民事诉讼法〉的解释》第24条的规定，侵权行为地包括侵权行为实施地、侵权结果发生地。

◆在确定本案由时，尤其要注意区分其与荣誉权纠纷的不同。荣誉的客体内容是对作出突出贡献的公民、法人的一种褒扬和嘉奖，而名誉是社会对每一个公民、法人的品德、才干，以及其他素质等各方面因素的综合评价。

◆死者的名誉是指死者根据其生前的特征而获得的社会评价。自然人死亡后已不具有民事主体资格，自然不具有民事权利。但名誉是社会对人的评价，不会因人的死亡而立即消失。保护死者的名誉既保护死者近亲属的权益，也符合社会公共利益的需要。当死者名誉受损害时，其配偶、父母、子女、兄弟姐妹、祖父母、外祖父母、孙子女、外孙子女均有权向法院起诉。

7. 荣誉权纠纷

案由解析

荣誉权是指民事主体所享有的，因自己的突出贡献或特殊劳动成果而获得光荣称号或其他荣誉的权利。

荣誉权纠纷是指因侵害他人荣誉权而引起的纠纷。

荣誉权的主要特征是：（1）荣誉权具有严格的人身属性，与权利主体不可分离。它不可转让，也不受非法剥夺。（2）荣誉权没有财产的内容，即该权利并非财产权本身，但它却可能是公民或法人获取财富和从事民事活动的前提基础，因而成为民法的保护对象。（3）荣誉权具有绝对权的特点，其他不特定的任何人均负有不妨碍和不侵犯的义务，权利主体凭自己的行为就可以享有和实现自己的权利，而无须借助他人的积极协助。（4）荣誉权具有平等性的特点，任何人都可以获得荣誉称号并受到法律的保护。

典型形态

在实践中，荣誉权纠纷主要有：

（1）荣誉获得权纠纷，即民事主体在符合法定标准，而组织没有授予其荣誉时，向组织主张该应获得的荣誉引发的纠纷。

（2）荣誉保持权纠纷，即民事主体对获得的荣誉保持归己享有的权利受到侵害引发的纠纷。

（3）荣誉利用权纠纷，即民事主体利用其所获得的荣誉以获取利益的权利受到侵害引发的纠纷。

常用法律条文及索引

《中华人民共和国民法典》（2020年5月28日公布　2021年1月1日施行）

第一百一十条第一款　自然人享有生命权、身体权、健康权、姓名权、肖像权、名誉权、荣誉权、隐私权、婚姻自主权等权利。

第一百八十五条　侵害英雄烈士等的姓名、肖像、名誉、荣誉，损害社会公共利益的，应当承担民事责任。

第九百九十四条　死者的姓名、肖像、名誉、荣誉、隐私、遗体等受到侵害的，其配偶、子女、父母有权依法请求行为人承担民事责任；死者没有配偶、子女且父母已经死亡的，其他近亲属有权依法请求行为人承担民事责任。

第九百九十五条　人格权受到侵害的，受害人有权依照本法和其他法律的规定请求行为人承担民事责任。受害人的停止侵害、排除妨碍、消除危险、消除影响、恢复名誉、赔礼道歉请求权，不适用诉讼时效的规定。

第一千零三十一条　民事主体享有荣誉权。任何组织或者个人不得非法剥夺他人的荣誉称号，不得诋毁、贬损他人的荣誉。

获得的荣誉称号应当记载而没有记载的，民事主体可以请求记载；获得的荣誉称号记载错误的，民事主体可以请求更正。

《中华人民共和国英雄烈士保护法》（2018 年 5 月 1 日施行）

第二十二条～第二十六条，见本书“2. 姓名权纠纷”案由相关部分。

《中华人民共和国国家勋章和国家荣誉称号法》（2015 年 12 月 27 日公布 2016 年 1 月 1 日施行）

第十七条　国家勋章和国家荣誉称号获得者，应当珍视并保持国家给予的荣誉，模范地遵守宪法和法律，努力为人民服务，自觉维护国家勋章和国家荣誉称号的声誉。

第十八条　国家勋章和国家荣誉称号获得者因犯罪被依法判处刑罚或者有其他严重违法、违纪等行为，继续享有国家勋章、国家荣誉称号将会严重损害国家最高荣誉的声誉的，由全国人民代表大会常务委员会决定撤销其国家勋章、国家荣誉称号并予以公告。

《最高人民法院关于确定民事侵权精神损害赔偿责任若干问题的解释》（法释〔2001〕7 号　2020 年 12 月 23 日修正）

第一条～第五条，见本书“1. 生命权、身体权、健康权纠纷”案由相关部分。

《最高人民法院关于审理利用信息网络侵害人身权益民事纠纷案件适用法律若干问题的规定》（法释〔2014〕11 号　2020 年 12 月 23 日修正）

第一条～第三条，见本书“2. 姓名权纠纷”案由相关部分。

适用本案由需要注意的问题

◆荣誉权纠纷案件的管辖，适用《民事诉讼法》第 29 条的规定，即由侵权行为地或者被告住所地人民法院管辖。根据《最高人民法院关于适用〈中华人民共和国民事诉讼法〉的解释》第 24 条的规定，侵权行为地包括侵权行为实施地、侵权结果发生地。

◆在适用本案由时，要注意区分其与名誉权纠纷的不同。侵害公民的荣誉权的方式主要是否定、侵占、诋毁他人的荣誉或者非法剥夺他人的荣誉；而侵害公民名誉权的方式主要是侮辱和诽谤。

◆荣誉权的基本内容，包括精神性的人格利益和财产利益，这两个方面都是荣誉权的内容，法律都应当予以保护。就荣誉权中精神性的人格利益而言，其内容有荣誉保持权和精神利益支配权。前者即民事主体对获得荣誉保持归己享有的权利，后者即荣誉权人对其获得的荣誉中精神利益的自主支配权。荣誉权的财产利益包括物质利益获得权和物质利益支配权。

8. 隐私权、个人信息保护纠纷

（1）隐私权纠纷

（2）个人信息保护纠纷

案由解析

隐私权是指自然人享有的，对其个人的、与公共利益无关的个人信息，私人活动和私人领域进行支配，不受他人侵扰、知悉、使用、披露和公开的权利。个人信息是指以电子或其他方式记录的能够单独或者与其他信息结合识别特定自然人的各种信息，包括自然人的姓名、出生日期、身份证件号码、生物识别信息、住址、电话号码、电子邮箱、健康信息、行踪信息等。

隐私权、个人信息保护纠纷是指因侵害他人的隐私权、个人信息权益而引起的纠纷。

隐私权、个人信息权的主要特征是：（1）隐私权、个人信息权的主体只能是自然人。隐私权、个人信息权是公民个人的私权利，不包括法人。企业法人的秘密实际上是商业秘密。商业秘密保护的是企业经济利益，而隐私权保护的是自然人的人格利益。（2）隐私权的客体包括私人活动、个人信息和私人领域。私人活动属于动态的隐私，与社会公共利益无关的活动；个人信息属于无形的隐私，主要包括个人情况资料；私人领域又称为私人空间，是指个人的隐秘范围。（3）隐私权、个人信息权的保护应当受到公共利益的限制。隐私权所保护的范围应当是与公共利益无关的隐私部分。

典型形态

在实践中，隐私权、个人信息保护纠纷的典型形态主要有：

（1）隐私隐瞒权纠纷，是指公民享有的对个人隐私隐瞒的权利受到侵害引发的纠纷。

（2）隐私支配权纠纷，是指公民享有的对个人隐私任意支配的权利受到侵害引发的纠纷。

（3）隐私保护权纠纷，是指公民对于个人隐私所享有的维护其不可侵犯性权利受到侵害引发的纠纷。

（4）个人信息保护纠纷，是指因侵害他人的个人信息权益而引起的民事纠纷。

常用法律条文及索引

《中华人民共和国民法典》（2020 年 5 月 28 日公布　2021 年 1 月 1 日施行）

第一百一十条第一款　自然人享有生命权、身体权、健康权、姓名权、肖像权、名誉权、荣誉权、隐私权、婚姻自主权等权利。

第九百九十四条　死者的姓名、肖像、名誉、荣誉、隐私、遗体等受到侵害的，其配偶、子女、父母有权依法请求行为人承担民事责任；死者没有配偶、子女且父母已经死亡的，其他近亲属有权依法请求行为人承担民事责任。

第九百九十五条　人格权受到侵害的，受害人有权依照本法和其他法律的规定请求行为人承担民事责任。受害人的停止侵害、排除妨碍、消除危险、消除影响、恢复名誉、赔礼道歉请求权，不适用诉讼时效的规定。

第一千零三十二条　自然人享有隐私权。任何组织或者个人不得以刺探、侵扰、泄露、公开等方式侵害他人的隐私权。

隐私是自然人的私人生活安宁和不愿为他人知晓的私密空间、私密活动、私密信息。

第一千零三十三条　除法律另有规定或者权利人明确同意外，任何组织或者个人不得实施下列行为：

（一）以电话、短信、即时通讯工具、电子邮件、传单等方式侵扰他人的私人生活安宁；

（二）进入、拍摄、窥视他人的住宅、宾馆房间等私密空间；

（三）拍摄、窥视、窃听、公开他人的私密活动；

（四）拍摄、窥视他人身体的私密部位；

（五）处理他人的私密信息；

（六）以其他方式侵害他人的隐私权。

第一千零三十四条　自然人的个人信息受法律保护。

个人信息是以电子或者其他方式记录的能够单独或者与其他信息结合识别特定自然人的各种信息，包括自然人的姓名、出生日期、身份证件号码、生物识别信息、住址、电话号码、电子邮箱、健康信息、行踪信息等。

个人信息中的私密信息，适用有关隐私权的规定；没有规定的，适用有关个人信息保护的规定。

第一千零三十五条　处理个人信息的，应当遵循合法、正当、必要原则，不得过度处理，并符合下列条件：

（一）征得该自然人或者其监护人同意，但是法律、行政法规另有规定的除外；

（二）公开处理信息的规则；

（三）明示处理信息的目的、方式和范围；

（四）不违反法律、行政法规的规定和双方的约定。

个人信息的处理包括个人信息的收集、存储、使用、加工、传输、提供、公开等。

第一千零三十六条　处理个人信息，有下列情形之一的，行为人不承担民事责任：

（一）在该自然人或者其监护人同意的范围内合理实施的行为；

（二）合理处理该自然人自行公开的或者其他已经合法公开的信息，但是该自然人明确拒绝或者处理该信息侵害其重大利益的除外；

（三）为维护公共利益或者该自然人合法权益，合理实施的其他行为。

第一千零三十七条　自然人可以依法向信息处理者查阅或者复制其个人信息；发现信息有错误的，有权提出异议并请求及时采取更正等必要措施。

自然人发现信息处理者违反法律、行政法规的规定或者双方的约定处理其个人信息的，有权请求信息处理者及时删除。

第一千零三十八条　信息处理者不得泄露或者篡改其收集、存储的个人信息；未经自然人同意，不得向他人非法提供其个人信息，但是经过加工无法识别特定个人且不能复原的除外。

信息处理者应当采取技术措施和其他必要措施，确保其收集、存储的个人信息安全，防止信息泄露、篡改、丢失；发生或者可能发生个人信息泄露、篡改、丢失的，应当及时采取补救措施，按照规定告知自然人并向有关主管部门报告。

第一千零三十九条　国家机关、承担行政职能的法定机构及其工作人员对于履行职责过程中知悉的自然人的隐私和个人信息，应当予以保密，不得泄露或者向他人非法提供。

《中华人民共和国基本医疗卫生与健康促进法》（2019年12月28日公布 2020年6月1日施行）

第三十三条第一款　公民接受医疗卫生服务，应当受到尊重。医疗卫生机构、医疗卫生人员应当关心爱护、平等对待患者，尊重患者人格尊严，保护患者隐私。

第九十二条　国家保护公民个人健康信息，确保公民个人健康信息安全。任何组织或者个人不得非法收集、使用、加工、传输公民个人健康信息，不得非法买卖、提供或者公开公民个人健康信息。

《中华人民共和国妇女权益保障法》（2022年10月30日修订）

第二十八条　妇女的姓名权、肖像权、名誉权、荣誉权、隐私权和个人信息等人格权益受法律保护。

媒体报道涉及妇女事件应当客观、适度，不得通过夸大事实、过度渲染等方式侵害妇女的人格权益。

禁止通过大众传播媒介或者其他方式贬低损害妇女人格。未经本人同意，不得通过广告、商标、展览橱窗、报纸、期刊、图书、音像制品、电子出版物、网络等形式使用妇女肖像，但法律另有规定的除外。

《中华人民共和国未成年人保护法》（2024年4月26日修正）

第四条　保护未成年人，应当坚持最有利于未成年人的原则。处理涉及未成年人事项，应当符合下列要求：

（一）给予未成年人特殊、优先保护；

（二）尊重未成年人人格尊严；

（三）保护未成年人隐私权和个人信息；

（四）适应未成年人身心健康发展的规律和特点；

（五）听取未成年人的意见；

（六）保护与教育相结合。

第四十九条　新闻媒体应当加强未成年人保护方面的宣传，对侵犯未成年人合法权益的行为进行舆论监督。新闻媒体采访报道涉及未成年人事件应当客观、审慎和适度，不得侵犯未成年人的名誉、隐私和其他合法权益。

第六十三条 任何组织或者个人不得隐匿、毁弃、非法删除未成年人的信件、日记、电子邮件或者其他网络通讯内容。

除下列情形外，任何组织或者个人不得开拆、查阅未成年人的信件、日记、电子邮件或者其他网络通讯内容：

（一）无民事行为能力未成年人的父母或者其他监护人代未成年人开拆、查阅；

（二）因国家安全或者追查刑事犯罪依法进行检查；

（三）紧急情况下为了保护未成年人本人的人身安全。

第一百一十条 公安机关、人民检察院、人民法院讯问未成年犯罪嫌疑人、被告人，询问未成年被害人、证人，应当依法通知其法定代理人或者其成年亲属、所在学校的代表等合适成年人到场，并采取适当方式，在适当场所进行，保障未成年人的名誉权、隐私权和其他合法权益。

人民法院开庭审理涉及未成年人案件，未成年被害人、证人一般不出庭作证；必须出庭的，应当采取保护其隐私的技术手段和心理干预等保护措施。

《最高人民法院关于确定民事侵权精神损害赔偿责任若干问题的解释》（法释〔2001〕7号 2020年12月23日修正）

第一条～第五条，见本书“1. 生命权、身体权、健康权纠纷”案由相关部分。

《最高人民法院关于审理利用信息网络侵害人身权益民事纠纷案件适用法律若干问题的规定》（法释〔2014〕11号 2020年12月23日修正）

第一条 本规定所称的利用信息网络侵害人身权益民事纠纷案件，是指利用信息网络侵害他人姓名权、名称权、名誉权、荣誉权、肖像权、隐私权等人身权益引起的纠纷案件。

第二条 原告依据民法典第一千一百九十五条、第一千一百九十七条的规定起诉网络用户或者网络服务提供者的，人民法院应予受理。

原告仅起诉网络用户，网络用户请求追加涉嫌侵权的网络服务提供者为共同被告或者第三人的，人民法院应予准许。

原告仅起诉网络服务提供者，网络服务提供者请求追加可以确定的网络用户为共同被告或者第三人的，人民法院应予准许。

第三条 原告起诉网络服务提供者，网络服务提供者以涉嫌侵权的信息系网络用户发布为由抗辩的，人民法院可以根据原告的请求及案件的具体情况，责令网络服务提供者向人民法院提供能够确定涉嫌侵权的网络用户的姓名（名称）、联系方式、网络地址等信息。

网络服务提供者无正当理由拒不提供的，人民法院可以依据民事诉讼法第一百一十四条的规定对网络服务提供者采取处罚等措施。

原告根据网络服务提供者提供的信息请求追加网络用户为被告的，人民法院应予准许。

第七条　人民法院认定网络用户或者网络服务提供者转载网络信息行为的过错及其程度，应当综合以下因素：

（一）转载主体所承担的与其性质、影响范围相适应的注意义务；

（二）所转载信息侵害他人人身权益的明显程度；

（三）对所转载信息是否作出实质性修改，是否添加或者修改文章标题，导致其与内容严重不符以及误导公众的可能性。

第九条　网络用户或者网络服务提供者，根据国家机关依职权制作的文书和公开实施的职权行为等信息来源所发布的信息，有下列情形之一，侵害他人人身权益，被侵权人请求侵权人承担侵权责任的，人民法院应予支持：

（一）网络用户或者网络服务提供者发布的信息与前述信息来源内容不符；

（二）网络用户或者网络服务提供者以添加侮辱性内容、诽谤性信息、不当标题或者通过增删信息、调整结构、改变顺序等方式致人误解；

（三）前述信息来源已被公开更正，但网络用户拒绝更正或者网络服务提供者不予更正；

（四）前述信息来源已被公开更正，网络用户或者网络服务提供者仍然发布更正之前的信息。

《最高人民法院关于审理使用人脸识别技术处理个人信息相关民事案件适用法律若干问题的规定》（法释〔2021〕15号　2021年7月27日公布）

第一条　因信息处理者违反法律、行政法规的规定或者双方的约定使用人脸识别技术处理人脸信息、处理基于人脸识别技术生成的人脸信息所引起的民事案件，适用本规定。

人脸信息的处理包括人脸信息的收集、存储、使用、加工、传输、提供、公开等。

本规定所称人脸信息属于民法典第一千零三十四条规定的“生物识别信息”。

第二条　信息处理者处理人脸信息有下列情形之一的，人民法院应当认定属于侵害自然人人格权益的行为：

（一）在宾馆、商场、银行、车站、机场、体育场馆、娱乐场所等经营场所、公共场所违反法律、行政法规的规定使用人脸识别技术进行人脸验证、辨识或者分析；

（二）未公开处理人脸信息的规则或者未明示处理的目的、方式、范围；

（三）基于个人同意处理人脸信息的，未征得自然人或者其监护人的单独同意，或者未按照法律、行政法规的规定征得自然人或者其监护人的书面同意；

（四）违反信息处理者明示或者双方约定的处理人脸信息的目的、方式、范围等；

（五）未采取应有的技术措施或者其他必要措施确保其收集、存储的人脸信息安全，致使人脸信息泄露、篡改、丢失；

（六）违反法律、行政法规的规定或者双方的约定，向他人提供人脸信息；

（七）违背公序良俗处理人脸信息；

（八）违反合法、正当、必要原则处理人脸信息的其他情形。

第三条　人民法院认定信息处理者承担侵害自然人人格权益的民事责任，应当适用民法典第九百九十八条的规定，并结合案件具体情况综合考量受害人是否为未成年人、告知同意情况以及信息处理的必要程度等因素。

第四条　有下列情形之一，信息处理者以已征得自然人或者其监护人同意为由抗辩的，人民法院不予支持：

（一）信息处理者要求自然人同意处理其人脸信息才提供产品或者服务的，但是处理人脸信息属于提供产品或者服务所必需的除外；

（二）信息处理者以与其他授权捆绑等方式要求自然人同意处理其人脸信息的；

（三）强迫或者变相强迫自然人同意处理其人脸信息的其他情形。

第五条　有下列情形之一，信息处理者主张其不承担民事责任的，人民法院依法予以支持：

（一）为应对突发公共卫生事件，或者紧急情况下为保护自然人的生命健康和财产安全所必需而处理人脸信息的；

（二）为维护公共安全，依据国家有关规定在公共场所使用人脸识别技术的；

（三）为公共利益实施新闻报道、舆论监督等行为在合理的范围内处理人脸信息的；

（四）在自然人或者其监护人同意的范围内合理处理人脸信息的；

（五）符合法律、行政法规规定的其他情形。

第六条 当事人请求信息处理者承担民事责任的，人民法院应当依据民事诉讼法第六十四条及《最高人民法院关于适用〈中华人民共和国民事诉讼法〉的解释》第九十条、第九十一条，《最高人民法院关于民事诉讼证据的若干规定》的相关规定确定双方当事人的举证责任。

信息处理者主张其行为符合民法典第一千零三十五条第一款规定情形的，应当就此所依据的事实承担举证责任。

信息处理者主张其不承担民事责任的，应当就其行为符合本规定第五条规定的情形承担举证责任。

第七条 多个信息处理者处理人脸信息侵害自然人人格权益，该自然人主张多个信息处理者按照过错程度和造成损害结果的大小承担侵权责任的，人民法院依法予以支持；符合民法典第一千一百六十八条、第一千一百六十九条第一款、第一千一百七十条、第一千一百七十一条等规定的相应情形，该自然人主张多个信息处理者承担连带责任的，人民法院依法予以支持。

信息处理者利用网络服务处理人脸信息侵害自然人人格权益的，适用民法典第一千一百九十五条、第一千一百九十六条、第一千一百九十七条等规定。

第八条 信息处理者处理人脸信息侵害自然人人格权益造成财产损失，该自然人依据民法典第一千一百八十二条主张财产损害赔偿的，人民法院依法予以支持。

自然人为制止侵权行为所支付的合理开支，可以认定为民法典第一千一百八十二条规定的财产损失。合理开支包括该自然人或者委托代理人对侵权行为进行调查、取证的合理费用。人民法院根据当事人的请求和具体案情，可以将合理的律师费用计算在赔偿范围内。

第九条 自然人有证据证明信息处理者使用人脸识别技术正在实施或者即将实施侵害其隐私权或者其他人格权益的行为，不及时制止将使其合法权益受到难以弥补的损害，向人民法院申请采取责令信息处理者停止有关行为的措施的，人民法院可以根据案件具体情况依法作出人格权侵害禁令。

第十条 物业服务企业或者其他建筑物管理人以人脸识别作为业主或者物业使用人出入物业服务区域的唯一验证方式，不同意的业主或者物业使用人请求其提供其他合理验证方式的，人民法院依法予以支持。

物业服务企业或者其他建筑物管理人存在本规定第二条规定的情形，当事人请求物业服务企业或者其他建筑物管理人承担侵权责任的，人民法院依法予以支持。

第十一条　信息处理者采用格式条款与自然人订立合同，要求自然人授予其无期限限制、不可撤销、可任意转授权等处理人脸信息的权利，该自然人依据民法典第四百九十七条请求确认格式条款无效的，人民法院依法予以支持。

第十二条　信息处理者违反约定处理自然人的人脸信息，该自然人请求其承担违约责任的，人民法院依法予以支持。该自然人请求信息处理者承担违约责任时，请求删除人脸信息的，人民法院依法予以支持；信息处理者以双方未对人脸信息的删除作出约定为由抗辩的，人民法院不予支持。

第十三条　基于同一信息处理者处理人脸信息侵害自然人人格权益发生的纠纷，多个受害人分别向同一人民法院起诉的，经当事人同意，人民法院可以合并审理。

第十四条　信息处理者处理人脸信息的行为符合民事诉讼法第五十五条、消费者权益保护法第四十七条或者其他法律关于民事公益诉讼的相关规定，法律规定的机关和有关组织提起民事公益诉讼的，人民法院应予受理。

第十五条　自然人死亡后，信息处理者违反法律、行政法规的规定或者双方的约定处理人脸信息，死者的近亲属依据民法典第九百九十四条请求信息处理者承担民事责任的，适用本规定。

第十六条　本规定自 2021 年 8 月 1 日起施行。

信息处理者使用人脸识别技术处理人脸信息、处理基于人脸识别技术生成的人脸信息的行为发生在本规定施行前的，不适用本规定。

《中华人民共和国网络安全法》（2016 年 11 月 7 日公布　2017 年 6 月 1 日施行）

第四十一条　网络运营者收集、使用个人信息，应当遵循合法、正当、必要的原则，公开收集、使用规则，明示收集、使月信息的目的、方式和范围，并经被收集者同意。

网络运营者不得收集与其提供的服务无关的个人信息，不得违反法律、行政法规的规定和双方的约定收集、使用个人信息，并应当依照法律、行政法规的规定和与用户的约定，处理其保存的个人信息。

第四十二条　网络运营者不得泄露、篡改、毁损其收集的个人信息；未经被收集者同意，不得向他人提供个人信息。但是，经过处理无法识别特定个人且不能复原的除外。

网络运营者应当采取技术措施和其他必要措施，确保其收集的个人信息安全，防止信息泄露、毁损、丢失。在发生或者可能发生个人信息泄露、毁损、丢失的情况时，应当立即采取补救措施，按照规定及时告知用户并向有关主管部门报告。

第四十三条 个人发现网络运营者违反法律、行政法规的规定或者双方的约定收集、使用其个人信息的，有权要求网络运营者删除其个人信息；发现网络运营者收集、存储的其个人信息有错误的，有权要求网络运营者予以更正。网络运营者应当采取措施予以删除或者更正。

第四十四条 任何个人和组织不得窃取或者以其他非法方式获取个人信息，不得非法出售或者非法向他人提供个人信息。

第四十五条 依法负有网络安全监督管理职责的部门及其工作人员，必须对在履行职责中知悉的个人信息、隐私和商业秘密严格保密，不得泄露、出售或者非法向他人提供。

适用本案由需要注意的问题

◆隐私权纠纷案件的管辖，适用《民事诉讼法》第29条的规定，即由侵权行为地或者被告住所地人民法院管辖。根据《最高人民法院关于适用〈中华人民共和国民事诉讼法〉的解释》第24条的规定，侵权行为地包括侵权行为实施地、侵权结果发生地。

◆在确定本案由时，要注意区分其与名誉权纠纷的不同。二者都是与精神利益有关但不体现直接财产内容的人身权利，侵害他人的隐私权有时会导致名誉权受损害的结果，但并非所有侵犯隐私权的行为都构成对他人名誉权的侵犯。侵害名誉权的行为一般是采取侮辱、诽谤等方式贬损他人的人格，从而使其名誉受到损害；而侵犯隐私权的行为则多为非法获取、扩散有关他人私生活的事实，干涉他人私生活，从而使他人的内心安宁受到搅扰。前者散布的是虚假的情节，后者披露的则是真实的情况。

◆实践中，常见的侵害隐私权的侵权行为有：刺探、调查个人情报或资讯；干涉、监视私人活动；擅自公布他人隐私；非法利用隐私；侵害生活安宁等。对于个人信息中的私密信息，应当适用有关隐私权的规定；没有规定的，适用有关个人信息保护的规定。

◆侵害隐私权引发的纠纷，适用“隐私权纠纷”；侵害个人信息引发的纠纷，适用“个人信息保护纠纷”；侵害的个人信息中既有非私密信息又有私密信息的，适用“隐私权、个人信息保护纠纷”。

9. 婚姻自主权纠纷

案由解析

婚姻自主权又称为婚姻自由，是指婚姻当事人有权按照法律规定在婚姻问题上享有充分自主的权利，不受任何人的强制和干涉。

婚姻自主权纠纷是指因公民的婚姻自主权受到侵害而引起的纠纷。

婚姻自由的主要特征是：（1）婚姻自由是法律赋予公民的一项基本权利，任何人都不得侵犯，否则就是违法行为。（2）婚姻自由权的行使，必须在法律规定的范围内。我国婚姻法明确规定了结婚以及离婚的条件和程序，不符合法律规定的即为违法行为，不受法律保护。因此，婚姻自由的行使，既不允许任何人侵犯，也不允许当事人滥用。（3）婚姻自由是一项人身权利，而非财产权利。这项权利只能由公民本人行使，不得转让、继承，公民有权决定自己与他人结婚或不结婚，任何人都不得妨碍公民行使这项权利。

典型形态

在实践中，婚姻自主权纠纷主要有：侵害订婚自主决定权的纠纷、侵害结婚自主决定权的纠纷。

常用法律条文及索引

《中华人民共和国民法典》（2020 年 5 月 28 日公布　2021 年 1 月 1 日施行）

第一百一十条第一款　自然人享有生命权、身体权、健康权、姓名权、肖像权、名誉权、荣誉权、隐私权、婚姻自主权等权利。

第一百一十二条　自然人因婚姻家庭关系等产生的人身权利受法律保护。

第九百九十五条　人格权受到侵害的，受害人有权依照本法和其他法律的规定请求行为人承担民事责任。受害人的停止侵害、排除妨碍、消除危险、消除影响、恢复名誉、赔礼道歉请求权，不适用诉讼时效的规定。

第一千零四十一条　婚姻家庭受国家保护。

实行婚姻自由、一夫一妻、男女平等的婚姻制度。

保护妇女、未成年人、老年人、残疾人的合法权益。

第一千零四十二条　禁止包办、买卖婚姻和其他干涉婚姻自由的行为。

禁止借婚姻索取财物。

禁止重婚。禁止有配偶者与他人同居。

禁止家庭暴力。禁止家庭成员间的虐待和遗弃。

《中华人民共和国妇女权益保障法》（2022 年 10 月 30 日修订）

第六十条 国家保障妇女享有与男子平等的婚姻家庭权利。

第六十一条 国家保护妇女的婚姻自主权。禁止干涉妇女的结婚、离婚自由。

适用本案由需要注意的问题

◆婚姻自主权纠纷案件的管辖，适用《民事诉讼法》第 29 条的规定，即由侵权行为地或者被告住所地人民法院管辖。根据《最高人民法院关于适用〈中华人民共和国民事诉讼法〉的解释》第 24 条的规定，侵权行为地包括侵权行为实施地、侵权结果发生地。

◆在适用本案由时，要注意区分其与婚姻无效纠纷以及撤销婚姻纠纷的不同。公民的婚姻自主权受到侵害时，可以提起诉讼，请求人民法院予以保护。这时候可以确定为婚姻自主权纠纷。在公民婚姻自主权受到侵害后形成的婚姻关系，当事人可以根据具体情况提起婚姻无效之诉或婚姻撤销之诉，此时适用的案由应当是婚姻无效纠纷或撤销婚姻纠纷。

10. 人身自由权纠纷

案由解析

人身自由权是指自然人在法律规定的范围内，按照自己的意志和利益进行活动，不受约束、控制或妨碍的权利。

人身自由权纠纷是指因自然人的人身自由受到侵害而引起的纠纷。

人身自由权的主要特征是：（1）人身自由权的主体只能是公民即自然人，只有具有公民的资格，其合法的权利才能得到国家法律的保护。（2）人身自由权是绝对权，实现此种权利不需要具体义务人的积极配合。（3）人身自由权的客体是人身自由，包括身体自由和精神自由。（4）人身自由权的行使受法律的限制。法律限制公民在行使自由权的时候，不得违反社会的公共利益，不得妨碍他人自由的行使。

典型形态

在实践中，人身自由权纠纷主要有：

（1）身体自由权纠纷，是指因自然人的身体自由受到侵害而引起的纠纷。身体自由权也称作行动的自由权，是指自然人根据自己的愿望在法律允许的空间内作为或者不作为，不受非法的限制、剥夺、妨碍的权利。身体自由权所包含的是自然人自由支配自己外在身体运动的权利。

（2）精神自由权纠纷，是指因自然人的精神自由受到侵害而引起的纠纷。精神自由权也称作意志自由权，精神自由权是自然人按照自己的意志和利益，在法律规定的范围内，自然人自由支配自己思维活动的权利。

常用法律条文及索引

《中华人民共和国宪法》（2018 年 3 月 11 日修正）

第三十七条 中华人民共和国公民的人身自由不受侵犯。

任何公民，非经人民检察院批准或者决定或者人民法院决定，并由公安机关执行，不受逮捕。

禁止非法拘禁和以其他方法非法剥夺或者限制公民的人身自由，禁止非法搜查公民的身体。

《中华人民共和国民法典》（2020 年 5 月 28 日公布 2021 年 1 月 1 日施行）

第一百零九条 自然人的人身自由、人格尊严受法律保护。

第九百九十条 人格权是民事主体享有的生命权、身体权、健康权、姓名权、名称权、肖像权、名誉权、荣誉权、隐私权等权利。

除前款规定的人格权外，自然人享有基于人身自由、人格尊严产生的其他人格权益。

第一千零一十一条 以非法拘禁等方式剥夺、限制他人的行动自由，或者非法搜查他人身体的，受害人有权依法请求行为人承担民事责任。

《中华人民共和国消费者权益保护法》（2013 年 10 月 25 日修正）

第二十七条 经营者不得对消费者进行侮辱、诽谤，不得搜查消费者的身体及其携带的物品，不得侵犯消费者的人身自由。

第五十条 经营者侵害消费者的人格尊严、侵犯消费者人身自由或者侵害消费者个人信息依法得到保护的权利的，应当停止侵害、恢复名誉、消除影响、赔礼道歉，并赔偿损失。

第五十一条 经营者有侮辱诽谤、搜查身体、侵犯人身自由等侵害消费者或者其他受害人人身权益的行为，造成严重精神损害的，受害人可以要求精神损害赔偿。

《最高人民法院关于确定民事侵权精神损害赔偿责任若干问题的解释》（法释〔2001〕7号 2020年12月23日修正）

第一条 因人身权益或者具有人身意义的特定物受到侵害，自然人或者其近亲属向人民法院提起诉讼请求精神损害赔偿的，人民法院应当依法予以受理。

第五条 精神损害的赔偿数额根据以下因素确定：

（一）侵权人的过错程度，但是法律另有规定的除外；

（二）侵权行为的目的、方式、场合等具体情节；

（三）侵权行为所造成的后果；

（四）侵权人的获利情况；

（五）侵权人承担责任的经济能力；

（六）受理诉讼法院所在地的平均生活水平。

适用本案由需要注意的问题

◆人身自由权纠纷案件的管辖，适用《民事诉讼法》第29条的规定，即由侵权行为地或者被告住所地人民法院管辖。根据《最高人民法院关于适用〈中华人民共和国民事诉讼法〉的解释》第24条的规定，侵权行为地包括侵权行为实施地、侵权结果发生地。

◆在适用本案由时，要注意区分其与生命权、健康权、身体权纠纷的关系，侵害他人的人身自由权时有时候会导致权利人生命权、健康权、身体权受到侵害，此时案由应以当事人的诉求选择来确定。

11. 一般人格权纠纷

（1）平等就业权纠纷

案由解析

一般人格权是指具有高度概括性的以民事主体全部人格利益为标的的权利。

一般人格权纠纷是指因他人的一般人格权受到侵害，人格利益受损而引起的纠纷。

一般人格权的主要特征是：（1）主体的普遍性。一般人格权体现了个人的本质属性和文明社会对个人作为人的承认，每一个公民都应平等地享有此种权利和利益，这种权利不因个人的身份、政治地位等而有所区别，并与个人的属性终生相随，是个人的基本权利。（2）客体的高度概括性。一般人格利益概括了所有具体人格权的客体，任何一种具体的人格权的客体都可以概括到一般人格利益之中，但又超出了具体人格权的客体。随着社会生活的发展，许多新的法律关系不断涌现，将一般人格权客体界定为抽象的人格利益，有利于克服法律本身的滞后性，使法律能适应时代的变化。（3）权利内容的广泛性。一般人格权的范围广泛，在内容上不能列举穷尽，它既是具体人格权的集合，也为补充和完善具体人格权立法的不足提供了依据。

典型形态

在实践中，一般人格权纠纷主要有：

（1）人格独立权纠纷，是指因人格独立权受到侵害而引发的纠纷。人格独立的实质内容表现为民事主体在人格上一律平等，在法律面前任何民事主体都享有平等的主体资格，享有独立人格，不受他人的支配、干涉和控制。

（2）人格自由权纠纷，是指因人格自由权受到侵害而引发的纠纷。人格自由是经过高度概括和抽象的人格不受约束和控制的状态，既是指人格的自由地位，也是指人格的自由权利，包含保持人格的自由和发展人格的自由。

（3）人格尊严权纠纷，是指因人格尊严权受到侵害而引发的纠纷。人格尊严是指民事主体作为一个“人”所应有的最基本的社会地位并且应受到社会和他人最起码的尊重。

常用法律条文及索引

《中华人民共和国民法典》（2020 年 5 月 28 日公布　2021 年 1 月 1 日施行）

第一百零九条　自然人的人身自由、人格尊严受法律保护。

第一百一十二条　自然人因婚姻家庭关系等产生的人身权利受法律保护。

第九百九十五条　人格权受到侵害的，受害人有权依照本法和其他法律的规定请求行为人承担民事责任。受害人的停止侵害、排除妨碍、消除危险、消除影响、恢复名誉、赔礼道歉请求权，不适用诉讼时效的规定。

《最高人民法院关于确定民事侵权精神损害赔偿责任若干问题的解释》（法释〔2001〕7 号　2020 年 12 月 23 日修正）

第一条～第五条，见本书“1. 生命权、身体权、健康权纠纷”案由相关部分。

《中华人民共和国劳动法》（2018 年 12 月 29 日修正）

第三条 劳动者享有平等就业和选择职业的权利、取得劳动报酬的权利、休息休假的权利、获得劳动安全卫生保护的权利、接受职业技能培训的权利、享受社会保险和福利的权利、提请劳动争议处理的权利以及法律规定的其他劳动权利。

劳动者应当完成劳动任务，提高职业技能，执行劳动安全卫生规程，遵守劳动纪律和职业道德。

《中华人民共和国就业促进法》（2015 年 4 月 24 日修正）

第三条 劳动者依法享有平等就业和自主择业的权利。

劳动者就业，不因民族、种族、性别、宗教信仰等不同而受歧视。

第二十六条 用人单位招用人员、职业中介机构从事职业中介活动，应当向劳动者提供平等的就业机会和公平的就业条件，不得实施就业歧视。

第二十七条 国家保障妇女享有与男子平等的劳动权利。

用人单位招用人员，除国家规定的不适合妇女的工种或者岗位外，不得以性别为由拒绝录用妇女或者提高对妇女的录用标准。

用人单位录用女职工，不得在劳动合同中规定限制女职工结婚、生育的内容。

第二十八条 各民族劳动者享有平等的劳动权利。

用人单位招用人员，应当依法对少数民族劳动者给予适当照顾。

第三十一条 农村劳动者进城就业享有与城镇劳动者平等的劳动权利，不得对农村劳动者进城就业设置歧视性限制。

适用本案由需要注意的问题

◆一般人格权纠纷案件的管辖，适用《民事诉讼法》第 29 条的规定，即由侵权行为地或者被告住所地人民法院管辖。根据《最高人民法院关于适用〈中华人民共和国民事诉讼法〉的解释》第 24 条的规定，侵权行为地包括侵权行为实施地、侵权结果发生地。

◆在适用本案由时，要注意区分其与其他具体人格权纠纷的关系。一般人格权具有补充功能，对于侵害人格独立、人格自由、人格尊严的行为，不能以侵害其他具体人格权的名义进行法律保护的，应当认定为侵害一般人格权的行为。

第二部分　婚姻家庭、继承纠纷

二、婚姻家庭纠纷

12. 婚约财产纠纷

案由解析

婚约是指无配偶的男女双方以将来结婚为目的而事先达成的对双方当事人并无法律上约束力的协议。婚约财产是指男女双方在相识恋爱期间，一方以结婚为目的，在婚前赠送给另一方的贵重物品及生产生活资料。

婚约财产纠纷是指男女双方在相识恋爱期间，一方因某种特定原因而从对方处获得数额较大的财物，当双方不能缔结婚姻时，财产受损的一方请求对方返还财物因而产生的纠纷。

婚约财产纠纷的主要特征是：（1）婚约财产纠纷不以当事人双方达到婚龄为要件。婚约关系仅是引起财产关系的事实行为，当事人双方即使不具备法定婚龄的条件也可能缔结婚约，如果年龄过小，则须承受社会舆论谴责等后果，但是法律并不干预。（2）婚约财产纠纷深受传统民俗及道德观念的影响，这类纠纷目前呈逐年增加趋势。随着人民物质生活水平的不断提高，婚约财产的数额也逐渐增加，由此引发的纠纷广受关注。

常用法律条文及索引

《中华人民共和国民法典》（2020 年 5 月 28 日公布　2021 年 1 月 1 日施行）

第一千零四十二条　禁止包办、买卖婚姻和其他干涉婚姻自由的行为。禁止借婚姻索取财物。

禁止重婚。禁止有配偶者与他人同居。

禁止家庭暴力。禁止家庭成员间的虐待和遗弃。

《最高人民法院关于适用〈中华人民共和国民法典〉婚姻家庭编的解释(一)》（法释〔2020〕22号 2020年12月29日公布）

第五条 当事人请求返还按照习俗给付的彩礼的，如果查明属于以下情形，人民法院应当予以支持：

（一）双方未办理结婚登记手续；

（二）双方办理结婚登记手续但确未共同生活；

（三）婚前给付并导致给付人生活困难。

适用前款第二项、第三项的规定，应当以双方离婚为条件。

《最高人民法院关于审理涉彩礼纠纷案件适用法律若干问题的规定》（法释〔2024〕1号 2024年1月17日公布）

为正确审理涉彩礼纠纷案件，根据《中华人民共和国民法典》、《中华人民共和国民事诉讼法》等法律规定，结合审判实践，制定本规定。

第一条 以婚姻为目的依据习俗给付彩礼后，因要求返还产生的纠纷，适用本规定。

第二条 禁止借婚姻索取财物。一方以彩礼为名借婚姻索取财物，另一方要求返还的，人民法院应予支持。

第三条 人民法院在审理涉彩礼纠纷案件中，可以根据一方给付财物的目的，综合考虑双方当地习俗、给付的时间和方式、财物价值、给付人及接收人等事实，认定彩礼范围。

下列情形给付的财物，不属于彩礼：

（一）一方在节日、生日等有特殊纪念意义时点给付的价值不大的礼物、礼金；

（二）一方为表达或者增进感情的日常消费性支出；

（三）其他价值不大的财物。

第四条 婚约财产纠纷中，婚约一方及其实际给付彩礼的父母可以作为共同原告；婚约另一方及其实际接收彩礼的父母可以作为共同被告。

离婚纠纷中，一方提出返还彩礼诉讼请求的，当事人仍为夫妻双方。

第五条 双方已办理结婚登记且共同生活，离婚时一方请求返还按照习俗给付的彩礼的，人民法院一般不予支持。但是，如果共同生活时间较短且彩礼数额过高的，人民法院可以根据彩礼实际使用及嫁妆情况，综合考虑彩礼数额、共同生活及孕育情况、双方过错等事实，结合当地习俗，确定是否返还以及返还的具体比例。

人民法院认定彩礼数额是否过高，应当综合考虑彩礼给付方所在地居民人均可支配收入、给付方家庭经济情况以及当地习俗等因素。

第六条　双方未办理结婚登记但已共同生活，一方请求返还按照习俗给付的彩礼的，人民法院应当根据彩礼实际使用及嫁妆情况，综合考虑共同生活及孕育情况、双方过错等事实，结合当地习俗，确定是否返还以及返还的具体比例。

第七条　本规定自2024年2月1日起施行。

本规定施行后，人民法院尚未审结的一审、二审案件适用本规定。本规定施行前已经终审、施行后当事人申请再审或者按照审判监督程序决定再审的案件，不适用本规定。

适用本案由需要注意的问题

◆适用本案由时，要注意其与夫妻财产约定纠纷的区别。夫妻财产约定纠纷是指夫妻或者拟结为夫妻的当事人，履行订立的夫妻财产约定协议产生的纠纷。有效的夫妻财产约定具有法律约束力，而婚约财产纠纷所涉及的财产约定目前不受法律保护，不具有法律上的约束力。

◆婚约财产纠纷的典型形态是涉彩礼纠纷。实践中，彩礼一般与婚约相伴相生，婚约一方常因婚约而给付另一方一定的彩礼。然而，在现代民法上，婚约的签订与彩礼的接收无法律关系，彩礼给付也并非以签订和履行婚约为前提。但是，由于目前《民事案件案由规定》中仍以婚约财产纠纷作为案由，而婚约亦不以书面形式为必要，因此，可以认为在彩礼给付的情况下，双方是有婚约存在的，对于涉彩礼纠纷应适用婚约财产纠纷。

◆值得注意的是，虽然传统观念认为彩礼应由男方给付给女方，但根据《最高人民法院关于审理涉彩礼纠纷案件适用法律若干问题的规定》，彩礼由一方给付给另一方，并未限定男方给付给女方，因此实践中也可能出现女方请求男方返还彩礼的情形。

◆根据《最高人民法院关于审理涉彩礼纠纷案件适用法律若干问题的规定》第4条的规定，婚约双方的父母也可能成为婚约财产纠纷的主体。对于实践中涉及彩礼返还的情形，应区分两种不同情形：(1) 男女双方登记结婚后，一方提起离婚诉讼，并在离婚诉讼中一并要求返还彩礼。此类诉讼中应以男女双方作为彩礼返还的权利人与义务人。若一方以不是彩礼的实际收受人进行抗辩，拒绝返还彩礼的，法院可以根据案件具体情形可以告知当事人另行起诉。(2) 男女双方未办理结婚登记手续，一方提起婚约财产纠纷诉讼，要求返还彩礼。此类案件中，原则上仍应以婚约双方当事人作为诉讼主体。但由于实践中，彩礼的给付方和接受方可能包括双方的父母，因此，婚约一方及其实际给付彩礼的父母可以作为共同原告，婚约另一方及其实际接收彩礼的父母可以作为共同被告。

13. 婚内夫妻财产分割纠纷

案由解析

婚内共同财产分割是指在不解除婚姻关系的前提下对夫妻共同财产进行分割的一项制度。该制度旨在绕过婚姻关系问题直接解决双方之财产纠纷，以保护在夫妻关系中处于弱势一方对夫妻共同财产的合法权益。

婚内夫妻财产分割纠纷是指夫妻双方在夫妻关系存续期间分割夫妻共同财产过程中发生的纠纷。

常用法律条文及索引

《中华人民共和国民法典》（2020 年 5 月 28 日公布　2021 年 1 月 1 日施行）

第一千零六十六条　婚姻关系存续期间，有下列情形之一的，夫妻一方可以向人民法院请求分割共同财产：

（一）一方有隐藏、转移、变卖、毁损、挥霍夫妻共同财产或者伪造夫妻共同债务等严重损害夫妻共同财产利益的行为；

（二）一方负有法定扶养义务的人患重大疾病需要医治，另一方不同意支付相关医疗费用。

《最高人民法院关于适用〈中华人民共和国民法典〉婚姻家庭编的解释（一）》（法释〔2020〕22 号　2020 年 12 月 29 日公布）

第三十八条　婚姻关系存续期间，除民法典第一千零六十六条规定情形以外，夫妻一方请求分割共同财产的，人民法院不予支持。

《最高人民法院关于适用〈中华人民共和国民法典〉婚姻家庭编的解释（二）》（法释〔2025〕1 号　2025 年 1 月 15 日公布）

第六条　夫妻一方未经另一方同意，在网络直播平台用夫妻共同财产打赏，数额明显超出其家庭一般消费水平，严重损害夫妻共同财产利益的，可以认定为民法典第一千零六十六条和第一千零九十二条规定的“挥霍”。另一方请求在婚姻关系存续期间分割夫妻共同财产，或者在离婚分割夫妻共同财产时请求对打赏一方少分或者不分的，人民法院应予支持。

第七条　夫妻一方为重婚、与他人同居以及其他违反夫妻忠实义务等目的，将夫妻共同财产赠与他人或者以明显不合理的价格处分夫妻共同财产，另一方主张该民事法律行为违背公序良俗无效的，人民法院应予支持并依照民法典第一百五十七条规定处理。

夫妻一方存在前款规定情形，另一方以该方存在转移、变卖夫妻共同财产行为，严重损害夫妻共同财产利益为由，依据民法典第一千零六十六条规定请求在婚姻关系存续期间分割夫妻共同财产，或者依据民法典第一千零九十二条规定请求在离婚分割夫妻共同财产时对该方少分或者不分的，人民法院应予支持。

适用本案由需要注意的问题

◆婚内财产分割协议有别于离婚财产分割协议和婚前财产公证，是夫妻双方在婚姻存续期间对夫妻各自的个人财产和共同财产的所有权进行协议，由于婚内财产分割协议没有公示，不能推定第三人必然知道，所以婚内财产分割协议对第三人无效。

◆婚内共同财产分割适用的情形：(1) 一方有隐藏、转移、变卖、毁损、挥霍夫妻共同财产或者伪造夫妻共同债务等严重损害夫妻共同财产利益行为的；(2) 一方负有法定扶养义务的人患重大疾病需要医治，另一方不同意支付相关医疗费用的。《最高人民法院关于适用〈中华人民共和国民法典〉婚姻家庭编的解释（二）》第6条以及第7条规定的情形是近些年司法实践中的常见情形，但仍属于上述第一种情形规定的范围，这与《最高人民法院关于适用〈中华人民共和国民法典〉婚姻家庭编的解释（一）》第38条的规定并不冲突。

◆《最高人民法院关于适用〈中华人民共和国民法典〉婚姻家庭编的解释（二）》第6条的规定回应了夫妻一方进行网络直播打赏行为的效力。直播打赏是指用户在网络直播平台中完成充值，并对特定或若干直播内容提供者进行打赏。对于夫妻一方进行网络直播打赏行为应注意：(1) 若平台直播内容含有淫秽、色情或赌博等违法信息，则打赏行为无效，主播应当全额返还打赏收益。(2) 夫妻一方以夫妻共同财产实施直播打赏行为，在婚姻法层面构成挥霍或者转移夫妻共同财产的，配偶可依据《最高人民法院关于适用〈中华人民共和国民法典〉婚姻家庭编的解释（二）》第6条主张婚内析产或者适用离婚财产分割规则保护自身利益。挥霍夫妻共同财产的认定标准不宜过于严苛，打赏数额明显超出家庭一般消费水平，严重损害夫妻共同财产利益即可，并结合具体案情进行个案衡量。(3) 夫妻一方以夫妻共同财产实施打赏行为，在财产法维度属于有权处分；但是，鉴于该行为并未使夫妻共同财产获得增益，因此其构成无偿或低价处分夫妻共同财产的行为，应优先保护配偶利益。对此可借鉴债权人撤销权制度，打赏方造成配偶利益受损则负有赔偿义务，配偶作为债权人，在婚姻法维度救济措施无法实现的利益范围内，撤销相应部分的打赏行为，并由主播返还打赏价值。直播平台不存在过错的，原则上不负有返还义务。

◆此类纠纷的请求权人，一般应限于夫妻双方。夫妻双方是婚内财产分割请求权的主体，但是债权人能否作为主体享有申请权，则有很大争议，有意见认为应在夫妻一方不能清偿其债务时，另一方的债权人可以申请分割财产。我们认为，婚内财产分割的根本出发点是为了解决夫妻之间的财产关系，如果涉及第三方，也是夫妻一方与第三方产生的关系，而不能直接将第三方纳入其中，不应将两层关系混为一谈，故只有夫妻双方才有权利向法院提出婚内财产分割的要求，第三方债权人无此权利。

14. 离婚纠纷

案由解析

离婚是指夫妻双方依照法律规定的条件和程序解除婚姻关系的法律行为。

离婚纠纷是指男女双方在解除婚姻关系的过程中所涉及的纠纷。

离婚纠纷的主要特征是：(1) 离婚的双方当事人法律地位平等。无论是双方当事人协议离婚，还是一方当事人提起诉讼离婚，双方法律地位是平等的，任何一方当事人都不能将自己的意志强加给另外一方当事人。(2) 离婚的主体是具有夫妻合法身份的男女双方。离婚的主体具有特定性与专属性，离婚的意思表示只能由当事人本人作出，任何人无权代替。(3) 离婚是一种法律行为，必须履行一定的法律程序。双方当事人必须按照法律规定的程序和形式办理，得到国家法律的认可才发生效力。当事人之间未经法定程序的私下协议或一方当事人擅自单方面宣告解除婚姻关系的行为，都不产生离婚的法律效力。

常用法律条文及索引

《中华人民共和国民法典》（2020年5月28日公布 2021年1月1日施行）

第一千零七十六条 夫妻双方自愿离婚的，应当签订书面离婚协议，并亲自到婚姻登记机关申请离婚登记。

离婚协议应当载明双方自愿离婚的意思表示和对子女抚养、财产以及债务处理等事项协商一致的意见。

第一千零七十七条 自婚姻登记机关收到离婚登记申请之日起三十日内，任何一方不愿意离婚的，可以向婚姻登记机关撤回离婚登记申请。

前款规定期限届满后三十日内，双方应当亲自到婚姻登记机关申请发给离婚证；未申请的，视为撤回离婚登记申请。

第一千零七十八条 婚姻登记机关查明双方确实是自愿离婚，并已经对子女抚养、财产以及债务处理等事项协商一致的，予以登记，发给离婚证。

第一千零七十九条 夫妻一方要求离婚的，可以由有关组织进行调解或者直接向人民法院提起离婚诉讼。

人民法院审理离婚案件，应当进行调解；如果感情确已破裂，调解无效的，应当准予离婚。

有下列情形之一，调解无效的，应当准予离婚：

（一）重婚或者与他人同居；

（二）实施家庭暴力或者虐待、遗弃家庭成员；

（三）有赌博、吸毒等恶习屡教不改；

（四）因感情不和分居满二年；

（五）其他导致夫妻感情破裂的情形。

一方被宣告失踪，另一方提起离婚诉讼的，应当准予离婚。

经人民法院判决不准离婚后，双方又分居满一年，一方再次提起离婚诉讼的，应当准予离婚。

第一千零八十一条 现役军人的配偶要求离婚，应当征得军人同意，但是军人一方有重大过错的除外。

第一千零八十二条 女方在怀孕期间、分娩后一年内或者终止妊娠后六个月内，男方不得提出离婚；但是，女方提出离婚或者人民法院认为确有必要受理男方离婚请求的除外。

第一千零八十四条 父母与子女间的关系，不因父母离婚而消除。离婚后，子女无论由父或者母直接抚养，仍是父母双方的子女。

离婚后，父母对于子女仍有抚养、教育、保护的权利和义务。

离婚后，不满两周岁的子女，以由母亲直接抚养为原则。已满两周岁的子女，父母双方对抚养问题协议不成的，由人民法院根据双方的具体情况，按照最有利于未成年子女的原则判决。子女已满八周岁的，应当尊重其真实意愿。

第一千零八十五条 离婚后，子女由一方直接抚养的，另一方应当负担部分或者全部抚养费。负担费用的多少和期限的长短，由双方协议；协议不成的，由人民法院判决。

前款规定的协议或者判决，不妨碍子女在必要时向父母任何一方提出超过协议或者判决原定数额的合理要求。

第一千零八十六条 离婚后，不直接抚养子女的父或者母，有探望子女的权利，另一方有协助的义务。

行使探望权利的方式、时间由当事人协议；协议不成的，由人民法院判决。

父或者母探望子女，不利于子女身心健康的，由人民法院依法中止探望；中止的事由消失后，应当恢复探望。

第一千零八十七条 离婚时，夫妻的共同财产由双方协议处理；协议不成的，由人民法院根据财产的具体情况，按照照顾子女、女方和无过错方权益的原则判决。

对夫或者妻在家庭土地承包经营中享有的权益等，应当依法予以保护。

第一千零八十八条 夫妻一方因抚育子女、照料老年人、协助另一方工作等负担较多义务的，离婚时有权向另一方请求补偿，另一方应当给予补偿。具体办法由双方协议；协议不成的，由人民法院判决。

第一千零八十九条 离婚时，夫妻共同债务应当共同偿还。共同财产不足清偿或者财产归各自所有的，由双方协议清偿；协议不成的，由人民法院判决。

第一千零九十条 离婚时，如果一方生活困难，有负担能力的另一方应当给予适当帮助。具体办法由双方协议；协议不成的，由人民法院判决。

《中华人民共和国涉外民事关系法律适用法》（2010年10月28日公布 2011年4月1日施行）

第二十三条 夫妻人身关系，适用共同经常居所地法律；没有共同经常居所地的，适用共同国籍国法律。

第二十四条　夫妻财产关系，当事人可以协议选择适用一方当事人经常居所地法律、国籍国法律或者主要财产所在地法律。当事人没有选择的，适用共同经常居所地法律；没有共同经常居所地的，适用共同国籍国法律。

第二十五条　父母子女人身、财产关系，适用共同经常居所地法律；没有共同经常居所地的，适用一方当事人经常居所地法律或者国籍国法律中有利于保护弱者权益的法律。

第二十六条　协议离婚，当事人可以协议选择适用一方当事人经常居所地法律或者国籍国法律。当事人没有选择的，适用共同经常居所地法律；没有共同经常居所地的，适用共同国籍国法律；没有共同国籍的，适用办理离婚手续机构所在地法律。

第二十七条　诉讼离婚，适用法院地法律。

《最高人民法院关于适用〈中华人民共和国民法典〉婚姻家庭编的解释（一）》（法释〔2020〕22号　2020年12月29日公布）

第一条　持续性、经常性的家庭暴力，可以认定为民法典第一千零四十二条、第一千零七十九条、第一千零九十一条所称的“虐待”。

第二条　民法典第一千零四十二条、第一千零七十九条、第一千零九十一条规定的“与他人同居”的情形，是指有配偶者与婚外异性，不以夫妻名义，持续、稳定地共同居住。

第二十三条　夫以妻擅自中止妊娠侵犯其生育权为由请求损害赔偿的，人民法院不予支持；夫妻双方因是否生育发生纠纷，致使感情确已破裂，一方请求离婚的，人民法院经调解无效，应依照民法典第一千零七十九条第三款第五项的规定处理。

第二十四条　民法典第一千零六十二条第一款第三项规定的“知识产权的收益”，是指婚姻关系存续期间，实际取得或者已经明确可以取得的财产性收益。

第二十五条　婚姻关系存续期间，下列财产属于民法典第一千零六十二条规定的“其他应当归共同所有的财产”：

（一）一方以个人财产投资取得的收益；

（二）男女双方实际取得或者应当取得的住房补贴、住房公积金；

（三）男女双方实际取得或者应当取得的基本养老金、破产安置补偿费。

第二十六条　夫妻一方个人财产在婚后产生的收益，除孳息和自然增值外，应认定为夫妻共同财产。

第二十七条　由一方婚前承租、婚后用共同财产购买的房屋，登记在一方名下的，应当认定为夫妻共同财产。

第二十八条 一方未经另一方同意出售夫妻共同所有的房屋，第三人善意购买、支付合理对价并已办理不动产登记，另一方主张追回该房屋的，人民法院不予支持。

夫妻一方擅自处分共同所有的房屋造成另一方损失，离婚时另一方请求赔偿损失的，人民法院应予支持。

第二十九条 当事人结婚前，父母为双方购置房屋出资的，该出资应当认定为对自己子女个人的赠与，但父母明确表示赠与双方的除外。

当事人结婚后，父母为双方购置房屋出资的，依照约定处理；没有约定或者约定不明确的，按照民法典第一千零六十二条第一款第四项规定的原则处理。

第三十条 军人的伤亡保险金、伤残补助金、医药生活补助费属于个人财产。

第三十一条 民法典第一千零六十三条规定为夫妻一方的个人财产，不因婚姻关系的延续而转化为夫妻共同财产。但当事人另有约定的除外。

第三十二条 婚前或者婚姻关系存续期间，当事人约定将一方所有的房产赠与另一方或者共有，赠与方在赠与房产变更登记之前撤销赠与，另一方请求判令继续履行的，人民法院可以按照民法典第六百五十八条的规定处理。

第三十三条 债权人就一方婚前所负个人债务向债务人的配偶主张权利的，人民法院不予支持。但债权人能够证明所负债务用于婚后家庭共同生活的除外。

第三十四条 夫妻一方与第三人串通，虚构债务，第三人主张该债务为夫妻共同债务的，人民法院不予支持。

夫妻一方在从事赌博、吸毒等违法犯罪活动中所负债务，第三人主张该债务为夫妻共同债务的，人民法院不予支持。

第三十五条 当事人的离婚协议或者人民法院生效判决、裁定、调解书已经对夫妻财产分割问题作出处理的，债权人仍有权就夫妻共同债务向男女双方主张权利。

一方就夫妻共同债务承担清偿责任后，主张由另一方按照离婚协议或者人民法院的法律文书承担相应债务的，人民法院应予支持。

第三十六条 夫或者妻一方死亡的，生存一方应当对婚姻关系存续期间的夫妻共同债务承担清偿责任。

第三十七条　民法典第一千零六十五条第三款所称“相对人知道该约定的”，夫妻一方对此负有举证责任。

第三十八条　婚姻关系存续期间，除民法典第一千零六十六条规定情形以外，夫妻一方请求分割共同财产的，人民法院不予支持。

第四十一条　尚在校接受高中及其以下学历教育，或者丧失、部分丧失劳动能力等非因主观原因而无法维持正常生活的成年子女，可以认定为民法典第一千零六十七条规定的“不能独立生活的成年子女”。

第四十二条　民法典第一千零六十七条所称“抚养费”，包括子女生活费、教育费、医疗费等费用。

第四十三条　婚姻关系存续期间，父母双方或者一方拒不履行抚养子女义务，未成年子女或者不能独立生活的成年子女请求支付抚养费的，人民法院应予支持。

第四十四条　离婚案件涉及未成年子女抚养的，对不满两周岁的子女，按照民法典第一千零八十四条第三款规定的原则处理。母亲有下列情形之一，父亲请求直接抚养的，人民法院应予支持：

（一）患有久治不愈的传染性疾病或者其他严重疾病，子女不宜与其共同生活；

（二）有抚养条件不尽抚养义务，而父亲要求子女随其生活；

（三）因其他原因，子女确不宜随母亲生活。

第四十五条　父母双方协议不满两周岁子女由父亲直接抚养，并对子女健康成长无不利影响的，人民法院应予支持。

第四十六条　对已满两周岁的未成年子女，父母均要求直接抚养，一方有下列情形之一的，可予优先考虑：

（一）已做绝育手术或者因其他原因丧失生育能力；

（二）子女随其生活时间较长，改变生活环境对子女健康成长明显不利；

（三）无其他子女，而另一方有其他子女；

（四）子女随其生活，对子女成长有利，而另一方患有久治不愈的传染性疾病或者其他严重疾病，或者有其他不利于子女身心健康的情形，不宜与子女共同生活。

第四十七条　父母抚养子女的条件基本相同，双方均要求直接抚养子女，但子女单独随祖父母或者外祖父母共同生活多年，且祖父母或者外祖父母要求并且有能力帮助子女照顾孙子女或者外孙子女的，可以作为父或者母直接抚养子女的优先条件予以考虑。

第四十八条 在有利于保护子女利益的前提下，父母双方协议轮流直接抚养子女的，人民法院应予支持。

第四十九条 抚养费的数额，可以根据子女的实际需要、父母双方的负担能力和当地的实际生活水平确定。

有固定收入的，抚养费一般可以按其月总收入的百分之二十至三十的比例给付。负担两个以上子女抚养费的，比例可以适当提高，但一般不得超过月总收入的百分之五十。

无固定收入的，抚养费的数额可以依据当年总收入或者同行业平均收入，参照上述比例确定。

有特殊情况的，可以适当提高或者降低上述比例。

第五十条 抚养费应当定期给付，有条件的可以一次性给付。

第五十一条 父母一方无经济收入或者下落不明的，可以用其财物折抵抚养费。

第五十二条 父母双方可以协议由一方直接抚养子女并由直接抚养方负担子女全部抚养费。但是，直接抚养方的抚养能力明显不能保障子女所需费用，影响子女健康成长的，人民法院不予支持。

第五十三条 抚养费的给付期限，一般至子女十八周岁为止。

十六周岁以上不满十八周岁，以其劳动收入为主要生活来源，并能维持当地一般生活水平的，父母可以停止给付抚养费。

第五十四条 生父与继母离婚或者生母与继父离婚时，对曾受其抚养教育的继子女，继父或者继母不同意继续抚养的，仍应由生父或者生母抚养。

第五十五条 离婚后，父母一方要求变更子女抚养关系的，或者子女要求增加抚养费的，应当另行提起诉讼。

第五十六条 具有下列情形之一，父母一方要求变更子女抚养关系的，人民法院应予支持：

（一）与子女共同生活的一方因患严重疾病或者因伤残无力继续抚养子女；

（二）与子女共同生活的一方不尽抚养义务或有虐待子女行为，或者其与子女共同生活对子女身心健康确有不利影响；

（三）已满八周岁的子女，愿随另一方生活，该方又有抚养能力；

（四）有其他正当理由需要变更。

第五十七条 父母双方协议变更子女抚养关系的，人民法院应予支持。

第五十八条 具有下列情形之一，子女要求有负担能力的父或者母增加抚养费的，人民法院应予支持：

（一）原定抚养费数额不足以维持当地实际生活水平；

（二）因子女患病、上学，实际需要已超过原定数额；

（三）有其他正当理由应当增加。

第五十九条　父母不得因子女变更姓氏而拒付子女抚养费。父或者母擅自将子女姓氏改为继母或继父姓氏而引起纠纷的，应当责令恢复原姓氏。

第六十条　在离婚诉讼期间，双方均拒绝抚养子女的，可以先行裁定暂由一方抚养。

第六十一条　对拒不履行或者妨害他人履行生效判决、裁定、调解书中有关子女抚养义务的当事人或者其他人，人民法院可依照民事诉讼法第一百一十一条的规定采取强制措施。

第六十二条　无民事行为能力人的配偶有民法典第三十六条第一款规定行为，其他有监护资格的人可以要求撤销其监护资格，并依法指定新的监护人；变更后的监护人代理无民事行为能力一方提起离婚诉讼的，人民法院应予受理。

第六十三条　人民法院审理离婚案件，符合民法典第一千零七十九条第三款规定“应当准予离婚”情形的，不应当因当事人有过错而判决不准离婚。

第六十四条　民法典第一千零八十一条所称的“军人一方有重大过错”，可以依据民法典第一千零七十九条第三款前三项规定及军人有其他重大过错导致夫妻感情破裂的情形予以判断。

第六十五条　人民法院作出的生效的离婚判决中未涉及探望权，当事人就探望权问题单独提起诉讼的，人民法院应予受理。

第六十六条　当事人在履行生效判决、裁定或者调解书的过程中，一方请求中止探望的，人民法院在征询双方当事人意见后，认为需要中止探望的，依法作出裁定；中止探望的情形消失后，人民法院应当根据当事人的请求书面通知其恢复探望。

第六十七条　未成年子女、直接抚养子女的父或者母以及其他对未成年子女负担抚养、教育、保护义务的法定监护人，有权向人民法院提出中止探望的请求。

第六十八条　对于拒不协助另一方行使探望权的有关个人或者组织，可以由人民法院依法采取拘留、罚款等强制措施，但是不能对子女的人身、探望行为进行强制执行。

第六十九条 当事人达成的以协议离婚或者到人民法院调解离婚为条件的财产以及债务处理协议，如果双方离婚未成，一方在离婚诉讼中反悔的，人民法院应当认定该财产以及债务处理协议没有生效，并根据实际情况依照民法典第一千零八十七条和第一千零八十九条的规定判决。

当事人依照民法典第一千零七十六条签订的离婚协议中关于财产以及债务处理的条款，对男女双方具有法律约束力。登记离婚后当事人因履行上述协议发生纠纷提起诉讼的，人民法院应当受理。

第七十条 夫妻双方协议离婚后就财产分割问题反悔，请求撤销财产分割协议的，人民法院应当受理。

人民法院审理后，未发现订立财产分割协议时存在欺诈、胁迫等情形的，应当依法驳回当事人的诉讼请求。

第七十一条 人民法院审理离婚案件，涉及分割发放到军人名下的复员费、自主择业费等一次性费用的，以夫妻婚姻关系存续年限乘以年平均值，所得数额为夫妻共同财产。

前款所称年平均值，是指将发放到军人名下的上述费用总额按具体年限均分得出的数额。其具体年限为人均寿命七十岁与军人入伍时实际年龄的差额。

第七十二条 夫妻双方分割共同财产中的股票、债券、投资基金份额等有价证券以及未上市股份有限公司股份时，协商不成或者按市价分配有困难的，人民法院可以根据数量按比例分配。

第七十三条 人民法院审理离婚案件，涉及分割夫妻共同财产中以一方名义在有限责任公司的出资额，另一方不是该公司股东的，按以下情形分别处理：

（一）夫妻双方协商一致将出资额部分或者全部转让给该股东的配偶，其他股东过半数同意，并且其他股东均明确表示放弃优先购买权的，该股东的配偶可以成为该公司股东；

（二）夫妻双方就出资额转让份额和转让价格等事项协商一致后，其他股东半数以上不同意转让，但愿意以同等条件购买该出资额的，人民法院可以对转让出资所得财产进行分割。其他股东半数以上不同意转让，也不愿意以同等条件购买该出资额的，视为其同意转让，该股东的配偶可以成为该公司股东。

用于证明前款规定的股东同意的证据，可以是股东会议材料，也可以是当事人通过其他合法途径取得的股东的书面声明材料。

第七十四条　人民法院审理离婚案件，涉及分割夫妻共同财产中以一方名义在合伙企业中的出资，另一方不是该企业合伙人的，当夫妻双方协商一致，将其合伙企业中的财产份额全部或者部分转让给对方时，按以下情形分别处理：

（一）其他合伙人一致同意的，该配偶依法取得合伙人地位；

（二）其他合伙人不同意转让，在同等条件下行使优先购买权的，可以对转让所得的财产进行分割；

（三）其他合伙人不同意转让，也不行使优先购买权，但同意该合伙人退伙或者削减部分财产份额的，可以对结算后的财产进行分割；

（四）其他合伙人既不同意转让，也不行使优先购买权，又不同意该合伙人退伙或者削减部分财产份额的，视为全体合伙人同意转让，该配偶依法取得合伙人地位。

第七十五条　夫妻以一方名义投资设立个人独资企业的，人民法院分割夫妻在该个人独资企业中的共同财产时，应当按照以下情形分别处理：

（一）一方主张经营该企业的，对企业资产进行评估后，由取得企业资产所有权一方给予另一方相应的补偿；

（二）双方均主张经营该企业的，在双方竞价基础上，由取得企业资产所有权的一方给予另一方相应的补偿；

（三）双方均不愿意经营该企业的，按照《中华人民共和国个人独资企业法》等有关规定办理。

第七十六条　双方对夫妻共同财产中的房屋价值及归属无法达成协议时，人民法院按以下情形分别处理：

（一）双方均主张房屋所有权并且同意竞价取得的，应当准许；

（二）一方主张房屋所有权的，由评估机构按市场价格对房屋作出评估，取得房屋所有权的一方应当给予另一方相应的补偿；

（三）双方均不主张房屋所有权的，根据当事人的申请拍卖、变卖房屋，就所得价款进行分割。

第七十七条　离婚时双方对尚未取得所有权或者尚未取得完全所有权的房屋有争议且协商不成的，人民法院不宜判决房屋所有权的归属，应当根据实际情况判决由当事人使用。

当事人就前款规定的房屋取得完全所有权后，有争议的，可以另行向人民法院提起诉讼。

第七十八条　夫妻一方婚前签订不动产买卖合同，以个人财产支付首付款并在银行贷款，婚后用夫妻共同财产还贷，不动产登记于首付款支付方名下的，离婚时该不动产由双方协议处理。

依前款规定不能达成协议的，人民法院可以判决该不动产归登记一方，尚未归还的贷款为不动产登记一方的个人债务。双方婚后共同还贷支付的款项及其相对应财产增值部分，离婚时应根据民法典第一千零八十七条第一款规定的原则，由不动产登记一方对另一方进行补偿。

第七十九条 婚姻关系存续期间，双方用夫妻共同财产出资购买以一方父母名义参加房改的房屋，登记在一方父母名下，离婚时另一方主张按照夫妻共同财产对该房屋进行分割的，人民法院不予支持。购买该房屋时的出资，可以作为债权处理。

第八十条 离婚时夫妻一方尚未退休、不符合领取基本养老金条件，另一方请求按照夫妻共同财产分割基本养老金的，人民法院不予支持；婚后以夫妻共同财产缴纳基本养老保险费，离婚时一方主张将养老金账户中婚姻关系存续期间个人实际缴纳部分及利息作为夫妻共同财产分割的，人民法院应予支持。

第八十一条 婚姻关系存续期间，夫妻一方作为继承人依法可以继承的遗产，在继承人之间尚未实际分割，起诉离婚时另一方请求分割的，人民法院应当告知当事人在继承人之间实际分割遗产后另行起诉。

第八十二条 夫妻之间订立借款协议，以夫妻共同财产出借给一方从事个人经营活动或者用于其他个人事务的，应视为双方约定处分夫妻共同财产的行为，离婚时可以按照借款协议的约定处理。

第八十三条 离婚后，一方以尚有夫妻共同财产未处理为由向人民法院起诉请求分割的，经审查该财产确属离婚时未涉及的夫妻共同财产，人民法院应当依法予以分割。

第八十四条 当事人依据民法典第一千零九十二条的规定向人民法院提起诉讼，请求再次分割夫妻共同财产的诉讼时效期间为三年，从当事人发现之日起计算。

第八十五条 夫妻一方申请对配偶的个人财产或者夫妻共同财产采取保全措施的，人民法院可以在采取保全措施可能造成损失的范围内，根据实际情况，确定合理的财产担保数额。

第八十六条 民法典第一千零九十一条规定的“损害赔偿”，包括物质损害赔偿和精神损害赔偿。涉及精神损害赔偿的，适用《最高人民法院关于确定民事侵权精神损害赔偿责任若干问题的解释》的有关规定。

第八十七条　承担民法典第一千零九十一条规定的损害赔偿责任的主体，为离婚诉讼当事人中无过错方的配偶。

人民法院判决不准离婚的案件，对于当事人基于民法典第一千零九十一条提出的损害赔偿请求，不予支持。

在婚姻关系存续期间，当事人不起诉离婚而单独依据民法典第一千零九十一条提起损害赔偿请求的，人民法院不予受理。

第八十八条　人民法院受理离婚案件时，应当将民法典第一千零九十一条等规定中当事人的有关权利义务，书面告知当事人。在适用民法典第一千零九十一条时，应当区分以下不同情况：

（一）符合民法典第一千零九十一条规定的无过错方作为原告基于该条规定向人民法院提起损害赔偿请求的，必须在离婚诉讼的同时提出。

（二）符合民法典第一千零九十一条规定的无过错方作为被告的离婚诉讼案件，如果被告不同意离婚也不基于该条规定提起损害赔偿请求的，可以就此单独提起诉讼。

（三）无过错方作为被告的离婚诉讼案件，一审时被告未基于民法典第一千零九十一条规定提出损害赔偿请求，二审期间提出的，人民法院应当进行调解；调解不成的，告知当事人另行起诉。双方当事人同意由第二审人民法院一并审理的，第二审人民法院可以一并裁判。

第八十九条　当事人在婚姻登记机关办理离婚登记手续后，以民法典第一千零九十一条规定为由向人民法院提出损害赔偿请求的，人民法院应当受理。但当事人在协议离婚时已经明确表示放弃该项请求的，人民法院不予支持。

第九十条　夫妻双方均有民法典第一千零九十一条规定的过错情形，一方或者双方向对方提出离婚损害赔偿请求的，人民法院不予支持。

《婚姻登记条例》（2025 年 3 月 21 日修订）

第十三条　内地居民自愿离婚的，男女双方应当签订书面离婚协议，亲自到婚姻登记机关共同申请离婚登记。

中国公民同外国人在中国内地自愿离婚的，内地居民同香港居民、澳门居民、台湾居民、华侨在中国内地自愿离婚的，男女双方应当签订书面离婚协议，亲自到本条例第二条第二款规定的婚姻登记机关共同申请离婚登记。

离婚协议应当载明双方自愿离婚的意思表示和对子女抚养、财产以及债务处理等事项协商一致的意见。

第十四条　申请离婚登记的当事人有下列情形之一的，婚姻登记机关不予受理：

（一）未达成离婚协议的；

（二）属于无民事行为能力人或者限制民事行为能力人的；

（三）其结婚登记不是在中国内地办理的。

第十五条 申请离婚登记的内地居民应当出具下列证件：

（一）本人的居民身份证；

（二）本人的结婚证。

申请离婚登记的香港居民、澳门居民、台湾居民、华侨、外国人除应当出具前款第二项规定的证件外，香港居民、澳门居民、台湾居民还应当出具本人的有效通行证或者港澳台居民居住证、身份证；华侨、外国人还应当出具本人的有效护照或者其他有效的国际旅行证件，或者外国人永久居留身份证等中国政府主管机关签发的身份证件。

第十六条 婚姻登记机关应当在法律规定期限内，根据当事人的申请，核对离婚登记当事人出具的证件、书面材料并询问相关情况。对当事人确属自愿离婚，并已经对子女抚养、财产以及债务处理等事项协商一致，男女双方亲自到收到离婚登记申请的婚姻登记机关共同申请发给离婚证的，婚姻登记机关应当当场予以登记，发给离婚证。

当事人未在法律规定期限内申请发给离婚证的，视为撤回离婚登记申请，离婚登记程序终止。

第十七条 婚姻登记机关在办理离婚登记过程中，可以根据情况及时对离婚登记当事人开展心理辅导、调解等工作。

适用本案由需要注意的问题

◆根据《民事诉讼法》第22条的规定，对公民提起的民事诉讼，由被告住所地人民法院管辖；被告住所地与经常居住地不一致的，由经常居住地人民法院管辖。

◆对于一般离婚纠纷案件，《最高人民法院关于适用〈中华人民共和国民事诉讼法〉的解释》第12条规定：“夫妻一方离开住所地超过一年，另一方起诉离婚的案件，可以由原告住所地人民法院管辖。夫妻双方离开住所地超过一年，一方起诉离婚的案件，由被告经常居住地人民法院管辖；没有经常居住地的，由原告起诉时被告居住地人民法院管辖。”

◆对于军婚，《最高人民法院关于适用〈中华人民共和国民事诉讼法〉的解释》第11条规定：“双方当事人均为军人或者军队单位的民事案件由军事法院管辖。”《最高人民法院关于军事法院管辖民事案件若干问题的规定》第2条规定：“下列民事案件，有关军事法院与地方人民法院都有权管辖，地方当事人向军事法院提起诉讼的，军事法院应当受理……（二）当事人一方为军人的婚姻家庭纠纷案件……”婚姻家庭纠纷案件的管辖均适用本原则。

◆对于涉外婚姻，《最高人民法院关于适用〈中华人民共和国民事诉讼法〉的解释》第13条规定：“在国内结婚并定居国外的华侨，如定居国法院以离婚诉讼须由婚姻缔结地法院管辖为由不予受理，当事人向人民法院提出离婚诉讼的，由婚姻缔结地或者一方在国内的最后居住地人民法院管辖。”第14条规定：“在国外结婚并定居国外的华侨，如定居国法院以离婚诉讼须由国籍所属国法院管辖为由不予受理，当事人向人民法院提出离婚诉讼的，由一方原住所地或者在国内的最后居住地人民法院管辖。”第15条规定：“中国公民一方居住在国外，一方居住在国内，不论哪一方向人民法院提起离婚诉讼，国内一方住所地人民法院都有权管辖。国外一方在居住国法院起诉，国内一方向人民法院起诉的，受诉人民法院有权管辖。”第16条规定：“中国公民双方在国外但未定居，一方向人民法院起诉离婚的，应由原告或者被告原住所地人民法院管辖。”婚姻家庭纠纷案件的管辖均适用本原则。

◆适用本案由时，要注意其与婚姻无效的区别。婚姻无效是对违法的、不具有法律效力的婚姻关系的否定，离婚则是对合法有效婚姻关系的解除；另外，离婚的主体只能是婚姻当事人，而请求宣告婚姻无效的主体并不限于当事人，也包括其他利害关系人。

◆根据《最高人民法院关于适用〈中华人民共和国民法典〉婚姻家庭编的解释（二）》第2条的规定，“夫妻登记离婚后，一方以双方意思表示虚假为由请求确认离婚无效的，人民法院不予支持”。这意味着法律上不认可“假离婚”的概念，一旦办理离婚登记即产生法律效力。若案情主要涉及财产纠纷则法院应适用离婚后财产纠纷案由进行审理。

◆根据《最高人民法院关于适用〈中华人民共和国民法典〉婚姻家庭编的解释（二）》第3条的规定，“夫妻一方的债权人有证据证明离婚协议中财产分割条款影响其债权实现，请求参照适用民法典第五百三十八条或者第五百三十九条规定撤销相关条款的，人民法院应当综合考虑夫妻共同财产整体分割及履行情况、子女抚养费负担、离婚过错等因素，依法予以支持”。因此夫妻双方在离婚时虽然可以对于财产分割事项进行约定，但不得损害债权人的合法权益。值得注意的是，由于离婚纠纷的主体是夫妻双方，因此债权人依据本条款行使撤销权请求权时仍应适用“债权人撤销权纠纷”案由。

◆对于父母出资为子女买房离婚时房产如何分割的问题，《最高人民法院关于适用〈中华人民共和国民法典〉婚姻家庭编的解释（二）》第8条给出了答案，在处理离婚诉讼中涉及父母出资所购房产的分割问题时，应首先明确该房产原则上属于夫妻共同财产（基于出资推定为对双方的赠与）。分割的核心原则是《民法典》第1087条，并需特别重视“财产的具体情况”，其中“出资来源”是关键考量因素。具体来说：（1）对于一方父母全额出资的房产，原则上判归出资方子女，但对非出资方配偶的补偿需动态调整，婚龄长短、家庭付出、子女情况、过错等因素显著影响补偿额，长婚高补（一般≤50%市值），短婚少补甚至不补。（2）对于一方父母部分出资或双方父母出资的情形，房产仍属共同共有。分割时出资比例是决定性变量：比例悬殊则房屋倾向判归高出资方子女由其补偿对方；比例相当则依据照顾子女、女方和无过错方原则判定归属。补偿额以离婚时房屋市价为基准。这种处理方式体现了婚姻家庭法的伦理特性，旨在平衡保护出资方权益与认可配偶对家庭的贡献，引导关注实质付出而非登记形式，防范婚姻投机，最终促进家庭和谐稳定。

15. 离婚后财产纠纷

案由解析

离婚后财产是指夫妻双方依照法律规定的条件和程序解除婚姻关系后依法将夫妻共同财产划分为各自的个人财产。

离婚后财产纠纷是指双方当事人在解除婚姻关系时，由于未对双方婚姻关系存续期间的夫妻财产进行分配，在离婚后针对前述财产的分配而引起的纠纷。当事人因离婚协议中有关的财产分配协议而发生的纠纷以及夫妻双方协议离婚后一年内就原财产分配反悔而请求变更或撤销财产分配协议而引起的纠纷也属于离婚后财产纠纷。

离婚后财产纠纷的主要特征是：（1）主体特定。离婚后财产纠纷的主体是原具有合法婚姻关系现已解除婚姻关系的男女双方当事人。（2）复杂性。随着我国社会经济发展，婚姻家庭领域里的财产状况发生了很大变化，离婚案件中的财产纠纷越来越复杂，财产种类、财产争执标的额和过去不可同日而语。当夫妻感情破裂时，对财产的争执往往寸金不让。离婚案件中的财产纠纷会涉及一些财产收益的法律确定和当事人经济利益的衡量。（3）适当考虑照顾子女和女方利益。由于受先天生理以及传统观念的影响，未成年子女没有经济来源，女方在工作生活中都处于弱势地位，为此，实践中处理离婚后财产纠纷时，多以照顾子女和女方利益为原则。

常用法律条文及索引

《中华人民共和国民法典》（2020年5月28日公布　2021年1月1日施行）

第一千零九十二条　夫妻一方隐藏、转移、变卖、毁损、挥霍夫妻共同财产，或者伪造夫妻共同债务企图侵占另一方财产的，在离婚分割夫妻共同财产时，对该方可以少分或者不分。离婚后，另一方发现有上述行为的，可以向人民法院提起诉讼，请求再次分割夫妻共同财产。

《最高人民法院关于适用〈中华人民共和国民法典〉婚姻家庭编的解释(一)》（法释〔2020〕22号　2020年12月29日公布）

第八十四条　当事人依据民法典第一千零九十二条的规定向人民法院提起诉讼，请求再次分割夫妻共同财产的诉讼时效期间为三年，从当事人发现之日起计算。

第八十五条　夫妻一方申请对配偶的个人财产或者夫妻共同财产采取保全措施的，人民法院可以在采取保全措施可能造成损失的范围内，根据实际情况，确定合理的财产担保数额。

《最高人民法院关于适用〈中华人民共和国民法典〉婚姻家庭编的解释(二)》（法释〔2025〕1号　2025年1月15日公布）

第六条　夫妻一方未经另一方同意，在网络直播平台用夫妻共同财产打赏，数额明显超出其家庭一般消费水平，严重损害夫妻共同财产利益的，可以认定为民法典第一千零六十六条和第一千零九十二条规定的“挥霍”。另一方请求在婚姻关系存续期间分割夫妻共同财产，或者在离婚分割夫妻共同财产时请求对打赏一方少分或者不分的，人民法院应予支持。

第七条　夫妻一方为重婚、与他人同居以及其他违反夫妻忠实义务等目的，将夫妻共同财产赠与他人或者以明显不合理的价格处分夫妻共同财产，另一方主张该民事法律行为违背公序良俗无效的，人民法院应予支持并依照民法典第一百五十七条规定处理。

夫妻一方存在前款规定情形，另一方以该方存在转移、变卖夫妻共同财产行为，严重损害夫妻共同财产利益为由，依据民法典第一千零六十六条规定请求在婚姻关系存续期间分割夫妻共同财产，或者依据民法典第一千零九十二条规定请求在离婚分割夫妻共同财产时对该方少分或者不分的，人民法院应予支持。

第八条 婚姻关系存续期间，夫妻购置房屋由一方父母全额出资，如果赠与合同明确约定只赠与自己子女一方的，按照约定处理；没有约定或者约定不明确的，离婚分割夫妻共同财产时，人民法院可以判决该房屋归出资人子女一方所有，并综合考虑共同生活及孕育共同子女情况、离婚过错、对家庭的贡献大小以及离婚时房屋市场价格等因素，确定是否由获得房屋一方对另一方予以补偿以及补偿的具体数额。

婚姻关系存续期间，夫妻购置房屋由一方父母部分出资或者双方父母出资，如果赠与合同明确约定相应出资只赠与自己子女一方的，按照约定处理；没有约定或者约定不明确的，离婚分割夫妻共同财产时，人民法院可以根据当事人诉讼请求，以出资来源及比例为基础，综合考虑共同生活及孕育共同子女情况、离婚过错、对家庭的贡献大小以及离婚时房屋市场价格等因素，判决房屋归其中一方所有，并由获得房屋一方对另一方予以合理补偿。

第二十条 离婚协议约定将部分或者全部夫妻共同财产给予子女，离婚后，一方在财产权利转移之前请求撤销该约定的，人民法院不予支持，但另一方同意的除外。

一方不履行前款离婚协议约定的义务，另一方请求其承担继续履行或者因无法履行而赔偿损失等民事责任的，人民法院依法予以支持。

双方在离婚协议中明确约定子女可以就本条第一款中的相关财产直接主张权利，一方不履行离婚协议约定的义务，子女请求参照适用民法典第五百二十二条第二款规定，由该方承担继续履行或者因无法履行而赔偿损失等民事责任的，人民法院依法予以支持。

离婚协议约定将部分或者全部夫妻共同财产给予子女，离婚后，一方有证据证明签订离婚协议时存在欺诈、胁迫等情形，请求撤销该约定的，人民法院依法予以支持；当事人同时请求分割该部分夫妻共同财产的，人民法院依照民法典第一千零八十七条规定处理。

适用本案由需要注意的问题

◆适用本案由时，要注意其与离婚纠纷的区别。离婚纠纷是男女双方在解除婚姻关系的过程中所涉及的纠纷，主要围绕合法有效的婚姻关系的解除进行。而离婚后财产纠纷是在婚姻关系解除后而由此产生的一系列关于财产分配的纠纷问题。

16. 离婚后损害责任纠纷

案由解析

离婚后损害责任是指配偶一方违法侵害另一方的合法权益，其过错行为导致婚姻关系破裂，离婚时无过错一方对所遭受的损害，有权要求过错一方配偶承担的损害责任。

离婚后损害责任纠纷是指离婚纠纷中无过错的一方当事人在婚姻登记机关办理离婚登记手续后或者在人民法院判决离婚、调解离婚（明确放弃损害赔偿请求的除外）后的特定期限内，向人民法院起诉要求有过错一方承担损害责任而引发的纠纷。

离婚后损害责任的主要特征是：(1) 离婚后损害责任的主体是解除婚姻关系的有过错一方当事人。离婚后损害赔偿是婚姻当事人之间的纠纷，解决的是配偶之间身份关系的法律问题，第三者插足而导致离婚的，多以社会道德来调整，第三者并不承担损害责任。(2) 离婚后损害责任请求权只能由无过错的一方当事人行使。双方都有法律规定的过错行为之一的，一方在离婚诉讼中请求离婚损害赔偿的，法院一般不予支持。

常用法律条文及索引

《中华人民共和国民法典》（2020年5月28日公布　2021年1月1日施行）

第一千零九十一条　有下列情形之一，导致离婚的，无过错方有权请求损害赔偿：

（一）重婚；

（二）与他人同居；

（三）实施家庭暴力；

（四）虐待、遗弃家庭成员；

（五）有其他重大过错。

《最高人民法院关于适用〈中华人民共和国民法典〉婚姻家庭编的解释（一）》（法释〔2020〕22号　2020年12月29日公布）

第八十六条　民法典第一千零九十一条规定的“损害赔偿”，包括物质损害赔偿和精神损害赔偿。涉及精神损害赔偿的，适用《最高人民法院关于确定民事侵权精神损害赔偿责任若干问题的解释》的有关规定。

第八十七条 承担民法典第一千零九十一条规定的损害赔偿责任的主体，为离婚诉讼当事人中无过错方的配偶。

人民法院判决不准离婚的案件，对于当事人基于民法典第一千零九十一条提出的损害赔偿请求，不予支持。

在婚姻关系存续期间，当事人不起诉离婚而单独依据民法典第一千零九十一条提起损害赔偿请求的，人民法院不予受理。

第八十八条 人民法院受理离婚案件时，应当将民法典第一千零九十一条等规定中当事人的有关权利义务，书面告知当事人。在适用民法典第一千零九十一条时，应当区分以下不同情况：

（一）符合民法典第一千零九十一条规定的无过错方作为原告基于该条规定向人民法院提起损害赔偿请求的，必须在离婚诉讼的同时提出。

（二）符合民法典第一千零九十一条规定的无过错方作为被告的离婚诉讼案件，如果被告不同意离婚也不基于该条规定提起损害赔偿请求的，可以就此单独提起诉讼。

（三）无过错方作为被告的离婚诉讼案件，一审时被告未基于民法典第一千零九十一条规定提出损害赔偿请求，二审期间提出的，人民法院应当进行调解；调解不成的，告知当事人另行起诉。双方当事人同意由第二审人民法院一并审理的，第二审人民法院可以一并裁判。

第八十九条 当事人在婚姻登记机关办理离婚登记手续后，以民法典第一千零九十一条规定为由向人民法院提出损害赔偿请求的，人民法院应当受理。但当事人在协议离婚时已经明确表示放弃该项请求的，人民法院不予支持。

第九十条 夫妻双方均有民法典第一千零九十一条规定的过错情形，一方或者双方向对方提出离婚损害赔偿请求的，人民法院不予支持。

适用本案由需要注意的问题

◆适用本案由时，要注意其与离婚时的经济补偿的区别。离婚时的经济补偿请求权的取得主要包括两种情况：一是夫妻书面约定婚姻关系存续期间财产归各自所有；二是夫妻一方因抚养子女、照料老人、协助另一方工作等付出了较多义务。因此，离婚时的经济补偿不以一方存在过错为前提。而离婚后损害责任请求权只能由无过错的一方当事人向有过错的一方当事人行使，双方都存在法律规定的过错行为时，一方在离婚诉讼中请求离婚损害赔偿的，法院一般不予支持。

◆离婚后损害赔偿请求权是由无过错一方当事人向有过错一方当事人在办理离婚登记手续或者法院判决离婚后一年内提出的。过错行为与离婚之间应当有必然的因果关系，如果虽有法律规定的过错行为但并未提出离婚，或虽然离婚但并非由过错行为导致的，均不适用本案由。

17. 婚姻无效纠纷

案由解析

婚姻无效是指婚姻因违背法律规定的结婚实质要件或者形式要件而不发生法律效力。

婚姻无效纠纷是指具有婚姻关系的一方当事人或者其他利害关系人，以婚姻关系缺乏法律规定的实质要件或者形式要件为由主张婚姻关系无效，而产生的纠纷。

婚姻无效的主要特征是：（1）无效婚姻不具备法律规定的要件。无效婚姻的法定情形包括：重婚的；有禁止结婚的亲属关系的；婚前患有医学上认为不应当结婚的疾病，婚后尚未治愈的；未到法定婚龄的。（2）婚姻效力不适用调解。我国法律关于婚姻无效的规定是强制性规范，婚姻有无效力只能根据客观事实认定，关于婚姻效力应以判决方式结案，而不应以调解方式结案。（3）宣告婚姻无效的请求权人是特定的。有权依法请求宣告婚姻无效的权利人为婚姻当事人和利害关系人。

常用法律条文及索引

《中华人民共和国民法典》（2020年5月28日公布　2021年1月1日施行）

第一千零四十七条　结婚年龄，男不得早于二十二周岁，女不得早于二十周岁。

第一千零四十八条　直系血亲或者三代以内的旁系血亲禁止结婚。

第一千零五十一条　有下列情形之一的，婚姻无效：

（一）重婚；

（二）有禁止结婚的亲属关系；

（三）未到法定婚龄。

第一千零五十四条 无效的或者被撤销的婚姻自始没有法律约束力，当事人不具有夫妻的权利和义务。同居期间所得的财产，由当事人协议处理；协议不成的，由人民法院根据照顾无过错方的原则判决。对重婚导致的无效婚姻的财产处理，不得侵害合法婚姻当事人的财产权益。当事人所生的子女，适用本法关于父母子女的规定。

婚姻无效或者被撤销的，无过错方有权请求损害赔偿。

《中华人民共和国涉外民事关系法律适用法》（2010年10月28日公布 2011年4月1日施行）

第二十一条 结婚条件，适用当事人共同经常居所地法律；没有共同经常居所地的，适用共同国籍国法律；没有共同国籍，在一方当事人经常居所地或者国籍国缔结婚姻的，适用婚姻缔结地法律。

第二十二条 结婚手续，符合婚姻缔结地法律、一方当事人经常居所地法律或者国籍国法律的，均为有效。

《最高人民法院关于适用〈中华人民共和国民法典〉婚姻家庭编的解释（一）》（法释〔2020〕22号 2020年12月29日公布）

第九条 有权依据民法典第一千零五十一条规定向人民法院就已办理结婚登记的婚姻请求确认婚姻无效的主体，包括婚姻当事人及利害关系人。其中，利害关系人包括：

（一）以重婚为由的，为当事人的近亲属及基层组织；

（二）以未到法定婚龄为由的，为未到法定婚龄者的近亲属；

（三）以有禁止结婚的亲属关系为由的，为当事人的近亲属。

第十条 当事人依据民法典第一千零五十一条规定向人民法院请求确认婚姻无效，法定的无效婚姻情形在提起诉讼时已经消失的，人民法院不予支持。

第十一条 人民法院受理请求确认婚姻无效案件后，原告申请撤诉的，不予准许。

对婚姻效力的审理不适用调解，应当依法作出判决。

涉及财产分割和子女抚养的，可以调解。调解达成协议的，另行制作调解书；未达成调解协议的，应当一并作出判决。

第十二条 人民法院受理离婚案件后，经审理确属无效婚姻的，应当将婚姻无效的情形告知当事人，并依法作出确认婚姻无效的判决。

第十三条 人民法院就同一婚姻关系分别受理了离婚和请求确认婚姻无

效案件的，对于离婚案件的审理，应当待请求确认婚姻无效案件作出判决后进行。

第十四条　夫妻一方或者双方死亡后，生存一方或者利害关系人依据民法典第一千零五十一条的规定请求确认婚姻无效的，人民法院应当受理。

第十五条　利害关系人依据民法典第一千零五十一条的规定，请求人民法院确认婚姻无效的，利害关系人为原告，婚姻关系当事人双方为被告。

夫妻一方死亡的，生存一方为被告。

第十六条　人民法院审理重婚导致的无效婚姻案件时，涉及财产处理的，应当准许合法婚姻当事人作为有独立请求权的第三人参加诉讼。

第十七条　当事人以民法典第一千零五十一条规定的三种无效婚姻以外的情形请求确认婚姻无效的，人民法院应当判决驳回当事人的诉讼请求。

当事人以结婚登记程序存在瑕疵为由提起民事诉讼，主张撤销结婚登记的，告知其可以依法申请行政复议或者提起行政诉讼。

《最高人民法院关于适用〈中华人民共和国民法典〉婚姻家庭编的解释（二）》（法释〔2025〕1号　2025年1月15日公布）

第一条　当事人依据民法典第一千零五十一条第一项规定请求确认重婚的婚姻无效，提起诉讼时合法婚姻当事人已经离婚或者配偶已经死亡，被告以此为由抗辩后一婚姻自以上情形发生时转为有效的，人民法院不予支持。

适用本案由需要注意的问题

◆适用本案由时，要注意其与离婚纠纷的区别。离婚纠纷是男女双方在解除婚姻关系的过程中所涉及的纠纷，其中主要是围绕着合法有效的婚姻关系的解除进行。婚姻无效纠纷则是以婚姻不具有法定要件，并且无法律效力为前提的。人民法院受理离婚案件后，经审查确属无效婚姻的，应当告知当事人，并依法作出宣告婚姻无效的判决。

◆根据《最高人民法院关于适用〈中华人民共和国民法典〉婚姻家庭编的解释（二）》第1条的规定，“当事人依据民法典第一千零五十一条第一项规定请求确认重婚的婚姻无效，提起诉讼时合法婚姻当事人已经离婚或者配偶已经死亡，被告以此为由抗辩后一婚姻自以上情形发生时转为有效的，人民法院不予支持”。该条款的核心意思是重婚始终无效，也彻底否定了“重婚转正”理论。只要当事人以被告重婚为由起诉确认婚姻无效，即使合法婚姻当事人已经离婚或者配偶已经死亡，人民法院依然需要判决重婚无效。此规定严守一夫一妻制底线，防止重婚者通过时间差获利。在重婚情形下，必须彻彻底底地否定掉重婚的效力，只有这样才能保护合法婚姻，同时保护相关当事人的合法权益。

18. 撤销婚姻纠纷

案由解析

撤销婚姻是指一方当事人对其因受胁迫导致意思表示不真实而成立的婚姻，通过行使法律赋予的撤销婚姻的请求权，而使该婚姻归于无效的法律行为。

撤销婚姻纠纷是指一方当事人因受对方当事人的胁迫而与其办理了结婚登记，该婚姻关系成立后，当事人在法定期间内以受胁迫为由请求人民法院撤销其婚姻关系而引发的纠纷。

撤销婚姻纠纷的主要特征是：（1）撤销婚姻必须基于法定事由在法定期间内提出。我国法律规定，因受胁迫结婚的，受胁迫一方的撤销婚姻请求，应当自结婚登记之日起一年内提出。被非法限制人身自由的当事人请求撤销婚姻的，应当自恢复人身自由之日起一年内提出。（2）撤销婚姻的请求权人是特定的。撤销婚姻请求仅限受胁迫方本人，受胁迫方是否行使撤销权由其本人意志决定，其他任何个人或单位均不得干涉。（3）撤销婚姻的程序由受胁迫方当事人自行选择。受胁迫方既可依行政程序向婚姻登记机关提出撤销婚姻的请求，也可依诉讼程序向人民法院提出撤销婚姻的请求。

常用法律条文及索引

《中华人民共和国民法典》（2020年5月28日公布　2021年1月1日施行）

第一千零五十二条　因胁迫结婚的，受胁迫的一方可以向人民法院请求撤销婚姻。

请求撤销婚姻的，应当自胁迫行为终止之日起一年内提出。

被非法限制人身自由的当事人请求撤销婚姻的，应当自恢复人身自由之日起一年内提出。

第一千零五十三条　一方患有重大疾病的，应当在结婚登记前如实告知另一方；不如实告知的，另一方可以向人民法院请求撤销婚姻。

请求撤销婚姻的，应当自知道或者应当知道撤销事由之日起一年内提出。

第一千零五十四条　无效的或者被撤销的婚姻自始没有法律约束力，当事人不具有夫妻的权利和义务。同居期间所得的财产，由当事人协议处理；协议不成的，由人民法院根据照顾无过错方的原则判决。对重婚导致的无效婚姻的财产处理，不得侵害合法婚姻当事人的财产权益。当事人所生的子女，适用本法关于父母子女的规定。

婚姻无效或者被撤销的，无过错方有权请求损害赔偿。

《最高人民法院关于适用〈中华人民共和国民法典〉婚姻家庭编的解释（一）》（法释〔2020〕22号　2020年12月29日公布）

第十八条　行为人以给另一方当事人或者其近亲属的生命、身体、健康、名誉、财产等方面造成损害为要挟，迫使另一方当事人违背真实意愿结婚的，可以认定为民法典第一千零五十二条所称的“胁迫”。

因受胁迫而请求撤销婚姻的，只能是受胁迫一方的婚姻关系当事人本人。

第十九条　民法典第一千零五十二条规定的“一年”，不适用诉讼时效中止、中断或者延长的规定。

受胁迫或者被非法限制人身自由的当事人请求撤销婚姻的，不适用民法典第一百五十二条第二款的规定。

第二十条　民法典第一千零五十四条所规定的“自始没有法律约束力”，是指无效婚姻或者可撤销婚姻在依法被确认无效或者被撤销时，才确定该婚姻自始不受法律保护。

第二十一条　人民法院根据当事人的请求，依法确认婚姻无效或者撤销婚姻的，应当收缴双方的结婚证书并将生效的判决书寄送当地婚姻登记管理机关。

第二十二条　被确认无效或者被撤销的婚姻，当事人同居期间所得的财产，除有证据证明为当事人一方所有的以外，按共同共有处理。

《最高人民法院关于适用〈中华人民共和国民法典〉时间效力的若干规定》（法释〔2020〕15号　2020年12月29日公布）

第二十六条　当事人以民法典施行前受胁迫结婚为由请求人民法院撤销婚姻的，撤销权的行使期限适用民法典第一千零五十二条第二款的规定。

《婚姻登记条例》（2025年3月21日修订）

第十二条　因胁迫结婚的，受胁迫的当事人可以依据民法典第一千零五十二条的规定向人民法院请求撤销婚姻。一方当事人患有重大疾病的，应当在结婚登记前如实告知另一方当事人；不如实告知的，另一方当事人可以依据民法典第一千零五十三条的规定向人民法院请求撤销婚姻。

适用本案由需要注意的问题

◆适用本案由时，尤其要注意其与婚姻无效纠纷的区别。婚姻无效是因为不具备法律规定的要件，无效婚姻的法定情形包括：重婚；有禁止结婚的亲属关系；未到法定婚龄。提出婚姻无效请求权的可以是婚姻关系当事人，也可以是利害关系人。而撤销婚姻纠纷的法定事由包括受胁迫以及患有重大疾病婚前未如实告知。并且提出撤销婚姻请求权的只能是受胁迫的一方以及患有重大疾病未如实告知的另一方。

◆所谓胁迫，是指行为人以给另一方当事人或者其近亲属的生命、身体、健康、名誉、财产等方面造成损害为要挟，迫使另一方当事人违背真实意愿结婚的情形。实践中，有的欺诈情形，如隐瞒未到法定婚龄，已婚的欺骗未婚的，《民法典》第 1051 条已规定为无效婚姻，其他因欺诈导致夫妻感情破裂的，可以通过离婚解除婚姻关系。

19. 夫妻财产约定纠纷

案由解析

夫妻财产约定是指夫妻双方采用书面形式约定婚姻关系存续期间所得的财产以及婚前财产归共同所有、各自所有或部分共同所有、部分各自所有。

夫妻财产约定纠纷是指夫妻双方在履行夫妻财产约定时产生的纠纷。

夫妻财产约定的主要特征是：（1）夫妻约定财产的对象，既包括夫或妻一方的婚前个人财产，也包括夫妻双方在婚姻存续期间所得的财产。没有约定或约定不明确的，适用关于共同财产制或个人财产制的规定。（2）夫妻财产约定的方式，只能采用书面形式。夫妻财产约定不仅涉及夫妻双方的重大财产利益和婚姻家庭生活的物质保障，而且还影响到第三人的财产利益，采用书面形式，可以防止双方事后就约定发生纠纷，也可以有效保护第三人的合法债权。（3）夫妻之间达成的财产约定，对双方当事人均具有约束力。夫妻财产约定的对外效力视具体情形而定。第三人事先知道相对人有夫妻财产约定的，该约定有对抗第三人的效力；第三人事先不知道相对人有夫妻财产约定，而且作为相对人的夫或妻一方不能证明当事人事先知道的，该约定则不具有对抗第三人的效力。

常用法律条文及索引

《中华人民共和国民法典》（2020 年 5 月 28 日公布　2021 年 1 月 1 日施行）

第一千零六十二条　夫妻在婚姻关系存续期间所得的下列财产，为夫妻的共同财产，归夫妻共同所有：

（一）工资、奖金、劳务报酬；

（二）生产、经营、投资的收益；

（三）知识产权的收益；

（四）继承或者受赠的财产，但是本法第一千零六十三条第三项规定的除外；

（五）其他应当归共同所有的财产。

夫妻对共同财产，有平等的处理权。

第一千零六十三条　下列财产为夫妻一方的个人财产：

（一）一方的婚前财产；

（二）一方因受到人身损害获得的赔偿或者补偿；

（三）遗嘱或者赠与合同中确定只归一方的财产；

（四）一方专用的生活用品；

（五）其他应当归一方的财产。

第一千零六十五条　男女双方可以约定婚姻关系存续期间所得的财产以及婚前财产归各自所有、共同所有或者部分各自所有、部分共同所有。约定应当采用书面形式。没有约定或者约定不明确的，适用本法第一千零六十二条、第一千零六十三条的规定。

夫妻对婚姻关系存续期间所得的财产以及婚前财产的约定，对双方具有法律约束力。

夫妻对婚姻关系存续期间所得的财产约定归各自所有，夫或者妻一方对外所负的债务，相对人知道该约定的，以夫或者妻一方的个人财产清偿。

《最高人民法院关于适用〈中华人民共和国民法典〉婚姻家庭编的解释（一）》（法释〔2020〕22 号　2020 年 12 月 29 日公布）

第二十四条　民法典第一千零六十二条第一款第三项规定的“知识产权的收益”，是指婚姻关系存续期间，实际取得或者已经明确可以取得的财产性收益。

第二十五条 婚姻关系存续期间，下列财产属于民法典第一千零六十二条规定的“其他应当归共同所有的财产”：

（一）一方以个人财产投资取得的收益；

（二）男女双方实际取得或者应当取得的住房补贴、住房公积金；

（三）男女双方实际取得或者应当取得的基本养老金、破产安置补偿费。

第二十六条 夫妻一方个人财产在婚后产生的收益，除孳息和自然增值外，应认定为夫妻共同财产。

第二十七条 由一方婚前承租、婚后用共同财产购买的房屋，登记在一方名下的，应当认定为夫妻共同财产。

第二十八条 一方未经另一方同意出售夫妻共同所有的房屋，第三人善意购买、支付合理对价并已办理不动产登记，另一方主张追回该房屋的，人民法院不予支持。

夫妻一方擅自处分共同所有的房屋造成另一方损失，离婚时另一方请求赔偿损失的，人民法院应予支持。

第二十九条 当事人结婚前，父母为双方购置房屋出资的，该出资应当认定为对自己子女个人的赠与，但父母明确表示赠与双方的除外。

当事人结婚后，父母为双方购置房屋出资的，依照约定处理；没有约定或者约定不明确的，按照民法典第一千零六十二条第一款第四项规定的原则处理。

第三十条 军人的伤亡保险金、伤残补助金、医药生活补助费属于个人财产。

第三十一条 民法典第一千零六十三条规定为夫妻一方的个人财产，不因婚姻关系的延续而转化为夫妻共同财产。但当事人另有约定的除外。

第三十二条 婚前或者婚姻关系存续期间，当事人约定将一方所有的房产赠与另一方或者共有，赠与方在赠与房产变更登记之前撤销赠与，另一方请求判令继续履行的，人民法院可以按照民法典第六百五十八条的规定处理。

第三十三条 债权人就一方婚前所负个人债务向债务人的配偶主张权利的，人民法院不予支持。但债权人能够证明所负债务用于婚后家庭共同生活的除外。

第三十四条 夫妻一方与第三人串通，虚构债务，第三人主张该债务为夫妻共同债务的，人民法院不予支持。

夫妻一方在从事赌博、吸毒等违法犯罪活动中所负债务，第三人主张该债务为夫妻共同债务的，人民法院不予支持。

第三十五条　当事人的离婚协议或者人民法院生效判决、裁定、调解书已经对夫妻财产分割问题作出处理的，债权人仍有权就夫妻共同债务向男女双方主张权利。

一方就夫妻共同债务承担清偿责任后，主张由另一方按照离婚协议或者人民法院的法律文书承担相应债务的，人民法院应予支持。

第三十六条　夫或者妻一方死亡的，生存一方应当对婚姻关系存续期间的夫妻共同债务承担清偿责任。

第三十七条　民法典第一千零六十五条第三款所称“相对人知道该约定的”，夫妻一方对此负有举证责任。

《最高人民法院关于适用〈中华人民共和国民法典〉婚姻家庭编的解释(二)》（法释〔2025〕1号　2025年1月15日公布）

第十条　夫妻以共同财产投资有限责任公司，并均登记为股东，双方对相应股权的归属没有约定或者约定不明确，离婚时，一方请求按照股东名册或者公司章程记载的各自出资额确定股权分割比例的，人民法院不予支持；对当事人分割夫妻共同财产的请求，人民法院依照民法典第一千零八十七条规定处理。

适用本案由需要注意的问题

◆适用本案由时，要注意其与离婚纠纷的区别。离婚纠纷是男女双方在解除婚姻关系的过程中所涉及的纠纷，这不仅仅涉及夫妻财产问题，还涉及未成年子女抚养问题。如果在离婚诉讼中，双方当事人对夫妻财产约定的效力发生争议的，应当属于离婚纠纷。而实践中，在夫妻关系存续期间或办理离婚登记时或离婚登记后，发生的因为夫妻财产约定的履行或效力的纠纷，应当适用本案由。

◆适用本案由时，要注意其与婚内夫妻财产分割纠纷的区别。婚内夫妻财产分割纠纷是夫妻双方在夫妻关系存续期间分割夫妻共同财产中发生的纠纷，所针对的对象是夫妻共同财产。而本案由下的纠纷则是夫妻双方履行夫妻财产约定过程中发生的纠纷，主要涉及夫妻财产约定的效力及履行是否符合约定，而夫妻财产约定则是对夫妻双方在婚姻关系存续期间所得的财产约定归各自所有或共同所有的约定，并非分割夫妻共同财产。

◆实践中，在适用本案由时还应注意以下问题：第一，订立夫妻财产约定协议时，夫妻双方均应有完全的民事行为能力，并且反映当事人双方的真实意思。否则，该夫妻财产约定无效。第二，夫妻双方以规避法律义务或逃避对第三人偿还债务为目的而订立的夫妻财产约定协议，应当认定其无效。第三，夫妻财产约定的时间并无法律限制。夫妻可以在结婚登记前、结婚登记时或者在婚姻关系存续期间，对双方的婚前个人财产和婚姻关系存续期间所得财产的所有权归属问题进行约定。

20. 同居关系纠纷

（1）同居关系析产纠纷

（2）同居关系子女抚养纠纷

案由解析

同居关系是指男女双方或一方有配偶未办理结婚登记，不以夫妻名义持续、稳定地共同居住，或男女双方未办理结婚登记而以夫妻名义共同生活，但不符合事实婚姻的法定条件的两性结合。

同居关系纠纷是指具有同居关系的男女双方当事人，在解除同居关系时，由于同居关系存续期间共有财产的分割或子女抚养问题而引发的纠纷。

同居关系的主要特征是：（1）同居关系的男女双方未办理结婚登记，因此，同居关系不是基于合法婚姻而产生的，不受法律的保护。（2）同居关系发生在男女之间。（3）同居关系的男女双方持续、稳定地共同生活。

典型形态

实践中，同居关系纠纷主要有：

（1）同居关系析产纠纷，指具有同居关系的男女在解除同居关系时因分割同居关系存续期间的财产而引发的纠纷。

（2）同居关系子女抚养纠纷，指具有同居关系的男女在解除同居关系时因同居关系存续期间的子女抚养问题而引发的纠纷。

常用法律条文及索引

《中华人民共和国民法典》（2020 年 5 月 28 日公布　2021 年 1 月 1 日施行）

第一千零五十四条　无效的或者被撤销的婚姻自始没有法律约束力，当事人不具有夫妻的权利和义务。同居期间所得的财产，由当事人协议处理；协议不成的，由人民法院根据照顾无过错方的原则判决。对重婚导致的无效婚姻的财产处理，不得侵害合法婚姻当事人的财产权益。当事人所生的子女，适用本法关于父母子女的规定。

婚姻无效或者被撤销的，无过错方有权请求损害赔偿。

第一千零七十一条　非婚生子女享有与婚生子女同等的权利，任何组织或者个人不得加以危害和歧视。

不直接抚养非婚生子女的生父或者生母，应当负担未成年子女或者不能独立生活的成年子女的抚养费。

《最高人民法院关于适用〈中华人民共和国民法典〉婚姻家庭编的解释(一)》（法释〔2020〕22号　2020年12月29日公布）

第二条　民法典第一千零四十二条、第一千零七十九条、第一千零九十一条规定的“与他人同居”的情形，是指有配偶者与婚外异性，不以夫妻名义，持续、稳定地共同居住。

第三条　当事人提起诉讼仅请求解除同居关系的，人民法院不予受理；已经受理的，裁定驳回起诉。

当事人因同居期间财产分割或者子女抚养纠纷提起诉讼的，人民法院应当受理。

第二十条　民法典第一千零五十四条所规定的“自始没有法律约束力”，是指无效婚姻或者可撤销婚姻在依法被确认无效或者被撤销时，才确定该婚姻自始不受法律保护。

第二十一条　人民法院根据当事人的请求，依法确认婚姻无效或者撤销婚姻的，应当收缴双方的结婚证书并将生效的判决书寄送当地婚姻登记管理机关。

第二十二条　被确认无效或者被撤销的婚姻，当事人同居期间所得的财产，除有证据证明为当事人一方所有的以外，按共同共有处理。

第四十条　婚姻关系存续期间，夫妻双方一致同意进行人工授精，所生子女应视为婚生子女，父母子女间的权利义务关系适用民法典的有关规定。

《最高人民法院关于适用〈中华人民共和国民法典〉婚姻家庭编的解释(二)》（法释〔2025〕1号　2025年1月15日公布）

第四条　双方均无配偶的同居关系析产纠纷案件中，对同居期间所得的财产，有约定的，按照约定处理；没有约定且协商不成的，人民法院按照以下情形分别处理：

（一）各自所得的工资、奖金、劳务报酬、知识产权收益，各自继承或者受赠的财产以及单独生产、经营、投资的收益等，归各自所有；

（二）共同出资购置的财产或者共同生产、经营、投资的收益以及其他无法区分的财产，以各自出资比例为基础，综合考虑共同生活情况、有无共同子女、对财产的贡献大小等因素进行分割。

适用本案由需要注意的问题

◆适用本案由时，要注意其与离婚纠纷的区别。离婚纠纷是男女双方在解除婚姻关系的过程中所涉及的纠纷，其解除的是合法有效的婚姻关系，当事人向人民法院起诉请求解除婚姻关系，人民法院应当受理。而同居关系纠纷当事人起诉请求解除同居关系的，人民法院不予受理。但当事人请求解除的同居关系，属于《民法典》第 1042 条、第 1079 条、第 1091 条规定的“与他人同居”的，人民法院应当受理并依法予以解除。当事人因同居期间财产分割或者子女抚养纠纷提起诉讼的，人民法院应当受理。

◆对于同居期间所得的财产，《最高人民法院关于适用〈中华人民共和国民法典〉婚姻家庭编的解释（一）》第 22 条规定，“被确认无效或者被撤销的婚姻，当事人同居期间所得的财产，除有证据证明为当事人一方所有的以外，按共同共有处理”。《最高人民法院关于适用〈中华人民共和国民法典〉婚姻家庭编的解释（二）》第 4 条对此进行了细化，对于该条款应注意以下几点：(1) 该条款仅适用于双方均无配偶的同居关系析产纠纷案件，对于任何一方有配偶的则不适用；(2) 尊重双方意思自治，双方对同居期间财产有约定的尊重双方的约定；(3) 与夫妻共同财产制相区别，对于“各自所得的工资、奖金、劳务报酬、知识产权收益，各自继承或者受赠的财产以及单独生产、经营、投资的收益等，归各自所有”，而对于“共同出资购置的财产或者共同生产、经营、投资的收益以及其他无法区分的财产”，遵循“贡献优先”原则，“以各自出资比例为基础，综合考虑共同生活情况、有无共同子女、对财产的贡献大小等因素进行分割”。同居期间一方自愿赠送给对方的财物，可比照赠与关系处理。对非婚生子女的抚养、教育和财产分割，应本着照顾妇女、儿童的利益及双方过错程度妥善处理。另外，非婚生子女享有与婚生子女同等的权利，任何人不得加以危害和歧视。

21. 亲子关系纠纷

（1）确认亲子关系纠纷
（2）否认亲子关系纠纷

案由解析

亲子关系即父母子女关系。父母子女在血缘联系上是最近的直系血亲，是家庭中的主要成员，相互之间具有法律上的权利义务。因此亲子关系是家庭关系的重要组成部分。亲子关系一般有两层含义，一层指生物学意义上的亲子关系，另一层则指法律意义的亲子关系。生物学意义上的亲子关系存在与否仅仅是对一定事实的判断，人们在亲子关系纠纷中争执的往往是隐藏于后的法律意义上的亲子关系。

亲子关系诉讼属于身份关系诉讼，主要包括否认婚生子女的诉讼和认领非婚生子女的诉讼，即否认法律上的亲子关系或承认事实上的亲子关系。

常用法律条文及索引

《中华人民共和国民法典》（2020 年 5 月 28 日公布　2021 年 1 月 1 日施行）

第一千零七十三条　对亲子关系有异议且有正当理由的，父或者母可以向人民法院提起诉讼，请求确认或者否认亲子关系。

对亲子关系有异议且有正当理由的，成年子女可以向人民法院提起诉讼，请求确认亲子关系。

《最高人民法院关于适用〈中华人民共和国民法典〉婚姻家庭编的解释(一)》（法释〔2020〕22 号　2020 年 12 月 29 日公布）

第三十九条　父或者母向人民法院起诉请求否认亲子关系，并已提供必要证据予以证明，另一方没有相反证据又拒绝做亲子鉴定的，人民法院可以认定否认亲子关系一方的主张成立。

父或者母以及成年子女起诉请求确认亲子关系，并提供必要证据予以证明，另一方没有相反证据又拒绝做亲子鉴定的，人民法院可以认定确认亲子关系一方的主张成立。

《最高人民法院关于适用〈中华人民共和国民法典〉婚姻家庭编的解释（二）》（法释〔2025〕1号 2025年1月15日公布）

第十八条 对民法典第一千零七十二条中继子女受继父或者继母抚养教育的事实，人民法院应当以共同生活时间长短为基础，综合考虑共同生活期间继父母是否实际进行生活照料、是否履行家庭教育职责、是否承担抚养费等因素予以认定。

第十九条 生父与继母或者生母与继父离婚后，当事人主张继父或者继母和曾受其抚养教育的继子女之间的权利义务关系不再适用民法典关于父母子女关系规定的，人民法院应予支持，但继父或者继母与继子女存在依法成立的收养关系或者继子女仍与继父或者继母共同生活的除外。

继父母子女关系解除后，缺乏劳动能力又缺乏生活来源的继父或者继母请求曾受其抚养教育的成年继子女给付生活费的，人民法院可以综合考虑抚养教育情况、成年继子女负担能力等因素，依法予以支持，但是继父或者继母曾存在虐待、遗弃继子女等情况的除外。

适用本案由需要注意的问题

◆现代生物医学技术的发展，使得DNA鉴定技术被广泛用于子女与父母尤其是与父亲的血缘关系的证明。亲子鉴定技术简便易行，准确率较高，在诉讼中起到了极为重要的作用，全世界已经有120多个国家和地区将DNA鉴定结果直接作为判案的依据。在处理有关亲子关系纠纷时，如果一方提供的证据能够形成合理的证据链条证明当事人之间可能存在或不存在亲子关系，另一方没有相反的证据又坚决不同意做亲子鉴定的，人民法院可以按照《最高人民法院关于民事诉讼证据的若干规定》第95条的规定作出处理，即可以推定请求否认亲子关系一方或者请求确认亲子关系一方的主张成立，而不配合法院进行亲子鉴定的一方要承担败诉的法律后果。

◆对于亲子关系纠纷案件中，是否强制进行亲子鉴定，有直接强制和间接强制两种模式。我国实际对于该鉴定的采用持审慎的态度，对于亲子关系鉴定持“间接强制”的立场。鉴定以当事人自愿为原则，对于当事人不愿意进行DNA鉴定的，按举证责任的规则进行推定。但一旦进行了DNA鉴定，其鉴定结论通常会压倒其他一切证据而被采信，进而作出相应的判决。

◆实践中，除了单独的确认亲子关系纠纷外，可能会涉及确认亲子关系的常见案件类型还有离婚纠纷案件、抚养费纠纷案件、继承纠纷案件等。

◆对于继父母子女关系的认定，《最高人民法院关于适用〈中华人民共和国民法典〉婚姻家庭编的解释（二）》第18条和第19条明确了继父母子女关系认定需以“共同生活事实”为核心，综合考量“共同生活时间、生活照料、教育职责、抚养费承担”进行认定。同时生父与继母或者生母与继父离婚后，原则上终止继父母子女关系，但继父母可向曾受其抚养的成年继子女主张生活费。此规则否定“名义继父母”的权利义务，强调事实抚养的法律效果。

22. 抚养纠纷

（1）抚养费纠纷

（2）变更抚养关系纠纷

案由解析

抚养是指长辈亲属对晚辈亲属的保护和教养，强调的是教育和保护。

抚养纠纷是指因长辈亲属对晚辈亲属的抚育教养问题而发生的纠纷。

抚养的主要特征是：（1）抚养时间的长期性。从子女出生时开始，到子女达到成年年龄，具有独立生活能力为止，父母应当无条件地承担抚养义务。（2）抚养义务不因为父母离婚而消除。离婚后，子女无论由父或由母直接抚养，仍是父母双方的子女。因此，夫妻离婚后，父母对于子女仍有抚养和教育的义务。（3）抚养并不限于生父母对婚生子女及非婚生子女之间。继父母对继子女之间，养父母对养子女之间，也存在抚养问题。另外，有负担能力的祖父母、外祖父母，对于父母已经死亡或父母无力抚养的未成年孙子女、外孙子女有抚养义务。

典型形态

实践中，抚养纠纷主要有：

（1）抚养费纠纷，是指父母或其他对未成年人负有抚养义务的人，不能充分履行或不履行抚养义务时，由于支付给未成年人的费用而引发的纠纷。

（2）变更抚养关系纠纷，是指有抚养权的一方，抚养能力丧失或者出现了不利于子女健康成长的情形，要求变更子女的抚养关系而产生的纠纷。

常用法律条文及索引

《中华人民共和国民法典》（2020年5月28日公布　2021年1月1日施行）

第二十六条第一款　父母对未成年子女负有抚养、教育和保护的义务。

第一千零五十八条　夫妻双方平等享有对未成年子女抚养、教育和保护的权利，共同承担对未成年子女抚养、教育和保护的义务。

第一千零六十七条第一款　父母不履行抚养义务的，未成年子女或者不能独立生活的成年子女，有要求父母给付抚养费的权利。

第一千零七十一条第二款　不直接抚养非婚生子女的生父或者生母，应当负担未成年子女或者不能独立生活的成年子女的抚养费。

第一千零七十二条　继父母与继子女间，不得虐待或者歧视。

继父或者继母和受其抚养教育的继子女间的权利义务关系，适用本法关于父母子女关系的规定。

第一千零七十四条第一款　有负担能力的祖父母、外祖父母，对于父母已经死亡或者父母无力抚养的未成年孙子女、外孙子女，有抚养的义务。

第一千零七十五条第一款　有负担能力的兄、姐，对于父母已经死亡或者父母无力抚养的未成年弟、妹，有扶养的义务。

第一千零八十四条　父母与子女间的关系，不因父母离婚而消除。离婚后，子女无论由父或者母直接抚养，仍是父母双方的子女。

离婚后，父母对于子女仍有抚养、教育、保护的权利和义务。

离婚后，不满两周岁的子女，以由母亲直接抚养为原则。已满两周岁的子女，父母双方对抚养问题协议不成的，由人民法院根据双方的具体情况，按照最有利于未成年子女的原则判决。子女已满八周岁的，应当尊重其真实意愿。

第一千零八十五条　离婚后，子女由一方直接抚养的，另一方应当负担部分或者全部抚养费。负担费用的多少和期限的长短，由双方协议；协议不成的，由人民法院判决。

前款规定的协议或者判决，不妨碍子女在必要时向父母任何一方提出超过协议或者判决原定数额的合理要求。

《最高人民法院关于适用〈中华人民共和国民法典〉婚姻家庭编的解释（一）》（法释〔2020〕22号　2020年12月29日公布）

第四十条　婚姻关系存续期间，夫妻双方一致同意进行人工授精，所生子女应视为婚生子女，父母子女间的权利义务关系适用民法典的有关规定。

第四十一条　尚在校接受高中及其以下学历教育，或者丧失、部分丧失劳动能力等非因主观原因而无法维持正常生活的成年子女，可以认定为民法典第一千零六十七条规定的“不能独立生活的成年子女”。

第四十二条　民法典第一千零六十七条所称“抚养费”，包括子女生活费、教育费、医疗费等费用。

第四十三条　婚姻关系存续期间，父母双方或者一方拒不履行抚养子女义务，未成年子女或者不能独立生活的成年子女请求支付抚养费的，人民法院应予支持。

第四十四条　离婚案件涉及未成年子女抚养的，对不满两周岁的子女，按照民法典第一千零八十四条第三款规定的原则处理。母亲有下列情形之一，父亲请求直接抚养的，人民法院应予支持：

（一）患有久治不愈的传染性疾病或者其他严重疾病，子女不宜与其共同生活；

（二）有抚养条件不尽抚养义务，而父亲要求子女随其生活；

（三）因其他原因，子女确不宜随母亲生活。

第四十五条　父母双方协议不满两周岁子女由父亲直接抚养，并对子女健康成长无不利影响的，人民法院应予支持。

第四十六条　对已满两周岁的未成年子女，父母均要求直接抚养，一方有下列情形之一的，可予优先考虑：

（一）已做绝育手术或者因其他原因丧失生育能力；

（二）子女随其生活时间较长，改变生活环境对子女健康成长明显不利；

（三）无其他子女，而另一方有其他子女；

（四）子女随其生活，对子女成长有利，而另一方患有久治不愈的传染性疾病或者其他严重疾病，或者有其他不利于子女身心健康的情形，不宜与子女共同生活。

第四十七条　父母抚养子女的条件基本相同，双方均要求直接抚养子女，但子女单独随祖父母或者外祖父母共同生活多年，且祖父母或者外祖父母要求并且有能力帮助子女照顾孙子女或者外孙子女的，可以作为父或者母直接抚养子女的优先条件予以考虑。

第四十八条　在有利于保护子女利益的前提下，父母双方协议轮流直接抚养子女的，人民法院应予支持。

第四十九条　抚养费的数额，可以根据子女的实际需要、父母双方的负担能力和当地的实际生活水平确定。

有固定收入的，抚养费一般可以按其月总收入的百分之二十至三十的比例给付。负担两个以上子女抚养费的，比例可以适当提高，但一般不得超过月总收入的百分之五十。

无固定收入的，抚养费的数额可以依据当年总收入或者同行业平均收入，参照上述比例确定。

有特殊情况的，可以适当提高或者降低上述比例。

第五十条 抚养费应当定期给付，有条件的可以一次性给付。

第五十一条 父母一方无经济收入或者下落不明的，可以用其财物折抵抚养费。

第五十二条 父母双方可以协议由一方直接抚养子女并由直接抚养方负担子女全部抚养费。但是，直接抚养方的抚养能力明显不能保障子女所需费用，影响子女健康成长的，人民法院不予支持。

第五十三条 抚养费的给付期限，一般至子女十八周岁为止。

十六周岁以上不满十八周岁，以其劳动收入为主要生活来源，并能维持当地一般生活水平的，父母可以停止给付抚养费。

第五十四条 生父与继母离婚或者生母与继父离婚时，对曾受其抚养教育的继子女，继父或者继母不同意继续抚养的，仍应由生父或者生母抚养。

第五十五条 离婚后，父母一方要求变更子女抚养关系的，或者子女要求增加抚养费的，应当另行提起诉讼。

第五十六条 具有下列情形之一，父母一方要求变更子女抚养关系的，人民法院应予支持：

（一）与子女共同生活的一方因患严重疾病或者因伤残无力继续抚养子女；

（二）与子女共同生活的一方不尽抚养义务或有虐待子女行为，或者其与子女共同生活对子女身心健康确有不利影响；

（三）已满八周岁的子女，愿随另一方生活，该方又有抚养能力；

（四）有其他正当理由需要变更。

第五十七条 父母双方协议变更子女抚养关系的，人民法院应予支持。

第五十八条 具有下列情形之一，子女要求有负担能力的父或者母增加抚养费的，人民法院应予支持：

（一）原定抚养费数额不足以维持当地实际生活水平；

（二）因子女患病、上学，实际需要已超过原定数额；

（三）有其他正当理由应当增加。

第五十九条 父母不得因子女变更姓氏而拒付子女抚养费。父或者母擅自将子女姓氏改为继母或继父姓氏而引起纠纷的，应当责令恢复原姓氏。

第六十条　在离婚诉讼期间，双方均拒绝抚养子女的，可以先行裁定暂由一方抚养。

第六十一条　对拒不履行或者妨害他人履行生效判决、裁定、调解书中有关子女抚养义务的当事人或者其他人，人民法院可依照民事诉讼法第一百一十一条的规定采取强制措施。

《最高人民法院关于适用〈中华人民共和国民法典〉婚姻家庭编的解释（二）》（法释〔2025〕1号　2025年1月15日公布）

第十二条　父母一方或者其近亲属等抢夺、藏匿未成年子女，另一方向人民法院申请人身安全保护令或者参照适用民法典第九百九十七条规定申请人格权侵害禁令的，人民法院依法予以支持。

抢夺、藏匿未成年子女一方以另一方存在赌博、吸毒、家庭暴力等严重侵害未成年子女合法权益情形，主张其抢夺、藏匿行为有合理事由的，人民法院应当告知其依法通过撤销监护人资格、中止探望或者变更抚养关系等途径解决。当事人对其上述主张未提供证据证明且未在合理期限内提出相关请求的，人民法院依照前款规定处理。

第十三条　夫妻分居期间，一方或者其近亲属等抢夺、藏匿未成年子女，致使另一方无法履行监护职责，另一方请求行为人承担民事责任的，人民法院可以参照适用民法典第一千零八十四条关于离婚后子女抚养的有关规定，暂时确定未成年子女的抚养事宜，并明确暂时直接抚养未成年子女一方有协助另一方履行监护职责的义务。

第十四条　离婚诉讼中，父母均要求直接抚养已满两周岁的未成年子女，一方有下列情形之一的，人民法院应当按照最有利于未成年子女的原则，优先考虑由另一方直接抚养：

（一）实施家庭暴力或者虐待、遗弃家庭成员；

（二）有赌博、吸毒等恶习；

（三）重婚、与他人同居或者其他严重违反夫妻忠实义务情形；

（四）抢夺、藏匿未成年子女且另一方不存在本条第一项或者第二项等严重侵害未成年子女合法权益情形；

（五）其他不利于未成年子女身心健康的情形。

第十六条　离婚协议中关于一方直接抚养未成年子女或者不能独立生活的成年子女、另一方不负担抚养费的约定，对双方具有法律约束力。但是，离婚后，直接抚养子女一方经济状况发生变化导致原生活水平显著降低或者子女生活、教育、医疗等必要合理费用确有显著增加，未成年子女或者不能独立生活的成年子女请求另一方支付抚养费的，人民法院依法予以支持，并综合考虑离婚协议整体约定、子女实际需要、另一方的负担能力、当地生活水平等因素，确定抚养费的数额。

前款但书规定情形下，另一方以直接抚养子女一方无抚养能力为由请求变更抚养关系的，人民法院依照民法典第一千零八十四条规定处理。

第十七条　离婚后，不直接抚养子女一方未按照离婚协议约定或者以其他方式作出的承诺给付抚养费，未成年子女或者不能独立生活的成年子女请求其支付欠付的抚养费的，人民法院应予支持。

前款规定情形下，如果子女已经成年并能够独立生活，直接抚养子女一方请求另一方支付欠付的费用的，人民法院依法予以支持。

第十八条　对民法典第一千零七十二条中继子女受继父或者继母抚养教育的事实，人民法院应当以共同生活时间长短为基础，综合考虑共同生活期间继父母是否实际进行生活照料、是否履行家庭教育职责、是否承担抚养费等因素予以认定。

第十九条　生父与继母或者生母与继父离婚后，当事人主张继父或者继母和曾受其抚养教育的继子女之间的权利义务关系不再适用民法典关于父母子女关系规定的，人民法院应予支持，但继父或者继母与继子女存在依法成立的收养关系或者继子女仍与继父或者继母共同生活的除外。

继父母子女关系解除后，缺乏劳动能力又缺乏生活来源的继父或者继母请求曾受其抚养教育的成年继子女给付生活费的，人民法院可以综合考虑抚养教育情况、成年继子女负担能力等因素，依法予以支持，但是继父或者继母曾存在虐待、遗弃继子女等情况的除外。

适用本案由需要注意的问题

◆根据《最高人民法院关于适用〈中华人民共和国民事诉讼法〉的解释》第9条的规定："追索赡养费、抚育费、扶养费案件的几个被告住所地不在同一辖区的，可以由原告住所地人民法院管辖。"

◆适用本案由时，要注意其与扶养纠纷的区别。广义上的扶养泛指特定亲属之间根据法律的明确规定而存在的经济上相互供养、生活上相互扶助照顾的权利义务关系，包括长辈亲属对晚辈亲属的抚养，平辈亲属之间的扶养和晚辈亲属对长辈亲属的赡养三种具体形态。而抚养纠纷是指因长辈亲属对晚辈亲属的抚育教养问题而发生的纠纷。

◆父母离婚后，通常会产生子女与父母一方相分离，由父母另一方直接抚养的问题。在离婚子女抚养纠纷案件中，当事人要继续拥有对子女的抚养权的前提就是自身的条件符合法律规定的拥有子女抚养权的要求。

◆《最高人民法院关于适用〈中华人民共和国民法典〉婚姻家庭编的解释（二）》第12条、第13条、第14条的规定，核心在讲“抢夺、藏匿未成年子女”问题，值得特别注意。对于婚姻破裂情况下子女抚养问题，属于公权力较难触及的私域。实践中，比较挠头的是“抢夺、藏匿未成年子女”问题和双方均不抚养未成年子女问题。双方均不抚养未成年子女问题，很少诉至法院，因此司法实践中常见的是“抢夺、藏匿未成年子女”问题。而结合经验看，“抢夺、藏匿未成年子女”情形往往出现在夫妻双方不主要带孩子，而是由祖辈主要抚养的家庭中。在离婚之时，祖孙隔代亲，舍不得孩子，而夫妻又无力说服老人。因此此种情形往往和离婚纠纷相伴而生。

23. 扶养纠纷

（1）扶养费纠纷

（2）变更扶养关系纠纷

案由解析

扶养纠纷是指因平辈亲属之间，如夫妻之间、兄弟姐妹之间，因经济供养和生活扶助的权利义务关系而发生的纠纷。

扶养的主要特征是：（1）扶养具有身份属性。扶养是一定亲属间成立的法律上的权利义务关系，以一定的亲属关系为前提，基于遗赠扶养协议或基于道德义务发生的扶养，不属于婚姻法上的扶养。（2）夫妻双方的扶养请求权平等。夫妻双方的扶养义务和接受扶养的权利是平等的，有扶养能力的一方必须自觉履行这一义务。如果一方拒不履行扶养义务，对方有权通过调解或诉讼程序要求对方给付扶养费。（3）义务的履行与权利的行使具有同一性。亲属之间的扶养权利义务紧密结合，并不具有对价关系，不是利益交换。（4）扶养无时效性。扶养权利人即使没有要求已到期的扶养费的支付，也不意味着放弃权利，只要亲属关系存续并具备扶养的要件，该权利人就持续地享有受扶养权。

典型形态

实践中，扶养纠纷主要有：

（1）扶养费纠纷，是指平辈亲属之间，如夫妻之间、兄弟姐妹之间，因经济供养和生活扶助费用引发的纠纷。

（2）变更扶养关系纠纷，是指平辈亲属之间，如夫妻之间、兄弟姐妹之间，因要求变更扶养关系而产生的纠纷。

常用法律条文及索引

《中华人民共和国民法典》（2020年5月28日公布　2021年1月1日施行）

第一千零五十九条　夫妻有相互扶养的义务。

需要扶养的一方，在另一方不履行扶养义务时，有要求其给付扶养费的权利。

第一千零七十五条　有负担能力的兄、姐，对于父母已经死亡或者父母无力抚养的未成年弟、妹，有扶养的义务。

由兄、姐扶养长大的有负担能力的弟、妹，对于缺乏劳动能力又缺乏生活来源的兄、姐，有扶养的义务。

《最高人民法院关于适用〈中华人民共和国民法典〉婚姻家庭编的解释（二）》（法释〔2025〕1号　2025年1月15日公布）

第十一条　夫妻一方以另一方可继承的财产为夫妻共同财产、放弃继承侵害夫妻共同财产利益为由主张另一方放弃继承无效的，人民法院不予支持，但有证据证明放弃继承导致放弃一方不能履行法定扶养义务的除外。

《中华人民共和国老年人权益保障法》（2018年12月29日修正）

第二十三条　老年人与配偶有相互扶养的义务。

由兄、姐扶养的弟、妹成年后，有负担能力的，对年老无赡养人的兄、姐有扶养的义务。

第二十四条　赡养人、扶养人不履行赡养、扶养义务的，基层群众性自治组织、老年人组织或者赡养人、扶养人所在单位应当督促其履行。

《中华人民共和国涉外民事关系法律适用法》（2010年10月28日公布　2011年4月1日施行）

第二十九条　扶养，适用一方当事人经常居所地法律、国籍国法律或者主要财产所在地法律中有利于保护被扶养人权益的法律。

适用本案由需要注意的问题

◆根据《最高人民法院关于适用〈中华人民共和国民事诉讼法〉的解释》第9条的规定："追索赡养费、抚育费、扶养费案件的几个被告住所地不在同一辖区的，可以由原告住所地人民法院管辖。"

◆适用本案由时，要注意其与抚养纠纷的区别。抚养纠纷是指因长辈亲属对晚辈亲属的抚育教养问题而发生的纠纷。而广义上的扶养泛指特定亲属之间根据法律的明确规定而存在的经济上相互供养、生活上相互扶助照顾的权利义务关系，包括长辈亲属对晚辈亲属的抚养，平辈亲属之间的扶养和晚辈亲属对长辈亲属的赡养三种具体形态。狭义上的扶养是指平辈亲属之间，如夫妻之间、兄弟姐妹之间，依法发生的经济供养和生活扶助的权利义务关系。

◆本案由中的扶养是在一定亲属间成立的基于法律强制性规定产生的权利义务关系，是以一定的亲属关系为前提的。实践中，基于遗赠扶养协议或基于道德义务发生的扶养，与基于亲属身份关系的法定扶养不同，不属于《民法典》上的扶养，不适用本案由。

◆对于身份关系清楚，仅在给付的数额、时间上存在争议，且标的额为各省、自治区、直辖市上年度就业人员年平均工资50%以下的扶养费纠纷案件，根据《民事诉讼法》第165条的规定，应适用小额诉讼程序进行审理。

24. 赡养纠纷

（1）赡养费纠纷

（2）变更赡养关系纠纷

案由解析

赡养是指晚辈对长辈应尽的照顾其生活的义务，该义务不仅发生在婚生子女和父母之间，也发生在非婚生子女和父母、养父母和养子女、继子女和有抚养关系的继父母之间，同时也发生在有负担能力的孙子女、外孙子女与子女已经死亡的祖父母、外祖父母之间。

赡养纠纷是指赡养权利人与义务人因赡养关系而发生的纠纷。

赡养的主要特征是：（1）赡养是道德义务也是法律义务。赡养长辈是我国的优良传统，是中华民族传统美德尊老爱幼的体现。我国《民法典》规定，“成年子女对父母负有赡养、扶助和保护的义务”“成年子女不履行赡养义务的，缺乏劳动能力或者生活困难的父母，有要求成年子女给付赡养费的权利”。（2）赡养基于亲权关系而产生。赡养义务的权利人和义务人之间的身份关系存续，这种权利义务就一直存在。只有在一些法定的情况下赡养义务才能解除，比如成年的养父母子女之间解除收养关系等。（3）处理赡养纠纷时，要以保护老年人的合法权益为原则。赡养纠纷中的老人往往处于弱势地位，人民法院在处理赡养纠纷时，应当坚持保护老年人的合法权益的原则，通过调解或者判决使子女依法履行赡养义务。对负有赡养义务而拒绝赡养，情节恶劣构成遗弃罪的，应当承担刑事责任。

典型形态

实践中，赡养纠纷主要有：

（1）赡养费纠纷，是指赡养权利人因向赡养义务人索要赡养费用而引发的纠纷。

（2）变更赡养关系纠纷，是指赡养权利人与赡养义务人之间因要求变更赡养关系而产生的纠纷。

常用法律条文及索引

《中华人民共和国民法典》（2020 年 5 月 28 日公布　2021 年 1 月 1 日施行）

第二十六条第二款　成年子女对父母负有赡养、扶助和保护的义务。

第一千零六十七条第二款　成年子女不履行赡养义务的，缺乏劳动能力或者生活困难的父母，有要求成年子女给付赡养费的权利。

第一千零六十九条　子女应当尊重父母的婚姻权利，不得干涉父母离婚、再婚以及婚后的生活。子女对父母的赡养义务，不因父母的婚姻关系变化而终止。

第一千零七十二条　继父母与继子女间，不得虐待或者歧视。

继父或者继母和受其抚养教育的继子女间的权利义务关系，适用本法关于父母子女关系的规定。

第一千零七十四条第二款　有负担能力的孙子女、外孙子女，对于子女已经死亡或者子女无力赡养的祖父母、外祖父母，有赡养的义务。

第一千一百一十一条　自收养关系成立之日起，养父母与养子女间的权利义务关系，适用本法关于父母子女关系的规定；养子女与养父母的近亲属间的权利义务关系，适用本法关于子女与父母的近亲属关系的规定。

养子女与生父母以及其他近亲属间的权利义务关系，因收养关系的成立而消除。

《中华人民共和国老年人权益保障法》（2018年12月29日修正）

第十四条　赡养人应当履行对老年人经济上供养、生活上照料和精神上慰藉的义务，照顾老年人的特殊需要。

赡养人是指老年人的子女以及其他依法负有赡养义务的人。

赡养人的配偶应当协助赡养人履行赡养义务。

第十五条　赡养人应当使患病的老年人及时得到治疗和护理；对经济困难的老年人，应当提供医疗费用。

对生活不能自理的老年人，赡养人应当承担照料责任；不能亲自照料的，可以按照老年人的意愿委托他人或者养老机构等照料。

第十六条　赡养人应当妥善安排老年人的住房，不得强迫老年人居住或者迁居条件低劣的房屋。

老年人自有的或者承租的住房，子女或者其他亲属不得侵占，不得擅自改变产权关系或者租赁关系。

老年人自有的住房，赡养人有维修的义务。

第十七条　赡养人有义务耕种或者委托他人耕种老年人承包的田地，照管或者委托他人照管老年人的林木和牲畜等，收益归老年人所有。

第十八条　家庭成员应当关心老年人的精神需求，不得忽视、冷落老年人。

与老年人分开居住的家庭成员，应当经常看望或者问候老年人。

用人单位应当按照国家有关规定保障赡养人探亲休假的权利。

第十九条　赡养人不得以放弃继承权或者其他理由，拒绝履行赡养义务。

赡养人不履行赡养义务，老年人有要求赡养人付给赡养费等权利。

赡养人不得要求老年人承担力不能及的劳动。

第二十条　经老年人同意，赡养人之间可以就履行赡养义务签订协议。赡养协议的内容不得违反法律的规定和老年人的意愿。

基层群众性自治组织、老年人组织或者赡养人所在单位监督协议的履行。

第二十一条　老年人的婚姻自由受法律保护。子女或者其他亲属不得干涉老年人离婚、再婚及婚后的生活。

赡养人的赡养义务不因老年人的婚姻关系变化而消除。

《最高人民法院关于适用〈中华人民共和国民事诉讼法〉的解释》（法释〔2015〕5号　2022年3月22日修正）

第九条　追索赡养费、抚育费、扶养费案件的几个被告住所地不在同一辖区的，可以由原告住所地人民法院管辖。

第二百一十八条　赡养费、扶养费、抚育费案件，裁判发生法律效力后，因新情况、新理由，一方当事人再行起诉要求增加或者减少费用的，人民法院应作为新案受理。

《最高人民法院关于适用〈中华人民共和国民法典〉婚姻家庭编的解释(二)》（法释〔2025〕1号　2025年1月15日公布）

第十八条　对民法典第一千零七十二条中继子女受继父或者继母抚养教育的事实，人民法院应当以共同生活时间长短为基础，综合考虑共同生活期间继父母是否实际进行生活照料、是否履行家庭教育职责、是否承担抚养费等因素予以认定。

第十九条　生父与继母或者生母与继父离婚后，当事人主张继父或者继母和曾受其抚养教育的继子女之间的权利义务关系不再适用民法典关于父母子女关系规定的，人民法院应予支持，但继父或者继母与继子女存在依法成立的收养关系或者继子女仍与继父或者继母共同生活的除外。

继父母子女关系解除后，缺乏劳动能力又缺乏生活来源的继父或者继母请求曾受其抚养教育的成年继子女给付生活费的，人民法院可以综合考虑抚养教育情况、成年继子女负担能力等因素，依法予以支持，但是继父或者继母曾存在虐待、遗弃继子女等情况的除外。

适用本案由需要注意的问题

◆根据《民事诉讼法》第22条第1款规定，对公民提起的民事诉讼，由被告住所地人民法院管辖；被告住所地与经常居住地不一致的，由经常居住地人民法院管辖。《最高人民法院关于适用〈中华人民共和国民事诉讼法〉的解释》第9条规定："追索赡养费、抚育费、扶养费案件的几个被告住所地不在同一辖区的，可以由原告住所地人民法院管辖。"

◆适用本案由时，要注意其与抚养纠纷的区别。抚养纠纷是指因长辈亲属对晚辈亲属的抚育教养问题而发生的纠纷。而赡养是晚辈亲属对长辈亲属的物质上、生活上的照料，赡养纠纷是指因赡养权利人与义务人因这种赡养关系而发生的纠纷。

◆对于实践中继父母请求继子女给付生活费的案件，根据《最高人民法院关于适用〈中华人民共和国民法典〉婚姻家庭编的解释（二）》第19条的规定，原则上生父与继母或者生母与继父离婚后，继父母子女关系随之终止，继父母子女关系解除后，原则上继子女无需向继父母给付生活费，但若继父母缺乏劳动能力又缺乏生活来源，其向成年继子女请求给付生活费的，人民法院可以综合考虑抚养教育情况、成年继子女负担能力等因素，依法予以支持，但是继父或者继母曾存在虐待、遗弃继子女等情况的除外。

◆实践中，如果赡养义务人有多个，他们之间可以对赡养义务进行分配，达成赡养义务分配协议。子女不履行赡养义务的，需要赡养的父母可以通过有关部门进行调解或者向人民法院提起诉讼。对负有赡养义务并且具有赡养能力而拒绝赡养，情节恶劣构成遗弃罪的，依法追究刑事责任。

◆对于身份关系清楚，仅在给付的数额、时间上存在争议，且标的额为各省、自治区、直辖市上年度就业人员年平均工资50%以下的赡养费纠纷案件，根据《民事诉讼法》第165条的规定，应适用小额诉讼程序进行审理。

25. 收养关系纠纷

（1）确认收养关系纠纷

（2）解除收养关系纠纷

案由解析

收养是指公民根据法定条件和程序领养他人的子女作为自己的子女，从而在收养人与被收养人之间确立父母子女关系的民事法律行为。

收养纠纷是指收养人与被收养人之间因收养关系而发生的纠纷。

收养的主要特征是：（1）收养是一种民事法律行为。收养不仅关系着双方当事人的利益，也涉及社会的整体利益。收养的成立、有效，除要求当事人符合法律规定的条件外，还必须履行法定的程序。（2）收养是变更亲属身份和权利义务关系的行为。收养行为成立后，收养人与被收养人之间产生父母子女间的身份关系和权利义务关系，被收养人与其生父母之间的身份关系和权利义务随之消灭。（3）收养关系是一种拟制血亲关系。通过收养可以使养父母与养子女之间产生与亲生父母子女之间的权利义务关系类似的法律拟制的血亲关系，可以依法产生，也可以依法解除。

典型形态

实践中，收养纠纷主要有：

（1）确认收养关系纠纷，是指当事人对收养关系是否有效成立存在不同的观点而引发的纠纷。

（2）解除收养关系纠纷，是指当事人对是否解除收养关系存在不同认识而产生的纠纷。

常用法律条文及索引

《中华人民共和国民法典》（2020年5月28日公布　2021年1月1日施行）

第一千零九十五条　未成年人的父母均不具备完全民事行为能力且可能严重危害该未成年人的，该未成年人的监护人可以将其送养。

第一千零九十七条　生父母送养子女，应当双方共同送养。生父母一方不明或者查找不到的，可以单方送养。

第一千零九十八条　收养人应当同时具备下列条件：

（一）无子女或者只有一名子女；

（二）有抚养、教育和保护被收养人的能力；

（三）未患有在医学上认为不应当收养子女的疾病；

（四）无不利于被收养人健康成长的违法犯罪记录；

（五）年满三十周岁。

第一千零九十九条　收养三代以内旁系同辈血亲的子女，可以不受本法第一千零九十三条第三项、第一千零九十四条第三项和第一千一百零二条规定的限制。

华侨收养三代以内旁系同辈血亲的子女，还可以不受本法第一千零九十八条第一项规定的限制。

第一千一百条　无子女的收养人可以收养两名子女；有子女的收养人只能收养一名子女。

收养孤儿、残疾未成年人或者儿童福利机构抚养的查找不到生父母的未成年人，可以不受前款和本法第一千零九十八条第一项规定的限制。

第一千一百零一条　有配偶者收养子女，应当夫妻共同收养。

第一千一百零二条　无配偶者收养异性子女的，收养人与被收养人的年龄应当相差四十周岁以上。

第一千一百零三条　继父或者继母经继子女的生父母同意，可以收养继子女，并可以不受本法第一千零九十三条第三项、第一千零九十四条第三项、第一千零九十八条和第一千一百条第一款规定的限制。

第一千一百零四条　收养人收养与送养人送养，应当双方自愿。收养八周岁以上未成年人的，应当征得被收养人的同意。

第一千一百零五条　收养应当向县级以上人民政府民政部门登记。收养关系自登记之日起成立。

收养查找不到生父母的未成年人的，办理登记的民政部门应当在登记前予以公告。

收养关系当事人愿意签订收养协议的，可以签订收养协议。

收养关系当事人各方或者一方要求办理收养公证的，应当办理收养公证。

县级以上人民政府民政部门应当依法进行收养评估。

第一千一百零六条　收养关系成立后，公安机关应当按照国家有关规定为被收养人办理户口登记。

第一千一百零七条　孤儿或者生父母无力抚养的子女，可以由生父母的亲属、朋友抚养；抚养人与被抚养人的关系不适用本章规定。

第一千一百零八条　配偶一方死亡，另一方送养未成年子女的，死亡一方的父母有优先抚养的权利。

第一千一百零九条　外国人依法可以在中华人民共和国收养子女。

外国人在中华人民共和国收养子女，应当经其所在国主管机关依照该国法律审查同意。收养人应当提供由其所在国有权机构出具的有关其年龄、婚姻、职业、财产、健康、有无受过刑事处罚等状况的证明材料，并与送养人签订书面协议，亲自向省、自治区、直辖市人民政府民政部门登记。

前款规定的证明材料应当经收养人所在国外交机关或者外交机关授权的机构认证，并经中华人民共和国驻该国使领馆认证，但是国家另有规定的除外。

第一千一百一十一条　自收养关系成立之日起，养父母与养子女间的权利义务关系，适用本法关于父母子女关系的规定；养子女与养父母的近亲属间的权利义务关系，适用本法关于子女与父母的近亲属关系的规定。

养子女与生父母以及其他近亲属间的权利义务关系，因收养关系的成立而消除。

第一千一百一十三条　有本法第一编关于民事法律行为无效规定情形或者违反本编规定的收养行为无效。

无效的收养行为自始没有法律约束力。

第一千一百一十四条　收养人在被收养人成年以前，不得解除收养关系，但是收养人、送养人双方协议解除的除外。养子女八周岁以上的，应当征得本人同意。

收养人不履行抚养义务，有虐待、遗弃等侵害未成年养子女合法权益行为的，送养人有权要求解除养父母与养子女间的收养关系。送养人、收养人不能达成解除收养关系协议的，可以向人民法院提起诉讼。

第一千一百一十五条　养父母与成年养子女关系恶化、无法共同生活的，可以协议解除收养关系。不能达成协议的，可以向人民法院提起诉讼。

第一千一百一十六条　当事人协议解除收养关系的，应当到民政部门办理解除收养关系登记。

第一千一百一十七条　收养关系解除后，养子女与养父母以及其他近亲属间的权利义务关系即行消除，与生父母以及其他近亲属间的权利义务关系自行恢复。但是，成年养子女与生父母以及其他近亲属间的权利义务关系是否恢复，可以协商确定。

第一千一百一十八条　收养关系解除后，经养父母抚养的成年养子女，对缺乏劳动能力又缺乏生活来源的养父母，应当给付生活费。因养子女成年后虐待、遗弃养父母而解除收养关系的，养父母可以要求养子女补偿收养期间支出的抚养费。

生父母要求解除收养关系的，养父母可以要求生父母适当补偿收养期间支出的抚养费；但是，因养父母虐待、遗弃养子女而解除收养关系的除外。

《最高人民法院关于适用〈中华人民共和国民法典〉婚姻家庭编的解释（二）》（法释〔2025〕1号　2025年1月15日公布）

第十九条　生父与继母或者生母与继父离婚后，当事人主张继父或者继母和曾受其抚养教育的继子女之间的权利义务关系不再适用民法典关于父母子女关系规定的，人民法院应予支持，但继父或者继母与继子女存在依法成立的收养关系或者继子女仍与继父或者继母共同生活的除外。

继父母子女关系解除后，缺乏劳动能力又缺乏生活来源的继父或者继母请求曾受其抚养教育的成年继子女给付生活费的，人民法院可以综合考虑抚养教育情况、成年继子女负担能力等因素，依法予以支持，但是继父或者继母曾存在虐待、遗弃继子女等情况的除外。

《中华人民共和国涉外民事关系法律适用法》（2010年10月28日公布　2011年4月1日施行）

第二十八条　收养的条件和手续，适用收养人和被收养人经常居所地法律。收养的效力，适用收养时收养人经常居所地法律。收养关系的解除，适用收养时被收养人经常居所地法律或者法院地法律。

适用本案由需要注意的问题

◆确定本案由时，要注意其与抚养纠纷的区别。抚养义务不因为父母离婚而消除。离婚后，子女无论由父或由母直接抚养，仍是父母双方的子女，父母对于子女仍有抚养和教育的义务。而养子女和生父母间的权利和义务，因收养关系的成立而消除。

26. 监护权纠纷

案由解析

监护权是指监护人对于未成年人和精神病人等无民事行为能力人和限制行为能力人的人身权益、财产权益以及其他一切合法权益所享有的监督、保护的权利。

监护权纠纷是指因行使监护权所引发的纠纷。

监护权的主要特征是：（1）监护既是监护人的义务，又是监护人的权利。（2）特定情形下，监护权可以变更和终止。（3）监护的内容既包括人身方面，也包括财产方面。（4）监护的设立包括法定监护和指定监护两种方式。

常用法律条文及索引

《中华人民共和国民法典》（2020年5月28日公布　2021年1月1日施行）

第二十七条　父母是未成年子女的监护人。

未成年人的父母已经死亡或者没有监护能力的，由下列有监护能力的人按顺序担任监护人：

（一）祖父母、外祖父母；

（二）兄、姐；

（三）其他愿意担任监护人的个人或者组织，但是须经未成年人住所地的居民委员会、村民委员会或者民政部门同意。

第二十八条 无民事行为能力或者限制民事行为能力的成年人，由下列有监护能力的人按顺序担任监护人：

（一）配偶；

（二）父母、子女；

（三）其他近亲属；

（四）其他愿意担任监护人的个人或者组织，但是须经被监护人住所地的居民委员会、村民委员会或者民政部门同意。

第二十九条 被监护人的父母担任监护人的，可以通过遗嘱指定监护人。

第三十条 依法具有监护资格的人之间可以协议确定监护人。协议确定监护人应当尊重被监护人的真实意愿。

第三十一条 对监护人的确定有争议的，由被监护人住所地的居民委员会、村民委员会或者民政部门指定监护人，有关当事人对指定不服的，可以向人民法院申请指定监护人；有关当事人也可以直接向人民法院申请指定监护人。

居民委员会、村民委员会、民政部门或者人民法院应当尊重被监护人的真实意愿，按照最有利于被监护人的原则在依法具有监护资格的人中指定监护人。

依据本条第一款规定指定监护人前，被监护人的人身权利、财产权利以及其他合法权益处于无人保护状态的，由被监护人住所地的居民委员会、村民委员会、法律规定的有关组织或者民政部门担任临时监护人。

监护人被指定后，不得擅自变更；擅自变更的，不免除被指定的监护人的责任。

第三十二条 没有依法具有监护资格的人的，监护人由民政部门担任，也可以由具备履行监护职责条件的被监护人住所地的居民委员会、村民委员会担任。

第三十三条 具有完全民事行为能力的成年人，可以与其近亲属、其他愿意担任监护人的个人或者组织事先协商，以书面形式确定自己的监护人，在自己丧失或者部分丧失民事行为能力时，由该监护人履行监护职责。

第三十四条 监护人的职责是代理被监护人实施民事法律行为，保护被监护人的人身权利、财产权利以及其他合法权益等。

监护人依法履行监护职责产生的权利，受法律保护。

监护人不履行监护职责或者侵害被监护人合法权益的，应当承担法律责任。

因发生突发事件等紧急情况，监护人暂时无法履行监护职责，被监护人的生活处于无人照料状态的，被监护人住所地的居民委员会、村民委员会或者民政部门应当为被监护人安排必要的临时生活照料措施。

第三十五条　监护人应当按照最有利于被监护人的原则履行监护职责。监护人除为维护被监护人利益外，不得处分被监护人的财产。

未成年人的监护人履行监护职责，在作出与被监护人利益有关的决定时，应当根据被监护人的年龄和智力状况，尊重被监护人的真实意愿。

成年人的监护人履行监护职责，应当最大程度地尊重被监护人的真实意愿，保障并协助被监护人实施与其智力、精神健康状况相适应的民事法律行为。对被监护人有能力独立处理的事务，监护人不得干涉。

《中华人民共和国反家庭暴力法》（2015年12月27日公布　2016年3月1日施行）

第二十一条　监护人实施家庭暴力严重侵害被监护人合法权益的，人民法院可以根据被监护人的近亲属、居民委员会、村民委员会、县级人民政府民政部门等有关人员或者单位的申请，依法撤销其监护人资格，另行指定监护人。

被撤销监护人资格的加害人，应当继续负担相应的赡养、扶养、抚养费用。

《中华人民共和国涉外民事关系法律适用法》（2010年10月28日公布　2011年4月1日施行）

第三十条　监护，适用一方当事人经常居所地法律或者国籍国法律中有利于保护被监护人权益的法律。

《最高人民法院关于适用〈中华人民共和国民法典〉婚姻家庭编的解释(二)》（法释〔2025〕1号　2025年1月15日公布）

第十二条　父母一方或者其近亲属等抢夺、藏匿未成年子女，另一方向人民法院申请人身安全保护令或者参照适用民法典第九百九十七条规定申请人格权侵害禁令的，人民法院依法予以支持。

抢夺、藏匿未成年子女一方以另一方存在赌博、吸毒、家庭暴力等严重侵害未成年子女合法权益情形，主张其抢夺、藏匿行为有合理事由的，人民法院应当告知其依法通过撤销监护人资格、中止探望或者变更抚养关系等途径解决。当事人对其上述主张未提供证据证明且未在合理期限内提出相关请求的，人民法院依照前款规定处理。

第十三条 夫妻分居期间，一方或者其近亲属等抢夺、藏匿未成年子女，致使另一方无法履行监护职责，另一方请求行为人承担民事责任的，人民法院可以参照适用民法典第一千零八十四条关于离婚后子女抚养的有关规定，暂时确定未成年子女的抚养事宜，并明确暂时直接抚养未成年子女一方有协助另一方履行监护职责的义务。

适用本案由需要注意的问题

◆适用本案由时，要注意其与抚养纠纷的区别。抚养纠纷中的抚养义务是指与需要被抚养的人有一定的身份关系的人，依照法律其必须对被抚养的人履行抚养照顾的职责。而监护权纠纷中的监护是指监护人对未成年人和精神病人等无民事行为能力人和限制行为能力人的人身权益、财产权益以及其他一切合法权益进行监督、保护的一项制度。有抚养义务的人并不一定是监护人。特定情形下，监护权可以变更和终止，但父母对子女的抚养义务不能免除。

27. 探望权纠纷

案由解析

探望权是指离婚后不直接抚养子女的父亲或母亲一方享有的探视未成年子女的权利。

探望权纠纷是指因行使探望权而引发的纠纷。

探望权的主要特征是：（1）探望权的主体特定。行使探望权的主体只能是曾经存在夫妻关系，离婚后不直接抚养子女的男女双方中的一方。权利人不能允许他人行使其探望权，也不得转让、抛弃或继承，探望权不可与权利人的人身分离。（2）探望权的对象特定。探望权的对象是与父或母不在一起共同生活的未成年子女。（3）探望权行使的时间是离婚后。只有通过离婚登记程序，夫妻双方解除了婚姻关系之后，才产生探望权。（4）一方行使探望权时，另一方有协助的义务。探望可以减轻父母离婚对未成年子女的伤害，能满足子女接受父母双方关爱的需要，法律规定了直接抚养子女一方对另一方行使探望权的协助义务。

常用法律条文及索引

《中华人民共和国民法典》（2020年5月28日公布　2021年1月1日施行）

第一千零八十六条　离婚后，不直接抚养子女的父或者母，有探望子女的权利，另一方有协助的义务。

行使探望权利的方式、时间由当事人协议；协议不成的，由人民法院判决。

父或者母探望子女，不利于子女身心健康的，由人民法院依法中止探望；中止的事由消失后，应当恢复探望。

《最高人民法院关于适用〈中华人民共和国民法典〉婚姻家庭编的解释(一)》（法释〔2020〕22号　2020年12月29日公布）

第六十五条　人民法院作出的生效的离婚判决中未涉及探望权，当事人就探望权问题单独提起诉讼的，人民法院应予受理。

第六十六条　当事人在履行生效判决、裁定或者调解书的过程中，一方请求中止探望的，人民法院在征询双方当事人意见后，认为需要中止探望的，依法作出裁定；中止探望的情形消失后，人民法院应当根据当事人的请求书面通知其恢复探望。

第六十七条　未成年子女、直接抚养子女的父或者母以及其他对未成年子女负担抚养、教育、保护义务的法定监护人，有权向人民法院提出中止探望的请求。

第六十八条　对于拒不协助另一方行使探望权的有关个人或者组织，可以由人民法院依法采取拘留、罚款等强制措施，但是不能对子女的人身、探望行为进行强制执行。

适用本案由需要注意的问题

◆确定本案由时，要注意其与监护权纠纷的区别。监护权的行使既包括人身利益方面，也包括财产利益方面。而探望权的行使具有从情感上得到支持、心理上得到满足的精神利益的特征，是一种特殊的身份权。特定情形下，监护权可以变更和终止，而父或母探望子女，不利于子女身心健康的，由人民法院依法中止探望的权利，中止事由消失后，应当恢复探望的权利。

28. 分家析产纠纷

案由解析

分家析产是指根据分家协议将一个较大的家庭分成几个较小的家庭，同时财产共有人通过协议的方式，根据一定的标准，将共同的家庭财产分属各共有人所有的民事法律行为。

分家析产纠纷是指家庭关系解体以后，家庭成员要求依法分割家庭共有财产而引发的纠纷。

分家析产的主要特征是：（1）分家析产的前提是家庭共有财产的认定。家庭共有财产一般为共同共有，除非有特别约定。家庭共同财产是全体家庭成员共同生活期间所创造的，供全体家庭成员生活、生产的财产。其他属于个人财产范畴的，不属于家庭共有财产，不是分家析产的对象。（2）分家析产的主体特定。分家析产的主体是在家庭共同生活期间参与共同劳动创造、对家庭作出贡献的家庭成员。（3）分割家庭共有财产应当根据公平合理原则。应本着团结和睦、互让互助的精神，协商分割共有财产，对老幼病残者要给予适当照顾。同时要尽可能有利于生产，有利于发挥家庭成员各自的专长。对于某些不便分割的财产，也可作变通处理，以充分发挥该项财产的效用。

常用法律条文及索引

《中华人民共和国民法典》（2020 年 5 月 28 日公布　2021 年 1 月 1 日施行）

第二百九十七条　不动产或者动产可以由两个以上组织、个人共有。共有包括按份共有和共同共有。

第二百九十八条　按份共有人对共有的不动产或者动产按照其份额享有所有权。

第二百九十九条　共同共有人对共有的不动产或者动产共同享有所有权。

第三百零三条　共有人约定不得分割共有的不动产或者动产，以维持共有关系的，应当按照约定，但是共有人有重大理由需要分割的，可以请求分割；没有约定或者约定不明确的，按份共有人可以随时请求分割，共同共有人在共有的基础丧失或者有重大理由需要分割时可以请求分割。因分割造成其他共有人损害的，应当给予赔偿。

第三百零四条 共有人可以协商确定分割方式。达不成协议，共有的不动产或者动产可以分割且不会因分割减损价值的，应当对实物予以分割；难以分割或者因分割会减损价值的，应当对折价或者拍卖、变卖取得的价款予以分割。

共有人分割所得的不动产或者动产有瑕疵的，其他共有人应当分担损失。

第三百零七条 因共有的不动产或者动产产生的债权债务，在对外关系上，共有人享有连带债权、承担连带债务，但是法律另有规定或者第三人知道共有人不具有连带债权债务关系的除外；在共有人内部关系上，除共有人另有约定外，按份共有人按照份额享有债权、承担债务，共同共有人共同享有债权、承担债务。偿还债务超过自己应当承担份额的按份共有人，有权向其他共有人追偿。

第三百零八条 共有人对共有的不动产或者动产没有约定为按份共有或者共同共有，或者约定不明确的，除共有人具有家庭关系等外，视为按份共有。

适用本案由需要注意的问题

◆适用本案由时，要注意其与离婚后财产纠纷的区别。离婚后财产纠纷的主体是已经依法解除婚姻关系的男女双方当事人。而分家析产纠纷的主体是在家庭共同生活期间参与共同劳动创造、对家庭作出贡献的家庭成员。

◆分家析产是对家庭共有财产进行的分割，只能分割家庭成员间共有的那部分财产，不能对属于家庭成员个人的财产进行分割。另外，对共有物的分割不得损害物的经济价值。共有财产是可分物的，可以进行实物分割；共有财产是不可分割物的，共有人中有人愿意取得共有物的，可对其他共有人作价补偿；共有人都不愿取得共有物的，可将共有物作价出售由共有人分割价金。

三、继承纠纷

29. 法定继承纠纷

（1）转继承纠纷
（2）代位继承纠纷

案由解析

法定继承是指根据法律规定的继承人范围、继承顺序、继承遗产的份额及遗产的分配原则将被继承人的遗产分配给合法继承人的继承方式。

法定继承纠纷是指因法定继承而引起的纠纷。

法定继承的主要特征是：（1）法定继承以身份关系为基础。法定继承中的继承人是法律基于继承人与被继承人间的亲属关系规定的，而不是由被继承人指定的。（2）法定继承的效力低于遗嘱继承。继承开始后，应先适用遗嘱继承，只有在不适用遗嘱继承时才适用法定继承，法定继承是对遗嘱继承的补充。

典型形态

实践中，法定继承纠纷主要有：

（1）转继承纠纷，是指被继承人死亡后遗产分割前，继承人又死亡的，由该死亡的继承人的继承人继承其应当继承的份额而引起的纠纷。

（2）代位继承纠纷，是指被继承人的子女先于被继承人死亡的，死亡的子女的晚辈直系血亲代位继承被继承人遗产而引起的纠纷。

常用法律条文及索引

《中华人民共和国民法典》（2020 年 5 月 28 日公布　2021 年 1 月 1 日施行）

第十六条　涉及遗产继承、接受赠与等胎儿利益保护的，胎儿视为具有民事权利能力。但是，胎儿娩出时为死体的，其民事权利能力自始不存在。

第一百二十四条　自然人依法享有继承权。

自然人合法的私有财产，可以依法继承。

第九百九十二条 人格权不得放弃、转让或者继承。

第一千零六十一条 夫妻有相互继承遗产的权利。

第一千一百二十条 国家保护自然人的继承权。

第一千一百二十一条 继承从被继承人死亡时开始。

相互有继承关系的数人在同一事件中死亡，难以确定死亡时间的，推定没有其他继承人的人先死亡。都有其他继承人，辈份不同的，推定长辈先死亡；辈份相同的，推定同时死亡，相互不发生继承。

第一千一百二十二条 遗产是自然人死亡时遗留的个人合法财产。

依照法律规定或者根据其性质不得继承的遗产，不得继承。

第一千一百二十三条 继承开始后，按照法定继承办理；有遗嘱的，按照遗嘱继承或者遗赠办理；有遗赠扶养协议的，按照协议办理。

第一千一百二十四条 继承开始后，继承人放弃继承的，应当在遗产处理前，以书面形式作出放弃继承的表示；没有表示的，视为接受继承。

受遗赠人应当在知道受遗赠后六十日内，作出接受或者放弃受遗赠的表示；到期没有表示的，视为放弃受遗赠。

第一千一百二十五条 继承人有下列行为之一的，丧失继承权：

（一）故意杀害被继承人；

（二）为争夺遗产而杀害其他继承人；

（三）遗弃被继承人，或者虐待被继承人情节严重；

（四）伪造、篡改、隐匿或者销毁遗嘱，情节严重；

（五）以欺诈、胁迫手段迫使或者妨碍被继承人设立、变更或者撤回遗嘱，情节严重。

继承人有前款第三项至第五项行为，确有悔改表现，被继承人表示宽恕或者事后在遗嘱中将其列为继承人的，该继承人不丧失继承权。

受遗赠人有本条第一款规定行为的，丧失受遗赠权。

第一千一百二十六条 继承权男女平等。

第一千一百二十七条 遗产按照下列顺序继承：

（一）第一顺序：配偶、子女、父母；

（二）第二顺序：兄弟姐妹、祖父母、外祖父母。

继承开始后，由第一顺序继承人继承，第二顺序继承人不继承；没有第一顺序继承人继承的，由第二顺序继承人继承。

本编所称子女，包括婚生子女、非婚生子女、养子女和有扶养关系的继子女。

本编所称父母，包括生父母、养父母和有扶养关系的继父母。

本编所称兄弟姐妹，包括同父母的兄弟姐妹、同父异母或者同母异父的兄弟姐妹、养兄弟姐妹、有扶养关系的继兄弟姐妹。

第一千一百二十八条　被继承人的子女先于被继承人死亡的，由被继承人的子女的直系晚辈血亲代位继承。

被继承人的兄弟姐妹先于被继承人死亡的，由被继承人的兄弟姐妹的子女代位继承。

代位继承人一般只能继承被代位继承人有权继承的遗产份额。

第一千一百二十九条　丧偶儿媳对公婆，丧偶女婿对岳父母，尽了主要赡养义务的，作为第一顺序继承人。

第一千一百三十条　同一顺序继承人继承遗产的份额，一般应当均等。

对生活有特殊困难又缺乏劳动能力的继承人，分配遗产时，应当予以照顾。

对被继承人尽了主要扶养义务或者与被继承人共同生活的继承人，分配遗产时，可以多分。

有扶养能力和有扶养条件的继承人，不尽扶养义务的，分配遗产时，应当不分或者少分。

继承人协商同意的，也可以不均等。

第一千一百三十一条　对继承人以外的依靠被继承人扶养的人，或者继承人以外的对被继承人扶养较多的人，可以分给适当的遗产。

第一千一百三十二条　继承人应当本着互谅互让、和睦团结的精神，协商处理继承问题。遗产分割的时间、办法和份额，由继承人协商确定；协商不成的，可以由人民调解委员会调解或者向人民法院提起诉讼。

第一千一百五十四条　有下列情形之一的，遗产中的有关部分按照法定继承办理：

（一）遗嘱继承人放弃继承或者受遗赠人放弃受遗赠；

（二）遗嘱继承人丧失继承权或者受遗赠人丧失受遗赠权；

（三）遗嘱继承人、受遗赠人先于遗嘱人死亡或者终止；

（四）遗嘱无效部分所涉及的遗产；

（五）遗嘱未处分的遗产。

第一千一百五十五条　遗产分割时，应当保留胎儿的继承份额。胎儿娩出时是死体的，保留的份额按照法定继承办理。

第一千一百五十六条　遗产分割应当有利于生产和生活需要，不损害遗产的效用。

不宜分割的遗产，可以采取折价、适当补偿或者共有等方法处理。

第一千一百五十七条　夫妻一方死亡后另一方再婚的，有权处分所继承的财产，任何组织或者个人不得干涉。

第一千一百五十九条　分割遗产，应当清偿被继承人依法应当缴纳的税款和债务；但是，应当为缺乏劳动能力又没有生活来源的继承人保留必要的遗产。

第一千一百六十一条　继承人以所得遗产实际价值为限清偿被继承人依法应当缴纳的税款和债务。超过遗产实际价值部分，继承人自愿偿还的不在此限。

继承人放弃继承的，对被继承人依法应当缴纳的税款和债务可以不负清偿责任。

第一千一百六十二条　执行遗赠不得妨碍清偿遗赠人依法应当缴纳的税款和债务。

第一千一百六十三条　既有法定继承又有遗嘱继承、遗赠的，由法定继承人清偿被继承人依法应当缴纳的税款和债务；超过法定继承遗产实际价值部分，由遗嘱继承人和受遗赠人按比例以所得遗产清偿。

《中华人民共和国涉外民事关系法律适用法》（2010年10月28日公布　2011年4月1日施行）

第三十一条　法定继承，适用被继承人死亡时经常居所地法律，但不动产法定继承，适用不动产所在地法律。

《最高人民法院关于适用〈中华人民共和国民法典〉继承编的解释（一）》（法释〔2020〕23号　2020年12月29日公布）

第一条　继承从被继承人生理死亡或者被宣告死亡时开始。

宣告死亡的，根据民法典第四十八条规定确定的死亡日期，为继承开始的时间。

第二条　承包人死亡时尚未取得承包收益的，可以将死者生前对承包所投入的资金和所付出的劳动及其增值和孳息，由发包单位或者接续承包合同的人合理折价、补偿。其价额作为遗产。

第三条　被继承人生前与他人订有遗赠扶养协议，同时又立有遗嘱的，继承开始后，如果遗赠扶养协议与遗嘱没有抵触，遗产分别按协议和遗嘱处理；如果有抵触，按协议处理，与协议抵触的遗嘱全部或者部分无效。

第四条　遗嘱继承人依遗嘱取得遗产后，仍有权依照民法典第一千一百三十条的规定取得遗嘱未处分的遗产。

第五条　在遗产继承中，继承人之间因是否丧失继承权发生纠纷，向人民法院提起诉讼的，由人民法院依据民法典第一千一百二十五条的规定，判决确认其是否丧失继承权。

第六条　继承人是否符合民法典第一千一百二十五条第一款第三项规定的“虐待被继承人情节严重”，可以从实施虐待行为的时间、手段、后果和社会影响等方面认定。

虐待被继承人情节严重的，不论是否追究刑事责任，均可确认其丧失继承权。

第七条　继承人故意杀害被继承人的，不论是既遂还是未遂，均应当确认其丧失继承权。

第八条　继承人有民法典第一千一百二十五条第一款第一项或者第二项所列之行为，而被继承人以遗嘱将遗产指定由该继承人继承的，可以确认遗嘱无效，并确认该继承人丧失继承权。

第九条　继承人伪造、篡改、隐匿或者销毁遗嘱，侵害了缺乏劳动能力又无生活来源的继承人的利益，并造成其生活困难的，应当认定为民法典第一千一百二十五条第一款第四项规定的“情节严重”。

第十条　被收养人对养父母尽了赡养义务，同时又对生父母扶养较多的，除可以依照民法典第一千一百二十七条的规定继承养父母的遗产外，还可以依照民法典第一千一百三十一条的规定分得生父母适当的遗产。

第十一条　继子女继承了继父母遗产的，不影响其继承生父母的遗产。

继父母继承了继子女遗产的，不影响其继承生子女的遗产。

第十二条　养子女与生子女之间、养子女与养子女之间，系养兄弟姐妹，可以互为第二顺序继承人。

被收养人与其亲兄弟姐妹之间的权利义务关系，因收养关系的成立而消除，不能互为第二顺序继承人。

第十三条　继兄弟姐妹之间的继承权，因继兄弟姐妹之间的扶养关系而发生。没有扶养关系的，不能互为第二顺序继承人。

继兄弟姐妹之间相互继承了遗产的，不影响其继承亲兄弟姐妹的遗产。

第十四条　被继承人的孙子女、外孙子女、曾孙子女、外曾孙子女都可以代位继承，代位继承人不受辈数的限制。

第十五条　被继承人的养子女、已形成扶养关系的继子女的生子女可以代位继承；被继承人亲生子女的养子女可以代位继承；被继承人养子女的养子女可以代位继承；与被继承人已形成扶养关系的继子女的养子女也可以代位继承。

第十六条　代位继承人缺乏劳动能力又没有生活来源，或者对被继承人尽过主要赡养义务的，分配遗产时，可以多分。

第十七条　继承人丧失继承权的，其晚辈直系血亲不得代位继承。如该代位继承人缺乏劳动能力又没有生活来源，或者对被继承人尽赡养义务较多的，可以适当分给遗产。

第十八条　丧偶儿媳对公婆、丧偶女婿对岳父母，无论其是否再婚，依照民法典第一千一百二十九条规定作为第一顺序继承人时，不影响其子女代位继承。

第十九条　对被继承人生活提供了主要经济来源，或者在劳务等方面给予了主要扶助的，应当认定其尽了主要赡养义务或主要扶养义务。

第二十条　依照民法典第一千一百三十一条规定可以分给适当遗产的人，分给他们遗产时，按具体情况可以多于或者少于继承人。

第二十一条　依照民法典第一千一百三十一条规定可以分给适当遗产的人，在其依法取得被继承人遗产的权利受到侵犯时，本人有权以独立的诉讼主体资格向人民法院提起诉讼。

第二十二条　继承人有扶养能力和扶养条件，愿意尽扶养义务，但被继承人因有固定收入和劳动能力，明确表示不要求其扶养的，分配遗产时，一般不应因此而影响其继承份额。

第二十三条　有扶养能力和扶养条件的继承人虽然与被继承人共同生活，但对需要扶养的被继承人不尽扶养义务，分配遗产时，可以少分或者不分。

《最高人民法院关于适用〈中华人民共和国民法典〉时间效力的若干规定》（法释〔2020〕15号　2020年12月29日公布）

第十三条　民法典施行前，继承人有民法典第一千一百二十五条第一款第四项和第五项规定行为之一，对该继承人是否丧失继承权发生争议的，适用民法典第一千一百二十五条第一款和第二款的规定。

民法典施行前，受遗赠人有民法典第一千一百二十五条第一款规定行为之一，对受遗赠人是否丧失受遗赠权发生争议的，适用民法典第一千一百二十五条第一款和第三款的规定。

第十四条　被继承人在民法典施行前死亡，遗产无人继承又无人受遗赠，其兄弟姐妹的子女请求代位继承的，适用民法典第一千一百二十八条第二款和第三款的规定，但是遗产已经在民法典施行前处理完毕的除外。

《最高人民法院关于适用〈中华人民共和国民法典〉婚姻家庭编的解释(二)》（法释〔2025〕1号　2025年1月15日公布）

第十一条　夫妻一方以另一方可继承的财产为夫妻共同财产、放弃继承侵害夫妻共同财产利益为由主张另一方放弃继承无效的，人民法院不予支持，但有证据证明放弃继承导致放弃一方不能履行法定扶养义务的除外。

适用本案由需要注意的问题

◆根据《民事诉讼法》第34条的规定，因继承遗产纠纷提起的诉讼，由被继承人死亡时住所地或者主要遗产所在地人民法院管辖。根据《最高人民法院关于军事法院管辖民事案件若干问题的规定》第2条的规定，被继承人死亡时住所地或者主要遗产所在地在营区内，且当事人一方为军人或者军队单位的案件，地方当事人向军事法院提起诉讼的，军事法院应当受理。该管辖原则适用于本二级案由“继承纠纷”下的所有案件，下文不赘。

◆适用本案由时，要注意其与遗嘱继承纠纷的区别。遗嘱继承是按照被继承人所立的合法有效的遗嘱而继承其遗产的继承方式，继承人由立遗嘱人指定。而法定继承中的继承人是法律基于继承人与被继承人间的亲属关系规定的，而不是由被继承人指定的。

30. 遗嘱继承纠纷

案由解析

遗嘱继承是指根据被继承人所立的合法有效的遗嘱而继承其遗产的继承方式。

遗嘱继承纠纷是指因遗嘱继承而引起的纠纷。

遗嘱继承的主要特征是：（1）遗嘱继承以被继承人死亡和立有遗嘱为前提。（2）遗嘱继承在效力上优先于法定继承。

常用法律条文及索引

《中华人民共和国民法典》（2020年5月28日公布　2021年1月1日施行）

第一百二十四条　自然人依法享有继承权。

自然人合法的私有财产，可以依法继承。

第一千一百三十三条 自然人可以依照本法规定立遗嘱处分个人财产，并可以指定遗嘱执行人。

自然人可以立遗嘱将个人财产指定由法定继承人中的一人或者数人继承。

自然人可以立遗嘱将个人财产赠与国家、集体或者法定继承人以外的组织、个人。

自然人可以依法设立遗嘱信托。

第一千一百三十四条 自书遗嘱由遗嘱人亲笔书写，签名，注明年、月、日。

第一千一百三十五条 代书遗嘱应当有两个以上见证人在场见证，由其中一人代书，并由遗嘱人、代书人和其他见证人签名，注明年、月、日。

第一千一百三十六条 打印遗嘱应当有两个以上见证人在场见证。遗嘱人和见证人应当在遗嘱每一页签名，注明年、月、日。

第一千一百三十七条 以录音录像形式立的遗嘱，应当有两个以上见证人在场见证。遗嘱人和见证人应当在录音录像中记录其姓名或者肖像，以及年、月、日。

第一千一百三十八条 遗嘱人在危急情况下，可以立口头遗嘱。口头遗嘱应当有两个以上见证人在场见证。危急情况消除后，遗嘱人能够以书面或者录音录像形式立遗嘱的，所立的口头遗嘱无效。

第一千一百三十九条 公证遗嘱由遗嘱人经公证机构办理。

第一千一百四十条 下列人员不能作为遗嘱见证人：

（一）无民事行为能力人、限制民事行为能力人以及其他不具有见证能力的人；

（二）继承人、受遗赠人；

（三）与继承人、受遗赠人有利害关系的人。

第一千一百四十一条 遗嘱应当为缺乏劳动能力又没有生活来源的继承人保留必要的遗产份额。

第一千一百四十二条 遗嘱人可以撤回、变更自己所立的遗嘱。

立遗嘱后，遗嘱人实施与遗嘱内容相反的民事法律行为的，视为对遗嘱相关内容的撤回。

立有数份遗嘱，内容相抵触的，以最后的遗嘱为准。

第一千一百四十三条 无民事行为能力人或者限制民事行为能力人所立

的遗嘱无效。

遗嘱必须表示遗嘱人的真实意思，受欺诈、胁迫所立的遗嘱无效。

伪造的遗嘱无效。

遗嘱被篡改的，篡改的内容无效。

第一千一百四十四条 遗嘱继承或者遗赠附有义务的，继承人或者受遗赠人应当履行义务。没有正当理由不履行义务的，经利害关系人或者有关组织请求，人民法院可以取消其接受附义务部分遗产的权利。

《中华人民共和国涉外民事关系法律适用法》（2010 年 10 月 28 日公布 2011 年 4 月 1 日施行）

第三十二条 遗嘱方式，符合遗嘱人立遗嘱时或者死亡时经常居所地法律、国籍国法律或者遗嘱行为地法律的，遗嘱均为成立。

第三十三条 遗嘱效力，适用遗嘱人立遗嘱时或者死亡时经常居所地法律或者国籍国法律。

第三十四条 遗产管理等事项，适用遗产所在地法律。

第三十五条 无人继承遗产的归属，适用被继承人死亡时遗产所在地法律。

《最高人民法院关于适用〈中华人民共和国民法典〉继承编的解释(一)》（法释〔2020〕23 号 2020 年 12 月 29 日公布）

第二十四条 继承人、受遗赠人的债权人、债务人，共同经营的合伙人，也应当视为与继承人、受遗赠人有利害关系，不能作为遗嘱的见证人。

第二十五条 遗嘱人未保留缺乏劳动能力又没有生活来源的继承人的遗产份额，遗产处理时，应当为该继承人留下必要的遗产，所剩余的部分，才可参照遗嘱确定的分配原则处理。

继承人是否缺乏劳动能力又没有生活来源，应当按遗嘱生效时该继承人的具体情况确定。

第二十六条 遗嘱人以遗嘱处分了国家、集体或者他人财产的，应当认定该部分遗嘱无效。

第二十七条 自然人在遗书中涉及死后个人财产处分的内容，确为死者的真实意思表示，有本人签名并注明了年、月、日，又无相反证据的，可以按自书遗嘱对待。

第二十八条 遗嘱人立遗嘱时必须具有完全民事行为能力。无民事行为能力人或者限制民事行为能力人所立的遗嘱，即使其本人后来具有完全民事行为能力，仍属无效遗嘱。遗嘱人立遗嘱时具有完全民事行为能力，后来成为无民事行为能力人或者限制民事行为能力人的，不影响遗嘱的效力。

第二十九条　附义务的遗嘱继承或者遗赠，如义务能够履行，而继承人、受遗赠人无正当理由不履行，经受益人或者其他继承人请求，人民法院可以取消其接受附义务部分遗产的权利，由提出请求的继承人或者受益人负责按遗嘱人的意愿履行义务，接受遗产。

《最高人民法院关于适用〈中华人民共和国民法典〉时间效力的若干规定》（法释〔2020〕15号　2020年12月29日公布）

第十五条　民法典施行前，遗嘱人以打印方式立的遗嘱，当事人对该遗嘱效力发生争议的，适用民法典第一千一百三十六条的规定，但是遗产已经在民法典施行前处理完毕的除外。

第二十三条　被继承人在民法典施行前立有公证遗嘱，民法典施行后又立有新遗嘱，其死亡后，因该数份遗嘱内容相抵触发生争议的，适用民法典第一千一百四十二条第三款的规定。

适用本案由需要注意的问题

◆根据《民事诉讼法》第34条的规定，因继承遗产纠纷提起的诉讼，由被继承人死亡时住所地或者主要遗产所在地人民法院管辖。

◆适用本案由时，要注意其与法定继承纠纷的区别。法定继承中的继承人是法律基于继承人与被继承人间的亲属关系规定的，而不是由被继承人指定的。遗嘱继承是按照被继承人所立的合法有效的遗嘱而继承其遗产的继承方式，继承人由立遗嘱人指定。

31. 被继承人债务清偿纠纷

案由解析

被继承人债务清偿是指对被继承人死亡时遗留的应当由被继承人清偿而尚未清偿的财产义务进行的清偿。

被继承人债务清偿纠纷是指因清偿被继承人死亡时遗留的应当由被继承人清偿而尚未清偿的财产义务而引起的纠纷。

被继承人债务清偿的主要特征是：（1）被继承人债务清偿的范围仅限于被继承人死亡时遗留的应当由被继承人清偿而尚未清偿的财产义务。（2）被继承人债务清偿以遗产的实际价值为限，超过遗产实际价值的部分，继承人不负清偿责任。(3) 继承人放弃继承的，对被继承人依法应当缴纳的税款和债务可以不负偿还责任。(4) 清偿被继承人债务优先于执行遗赠。

常用法律条文及索引

《中华人民共和国民法典》(2020 年 5 月 28 日公布　2021 年 1 月 1 日施行)

第六百七十四条　借款人应当按照约定的期限支付利息。对支付利息的期限没有约定或者约定不明确，依据本法第五百一十条的规定仍不能确定，借款期间不满一年的，应当在返还借款时一并支付；借款期间一年以上的，应当在每届满一年时支付，剩余期间不满一年的，应当在返还借款时一并支付。

第一千一百六十一条　继承人以所得遗产实际价值为限清偿被继承人依法应当缴纳的税款和债务。超过遗产实际价值部分，继承人自愿偿还的不在此限。

继承人放弃继承的，对被继承人依法应当缴纳的税款和债务可以不负清偿责任。

第一千一百六十二条　执行遗赠不得妨碍清偿遗赠人依法应当缴纳的税款和债务。

适用本案由需要注意的问题

◆适用本案由时，要注意其与法定继承纠纷的区别。法定继承是根据法律的规定继承被继承人的遗产。而被继承人债务清偿纠纷则是对被继承人死亡时遗留的应当由被继承人清偿而尚未清偿的财产义务进行的清偿。审判实践中，涉及被继承人生前个人债务的清偿，均应适用本案由。

32. 遗赠纠纷

案由解析

遗赠是指遗赠人采用遗嘱的方式，把自己财产的一部分或全部（必要的遗产保留份额除外）无偿地赠给国家、集体或者法定继承人以外的人，并于遗赠人死亡后发生法律效力的民事行为。

遗赠纠纷是指遗赠人在设立遗嘱或其继承人在执行其遗嘱过程中而产生的纠纷。

遗赠的主要特征是：（1）遗赠是单方法律行为。遗赠人不需要征得任何人的同意，只要遗赠人用遗嘱表明了遗赠的意思，并且不违反法律的强制性规定，遗赠人死亡后，遗赠就发生法律效力。（2）遗赠是遗赠人死亡后发生法律效力的行为。（3）受遗赠权的客体只是遗产中的权利，不包括义务，因而受遗赠人只享受遗产中的权利，不负担遗产中的义务。（4）接受遗赠的权利人具有不可替代性。如果受遗赠人先于遗赠人死亡，则该遗赠无效。但是，如果继承开始后，受遗赠人已明确表示接受遗赠，则即使其在遗产分配前死亡，他接受遗赠的权利也可以转移给他的继承人。

常用法律条文及索引

《中华人民共和国民法典》（2020年5月28日公布　2021年1月1日施行）

第一千一百二十三条　继承开始后，按照法定继承办理；有遗嘱的，按照遗嘱继承或者遗赠办理；有遗赠扶养协议的，按照协议办理。

第一千一百二十四条　继承开始后，继承人放弃继承的，应当在遗产处理前，以书面形式作出放弃继承的表示；没有表示的，视为接受继承。

受遗赠人应当在知道受遗赠后六十日内，作出接受或者放弃受遗赠的表示；到期没有表示的，视为放弃受遗赠。

第一千一百三十三条　自然人可以依照本法规定立遗嘱处分个人财产，并可以指定遗嘱执行人。

自然人可以立遗嘱将个人财产指定由法定继承人中的一人或者数人继承。

自然人可以立遗嘱将个人财产赠与国家、集体或者法定继承人以外的组织、个人。

自然人可以依法设立遗嘱信托。

第一千一百六十二条　执行遗赠不得妨碍清偿遗赠人依法应当缴纳的税款和债务。

《最高人民法院关于适用〈中华人民共和国民法典〉继承编的解释(一)》（法释〔2020〕23号　2020年12月29日公布）

第二十四条　继承人、受遗赠人的债权人、债务人，共同经营的合伙人，也应当视为与继承人、受遗赠人有利害关系，不能作为遗嘱的见证人。

第二十九条　附义务的遗嘱继承或者遗赠，如义务能够履行，而继承人、受遗赠人无正当理由不履行，经受益人或者其他继承人请求，人民法院可以取消其接受附义务部分遗产的权利，由提出请求的继承人或者受益人负责按遗嘱人的意愿履行义务，接受遗产。

适用本案由需要注意的问题

◆适用本案由时，要注意其与遗嘱继承纠纷的区别。遗嘱继承客体是遗产，既包括财产权利，也包括财产义务。而遗赠客体只是遗产中的权利，不包括义务，因而受遗赠人只享受遗产中的权利，不负担遗产中的义务。

33. 遗赠扶养协议纠纷

案由解析

遗赠扶养协议是指遗赠人与扶养人之间订立的，由扶养人承担遗赠人生养死葬的义务，遗赠人将自己合法财产的一部分或全部于其死后转移给扶养人所有的协议。

遗赠扶养协议纠纷是指遗赠人与扶养人在履行双方签订的遗赠扶养协议的过程中发生的纠纷。

遗赠扶养协议的主要特征是：（1）遗赠扶养协议的主体一般有限制。遗赠人只能是公民，而扶养人可以是法定继承人以外的公民，也可以是集体所有制组织。扶养人须具有扶养能力和扶养条件，同时扶养人没有法定的扶养义务。（2）遗赠扶养协议是一种双务行为。遗赠扶养协议双方，互享权利，互负义务。扶养人负有对遗赠人生养死葬的义务，享有接受遗赠人遗赠财产的权利；遗赠人享有接受扶养的权利，负有将其遗产遗赠给扶养人的义务。（3）遗赠扶养协议是双方法律行为。在遗赠人和扶养人双方自愿协商一致的基础上，凡不违反国家法律规定、不损害公共利益、不违反社会主义道德准则的遗赠扶养协议都具有法律约束力。

常用法律条文及索引

《中华人民共和国民法典》（2020 年 5 月 28 日公布　2021 年 1 月 1 日施行）

第一千一百二十三条　继承开始后，按照法定继承办理；有遗嘱的，按照遗嘱继承或者遗赠办理；有遗赠扶养协议的，按照协议办理。

第一千一百五十八条　自然人可以与继承人以外的组织或者个人签订遗赠扶养协议。按照协议，该组织或者个人承担该自然人生养死葬的义务，享有受遗赠的权利。

《最高人民法院关于适用〈中华人民共和国民法典〉继承编的解释（一）》（法释〔2020〕23号　2020年12月29日公布）

第四十条　继承人以外的组织或者个人与自然人签订遗赠扶养协议后，无正当理由不履行，导致协议解除的，不能享有受遗赠的权利，其支付的供养费用一般不予补偿；遗赠人无正当理由不履行，导致协议解除的，则应当偿还继承人以外的组织或者个人已支付的供养费用。

第四十四条　继承诉讼开始后，如继承人、受遗赠人中有既不愿参加诉讼，又不表示放弃实体权利的，应当追加为共同原告；继承人已书面表示放弃继承、受遗赠人在知道受遗赠后六十日内表示放弃受遗赠或者到期没有表示的，不再列为当事人。

适用本案由需要注意的问题

◆适用本案由时，要注意其与遗赠纠纷的区别。遗赠是一种单方法律行为，遗赠人不需要征得任何人的同意，只要遗赠人用遗嘱表明了遗赠的意思，并且不违反法律的强制性规定，在遗赠人死亡后，就发生法律效力。而遗赠扶养协议是一种双方法律行为，只有在遗赠人和扶养人双方自愿协商一致的基础上，不违反国家法律规定、不损害公共利益、不违反社会主义道德准则的遗赠扶养协议才具有法律约束力。

34. 遗产管理纠纷

案由解析

遗产管理，是指在继承开始后遗产交付被继承人前，有关主体依据法律规定或有关机关的指定，以维护遗产价值和遗产权利人合法利益为宗旨，对被继承人的遗产实施管理、清算、处置，按照被继承人的生前意愿或法律规定分配相关遗产。遗产管理人，是指对死者遗产进行妥善保管和分配、处置的人。遗产管理纠纷，是指在选任遗产管理人过程中或遗产管理人在遗产管理过程中与相关权利人发生的纠纷。

典型形态

实践中，遗产管理纠纷主要包括以下类型：

（1）遗产管理人的选任纠纷，是指利害关系人对遗产管理人的产生、人选确定有争议而引发的纠纷。

（2）遗产管理人履行义务纠纷，是指遗产管理人未依法履行保管、分配等法定职责而引发的纠纷。

（3）遗产管理人损害赔偿纠纷，是指遗产管理人因故意或重大过失造成继承人、受遗赠人、债权人权益受损而引发的纠纷。

（4）遗产管理人报酬纠纷，是指遗产管理人因获得报酬产生的纠纷。

（5）其他遗产管理过程中发生的纠纷。

常用法律条文及索引

《中华人民共和国民法典》（2020年5月28日公布　2021年1月1日施行）

第一千一百四十五条　继承开始后，遗嘱执行人为遗产管理人；没有遗嘱执行人的，继承人应当及时推选遗产管理人；继承人未推选的，由继承人共同担任遗产管理人；没有继承人或者继承人均放弃继承的，由被继承人生前住所地的民政部门或者村民委员会担任遗产管理人。

第一千一百四十六条　对遗产管理人的确定有争议的，利害关系人可以向人民法院申请指定遗产管理人。

第一千一百四十七条　遗产管理人应当履行下列职责：

（一）清理遗产并制作遗产清单；

（二）向继承人报告遗产情况；

（三）采取必要措施防止遗产毁损、灭失；

（四）处理被继承人的债权债务；

（五）按照遗嘱或者依照法律规定分割遗产；

（六）实施与管理遗产有关的其他必要行为。

第一千一百四十八条　遗产管理人应当依法履行职责，因故意或者重大过失造成继承人、受遗赠人、债权人损害的，应当承担民事责任。

第一千一百四十九条　遗产管理人可以依照法律规定或者按照约定获得报酬。

《中华人民共和国民事诉讼法》（2023年9月1日修正）

第一百九十四条　对遗产管理人的确定有争议，利害关系人申请指定遗产管理人的，向被继承人死亡时住所地或者主要遗产所在地基层人民法院提出。

申请书应当写明被继承人死亡的时间、申请事由和具体请求，并附有被继承人死亡的相关证据。

第一百九十五条 人民法院受理申请后，应当审查核实，并按照有利于遗产管理的原则，判决指定遗产管理人。

第一百九十六条 被指定的遗产管理人死亡、终止、丧失民事行为能力或者存在其他无法继续履行遗产管理职责情形的，人民法院可以根据利害关系人或者本人的申请另行指定遗产管理人。

第一百九十七条 遗产管理人违反遗产管理职责，严重侵害继承人、受遗赠人或者债权人合法权益的，人民法院可以根据利害关系人的申请，撤销其遗产管理人资格，并依法指定新的遗产管理人。

《最高人民法院关于适用〈中华人民共和国民法典〉继承编的解释(一)》（法释〔2020〕23号 2020年12月29日公布）

第三十条 人民法院在审理继承案件时，如果知道有继承人而无法通知的，分割遗产时，要保留其应继承的遗产，并确定该遗产的保管人或者保管单位。

第三十一条 应当为胎儿保留的遗产份额没有保留的，应从继承人所继承的遗产中扣回。

为胎儿保留的遗产份额，如胎儿出生后死亡的，由其继承人继承；如胎儿娩出时是死体的，由被继承人的继承人继承。

第三十二条 继承人因放弃继承权，致其不能履行法定义务的，放弃继承权的行为无效。

第三十三条 继承人放弃继承应当以书面形式向遗产管理人或者其他继承人表示。

第三十四条 在诉讼中，继承人向人民法院以口头方式表示放弃继承的，要制作笔录，由放弃继承的人签名。

第三十五条 继承人放弃继承的意思表示，应当在继承开始后、遗产分割前作出。遗产分割后表示放弃的不再是继承权，而是所有权。

第三十六条 遗产处理前或者在诉讼进行中，继承人对放弃继承反悔的，由人民法院根据其提出的具体理由，决定是否承认。遗产处理后，继承人对放弃继承反悔的，不予承认。

第三十七条 放弃继承的效力，追溯到继承开始的时间。

第三十八条 继承开始后，受遗赠人表示接受遗赠，并于遗产分割前死亡的，其接受遗赠的权利转移给他的继承人。

第三十九条 由国家或者集体组织供给生活费用的烈属和享受社会救济的自然人，其遗产仍应准许合法继承人继承。

第四十条 继承人以外的组织或者个人与自然人签订遗赠扶养协议后，无正当理由不履行，导致协议解除的，不能享有受遗赠的权利，其支付的供养费用一般不予补偿；遗赠人无正当理由不履行，导致协议解除的，则应当偿还继承人以外的组织或者个人已支付的供养费用。

第四十一条 遗产因无人继承又无人受遗赠归国家或者集体所有制组织所有时，按照民法典第一千一百三十一条规定可以分给适当遗产的人提出取得遗产的诉讼请求，人民法院应当视情况适当分给遗产。

第四十二条 人民法院在分割遗产中的房屋、生产资料和特定职业所需要的财产时，应当依据有利于发挥其使用效益和继承人的实际需要，兼顾各继承人的利益进行处理。

第四十三条 人民法院对故意隐匿、侵吞或者争抢遗产的继承人，可以酌情减少其应继承的遗产。

第四十四条 继承诉讼开始后，如继承人、受遗赠人中有既不愿参加诉讼，又不表示放弃实体权利的，应当追加为共同原告；继承人已书面表示放弃继承、受遗赠人在知道受遗赠后六十日内表示放弃受遗赠或者到期没有表示的，不再列为当事人。

适用本案由需要注意的问题

◆遗产管理纠纷一般与遗产管理人相关，遗产管理人应当是该案由的诉讼主体之一。遗产管理纠纷一般是确定遗产管理人，厘清遗产管理人的职责，以确保遗产的价值安全，一般不会确定遗产的最终归属。

第三部分　物权纠纷

四、不动产登记纠纷

35. 异议登记不当损害责任纠纷

案由解析

异议登记又称异议抗辩登记，是指将事实上权利人或者利害关系人对不动产物权登记的正确性提出异议抗辩，异议登记是旨在对登记错误状态下的事实权利人或者利害关系人提供救济的手段。异议登记是一种临时性的保护措施，意在填补在发现登记错误与最终得以更正错误这一段时间对真实权利人权利保护的空缺。

异议登记纠纷是指异议登记申请人提出的异议登记不正确，或者在异议登记之日起 15 日内未起诉而异议登记失效或者虽然在异议登记之日起 15 日内起诉但被驳回，因此给原登记权利人造成损害而引起的民事争议。

异议登记的主要特征是：（1）适用范围的有限性。异议登记仅适用于对不动产权利记载事项真实性的异议。（2）功能上的警示作用。异议登记的功能是警示第三人，即申请人通过登记册上的异议记载，向可能与登记册记载的权利人发生交易的第三人发出警示信息，以阻断可能进行的交易。（3）异议登记是一种临时性的救济手段。异议登记仅仅是登记异议，而不具更正的效力，更正登记才具有终局性。

常用法律条文及索引

《中华人民共和国民法典》（2020 年 5 月 28 日公布　2021 年 1 月 1 日施行）

第二百二十条　权利人、利害关系人认为不动产登记簿记载的事项错误的，可以申请更正登记。不动产登记簿记载的权利人书面同意更正或者有证据证明登记确有错误的，登记机构应当予以更正。

不动产登记簿记载的权利人不同意更正的，利害关系人可以申请异议登记。登记机构予以异议登记，申请人自异议登记之日起十五日内不提起诉讼的，异议登记失效。异议登记不当，造成权利人损害的，权利人可以向申请人请求损害赔偿。

《最高人民法院关于适用〈中华人民共和国民法典〉物权编的解释(一)》（法释〔2020〕24号　2020年12月29日公布）

第二条　当事人有证据证明不动产登记簿的记载与真实权利状态不符、其为该不动产物权的真实权利人，请求确认其享有物权的，应予支持。

第三条　异议登记因民法典第二百二十条第二款规定的事由失效后，当事人提起民事诉讼，请求确认物权归属的，应当依法受理。异议登记失效不影响人民法院对案件的实体审理。

适用本案由需要注意的问题

◆异议登记不当损害责任纠纷是针对不动产引发的纠纷，根据《民事诉讼法》第34条第1项“因不动产纠纷提起的诉讼，由不动产所在地人民法院管辖”的规定，由不动产所在地人民法院管辖。一般不动产登记所在地与不动产所在地一致。根据《最高人民法院关于军事法院管辖民事案件若干问题的规定》第2条的规定，《民事诉讼法》第34条规定的不动产所在地在营区内，且当事人一方为军人或者军队单位的案件，地方当事人向军事法院提起诉讼的，军事法院应当受理。

◆受理异议登记不当损害责任纠纷的条件主要有：第一，已经在不动产登记簿上进行了合法的异议登记。第二，异议登记的内容被证明不正确，或者异议登记申请人未在规定期限内起诉致使异议登记失效。第三，异议登记给登记权利人造成了损害。

◆《民法典》第220条第2款的规定，异议登记不当，造成权利人损害的，权利人可以向申请人请求损害赔偿。对于这一规定的适用，实践中应当从严把握，不能仅以异议登记人在向法院起诉后遭受了败诉的后果就直接推定其异议登记不当，进而要求其承担损害赔偿责任。

36. 虚假登记损害责任纠纷

案由解析

虚假登记是指因不动产申请人故意向不动产登记机关提供虚假材料、不动产登记机关工作人员的失误或因不动产登记机关工作人员和不动产登记的申请人恶意串通导致不动产登记簿上关于不动产的记载存在瑕疵。

虚假登记损害责任纠纷是指因虚假登记给利害关系人和信赖登记公信力的第三人造成损害的，利害关系人和第三人可以依法向人民法院提起诉讼，要求相关责任主体（包括不动产登记申请人、登记机关）承担侵权责任的纠纷。

常用法律条文及索引

《中华人民共和国民法典》（2020 年 5 月 28 日公布　2021 年 1 月 1 日施行）

第二百二十二条　当事人提供虚假材料申请登记，造成他人损害的，应当承担赔偿责任。

因登记错误，造成他人损害的，登记机构应当承担赔偿责任。登记机构赔偿后，可以向造成登记错误的人追偿。

《中华人民共和国城市房地产管理法》（2019 年 8 月 26 日修正）

第六十一条　以出让或者划拨方式取得土地使用权，应当向县级以上地方人民政府土地管理部门申请登记，经县级以上地方人民政府土地管理部门核实，由同级人民政府颁发土地使用权证书。

在依法取得的房地产开发用地上建成房屋的，应当凭土地使用权证书向县级以上地方人民政府房产管理部门申请登记，由县级以上地方人民政府房产管理部门核实并颁发房屋所有权证书。

房地产转让或者变更时，应当向县级以上地方人民政府房产管理部门申请房产变更登记，并凭变更后的房屋所有权证书向同级人民政府土地管理部门申请土地使用权变更登记，经同级人民政府土地管理部门核实，由同级人民政府更换或者更改土地使用权证书。

法律另有规定的，依照有关法律的规定办理。

第七十一条　房产管理部门、土地管理部门工作人员玩忽职守、滥用职权，构成犯罪的，依法追究刑事责任；不构成犯罪的，给予行政处分。

房产管理部门、土地管理部门工作人员利用职务上的便利，索取他人财物，或者非法收受他人财物为他人谋取利益，构成犯罪的，依法追究刑事责任；不构成犯罪的，给予行政处分。

《中华人民共和国土地管理法》（2019 年 8 月 26 日修正）

第七十七条 未经批准或者采取欺骗手段骗取批准，非法占用土地的，由县级以上人民政府自然资源主管部门责令退还非法占用的土地，对违反土地利用总体规划擅自将农用地改为建设用地的，限期拆除在非法占用的土地上新建的建筑物和其他设施，恢复土地原状，对符合土地利用总体规划的，没收在非法占用的土地上新建的建筑物和其他设施，可以并处罚款；对非法占用土地单位的直接负责的主管人员和其他直接责任人员，依法给予处分；构成犯罪的，依法追究刑事责任。

超过批准的数量占用土地，多占的土地以非法占用土地论处。

《最高人民法院关于审理房屋登记案件若干问题的规定》（法释〔2010〕15 号 2010 年 11 月 5 日公布）

第十二条 申请人提供虚假材料办理房屋登记，给原告造成损害，房屋登记机构未尽合理审慎职责的，应当根据其过错程度及其在损害发生中所起作用承担相应的赔偿责任。

第十三条 房屋登记机构工作人员与第三人恶意串通违法登记，侵犯原告合法权益的，房屋登记机构与第三人承担连带赔偿责任。

适用本案由需要注意的问题

◆虚假登记损害责任纠纷是针对不动产引发的纠纷。根据《民事诉讼法》第 34 条的规定，虚假登记损害责任纠纷应当由不动产所在地的人民法院专属管辖。根据《最高人民法院关于军事法院管辖民事案件若干问题的规定》第 2 条的规定，《民事诉讼法》第 34 条规定的不动产所在地在营区内，且当事人一方为军人或者军队单位的案件，地方当事人向军事法院提起诉讼的，军事法院应当受理。

◆在虚假登记损害责任纠纷案件中，在登记机关要承担责任的情况下，登记机关依法承担赔偿责任后，可以向造成错误登记的工作人员追偿。在不动产登记申请人和不动产登记机关工作人员恶意串通造成不动产、利害关系人或者第三人损害的情况下，登记机关与不动产登记申请人应当承担连带赔偿责任。此时，不动产登记机构的赔偿责任与第三人的赔偿责任分属于国家赔偿责任和民事赔偿责任，至于此类案件应属行政案件还是民事案件，以当事人起诉时选择的诉讼程序为准。

五、物权保护纠纷

37. 物权确认纠纷

（1）所有权确认纠纷
（2）用益物权确认纠纷
（3）担保物权确认纠纷

案由解析

物权是物权人对物的直接支配并排他性地享受其利益的行为。物权确认，是指在物权归属不明或者发生争议时，利害关系人请求有关国家机关确认物权归属、解决物权争议的行为。

物权确认纠纷是指就物权的成立、内容及物权归属不明时而产生的纠纷。在诉讼上称为确认之诉。依照发生纠纷的物权种类不同，可以将物权确认纠纷分为所有权确认纠纷、用益物权确认纠纷和担保物权确认纠纷。

物权确认的主要特征：（1）确权主体特征。根据我国现行法律、法规的规定，物权确认的确权主体是行政机关和人民法院。行政机关拥有行政裁决权，对有关企业产权界定和土地权属争议，都可以进行裁决。人民法院是国家司法机关，对平等主体之间的物权归属争议和涉及物权确认的一些具体行政行为，可以分别依据民事诉讼法或行政诉讼法进行审理并作出裁判。（2）确认内容特征。物权确认不仅包括对物权是否存在进行确认，还包括对物权支配范围的确认。（3）救济方式特征。一般情况下，物权保护既可以以“公力救济”的方式为之，亦可以以“私力救济”的方式为之。但是，物权确认却只适用“公力救济”，即确认物权的请求只能向有关行政机关或者人民法院提出。（4）确权过程特征。物权确认不仅仅是一个简单的、静态的权利确认过程，还是一个复杂的、动态的运作过程。

典型形态

（1）所有权确认纠纷，是指当事人之间因标的物的所有权的成立、内容及归属产生的民事纠纷。

（2）用益物权确认纠纷，是指就用益物权的成立、内容及归属所产生的民事纠纷。

（3）担保物权确认纠纷，是指就担保物权的成立、内容、归属及效力顺序等所产生的民事纠纷。

常用法律条文及索引

《中华人民共和国民法典》（2020 年 5 月 28 日公布　2021 年 1 月 1 日施行）

第二百三十四条　因物权的归属、内容发生争议的，利害关系人可以请求确认权利。

《中华人民共和国涉外民事关系法律适用法》（2010 年 10 月 28 日公布　2011 年 4 月 1 日施行）

第三十六条　不动产物权，适用不动产所在地法律。

第三十七条　当事人可以协议选择动产物权适用的法律。当事人没有选择的，适用法律事实发生时动产所在地法律。

第三十八条　当事人可以协议选择运输中动产物权发生变更适用的法律。当事人没有选择的，适用运输目的地法律。

适用本案由需要注意的问题

◆物权确认纠纷包括不动产物权确认和动产物权确认纠纷两类。根据《民事诉讼法》第 34 条的规定，因不动产纠纷提起的诉讼，由不动产所在地人民法院管辖。动产物权确认纠纷应按照《民事诉讼法》第 22 条，第 23 条第 3 项、第 4 项，第 24 条及第 35 条等规定确定管辖。根据《最高人民法院关于军事法院管辖民事案件若干问题的规定》第 2 条的规定，《民事诉讼法》第 34 条规定的不动产所在地在营区内，且当事人一方为军人或者军队单位的案件，地方当事人向军事法院提起诉讼的，军事法院应当受理。

◆在确定本案由时尤其要注意区分其与返还原物纠纷、排除妨害纠纷的关系，在实践中所发生的物权纠纷往往既涉及物权确认纠纷，又涉及返还原物纠纷、排除妨害纠纷，此时因为请求权以实体权利的存在为前提，如返还原物请求权以对原物享有物权为前提，但物权的确认是因为物权这一实体权利本身的归属或内容存在争议而产生的，所以在同一纠纷中如既涉及物权确认纠纷案由又涉及返还原物纠纷案由、排除妨害纠纷案由时，宜定返还原物纠纷案由、排除妨害纠纷案由。

◆当事人已经申请在行政诉讼中解决民事争议并被受理，另行提起民事诉讼的，根据《行政诉讼法》第61条之规定处理。例如，根据《民法典》第220条的规定，权利人可以请求不动产登记机构进行更正登记，如果登记机构不作为，则权利人可以依法提起行政诉讼，此时，如果当事人之间就权属产生争议的，可以通过申请一并解决，也可以另行提起民事诉讼加以解决。这与本条规定并不矛盾。当然，两条规定之间其实隐含一个前提：即尚没有在行政诉讼程序中申请一并解决民事争议。如果当事人已经申请在行政诉讼中解决民事争议并被受理，此时如再另行提起民事诉讼，则因违反一事不再理原则而不应被受理。

◆一方当事人提起了行政诉讼，并申请一并确认物权并被受理，另一方另行提起了主张认定原因行为无效，或者请求撤销、解除该原因行为的民事诉讼，由于行政诉讼中审理的民事纠纷与另行提起的民事诉讼在诉讼标的上并非同一，故对此应依法受理，但在审理中发现已经存在行政诉讼中解决民事权属争议的，应注意两个诉讼之间的协调，可以通过中止其中一个诉讼，或者移送合并审理的方式加以解决。

38. 返还原物纠纷

案由解析

返还原物是指物权的权利人在其原物被他人侵夺或无权占有时，该权利人有权要求无权占有人返还原物。返还原物包括返还动产和不动产，与返还财产不同，返还原物仅指物的返还，而不包括权利。

返还原物纠纷是指权利人请求无权占有不动产或者动产的人返还原物而形成的纠纷。

常用法律条文及索引

《中华人民共和国民法典》（2020年5月28日公布　2021年1月1日施行）

第一百七十九条　承担民事责任的方式主要有：

……

（四）返还财产；

……

第二百三十五条 无权占有不动产或者动产的，权利人可以请求返还原物。

第二百三十七条 造成不动产或者动产毁损的，权利人可以依法请求修理、重作、更换或者恢复原状。

第二百三十八条 侵害物权，造成权利人损害的，权利人可以依法请求损害赔偿，也可以依法请求承担其他民事责任。

《最高人民法院关于适用〈中华人民共和国民法典〉物权编的解释(一)》（法释〔2020〕24号 2020年12月29日公布）

第八条 依据民法典第二百二十九条至第二百三十一条规定享有物权，但尚未完成动产交付或者不动产登记的权利人，依据民法典第二百三十五条至第二百三十八条的规定，请求保护其物权的，应予支持。

适用本案由需要注意的问题

◆返还原物纠纷区分返还物属于不动产和动产而分别确定管辖。不动产返还纠纷，根据《民事诉讼法》第34条的规定，因不动产纠纷提起的诉讼，由不动产所在地人民法院管辖。根据《最高人民法院关于军事法院管辖民事案件若干问题的规定》第2条的规定，《民事诉讼法》第34条规定的不动产所在地在营区内，且当事人一方为军人或者军队单位的案件，地方当事人向军事法院提起诉讼的，军事法院应当受理。动产返还纠纷，则根据当事人产生返还请求权基础法律关系确定管辖，如因合同关系占有动产的，按照合同纠纷案件管辖处理规定处理，如因不当得利返还的，则按照一般地域管辖的规定处理。

◆由于权利人请求返还的是原物而非替代物，因此，原物必须存在，这是适用本案由的前提。如果原物已经灭失，就只能请求赔偿损失。

◆本案由下的请求权主体必须是物权人，或者虽然不是物权人，但也应是法律规定的可行使返还原物请求权的人，如破产管理人、失踪人的财产代管人、遗嘱执行人等。本案由下的被告应当是无权占有人，即无正当权源而占有他人之物的人，包括直接占有人和间接占有人。

39. 排除妨害纠纷

案由解析

所谓妨害，是指以占有以外的方法，客观上不法阻碍或者侵害物权的支配状态。其主要情形有：(1) 对物的实体侵害，如临时无权占据他人的房屋或停车位。(2) 可量物的侵入，如丢弃垃圾于他人庭院。(3) 无权使用他人之物，如在他人房屋的外墙上涂画广告。(4) 妨碍物权的行使，如将自己的汽车停放在他人的车位上。(5) 否认他人对特定物的物权，如即使经过确认之诉被认定该否认没有依据，仍然否认。

排除妨害是指针对妨碍物权行使的行为或者事实状态而采取的一种保护措施。当物权的行使受到现实或者紧迫的妨害时，物权人均可以请求妨害人排除妨害，以使自己的权利恢复圆满。排除妨害是物权保护的重要方法。

排除妨害纠纷是指因物权的行使受到他人的妨害而引发的以排除这种妨害为目的的纠纷。

常用法律条文及索引

《中华人民共和国民法典》(2020 年 5 月 28 日公布　2021 年 1 月 1 日施行)

第一百七十九条　承担民事责任的方式主要有：

……

(二) 排除妨碍；

……

第二百三十六条　妨害物权或者可能妨害物权的，权利人可以请求排除妨害或者消除危险。

第二百四十条　所有权人对自己的不动产或者动产，依法享有占有、使用、收益和处分的权利。

适用本案由需要注意的问题

◆排除妨害纠纷应当区分不动产和动产确定管辖。根据《民事诉讼法》第 34 条的规定，因不动产纠纷提起的诉讼，由不动产所在地人民法院管辖。根据《最高人民法院关于军事法院管辖民事案件若干问题的规定》第 2 条的规定，《民事诉讼法》第34条规定的不动产所在地在营区内，且当事人一方为军人或者军队单位的案件，地方当事人向军事法院提起诉讼的，军事法院应当受理。动产的排除妨害纠纷，应由妨害行为实施地或者妨害行为实施人所在地或住所地人民法院管辖。

◆在适用本案由时，要注意区分其与返还原物纠纷的关系，在排除妨害纠纷中所有权或他物权人并未丧失对其物的占有；而在返还原物纠纷中，物已为他人无权占有或被他人侵夺占有。

◆排除妨害主要是针对妨害物权行使的行为或事实状态而采取的一种措施，当物权的行使受到现实或可能的妨害时，物权人均可以请求排除妨害。

40. 消除危险纠纷

案由解析

所谓“危险”就是指尚未实际发生但有可能出现的妨害，消除危险主要是针对具体物权特别是不动产物权正处于可能遭受某种损害的危险状态时的一种保护措施。

消除危险纠纷是指他人的行为或者某一事实状态危害到物的安全时，当事人要求他人消除这种危险状态而产生的纠纷。

消除危险纠纷的主要特征是：（1）物权的行使有受到妨害的危险。尽管未有现实妨害发生，但遭受侵害的可能性极大，有防患于未然，事先加以预防的必要。（2）请求权人须为物权人。（3）须针对可能发生的妨害具有排除支配力的人。

常用法律条文及索引

《中华人民共和国民法典》（2020年5月28日公布 2021年1月1日施行）

第一百七十九条 承担民事责任的方式主要有：

……

（三）消除危险；

……

第二百三十六条 妨害物权或者可能妨害物权的，权利人可以请求排除妨害或者消除危险。

适用本案由需要注意的问题

◆消除危险纠纷应当区分不动产和动产确定管辖。根据《民事诉讼法》第 34 条的规定，因不动产纠纷提起的诉讼，由不动产所在地人民法院管辖。根据《最高人民法院关于军事法院管辖民事案件若干问题的规定》第 2 条的规定，《民事诉讼法》第 34 条规定的不动产所在地在营区内，且当事人一方为军人或者军队单位的案件，地方当事人向军事法院提起诉讼的，军事法院应当受理。动产的消除危险纠纷，应由妨害行为实施地或者妨害行为实施人所在地或住所地人民法院管辖。

◆在适用本案由时，要注意其与相邻损害防免关系纠纷的区别。相邻损害防免关系纠纷案由主要是在相邻不动产之间相互损害时才能适用，如果纠纷符合相邻损害防免关系纠纷案由的情形，应当优先适用该案由，其他物权遭受危险时的纠纷则可适用本案由。

◆消除危险纠纷针对的是可能的妨害，现实存在的危险，危险发生后，应当由危险的形成人承担消除危险的责任，因此消除危险的费用应当由危险设施的物权人承担。如果危险虽然已经形成，但没有造成实际的损害，此时有可能遭受损害的人有权请求危险形成人消除危险，但不能请求其承担侵权损害赔偿责任。但如果在形成危险后又造成他人的损害，此时当受害人是物权人的时候，他可以要求其消除危险或者基于侵权行为请求其承担损害赔偿责任。

41. 修理、重作、更换纠纷

案由解析

修理，是指修补物的缺陷。重作，是指重新制作。更换，是指用一个新物替代原来的物。修理、重作、更换是指当物受到损毁时，权利人可以根据具体情况要求修理、重作、更换。

修理、重作、更换纠纷是指因他人造成权利人物权毁损的，权利人请求他人修理、重作、更换而产生的纠纷。

修理、重作、更换纠纷的主要特征是：（1）修理、重作、更换纠纷的客体是不动产或者动产。（2）修理、重作、更换纠纷的主体为所有权人或者他物权人。（3）该纠纷指向的义务人承担的责任为修理、重作、更换。

常用法律条文及索引

《中华人民共和国民法典》（2020 年 5 月 28 日公布 2021 年 1 月 1 日施行）

第一百七十九条 承担民事责任的方式主要有：

……

（六）修理、重作、更换；

……

第二百三十七条 造成不动产或者动产毁损的，权利人可以依法请求修理、重作、更换或者恢复原状。

适用本案由需要注意的问题

◆修理、重作、更换纠纷应当区分不动产和动产确定管辖。根据《民事诉讼法》第 34 条的规定，因不动产纠纷提起的诉讼，由不动产所在地人民法院管辖。根据《最高人民法院关于军事法院管辖民事案件若干问题的规定》第 2 条的规定，《民事诉讼法》第 34 条规定的不动产所在地在营区内，且当事人一方为军人或者军队单位的案件，地方当事人向军事法院提起诉讼的，军事法院应当受理。动产的修理、重作、更换纠纷，适用一般地域管辖，一般由造成动产毁损的侵权行为地或者被告住所地或所在地的人民法院管辖。

◆在适用本案由时，要注意其与恢复原状纠纷的关系，两者在适用时可能有一定重合的地方。一般情况下，修理也能使物恢复到原来状态。如果以修理恢复原状，则应直接适用修理、重作、更换纠纷案由。

42. 恢复原状纠纷

案由解析

恢复原状是指加害人导致他人财产的损害后，如有恢复的可能，应当恢复被侵害财产的原有状态。

恢复原状纠纷是指当物受到损害时，物权人要求侵害人采取措施将物恢复到原来状态的纠纷。

恢复原状纠纷的主要特征是：（1）该纠纷的请求权人为权利人，即所有权人或他物权人。(2)该纠纷适用于不动产或动产被损毁的场合。(3)该纠纷指向的义务人承担的责任为恢复原状。

常用法律条文及索引

《中华人民共和国民法典》(2020年5月28日公布 2021年1月1日施行)

第一百七十九条 承担民事责任的方式主要有:

……

(五)恢复原状;

……

第二百三十七条 造成不动产或者动产毁损的,权利人可以依法请求修理、重作、更换或者恢复原状。

适用本案由需要注意的问题

◆恢复原状纠纷应当区分不动产和动产确定管辖。根据《民事诉讼法》第34条的规定,因不动产纠纷提起的诉讼,由不动产所在地人民法院管辖。根据《最高人民法院关于军事法院管辖民事案件若干问题的规定》第2条的规定,《民事诉讼法》第34条规定的不动产所在地在营区内,且当事人一方为军人或者军队单位的案件,地方当事人向军事法院提起诉讼的,军事法院应当受理。动产的恢复原状纠纷,适用一般地域管辖,一般由造成动产毁损的侵权行为地或者被告住所地或所在地的人民法院管辖。

◆在适用本案由时,要注意其与修理、重作、更换纠纷的关系,两者在适用时可能有一定重合的地方。一般情况下,修理也能使物恢复到原来状态,但如果以修理的方式恢复原状,则应直接适用修理、重作、更换纠纷案由。

◆恢复原状一般是通过修理的办法,使遭受损毁的财产在价值和使用价值上与原来的状态大体相等,而不是完全一致。恢复原状不仅要在实际上可能,而且要在经济上合理,否则就不应该采取这种方式。

43. 财产损害赔偿纠纷

案由解析

财产损害赔偿是指权利人的财产受到不法侵害时,要求侵权人赔偿损失，以弥补受害人的财产损失。

财产损害赔偿纠纷是指因为财产受到损害，权利人请求赔偿损失引起的民事争议。

财产损害赔偿纠纷的主要特征是：（1）该纠纷的请求权人为权利人，即所有权人或他物权人。（2）财产损害是侵害财产权益所造成的客观后果，是财产权益价值量的改变。（3）财产损害的表现形式是价值量的贬损、减少和灭失。

常用法律条文及索引

《中华人民共和国民法典》（2020年5月28日公布　2021年1月1日施行）

第一百七十九条　承担民事责任的方式主要有：

……

（八）赔偿损失；

……

第二百三十八条　侵害物权，造成权利人损害的，权利人可以依法请求损害赔偿，也可以依法请求承担其他民事责任。

适用本案由需要注意的问题

◆财产损害赔偿纠纷应当区分不动产和动产确定管辖。根据《民事诉讼法》第34条的规定，因不动产纠纷提起的诉讼，由不动产所在地人民法院管辖。根据《最高人民法院关于军事法院管辖民事案件若干问题的规定》第2条的规定，《民事诉讼法》第34条规定的不动产所在地在营区内，且当事人一方为军人或者军队单位的案件，地方当事人向军事法院提起诉讼的，军事法院应当受理。动产的财产损害赔偿纠纷，适用一般地域管辖，一般由造成动产毁损的侵权行为地或者被告住所地或所在地的人民法院管辖。

◆在适用本案由时，尤其要注意区分其与返还原物纠纷的区别。如果侵占人在占有期间使物的状况恶化、消灭或者其他导致无法返还的情况，在这种情况下权利人也可以主张财产损害赔偿。

六、所有权纠纷

44. 侵害集体经济组织成员权益纠纷

案由解析

集体经济组织成员权益是指集体经济组织成员依法对集体所有的动产和不动产的占有、使用、收益以及对集体财产进行管理决策的权利。

集体经济组织成员权益纠纷是指侵害集体成员就集体所有财产所享有的上述权益而引发的纠纷。此纠纷既包括集体组织侵害集体成员权益的纠纷，也包括集体成员之间侵害权益的纠纷，还包括集体组织之外的人侵害集体成员权益的纠纷。

集体经济组织成员权益的特点：（1）主要是指组织成员享有的权利，这种权利具有法定性、综合性。（2）集体经济组织成员权原则上是不能流转的，具有专属性。（3）个人在集体经济组织中的地位是平等的。

常用法律条文及索引

《中华人民共和国民法典》（2020 年 5 月 28 日公布　2021 年 1 月 1 日施行）

第二百六十一条　农民集体所有的不动产和动产，属于本集体成员集体所有。

下列事项应当依照法定程序经本集体成员决定：

（一）土地承包方案以及将土地发包给本集体以外的组织或者个人承包；

（二）个别土地承包经营权人之间承包地的调整；

（三）土地补偿费等费用的使用、分配办法；

（四）集体出资的企业的所有权变动等事项；

（五）法律规定的其他事项。

第二百六十二条　对于集体所有的土地和森林、山岭、草原、荒地、滩涂等，依照下列规定行使所有权：

（一）属于村农民集体所有的，由村集体经济组织或者村民委员会依法代表集体行使所有权；

（二）分别属于村内两个以上农民集体所有的，由村内各该集体经济组织或者村民小组依法代表集体行使所有权；

（三）属于乡镇农民集体所有的，由乡镇集体经济组织代表集体行使所有权。

第二百六十三条 城镇集体所有的不动产和动产，依照法律、行政法规的规定由本集体享有占有、使用、收益和处分的权利。

第二百六十四条 农村集体经济组织或者村民委员会、村民小组应当依照法律、行政法规以及章程、村规民约向本集体成员公布集体财产的状况。集体成员有权查阅、复制相关资料。

第二百六十五条 集体所有的财产受法律保护，禁止任何组织或者个人侵占、哄抢、私分、破坏。

农村集体经济组织、村民委员会或者其负责人作出的决定侵害集体成员合法权益的，受侵害的集体成员可以请求人民法院予以撤销。

适用本案由需要注意的问题

◆侵害集体经济组织成员权益纠纷要区分权益受侵害的具体情形确定管辖。对于集体经济组织以及组织内部的人员侵害集体成员合法权益时，受侵害的集体成员向人民法院请求撤销的纠纷，集体经济组织成员知情权纠纷，由集体经济组织所在地人民法院管辖。对于其他经济组织成员之间权益纠纷、组织之外的人侵害成员权益纠纷，按照产生纠纷的基础法律关系确定管辖。

◆在适用本案由时，要注意其与土地承包经营权纠纷以及土地承包合同纠纷的区别。通常而言，土地承包经营权纠纷要以土地承包经营权存在为前提，而土地承包合同纠纷也必然是针对土地承包合同关系而产生的纠纷。本案由则可以适用上述两个案由不能容纳的涉及土地承包的民事纠纷，如对集体组织发包的方案不服而提起的诉讼等。

◆在适用本案由时，要注意其与承包地征收补偿费用分配纠纷的区别。土地承包经营权人承包的土地被征收，但其对征收补偿费用分配不服发生纠纷的，应适用承包地征收补偿费用分配纠纷案由。对未发包的土地被征收后集体经济组织成员对土地补偿费用分配不服提起的诉讼，或者承包人之外的其他集体经济组织成员对承包地征收后的补偿费用分配不服引发的纠纷，应适用本案由。

45. 建筑物区分所有权纠纷

（1）业主专有权纠纷
（2）业主共有权纠纷
（3）车位纠纷
（4）车库纠纷

案由解析

建筑物区分所有权是指业主对建筑物内的住宅、经营性用房等专有部分享有的所有权，对专有部分以外的共有部分的共有权及因区分所有建筑物共同关系所生的成员权共同组成的特别所有权。

建筑物区分所有权纠纷是指业主因其对建筑物所享有的专有权、共有权以及共同管理的权利受到侵害而发生的纠纷。

建筑物区分所有权的主要特征是：（1）权利主体身份的多重性。建筑物区分所有权的主体集专有权人、共有权人、管理团体成员三种身份于一体。（2）权利性质的一体性。建筑物区分所有权的专有权、共有权和成员权不可分离，失去其中一个，建筑物区分所有权即刻解体或无法圆满实现。（3）专有权的主导型。区分所有人拥有专有权是拥有共有权和成员权的前提，专有权标的物的大小和价值决定了区分所有人共有权的应有份额及成员权的权利义务的分担，处分专有权的效力当然及于共有权和成员权。

典型形态

（1）业主专有权纠纷，是指业主因建筑物区分所有权中业主专有权部分的权利归属、使用、收益和处分而产生的纠纷。

（2）业主共有权纠纷，是指业主之间因为建筑物共有部分的权利归属、使用、收益和处分等内容发生的纠纷。

（3）车位纠纷，是指业主与开发商、业主与业主或者业主与其他人就车位的权属、使用、收益而发生的纠纷。

（4）车库纠纷，是指业主与开发商、业主与业主或者业主与其他人就车库的权属、使用、收益而发生的纠纷。

常用法律条文及索引

《中华人民共和国民法典》（2020年5月28日公布　2021年1月1日施行）

第二百零七条　国家、集体、私人的物权和其他权利人的物权受法律平等保护，任何组织或者个人不得侵犯。

第二百三十六条　妨害物权或者可能妨害物权的，权利人可以请求排除妨害或者消除危险。

第二百四十条　所有权人对自己的不动产或者动产，依法享有占有、使用、收益和处分的权利。

第二百七十五条　建筑区划内，规划用于停放汽车的车位、车库的归属，由当事人通过出售、附赠或者出租等方式约定。

占用业主共有的道路或者其他场地用于停放汽车的车位，属于业主共有。

第二百七十六条　建筑区划内，规划用于停放汽车的车位、车库应当首先满足业主的需要。

第二百七十八条　下列事项由业主共同决定：

（一）制定和修改业主大会议事规则；

（二）制定和修改管理规约；

（三）选举业主委员会或者更换业主委员会成员；

（四）选聘和解聘物业服务企业或者其他管理人；

（五）使用建筑物及其附属设施的维修资金；

（六）筹集建筑物及其附属设施的维修资金；

（七）改建、重建建筑物及其附属设施；

（八）改变共有部分的用途或者利用共有部分从事经营活动；

（九）有关共有和共同管理权利的其他重大事项。

业主共同决定事项，应当由专有部分面积占比三分之二以上的业主且人数占比三分之二以上的业主参与表决。决定前款第六项至第八项规定的事项，应当经参与表决专有部分面积四分之三以上的业主且参与表决人数四分之三以上的业主同意。决定前款其他事项，应当经参与表决专有部分面积过半数的业主且参与表决人数过半数的业主同意。

第二百七十九条　业主不得违反法律、法规以及管理规约，将住宅改变为经营性用房。业主将住宅改变为经营性用房的，除遵守法律、法规以及管理规约外，应当经有利害关系的业主一致同意。

第二百八十条 业主大会或者业主委员会的决定，对业主具有法律约束力。

业主大会或者业主委员会作出的决定侵害业主合法权益的，受侵害的业主可以请求人民法院予以撤销。

第二百八十一条 建筑物及其附属设施的维修资金，属于业主共有。经业主共同决定，可以用于电梯、屋顶、外墙、无障碍设施等共有部分的维修、更新和改造。建筑物及其附属设施的维修资金的筹集、使用情况应当定期公布。

紧急情况下需要维修建筑物及其附属设施的，业主大会或者业主委员会可以依法申请使用建筑物及其附属设施的维修资金。

第二百八十二条 建设单位、物业服务企业或者其他管理人等利用业主的共有部分产生的收入，在扣除合理成本之后，属于业主共有。

第二百八十三条 建筑物及其附属设施的费用分摊、收益分配等事项，有约定的，按照约定；没有约定或者约定不明确的，按照业主专有部分面积所占比例确定。

第二百八十四条 业主可以自行管理建筑物及其附属设施，也可以委托物业服务企业或者其他管理人管理。

对建设单位聘请的物业服务企业或者其他管理人，业主有权依法更换。

第二百八十五条 物业服务企业或者其他管理人根据业主的委托，依照本法第三编有关物业服务合同的规定管理建筑区划内的建筑物及其附属设施，接受业主的监督，并及时答复业主对物业服务情况提出的询问。

物业服务企业或者其他管理人应当执行政府依法实施的应急处置措施和其他管理措施，积极配合开展相关工作。

第二百八十六条 业主应当遵守法律、法规以及管理规约，相关行为应当符合节约资源、保护生态环境的要求。对于物业服务企业或者其他管理人执行政府依法实施的应急处置措施和其他管理措施，业主应当依法予以配合。

业主大会或者业主委员会，对任意弃置垃圾、排放污染物或者噪声、违反规定饲养动物、违章搭建、侵占通道、拒付物业费等损害他人合法权益的行为，有权依照法律、法规以及管理规约，请求行为人停止侵害、排除妨碍、消除危险、恢复原状、赔偿损失。

业主或者其他行为人拒不履行相关义务的，有关当事人可以向有关行政主管部门报告或者投诉，有关行政主管部门应当依法处理。

第二百八十七条 业主对建设单位、物业服务企业或者其他管理人以及其他业主侵害自己合法权益的行为，有权请求其承担民事责任。

《最高人民法院关于审理建筑物区分所有权纠纷案件具体应用法律若干问题的解释》（法释〔2009〕7号 2020年12月23日修正）

第十四条 建设单位、物业服务企业或者其他管理人等擅自占用、处分业主共有部分、改变其使用功能或者进行经营性活动，权利人请求排除妨害、恢复原状、确认处分行为无效或者赔偿损失的，人民法院应予支持。

属于前款所称擅自进行经营性活动的情形，权利人请求建设单位、物业服务企业或者其他管理人等将扣除合理成本之后的收益用于补充专项维修资金或者业主共同决定的其他用途的，人民法院应予支持。行为人对成本的支出及其合理性承担举证责任。

适用本案由需要注意的问题

◆建筑物区分所有权属于不动产引发的纠纷，应当由建筑物所在地的人民法院管辖。根据《最高人民法院关于军事法院管辖民事案件若干问题的规定》第2条的规定，《民事诉讼法》第34条规定的不动产所在地在营区内，且当事人一方为军人或者军队单位的案件，地方当事人向军事法院提起诉讼的，军事法院应当受理。

◆在适用本案由时，尤其要注意其项下案由的区分，在区分业主专有权和业主共有权纠纷以及车位纠纷和车库纠纷时，要注意各纠纷的客体的区别。

◆业主作为专有权人所享有的权利有：(1) 所有权与自行管理权。(2) 相邻使用权。业主作为专有权人承担的义务有：(1) 不得有对建筑物的不当毁损行为以及按照专有部分的本来用途和使用目的使用专有部分。(2) 维持区分所有建筑物存在的义务。(3) 相互容忍的义务。(4) 应独自出资修缮其专有部分。业主作为共有权人所享有的权利有：(1) 对共有部分的使用权。(2) 对共有部分的收益权。(3) 物权请求权。业主作为共有权人的义务有：(1) 按照共有部分本来用途使用共有部分。(2) 分担共同费用和负担。(3) 维护与保存共有部分的义务。(4) 协助义务。

46. 业主撤销权纠纷

案由解析

业主撤销权纠纷是指业主认为业主大会或者业主委员会作出的决定侵害其合法权益，依法要求予以撤销而产生的纠纷。

业主撤销权的主要特征是：（1）享有业主撤销权的主体是具备业主身份的人。业主是在该物业小区内享有房屋所有权的人，即享有建筑物区分所有权的人。（2）业主撤销权行使的范围是业主大会或业主委员会作出的侵害业主合法权益或者违背法定程序的决定。（3）被告为业主大会或者是业主委员会。

常用法律条文及索引

《中华人民共和国民法典》（2020年5月28日公布　2021年1月1日施行）

第二百七十八条　下列事项由业主共同决定：

（一）制定和修改业主大会议事规则；

（二）制定和修改管理规约；

（三）选举业主委员会或者更换业主委员会成员；

（四）选聘和解聘物业服务企业或者其他管理人；

（五）使用建筑物及其附属设施的维修资金；

（六）筹集建筑物及其附属设施的维修资金；

（七）改建、重建建筑物及其附属设施；

（八）改变共有部分的用途或者利用共有部分从事经营活动；

（九）有关共有和共同管理权利的其他重大事项。

业主共同决定事项，应当由专有部分面积占比三分之二以上的业主且人数占比三分之二以上的业主参与表决。决定前款第六项至第八项规定的事项，应当经参与表决专有部分面积四分之三以上的业主且参与表决人数四分之三以上的业主同意。决定前款其他事项，应当经参与表决专有部分面积过半数的业主且参与表决人数过半数的业主同意。

第二百七十九条　业主不得违反法律、法规以及管理规约，将住宅改变为经营性用房。业主将住宅改变为经营性用房的，除遵守法律、法规以及管理规约外，应当经有利害关系的业主一致同意。

第二百八十条 业主大会或者业主委员会的决定，对业主具有法律约束力。

业主大会或者业主委员会作出的决定侵害业主合法权益的，受侵害的业主可以请求人民法院予以撤销。

《物业管理条例》（2018 年 3 月 19 日修订）

第八条 物业管理区域内全体业主组成业主大会。

业主大会应当代表和维护物业管理区域内全体业主在物业管理活动中的合法权益。

第九条 一个物业管理区域成立一个业主大会。

物业管理区域的划分应当考虑物业的共用设施设备、建筑物规模、社区建设等因素。具体办法由省、自治区、直辖市制定。

第十条 同一个物业管理区域内的业主，应当在物业所在地的区、县人民政府房地产行政主管部门或者街道办事处、乡镇人民政府的指导下成立业主大会，并选举产生业主委员会。但是，只有一个业主的，或者业主人数较少且经全体业主一致同意，决定不成立业主大会的，由业主共同履行业主大会、业主委员会职责。

第十二条 业主大会会议可以采用集体讨论的形式，也可以采用书面征求意见的形式；但是，应当有物业管理区域内专有部分占建筑物总面积过半数的业主且占总人数过半数的业主参加。

业主可以委托代理人参加业主大会会议。

业主大会决定本条例第十一条第（五）项和第（六）项规定的事项，应当经专有部分占建筑物总面积 2/3 以上的业主且占总人数 2/3 以上的业主同意；决定本条例第十一条规定的其他事项，应当经专有部分占建筑物总面积过半数的业主且占总人数过半数的业主同意。

业主大会或者业主委员会的决定，对业主具有约束力。

业主大会或者业主委员会作出的决定侵害业主合法权益的，受侵害的业主可以请求人民法院予以撤销。

第十五条 业主委员会执行业主大会的决定事项，履行下列职责：

（一）召集业主大会会议，报告物业管理的实施情况；

（二）代表业主与业主大会选聘的物业服务企业签订物业服务合同；

（三）及时了解业主、物业使用人的意见和建议，监督和协助物业服务企业履行物业服务合同；

（四）监督管理规约的实施；

（五）业主大会赋予的其他职责。

第十七条　管理规约应当对有关物业的使用、维护、管理，业主的共同利益，业主应当履行的义务，违反管理规约应当承担的责任等事项依法作出约定。

管理规约应当尊重社会公德，不得违反法律、法规或者损害社会公共利益。

管理规约对全体业主具有约束力。

第十九条　业主大会、业主委员会应当依法履行职责，不得作出与物业管理无关的决定，不得从事与物业管理无关的活动。

业主大会、业主委员会作出的决定违反法律、法规的，物业所在地的区、县人民政府房地产行政主管部门或者街道办事处、乡镇人民政府，应当责令限期改正或者撤销其决定，并通告全体业主。

《最高人民法院关于审理建筑物区分所有权纠纷案件具体应用法律若干问题的解释》（法释〔2009〕7号　2020年12月23日修正）

第一条　依法登记取得或者依据民法典第二百二十九条至第二百三十一条规定取得建筑物专有部分所有权的人，应当认定为民法典第二编第六章所称的业主。

基于与建设单位之间的商品房买卖民事法律行为，已经合法占有建筑物专有部分，但尚未依法办理所有权登记的人，可以认定为民法典第二编第六章所称的业主。

第十二条　业主以业主大会或者业主委员会作出的决定侵害其合法权益或者违反了法律规定的程序为由，依据民法典第二百八十条第二款的规定请求人民法院撤销该决定的，应当在知道或者应当知道业主大会或者业主委员会作出决定之日起一年内行使。

适用本案由需要注意的问题

◆业主撤销权应由不动产所在地即建筑小区所在地的人民法院管辖。

◆在适用本案由时，尤其要注意区分其与业主知情权纠纷的关系。业主撤销权纠纷是指业主认为业主大会或者业主委员会作出的决定侵害其合法权益，依法要求予以撤销而产生的纠纷。业主知情权纠纷是指业主请求业主大会或业主委员会公开依法应当向业主公开的资料和情况而引发的纠纷。业主在就撤销权提起诉讼涉及业主知情权时，只列业主撤销权纠纷案由即可。

◆适用本案由的诉讼请求应当限于撤销业主大会或者业主委员会作出的

物业管理方面的决定，即为撤销权之诉。对于因业主大会或业主委员会作出的决定侵害业主的合法权益致其遭受损失能否请求损害赔偿的问题，相关法律没有明确规定。在撤销之诉中一并提出损害赔偿的，人民法院对损害赔偿部分不予审理。对于业主大会或者业主委员会作出的超出物业管理方面的决定，按照《物业管理条例》的规定，业主大会或业主委员会作出的超出物业管理的决定应当无效。业主对该无效决定提请法院撤销的，人民法院可以确认该决定无效。

47. 业主知情权纠纷

案由解析

业主知情权是指业主了解建筑区划内涉及业主共有权以及共同管理权相关事项的权利。

业主知情权纠纷是指业主请求业主大会或业主委员会公开依法应当向业主公开的资料和情况而引发的纠纷。

业主知情权的主要特征是：（1）享有业主知情权的主体是具备业主身份的人。业主是在该物业小区内享有房屋所有权的人，即享有建筑物区分所有权的人。（2）业主知情权行使的范围是业主大会或业主委员会依法应当公开而未公开的资料和情况。（3）被告为业主大会或者是业主委员会。

常用法律条文及索引

《中华人民共和国民法典》（2020 年 5 月 28 日公布　2021 年 1 月 1 日施行）

第二百八十一条　建筑物及其附属设施的维修资金，属于业主共有。经业主共同决定，可以用于电梯、屋顶、外墙、无障碍设施等共有部分的维修、更新和改造。建筑物及其附属设施的维修资金的筹集、使用情况应当定期公布。

紧急情况下需要维修建筑物及其附属设施的，业主大会或者业主委员会可以依法申请使用建筑物及其附属设施的维修资金。

《最高人民法院关于审理建筑物区分所有权纠纷案件具体应用法律若干问题的解释》（法释〔2009〕7 号　2020 年 12 月 23 日修正）

第十三条　业主请求公布、查阅下列应当向业主公开的情况和资料的，人民法院应予支持：

（一）建筑物及其附属设施的维修资金的筹集、使用情况；

（二）管理规约、业主大会议事规则，以及业主大会或者业主委员会的决定及会议记录；

（三）物业服务合同、共有部分的使用和收益情况；

（四）建筑区划内规划用于停放汽车的车位、车库的处分情况；

（五）其他应当向业主公开的情况和资料。

适用本案由需要注意的问题

◆业主知情权纠纷属于物业管理纠纷，主要发生在业主与业主大会、业主委员会之间，以业主大会、业主委员会为被告，可以由建筑小区所在地人民法院管辖。

◆在适用本案由时，尤其要注意区分其与业主撤销权纠纷的关系。业主可以单独就知情权提起诉讼，也可能在提起其他诉讼中涉及业主知情权，在后者诉讼中可能涉及要求业主大会或业主委员会公布其决定内容和有关程序等事项，此时，无须适用本案由，而只需适用后者案由即可。

◆对于业主知情权的范围，《民法典》第 281 条规定了具体情形，《最高人民法院关于审理建筑物区分所有权纠纷案件具体应用法律若干问题的解释》第 13 条也规定了其他几种业主享有知情权的情形。在确定知情权的范围时，可以根据实践中的具体情况来确定，但应当限于与业主共有相关又涉及业主个人权利的情况。

48. 遗失物返还纠纷

案由解析

遗失物是指非基于所有人或其他权利人的本意而丧失占有，但属于有主物的动产。

遗失物返还纠纷是指所有人或者其他权利人请求拾得遗失物的人或者其他占有遗失物的人予以返还而产生的纠纷。

遗失物的主要特征是：（1）须所有人或其他权利人丧失对物的占有。对物的管领力仅一时不能实现并不是丧失占有。（2）占有人丧失占有并非基于占有人的意思。(3) 在性质上为动产且并非法律禁止流通的物。不动产的基本特征是物的不可移动性，即不动产的特征和性质决定了其不可能成为遗失物。除一般动产外，还包括汇票、本票、支票、债券、存款单、仓单、提单等权利凭证。

常用法律条文及索引

《中华人民共和国民法典》（2020 年 5 月 28 日公布　2021 年 1 月 1 日施行）

第三百一十二条　所有权人或者其他权利人有权追回遗失物。该遗失物通过转让被他人占有的，权利人有权向无处分权人请求损害赔偿，或者自知道或者应当知道受让人之日起二年内向受让人请求返还原物；但是，受让人通过拍卖或者向具有经营资格的经营者购得该遗失物的，权利人请求返还原物时应当支付受让人所付的费用。权利人向受让人支付所付费用后，有权向无处分权人追偿。

第三百一十三条　善意受让人取得动产后，该动产上的原有权利消灭。但是，善意受让人在受让时知道或者应当知道该权利的除外。

第三百一十四条　拾得遗失物，应当返还权利人。拾得人应当及时通知权利人领取，或者送交公安等有关部门。

第三百一十五条　有关部门收到遗失物，知道权利人的，应当及时通知其领取；不知道的，应当及时发布招领公告。

第三百一十六条　拾得人在遗失物送交有关部门前，有关部门在遗失物被领取前，应当妥善保管遗失物。因故意或者重大过失致使遗失物毁损、灭失的，应当承担民事责任。

第三百一十七条　权利人领取遗失物时，应当向拾得人或者有关部门支付保管遗失物等支出的必要费用。

权利人悬赏寻找遗失物的，领取遗失物时应当按照承诺履行义务。

拾得人侵占遗失物的，无权请求保管遗失物等支出的费用，也无权请求权利人按照承诺履行义务。

第三百一十八条　遗失物自发布招领公告之日起一年内无人认领的，归国家所有。

适用本案由需要注意的问题

◆遗失物返还纠纷案件，适用一般地域管辖，由被告住所地人民法院管辖。

◆在适用本案由时，要注意其与占有物返还纠纷的区别。提起遗失物返还纠纷的原告应当是遗失物的所有权人或者其他物权人。单纯的占有人不能对占有物的遗失提起遗失物返还请求诉讼。

◆在适用本案由时，要注意其与返还原物纠纷的区别。权利人针对享有物权的不动产或者动产被他人无权占有时，可以提起返还原物之诉。而无权占有是指无本权的占有，包括了对遗失物、漂流物、埋藏物、隐藏物的占有。因此，在争议标的是遗失物时，本案由与返还原物纠纷发生了竞合。在这一意义上，本案由可以视为返还原物纠纷的特殊情形（当然，实际上本案由下的纠纷并不能完全被返还原物纠纷所包含），应当优先适用本案由。

◆遗失物返还纠纷除请求返还遗失物的诉讼外，还包括因遗失物而引发的其他纠纷，如遗失物返还之购买费用支付纠纷、遗失物返还时支付购买费用后无权处分人的追偿权纠纷、遗失物之善意取得纠纷、遗失物拾得人或者保管人的保管义务纠纷、遗失物返还时的保管费用支付纠纷等。

49. 漂流物返还纠纷

案由解析

漂流物是指漂浮于水面的物品。

漂流物返还纠纷是指漂流物的所有权人或者其他物权人请求拾得漂流物的人或者其他占有人归还漂流物的纠纷。

漂流物的主要特征是：（1）漂流物只能是动产。（2）漂流物可能是有主动产也可能是无主动产。

常用法律条文及索引

《中华人民共和国民法典》（2020年5月28日公布　2021年1月1日施行）

第三百一十九条　拾得漂流物、发现埋藏物或者隐藏物的，参照适用拾得遗失物的有关规定。法律另有规定的，依照其规定。

适用本案由需要注意的问题

◆漂流物返还纠纷适用一般地域管辖，由被告住所地人民法院管辖。

◆在适用本案由时，要注意其与返还原物纠纷的区别。权利人针对享有物权的不动产或者动产被他人无权占有时，可以提起返还原物之诉。而无权占有是指无本权的占有，包括了对遗失物、漂流物、埋藏物、隐藏物的占有。因此，在争议标的是漂流物时，本案由与返还原物纠纷发生了竞合。在这一意义上，本案由可以视为返还原物纠纷的特殊情形（当然，实际上本案由下的纠纷并不能完全被返还原物纠纷所包含），应当优先适用本案由。

◆漂流物如果属于有主动产，则适用于遗失物返还请求相关的法律规定，所有权人或者其他物权人可以请求返还，并依照相关法律的有关规定支付费用。依照法律规定的程序经招领公告期满后无人认领的，则归国家所有。对于无主财产，其所有权应当归国家，如果属于国家文物，则适用《文物保护法》的有关规定处理。

50. 埋藏物返还纠纷

案由解析

埋藏物是指埋藏于其他物之中不易从外部发现且所有人不明的动产物品。

埋藏物返还纠纷是指埋藏物的权利人请求发现埋藏物的人或其他占有埋藏物的人返还埋藏物的纠纷。

埋藏物的主要特征是：（1）埋藏物只能是动产。（2）埋藏物的所有人不明，并非无主物。（3）埋藏物埋藏于他物之中，并非显而易见。

常用法律条文及索引

《中华人民共和国民法典》（2020年5月28日公布　2021年1月1日施行）

第三百一十九条　拾得漂流物、发现埋藏物或者隐藏物的，参照适用拾得遗失物的有关规定。法律另有规定的，依照其规定。

《中华人民共和国文物保护法》（2024年11月8日修订）

第五条　中华人民共和国境内地下、内水和领海中遗存的一切文物，以及中国管辖的其他海域内遗存的起源于中国的和起源国不明的文物，属于国家所有。

古文化遗址、古墓葬、石窟寺属于国家所有。国家指定保护的纪念建筑物、古建筑、古石刻、古壁画、近代现代代表性建筑等不可移动文物，除国家另有规定的以外，属于国家所有。

国有不可移动文物的所有权不因其所依附的土地的所有权或者使用权的改变而改变。

第六条　下列可移动文物，属于国家所有：

（一）中国境内地下、内水和领海以及中国管辖的其他海域内出土、出水的文物，国家另有规定的除外；

（二）国有文物收藏单位以及其他国家机关、部队和国有企业、事业单位等收藏、保管的文物；

（三）国家征集、购买或者依法没收的文物；

（四）公民、组织捐赠给国家的文物；

（五）法律规定属于国家所有的其他文物。

国有可移动文物的所有权不因其收藏、保管单位的终止或者变更而改变。

适用本案由需要注意的问题

◆埋藏物返还纠纷主要是动产返还纠纷，根据《民事诉讼法》的规定，适用一般地域管辖，由被告住所地人民法院管辖。

◆在适用本案由时，要注意其与返还原物纠纷的区别。权利人针对享有物权的不动产或者动产被他人无权占有时，可以提起返还原物之诉。而无权占有是指无本权的占有，包括了对遗失物、漂流物、埋藏物、隐藏物的占有。因此，在争议标的是埋藏物时，本案由与返还原物纠纷发生了竞合。在这一意义上，本案由可以视为返还原物纠纷的特殊情形（当然，实际上本案由下的纠纷并不能完全被返还原物纠纷所包含），应当优先适用本案由。

◆在适用本案由时，存在难以判断某些动产究竟是埋藏物还是遗失物的情形，此时应当推定为遗失物。另外要重点区分埋藏物是普通的动产还是国家文物，如果属于国家文物，则应当根据《文物保护法》的有关规定确定是否属于埋藏物返还纠纷，对于属于国家所有的文物提出的埋藏物返还请求，人民法院不能作为民事案件处理。

51. 隐藏物返还纠纷

案由解析

隐藏物是指隐匿于建筑物等地上动产或不动产之中的动产。隐藏物与埋藏物相似，通常而言，如果该动产隐藏于地下，则为埋藏物，如果隐藏于地上的不动产或动产之中，则为隐藏物。

隐藏物返还纠纷是指隐藏物的权利人依法请求发现隐藏物的人或者其他无权占有人归还该隐藏物而发生的纠纷。

隐藏物的主要特征是：（1）隐藏物只能是动产。（2）隐藏物的所有人不明，并非无主物。（3）隐藏物隐藏于他物之中，并非显而易见。

常用法律条文及索引

《中华人民共和国民法典》（2020 年 5 月 28 日公布　2021 年 1 月 1 日施行）

第三百一十九条　拾得漂流物、发现埋藏物或者隐藏物的，参照适用拾得遗失物的有关规定。法律另有规定的，依照其规定。

适用本案由需要注意的问题

◆隐藏物返还纠纷主要是动产返还纠纷，根据《民事诉讼法》的规定，适用一般地域管辖，由被告住所地人民法院管辖。

◆在适用本案由时，要注意其与返还原物纠纷的区别。权利人针对享有物权的不动产或者动产被他人无权占有时，可以提起返还原物之诉。而无权占有是指无本权的占有，包括了对遗失物、漂流物、埋藏物、隐藏物的占有。因此，在争议标的是隐藏物时，本案由与返还原物纠纷发生了竞合。在这一意义上，本案由可以视为是返还原物纠纷的特殊情形（当然，实际上本案由下的纠纷并不能完全被返还原物纠纷所包含），应当优先适用本案由。

◆在适用本案由时，存在难以判断某些动产究竟是隐藏物还是遗失物的情形，此时应当推定为遗失物。另外要重点区分隐藏物是普通的动产还是国家文物，如果属于国家文物，则应当根据《文物保护法》的有关规定确定是否属于隐藏物返还纠纷，对于属于国家所有的文物提出的隐藏物返还请求，人民法院不能作为民事案件处理。

52. 添附物归属纠纷

案由解析

添附是指不同所有人的物结合在一起从而形成不可分离的物或者具有新物性质的物。添附是所有权取得的一种方式。添附是不同的物结合或混合成为一个新物或因对物的加工而成为新物，或者不能恢复原状，或者恢复原状费用过巨，不符合经济与效益原则。因此从增进社会财富、充分发挥物的效用的原则出发，应承认添附可以引起物权的变动，重新确认添附所形成的新物的所有权归属，使其归于一人所有或形成共有。因添附物归属而引起的纠纷，即为添附物归属纠纷。

典型形态

实践中，添附物归属纠纷一般包括以下几种类型：

（1）附合物归属纠纷，是指不同所有人的物结合在一起而形成的新物的权属争议引发的纠纷，包括动产与不动产的附合、动产与动产的附合后的新物物权归属产生的纠纷；

（2）混合物归属纠纷，是指不同所有人的动产混杂在一起而形成的新物的权属争议引发的纠纷；

（3）加工物归属纠纷，是指在他人之物上进行劳动从而提升了该物的价值而形成的物的权属争议引发的纠纷。

常用法律条文及索引

《中华人民共和国民法典》（2020 年 5 月 28 日公布　2021 年 1 月 1 日施行）

第三百二十二条　因加工、附合、混合而产生的物的归属，有约定的，按照约定；没有约定或者约定不明确的，依照法律规定；法律没有规定的，按照充分发挥物的效用以及保护无过错当事人的原则确定。因一方当事人的过错或者确定物的归属造成另一方当事人损害的，应当给予赔偿或者补偿。

适用本案由需要注意的问题

◆适用本案由，应当注意区分添附行为人主观上的善意与恶意，善意与恶意的认定对行为人民事责任的承担有重要意义。在恶意添附的情形下，恶意添附人不仅不能取得添附物的所有权，而且其恶意添附行为已构成侵权，应对其侵权行为给他人之物造成的损害承担赔偿责任。而在善意添附的情形下，则依添附规则确定添附物的归属。善意添附人未获得添附物所有权的，可依不当得利之规定，对取得添附物所有权的一方享有赔偿请求权。但无论是善意添附还是恶意添附，在添附制度的适用条件问题上是一致的，即一旦符合法定的添附构成要件，就应适用添附制度的规定，而不得以恶意添附为理由请求恢复原状。

53. 相邻关系纠纷

（1）相邻用水、排水纠纷

（2）相邻通行纠纷

（3）相邻土地、建筑物利用关系纠纷

（4）相邻通风纠纷

（5）相邻采光、日照纠纷

（6）相邻污染侵害纠纷

（7）相邻损害防免关系纠纷

案由解析

相邻关系是指相互毗邻的不动产所有人、用益物权人或占有人之间在行使该不动产的所有权或使用权时，因用水、排水、通行、通风和采光等行为而相互间给予便利或接受限制所发生的权利义务关系。

相邻关系纠纷是指相互毗邻的不动产所有人、用益物权人或占有人之间在行使该不动产的所有权或使用权时，因用水、排水、通行、通风和采光等行为而引起的纠纷。

相邻关系的主要特征是：（1）不动产之间存在毗邻关系。所谓毗邻，是指地理位置相邻。毗邻关系的实质是，相邻一方的不动产权利在行使时需要扩张至相邻他方的不动产上，相邻一方的不动产物权的支配力与相邻他方的不动产物权的排他力发生了冲突，此时，为了物尽其用，取得理想的效果，相邻他方应当容忍相邻一方不动产权利在行使方面的扩张，甚至需要提供便利。（2）相邻关系的主体是相邻不动产权利人，包括不动产所有权人、用益物权人或占有人。（3）相邻关系的客体即相邻关系指向的对象并非不动产本身，而是行使不动产权利所引起的与相邻方有关的利益。（4）相邻关系的内容是相邻一方行使不动产权利时要求相邻他方容忍甚至提供必要的便利，相邻他方负有容忍甚至提供便利的义务。

典型形态

在实践中，相邻关系纠纷主要有：

（1）相邻用水、排水纠纷，是指相邻不动产权利人之间在用水和排水上发生的相邻纠纷。

（2）相邻通行纠纷，是指相邻不动产权利人之间在通行方面发生的相邻纠纷。

（3）相邻土地、建筑物利用关系纠纷，是指不动产权利人为用水、排水、通行、铺设管线等利用相邻不动产时产生的纠纷。

（4）相邻通风纠纷，是指相邻不动产权利人之间在通风方面发生的纠纷。

（5）相邻采光、日照纠纷，是指相邻不动产权利人之间在采光、日照方面发生的纠纷。

（6）相邻污染侵害纠纷，是指相邻不动产权利人因弃置固体废物、排放大气污染物、水污染物、噪声、光、电磁波辐射等有害物质而侵害相邻人生命安全、身体健康和生活环境引发的相邻纠纷。

（7）相邻损害防免关系纠纷，是指因相邻不动产权利人一方在使用自己的不动产时损害相邻之不动产的安全而发生的纠纷。

常用法律条文及索引

《中华人民共和国民法典》（2020 年 5 月 28 日公布　2021 年 1 月 1 日施行）

第二百三十六条　妨害物权或者可能妨害物权的，权利人可以请求排除妨害或者消除危险。

第二百三十七条　造成不动产或者动产毁损的，权利人可以依法请求修理、重作、更换或者恢复原状。

第二百八十八条　不动产的相邻权利人应当按照有利生产、方便生活、团结互助、公平合理的原则，正确处理相邻关系。

第二百八十九条　法律、法规对处理相邻关系有规定的，依照其规定；

法律、法规没有规定的，可以按照当地习惯。

第二百九十条 不动产权利人应当为相邻权利人用水、排水提供必要的便利。

对自然流水的利用，应当在不动产的相邻权利人之间合理分配。对自然流水的排放，应当尊重自然流向。

第二百九十一条 不动产权利人对相邻权利人因通行等必须利用其土地的，应当提供必要的便利。

第二百九十二条 不动产权利人因建造、修缮建筑物以及铺设电线、电缆、水管、暖气和燃气管线等必须利用相邻土地、建筑物的，该土地、建筑物的权利人应当提供必要的便利。

第二百九十三条 建造建筑物，不得违反国家有关工程建设标准，不得妨碍相邻建筑物的通风、采光和日照。

第二百九十四条 不动产权利人不得违反国家规定弃置固体废物，排放大气污染物、水污染物、土壤污染物、噪声、光辐射、电磁辐射等有害物质。

第二百九十五条 不动产权利人挖掘土地、建造建筑物、铺设管线以及安装设备等，不得危及相邻不动产的安全。

第二百九十六条 不动产权利人因用水、排水、通行、铺设管线等利用相邻不动产的，应当尽量避免对相邻的不动产权利人造成损害。

适用本案由需要注意的问题

◆相邻关系引发的纠纷系因行使不动产的所有权或使用权等权能所引发的纠纷，根据《民事诉讼法》第 34 条的规定，此类案件应由该不动产所在地人民法院专属管辖。根据《最高人民法院关于军事法院管辖民事案件若干问题的规定》第 2 条的规定，《民事诉讼法》第 34 条规定的不动产所在地在营区内，且当事人一方为军人或者军队单位的案件，地方当事人向军事法院提起诉讼的，军事法院应当受理。

◆在适用本案由时，尤其要注意区分其与因土地征收、征用行为而形成的土地征收征用补偿纠纷的不同。土地征收征用补偿关系的客体是作为不动产的土地，包括国有土地使用权和集体土地所有权，而相邻关系的客体并非不动产本身，而是行使不动产权利所引起的与相邻方有关的利益。

◆除典型的相邻关系纠纷外，还存在一些比较少见的相邻关系纠纷，如相邻滴水纠纷等，可以直接适用第二级相邻关系纠纷的案由。

54. 共有纠纷

（1）共有权确认纠纷
（2）共有物分割纠纷
（3）共有人优先购买权纠纷
（4）债权人代位析产纠纷

案由解析

共有是指两个以上民事主体对同一物享有的所有权、用益物权或者担保物权。

共有纠纷是指对同一物共有享有所有权、用益物权或者担保物权的两个以上公民、法人或者其他组织之间因物之归属、共有份额、共有物的管理、处分、分割等问题产生的纠纷。

共有的主要特征有：（1）共有的主体为两人或两人以上。（2）共有物上的所有权只有一个，是两个以上的人分享一个所有权。（3）共有的客体可以是一个物也可以是多个物。

共有可以分为共同共有和按份共有两种形式。共同共有是指各共有人根据共同关系，不分份额地共同享有对共有财产的权利。共同共有主要基于夫妻关系、家庭关系、共同继承关系以及共有人之间的约定而成立。按份共有是指两个或两个以上的共有人按照各自的份额对共有财产享有权利和承担义务的一种共有关系。

共有纠纷中的债权人代位析产纠纷为新增案由，是最高人民法院通过《关于人民法院民事执行中查封、扣押、冻结财产的规定》设立的，为强制执行债务人与他人的共有财产时，解决实体权利纠纷的诉讼。代位析产诉讼的设立，有利于解决法院执行难问题，具有很强的实务性。

典型形态

在实践中，共有纠纷主要有：

（1）共有权确认纠纷，是指当事人就共有权的成立、内容及归属的确认而发生的纠纷。

（2）共有物分割纠纷，是指共有人之间因对共有物分割的争议而引发的纠纷。

（3）共有人优先购买权纠纷，共有人因主张其优先购买权或者该优先购买权受到侵害而发生的纠纷。

（4）债权人代位析产纠纷，是指在强制执行过程中，被执行人（债务人）与他人享有共有财产而不主动析产清偿债务的情况下，由申请执行人（债权人）依法代替被执行人（债务人）提起的析产纠纷。

常用法律条文及索引

《中华人民共和国民法典》（2020 年 5 月 28 日公布　2021 年 1 月 1 日施行）

第二百三十四条　因物权的归属、内容发生争议的，利害关系人可以请求确认权利。

第二百四十三条　为了公共利益的需要，依照法律规定的权限和程序可以征收集体所有的土地和组织、个人的房屋以及其他不动产。

征收集体所有的土地，应当依法及时足额支付土地补偿费、安置补助费以及农村村民住宅、其他地上附着物和青苗等的补偿费用，并安排被征地农民的社会保障费用，保障被征地农民的生活，维护被征地农民的合法权益。

征收组织、个人的房屋以及其他不动产，应当依法给予征收补偿，维护被征收人的合法权益；征收个人住宅的，还应当保障被征收人的居住条件。

任何组织或者个人不得贪污、挪用、私分、截留、拖欠征收补偿费等费用。

第二百九十八条　按份共有人对共有的不动产或者动产按照其份额享有所有权。

第二百九十九条　共同共有人对共有的不动产或者动产共同享有所有权。

第三百条　共有人按照约定管理共有的不动产或者动产；没有约定或者约定不明确的，各共有人都有管理的权利和义务。

第三百零一条　处分共有的不动产或者动产以及对共有的不动产或者动产作重大修缮、变更性质或者用途的，应当经占份额三分之二以上的按份共有人或者全体共同共有人同意，但是共有人之间另有约定的除外。

第三百零二条　共有人对共有物的管理费用以及其他负担，有约定的，按照其约定；没有约定或者约定不明确的，按份共有人按照其份额负担，共同共有人共同负担。

第三百零三条　共有人约定不得分割共有的不动产或者动产，以维持共有关系的，应当按照约定，但是共有人有重大理由需要分割的，可以请求分割；没有约定或者约定不明确的，按份共有人可以随时请求分割，共同共有人在共有的基础丧失或者有重大理由需要分割时可以请求分割。因分割造成其他共有人损害的，应当给予赔偿。

第三百零四条　共有人可以协商确定分割方式。达不成协议，共有的不动产或者动产可以分割且不会因分割减损价值的，应当对实物予以分割；难以分割或者因分割会减损价值的，应当对折价或者拍卖、变卖取得的价款予以分割。

共有人分割所得的不动产或者动产有瑕疵的，其他共有人应当分担损失。

第三百零五条　按份共有人可以转让其享有的共有的不动产或者动产份额。其他共有人在同等条件下享有优先购买的权利。

第三百零六条　按份共有人转让其享有的共有的不动产或者动产份额的，应当将转让条件及时通知其他共有人。其他共有人应当在合理期限内行使优先购买权。

两个以上其他共有人主张行使优先购买权的，协商确定各自的购买比例；协商不成的，按照转让时各自的共有份额比例行使优先购买权。

第三百零七条　因共有的不动产或者动产产生的债权债务，在对外关系上，共有人享有连带债权、承担连带债务，但是法律另有规定或者第三人知道共有人不具有连带债权债务关系的除外；在共有人内部关系上，除共有人另有约定外，按份共有人按照份额享有债权、承担债务，共同共有人共同享有债权、承担债务。偿还债务超过自己应当承担份额的按份共有人，有权向其他共有人追偿。

第三百零八条　共有人对共有的不动产或者动产没有约定为按份共有或者共同共有，或者约定不明确的，除共有人具有家庭关系等外，视为按份共有。

第三百零九条　按份共有人对共有的不动产或者动产享有的份额，没有约定或者约定不明确的，按照出资额确定；不能确定出资额的，视为等额享有。

第三百一十条　两个以上组织、个人共同享有用益物权、担保物权的，参照适用本章的有关规定。

第四百六十条　不动产或者动产被占有人占有的，权利人可以请求返还原物及其孳息；但是，应当支付善意占有人因维护该不动产或者动产支出的必要费用。

第一千零六十五条 男女双方可以约定婚姻关系存续期间所得的财产以及婚前财产归各自所有、共同所有或者部分各自所有、部分共同所有。约定应当采用书面形式。没有约定或者约定不明确的，适用本法第一千零六十二条、第一千零六十三条的规定。

夫妻对婚姻关系存续期间所得的财产以及婚前财产的约定，对双方具有法律约束力。

夫妻对婚姻关系存续期间所得的财产约定归各自所有，夫或者妻一方对外所负的债务，相对人知道该约定的，以夫或者妻一方的个人财产清偿。

《最高人民法院关于适用〈中华人民共和国民法典〉物权编的解释(一)》（法释〔2020〕24号　2020年12月29日公布）

第九条 共有份额的权利主体因继承、遗赠等原因发生变化时，其他按份共有人主张优先购买的，不予支持，但按份共有人之间另有约定的除外。

第十条 民法典第三百零五条所称的“同等条件”，应当综合共有份额的转让价格、价款履行方式及期限等因素确定。

第十一条 优先购买权的行使期间，按份共有人之间有约定的，按照约定处理；没有约定或者约定不明的，按照下列情形确定：

（一）转让人向其他按份共有人发出的包含同等条件内容的通知中载明行使期间的，以该期间为准；

（二）通知中未载明行使期间，或者载明的期间短于通知送达之日起十五日的，为十五日；

（三）转让人未通知的，为其他按份共有人知道或者应当知道最终确定的同等条件之日起十五日；

（四）转让人未通知，且无法确定其他按份共有人知道或者应当知道最终确定的同等条件的，为共有份额权属转移之日起六个月。

第十二条 按份共有人向共有人之外的人转让其份额，其他按份共有人根据法律、司法解释规定，请求按照同等条件优先购买该共有份额的，应予支持。其他按份共有人的请求具有下列情形之一的，不予支持：

（一）未在本解释第十一条规定的期间内主张优先购买，或者虽主张优先购买，但提出减少转让价款、增加转让人负担等实质性变更要求；

（二）以其优先购买权受到侵害为由，仅请求撤销共有份额转让合同或者认定该合同无效。

第十三条 按份共有人之间转让共有份额，其他按份共有人主张依据民法典第三百零五条规定优先购买的，不予支持，但按份共有人之间另有约定的除外。

适用本案由需要注意的问题

◆共有纠纷应区别共有物为不动产或者动产确定管辖。共有物为不动产的，由不动产所在地人民法院专属管辖；共有物为动产的，由被告住所地或者所在地的人民法院管辖。

◆在适用本案由时，要注意区分其项下共有权确认纠纷和共有物分割纠纷。共有权确认纠纷是当事人就共有权的成立、内容及归属的确认而发生的纠纷，而共有物分割纠纷是在确认共有权的前提下对共有物分割的争议而引发的纠纷。

◆除共有权确认纠纷、共有物分割纠纷、共有人优先购买权纠纷、债权人代位析产纠纷外，共有纠纷还包括共有之份额纠纷、共有人义务承担纠纷、共有物管理纠纷等，这些在第四级案由中未予列明的可直接适用共有纠纷案由。

◆对于债权人代位析产纠纷如何确定管辖权，一般由执行法院管辖，但如果代位析产涉及不动产的，由不动产所在地法院专属管辖更为适宜的，应由不动产所在地人民法院管辖。

七、用益物权纠纷

55. 海域使用权纠纷

案由解析

海域使用权是指法人、其他组织或者自然人，依法定程序而取得的，对国家所有的特定海域享有的排他性地占有、使用、收益的权利。

海域使用权纠纷是指海域使用权人因海域使用权的归属、收益、处分或者遭受侵害而发生的纠纷。

海域使用权的主要特征是：（1）海域使用权客体的特殊性。海域使用权的客体是特定的海域。（2）海域使用权内容的特殊性。海域使用权内容丰富，不仅表现为占有、使用、收益，而且可以转让、出租、抵押等。（3）海域使用权的期限性。海域使用权采取法定主义，法律强行规定不同类型的海域使用权的有效期限。

常用法律条文及索引

《中华人民共和国民法典》（2020 年 5 月 28 日公布　2021 年 1 月 1 日施行）

第二百四十七条　矿藏、水流、海域属于国家所有。

第三百二十八条　依法取得的海域使用权受法律保护。

第三百九十五条　债务人或者第三人有权处分的下列财产可以抵押：

（一）建筑物和其他土地附着物；

（二）建设用地使用权；

（三）海域使用权；

（四）生产设备、原材料、半成品、产品；

（五）正在建造的建筑物、船舶、航空器；

（六）交通运输工具；

（七）法律、行政法规未禁止抵押的其他财产。

抵押人可以将前款所列财产一并抵押。

《中华人民共和国海域使用管理法》（2001 年 10 月 27 日公布　2002 年 1 月 1 日施行）

第十九条　海域使用申请经依法批准后，国务院批准用海的，由国务院海洋行政主管部门登记造册，向海域使用申请人颁发海域使用权证书；地方人民政府批准用海的，由地方人民政府登记造册，向海域使用申请人颁发海域使用权证书。海域使用申请人自领取海域使用权证书之日起，取得海域使用权。

第二十条　海域使用权除依照本法第十九条规定的方式取得外，也可以通过招标或者拍卖的方式取得。招标或者拍卖方案由海洋行政主管部门制订，报有审批权的人民政府批准后组织实施。海洋行政主管部门制订招标或者拍卖方案，应当征求同级有关部门的意见。

招标或者拍卖工作完成后，依法向中标人或者买受人颁发海域使用权证书。中标人或者买受人自领取海域使用权证书之日起，取得海域使用权。

第二十二条　本法施行前，已经由农村集体经济组织或者村民委员会经营、管理的养殖用海，符合海洋功能区划的，经当地县级人民政府核准，可以将海域使用权确定给该农村集体经济组织或者村民委员会，由本集体经济组织的成员承包，用于养殖生产。

第二十三条　海域使用权人依法使用海域并获得收益的权利受法律保护，任何单位和个人不得侵犯。

海域使用权人有依法保护和合理使用海域的义务；海域使用权人对不妨害其依法使用海域的非排他性用海活动，不得阻挠。

第二十四条　海域使用权人在使用海域期间，未经依法批准，不得从事海洋基础测绘。

海域使用权人发现所使用海域的自然资源和自然条件发生重大变化时，应当及时报告海洋行政主管部门。

第二十五条　海域使用权最高期限，按照下列用途确定：

（一）养殖用海十五年；

（二）拆船用海二十年；

（三）旅游、娱乐用海二十五年；

（四）盐业、矿业用海三十年；

（五）公益事业用海四十年；

（六）港口、修造船厂等建设工程用海五十年。

第二十七条　因企业合并、分立或者与他人合资、合作经营，变更海域使用权人的，需经原批准用海的人民政府批准。

海域使用权可以依法转让。海域使用权转让的具体办法，由国务院规定。

海域使用权可以依法继承。

第二十八条　海域使用权人不得擅自改变经批准的海域用途；确需改变的，应当在符合海洋功能区划的前提下，报原批准用海的人民政府批准。

第二十九条　海域使用权期满，未申请续期或者申请续期未获批准的，海域使用权终止。

海域使用权终止后，原海域使用权人应当拆除可能造成海洋环境污染或者影响其他用海项目的用海设施和构筑物。

第三十条　因公共利益或者国家安全的需要，原批准用海的人民政府可以依法收回海域使用权。

依照前款规定在海域使用权期满前提前收回海域使用权的，对海域使用权人应当给予相应的补偿。

第三十一条 因海域使用权发生争议，当事人协商解决不成的，由县级以上人民政府海洋行政主管部门调解；当事人也可以直接向人民法院提起诉讼。

在海域使用权争议解决前，任何一方不得改变海域使用现状。

第三十二条 填海项目竣工后形成的土地，属于国家所有。

海域使用权人应当自填海项目竣工之日起三个月内，凭海域使用权证书，向县级以上人民政府土地行政主管部门提出土地登记申请，由县级以上人民政府登记造册，换发国有土地使用权证书，确认土地使用权。

适用本案由需要注意的问题

◆海域使用权是基于海域发生的纠纷，应由不动产所在地的人民法院专属管辖。因海域使用权转让、抵押、继承、出租等引起的纠纷，要区别产生纠纷的基础法律关系依照《民事诉讼法》的相关规定确定管辖。

◆在适用本案由时，尤其要注意区分其与养殖权纠纷案由的区别。海域使用权设立的内容非常广泛，除了可以从事养殖活动外，还包括从事拆船、旅游娱乐、盐业矿业、公益事业、建设工程等诸多活动；而养殖权的设立目的是利用水域从事水生动植物的养殖，并不需要利用水域之上的空间。

◆海域使用权具体包括养殖海域使用权纠纷、拆船海域使用权纠纷、盐业海域使用权纠纷、旅游和娱乐海域使用权纠纷、矿业海域使用权纠纷、港口海域使用权纠纷、建设工程海域使用权纠纷及公益事业海域使用权纠纷等。

◆海域使用权是行政许可的特许物权，只有海域使用权的民事纠纷才可以适用本案由。如果属于海域使用权审批方面的纠纷，则属于行政纠纷，当事人应当提起行政诉讼。

56. 探矿权纠纷

案由解析

探矿权是指民事主体依照法律的规定取得就特定地域的某一种或者某几种矿藏进行勘探的权利。

探矿权纠纷是指探矿权人因探矿权的归属、收益、处分或者遭受侵害而发生的纠纷。

探矿权的主要特征是：(1) 探矿权利的主体是探矿权的享有者。(2) 探矿权的客体是特定的矿区或者工作区内的地下土壤与其中所赋存的矿产资源。(3) 探矿权的内容比较复杂，具有复合型。

常用法律条文及索引

《中华人民共和国民法典》（2020 年 5 月 28 日公布 2021 年 1 月 1 日施行）

第三百二十九条 依法取得的探矿权、采矿权、取水权和使用水域、滩涂从事养殖、捕捞的权利受法律保护。

《中华人民共和国矿产资源法》（2024 年 11 月 8 日修订）

第三条 矿产资源开发利用和保护工作应当坚持中国共产党的领导，贯彻总体国家安全观，统筹发展和安全，统筹国内国际，坚持开发利用与保护并重，遵循保障安全、节约集约、科技支撑、绿色发展的原则。

第四条 矿产资源属于国家所有，由国务院代表国家行使矿产资源的所有权。地表或者地下的矿产资源的国家所有权，不因其所依附的土地的所有权或者使用权的不同而改变。

各级人民政府应当加强矿产资源保护工作。禁止任何单位和个人以任何手段侵占或者破坏矿产资源。

第五条 勘查、开采矿产资源应当依法分别取得探矿权、采矿权，本法另有规定的除外。

国家保护依法取得的探矿权、采矿权不受侵犯，维护矿产资源勘查、开采区域的生产秩序、工作秩序。

第六条 勘查、开采矿产资源应当按照国家有关规定缴纳费用。国务院可以根据不同情况规定减收或者免收有关费用。

开采矿产资源应当依法缴纳资源税。

《最高人民法院关于审理矿业权纠纷案件适用法律若干问题的解释》（法释〔2017〕12 号 2020 年 12 月 23 日修正）

第一条 人民法院审理探矿权、采矿权等矿业权纠纷案件，应当依法保护矿业权流转，维护市场秩序和交易安全，保障矿产资源合理开发利用，促进资源节约与环境保护。

第三条 受让人请求自矿产资源勘查许可证、采矿许可证载明的有效期起始日确认其探矿权、采矿权的，人民法院应予支持。

矿业权出让合同生效后、矿产资源勘查许可证或者采矿许可证颁发前，第三人越界或者以其他方式非法勘查开采，经出让人同意已实际占有勘查作业区或者矿区的受让人，请求第三人承担停止侵害、排除妨碍、赔偿损失等侵权责任的，人民法院应予支持。

第十八条 当事人约定在自然保护区、风景名胜区、重点生态功能区、生态环境敏感区和脆弱区等区域内勘查开采矿产资源，违反法律、行政法规的强制性规定或者损害环境公共利益的，人民法院应依法认定合同无效。

第十九条 因越界勘查开采矿产资源引发的侵权责任纠纷，涉及自然资源主管部门批准的勘查开采范围重复或者界限不清的，人民法院应告知当事人先向自然资源主管部门申请解决。

第二十条 因他人越界勘查开采矿产资源，矿业权人请求侵权人承担停止侵害、排除妨碍、返还财产、赔偿损失等侵权责任的，人民法院应予支持，但探矿权人请求侵权人返还越界开采的矿产品及收益的除外。

第二十一条 勘查开采矿产资源造成环境污染，或者导致地质灾害、植被毁损等生态破坏，国家规定的机关或者法律规定的组织提起环境公益诉讼的，人民法院应依法予以受理。

国家规定的机关或者法律规定的组织为保护国家利益、环境公共利益提起诉讼的，不影响因同一勘查开采行为受到人身、财产损害的自然人、法人和非法人组织依据民事诉讼法第一百一十九条的规定提起诉讼。

第二十二条 人民法院在审理案件中，发现无证勘查开采，勘查资质、地质资料造假，或者勘查开采未履行生态环境修复义务等违法情形的，可以向有关行政主管部门提出司法建议，由其依法处理；涉嫌犯罪的，依法移送侦查机关处理。

适用本案由需要注意的问题

◆探矿权纠纷一般应由矿藏所在地人民法院管辖。因探矿权转让、抵押、继承、出租等引起的纠纷，要区别产生纠纷的基础法律关系依照《民事诉讼法》的相关规定确定管辖。

◆在适用本案由时，要注意其与采矿权纠纷的区别。探矿权是为了通过勘查和研究获取具有经济意义和开采价值的矿产资源，而采矿权是对已发现的矿产资源进行开采、利用并取得收益的权利。

◆探矿权是特许物权的一种，但在许可、转让和管理上有明显的行政审批、管理等方面的要求，涉及许多具体行政行为，因此，在适用该案由时，要注意区分所涉案件是否属于民事案件。

57. 采矿权纠纷

案由解析

采矿权是指民事主体依照法律取得就特定区域的某一种或者几种矿产进行开采、利用并取得收益的权利。

采矿权纠纷是指采矿权人因采矿权的归属、收益、处分或者遭受侵害而发生的纠纷。

采矿权的主要特征是：（1）采矿权的主体具有多元性，符合法定资格的法人、自然人或其他组织都可能成为采矿权的主体。（2）采矿权的客体是特定矿区或工作区内的地下土壤与其中所赋存的矿产资源。（3）采矿权兼具公权和私权的双重性。（4）采矿权具有行政特许的特点。

常用法律条文及索引

参见“56. 探矿权纠纷”案由相关部分。

适用本案由需要注意的问题

◆采矿权纠纷一般应由矿藏所在地人民法院专属管辖。因采矿权转让、抵押、继承、出租等引起的纠纷，要区别产生纠纷的基础法律关系依照《民事诉讼法》的相关规定确定管辖。

◆在适用本案由时，要注意其与探矿权纠纷的区别。探矿权是为了通过勘查和研究获取具有经济意义和开采价值的矿产资源，而采矿权是对已发现的矿产资源进行开采、利用并取得收益的权利。

◆采矿权人的权利是在采矿许可证规定的范围和期限进行开采矿产活动的权利。采矿权人独占性地在其矿区内采矿，有权禁止他人进入其矿区内采矿，采矿权的取得须具备一定的条件和资格，并不是一个可随意转让的物权。

58. 取水权纠纷

案由解析

取水权是指民事主体依照法定程序取得取水利用的权利。取水权属于资源利用权，属于用益物权范畴。

取水权纠纷是指因取水权的归属、使用、侵权等引发的民事纠纷。

取水权的主要特征是：(1) 取水权的主体包括单位和个人。(2) 取水权的客体是水资源。(3) 取水权不具有绝对的排他性。

常用法律条文及索引

《中华人民共和国民法典》（2020 年 5 月 28 日公布　2021 年 1 月 1 日施行）

第三百二十九条　依法取得的探矿权、采矿权、取水权和使用水域、滩涂从事养殖、捕捞的权利受法律保护。

《中华人民共和国水法》（2016 年 7 月 2 日修正）

第三条　水资源属于国家所有。水资源的所有权由国务院代表国家行使。农村集体经济组织的水塘和由农村集体经济组织修建管理的水库中的水，归各该农村集体经济组织使用。

第六条　国家鼓励单位和个人依法开发、利用水资源，并保护其合法权益。开发、利用水资源的单位和个人有依法保护水资源的义务。

第七条　国家对水资源依法实行取水许可制度和有偿使用制度。但是，农村集体经济组织及其成员使用本集体经济组织的水塘、水库中的水除外。国务院水行政主管部门负责全国取水许可制度和水资源有偿使用制度的组织实施。

第二十八条　任何单位和个人引水、截（蓄）水、排水，不得损害公共利益和他人的合法权益。

适用本案由需要注意的问题

◆取水权纠纷一般应由水域所在地人民法院专属管辖。因取水权转让、抵押、继承、出租等引起的纠纷，区别产生纠纷的基础法律关系依照《民事诉讼法》的相关规定确定管辖。

◆在适用本案由时，尤其要注意区分其与相邻用水纠纷的区别。在取水权非依许可取得的情况下，相邻用水权应当包含取水权；在取水权依据取水许可取得的情况下，相邻用水权不应当包含取水权。

◆取水权作为特许物权，与探矿权、采矿权有很多相似的地方，在区分行政许可事项和取水权物权纠纷时要特别注意。

59. 养殖权纠纷

案由解析

养殖权是指民事主体对国家或集体的水域、滩涂具有占有、使用和收益，进行养殖生产的权利。一般认为，渔业权包括养殖权和捕捞权两种用益物权。

养殖权纠纷是指养殖权人因养殖权的归属、收益、处分或者遭受侵害而发生的纠纷。

养殖权的主要特征是：（1）养殖权的水域、滩涂既可以是国家统一规划用于养殖业的水域或滩涂，也可以是集体所有的或者全民所有由农业集体经济组织使用的水域、滩涂。（2）养殖权较少涉及自然资源保护的问题，来自公法的限制较少。（3）养殖权的主体包括单位和个人。

常用法律条文及索引

《中华人民共和国民法典》（2020年5月28日公布　2021年1月1日施行）

第三百二十九条　依法取得的探矿权、采矿权、取水权和使用水域、滩涂从事养殖、捕捞的权利受法律保护。

《中华人民共和国渔业法》（2013年12月28日修正）

第十一条　国家对水域利用进行统一规划，确定可以用于养殖业的水域和滩涂。单位和个人使用国家规划确定用于养殖业的全民所有的水域、滩涂的，使用者应当向县级以上地方人民政府渔业行政主管部门提出申请，由本级人民政府核发养殖证，许可其使用该水域、滩涂从事养殖生产。核发养殖证的具体办法由国务院规定。

集体所有的或者全民所有由农业集体经济组织使用的水域、滩涂，可以由个人或者集体承包，从事养殖生产。

《中华人民共和国渔业法实施细则》（2020 年 11 月 29 日修订）

第十条 使用全民所有的水面、滩涂，从事养殖生产的全民所有制单位和集体所有制单位，应当向县级以上地方人民政府申请养殖使用证。

全民所有的水面、滩涂在一县行政区域内的，由该县人民政府核发养殖使用证；跨县的，由有关县协商核发养殖使用证，必要时由上级人民政府决定核发养殖使用证。

第十一条 领取养殖使用证的单位，无正当理由未从事养殖生产，或者放养最低于当地同类养殖水域平均放养量 60%的，应当视为荒芜。

第十二条 全民所有的水面、滩涂中的鱼、虾、蟹、贝、藻类的自然产卵场、繁殖场、索饵场及重要的洄游通道必须予以保护，不得划作养殖场所。

第十三条 国家建设征用集体所有的水面、滩涂，按照国家土地管理法规办理。

适用本案由需要注意的问题

◆养殖权纠纷一般应由养殖地人民法院专属管辖。因取水权转让、抵押、继承、出租等引起的纠纷，要区别产生纠纷的基础法律关系依照《民事诉讼法》的相关规定确定管辖。

◆在适用本案由时，尤其要注意区分其与海域使用权纠纷的区别。养殖权的设立目的是利用水域从事水生动植物的养殖，并不需要利用水域之上的空间；而海域使用权设立的内容非常广泛，除了可以从事养殖活动外，还包括从事拆船、旅游娱乐、盐业矿业、公益事业、建设工程等诸多活动。

◆养殖权成立的前提要经过行政许可，并办理相关的登记手续。养殖权是有期限的权利，养殖权人在一定期限内享有该权利并从事养殖活动，到期后应当依照法律规定续期，否则养殖权消灭；养殖权可以依法转让、出租、设定抵押，也可以继承。

60. 捕捞权纠纷

案由解析

捕捞权是指民事主体依照法律的规定，在我国内水、滩涂、海域从事捕捞水生动物和植物的权利。

捕捞权纠纷是指因捕捞权的取得、使用、收益、转让、侵权等引发的民事纠纷。

捕捞权的主要特征是：（1）捕捞权带有鲜明的公法色彩。（2）捕捞权的主体是公民、法人或其他组织。（3）捕捞权是通过获取捕捞许可证的形式取得的。

常用法律条文及索引

《中华人民共和国民法典》（2020年5月28日公布　2021年1月1日施行）

第三百二十九条　依法取得的探矿权、采矿权、取水权和使用水域、滩涂从事养殖、捕捞的权利受法律保护。

《中华人民共和国渔业法》（2013年12月28日修正）

第二十三条　国家对捕捞业实行捕捞许可证制度。

到中华人民共和国与有关国家缔结的协定确定的共同管理的渔区或者公海从事捕捞作业的捕捞许可证，由国务院渔业行政主管部门批准发放。海洋大型拖网、围网作业的捕捞许可证，由省、自治区、直辖市人民政府渔业行政主管部门批准发放。其他作业的捕捞许可证，由县级以上地方人民政府渔业行政主管部门批准发放；但是，批准发放海洋作业的捕捞许可证不得超过国家下达的船网工具控制指标，具体办法由省、自治区、直辖市人民政府规定。

捕捞许可证不得买卖、出租和以其他形式转让，不得涂改、伪造、变造。

到他国管辖海域从事捕捞作业的，应当经国务院渔业行政主管部门批准，并遵守中华人民共和国缔结的或者参加的有关条约、协定和有关国家的法律。

第二十四条　具备下列条件的，方可发给捕捞许可证：

（一）有渔业船舶检验证书；

（二）有渔业船舶登记证书；

（三）符合国务院渔业行政主管部门规定的其他条件。

县级以上地方人民政府渔业行政主管部门批准发放的捕捞许可证，应当与上级人民政府渔业行政主管部门下达的捕捞限额指标相适应。

第二十五条　从事捕捞作业的单位和个人，必须按照捕捞许可证关于作业类型、场所、时限、渔具数量和捕捞限额的规定进行作业，并遵守国家有关保护渔业资源的规定，大中型渔船应当填写渔捞日志。

《最高人民法院关于审理发生在我国管辖海域相关案件若干问题的规定(一)》（法释〔2016〕16号　2016年8月1日公布）

第二条　中国公民或组织在我国与有关国家缔结的协定确定的共同管理的渔区或公海从事捕捞等作业的，适用本规定。

第六条　在我国管辖海域内，因海上航运、渔业生产及其他海上作业造成污染，破坏海洋生态环境，请求损害赔偿提起的诉讼，由管辖该海域的海事法院管辖。

污染事故发生在我国管辖海域外，对我国管辖海域造成污染或污染威胁，请求损害赔偿或者预防措施费用提起的诉讼，由管辖该海域的海事法院或采取预防措施地的海事法院管辖。

《最高人民法院关于审理发生在我国管辖海域相关案件若干问题的规定(二)》（法释〔2016〕17号　2016年8月1日公布）

第一条　当事人因船舶碰撞、海洋污染等事故受到损害，请求侵权人赔偿渔船、渔具、渔货损失以及收入损失的，人民法院应予支持。

当事人违反渔业法第二十三条，未取得捕捞许可证从事海上捕捞作业，依照前款规定主张收入损失的，人民法院不予支持。

适用本案由需要注意的问题

◆捕捞权纠纷一般应由捕捞地人民法院专属管辖。因捕捞权转让、抵押、继承、出租等引起的纠纷，要区别产生纠纷的基础法律关系依照《民事诉讼法》的相关规定确定管辖。

◆在适用本案由时，尤其要注意区分其与养殖权纠纷的区别。养殖权是对特定水域、滩涂的使用和经营的权利，而捕捞权是在我国内水、滩涂、海域从事捕捞水生动物和植物的权利。

◆国家对捕捞权实行许可制度，故其取得、行使、转让等过程中涉及具体行政行为，因此，在适用该案由时，要注意区分所涉案件是否属于民事案件。

61. 土地承包经营权纠纷

（1）土地承包经营权确认纠纷
（2）承包地征收补偿费用分配纠纷
（3）土地承包经营权继承纠纷

案由解析

土地承包经营权是指以耕作、养殖或畜牧等农业为目的，承包人依法通过承包而取得的对农村土地占有、使用、收益的权利。

土地承包经营权纠纷是指因土地承包经营权的归属、使用、收益、处分以及遭受侵害而发生的纠纷。

土地承包经营权的主要特征是：（1）土地承包经营权的主体具有特定性。土地承包经营权的主体为农业生产经营者。根据承包方式的不同，土地承包经营权的主体可以分为家庭承包的土地承包经营权主体即承包地所属的村集体经济组织的从事农业生产的个人或农户，和其他方式承包的土地承包经营权主体即承包“四荒”土地及农田水利设施用地等土地的承包地所属的集体经济组织以外的单位或个人。（2）土地承包经营权的客体是集体经济组织所有或者国家所有的集体经济组织长期使用的农用土地。（3）土地承包经营权是以在他人土地上为农业性质的耕作、养殖或者畜牧的用益物权。（4）土地承包经营权为有期限物权。

典型形态

（1）土地承包经营权确认纠纷，是指当事人就土地承包经营权是否成立以及其归属和内容所发生的纠纷。

（2）承包地征收补偿费用分配纠纷，是指承包经营的土地被国家依法定程序征收后，因国家依法给予失地者的补偿费用，包括土地补偿费、安置补助费、地上附着物和青苗的补偿费等费用的分配问题而发生的纠纷。

（3）土地承包经营权继承纠纷，是指因土地承包经营权的继承而引发的纠纷。

常用法律条文及索引

《中华人民共和国民法典》（2020 年 5 月 28 日公布　2021 年 1 月 1 日施行）

第二百四十三条　为了公共利益的需要，依照法律规定的权限和程序可以征收集体所有的土地和组织、个人的房屋以及其他不动产。

征收集体所有的土地，应当依法及时足额支付土地补偿费、安置补助费以及农村村民住宅、其他地上附着物和青苗等的补偿费用，并安排被征地农民的社会保障费用，保障被征地农民的生活，维护被征地农民的合法权益。

征收组织、个人的房屋以及其他不动产，应当依法给予征收补偿，维护被征收人的合法权益；征收个人住宅的，还应当保障被征收人的居住条件。

任何组织或者个人不得贪污、挪用、私分、截留、拖欠征收补偿费等费用。

第二百四十四条　国家对耕地实行特殊保护，严格限制农用地转为建设用地，控制建设用地总量。不得违反法律规定的权限和程序征收集体所有的土地。

第二百四十五条　因抢险救灾、疫情防控等紧急需要，依照法律规定的权限和程序可以征用组织、个人的不动产或者动产。被征用的不动产或者动产使用后，应当返还被征用人。组织、个人的不动产或者动产被征用或者征用后毁损、灭失的，应当给予补偿。

第三百三十条　农村集体经济组织实行家庭承包经营为基础、统分结合的双层经营体制。

农民集体所有和国家所有由农民集体使用的耕地、林地、草地以及其他用于农业的土地，依法实行土地承包经营制度。

第三百三十一条　土地承包经营权人依法对其承包经营的耕地、林地、草地等享有占有、使用和收益的权利，有权从事种植业、林业、畜牧业等农业生产。

第三百三十二条　耕地的承包期为三十年。草地的承包期为三十年至五十年。林地的承包期为三十年至七十年。

前款规定的承包期限届满，由土地承包经营权人依照农村土地承包的法律规定继续承包。

第三百三十三条　土地承包经营权自土地承包经营权合同生效时设立。

登记机构应当向土地承包经营权人发放土地承包经营权证、林权证等证书，并登记造册，确认土地承包经营权。

第三百三十四条　土地承包经营权人依照法律规定，有权将土地承包经营权互换、转让。未经依法批准，不得将承包地用于非农建设。

第三百三十五条　土地承包经营权互换、转让的，当事人可以向登记机构申请登记；未经登记，不得对抗善意第三人。

第三百三十六条　承包期内发包人不得调整承包地。

因自然灾害严重毁损承包地等特殊情形，需要适当调整承包的耕地和草地的，应当依照农村土地承包的法律规定办理。

第三百三十七条　承包期内发包人不得收回承包地。法律另有规定的，依照其规定。

第三百三十八条　承包地被征收的，土地承包经营权人有权依据本法第二百四十三条的规定获得相应补偿。

第三百三十九条　土地承包经营权人可以自主决定依法采取出租、入股或者其他方式向他人流转土地经营权。

第三百四十条　土地经营权人有权在合同约定的期限内占有农村土地，自主开展农业生产经营并取得收益。

第三百四十一条　流转期限为五年以上的土地经营权，自流转合同生效时设立。当事人可以向登记机构申请土地经营权登记；未经登记，不得对抗善意第三人。

第三百四十二条　通过招标、拍卖、公开协商等方式承包农村土地，经依法登记取得权属证书的，可以依法采取出租、入股、抵押或者其他方式流转土地经营权。

第三百四十三条　国家所有的农用地实行承包经营的，参照适用本编的有关规定。

《最高人民法院关于审理涉及农村土地承包纠纷案件适用法律问题的解释》（法释〔2005〕6号　2020年12月23日修正）

一、受理与诉讼主体

第一条　下列涉及农村土地承包民事纠纷，人民法院应当依法受理：

（一）承包合同纠纷；

（二）承包经营权侵权纠纷；

（三）土地经营权侵权纠纷；

（四）承包经营权互换、转让纠纷；

（五）土地经营权流转纠纷；

（六）承包地征收补偿费用分配纠纷；

（七）承包经营权继承纠纷；

（八）土地经营权继承纠纷。

农村集体经济组织成员因未实际取得土地承包经营权提起民事诉讼的，人民法院应当告知其向有关行政主管部门申请解决。

农村集体经济组织成员就用于分配的土地补偿费数额提起民事诉讼的，人民法院不予受理。

第二条 当事人自愿达成书面仲裁协议的，受诉人民法院应当参照《最高人民法院关于适用〈中华人民共和国民事诉讼法〉的解释》第二百一十五条、第二百一十六条的规定处理。

当事人未达成书面仲裁协议，一方当事人向农村土地承包仲裁机构申请仲裁，另一方当事人提起诉讼的，人民法院应予受理，并书面通知仲裁机构。但另一方当事人接受仲裁管辖后又起诉的，人民法院不予受理。

当事人对仲裁裁决不服并在收到裁决书之日起三十日内提起诉讼的，人民法院应予受理。

第三条 承包合同纠纷，以发包方和承包方为当事人。

前款所称承包方是指以家庭承包方式承包本集体经济组织农村土地的农户，以及以其他方式承包农村土地的组织或者个人。

第四条 农户成员为多人的，由其代表人进行诉讼。

农户代表人按照下列情形确定：

（一）土地承包经营权证等证书上记载的人；

（二）未依法登记取得土地承包经营权证等证书的，为在承包合同上签名的人；

（三）前两项规定的人死亡、丧失民事行为能力或者因其他原因无法进行诉讼的，为农户成员推选的人。

二、家庭承包纠纷案件的处理

第五条 承包合同中有关收回、调整承包地的约定违反农村土地承包法第二十七条、第二十八条、第三十一条规定的，应当认定该约定无效。

第六条 因发包方违法收回、调整承包地，或者因发包方收回承包方弃耕、撂荒的承包地产生的纠纷，按照下列情形，分别处理：

（一）发包方未将承包地另行发包，承包方请求返还承包地的，应予支持；

（二）发包方已将承包地另行发包给第三人，承包方以发包方和第三人为共同被告，请求确认其所签订的承包合同无效、返还承包地并赔偿损失的，应予支持。但属于承包方弃耕、撂荒情形的，对其赔偿损失的诉讼请求，不予支持。

前款第（二）项所称的第三人，请求受益方补偿其在承包地上的合理投入的，应予支持。

第七条　承包合同约定或者土地承包经营权证等证书记载的承包期限短于农村土地承包法规定的期限，承包方请求延长的，应予支持。

第八条　承包方违反农村土地承包法第十八条规定，未经依法批准将承包地用于非农建设或者对承包地造成永久性损害，发包方请求承包方停止侵害、恢复原状或者赔偿损失的，应予支持。

第九条　发包方根据农村土地承包法第二十七条规定收回承包地前，承包方已经以出租、入股或者其他形式将其土地经营权流转给第三人，且流转期限尚未届满，因流转价款收取产生的纠纷，按照下列情形，分别处理：

（一）承包方已经一次性收取了流转价款，发包方请求承包方返还剩余流转期限的流转价款的，应予支持；

（二）流转价款为分期支付，发包方请求第三人按照流转合同的约定支付流转价款的，应予支持。

第十条　承包方交回承包地不符合农村土地承包法第三十条规定程序的，不得认定其为自愿交回。

第十一条　土地经营权流转中，本集体经济组织成员在流转价款、流转期限等主要内容相同的条件下主张优先权的，应予支持。但下列情形除外：

（一）在书面公示的合理期限内未提出优先权主张的；

（二）未经书面公示，在本集体经济组织以外的人开始使用承包地两个月内未提出优先权主张的。

第十二条　发包方胁迫承包方将土地经营权流转给第三人，承包方请求撤销其与第三人签订的流转合同的，应予支持。

发包方阻碍承包方依法流转土地经营权，承包方请求排除妨碍、赔偿损失的，应予支持。

第十三条　承包方未经发包方同意，转让其土地承包经营权的，转让合同无效。但发包方无法定理由不同意或者拖延表态的除外。

第十四条　承包方依法采取出租、入股或者其他方式流转土地经营权，发包方仅以该土地经营权流转合同未报其备案为由，请求确认合同无效的，不予支持。

第十五条　因承包方不收取流转价款或者向对方支付费用的约定产生纠

纷，当事人协商变更无法达成一致，且继续履行又显失公平的，人民法院可以根据发生变更的客观情况，按照公平原则处理。

第十六条 当事人对出租地流转期限没有约定或者约定不明的，参照民法典第七百三十条规定处理。除当事人另有约定或者属于林地承包经营外，承包地交回的时间应当在农作物收获期结束后或者下一耕种期开始前。

对提高土地生产能力的投入，对方当事人请求承包方给予相应补偿的，应予支持。

第十七条 发包方或者其他组织、个人擅自截留、扣缴承包收益或者土地经营权流转收益，承包方请求返还的，应予支持。

发包方或者其他组织、个人主张抵销的，不予支持。

三、其他方式承包纠纷的处理

第十八条 本集体经济组织成员在承包费、承包期限等主要内容相同的条件下主张优先承包的，应予支持。但在发包方将农村土地发包给本集体经济组织以外的组织或者个人，已经法律规定的民主议定程序通过，并由乡（镇）人民政府批准后主张优先承包的，不予支持。

第十九条 发包方就同一土地签订两个以上承包合同，承包方均主张取得土地经营权的，按照下列情形，分别处理：

（一）已经依法登记的承包方，取得土地经营权；

（二）均未依法登记的，生效在先合同的承包方取得土地经营权；

（三）依前两项规定无法确定的，已经根据承包合同合法占有使用承包地的人取得土地经营权，但争议发生后一方强行先占承包地的行为和事实，不得作为确定土地经营权的依据。

四、土地征收补偿费用分配及土地承包经营权继承纠纷的处理

第二十条 承包地被依法征收，承包方请求发包方给付已经收到的地上附着物和青苗的补偿费的，应予支持。

承包方已将土地经营权以出租、入股或者其他方式流转给第三人的，除当事人另有约定外，青苗补偿费归实际投入人所有，地上附着物补偿费归附着物所有人所有。

第二十一条 承包地被依法征收，放弃统一安置的家庭承包方，请求发包方给付已经收到的安置补助费的，应予支持。

第二十二条 农村集体经济组织或者村民委员会、村民小组，可以依照法律规定的民主议定程序，决定在本集体经济组织内部分配已经收到的土地补偿费。征地补偿安置方案确定时已经具有本集体经济组织成员资格的人，请求支付相应份额的，应予支持。但已报全国人大常委会、国务院备案的地方性法规、自治条例和单行条例、地方政府规章对土地补偿费在农村集体经济组织内部的分配办法另有规定的除外。

第二十三条　林地家庭承包中，承包方的继承人请求在承包期内继续承包的，应予支持。

其他方式承包中，承包方的继承人或者权利义务承受者请求在承包期内继续承包的，应予支持。

五、其他规定

第二十四条　人民法院在审理涉及本解释第五条、第六条第一款第（二）项及第二款、第十五条的纠纷案件时，应当着重进行调解。必要时可以委托人民调解组织进行调解。

第二十五条　本解释自2005年9月1日起施行。施行后受理的第一审案件，适用本解释的规定。

施行前已经生效的司法解释与本解释不一致的，以本解释为准。

适用本案由需要注意的问题

◆土地承包经营权纠纷一般由承包地所在地的人民法院管辖。

◆在适用本案由时，要注意区分其项下案由的关系。土地承包经营权确认纠纷是对土地承包经营权是否成立以及其归属和内容所发生的争议，而承包地征收补偿费用分配纠纷和土地承包经营权继承纠纷是在已经确立归属的情况下发生的纠纷。

◆在适用本案由时，要注意区分本案由下的民事纠纷与行政纠纷的不同。对于土地征收行为以及土地补偿费用本身存在争议提起的诉讼，属于行政诉讼。

62. 土地经营权纠纷

案由解析

土地经营权从农村土地承包经营权中分离出的一项权能，就是承包农户将其承包土地流转出去，由其他组织或者个人经营，其他组织或者个人取得土地经营权，是受让方根据合同约定，由受让方依法占有承包方的农村土地，利用该土地开展经营并取得收益的权利。土地经营权纠纷是指就土地经营权是否成立及其归属和内容产生争议而引发的纠纷。

典型形态

实践中，土地经营权纠纷一般包括以下几种：

（1）土地经营权确认纠纷，是指因土地经营权是否成立及其归属产生争议而引发的纠纷；

（2）土地经营权保护纠纷，是指因土地经营权内容产生争议而引发的物权保护纠纷。

常用法律条文及索引

《中华人民共和国民法典》（2020年5月28日公布　2021年1月1日施行）

第一百四十七条　基于重大误解实施的民事法律行为，行为人有权请求人民法院或者仲裁机构予以撤销。

第一百四十八条　一方以欺诈手段，使对方在违背真实意思的情况下实施的民事法律行为，受欺诈方有权请求人民法院或者仲裁机构予以撤销。

第一百五十条　一方或者第三人以胁迫手段，使对方在违背真实意思的情况下实施的民事法律行为，受胁迫方有权请求人民法院或者仲裁机构予以撤销。

第一百五十四条　行为人与相对人恶意串通，损害他人合法权益的民事法律行为无效。

第二百四十三条　为了公共利益的需要，依照法律规定的权限和程序可以征收集体所有的土地和组织、个人的房屋以及其他不动产。

征收集体所有的土地，应当依法及时足额支付土地补偿费、安置补助费以及农村村民住宅、其他地上附着物和青苗等的补偿费用，并安排被征地农民的社会保障费用，保障被征地农民的生活，维护被征地农民的合法权益。

征收组织、个人的房屋以及其他不动产，应当依法给予征收补偿，维护被征收人的合法权益；征收个人住宅的，还应当保障被征收人的居住条件。

任何组织或者个人不得贪污、挪用、私分、截留、拖欠征收补偿费等费用。

第二百四十四条　国家对耕地实行特殊保护，严格限制农用地转为建设用地，控制建设用地总量。不得违反法律规定的权限和程序征收集体所有的土地。

第三百三十一条　土地承包经营权人依法对其承包经营的耕地、林地、草地等享有占有、使用和收益的权利，有权从事种植业、林业、畜牧业等农业生产。

第三百三十二条　耕地的承包期为三十年。草地的承包期为三十年至五十年。林地的承包期为三十年至七十年。

前款规定的承包期限届满，由土地承包经营权人依照农村土地承包的法律规定继续承包。

第三百三十三条　土地承包经营权自土地承包经营权合同生效时设立。

登记机构应当向土地承包经营权人发放土地承包经营权证、林权证等证书，并登记造册，确认土地承包经营权。

第三百三十四条　土地承包经营权人依照法律规定，有权将土地承包经营权互换、转让。未经依法批准，不得将承包地用于非农建设。

第三百三十五条　土地承包经营权互换、转让的，当事人可以向登记机构申请登记；未经登记，不得对抗善意第三人。

第三百三十六条　承包期内发包人不得调整承包地。

因自然灾害严重毁损承包地等特殊情形，需要适当调整承包的耕地和草地的，应当依照农村土地承包的法律规定办理。

第三百三十七条　承包期内发包人不得收回承包地。法律另有规定的，依照其规定。

第三百三十八条　承包地被征收的，土地承包经营权人有权依据本法第二百四十三条的规定获得相应补偿。

第三百三十九条　土地承包经营权人可以自主决定依法采取出租、入股或者其他方式向他人流转土地经营权。

第三百四十条　土地经营权人有权在合同约定的期限内占有农村土地，自主开展农业生产经营并取得收益。

第三百四十一条　流转期限为五年以上的土地经营权，自流转合同生效时设立。当事人可以向登记机构申请土地经营权登记；未经登记，不得对抗善意第三人。

第三百四十二条　通过招标、拍卖、公开协商等方式承包农村土地，经依法登记取得权属证书的，可以依法采取出租、入股、抵押或者其他方式流转土地经营权。

第三百四十三条　国家所有的农用地实行承包经营的，参照适用本编的有关规定。

第五百零六条 合同中的下列免责条款无效：

（一）造成对方人身损害的；

（二）因故意或者重大过失造成对方财产损失的。

第五百四十八条 债务人接到债权转让通知后，债务人对让与人的抗辩，可以向受让人主张。

第五百六十二条 当事人协商一致，可以解除合同。

当事人可以约定一方解除合同的事由。解除合同的事由发生时，解除权人可以解除合同。

第五百六十三条 有下列情形之一的，当事人可以解除合同：

（一）因不可抗力致使不能实现合同目的；

（二）在履行期限届满前，当事人一方明确表示或者以自己的行为表明不履行主要债务；

（三）当事人一方迟延履行主要债务，经催告后在合理期限内仍未履行；

（四）当事人一方迟延履行债务或者有其他违约行为致使不能实现合同目的；

（五）法律规定的其他情形。

以持续履行的债务为内容的不定期合同，当事人可以随时解除合同，但是应当在合理期限之前通知对方。

第五百六十六条 合同解除后，尚未履行的，终止履行；已经履行的，根据履行情况和合同性质，当事人可以请求恢复原状或者采取其他补救措施，并有权请求赔偿损失。

合同因违约解除的，解除权人可以请求违约方承担违约责任，但是当事人另有约定的除外。

主合同解除后，担保人对债务人应当承担的民事责任仍应当承担担保责任，但是担保合同另有约定的除外。

第五百六十八条 当事人互负债务，该债务的标的物种类、品质相同的，任何一方可以将自己的债务与对方的到期债务抵销；但是，根据债务性质、按照当事人约定或者依照法律规定不得抵销的除外。

当事人主张抵销的，应当通知对方。通知自到达对方时生效。抵销不得附条件或者附期限。

第五百七十七条 当事人一方不履行合同义务或者履行合同义务不符合约定的，应当承担继续履行、采取补救措施或者赔偿损失等违约责任。

第五百七十八条　当事人一方明确表示或者以自己的行为表明不履行合同义务的，对方可以在履行期限届满前请求其承担违约责任。

第九百九十六条　因当事人一方的违约行为，损害对方人格权并造成严重精神损害，受损害方选择请求其承担违约责任的，不影响受损害方请求精神损害赔偿。

《中华人民共和国农村土地承包法》（2018年12月29日修正）

第九条　承包方承包土地后，享有土地承包经营权，可以自己经营，也可以保留土地承包权，流转其承包地的土地经营权，由他人经营。

第十条　国家保护承包方依法、自愿、有偿流转土地经营权，保护土地经营权人的合法权益，任何组织和个人不得侵犯。

第三十条　承包期内，承包方可以自愿将承包地交回发包方。承包方自愿交回承包地的，可以获得合理补偿，但是应当提前半年以书面形式通知发包方。承包方在承包期内交回承包地的，在承包期内不得再要求承包土地。

第三十二条　承包人应得的承包收益，依照继承法的规定继承。

林地承包的承包人死亡，其继承人可以在承包期内继续承包。

第三十三条　承包方之间为方便耕种或者各自需要，可以对属于同一集体经济组织的土地的土地承包经营权进行互换，并向发包方备案。

第三十六条　承包方可以自主决定依法采取出租（转包）、入股或者其他方式向他人流转土地经营权，并向发包方备案。

第三十八条　土地经营权流转应当遵循以下原则：

（一）依法、自愿、有偿，任何组织和个人不得强迫或者阻碍土地经营权流转；

（二）不得改变土地所有权的性质和土地的农业用途，不得破坏农业综合生产能力和农业生态环境；

（三）流转期限不得超过承包期的剩余期限；

（四）受让方须有农业经营能力或者资质；

（五）在同等条件下，本集体经济组织成员享有优先权。

第三十九条　土地经营权流转的价款，应当由当事人双方协商确定。流转的收益归承包方所有，任何组织和个人不得擅自截留、扣缴。

第四十条　土地经营权流转，当事人双方应当签订书面流转合同。

土地经营权流转合同一般包括以下条款：

（一）双方当事人的姓名、住所；

（二）流转土地的名称、坐落、面积、质量等级；

（三）流转期限和起止日期；

（四）流转土地的用途；

（五）双方当事人的权利和义务；

（六）流转价款及支付方式；

（七）土地被依法征收、征用、占用时有关补偿费的归属；

（八）违约责任。

承包方将土地交由他人代耕不超过一年的，可以不签订书面合同。

第四十一条 土地经营权流转期限为五年以上的，当事人可以向登记机构申请土地经营权登记。未经登记，不得对抗善意第三人。

第四十二条 承包方不得单方解除土地经营权流转合同，但受让方有下列情形之一的除外：

（一）擅自改变土地的农业用途；

（二）弃耕抛荒连续两年以上；

（三）给土地造成严重损害或者严重破坏土地生态环境；

（四）其他严重违约行为。

第四十三条 经承包方同意，受让方可以依法投资改良土壤，建设农业生产附属、配套设施，并按照合同约定对其投资部分获得合理补偿。

第四十四条 承包方流转土地经营权的，其与发包方的承包关系不变。

第四十五条 县级以上地方人民政府应当建立工商企业等社会资本通过流转取得土地经营权的资格审查、项目审核和风险防范制度。

工商企业等社会资本通过流转取得土地经营权的，本集体经济组织可以收取适量管理费用。

具体办法由国务院农业农村、林业和草原主管部门规定。

第四十六条 经承包方书面同意，并向本集体经济组织备案，受让方可以再流转土地经营权。

第四十七条 承包方可以用承包地的土地经营权向金融机构融资担保，并向发包方备案。受让方通过流转取得的土地经营权，经承包方书面同意并向发包方备案，可以向金融机构融资担保。

担保物权自融资担保合同生效时设立。当事人可以向登记机构申请登记；未经登记，不得对抗善意第三人。

实现担保物权时，担保物权人有权就土地经营权优先受偿。

土地经营权融资担保办法由国务院有关部门规定。

第五十条 荒山、荒沟、荒丘、荒滩等可以直接通过招标、拍卖、公开协商等方式实行承包经营，也可以将土地经营权折股分给本集体经济组织成员后，再实行承包经营或者股份合作经营。

承包荒山、荒沟、荒丘、荒滩的，应当遵守有关法律、行政法规的规定，防止水土流失，保护生态环境。

第五十一条　以其他方式承包农村土地，在同等条件下，本集体经济组织成员有权优先承包。

第五十二条　发包方将农村土地发包给本集体经济组织以外的单位或者个人承包，应当事先经本集体经济组织成员的村民会议三分之二以上成员或者三分之二以上村民代表的同意，并报乡（镇）人民政府批准。

由本集体经济组织以外的单位或者个人承包的，应当对承包方的资信情况和经营能力进行审查后，再签订承包合同。

第五十三条　通过招标、拍卖、公开协商等方式承包农村土地，经依法登记取得权属证书的，可以依法采取出租、入股、抵押或者其他方式流转土地经营权。

第五十四条　依照本章规定通过招标、拍卖、公开协商等方式取得土地经营权的，该承包人死亡，其应得的承包收益，依照继承法的规定继承；在承包期内，其继承人可以继续承包。

第五十六条　任何组织和个人侵害土地承包经营权、土地经营权的，应当承担民事责任。

第五十七条　发包方有下列行为之一的，应当承担停止侵害、排除妨碍、消除危险、返还财产、恢复原状、赔偿损失等民事责任：

（一）干涉承包方依法享有的生产经营自主权；

（二）违反本法规定收回、调整承包地；

（三）强迫或者阻碍承包方进行土地承包经营权的互换、转让或者土地经营权流转；

（四）假借少数服从多数强迫承包方放弃或者变更土地承包经营权；

（五）以划分“口粮田”和“责任田”等为由收回承包地搞招标承包；

（六）将承包地收回抵顶欠款；

（七）剥夺、侵害妇女依法享有的土地承包经营权；

（八）其他侵害土地承包经营权的行为。

第五十九条　当事人一方不履行合同义务或者履行义务不符合约定的，应当依法承担违约责任。

第六十一条　任何组织和个人擅自截留、扣缴土地承包经营权互换、转让或者土地经营权流转收益的，应当退还。

第六十三条 承包方、土地经营权人违法将承包地用于非农建设的，由县级以上地方人民政府有关主管部门依法予以处罚。

承包方给承包地造成永久性损害的，发包方有权制止，并有权要求赔偿由此造成的损失。

第六十四条 土地经营权人擅自改变土地的农业用途、弃耕抛荒连续两年以上、给土地造成严重损害或者严重破坏土地生态环境，承包方在合理期限内不解除土地经营权流转合同的，发包方有权要求终止土地经营权流转合同。土地经营权人对土地和土地生态环境造成的损害应当予以赔偿。

第六十五条 国家机关及其工作人员有利用职权干涉农村土地承包经营，变更、解除承包经营合同，干涉承包经营当事人依法享有的生产经营自主权，强迫、阻碍承包经营当事人进行土地承包经营权互换、转让或者土地经营权流转等侵害土地承包经营权、土地经营权的行为，给承包经营当事人造成损失的，应当承担损害赔偿等责任；情节严重的，由上级机关或者所在单位给予直接责任人员处分；构成犯罪的，依法追究刑事责任。

适用本案由需要注意的问题

◆土地经营权涉及的主体是出让方和受让方，出让方为土地承包经营权人，是承包户，而非个别家庭成员；受让方为土地实际经营权人，不限于本集体经济组织成员，还可以是其他非本集体经济组织成员，可以是个人，也可以是单位，但应当具备农业经营能力或资质。

◆土地经营权的对象不包括农村宅基地等建设用地。

◆土地经营权应依法登记，根据《民法典》第341条的规定，流转期限为5年以上的土地经营权，自流转合同生效时设立，当事人未向登记机关申请土地经营权登记的，不得对抗善意第三人。

◆因土地经营权抵押引发的纠纷，适用“土地经营权抵押纠纷”；因土地经营权入股经营引发的纠纷，适用“土地经营权入股合同纠纷”；因土地经营权租赁引发的纠纷，适用“土地经营权出租合同纠纷”。

63. 建设用地使用权纠纷

案由解析

建设用地使用权是指单位和个人依法对国家所有的土地享有占有、使用和收益的权利，公民、法人或者其他组织有权利用该土地建造建筑物、构筑物及其附属设施。

建设用地使用权纠纷是指因建设用地使用权归属、使用、收益、处分以及遭受侵害而发生的纠纷。

建设用地使用权的主要特征是：（1）建设用地使用权的客体是国家所有的土地，不包括农村集体经济组织所有的土地。（2）建设用地使用权是在国有土地所有权基础上产生的一种用益物权。

常用法律条文及索引

《中华人民共和国民法典》（2020 年 5 月 28 日公布　2021 年 1 月 1 日施行）

第三百四十四条　建设用地使用权人依法对国家所有的土地享有占有、使用和收益的权利，有权利用该土地建造建筑物、构筑物及其附属设施。

第三百四十五条　建设用地使用权可以在土地的地表、地上或者地下分别设立。

第三百四十六条　设立建设用地使用权，应当符合节约资源、保护生态环境的要求，遵守法律、行政法规关于土地用途的规定，不得损害已经设立的用益物权。

第三百四十七条　设立建设用地使用权，可以采取出让或者划拨等方式。

工业、商业、旅游、娱乐和商品住宅等经营性用地以及同一土地有两个以上意向用地者的，应当采取招标、拍卖等公开竞价的方式出让。

严格限制以划拨方式设立建设用地使用权。

第三百四十八条　通过招标、拍卖、协议等出让方式设立建设用地使用权的，当事人应当采用书面形式订立建设用地使用权出让合同。

建设用地使用权出让合同一般包括下列条款：

（一）当事人的名称和住所；

（二）土地界址、面积等；

（三）建筑物、构筑物及其附属设施占用的空间；

（四）土地用途、规划条件；

（五）建设用地使用权期限；

（六）出让金等费用及其支付方式；

（七）解决争议的方法。

第三百四十九条 设立建设用地使用权的，应当向登记机构申请建设用地使用权登记。建设用地使用权自登记时设立。登记机构应当向建设用地使用权人发放权属证书。

第三百五十条 建设用地使用权人应当合理利用土地，不得改变土地用途；需要改变土地用途的，应当依法经有关行政主管部门批准。

第三百五十一条 建设用地使用权人应当依照法律规定以及合同约定支付出让金等费用。

第三百五十二条 建设用地使用权人建造的建筑物、构筑物及其附属设施的所有权属于建设用地使用权人，但是有相反证据证明的除外。

第三百五十三条 建设用地使用权人有权将建设用地使用权转让、互换、出资、赠与或者抵押，但是法律另有规定的除外。

第三百五十四条 建设用地使用权转让、互换、出资、赠与或者抵押的，当事人应当采用书面形式订立相应的合同。使用期限由当事人约定，但是不得超过建设用地使用权的剩余期限。

第三百五十五条 建设用地使用权转让、互换、出资或者赠与的，应当向登记机构申请变更登记。

第三百五十六条 建设用地使用权转让、互换、出资或者赠与的，附着于该土地上的建筑物、构筑物及其附属设施一并处分。

第三百五十七条 建筑物、构筑物及其附属设施转让、互换、出资或者赠与的，该建筑物、构筑物及其附属设施占用范围内的建设用地使用权一并处分。

第三百五十八条 建设用地使用权期限届满前，因公共利益需要提前收回该土地的，应当依据本法第二百四十三条的规定对该土地上的房屋以及其他不动产给予补偿，并退还相应的出让金。

第三百五十九条 住宅建设用地使用权期限届满的，自动续期。续期费用的缴纳或者减免，依照法律、行政法规的规定办理。

非住宅建设用地使用权期限届满后的续期，依照法律规定办理。该土地上的房屋以及其他不动产的归属，有约定的，按照约定；没有约定或者约定不明确的，依照法律、行政法规的规定办理。

《中华人民共和国土地管理法》（2019年8月26日修正）

第五十四条 建设单位使用国有土地，应当以出让等有偿使用方式取得；但是，下列建设用地，经县级以上人民政府依法批准，可以以划拨方式取得：

（一）国家机关用地和军事用地；

（二）城市基础设施用地和公益事业用地；

（三）国家重点扶持的能源、交通、水利等基础设施用地；

（四）法律、行政法规规定的其他用地。

第五十五条 以出让等有偿使用方式取得国有土地使用权的建设单位，按照国务院规定的标准和办法，缴纳土地使用权出让金等土地有偿使用费和其他费用后，方可使用土地。

自本法施行之日起，新增建设用地的土地有偿使用费，百分之三十上缴中央财政，百分之七十留给有关地方人民政府。具体使用管理办法由国务院财政部门会同有关部门制定，并报国务院批准。

第五十六条 建设单位使用国有土地的，应当按照土地使用权出让等有偿使用合同的约定或者土地使用权划拨批准文件的规定使用土地；确需改变该幅土地建设用途的，应当经有关人民政府自然资源主管部门同意，报原批准用地的人民政府批准。其中，在城市规划区内改变土地用途的，在报批前，应当先经有关城市规划行政主管部门同意。

第五十七条 建设项目施工和地质勘查需要临时使用国有土地或者农民集体所有的土地的，由县级以上人民政府自然资源主管部门批准。其中，在城市规划区内的临时用地，在报批前，应当先经有关城市规划行政主管部门同意。土地使用者应当根据土地权属，与有关自然资源主管部门或者农村集体经济组织、村民委员会签订临时使用土地合同，并按照合同的约定支付临时使用土地补偿费。

临时使用土地的使用者应当按照临时使用土地合同约定的用途使用土地，并不得修建永久性建筑物。

临时使用土地期限一般不超过二年。

第五十八条 有下列情形之一的，由有关人民政府自然资源主管部门报经原批准用地的人民政府或者有批准权的人民政府批准，可以收回国有土地使用权：

（一）为实施城市规划进行旧城区改建以及其他公共利益需要，确需使用土地的；

（二）土地出让等有偿使用合同约定的使用期限届满，土地使用者未申请续期或者申请续期未获批准的；

（三）因单位撤销、迁移等原因，停止使用原划拨的国有土地的；

（四）公路、铁路、机场、矿场等经核准报废的。

依照前款第（一）项的规定收回国有土地使用权的，对土地使用权人应当给予适当补偿。

《中华人民共和国城市房地产管理法》（2019年8月26日修正）

第九条 城市规划区内的集体所有的土地，经依法征收转为国有土地后，该幅国有土地的使用权方可有偿出让，但法律另有规定的除外。

第十三条 土地使用权出让，可以采取拍卖、招标或者双方协议的方式。

商业、旅游、娱乐和豪华住宅用地，有条件的，必须采取拍卖、招标方式；没有条件，不能采取拍卖、招标方式的，可以采取双方协议的方式。

采取双方协议方式出让土地使用权的出让金不得低于按国家规定所确定的最低价。

第十四条 土地使用权出让最高年限由国务院规定。

第十五条 土地使用权出让，应当签订书面出让合同。

土地使用权出让合同由市、县人民政府土地管理部门与土地使用者签订。

第十六条 土地使用者必须按照出让合同约定，支付土地使用权出让金；未按照出让合同约定支付土地使用权出让金的，土地管理部门有权解除合同，并可以请求违约赔偿。

第十七条 土地使用者按照出让合同约定支付土地使用权出让金的，市、县人民政府土地管理部门必须按照出让合同约定，提供出让的土地；未按照出让合同约定提供出让的土地的，土地使用者有权解除合同，由土地管理部门返还土地使用权出让金，土地使用者并可以请求违约赔偿。

第十八条 土地使用者需要改变土地使用权出让合同约定的土地用途的，必须取得出让方和市、县人民政府城市规划行政主管部门的同意，签订土地使用权出让合同变更协议或者重新签订土地使用权出让合同，相应调整土地使用权出让金。

第十九条 土地使用权出让金应当全部上缴财政，列入预算，用于城市基础设施建设和土地开发。土地使用权出让金上缴和使用的具体办法由国务院规定。

第二十条　国家对土地使用者依法取得的土地使用权，在出让合同约定的使用年限届满前不收回；在特殊情况下，根据社会公共利益的需要，可以依照法律程序提前收回，并根据土地使用者使用土地的实际年限和开发土地的实际情况给予相应的补偿。

第二十一条　土地使用权因土地灭失而终止。

第二十二条　土地使用权出让合同约定的使用年限届满，土地使用者需要继续使用土地的，应当至迟于届满前一年申请续期，除根据社会公共利益需要收回该幅土地的，应当予以批准。经批准准予续期的，应当重新签订土地使用权出让合同，依照规定支付土地使用权出让金。

土地使用权出让合同约定的使用年限届满，土地使用者未申请续期或者虽申请续期但依照前款规定未获批准的，土地使用权由国家无偿收回。

第二十三条　土地使用权划拨，是指县级以上人民政府依法批准，在土地使用者缴纳补偿、安置等费用后将该幅土地交付其使用，或者将土地使用权无偿交付给土地使用者使用的行为。

依照本法规定以划拨方式取得土地使用权的，除法律、行政法规另有规定外，没有使用期限的限制。

第二十六条　以出让方式取得土地使用权进行房地产开发的，必须按照土地使用权出让合同约定的土地用途、动工开发期限开发土地。超过出让合同约定的动工开发日期满一年未动工开发的，可以征收相当于土地使用权出让金百分之二十以下的土地闲置费；满二年未动工开发的，可以无偿收回土地使用权；但是，因不可抗力或者政府、政府有关部门的行为或者动工开发必需的前期工作造成动工开发迟延的除外。

第三十二条　房地产转让、抵押时，房屋的所有权和该房屋占用范围内的土地使用权同时转让、抵押。

适用本案由需要注意的问题

◆建设用地使用权纠纷一般应由建设用地所在地人民法院管辖。

◆在适用本案由时，要注意区分其与“86. 建设用地使用权合同纠纷”的不同。建设用地使用权合同纠纷主要包括建设用地使用权出让合同和转让合同纠纷，是当事人在订立、变更、终止建设用地使用权合同的过程中发生的权利义务纠纷。而建设用地使用权纠纷的范围比前者更为广泛，除了前者外，还包括建设用地使用权出资纠纷、建设用地使用权收回纠纷等。但因单独列出了“86. 建设用地使用权合同纠纷”这一案由，故因订立、履行建设用地使用权合同过程中发生的合同当事人之间的权利义务纠纷就不应适用本案由。

64. 宅基地使用权纠纷

案由解析

宅基地使用权是指农村集体经济组织成员依法享有的建造自有房屋而对集体所有土地的占有、使用的权利。

宅基地使用权纠纷是指因宅基地使用权的归属、使用、收益、处分以及遭受侵害而发生的纠纷。

宅基地使用权的主要特征是：（1）宅基地使用权的主体只能是农村集体经济组织成员。（2）宅基地使用权只能用于建造住宅及附属设施。（3）宅基地的所有权归集体。（4）宅基地使用权不得单独转移，并不能用于抵押。

典型形态

在实践中，宅基地使用权纠纷主要有：宅基地使用权转让纠纷、宅基地使用权使用纠纷、宅基地使用权侵权纠纷、宅基地使用权租赁纠纷、宅基地使用权消灭纠纷等。

常用法律条文及索引

《中华人民共和国民法典》（2020 年 5 月 28 日公布　2021 年 1 月 1 日施行）

第三百六十二条　宅基地使用权人依法对集体所有的土地享有占有和使用的权利，有权依法利用该土地建造住宅及其附属设施。

第三百六十三条　宅基地使用权的取得、行使和转让，适用土地管理的法律和国家有关规定。

第三百六十四条　宅基地因自然灾害等原因灭失的，宅基地使用权消灭。对失去宅基地的村民，应当依法重新分配宅基地。

第三百六十五条　已经登记的宅基地使用权转让或者消灭的，应当及时办理变更登记或者注销登记。

《中华人民共和国土地管理法》（2019 年 8 月 26 日修正）

第六十二条　农村村民一户只能拥有一处宅基地，其宅基地的面积不得超过省、自治区、直辖市规定的标准。

人均土地少、不能保障一户拥有一处宅基地的地区，县级人民政府在充分尊重农村村民意愿的基础上，可以采取措施，按照省、自治区、直辖市规定的标准保障农村村民实现户有所居。

农村村民建住宅，应当符合乡（镇）土地利用总体规划、村庄规划，不得占用永久基本农田，并尽量使用原有的宅基地和村内空闲地。编制乡（镇）土地利用总体规划、村庄规划应当统筹并合理安排宅基地用地，改善农村村民居住环境和条件。

农村村民住宅用地，由乡（镇）人民政府审核批准；其中，涉及占用农用地的，依照本法第四十四条的规定办理审批手续。

农村村民出卖、出租、赠与住宅后，再申请宅基地的，不予批准。

国家允许进城落户的农村村民依法自愿有偿退出宅基地，鼓励农村集体经济组织及其成员盘活利用闲置宅基地和闲置住宅。

国务院农业农村主管部门负责全国农村宅基地改革和管理有关工作。

《中华人民共和国村民委员会组织法》（2018 年 12 月 29 日修正）

第二十四条　涉及村民利益的下列事项，经村民会议讨论决定方可办理：

……

（六）宅基地的使用方案；

……

村民会议可以授权村民代表会议讨论决定前款规定的事项。

法律对讨论决定村集体经济组织财产和成员权益的事项另有规定的，依照其规定。

《中华人民共和国妇女权益保障法》（2022 年 10 月 30 日修订）

第五十五条　妇女在农村集体经济组织成员身份确认、土地承包经营、集体经济组织收益分配、土地征收补偿安置或者征用补偿以及宅基地使用等方面，享有与男子平等的权利。

申请农村土地承包经营权、宅基地使用权等不动产登记，应当在不动产登记簿和权属证书上将享有权利的妇女等家庭成员全部列明。征收补偿安置或者征用补偿协议应当将享有相关权益的妇女列入，并记载权益内容。

《第八次全国法院民事商事审判工作会议（民事部分）纪要》（法〔2016〕399 号　2016 年 11 月 21 日公布）

19. 在国家确定的宅基地制度改革试点地区，可以按照国家政策及相关指导意见处理宅基地使用权因抵押担保、转让而产生的纠纷。

在非试点地区，农民将其宅基地上的房屋出售给本集体经济组织以外的个人，该房屋买卖合同认定为无效。合同无效后，买受人请求返还购房款及其利息，以及请求赔偿翻建或者改建成本的，应当综合考虑当事人过错等因素予以确定。

20. 在涉及农村宅基地或农村集体经营性建设用地的民事纠纷案件中，当事人主张利润分配等合同权利的，应提供政府部门关于土地利用规划、建设用地计划及优先满足集体建设用地等要求的审批文件或者证明。未提供上述手续或者虽提供了上述手续，但在一审法庭辩论终结前土地性质仍未变更为国有土地的，所涉及的相关合同应按无效处理。

适用本案由需要注意的问题

◆宅基地使用权纠纷一般应由宅基地所在地人民法院管辖。

65. 居住权纠纷

案由解析

居住权是指居住人对他人所有的住宅的全部或部分及其附属设施，享有占有、使用的权利。它是一种对他人的住宅享有占有、使用的用益物权，通过合同设立，不得转让、继承。设立居住权的房屋不得出租，其权利客体为住宅。有别于“商品房”“房屋”等表述，住宅只能是用于居住的房屋，包括但不限于商品房、经济适用房、限竞房、两限房、共有产权房以及农村宅基地所建房屋等。对非用于居住的商铺、厂房、办公楼等，原则上不能设立居住权。居住权纠纷是指因居住权的设立、权属、使用、消灭等产生争议而引发的民事纠纷。

常用法律条文及索引

《中华人民共和国民法典》（2020 年 5 月 28 日公布　2021 年 1 月 1 日施行）

第三百六十六条　居住权人有权按照合同约定，对他人的住宅享有占有、使用的用益物权，以满足生活居住的需要。

第三百六十七条　设立居住权，当事人应当采用书面形式订立居住权合同。

居住权合同一般包括下列条款：

（一）当事人的姓名或者名称和住所；

（二）住宅的位置；

（三）居住的条件和要求；

（四）居住权期限；

（五）解决争议的方法。

第三百六十八条　居住权无偿设立，但是当事人另有约定的除外。设立居住权的，应当向登记机构申请居住权登记。居住权自登记时设立。

第三百六十九条　居住权不得转让、继承。设立居住权的住宅不得出租，但是当事人另有约定的除外。

第三百七十条　居住权期限届满或者居住权人死亡的，居住权消灭。居住权消灭的，应当及时办理注销登记。

第三百七十一条　以遗嘱方式设立居住权的，参照适用本章的有关规定。

适用本案由需要注意的问题

◆适用本案由，注意其与“居住权合同纠纷”的区别，本案由属于物权范畴，而居住权合同纠纷属于债权范畴。

◆居住权纠纷应由设定居住权的住宅所在地人民法院管辖。

66. 地役权纠纷

案由解析

地役权是指土地上的权利人（包括土地所有人、用益物权人）为了自己使用土地的方便或者土地利用价值的提高，通过约定而得以利用他人土地的一种用益物权。

地役权纠纷是指因地役权的成立、内容、处分、消灭及遭受侵害等发生的纠纷。

地役权的主要特征是：（1）地役权具有从属性。地役权的存续以需役地的存在为前提。（2）地役权的权利主体既可以是不动产的所有权人，也可以是不动产的使用权人。（3）地役权的客体是不动产。（4）地役权是权利人为了提高自己的不动产的效益而设定的用益物权。

常用法律条文及索引

《中华人民共和国民法典》（2020年5月28日公布　2021年1月1日施行）

第三百七十二条　地役权人有权按照合同约定，利用他人的不动产，以提高自己的不动产的效益。

前款所称他人的不动产为供役地，自己的不动产为需役地。

第三百七十三条　设立地役权，当事人应当采用书面形式订立地役权合同。

地役权合同一般包括下列条款：

（一）当事人的姓名或者名称和住所；

（二）供役地和需役地的位置；

（三）利用目的和方法；

（四）地役权期限；

（五）费用及其支付方式；

（六）解决争议的方法。

第三百七十四条　地役权自地役权合同生效时设立。当事人要求登记的，可以向登记机构申请地役权登记；未经登记，不得对抗善意第三人。

第三百七十五条　供役地权利人应当按照合同约定，允许地役权人利用其不动产，不得妨害地役权人行使权利。

第三百七十六条　地役权人应当按照合同约定的利用目的和方法利用供役地，尽量减少对供役地权利人物权的限制。

第三百七十七条　地役权期限由当事人约定；但是，不得超过土地承包经营权、建设用地使用权等用益物权的剩余期限。

第三百七十八条　土地所有权人享有地役权或者负担地役权的，设立土地承包经营权、宅基地使用权等用益物权时，该用益物权人继续享有或者负担已经设立的地役权。

第三百七十九条　土地上已经设立土地承包经营权、建设用地使用权、宅基地使用权等用益物权的，未经用益物权人同意，土地所有权人不得设立地役权。

第三百八十条　地役权不得单独转让。土地承包经营权、建设用地使用权等转让的，地役权一并转让，但是合同另有约定的除外。

第三百八十一条　地役权不得单独抵押。土地经营权、建设用地使用权等抵押的，在实现抵押权时，地役权一并转让。

第三百八十二条　需役地以及需役地上的土地承包经营权、建设用地使用权等部分转让时，转让部分涉及地役权的，受让人同时享有地役权。

第三百八十三条　供役地以及供役地上的土地承包经营权、建设用地使用权等部分转让时，转让部分涉及地役权的，地役权对受让人具有法律约束力。

第三百八十四条　地役权人有下列情形之一的，供役地权利人有权解除地役权合同，地役权消灭：

（一）违反法律规定或者合同约定，滥用地役权；

（二）有偿利用供役地，约定的付款期限届满后在合理期限内经两次催告未支付费用。

第三百八十五条　已经登记的地役权变更、转让或者消灭的，应当及时办理变更登记或者注销登记。

适用本案由需要注意的问题

◆地役权纠纷属于不动产引发的纠纷，一般应由土地所在地的人民法院专属管辖。

◆在适用本案由时，尤其要注意区分其与相邻关系纠纷的区别。相邻关系是基于法律的直接规定而产生的，以不动产的相邻为必要条件，不属于一项独立的民事权利，也不是独立的物权类型，而是属于所有权的内容，相邻关系是以相邻不动产使用上的最低限度的互相配合和利用为限度，通常为无偿；地役权是通过当事人的合同而产生，是一项独立的用益物权，在地役权中不以供役地和需役地相邻为限，地役权是当事人双方逾越相邻关系限度而约定的权利义务关系，是基于当事人约定产生的对双方的土地更高限度的利用调节，通常为有偿。

八、担保物权纠纷

67. 抵押权纠纷

（1）建筑物和其他土地附着物抵押权纠纷
（2）在建建筑物抵押权纠纷
（3）建设用地使用权抵押权纠纷
（4）土地经营权抵押权纠纷
（5）探矿权抵押权纠纷
（6）采矿权抵押权纠纷
（7）海域使用权抵押权纠纷
（8）动产抵押权纠纷
（9）在建船舶、航空器抵押权纠纷
（10）动产浮动抵押权纠纷
（11）最高额抵押权纠纷

案由解析

抵押权是指债务人或第三人不转移物的占有而向债权人提供一定财产以担保债务的履行，在债务人不履行债务或者发生当事人约定的实现抵押权的情形时，依法享有的就该财产变价并优先受偿的权利。

抵押权纠纷是指抵押当事人之间因抵押权的成立、内容、变更、转让、实现、消灭等产生的纠纷。

抵押权的主要特征是：（1）抵押权具有从属性。抵押权的成立以债权的存在为前提。（2）抵押权具有特定性。抵押权的标的物和抵押权所担保的债权必须特定。（3）抵押权具有不可分性。担保债权于未受全部清偿前，抵押权人可以就抵押物的全部行使其权利。（4）优先受偿权是抵押权的核心和实质。在债务人届期不履行债务时，抵押权人可以以抵押物折价或者从该抵押物的变价中优先于一般债权人而获得先位清偿。

典型形态

在实践中，抵押权纠纷主要有：

（1）建筑物和其他土地附着物抵押权纠纷，是指建筑物和其他土地附着物抵押权当事人之间因该抵押权的成立、内容、变更、转让、实现等引发的民事纠纷。

（2）在建建筑物抵押权纠纷，是指以正在建设中的建筑物设立的抵押权当事人之间因抵押权的成立、内容、变更、转让、实现等引发的民事纠纷。

（3）建设用地使用权抵押权纠纷，是指建设用地使用权抵押权当事人之间因抵押权的成立、内容、变更、转让、实现等引发的民事纠纷。

（4）土地经营权抵押权纠纷，是指土地经营权抵押权当事人之间因该抵押权的成立、内容、变更、转让、实现等引发的民事纠纷。

（5）探矿权抵押权纠纷，是指探矿权抵押权当事人之间因该抵押权的成立、内容、变更、转让、实现等引发的民事纠纷。

（6）采矿权抵押权纠纷，是指采矿权抵押权当事人之间因该抵押权的成立、内容、变更、转让、实现等引发的民事纠纷。

（7）海域使用权抵押权纠纷，是指海域使用权抵押权当事人之间因该抵押权的成立、内容、变更、转让、实现等引发的民事纠纷。

（8）动产抵押权纠纷，是指动产抵押权当事人之间因抵押权成立、内容、变更、转让、实现等引发的民事纠纷。

（9）在建船舶、航空器抵押权纠纷，是指在建船舶、航空器抵押权当事人之间因该抵押权的成立、内容、变更、转让、实现等引发的民事纠纷。

（10）动产浮动抵押权纠纷，是指动产浮动抵押权当事人之间因该抵押权的成立、内容、转让、实现等引发的纠纷。

（11）最高额抵押权纠纷，是指最高额抵押权当事人之间因该抵押权的成立、内容、转让、实现等引发的民事纠纷。

常用法律条文及索引

《中华人民共和国民法典》（2020年5月28日公布　2021年1月1日施行）

第三百九十四条　为担保债务的履行，债务人或者第三人不转移财产的占有，将该财产抵押给债权人的，债务人不履行到期债务或者发生当事人约定的实现抵押权的情形，债权人有权就该财产优先受偿。

前款规定的债务人或者第三人为抵押人，债权人为抵押权人，提供担保的财产为抵押财产。

第三百九十五条 债务人或者第三人有权处分的下列财产可以抵押：

（一）建筑物和其他土地附着物；

（二）建设用地使用权；

（三）海域使用权；

（四）生产设备、原材料、半成品、产品；

（五）正在建造的建筑物、船舶、航空器；

（六）交通运输工具；

（七）法律、行政法规未禁止抵押的其他财产。

抵押人可以将前款所列财产一并抵押。

第三百九十六条 企业、个体工商户、农业生产经营者可以将现有的以及将有的生产设备、原材料、半成品、产品抵押，债务人不履行到期债务或者发生当事人约定的实现抵押权的情形，债权人有权就抵押财产确定时的动产优先受偿。

第三百九十七条 以建筑物抵押的，该建筑物占用范围内的建设用地使用权一并抵押。以建设用地使用权抵押的，该土地上的建筑物一并抵押。

抵押人未依据前款规定一并抵押的，未抵押的财产视为一并抵押。

第三百九十八条 乡镇、村企业的建设用地使用权不得单独抵押。以乡镇、村企业的厂房等建筑物抵押的，其占用范围内的建设用地使用权一并抵押。

第三百九十九条 下列财产不得抵押：

（一）土地所有权；

（二）宅基地、自留地、自留山等集体所有土地的使用权，但是法律规定可以抵押的除外；

（三）学校、幼儿园、医疗机构等为公益目的成立的非营利法人的教育设施、医疗卫生设施和其他公益设施；

（四）所有权、使用权不明或者有争议的财产；

（五）依法被查封、扣押、监管的财产；

（六）法律、行政法规规定不得抵押的其他财产。

第四百条 设立抵押权，当事人应当采用书面形式订立抵押合同。

抵押合同一般包括下列条款：

（一）被担保债权的种类和数额；

（二）债务人履行债务的期限；

（三）抵押财产的名称、数量等情况；

（四）担保的范围。

第四百零一条　抵押权人在债务履行期限届满前，与抵押人约定债务人不履行到期债务时抵押财产归债权人所有的，只能依法就抵押财产优先受偿。

第四百零二条　以本法第三百九十五条第一款第一项至第三项规定的财产或者第五项规定的正在建造的建筑物抵押的，应当办理抵押登记。抵押权自登记时设立。

第四百零三条　以动产抵押的，抵押权自抵押合同生效时设立；未经登记，不得对抗善意第三人。

第四百零四条　以动产抵押的，不得对抗正常经营活动中已经支付合理价款并取得抵押财产的买受人。

第四百零五条　抵押权设立前，抵押财产已经出租并转移占有的，原租赁关系不受该抵押权的影响。

第四百零六条　抵押期间，抵押人可以转让抵押财产。当事人另有约定的，按照其约定。抵押财产转让的，抵押权不受影响。

抵押人转让抵押财产的，应当及时通知抵押权人。抵押权人能够证明抵押财产转让可能损害抵押权的，可以请求抵押人将转让所得的价款向抵押权人提前清偿债务或者提存。转让的价款超过债权数额的部分归抵押人所有，不足部分由债务人清偿。

第四百零七条　抵押权不得与债权分离而单独转让或者作为其他债权的担保。债权转让的，担保该债权的抵押权一并转让，但是法律另有规定或者当事人另有约定的除外。

第四百零八条　抵押人的行为足以使抵押财产价值减少的，抵押权人有权请求抵押人停止其行为；抵押财产价值减少的，抵押权人有权请求恢复抵押财产的价值，或者提供与减少的价值相应的担保。抵押人不恢复抵押财产的价值，也不提供担保的，抵押权人有权请求债务人提前清偿债务。

第四百零九条　抵押权人可以放弃抵押权或者抵押权的顺位。抵押权人与抵押人可以协议变更抵押权顺位以及被担保的债权数额等内容。但是，抵押权的变更未经其他抵押权人书面同意的，不得对其他抵押权人产生不利影响。

债务人以自己的财产设定抵押，抵押权人放弃该抵押权、抵押权顺位或者变更抵押权的，其他担保人在抵押权人丧失优先受偿权益的范围内免除担保责任，但是其他担保人承诺仍然提供担保的除外。

第四百一十条 债务人不履行到期债务或者发生当事人约定的实现抵押权的情形，抵押权人可以与抵押人协议以抵押财产折价或者以拍卖、变卖该抵押财产所得的价款优先受偿。协议损害其他债权人利益的，其他债权人可以请求人民法院撤销该协议。

抵押权人与抵押人未就抵押权实现方式达成协议的，抵押权人可以请求人民法院拍卖、变卖抵押财产。

抵押财产折价或者变卖的，应当参照市场价格。

第四百一十一条 依据本法第三百九十六条规定设定抵押的，抵押财产自下列情形之一发生时确定：

（一）债务履行期限届满，债权未实现；

（二）抵押人被宣告破产或者解散；

（三）当事人约定的实现抵押权的情形；

（四）严重影响债权实现的其他情形。

第四百一十二条 债务人不履行到期债务或者发生当事人约定的实现抵押权的情形，致使抵押财产被人民法院依法扣押的，自扣押之日起，抵押权人有权收取该抵押财产的天然孳息或者法定孳息，但是抵押权人未通知应当清偿法定孳息义务人的除外。

前款规定的孳息应当先充抵收取孳息的费用。

第四百一十三条 抵押财产折价或者拍卖、变卖后，其价款超过债权数额的部分归抵押人所有，不足部分由债务人清偿。

第四百一十四条 同一财产向两个以上债权人抵押的，拍卖、变卖抵押财产所得的价款依照下列规定清偿：

（一）抵押权已经登记的，按照登记的时间先后确定清偿顺序；

（二）抵押权已经登记的先于未登记的受偿；

（三）抵押权未登记的，按照债权比例清偿。

其他可以登记的担保物权，清偿顺序参照适用前款规定。

第四百一十五条 同一财产既设立抵押权又设立质权的，拍卖、变卖该财产所得的价款按照登记、交付的时间先后确定清偿顺序。

第四百一十六条 动产抵押担保的主债权是抵押物的价款，标的物交付后十日内办理抵押登记的，该抵押权人优先于抵押物买受人的其他担保物权人受偿，但是留置权人除外。

第四百一十七条 建设用地使用权抵押后，该土地上新增的建筑物不属于抵押财产。该建设用地使用权实现抵押权时，应当将该土地上新增的建筑物与建设用地使用权一并处分。但是，新增建筑物所得的价款，抵押权人无权优先受偿。

第四百一十八条　以集体所有土地的使用权依法抵押的，实现抵押权后，未经法定程序，不得改变土地所有权的性质和土地用途。

第四百一十九条　抵押权人应当在主债权诉讼时效期间行使抵押权；未行使的，人民法院不予保护。

第四百二十条　为担保债务的履行，债务人或者第三人对一定期间内将要连续发生的债权提供担保财产的，债务人不履行到期债务或者发生当事人约定的实现抵押权的情形，抵押权人有权在最高债权额限度内就该担保财产优先受偿。

最高额抵押权设立前已经存在的债权，经当事人同意，可以转入最高额抵押担保的债权范围。

第四百二十一条　最高额抵押担保的债权确定前，部分债权转让的，最高额抵押权不得转让，但是当事人另有约定的除外。

第四百二十二条　最高额抵押担保的债权确定前，抵押权人与抵押人可以通过协议变更债权确定的期间、债权范围以及最高债权额。但是，变更的内容不得对其他抵押权人产生不利影响。

第四百二十三条　有下列情形之一的，抵押权人的债权确定：

（一）约定的债权确定期间届满；

（二）没有约定债权确定期间或者约定不明确，抵押权人或者抵押人自最高额抵押权设立之日起满二年后请求确定债权；

（三）新的债权不可能发生；

（四）抵押权人知道或者应当知道抵押财产被查封、扣押；

（五）债务人、抵押人被宣告破产或者解散；

（六）法律规定债权确定的其他情形。

第四百二十四条　最高额抵押权除适用本节规定外，适用本章第一节的有关规定。

《中华人民共和国城市房地产管理法》（2019 年 8 月 26 日修正）

第四十八条　依法取得的房屋所有权连同该房屋占用范围内的土地使用权，可以设定抵押权。

以出让方式取得的土地使用权，可以设定抵押权。

第四十九条　房地产抵押，应当凭土地使用权证书、房屋所有权证书办理。

第五十一条 设定房地产抵押权的土地使用权是以划拨方式取得的，依法拍卖该房地产后，应当从拍卖所得的价款中缴纳相当于应缴纳的土地使用权出让金的款额后，抵押权人方可优先受偿。

第五十二条 房地产抵押合同签订后，土地上新增的房屋不属于抵押财产。需要拍卖该抵押的房地产时，可以依法将土地上新增的房屋与抵押财产一同拍卖，但对拍卖新增房屋所得，抵押权人无权优先受偿。

《中华人民共和国海商法》（1992 年 11 月 7 日公布　1993 年 7 月 1 日施行）

第十三条 设定船舶抵押权，由抵押权人和抵押人共同向船舶登记机关办理抵押权登记；未经登记的，不得对抗第三人。

船舶抵押权登记，包括下列主要项目：

（一）船舶抵押权人和抵押人的姓名或者名称、地址；

（二）被抵押船舶的名称、国籍、船舶所有权证书的颁发机关和证书号码；

（三）所担保的债权数额、利息率、受偿期限。

船舶抵押权的登记状况，允许公众查询。

《中华人民共和国民用航空法》（2021 年 4 月 29 日修正）

第十六条 设定民用航空器抵押权，由抵押权人和抵押人共同向国务院民用航空主管部门办理抵押权登记；未经登记的，不得对抗第三人。

《最高人民法院关于适用〈中华人民共和国民法典〉有关担保制度的解释》（法释〔2020〕28 号　2020 年 12 月 31 日公布）

第四十条 从物产生于抵押权依法设立前，抵押权人主张抵押权的效力及于从物的，人民法院应予支持，但是当事人另有约定的除外。

从物产生于抵押权依法设立后，抵押权人主张抵押权的效力及于从物的，人民法院不予支持，但是在抵押权实现时可以一并处分。

第四十一条 抵押权依法设立后，抵押财产被添附，添附物归第三人所有，抵押权人主张抵押权效力及于补偿金的，人民法院应予支持。

抵押权依法设立后，抵押财产被添附，抵押人对添附物享有所有权，抵押权人主张抵押权的效力及于添附物的，人民法院应予支持，但是添附导致抵押财产价值增加的，抵押权的效力不及于增加的价值部分。

抵押权依法设立后，抵押人与第三人因添附成为添附物的共有人，抵押权人主张抵押权的效力及于抵押人对共有物享有的份额的，人民法院应予支持。

本条所称添附，包括附合、混合与加工。

第四十二条 抵押权依法设立后，抵押财产毁损、灭失或者被征收等，抵押权人请求按照原抵押权的顺位就保险金、赔偿金或者补偿金等优先受偿的，人民法院应予支持。

给付义务人已经向抵押人给付了保险金、赔偿金或者补偿金，抵押权人请求给付义务人向其给付保险金、赔偿金或者补偿金的，人民法院不予支持，但是给付义务人接到抵押权人要求向其给付的通知后仍然向抵押人给付的除外。

抵押权人请求给付义务人向其给付保险金、赔偿金或者补偿金的，人民法院可以通知抵押人作为第三人参加诉讼。

第四十三条 当事人约定禁止或者限制转让抵押财产但是未将约定登记，抵押人违反约定转让抵押财产，抵押权人请求确认转让合同无效的，人民法院不予支持；抵押财产已经交付或者登记，抵押权人请求确认转让不发生物权效力的，人民法院不予支持，但是抵押权人有证据证明受让人知道的除外；抵押权人请求抵押人承担违约责任的，人民法院依法予以支持。

当事人约定禁止或者限制转让抵押财产且已经将约定登记，抵押人违反约定转让抵押财产，抵押权人请求确认转让合同无效的，人民法院不予支持；抵押财产已经交付或者登记，抵押权人主张转让不发生物权效力的，人民法院应予支持，但是因受让人代替债务人清偿债务导致抵押权消灭的除外。

第四十四条 主债权诉讼时效期间届满后，抵押权人主张行使抵押权的，人民法院不予支持；抵押人以主债权诉讼时效期间届满为由，主张不承担担保责任的，人民法院应予支持。主债权诉讼时效期间届满前，债权人仅对债务人提起诉讼，经人民法院判决或者调解后未在民事诉讼法规定的申请执行时效期间内对债务人申请强制执行，其向抵押人主张行使抵押权的，人民法院不予支持。

主债权诉讼时效期间届满后，财产被留置的债务人或者对留置财产享有所有权的第三人请求债权人返还留置财产的，人民法院不予支持；债务人或者第三人请求拍卖、变卖留置财产并以所得价款清偿债务的，人民法院应予支持。

主债权诉讼时效期间届满的法律后果，以登记作为公示方式的权利质权，参照适用第一款的规定；动产质权、以交付权利凭证作为公示方式的权利质权，参照适用第二款的规定。

第四十五条 当事人约定当债务人不履行到期债务或者发生当事人约定的实现担保物权的情形，担保物权人有权将担保财产自行拍卖、变卖并就所得的价款优先受偿的，该约定有效。因担保人的原因导致担保物权人无法自行对担保财产进行拍卖、变卖，担保物权人请求担保人承担因此增加的费用的，人民法院应予支持。

当事人依照民事诉讼法有关“实现担保物权案件”的规定，申请拍卖、变卖担保财产，被申请人以担保合同约定仲裁条款为由主张驳回申请的，人民法院经审查后，应当按照以下情形分别处理：

（一）当事人对担保物权无实质性争议且实现担保物权条件已经成就的，应当裁定准许拍卖、变卖担保财产；

（二）当事人对实现担保物权有部分实质性争议的，可以就无争议的部分裁定准许拍卖、变卖担保财产，并告知可以就有争议的部分申请仲裁；

（三）当事人对实现担保物权有实质性争议的，裁定驳回申请，并告知可以向仲裁机构申请仲裁。

债权人以诉讼方式行使担保物权的，应当以债务人和担保人作为共同被告。

第四十六条 不动产抵押合同生效后未办理抵押登记手续，债权人请求抵押人办理抵押登记手续的，人民法院应予支持。

抵押财产因不可归责于抵押人自身的原因灭失或者被征收等导致不能办理抵押登记，债权人请求抵押人在约定的担保范围内承担责任的，人民法院不予支持；但是抵押人已经获得保险金、赔偿金或者补偿金等，债权人请求抵押人在其所获金额范围内承担赔偿责任的，人民法院依法予以支持。

因抵押人转让抵押财产或者其他可归责于抵押人自身的原因导致不能办理抵押登记，债权人请求抵押人在约定的担保范围内承担责任的，人民法院依法予以支持，但是不得超过抵押权能够设立时抵押人应当承担的责任范围。

第四十七条 不动产登记簿就抵押财产、被担保的债权范围等所作的记载与抵押合同约定不一致的，人民法院应当根据登记簿的记载确定抵押财产、被担保的债权范围等事项。

第四十八条 当事人申请办理抵押登记手续时，因登记机构的过错致使其不能办理抵押登记，当事人请求登记机构承担赔偿责任的，人民法院依法予以支持。

第四十九条　以违法的建筑物抵押的，抵押合同无效，但是一审法庭辩论终结前已经办理合法手续的除外。抵押合同无效的法律后果，依照本解释第十七条的有关规定处理。

当事人以建设用地使用权依法设立抵押，抵押人以土地上存在违法的建筑物为由主张抵押合同无效的，人民法院不予支持。

第五十条　抵押人以划拨建设用地上的建筑物抵押，当事人以该建设用地使用权不能抵押或者未办理批准手续为由主张抵押合同无效或者不生效的，人民法院不予支持。抵押权依法实现时，拍卖、变卖建筑物所得的价款，应当优先用于补缴建设用地使用权出让金。

当事人以划拨方式取得的建设用地使用权抵押，抵押人以未办理批准手续为由主张抵押合同无效或者不生效的，人民法院不予支持。已经依法办理抵押登记，抵押权人主张行使抵押权的，人民法院应予支持。抵押权依法实现时所得的价款，参照前款有关规定处理。

第五十一条　当事人仅以建设用地使用权抵押，债权人主张抵押权的效力及于土地上已有的建筑物以及正在建造的建筑物已完成部分的，人民法院应予支持。债权人主张抵押权的效力及于正在建造的建筑物的续建部分以及新增建筑物的，人民法院不予支持。

当事人以正在建造的建筑物抵押，抵押权的效力范围限于已办理抵押登记的部分。当事人按照担保合同的约定，主张抵押权的效力及于续建部分、新增建筑物以及规划中尚未建造的建筑物的，人民法院不予支持。

抵押人将建设用地使用权、土地上的建筑物或者正在建造的建筑物分别抵押给不同债权人的，人民法院应当根据抵押登记的时间先后确定清偿顺序。

第五十二条　当事人办理抵押预告登记后，预告登记权利人请求就抵押财产优先受偿，经审查存在尚未办理建筑物所有权首次登记、预告登记的财产与办理建筑物所有权首次登记时的财产不一致、抵押预告登记已经失效等情形，导致不具备办理抵押登记条件的，人民法院不予支持；经审查已经办理建筑物所有权首次登记，且不存在预告登记失效等情形的，人民法院应予支持，并应当认定抵押权自预告登记之日起设立。

当事人办理了抵押预告登记，抵押人破产，经审查抵押财产属于破产财产，预告登记权利人主张就抵押财产优先受偿的，人民法院应当在受理破产申请时抵押财产的价值范围内予以支持，但是在人民法院受理破产申请前一年内，债务人对没有财产担保的债务设立抵押预告登记的除外。

第五十三条 当事人在动产和权利担保合同中对担保财产进行概括描述，该描述能够合理识别担保财产的，人民法院应当认定担保成立。

第五十四条 动产抵押合同订立后未办理抵押登记，动产抵押权的效力按照下列情形分别处理：

（一）抵押人转让抵押财产，受让人占有抵押财产后，抵押权人向受让人请求行使抵押权的，人民法院不予支持，但是抵押权人能够举证证明受让人知道或者应当知道已经订立抵押合同的除外；

（二）抵押人将抵押财产出租给他人并移转占有，抵押权人行使抵押权的，租赁关系不受影响，但是抵押权人能够举证证明承租人知道或者应当知道已经订立抵押合同的除外；

（三）抵押人的其他债权人向人民法院申请保全或者执行抵押财产，人民法院已经作出财产保全裁定或者采取执行措施，抵押权人主张对抵押财产优先受偿的，人民法院不予支持；

（四）抵押人破产，抵押权人主张对抵押财产优先受偿的，人民法院不予支持。

第五十七条 担保人在设立动产浮动抵押并办理抵押登记后又购入或者以融资租赁方式承租新的动产，下列权利人为担保价款债权或者租金的实现而订立担保合同，并在该动产交付后十日内办理登记，主张其权利优先于在先设立的浮动抵押权的，人民法院应予支持：

（一）在该动产上设立抵押权或者保留所有权的出卖人；

（二）为价款支付提供融资而在该动产上设立抵押权的债权人；

（三）以融资租赁方式出租该动产的出租人。

买受人取得动产但未付清价款或者承租人以融资租赁方式占有租赁物但是未付清全部租金，又以标的物为他人设立担保物权，前款所列权利人为担保价款债权或者租金的实现而订立担保合同，并在该动产交付后十日内办理登记，主张其权利优先于买受人为他人设立的担保物权的，人民法院应予支持。

同一动产上存在多个价款优先权的，人民法院应当按照登记的时间先后确定清偿顺序。

《最高人民法院关于适用〈中华人民共和国民法典〉时间效力的若干规定》（法释〔2020〕15号　2020年12月29日公布）

第七条 民法典施行前，当事人在债务履行期限届满前约定债务人不履行到期债务时抵押财产或者质押财产归债权人所有的，适用民法典第四百零一条和第四百二十八条的规定。

《最高人民法院关于审理矿业权纠纷案件适用法律若干问题的解释》（法释〔2017〕12号　2020年12月23日修正）

第十四条　矿业权人为担保自己或者他人债务的履行，将矿业权抵押给债权人的，抵押合同自依法成立之日起生效，但法律、行政法规规定不得抵押的除外。

当事人仅以未经主管部门批准或者登记、备案为由请求确认抵押合同无效的，人民法院不予支持。

第十五条　当事人请求确认矿业权之抵押权自依法登记时设立的，人民法院应予支持。

颁发矿产资源勘查许可证或者采矿许可证的自然资源主管部门根据相关规定办理的矿业权抵押备案手续，视为前款规定的登记。

第十六条　债务人不履行到期债务或者发生当事人约定的实现抵押权的情形，抵押权人依据民事诉讼法第一百九十六条、第一百九十七条规定申请实现抵押权的，人民法院可以拍卖、变卖矿业权或者裁定以矿业权抵债，但矿业权竞买人、受让人应具备相应的资质条件。

第十七条　矿业权抵押期间因抵押人被兼并重组或者矿床被压覆等原因导致矿业权全部或者部分灭失，抵押权人请求就抵押人因此获得的保险金、赔偿金或者补偿金等款项优先受偿或者将该款项予以提存的，人民法院应予支持。

适用本案由需要注意的问题

◆抵押权一般通过当事人之间签订抵押合同并经依法登记而成立，此类案件的管辖一般应依照抵押合同纠纷的管辖确定管辖法院。对于与第三人之间就抵押权发生的纠纷，可以依据抵押标的物的性质和发生纠纷的基础法律关系来确定管辖。

◆在适用本案由时，要注意区分其项下动产抵押权纠纷和动产浮动抵押权纠纷的不同。一般动产抵押权是固定抵押权，即在设定抵押时抵押物的价值已经确定，以抵押权成立时抵押物设定的抵押。而动产浮动抵押是概括性的以企业的生产设备等动产设定抵押，允许该抵押物的正常流转，该抵押的抵押物是在变化的。

◆在适用本案由时，要注意区分其与因抵押合同产生的纠纷的不同。抵押合同纠纷是债权纠纷，当事人因抵押合同产生纠纷的，如抵押合同无效、抵押合同不成立等纠纷。而抵押权纠纷是物权纠纷，在当事人就抵押权的设立、内容、变更、转让、实现、消灭等产生纠纷时，则应适用抵押权纠纷。

68. 质权纠纷

(1) 动产质权纠纷
(2) 转质权纠纷
(3) 最高额质权纠纷
(4) 票据质权纠纷
(5) 债券质权纠纷
(6) 存单质权纠纷
(7) 仓单质权纠纷
(8) 提单质权纠纷
(9) 股权质权纠纷
(10) 基金份额质权纠纷
(11) 知识产权质权纠纷
(12) 应收账款质权纠纷

案由解析

质权是指债权人不履行到期债务或者发生当事人约定的实现质权的情形时，债权人有权以该财产折价或以拍卖、变卖所得价款优先受偿的权利。

质权纠纷是指质权当事人之间因质权的成立、内容、变更、转让、实现等引发的民事纠纷。

质权的主要特征是：(1) 质权是为了担保债权的实现而产生的担保物权。(2) 质权的标的物是动产与某些权利。(3) 质权是以转移标的物的占有或者登记为生效要件的物权。

典型形态

在实践中，质权纠纷主要有：

(1) 动产质权纠纷，是指动产设定的质权当事人之间因质权的成立、内容、变更、转让、实现等引发的民事纠纷。

（2）转质权纠纷，是指质权人在质权存续期间，以质物向其他人再设定质权而引发的纠纷，包括动产质权转质纠纷和权利质权转质纠纷。

（3）最高额质权纠纷，是指为担保债务的履行，债务人或者第三人对一定期间内将要连续发生的债权提供担保财产的，债务人不履行到期债务或者发生当事人约定的实现质权的情形，质权人有权在最高债权额限度内就该担保财产优先受偿。

（4）票据质权纠纷，是指当事人因票据质权的设立、归属、内容、实现等引发的纠纷。

（5）债券质权纠纷，是指以债券设定的质权当事人之间因质权成立、内容、变更、转让实现等引发的民事纠纷。

（6）存单质权纠纷，是指以银行、储蓄机构发给存款人的证明其债权的凭证所设定的质权当事人之间因质权的成立、内容、变更、转让、实现等引发的民事纠纷。

（7）仓单质权纠纷，是指以仓单设定的质权当事人之间因质权成立、内容、变更、转让、实现等引发的民事纠纷。

（8）提单质权纠纷，是指以提单设定的质权当事人之间因提单质权的成立、内容、变更、转让和实现等产生的纠纷。

（9）股权质权纠纷，是指因股权质权的成立、归属、内容和实现等引发的纠纷。

（10）基金份额质权纠纷，是指以基金份额设定的质权当事人之间因质权成立、内容、变更、转让、实现等引发的民事纠纷。

（11）知识产权质权纠纷，是指以知识产权中的财产部分设定的质权当事人之间因质权的成立、内容、变更、转让、实现等引发的民事纠纷。

（12）应收账款质权纠纷，是指因应收账款质权的成立、归属、内容和实现等引发的纠纷。

常用法律条文及索引

《中华人民共和国民法典》（2020年5月28日公布　2021年1月1日施行）

第四百二十五条　为担保债务的履行，债务人或者第三人将其动产出质给债权人占有的，债务人不履行到期债务或者发生当事人约定的实现质权的情形，债权人有权就该动产优先受偿。

前款规定的债务人或者第三人为出质人，债权人为质权人，交付的动产为质押财产。

第四百二十六条　法律、行政法规禁止转让的动产不得出质。

第四百二十七条　设立质权，当事人应当采用书面形式订立质押合同。

质押合同一般包括下列条款：

（一）被担保债权的种类和数额；

（二）债务人履行债务的期限；

（三）质押财产的名称、数量等情况；

（四）担保的范围；

（五）质押财产交付的时间、方式。

第四百二十八条　质权人在债务履行期限届满前，与出质人约定债务人不履行到期债务时质押财产归债权人所有的，只能依法就质押财产优先受偿。

第四百二十九条　质权自出质人交付质押财产时设立。

第四百三十条　质权人有权收取质押财产的孳息，但是合同另有约定的除外。

前款规定的孳息应当先充抵收取孳息的费用。

第四百三十一条　质权人在质权存续期间，未经出质人同意，擅自使用、处分质押财产，造成出质人损害的，应当承担赔偿责任。

第四百三十二条　质权人负有妥善保管质押财产的义务；因保管不善致使质押财产毁损、灭失的，应当承担赔偿责任。

质权人的行为可能使质押财产毁损、灭失的，出质人可以请求质权人将质押财产提存，或者请求提前清偿债务并返还质押财产。

第四百三十三条　因不可归责于质权人的事由可能使质押财产毁损或者价值明显减少，足以危害质权人权利的，质权人有权请求出质人提供相应的担保；出质人不提供的，质权人可以拍卖、变卖质押财产，并与出质人协议将拍卖、变卖所得的价款提前清偿债务或者提存。

第四百三十四条　质权人在质权存续期间，未经出质人同意转质，造成质押财产毁损、灭失的，应当承担赔偿责任。

第四百三十五条　质权人可以放弃质权。债务人以自己的财产出质，质权人放弃该质权的，其他担保人在质权人丧失优先受偿权益的范围内免除担保责任，但是其他担保人承诺仍然提供担保的除外。

第四百三十六条　债务人履行债务或者出质人提前清偿所担保的债权的，质权人应当返还质押财产。

债务人不履行到期债务或者发生当事人约定的实现质权的情形，质权人可以与出质人协议以质押财产折价，也可以就拍卖、变卖质押财产所得的价款优先受偿。

质押财产折价或者变卖的，应当参照市场价格。

第四百三十七条　出质人可以请求质权人在债务履行期限届满后及时行使质权；质权人不行使的，出质人可以请求人民法院拍卖、变卖质押财产。

出质人请求质权人及时行使质权，因质权人怠于行使权利造成出质人损害的，由质权人承担赔偿责任。

第四百三十八条　质押财产折价或者拍卖、变卖后，其价款超过债权数额的部分归出质人所有，不足部分由债务人清偿。

第四百三十九条　出质人与质权人可以协议设立最高额质权。

最高额质权除适用本节有关规定外，参照适用本编第十七章第二节的有关规定。

第四百四十条　债务人或者第三人有权处分的下列权利可以出质：

（一）汇票、本票、支票；

（二）债券、存款单；

（三）仓单、提单；

（四）可以转让的基金份额、股权；

（五）可以转让的注册商标专用权、专利权、著作权等知识产权中的财产权；

（六）现有的以及将有的应收账款；

（七）法律、行政法规规定可以出质的其他财产权利。

第四百四十一条　以汇票、本票、支票、债券、存款单、仓单、提单出质的，质权自权利凭证交付质权人时设立；没有权利凭证的，质权自办理出质登记时设立。法律另有规定的，依照其规定。

第四百四十二条　汇票、本票、支票、债券、存款单、仓单、提单的兑现日期或者提货日期先于主债权到期的，质权人可以兑现或者提货，并与出质人协议将兑现的价款或者提取的货物提前清偿债务或者提存。

第四百四十三条　以基金份额、股权出质的，质权自办理出质登记时设立。

基金份额、股权出质后，不得转让，但是出质人与质权人协商同意的除外。出质人转让基金份额、股权所得的价款，应当向质权人提前清偿债务或者提存。

第四百四十四条　以注册商标专用权、专利权、著作权等知识产权中的财产权出质的，质权自办理出质登记时设立。

知识产权中的财产权出质后，出质人不得转让或者许可他人使用，但是出质人与质权人协商同意的除外。出质人转让或者许可他人使用出质的知识产权中的财产权所得的价款，应当向质权人提前清偿债务或者提存。

第四百四十五条 以应收账款出质的，质权自办理出质登记时设立。

应收账款出质后，不得转让，但是出质人与质权人协商同意的除外。出质人转让应收账款所得的价款，应当向质权人提前清偿债务或者提存。

第四百四十六条 权利质权除适用本节规定外，适用本章第一节的有关规定。

《中华人民共和国涉外民事关系法律适用法》（2010 年 10 月 28 日公布 2011 年 4 月 1 日施行）

第三十九条 有价证券，适用有价证券权利实现地法律或者其他与该有价证券有最密切联系的法律。

第四十条 权利质权，适用质权设立地法律。

《最高人民法院关于适用〈中华人民共和国民法典〉有关担保制度的解释》（法释〔2020〕28 号 2020 年 12 月 31 日公布）

第五十五条 债权人、出质人与监管人订立三方协议，出质人以通过一定数量、品种等概括描述能够确定范围的货物为债务的履行提供担保，当事人有证据证明监管人系受债权人的委托监管并实际控制该货物的，人民法院应当认定质权于监管人实际控制货物之日起设立。监管人违反约定向出质人或者其他人放货、因保管不善导致货物毁损灭失，债权人请求监管人承担违约责任的，人民法院依法予以支持。

在前款规定情形下，当事人有证据证明监管人系受出质人委托监管该货物，或者虽然受债权人委托但是未实际履行监管职责，导致货物仍由出质人实际控制的，人民法院应当认定质权未设立。债权人可以基于质押合同的约定请求出质人承担违约责任，但是不得超过质权有效设立时出质人应当承担的责任范围。监管人未履行监管职责，债权人请求监管人承担责任的，人民法院依法予以支持。

第五十六条 买受人在出卖人正常经营活动中通过支付合理对价取得已被设立担保物权的动产，担保物权人请求就该动产优先受偿的，人民法院不予支持，但是有下列情形之一的除外：

（一）购买商品的数量明显超过一般买受人；

（二）购买出卖人的生产设备；

（三）订立买卖合同的目的在于担保出卖人或者第三人履行债务；

（四）买受人与出卖人存在直接或者间接的控制关系；

（五）买受人应当查询抵押登记而未查询的其他情形。

前款所称出卖人正常经营活动，是指出卖人的经营活动属于其营业执照明确记载的经营范围，且出卖人持续销售同类商品。前款所称担保物权人，是指已经办理登记的抵押权人、所有权保留买卖的出卖人、融资租赁合同的出租人。

第五十七条　担保人在设立动产浮动抵押并办理抵押登记后又购入或者以融资租赁方式承租新的动产，下列权利人为担保价款债权或者租金的实现而订立担保合同，并在该动产交付后十日内办理登记，主张其权利优先于在先设立的浮动抵押权的，人民法院应予支持：

（一）在该动产上设立抵押权或者保留所有权的出卖人；

（二）为价款支付提供融资而在该动产上设立抵押权的债权人；

（三）以融资租赁方式出租该动产的出租人。

买受人取得动产但未付清价款或者承租人以融资租赁方式占有租赁物但是未付清全部租金，又以标的物为他人设立担保物权，前款所列权利人为担保价款债权或者租金的实现而订立担保合同，并在该动产交付后十日内办理登记，主张其权利优先于买受人为他人设立的担保物权的，人民法院应予支持。

同一动产上存在多个价款优先权的，人民法院应当按照登记的时间先后确定清偿顺序。

第五十八条　以汇票出质，当事人以背书记载“质押”字样并在汇票上签章，汇票已经交付质权人的，人民法院应当认定质权自汇票交付质权人时设立。

第五十九条　存货人或者仓单持有人在仓单上以背书记载“质押”字样，并经保管人签章，仓单已经交付质权人的，人民法院应当认定质权自仓单交付质权人时设立。没有权利凭证的仓单，依法可以办理出质登记的，仓单质权自办理出质登记时设立。

出质人既以仓单出质，又以仓储物设立担保，按照公示的先后确定清偿顺序；难以确定先后的，按照债权比例清偿。

保管人为同一货物签发多份仓单，出质人在多份仓单上设立多个质权，按照公示的先后确定清偿顺序；难以确定先后的，按照债权比例受偿。

存在第二款、第三款规定的情形，债权人举证证明其损失系由出质人与保管人的共同行为所致，请求出质人与保管人承担连带赔偿责任的，人民法院应予支持。

第六十条 在跟单信用证交易中，开证行与开证申请人之间约定以提单作为担保的，人民法院应当依照民法典关于质权的有关规定处理。

在跟单信用证交易中，开证行依据其与开证申请人之间的约定或者跟单信用证的惯例持有提单，开证申请人未按照约定付款赎单，开证行主张对提单项下货物优先受偿的，人民法院应予支持；开证行主张对提单项下货物享有所有权的，人民法院不予支持。

在跟单信用证交易中，开证行依据其与开证申请人之间的约定或者跟单信用证的惯例，通过转让提单或者提单项下货物取得价款，开证申请人请求返还超出债权部分的，人民法院应予支持。

前三款规定不影响合法持有提单的开证行以提单持有人身份主张运输合同项下的权利。

第六十一条 以现有的应收账款出质，应收账款债务人向质权人确认应收账款的真实性后，又以应收账款不存在或者已经消灭为由主张不承担责任的，人民法院不予支持。

以现有的应收账款出质，应收账款债务人未确认应收账款的真实性，质权人以应收账款债务人为被告，请求就应收账款优先受偿，能够举证证明办理出质登记时应收账款真实存在的，人民法院应予支持；质权人不能举证证明办理出质登记时应收账款真实存在，仅以已经办理出质登记为由，请求就应收账款优先受偿的，人民法院不予支持。

以现有的应收账款出质，应收账款债务人已经向应收账款债权人履行了债务，质权人请求应收账款债务人履行债务的，人民法院不予支持，但是应收账款债务人接到质权人要求向其履行的通知后，仍然向应收账款债权人履行的除外。

以基础设施和公用事业项目收益权、提供服务或者劳务产生的债权以及其他将有的应收账款出质，当事人为应收账款设立特定账户，发生法定或者约定的质权实现事由时，质权人请求就该特定账户内的款项优先受偿的，人民法院应予支持；特定账户内的款项不足以清偿债务或者未设立特定账户，质权人请求折价或者拍卖、变卖项目收益权等将有的应收账款，并以所得的价款优先受偿的，人民法院依法予以支持。

适用本案由需要注意的问题

◆质权一般通过当事人之间签订质押合同并交付或经依法登记而成立，发生在质押当事人之间的质权纠纷的基础关系是质押合同。此类案件的管辖一般应依照质押合同纠纷的管辖确定管辖法院。对于与第三人之间就质权发生的纠纷，可以依据质押标的物的性质和产生纠纷的基础法律关系确定管辖。

◆在适用本案由时，尤其要注意区分其与质押合同纠纷的区别。对于因订立、履行、变更、终止质押合同发生的纠纷，应适用质押合同纠纷案由，而对于因质权的设立、内容、变更、转让、实现等产生的纠纷则应适用本案由。

69. 留置权纠纷

案由解析

留置权是指债权人合法占有债务人的动产时，债务人不履行到期债务，债权人依法享有留置该动产，并有权就该动产折价或以拍卖、变卖该动产的价款优先受偿的权利。

留置权纠纷是指当事人之间因留置权的成立、内容、变更、实现等引发的民事纠纷。

留置权的主要特征是：(1) 留置权为担保物权。(2) 留置权是以动产为标的物的法定担保物权。(3) 留置权不具有追及效力。留置权是以占有为基础的担保物权。

常用法律条文及索引

《中华人民共和国民法典》(2020年5月28日公布　2021年1月1日施行)

第四百四十七条　债务人不履行到期债务，债权人可以留置已经合法占有的债务人的动产，并有权就该动产优先受偿。

前款规定的债权人为留置权人，占有的动产为留置财产。

第四百四十八条　债权人留置的动产，应当与债权属于同一法律关系，但是企业之间留置的除外。

第四百四十九条 法律规定或者当事人约定不得留置的动产，不得留置。

第四百五十条 留置财产为可分物的，留置财产的价值应当相当于债务的金额。

第四百五十一条 留置权人负有妥善保管留置财产的义务；因保管不善致使留置财产毁损、灭失的，应当承担赔偿责任。

第四百五十二条 留置权人有权收取留置财产的孳息。

前款规定的孳息应当先充抵收取孳息的费用。

第四百五十三条 留置权人与债务人应当约定留置财产后的债务履行期限；没有约定或者约定不明确的，留置权人应当给债务人六十日以上履行债务的期限，但是鲜活易腐等不易保管的动产除外。债务人逾期未履行的，留置权人可以与债务人协议以留置财产折价，也可以就拍卖、变卖留置财产所得的价款优先受偿。

留置财产折价或者变卖的，应当参照市场价格。

第四百五十四条 债务人可以请求留置权人在债务履行期限届满后行使留置权；留置权人不行使的，债务人可以请求人民法院拍卖、变卖留置财产。

第四百五十五条 留置财产折价或者拍卖、变卖后，其价款超过债权数额的部分归债务人所有，不足部分由债务人清偿。

第四百五十六条 同一动产上已经设立抵押权或者质权，该动产又被留置的，留置权人优先受偿。

第四百五十七条 留置权人对留置财产丧失占有或者留置权人接受债务人另行提供担保的，留置权消灭。

《最高人民法院关于适用〈中华人民共和国民法典〉有关担保制度的解释》（法释〔2020〕28号　2020年12月31日公布）

第三十八条 主债权未受全部清偿，担保物权人主张就担保财产的全部行使担保物权的，人民法院应予支持，但是留置权人行使留置权的，应当依照民法典第四百五十条的规定处理。

担保财产被分割或者部分转让，担保物权人主张就分割或者转让后的担保财产行使担保物权的，人民法院应予支持，但是法律或者司法解释另有规定的除外。

第六十二条 债务人不履行到期债务，债权人因同一法律关系留置合法占有的第三人的动产，并主张就该留置财产优先受偿的，人民法院应予支持。第三人以该留置财产并非债务人的财产为由请求返还的，人民法院不予支持。

企业之间留置的动产与债权并非同一法律关系，债务人以该债权不属于企业持续经营中发生的债权为由请求债权人返还留置财产的，人民法院应予支持。

企业之间留置的动产与债权并非同一法律关系，债权人留置第三人的财产，第三人请求债权人返还留置财产的，人民法院应予支持。

适用本案由需要注意的问题

◆适用本案由时，要注意留置权与当事人之间的债的抵销之间的区别。前者是以债权人占有债务人的动产为基本条件，并以该动产的价值优先受偿。后者是债权与债权之间的直接冲销，无须以占有动产为条件。

九、占有保护纠纷

70. 占有物返还纠纷

案由解析

占有物返还纠纷是指占有人因占有物被他人非法占有，占有人请求非法占有人返还该占有物的纠纷。

占有物返还的主要特征是：（1）占有物返还的目的是保护占有，以占有人为请求权主体。（2）占有物返还的前提是请求权人是物的占有人。（3）占有人返还指向的对象是侵夺占有物的人及其继承人，但排除善意的特定继承人。

常用法律条文及索引

《中华人民共和国民法典》（2020年5月28日公布　2021年1月1日施行）

第一百七十九条　承担民事责任的方式主要有：

（一）停止侵害；

（二）排除妨碍；

（三）消除危险；

（四）返还财产；

（五）恢复原状；

（六）修理、重作、更换；

（七）继续履行；

（八）赔偿损失；

（九）支付违约金；

（十）消除影响、恢复名誉；

（十一）赔礼道歉。

法律规定惩罚性赔偿的，依照其规定。

本条规定的承担民事责任的方式，可以单独适用，也可以合并适用。

第四百五十八条 基于合同关系等产生的占有，有关不动产或者动产的使用、收益、违约责任等，按照合同约定；合同没有约定或者约定不明确的，依照有关法律规定。

第四百五十九条 占有人因使用占有的不动产或者动产，致使该不动产或者动产受到损害的，恶意占有人应当承担赔偿责任。

第四百六十条 不动产或者动产被占有人占有的，权利人可以请求返还原物及其孳息；但是，应当支付善意占有人因维护该不动产或者动产支出的必要费用。

第四百六十一条 占有的不动产或者动产毁损、灭失，该不动产或者动产的权利人请求赔偿的，占有人应当将因毁损、灭失取得的保险金、赔偿金或者补偿金等返还给权利人；权利人的损害未得到足够弥补的，恶意占有人还应当赔偿损失。

第四百六十二条 占有的不动产或者动产被侵占的，占有人有权请求返还原物；对妨害占有的行为，占有人有权请求排除妨害或者消除危险；因侵占或者妨害造成损害的，占有人有权依法请求损害赔偿。

占有人返还原物的请求权，自侵占发生之日起一年内未行使的，该请求权消灭。

《第八次全国法院民事商事审判工作会议（民事部分）纪要》（法〔2016〕399号 2016年11月21日公布）

24. 已经合法占有转让标的物的受让人请求转让人办理物权变更登记，登记权利人请求无权占有人返还不动产或者动产，利害关系人请求确认物权的归属或内容，权利人请求排除妨害、消除危险，对方当事人以超过诉讼时效期间抗辩的，均应不予支持。

适用本案由需要注意的问题

◆占有物返还纠纷应区别占有物为不动产或者动产而分别确定管辖。占有物为不动产的，由不动产所在地人民法院管辖，占有物为动产的，按照《民事诉讼法》规定的一般地域管辖确定管辖法院。

◆在适用本案由时，要注意其与返还原物纠纷的区别。占有物返还纠纷仅适用于纯粹的占有人丧失占有时的返还请求权，如果是物权人在其物受到侵占或者依据合同等约定要求他人返还原物的请求权，应当适用原物返还请求纠纷或者合同纠纷类案由。

71. 占有排除妨害纠纷

案由解析

妨害占有是指非法侵夺占有而妨碍占有人管领其物，致使其使用可能性及利益遭受侵害。

占有排除妨害纠纷是指占有人请求排除他人妨害其占有之行为或者事实的纠纷。

占有排除妨害的主要特征是：（1）占有人的占有未被现实的妨害。（2）占有物排除妨害的目的是保护占有，以占有人为请求权主体。（3）占有物排除妨害的前提是请求权人是物的占有人。

常用法律条文及索引

《中华人民共和国民法典》（2020 年 5 月 28 日公布　2021 年 1 月 1 日施行）

第一百七十九条　承担民事责任的方式主要有：

（一）停止侵害；

（二）排除妨碍；

（三）消除危险；

（四）返还财产；

（五）恢复原状；

（六）修理、重作、更换；

（七）继续履行；

（八）赔偿损失；

（九）支付违约金；

（十）消除影响、恢复名誉；

（十一）赔礼道歉。

法律规定惩罚性赔偿的，依照其规定。

本条规定的承担民事责任的方式，可以单独适用，也可以合并适用。

第四百五十八条 基于合同关系等产生的占有，有关不动产或者动产的使用、收益、违约责任等，按照合同约定；合同没有约定或者约定不明确的，依照有关法律规定。

第四百五十九条 占有人因使用占有的不动产或者动产，致使该不动产或者动产受到损害的，恶意占有人应当承担赔偿责任。

第四百六十条 不动产或者动产被占有人占有的，权利人可以请求返还原物及其孳息；但是，应当支付善意占有人因维护该不动产或者动产支出的必要费用。

第四百六十一条 占有的不动产或者动产毁损、灭失，该不动产或者动产的权利人请求赔偿的，占有人应当将因毁损、灭失取得的保险金、赔偿金或者补偿金等返还给权利人；权利人的损害未得到足够弥补的，恶意占有人还应当赔偿损失。

第四百六十二条 占有的不动产或者动产被侵占的，占有人有权请求返还原物；对妨害占有的行为，占有人有权请求排除妨害或者消除危险；因侵占或者妨害造成损害的，占有人有权依法请求损害赔偿。

占有人返还原物的请求权，自侵占发生之日起一年内未行使的，该请求权消灭。

《第八次全国法院民事商事审判工作会议（民事部分）纪要》（法〔2016〕399号 2016年11月21日公布）

24. 已经合法占有转让标的物的受让人请求转让人办理物权变更登记，登记权利人请求无权占有人返还不动产或者动产，利害关系人请求确认物权的归属或内容，权利人请求排除妨害、消除危险，对方当事人以超过诉讼时效期间抗辩的，均应不予支持。

适用本案由需要注意的问题

◆占有排除妨害纠纷一般应由占有物所在地的人民法院管辖。

◆在适用本案由时，要注意其与物权保护中排除妨害纠纷的区别。排除妨害纠纷是指因物权的行使受到他人的妨害而引发的以排除这种妨害为目的的纠纷。而占有排除妨害纠纷是指占有人请求排除他人妨害对其标的物占有的行为或事实状态而引起的纠纷。

◆占有排除妨害纠纷适用是以占有人和妨害占有人之间不存在其他法律关系为前提的。如果占有人与妨害占有人之间存在合同关系或者其他关系的，则应当适用其他案由而不适用本案由。

72. 占有消除危险纠纷

案由解析

占有消除危险是指在他人行为造成或者可能造成占有物安全上的危险时，占有人有权请求妨害占有人消除危险。

占有消除危险纠纷是指占有人请求妨害占有人消除危险或者可能遭受的危害而发生的纠纷。

占有消除危险的主要特征是：（1）占有消除危险的前提是占有人的占有物受到危险或者可能受到危险。（2）占有物排除妨害的目的是保护占有，以占有人为请求权主体。（3）占有物排除妨害的前提是请求权人是物的占有人。

常用法律条文及索引

《中华人民共和国民法典》（2020 年 5 月 28 日公布　2021 年 1 月 1 日施行）

第一百七十九条　承担民事责任的方式主要有：

（一）停止侵害；

（二）排除妨碍；

（三）消除危险；

（四）返还财产；

（五）恢复原状；

（六）修理、重作、更换；

（七）继续履行；

（八）赔偿损失；

（九）支付违约金；

（十）消除影响、恢复名誉；

（十一）赔礼道歉。

法律规定惩罚性赔偿的，依照其规定。

本条规定的承担民事责任的方式，可以单独适用，也可以合并适用。

第四百五十八条 基于合同关系等产生的占有，有关不动产或者动产的使用、收益、违约责任等，按照合同约定；合同没有约定或者约定不明确的，依照有关法律规定。

第四百五十九条 占有人因使用占有的不动产或者动产，致使该不动产或者动产受到损害的，恶意占有人应当承担赔偿责任。

第四百六十条 不动产或者动产被占有人占有的，权利人可以请求返还原物及其孳息；但是，应当支付善意占有人因维护该不动产或者动产支出的必要费用。

第四百六十一条 占有的不动产或者动产毁损、灭失，该不动产或者动产的权利人请求赔偿的，占有人应当将因毁损、灭失取得的保险金、赔偿金或者补偿金等返还给权利人；权利人的损害未得到足够弥补的，恶意占有人还应当赔偿损失。

第四百六十二条 占有的不动产或者动产被侵占的，占有人有权请求返还原物；对妨害占有的行为，占有人有权请求排除妨害或者消除危险；因侵占或者妨害造成损害的，占有人有权依法请求损害赔偿。

占有人返还原物的请求权，自侵占发生之日起一年内未行使的，该请求权消灭。

《第八次全国法院民事商事审判工作会议（民事部分）纪要》（法〔2016〕399号 2016年11月21日公布）

24. 已经合法占有转让标的物的受让人请求转让人办理物权变更登记，登记权利人请求无权占有人返还不动产或者动产，利害关系人请求确认物权的归属或内容，权利人请求排除妨害、消除危险，对方当事人以超过诉讼时效期间抗辩的，均应不予支持。

适用本案由需要注意的问题

◆占有消除危险纠纷一般应由占有物所在地的人民法院管辖。

◆在适用本案由时，要注意其与物权保护中的消除危险纠纷的区别。如果属于物权人对其物的保护，则应当适用物权保护中的消除危险纠纷案由。而占有保护消除危险纠纷案由是保护占有人占有物的安全。

73. 占有物损害赔偿纠纷

案由解析

占有物损害赔偿是指当占有人的占有物受到侵占或妨害，有获得侵权赔偿的权利。

占有物损害赔偿纠纷是指占有人请求侵占或者妨害其对占有物的占有状态并造成损害的人给予损害赔偿而产生的纠纷。

占有物损害赔偿的主要特征是：（1）占有物损害赔偿的目的是保护占有，以占有人为请求权主体。（2）占有物损害赔偿的前提是请求权人是物的占有人。（3）占有人损害赔偿指向的对象是侵占或者妨害其占有物的人。

常用法律条文及索引

参见“72. 占有消除危险纠纷”案由相关部分。

适用本案由需要注意的问题

◆占有物损害赔偿纠纷应依据侵权纠纷确定管辖，由侵权行为地或者被告住所地人民法院管辖。根据《最高人民法院关于适用〈中华人民共和国民事诉讼法〉的解释》第 24 条的规定，侵权行为地包括侵权行为实施地、侵权结果发生地。

◆在适用本案由时，尤其要注意区分其与物权保护中的财产损害赔偿纠纷的区别。财产损害赔偿是指所有权人或他物权人的财产受到不法侵害时，要求侵权人赔偿损失，以弥补受害人的财产损失。而占有物损害赔偿是指当占有人的占有物受到侵占或妨害，有获得侵权赔偿的权利。

◆当占有人基于债权占有某物或者无权占有时，如果他人对其占有物加以侵害或妨害，该占有人只能行使占有保护请求权，至于其就所遭受的损害能否要求侵害人赔偿，这便涉及单纯的占有能否作为侵权行为法保护的客体的问题。

第四部分　合同、准合同纠纷

十、合同纠纷

74. 缔约过失责任纠纷

案由解析

缔约过失责任是指在合同订立过程中，当事人因自己故意或过失的行为导致未遵守诚实信用原则，给对方当事人造成损失时，其依法应当承担的民事责任。

缔约过失责任纠纷指的是在合同订立过程中，一方未遵守诚实信用原则，因自己故意或过失的行为造成对方当事人损失所引起的权利义务纠纷。

缔约过失责任的主要特征是：（1）责任产生于合同的订立过程中。缔约过失责任是在订立合同过程中当事人不当行为所引起的责任，是对先合同义务的违反，而不是对合同本身的违反。（2）缔约过失责任包括对对方当事人信赖利益造成的损失，而不仅仅限于实际的损失。

典型形态

在实践中，缔约过失责任纠纷主要有假借订立合同，恶意进行磋商引发的纠纷，故意隐瞒与订立合同有关的重要事实或者提供虚假情况引发的纠纷，以及因在订立合同中其他违背诚实信用原则的行为引发的纠纷。

常用法律条文及索引

《中华人民共和国民法典》（2020 年 5 月 28 日公布　2021 年 1 月 1 日施行）

第一百五十七条　民事法律行为无效、被撤销或者确定不发生效力后，行为人因该行为取得的财产，应当予以返还；不能返还或者没有必要返还的，应当折价补偿。有过错的一方应当赔偿对方由此所受到的损失；各方都有过错的，应当各自承担相应的责任。法律另有规定的，依照其规定。

第五百条 当事人在订立合同过程中有下列情形之一，造成对方损失的，应当承担赔偿责任：

（一）假借订立合同，恶意进行磋商；

（二）故意隐瞒与订立合同有关的重要事实或者提供虚假情况；

（三）有其他违背诚信原则的行为。

第五百零一条 当事人在订立合同过程中知悉的商业秘密或者其他应当保密的信息，无论合同是否成立，不得泄露或者不正当地使用；泄露、不正当地使用该商业秘密或者信息，造成对方损失的，应当承担赔偿责任。

《最高人民法院关于适用〈中华人民共和国民法典〉合同编通则若干问题的解释》（法释〔2023〕13号 2023年12月4日公布）

第五条 第三人实施欺诈、胁迫行为，使当事人在违背真实意思的情况下订立合同，受到损失的当事人请求第三人承担赔偿责任的，人民法院依法予以支持；当事人亦有违背诚信原则的行为的，人民法院应当根据各自的过错确定相应的责任。但是，法律、司法解释对当事人与第三人的民事责任另有规定的，依照其规定。

适用本案由需要注意的问题

◆《最高人民法院关于适用〈中华人民共和国民法典〉合同编通则若干问题的解释》中第5条涉及第三人缔约过失责任的问题，本司法解释起草讨论中，多数意见认为第三人缔约过失责任并不违背债的相对性原则。缔约过失责任为法定之债，在合同无效或被撤销后，原订立合同的双方当事人产生相互的权利义务并不是基于合同，而是法律基于民事活动的诚信原则对信赖利益的保护。同样，第三人在合同当事人缔约过程也应当遵循诚信原则。如果一方当事人受到第三人的欺诈或胁迫，导致合同被撤销，第三人损害了缔约当事人的信赖利益，违反了应遵守的诚信原则，为法律所否定，那么，第三人与合同当事人也产生了债权债务关系，第三人成为债务人。这种权利义务关系并不违反债的相对性原理，而是遵循了债的相对性原理。

◆按照主流观点，缔约过失责任被认定为一种独立于违约责任和侵权责任的责任类型，由于提起承担缔约过失责任之诉时，合同通常不成立、无效或被撤销，所以合同无实际履行地，按照《最高人民法院关于适用〈中华人民共和国民事诉讼法〉的解释》第 18 条第 3 款的规定，合同没有实际履行，当事人双方住所地都不在合同约定的履行地的，由被告住所地人民法院管辖。而对于合同约定了履行地，但当事人一方或者双方住所地在合同约定的履行地点的，则应以约定履行地人民法院管辖。对于没有约定履行地点的缔约过失责任纠纷，则应由被告住所地人民法院管辖。

◆在确定本案由时，要注意区分其与合同的违约责任的不同。违约责任发生在合同生效后的履行过程中，其以合同的有效成立为基础，违反的是合同义务，而缔约过失责任发生在合同订立过程中，即发生在合同成立前，违反的是先合同义务。对于缔约过失责任，相对人仅可以主张信赖利益损失赔偿；而对于违约责任，守约方除直接损失外，还可以主张合同的履行利益损失赔偿。

◆缔约过失责任纠纷是一种独立的第三级案由，应注意不要根据当事人拟订立的合同类型确定案由。

75. 预约合同纠纷

案由解析

预约合同是指当事人约定为将来一定期限内订立合同（本约）而达成协议，其是以订立本约为内容的合同，处于缔约与本约之间的中间状态。实践中，只要交易双方认为其交易有预先约定的需求与必要，即可签订预约合同对双方权利义务进行初步约定，以给予交易双方一定约束促使交易的顺利进行与本约合同的签订。主要表现为在预约合同中约定磋商与谈判期间对于将来事项的预先规划与初始内容，并约定双方于一定期限内签订本约合同。因预约合同产生的纠纷，即为预约合同纠纷。

常用法律条文及索引

《中华人民共和国民法典》（2020 年 5 月 28 日公布　2021 年 1 月 1 日施行）

第四百九十五条　当事人约定在将来一定期限内订立合同的认购书、订购书、预订书等，构成预约合同。

当事人一方不履行预约合同约定的订立合同义务的，对方可以请求其承担预约合同的违约责任。

《最高人民法院关于适用〈中华人民共和国民法典〉合同编通则若干问题的解释》（法释〔2023〕13号　2023年12月4日公布）

第六条　当事人以认购书、订购书、预订书等形式约定在将来一定期限内订立合同，或者为担保在将来一定期限内订立合同交付了定金，能够确定将来所要订立合同的主体、标的等内容的，人民法院应当认定预约合同成立。

当事人通过签订意向书或者备忘录等方式，仅表达交易的意向，未约定在将来一定期限内订立合同，或者虽然有约定但是难以确定将来所要订立合同的主体、标的等内容，一方主张预约合同成立的，人民法院不予支持。

当事人订立的认购书、订购书、预订书等已就合同标的、数量、价款或者报酬等主要内容达成合意，符合本解释第三条第一款规定的合同成立条件，未明确约定在将来一定期限内另行订立合同，或者虽然有约定但是当事人一方已实施履行行为且对方接受的，人民法院应当认定本约合同成立。

第七条　预约合同生效后，当事人一方拒绝订立本约合同或者在磋商订立本约合同时违背诚信原则导致未能订立本约合同的，人民法院应当认定该当事人不履行预约合同约定的义务。

人民法院认定当事人一方在磋商订立本约合同时是否违背诚信原则，应当综合考虑该当事人在磋商时提出的条件是否明显背离预约合同约定的内容以及是否已尽合理努力进行协商等因素。

第八条　预约合同生效后，当事人一方不履行订立本约合同的义务，对方请求其赔偿因此造成的损失的，人民法院依法予以支持。

前款规定的损失赔偿，当事人有约定的，按照约定；没有约定的，人民法院应当综合考虑预约合同在内容上的完备程度以及订立本约合同的条件的成就程度等因素酌定。

适用本案由需要注意的问题

◆适用本案由注意区分预约合同与本约合同的区别，主要看预约合同中有无签订本约合同的约定，是否以订立本约合同为目的；另外要看合同约定的主要义务是否为签订本约合同，能否直接履行交易的主要权利义务，如果能跳过签订本约合同直接履行本约合同的权利义务的，应当认定为本约合同，此种情形则不宜适用本案由。

◆在认定预约合同是否成立时，不能以本约合同的标的和数量作为认定预约合同是否成立的标准。只要当事人约定在将来一定期限内订立合同，且将来所要订立的合同的主体和标的能够明确，即可认定内容具体确定且表明当事人须受到意思表示的约束，符合合同的一般成立要件，从而应当认定预约合同已经成立。至于将来所要订立合同的标的的数量、价格等，则可等到签订本约合同时，由当事人再进一步协商。

◆在当事人约定将来还要签订“正式合同”的场合，根据当事人的真实意思，可能存在以下三种情形：其一，当事人约定的“正式合同”，仅是本约合同成立后当事人的合同义务，当事人达成合意但未签订正式合同，不影响本约合同的成立；其二，当事人约定的“正式合同”属于《民法典》第491条第1款规定的确认书，当事人虽然已达成合意但未签订确认书，将导致本约合同不成立，且当事人之间不存在预约合同关系；其三，当事人约定的“正式合同”，系将来所要订立的本约合同，当事人达成合意但未签订正式合同，仅导致本约合同不成立，不影响预约合同关系的成立。可见，在当事人约定将来仍要签订“正式合同”的情况下，应根据当事人的真实意思判断当事人之间的法律关系。

◆实践中，当事人在订立预约合同后，常常以无法就尚未达成一致的内容协商一致为由拒绝签订本约合同。对此不能一律认定一方当事人违反预约合同。预约合同成立后，当事人仍无法就订立本约合同达成一致的原因很多，如果双方均诚信协商但未达成一致，不应认为违反预约合同；但如果一方在磋商订立本约合同时违背诚信原则导致未能订立本约合同，就应承担违反预约合同的违约责任。

76. 确认合同效力纠纷

（1）确认合同有效纠纷

（2）确认合同无效纠纷

案由解析

合同效力是指合同对双方当事人的法律拘束力，根据合同是否具备相关法律要件的区别，可以分为有效、无效、可撤销以及效力待定。

确认合同效力纠纷是指双方当事人对合同是否生效有争议产生的纠纷。

典型形态

在实践中，确认合同效力纠纷的典型形态主要有：

（1）确认合同有效纠纷，是指当事人诉至人民法院，要求确认合同依法有效，对双方产生法律拘束力的纠纷。

（2）确认合同无效纠纷，是指当事人诉至人民法院，要求确认合同不具有效力，双方权利义务返回合同订立前状态的纠纷。

常用法律条文及索引

《中华人民共和国民法典》（2020年5月28日公布　2021年1月1日施行）

第十九条　八周岁以上的未成年人为限制民事行为能力人，实施民事法律行为由其法定代理人代理或者经其法定代理人同意、追认；但是，可以独立实施纯获利益的民事法律行为或者与其年龄、智力相适应的民事法律行为。

第一百四十三条　具备下列条件的民事法律行为有效：

（一）行为人具有相应的民事行为能力；

（二）意思表示真实；

（三）不违反法律、行政法规的强制性规定，不违背公序良俗。

第一百四十四条　无民事行为能力人实施的民事法律行为无效。

第一百四十五条　限制民事行为能力人实施的纯获利益的民事法律行为或者与其年龄、智力、精神健康状况相适应的民事法律行为有效；实施的其他民事法律行为经法定代理人同意或者追认后有效。

相对人可以催告法定代理人自收到通知之日起三十日内予以追认。法定代理人未作表示的，视为拒绝追认。民事法律行为被追认前，善意相对人有撤销的权利。撤销应当以通知的方式作出。

第一百四十六条　行为人与相对人以虚假的意思表示实施的民事法律行为无效。

以虚假的意思表示隐藏的民事法律行为的效力，依照有关法律规定处理。

第一百四十七条　基于重大误解实施的民事法律行为，行为人有权请求人民法院或者仲裁机构予以撤销。

第一百四十八条　一方以欺诈手段，使对方在违背真实意思的情况下实施的民事法律行为，受欺诈方有权请求人民法院或者仲裁机构予以撤销。

第一百四十九条 第三人实施欺诈行为，使一方在违背真实意思的情况下实施的民事法律行为，对方知道或者应当知道该欺诈行为的，受欺诈方有权请求人民法院或者仲裁机构予以撤销。

第一百五十条 一方或者第三人以胁迫手段，使对方在违背真实意思的情况下实施的民事法律行为，受胁迫方有权请求人民法院或者仲裁机构予以撤销。

第一百五十一条 一方利用对方处于危困状态、缺乏判断能力等情形，致使民事法律行为成立时显失公平的，受损害方有权请求人民法院或者仲裁机构予以撤销。

第一百五十二条 有下列情形之一的，撤销权消灭：

（一）当事人自知道或者应当知道撤销事由之日起一年内、重大误解的当事人自知道或者应当知道撤销事由之日起九十日内没有行使撤销权；

（二）当事人受胁迫，自胁迫行为终止之日起一年内没有行使撤销权；

（三）当事人知道撤销事由后明确表示或者以自己的行为表明放弃撤销权。

当事人自民事法律行为发生之日起五年内没有行使撤销权的，撤销权消灭。

第一百五十三条 违反法律、行政法规的强制性规定的民事法律行为无效。但是，该强制性规定不导致该民事法律行为无效的除外。

违背公序良俗的民事法律行为无效。

第一百五十四条 行为人与相对人恶意串通，损害他人合法权益的民事法律行为无效。

第一百五十五条 无效的或者被撤销的民事法律行为自始没有法律约束力。

第一百五十七条 民事法律行为无效、被撤销或者确定不发生效力后，行为人因该行为取得的财产，应当予以返还；不能返还或者没有必要返还的，应当折价补偿。有过错的一方应当赔偿对方由此所受到的损失；各方都有过错的，应当各自承担相应的责任。法律另有规定的，依照其规定。

第一百五十八条 民事法律行为可以附条件，但是根据其性质不得附条件的除外。附生效条件的民事法律行为，自条件成就时生效。附解除条件的民事法律行为，自条件成就时失效。

第一百五十九条 附条件的民事法律行为，当事人为自己的利益不正当地阻止条件成就的，视为条件已经成就；不正当地促成条件成就的，视为条件不成就。

第一百六十条　民事法律行为可以附期限，但是根据其性质不得附期限的除外。附生效期限的民事法律行为，自期限届至时生效。附终止期限的民事法律行为，自期限届满时失效。

第一百七十一条　行为人没有代理权、超越代理权或者代理权终止后，仍然实施代理行为，未经被代理人追认的，对被代理人不发生效力。

相对人可以催告被代理人自收到通知之日起三十日内予以追认。被代理人未作表示的，视为拒绝追认。行为人实施的行为被追认前，善意相对人有撤销的权利。撤销应当以通知的方式作出。

行为人实施的行为未被追认的，善意相对人有权请求行为人履行债务或者就其受到的损害请求行为人赔偿。但是，赔偿的范围不得超过被代理人追认时相对人所能获得的利益。

相对人知道或者应当知道行为人无权代理的，相对人和行为人按照各自的过错承担责任。

第一百七十二条　行为人没有代理权、超越代理权或者代理权终止后，仍然实施代理行为，相对人有理由相信行为人有代理权的，代理行为有效。

第五百零二条　依法成立的合同，自成立时生效，但是法律另有规定或者当事人另有约定的除外。

依照法律、行政法规的规定，合同应当办理批准等手续的，依照其规定。未办理批准等手续影响合同生效的，不影响合同中履行报批等义务条款以及相关条款的效力。应当办理申请批准等手续的当事人未履行义务的，对方可以请求其承担违反该义务的责任。

依照法律、行政法规的规定，合同的变更、转让、解除等情形应当办理批准等手续的，适用前款规定。

第五百零四条　法人的法定代表人或者非法人组织的负责人超越权限订立的合同，除相对人知道或者应当知道其超越权限外，该代表行为有效，订立的合同对法人或者非法人组织发生效力。

第五百零七条　合同不生效、无效、被撤销或者终止的，不影响合同中有关解决争议方法的条款的效力。

第五百六十二条　当事人协商一致，可以解除合同。

当事人可以约定一方解除合同的事由。解除合同的事由发生时，解除权人可以解除合同。

第五百六十三条　有下列情形之一的，当事人可以解除合同：

（一）因不可抗力致使不能实现合同目的；

（二）在履行期限届满前，当事人一方明确表示或者以自己的行为表明不履行主要债务；

（三）当事人一方迟延履行主要债务，经催告后在合理期限内仍未履行；

（四）当事人一方迟延履行债务或者有其他违约行为致使不能实现合同目的；

（五）法律规定的其他情形。

以持续履行的债务为内容的不定期合同，当事人可以随时解除合同，但是应当在合理期限之前通知对方。

第五百六十六条 合同解除后，尚未履行的，终止履行；已经履行的，根据履行情况和合同性质，当事人可以请求恢复原状或者采取其他补救措施，并有权请求赔偿损失。

合同因违约解除的，解除权人可以请求违约方承担违约责任，但是当事人另有约定的除外。

主合同解除后，担保人对债务人应当承担的民事责任仍应当承担担保责任，但是担保合同另有约定的除外。

第五百八十六条 当事人可以约定一方向对方给付定金作为债权的担保。定金合同自实际交付定金时成立。

定金的数额由当事人约定；但是，不得超过主合同标的额的百分之二十，超过部分不产生定金的效力。实际交付的定金数额多于或者少于约定数额的，视为变更约定的定金数额。

第五百八十七条 债务人履行债务的，定金应当抵作价款或者收回。给付定金的一方不履行债务或者履行债务不符合约定，致使不能实现合同目的的，无权请求返还定金；收受定金的一方不履行债务或者履行债务不符合约定，致使不能实现合同目的的，应当双倍返还定金。

第五百八十八条 当事人既约定违约金，又约定定金的，一方违约时，对方可以选择适用违约金或者定金条款。

定金不足以弥补一方违约造成的损失的，对方可以请求赔偿超过定金数额的损失。

《最高人民法院关于适用〈中华人民共和国民法典〉合同编通则若干问题的解释》（*法释〔2023〕13号　2023年12月4日公布*）

第一条 人民法院依据民法典第一百四十二条第一款、第四百六十六条第一款的规定解释合同条款时，应当以词句的通常含义为基础，结合相关条款、合同的性质和目的、习惯以及诚信原则，参考缔约背景、磋商过程、履行行为等因素确定争议条款的含义。

有证据证明当事人之间对合同条款有不同于词句的通常含义的其他共同理解，一方主张按照词句的通常含义理解合同条款的，人民法院不予支持。

对合同条款有两种以上解释，可能影响该条款效力的，人民法院应当选择有利于该条款有效的解释；属于无偿合同的，应当选择对债务人负担较轻的解释。

第三条　当事人对合同是否成立存在争议，人民法院能够确定当事人姓名或者名称、标的和数量的，一般应当认定合同成立。但是，法律另有规定或者当事人另有约定的除外。

根据前款规定能够认定合同已经成立的，对合同欠缺的内容，人民法院应当依据民法典第五百一十条、第五百一十一条等规定予以确定。

当事人主张合同无效或者请求撤销、解除合同等，人民法院认为合同不成立的，应当依据《最高人民法院关于民事诉讼证据的若干规定》第五十三条的规定将合同是否成立作为焦点问题进行审理，并可以根据案件的具体情况重新指定举证期限。

第四条　采取招标方式订立合同，当事人请求确认合同自中标通知书到达中标人时成立的，人民法院应予支持。合同成立后，当事人拒绝签订书面合同的，人民法院应当依据招标文件、投标文件和中标通知书等确定合同内容。

采取现场拍卖、网络拍卖等公开竞价方式订立合同，当事人请求确认合同自拍卖师落槌、电子交易系统确认成交时成立的，人民法院应予支持。合同成立后，当事人拒绝签订成交确认书的，人民法院应当依据拍卖公告、竞买人的报价等确定合同内容。

产权交易所等机构主持拍卖、挂牌交易，其公布的拍卖公告、交易规则等文件公开确定了合同成立需要具备的条件，当事人请求确认合同自该条件具备时成立的，人民法院应予支持。

第十一条　当事人一方是自然人，根据该当事人的年龄、智力、知识、经验并结合交易的复杂程度，能够认定其对合同的性质、合同订立的法律后果或者交易中存在的特定风险缺乏应有的认知能力的，人民法院可以认定该情形构成民法典第一百五十一条规定的“缺乏判断能力”。

第十二条　合同依法成立后，负有报批义务的当事人不履行报批义务或者履行报批义务不符合合同的约定或者法律、行政法规的规定，对方请求其继续履行报批义务的，人民法院应予支持；对方主张解除合同并请求其承担违反报批义务的赔偿责任的，人民法院应予支持。

人民法院判决当事人一方履行报批义务后，其仍不履行，对方主张解除合同并参照违反合同的违约责任请求其承担赔偿责任的，人民法院应予支持。

合同获得批准前，当事人一方起诉请求对方履行合同约定的主要义务，经释明后拒绝变更诉讼请求的，人民法院应当判决驳回其诉讼请求，但是不影响其另行提起诉讼。

负有报批义务的当事人已经办理申请批准等手续或者已经履行生效判决确定的报批义务，批准机关决定不予批准，对方请求其承担赔偿责任的，人民法院不予支持。但是，因迟延履行报批义务等可归责于当事人的原因导致合同未获批准，对方请求赔偿因此受到的损失的，人民法院应当依据民法典第一百五十七条的规定处理。

第十三条 合同存在无效或者可撤销的情形，当事人以该合同已在有关行政管理部门办理备案、已经批准机关批准或者已依据该合同办理财产权利的变更登记、移转登记等为由主张合同有效的，人民法院不予支持。

第十四条 当事人之间就同一交易订立多份合同，人民法院应当认定其中以虚假意思表示订立的合同无效。当事人为规避法律、行政法规的强制性规定，以虚假意思表示隐藏真实意思表示的，人民法院应当依据民法典第一百五十三条第一款的规定认定被隐藏合同的效力；当事人为规避法律、行政法规关于合同应当办理批准等手续的规定，以虚假意思表示隐藏真实意思表示的，人民法院应当依据民法典第五百零二条第二款的规定认定被隐藏合同的效力。

依据前款规定认定被隐藏合同无效或者确定不发生效力的，人民法院应当以被隐藏合同为事实基础，依据民法典第一百五十七条的规定确定当事人的民事责任。但是，法律另有规定的除外。

当事人就同一交易订立的多份合同均系真实意思表示，且不存在其他影响合同效力情形的，人民法院应当在查明各合同成立先后顺序和实际履行情况的基础上，认定合同内容是否发生变更。法律、行政法规禁止变更合同内容的，人民法院应当认定合同的相应变更无效。

第十六条 合同违反法律、行政法规的强制性规定，有下列情形之一，由行为人承担行政责任或者刑事责任能够实现强制性规定的立法目的的，人民法院可以依据民法典第一百五十三条第一款关于“该强制性规定不导致该民事法律行为无效的除外”的规定认定该合同不因违反强制性规定无效：

（一）强制性规定虽然旨在维护社会公共秩序，但是合同的实际履行对社会公共秩序造成的影响显著轻微，认定合同无效将导致案件处理结果有失公平公正；

（二）强制性规定旨在维护政府的税收、土地出让金等国家利益或者其他民事主体的合法利益而非合同当事人的民事权益，认定合同有效不会影响该规范目的的实现；

（三）强制性规定旨在要求当事人一方加强风险控制、内部管理等，对方无能力或者无义务审查合同是否违反强制性规定，认定合同无效将使其承担不利后果；

（四）当事人一方虽然在订立合同时违反强制性规定，但是在合同订立后其已经具备补正违反强制性规定的条件却违背诚信原则不予补正；

（五）法律、司法解释规定的其他情形。

法律、行政法规的强制性规定旨在规制合同订立后的履行行为，当事人以合同违反强制性规定为由请求认定合同无效的，人民法院不予支持。但是，合同履行必然导致违反强制性规定或者法律、司法解释另有规定的除外。

依据前两款认定合同有效，但是当事人的违法行为未经处理的，人民法院应当向有关行政管理部门提出司法建议。当事人的行为涉嫌犯罪的，应当将案件线索移送刑事侦查机关；属于刑事自诉案件的，应当告知当事人可以向有管辖权的人民法院另行提起诉讼。

第十七条　合同虽然不违反法律、行政法规的强制性规定，但是有下列情形之一，人民法院应当依据民法典第一百五十三条第二款的规定认定合同无效：

（一）合同影响政治安全、经济安全、军事安全等国家安全的；

（二）合同影响社会稳定、公平竞争秩序或者损害社会公共利益等违背社会公共秩序的；

（三）合同背离社会公德、家庭伦理或者有损人格尊严等违背善良风俗的。

人民法院在认定合同是否违背公序良俗时，应当以社会主义核心价值观为导向，综合考虑当事人的主观动机和交易目的、政府部门的监管强度、一定期限内当事人从事类似交易的频次、行为的社会后果等因素，并在裁判文书中充分说理。当事人确因生活需要进行交易，未给社会公共秩序造成重大影响，且不影响国家安全，也不违背善良风俗的，人民法院不应当认定合同无效。

第十八条　法律、行政法规的规定虽然有“应当”“必须”或者“不得”等表述，但是该规定旨在限制或者赋予民事权利，行为人违反该规定将构成无权处分、无权代理、越权代表等，或者导致合同相对人、第三人因此获得撤销权、解除权等民事权利的，人民法院应当依据法律、行政法规规定的关于违反该规定的民事法律后果认定合同效力。

第十九条　以转让或者设定财产权利为目的订立的合同，当事人或者真正权利人仅以让与人在订立合同时对标的物没有所有权或者处分权为由主张合同无效的，人民法院不予支持；因未取得真正权利人事后同意或者让与人事后未取得处分权导致合同不能履行，受让人主张解除合同并请求让与人承担违反合同的赔偿责任的，人民法院依法予以支持。

前款规定的合同被认定有效，且让与人已经将财产交付或者移转登记至受让人，真正权利人请求认定财产权利未发生变动或者请求返还财产的，人民法院应予支持。但是，受让人依据民法典第三百一十一条等规定善意取得财产权利的除外。

第二十条　法律、行政法规为限制法人的法定代表人或者非法人组织的负责人的代表权，规定合同所涉事项应当由法人、非法人组织的权力机构或者决策机构决议，或者应当由法人、非法人组织的执行机构决定，法定代表人、负责人未取得授权而以法人、非法人组织的名义订立合同，未尽到合理审查义务的相对人主张该合同对法人、非法人组织发生效力并由其承担违约责任的，人民法院不予支持，但是法人、非法人组织有过错的，可以参照民法典第一百五十七条的规定判决其承担相应的赔偿责任。相对人已尽到合理审查义务，构成表见代表的，人民法院应当依据民法典第五百零四条的规定处理。

合同所涉事项未超越法律、行政法规规定的法定代表人或者负责人的代表权限，但是超越法人、非法人组织的章程或者权力机构等对代表权的限制，相对人主张该合同对法人、非法人组织发生效力并由其承担违约责任的，人民法院依法予以支持。但是，法人、非法人组织举证证明相对人知道或者应当知道该限制的除外。

法人、非法人组织承担民事责任后，向有过错的法定代表人、负责人追偿因越权代表行为造成的损失的，人民法院依法予以支持。法律、司法解释对法定代表人、负责人的民事责任另有规定的，依照其规定。

第二十一条 法人、非法人组织的工作人员就超越其职权范围的事项以法人、非法人组织的名义订立合同，相对人主张该合同对法人、非法人组织发生效力并由其承担违约责任的，人民法院不予支持。但是，法人、非法人组织有过错的，人民法院可以参照民法典第一百五十七条的规定判决其承担相应的赔偿责任。前述情形，构成表见代理的，人民法院应当依据民法典第一百七十二条的规定处理。

合同所涉事项有下列情形之一的，人民法院应当认定法人、非法人组织的工作人员在订立合同时超越其职权范围：

（一）依法应当由法人、非法人组织的权力机构或者决策机构决议的事项；

（二）依法应当由法人、非法人组织的执行机构决定的事项；

（三）依法应当由法定代表人、负责人代表法人、非法人组织实施的事项；

（四）不属于通常情形下依其职权可以处理的事项。

合同所涉事项未超越依据前款确定的职权范围，但是超越法人、非法人组织对工作人员职权范围的限制，相对人主张该合同对法人、非法人组织发生效力并由其承担违约责任的，人民法院应予支持。但是，法人、非法人组织举证证明相对人知道或者应当知道该限制的除外。

法人、非法人组织承担民事责任后，向故意或者有重大过失的工作人员追偿的，人民法院依法予以支持。

第二十二条 法定代表人、负责人或者工作人员以法人、非法人组织的名义订立合同且未超越权限，法人、非法人组织仅以合同加盖的印章不是备案印章或者系伪造的印章为由主张该合同对其不发生效力的，人民法院不予支持。

合同系以法人、非法人组织的名义订立，但是仅有法定代表人、负责人或者工作人员签名或者按指印而未加盖法人、非法人组织的印章，相对人能够证明法定代表人、负责人或者工作人员在订立合同时未超越权限的，人民法院应当认定合同对法人、非法人组织发生效力。但是，当事人约定以加盖印章作为合同成立条件的除外。

合同仅加盖法人、非法人组织的印章而无人员签名或者按指印，相对人能够证明合同系法定代表人、负责人或者工作人员在其权限范围内订立的，人民法院应当认定该合同对法人、非法人组织发生效力。

在前三款规定的情形下，法定代表人、负责人或者工作人员在订立合同时虽然超越代表或者代理权限，但是依据民法典第五百零四条的规定构成表见代表，或者依据民法典第一百七十二条的规定构成表见代理的，人民法院应当认定合同对法人、非法人组织发生效力。

第二十三条 法定代表人、负责人或者代理人与相对人恶意串通，以法人、非法人组织的名义订立合同，损害法人、非法人组织的合法权益，法人、非法人组织主张不承担民事责任的，人民法院应予支持。法人、非法人组织请求法定代表人、负责人或者代理人与相对人对因此受到的损失承担连带赔偿责任的，人民法院应予支持。

根据法人、非法人组织的举证，综合考虑当事人之间的交易习惯、合同在订立时是否显失公平、相关人员是否获取了不正当利益、合同的履行情况等因素，人民法院能够认定法定代表人、负责人或者代理人与相对人存在恶意串通的高度可能性的，可以要求前述人员就合同订立、履行的过程等相关事实作出陈述或者提供相应的证据。其无正当理由拒绝作出陈述，或者所作陈述不具合理性又不能提供相应证据的，人民法院可以认定恶意串通的事实成立。

第二十四条 合同不成立、无效、被撤销或者确定不发生效力，当事人请求返还财产，经审查财产能够返还的，人民法院应当根据案件具体情况，单独或者合并适用返还占有的标的物、更正登记簿册记载等方式；经审查财产不能返还或者没有必要返还的，人民法院应当以认定合同不成立、无效、被撤销或者确定不发生效力之日该财产的市场价值或者以其他合理方式计算的价值为基准判决折价补偿。

除前款规定的情形外，当事人还请求赔偿损失的，人民法院应当结合财产返还或者折价补偿的情况，综合考虑财产增值收益和贬值损失、交易成本的支出等事实，按照双方当事人的过错程度及原因力大小，根据诚信原则和公平原则，合理确定损失赔偿额。

合同不成立、无效、被撤销或者确定不发生效力，当事人的行为涉嫌违法且未经处理，可能导致一方或者双方通过违法行为获得不当利益的，人民法院应当向有关行政管理部门提出司法建议。当事人的行为涉嫌犯罪的，应当将案件线索移送刑事侦查机关；属于刑事自诉案件的，应当告知当事人可以向有管辖权的人民法院另行提起诉讼。

第二十五条 合同不成立、无效、被撤销或者确定不发生效力，有权请求返还价款或者报酬的当事人一方请求对方支付资金占用费的，人民法院应当在当事人请求的范围内按照中国人民银行授权全国银行间同业拆借中心公布的一年期贷款市场报价利率（LPR）计算。但是，占用资金的当事人对于合同不成立、无效、被撤销或者确定不发生效力没有过错的，应当以中国人民银行公布的同期同类存款基准利率计算。

双方互负返还义务，当事人主张同时履行的，人民法院应予支持；占有标的物的一方对标的物存在使用或者依法可以使用的情形，对方请求将其应支付的资金占用费与应收取的标的物使用费相互抵销的，人民法院应予支持，但是法律另有规定的除外。

第六十六条　当事人一方请求对方支付违约金，对方以合同不成立、无效、被撤销、确定不发生效力、不构成违约或者非违约方不存在损失等为由抗辩，未主张调整过高的违约金的，人民法院应当就若不支持该抗辩，当事人是否请求调整违约金进行释明。第一审人民法院认为抗辩成立且未予释明，第二审人民法院认为应当判决支付违约金的，可以直接释明，并根据当事人的请求，在当事人就是否应当调整违约金充分举证、质证、辩论后，依法判决适当减少违约金。

被告因客观原因在第一审程序中未到庭参加诉讼，但是在第二审程序中到庭参加诉讼并请求减少违约金的，第二审人民法院可以在当事人就是否应当调整违约金充分举证、质证、辩论后，依法判决适当减少违约金。

《中华人民共和国电子商务法》（2018 年 8 月 31 日公布　2019 年 1 月 1 日施行）

第四十八条　电子商务当事人使用自动信息系统订立或者履行合同的行为对使用该系统的当事人具有法律效力。

在电子商务中推定当事人具有相应的民事行为能力。但是，有相反证据足以推翻的除外。

第四十九条　电子商务经营者发布的商品或者服务信息符合要约条件的，用户选择该商品或者服务并提交订单成功，合同成立。当事人另有约定的，从其约定。

电子商务经营者不得以格式条款等方式约定消费者支付价款后合同不成立；格式条款等含有该内容的，其内容无效。

第五十一条　合同标的为交付商品并采用快递物流方式交付的，收货人签收时间为交付时间。合同标的为提供服务的，生成的电子凭证或者实物凭证中载明的时间为交付时间；前述凭证没有载明时间或者载明时间与实际提供服务时间不一致的，实际提供服务的时间为交付时间。

合同标的为采用在线传输方式交付的，合同标的进入对方当事人指定的特定系统并且能够检索识别的时间为交付时间。

合同当事人对交付方式、交付时间另有约定的，从其约定。

第五十二条 电子商务当事人可以约定采用快递物流方式交付商品。

快递物流服务提供者为电子商务提供快递物流服务，应当遵守法律、行政法规，并应当符合承诺的服务规范和时限。快递物流服务提供者在交付商品时，应当提示收货人当面查验；交由他人代收的，应当经收货人同意。

快递物流服务提供者应当按照规定使用环保包装材料，实现包装材料的减量化和再利用。

快递物流服务提供者在提供快递物流服务的同时，可以接受电子商务经营者的委托提供代收货款服务。

《全国法院贯彻实施民法典工作会议纪要》（法〔2021〕94号 2021年4月6日公布）

2. 行为人因对行为的性质、对方当事人、标的物的品种、质量、规格和数量等的错误认识，使行为的后果与自己的意思相悖，并造成较大损失的，人民法院可以认定为民法典第一百四十七条、第一百五十二条规定的重大误解。

3. 故意告知虚假情况，或者故意隐瞒真实情况，诱使当事人作出错误意思表示的，人民法院可以认定为民法典第一百四十八条、第一百四十九条规定的欺诈。

5. 民法典第一百八十八条第一款规定的普通诉讼时效期间，可以适用民法典有关诉讼时效中止、中断的规定，不适用延长的规定。民法典第一百八十八条第二款规定的“二十年”诉讼时效期间可以适用延长的规定，不适用中止、中断的规定。

诉讼时效根据民法典第一百九十五条的规定中断后，在新的诉讼时效期间内，再次出现第一百九十五条规定的中断事由，可以认定诉讼时效再次中断。权利人向义务人的代理人、财产代管人或者遗产管理人主张权利的，可以认定诉讼时效中断。

6. 当事人对于合同是否成立发生争议，人民法院应当本着尊重合同自由，鼓励和促进交易的精神依法处理。能够确定当事人名称或者姓名、标的和数量的，人民法院一般应当认定合同成立，但法律另有规定或者当事人另有约定的除外。

对合同欠缺的当事人名称或者姓名、标的和数量以外的其他内容，当事人达不成协议的，人民法院依照民法典第四百六十六条、第五百一十条、第五百一十一条等规定予以确定。

7. 提供格式条款的一方对格式条款中免除或者减轻其责任等与对方有重大利害关系的内容，在合同订立时采用足以引起对方注意的文字、符号、字体等特别标识，并按照对方的要求以常人能够理解的方式对该格式条款予以说明的，人民法院应当认定符合民法典第四百九十六条所称“采取合理的方式”。提供格式条款一方对已尽合理提示及说明义务承担举证责任。

12. 除上述内容外，对于民通意见、合同法解释一、合同法解释二的实体性规定所体现的精神，与民法典及有关法律不冲突且在司法实践中行之有效的，如民通意见第2条关于以自己的劳动收入为主要生活来源的认定规则等，人民法院可以在裁判文书说理时阐述。上述司法解释中的程序性规定的精神，与民事诉讼法及相关法律不冲突的，如合同法解释一第十四条、第二十三条等，人民法院可以在办理程序性事项时作为参考。

14. 人民法院审理民事纠纷案件，根据《时间效力规定》应当适用民法典的，同时适用民法典相关司法解释，但是该司法解释另有规定的除外。

《全国法院民商事审判工作会议纪要》（法〔2019〕254号　2019年11月8日公布）

三、关于合同纠纷案件的审理

会议认为，合同是市场化配置资源的主要方式，合同纠纷也是民商事纠纷的主要类型。人民法院在审理合同纠纷案件时，要坚持鼓励交易原则，充分尊重当事人的意思自治。要依法审慎认定合同效力。要根据诚实信用原则，合理解释合同条款、确定履行内容，合理确定当事人的权利义务关系，审慎适用合同解除制度，依法调整过高的违约金，强化对守约者诚信行为的保护力度，提高违法违约成本，促进诚信社会构建。

（一）关于合同效力

人民法院在审理合同纠纷案件过程中，要依职权审查合同是否存在无效的情形，注意无效与可撤销、未生效、效力待定等合同效力形态之间的区别，准确认定合同效力，并根据效力的不同情形，结合当事人的诉讼请求，确定相应的民事责任。

30. 【强制性规定的识别】合同法施行后，针对一些人民法院动辄以违反法律、行政法规的强制性规定为由认定合同无效，不当扩大无效合同范围的情形，合同法司法解释（二）第14条将《合同法》第52条第5项规定的“强制性规定”明确限于“效力性强制性规定”。此后，《最高人民法院关于当前形势下审理民商事合同纠纷案件若干问题的指导意见》进一步提出了“管理性强制性规定”的概念，指出违反管理性强制性规定的，人民法院应当根据具体情形认定合同效力。随着这一概念的提出，审判实践中又出现了另一种倾向，有的人民法院认为凡是行政管理性质的强制性规定都属于“管理性强制性规定”，不影响合同效力。这种望文生义的认定方法，应予纠正。

人民法院在审理合同纠纷案件时，要依据《民法总则》第153条第1款和合同法司法解释（二）第14条的规定慎重判断“强制性规定”的性质，特别是要在考量强制性规定所保护的法益类型、违法行为的法律后果以及交易安全保护等因素的基础上认定其性质，并在裁判文书中充分说明理由。下列强制性规定，应当认定为“效力性强制性规定”：强制性规定涉及金融安全、市场秩序、国家宏观政策等公序良俗的；交易标的禁止买卖的，如禁止人体器官、毒品、枪支等买卖；违反特许经营规定的，如场外配资合同；交易方式严重违法的，如违反招投标等竞争性缔约方式订立的合同；交易场所违法的，如在批准的交易场所之外进行期货交易。关于经营范围、交易时间、交易数量等行政管理性质的强制性规定，一般应当认定为“管理性强制性规定”。

31.【违反规章的合同效力】违反规章一般情况下不影响合同效力，但该规章的内容涉及金融安全、市场秩序、国家宏观政策等公序良俗的，应当认定合同无效。人民法院在认定规章是否涉及公序良俗时，要在考察规范对象基础上，兼顾监管强度、交易安全保护以及社会影响等方面进行慎重考量，并在裁判文书中进行充分说理。

32.【合同不成立、无效或者被撤销的法律后果】《合同法》第58条就合同无效或者被撤销时的财产返还责任和损害赔偿责任作了规定，但未规定合同不成立的法律后果。考虑到合同不成立时也可能发生财产返还和损害赔偿责任问题，故应当参照适用该条的规定。

在确定合同不成立、无效或者被撤销后财产返还或者折价补偿范围时，要根据诚实信用原则的要求，在当事人之间合理分配，不能使不诚信的当事人因合同不成立、无效或者被撤销而获益。合同不成立、无效或者被撤销情况下，当事人所承担的缔约过失责任不应超过合同履行利益。比如，依据《最高人民法院关于审理建设工程施工合同纠纷案件适用法律问题的解释》第2条规定，建设工程施工合同无效，在建设工程经竣工验收合格情况下，可以参照合同约定支付工程款，但除非增加了合同约定之外新的工程项目，一般不应超出合同约定支付工程款。

33.【财产返还与折价补偿】合同不成立、无效或者被撤销后，在确定财产返还时，要充分考虑财产增值或者贬值的因素。双务合同不成立、无效或者被撤销后，双方因该合同取得财产的，应当相互返还。应予返还的股权、房屋等财产相对于合同约定价款出现增值或者贬值的，人民法院要综合考虑市场因素、受让人的经营或者添附等行为与财产增值或者贬值之间的关联性，在当事人之间合理分配或者分担，避免一方因合同不成立、无效或者被撤销而获益。在标的物已经灭失、转售他人或者其他无法返还的情况下，当事人主张返还原物的，人民法院不予支持，但其主张折价补偿的，人民法院依法予以支持。折价时，应当以当事人交易时约定的价款为基础，同时考虑当事人在标的物灭失或者转售时的获益情况综合确定补偿标准。标的物灭失时当事人获得的保险金或者其他赔偿金，转售时取得的对价，均属于当事人因标的物而获得的利益。对获益高于或者低于价款的部分，也应当在当事人之间合理分配或者分担。

34.【价款返还】双务合同不成立、无效或者被撤销时，标的物返还与价款返还互为对待给付，双方应当同时返还。关于应否支付利息问题，只要一方对标的物有使用情形的，一般应当支付使用费，该费用可与占有价款一方应当支付的资金占用费相互抵销，故在一方返还原物前，另一方仅须支付本金，而无须支付利息。

35.【损害赔偿】合同不成立、无效或者被撤销时，仅返还财产或者折价补偿不足以弥补损失，一方还可以向有过错的另一方请求损害赔偿。在确定损害赔偿范围时，既要根据当事人的过错程度合理确定责任，又要考虑在确定财产返还范围时已经考虑过的财产增值或者贬值因素，避免双重获利或者双重受损的现象发生。

36.【合同无效时的释明问题】在双务合同中，原告起诉请求确认合同有效并请求继续履行合同，被告主张合同无效的，或者原告起诉请求确认合同无效并返还财产，而被告主张合同有效的，都要防止机械适用“不告不理”原则，仅就当事人的诉讼请求进行审理，而应向原告释明变更或者增加诉讼请求，或者向被告释明提出同时履行抗辩，尽可能一次性解决纠纷。例如，基于合同有给付行为的原告请求确认合同无效，但并未提出返还原物或者折价补偿、赔偿损失等请求的，人民法院应当向其释明，告知其一并提出相应诉讼请求；原告请求确认合同无效并要求被告返还原物或者赔偿损失，被告基于合同也有给付行为的，人民法院同样应当向被告释明，告知其也可以提出返还请求；人民法院经审理认定合同无效的，除了要在判决书“本院认为”部分对同时返还作出认定外，还应当在判项中作出明确表述，避免因判令单方返还而出现不公平的结果。

第一审人民法院未予释明，第二审人民法院认为应当对合同不成立、无效或者被撤销的法律后果作出判决的，可以直接释明并改判。当然，如果返还财产或者赔偿损失的范围确实难以确定或者双方争议较大的，也可以告知当事人通过另行起诉等方式解决，并在裁判文书中予以明确。

当事人按照释明变更诉讼请求或者提出抗辩的，人民法院应当将其归纳为案件争议焦点，组织当事人充分举证、质证、辩论。

37.【未经批准合同的效力】法律、行政法规规定某类合同应当办理批准手续生效的，如商业银行法、证券法、保险法等法律规定购买商业银行、证券公司、保险公司5%以上股权须经相关主管部门批准，依据《合同法》第44条第2款的规定，批准是合同的法定生效条件，未经批准的合同因欠缺法律规定的特别生效条件而未生效。实践中的一个突出问题是，把未生效合同认定为无效合同，或者虽认定为未生效，却按无效合同处理。无效合同从本质上来说是欠缺合同的有效要件，或者具有合同无效的法定事由，自始不发生法律效力。而未生效合同已具备合同的有效要件，对双方具有一定的拘束力，任何一方不得擅自撤回、解除、变更，但因欠缺法律、行政法规规定或当事人约定的特别生效条件，在该生效条件成就前，不能产生请求对方履行合同主要权利义务的法律效力。

38.【报批义务及相关违约条款独立生效】须经行政机关批准生效的合同，对报批义务及未履行报批义务的违约责任等相关内容作出专门约定的，该约定独立生效。一方因另一方不履行报批义务，请求解除合同并请求其承担合同约定的相应违约责任的，人民法院依法予以支持。

39.【报批义务的释明】须经行政机关批准生效的合同，一方请求另一方履行合同主要权利义务的，人民法院应当向其释明，将诉讼请求变更为请求履行报批义务。一方变更诉讼请求的，人民法院依法予以支持；经释明后当事人拒绝变更的，应当驳回其诉讼请求，但不影响其另行提起诉讼。

40.【判决履行报批义务后的处理】人民法院判决一方履行报批义务后，该当事人拒绝履行，经人民法院强制执行仍未履行，对方请求其承担合同违约责任的，人民法院依法予以支持。一方依据判决履行报批义务，行政机关予以批准，合同发生完全的法律效力，其请求对方履行合同的，人民法院依法予以支持；行政机关没有批准，合同不具有法律上的可履行性，一方请求解除合同的，人民法院依法予以支持。

41.【盖章行为的法律效力】司法实践中，有些公司有意刻制两套甚至多套公章，有的法定代表人或者代理人甚至私刻公章，订立合同时恶意加盖非备案的公章或者假公章，发生纠纷后法人以加盖的是假公章为由否定合同效力的情形并不鲜见。人民法院在审理案件时，应当主要审查签约人于盖章之时有无代表权或者代理权，从而根据代表或者代理的相关规则来确定合同的效力。

法定代表人或者其授权之人在合同上加盖法人公章的行为，表明其是以法人名义签订合同，除《公司法》第 16 条等法律对其职权有特别规定的情形外，应当由法人承担相应的法律后果。法人以法定代表人事后已无代表权、加盖的是假章、所盖之章与备案公章不一致等为由否定合同效力的，人民法院不予支持。

代理人以被代理人名义签订合同，要取得合法授权。代理人取得合法授权后，以被代理人名义签订的合同，应当由被代理人承担责任。被代理人以代理人事后已无代理权、加盖的是假章、所盖之章与备案公章不一致等为由否定合同效力的，人民法院不予支持。

42.【撤销权的行使】撤销权应当由当事人行使。当事人未请求撤销的，人民法院不应当依职权撤销合同。一方请求另一方履行合同，另一方以合同具有可撤销事由提出抗辩的，人民法院应当在审查合同是否具有可撤销事由以及是否超过法定期间等事实的基础上，对合同是否可撤销作出判断，不能仅以当事人未提起诉讼或者反诉为由不予审查或者不予支持。一方主张合同无效，依据的却是可撤销事由，此时人民法院应当全面审查合同是否具有无效事由以及当事人主张的可撤销事由。当事人关于合同无效的事由成立的，人民法院应当认定合同无效。当事人主张合同无效的理由不成立，而可撤销的事由成立的，因合同无效和可撤销的后果相同，人民法院也可以结合当事人的诉讼请求，直接判决撤销合同。

（二）关于合同履行与救济

在认定以物抵债协议的性质和效力时，要根据订立协议时履行期限是否已经届满予以区别对待。合同解除、违约责任都是非违约方寻求救济的主要方式，人民法院在认定合同应否解除时，要根据当事人有无解除权、是约定解除还是法定解除等不同情形，分别予以处理。在确定违约责任时，尤其要注意依法适用违约金调整的相关规则，避免简单地以民间借贷利率的司法保护上限作为调整依据。

43.【抵销】抵销权既可以通知的方式行使，也可以提出抗辩或者提起反诉的方式行使。抵销的意思表示自到达对方时生效，抵销一经生效，其效力溯及自抵销条件成就之时，双方互负的债务在同等数额内消灭。双方互负的债务数额，是截至抵销条件成就之时各自负有的包括主债务、利息、违约金、赔偿金等在内的全部债务数额。行使抵销权一方享有的债权不足以抵销全部债务数额，当事人对抵销顺序又没有特别约定的，应当根据实现债权的费用、利息、主债务的顺序进行抵销。

44.【履行期届满后达成的以物抵债协议】当事人在债务履行期限届满后达成以物抵债协议，抵债物尚未交付债权人，债权人请求债务人交付的，人民法院要着重审查以物抵债协议是否存在恶意损害第三人合法权益等情形，避免虚假诉讼的发生。经审查，不存在以上情况，且无其他无效事由的，人民法院依法予以支持。

当事人在一审程序中因达成以物抵债协议申请撤回起诉的，人民法院可予准许。当事人在二审程序中申请撤回上诉的，人民法院应当告知其申请撤回起诉。当事人申请撤回起诉，经审查不损害国家利益、社会公共利益、他人合法权益的，人民法院可予准许。当事人不申请撤回起诉，请求人民法院出具调解书对以物抵债协议予以确认的，因债务人完全可以立即履行该协议，没有必要由人民法院出具调解书，故人民法院不应准许，同时应当继续对原债权债务关系进行审理。

45.【履行期届满前达成的以物抵债协议】当事人在债务履行期届满前达成以物抵债协议，抵债物尚未交付债权人，债权人请求债务人交付的，因此种情况不同于本纪要第 71 条规定的让与担保，人民法院应当向其释明，其应当根据原债权债务关系提起诉讼。经释明后当事人仍拒绝变更诉讼请求的，应当驳回其诉讼请求，但不影响其根据原债权债务关系另行提起诉讼。

46.【通知解除的条件】审判实践中，部分人民法院对合同法司法解释（二）第 24 条的理解存在偏差，认为不论发出解除通知的一方有无解除权，只要另一方未在异议期限内以起诉方式提出异议，就判令解除合同，这不符合合同法关于合同解除权行使的有关规定。对该条的准确理解是，只有享有法定或者约定解除权的当事人才能以通知方式解除合同。不享有解除权的一方向另一方发出解除通知，另一方即便未在异议期限内提起诉讼，也不发生合同解除的效果。人民法院在审理案件时，应当审查发出解除通知的一方是否享有约定或者法定的解除权来决定合同应否解除，不能仅以受通知一方在约定或者法定的异议期限届满内未起诉这一事实就认定合同已经解除。

47.【约定解除条件】合同约定的解除条件成就时，守约方以此为由请求解除合同的，人民法院应当审查违约方的违约程度是否显著轻微，是否影响守约方合同目的的实现，根据诚实信用原则，确定合同应否解除。违约方的违约程度显著轻微，不影响守约方合同目的的实现，守约方请求解除合同的，人民法院不予支持；反之，则依法予以支持。

48.【违约方起诉解除】违约方不享有单方解除合同的权利。但是，在一些长期性合同如房屋租赁合同履行过程中，双方形成合同僵局，一概不允许违约方通过起诉的方式解除合同，有时对双方都不利。在此前提下，符合下列条件，违约方起诉请求解除合同的，人民法院依法予以支持：

（1）违约方不存在恶意违约的情形；

（2）违约方继续履行合同，对其显失公平；

（3）守约方拒绝解除合同，违反诚实信用原则。

人民法院判决解除合同的，违约方本应当承担的违约责任不能因解除合同而减少或者免除。

49.【合同解除的法律后果】合同解除时，一方依据合同中有关违约金、约定损害赔偿的计算方法、定金责任等违约责任条款的约定，请求另一方承担违约责任的，人民法院依法予以支持。

双务合同解除时人民法院的释明问题，参照本纪要第 36 条的相关规定处理。

50.【违约金过高标准及举证责任】认定约定违约金是否过高，一般应当以《合同法》第 113 条规定的损失为基础进行判断，这里的损失包括合同履行后可以获得的利益。除借款合同外的双务合同，作为对价的价款或者报酬给付之债，并非借款合同项下的还款义务，不能以受法律保护的民间借贷利率上限作为判断违约金是否过高的标准，而应当兼顾合同履行情况、当事人过错程度以及预期利益等因素综合确定。主张违约金过高的违约方应当对违约金是否过高承担举证责任。

适用本案由需要注意的问题

◆确认合同效力纠纷属于合同纠纷，按照合同纠纷的一般管辖原则，此类案件应由被告住所地或合同履行地人民法院管辖，若合同无实际履行地，由被告住所地人民法院管辖。

◆合同的效力是所有合同纠纷都涉及的，也是所有合同纠纷必须先解决的问题，但需注意只有在当事人单独就合同无效诉至法院请求确认时，才可将之作为案由，如果当事人以其他合同纠纷诉至法院，或者在提出确认合同无效时一并提出其他相关诉讼请求，则不应当将此作为本案案由。

◆需要指出的是，对于当事人单纯提起确认合同有效的诉讼，是否具有诉的利益的问题，争议较大，实践中，确实存在着当事人规避《诉讼费用交纳办法》，先提起合同效力确认之诉，等法院生效判决作出后再行提出后续诉讼，浪费司法资源。本书倾向的观点是，只要合同签订时没有胁迫、欺诈等法律规定合同无效的情形出现，那么合同就应当认定为有效。在没有出现导致合同无效的情形之前，或者不存在合同效力争议的情形下，一份有效的合同无须再通过人民法院来确认合同的效力。

◆需要注意，根据《民事案件案由规定》，本案由包含了合同有效、无效、可撤销以及效力待定，因此除确认合同有效、无效可作为本案由下二级案由外，合同可撤销以及效力待定并非独立案由，均应适用本案由，不存在合同撤销纠纷以及合同效力待定纠纷。同时，若当事人直接请求对方承担因合同无效、可撤销或效力待定而引起的缔约过失责任，则应直接按照缔约过失责任纠纷作为案由。

77. 债权人代位权纠纷

案由解析

债权人代位权是指当债务人怠于行使其到期债权，对债权人利益造成损害时，债权人有权以自己的名义行使债务人对第三人享有的债权以保障自身的权利。

债权人代位权纠纷是指债务人怠于行使其到期债权，造成债权人利益受损，债权人以自身名义行使债务人对第三人债权时所产生的纠纷。

债权人代位权的主要特征是：（1）债务人怠于行使其对第三人权利，且该行为危害到了债权人的债权实现。（2）债权人在行使代位权的过程中是以自己的名义行使的，虽然债权人与第三人之间并无债权债务关系，但是债权人行使权利不需要通过债务人，亦不需要以债务人的名义。（3）代位权的行使只能通过法院，债权人不得直接要求第三人给付，只能以提起代位权之诉的方式实现自己债权。

常用法律条文及索引

《中华人民共和国民法典》（2020年5月28日公布　2021年1月1日施行）

第五百三十五条　因债务人怠于行使其债权或者与该债权有关的从权

利，影响债权人的到期债权实现的，债权人可以向人民法院请求以自己的名义代位行使债务人对相对人的权利，但是该权利专属于债务人自身的除外。

代位权的行使范围以债权人的到期债权为限。债权人行使代位权的必要费用，由债务人负担。

第五百三十六条　债权人的债权到期前，债务人的债权或者与该债权有关的从权利存在诉讼时效期间即将届满或者未及时申报破产债权等情形，影响债权人的债权实现的，债权人可以代位向债务人的相对人请求其向债务人履行、向破产管理人申报或者作出其他必要的行为。

第五百三十七条　人民法院认定代位权成立的，由债务人的相对人向债权人履行义务，债权人接受履行后，债权人与债务人、债务人与相对人之间相应的权利义务终止。债务人对相对人的债权或者与该债权有关的从权利被采取保全、执行措施，或者债务人破产的，依照相关法律的规定处理。

《最高人民法院关于适用〈中华人民共和国民法典〉合同编通则若干问题的解释》（法释〔2023〕13号　2023年12月4日公布）

第三十三条　债务人不履行其对债权人的到期债务，又不以诉讼或者仲裁方式向相对人主张其享有的债权或者与该债权有关的从权利，致使债权人的到期债权未能实现的，人民法院可以认定为民法典第五百三十五条规定的“债务人怠于行使其债权或者与该债权有关的从权利，影响债权人的到期债权实现”。

第三十四条　下列权利，人民法院可以认定为民法典第五百三十五条第一款规定的专属于债务人自身的权利：

（一）抚养费、赡养费或者扶养费请求权；

（二）人身损害赔偿请求权；

（三）劳动报酬请求权，但是超过债务人及其所扶养家属的生活必需费用的部分除外；

（四）请求支付基本养老保险金、失业保险金、最低生活保障金等保障当事人基本生活的权利；

（五）其他专属于债务人自身的权利。

第三十五条　债权人依据民法典第五百三十五条的规定对债务人的相对人提起代位权诉讼的，由被告住所地人民法院管辖，但是依法应当适用专属管辖规定的除外。

债务人或者相对人以双方之间的债权债务关系订有管辖协议为由提出异议的，人民法院不予支持。

第三十六条 债权人提起代位权诉讼后，债务人或者相对人以双方之间的债权债务关系订有仲裁协议为由对法院主管提出异议的，人民法院不予支持。但是，债务人或者相对人在首次开庭前就债务人与相对人之间的债权债务关系申请仲裁的，人民法院可以依法中止代位权诉讼。

第三十七条 债权人以债务人的相对人为被告向人民法院提起代位权诉讼，未将债务人列为第三人的，人民法院应当追加债务人为第三人。

两个以上债权人以债务人的同一相对人为被告提起代位权诉讼的，人民法院可以合并审理。债务人对相对人享有的债权不足以清偿其对两个以上债权人负担的债务的，人民法院应当按照债权人享有的债权比例确定相对人的履行份额，但是法律另有规定的除外。

第三十八条 债权人向人民法院起诉债务人后，又向同一人民法院对债务人的相对人提起代位权诉讼，属于该人民法院管辖的，可以合并审理。不属于该人民法院管辖的，应当告知其向有管辖权的人民法院另行起诉；在起诉债务人的诉讼终结前，代位权诉讼应当中止。

第三十九条 在代位权诉讼中，债务人对超过债权人代位请求数额的债权部分起诉相对人，属于同一人民法院管辖的，可以合并审理。不属于同一人民法院管辖的，应当告知其向有管辖权的人民法院另行起诉；在代位权诉讼终结前，债务人对相对人的诉讼应当中止。

第四十条 代位权诉讼中，人民法院经审理认为债权人的主张不符合代位权行使条件的，应当驳回诉讼请求，但是不影响债权人根据新的事实再次起诉。

债务人的相对人仅以债权人提起代位权诉讼时债权人与债务人之间的债权债务关系未经生效法律文书确认为由，主张债权人提起的诉讼不符合代位权行使条件的，人民法院不予支持。

第四十一条 债权人提起代位权诉讼后，债务人无正当理由减免相对人的债务或者延长相对人的履行期限，相对人以此向债权人抗辩的，人民法院不予支持。

相对人对债务人的抗辩，可以向债权人主张。

《全国法院贯彻实施民法典工作会议纪要》（法〔2021〕94号 2021年4月6日公布）

8. 民法典第五百三十五条规定的“债务人怠于行使其债权或者与该债权有关的从权利，影响债权人的到期债权实现的”，是指债务人不履行其对债权人的到期债务，又不以诉讼方式或者仲裁方式向相对人主张其享有的债权或者与该债权有关的从权利，致使债权人的到期债权未能实现。相对人不认为债务人有怠于行使其债权或者与该债权有关的从权利情况的，应当承担举证责任。

《全国法院民商事审判工作会议纪要》（法〔2019〕254号　2019年11月8日公布）

43.【抵销】抵销权既可以通知的方式行使，也可以提出抗辩或者提起反诉的方式行使。抵销的意思表示自到达对方时生效，抵销一经生效，其效力溯及自抵销条件成就之时，双方互负的债务在同等数额内消灭。双方互负的债务数额，是截至抵销条件成就之时各自负有的包括主债务、利息、违约金、赔偿金等在内的全部债务数额。行使抵销权一方享有的债权不足以抵销全部债务数额，当事人对抵销顺序又没有特别约定的，应当根据实现债权的费用、利息、主债务的顺序进行抵销。

适用本案由需要注意的问题

◆债权人代位权纠纷案件按照一般的原告就被告原则，由被告住所地人民法院管辖。

◆在适用本案由时，需注意其与债权人撤销权纠纷的区别，债权人代位权纠纷是因为债务人怠于行使对第三人的债权引起的，而债权人撤销权纠纷是因为债务人放弃对第三人的债权或其他致使自身财产减少的行为引起的。债权人代位权之诉的被告是第三人，而债权人撤销权之诉的被告是债务人。

◆债权人代位权纠纷是债权人为保全债权而向第三人提起的诉讼，并非直接基于债权人与债务人原来的合同，所以不能根据原合同类型确定案由，而应适用本案由。

◆根据立法机关的释义，依照《民法典》第535条的规定，债权人行使代位权应当符合以下条件：（1）债务人享有对外的债权。这是代位权存在的基础。（2）债务人怠于行使其债权或者与该债权有关的从权利。“怠于行使”是指债务人应当行使其权利，且能够行使而不行使。代位权的客体，即债务人怠于行使的权利，不能是专属于债务人自身的权利。（3）债务人怠于行使自己的权利，已影响债权人的到期债权实现。（4）债务已陷于迟延履行。债务人的债务履行期限未届满的，债权人不能行使代位权。债务履行期限已届满，债务陷于迟延履行，债权人方可行使代位权。

78. 债权人撤销权纠纷

案由解析

债权人撤销权是指当债务人实施致使自身财产减少的行为，若该行为会损害债权人的债权时，债权人可以请求人民法院将其撤销的权利。

债权人撤销权纠纷是指债务人实施致使自身财产减少的行为，损害债权人债权所产生的纠纷。

常用法律条文及索引

《中华人民共和国民法典》（2020年5月28日公布　2021年1月1日施行）

第五百三十五条　因债务人怠于行使其债权或者与该债权有关的从权利，影响债权人的到期债权实现的，债权人可以向人民法院请求以自己的名义代位行使债务人对相对人的权利，但是该权利专属于债务人自身的除外。

代位权的行使范围以债权人的到期债权为限。债权人行使代位权的必要费用，由债务人负担。

相对人对债务人的抗辩，可以向债权人主张。

第五百三十八条　债务人以放弃其债权、放弃债权担保、无偿转让财产等方式无偿处分财产权益，或者恶意延长其到期债权的履行期限，影响债权人的债权实现的，债权人可以请求人民法院撤销债务人的行为。

第五百三十九条　债务人以明显不合理的低价转让财产、以明显不合理的高价受让他人财产或者为他人的债务提供担保，影响债权人的债权实现，债务人的相对人知道或者应当知道该情形的，债权人可以请求人民法院撤销债务人的行为。

第五百四十条　撤销权的行使范围以债权人的债权为限。债权人行使撤销权的必要费用，由债务人负担。

第五百四十一条　撤销权自债权人知道或者应当知道撤销事由之日起一年内行使。自债务人的行为发生之日起五年内没有行使撤销权的，该撤销权消灭。

第五百四十二条　债务人影响债权人的债权实现的行为被撤销的，自始没有法律约束力。

《最高人民法院关于适用〈中华人民共和国民法典〉合同编通则若干问题的解释》（法释〔2023〕13 号　2023 年 12 月 4 日公布）

第四十二条　对于民法典第五百三十九条规定的“明显不合理”的低价或者高价，人民法院应当按照交易当地一般经营者的判断，并参考交易时交易地的市场交易价或者物价部门指导价予以认定。

转让价格未达到交易时交易地的市场交易价或者指导价百分之七十的，一般可以认定为“明显不合理的低价”；受让价格高于交易时交易地的市场交易价或者指导价百分之三十的，一般可以认定为“明显不合理的高价”。

债务人与相对人存在亲属关系、关联关系的，不受前款规定的百分之七十、百分之三十的限制。

第四十三条　债务人以明显不合理的价格，实施互易财产、以物抵债、出租或者承租财产、知识产权许可使用等行为，影响债权人的债权实现，债务人的相对人知道或者应当知道该情形，债权人请求撤销债务人的行为的，人民法院应当依据民法典第五百三十九条的规定予以支持。

第四十四条　债权人依据民法典第五百三十八条、第五百三十九条的规定提起撤销权诉讼的，应当以债务人和债务人的相对人为共同被告，由债务人或者相对人的住所地人民法院管辖，但是依法应当适用专属管辖规定的除外。

两个以上债权人就债务人的同一行为提起撤销权诉讼的，人民法院可以合并审理。

第四十五条　在债权人撤销权诉讼中，被撤销行为的标的可分，当事人主张在受影响的债权范围内撤销债务人的行为的，人民法院应予支持；被撤销行为的标的不可分，债权人主张将债务人的行为全部撤销的，人民法院应予支持。

债权人行使撤销权所支付的合理的律师代理费、差旅费等费用，可以认定为民法典第五百四十条规定的“必要费用”。

第四十六条　债权人在撤销权诉讼中同时请求债务人的相对人向债务人承担返还财产、折价补偿、履行到期债务等法律后果的，人民法院依法予以支持。

债权人请求受理撤销权诉讼的人民法院一并审理其与债务人之间的债权债务关系，属于该人民法院管辖的，可以合并审理。不属于该人民法院管辖的，应当告知其向有管辖权的人民法院另行起诉。

债权人依据其与债务人的诉讼、撤销权诉讼产生的生效法律文书申请强制执行的，人民法院可以就债务人对相对人享有的权利采取强制执行措施以实现债权人的债权。债权人在撤销权诉讼中，申请对相对人的财产采取保全措施的，人民法院依法予以准许。

《全国法院贯彻实施民法典工作会议纪要》（法〔2021〕94号 2021年4月6日公布）

8. 民法典第五百三十五条规定的“债务人怠于行使其债权或者与该债权有关的从权利，影响债权人的到期债权实现的”，是指债务人不履行其对债权人的到期债务，又不以诉讼方式或者仲裁方式向相对人主张其享有的债权或者与该债权有关的从权利，致使债权人的到期债权未能实现。相对人不认为债务人有怠于行使其债权或者与该债权有关的从权利情况的，应当承担举证责任。

《全国法院民商事审判工作会议纪要》（法〔2019〕254号 2019年11月8日公布）

44.【履行期届满后达成的以物抵债协议】当事人在债务履行期限届满后达成以物抵债协议，抵债物尚未交付债权人，债权人请求债务人交付的，人民法院要着重审查以物抵债协议是否存在恶意损害第三人合法权益等情形，避免虚假诉讼的发生。经审查，不存在以上情况，且无其他无效事由的，人民法院依法予以支持。

当事人在一审程序中因达成以物抵债协议申请撤回起诉的，人民法院可予准许。当事人在二审程序中申请撤回上诉的，人民法院应当告知其申请撤回起诉。当事人申请撤回起诉，经审查不损害国家利益、社会公共利益、他人合法权益的，人民法院可予准许。当事人不申请撤回起诉，请求人民法院出具调解书对以物抵债协议予以确认的，因债务人完全可以立即履行该协议，没有必要由人民法院出具调解书，故人民法院不应准许，同时应当继续对原债权债务关系进行审理。

45.【履行期届满前达成的以物抵债协议】当事人在债务履行期届满前达成以物抵债协议，抵债物尚未交付债权人，债权人请求债务人交付的，因此种情况不同于本纪要第71条规定的让与担保，人民法院应当向其释明，其应当根据原债权债务关系提起诉讼。经释明后当事人仍拒绝变更诉讼请求的，应当驳回其诉讼请求，但不影响其根据原债权债务关系另行提起诉讼。

适用本案由需要注意的问题

◆债权人撤销权案件的管辖：（1）撤销权诉讼的管辖依照“原告就被告”的原则确定，由被告住所地人民法院管辖。（2）债权人提起撤销权诉讼应当将债务人和债务人的相对人列为共同被告，故债务人的相对人住所地人民法院对债权人撤销权诉讼也享有管辖权。(3) 在被告住所地法院管辖与专属管辖之间存在不一致时，撤销权诉讼应遵从专属管辖的规定。

◆适用本案由时，要注意其与民事行为中的撤销权的区别，一般民事行为的撤销权是民事行为中，若意思表示有瑕疵，意思表示不真实的一方有权撤销自己的行为，其属于法律行为效力制度的内容，保护的是合同当事人意思表示的真实性。而债权人撤销权是债权人撤销债务人的财产处分行为，是一种防止债务人财产不当减少的制度，目的是保护债权人的债权利益。

◆债权人撤销合同纠纷不是因债权人与债务人原合同发生的纠纷，而是债权人基于保全债权的原因对于债务人某些行为的异议发生的纠纷，所以不应根据原合同的类型确定案由，而应适用本案由。

◆根据《民法典》的相关规定，债权人提起本诉应符合以下条件：(1) 须有债务人危害债权的行为；(2) 债务人的行为必须以财产为标的；(3) 债务人的行为影响债权人的债权实现。若债务人实施了《民法典》第539条规定的有偿行为，还应要求债务人的相对人知道或者应当知道该情形。

79. 债权转让合同纠纷

案由解析

债权转让合同是指在不改变债的内容的情况下，债权人与第三人通过的将其债权全部或部分转让给第三人的协议。

债权转让合同纠纷是指合同权利人将债权转让给第三人以后，当事人之间就债权转让合同产生的权利义务纠纷。

债权转让合同的主要特征是：(1) 债权的转让并不改变原来债权的内容，只是债权人主体资格的变化，由第三人取代原债权人取得债权。(2) 债权转让合同的当事人是债权人与第三人，债务人非合同当事人，因此，债权转让并不需要取得债务人的同意，只需要及时告知债务人即可。

常用法律条文及索引

《中华人民共和国民法典》(2020年5月28日公布　2021年1月1日施行)

第五百四十五条　债权人可以将债权的全部或者部分转让给第三人，但是有下列情形之一的除外：

（一）根据债权性质不得转让；

（二）按照当事人约定不得转让；

（三）依照法律规定不得转让。

当事人约定非金钱债权不得转让的，不得对抗善意第三人。当事人约定金钱债权不得转让的，不得对抗第三人。

第五百四十六条 债权人转让债权，未通知债务人的，该转让对债务人不发生效力。

债权转让的通知不得撤销，但是经受让人同意的除外。

第五百四十七条 债权人转让债权的，受让人取得与债权有关的从权利，但是该从权利专属于债权人自身的除外。

受让人取得从权利不因该从权利未办理转移登记手续或者未转移占有而受到影响。

第五百四十八条 债务人接到债权转让通知后，债务人对让与人的抗辩，可以向受让人主张。

第五百四十九条 有下列情形之一的，债务人可以向受让人主张抵销：

（一）债务人接到债权转让通知时，债务人对让与人享有债权，且债务人的债权先于转让的债权到期或者同时到期；

（二）债务人的债权与转让的债权是基于同一合同产生。

《最高人民法院关于适用〈中华人民共和国民法典〉合同编通则若干问题的解释》（法释〔2023〕13 号 2023 年 12 月 4 日公布）

第四十七条 债权转让后，债务人向受让人主张其对让与人的抗辩的，人民法院可以追加让与人为第三人。

债务转移后，新债务人主张原债务人对债权人的抗辩的，人民法院可以追加原债务人为第三人。

当事人一方将合同权利义务一并转让后，对方就合同权利义务向受让人主张抗辩或者受让人就合同权利义务向对方主张抗辩的，人民法院可以追加让与人为第三人。

第四十八条 债务人在接到债权转让通知前已经向让与人履行，受让人请求债务人履行的，人民法院不予支持；债务人接到债权转让通知后仍然向让与人履行，受让人请求债务人履行的，人民法院应予支持。

让与人未通知债务人，受让人直接起诉债务人请求履行债务，人民法院经审理确认债权转让事实的，应当认定债权转让自起诉状副本送达时对债务人发生效力。债务人主张因未通知而给其增加的费用或者造成的损失从认定的债权数额中扣除的，人民法院依法予以支持。

第四十九条　债务人接到债权转让通知后，让与人以债权转让合同不成立、无效、被撤销或者确定不发生效力为由请求债务人向其履行的，人民法院不予支持。但是，该债权转让通知被依法撤销的除外。

受让人基于债务人对债权真实存在的确认受让债权后，债务人又以该债权不存在为由拒绝向受让人履行的，人民法院不予支持。但是，受让人知道或者应当知道该债权不存在的除外。

第五十条　让与人将同一债权转让给两个以上受让人，债务人以已经向最先通知的受让人履行为由主张其不再履行债务的，人民法院应予支持。债务人明知接受履行的受让人不是最先通知的受让人，最先通知的受让人请求债务人继续履行债务或者依据债权转让协议请求让与人承担违约责任的，人民法院应予支持；最先通知的受让人请求接受履行的受让人返还其接受的财产的，人民法院不予支持，但是接受履行的受让人明知该债权在其受让前已经转让给其他受让人的除外。

前款所称最先通知的受让人，是指最先到达债务人的转让通知中载明的受让人。当事人之间对通知到达时间有争议的，人民法院应当结合通知的方式等因素综合判断，而不能仅根据债务人认可的通知时间或者通知记载的时间予以认定。当事人采用邮寄、通讯电子系统等方式发出通知的，人民法院应当以邮戳时间或者通讯电子系统记载的时间等作为认定通知到达时间的依据。

《全国法院贯彻实施民法典工作会议纪要》（法〔2021〕94号　2021年4月6日公布）

8. 民法典第五百三十五条规定的“债务人怠于行使其债权或者与该债权有关的从权利，影响债权人的到期债权实现的”，是指债务人不履行其对债权人的到期债务，又不以诉讼方式或者仲裁方式向相对人主张其享有的债权或者与该债权有关的从权利，致使债权人的到期债权未能实现。相对人不认为债务人有怠于行使其债权或者与该债权有关的从权利情况的，应当承担举证责任。

9. 对于民法典第五百三十九条规定的明显不合理的低价或者高价，人民法院应当以交易当地一般经营者的判断，并参考交易当时交易地的物价部门指导价或者市场交易价，结合其他相关因素综合考虑予以认定。

转让价格达不到交易时交易地的指导价或者市场交易价百分之七十的，

一般可以视为明显不合理的低价；对转让价格高于当地指导价或者市场交易价百分之三十的，一般可以视为明显不合理的高价。当事人对于其所主张的交易时交易地的指导价或者市场交易价承担举证责任。

适用本案由需要注意的问题

◆债权转让合同纠纷案件，按照合同纠纷案件的一般管辖原则，由被告人住所地或债权转让合同履行地人民法院管辖。

◆适用本案由时，应注意债权转让和物权转让的区别。债权转让的对象是合同债权，因此它仅受《民法典》合同编的调整，而物权转让，譬如土地使用权的转让，虽然转让本身是合同关系，但是转让的对象是物权，所以物权转让除了要受《民法典》合同编调整外，还要受《民法典》物权编的调整。

◆应当注意并非所有有关债权转让的案件都适用本案由，若当事人之间的纠纷是关于原债权债务的履行，则案由应当由原债权债务法律关系来确定，因为那属于原债权债务纠纷。若当事人就债权转让合同的履行产生纠纷，则适用本案由。

◆债权转让无须经过债务人同意，但需要及时通知债务人。该通知可以由让与人作出，也可以由受让人作出，并且受让人可以直接以诉讼方式作出，该通知自起诉状副本送达债务人时发生效力，让与人对没有通知债务人债权转让事实有过错，并给债务人增加费用或者造成损失的，应承担相应责任。并且需要注意的是，债务人对债权转让的知晓不能替代债权转让的通知，无论债务人对债权转让的事实是否知晓，让与人或受让人都要履行通知债务人的义务，否则该转让对债务人不发生效力。

◆需要注意债权的表见让与情形，由于债权转让合同是债权人和受让人之间签订的合同，债务人无法知道债权转让是否实际发生，转让合同是否存在不成立、无效、可撤销等事由，如果允许该合同不成立、无效、可撤销等事由对债务人产生效力，则必然会使债务人处于无法预测的风险中，故有必要对债务人基于债权转让通知产生的信赖利益予以专门保护，合同不成立、无效、可撤销等事由对债务人不产生效力。

80. 债务转移合同纠纷

案由解析

债务转移合同是指在不改变债的内容的情况下，债权人或债务人与第三人达成的将债务人的全部或部分债务转由第三人承担的协议。

债务转移合同纠纷是指债权人或债务人与第三人达成协议将债务转由第三人承担后就该协议产生的权利义务纠纷。

债务转移合同的主要特征有：（1）和债权转让合同不需要经债务人同意不同，债务转移必须经债权人同意，这是为了保证债权人的债权实现。（2）债务转移有一定的无因性。若第三人因与债务人之间有特殊约定或关系而成为债务的承担者，即使后来关系发生改变或债务人不履行相关约定，第三人亦不得借此对抗债权人。当然，在签订债务转移合同时，第三人将相关约定写入合同，作为承担债务的前提除外。

常用法律条文及索引

《中华人民共和国民法典》（2020 年 5 月 28 日公布　2021 年 1 月 1 日施行）

第五百五十一条　债务人将债务的全部或者部分转移给第三人的，应当经债权人同意。

债务人或者第三人可以催告债权人在合理期限内予以同意，债权人未作表示的，视为不同意。

第五百五十二条　第三人与债务人约定加入债务并通知债权人，或者第三人向债权人表示愿意加入债务，债权人未在合理期限内明确拒绝的，债权人可以请求第三人在其愿意承担的债务范围内和债务人承担连带债务。

第五百五十三条　债务人转移债务的，新债务人可以主张原债务人对债权人的抗辩；原债务人对债权人享有债权的，新债务人不得向债权人主张抵销。

第五百五十四条　债务人转移债务的，新债务人应当承担与主债务有关的从债务，但是该从债务专属于原债务人自身的除外。

《全国法院贯彻实施民法典工作会议纪要》（法〔2021〕94 号　2021 年 4 月 6 日公布）

8. 民法典第五百三十五条规定的“债务人怠于行使其债权或者与该债权

有关的从权利，影响债权人的到期债权实现的”，是指债务人不履行其对债权人的到期债务，又不以诉讼方式或者仲裁方式向相对人主张其享有的债权或者与该债权有关的从权利，致使债权人的到期债权未能实现。相对人不认为债务人有怠于行使其债权或者与该债权有关的从权利情况的，应当承担举证责任。

9. 对于民法典第五百三十九条规定的明显不合理的低价或者高价，人民法院应当以交易当地一般经营者的判断，并参考交易当时交易地的物价部门指导价或者市场交易价，结合其他相关因素综合考虑予以认定。

转让价格达不到交易时交易地的指导价或者市场交易价百分之七十的，一般可以视为明显不合理的低价；对转让价格高于当地指导价或者市场交易价百分之三十的，一般可以视为明显不合理的高价。当事人对于其所主张的交易时交易地的指导价或者市场交易价承担举证责任。

适用本案由需要注意的问题

◆债务转移合同纠纷案件，按照合同纠纷案件的一般管辖原则，由被告住所地和债务转移合同履行地人民法院管辖。

◆适用本案由时，要注意区分其与法定的债务转移之间的不同。债务转移合同纠纷是根据当事人合意，由合同确定的债务转移，而法定的债务转移来源于法律规定，譬如，连带债务人一人清偿全部债务后有权就超过自己应承担部分向其他连带债务人求偿。法定的债务转移在产生的根据、主体范围和权利转让等方面与债务转移合同都有不同，应注意不要混淆。

◆适用本案由时，注意当事人的纠纷是关于原债权债务的履行还是债务转移合同的履行，若因原债权债务的履行产生纠纷，则根据原债权债务法律关系确定案由，若因债务转移合同的履行发生纠纷，则适用本案由。

81. 债权债务概括转移合同纠纷

案由解析

债权债务概括转移合同是指在原合同权利义务内容不变的情况下，当事人与第三人达成的将其权利义务一并转移给第三人，由第三人概括承受的协议。

债权债务概括转移合同纠纷，是指当事人与第三人达成协议将权利义务一并转移给第三人后，就该协议产生的权利义务纠纷。

常用法律条文及索引

《中华人民共和国民法典》（2020年5月28日公布　2021年1月1日施行）

第五百四十五条　债权人可以将债权的全部或者部分转让给第三人，但是有下列情形之一的除外：

（一）根据债权性质不得转让；

（二）按照当事人约定不得转让；

（三）依照法律规定不得转让。

当事人约定非金钱债权不得转让的，不得对抗善意第三人。当事人约定金钱债权不得转让的，不得对抗第三人。

第五百四十六条　债权人转让债权，未通知债务人的，该转让对债务人不发生效力。

债权转让的通知不得撤销，但是经受让人同意的除外。

第五百四十七条　债权人转让债权的，受让人取得与债权有关的从权利，但是该从权利专属于债权人自身的除外。

受让人取得从权利不因该从权利未办理转移登记手续或者未转移占有而受到影响。

第五百四十八条　债务人接到债权转让通知后，债务人对让与人的抗辩，可以向受让人主张。

第五百四十九条　有下列情形之一的，债务人可以向受让人主张抵销：

（一）债务人接到债权转让通知时，债务人对让与人享有债权，且债务人的债权先于转让的债权到期或者同时到期；

（二）债务人的债权与转让的债权是基于同一合同产生。

第五百五十条　因债权转让增加的履行费用，由让与人负担。

第五百五十一条　债务人将债务的全部或者部分转移给第三人的，应当经债权人同意。

债务人或者第三人可以催告债权人在合理期限内予以同意，债权人未作表示的，视为不同意。

第五百五十二条　第三人与债务人约定加入债务并通知债权人，或者第三人向债权人表示愿意加入债务，债权人未在合理期限内明确拒绝的，债权人可以请求第三人在其愿意承担的债务范围内和债务人承担连带债务。

第五百五十三条 债务人转移债务的，新债务人可以主张原债务人对债权人的抗辩；原债务人对债权人享有债权的，新债务人不得向债权人主张抵销。

第五百五十四条 债务人转移债务的，新债务人应当承担与主债务有关的从债务，但是该从债务专属于原债务人自身的除外。

第五百五十五条 当事人一方经对方同意，可以将自己在合同中的权利和义务一并转让给第三人。

第五百五十六条 合同的权利和义务一并转让的，适用债权转让、债务转移的有关规定。

《最高人民法院关于适用〈中华人民共和国民法典〉合同编通则若干问题的解释》（法释〔2023〕13号 2023年12月4日公布）

第四十七条 债权转让后，债务人向受让人主张其对让与人的抗辩的，人民法院可以追加让与人为第三人。

债务转移后，新债务人主张原债务人对债权人的抗辩的，人民法院可以追加原债务人为第三人。

当事人一方将合同权利义务一并转让后，对方就合同权利义务向受让人主张抗辩或者受让人就合同权利义务向对方主张抗辩的，人民法院可以追加让与人为第三人。

第四十八条 债务人在接到债权转让通知前已经向让与人履行，受让人请求债务人履行的，人民法院不予支持；债务人接到债权转让通知后仍然向让与人履行，受让人请求债务人履行的，人民法院应予支持。

让与人未通知债务人，受让人直接起诉债务人请求履行债务，人民法院经审理确认债权转让事实的，应当认定债权转让自起诉状副本送达时对债务人发生效力。债务人主张因未通知而给其增加的费用或者造成的损失从认定的债权数额中扣除的，人民法院依法予以支持。

第四十九条 债务人接到债权转让通知后，让与人以债权转让合同不成立、无效、被撤销或者确定不发生效力为由请求债务人向其履行的，人民法院不予支持。但是，该债权转让通知被依法撤销的除外。

受让人基于债务人对债权真实存在的确认受让债权后，债务人又以该债权不存在为由拒绝向受让人履行的，人民法院不予支持。但是，受让人知道或者应当知道该债权不存在的除外。

第五十条 让与人将同一债权转让给两个以上受让人，债务人以已经向最先通知的受让人履行为由主张其不再履行债务的，人民法院应予支持。债务人明知接受履行的受让人不是最先通知的受让人，最先通知的受让人请求债务人继续履行债务或者依据债权转让协议请求让与人承担违约责任的，人民法院应予支持；最先通知的受让人请求接受履行的受让人返还其接受的财产的，人民法院不予支持，但是接受履行的受让人明知该债权在其受让前已经转让给其他受让人的除外。

前款所称最先通知的受让人，是指最先到达债务人的转让通知中载明的受让人。当事人之间对通知到达时间有争议的，人民法院应当结合通知的方式等因素综合判断，而不能仅根据债务人认可的通知时间或者通知记载的时间予以认定。当事人采用邮寄、通讯电子系统等方式发出通知的，人民法院应当以邮戳时间或者通讯电子系统记载的时间等作为认定通知到达时间的依据。

第五十一条 第三人加入债务并与债务人约定了追偿权，其履行债务后主张向债务人追偿的，人民法院应予支持；没有约定追偿权，第三人依照民法典关于不当得利等的规定，在其已经向债权人履行债务的范围内请求债务人向其履行的，人民法院应予支持，但是第三人知道或者应当知道加入债务会损害债务人利益的除外。

债务人就其对债权人享有的抗辩向加入债务的第三人主张的，人民法院应予支持。

适用本案由需要注意的问题

◆债权债务的概括转移合同纠纷案件，按照合同纠纷案件的一般管辖原则，由被告住所地或债权债务概括转移合同履行地人民法院管辖。

◆在适用本案由时，应注意其与公司合并、分立时的债权债务以及法定继承时的债权债务一并承受的不同。债权债务概括转移合同是根据当事人的合意，而公司合并、分立和法定继承是基于法律规定。

◆在适用案由时，要注意当事人的纠纷是对原债权债务的争议还是债权债务概括转移合同的争议，只有在当事人产生的争议是债权债务概括转移合同时，方适用本案由。

◆合同权利义务的概括转移既包括债权的转让，也包括债务的转移，因此，在构成要件上应当适用二者相应的构成要件。债权人转让权利应当通知债务人；债务人转移义务的必须经债权人的同意。合同权利义务的概括转让既包括了权利的转让，又包括义务的转移。所以，合同一方当事人在进行转让前应当询问对方的意见，使对方能根据受让方的具体情况来判断这种转让行为是否对自己的权利造成损害。

82. 债务加入纠纷

案由解析

债务加入，是指第三人加入已有的债务关系中，与原债务人共同承担统一责任，即与原债务人对债权人一同承担连带责任的情形，亦称为并存的债务承担。在债务加入情形下，原债务人并不能全部或者部分免除承担债务的责任，在此基础上增加一个第三人对债权人履行债务，不仅对债权人没有风险，反而增加了债权实现的安全性。因债务加入产生的纠纷即为债务加入纠纷。

典型形态

实践中，债务加入纠纷一般有以下两种：

（1）债务加入人与债权人之间产生的纠纷；

（2）债务加入人与债务人之间产生的纠纷。

常用法律条文及索引

《中华人民共和国民法典》（2020 年 5 月 28 日公布　2021 年 1 月 1 日施行）

第五百五十二条　第三人与债务人约定加入债务并通知债权人，或者第三人向债权人表示愿意加入债务，债权人未在合理期限内明确拒绝的，债权人可以请求第三人在其愿意承担的债务范围内和债务人承担连带债务。

《最高人民法院关于适用〈中华人民共和国民法典〉合同编通则若干问题的解释》（法释〔2023〕13 号　2023 年 12 月 4 日公布）

第五十一条　第三人加入债务并与债务人约定了追偿权，其履行债务后主张向债务人追偿的，人民法院应予支持；没有约定追偿权，第三人依照民法典关于不当得利等的规定，在其已经向债权人履行债务的范围内请求债务人向其履行的，人民法院应予支持，但是第三人知道或者应当知道加入债务会损害债务人利益的除外。

债务人就其对债权人享有的抗辩向加入债务的第三人主张的，人民法院应予支持。

适用本案由需要注意的问题

◆债务加入与债务转移都是债务承担的方式，前者被称为并存的债务承担，后者被称为免责的债务承担，二者十分相似，其区别主要在于债务转移需要经债权人同意，而债务加入中债权人只要其在合理期间内没有表示拒绝，债务加入即发生效力。对于约定不明的情形下债务加入与债务转移的识别问题，应以意思表示作为核心识别标准，遵循有利于债权人保护的原则。由债务人转移给第三人债务的约定或者向债权人所作承担债务的意思表示难以确定是债务移转还是债务加入，有关约定或者意思表示未明确免除债务人对债权人的义务的，人民法院应当认定为债务加入。采用这一识别方法也可以起到导向和规范作用，引导债务人、第三人在作出相应意思表示时应当尽量明确具体。

◆一般情况下，只有第三人明确对债权人作出作为债务加入人或者同意对某一确定的债务与原债务人承担连带责任意思表示的情形下，才宜认定为债务加入。

◆因第三人和债务人对债权人承担连带清偿责任，债权人既可以单独向债务人主张清偿也可以单独向债务加入的第三人主张债务，还可以同时向双方提出主张。因此对债务人和第三人而言，诉讼时效分别计算。

83. 悬赏广告纠纷

案由解析

悬赏广告是指以广告的形式公开表示对完成某种行为人予以报酬的意思表示。

悬赏广告纠纷是指悬赏广告发布者与行为人就悬赏广告合同的履行产生的纠纷。

悬赏广告的主要特征是：（1）有偿性。当行为人按照悬赏广告的要求完成了广告发布者约定的事项后，广告发布者有义务给付所承诺的金钱或其他报酬。（2）悬赏广告的对象具有不特定性。悬赏广告并不像一般合同那样针对特定的对象，它是公开向不特定的人发出的，当行为人完成相对应的事项后即可要求报酬，不需要与广告发布者进行类似合同的磋商。（3）注重结果性。行为人能否得到报酬仅以是否完成广告的要求为准，不考虑其为了完成约定的过程与付出程度。

常用法律条文及索引

《中华人民共和国民法典》（2020 年 5 月 28 日公布　2021 年 1 月 1 日施行）

第四百七十二条　要约是希望与他人订立合同的意思表示，该意思表示应当符合下列条件：

（一）内容具体确定；

（二）表明经受要约人承诺，要约人即受该意思表示约束。

第四百七十六条　要约可以撤销，但是有下列情形之一的除外：

（一）要约人以确定承诺期限或者其他形式明示要约不可撤销；

（二）受要约人有理由认为要约是不可撤销的，并已经为履行合同做了合理准备工作。

第四百八十条　承诺应当以通知的方式作出；但是，根据交易习惯或者要约表明可以通过行为作出承诺的除外。

第四百九十九条　悬赏人以公开方式声明对完成特定行为的人支付报酬的，完成该行为的人可以请求其支付。

第五百七十九条　当事人一方未支付价款、报酬、租金、利息，或者不履行其他金钱债务的，对方可以请求其支付。

适用本案由需要注意的问题

◆由于对悬赏广告的法律性质目前仍存有争议，故应根据民事诉讼管辖的一般原则即“原告就被告”的原则，本案由纠纷案件由被告住所地人民法院管辖。

◆在适用本案由时，还要注意悬赏广告中的“广告”与《广告法》上的“广告”的不同。在公开场合向不特定对象发出的，内容具悬赏性的宣传单、街头张贴等，可以认定为悬赏广告。

84. 买卖合同纠纷

(1) 分期付款买卖合同纠纷
(2) 凭样品买卖合同纠纷
(3) 试用买卖合同纠纷
(4) 所有权保留买卖合同纠纷
(5) 招标投标买卖合同纠纷
(6) 互易纠纷
(7) 国际货物买卖合同纠纷
(8) 信息网络买卖合同纠纷

案由解析

买卖合同是指出卖人转移标的物的所有权于买受人，买受人支付价款的合同。

买卖合同纠纷是当事人因订立、履行、变更、终止买卖合同产生的权利义务纠纷。

买卖合同的主要特点有：(1) 买卖合同是其中一方当事人转移合同标的物的所有权，另一方当事人支付相应价款的合同。(2) 买卖合同是双务合同。买卖双方的交付物品和得到对价、支付价款和得到物品是相对应的，体现了权利义务的一致性。(3) 买卖合同是有偿合同。在买卖合同中，当事人双方在完成合同时都需给付对价，是典型的有偿合同。(4) 买卖合同是诺成合同。当双方当事人达成合意之时，买卖合同便告成立，不需要以当事人实际交付标的和支付价款为准。(5) 买卖合同是不要式合同。除极少部分法律规定有特殊形式的买卖合同外，买卖合同无须采用特定形式，为不要式合同。

需要注意的是，根据《最高人民法院关于适用〈中华人民共和国民事诉讼法〉的解释》第20条的规定，本案由下的四级案由中的“网络购物合同纠纷”“电视购物合同纠纷”应合并为“信息网络买卖合同纠纷”。

典型形态

在实践中，买卖合同纠纷主要有：

（1）分期付款买卖合同纠纷，是指合同当事人双方就买受人将其应付的总价款按一定期限分批向出卖人支付的合同的履行问题所产生的纠纷。

（2）凭样品买卖合同纠纷，是指出卖人与买受人就双方达成的约定某种样品，出卖人交付与样品具同样品质的标的物的合同的履行问题产生的纠纷。

（3）试用买卖合同纠纷，是指当事人双方约定，于合同成立时，出卖人将标的物交付买受人试用，并以买受人在约定期限内对标的物的认可作为生效要件的买卖合同产生的纠纷。

（4）所有权保留买卖合同纠纷，是指当事人双方约定在买受人支付或履行其他义务之前出卖人保留标的物的所有权的买卖合同产生的纠纷。

（5）招标投标买卖合同纠纷，是指招标人通过招标公告、投标邀请书向特定或不特定的人发出要约邀请，投标人通过投标发出要约，招标人选定中标人作出承诺或再经磋商而签订的买卖合同产生的纠纷。

（6）互易纠纷，是指双方当事人就互换金钱以外的财产，并转移标的物所有权的协议产生的合同纠纷。

（7）国际货物买卖合同纠纷，是指营业地在不同国家或地区的当事人之间就签订的货物买卖合同产生的纠纷。

（8）信息网络买卖合同纠纷，是指出卖人在互联网、广域网、局域网等信息网络上展示标的物并发出要约，买受人通过上述信息网络等方式作出承诺，达成合同后双方当事人产生的纠纷。

常用法律条文及索引

《中华人民共和国民法典》（2020 年 5 月 28 日公布　2021 年 1 月 1 日施行）

第一百五十三条　违反法律、行政法规的强制性规定的民事法律行为无效。但是，该强制性规定不导致该民事法律行为无效的除外。

违背公序良俗的民事法律行为无效。

第一百五十四条　行为人与相对人恶意串通，损害他人合法权益的民事法律行为无效。

第一百五十七条　民事法律行为无效、被撤销或者确定不发生效力后，行为人因该行为取得的财产，应当予以返还；不能返还或者没有必要返还的，应当折价补偿。有过错的一方应当赔偿对方由此所受到的损失；各方都有过错的，应当各自承担相应的责任。法律另有规定的，依照其规定。

第一百八十六条　因当事人一方的违约行为，损害对方人身权益、财产权益的，受损害方有权选择请求其承担违约责任或者侵权责任。

第四百九十一条　当事人采用信件、数据电文等形式订立合同要求签订确认书的，签订确认书时合同成立。

当事人一方通过互联网等信息网络发布的商品或者服务信息符合要约条件的，对方选择该商品或者服务并提交订单成功时合同成立，但是当事人另有约定的除外。

第五百零六条　合同中的下列免责条款无效：

（一）造成对方人身损害的；

（二）因故意或者重大过失造成对方财产损失的。

第五百一十二条　通过互联网等信息网络订立的电子合同的标的为交付商品并采用快递物流方式交付的，收货人的签收时间为交付时间。电子合同的标的为提供服务的，生成的电子凭证或者实物凭证中载明的时间为提供服务时间；前述凭证没有载明时间或者载明时间与实际提供服务时间不一致的，以实际提供服务的时间为准。

电子合同的标的物为采用在线传输方式交付的，合同标的物进入对方当事人指定的特定系统且能够检索识别的时间为交付时间。

电子合同当事人对交付商品或者提供服务的方式、时间另有约定的，按照其约定。

第五百四十九条　有下列情形之一的，债务人可以向受让人主张抵销：

（一）债务人接到债权转让通知时，债务人对让与人享有债权，且债务人的债权先于转让的债权到期或者同时到期；

（二）债务人的债权与转让的债权是基于同一合同产生。

第五百六十三条　有下列情形之一的，当事人可以解除合同：

（一）因不可抗力致使不能实现合同目的；

（二）在履行期限届满前，当事人一方明确表示或者以自己的行为表明不履行主要债务；

（三）当事人一方迟延履行主要债务，经催告后在合理期限内仍未履行；

（四）当事人一方迟延履行债务或者有其他违约行为致使不能实现合同目的；

（五）法律规定的其他情形。

以持续履行的债务为内容的不定期合同，当事人可以随时解除合同，但是应当在合理期限之前通知对方。

第五百六十六条　合同解除后，尚未履行的，终止履行；已经履行的，根据履行情况和合同性质，当事人可以请求恢复原状或者采取其他补救措施，并有权请求赔偿损失。

合同因违约解除的，解除权人可以请求违约方承担违约责任，但是当事人另有约定的除外。

主合同解除后，担保人对债务人应当承担的民事责任仍应当承担担保责任，但是担保合同另有约定的除外。

第五百六十八条　当事人互负债务，该债务的标的物种类、品质相同的，任何一方可以将自己的债务与对方的到期债务抵销；但是，根据债务性质、按照当事人约定或者依照法律规定不得抵销的除外。

当事人主张抵销的，应当通知对方。通知自到达对方时生效。抵销不得附条件或者附期限。

第五百七十七条　当事人一方不履行合同义务或者履行合同义务不符合约定的，应当承担继续履行、采取补救措施或者赔偿损失等违约责任。

第五百七十八条　当事人一方明确表示或者以自己的行为表明不履行合同义务的，对方可以在履行期限届满前请求其承担违约责任。

第五百九十五条　买卖合同是出卖人转移标的物的所有权于买受人，买受人支付价款的合同。

第五百九十六条　买卖合同的内容一般包括标的物的名称、数量、质量、价款、履行期限、履行地点和方式、包装方式、检验标准和方法、结算方式、合同使用的文字及其效力等条款。

第五百九十七条　因出卖人未取得处分权致使标的物所有权不能转移的，买受人可以解除合同并请求出卖人承担违约责任。

法律、行政法规禁止或者限制转让的标的物，依照其规定。

第五百九十八条　出卖人应当履行向买受人交付标的物或者交付提取标的物的单证，并转移标的物所有权的义务。

第五百九十九条　出卖人应当按照约定或者交易习惯向买受人交付提取标的物单证以外的有关单证和资料。

第六百条　出卖具有知识产权的标的物的，除法律另有规定或者当事人另有约定外，该标的物的知识产权不属于买受人。

第六百零一条　出卖人应当按照约定的时间交付标的物。约定交付期限的，出卖人可以在该交付期限内的任何时间交付。

第六百零二条　当事人没有约定标的物的交付期限或者约定不明确的，适用本法第五百一十条、第五百一十一条第四项的规定。

第六百零三条　出卖人应当按照约定的地点交付标的物。

当事人没有约定交付地点或者约定不明确，依据本法第五百一十条的规定仍不能确定的，适用下列规定：

（一）标的物需要运输的，出卖人应当将标的物交付给第一承运人以运交给买受人；

（二）标的物不需要运输，出卖人和买受人订立合同时知道标的物在某一地点的，出卖人应当在该地点交付标的物；不知道标的物在某一地点的，应当在出卖人订立合同时的营业地交付标的物。

第六百零四条　标的物毁损、灭失的风险，在标的物交付之前由出卖人承担，交付之后由买受人承担，但是法律另有规定或者当事人另有约定的除外。

第六百零五条　因买受人的原因致使标的物未按照约定的期限交付的，买受人应当自违反约定时起承担标的物毁损、灭失的风险。

第六百零六条　出卖人出卖交由承运人运输的在途标的物，除当事人另有约定外，毁损、灭失的风险自合同成立时起由买受人承担。

第六百零七条　出卖人按照约定将标的物运送至买受人指定地点并交付给承运人后，标的物毁损、灭失的风险由买受人承担。

当事人没有约定交付地点或者约定不明确，依据本法第六百零三条第二款第一项的规定标的物需要运输的，出卖人将标的物交付给第一承运人后，标的物毁损、灭失的风险由买受人承担。

第六百零八条　出卖人按照约定或者依据本法第六百零三条第二款第二项的规定将标的物置于交付地点，买受人违反约定没有收取的，标的物毁损、灭失的风险自违反约定时起由买受人承担。

第六百零九条　出卖人按照约定未交付有关标的物的单证和资料的，不影响标的物毁损、灭失风险的转移。

第六百一十条　因标的物不符合质量要求，致使不能实现合同目的的，买受人可以拒绝接受标的物或者解除合同。买受人拒绝接受标的物或者解除合同的，标的物毁损、灭失的风险由出卖人承担。

第六百一十一条　标的物毁损、灭失的风险由买受人承担的，不影响因出卖人履行义务不符合约定，买受人请求其承担违约责任的权利。

第六百一十二条　出卖人就交付的标的物，负有保证第三人对该标的物不享有任何权利的义务，但是法律另有规定的除外。

第六百一十三条　买受人订立合同时知道或者应当知道第三人对买卖的

标的物享有权利的，出卖人不承担前条规定的义务。

第六百一十四条 买受人有确切证据证明第三人对标的物享有权利的，可以中止支付相应的价款，但是出卖人提供适当担保的除外。

第六百一十五条 出卖人应当按照约定的质量要求交付标的物。出卖人提供有关标的物质量说明的，交付的标的物应当符合该说明的质量要求。

第六百一十六条 当事人对标的物的质量要求没有约定或者约定不明确，依据本法第五百一十条的规定仍不能确定的，适用本法第五百一十一条第一项的规定。

第六百一十七条 出卖人交付的标的物不符合质量要求的，买受人可以依据本法第五百八十二条至第五百八十四条的规定请求承担违约责任。

第六百一十八条 当事人约定减轻或者免除出卖人对标的物瑕疵承担的责任，因出卖人故意或者重大过失不告知买受人标的物瑕疵的，出卖人无权主张减轻或者免除责任。

第六百一十九条 出卖人应当按照约定的包装方式交付标的物。对包装方式没有约定或者约定不明确，依据本法第五百一十条的规定仍不能确定的，应当按照通用的方式包装；没有通用方式的，应当采取足以保护标的物且有利于节约资源、保护生态环境的包装方式。

第六百二十条 买受人收到标的物时应当在约定的检验期限内检验。没有约定检验期限的，应当及时检验。

第六百二十一条 当事人约定检验期限的，买受人应当在检验期限内将标的物的数量或者质量不符合约定的情形通知出卖人。买受人怠于通知的，视为标的物的数量或者质量符合约定。

当事人没有约定检验期限的，买受人应当在发现或者应当发现标的物的数量或者质量不符合约定的合理期限内通知出卖人。买受人在合理期限内未通知或者自收到标的物之日起二年内未通知出卖人的，视为标的物的数量或者质量符合约定；但是，对标的物有质量保证期的，适用质量保证期，不适用该二年的规定。

出卖人知道或者应当知道提供的标的物不符合约定的，买受人不受前两款规定的通知时间的限制。

第六百二十二条 当事人约定的检验期限过短，根据标的物的性质和交易习惯，买受人在检验期限内难以完成全面检验的，该期限仅视为买受人对标的物的外观瑕疵提出异议的期限。

约定的检验期限或者质量保证期短于法律、行政法规规定期限的，应当以法律、行政法规规定的期限为准。

第六百二十三条 当事人对检验期限未作约定，买受人签收的送货单、确认单等载明标的物数量、型号、规格的，推定买受人已经对数量和外观瑕疵进行检验，但是有相关证据足以推翻的除外。

第六百二十四条 出卖人依照买受人的指示向第三人交付标的物，出卖人和买受人约定的检验标准与买受人和第三人约定的检验标准不一致的，以出卖人和买受人约定的检验标准为准。

第六百二十五条 依照法律、行政法规的规定或者按照当事人的约定，标的物在有效使用年限届满后应予回收的，出卖人负有自行或者委托第三人对标的物予以回收的义务。

第六百二十六条 买受人应当按照约定的数额和支付方式支付价款。对价款的数额和支付方式没有约定或者约定不明确的，适用本法第五百一十条、第五百一十一条第二项和第五项的规定。

第六百二十七条 买受人应当按照约定的地点支付价款。对支付地点没有约定或者约定不明确，依据本法第五百一十条的规定仍不能确定的，买受人应当在出卖人的营业地支付；但是，约定支付价款以交付标的物或者交付提取标的物单证为条件的，在交付标的物或者交付提取标的物单证的所在地支付。

第六百二十八条 买受人应当按照约定的时间支付价款。对支付时间没有约定或者约定不明确，依据本法第五百一十条的规定仍不能确定的，买受人应当在收到标的物或者提取标的物单证的同时支付。

第六百二十九条 出卖人多交标的物的，买受人可以接收或者拒绝接收多交的部分。买受人接收多交部分的，按照约定的价格支付价款；买受人拒绝接收多交部分的，应当及时通知出卖人。

第六百三十条 标的物在交付之前产生的孳息，归出卖人所有；交付之后产生的孳息，归买受人所有。但是，当事人另有约定的除外。

第六百三十一条 因标的物的主物不符合约定而解除合同的，解除合同的效力及于从物。因标的物的从物不符合约定被解除的，解除的效力不及于主物。

第六百三十二条 标的物为数物，其中一物不符合约定的，买受人可以就该物解除。但是，该物与他物分离使标的物的价值显受损害的，买受人可以就数物解除合同。

第六百三十三条 出卖人分批交付标的物的，出卖人对其中一批标的物不交付或者交付不符合约定，致使该批标的物不能实现合同目的的，买受人可以就该批标的物解除。

出卖人不交付其中一批标的物或者交付不符合约定，致使之后其他各批标的物的交付不能实现合同目的的，买受人可以就该批以及之后其他各批标的物解除。

买受人如果就其中一批标的物解除，该批标的物与其他各批标的物相互依存的，可以就已经交付和未交付的各批标的物解除。

第六百三十四条 分期付款的买受人未支付到期价款的数额达到全部价款的五分之一，经催告后在合理期限内仍未支付到期价款的，出卖人可以请求买受人支付全部价款或者解除合同。

出卖人解除合同的，可以向买受人请求支付该标的物的使用费。

第六百三十五条 凭样品买卖的当事人应当封存样品，并可以对样品质量予以说明。出卖人交付的标的物应当与样品及其说明的质量相同。

第六百三十六条 凭样品买卖的买受人不知道样品有隐蔽瑕疵的，即使交付的标的物与样品相同，出卖人交付的标的物的质量仍然应当符合同种物的通常标准。

第六百三十七条 试用买卖的当事人可以约定标的物的试用期限。对试用期限没有约定或者约定不明确，依据本法第五百一十条的规定仍不能确定的，由出卖人确定。

第六百三十八条 试用买卖的买受人在试用期内可以购买标的物，也可以拒绝购买。试用期限届满，买受人对是否购买标的物未作表示的，视为购买。

试用买卖的买受人在试用期内已经支付部分价款或者对标的物实施出卖、出租、设立担保物权等行为的，视为同意购买。

第六百三十九条 试用买卖的当事人对标的物使用费没有约定或者约定不明确的，出卖人无权请求买受人支付。

第六百四十条 标的物在试用期内毁损、灭失的风险由出卖人承担。

第六百四十一条 当事人可以在买卖合同中约定买受人未履行支付价款或者其他义务的，标的物的所有权属于出卖人。

出卖人对标的物保留的所有权，未经登记，不得对抗善意第三人。

第六百四十二条 当事人约定出卖人保留合同标的物的所有权，在标的物所有权转移前，买受人有下列情形之一，造成出卖人损害的，除当事人另有约定外，出卖人有权取回标的物：

（一）未按照约定支付价款，经催告后在合理期限内仍未支付；

（二）未按照约定完成特定条件；

（三）将标的物出卖、出质或者作出其他不当处分。

出卖人可以与买受人协商取回标的物；协商不成的，可以参照适用担保物权的实现程序。

第六百四十三条　出卖人依据前条第一款的规定取回标的物后，买受人在双方约定或者出卖人指定的合理回赎期限内，消除出卖人取回标的物的事由的，可以请求回赎标的物。

买受人在回赎期限内没有回赎标的物，出卖人可以以合理价格将标的物出卖给第三人，出卖所得价款扣除买受人未支付的价款以及必要费用后仍有剩余的，应当返还买受人；不足部分由买受人清偿。

第六百四十四条　招标投标买卖的当事人的权利和义务以及招标投标程序等，依照有关法律、行政法规的规定。

第六百四十五条　拍卖的当事人的权利和义务以及拍卖程序等，依照有关法律、行政法规的规定。

第六百四十六条　法律对其他有偿合同有规定的，依照其规定；没有规定的，参照适用买卖合同的有关规定。

第六百四十七条　当事人约定易货交易，转移标的物的所有权的，参照适用买卖合同的有关规定。

《最高人民法院关于适用〈中华人民共和国民法典〉合同编通则若干问题的解释》（法释〔2023〕13号　2023年12月4日公布）

第一条　人民法院依据民法典第一百四十二条第一款、第四百六十六条第一款的规定解释合同条款时，应当以词句的通常含义为基础，结合相关条款、合同的性质和目的、习惯以及诚信原则，参考缔约背景、磋商过程、履行行为等因素确定争议条款的含义。

有证据证明当事人之间对合同条款有不同于词句的通常含义的其他共同理解，一方主张按照词句的通常含义理解合同条款的，人民法院不予支持。

对合同条款有两种以上解释，可能影响该条款效力的，人民法院应当选择有利于该条款有效的解释；属于无偿合同的，应当选择对债务人负担较轻的解释。

第二条　下列情形，不违反法律、行政法规的强制性规定且不违背公序良俗的，人民法院可以认定为民法典所称的“交易习惯”：

（一）当事人之间在交易活动中的惯常做法；

（二）在交易行为当地或者某一领域、某一行业通常采用并为交易对方订立合同时所知道或者应当知道的做法。

对于交易习惯，由提出主张的当事人一方承担举证责任。

第三条 当事人对合同是否成立存在争议，人民法院能够确定当事人姓名或者名称、标的和数量的，一般应当认定合同成立。但是，法律另有规定或者当事人另有约定的除外。

根据前款规定能够认定合同已经成立的，对合同欠缺的内容，人民法院应当依据民法典第五百一十条、第五百一十一条等规定予以确定。

当事人主张合同无效或者请求撤销、解除合同等，人民法院认为合同不成立的，应当依据《最高人民法院关于民事诉讼证据的若干规定》第五十三条的规定将合同是否成立作为焦点问题进行审理，并可以根据案件的具体情况重新指定举证期限。

第四条 采取招标方式订立合同，当事人请求确认合同自中标通知书到达中标人时成立的，人民法院应予支持。合同成立后，当事人拒绝签订书面合同的，人民法院应当依据招标文件、投标文件和中标通知书等确定合同内容。

采取现场拍卖、网络拍卖等公开竞价方式订立合同，当事人请求确认合同自拍卖师落槌、电子交易系统确认成交时成立的，人民法院应予支持。合同成立后，当事人拒绝签订成交确认书的，人民法院应当依据拍卖公告、竞买人的报价等确定合同内容。

产权交易所等机构主持拍卖、挂牌交易，其公布的拍卖公告、交易规则等文件公开确定了合同成立需要具备的条件，当事人请求确认合同自该条件具备时成立的，人民法院应予支持。

第五条 第三人实施欺诈、胁迫行为，使当事人在违背真实意思的情况下订立合同，受到损失的当事人请求第三人承担赔偿责任的，人民法院依法予以支持；当事人亦有违背诚信原则的行为的，人民法院应当根据各自的过错确定相应的责任。但是，法律、司法解释对当事人与第三人的民事责任另有规定的，依照其规定。

第九条 合同条款符合民法典第四百九十六条第一款规定的情形，当事人仅以合同系依据合同示范文本制作或者双方已经明确约定合同条款不属于格式条款为由主张该条款不是格式条款的，人民法院不予支持。

从事经营活动的当事人一方仅以未实际重复使用为由主张其预先拟定且未与对方协商的合同条款不是格式条款的，人民法院不予支持。但是，有证据证明该条款不是为了重复使用而预先拟定的除外。

第十条　提供格式条款的一方在合同订立时采用通常足以引起对方注意的文字、符号、字体等明显标识，提示对方注意免除或者减轻其责任、排除或者限制对方权利等与对方有重大利害关系的异常条款的，人民法院可以认定其已经履行民法典第四百九十六条第二款规定的提示义务。

提供格式条款的一方按照对方的要求，就与对方有重大利害关系的异常条款的概念、内容及其法律后果以书面或者口头形式向对方作出通常能够理解的解释说明的，人民法院可以认定其已经履行民法典第四百九十六条第二款规定的说明义务。

提供格式条款的一方对其已经尽到提示义务或者说明义务承担举证责任。对于通过互联网等信息网络订立的电子合同，提供格式条款的一方仅以采取了设置勾选、弹窗等方式为由主张其已经履行提示义务或者说明义务的，人民法院不予支持，但是其举证符合前两款规定的除外。

第十一条　当事人一方是自然人，根据该当事人的年龄、智力、知识、经验并结合交易的复杂程度，能够认定其对合同的性质、合同订立的法律后果或者交易中存在的特定风险缺乏应有的认知能力的，人民法院可以认定该情形构成民法典第一百五十一条规定的“缺乏判断能力”。

第十三条　合同存在无效或者可撤销的情形，当事人以该合同已在有关行政管理部门办理备案、已经批准机关批准或者已依据该合同办理财产权利的变更登记、移转登记等为由主张合同有效的，人民法院不予支持。

第十四条　当事人之间就同一交易订立多份合同，人民法院应当认定其中以虚假意思表示订立的合同无效。当事人为规避法律、行政法规的强制性规定，以虚假意思表示隐藏真实意思表示的，人民法院应当依据民法典第一百五十三条第一款的规定认定被隐藏合同的效力；当事人为规避法律、行政法规关于合同应当办理批准等手续的规定，以虚假意思表示隐藏真实意思表示的，人民法院应当依据民法典第五百零二条第二款的规定认定被隐藏合同的效力。

依据前款规定认定被隐藏合同无效或者确定不发生效力的，人民法院应当以被隐藏合同为事实基础，依据民法典第一百五十七条的规定确定当事人的民事责任。但是，法律另有规定的除外。

当事人就同一交易订立的多份合同均系真实意思表示，且不存在其他影响合同效力情形的，人民法院应当在查明各合同成立先后顺序和实际履行情况的基础上，认定合同内容是否发生变更。法律、行政法规禁止变更合同内容的，人民法院应当认定合同的相应变更无效。

第十六条　合同违反法律、行政法规的强制性规定，有下列情形之一，由行为人承担行政责任或者刑事责任能够实现强制性规定的立法目的的，人民法院可以依据民法典第一百五十三条第一款关于“该强制性规定不导致该民事法律行为无效的除外”的规定认定该合同不因违反强制性规定无效：

（一）强制性规定虽然旨在维护社会公共秩序，但是合同的实际履行对社会公共秩序造成的影响显著轻微，认定合同无效将导致案件处理结果有失公平公正；

（二）强制性规定旨在维护政府的税收、土地出让金等国家利益或者其他民事主体的合法利益而非合同当事人的民事权益，认定合同有效不会影响该规范目的的实现；

（三）强制性规定旨在要求当事人一方加强风险控制、内部管理等，对方无能力或者无义务审查合同是否违反强制性规定，认定合同无效将使其承担不利后果；

（四）当事人一方虽然在订立合同时违反强制性规定，但是在合同订立后其已经具备补正违反强制性规定的条件却违背诚信原则不予补正；

（五）法律、司法解释规定的其他情形。

法律、行政法规的强制性规定旨在规制合同订立后的履行行为，当事人以合同违反强制性规定为由请求认定合同无效的，人民法院不予支持。但是，合同履行必然导致违反强制性规定或者法律、司法解释另有规定的除外。

依据前两款认定合同有效，但是当事人的违法行为未经处理的，人民法院应当向有关行政管理部门提出司法建议。当事人的行为涉嫌犯罪的，应当将案件线索移送刑事侦查机关；属于刑事自诉案件的，应当告知当事人可以向有管辖权的人民法院另行提起诉讼。

第十七条　合同虽然不违反法律、行政法规的强制性规定，但是有下列情形之一，人民法院应当依据民法典第一百五十三条第二款的规定认定合同无效：

（一）合同影响政治安全、经济安全、军事安全等国家安全的；

（二）合同影响社会稳定、公平竞争秩序或者损害社会公共利益等违背社会公共秩序的；

（三）合同背离社会公德、家庭伦理或者有损人格尊严等违背善良风俗的。

人民法院在认定合同是否违背公序良俗时，应当以社会主义核心价值观为导向，综合考虑当事人的主观动机和交易目的、政府部门的监管强度、一定期限内当事人从事类似交易的频次、行为的社会后果等因素，并在裁判文书中充分说理。当事人确因生活需要进行交易，未给社会公共秩序造成重大影响，且不影响国家安全，也不违背善良风俗的，人民法院不应当认定合同无效。

第十八条　法律、行政法规的规定虽然有“应当”“必须”或者“不得”等表述，但是该规定旨在限制或者赋予民事权利，行为人违反该规定将构成无权处分、无权代理、越权代表等，或者导致合同相对人、第三人因此获得撤销权、解除权等民事权利的，人民法院应当依据法律、行政法规规定的关于违反该规定的民事法律后果认定合同效力。

第十九条　以转让或者设定财产权利为目的订立的合同，当事人或者真正权利人仅以让与人在订立合同时对标的物没有所有权或者处分权为由主张合同无效的，人民法院不予支持；因未取得真正权利人事后同意或者让与人事后未取得处分权导致合同不能履行，受让人主张解除合同并请求让与人承担违反合同的赔偿责任的，人民法院依法予以支持。

前款规定的合同被认定有效，且让与人已经将财产交付或者移转登记至受让人，真正权利人请求认定财产权利未发生变动或者请求返还财产的，人民法院应予支持。但是，受让人依据民法典第三百一十一条等规定善意取得财产权利的除外。

第二十四条　合同不成立、无效、被撤销或者确定不发生效力，当事人请求返还财产，经审查财产能够返还的，人民法院应当根据案件具体情况，单独或者合并适用返还占有的标的物、更正登记簿册记载等方式；经审查财产不能返还或者没有必要返还的，人民法院应当以认定合同不成立、无效、被撤销或者确定不发生效力之日该财产的市场价值或者以其他合理方式计算的价值为基准判决折价补偿。

除前款规定的情形外，当事人还请求赔偿损失的，人民法院应当结合财产返还或者折价补偿的情况，综合考虑财产增值收益和贬值损失、交易成本的支出等事实，按照双方当事人的过错程度及原因力大小，根据诚信原则和公平原则，合理确定损失赔偿额。

合同不成立、无效、被撤销或者确定不发生效力，当事人的行为涉嫌违法且未经处理，可能导致一方或者双方通过违法行为获得不当利益的，人民法院应当向有关行政管理部门提出司法建议。当事人的行为涉嫌犯罪的，应当将案件线索移送刑事侦查机关；属于刑事自诉案件的，应当告知当事人可以向有管辖权的人民法院另行提起诉讼。

第二十五条 合同不成立、无效、被撤销或者确定不发生效力，有权请求返还价款或者报酬的当事人一方请求对方支付资金占用费的，人民法院应当在当事人请求的范围内按照中国人民银行授权全国银行间同业拆借中心公布的一年期贷款市场报价利率（LPR）计算。但是，占用资金的当事人对于合同不成立、无效、被撤销或者确定不发生效力没有过错的，应当以中国人民银行公布的同期同类存款基准利率计算。

双方互负返还义务，当事人主张同时履行的，人民法院应予支持；占有标的物的一方对标的物存在使用或者依法可以使用的情形，对方请求将其应支付的资金占用费与应收取的标的物使用费相互抵销的，人民法院应予支持，但是法律另有规定的除外。

第二十六条 当事人一方未根据法律规定或者合同约定履行开具发票、提供证明文件等非主要债务，对方请求继续履行该债务并赔偿因怠于履行该债务造成的损失的，人民法院依法予以支持；对方请求解除合同的，人民法院不予支持，但是不履行该债务致使不能实现合同目的或者当事人另有约定的除外。

第二十七条 债务人或者第三人与债权人在债务履行期限届满后达成以物抵债协议，不存在影响合同效力情形的，人民法院应当认定该协议自当事人意思表示一致时生效。

债务人或者第三人履行以物抵债协议后，人民法院应当认定相应的原债务同时消灭；债务人或者第三人未按照约定履行以物抵债协议，经催告后在合理期限内仍不履行，债权人选择请求履行原债务或者以物抵债协议的，人民法院应予支持，但是法律另有规定或者当事人另有约定的除外。

前款规定的以物抵债协议经人民法院确认或者人民法院根据当事人达成的以物抵债协议制作成调解书，债权人主张财产权利自确认书、调解书生效时发生变动或者具有对抗善意第三人效力的，人民法院不予支持。

债务人或者第三人以自己不享有所有权或者处分权的财产权利订立以物抵债协议的，依据本解释第十九条的规定处理。

第二十八条 债务人或者第三人与债权人在债务履行期限届满前达成以物抵债协议的，人民法院应当在审理债权债务关系的基础上认定该协议的效力。

当事人约定债务人到期没有清偿债务，债权人可以对抵债财产拍卖、变卖、折价以实现债权的，人民法院应当认定该约定有效。当事人约定债务人到期没有清偿债务，抵债财产归债权人所有的，人民法院应当认定该约定无效，但是不影响其他部分的效力；债权人请求对抵债财产拍卖、变卖、折价以实现债权的，人民法院应予支持。

当事人订立前款规定的以物抵债协议后，债务人或者第三人未将财产权利转移至债权人名下，债权人主张优先受偿的，人民法院不予支持；债务人或者第三人已将财产权利转移至债权人名下的，依据《最高人民法院关于适用〈中华人民共和国民法典〉有关担保制度的解释》第六十八条的规定处理。

第二十九条 民法典第五百二十二条第二款规定的第三人请求债务人向自己履行债务的，人民法院应予支持；请求行使撤销权、解除权等民事权利的，人民法院不予支持，但是法律另有规定的除外。

合同依法被撤销或者被解除，债务人请求债权人返还财产的，人民法院应予支持。

债务人按照约定向第三人履行债务，第三人拒绝受领，债权人请求债务人向自己履行债务的，人民法院应予支持，但是债务人已经采取提存等方式消灭债务的除外。第三人拒绝受领或者受领迟延，债务人请求债权人赔偿因此造成的损失的，人民法院依法予以支持。

第三十条 下列民事主体，人民法院可以认定为民法典第五百二十四条第一款规定的对履行债务具有合法利益的第三人：

（一）保证人或者提供物的担保的第三人；

（二）担保财产的受让人、用益物权人、合法占有人；

（三）担保财产上的后顺位担保权人；

（四）对债务人的财产享有合法权益且该权益将因财产被强制执行而丧失的第三人；

（五）债务人为法人或者非法人组织的，其出资人或者设立人；

（六）债务人为自然人的，其近亲属；

（七）其他对履行债务具有合法利益的第三人。

第三人在其已经代为履行的范围内取得对债务人的债权，但是不得损害债权人的利益。

担保人代为履行债务取得债权后，向其他担保人主张担保权利的，依据《最高人民法院关于适用〈中华人民共和国民法典〉有关担保制度的解释》第十三条、第十四条、第十八条第二款等规定处理。

第三十一条 当事人互负债务，一方以对方没有履行非主要债务为由拒绝履行自己的主要债务的，人民法院不予支持。但是，对方不履行非主要债务致使不能实现合同目的或者当事人另有约定的除外。

当事人一方起诉请求对方履行债务，被告依据民法典第五百二十五条的规定主张双方同时履行的抗辩且抗辩成立，被告未提起反诉的，人民法院应当判决被告在原告履行债务的同时履行自己的债务，并在判项中明确原告申请强制执行的，人民法院应当在原告履行自己的债务后对被告采取执行行为；被告提起反诉的，人民法院应当判决双方同时履行自己的债务，并在判项中明确任何一方申请强制执行的，人民法院应当在该当事人履行自己的债务后对对方采取执行行为。

当事人一方起诉请求对方履行债务，被告依据民法典第五百二十六条的规定主张原告应先履行的抗辩且抗辩成立的，人民法院应当驳回原告的诉讼请求，但是不影响原告履行债务后另行提起诉讼。

第三十二条 合同成立后，因政策调整或者市场供求关系异常变动等原因导致价格发生当事人在订立合同时无法预见的、不属于商业风险的涨跌，继续履行合同对于当事人一方明显不公平的，人民法院应当认定合同的基础条件发生了民法典第五百三十三条第一款规定的“重大变化”。但是，合同涉及市场属性活跃、长期以来价格波动较大的大宗商品以及股票、期货等风险投资型金融产品的除外。

合同的基础条件发生了民法典第五百三十三条第一款规定的重大变化，当事人请求变更合同的，人民法院不得解除合同；当事人一方请求变更合同，对方请求解除合同的，或者当事人一方请求解除合同，对方请求变更合同的，人民法院应当结合案件的实际情况，根据公平原则判决变更或者解除合同。

人民法院依据民法典第五百三十三条的规定判决变更或者解除合同的，应当综合考虑合同基础条件发生重大变化的时间、当事人重新协商的情况以及因合同变更或者解除给当事人造成的损失等因素，在判项中明确合同变更或者解除的时间。

当事人事先约定排除民法典第五百三十三条适用的，人民法院应当认定该约定无效。

第五十二条 当事人就解除合同协商一致时未对合同解除后的违约责任、结算和清理等问题作出处理，一方主张合同已经解除的，人民法院应予支持。但是，当事人另有约定的除外。

有下列情形之一的，除当事人一方另有意思表示外，人民法院可以认定合同解除：

（一）当事人一方主张行使法律规定或者合同约定的解除权，经审理认为不符合解除权行使条件但是对方同意解除；

（二）双方当事人均不符合解除权行使的条件但是均主张解除合同。

前两款情形下的违约责任、结算和清理等问题，人民法院应当依据民法典第五百六十六条、第五百六十七条和有关违约责任的规定处理。

第五十三条　当事人一方以通知方式解除合同，并以对方未在约定的异议期限或者其他合理期限内提出异议为由主张合同已经解除的，人民法院应当对其是否享有法律规定或者合同约定的解除权进行审查。经审查，享有解除权的，合同自通知到达对方时解除；不享有解除权的，不发生合同解除的效力。

第五十四条　当事人一方未通知对方，直接以提起诉讼的方式主张解除合同，撤诉后再次起诉主张解除合同，人民法院经审理支持该主张的，合同自再次起诉的起诉状副本送达对方时解除。但是，当事人一方撤诉后又通知对方解除合同且该通知已经到达对方的除外。

第五十五条　当事人一方依据民法典第五百六十八条的规定主张抵销，人民法院经审理认为抵销权成立的，应当认定通知到达对方时双方互负的主债务、利息、违约金或者损害赔偿金等债务在同等数额内消灭。

第五十六条　行使抵销权的一方负担的数项债务种类相同，但是享有的债权不足以抵销全部债务，当事人因抵销的顺序发生争议的，人民法院可以参照民法典第五百六十条的规定处理。

行使抵销权的一方享有的债权不足以抵销其负担的包括主债务、利息、实现债权的有关费用在内的全部债务，当事人因抵销的顺序发生争议的，人民法院可以参照民法典第五百六十一条的规定处理。

第五十七条　因侵害自然人人身权益，或者故意、重大过失侵害他人财产权益产生的损害赔偿债务，侵权人主张抵销的，人民法院不予支持。

第五十八条　当事人互负债务，一方以其诉讼时效期间已经届满的债权通知对方主张抵销，对方提出诉讼时效抗辩的，人民法院对该抗辩应予支持。一方的债权诉讼时效期间已经届满，对方主张抵销的，人民法院应予支持。

第五十九条　当事人一方依据民法典第五百八十条第二款的规定请求终止合同权利义务关系的，人民法院一般应当以起诉状副本送达对方的时间作为合同权利义务关系终止的时间。根据案件的具体情况，以其他时间作为合同权利义务关系终止的时间更加符合公平原则和诚信原则的，人民法院可以以该时间作为合同权利义务关系终止的时间，但是应当在裁判文书中充分说明理由。

第六十条 人民法院依据民法典第五百八十四条的规定确定合同履行后可以获得的利益时，可以在扣除非违约方为订立、履行合同支出的费用等合理成本后，按照非违约方能够获得的生产利润、经营利润或者转售利润等计算。

非违约方依法行使合同解除权并实施了替代交易，主张按照替代交易价格与合同价格的差额确定合同履行后可以获得的利益的，人民法院依法予以支持；替代交易价格明显偏离替代交易发生时当地的市场价格，违约方主张按照市场价格与合同价格的差额确定合同履行后可以获得的利益的，人民法院应予支持。

非违约方依法行使合同解除权但是未实施替代交易，主张按照违约行为发生后合理期间内合同履行地的市场价格与合同价格的差额确定合同履行后可以获得的利益的，人民法院应予支持。

第六十一条 在以持续履行的债务为内容的定期合同中，一方不履行支付价款、租金等金钱债务，对方请求解除合同，人民法院经审理认为合同应当依法解除的，可以根据当事人的主张，参考合同主体、交易类型、市场价格变化、剩余履行期限等因素确定非违约方寻找替代交易的合理期限，并按照该期限对应的价款、租金等扣除非违约方应当支付的相应履约成本确定合同履行后可以获得的利益。

非违约方主张按照合同解除后剩余履行期限相应的价款、租金等扣除履约成本确定合同履行后可以获得的利益的，人民法院不予支持。但是，剩余履行期限少于寻找替代交易的合理期限的除外。

第六十二条 非违约方在合同履行后可以获得的利益难以根据本解释第六十条、第六十一条的规定予以确定的，人民法院可以综合考虑违约方因违约获得的利益、违约方的过错程度、其他违约情节等因素，遵循公平原则和诚信原则确定。

第六十三条 在认定民法典第五百八十四条规定的“违约一方订立合同时预见到或者应当预见到的因违约可能造成的损失”时，人民法院应当根据当事人订立合同的目的，综合考虑合同主体、合同内容、交易类型、交易习惯、磋商过程等因素，按照与违约方处于相同或者类似情况的民事主体在订立合同时预见到或者应当预见到的损失予以确定。

除合同履行后可以获得的利益外，非违约方主张还有其向第三人承担违约责任应当支出的额外费用等其他因违约所造成的损失，并请求违约方赔偿，经审理认为该损失系违约一方订立合同时预见到或者应当预见到的，人民法院应予支持。

在确定违约损失赔偿额时，违约方主张扣除非违约方未采取适当措施导致的扩大损失、非违约方也有过错造成的相应损失、非违约方因违约获得的额外利益或者减少的必要支出的，人民法院依法予以支持。

第六十四条 当事人一方通过反诉或者抗辩的方式，请求调整违约金的，人民法院依法予以支持。

违约方主张约定的违约金过分高于违约造成的损失，请求予以适当减少的，应当承担举证责任。非违约方主张约定的违约金合理的，也应当提供相应的证据。

当事人仅以合同约定不得对违约金进行调整为由主张不予调整违约金的，人民法院不予支持。

第六十五条 当事人主张约定的违约金过分高于违约造成的损失，请求予以适当减少的，人民法院应当以民法典第五百八十四条规定的损失为基础，兼顾合同主体、交易类型、合同的履行情况、当事人的过错程度、履约背景等因素，遵循公平原则和诚信原则进行衡量，并作出裁判。

约定的违约金超过造成损失的百分之三十的，人民法院一般可以认定为过分高于造成的损失。

恶意违约的当事人一方请求减少违约金的，人民法院一般不予支持。

第六十六条 当事人一方请求对方支付违约金，对方以合同不成立、无效、被撤销、确定不发生效力、不构成违约或者非违约方不存在损失等为由抗辩，未主张调整过高的违约金的，人民法院应当就若不支持该抗辩，当事人是否请求调整违约金进行释明。第一审人民法院认为抗辩成立且未予释明，第二审人民法院认为应当判决支付违约金的，可以直接释明，并根据当事人的请求，在当事人就是否应当调整违约金充分举证、质证、辩论后，依法判决适当减少违约金。

被告因客观原因在第一审程序中未到庭参加诉讼，但是在第二审程序中到庭参加诉讼并请求减少违约金的，第二审人民法院可以在当事人就是否应当调整违约金充分举证、质证、辩论后，依法判决适当减少违约金。

第六十八条 双方当事人均具有致使不能实现合同目的的违约行为，其中一方请求适用定金罚则的，人民法院不予支持。当事人一方仅有轻微违约，对方具有致使不能实现合同目的的违约行为，轻微违约方主张适用定金罚则，对方以轻微违约方也构成违约为由抗辩的，人民法院对该抗辩不予支持。

当事人一方已经部分履行合同，对方接受并主张按照未履行部分所占比例适用定金罚则的，人民法院应予支持。对方主张按照合同整体适用定金罚则的，人民法院不予支持，但是部分未履行致使不能实现合同目的的除外。

因不可抗力致使合同不能履行，非违约方主张适用定金罚则的，人民法院不予支持。

《中华人民共和国电子商务法》（2018 年 8 月 31 日公布　2019 年 1 月 1 日施行）

第四十九条　电子商务经营者发布的商品或者服务信息符合要约条件的，用户选择该商品或者服务并提交订单成功，合同成立。当事人另有约定的，从其约定。

电子商务经营者不得以格式条款等方式约定消费者支付价款后合同不成立；格式条款等含有该内容的，其内容无效。

第五十二条　电子商务当事人可以约定采用快递物流方式交付商品。

快递物流服务提供者为电子商务提供快递物流服务，应当遵守法律、行政法规，并应当符合承诺的服务规范和时限。快递物流服务提供者在交付商品时，应当提示收货人当面查验；交由他人代收的，应当经收货人同意。

快递物流服务提供者应当按照规定使用环保包装材料，实现包装材料的减量化和再利用。

快递物流服务提供者在提供快递物流服务的同时，可以接受电子商务经营者的委托提供代收货款服务。

第五十三条　电子商务当事人可以约定采用电子支付方式支付价款。

电子支付服务提供者为电子商务提供电子支付服务，应当遵守国家规定，告知用户电子支付服务的功能、使用方法、注意事项、相关风险和收费标准等事项，不得附加不合理交易条件。电子支付服务提供者应当确保电子支付指令的完整性、一致性、可跟踪稽核和不可篡改。

电子支付服务提供者应当向用户免费提供对账服务以及最近三年的交易记录。

第五十四条　电子支付服务提供者提供电子支付服务不符合国家有关支付安全管理要求，造成用户损失的，应当承担赔偿责任。

第五十五条　用户在发出支付指令前，应当核对支付指令所包含的金额、收款人等完整信息。

支付指令发生错误的，电子支付服务提供者应当及时查找原因，并采取相关措施予以纠正。造成用户损失的，电子支付服务提供者应当承担赔偿责任，但能够证明支付错误非自身原因造成的除外。

第五十六条　电子支付服务提供者完成电子支付后，应当及时准确地向用户提供符合约定方式的确认支付的信息。

第五十七条　用户应当妥善保管交易密码、电子签名数据等安全工具。用户发现安全工具遗失、被盗用或者未经授权的支付的，应当及时通知电子支付服务提供者。

未经授权的支付造成的损失，由电子支付服务提供者承担；电子支付服务提供者能够证明未经授权的支付是因用户的过错造成的，不承担责任。

电子支付服务提供者发现支付指令未经授权，或者收到用户支付指令未经授权的通知时，应当立即采取措施防止损失扩大。电子支付服务提供者未及时采取措施导致损失扩大的，对损失扩大部分承担责任。

第六十二条　在电子商务争议处理中，电子商务经营者应当提供原始合同和交易记录。因电子商务经营者丢失、伪造、篡改、销毁、隐匿或者拒绝提供前述资料，致使人民法院、仲裁机构或者有关机关无法查明事实的，电子商务经营者应当承担相应的法律责任。

《最高人民法院关于审理买卖合同纠纷案件适用法律问题的解释》（法释〔2012〕8号　2020年12月23日修正）

第一条　当事人之间没有书面合同，一方以送货单、收货单、结算单、发票等主张存在买卖合同关系的，人民法院应当结合当事人之间的交易方式、交易习惯以及其他相关证据，对买卖合同是否成立作出认定。

对账确认函、债权确认书等函件、凭证没有记载债权人名称，买卖合同当事人一方以此证明存在买卖合同关系的，人民法院应予支持，但有相反证据足以推翻的除外。

第二条　标的物为无需以有形载体交付的电子信息产品，当事人对交付方式约定不明确，且依照民法典第五百一十条的规定仍不能确定的，买受人收到约定的电子信息产品或者权利凭证即为交付。

第三条　根据民法典第六百二十九条的规定，买受人拒绝接收多交部分标的物的，可以代为保管多交部分标的物。买受人主张出卖人负担代为保管期间的合理费用的，人民法院应予支持。

买受人主张出卖人承担代为保管期间非因买受人故意或者重大过失造成

的损失的，人民法院应予支持。

第四条 民法典第五百九十九条规定的“提取标的物单证以外的有关单证和资料”，主要应当包括保险单、保修单、普通发票、增值税专用发票、产品合格证、质量保证书、质量鉴定书、品质检验证书、产品进出口检疫书、原产地证明书、使用说明书、装箱单等。

第五条 出卖人仅以增值税专用发票及税款抵扣资料证明其已履行交付标的物义务，买受人不认可的，出卖人应当提供其他证据证明交付标的物的事实。

合同约定或者当事人之间习惯以普通发票作为付款凭证，买受人以普通发票证明已经履行付款义务的，人民法院应予支持，但有相反证据足以推翻的除外。

第六条 出卖人就同一普通动产订立多重买卖合同，在买卖合同均有效的情况下，买受人均要求实际履行合同的，应当按照以下情形分别处理：

（一）先行受领交付的买受人请求确认所有权已经转移的，人民法院应予支持；

（二）均未受领交付，先行支付价款的买受人请求出卖人履行交付标的物等合同义务的，人民法院应予支持；

（三）均未受领交付，也未支付价款，依法成立在先合同的买受人请求出卖人履行交付标的物等合同义务的，人民法院应予支持。

第七条 出卖人就同一船舶、航空器、机动车等特殊动产订立多重买卖合同，在买卖合同均有效的情况下，买受人均要求实际履行合同的，应当按照以下情形分别处理：

（一）先行受领交付的买受人请求出卖人履行办理所有权转移登记手续等合同义务的，人民法院应予支持；

（二）均未受领交付，先行办理所有权转移登记手续的买受人请求出卖人履行交付标的物等合同义务的，人民法院应予支持；

（三）均未受领交付，也未办理所有权转移登记手续，依法成立在先合同的买受人请求出卖人履行交付标的物和办理所有权转移登记手续等合同义务的，人民法院应予支持；

（四）出卖人将标的物交付给买受人之一，又为其他买受人办理所有权转移登记，已受领交付的买受人请求将标的物所有权登记在自己名下的，人民法院应予支持。

第八条 民法典第六百零三条第二款第一项规定的“标的物需要运输

的”，是指标的物由出卖人负责办理托运，承运人系独立于买卖合同当事人之外的运输业者的情形。标的物毁损、灭失的风险负担，按照民法典第六百零七条第二款的规定处理。

第九条　出卖人根据合同约定将标的物运送至买受人指定地点并交付给承运人后，标的物毁损、灭失的风险由买受人负担，但当事人另有约定的除外。

第十条　出卖人出卖交由承运人运输的在途标的物，在合同成立时知道或者应当知道标的物已经毁损、灭失却未告知买受人，买受人主张出卖人负担标的物毁损、灭失的风险的，人民法院应予支持。

第十一条　当事人对风险负担没有约定，标的物为种类物，出卖人未以装运单据、加盖标记、通知买受人等可识别的方式清楚地将标的物特定于买卖合同，买受人主张不负担标的物毁损、灭失的风险的，人民法院应予支持。

第十二条　人民法院具体认定民法典第六百二十一条第二款规定的“合理期限”时，应当综合当事人之间的交易性质、交易目的、交易方式、交易习惯、标的物的种类、数量、性质、安装和使用情况、瑕疵的性质、买受人应尽的合理注意义务、检验方法和难易程度、买受人或者检验人所处的具体环境、自身技能以及其他合理因素，依据诚实信用原则进行判断。

民法典第六百二十一条第二款规定的“二年”是最长的合理期限。该期限为不变期间，不适用诉讼时效中止、中断或者延长的规定。

第十三条　买受人在合理期限内提出异议，出卖人以买受人已经支付价款、确认欠款数额、使用标的物等为由，主张买受人放弃异议的，人民法院不予支持，但当事人另有约定的除外。

第十四条　民法典第六百二十一条规定的检验期限、合理期限、二年期限经过后，买受人主张标的物的数量或者质量不符合约定的，人民法院不予支持。

出卖人自愿承担违约责任后，又以上述期限经过为由翻悔的，人民法院不予支持。

第十五条　买受人依约保留部分价款作为质量保证金，出卖人在质量保证期未及时解决质量问题而影响标的物的价值或者使用效果，出卖人主张支付该部分价款的，人民法院不予支持。

第十六条　买受人在检验期限、质量保证期、合理期限内提出质量异议，出卖人未按要求予以修理或者因情况紧急，买受人自行或者通过第三人修理标的物后，主张出卖人负担因此发生的合理费用的，人民法院应予支持。

第十七条 标的物质量不符合约定，买受人依照民法典第五百八十二条的规定要求减少价款的，人民法院应予支持。当事人主张以符合约定的标的物和实际交付的标的物按交付时的市场价值计算差价的，人民法院应予支持。

价款已经支付，买受人主张返还减价后多出部分价款的，人民法院应予支持。

第十八条 买卖合同对付款期限作出的变更，不影响当事人关于逾期付款违约金的约定，但该违约金的起算点应当随之变更。

买卖合同约定逾期付款违约金，买受人以出卖人接受价款时未主张逾期付款违约金为由拒绝支付该违约金的，人民法院不予支持。

买卖合同约定逾期付款违约金，但对账单、还款协议等未涉及逾期付款责任，出卖人根据对账单、还款协议等主张欠款时请求买受人依约支付逾期付款违约金的，人民法院应予支持，但对账单、还款协议等明确载有本金及逾期付款利息数额或者已经变更买卖合同中关于本金、利息等约定内容的除外。

买卖合同没有约定逾期付款违约金或者该违约金的计算方法，出卖人以买受人违约为由主张赔偿逾期付款损失，违约行为发生在2019年8月19日之前的，人民法院可以中国人民银行同期同类人民币贷款基准利率为基础，参照逾期罚息利率标准计算；违约行为发生在2019年8月20日之后的，人民法院可以违约行为发生时中国人民银行授权全国银行间同业拆借中心公布的一年期贷款市场报价利率（LPR）标准为基础，加计30—50%计算逾期付款损失。

第十九条 出卖人没有履行或者不当履行从给付义务，致使买受人不能实现合同目的，买受人主张解除合同的，人民法院应当根据民法典第五百六十三条第一款第四项的规定，予以支持。

第二十条 买卖合同因违约而解除后，守约方主张继续适用违约金条款的，人民法院应予支持；但约定的违约金过分高于造成的损失的，人民法院可以参照民法典第五百八十五条第二款的规定处理。

第二十一条 买卖合同当事人一方以对方违约为由主张支付违约金，对方以合同不成立、合同未生效、合同无效或者不构成违约等为由进行免责抗辩而未主张调整过高的违约金的，人民法院应当就法院若不支持免责抗辩，当事人是否需要主张调整违约金进行释明。

一审法院认为免责抗辩成立且未予释明，二审法院认为应当判决支付违约金的，可以直接释明并改判。

第二十二条　买卖合同当事人一方违约造成对方损失，对方主张赔偿可得利益损失的，人民法院在确定违约责任范围时，应当根据当事人的主张，依据民法典第五百八十四条、第五百九十一条、第五百九十二条、本解释第二十三条等规定进行认定。

第二十三条　买卖合同当事人一方因对方违约而获有利益，违约方主张从损失赔偿额中扣除该部分利益的，人民法院应予支持。

第二十四条　买受人在缔约时知道或者应当知道标的物质量存在瑕疵，主张出卖人承担瑕疵担保责任的，人民法院不予支持，但买受人在缔约时不知道该瑕疵会导致标的物的基本效用显著降低的除外。

第二十五条　买卖合同当事人主张民法典第六百四十一条关于标的物所有权保留的规定适用于不动产的，人民法院不予支持。

第二十六条　买受人已经支付标的物总价款的百分之七十五以上，出卖人主张取回标的物的，人民法院不予支持。

在民法典第六百四十二条第一款第三项情形下，第三人依据民法典第三百一十一条的规定已经善意取得标的物所有权或者其他物权，出卖人主张取回标的物的，人民法院不予支持。

第二十七条　民法典第六百三十四条第一款规定的“分期付款”，系指买受人将应付的总价款在一定期限内至少分三次向出卖人支付。

分期付款买卖合同的约定违反民法典第六百三十四条第一款的规定，损害买受人利益，买受人主张该约定无效的，人民法院应予支持。

第二十八条　分期付款买卖合同约定出卖人在解除合同时可以扣留已受领价金，出卖人扣留的金额超过标的物使用费以及标的物受损赔偿额，买受人请求返还超过部分的，人民法院应予支持。

当事人对标的物的使用费没有约定的，人民法院可以参照当地同类标的物的租金标准确定。

第二十九条　合同约定的样品质量与文字说明不一致且发生纠纷时当事人不能达成合意，样品封存后外观和内在品质没有发生变化的，人民法院应当以样品为准；外观和内在品质发生变化，或者当事人对是否发生变化有争议而又无法查明的，人民法院应当以文字说明为准。

第三十条　买卖合同存在下列约定内容之一的，不属于试用买卖。买受人主张属于试用买卖的，人民法院不予支持：

（一）约定标的物经过试用或者检验符合一定要求时，买受人应当购买标的物；

（二）约定第三人经试验对标的物认可时，买受人应当购买标的物；

（三）约定买受人在一定期限内可以调换标的物；

（四）约定买受人在一定期限内可以退还标的物。

第三十一条 出卖人履行交付义务后诉请买受人支付价款，买受人以出卖人违约在先为由提出异议的，人民法院应当按照下列情况分别处理：

（一）买受人拒绝支付违约金、拒绝赔偿损失或者主张出卖人应当采取减少价款等补救措施的，属于提出抗辩；

（二）买受人主张出卖人应支付违约金、赔偿损失或者要求解除合同的，应当提起反诉。

《最高人民法院关于审理食品药品纠纷案件适用法律若干问题的规定》（法释〔2013〕28 号 2020 年 12 月 23 日修正）

第九条 消费者通过网络交易第三方平台购买食品、药品遭受损害，网络交易第三方平台提供者不能提供食品、药品的生产者或者销售者的真实名称、地址与有效联系方式，消费者请求网络交易第三方平台提供者承担责任的，人民法院应予支持。

网络交易第三方平台提供者承担赔偿责任后，向生产者或者销售者行使追偿权的，人民法院应予支持。

网络交易第三方平台提供者知道或者应当知道食品、药品的生产者、销售者利用其平台侵害消费者合法权益，未采取必要措施，给消费者造成损害，消费者要求其与生产者、销售者承担连带责任的，人民法院应予支持。

适用本案由需要注意的问题

◆实务中常常存在合同名称与合同文本约定的内容不一致的问题，这主要涉及合同的解释问题。此种不一致，既可能是由于当事人欠缺法律专业知识而无意造成的，也可能是因当事人基于某些特殊目的而有意选取其他名称。但无论基于何种原因，合同性质的认定主要依据合同的内容，而非当事人为合同选取的名称，合同名称通常对合同的定性而言意义有限。合同的内容即当事人之间约定的权利义务。在解释合同的内容时，应当特别关注如何理解合同文本中的某些特别条款、特殊约定。

◆买卖合同纠纷案件由被告住所地或者合同履行地人民法院管辖。国际货物买卖合同纠纷，若被告在中华人民共和国领域没有住所，但是合同签订地或履行地，或者诉讼标的物在中华人民共和国领域内，或者被告在中华人民共和国领域内有可供扣押的财产，或者设有代表机构，可以由上述地区人民法院管辖。以信息网络方式订立的买卖合同，通过信息网络交付标的的，以买受人住所地为合同履行地；通过其他方式交付标的的，收货地为合同履行地。合同对履行地有约定的，从其约定。

◆在适用本案由时，要注意将其与一些特殊标的物买卖合同纠纷进行区分，譬如，房屋买卖合同有专门的规定，发生诉讼纠纷时案由是房屋买卖合同纠纷，而不是本案由。

◆对于事实清楚、权利义务关系明确、争议不大的买卖合同纠纷案件，标的额为各省、自治区、直辖市上年度就业人员年平均工资50%以下的，根据《民事诉讼法》第165条的规定，应适用小额诉讼程序进行审理。

◆适用招标投标买卖合同纠纷案由时，要注意招标投标在经济活动中是一项被广泛运用的程序，但并不是所有涉及招标投标的纠纷都适用本案由，只有当通过招标投标签订买卖合同时，本案由才适用。譬如，建设工程的勘察、设计、施工、监理等常常采用招标投标程序，但这种招投标与买卖无关，则不适用本案由。

◆适用招标投标买卖合同纠纷案由时，要注意招投标买卖与同为竞争买卖的拍卖的不同。拍卖中的最高应价者为买受人，而招标投标买卖的中标人不一定是出价最高者，招标人综合衡量投标人条件选择中标人，在这种情况下出价较低者也可能中标。

85. 拍卖合同纠纷

案由解析

拍卖合同是指出卖人通过公开竞价的方式，将标的物的所有权转让给最高应价者的买卖合同。

拍卖合同纠纷是指双方当事人因订立、履行、变更、终止拍卖合同引起的权利义务纠纷。

拍卖按其性质可分为公法拍卖和私法拍卖。公法拍卖指司法拍卖，私法拍卖指民事拍卖。这两种拍卖的程序、责任均有不同。司法拍卖指人民法院的拍卖，又称强制拍卖，是人民法院按照强制执行程序进行的拍卖。私法拍卖是民法上的拍卖，又称任意拍卖，指公民、法人的拍卖。人民法院委托他人拍卖罚没物品，亦属私法拍卖。本案由下的拍卖显然限于私法拍卖。

常用法律条文及索引

《中华人民共和国民法典》（2020 年 5 月 28 日公布　2021 年 1 月 1 日施行）

第五百六十三条　有下列情形之一的，当事人可以解除合同：

（一）因不可抗力致使不能实现合同目的；

（二）在履行期限届满前，当事人一方明确表示或者以自己的行为表明不履行主要债务；

（三）当事人一方迟延履行主要债务，经催告后在合理期限内仍未履行；

（四）当事人一方迟延履行债务或者有其他违约行为致使不能实现合同目的；

（五）法律规定的其他情形。

以持续履行的债务为内容的不定期合同，当事人可以随时解除合同，但是应当在合理期限之前通知对方。

第九百三十三条　委托人或者受托人可以随时解除委托合同。因解除合同造成对方损失的，除不可归责于该当事人的事由外，无偿委托合同的解除方应当赔偿因解除时间不当造成的直接损失，有偿委托合同的解除方应当赔偿对方的直接损失和合同履行后可以获得的利益。

《中华人民共和国拍卖法》（2015 年 4 月 24 日修正）

第六条　拍卖标的应当是委托人所有或者依法可以处分的物品或者财产权利。

第七条　法律、行政法规禁止买卖的物品或者财产权利，不得作为拍卖标的。

第四十一条　委托人委托拍卖物品或者财产权利，应当提供身份证明和拍卖人要求提供的拍卖标的的所有权证明或者依法可以处分拍卖标的的证明及其他资料。

第四十二条　拍卖人应当对委托人提供的有关文件、资料进行核实。拍卖人接受委托的，应当与委托人签订书面委托拍卖合同。

第四十三条　拍卖人认为需要对拍卖标的进行鉴定的，可以进行鉴定。

鉴定结论与委托拍卖合同载明的拍卖标的的状况不相符的，拍卖人有权要求变更或者解除合同。

第四十四条　委托拍卖合同应当载明以下事项：

（一）委托人、拍卖人的姓名或者名称、住所；
（二）拍卖标的的名称、规格、数量、质量；
（三）委托人提出的保留价；
（四）拍卖的时间、地点；
（五）拍卖标的交付或者转移的时间、方式；
（六）佣金及其支付的方式、期限；
（七）价款的支付方式、期限；
（八）违约责任；
（九）双方约定的其他事项。

适用本案由需要注意的问题

◆拍卖合同纠纷案件，按照合同纠纷的一般管辖原则，由被告住所地或拍卖合同履行地人民法院管辖。

◆拍卖合同也是买卖合同的一种，但是由于拍卖本身的特殊性，关于拍卖合同的纠纷独立于买卖合同成为一个单独的案由。也正是由于拍卖的特殊性，关于拍卖过程中产生的各类纠纷，都适用拍卖合同纠纷这一案由。即使拍卖不成功或是在纠纷出现在拍卖成功后的履行过程中，亦不适用缔约过失责任纠纷或者买卖合同纠纷，而是适用本案由。例外的是，拍卖委托合同发生的争议，应适用委托合同纠纷，不适用本案由。

86. 建设用地使用权合同纠纷

（1）建设用地使用权出让合同纠纷
（2）建设用地使用权转让合同纠纷

案由解析

建设用地使用权合同是指当事人为建设用地使用权的设立、转让、互换、出资等目的签订的合同。建设用地使用权是建设用地使用权人依法对国家所有的土地享有的占有、使用和收益的权利。

建设用地使用权合同纠纷是指当事人之间因订立、履行、变更、终止建设用地使用权合同引起的权利义务纠纷。

典型形态

在实践中，建设用地使用权合同纠纷主要有：

（1）建设用地使用权出让合同纠纷，是指双方当事人就达成的市、县人民政府土地管理部门以土地所有者身份将土地使用权在一定年限内让与土地使用者，土地使用者支付土地使用权出让金的合同产生的纠纷。

（2）建设用地使用权转让合同纠纷，是指双方当事人就达成的建设用地使用人将建设用地使用权转让给受让人，受让人支付价款的合同产生的纠纷。

常用法律条文及索引

《中华人民共和国民法典》（2020 年 5 月 28 日公布　2021 年 1 月 1 日施行）

第一百五十三条　违反法律、行政法规的强制性规定的民事法律行为无效。但是，该强制性规定不导致该民事法律行为无效的除外。

违背公序良俗的民事法律行为无效。

第一百五十四条　行为人与相对人恶意串通，损害他人合法权益的民事法律行为无效。

第一百八十六条　因当事人一方的违约行为，损害对方人身权益、财产权益的，受损害方有权选择请求其承担违约责任或者侵权责任。

第五百零六条　合同中的下列免责条款无效：

（一）造成对方人身损害的；

（二）因故意或者重大过失造成对方财产损失的。

第五百六十二条　当事人协商一致，可以解除合同。

当事人可以约定一方解除合同的事由。解除合同的事由发生时，解除权人可以解除合同。

第五百六十六条　合同解除后，尚未履行的，终止履行；已经履行的，根据履行情况和合同性质，当事人可以请求恢复原状或者采取其他补救措施，并有权请求赔偿损失。

合同因违约解除的，解除权人可以请求违约方承担违约责任，但是当事人另有约定的除外。

主合同解除后，担保人对债务人应当承担的民事责任仍应当承担担保责任，但是担保合同另有约定的除外。

第五百七十七条　当事人一方不履行合同义务或者履行合同义务不符合

约定的，应当承担继续履行、采取补救措施或者赔偿损失等违约责任。

第五百七十八条　当事人一方明确表示或者以自己的行为表明不履行合同义务的，对方可以在履行期限届满前请求其承担违约责任。

《中华人民共和国城市房地产管理法》（2019 年 8 月 26 日修正）

第三十九条　以出让方式取得土地使用权的，转让房地产时，应当符合下列条件：

（一）按照出让合同约定已经支付全部土地使用权出让金，并取得土地使用权证书；

（二）按照出让合同约定进行投资开发，属于房屋建设工程的，完成开发投资总额的百分之二十五以上，属于成片开发土地的，形成工业用地或者其他建设用地条件。

转让房地产时房屋已经建成的，还应当持有房屋所有权证书。

《最高人民法院关于审理涉及国有土地使用权合同纠纷案件适用法律问题的解释》（法释〔2005〕5 号　2020 年 12 月 23 日修正）

第二条　开发区管理委员会作为出让方与受让方订立的土地使用权出让合同，应当认定无效。

本解释实施前，开发区管理委员会作为出让方与受让方订立的土地使用权出让合同，起诉前经市、县人民政府自然资源主管部门追认的，可以认定合同有效。

第三条　经市、县人民政府批准同意以协议方式出让的土地使用权，土地使用权出让金低于订立合同时当地政府按照国家规定确定的最低价的，应当认定土地使用权出让合同约定的价格条款无效。

当事人请求按照订立合同时的市场评估价格交纳土地使用权出让金的，应予支持；受让方不同意按照市场评估价格补足，请求解除合同的，应予支持。因此造成的损失，由当事人按照过错承担责任。

第四条　土地使用权出让合同的出让方因未办理土地使用权出让批准手续而不能交付土地，受让方请求解除合同的，应予支持。

第五条　受让方经出让方和市、县人民政府城市规划行政主管部门同意，改变土地使用权出让合同约定的土地用途，当事人请求按照起诉时同种用途的土地出让金标准调整土地出让金的，应予支持。

第六条　受让方擅自改变土地使用权出让合同约定的土地用途，出让方请求解除合同的，应予支持。

第七条　本解释所称的土地使用权转让合同，是指土地使用权人作为转让方将出让土地使用权转让于受让方，受让方支付价款的合同。

第八条 土地使用权人作为转让方与受让方订立土地使用权转让合同后，当事人一方以双方之间未办理土地使用权变更登记手续为由，请求确认合同无效的，不予支持。

第九条 土地使用权人作为转让方就同一出让土地使用权订立数个转让合同，在转让合同有效的情况下，受让方均要求履行合同的，按照以下情形分别处理：

（一）已经办理土地使用权变更登记手续的受让方，请求转让方履行交付土地等合同义务的，应予支持；

（二）均未办理土地使用权变更登记手续，已先行合法占有投资开发土地的受让方请求转让方履行土地使用权变更登记等合同义务的，应予支持；

（三）均未办理土地使用权变更登记手续，又未合法占有投资开发土地，先行支付土地转让款的受让方请求转让方履行交付土地和办理土地使用权变更登记等合同义务的，应予支持；

（四）合同均未履行，依法成立在先的合同受让方请求履行合同的，应予支持。

未能取得土地使用权的受让方请求解除合同、赔偿损失的，依照民法典的有关规定处理。

第十条 土地使用权人与受让方订立合同转让划拨土地使用权，起诉前经有批准权的人民政府同意转让，并由受让方办理土地使用权出让手续的，土地使用权人与受让方订立的合同可以按照补偿性质的合同处理。

第十一条 土地使用权人与受让方订立合同转让划拨土地使用权，起诉前经有批准权的人民政府决定不办理土地使用权出让手续，并将该划拨土地使用权直接划拨给受让方使用的，土地使用权人与受让方订立的合同可以按照补偿性质的合同处理。

《第八次全国法院民事商事审判工作会议（民事部分）纪要》（法〔2016〕399号　2016年11月21日公布）

13. 城市房地产管理法第三十九条第一款第二项规定并非效力性强制性规定，当事人仅以转让国有土地使用权未达到该项规定条件为由，请求确认转让合同无效的，不予支持。

适用本案由需要注意的问题

◆建设用地使用权合同纠纷虽然在类别上属于合同纠纷，但由于标的物是建设用地，属于不动产，故此类案件不按合同的一般管辖原则确定，而是由不动产所在地人民法院管辖。

◆在适用本案由时，要注意其与集体所有土地作为建设用地而引起的合同纠纷的区别。集体所有土地不属于《民法典》规范的建设用地，不应适用本案由。此外，将建设用地使用权用以抵押所形成的合同纠纷，因为有专门的抵押合同纠纷案由，亦不适用本案由。

◆建设用地使用权出让和转让在实践中比较多见，所以在本案由下列的第四级案由，其他的建设用地使用权的互换、赠与、出资等，可以直接适用建设用地使用权合同纠纷这一第三级案由。

87. 临时用地合同纠纷

案由解析

临时用地合同是指因建设项目施工等原因需要临时使用国有土地或者集体所有土地，土地使用者和土地行政主管部门或者村集体达成的临时使用土地的合同。

临时用地合同纠纷，是指当事人因订立、履行、变更、终止临时用地合同发生的权利义务纠纷。

临时用地合同由临时用地的使用者与所有者签订。如使用的是国有土地，土地行政主管部门代表政府与土地使用者签订合同并按合同的要求支付临时用地补偿费。如临时用地对原土地使用者造成损失的，由土地行政主管部门用收取的临时用地补偿费予以补偿。如果使用的是农民集体所有的土地，将由农村集体经济组织或村民委员会代表所有者与临时用地使用者签订临时使用土地合同，并收取临时用地补偿费。给原土地使用者或承包经营者造成损失的，由农村集体经济组织或村民委员会用收取的临时用地补偿费予以补偿。

典型形态

在实践中，临时用地合同纠纷主要有：

（1）临时建设用地合同纠纷，是指当事人之间就达成的因工程、设施建设需要而临时使用国有土地或集体土地的合同产生的权利义务纠纷。

（2）临时勘察用地合同纠纷，是指当事人之间就达成的因勘察、勘探需要而临时使用国有土地或集体土地的合同产生的权利义务纠纷。

常用法律条文及索引

《中华人民共和国土地管理法》（2019年8月26日修正）

第五十七条 建设项目施工和地质勘查需要临时使用国有土地或者农民集体所有的土地的，由县级以上人民政府自然资源主管部门批准。其中，在城市规划区内的临时用地，在报批前，应当先经有关城市规划行政主管部门同意。土地使用者应当根据土地权属，与有关自然资源主管部门或者农村集体经济组织、村民委员会签订临时使用土地合同，并按照合同的约定支付临时使用土地补偿费。

临时使用土地的使用者应当按照临时使用土地合同约定的用途使用土地，并不得修建永久性建筑物。

临时使用土地期限一般不超过二年。

适用本案由需要注意的问题

◆与建设用地使用权合同纠纷案件相似，临时用地合同纠纷案件也由不动产所在地人民法院管辖。

◆临时用地是指建设过程中或勘查勘测过程中一些暂设工程和临时设施所需临时使用土地的行为，其特点主要有：（1）临时用地不改变土地用途的性质。即原土地的用地属建设用地的仍为建设用地，原来为农用地的仍为农用地。因此，临时使用农用地的无须办理农用地转用手续。使用结束后仍恢复原用途。（2）临时用地不改变土地权属。即原土地的所有权和使用权都无须改变。使用农民集体土地的不需要办理征用土地，使用国有土地的也不必办理划拨或有偿使用手续，只需签订临时使用土地合同，并对土地所有权人和原土地使用权人予以一定的补偿。关于临时用地的补偿标准，一般根据给原土地所有权人和使用权人造成的损失，由土地所有权人和临时用地者双方通过临时用地合同约定。（3）临时用地经批准后，应当签订临时用地合同，并给土地的所有权人和原使用权人的损失予以补偿。使用结束后，使用者应当负责恢复原貌。并交还原土地使用者或土地所有者。（4）临时用地是指临时使用城市内的空闲、农用地和未利用地。不包括因使用原有的建筑物、构筑物而引起的使用土地的行为。如使用原有建筑物、构筑物应当采用租赁的办法。

88. 探矿权转让合同纠纷

案由解析

探矿权转让合同是指探矿权人将其依法取得的探矿权转让给他人，受让人支付价款的合同。

探矿权转让合同纠纷，是指双方当事人因订立、履行、变更、终止探矿权转让合同发生的权利义务纠纷。

常用法律条文及索引

《中华人民共和国矿产资源法》（2024 年 11 月 8 日修订）

第二十二条　设立矿业权的，应当向矿业权出让部门申请矿业权登记。符合登记条件的，矿业权出让部门应当将相关事项记载于矿业权登记簿，并向矿业权人发放矿业权证书。

矿业权变更、转让、抵押和消灭的，应当依法办理登记。

矿业权的设立、变更、转让、抵押和消灭，经依法登记，发生效力；未经登记，不发生效力，法律另有规定的除外。

矿业权登记的具体办法由国务院自然资源主管部门制定。

第二十七条　矿业权可以依法转让或者出资、抵押等，国家另有规定或者矿业权出让合同另有约定的除外。

矿业权转让的，矿业权出让合同和矿业权登记簿所载明的权利、义务随之转移，国家另有规定或者矿业权出让、转让合同另有约定的除外。

矿业权转让的具体管理办法由国务院制定。

第四十五条　因开采矿产资源导致矿区生态破坏的，采矿权人应当依法履行生态修复义务。采矿权人的生态修复义务不因采矿权消灭而免除。

采矿权转让的，由受让人履行矿区生态修复义务，国家另有规定或者矿业权出让、转让合同另有约定的除外。

历史遗留的废弃矿区，矿区生态修复责任人灭失或者无法确认的，由所在地县级以上地方人民政府组织开展矿区生态修复。

国家鼓励社会资本参与矿区生态修复。

《探矿权采矿权转让管理办法》（2014年7月29日修订）

第三条 除按照下列规定可以转让外，探矿权、采矿权不得转让：

（一）探矿权人有权在划定的勘查作业区内进行规定的勘查作业，有权优先取得勘查作业区内矿产资源的采矿权。探矿权人在完成规定的最低勘查投入后，经依法批准，可以将探矿权转让他人。

（二）已经取得采矿权的矿山企业，因企业合并、分立，与他人合资、合作经营，或者因企业资产出售以及有其他变更企业资产产权的情形，需要变更采矿权主体的，经依法批准，可以将采矿权转让他人采矿。

第四条 国务院地质矿产主管部门和省、自治区、直辖市人民政府地质矿产主管部门是探矿权、采矿权转让的审批管理机关。

国务院地质矿产主管部门负责由其审批发证的探矿权、采矿权转让的审批。

省、自治区、直辖市人民政府地质矿产主管部门负责本条第二款规定以外的探矿权、采矿权转让的审批。

第五条 转让探矿权，应当具备下列条件：

（一）自颁发勘查许可证之日起满2年，或者在勘查作业区内发现可供进一步勘查或者开采的矿产资源；

（二）完成规定的最低勘查投入；

（三）探矿权属无争议；

（四）按照国家有关规定已经缴纳探矿权使用费、探矿权价款；

（五）国务院地质矿产主管部门规定的其他条件。

第九条 转让国家出资勘查所形成的探矿权、采矿权的，必须进行评估。

国家出资勘查形成的探矿权、采矿权价款，由具有矿业权评估资质的评估机构进行评估；评估报告报探矿权、采矿权登记管理机关备案。

第十二条 探矿权、采矿权转让后，探矿权人、采矿权人的权利、义务随之转移。

第十三条 探矿权、采矿权转让后，勘查许可证、采矿许可证的有效期限，为原勘查许可证、采矿许可证的有效期减去已经进行勘查、采矿的年限的剩余期限。

第十四条 未经审批管理机关批准，擅自转让探矿权、采矿权的，由登记管理机关责令改正，没收违法所得，处10万元以下的罚款；情节严重的，由原发证机关吊销勘查许可证、采矿许可证。

第十五条 违反本办法第三条第（二）项的规定，以承包等方式擅自将采矿权转给他人进行采矿的，由县级以上人民政府负责地质矿产管理工作的部门按照国务院地质矿产主管部门规定的权限，责令改正，没收违法所得，处10万元以下的罚款；情节严重的，由原发证机关吊销采矿许可证。

《最高人民法院关于审理矿业权纠纷案件适用法律若干问题的解释》（法释〔2017〕12号　2020年12月23日修正）

第二条　县级以上人民政府自然资源主管部门作为出让人与受让人签订的矿业权出让合同，除法律、行政法规另有规定的情形外，当事人请求确认自依法成立之日起生效的，人民法院应予支持。

第三条　受让人请求自矿产资源勘查许可证、采矿许可证载明的有效期起始日确认其探矿权、采矿权的，人民法院应予支持。

矿业权出让合同生效后、矿产资源勘查许可证或者采矿许可证颁发前，第三人越界或者以其他方式非法勘查开采，经出让人同意已实际占有勘查作业区或者矿区的受让人，请求第三人承担停止侵害、排除妨碍、赔偿损失等侵权责任的，人民法院应予支持。

第四条　出让人未按照出让合同的约定移交勘查作业区或者矿区、颁发矿产资源勘查许可证或者采矿许可证，受让人请求解除出让合同的，人民法院应予支持。

受让人勘查开采矿产资源未达到自然资源主管部门批准的矿山地质环境保护与土地复垦方案要求，在自然资源主管部门规定的期限内拒不改正，或者因违反法律法规被吊销矿产资源勘查许可证、采矿许可证，或者未按照出让合同的约定支付矿业权出让价款，出让人解除出让合同的，人民法院应予支持。

第五条　未取得矿产资源勘查许可证、采矿许可证，签订合同将矿产资源交由他人勘查开采的，人民法院应依法认定合同无效。

第六条　矿业权转让合同自依法成立之日起具有法律约束力。矿业权转让申请未经自然资源主管部门批准，受让人请求转让人办理矿业权变更登记手续的，人民法院不予支持。

当事人仅以矿业权转让申请未经自然资源主管部门批准为由请求确认转让合同无效的，人民法院不予支持。

第七条　矿业权转让合同依法成立后，在不具有法定无效情形下，受让人请求转让人履行报批义务或者转让人请求受让人履行协助报批义务的，人民法院应予支持，但法律上或者事实上不具备履行条件的除外。

人民法院可以依据案件事实和受让人的请求，判决受让人代为办理报批手续，转让人应当履行协助义务，并承担由此产生的费用。

第八条 矿业权转让合同依法成立后，转让人无正当理由拒不履行报批义务，受让人请求解除合同、返还已付转让款及利息，并由转让人承担违约责任的，人民法院应予支持。

第九条 矿业权转让合同约定受让人支付全部或者部分转让款后办理报批手续，转让人在办理报批手续前请求受让人先履行付款义务的，人民法院应予支持，但受让人有确切证据证明存在转让人将同一矿业权转让给第三人、矿业权人将被兼并重组等符合民法典第五百二十七条规定情形的除外。

第十条 自然资源主管部门不予批准矿业权转让申请致使矿业权转让合同被解除，受让人请求返还已付转让款及利息，采矿权人请求受让人返还获得的矿产品及收益，或者探矿权人请求受让人返还勘查资料和勘查中回收的矿产品及收益的，人民法院应予支持，但受让人可请求扣除相关的成本费用。

当事人一方对矿业权转让申请未获批准有过错的，应赔偿对方因此受到的损失；双方均有过错的，应当各自承担相应的责任。

第十一条 矿业权转让合同依法成立后、自然资源主管部门批准前，矿业权人又将矿业权转让给第三人并经自然资源主管部门批准、登记，受让人请求解除转让合同、返还已付转让款及利息，并由矿业权人承担违约责任的，人民法院应予支持。

适用本案由需要注意的问题

◆探矿权转让合同纠纷案件，按照合同纠纷案件的一般管辖原则，由被告住所地或合同履行地人民法院管辖。

◆在适用本案由时，要注意其与探矿权纠纷的区别。探矿权纠纷非合同纠纷，而是权属争议或者侵权类纠纷，适用的是探矿权纠纷案由，而探矿权合同纠纷是当事人关于合同的纠纷，适用本案由。

89. 采矿权转让合同纠纷

案由解析

采矿权转让合同是指采矿权人将依法取得的采矿权转让给他人，受让人支付价款的合同。

采矿权转让合同纠纷，是指双方当事人因订立、履行、变更、终止采矿权转让合同发生的权利义务纠纷。

根据《矿产资源法》的规定，已取得采矿权的矿山企业，因企业合并、分立，与他人合资、合作经营，或者因企业资产出售以及有其他变更企业资产产权的情形而需要变更采矿权主体的，经依法批准可以将采矿权转让他人采矿。

常用法律条文及索引

参见“88. 探矿权转让合同纠纷”案由相关部分。

适用本案由需要注意的问题

◆采矿权转让合同纠纷案件，按照合同纠纷案件的一般管辖原则，由被告住所地或合同履行地人民法院管辖。

◆适用本案由时，要注意采矿权转让合同纠纷与采矿权纠纷的区别。采矿权纠纷是物权纠纷，非合同纠纷，适用的是采矿权纠纷案由，而采矿权转让合同纠纷属于合同纠纷，适用本案由。

90. 房地产开发经营合同纠纷

（1）委托代建合同纠纷

（2）合资、合作开发房地产合同纠纷

（3）项目转让合同纠纷

案由解析

依据《城市房地产管理法》第 2 条的规定，房地产开发是指在依法取得国有土地使用权的土地上进行基础设施、房屋建设的行为。依据《城市房地产开发经营管理条例》第 2 条的规定，房地产开发经营是指房地产开发企业在城市规划区内国有土地上进行基础设施、房屋建设，并转让房地产开发项目或者销售、出租商品房的行为。这些都是从广义角度作的界定，包括了房地产市场的全部阶段，即从一级市场获得土地使用权，在二级市场上将房地产出售给用地、用房的单位或者个人，到三级市场中房地产使用者之间的交易。而本案由中的房地产开发经营是狭义的，仅指建设前期的经营活动，特别是房地产经营者之间进行的项目转让、合作开发、委托代建等活动。因此，房地产开发经营合同是指房地产经营者之间签订的关于项目转让、合作开发、委托代建等内容的合同。

房地产开发经营合同纠纷是指当事人因订立、履行、变更、终止房地产开发经营合同发生的权利义务纠纷。

典型形态

在实践中，房地产开发经营合同纠纷主要有：

（1）委托代建合同纠纷，是指当事人之间就达成的建房人获得国有土地使用权以后委托房地产建设企业代为建设房屋，并向房地产建设企业支付价款的合同产生的纠纷。

（2）合资、合作开发房地产合同纠纷，是指当事人之间就达成的以提供土地使用权、资金的方式共同出资，并且共担风险、共享利润合作开发房地产的合同产生的纠纷。

（3）项目转让合同纠纷，是指当事人之间就达成的房地产开发企业将其房地产开发项目转让给他人的合同产生的纠纷。

常用法律条文及索引

《中华人民共和国民法典》（2020 年 5 月 28 日公布　2021 年 1 月 1 日施行）

第一百五十三条　违反法律、行政法规的强制性规定的民事法律行为无效。但是，该强制性规定不导致该民事法律行为无效的除外。

违背公序良俗的民事法律行为无效。

第一百五十四条　行为人与相对人恶意串通，损害他人合法权益的民事法律行为无效。

第一百六十八条　代理人不得以被代理人的名义与自己实施民事法律行为，但是被代理人同意或者追认的除外。

代理人不得以被代理人的名义与自己同时代理的其他人实施民事法律行为，但是被代理的双方同意或者追认的除外。

第五百零六条　合同中的下列免责条款无效：

（一）造成对方人身损害的；

（二）因故意或者重大过失造成对方财产损失的。

第五百四十九条　有下列情形之一的，债务人可以向受让人主张抵销：

（一）债务人接到债权转让通知时，债务人对让与人享有债权，且债务人的债权先于转让的债权到期或者同时到期；

（二）债务人的债权与转让的债权是基于同一合同产生。

第五百六十二条　当事人协商一致，可以解除合同。

当事人可以约定一方解除合同的事由。解除合同的事由发生时，解除权人可以解除合同。

第五百六十三条　有下列情形之一的，当事人可以解除合同：

（一）因不可抗力致使不能实现合同目的；

（二）在履行期限届满前，当事人一方明确表示或者以自己的行为表明不履行主要债务；

（三）当事人一方迟延履行主要债务，经催告后在合理期限内仍未履行；

（四）当事人一方迟延履行债务或者有其他违约行为致使不能实现合同目的；

（五）法律规定的其他情形。

以持续履行的债务为内容的不定期合同，当事人可以随时解除合同，但是应当在合理期限之前通知对方。

第五百六十六条　合同解除后，尚未履行的，终止履行；已经履行的，根据履行情况和合同性质，当事人可以请求恢复原状或者采取其他补救措施，并有权请求赔偿损失。

合同因违约解除的，解除权人可以请求违约方承担违约责任，但是当事人另有约定的除外。

主合同解除后，担保人对债务人应当承担的民事责任仍应当承担担保责任，但是担保合同另有约定的除外。

第五百六十八条　当事人互负债务，该债务的标的物种类、品质相同的，任何一方可以将自己的债务与对方的到期债务抵销；但是，根据债务性质、按照当事人约定或者依照法律规定不得抵销的除外。

当事人主张抵销的，应当通知对方。通知自到达对方时生效。抵销不得附条件或者附期限。

第五百七十七条　当事人一方不履行合同义务或者履行合同义务不符合约定的，应当承担继续履行、采取补救措施或者赔偿损失等违约责任。

第五百七十八条　当事人一方明确表示或者以自己的行为表明不履行合同义务的，对方可以在履行期限届满前请求其承担违约责任。

第五百七十九条　当事人一方未支付价款、报酬、租金、利息，或者不履行其他金钱债务的，对方可以请求其支付。

《中华人民共和国城市房地产管理法》（2019年8月26日修正）

第十五条 土地使用权出让，应当签订书面出让合同。

土地使用权出让合同由市、县人民政府土地管理部门与土地使用者签订。

第十六条 土地使用者必须按照出让合同约定，支付土地使用权出让金；未按照出让合同约定支付土地使用权出让金的，土地管理部门有权解除合同，并可以请求违约赔偿。

第十七条 土地使用者按照出让合同约定支付土地使用权出让金的，市、县人民政府土地管理部门必须按照出让合同约定，提供出让的土地；未按照出让合同约定提供出让的土地的，土地使用者有权解除合同，由土地管理部门返还土地使用权出让金，土地使用者并可以请求违约赔偿。

第十八条 土地使用者需要改变土地使用权出让合同约定的土地用途的，必须取得出让方和市、县人民政府城市规划行政主管部门的同意，签订土地使用权出让合同变更协议或者重新签订土地使用权出让合同，相应调整土地使用权出让金。

第十九条 土地使用权出让金应当全部上缴财政，列入预算，用于城市基础设施建设和土地开发。土地使用权出让金上缴和使用的具体办法由国务院规定。

第二十条 国家对土地使用者依法取得的土地使用权，在出让合同约定的使用年限届满前不收回；在特殊情况下，根据社会公共利益的需要，可以依照法律程序提前收回，并根据土地使用者使用土地的实际年限和开发土地的实际情况给予相应的补偿。

第二十二条 土地使用权出让合同约定的使用年限届满，土地使用者需要继续使用土地的，应当至迟于届满前一年申请续期，除根据社会公共利益需要收回该幅土地的，应当予以批准。经批准准予续期的，应当重新签订土地使用权出让合同，依照规定支付土地使用权出让金。

土地使用权出让合同约定的使用年限届满，土地使用者未申请续期或者虽申请续期但依照前款规定未获批准的，土地使用权由国家无偿收回。

第四十一条 房地产转让，应当签订书面转让合同，合同中应当载明土地使用权取得的方式。

第四十二条 房地产转让时，土地使用权出让合同载明的权利、义务随之转移。

第四十三条 以出让方式取得土地使用权的，转让房地产后，其土地使用权的使用年限为原土地使用权出让合同约定的使用年限减去原土地使用者已经使用年限后的剩余年限。

第四十四条　以出让方式取得土地使用权的，转让房地产后，受让人改变原土地使用权出让合同约定的土地用途的，必须取得原出让方和市、县人民政府城市规划行政主管部门的同意，签订土地使用权出让合同变更协议或者重新签订土地使用权出让合同，相应调整土地使用权出让金。

适用本案由需要注意的问题

◆房地产开发经营合同纠纷虽然属于合同纠纷，但由于合同标的是不动产，故由不动产所在地人民法院管辖。

91. 房屋买卖合同纠纷

(1) 商品房预约合同纠纷
(2) 商品房预售合同纠纷
(3) 商品房销售合同纠纷
(4) 商品房委托代理销售合同纠纷
(5) 经济适用房转让合同纠纷
(6) 农村房屋买卖合同纠纷

案由解析

房屋买卖合同是指出卖人将房屋所有权转移给买受人，买受人支付相应价款的合同。

房屋买卖合同纠纷是指当事人之间因订立、履行、变更、终止商品房买卖合同发生的权利义务纠纷。

典型形态

在实践中，房屋买卖合同纠纷主要有：

(1) 商品房预约合同纠纷，是指房地产开发商与购房者就达成的双方在将来一定期限内签订商品房买卖合同的协议产生的纠纷。

(2) 商品房预售合同纠纷，是指当事人之间就达成的房地产开发商把正在建设中的房屋预先销售给承购人，承购人支付定金或者房屋价款的合同产生的纠纷。

（3）商品房销售合同纠纷，是指当事人之间就达成的房地产开发商把已经竣工的房屋的所有权转移给买受人，买受人支付相应价款的合同产生的纠纷。

（4）商品房委托代理销售合同纠纷，是指当事人之间就达成的房地产开发商把开发的商品房委托于中介机构代理销售，并向中介机构支付酬金的合同产生的纠纷。

（5）经济适用房转让合同纠纷，是指当事人之间就达成的经济适用房所有者将经济适用房所有权转移给他人，他人支付相应价款的合同产生的纠纷。

（6）农村房屋买卖合同纠纷，是指当事人之间就达成的农民把农村自有房屋转让给他人，他人支付相应价款的合同产生的纠纷。

常用法律条文及索引

《中华人民共和国民法典》（2020年5月28日公布　2021年1月1日施行）

第四百九十五条　当事人约定在将来一定期限内订立合同的认购书、订购书、预订书等，构成预约合同。

当事人一方不履行预约合同约定的订立合同义务的，对方可以请求其承担预约合同的违约责任。

另，请求权基础条款参见本法第一百五十三条、第一百五十四条、第一百六十八条、第五百零六条、第五百四十九条、第五百六十二条、第五百六十三条、第五百六十六条、第五百六十八条、第五百七十七条、第五百七十八条。

《城市房地产开发经营管理条例》（2020年11月29日修订）

第二十二条　房地产开发企业预售商品房，应当符合下列条件：

（一）已交付全部土地使用权出让金，取得土地使用权证书；

（二）持有建设工程规划许可证和施工许可证；

（三）按提供的预售商品房计算，投入开发建设的资金达到工程建设总投资的25%以上，并已确定施工进度和竣工交付日期；

（四）已办理预售登记，取得商品房预售许可证明。

第二十三条　房地产开发企业申请办理商品房预售登记，应当提交下列文件：

（一）本条例第二十二条第（一）项至第（三）项规定的证明材料；

（二）营业执照和资质等级证书；

（三）工程施工合同；

（四）预售商品房分层平面图；

（五）商品房预售方案。

第二十四条 房地产开发主管部门应当自收到商品房预售申请之日起10日内，作出同意预售或者不同意预售的答复。同意预售的，应当核发商品房预售许可证明；不同意预售的，应当说明理由。

第二十五条 房地产开发企业不得进行虚假广告宣传，商品房预售广告中应当载明商品房预售许可证明的文号。

第二十六条 房地产开发企业预售商品房时，应当向预购人出示商品房预售许可证明。

房地产开发企业应当自商品房预售合同签订之日起30日内，到商品房所在地的县级以上人民政府房地产开发主管部门和负责土地管理工作的部门备案。

第二十七条 商品房销售，当事人双方应当签订书面合同。合同应当载明商品房的建筑面积和使用面积、价格、交付日期、质量要求、物业管理方式以及双方的违约责任。

第二十八条 房地产开发企业委托中介机构代理销售商品房的，应当向中介机构出具委托书。中介机构销售商品房时，应当向商品房购买人出示商品房的有关证明文件和商品房销售委托书。

第二十九条 房地产开发项目转让和商品房销售价格，由当事人协商议定；但是，享受国家优惠政策的居民住宅价格，应当实行政府指导价或者政府定价。

第三十条 房地产开发企业应当在商品房交付使用时，向购买人提供住宅质量保证书和住宅使用说明书。

住宅质量保证书应当列明工程质量监督单位核验的质量等级、保修范围、保修期和保修单位等内容。房地产开发企业应当按照住宅质量保证书的约定，承担商品房保修责任。

保修期内，因房地产开发企业对商品房进行维修，致使房屋原使用功能受到影响，给购买人造成损失的，应当依法承担赔偿责任。

第三十一条 商品房交付使用后，购买人认为主体结构质量不合格的，可以向工程质量监督单位申请重新核验。经核验，确属主体结构质量不合格的，购买人有权退房；给购买人造成损失的，房地产开发企业应当依法承担赔偿责任。

第三十二条 预售商品房的购买人应当自商品房交付使用之日起90日内，办理土地使用权变更和房屋所有权登记手续；现售商品房的购买人应当自销售合同签订之日起90日内，办理土地使用权变更和房屋所有权登记手续。房地产开发企业应当协助商品房购买人办理土地使用权变更和房屋所有权登记手续，并提供必要的证明文件。

《最高人民法院关于审理商品房买卖合同纠纷案件适用法律若干问题的解释》（法释〔2003〕7号 2020年12月23日修正）

第二条 出卖人未取得商品房预售许可证明，与买受人订立的商品房预售合同，应当认定无效，但是在起诉前取得商品房预售许可证明的，可以认定有效。

第三条 商品房的销售广告和宣传资料为要约邀请，但是出卖人就商品房开发规划范围内的房屋及相关设施所作的说明和允诺具体确定，并对商品房买卖合同的订立以及房屋价格的确定有重大影响的，构成要约。该说明和允诺即使未载入商品房买卖合同，亦应当为合同内容，当事人违反的，应当承担违约责任。

第四条 出卖人通过认购、订购、预订等方式向买受人收受定金作为订立商品房买卖合同担保的，如果因当事人一方原因未能订立商品房买卖合同，应当按照法律关于定金的规定处理；因不可归责于当事人双方的事由，导致商品房买卖合同未能订立的，出卖人应当将定金返还买受人。

第五条 商品房的认购、订购、预订等协议具备《商品房销售管理办法》第十六条规定的商品房买卖合同的主要内容，并且出卖人已经按照约定收受购房款的，该协议应当认定为商品房买卖合同。

第六条 当事人以商品房预售合同未按照法律、行政法规规定办理登记备案手续为由，请求确认合同无效的，不予支持。

当事人约定以办理登记备案手续为商品房预售合同生效条件的，从其约定，但当事人一方已经履行主要义务，对方接受的除外。

第七条 买受人以出卖人与第三人恶意串通，另行订立商品房买卖合同并将房屋交付使用，导致其无法取得房屋为由，请求确认出卖人与第三人订立的商品房买卖合同无效的，应予支持。

第八条 对房屋的转移占有，视为房屋的交付使用，但当事人另有约定的除外。

房屋毁损、灭失的风险，在交付使用前由出卖人承担，交付使用后由买受人承担；买受人接到出卖人的书面交房通知，无正当理由拒绝接收的，房屋毁损、灭失的风险自书面交房通知确定的交付使用之日起由买受人承担，但法律另有规定或者当事人另有约定的除外。

第九条　因房屋主体结构质量不合格不能交付使用，或者房屋交付使用后，房屋主体结构质量经核验确属不合格，买受人请求解除合同和赔偿损失的，应予支持。

第十条　因房屋质量问题严重影响正常居住使用，买受人请求解除合同和赔偿损失的，应予支持。

交付使用的房屋存在质量问题，在保修期内，出卖人应当承担修复责任；出卖人拒绝修复或者在合理期限内拖延修复的，买受人可以自行或者委托他人修复。修复费用及修复期间造成的其他损失由出卖人承担。

第十一条　根据民法典第五百六十三条的规定，出卖人迟延交付房屋或者买受人迟延支付购房款，经催告后在三个月的合理期限内仍未履行，解除权人请求解除合同的，应予支持，但当事人另有约定的除外。

法律没有规定或者当事人没有约定，经对方当事人催告后，解除权行使的合理期限为三个月。对方当事人没有催告的，解除权人自知道或者应当知道解除事由之日起一年内行使。逾期不行使的，解除权消灭。

第十二条　当事人以约定的违约金过高为由请求减少的，应当以违约金超过造成的损失 30%为标准适当减少；当事人以约定的违约金低于造成的损失为由请求增加的，应当以违约造成的损失确定违约金数额。

第十三条　商品房买卖合同没有约定违约金数额或者损失赔偿额计算方法，违约金数额或者损失赔偿额可以参照以下标准确定：

逾期付款的，按照未付购房款总额，参照中国人民银行规定的金融机构计收逾期贷款利息的标准计算。

逾期交付使用房屋的，按照逾期交付使用房屋期间有关主管部门公布或者有资格的房地产评估机构评定的同地段同类房屋租金标准确定。

第十四条　由于出卖人的原因，买受人在下列期限届满未能取得不动产权属证书的，除当事人有特殊约定外，出卖人应当承担违约责任：

（一）商品房买卖合同约定的办理不动产登记的期限；

（二）商品房买卖合同的标的物为尚未建成房屋的，自房屋交付使用之日起 90 日；

（三）商品房买卖合同的标的物为已竣工房屋的，自合同订立之日起 90 日。

合同没有约定违约金或者损失数额难以确定的，可以按照已付购房款总额，参照中国人民银行规定的金融机构计收逾期贷款利息的标准计算。

第十五条 商品房买卖合同约定或者《城市房地产开发经营管理条例》第三十二条规定的办理不动产登记的期限届满后超过一年，由于出卖人的原因，导致买受人无法办理不动产登记，买受人请求解除合同和赔偿损失的，应予支持。

第十六条 出卖人与包销人订立商品房包销合同，约定出卖人将其开发建设的房屋交由包销人以出卖人的名义销售的，包销期满未销售的房屋，由包销人按照合同约定的包销价格购买，但当事人另有约定的除外。

第十七条 出卖人自行销售已经约定由包销人包销的房屋，包销人请求出卖人赔偿损失的，应予支持，但当事人另有约定的除外。

第十八条 对于买受人因商品房买卖合同与出卖人发生的纠纷，人民法院应当通知包销人参加诉讼；出卖人、包销人和买受人对各自的权利义务有明确约定的，按照约定的内容确定各方的诉讼地位。

第十九条 商品房买卖合同约定，买受人以担保贷款方式付款、因当事人一方原因未能订立商品房担保贷款合同并导致商品房买卖合同不能继续履行的，对方当事人可以请求解除合同和赔偿损失。因不可归责于当事人双方的事由未能订立商品房担保贷款合同并导致商品房买卖合同不能继续履行的，当事人可以请求解除合同，出卖人应当将收受的购房款本金及其利息或者定金返还买受人。

第二十条 因商品房买卖合同被确认无效或者被撤销、解除，致使商品房担保贷款合同的目的无法实现，当事人请求解除商品房担保贷款合同的，应予支持。

第二十一条 以担保贷款为付款方式的商品房买卖合同的当事人一方请求确认商品房买卖合同无效或者撤销、解除合同的，如果担保权人作为有独立请求权第三人提出诉讼请求，应当与商品房担保贷款合同纠纷合并审理；未提出诉讼请求的，仅处理商品房买卖合同纠纷。担保权人就商品房担保贷款合同纠纷另行起诉的，可以与商品房买卖合同纠纷合并审理。

商品房买卖合同被确认无效或者被撤销、解除后，商品房担保贷款合同也被解除的，出卖人应当将收受的购房贷款和购房款的本金及利息分别返还担保权人和买受人。

适用本案由需要注意的问题

◆商品房买卖合同纠纷虽然属于合同纠纷，但合同标的属于不动产，故由不动产所在地人民法院管辖。不动产已登记的，以不动产登记簿记载的所在地为不动产所在地；不动产未登记的，以不动产实际所在地为不动产所在地。

◆在适用本案由时，要注意因商品房委托代理销售合同产生的纠纷，因其是一种特殊的委托代理合同，适用商品房委托代理合同纠纷这一四级案由，不适用一般的委托代理合同纠纷。

◆预约是指将来订立一定契约的契约，其将来应订立之契约称为本契约。因此，预约从本质上讲，应当是形式完备的合同。因此，需要注意区分商品房预约合同纠纷中当事人主张的赔偿责任与缔约过失责任的区别。预约合同为已经成立生效的合同，虽然并非本约，但不能否认合同的成立和生效。因此，在预约合同纠纷中主张的赔偿责任应当是违约责任；而缔约过失责任产生于合同的订立过程中，是在订立合同过程中当事人不当行为所引起的责任，是对先合同义务的违反，而不是对合同本身的违反。

◆除经济适用房、农村房屋以外，还有几类房屋属于政策性房屋，此类房屋的买卖可笼统归入本案由项下，以该三级案由作为案由名称，主要包括廉租房买卖、公租房买卖、限价房买卖和小产权房买卖。此类纠纷的一个共同特点就是受国家政策影响大，在房屋买受对象、买卖对价的支付等方面均受到国家或地方的各项政策的限制，审理案件时的依据也主要是国家或各地的一些政策性文件。

92. 民事主体间房屋拆迁补偿合同纠纷

案由解析

房屋拆迁补偿合同是指拆迁人与被拆迁人就被拆迁房屋的搬迁期限、搬迁过渡方式和过渡期限、补偿方式和金额、安置用房面积和安置地点等事项达成的协议。

民事主体间房屋拆迁补偿合同纠纷是指当事人之间因订立、履行、变更、终止房屋拆迁补偿合同发生的权利义务纠纷。

常用法律条文及索引

《中华人民共和国民法典》（2020 年 5 月 28 日公布　2021 年 1 月 1 日施行）

第一百四十七条　基于重大误解实施的民事法律行为，行为人有权请求人民法院或者仲裁机构予以撤销。

第一百四十八条　一方以欺诈手段，使对方在违背真实意思的情况下实施的民事法律行为，受欺诈方有权请求人民法院或者仲裁机构予以撤销。

第一百四十九条　第三人实施欺诈行为，使一方在违背真实意思的情况下实施的民事法律行为，对方知道或者应当知道该欺诈行为的，受欺诈方有权请求人民法院或者仲裁机构予以撤销。

第一百五十条　一方或者第三人以胁迫手段，使对方在违背真实意思的情况下实施的民事法律行为，受胁迫方有权请求人民法院或者仲裁机构予以撤销。

第一百五十一条　一方利用对方处于危困状态、缺乏判断能力等情形，致使民事法律行为成立时显失公平的，受损害方有权请求人民法院或者仲裁机构予以撤销。

《最高人民法院关于适用〈中华人民共和国民法典〉合同编通则若干问题的解释》（法释〔2023〕13 号　2023 年 12 月 4 日公布）

第十一条　当事人一方是自然人，根据该当事人的年龄、智力、知识、经验并结合交易的复杂程度，能够认定其对合同的性质、合同订立的法律后果或者交易中存在的特定风险缺乏应有的认知能力的，人民法院可以认定该情形构成民法典第一百五十一条规定的“缺乏判断能力”。

《国有土地上房屋征收与补偿条例》（2011 年 1 月 21 日公布施行）

第十七条　作出房屋征收决定的市、县级人民政府对被征收人给予的补偿包括：

（一）被征收房屋价值的补偿；

（二）因征收房屋造成的搬迁、临时安置的补偿；

（三）因征收房屋造成的停产停业损失的补偿。

市、县级人民政府应当制定补助和奖励办法，对被征收人给予补助和奖励。

第十八条　征收个人住宅，被征收人符合住房保障条件的，作出房屋征收决定的市、县级人民政府应当优先给予住房保障。具体办法由省、自治区、直辖市制定。

第十九条　对被征收房屋价值的补偿，不得低于房屋征收决定公告之日被征收房屋类似房地产的市场价格。被征收房屋的价值，由具有相应资质的房地产价格评估机构按照房屋征收评估办法评估确定。

对评估确定的被征收房屋价值有异议的，可以向房地产价格评估机构申请复核评估。对复核结果有异议的，可以向房地产价格评估专家委员会申请鉴定。

房屋征收评估办法由国务院住房城乡建设主管部门制定，制定过程中，应当向社会公开征求意见。

第二十一条　被征收人可以选择货币补偿，也可以选择房屋产权调换。

被征收人选择房屋产权调换的，市、县级人民政府应当提供用于产权调换的房屋，并与被征收人计算、结清被征收房屋价值与用于产权调换房屋价值的差价。

因旧城区改建征收个人住宅，被征收人选择在改建地段进行房屋产权调换的，作出房屋征收决定的市、县级人民政府应当提供改建地段或者就近地段的房屋。

第二十二条　因征收房屋造成搬迁的，房屋征收部门应当向被征收人支付搬迁费；选择房屋产权调换的，产权调换房屋交付前，房屋征收部门应当向被征收人支付临时安置费或者提供周转用房。

第二十三条　对因征收房屋造成停产停业损失的补偿，根据房屋被征收前的效益、停产停业期限等因素确定。具体办法由省、自治区、直辖市制定。

第二十五条　房屋征收部门与被征收人依照本条例的规定，就补偿方式、补偿金额和支付期限、用于产权调换房屋的地点和面积、搬迁费、临时安置费或者周转用房、停产停业损失、搬迁期限、过渡方式和过渡期限等事项，订立补偿协议。

补偿协议订立后，一方当事人不履行补偿协议约定的义务的，另一方当事人可以依法提起诉讼。

第二十六条　房屋征收部门与被征收人在征收补偿方案确定的签约期限内达不成补偿协议，或者被征收房屋所有权人不明确的，由房屋征收部门报请作出房屋征收决定的市、县级人民政府依照本条例的规定，按照征收补偿方案作出补偿决定，并在房屋征收范围内予以公告。

补偿决定应当公平，包括本条例第二十五条第一款规定的有关补偿协议的事项。

被征收人对补偿决定不服的，可以依法申请行政复议，也可以依法提起行政诉讼。

《全国法院贯彻实施民法典工作会议纪要》（法〔2021〕94号　2021年4月6日公布）

2. 行为人因对行为的性质、对方当事人、标的物的品种、质量、规格和数量等的错误认识，使行为的后果与自己的意思相悖，并造成较大损失的，人民法院可以认定为民法典第一百四十七条、第一百五十二条规定的重大误解。

3. 故意告知虚假情况，或者故意隐瞒真实情况，诱使当事人作出错误意思表示的，人民法院可以认定为民法典第一百四十八条、第一百四十九条规定的欺诈。

4. 以给自然人及其亲友的生命、身体、健康、名誉、荣誉、隐私、财产等造成损害或者以给法人、非法人组织的名誉、荣誉、财产等造成损害为要挟，迫使其作出不真实的意思表示的，人民法院可以认定为民法典第一百五十条规定的胁迫。

适用本案由需要注意的问题

◆房屋征收补偿合同纠纷虽然属于合同纠纷，但合同标的物是不动产，故该类案件由不动产即被拆迁房屋所在地人民法院管辖。

◆在适用本案由时，要注意其与涉及军队房地产拆迁安置纠纷的区别。军人属于特殊人群，与军队相关的房地产拆迁安置纠纷并非人民法院管辖范围，所以不能适用本案由。

◆本案由是合同纠纷，若拆迁人与被拆迁人不能就补偿金额、安置用房等问题达成拆迁安置补偿合同发生纠纷，不能适用本案由。

◆国有土地上房屋的征收征用的补偿协议属于行政协议，由此产生的纠纷属于行政诉讼的受案范围，不属于民事诉讼受案范围。实践中，平等民事主体之间因拆迁补偿合同引发的纠纷，属于民事诉讼受案范围，应当适用本案由。

93. 供用电合同纠纷

案由解析

供用电合同是指供电人向用电人供电，用电人支付电费的合同。

供用电合同纠纷是指当事人之间因订立、履行、变更、终止供用电合同发生的权利义务纠纷。

供用电合同的主要特征有：（1）公用性。供用电合同的公用性是指供电人提供的电不是针对特殊的阶层或部分人，而是面向一般的社会公众，用电群体具有广泛性。（2）公益性。所谓公益性，是指供电人提供电力并非只是为了从中获取利润，更重要的目的是满足人民群众的生活需要，提高人民的生活水平。（3）继续性。这里的继续性是指为了满足用电人的用电需要，供电人须持续不断地履行合同义务，这与一般买卖合同义务人仅需完成一次的交付行为有所不同。此外，其继续性还表现在供用电合同终止时，其效力只向未来发生，而不能溯及既往。（4）强制性。因为供用电合同面向的是广大的社会公众，其目的也是保障提高人民的利益，所以，当用电人提出用电要求时，供电人有强制缔约的义务。

典型形态

在实践中，供用电合同纠纷主要有电费缴纳纠纷、电力断供纠纷等。

常用法律条文及索引

《中华人民共和国民法典》（2020 年 5 月 28 日公布　2021 年 1 月 1 日施行）

第六百五十条　供用电合同的履行地点，按照当事人约定；当事人没有约定或者约定不明确的，供电设施的产权分界处为履行地点。

第六百五十一条　供电人应当按照国家规定的供电质量标准和约定安全供电。供电人未按照国家规定的供电质量标准和约定安全供电，造成用电人损失的，应当承担赔偿责任。

第六百五十二条　供电人因供电设施计划检修、临时检修、依法限电或者用电人违法用电等原因，需要中断供电时，应当按照国家有关规定事先通知用电人；未事先通知用电人中断供电，造成用电人损失的，应当承担赔偿责任。

第六百五十三条 因自然灾害等原因断电，供电人应当按照国家有关规定及时抢修；未及时抢修，造成用电人损失的，应当承担赔偿责任。

第六百五十四条 用电人应当按照国家有关规定和当事人的约定及时支付电费。用电人逾期不支付电费的，应当按照约定支付违约金。经催告用电人在合理期限内仍不支付电费和违约金的，供电人可以按照国家规定的程序中止供电。

供电人依据前款规定中止供电的，应当事先通知用电人。

第六百五十五条 用电人应当按照国家有关规定和当事人的约定安全、节约和计划用电。用电人未按照国家有关规定和当事人的约定用电，造成供电人损失的，应当承担赔偿责任。

《中华人民共和国电力法》（2018 年 12 月 29 日修正）

第二十六条 供电营业区内的供电营业机构，对本营业区内的用户有按照国家规定供电的义务；不得违反国家规定对其营业区内申请用电的单位和个人拒绝供电。

申请新装用电、临时用电、增加用电容量、变更用电和终止用电，应当依照规定的程序办理手续。

供电企业应当在其营业场所公告用电的程序、制度和收费标准，并提供用户须知资料。

第二十七条 电力供应与使用双方应当根据平等自愿、协商一致的原则，按照国务院制定的电力供应与使用办法签订供用电合同，确定双方的权利和义务。

第二十八条 供电企业应当保证供给用户的供电质量符合国家标准。对公用供电设施引起的供电质量问题，应当及时处理。

用户对供电质量有特殊要求的，供电企业应当根据其必要性和电网的可能，提供相应的电力。

第三十一条 用户应当安装用电计量装置。用户使用的电力电量，以计量检定机构依法认可的用电计量装置的记录为准。

用户受电装置的设计、施工安装和运行管理，应当符合国家标准或者电力行业标准。

第三十二条 用户用电不得危害供电、用电安全和扰乱供电、用电秩序。

对危害供电、用电安全和扰乱供电、用电秩序的，供电企业有权制止。

第三十三条 供电企业应当按照国家核准的电价和用电计量装置的记录，向用户计收电费。

供电企业查电人员和抄表收费人员进入用户，进行用电安全检查或者抄表收费时，应当出示有关证件。

用户应当按照国家核准的电价和用电计量装置的记录，按时交纳电费；对供电企业查电人员和抄表收费人员依法履行职责，应当提供方便。

第四十二条　用户用电增容收费标准，由国务院物价行政主管部门会同国务院电力管理部门制定。

第四十三条　任何单位不得超越电价管理权限制定电价。供电企业不得擅自变更电价。

第四十四条　禁止任何单位和个人在电费中加收其他费用；但是，法律、行政法规另有规定的，按照规定执行。

地方集资办电在电费中加收费用的，由省、自治区、直辖市人民政府依照国务院有关规定制定办法。

禁止供电企业在收取电费时，代收其他费用。

适用本案由需要注意的问题

◆供用电合同纠纷案件，按照合同纠纷案件的一般管辖原则，由被告住所地人民法院或者合同履行地人民法院管辖。合同履行地，若当事人有约定的，从其约定，无相关约定的以供电设施的产权分界处为准。

◆适用本案由时注意其与供用水、供用气、供用热力等合同的区分。在《民事案件案由规定》修改前，它们属同一案由，修改后，供用电合同纠纷被列为单独的三级案由。

◆对于事实清楚、权利义务关系明确、争议不大的供用电合同纠纷案件，标的额为各省、自治区、直辖市上年度就业人员年平均工资50%以下的，根据《民事诉讼法》第165条的规定，应适用小额诉讼程序进行审理，实行一审终审。

94. 供用水合同纠纷

案由解析

供用水合同是指供水人向用水人提供自来水，用水人向供水人支付水费的合同。

供用水合同纠纷是指当事人之间因订立、履行、变更、终止供用水合同发生的权利义务纠纷。

供用水合同的主要特征有：（1）公用性。供用水合同的公用性是指供水人提供的水不是针对特殊的阶层或部分人，而是面向一般的社会公众，用水群体具有广泛性。（2）公益性。所谓公益性，是指供水人提供水并非只是为了从中获取利润，更重要的目的是满足人民群众的生活需要，提高人民的生活水平。（3）继续性。这里的继续性是指为了满足用水人的用水需要，供水人须持续不断地履行合同义务，这与一般买卖合同义务人仅需完成一次的交付行为有所不同。此外，其继续性还表现在供用水合同终止时，其效力只向未来发生，而不能溯及既往。（4）强制性。因为供用水合同面向的是广大的社会公众，其目的也是保障提高人民的利益，所以，当用水人提出用水要求时，供水人有强制缔约的义务。

典型形态

在实践中，供用水合同纠纷主要有水费缴纳纠纷、断供水纠纷等。

常用法律条文及索引

《中华人民共和国民法典》（2020 年 5 月 28 日公布　2021 年 1 月 1 日施行）

第六百五十六条　供用水、供用气、供用热力合同，参照适用供用电合同的有关规定。

适用本案由需要注意的问题

◆供用水合同纠纷案件，按照合同纠纷案件的一般管辖原则，由被告住所地或者合同履行地人民法院管辖。供用水的合同履行地，若当事人有约定的，从其约定，若无相关约定，则以供水设施的产权分界处为合同履行地。

◆在适用本案由时，需特别注意将其与商家向市民提供桶装净化水、饮用水的合同纠纷区别开来。后者是一般的买卖合同，发生纠纷时适用的案由是买卖合同纠纷。而本案由是公共企业向社会大众提供公共服务的合同纠纷。

◆对于事实清楚、权利义务关系明确、争议不大的供用水合同纠纷案件，标的额为各省、自治区、直辖市上年度就业人员年平均工资 50%以下的，根据《民事诉讼法》第 165 条的规定，应适用小额诉讼程序进行审理，实行一审终审。

95. 供用气合同纠纷

案由解析

供用气合同是指供气人向用气人提供煤气或天然气，用气人向供气人支付价款的合同。

供用气合同纠纷是指当事人之间因订立、履行、变更、终止供用气合同发生的权利义务纠纷。

供用气合同的主要特征有：（1）公用性。供用气合同的公用性是指供气人提供的气不是针对特殊的阶层或部分人，而是面向一般的社会公众，用气群体具有广泛性。（2）公益性。所谓公益性，是指供气人提供气并非只是为了从中获取利润，更重要的目的是满足人民群众的生活需要，提高人民的生活水平。（3）继续性。这里的继续性是指为了满足用气人的用气需要，供气人须持续不断地履行合同义务，这与一般买卖合同义务人仅需完成一次的交付行为有所不同。此外，其继续性还表现在供用气合同终止时，其效力只向未来发生，而不能溯及既往。（4）强制性。因为供用气合同面向的是广大的社会公众，其目的也是保障提高人民的利益，所以，当用气人提出用气要求时，供气人有强制缔约的义务。

典型形态

在实践中，供用气合同纠纷主要有气费缴纳纠纷、断供气纠纷等。

常用法律条文及索引

《中华人民共和国民法典》（2020 年 5 月 28 日公布　2021 年 1 月 1 日施行）

第六百五十六条　供用水、供用气、供用热力合同，参照适用供用电合同的有关规定。

适用本案由需要注意的问题

◆供用气合同纠纷案件，按照合同纠纷案件的一般管辖原则，由被告住所地或者合同履行地人民法院管辖。供用气合同的履行地点，若当事人有约定，则从其约定，无相关约定的，则以供气设施的产权分界处为履行地点。

◆在适用本案由时，需特别注意其与生活中商家出售罐装液化气、加气站给汽车加天然气的合同纠纷相区分。后者属于普通的买卖合同纠纷，适用的案由是买卖合同纠纷案由。而供气合同纠纷是公共企业向社会大众提供公共服务的合同纠纷，适用本案由。

◆对于事实清楚、权利义务关系明确、争议不大的供用气合同纠纷案件，标的额为各省、自治区、直辖市上年度就业人员年平均工资50%以下的，根据《民事诉讼法》第165条的规定，应适用小额诉讼程序进行审理，实行一审终审。

96. 供用热力合同纠纷

案由解析

供用热力合同是指供暖单位向热力用户提供热力，热力用户向供暖单位支付暖气费的合同。

供用热力合同纠纷是指当事人之间因订立、履行、变更、终止供用热力合同发生的权利义务纠纷。

供用热力合同的主要特征有：（1）公用性。供用热力合同的公用性是指供暖单位提供的热力不是针对特殊的阶层或部分人，而是面向一般的社会公众，热力用户群体具有广泛性。（2）公益性。所谓公益性，是指供暖单位提供热力并非只是为了从中获取利润，更重要的目的是满足人民群众的生活需要，提高人民的生活水平。（3）继续性。这里的继续性是指为了满足用户的用热力需要，供暖单位须持续不断地履行合同义务，这与一般买卖合同义务人仅需完成一次的交付行为有所不同。此外，其继续性还表现在供用热力合同终止时，其效力只向未来发生，而不能溯及既往。（4）强制性。因为供用热力合同面向的是广大的社会公众，其目的也是保障提高人民的利益，所以，当热力用户提出用热力要求时，供暖单位有强制缔约的义务。

典型形态

在实践中，供用热力合同纠纷主要有热力费缴纳纠纷、热力断供纠纷等。

常用法律条文及索引

《中华人民共和国民法典》（2020 年 5 月 28 日公布　2021 年 1 月 1 日施行）

第六百五十六条　供用水、供用气、供用热力合同，参照适用供用电合同的有关规定。

适用本案由需要注意的问题

◆供用热力合同纠纷案件，按照合同纠纷案件的一般管辖原则，由被告住所地人民法院或合同履行地人民法院管辖。供用热力合同的履行地，若当事人有约定的，从其约定，若无相关约定，则以供暖设施的产权分界处为履行地点。

◆对于事实清楚、权利义务关系明确、争议不大的供用热力合同纠纷案件，标的额为各省、自治区、直辖市上年度就业人员年平均工资 50%以下的，根据《民事诉讼法》第 165 条的规定，应适用小额诉讼程序进行审理，实行一审终审。

97. 排污权交易纠纷

案由解析

排污权交易，是指一定区域内在污染物排放总量不超标的前提下，内部各污染源之间通过货币交换的方式相互调剂排污量，以达到减少排污的目的。排污权交易引入市场机制，将污染治理从一种政府的强制行为变成企业自主的市场行为，运用经济杠杆来激励企业节能减排，得到了社会各界的广泛认可。因排污权交易引发的民事纠纷即为排污权交易纠纷。

典型形态

实践中，排污权交易纠纷的典型形态主要有：

（1）大气污染物排污权交易纠纷，即因大气污染物排污权交易引发的民事纠纷。

（2）水污染物排污权交易纠纷，即因水污染物排污权交易引发的民事纠纷。

常用法律条文及索引

《国务院办公厅关于进一步推进排污权有偿使用和交易试点工作的指导意见》（国办发〔2014〕38号 2014年8月6日公布）

各省、自治区、直辖市人民政府，国务院各部委、各直属机构：

排污权是指排污单位经核定、允许其排放污染物的种类和数量。2007年以来，国务院有关部门组织天津、河北、内蒙古等11个省（区、市）开展排污权有偿使用和交易试点，取得了一定进展。为进一步推进试点工作，促进主要污染物排放总量持续有效减少，经国务院同意，现提出以下指导意见：

一、总体要求

（一）高度重视排污权有偿使用和交易试点工作。建立排污权有偿使用和交易制度，是我国环境资源领域一项重大的、基础性的机制创新和制度改革，是生态文明制度建设的重要内容，将对更好地发挥污染物总量控制制度作用，在全社会树立环境资源有价的理念，促进经济社会持续健康发展产生积极影响。各地区、各有关部门要充分认识做好试点工作的重要意义，妥善处理好政府与市场、制度改革创新与保持经济平稳发展、新企业与老企业、试点地区与非试点地区的关系，把握好试点政策出台的时机、力度和节奏，因地制宜、循序渐进推进试点工作。

（二）工作目标。以邓小平理论、"三个代表"重要思想、科学发展观为指导，贯彻落实党的十八大和十八届二中、三中全会精神，按照党中央、国务院的决策部署，充分发挥市场在资源配置中的决定性作用，积极探索建立环境成本合理负担机制和污染减排激励约束机制，促进排污单位树立环境意识，主动减少污染物排放，加快推进产业结构调整，切实改善环境质量。到2017年，试点地区排污权有偿使用和交易制度基本建立，试点工作基本完成。

二、建立排污权有偿使用制度

（三）严格落实污染物总量控制制度。实施污染物排放总量控制是开展试点的前提。试点地区要严格按照国家确定的污染物减排要求，将污染物总量控制指标分解到基层，不得突破总量控制上限。试点的污染物应为国家作为约束性指标进行总量控制的污染物，试点地区也可选择对本地区环境质量有突出影响的其他污染物开展试点。

（四）合理核定排污权。核定排污权是试点工作的基础。试点地区应于

2015年底前全面完成现有排污单位排污权的初次核定，以后原则上每5年核定一次。现有排污单位的排污权，应根据有关法律法规标准、污染物总量控制要求、产业布局和污染物排放现状等核定。新建、改建、扩建项目的排污权，应根据其环境影响评价结果核定。排污权以排污许可证形式予以确认。试点地区不得超过国家确定的污染物排放总量核定排污权，不得为不符合国家产业政策的排污单位核定排污权。排污权由地方环境保护部门按污染源管理权限核定。

（五）实行排污权有偿取得。试点地区实行排污权有偿使用制度，排污单位在缴纳使用费后获得排污权，或通过交易获得排污权。排污单位在规定期限内对排污权拥有使用、转让和抵押等权利。对现有排污单位，要考虑其承受能力、当地环境质量改善要求，逐步实行排污权有偿取得。新建项目排污权和改建、扩建项目新增排污权，原则上要以有偿方式取得。有偿取得排污权的单位，不免除其依法缴纳排污费等相关税费的义务。

（六）规范排污权出让方式。试点地区可以采取定额出让、公开拍卖方式出让排污权。现有排污单位取得排污权，原则上采取定额出让方式，出让标准由试点地区价格、财政、环境保护部门根据当地污染治理成本、环境资源稀缺程度、经济发展水平等因素确定。新建项目排污权和改建、扩建项目新增排污权，原则上通过公开拍卖方式取得，拍卖底价可参照定额出让标准。

（七）加强排污权出让收入管理。排污权使用费由地方环境保护部门按照污染源管理权限收取，全额缴入地方国库，纳入地方财政预算管理。排污权出让收入统筹用于污染防治，任何单位和个人不得截留、挤占和挪用。缴纳排污权使用费金额较大、一次性缴纳确有困难的排污单位，可分期缴纳，缴纳期限不得超过五年，首次缴款不得低于应缴总额的40％。试点地区财政、审计部门要加强对排污权出让收入使用情况的监督。

三、加快推进排污权交易

（八）规范交易行为。排污权交易应在自愿、公平、有利于环境质量改善和优化环境资源配置的原则下进行。交易价格由交易双方自行确定。试点初期，可参照排污权定额出让标准等确定交易指导价格。试点地区要严格按照《国务院关于清理整顿各类交易场所切实防范金融风险的决定》（国发〔2011〕38号）等有关规定，规范排污权交易市场。

（九）控制交易范围。排污权交易原则上在各试点省份内进行。涉及水污染物的排污权交易仅限于在同一流域内进行。火电企业（包括其他行业自备电厂，不含热电联产机组供热部分）原则上不得与其他行业企业进行涉及大气污染物的排污权交易。环境质量未达到要求的地区不得进行增加本地区污染物总量的排污权交易。工业污染源不得与农业污染源进行排污权交易。

（十）激活交易市场。国务院有关部门要研究制定鼓励排污权交易的财税等扶持政策。试点地区要积极支持和指导排污单位通过淘汰落后和过剩产能、清洁生产、污染治理、技术改造升级等减少污染物排放，形成“富余排污权”参加市场交易；建立排污权储备制度，回购排污单位“富余排污权”，适时投放市场，重点支持战略性新兴产业、重大科技示范等项目建设。积极探索排污权抵押融资，鼓励社会资本参与污染物减排和排污权交易。

（十一）加强交易管理。排污权交易按照污染源管理权限由相应的地方环境保护部门负责。跨省级行政区域的排污权交易试点，由环境保护部、财政部和发展改革委负责组织。排污权交易完成后，交易双方应在规定时限内向地方环境保护部门报告，并申请变更其排污许可证。

四、强化试点组织领导和服务保障

（十二）加强组织领导。试点地区地方人民政府要加强对试点工作的组织领导，制定具体可行的工作方案和配套政策规定，建立协调机制，加强能力建设，主动接受社会监督，积极稳妥推进试点工作。财政部、环境保护部、发展改革委负责对地方人民政府的试点申请进行确认，并加强对试点工作的指导、协调，对排污权交易平台建设等给予适当支持，按照各自职能分别研究制定排污权核定、使用费收取使用和交易价格等管理规定。

（十三）提高服务质量。试点地区要及时公开排污权核定、排污权使用费收取使用、排污权拍卖及回购等情况以及当地环境质量状况、污染物总量控制要求等信息，确保试点工作公开透明。要优化工作流程，认真做好排污单位“富余排污权”核定、排污许可证发放变更等工作；加强部门协作配合，积极研究制定帮扶政策，为排污单位参与排污权交易提供便利。

（十四）严格监督管理。排污单位应当准确计量污染物排放量，主动向当地环境保护部门报告。重点排污单位应安装污染源自动监测装置，与当地环境保护部门联网，并确保装置稳定运行、数据真实有效。试点地区要强化对排污单位的监督性监测，加大执法监管力度，对于超排污权排放或在交易中弄虚作假的排污单位，要依法严肃处理，并予以曝光。

试点省份每年要向国务院报告试点工作进展情况，其他地方可参照本意见开展试点工作。财政部、环境保护部、发展改革委要跟踪总结试点地区的经验做法，加强政策研究，为全面推行排污权有偿使用和交易制度奠定基础。

《排污权出让收入管理暂行办法》（财税〔2015〕61号　2015年7月23日公布）

第一章　总　则

第一条　为了规范排污权出让收入管理，建立健全环境资源有偿使用制度，发挥市场机制作用促进污染物减排，根据《中华人民共和国环境保护法》和《国务院办公厅关于进一步推进排污权有偿使用和交易试点工作的指导意见》（国办发〔2014〕38号）等规定，制定本办法。

第二条　经财政部、环境保护部、国家发展改革委确认及有关省、自治区、直辖市自行确定开展排污权有偿使用和交易试点地区（以下简称试点地区）的排污权出让收入征收、使用和管理，适用本办法。

第三条　本办法所称污染物，是指国家作为约束性指标进行总量控制的污染物，以及试点地区选择对本地区环境质量有突出影响的其他污染物。

试点地区应当严格按照国家确定的污染物减排要求，将污染物总量控制指标分解到企事业单位，不得突破总量控制上限。

第四条　本办法所称排污权，是指排污单位按照国家或者地方规定的污染物排放标准，以及污染物排放总量控制要求，经核定允许其在一定期限内排放污染物的种类和数量。

排污权由试点地区县级以上地方环境保护主管部门（以下简称地方环境保护部门）按照污染源管理权限核定，并以排污许可证形式予以确认。

第五条　本办法所称排污权出让收入，是指政府以有偿出让方式配置排污权取得的收入，包括采取定额出让方式出让排污权收取的排污权使用费和通过公开拍卖等方式出让排污权取得的收入。

第六条　本办法所称现有排污单位，是指试点地区核定初始排污权以及排污权有效期满后重新核定排污权时，已建成投产或环境影响评价文件通过审批的排污单位。

第七条　排污权出让收入属于政府非税收入，全额上缴地方国库，纳入地方财政预算管理。

第八条　排污权出让收入的征收、使用和管理应当接受审计监督。

第二章　征收缴库

第九条　试点地区地方人民政府采取定额出让或通过市场公开出让（包括拍卖、挂牌、协议等）方式出让排污权。

对现有排污单位取得排污权，采取定额出让方式。

对新建项目排污权和改建、扩建项目新增排污权，以及现有排污单位在排污许可证核定的排污权基础上新增排污权，采取市场公开出让方式。

第十条 采取定额出让方式出让排污权的，排污单位应当按照排污许可证确认的污染物排放种类、数量和规定征收标准缴纳排污权使用费。

第十一条 排污权使用费的征收标准由试点地区省级价格、财政、环境保护部门根据当地环境资源稀缺程度、经济发展水平、污染治理成本等因素确定。

第十二条 排污权有效期原则上为5年。有效期满后，排污单位需要延续排污权的，应当按照地方环境保护部门重新核定的排污权，继续缴纳排污权使用费。

第十三条 缴纳排污权使用费金额较大、一次性缴纳确有困难的排污单位，可在排污权有效期内分次缴纳，首次缴款不得低于应缴总额的40%。

分次缴纳排污权使用费的具体办法由试点地区确定。

第十四条 排污权使用费由地方环境保护部门按照污染源管理权限负责征收。

负责征收排污权使用费的地方环境保护部门，应当根据排污许可证确认的排污单位排放污染物种类、数量和规定征收标准，以及分次缴纳办法，确定排污单位应缴纳的排污权使用费数额，并予以公告。

排污权使用费数额确定后，由负责征收排污权使用费的地方环境保护部门向排污单位送达排污权使用费缴纳通知单。

排污单位应当自接到排污权使用费缴纳通知单之日起7日内，缴纳排污权使用费。

第十五条 对现有排污单位取得排污权，考虑其承受能力，经试点地区省级人民政府批准，在试点初期可暂免缴纳排污权使用费。

现有排污单位将无偿取得的排污权进行转让、抵押的，应当按规定征收标准补缴转让、抵押排污权的使用费。

第十六条 通过市场公开出让方式出让排污权的，出让底价由试点地区省级价格、财政、环境保护部门参照排污权使用费的征收标准确定。

市场公开出让排污权的具体方式、流程和管理办法，由试点地区依据相关法律、行政法规予以规定。

第十七条 试点地区应当建立排污权储备制度，将储备排污权适时投放市场，调控排污权市场，重点支持战略性新兴产业、重大科技示范等项目建设。储备排污权主要来源包括：

（一）预留初始排污权；

（二）通过市场交易回购排污单位的富余排污权；

（三）由政府投入全部资金进行污染治理形成的富余排污权；

（四）排污单位破产、关停、被取缔、迁出本行政区域或不再排放实行总量控制的污染物等原因，收回其无偿取得的排污权。

第十八条　排污单位通过市场公开出让方式购买政府出让排污权的，应当一次性缴清款项，或者按照排污权交易合同的约定缴款。

第十九条　排污单位支付购买排污权的款项，由地方环境保护部门征收或委托排污权交易机构代征。

第二十条　地方环境保护部门或委托的排污权交易机构征收排污权出让收入时，应当向排污单位开具省级财政部门统一印制的票据。

第二十一条　排污权出让收入具体缴库办法按照省级财政部门非税收入收缴管理有关规定执行。

第二十二条　地方环境保护部门及委托的排污权交易机构应当严格按规定范围、标准、时限或排污权交易合同约定征收和代征排污权出让收入，确保将排污权出让收入及时征缴到位。

第二十三条　任何单位和个人均不得违反本办法规定，自行改变排污权出让收入的征收范围和标准，也不得违反排污权交易规则低价出让排污权。

严禁违规对排污单位减免、缓征排污权出让收入，或者以先征后返、补贴等形式变相减免排污权出让收入。

第二十四条　地方环境保护部门应当定期向社会公开污染物总量控制、排污权核定、排污权出让方式、价格和收入、排污权回购和储备等信息。

第三章　使用管理

第二十五条　排污权出让收入纳入一般公共预算，统筹用于污染防治。

第二十六条　政府回购排污单位的排污权、排污权交易平台建设和运行维护等排污权有偿使用和交易相关工作经费，由地方同级财政预算予以安排。

第二十七条　相关资金支付按照财政国库管理制度有关规定执行。

第四章　法律责任

第二十八条　单位和个人违反本办法规定，有下列情形之一的，依照《财政违法行为处罚处分条例》和《违反行政事业性收费和罚没收入收支两条线管理规定行政处分暂行规定》等国家有关规定追究法律责任；涉嫌犯罪的，依法移送司法机关处理：

（一）擅自减免排污权出让收入或者改变排污权出让收入征收范围、对象和标准的；

（二）隐瞒、坐支应当上缴的排污权出让收入的；

（三）滞留、截留、挪用应当上缴的排污权出让收入的；

（四）不按照规定的预算级次、预算科目将排污权出让收入缴入国库的；

（五）违反规定使用排污权出让收入的；

（六）其他违反国家财政收入管理规定的行为。

第二十九条 有偿取得排污权的单位，不免除其法定污染治理责任和依法缴纳排污费等其他税费的义务。

第三十条 排污权出让收入征收、使用管理有关部门的工作人员违反本办法规定，在排污权出让收入征收和使用管理工作中徇私舞弊、玩忽职守、滥用职权的，依法给予处分；涉嫌犯罪的，依法移送司法机关。

第五章附则

第三十一条 试点省、自治区、直辖市根据本办法制定具体实施办法，并报财政部、国家发展改革委、环境保护部备案。

第三十二条 本办法由财政部会同国家发展改革委、环境保护部负责解释。

第三十三条 本办法自2015年10月1日起施行。

适用本案由需要注意的问题

◆因排污权租赁产生的纠纷，应当适用租赁合同纠纷。

98. 用能权交易纠纷

案由解析

用能权一般是指用能单位在一年内经确认可消费各类能源量的权利，也就是一年内按规定可以消费的能源总量。用能权初始分配制度是指在能源消费总量控制管理下，主管部门按照既定原则、规则和方式，结合节能评估审查，能源审计等措施，确认各用能单位、用能权初始配额，并进行免费或有偿分配的制度。用能权指标可通过二级市场进行交易，因用能权交易引发的民事纠纷，即为用能权交易纠纷。

常用法律条文及索引

《国家发展改革委关于开展用能权有偿使用和交易试点工作的函》（发改环资〔2016〕1659 号　2016 年 7 月 28 日公布）

建立用能权有偿使用和交易制度，是党中央、国务院的决策部署，是推进生态文明体制改革的重大举措，对促进“十三五”能源消耗总量和强度“双控”目标完成，推进绿色发展，具有十分重要的意义。根据中共中央、国务院《生态文明体制改革总体方案》（中发［2015］25 号）、《中华人民共和国国民经济和社会发展第十三个五年规划纲要》要求，为有序推进用能权有偿使用和交易工作，拟在部分地区开展制度试点，先行先试，制定本试点方案。

一、总体要求

（一）指导思想。全面贯彻党的十八大和十八届三中、四中、五中全会精神，牢固树立创新、协调、绿色、开放、共享的发展理念，推进供给侧结构性改革，以制度突破、机制创新、模式探索为重点，发挥市场在资源配置中的决定性作用和更好发挥政府作用，做好顶层设计与鼓励基层创新相结合，积极稳妥地推进初始用能权确权、有偿使用、交易工作，规范能源消费报告、审核和核查技术要求，严格履约机制，不断完善法规标准体系。通过总结凝练，形成可复制可推广的经验和做法，逐步推广，推动实现“十三五”能源消耗总量和强度“双控”目标任务，提高绿色发展水平。

（二）基本原则

坚持市场主导，政府培育。充分发挥市场配置资源的决定性作用，激发市场主体活力，推动能源要素向优质项目、企业、产业流动和集聚。更好地发挥政府作用，分解落实目标任务，建立健全政策措施，培育和发展交易市场，严格履约机制。

坚持重点突破，综合施策。通过制度创新，着力解决初始用能权确权的科学性，有偿使用制度的公平性，核算核查的规范性，定价机制的有效性。出台配套激励和约束政策，做好与碳排放权交易制度的协调，加强事中事后监管，强化能力建设，统筹推进改革举措。

坚持制度创新、总结推广。发挥地方首创精神，鼓励试点地区结合本地区实际情况大胆探索创新、积极作为，在改革试点过程中允许试错、宽容失败。注重巩固改革成果，及时总结凝练，形成可复制可推广的经验、做法和制度，逐步推广应用。

（三）主要目标。在部分地区开展试点，通过探索创新，推动用能权有偿使用和交易改革任务取得积极进展，形成若干可操作、有效的制度成果。在试点地区建立较为完善的制度体系、监管体系、技术体系、配套政策和交易系统，推动能源要素更高效配置。

二、试点范围和时间

（四）试点地区。按照统筹规划、试点先行、分步实施、有序推进的原则，选择在已有一定的工作基础，开展试点工作积极性较高，具有代表性的浙江省、福建省、河南省、四川省开展用能权有偿使用和交易试点。试点地区可以在本区域内全面开展试点，也可以根据实际情况先选择若干地市开展试点，然后逐步扩大试点区域。

（五）试点时间。2016年做好试点顶层设计和准备工作；2017年开始试点，并根据情况不断完善实施方案；到2019年，试点任务取得阶段性成果，形成可复制可推广的经验、做法和制度；2020年，开展试点效果评估，总结提炼经验，视情况逐步推广。

三、试点内容

（六）科学合理确定用能权指标。试点地区要根据国家下达的能源消费总量控制目标，结合本地区经济社会发展水平和阶段、产业结构和布局、节能潜力和资源禀赋等因素，合理确定各地市能源消费总量控制目标。在能源消费总量控制目标的“天花板”下，合理确定用能单位初始用能权。制定科学的初始用能权确权方法，区分产能过剩行业和其他行业、高耗能行业和非高耗能行业、重点用能单位和非重点用能单位、现有产能和新增产能，实施分类指导。产能严重过剩行业、高耗能行业可采用基准法，即结合近几年产量、行业能效“领跑者”水平以及化解过剩产能目标任务，确定初始用能权；其他用能单位可采取历史法，即近几年综合能源消费量平均值确定初始用能权；结合节能评估审查制度，从严确定新增产能的初始用能权。鼓励可再生能源生产和使用，用能单位自产自用可再生能源不计入其综合能源消费量。规范初始用能权确权行为，做到公平、公开、透明、有序，减少自由裁量权，建立争端解决机制。

（七）推进用能权有偿使用。用能权有偿使用的主体为试点地区用能单位特别是重点用能单位。设计用能权有偿使用制度应兼顾公平和效益，平衡现有产能和新增产能的利益，既有利于鼓励先进，推进结构调整，推动能源要素高效配置，又不大幅增加现有企业负担。配额内的用能权以免费为主，超限额用能有偿使用。用能权有偿使用的收入应专款专用，主要用于本地区节能减排的投入以及相关工作。

（八）建立能源消费报告、审核和核查制度。试点地区要制定发布能源消费报告、审核、核查指南、标准等技术规范，明确能源消费统计、计量、计算的范围、方法、流程和操作规范，确保能源消费数据的准确性和可追溯、可核查。制定审核机构管理办法，公告机构名单，规范机构行为，建立用能单位能源消费数据平台。用能单位年综合能源消费量通过自我报告、第三方审核、政府抽查（核查）等方式予以确认。用能单位、审核机构对出具的能源消费报告、第三方审核报告的准确性和真实性负责。

（九）明确交易要素。交易主体一般为试点地区用能单位，也可以选择其他能源消耗总量和强度“双控”目标责任主体作为交易主体。交易主体可以将所持有的用能权指标在交易市场中进行交易。交易标的为用能权指标，以吨标准煤为单位。用能权指标每年清算一次，卖出的用能权从当年或上一年度用能权指标中扣除，但不影响下一年度的用能权指标；买入的用能权计入当年或上一年度用能权指标，但不计入下一年度；剩余的用能权指标不计入下一年度。

（十）完善交易系统。交易实施登记注册制，交易主体需在交易所开设交易账户。不断完善交易活动所需的登记、交易和结算系统和软硬件设施，确保交易活动安全、可靠、便捷。研究推动用能权交易平台与统一的公共资源交易平台有效对接。

（十一）构建公平有序的市场环境。试点地区要制定用能权交易管理办法，明确交易规则及流程等，完善交易争议解决机制。建立公平、公开、透明的市场环境，及时发布用能权供需信息，建立预测预警机制。完善价格形成机制，用能权初始交易价格由试点地区确定，伴随市场发展，逐步过渡到由交易方集合竞价方式形成交易价格。探索研究设立交易调节基金，用于引导市场预期，交易初期驱动市场，平抑市场价格异常波动，维护市场秩序。

（十二）落实履约机制。试点地区要建立奖惩机制，确保责任主体及时履行履约义务。公布用能单位履约情况，树立履约单位履行社会责任的良好形象，曝光拒不履约单位名单。加大处罚力度，将拒不履约的单位纳入失信企业黑名单，纳入当地信用信息共享平台，并与全国信用信息共享平台对接。探索对严重失信主体实施跨部门联合惩戒，维护制度的权威性和公信力。

四、保障措施

（十三）完善政策引导。试点地区要加大财政、税收等激励政策力度，支持企业节能改造，确保完成“十三五”能源消耗总量和强度“双控”目标任务。鼓励金融机构积极创新和运用金融产品，为用能权交易市场参与者提供灵活多样的金融产品和服务。严格节能评估审查，新增高耗能产能能效要达到行业“领跑者”水平，选用一级能效设备。编制并落实用能预算管理方案，推动用能管理精细化、科学化，实现用能的高效配置。

（十四）提升基础能力。试点地区要加强用能权相关理论和重大问题研究，不断拓展思路创新政策。强化能源计量统计工作，提高用能单位能源计量器具配备和能源计量数据分析利用水平，规范能源统计台帐。推进重点用能单位能耗在线监测系统和能源管理体系建设。积极培育和规范第三方技术机构，强化能力建设，壮大专家资源，加大培训力度，提升管理人员业务水平。试点地区要安排一定的试点工作经费，支持平台建设、监督管理、培训评估和制度研究等工作。

（十五）加强监督管理。试点地区要建立用能单位、技术机构黑名单制度。加大随机抽查力度，充分发挥节能监察机构作用，依法对弄虚作假的用能单位、技术机构进行曝光和处罚，对其违法失信行为建立信用记录，纳入当地信用信息共享平台，并与全国信用信息共享平台对接。严格用能权交易市场管理，严厉打击扰乱交易市场秩序、利益输送等不法行为。

五、组织实施

（十六）加强组织领导。试点地区要高度重视，建立健全试点工作机制，成立试点工作领导小组，统筹推进试点工作。按照本方案要求，抓紧研究制定实施方案，落实工作责任，细化任务分工，确保实现改革各项目标任务。采取多种形式，广泛宣传节能低碳、绿色发展的重要意义，增强用能单位的责任意识，营造良好的试点氛围。试点地区用能权有偿使用和交易工作实施方案报国家发展改革委批准后实施。

（十七）强化支持指导。国家发展改革委会同有关部门统筹研究重大问题、协调重大政策，指导和支持地方开展交易试点工作，定期开展培训。强化能源消耗总量和强度“双控”目标责任评价考核和结果运用，将用能权交易工作开展情况纳入考核内容，鼓励试点地区努力推进改革工作。在节能减排等相关政策方面适度向试点地区倾斜。完善节能标准体系，继续推进用能产品能效标准、单位产品能耗限额标准等强制性标准，能源统计、计量、审计等基础性标准的制修订工作。

（十八）做好效果评估。在试点工作中，要鼓励创新，允许试错，宽容失败，充分调动各方面的积极性、主动性和创造性。对试点过程中发现的问题和实践中存在的漏洞，要及时纠正，不断调适制度，逐步完善政策措施。

国家发展改革委会同有关部门及时总结试点地区有效做法和成功经验，凝练推广模式，根据成熟程度分类总结，视情况逐步推广应用。

各有关部门和地区要充分认识建立用能权有偿使用和交易制度的重大意义，按照本方案要求，密切配合，扎实工作，大胆探索，协调解决有关困难，共同推进试点工作，为我国节能减排、绿色发展做出积极贡献。对试点过程中出现的重大情况和问题，试点地区要及时向国家发展改革委报告。

适用本案由需要注意的问题

◆因用能权交易纠纷属于环境资源类案件，如有集中管辖的相关规定的，由集中管辖地人民法院管辖。

99. 用水权交易纠纷

案由解析

用水权交易是指水资源使用权的全部或部分转让。用水权交易既可以是永久的，也可以是短期的，既可以是正式的，也可以是非正式的。因用水权交易引发的民事纠纷，即为用水权交易纠纷。

常用法律条文及索引

《最高人民法院行政审判庭关于用水单位从水库取水应否缴纳水资源费问题的答复》（〔2004〕行他字第24号　2004年4月25日公布）

湖北省高级人民法院：

你院〔2004〕鄂行他字第5号《关于荆门市供水总公司诉湖北省水利厅水利行政征收一案法律适用问题的请示报告》收悉。

经研究并征求国务院法制办的意见，现答复如下：

水法对水资源属于国有和水资源实行有偿使用只作了原则性规定，在国务院制定水资源费征收办法前，除法律、行政法规明确规定不得征收水资源费的情况外，水资源费征收范围应暂按省、自治区、直辖市的规定执行。目前水库分为设计有供水功能的水库和没有供水功能的水库。有供水功能的水库，且水库管理单位已向水行政主管部门申请取水许可证并缴纳水资源费的，用水户仅需按用水量和水利工程供水价格向水库管理单位支付水利工程水费，无需再向国家缴纳水资源费；没有供水功能的水库，则用水户应当依法直接向水行政主管部门申请取水许可并缴纳水资源费。

此复。

《最高人民法院关于人民法院是否受理水利工程管理单位与用水单位之间拖欠水费纠纷问题的复函》（〔1990〕经复字第18号 1990年5月23日公布）

新疆自治区高级人民法院：

你院（1990）新法经字第23号关于水利工程管理单位与用水单位之间因拖欠水费纠纷是否属于水事纠纷、人民法院是否受理的问题，经研究答复如下：

博河水管处与五师红星电站之间发生的供水用水关系属商品水供应关系。博河水管处作为供方有权利收取水费，五师红星电站作为用水方应按交费标准按期向博河水管处缴纳水费。双方发生的拖欠水费的纠纷属于平等主体之间的"水事纠纷"，应按《中华人民共和国水法》第三十四条关于"使用供水工程供应的水，应按照规定向供水单位缴纳水费"和第三十六条关于"单位之间、个人之间、单位与个人之间发生的水事纠纷，应当通过协商或者调解解决。当事人不愿通过协商、调解解决或者协商、调解不成的，可以请求县级以上地方人民政府或者其授权的主管部门处理，也可以直接向人民法院起诉"的规定处理。本案博乐市人民法院已经作出一审判决，可依法进行上诉审。

你院请示中提到国务院1985年颁布的《水利工程水费核订、计收和管理办法》第七条第三款关于"用水单位要按规定日期交付水费，逾期不交的，应加计滞纳金。经一再催交无效，水利工程管理单位有权限制供水，直至停止供水"的规定，与《水法》第三十四条、第三十六条的规定并无抵触。

适用本案由需要注意的问题

◆用水权交易的主体必须是从水行政主管部门依法领取了取水许可证并且对水资源拥有合法使用权的单位和个人，否则不能作为水权交易的主体参与水权转让。

100. 碳排放权交易纠纷

案由解析

碳排放交易包括一般包括碳排放配额交易和国家核证自愿减排量（China Certified Emission Reduction，简称 CCER）交易。碳排放配额交易是指通过碳排放权交易系统，碳排放配额有结余的企业将其配额通过交易转让给其他企业，配额不足的企业则需购买配额以履行清缴义务。国家核证自愿减排量（CCER）交易，是指根据《温室气体自愿减排交易管理办法（试行）》的规定，经备案并在国家注册登记系统中登记的温室气体自愿减排量的交易；其交易对象是通过实施项目削减温室气体而获得的减排凭证。

碳排放权交易应当通过全国碳排放权交易系统进行，可以采取协议转让、单向竞价或者其他符合规定的方式。协议转让是指交易双方协商达成一致意见并确认成交的交易方式，包括挂牌协议交易及大宗协议交易。其中，挂牌协议交易是指交易主体通过交易系统提交卖出或者买入挂牌申报，意向受让方或者出让方对挂牌申报进行协商并确认成交的交易方式。大宗协议交易是指交易双方通过交易系统进行报价、询价并确认成交的交易方式。单向竞价是指交易主体向交易机构提出卖出或买入申请，交易机构发布竞价公告，多个意向受让方或者出让方按照规定报价，在约定时间内通过交易系统成交的交易方式。

因碳排放权交易引发的民事纠纷，即为碳排放权交易纠纷。

常用法律条文及索引

《碳排放权交易管理办法（试行）》（生态环境部令第 19 号　2020 年 12 月 31 日公布）

第一章　总　则

第一条　为落实党中央、国务院关于建设全国碳排放权交易市场的决策部署，在应对气候变化和促进绿色低碳发展中充分发挥市场机制作用，推动温室气体减排，规范全国碳排放权交易及相关活动，根据国家有关温室气体排放控制的要求，制定本办法。

第二条　本办法适用于全国碳排放权交易及相关活动，包括碳排放配额分配和清缴，碳排放权登记、交易、结算，温室气体排放报告与核查等活动，以及对前述活动的监督管理。

第三条 全国碳排放权交易及相关活动应当坚持市场导向、循序渐进、公平公开和诚实守信的原则。

第四条 生态环境部按照国家有关规定建设全国碳排放权交易市场。

全国碳排放权交易市场覆盖的温室气体种类和行业范围，由生态环境部拟订，按程序报批后实施，并向社会公开。

第五条 生态环境部按照国家有关规定，组织建立全国碳排放权注册登记机构和全国碳排放权交易机构，组织建设全国碳排放权注册登记系统和全国碳排放权交易系统。

全国碳排放权注册登记机构通过全国碳排放权注册登记系统，记录碳排放配额的持有、变更、清缴、注销等信息，并提供结算服务。全国碳排放权注册登记系统记录的信息是判断碳排放配额归属的最终依据。

全国碳排放权交易机构负责组织开展全国碳排放权集中统一交易。

全国碳排放权注册登记机构和全国碳排放权交易机构应当定期向生态环境部报告全国碳排放权登记、交易、结算等活动和机构运行有关情况，以及应当报告的其他重大事项，并保证全国碳排放权注册登记系统和全国碳排放权交易系统安全稳定可靠运行。

第六条 生态环境部负责制定全国碳排放权交易及相关活动的技术规范，加强对地方碳排放配额分配、温室气体排放报告与核查的监督管理，并会同国务院其他有关部门对全国碳排放权交易及相关活动进行监督管理和指导。

省级生态环境主管部门负责在本行政区域内组织开展碳排放配额分配和清缴、温室气体排放报告的核查等相关活动，并进行监督管理。

设区的市级生态环境主管部门负责配合省级生态环境主管部门落实相关具体工作，并根据本办法有关规定实施监督管理。

第七条 全国碳排放权注册登记机构和全国碳排放权交易机构及其工作人员，应当遵守全国碳排放权交易及相关活动的技术规范，并遵守国家其他有关主管部门关于交易监管的规定。

第二章 温室气体重点排放单位

第八条 温室气体排放单位符合下列条件的，应当列入温室气体重点排放单位（以下简称重点排放单位）名录：

（一）属于全国碳排放权交易市场覆盖行业；

（二）年度温室气体排放量达到 2.6 万吨二氧化碳当量。

第九条　省级生态环境主管部门应当按照生态环境部的有关规定，确定本行政区域重点排放单位名录，向生态环境部报告，并向社会公开。

第十条　重点排放单位应当控制温室气体排放，报告碳排放数据，清缴碳排放配额，公开交易及相关活动信息，并接受生态环境主管部门的监督管理。

第十一条　存在下列情形之一的，确定名录的省级生态环境主管部门应当将相关温室气体排放单位从重点排放单位名录中移出：

（一）连续二年温室气体排放未达到 2.6 万吨二氧化碳当量的；

（二）因停业、关闭或者其他原因不再从事生产经营活动，因而不再排放温室气体的。

第十二条　温室气体排放单位申请纳入重点排放单位名录的，确定名录的省级生态环境主管部门应当进行核实；经核实符合本办法第八条规定条件的，应当将其纳入重点排放单位名录。

第十三条　纳入全国碳排放权交易市场的重点排放单位，不再参与地方碳排放权交易试点市场。

第三章　分配与登记

第十四条　生态环境部根据国家温室气体排放控制要求，综合考虑经济增长、产业结构调整、能源结构优化、大气污染物排放协同控制等因素，制定碳排放配额总量确定与分配方案。

省级生态环境主管部门应当根据生态环境部制定的碳排放配额总量确定与分配方案，向本行政区域内的重点排放单位分配规定年度的碳排放配额。

第十五条　碳排放配额分配以免费分配为主，可以根据国家有关要求适时引入有偿分配。

第十六条　省级生态环境主管部门确定碳排放配额后，应当书面通知重点排放单位。

重点排放单位对分配的碳排放配额有异议的，可以自接到通知之日起七个工作日内，向分配配额的省级生态环境主管部门申请复核；省级生态环境主管部门应当自接到复核申请之日起十个工作日内，作出复核决定。

第十七条　重点排放单位应当在全国碳排放权注册登记系统开立账户，进行相关业务操作。

第十八条　重点排放单位发生合并、分立等情形需要变更单位名称、碳排放配额等事项的，应当报经所在地省级生态环境主管部门审核后，向全国碳排放权注册登记机构申请变更登记。全国碳排放权注册登记机构应当通过全国碳排放权注册登记系统进行变更登记，并向社会公开。

第十九条 国家鼓励重点排放单位、机构和个人，出于减少温室气体排放等公益目的自愿注销其所持有的碳排放配额。

自愿注销的碳排放配额，在国家碳排放配额总量中予以等量核减，不再进行分配、登记或者交易。相关注销情况应当向社会公开。

第四章 排放交易

第二十条 全国碳排放权交易市场的交易产品为碳排放配额，生态环境部可以根据国家有关规定适时增加其他交易产品。

第二十一条 重点排放单位以及符合国家有关交易规则的机构和个人，是全国碳排放权交易市场的交易主体。

第二十二条 碳排放权交易应当通过全国碳排放权交易系统进行，可以采取协议转让、单向竞价或者其他符合规定的方式。

全国碳排放权交易机构应当按照生态环境部有关规定，采取有效措施，发挥全国碳排放权交易市场引导温室气体减排的作用，防止过度投机的交易行为，维护市场健康发展。

第二十三条 全国碳排放权注册登记机构应当根据全国碳排放权交易机构提供的成交结果，通过全国碳排放权注册登记系统为交易主体及时更新相关信息。

第二十四条 全国碳排放权注册登记机构和全国碳排放权交易机构应当按照国家有关规定，实现数据及时、准确、安全交换。

第五章 排放核查与配额清缴

第二十五条 重点排放单位应当根据生态环境部制定的温室气体排放核算与报告技术规范，编制该单位上一年度的温室气体排放报告，载明排放量，并于每年3月31日前报生产经营场所所在地的省级生态环境主管部门。排放报告所涉数据的原始记录和管理台账应当至少保存五年。

重点排放单位对温室气体排放报告的真实性、完整性、准确性负责。

重点排放单位编制的年度温室气体排放报告应当定期公开，接受社会监督，涉及国家秘密和商业秘密的除外。

第二十六条 省级生态环境主管部门应当组织开展对重点排放单位温室气体排放报告的核查，并将核查结果告知重点排放单位。核查结果应当作为重点排放单位碳排放配额清缴依据。

省级生态环境主管部门可以通过政府购买服务的方式委托技术服务机构

提供核查服务。技术服务机构应当对提交的核查结果的真实性、完整性和准确性负责。

第二十七条 重点排放单位对核查结果有异议的，可以自被告知核查结果之日起七个工作日内，向组织核查的省级生态环境主管部门申请复核；省级生态环境主管部门应当自接到复核申请之日起十个工作日内，作出复核决定。

第二十八条 重点排放单位应当在生态环境部规定的时限内，向分配配额的省级生态环境主管部门清缴上年度的碳排放配额。清缴量应当大于等于省级生态环境主管部门核查结果确认的该单位上年度温室气体实际排放量。

第二十九条 重点排放单位每年可以使用国家核证自愿减排量抵销碳排放配额的清缴，抵销比例不得超过应清缴碳排放配额的5%。相关规定由生态环境部另行制定。

用于抵销的国家核证自愿减排量，不得来自纳入全国碳排放权交易市场配额管理的减排项目。

第六章 监督管理

第三十条 上级生态环境主管部门应当加强对下级生态环境主管部门的重点排放单位名录确定、全国碳排放权交易及相关活动情况的监督检查和指导。

第三十一条 设区的市级以上地方生态环境主管部门根据对重点排放单位温室气体排放报告的核查结果，确定监督检查重点和频次。

设区的市级以上地方生态环境主管部门应当采取“双随机、一公开”的方式，监督检查重点排放单位温室气体排放和碳排放配额清缴情况，相关情况按程序报生态环境部。

第三十二条 生态环境部和省级生态环境主管部门，应当按照职责分工，定期公开重点排放单位年度碳排放配额清缴情况等信息。

第三十三条 全国碳排放权注册登记机构和全国碳排放权交易机构应当遵守国家交易监管等相关规定，建立风险管理机制和信息披露制度，制定风险管理预案，及时公布碳排放权登记、交易、结算等信息。

全国碳排放权注册登记机构和全国碳排放权交易机构的工作人员不得利用职务便利谋取不正当利益，不得泄露商业秘密。

第三十四条 交易主体违反本办法关于碳排放权注册登记、结算或者交易相关规定的，全国碳排放权注册登记机构和全国碳排放权交易机构可以按照国家有关规定，对其采取限制交易措施。

第三十五条 鼓励公众、新闻媒体等对重点排放单位和其他交易主体的碳排放权交易及相关活动进行监督。

重点排放单位和其他交易主体应当按照生态环境部有关规定，及时公开有关全国碳排放权交易及相关活动信息，自觉接受公众监督。

第三十六条 公民、法人和其他组织发现重点排放单位和其他交易主体有违反本办法规定行为的，有权向设区的市级以上地方生态环境主管部门举报。

接受举报的生态环境主管部门应当依法予以处理，并按照有关规定反馈处理结果，同时为举报人保密。

第七章 罚 则

第三十七条 生态环境部、省级生态环境主管部门、设区的市级生态环境主管部门的有关工作人员，在全国碳排放权交易及相关活动的监督管理中滥用职权、玩忽职守、徇私舞弊的，由其上级行政机关或者监察机关责令改正，并依法给予处分。

第三十八条 全国碳排放权注册登记机构和全国碳排放权交易机构及其工作人员违反本办法规定，有下列行为之一的，由生态环境部依法给予处分，并向社会公开处理结果：

（一）利用职务便利谋取不正当利益的；

（二）有其他滥用职权、玩忽职守、徇私舞弊行为的。

全国碳排放权注册登记机构和全国碳排放权交易机构及其工作人员违反本办法规定，泄露有关商业秘密或者有构成其他违反国家交易监管规定行为的，依照其他有关规定处理。

第三十九条 重点排放单位虚报、瞒报温室气体排放报告，或者拒绝履行温室气体排放报告义务的，由其生产经营场所所在地设区的市级以上地方生态环境主管部门责令限期改正，处一万元以上三万元以下的罚款。逾期未改正的，由重点排放单位生产经营场所所在地的省级生态环境主管部门测算其温室气体实际排放量，并将该排放量作为碳排放配额清缴的依据；对虚报、瞒报部分，等量核减其下一年度碳排放配额。

第四十条 重点排放单位未按时足额清缴碳排放配额的，由其生产经营场所所在地设区的市级以上地方生态环境主管部门责令限期改正，处二万元以上三万元以下的罚款；逾期未改正的，对欠缴部分，由重点排放单位生产经营场所所在地的省级生态环境主管部门等量核减其下一年度碳排放配额。

第四十一条 违反本办法规定，涉嫌构成犯罪的，有关生态环境主管部门应当依法移送司法机关。

第八章 附 则

第四十二条 本办法中下列用语的含义：

（一）温室气体：是指大气中吸收和重新放出红外辐射的自然和人为的气态成分，包括二氧化碳（CO_2）、甲烷（CH_4）、氧化亚氮（N_2O）、氢氟碳化物（HFCs）、全氟化碳（PFCs）、六氟化硫（SF_6）和三氟化氮（NF_3）。

（二）碳排放：是指煤炭、石油、天然气等化石能源燃烧活动和工业生产过程以及土地利用变化与林业等活动产生的温室气体排放，也包括因使用外购的电力和热力等所导致的温室气体排放。

（三）碳排放权：是指分配给重点排放单位的规定时期内的碳排放额度。

（四）国家核证自愿减排量：是指对我国境内可再生能源、林业碳汇、甲烷利用等项目的温室气体减排效果进行量化核证，并在国家温室气体自愿减排交易注册登记系统中登记的温室气体减排量。

第四十三条 本办法自 2021 年 2 月 1 日起施行。

适用本案由需要注意的问题

◆无论是碳排放配额交易还是 CCER 交易，交易标的物的获取都需要主管部门核准并登记。

◆本案由一般适用于在碳排放权交易市场中的交易主体之间或与其他服务提供者之间的合同纠纷。

101. 碳汇交易纠纷

案由解析

碳汇，是指通过植树造林、植被恢复等措施，吸收大气中的二氧化碳，从而减少温室气体在大气中浓度的过程、活动或机制。碳汇交易是一种依靠政策和管制约束创造的用于抵消人为碳排放当量的虚拟产品交易。因碳汇交易引发的民事纠纷，即为碳汇交易纠纷。

常用法律条文及索引

《国家林业局关于推进林业碳汇交易工作的指导意见》（林造发〔2014〕55号　2014年6月1日公布）

各省、自治区、直辖市林业厅（局），内蒙古、吉林、龙江、大兴安岭森工（林业）集团公司，新疆生产建设兵团林业局：

为深入贯彻落实党的十八届三中全会和全国林业厅局长会议精神，指导各地规范有序推进林业碳汇交易工作，根据《国务院关于印发"十二五"控制温室气体排放工作方案的通知》（国发〔2011〕41号）、《清洁发展机制项目运行管理办法》（国家发展改革委、科技部、外交部、财政部第11号令）、《国家发展改革委关于印发温室气体自愿减排交易管理暂行办法的通知》（发改气候〔2012〕1668号）、《国家发展改革委办公厅关于开展碳排放权交易试点工作的通知》（发改办气候〔2011〕2601号）等有关规定，经商国家发展改革委并结合我国林业实际，提出以下指导意见。

一、指导思想

（一）以党的十八大和十八届三中全会精神为指导，按照建设生态文明、应对气候变化的目标要求，根据国家构建碳市场的总体部署，加快生态林业和民生林业建设，努力增加林业碳汇，积极推进林业碳汇交易，为实现2020年我国控制温室气体排放行动目标作出贡献。

二、基本原则

（二）坚持清洁发展机制（以下简称CDM）林业碳汇项目交易、林业碳汇自愿交易、碳排放权交易下的林业碳汇交易统筹推进，重点探索推进碳排放权交易下的林业碳汇交易的原则。

（三）坚持统筹兼顾、分类指导、试点先行、稳步推进的原则。

（四）坚持公开、公平、公正、诚信和林业碳汇的可测量、可报告、可核查的原则。

（五）坚持有助于保护和建设森林生态系统、管理和恢复湿地生态系统、改善和治理荒漠生态系统、维护和增加生物多样性的原则。

（六）坚持有助于实现2020年国家控制温室气体排放行动目标的原则。

三、完善CDM林业碳汇项目交易

（七）CDM林业碳汇项目交易按照国家发展改革委、科技部、外交部、财政部联合制定的《清洁发展机制项目运行管理办法》执行。

（八）为确保CDM林业碳汇项目科学实施，在开展相关项目活动时，项目实施单位应就土地合格性、权属、项目组织实施等问题与林业主管部门沟通协商。项目申请按照《清洁发展机制项目运行管理办法》要求，报国家发展改革委批准。

（九）省级林业主管部门要为项目实施单位在本辖区内开展CDM林业碳汇项目相关活动提供相应业务指导，积极做好协调和服务工作。

（十）省级林业主管部门要及时掌握本辖区内所开展的CDM林业碳汇项目活动有关情况，主要包括资金来源、国内审批、国际注册、项目组织实施、碳汇计量与监测、碳汇审定与核证，以及碳汇量签发与转让等情况，及时报告国家林业局。

四、推进林业碳汇自愿交易

（十一）林业碳汇自愿交易按照国家发展改革委制定的《温室气体自愿减排交易管理暂行办法》开展。

（十二）在遵守我国相关法律法规和政策规定的前提下，国内外相关机构、企业、团体、个人均可参与林业碳汇自愿交易。

（十三）国家发展改革委依据《温室气体自愿减排交易管理暂行办法》，对林业碳汇自愿交易采取备案管理。申请备案的林业碳汇自愿交易项目应是2005年2月16日后开工建设的项目。

（十四）鼓励各地根据实际需求，积极组织开发林业碳汇项目方法学，为开展林业碳汇自愿交易提供必要的技术规范。林业碳汇项目方法学的开发主体在向国家发展改革委申请方法学备案前，应先征求国家林业局的意见。林业碳汇自愿交易项目产生的碳汇量，须采用经备案的方法学进行科学测算。

（十五）林业碳汇自愿交易项目有关审定与核证，依据国家发展改革委制定的《温室气体自愿减排项目审定与核证指南》，应由具备相应资格的单位开展。各有关单位要创造条件，组织林业系统符合条件的单位申请温室气体自愿减排项目审定与核证机构资格。

（十六）林业碳汇自愿交易项目产生的碳汇量经备案后，在国家登记簿中登记，并在经国家发展改革委备案的交易机构内交易。已用于抵消碳排放的碳汇量，应于交易完成后在国家登记簿中注销。

五、探索碳排放权交易下的林业碳汇交易

（十七）碳排放权交易下的林业碳汇交易原则上按照国家“十二五”规划纲要提出的“逐步建立碳排放交易市场”的部署、十八届三中全会明确的“推行碳排放权交易制度”的决定和《国家发展改革委办公厅关于开展碳排放权交易试点工作的通知》的要求，积极探索推进。

（十八）国家发展改革委已确定北京、天津、上海、重庆、湖北、广东、深圳（以下简称七省市）为国家碳排放权交易试点地区，要求试点地区结合本地实际情况，研究考虑通过包括林业在内的相关措施，积极探索推进碳排放权交易试点，促进国家温室气体排放控制目标实现。

（十九）七省市林业主管部门要积极协调本级发展改革部门，主动参与本地区碳排放权交易制度设计及有关法律法规、实施方案、管理办法等研究制定，体现林业碳汇的作用和内容。要抓住试点机遇，结合本地实际，用改革的精神和创新的思路，积极探索碳排放权交易下的林业碳汇交易模式，努力作出样板。

（二十）七省市林业主管部门在探索碳排放权交易下的林业碳汇交易模式的过程中，要积极研究林业碳汇交易与碳排放权交易的关系。一方面，要支持和鼓励林业碳汇自愿交易项目作为抵消项目，参与碳排放权交易；另一方面，要结合本地实际，加强森林管理，控制森林温室气体排放。针对森林温室气体排放，研究探索推进排放配额管理，参与碳排放权交易。

（二十一）七省市林业主管部门要积极参与全国林业碳汇计量监测体系建设，依托体系建设，准确掌握本地区森林碳储量与森林碳汇量的现状、变化与潜力情况，查实摸清林业碳汇资源本底，为研究制定推进本地区碳排放权交易下的林业碳汇交易相关政策提供科学依据。

（二十二）碳排放权交易下的林业碳汇交易是一项全新的工作，是利用市场机制拓展林业融资渠道的重要途径和促进实现国家控制温室气体排放目标的重要手段，是加强生态文明制度建设的内在要求。七省市之外的其他省（区、市），可结合自身实际，参照上述有关要求探索推进相关工作。

六、保障措施

（二十三）加强组织领导。省级林业主管部门要把林业碳汇交易工作列入重要议事日程，切实加强组织领导，明确目标任务，充分发挥管理、指导、协调和服务的作用。要在相关政策、资金、人员等方面统筹考虑，确保相关工作稳步推进、规范开展、取得实效。

（二十四）加强立法研究。有关单位要在加强林业应对气候变化立法研究的同时，积极参与国家应对气候变化立法进程，在有关制度设计、条款设置上，努力体现林业碳汇相关内容，积极推进确立林业碳汇交易的法律基础。

（二十五）认真研究碳价。林业碳汇交易价格对林业碳汇交易市场的健康发展影响重大。要加强林业碳汇交易的成本研究分析，为科学确定碳价提供依据。要体现市场对碳价的基础作用，同时切实注重有效发挥政府对碳价的宏观调控作用，确保碳价在合理的区间运行。

（二十六）搞好学习宣传。要认真学习领会国家建立碳市场、推进碳交易的有关政策，学以致用。要加强宣传和技术培训，正确引导舆论，引导社会公众深刻认识林业增汇减排对于建设生态文明、应对气候变化、拓展发展空间的重大意义。要严防利用林业碳汇交易炒作，确保国家和人民群众利益得到有效保护。

（二十七）开展国际合作。要适应气候变化国际谈判形势变化，积极参与相关国际交流与合作，借鉴国际碳市场做法和经验，与时俱进地完善推进林业碳汇交易工作的政策措施，逐步推动林业碳汇交易由点及面，由省域走向区域、全国乃至国际。

本意见自 2014 年 6 月 1 日起实施，有效期至 2017 年 5 月 31 日。

适用本案由需要注意的问题

◆与“碳排放权交易纠纷”需要注意的问题类似。

102. 赠与合同纠纷

（1）公益事业捐赠合同纠纷

（2）附义务赠与合同纠纷

案由解析

赠与合同是指赠与人将自己的财产无偿给予受赠人，受赠人表示接受赠与的合同。

赠与合同纠纷是当事人之间因订立、履行变更、终止赠与合同发生的权利义务纠纷。

赠与合同的主要特征有：（1）赠与合同是诺成合同。只要当事人意思表示达成一致，赠与合同便宣告成立，合同的生效不以当事人实际交付为准。（2）赠与合同是单务、无偿合同。在赠与合同中，仅赠与人负有向受赠人交付标的物的义务，受赠人不需支付相应对价，也不负担与接收赠与物对等的义务。(3) 赠与合同必须存在给予行为，该给予行为使赠与人的财产减少，同时增加受赠人的财产，以上两个条件需同时满足。(4) 赠与合同为不要式合同。赠与合同既可采用口头形式，又可采用书面形式或者在合同订立后办理公证证明。无论采用何种形式，也无论是否经过公证，都不影响赠与合同的成立。

典型形态

在实践中，赠与合同纠纷的典型形态主要有：

(1) 公益事业捐赠合同纠纷，是指当事人就达成的捐赠人为了公益事业，向依法成立的公益性团体或公益性非营利的事业单位自愿无偿赠与财产的合同产生的纠纷。

(2) 附义务赠与合同纠纷，是指当事人就达成的赠与人要求受赠人向自己或第三人负担一定义务为条件的赠与合同产生的纠纷。

常用法律条文及索引

《中华人民共和国民法典》(2020 年 5 月 28 日公布　2021 年 1 月 1 日施行)

第十六条　涉及遗产继承、接受赠与等胎儿利益保护的，胎儿视为具有民事权利能力。但是，胎儿娩出时为死体的，其民事权利能力自始不存在。

第十九条　八周岁以上的未成年人为限制民事行为能力人，实施民事法律行为由其法定代理人代理或者经其法定代理人同意、追认；但是，可以独立实施纯获利益的民事法律行为或者与其年龄、智力相适应的民事法律行为。

第二十条　不满八周岁的未成年人为无民事行为能力人，由其法定代理人代理实施民事法律行为。

第二十一条　不能辨认自己行为的成年人为无民事行为能力人，由其法定代理人代理实施民事法律行为。

八周岁以上的未成年人不能辨认自己行为的，适用前款规定。

第二十二条　不能完全辨认自己行为的成年人为限制民事行为能力人，实施民事法律行为由其法定代理人代理或者经其法定代理人同意、追认；但是，可以独立实施纯获利益的民事法律行为或者与其智力、精神健康状况相适应的民事法律行为。

第九十四条　捐助人有权向捐助法人查询捐助财产的使用、管理情况，并提出意见和建议，捐助法人应当及时、如实答复。

捐助法人的决策机构、执行机构或者法定代表人作出决定的程序违反法律、行政法规、法人章程，或者决定内容违反法人章程的，捐助人等利害关系人或者主管机关可以请求人民法院撤销该决定。但是，捐助法人依据该决定与善意相对人形成的民事法律关系不受影响。

第六百五十七条　赠与合同是赠与人将自己的财产无偿给予受赠人，受赠人表示接受赠与的合同。

第六百五十八条　赠与人在赠与财产的权利转移之前可以撤销赠与。

经过公证的赠与合同或者依法不得撤销的具有救灾、扶贫、助残等公益、道德义务性质的赠与合同，不适用前款规定。

第六百五十九条　赠与的财产依法需要办理登记或者其他手续的，应当办理有关手续。

第六百六十条　经过公证的赠与合同或者依法不得撤销的具有救灾、扶贫、助残等公益、道德义务性质的赠与合同，赠与人不交付赠与财产的，受赠人可以请求交付。

依据前款规定应当交付的赠与财产因赠与人故意或者重大过失致使毁损、灭失的，赠与人应当承担赔偿责任。

第六百六十一条　赠与可以附义务。

赠与附义务的，受赠人应当按照约定履行义务。

第六百六十二条　赠与的财产有瑕疵的，赠与人不承担责任。附义务的赠与，赠与的财产有瑕疵的，赠与人在附义务的限度内承担与出卖人相同的责任。

赠与人故意不告知瑕疵或者保证无瑕疵，造成受赠人损失的，应当承担赔偿责任。

第六百六十三条　受赠人有下列情形之一的，赠与人可以撤销赠与：

（一）严重侵害赠与人或者赠与人近亲属的合法权益；

（二）对赠与人有扶养义务而不履行；

（三）不履行赠与合同约定的义务。

赠与人的撤销权，自知道或者应当知道撤销事由之日起一年内行使。

第六百六十四条　因受赠人的违法行为致使赠与人死亡或者丧失民事行为能力的，赠与人的继承人或者法定代理人可以撤销赠与。

赠与人的继承人或者法定代理人的撤销权，自知道或者应当知道撤销事由之日起六个月内行使。

第六百六十五条　撤销权人撤销赠与的，可以向受赠人请求返还赠与的财产。

第六百六十六条 赠与人的经济状况显著恶化，严重影响其生产经营或者家庭生活的，可以不再履行赠与义务。

《中华人民共和国慈善法》（2023 年 12 月 29 日修正）

第三十五条 捐赠人可以通过慈善组织捐赠，也可以直接向受益人捐赠。

第三十六条 捐赠人捐赠的财产应当是其有权处分的合法财产。捐赠财产包括货币、实物、房屋、有价证券、股权、知识产权等有形和无形财产。

捐赠人捐赠的实物应当具有使用价值，符合安全、卫生、环保等标准。

捐赠人捐赠本企业产品的，应当依法承担产品质量责任和义务。

第三十七条 自然人、法人和非法人组织开展演出、比赛、销售、拍卖等经营性活动，承诺将全部或者部分所得用于慈善目的的，应当在举办活动前与慈善组织或者其他接受捐赠的人签订捐赠协议，活动结束后按照捐赠协议履行捐赠义务，并将捐赠情况向社会公开。

第三十八条 慈善组织接受捐赠，应当向捐赠人开具由财政部门统一监（印）制的捐赠票据。捐赠票据应当载明捐赠人、捐赠财产的种类及数量、慈善组织名称和经办人姓名、票据日期等。捐赠人匿名或者放弃接受捐赠票据的，慈善组织应当做好相关记录。

第三十九条 慈善组织接受捐赠，捐赠人要求签订书面捐赠协议的，慈善组织应当与捐赠人签订书面捐赠协议。

书面捐赠协议包括捐赠人和慈善组织名称，捐赠财产的种类、数量、质量、用途、交付时间等内容。

第四十条 捐赠人与慈善组织约定捐赠财产的用途和受益人时，不得指定或者变相指定捐赠人的利害关系人作为受益人。

任何组织和个人不得利用慈善捐赠违反法律规定宣传烟草制品，不得利用慈善捐赠以任何方式宣传法律禁止宣传的产品和事项。

第四十一条 捐赠人应当按照捐赠协议履行捐赠义务。捐赠人违反捐赠协议逾期未交付捐赠财产，有下列情形之一的，慈善组织或者其他接受捐赠的人可以要求交付；捐赠人拒不交付的，慈善组织和其他接受捐赠的人可以依法向人民法院申请支付令或者提起诉讼：

（一）捐赠人通过广播、电视、报刊、互联网等媒体公开承诺捐赠的；

（二）捐赠财产用于本法第三条第一项至第三项规定的慈善活动，并签订书面捐赠协议的。

捐赠人公开承诺捐赠或者签订书面捐赠协议后经济状况显著恶化，严重影响其生产经营或者家庭生活的，经向公开承诺捐赠地或者书面捐赠协议签订地的县级以上人民政府民政部门报告并向社会公开说明情况后，可以不再履行捐赠义务。

第四十二条 捐赠人有权查询、复制其捐赠财产管理使用的有关资料，慈善组织应当及时主动向捐赠人反馈有关情况。

慈善组织违反捐赠协议约定的用途，滥用捐赠财产的，捐赠人有权要求其改正；拒不改正的，捐赠人可以向县级以上人民政府民政部门投诉、举报或者向人民法院提起诉讼。

第四十三条 国有企业实施慈善捐赠应当遵守有关国有资产管理的规定，履行批准和备案程序。

第五十六条 慈善组织开展慈善活动，应当依照法律法规和章程的规定，按照募捐方案或者捐赠协议使用捐赠财产。慈善组织确需变更募捐方案规定的捐赠财产用途的，应当报原备案的民政部门备案；确需变更捐赠协议约定的捐赠财产用途的，应当征得捐赠人同意。

第五十八条 慈善项目终止后捐赠财产有剩余的，按照募捐方案或者捐赠协议处理；募捐方案未规定或者捐赠协议未约定的，慈善组织应当将剩余财产用于目的相同或者相近的其他慈善项目，并向社会公开。

第五十九条 慈善组织确定慈善受益人，应当坚持公开、公平、公正的原则，不得指定或者变相指定慈善组织管理人员的利害关系人作为受益人。

第六十条 慈善组织根据需要可以与受益人签订协议，明确双方权利义务，约定慈善财产的用途、数额和使用方式等内容。

受益人应当珍惜慈善资助，按照协议使用慈善财产。受益人未按照协议使用慈善财产或者有其他严重违反协议情形的，慈善组织有权要求其改正；受益人拒不改正的，慈善组织有权解除协议并要求受益人返还财产。

适用本案由需要注意的问题

◆赠与合同纠纷案件，按照合同纠纷案件的一般管辖原则，由被告住所地人民法院或合同履行地人民法院管辖。

◆在适用本案由时，要注意其与遗赠以及遗赠扶养协议纠纷的区别。遗赠是死因赠与，遗赠扶养协议是附义务的死因赠与，都属于特殊的赠与合同，但《民事案件案由规定》把与之相关的纠纷当作独立的三级案由进行规定，不能适用本案案由。

103. 借款合同纠纷

（1）金融借款合同纠纷
（2）同业拆借纠纷
（3）民间借贷纠纷
（4）小额借款合同纠纷
（5）金融不良债权转让合同纠纷
（6）金融不良债权追偿纠纷

案由解析

借款合同是贷款人向借款人提供借款，借款人到期返还借款，并向贷款人支付利息的合同。借款合同纠纷是指当事人之间因订立、履行、变更、终止借款合同发生的权利义务纠纷。

借款合同和传统民法借贷合同的概念有所区别。根据传统民法理论，借贷合同一般分为使用借贷和消费借贷，其中使用借贷是指无偿地将物品或者金钱借给一方使用的合同，又可称为借用合同。消费借贷是指有偿地将物品或者金钱交给一方使用的合同。借款合同是沿用了我国经济合同法的概念，仅指消费借贷中的借钱的内容，但又和经济合同法中借款合同的范围不一样，它扩大了经济合同法中借款合同的调整范围，包括了自然人之间的借款合同。

目前借款合同主要调整两部分内容，一部分是指金融机构与自然人、法人和其他组织的借款合同关系，另一部分是指自然人之间的借款合同关系。其中以金融机构与自然人、法人和其他组织之间的合同关系为主。

金融机构与自然人、法人和其他组织的借款合同是诺成合同。当事人意思表示一致达成书面协议，合同成立。自然人之间的借款合同是实践合同，贷款人提供贷款时合同生效。

典型形态

在实践中，借款合同主要有：

（1）金融借款合同纠纷，是指当事人就达成的借款人向金融机构借款，到期返还借款并支付利息的合同产生的权利义务纠纷。

（2）同业拆借纠纷，是指具有市场准入资格的金融机构之间就达成的为了调剂头寸和临时资金短缺而进行短期资金通融的合同产生的权利义务纠纷。

（3）民间借贷纠纷，是指自然人、法人和非法人组织之间借款行为产生的权利义务纠纷。

（4）小额借款合同纠纷，是指当事人就达成的借款人向金融机构或者小额贷款公司借数额较小的款项，到期返还借款并支付利息的合同产生的权利义务纠纷。

（5）金融不良债权转让合同纠纷，当事人就达成的关于金融不良债权的转让的合同产生的权利义务纠纷。

（6）金融不良债权追偿纠纷，是指金融不良债权受让人在受让债权以后，向原金融借款合同的债务人、担保人主张债权的行为中产生的权利义务纠纷。

常用法律条文及索引

《中华人民共和国民法典》（2020年5月28日公布　2021年1月1日施行）

第六百六十八条　借款合同应当采用书面形式，但是自然人之间借款另有约定的除外。

借款合同的内容一般包括借款种类、币种、用途、数额、利率、期限和还款方式等条款。

第六百六十九条　订立借款合同，借款人应当按照贷款人的要求提供与借款有关的业务活动和财务状况的真实情况。

第六百七十条　借款的利息不得预先在本金中扣除。利息预先在本金中扣除的，应当按照实际借款数额返还借款并计算利息。

第六百七十一条　贷款人未按照约定的日期、数额提供借款，造成借款人损失的，应当赔偿损失。

借款人未按照约定的日期、数额收取借款的，应当按照约定的日期、数额支付利息。

第六百七十二条　贷款人按照约定可以检查、监督借款的使用情况。借款人应当按照约定向贷款人定期提供有关财务会计报表或者其他资料。

第六百七十三条　借款人未按照约定的借款用途使用借款的，贷款人可以停止发放借款、提前收回借款或者解除合同。

第六百七十四条　借款人应当按照约定的期限支付利息。对支付利息的期限没有约定或者约定不明确，依据本法第五百一十条的规定仍不能确定，借款期间不满一年的，应当在返还借款时一并支付；借款期间一年以上的，应当在每届满一年时支付，剩余期间不满一年的，应当在返还借款时一并支付。

第六百七十五条　借款人应当按照约定的期限返还借款。对借款期限没有约定或者约定不明确，依据本法第五百一十条的规定仍不能确定的，借款人可以随时返还；贷款人可以催告借款人在合理期限内返还。

第六百七十六条　借款人未按照约定的期限返还借款的，应当按照约定或者国家有关规定支付逾期利息。

第六百七十七条　借款人提前返还借款的，除当事人另有约定外，应当按照实际借款的期间计算利息。

第六百七十八条　借款人可以在还款期限届满前向贷款人申请展期；贷款人同意的，可以展期。

第六百七十九条　自然人之间的借款合同，自贷款人提供借款时成立。

第六百八十条　禁止高利放贷，借款的利率不得违反国家有关规定。

借款合同对支付利息没有约定的，视为没有利息。

借款合同对支付利息约定不明确，当事人不能达成补充协议的，按照当地或者当事人的交易方式、交易习惯、市场利率等因素确定利息；自然人之间借款的，视为没有利息。

另，请求权基础条款参见本法第一百四十七条～第一百五十一条，第一百五十三条、第一百五十四条、第一百六十八条、第五百零六条、第五百四十九条、第五百六十三条、第五百六十六条、第五百七十七条、第五百七十八条、第五百七十九条。

《中华人民共和国商业银行法》（2015 年 8 月 29 日修正）

第三十五条　商业银行贷款，应当对借款人的借款用途、偿还能力、还款方式等情况进行严格审查。

商业银行贷款，应当实行审贷分离、分级审批的制度。

第三十六条　商业银行贷款，借款人应当提供担保。商业银行应当对保证人的偿还能力，抵押物、质物的权属和价值以及实现抵押权、质权的可行性进行严格审查。

经商业银行审查、评估，确认借款人资信良好，确能偿还贷款的，可以不提供担保。

第三十七条　商业银行贷款，应当与借款人订立书面合同。合同应当约定贷款种类、借款用途、金额、利率、还款期限、还款方式、违约责任和双方认为需要约定的其他事项。

第三十八条　商业银行应当按照中国人民银行规定的贷款利率的上下限，确定贷款利率。

第三十九条　商业银行贷款，应当遵守下列资产负债比例管理的规定：

（一）资本充足率不得低于百分之八；

（二）流动性资产余额与流动性负债余额的比例不得低于百分之二十五；

（三）对同一借款人的贷款余额与商业银行资本余额的比例不得超过百分之十；

（四）国务院银行业监督管理机构对资产负债比例管理的其他规定。

本法施行前设立的商业银行，在本法施行后，其资产负债比例不符合前款规定的，应当在一定的期限内符合前款规定。具体办法由国务院规定。

第四十条　商业银行不得向关系人发放信用贷款；向关系人发放担保贷款的条件不得优于其他借款人同类贷款的条件。

前款所称关系人是指：

（一）商业银行的董事、监事、管理人员、信贷业务人员及其近亲属；

（二）前项所列人员投资或者担任高级管理职务的公司、企业和其他经济组织。

第四十一条　任何单位和个人不得强令商业银行发放贷款或者提供担保。商业银行有权拒绝任何单位和个人强令要求其发放贷款或者提供担保。

第四十二条　借款人应当按期归还贷款的本金和利息。

借款人到期不归还担保贷款的，商业银行依法享有要求保证人归还贷款本金和利息或者就该担保物优先受偿的权利。商业银行因行使抵押权、质权而取得的不动产或者股权，应当自取得之日起二年内予以处分。

借款人到期不归还信用贷款的，应当按照合同约定承担责任。

第四十六条　同业拆借，应当遵守中国人民银行的规定。禁止利用拆入资金发放固定资产贷款或者用于投资。

拆出资金限于交足存款准备金、留足备付金和归还中国人民银行到期贷款之后的闲置资金。拆入资金用于弥补票据结算、联行汇差头寸的不足和解决临时性周转资金的需要。

《最高人民法院关于审理民间借贷案件适用法律若干问题的规定》（法释〔2015〕18号　2020年12月23日修正）

第一条　本规定所称的民间借贷，是指自然人、法人和非法人组织之间进行资金融通的行为。

经金融监管部门批准设立的从事贷款业务的金融机构及其分支机构，因发放贷款等相关金融业务引发的纠纷，不适用本规定。

第二条 出借人向人民法院提起民间借贷诉讼时，应当提供借据、收据、欠条等债权凭证以及其他能够证明借贷法律关系存在的证据。

当事人持有的借据、收据、欠条等债权凭证没有载明债权人，持有债权凭证的当事人提起民间借贷诉讼的，人民法院应予受理。被告对原告的债权人资格提出有事实依据的抗辩，人民法院经审查认为原告不具有债权人资格的，裁定驳回起诉。

第三条 借贷双方就合同履行地未约定或者约定不明确，事后未达成补充协议，按照合同相关条款或者交易习惯仍不能确定的，以接受货币一方所在地为合同履行地。

第四条 保证人为借款人提供连带责任保证，出借人仅起诉借款人的，人民法院可以不追加保证人为共同被告；出借人仅起诉保证人的，人民法院可以追加借款人为共同被告。

保证人为借款人提供一般保证，出借人仅起诉保证人的，人民法院应当追加借款人为共同被告；出借人仅起诉借款人的，人民法院可以不追加保证人为共同被告。

第五条 人民法院立案后，发现民间借贷行为本身涉嫌非法集资等犯罪的，应当裁定驳回起诉，并将涉嫌非法集资等犯罪的线索、材料移送公安或者检察机关。

公安或者检察机关不予立案，或者立案侦查后撤销案件，或者检察机关作出不起诉决定，或者经人民法院生效判决认定不构成非法集资等犯罪，当事人又以同一事实向人民法院提起诉讼的，人民法院应予受理。

第六条 人民法院立案后，发现与民间借贷纠纷案件虽有关联但不是同一事实的涉嫌非法集资等犯罪的线索、材料的，人民法院应当继续审理民间借贷纠纷案件，并将涉嫌非法集资等犯罪的线索、材料移送公安或者检察机关。

第七条 民间借贷纠纷的基本案件事实必须以刑事案件的审理结果为依据，而该刑事案件尚未审结的，人民法院应当裁定中止诉讼。

第八条 借款人涉嫌犯罪或者生效判决认定其有罪，出借人起诉请求担保人承担民事责任的，人民法院应予受理。

第九条 自然人之间的借款合同具有下列情形之一的，可以视为合同成立：

（一）以现金支付的，自借款人收到借款时；

（二）以银行转账、网上电子汇款等形式支付的，自资金到达借款人账户时；

（三）以票据交付的，自借款人依法取得票据权利时；

（四）出借人将特定资金账户支配权授权给借款人的，自借款人取得对该账户实际支配权时；

（五）出借人以与借款人约定的其他方式提供借款并实际履行完成时。

第十条　法人之间、非法人组织之间以及它们相互之间为生产、经营需要订立的民间借贷合同，除存在民法典第一百四十六条、第一百五十三条、第一百五十四条以及本规定第十三条规定的情形外，当事人主张民间借贷合同有效的，人民法院应予支持。

第十一条　法人或者非法人组织在本单位内部通过借款形式向职工筹集资金，用于本单位生产、经营，且不存在民法典第一百四十四条、第一百四十六条、第一百五十三条、第一百五十四条以及本规定第十三条规定的情形，当事人主张民间借贷合同有效的，人民法院应予支持。

第十二条　借款人或者出借人的借贷行为涉嫌犯罪，或者已经生效的裁判认定构成犯罪，当事人提起民事诉讼的，民间借贷合同并不当然无效。人民法院应当依据民法典第一百四十四条、第一百四十六条、第一百五十三条、第一百五十四条以及本规定第十三条之规定，认定民间借贷合同的效力。

担保人以借款人或者出借人的借贷行为涉嫌犯罪或者已经生效的裁判认定构成犯罪为由，主张不承担民事责任的，人民法院应当依据民间借贷合同与担保合同的效力、当事人的过错程度，依法确定担保人的民事责任。

第十三条　具有下列情形之一的，人民法院应当认定民间借贷合同无效：

（一）套取金融机构贷款转贷的；

（二）以向其他营利法人借贷、向本单位职工集资，或者以向公众非法吸收存款等方式取得的资金转贷的；

（三）未依法取得放贷资格的出借人，以营利为目的向社会不特定对象提供借款的；

（四）出借人事先知道或者应当知道借款人借款用于违法犯罪活动仍然提供借款的；

（五）违反法律、行政法规强制性规定的；

（六）违背公序良俗的。

第十四条 原告以借据、收据、欠条等债权凭证为依据提起民间借贷诉讼，被告依据基础法律关系提出抗辩或者反诉，并提供证据证明债权纠纷非民间借贷行为引起的，人民法院应当依据查明的案件事实，按照基础法律关系审理。

当事人通过调解、和解或者清算达成的债权债务协议，不适用前款规定。

第十五条 原告仅依据借据、收据、欠条等债权凭证提起民间借贷诉讼，被告抗辩已经偿还借款的，被告应当对其主张提供证据证明。被告提供相应证据证明其主张后，原告仍应就借贷关系的存续承担举证责任。

被告抗辩借贷行为尚未实际发生并能作出合理说明的，人民法院应当结合借贷金额、款项交付、当事人的经济能力、当地或者当事人之间的交易方式、交易习惯、当事人财产变动情况以及证人证言等事实和因素，综合判断查证借贷事实是否发生。

第十六条 原告仅依据金融机构的转账凭证提起民间借贷诉讼，被告抗辩转账系偿还双方之前借款或者其他债务的，被告应当对其主张提供证据证明。被告提供相应证据证明其主张后，原告仍应就借贷关系的成立承担举证责任。

第十七条 依据《最高人民法院关于适用〈中华人民共和国民事诉讼法〉的解释》第一百七十四条第二款之规定，负有举证责任的原告无正当理由拒不到庭，经审查现有证据无法确认借贷行为、借贷金额、支付方式等案件主要事实的，人民法院对原告主张的事实不予认定。

第十八条 人民法院审理民间借贷纠纷案件时发现有下列情形之一的，应当严格审查借贷发生的原因、时间、地点、款项来源、交付方式、款项流向以及借贷双方的关系、经济状况等事实，综合判断是否属于虚假民事诉讼：

（一）出借人明显不具备出借能力；

（二）出借人起诉所依据的事实和理由明显不符合常理；

（三）出借人不能提交债权凭证或者提交的债权凭证存在伪造的可能；

（四）当事人双方在一定期限内多次参加民间借贷诉讼；

（五）当事人无正当理由拒不到庭参加诉讼，委托代理人对借贷事实陈述不清或者陈述前后矛盾；

（六）当事人双方对借贷事实的发生没有任何争议或者诉辩明显不符合常理；

（七）借款人的配偶或者合伙人、案外人的其他债权人提出有事实依据的异议；

（八）当事人在其他纠纷中存在低价转让财产的情形；

（九）当事人不正当放弃权利；

（十）其他可能存在虚假民间借贷诉讼的情形。

第十九条　经查明属于虚假民间借贷诉讼，原告申请撤诉的，人民法院不予准许，并应当依据民事诉讼法第一百一十二条之规定，判决驳回其请求。

诉讼参与人或者其他人恶意制造、参与虚假诉讼，人民法院应当依据民事诉讼法第一百一十一条、第一百一十二条和第一百一十三条之规定，依法予以罚款、拘留；构成犯罪的，应当移送有管辖权的司法机关追究刑事责任。

单位恶意制造、参与虚假诉讼的，人民法院应当对该单位进行罚款，并可以对其主要负责人或者直接责任人员予以罚款、拘留；构成犯罪的，应当移送有管辖权的司法机关追究刑事责任。

第二十条　他人在借据、收据、欠条等债权凭证或者借款合同上签名或者盖章，但是未表明其保证人身份或者承担保证责任，或者通过其他事实不能推定其为保证人，出借人请求其承担保证责任的，人民法院不予支持。

第二十一条　借贷双方通过网络贷款平台形成借贷关系，网络贷款平台的提供者仅提供媒介服务，当事人请求其承担担保责任的，人民法院不予支持。

网络贷款平台的提供者通过网页、广告或者其他媒介明示或者有其他证据证明其为借贷提供担保，出借人请求网络贷款平台的提供者承担担保责任的，人民法院应予支持。

第二十二条　法人的法定代表人或者非法人组织的负责人以单位名义与出借人签订民间借贷合同，有证据证明所借款项系法定代表人或者负责人个人使用，出借人请求将法定代表人或者负责人列为共同被告或者第三人的，人民法院应予准许。

法人的法定代表人或者非法人组织的负责人以个人名义与出借人订立民间借贷合同，所借款项用于单位生产经营，出借人请求单位与个人共同承担责任的，人民法院应予支持。

第二十三条 当事人以订立买卖合同作为民间借贷合同的担保，借款到期后借款人不能还款，出借人请求履行买卖合同的，人民法院应当按照民间借贷法律关系审理。当事人根据法庭审理情况变更诉讼请求的，人民法院应当准许。

按照民间借贷法律关系审理作出的判决生效后，借款人不履行生效判决确定的金钱债务，出借人可以申请拍卖买卖合同标的物，以偿还债务。就拍卖所得的价款与应偿还借款本息之间的差额，借款人或者出借人有权主张返还或者补偿。

第二十四条 借贷双方没有约定利息，出借人主张支付利息的，人民法院不予支持。

自然人之间借贷对利息约定不明，出借人主张支付利息的，人民法院不予支持。除自然人之间借贷的外，借贷双方对借贷利息约定不明，出借人主张利息的，人民法院应当结合民间借贷合同的内容，并根据当地或者当事人的交易方式、交易习惯、市场报价利率等因素确定利息。

第二十五条 出借人请求借款人按照合同约定利率支付利息的，人民法院应予支持，但是双方约定的利率超过合同成立时一年期贷款市场报价利率四倍的除外。

前款所称“一年期贷款市场报价利率”，是指中国人民银行授权全国银行间同业拆借中心自 2019 年 8 月 20 日起每月发布的一年期贷款市场报价利率。

第二十六条 借据、收据、欠条等债权凭证载明的借款金额，一般认定为本金。预先在本金中扣除利息的，人民法院应当将实际出借的金额认定为本金。

第二十七条 借贷双方对前期借款本息结算后将利息计入后期借款本金并重新出具债权凭证，如果前期利率没有超过合同成立时一年期贷款市场报价利率四倍，重新出具的债权凭证载明的金额可认定为后期借款本金。超过部分的利息，不应认定为后期借款本金。

按前款计算，借款人在借款期间届满后应当支付的本息之和，超过以最初借款本金与以最初借款本金为基数、以合同成立时一年期贷款市场报价利率四倍计算的整个借款期间的利息之和的，人民法院不予支持。

第二十八条 借贷双方对逾期利率有约定的，从其约定，但是以不超过合同成立时一年期贷款市场报价利率四倍为限。

未约定逾期利率或者约定不明的，人民法院可以区分不同情况处理：

（一）既未约定借期内利率，也未约定逾期利率，出借人主张借款人自逾期还款之日起参照当时一年期贷款市场报价利率标准计算的利息承担逾期还款违约责任的，人民法院应予支持；

（二）约定了借期内利率但是未约定逾期利率，出借人主张借款人自逾期还款之日起按照借期内利率支付资金占用期间利息的，人民法院应予支持。

第二十九条　出借人与借款人既约定了逾期利率，又约定了违约金或者其他费用，出借人可以选择主张逾期利息、违约金或者其他费用，也可以一并主张，但是总计超过合同成立时一年期贷款市场报价利率四倍的部分，人民法院不予支持。

第三十条　借款人可以提前偿还借款，但是当事人另有约定的除外。

借款人提前偿还借款并主张按照实际借款期限计算利息的，人民法院应予支持。

第三十一条　本规定施行后，人民法院新受理的一审民间借贷纠纷案件，适用本规定。

2020年8月20日之后新受理的一审民间借贷案件，借贷合同成立于2020年8月20日之前，当事人请求适用当时的司法解释计算自合同成立到2020年8月19日的利息部分的，人民法院应予支持；对于自2020年8月20日到借款返还之日的利息部分，适用起诉时本规定的利率保护标准计算。

本规定施行后，最高人民法院以前作出的相关司法解释与本规定不一致的，以本规定为准。

《最高人民法院关于新民间借贷司法解释适用范围问题的批复》（法释〔2020〕27号　2020年12月29日公布）

广东省高级人民法院：

你院《关于新民间借贷司法解释有关法律适用问题的请示》（粤高法〔2020〕108号）收悉。经研究，批复如下：

一、关于适用范围问题。经征求金融监管部门意见，由地方金融监管部门监管的小额贷款公司、融资担保公司、区域性股权市场、典当行、融资租赁公司、商业保理公司、地方资产管理公司等七类地方金融组织，属于经金融监管部门批准设立的金融机构，其因从事相关金融业务引发的纠纷，不适用新民间借贷司法解释。

二、其它两问题已在修订后的司法解释中予以明确，请遵照执行。

三、本批复自2021年1月1日起施行。

《最高人民法院、国家发展和改革委员会关于为新时代加快完善社会主义市场经济体制提供司法服务和保障的意见》（法发〔2020〕25号 2020年7月20日公布）

13. 促进金融和民间资本为实体经济服务。依法支持能够降低交易成本、实现普惠金融、合法合规的交易模式，为解决中小微企业融资难、融资贵问题提供司法保障。统筹兼顾利率市场化改革与维护正常金融秩序的关系，对于借贷合同中一方主张的利息、复利、罚息、违约金和其他费用总和超出司法保护上限的，不予支持。对于当事人以预扣利息、租金、保证金或加收中介费、服务费等方式变相提高实体经济融资成本、规避民间借贷利率司法保护上限的行为，按照实际形成的借款关系确定各方权利义务。规范、遏制国有企业贷款通道业务，引导其回归实体经济。抓紧修改完善关于审理民间借贷案件适用法律问题的司法解释，大幅度降低民间借贷利率的司法保护上限，坚决否定高利转贷行为、违法放贷行为的效力，维护金融市场秩序，服务实体经济发展。

适用本案由需要注意的问题

◆借款合同纠纷案件，按照合同纠纷案件的一般管辖原则，由被告住所地或合同履行地人民法院管辖。

◆在适用本案由时，要注意将本案由中的金融不良债权转让合同纠纷与债权转让合同纠纷区分开来。金融不良债权转让属于债权转让的一种，但由于其具有特殊性，《民事案件案由规定》把其列为一个单独案由，所以相关金融不良债权转让的纠纷适用本案由。金融不良债权追偿纠纷，虽然起诉的依据和主要审理对象是原金融借款合同，但因同样具有特殊性也被列为一个单独四级案由，不适用金融借款合同纠纷这一案由。

◆对于事实清楚、权利义务关系明确、争议不大的借款合同纠纷案件，标的额为各省、自治区、直辖市上年度就业人员年平均工资50%以下的，根据《民事诉讼法》第165条的规定，应适用小额诉讼程序进行审理。

104. 保证合同纠纷

案由解析

保证合同是指保证人和债权人约定，当债务人不履行合同时，保证人按照约定履行债务或者承担责任的合同。

保证合同纠纷是指保证人与债权人因订立、履行、变更、终止保证合同发生的权利义务纠纷。

保证合同的主要特征有：（1）从属性。保证合同从属于主合同，它以主合同有效为存在前提，主合同无效会导致保证合同亦无效，它随着主合同的转移而转移，随着主合同的消灭而消灭，此外，保证合同保证的范围和强度以主合同为限，保证债务不得大于主债务。（2）独立性。保证合同的保证债务并不是主债务的一部分，是独立于主债务的单独债务。（3）无偿性。保证人与债权人达成保证合同不以债权人给予保证人一定报酬为代价或前提。虽然实践中保证人可能会因保证行为得到一些好处，但这不影响保证合同从性质上来说是无偿合同，因为这与保证合同的效力问题无关。（4）单务性。保证人只负有保证的义务而不享有权利，而债权人享有担保权而不负担义务。（5）补充性。只有债务人不履行债务时，保证人才负有履行保证债务的责任。债权人在向债务人主张债权无果后，才得以要求保证人履行保证义务。

典型形态

在实践中，保证合同纠纷主要有：

（1）一般保证合同纠纷，是指当事人之间就达成的保证人只在主债务经审判或仲裁并就债务人财产依法强制执行后仍不能还清债务时才承担保证责任的保证合同产生的权利义务纠纷。

（2）连带保证合同纠纷，是指当事人之间就达成的保证人与债务人承担连带保证责任的保证合同产生的权利义务纠纷。

（3）共同保证合同纠纷，是指当事人之间就达成的多个保证人为债务人的债务提供担保的保证合同产生的权利义务纠纷。

常用法律条文及索引

《中华人民共和国民法典》（2020 年 5 月 28 日公布　2021 年 1 月 1 日施行）

第六百八十四条　保证合同的内容一般包括被保证的主债权的种类、数额，债务人履行债务的期限，保证的方式、范围和期间等条款。

第六百八十五条　保证合同可以是单独订立的书面合同，也可以是主债权债务合同中的保证条款。

第三人单方以书面形式向债权人作出保证，债权人接收且未提出异议的，保证合同成立。

第六百八十六条　保证的方式包括一般保证和连带责任保证。

当事人在保证合同中对保证方式没有约定或者约定不明确的，按照一般保证承担保证责任。

第六百八十七条　当事人在保证合同中约定，债务人不能履行债务时，由保证人承担保证责任的，为一般保证。

一般保证的保证人在主合同纠纷未经审判或者仲裁，并就债务人财产依法强制执行仍不能履行债务前，有权拒绝向债权人承担保证责任，但是有下列情形之一的除外：

（一）债务人下落不明，且无财产可供执行；

（二）人民法院已经受理债务人破产案件；

（三）债权人有证据证明债务人的财产不足以履行全部债务或者丧失履行债务能力；

（四）保证人书面表示放弃本款规定的权利。

第六百八十八条　当事人在保证合同中约定保证人和债务人对债务承担连带责任的，为连带责任保证。

连带责任保证的债务人不履行到期债务或者发生当事人约定的情形时，债权人可以请求债务人履行债务，也可以请求保证人在其保证范围内承担保证责任。

第六百九十条　保证人与债权人可以协商订立最高额保证的合同，约定在最高债权额限度内就一定期间连续发生的债权提供保证。

最高额保证除适用本章规定外，参照适用本法第二编最高额抵押权的有关规定。

第六百九十一条　保证的范围包括主债权及其利息、违约金、损害赔偿金和实现债权的费用。当事人另有约定的，按照其约定。

第六百九十二条　保证期间是确定保证人承担保证责任的期间，不发生中止、中断和延长。

债权人与保证人可以约定保证期间，但是约定的保证期间早于主债务履行期限或者与主债务履行期限同时届满的，视为没有约定；没有约定或者约定不明确的，保证期间为主债务履行期限届满之日起六个月。

债权人与债务人对主债务履行期限没有约定或者约定不明确的，保证期间自债权人请求债务人履行债务的宽限期届满之日起计算。

第六百九十三条　一般保证的债权人未在保证期间对债务人提起诉讼或者申请仲裁的，保证人不再承担保证责任。

连带责任保证的债权人未在保证期间请求保证人承担保证责任的，保证人不再承担保证责任。

第六百九十四条　一般保证的债权人在保证期间届满前对债务人提起诉讼或者申请仲裁的，从保证人拒绝承担保证责任的权利消灭之日起，开始计算保证债务的诉讼时效。

连带责任保证的债权人在保证期间届满前请求保证人承担保证责任的，从债权人请求保证人承担保证责任之日起，开始计算保证债务的诉讼时效。

第六百九十五条　债权人和债务人未经保证人书面同意，协商变更主债权债务合同内容，减轻债务的，保证人仍对变更后的债务承担保证责任；加重债务的，保证人对加重的部分不承担保证责任。

债权人和债务人变更主债权债务合同的履行期限，未经保证人书面同意的，保证期间不受影响。

第六百九十六条　债权人转让全部或者部分债权，未通知保证人的，该转让对保证人不发生效力。

保证人与债权人约定禁止债权转让，债权人未经保证人书面同意转让债权的，保证人对受让人不再承担保证责任。

第六百九十七条　债权人未经保证人书面同意，允许债务人转移全部或者部分债务，保证人对未经其同意转移的债务不再承担保证责任，但是债权人和保证人另有约定的除外。

第三人加入债务的，保证人的保证责任不受影响。

第六百九十八条　一般保证的保证人在主债务履行期限届满后，向债权人提供债务人可供执行财产的真实情况，债权人放弃或者怠于行使权利致使该财产不能被执行的，保证人在其提供可供执行财产的价值范围内不再承担保证责任。

第六百九十九条　同一债务有两个以上保证人的，保证人应当按照保证合同约定的保证份额，承担保证责任；没有约定保证份额的，债权人可以请求任何一个保证人在其保证范围内承担保证责任。

第七百条　保证人承担保证责任后，除当事人另有约定外，有权在其承担保证责任的范围内向债务人追偿，享有债权人对债务人的权利，但是不得损害债权人的利益。

第七百零一条　保证人可以主张债务人对债权人的抗辩。债务人放弃抗辩的，保证人仍有权向债权人主张抗辩。

第七百零二条　债务人对债权人享有抵销权或者撤销权的，保证人可以在相应范围内拒绝承担保证责任。

另，请求权基础条款参见本法第一百五十三条、第一百五十四条、第五百零六条、第五百六十二条、第五百六十三条、第五百六十六条、第五百六十八条、第五百七十八条。

《最高人民法院关于适用〈中华人民共和国民法典〉合同编通则若干问题的解释》（法释〔2023〕13号　2023年12月4日公布）

第三十条　下列民事主体，人民法院可以认定为民法典第五百二十四条第一款规定的对履行债务具有合法利益的第三人：

（一）保证人或者提供物的担保的第三人；

（二）担保财产的受让人、用益物权人、合法占有人；

（三）担保财产上的后顺位担保权人；

（四）对债务人的财产享有合法权益且该权益将因财产被强制执行而丧失的第三人；

（五）债务人为法人或者非法人组织的，其出资人或者设立人；

（六）债务人为自然人的，其近亲属；

（七）其他对履行债务具有合法利益的第三人。

第三人在其已经代为履行的范围内取得对债务人的债权，但是不得损害债权人的利益。

担保人代为履行债务取得债权后，向其他担保人主张担保权利的，依据《最高人民法院关于适用〈中华人民共和国民法典〉有关担保制度的解释》第十三条、第十四条、第十八条第二款等规定处理。

《最高人民法院关于适用〈中华人民共和国民法典〉有关担保制度的解释》（法释〔2020〕28号　2020年12月31日公布）

第二十五条　当事人在保证合同中约定了保证人在债务人不能履行债务或者无力偿还债务时才承担保证责任等类似内容，具有债务人应当先承担责任的意思表示的，人民法院应当将其认定为一般保证。

当事人在保证合同中约定了保证人在债务人不履行债务或者未偿还债务时即承担保证责任、无条件承担保证责任等类似内容，不具有债务人应当先承担责任的意思表示的，人民法院应当将其认定为连带责任保证。

第二十六条　一般保证中，债权人以债务人为被告提起诉讼的，人民法院应予受理。债权人未就主合同纠纷提起诉讼或者申请仲裁，仅起诉一般保证人的，人民法院应当驳回起诉。

一般保证中，债权人一并起诉债务人和保证人的，人民法院可以受理，但是在作出判决时，除有民法典第六百八十七条第二款但书规定的情形外，应当在判决书主文中明确，保证人仅对债务人财产依法强制执行后仍不能履行的部分承担保证责任。

债权人未对债务人的财产申请保全，或者保全的债务人的财产足以清偿债务，债权人申请对一般保证人的财产进行保全的，人民法院不予准许。

第二十七条　一般保证的债权人取得对债务人赋予强制执行效力的公证债权文书后，在保证期间内向人民法院申请强制执行，保证人以债权人未在保证期间内对债务人提起诉讼或者申请仲裁为由主张不承担保证责任的，人民法院不予支持。

第二十八条　一般保证中，债权人依据生效法律文书对债务人的财产依法申请强制执行，保证债务诉讼时效的起算时间按照下列规则确定：

（一）人民法院作出终结本次执行程序裁定，或者依照民事诉讼法第二百五十七条第三项、第五项的规定作出终结执行裁定的，自裁定送达债权人之日起开始计算；

（二）人民法院自收到申请执行书之日起一年内未作出前项裁定的，自人民法院收到申请执行书满一年之日起开始计算，但是保证人有证据证明债务人仍有财产可供执行的除外。

一般保证的债权人在保证期间届满前对债务人提起诉讼或者申请仲裁，债权人举证证明存在民法典第六百八十七条第二款但书规定情形的，保证债务的诉讼时效自债权人知道或者应当知道该情形之日起开始计算。

第二十九条　同一债务有两个以上保证人，债权人以其已经在保证期间内依法向部分保证人行使权利为由，主张已经在保证期间内向其他保证人行使权利的，人民法院不予支持。

同一债务有两个以上保证人，保证人之间相互有追偿权，债权人未在保证期间内依法向部分保证人行使权利，导致其他保证人在承担保证责任后丧失追偿权，其他保证人主张在其不能追偿的范围内免除保证责任的，人民法院应予支持。

第三十条　最高额保证合同对保证期间的计算方式、起算时间等有约定的，按照其约定。

最高额保证合同对保证期间的计算方式、起算时间等没有约定或者约定不明，被担保债权的履行期限均已届满的，保证期间自债权确定之日起开始计算；被担保债权的履行期限尚未届满的，保证期间自最后到期债权的履行期限届满之日起开始计算。

前款所称债权确定之日，依照民法典第四百二十三条的规定认定。

第三十一条 一般保证的债权人在保证期间内对债务人提起诉讼或者申请仲裁后，又撤回起诉或者仲裁申请，债权人在保证期间届满前未再行提起诉讼或者申请仲裁，保证人主张不再承担保证责任的，人民法院应予支持。

连带责任保证的债权人在保证期间内对保证人提起诉讼或者申请仲裁后，又撤回起诉或者仲裁申请，起诉状副本或者仲裁申请书副本已经送达保证人的，人民法院应当认定债权人已经在保证期间内向保证人行使了权利。

第三十二条 保证合同约定保证人承担保证责任直至主债务本息还清时为止等类似内容的，视为约定不明，保证期间为主债务履行期限届满之日起六个月。

第三十三条 保证合同无效，债权人未在约定或者法定的保证期间内依法行使权利，保证人主张不承担赔偿责任的，人民法院应予支持。

第三十四条 人民法院在审理保证合同纠纷案件时，应当将保证期间是否届满、债权人是否在保证期间内依法行使权利等事实作为案件基本事实予以查明。

债权人在保证期间内未依法行使权利的，保证责任消灭。保证责任消灭后，债权人书面通知保证人要求承担保证责任，保证人在通知书上签字、盖章或者按指印，债权人请求保证人继续承担保证责任的，人民法院不予支持，但是债权人有证据证明成立了新的保证合同的除外。

第三十五条 保证人知道或者应当知道主债权诉讼时效期间届满仍然提供保证或者承担保证责任，又以诉讼时效期间届满为由拒绝承担保证责任或者请求返还财产的，人民法院不予支持；保证人承担保证责任后向债务人追偿的，人民法院不予支持，但是债务人放弃诉讼时效抗辩的除外。

第三十六条 第三人向债权人提供差额补足、流动性支持等类似承诺文件作为增信措施，具有提供担保的意思表示，债权人请求第三人承担保证责任的，人民法院应当依照保证的有关规定处理。

第三人向债权人提供的承诺文件，具有加入债务或者与债务人共同承担债务等意思表示的，人民法院应当认定为民法典第五百五十二条规定的债务加入。

前两款中第三人提供的承诺文件难以确定是保证还是债务加入的，人民法院应当将其认定为保证。

第三人向债权人提供的承诺文件不符合前三款规定的情形，债权人请求第三人承担保证责任或者连带责任的，人民法院不予支持，但是不影响其依据承诺文件请求第三人履行约定的义务或者承担相应的民事责任。

《最高人民法院关于适用〈中华人民共和国民事诉讼法〉的解释》（法释〔2015〕5号　2022年3月22日修正）

第六十六条　因保证合同纠纷提起的诉讼，债权人向保证人和被保证人一并主张权利的，人民法院应当将保证人和被保证人列为共同被告。保证合同约定为一般保证，债权人仅起诉保证人的，人民法院应当通知被保证人作为共同被告参加诉讼；债权人仅起诉被保证人的，可以只列被保证人为被告。

适用本案由需要注意的问题

◆保证合同纠纷案件，按照合同纠纷案件的一般管辖原则，由被告人住所地或者保证合同履行地人民法院管辖。

◆在适用本案由时，要注意其与物的担保合同发生的纠纷相区别。保证合同是人的担保，由保证人对债务人履行债务进行担保，而抵押合同、质押合同等则是以物品对债务进行担保，属于物的担保。

◆在适用本案由时，还要注意的是，若当事人就主合同和保证合同同时提起诉讼，应该以主合同的类型确定案由，不应该适用本案由。

105. 抵押合同纠纷

案由解析

抵押合同是指当事人签订的债务人或第三人不转移财产的占有，将该财产作为债权的担保，债务人不履行债务时，债权人有权依照法律规定以该财产折价或者拍卖、变卖该财产的价款优先受偿的合同。

抵押合同纠纷是指当事人之间因订立、履行、变更、终止抵押合同发生的权利义务纠纷。

抵押合同为要式合同。抵押涉及的财产数额较大，法律关系比较复杂，而且要在一段时间内为债权担保，因此，法律要求采用书面形式订立抵押合同。至于书面形式，可以是一般书面形式，即仅由当事人采用书面文字形式就抵押权的设立及其内容达成协议，并经当事人签名或盖章，也可以是特殊书面形式，即除当事人之间的一般书面合同外，还需履行公证、审核等其他法律手续。

常用法律条文及索引

《中华人民共和国民法典》（2020年5月28日公布　2021年1月1日施行）

第四百条　设立抵押权，当事人应当采用书面形式订立抵押合同。

抵押合同一般包括下列条款：

（一）被担保债权的种类和数额；

（二）债务人履行债务的期限；

（三）抵押财产的名称、数量等情况；

（四）担保的范围。

适用本案由需要注意的问题

◆抵押合同纠纷案件，按照合同纠纷案件的一般管辖原则，由被告住所地或抵押合同履行地人民法院管辖。

◆在适用本案由时，要注意其与抵押权纠纷的区别。抵押权纠纷是指抵押当事人之间因抵押权的设立、内容、变更、转让、实现、消灭等产生的纠纷。抵押权纠纷是物权纠纷，在当事人就抵押权的设立、内容、变更、转让、实现、消灭等产生纠纷时，应适用抵押权纠纷。而抵押合同纠纷是债权纠纷，当事人因抵押合同产生纠纷的，如抵押合同无效、抵押合同不成立等纠纷，则应当适用本案由。

◆在适用案由时，若当事人就主合同和抵押合同一并提起诉讼，不适用本案案由，应按主合同性质确定案由。

106. 质押合同纠纷

案由解析

质押合同是指当事人签订的债务人或第三人将担保物转移给债权人占有，当债务人不履行债务时，债权人得以担保物的变价优先受偿的合同。

质押合同纠纷是指当事人之间因订立、履行、变更、终止质押合同发生的权利义务纠纷。

质押合同为要式合同，法律规定应当采用书面形式订立质押合同。对于设立动产质押合同未采用书面形式的，依据《民法典》第490条的规定，一方已经履行主要义务，对方接受的，该合同成立。

典型形态

在实践中，质押合同纠纷主要有：

（1）动产质押合同纠纷，是指当事人之间就达成的以债务人或第三人的动产为标的设定的质押合同产生的权利义务纠纷。

（2）权利质押合同纠纷，是指当事人之间就达成的以所有权、用益物权以外的可转让的财产权利为标的设定的质押合同产生的权利义务纠纷。

常用法律条文及索引

《中华人民共和国民法典》（2020年5月28日公布　2021年1月1日施行）

第四百二十七条　设立质权，当事人应当采用书面形式订立质押合同。

质押合同一般包括下列条款：

（一）被担保债权的种类和数额；

（二）债务人履行债务的期限；

（三）质押财产的名称、数量等情况；

（四）担保的范围；

（五）质押财产交付的时间、方式。

第四百二十八条　质权人在债务履行期限届满前，与出质人约定债务人不履行到期债务时质押财产归债权人所有的，只能依法就质押财产优先受偿。

第四百二十九条　质权自出质人交付质押财产时设立。

第四百三十条　质权人有权收取质押财产的孳息，但是合同另有约定的除外。

前款规定的孳息应当先充抵收取孳息的费用。

第四百三十一条　质权人在质权存续期间，未经出质人同意，擅自使用、处分质押财产，造成出质人损害的，应当承担赔偿责任。

第四百三十二条　质权人负有妥善保管质押财产的义务；因保管不善致使质押财产毁损、灭失的，应当承担赔偿责任。

质权人的行为可能使质押财产毁损、灭失的，出质人可以请求质权人将质押财产提存，或者请求提前清偿债务并返还质押财产。

第四百三十三条　因不可归责于质权人的事由可能使质押财产毁损或者

价值明显减少，足以危害质权人权利的，质权人有权请求出质人提供相应的担保；出质人不提供的，质权人可以拍卖、变卖质押财产，并与出质人协议将拍卖、变卖所得的价款提前清偿债务或者提存。

第四百三十四条 质权人在质权存续期间，未经出质人同意转质，造成质押财产毁损、灭失的，应当承担赔偿责任。

第四百三十五条 质权人可以放弃质权。债务人以自己的财产出质，质权人放弃该质权的，其他担保人在质权人丧失优先受偿权益的范围内免除担保责任，但是其他担保人承诺仍然提供担保的除外。

《最高人民法院关于适用〈中华人民共和国民法典〉有关担保制度的解释》（法释〔2020〕28号 2020年12月31日公布）

第一条 因抵押、质押、留置、保证等担保发生的纠纷，适用本解释。所有权保留买卖、融资租赁、保理等涉及担保功能发生的纠纷，适用本解释的有关规定。

第五十五条 债权人、出质人与监管人订立三方协议，出质人以通过一定数量、品种等概括描述能够确定范围的货物为债务的履行提供担保，当事人有证据证明监管人系受债权人的委托监管并实际控制该货物的，人民法院应当认定质权于监管人实际控制货物之日起设立。监管人违反约定向出质人或者其他人放货、因保管不善导致货物毁损灭失，债权人请求监管人承担违约责任的，人民法院依法予以支持。

在前款规定情形下，当事人有证据证明监管人系受出质人委托监管该货物，或者虽然受债权人委托但是未实际履行监管职责，导致货物仍由出质人实际控制的，人民法院应当认定质权未设立。债权人可以基于质押合同的约定请求出质人承担违约责任，但是不得超过质权有效设立时出质人应当承担的责任范围。监管人未履行监管职责，债权人请求监管人承担责任的，人民法院依法予以支持。

第五十七条 担保人在设立动产浮动抵押并办理抵押登记后又购入或者以融资租赁方式承租新的动产，下列权利人为担保价款债权或者租金的实现而订立担保合同，并在该动产交付后十日内办理登记，主张其权利优先于在先设立的浮动抵押权的，人民法院应予支持：

（一）在该动产上设立抵押权或者保留所有权的出卖人；

（二）为价款支付提供融资而在该动产上设立抵押权的债权人；

（三）以融资租赁方式出租该动产的出租人。

买受人取得动产但未付清价款或者承租人以融资租赁方式占有租赁物但

是未付清全部租金，又以标的物为他人设立担保物权，前款所列权利人为担保价款债权或者租金的实现而订立担保合同，并在该动产交付后十日内办理登记，主张其权利优先于买受人为他人设立的担保物权的，人民法院应予支持。

同一动产上存在多个价款优先权的，人民法院应当按照登记的时间先后确定清偿顺序。

第五十八条　以汇票出质，当事人以背书记载“质押”字样并在汇票上签章，汇票已经交付质权人的，人民法院应当认定质权自汇票交付质权人时设立。

第五十九条　存货人或者仓单持有人在仓单上以背书记载“质押”字样，并经保管人签章，仓单已经交付质权人的，人民法院应当认定质权自仓单交付质权人时设立。没有权利凭证的仓单，依法可以办理出质登记的，仓单质权自办理出质登记时设立。

出质人既以仓单出质，又以仓储物设立担保，按照公示的先后确定清偿顺序；难以确定先后的，按照债权比例清偿。

保管人为同一货物签发多份仓单，出质人在多份仓单上设立多个质权，按照公示的先后确定清偿顺序；难以确定先后的，按照债权比例受偿。

存在第二款、第三款规定的情形，债权人举证证明其损失系由出质人与保管人的共同行为所致，请求出质人与保管人承担连带赔偿责任的，人民法院应予支持。

第六十条　在跟单信用证交易中，开证行与开证申请人之间约定以提单作为担保的，人民法院应当依照民法典关于质权的有关规定处理。

在跟单信用证交易中，开证行依据其与开证申请人之间的约定或者跟单信用证的惯例持有提单，开证申请人未按照约定付款赎单，开证行主张对提单项下货物优先受偿的，人民法院应予支持；开证行主张对提单项下货物享有所有权的，人民法院不予支持。

在跟单信用证交易中，开证行依据其与开证申请人之间的约定或者跟单信用证的惯例，通过转让提单或者提单项下货物取得价款，开证申请人请求返还超出债权部分的，人民法院应予支持。

前三款规定不影响合法持有提单的开证行以提单持有人身份主张运输合同项下的权利。

第六十一条　以现有的应收账款出质，应收账款债务人向质权人确认应收账款的真实性后，又以应收账款不存在或者已经消灭为由主张不承担责任的，人民法院不予支持。

以现有的应收账款出质，应收账款债务人未确认应收账款的真实性，质权人以应收账款债务人为被告，请求就应收账款优先受偿，能够举证证明办理出质登记时应收账款真实存在的，人民法院应予支持；质权人不能举证证明办理出质登记时应收账款真实存在，仅以已经办理出质登记为由，请求就应收账款优先受偿的，人民法院不予支持。

以现有的应收账款出质，应收账款债务人已经向应收账款债权人履行了债务，质权人请求应收账款债务人履行债务的，人民法院不予支持，但是应收账款债务人接到质权人要求向其履行的通知后，仍然向应收账款债权人履行的除外。

以基础设施和公用事业项目收益权、提供服务或者劳务产生的债权以及其他将有的应收账款出质，当事人为应收账款设立特定账户，发生法定或者约定的质权实现事由时，质权人请求就该特定账户内的款项优先受偿的，人民法院应予支持；特定账户内的款项不足以清偿债务或者未设立特定账户，质权人请求折价或者拍卖、变卖项目收益权等将有的应收账款，并以所得的价款优先受偿的，人民法院依法予以支持。

适用本案由需要注意的问题

◆质押合同纠纷案件，按照合同纠纷案件的一般管辖原则，由被告住所地人民法院或者质押合同履行地人民法院管辖。

◆在适用本案案由时，要注意其与质权纠纷的区别。对于因质权的设立、内容、变更、转让、实现等产生的纠纷，应适用质权纠纷案由，而对于因订立、履行、变更、终止质押合同发生的纠纷，则应适用本案由。

◆在适用本案由时，若当事人就主合同和质押合同一并提起诉讼，不应适用本案案由，而应按主合同的性质确定案由。

107. 定金合同纠纷

案由解析

定金是当事人约定一方在合同订立时或在合同履行前预先给付对方一定数量的金钱，以保障合同债权实现的一种担保方式。定金合同是指当事人达成的一方当事人向对方给付定金作为债权的担保的协议。

定金合同纠纷是指当事人之间因订立、履行、变更、终止定金合同发生的权利义务纠纷。

根据我国法律规定，定金合同主要有以下特征：（1）定金合同属于从合同。当事人可以约定一方向对方给付定金作为债权的担保。债务人履行债务后，定金应当抵作价款或者收回。因此，定金合同属于从合同。当主债权合同变更或者消灭，定金合同也随之变更或者消灭。（2）定金合同属于要式合同。定金合同必须以书面形式订立。（3）定金合同属于实践合同。定金合同从实际交付定金之日起生效。（4）定金法则的效力。定金对于债权的保障功能在于定金法则的适用。即给付定金的一方不履行合同义务时失去定金；接受定金的一方不履行合同义务时，双倍返还定金。

典型形态

在实践中，定金合同纠纷主要有：

（1）立约定金合同纠纷，是指当事人之间就一方向另一方支付定金作为将来正式订立合同的保证而达成的协议产生的权利义务纠纷。

（2）成约定金合同纠纷，是指当事人之间就达成的以一方交付定金作为合同成立的要件的协议产生的权利义务纠纷。

（3）解约定金合同纠纷，是指当事人之间就达成的一方交付定金从而享有将来合同解除权的协议产生的权利义务纠纷。

（4）违约定金合同纠纷，是指当事人之间就达成的以交付的定金作为违约赔偿金的合同产生的权利义务纠纷。

常用法律条文及索引

《中华人民共和国民法典》（2020 年 5 月 28 日公布　2021 年 1 月 1 日施行）

第五百八十六条　当事人可以约定一方向对方给付定金作为债权的担保。定金合同自实际交付定金时成立。

定金的数额由当事人约定；但是，不得超过主合同标的额的百分之二十，超过部分不产生定金的效力。实际交付的定金数额多于或者少于约定数额的，视为变更约定的定金数额。

第五百八十七条　债务人履行债务的，定金应当抵作价款或者收回。给付定金的一方不履行债务或者履行债务不符合约定，致使不能实现合同目的的，无权请求返还定金；收受定金的一方不履行债务或者履行债务不符合约定，致使不能实现合同目的的，应当双倍返还定金。

第五百八十八条 当事人既约定违约金，又约定定金的，一方违约时，对方可以选择适用违约金或者定金条款。

定金不足以弥补一方违约造成的损失的，对方可以请求赔偿超过定金数额的损失。

另，请求权基础条款参见本法第一百四十七条～第一百五十一条，第一百五十三条、第一百五十四条、第一百八十六条、第五百零六条、第五百四十九条、第五百六十二条、第五百六十三条、第五百六十六条、第五百六十八条、第五百七十七条、第五百七十八条、第五百九十二条。

《最高人民法院关于适用〈中华人民共和国民法典〉合同编通则若干问题的解释》（法释〔2023〕13号 2023年12月4日公布）

第六条 当事人以认购书、订购书、预订书等形式约定在将来一定期限内订立合同，或者为担保在将来一定期限内订立合同交付了定金，能够确定将来所要订立合同的主体、标的等内容的，人民法院应当认定预约合同成立。

当事人通过签订意向书或者备忘录等方式，仅表达交易的意向，未约定在将来一定期限内订立合同，或者虽然有约定但是难以确定将来所要订立合同的主体、标的等内容，一方主张预约合同成立的，人民法院不予支持。

当事人订立的认购书、订购书、预订书等已就合同标的、数量、价款或者报酬等主要内容达成合意，符合本解释第三条第一款规定的合同成立条件，未明确约定在将来一定期限内另行订立合同，或者虽然有约定但是当事人一方已实施履行行为且对方接受的，人民法院应当认定本约合同成立。

第六十七条 当事人交付留置金、担保金、保证金、订约金、押金或者订金等，但是没有约定定金性质，一方主张适用民法典第五百八十七条规定的定金罚则的，人民法院不予支持。当事人约定了定金性质，但是未约定定金类型或者约定不明，一方主张为违约定金的，人民法院应予支持。

当事人约定以交付定金作为订立合同的担保，一方拒绝订立合同或者在磋商订立合同时违背诚信原则导致未能订立合同，对方主张适用民法典第五百八十七条规定的定金罚则的，人民法院应予支持。

当事人约定以交付定金作为合同成立或者生效条件，应当交付定金的一方未交付定金，但是合同主要义务已经履行完毕并为对方所接受的，人民法院应当认定合同在对方接受履行时已经成立或者生效。

当事人约定定金性质为解约定金，交付定金的一方主张以丧失定金为代价解除合同的，或者收受定金的一方主张以双倍返还定金为代价解除合同的，人民法院应予支持。

第六十八条　双方当事人均具有致使不能实现合同目的的违约行为，其中一方请求适用定金罚则的，人民法院不予支持。当事人一方仅有轻微违约，对方具有致使不能实现合同目的的违约行为，轻微违约方主张适用定金罚则，对方以轻微违约方也构成违约为由抗辩的，人民法院对该抗辩不予支持。

当事人一方已经部分履行合同，对方接受并主张按照未履行部分所占比例适用定金罚则的，人民法院应予支持。对方主张按照合同整体适用定金罚则的，人民法院不予支持，但是部分未履行致使不能实现合同目的的除外。

因不可抗力致使合同不能履行，非违约方主张适用定金罚则的，人民法院不予支持。

适用本案由需要注意的问题

◆定金合同纠纷案件，按照合同纠纷案件的一般管辖原则，由被告住所地或者定金合同履行地人民法院管辖。

◆需要注意的是，在一般情况下，主合同无效，定金合同无效。该原则适用于定金类型为违约定金、立约定金、解约定金和证约定金等四种情况。而在定金类型为立约定金的情况下，由于立约定金的独特属性，其合同效力并非当然地受主合同效力的影响，纵然主合同无效，若能再排除其他定金合同无效的情形，则定金合同仍然有效，可适用定金罚则，此为定金罚则适用的特殊情况。

◆在适用本案由时，要注意其与商品房预约合同纠纷的区别。定金合同的种类有很多，包括立约定金、成约定金、证约定金、解约定金，商品房预售合同纠纷按实质来说其实属于立约定金的纠纷，但因为《民事案件案由规定》已把其列为一个单独案由，所以审理商品房预售合同纠纷就不应适用本案由。

◆在适用本案由时，应注意其与预约合同纠纷的关系，由于《最高人民法院关于适用〈中华人民共和国民法典〉合同编通则若干问题的解释》第六条中规定“为担保在将来一定期限内订立合同交付了定金”应被认定为预约合同，则实际上立约定金合同纠纷已被吸纳为预约合同纠纷，因此该情形直接适用预约合同纠纷，不再适用本案由。

◆在适用本案由时，还要注意的是，若当事人将定金合同与主合同一并提起诉讼，应该根据主合同的性质确定案由，只有在当事人仅就定金合同提起诉讼时才适用本案由。

◆在适用本案由时，还需注意确定定金的性质，若当事人在合同中约定了担保金、保证金、订约金等，但是没有明确其定金性质的，不能适用本案由。

108. 进出口押汇纠纷

案由解析

押汇，又称买单结汇，是指议付行在审单无误情况下，按信用证条款买入受益人（外贸公司）的汇票和单据，从票面金额中扣除从议付日到估计收到票款之日的利息，将余款按议付日外汇牌价折成人民币，拨给外贸公司。议付行向受益人垫付资金买入跟单汇票后，即成为汇票持有人，可凭票向付款行索取票款。银行作出口押汇，是为了对外贸公司提供资金融通，利于外贸公司的资金周转。

进出口押汇纠纷是指涉及信用证业务的银行与进出口商之间在押汇这一短期融资行为上产生的权利义务纠纷。

进出口双方签订买卖合同之后，进口方请求进口地某个银行（一般为自己的往来银行）向出口方开立保证付款文件，大多数为信用证。然后，开证行将此文件寄送给出口商，出口商见证后，将货物发送给进口商。商业银行为进口商开立信用保证文件的这一过程，称为进口押汇。进口押汇是指银行应进口商要求，代其垫付其进口项下货款的一种短期融资，适用于各种进口结算方式。

出口押汇是银行凭出口商提交的信用证或托收项下单据，向出口商提供的短期资金融通包括信用证项下即期押汇，远期押汇/贴现和托收押汇。出口押汇是出口商将全套出口单据交到业务银行，银行按照票面金额扣除从押汇日到预计收汇日的利息及相关费用，将净额预先付给出口商的一种短期资金融通。出口押汇分信用证项下押汇、D/P 项下押汇和 D/A 项下押汇。

进出口押汇是指从事信用证业务的银行与进出口商之间的一种短期融资方式，又分为进口押汇和出口押汇。进口押汇是开证银行接受开证申请人（进口商）委托对外签发进口信用证后，在收到议付行寄来跟单汇票及议付通知书时，经审单相符，即以货运单据为抵押，立即对外垫付进口货款及从属费用的一种资金融通方式。出口押汇是指企业（信用证受益人）在向银行提交信用证项下单据议付时，银行（议付行）根据企业的申请，凭企业提交的全套单证相符的单据作为质押进行审核，审核无误后，参照票面金额将款项垫付给企业，然后向开证行寄单索汇，并向企业收取押汇利息和银行费用并保留追索权的一种短期出口融资业务。银行在与进口商办理进口押汇以及与出口商办理出口押汇过程中形成的纠纷就是进出口押汇纠纷。

常用法律条文及索引

本案由法律条文及规范索引可参考《民法典》物权编担保物权及合同编的相关规定。

适用本案由需要注意的问题

◆进出口押汇纠纷案件，按照合同纠纷案件的一般管辖原则，由被告住所地或合同履行地人民法院管辖。

◆进出口押汇是借贷和担保形成的债的法律关系，在司法实践中要对此予以注意。

109. 储蓄存款合同纠纷

案由解析

储蓄存款合同是指存款人与金融机构订立的存款人将人民币或外币存入金融机构，金融机构有权支配存入资金，存款人可以支取本息的协议。

储蓄存款合同纠纷是指存款人与金融机构之间订立、履行、变更、终止储蓄存款合同发生的权利义务纠纷。

《民法典》对储蓄合同、存款合同没有明确规定，因此二者均属于无名合同。根据《储蓄管理条例》第 3 条的规定，储蓄是指个人将属于其所有的人民币或者外币存入储蓄机构，储蓄机构开具存折或者存单作为凭证，个人凭存折或者存单可以支取存款本金和利息，储蓄机构依照规定支付存款本金和利息的活动。根据《中国人民银行关于执行〈储蓄管理条例〉的若干规定》第 1 条的规定，储蓄存款是指个人所有的存入在中国境内储蓄机构的人民币或外币存款。关于存款合同的定义，学界存在争议。有学者认为，存款合同是存款人与储蓄机构之间订立的客户将资金存入储蓄机构，储蓄机构开具存单或存折给存款人，存入资金由储蓄机构支配，存款人按约定到储蓄机构支取本息，储蓄机构有义务按照约定无条件支付本息给存款人。意在表明存款合同等同于储蓄合同。又有学者认为，存款合同是存款人将金钱、外币或者票据存入金融机构，存款人与金融机构之间形成的债权债务关系的协议。意在表明存款合同包含储蓄合同，储蓄合同是存款合同的一种。这种包含关系的主要原因在于存款主体的区别，存款合同的主体既包括个人，也包括法人和非法人单位，储蓄合同的主体仅包括个人。本案由所指的“储蓄存款合同”，既包括储蓄合同，也包括存款合同，主体既包括个人，也包括法人和非法人单位。

常用法律条文及索引

《中华人民共和国民法典》（2020 年 5 月 28 日公布　2021 年 1 月 1 日施行）

第五百七十七条　当事人一方不履行合同义务或者履行合同义务不符合约定的，应当承担继续履行、采取补救措施或者赔偿损失等违约责任。

《中华人民共和国商业银行法》（2015 年 8 月 29 日修正）

第二十九条　商业银行办理个人储蓄存款业务，应当遵循存款自愿、取款自由、存款有息、为存款人保密的原则。

对个人储蓄存款，商业银行有权拒绝任何单位或者个人查询、冻结、扣划，但法律另有规定的除外。

第三十条　对单位存款，商业银行有权拒绝任何单位或者个人查询，但法律、行政法规另有规定的除外；有权拒绝任何单位或者个人冻结、扣划，但法律另有规定的除外。

第三十一条　商业银行应当按照中国人民银行规定的存款利率的上下限，确定存款利率，并予以公告。

第三十三条　商业银行应当保证存款本金和利息的支付，不得拖延、拒绝支付存款本金和利息。

《储蓄管理条例》（2011 年 1 月 8 日修订）

第二十四条　未到期的定期储蓄存款，全部提前支取的，按支取日挂牌公告的活期储蓄存款利率计付利息；部分提前支取的，提前支取的部分按支取日挂牌公告的活期储蓄存款利率计付利息，其余部分到期时按存单开户日挂牌公告的定期储蓄存款利率计付利息。

第二十五条　逾期支取的定期储蓄存款，其超过原定存期的部分，除约定自动转存的外，按支取日挂牌公告的活期储蓄存款利率计付利息。

第二十六条　定期储蓄存款在存期内遇有利率调整，按存单开户日挂牌公告的相应的定期储蓄存款利率计付利息。

第二十七条　活期储蓄存款在存入期间遇有利率调整，按结息日挂牌公告的活期储蓄存款利率计付利息。全部支取活期储蓄存款，按清户日挂牌公告的活期储蓄存款利率计付利息。

第二十八条　储户认为储蓄存款利息支付有错误时，有权向经办的储蓄机构申请复核；经办的储蓄机构应当及时受理、复核。

第二十九条　未到期的定期储蓄存款，储户提前支取的，必须持存单和存款人的身份证明办理；代储户支取的，代支取人还必须持其身份证明。

第三十条　存单、存折分为记名式和不记名式。记名式的存单、存折可以挂失，不记名式的存单、存折不能挂失。

第三十一条　储户遗失存单、存折或者预留印鉴的印章的，必须立即持本人身份证明，并提供储户的姓名、开户时间、储蓄种类、金额、帐号及住址等有关情况，向其开户的储蓄机构书面申请挂失。在特殊情况下，储户可以用口头或者函电形式申请挂失，但必须在五天内补办书面申请挂失手续。

储蓄机构受理挂失后，必须立即停止支付该储蓄存款；受理挂失前该储蓄存款已被他人支取的，储蓄机构不负赔偿责任。

第三十二条　储蓄机构及其工作人员对储户的储蓄情况负有保密责任。

储蓄机构不代任何单位和个人查询、冻结或者划拨储蓄存款，国家法律、行政法规另有规定的除外。

第三十三条　储蓄存款的所有权发生争议，涉及办理过户的，储蓄机构依据人民法院发生法律效力的判决书、裁定书或者调解书办理过户手续。

《最高人民法院关于审理存单纠纷案件的若干规定》（法释〔1997〕8号 2020年12月23日修正）

第五条　对一般存单纠纷案件的认定和处理

（一）认定

当事人以存单或进账单、对账单、存款合同等凭证为主要证据向人民法院提起诉讼的存单纠纷案件和金融机构向人民法院提起的确认存单或进账单、对账单、存款合同等凭证无效的存单纠纷案件，为一般存单纠纷案件。

（二）处理

人民法院在审理一般存单纠纷案件中，除应审查存单、进账单、对账单、存款合同等凭证的真实性外，还应审查持有人与金融机构间存款关系的真实性，并以存单、进账单、对账单、存款合同等凭证的真实性以及存款关系的真实性为依据，作出正确处理。

1. 持有人以上述真实凭证为证据提起诉讼的，金融机构应当对持有人与金融机构间是否存在存款关系负举证责任。如金融机构有充分证据证明持有人未向金融机构交付上述凭证所记载的款项的，人民法院应当认定持有人与金融机构间不存在存款关系，并判决驳回原告的诉讼请求。

2. 持有人以上述真实凭证为证据提起诉讼的，如金融机构不能提供证明存款关系不真实的证据，或仅以金融机构底单的记载内容与上述凭证记载内容不符为由进行抗辩的，人民法院应认定持有人与金融机构间存款关系成立，金融机构应当承担兑付款项的义务。

3. 持有人以在样式、印鉴、记载事项上有别于真实凭证，但无充分证据证明系伪造或变造的瑕疵凭证提起诉讼的，持有人应对瑕疵凭证的取得提供合理的陈述。如持有人对瑕疵凭证的取得提供了合理陈述，而金融机构否认存款关系存在的，金融机构应当对持有人与金融机构间是否存在存款关系负举证责任。如金融机构有充分证据证明持有人未向金融机构交付上述凭证所记载的款项的，人民法院应当认定持有人与金融机构间不存在存款关系，判决驳回原告的诉讼请求；如金融机构不能提供证明存款关系不真实的证据，或仅以金融机构底单的记载内容与上述凭证记载内容不符为由进行抗辩的，人民法院应认定持有人与金融机构间存款关系成立，金融机构应当承担兑付款项的义务。

4. 存单纠纷案件的审理中，如有充足证据证明存单、进账单、对账单、存款合同等凭证系伪造、变造，人民法院应在查明案件事实的基础上，依法确认上述凭证无效，并可驳回持上述凭证起诉的原告的诉讼请求或根据实际存款数额进行判决。如有本规定第三条中止审理情形的，人民法院应当中止审理。

适用本案由需要注意的问题

◆储蓄存款合同纠纷案件由被告住所地人民法院或出具存单、进账单、对账单或与当事人签订存款合同的金融机构住所地人民法院管辖。

◆在适用本案由时，要注意其与银行卡纠纷的区别。银行卡纠纷是以借记卡、信用卡等为主要证据起诉的纠纷，被《民事案件案由规定》单独列为了一个三级案由，这里的储蓄存款合同纠纷是不包括银行卡纠纷的狭义储蓄存款合同纠纷。

◆在实践中，储户与金融机构订立储蓄存款合同后会持有存折或者其他的储蓄存款凭证，需注意相关的储蓄存款凭证是双方合同关系的证明，并不是合同关系本身。

110. 银行卡纠纷

（1）借记卡纠纷

（2）信用卡纠纷

案由解析

根据中国人民银行1999年颁布的《银行卡业务管理办法》（以下简称《办法》，现已失效）第2条的规定，银行卡是指由商业银行（含邮政金融机构）向社会发行的具有消费信用、转账结算、存取现金等全部或部分功能的信用支付工具。根据《办法》第5条的规定，银行卡包括信用卡和借记卡。信用卡与借记卡的主要区别在于，借记卡不具备透支功能，需要持卡人先存款、后消费；信用卡具备透支功能，持卡人可在发卡行规定的信用额度内先消费、后还款。

银行卡纠纷是指商业银行、银行卡持卡人、特约商户、实际取款人或刷卡人在银行卡的发行与使用过程中产生的权利义务纠纷。

典型形态

在实践中，银行卡纠纷主要有：

（1）借记卡纠纷，是指商业银行、借记卡持卡人、特约商户、实际取款人或刷卡人在借记卡的发行与使用过程中产生的权利义务纠纷。

（2）信用卡纠纷，是指商业银行、信用卡持卡人、特约商户、实际取款人或刷卡人在信用卡的发行与使用过程中产生的权利义务纠纷。

常用法律条文及索引

《最高人民法院关于审理银行卡民事纠纷案件若干问题的规定》（法释〔2021〕10号　2021年5月24日公布）

为正确审理银行卡民事纠纷案件，保护当事人的合法权益，根据《中华人民共和国民法典》《中华人民共和国民事诉讼法》等规定，结合司法实践，制定本规定。

第一条 持卡人与发卡行、非银行支付机构、收单行、特约商户等当事人之间因订立银行卡合同、使用银行卡等产生的民事纠纷，适用本规定。

本规定所称银行卡民事纠纷，包括借记卡纠纷和信用卡纠纷。

第二条 发卡行在与持卡人订立银行卡合同时，对收取利息、复利、费用、违约金等格式条款未履行提示或者说明义务，致使持卡人没有注意或者理解该条款，持卡人主张该条款不成为合同的内容、对其不具有约束力的，人民法院应予支持。

发卡行请求持卡人按照信用卡合同的约定给付透支利息、复利、违约金等，或者给付分期付款手续费、利息、违约金等，持卡人以发卡行主张的总额过高为由请求予以适当减少的，人民法院应当综合考虑国家有关金融监管规定、未还款的数额及期限、当事人过错程度、发卡行的实际损失等因素，根据公平原则和诚信原则予以衡量，并作出裁决。

第三条 具有下列情形之一的，应当认定发卡行对持卡人享有的债权请求权诉讼时效中断：

（一）发卡行按约定在持卡人账户中扣划透支款本息、违约金等；

（二）发卡行以向持卡人预留的电话号码、通讯地址、电子邮箱发送手机短信、书面信件、电子邮件等方式催收债权；

（三）发卡行以持卡人恶意透支存在犯罪嫌疑为由向公安机关报案；

（四）其他可以认定为诉讼时效中断的情形。

第四条 持卡人主张争议交易为伪卡盗刷交易或者网络盗刷交易的，可以提供生效法律文书、银行卡交易时真卡所在地、交易行为地、账户交易明细、交易通知、报警记录、挂失记录等证据材料进行证明。

发卡行、非银行支付机构主张争议交易为持卡人本人交易或者其授权交易的，应当承担举证责任。发卡行、非银行支付机构可以提供交易单据、对账单、监控录像、交易身份识别信息、交易验证信息等证据材料进行证明。

第五条 在持卡人告知发卡行其账户发生非因本人交易或者本人授权交易导致的资金或者透支数额变动后，发卡行未及时向持卡人核实银行卡的持有及使用情况，未及时提供或者保存交易单据、监控录像等证据材料，导致有关证据材料无法取得的，应承担举证不能的法律后果。

第六条 人民法院应当全面审查当事人提交的证据，结合银行卡交易行为地与真卡所在地距离、持卡人是否进行了基础交易、交易时间和报警时间、持卡人用卡习惯、银行卡被盗刷的次数及频率、交易系统、技术和设备是否具有安全性等事实，综合判断是否存在伪卡盗刷交易或者网络盗刷交易。

第七条　发生伪卡盗刷交易或者网络盗刷交易，借记卡持卡人基于借记卡合同法律关系请求发卡行支付被盗刷存款本息并赔偿损失的，人民法院依法予以支持。

发生伪卡盗刷交易或者网络盗刷交易，信用卡持卡人基于信用卡合同法律关系请求发卡行返还扣划的透支款本息、违约金并赔偿损失的，人民法院依法予以支持；发卡行请求信用卡持卡人偿还透支款本息、违约金等的，人民法院不予支持。

前两款情形，持卡人对银行卡、密码、验证码等身份识别信息、交易验证信息未尽妥善保管义务具有过错，发卡行主张持卡人承担相应责任的，人民法院应予支持。

持卡人未及时采取挂失等措施防止损失扩大，发卡行主张持卡人自行承担扩大损失责任的，人民法院应予支持。

第八条　发卡行在与持卡人订立银行卡合同或者在开通网络支付业务功能时，未履行告知持卡人银行卡具有相关网络支付功能义务，持卡人以其未与发卡行就争议网络支付条款达成合意为由请求不承担因使用该功能而导致网络盗刷责任的，人民法院应予支持，但有证据证明持卡人同意使用该网络支付功能的，适用本规定第七条规定。

非银行支付机构新增网络支付业务类型时，未向持卡人履行前款规定义务的，参照前款规定处理。

第九条　发卡行在与持卡人订立银行卡合同或者新增网络支付业务时，未完全告知某一网络支付业务持卡人身份识别方式、交易验证方式、交易规则等足以影响持卡人决定是否使用该功能的内容，致使持卡人没有全面准确理解该功能，持卡人以其未与发卡行就相关网络支付条款达成合意为由请求不承担因使用该功能而导致网络盗刷责任的，人民法院应予支持，但持卡人对于网络盗刷具有过错的，应当承担相应过错责任。发卡行虽然未尽前述义务，但是有证据证明持卡人知道并理解该网络支付功能的，适用本规定第七条规定。

非银行支付机构新增网络支付业务类型时，存在前款未完全履行告知义务情形，参照前款规定处理。

第十条　发卡行或者非银行支付机构向持卡人提供的宣传资料载明其承

担网络盗刷先行赔付责任，该允诺具体明确，应认定为合同的内容。持卡人据此请求发卡行或者非银行支付机构承担先行赔付责任的，人民法院应予支持。

因非银行支付机构相关网络支付业务系统、设施和技术不符合安全要求导致网络盗刷，持卡人请求判令该机构承担先行赔付责任的，人民法院应予支持。

第十一条 在收单行与发卡行不是同一银行的情形下，因收单行未尽保障持卡人用卡安全义务或者因特约商户未尽审核持卡人签名真伪、银行卡真伪等审核义务导致发生伪卡盗刷交易，持卡人请求收单行或者特约商户承担赔偿责任的，人民法院应予支持，但持卡人对伪卡盗刷交易具有过错，可以减轻或者免除收单行或者特约商户相应责任。

持卡人请求发卡行承担责任，发卡行申请追加收单行或者特约商户作为第三人参加诉讼的，人民法院可以准许。

发卡行承担责任后，可以依法主张存在过错的收单行或者特约商户承担相应责任。

第十二条 发卡行、非银行支付机构、收单行、特约商户承担责任后，请求盗刷者承担侵权责任的，人民法院应予支持。

第十三条 因同一伪卡盗刷交易或者网络盗刷交易，持卡人向发卡行、非银行支付机构、收单行、特约商户、盗刷者等主体主张权利，所获赔偿数额不应超过其因银行卡被盗刷所致损失总额。

第十四条 持卡人依据其对伪卡盗刷交易或者网络盗刷交易不承担或者不完全承担责任的事实，请求发卡行及时撤销相应不良征信记录的，人民法院应予支持。

第十五条 本规定所称伪卡盗刷交易，是指他人使用伪造的银行卡刷卡进行取现、消费、转账等，导致持卡人账户发生非基于本人意思的资金减少或者透支数额增加的行为。

本规定所称网络盗刷交易，是指他人盗取并使用持卡人银行卡网络交易身份识别信息和交易验证信息进行网络交易，导致持卡人账户发生非因本人意思的资金减少或者透支数额增加的行为。

第十六条 本规定施行后尚未终审的案件，适用本规定。本规定施行前已经终审，当事人申请再审或者按照审判监督程序决定再审的案件，不适用本规定。

适用本案由需要注意的问题

◆银行卡纠纷既可能是合同纠纷，也可能是侵权纠纷。如果是合同纠纷，则按照合同纠纷的一般管辖原则，由被告住所地或合同履行地人民法院管辖。如果是侵权纠纷，则由侵权行为地或被告住所地人民法院管辖。侵权与违约竞合的银行卡纠纷，按照当事人的诉讼请求来确定管辖法院。

◆对于事实清楚、权利义务关系明确、争议不大的银行卡纠纷案件，标的额为各省、自治区、直辖市上年度就业人员年平均工资50%以下的，根据《民事诉讼法》第165条的规定，应适用小额诉讼程序进行审理。

111. 租赁合同纠纷

(1) 土地租赁合同纠纷
(2) 房屋租赁合同纠纷
(3) 车辆租赁合同纠纷
(4) 建筑设备租赁合同纠纷

案由解析

租赁合同是指出租人将租赁物交付承租人使用、收益，承租人支付租金的合同。

租赁合同纠纷是指当事人之间因就订立、履行、变更、终止租赁合同发生的权利义务纠纷。

租赁合同的主要特征有：(1) 租赁合同转让的是财产的使用权。租赁合同的目的是承租人对租赁物的使用、收益，并不是为了得到租赁物的所有权，这是其与买卖合同最大的区别。(2) 租赁合同是双务、有偿合同。在租赁合同中，双方当事人都同时享有权利和负担义务，出租人交付租赁物的义务与租赁人支付租金的义务互为对价，是典型的双务、有偿合同。(3) 租赁合同是诺成合同。只要双方的意思表示一致，合同即宣告成立，不需要以租赁物的实际交付为准。(4) 租赁合同具有临时性。租赁合同租赁物的出租并非永久性的，这也是出租不同于买卖的必然特征，所以在法律上有对租赁合同时间的限制。(5) 租赁合同有继续性。租赁物在交付给承租人以后，承租人对租赁物的占有是持续性的。

典型形态

在实践中，租赁合同纠纷主要有：

（1）土地租赁合同纠纷，是指当事人就达成的国家或集体把土地使用权出租给土地使用者，土地使用者支付租金的合同产生的纠纷。

（2）房屋租赁合同纠纷，是指当事人就达成的房屋出租人把房屋出租给承租人使用，承租人支付租金并在合同终止时完好返还房屋的合同产生的纠纷。

（3）车辆租赁合同纠纷，是指当事人就达成的车辆出租人把车辆出租给承租人使用，承租人支付租金并在合同终止时完好返还车辆的合同产生的纠纷。

（4）建筑设备租赁合同纠纷，是指当事人就达成的设备出租人把设备出租给承租人使用，承租人支付租金并在合同终止时完好返还设备的合同产生的纠纷。

常用法律条文及索引

《中华人民共和国民法典》（2020 年 5 月 28 日公布　2021 年 1 月 1 日施行）

第七百零三条　租赁合同是出租人将租赁物交付承租人使用、收益，承租人支付租金的合同。

第七百零四条　租赁合同的内容一般包括租赁物的名称、数量、用途、租赁期限、租金及其支付期限和方式、租赁物维修等条款。

第七百零五条　租赁期限不得超过二十年。超过二十年的，超过部分无效。

租赁期限届满，当事人可以续订租赁合同；但是，约定的租赁期限自续订之日起不得超过二十年。

第七百零六条　当事人未依照法律、行政法规规定办理租赁合同登记备案手续的，不影响合同的效力。

第七百零七条　租赁期限六个月以上的，应当采用书面形式。当事人未采用书面形式，无法确定租赁期限的，视为不定期租赁。

第七百零八条　出租人应当按照约定将租赁物交付承租人，并在租赁期限内保持租赁物符合约定的用途。

第七百零九条　承租人应当按照约定的方法使用租赁物。对租赁物的使用方法没有约定或者约定不明确，依据本法第五百一十条的规定仍不能确定的，应当根据租赁物的性质使用。

第七百一十条 承租人按照约定的方法或者根据租赁物的性质使用租赁物，致使租赁物受到损耗的，不承担赔偿责任。

第七百一十一条 承租人未按照约定的方法或者未根据租赁物的性质使用租赁物，致使租赁物受到损失的，出租人可以解除合同并请求赔偿损失。

第七百一十二条 出租人应当履行租赁物的维修义务，但是当事人另有约定的除外。

第七百一十三条 承租人在租赁物需要维修时可以请求出租人在合理期限内维修。出租人未履行维修义务的，承租人可以自行维修，维修费用由出租人负担。因维修租赁物影响承租人使用的，应当相应减少租金或者延长租期。

因承租人的过错致使租赁物需要维修的，出租人不承担前款规定的维修义务。

第七百一十四条 承租人应当妥善保管租赁物，因保管不善造成租赁物毁损、灭失的，应当承担赔偿责任。

第七百一十五条 承租人经出租人同意，可以对租赁物进行改善或者增设他物。

承租人未经出租人同意，对租赁物进行改善或者增设他物的，出租人可以请求承租人恢复原状或者赔偿损失。

第七百一十六条 承租人经出租人同意，可以将租赁物转租给第三人。承租人转租的，承租人与出租人之间的租赁合同继续有效；第三人造成租赁物损失的，承租人应当赔偿损失。

承租人未经出租人同意转租的，出租人可以解除合同。

第七百一十七条 承租人经出租人同意将租赁物转租给第三人，转租期限超过承租人剩余租赁期限的，超过部分的约定对出租人不具有法律约束力，但是出租人与承租人另有约定的除外。

第七百一十八条 出租人知道或者应当知道承租人转租，但是在六个月内未提出异议的，视为出租人同意转租。

第七百一十九条 承租人拖欠租金的，次承租人可以代承租人支付其欠付的租金和违约金，但是转租合同对出租人不具有法律约束力的除外。

次承租人代为支付的租金和违约金，可以充抵次承租人应当向承租人支付的租金；超出其应付的租金数额的，可以向承租人追偿。

第七百二十条 在租赁期限内因占有、使用租赁物获得的收益，归承租人所有，但是当事人另有约定的除外。

第七百二十一条 承租人应当按照约定的期限支付租金。对支付租金的期限没有约定或者约定不明确，依据本法第五百一十条的规定仍不能确定，租赁期限不满一年的，应当在租赁期限届满时支付；租赁期限一年以上的，应当在每届满一年时支付，剩余期限不满一年的，应当在租赁期限届满时支付。

第七百二十二条 承租人无正当理由未支付或者迟延支付租金的，出租人可以请求承租人在合理期限内支付；承租人逾期不支付的，出租人可以解除合同。

第七百二十三条 因第三人主张权利，致使承租人不能对租赁物使用、收益的，承租人可以请求减少租金或者不支付租金。

第三人主张权利的，承租人应当及时通知出租人。

第七百二十四条 有下列情形之一，非因承租人原因致使租赁物无法使用的，承租人可以解除合同：

（一）租赁物被司法机关或者行政机关依法查封、扣押；

（二）租赁物权属有争议；

（三）租赁物具有违反法律、行政法规关于使用条件的强制性规定情形。

第七百二十五条 租赁物在承租人按照租赁合同占有期限内发生所有权变动的，不影响租赁合同的效力。

第七百二十六条 出租人出卖租赁房屋的，应当在出卖之前的合理期限内通知承租人，承租人享有以同等条件优先购买的权利；但是，房屋按份共有人行使优先购买权或者出租人将房屋出卖给近亲属的除外。

出租人履行通知义务后，承租人在十五日内未明确表示购买的，视为承租人放弃优先购买权。

第七百二十七条 出租人委托拍卖人拍卖租赁房屋的，应当在拍卖五日前通知承租人。承租人未参加拍卖的，视为放弃优先购买权。

第七百二十八条 出租人未通知承租人或者有其他妨害承租人行使优先购买权情形的，承租人可以请求出租人承担赔偿责任。但是，出租人与第三人订立的房屋买卖合同的效力不受影响。

第七百二十九条 因不可归责于承租人的事由，致使租赁物部分或者全部毁损、灭失的，承租人可以请求减少租金或者不支付租金；因租赁物部分或者全部毁损、灭失，致使不能实现合同目的的，承租人可以解除合同。

第七百三十条　当事人对租赁期限没有约定或者约定不明确，依据本法第五百一十条的规定仍不能确定的，视为不定期租赁；当事人可以随时解除合同，但是应当在合理期限之前通知对方。

第七百三十一条　租赁物危及承租人的安全或者健康的，即使承租人订立合同时明知该租赁物质量不合格，承租人仍然可以随时解除合同。

第七百三十二条　承租人在房屋租赁期限内死亡的，与其生前共同居住的人或者共同经营人可以按照原租赁合同租赁该房屋。

第七百三十三条　租赁期限届满，承租人应当返还租赁物。返还的租赁物应当符合按照约定或者根据租赁物的性质使用后的状态。

第七百三十四条　租赁期限届满，承租人继续使用租赁物，出租人没有提出异议的，原租赁合同继续有效，但是租赁期限为不定期。

租赁期限届满，房屋承租人享有以同等条件优先承租的权利。

另，请求权基础条款参见本法第一百四十八条～第一百五十一条、第一百五十三条、第一百五十四条、第五百四十九条、第五百六十二条、第五百六十三条、第五百六十六条、第五百六十八条、第五百七十七条、第五百七十八条。

《最高人民法院关于审理城镇房屋租赁合同纠纷案件具体问题应用法律若干问题的解释》（法释〔2009〕11号　2020年12月23日修正）

第一条　本解释所称城镇房屋，是指城市、镇规划区内的房屋。

乡、村庄规划区内的房屋租赁合同纠纷案件，可以参照本解释处理。但法律另有规定的，适用其规定。

当事人依照国家福利政策租赁公有住房、廉租住房、经济适用住房产生的纠纷案件，不适用本解释。

第二条　出租人就未取得建设工程规划许可证或者未按照建设工程规划许可证的规定建设的房屋，与承租人订立的租赁合同无效。但在一审法庭辩论终结前取得建设工程规划许可证或者经主管部门批准建设的，人民法院应当认定有效。

第三条　出租人就未经批准或者未按照批准内容建设的临时建筑，与承租人订立的租赁合同无效。但在一审法庭辩论终结前经主管部门批准建设的，人民法院应当认定有效。

租赁期限超过临时建筑的使用期限，超过部分无效。但在一审法庭辩论终结前经主管部门批准延长使用期限的，人民法院应当认定延长使用期限内的租赁期间有效。

第四条 房屋租赁合同无效，当事人请求参照合同约定的租金标准支付房屋占有使用费的，人民法院一般应予支持。

当事人请求赔偿因合同无效受到的损失，人民法院依照民法典第一百五十七条和本解释第七条、第十一条、第十二条的规定处理。

第五条 出租人就同一房屋订立数份租赁合同，在合同均有效的情况下，承租人均主张履行合同的，人民法院按照下列顺序确定履行合同的承租人：

（一）已经合法占有租赁房屋的；

（二）已经办理登记备案手续的；

（三）合同成立在先的。

不能取得租赁房屋的承租人请求解除合同、赔偿损失的，依照民法典的有关规定处理。

第六条 承租人擅自变动房屋建筑主体和承重结构或者扩建，在出租人要求的合理期限内仍不予恢复原状，出租人请求解除合同并要求赔偿损失的，人民法院依照民法典第七百一十一条的规定处理。

第七条 承租人经出租人同意装饰装修，租赁合同无效时，未形成附合的装饰装修物，出租人同意利用的，可折价归出租人所有；不同意利用的，可由承租人拆除。因拆除造成房屋毁损的，承租人应当恢复原状。

已形成附合的装饰装修物，出租人同意利用的，可折价归出租人所有；不同意利用的，由双方各自按照导致合同无效的过错分担现值损失。

第八条 承租人经出租人同意装饰装修，租赁期间届满或者合同解除时，除当事人另有约定外，未形成附合的装饰装修物，可由承租人拆除。因拆除造成房屋毁损的，承租人应当恢复原状。

第九条 承租人经出租人同意装饰装修，合同解除时，双方对已形成附合的装饰装修物的处理没有约定的，人民法院按照下列情形分别处理：

（一）因出租人违约导致合同解除，承租人请求出租人赔偿剩余租赁期内装饰装修残值损失的，应予支持；

（二）因承租人违约导致合同解除，承租人请求出租人赔偿剩余租赁期内装饰装修残值损失的，不予支持。但出租人同意利用的，应在利用价值范围内予以适当补偿；

（三）因双方违约导致合同解除，剩余租赁期内的装饰装修残值损失，由双方根据各自的过错承担相应的责任；

（四）因不可归责于双方的事由导致合同解除的，剩余租赁期内的装饰装修残值损失，由双方按照公平原则分担。法律另有规定的，适用其规定。

第十条　承租人经出租人同意装饰装修，租赁期间届满时，承租人请求出租人补偿附合装饰装修费用的，不予支持。但当事人另有约定的除外。

第十一条　承租人未经出租人同意装饰装修或者扩建发生的费用，由承租人负担。出租人请求承租人恢复原状或者赔偿损失的，人民法院应予支持。

第十二条　承租人经出租人同意扩建，但双方对扩建费用的处理没有约定的，人民法院按照下列情形分别处理：

（一）办理合法建设手续的，扩建造价费用由出租人负担；

（二）未办理合法建设手续的，扩建造价费用由双方按照过错分担。

第十三条　房屋租赁合同无效、履行期限届满或者解除，出租人请求负有腾房义务的次承租人支付逾期腾房占有使用费的，人民法院应予支持。

第十四条　租赁房屋在承租人按照租赁合同占有期限内发生所有权变动，承租人请求房屋受让人继续履行原租赁合同的，人民法院应予支持。但租赁房屋具有下列情形或者当事人另有约定的除外：

（一）房屋在出租前已设立抵押权，因抵押权人实现抵押权发生所有权变动的；

（二）房屋在出租前已被人民法院依法查封的。

第十五条　出租人与抵押权人协议折价、变卖租赁房屋偿还债务，应当在合理期限内通知承租人。承租人请求以同等条件优先购买房屋的，人民法院应予支持。

适用本案由需要注意的问题

◆租赁合同纠纷案件，按照合同纠纷案件的一般管辖原则，由被告住所地或合同履行地人民法院管辖，合同的履行地为租赁物使用地，但当事人有约定的除外。如果租赁物标的是不动产，则由不动产所在地人民法院专属管辖。

◆在适用本案由时，要注意本案由下的四级案由土地租赁合同纠纷与土地使用权租赁纠纷的区别。土地租赁合同是国家或集体将国有土地或集体土地出租给承租人的合同，而土地使用权租赁则是土地使用者把土地使用权连同其上的建筑物、其他附着物出租给承租人使用。

◆对于事实清楚、权利义务关系明确、争议不大的租赁合同纠纷案件，标的额为各省、自治区、直辖市上年度就业人员年平均工资50%以下的，根据《民事诉讼法》第165条的规定，应适用小额诉讼程序进行审理。

112. 融资租赁合同纠纷

案由解析

融资租赁合同是指出租人根据承租人对出卖人、租赁物的选择，向出卖人购买租赁物，提供给租赁人使用，承租人支付租金的合同。

融资租赁合同纠纷是指当事人之间因订立、履行、变更、终止融资租赁合同发生的权利义务纠纷。

融资租赁是一种贸易与信贷相结合，融资与融物为一体的综合性交易。鉴于其复杂的法律关系，不同国家和地区对融资租赁有着不同的理解和定义。一般来说，融资租赁要有三方当事人（出租人、承租人和出卖人）参与，通常由两个合同（融资租赁合同、买卖合同）或者两个以上合同构成，其内容是融资，表现形式是融物。我国《民法典》在借鉴《国际融资租赁公约》和其他国家对融资租赁的定义的基础上，结合我国融资租赁界对融资租赁比较一致的看法后，对融资租赁作出了规定。典型的融资租赁合同的含义有：(1) 出租人须根据承租人对出卖人和租赁物的选择出资购买租赁物。这是融资租赁合同不同于租赁合同的一个重要特点。租赁合同的出租人是以自己现有的财物出租，或者根据自己的意愿购买财物用于出租。而融资租赁合同是出租人按照承租人的要求，主要是对出卖人和租赁物的选择，出资购买出租的财物，使承租人不必付出租赁物的价值，即可取得租赁物的使用收益，从而达到融资的效果。正是从这一意义上，这种合同被冠以“融资”的称号。(2) 出租人须将购买的租赁物交付承租人使用收益。出租人虽然须向第三人购买标的物，但其购买的直接目的是交付承租人使用收益，而不是为了自己使用。这是融资租赁合同中出租人的买卖行为不同于买卖合同之处。(3) 承租人须向出租人支付租金。融资租赁合同的承租人对出租人购买租赁物为使用收益，并须支付租金。也正是在这种意义上，该种合同的名称中含有“租赁”一词。

除上述典型的融资租赁合同以外，目前国际上通行的融资租赁形式还有以下三种：

(1) 回租。所谓回租是指承租人将自己所有的物件卖给出租人，同时与出租人签订一份融资租赁合同，再将该物件租回使用的一种租赁形式。在回租情况下，出卖人同时也是承租人，买受人同时也是出租人。

（2）转租。所谓转租是指按合同约定，承租人将自己租赁的租赁物转租给新承租人使用的一种租赁形式。在转租方式下，承租人同时也是出租人。

（3）杠杆租赁。所谓杠杆租赁是指出租人一般只出资租赁物全部金额的一部分（一般不低于20%），就获得租赁物的所有权，租赁物的其他金额则以该租赁物作抵押，向金融机构贷款解决的一种租赁形式。在杠杆租赁中，金融机构提供的贷款是一种无追索权的贷款，但需要出租人以租赁物、融资租赁合同和收取租金的受让权作为担保。

常用法律条文及索引

《中华人民共和国民法典》（2020年5月28日公布　2021年1月1日施行）

第七百三十六条　融资租赁合同的内容一般包括租赁物的名称、数量、规格、技术性能、检验方法，租赁期限，租金构成及其支付期限和方式、币种，租赁期限届满租赁物的归属等条款。

融资租赁合同应当采用书面形式。

第七百三十七条　当事人以虚构租赁物方式订立的融资租赁合同无效。

第七百三十八条　依照法律、行政法规的规定，对于租赁物的经营使用应当取得行政许可的，出租人未取得行政许可不影响融资租赁合同的效力。

第七百三十九条　出租人根据承租人对出卖人、租赁物的选择订立的买卖合同，出卖人应当按照约定向承租人交付标的物，承租人享有与受领标的物有关的买受人的权利。

第七百四十条　出卖人违反向承租人交付标的物的义务，有下列情形之一的，承租人可以拒绝受领出卖人向其交付的标的物：

（一）标的物严重不符合约定；

（二）未按照约定交付标的物，经承租人或者出租人催告后在合理期限内仍未交付。

承租人拒绝受领标的物的，应当及时通知出租人。

第七百四十一条　出租人、出卖人、承租人可以约定，出卖人不履行买卖合同义务的，由承租人行使索赔的权利。承租人行使索赔权利的，出租人应当协助。

第七百四十二条　承租人对出卖人行使索赔权利，不影响其履行支付租金的义务。但是，承租人依赖出租人的技能确定租赁物或者出租人干预选择租赁物的，承租人可以请求减免相应租金。

第七百四十三条 出租人有下列情形之一，致使承租人对出卖人行使索赔权利失败的，承租人有权请求出租人承担相应的责任：

（一）明知租赁物有质量瑕疵而不告知承租人；

（二）承租人行使索赔权利时，未及时提供必要协助。

出租人怠于行使只能由其对出卖人行使的索赔权利，造成承租人损失的，承租人有权请求出租人承担赔偿责任。

第七百四十四条 出租人根据承租人对出卖人、租赁物的选择订立的买卖合同，未经承租人同意，出租人不得变更与承租人有关的合同内容。

第七百四十五条 出租人对租赁物享有的所有权，未经登记，不得对抗善意第三人。

第七百四十六条 融资租赁合同的租金，除当事人另有约定外，应当根据购买租赁物的大部分或者全部成本以及出租人的合理利润确定。

第七百四十七条 租赁物不符合约定或者不符合使用目的的，出租人不承担责任。但是，承租人依赖出租人的技能确定租赁物或者出租人干预选择租赁物的除外。

第七百四十八条 出租人应当保证承租人对租赁物的占有和使用。

出租人有下列情形之一的，承租人有权请求其赔偿损失：

（一）无正当理由收回租赁物；

（二）无正当理由妨碍、干扰承租人对租赁物的占有和使用；

（三）因出租人的原因致使第三人对租赁物主张权利；

（四）不当影响承租人对租赁物占有和使用的其他情形。

第七百四十九条 承租人占有租赁物期间，租赁物造成第三人人身损害或者财产损失的，出租人不承担责任。

第七百五十条 承租人应当妥善保管、使用租赁物。

承租人应当履行占有租赁物期间的维修义务。

第七百五十一条 承租人占有租赁物期间，租赁物毁损、灭失的，出租人有权请求承租人继续支付租金，但是法律另有规定或者当事人另有约定的除外。

第七百五十二条 承租人应当按照约定支付租金。承租人经催告后在合理期限内仍不支付租金的，出租人可以请求支付全部租金；也可以解除合同，收回租赁物。

第七百五十三条 承租人未经出租人同意，将租赁物转让、抵押、质押、投资入股或者以其他方式处分的，出租人可以解除融资租赁合同。

第七百五十四条　有下列情形之一的，出租人或者承租人可以解除融资租赁合同：

（一）出租人与出卖人订立的买卖合同解除、被确认无效或者被撤销，且未能重新订立买卖合同；

（二）租赁物因不可归责于当事人的原因毁损、灭失，且不能修复或者确定替代物；

（三）因出卖人的原因致使融资租赁合同的目的不能实现。

第七百五十五条　融资租赁合同因买卖合同解除、被确认无效或者被撤销而解除，出卖人、租赁物系由承租人选择的，出租人有权请求承租人赔偿相应损失；但是，因出租人原因致使买卖合同解除、被确认无效或者被撤销的除外。

出租人的损失已经在买卖合同解除、被确认无效或者被撤销时获得赔偿的，承租人不再承担相应的赔偿责任。

第七百五十六条　融资租赁合同因租赁物交付承租人后意外毁损、灭失等不可归责于当事人的原因解除的，出租人可以请求承租人按照租赁物折旧情况给予补偿。

第七百五十七条　出租人和承租人可以约定租赁期限届满租赁物的归属；对租赁物的归属没有约定或者约定不明确，依据本法第五百一十条的规定仍不能确定的，租赁物的所有权归出租人。

第七百五十八条　当事人约定租赁期限届满租赁物归承租人所有，承租人已经支付大部分租金，但是无力支付剩余租金，出租人因此解除合同收回租赁物，收回的租赁物的价值超过承租人欠付的租金以及其他费用的，承租人可以请求相应返还。

当事人约定租赁期限届满租赁物归出租人所有，因租赁物毁损、灭失或者附合、混合于他物致使承租人不能返还的，出租人有权请求承租人给予合理补偿。

第七百五十九条　当事人约定租赁期限届满，承租人仅需向出租人支付象征性价款的，视为约定的租金义务履行完毕后租赁物的所有权归承租人。

第七百六十条　融资租赁合同无效，当事人就该情形下租赁物的归属有约定的，按照其约定；没有约定或者约定不明确的，租赁物应当返还出租人。但是，因承租人原因致使合同无效，出租人不请求返还或者返还后会显著降低租赁物效用的，租赁物的所有权归承租人，由承租人给予出租人合理补偿。

《最高人民法院关于审理融资租赁合同纠纷案件适用法律问题的解释》（法释〔2014〕3号 2020年12月23日修正）

第二条 承租人将其自有物出卖给出租人，再通过融资租赁合同将租赁物从出租人处租回的，人民法院不应仅以承租人和出卖人系同一人为由认定不构成融资租赁法律关系。

第三条 承租人拒绝受领租赁物，未及时通知出租人，或者无正当理由拒绝受领租赁物，造成出租人损失，出租人向承租人主张损害赔偿的，人民法院应予支持。

第四条 出租人转让其在融资租赁合同项下的部分或者全部权利，受让方以此为由请求解除或者变更融资租赁合同的，人民法院不予支持。

第五条 有下列情形之一，出租人请求解除融资租赁合同的，人民法院应予支持：

（一）承租人未按照合同约定的期限和数额支付租金，符合合同约定的解除条件，经出租人催告后在合理期限内仍不支付的；

（二）合同对于欠付租金解除合同的情形没有明确约定，但承租人欠付租金达到两期以上，或者数额达到全部租金百分之十五以上，经出租人催告后在合理期限内仍不支付的；

（三）承租人违反合同约定，致使合同目的不能实现的其他情形。

第六条 因出租人的原因致使承租人无法占有、使用租赁物，承租人请求解除融资租赁合同的，人民法院应予支持。

第七条 当事人在一审诉讼中仅请求解除融资租赁合同，未对租赁物的归属及损失赔偿提出主张的，人民法院可以向当事人进行释明。

第八条 租赁物不符合融资租赁合同的约定且出租人实施了下列行为之一，承租人依照民法典第七百四十四条、第七百四十七条的规定，要求出租人承担相应责任的，人民法院应予支持：

（一）出租人在承租人选择出卖人、租赁物时，对租赁物的选定起决定作用的；

（二）出租人干预或者要求承租人按照出租人意愿选择出卖人或者租赁物的；

（三）出租人擅自变更承租人已经选定的出卖人或者租赁物的。

承租人主张其系依赖出租人的技能确定租赁物或者出租人干预选择租赁物的，对上述事实承担举证责任。

第九条　承租人逾期履行支付租金义务或者迟延履行其他付款义务，出租人按照融资租赁合同的约定要求承租人支付逾期利息、相应违约金的，人民法院应予支持。

第十条　出租人既请求承租人支付合同约定的全部未付租金又请求解除融资租赁合同的，人民法院应告知其依照民法典第七百五十二条的规定作出选择。

出租人请求承租人支付合同约定的全部未付租金，人民法院判决后承租人未予履行，出租人再行起诉请求解除融资租赁合同、收回租赁物的，人民法院应予受理。

第十一条　出租人依照本解释第五条的规定请求解除融资租赁合同，同时请求收回租赁物并赔偿损失的，人民法院应予支持。

前款规定的损失赔偿范围为承租人全部未付租金及其他费用与收回租赁物价值的差额。合同约定租赁期间届满后租赁物归出租人所有的，损失赔偿范围还应包括融资租赁合同到期后租赁物的残值。

第十二条　诉讼期间承租人与出租人对租赁物的价值有争议的，人民法院可以按照融资租赁合同的约定确定租赁物价值；融资租赁合同未约定或者约定不明的，可以参照融资租赁合同约定的租赁物折旧以及合同到期后租赁物的残值确定租赁物价值。

承租人或者出租人认为依前款确定的价值严重偏离租赁物实际价值的，可以请求人民法院委托有资质的机构评估或者拍卖确定。

第十三条　出卖人与买受人因买卖合同发生纠纷，或者出租人与承租人因融资租赁合同发生纠纷，当事人仅对其中一个合同关系提起诉讼，人民法院经审查后认为另一合同关系的当事人与案件处理结果有法律上的利害关系的，可以通知其作为第三人参加诉讼。

承租人与租赁物的实际使用人不一致，融资租赁合同当事人未对租赁物的实际使用人提起诉讼，人民法院经审查后认为租赁物的实际使用人与案件处理结果有法律上的利害关系的，可以通知其作为第三人参加诉讼。

承租人基于买卖合同和融资租赁合同直接向出卖人主张受领租赁物、索赔等买卖合同权利的，人民法院应通知出租人作为第三人参加诉讼。

第十四条　当事人因融资租赁合同租金欠付争议向人民法院请求保护其权利的诉讼时效期间为三年，自租赁期限届满之日起计算。

适用本案由需要注意的问题

◆融资租赁合同纠纷案件，按照合同纠纷案件的一般管辖原则，由被告住所地或合同履行地人民法院管辖，合同履行地以租赁物使用地为准，但当事人有相关约定的除外。此外，合同当事人亦可选择与争议有实际联系地点的人民法院管辖。

◆在适用本案由时，要注意其与船舶融资租赁合同纠纷的区别。船舶融资租赁合同按性质来说属于融资租赁合同的一种，然而由于其标的物的特殊性，《民事案件案由规定》把它单独划分为一个三级案由，故船舶融资租赁合同纠纷案件不适用本案由。

113. 保理合同纠纷

案由解析

保理是一种以应收账款转让为前提，集应收账款催收、管理、坏账担保及保理融资于一体的综合性金融服务。保理合同是应收账款债权人将现有的或者将有的应收账款转让给保理人，保理人提供资金融通、应收账款管理或者催收、应收账款债务人付款担保等服务的合同。构成保理法律关系，应当同时具备以下几个基本条件：（1）保理商必须是依照国家规定、经过有关主管部门批准可以开展保理业务的金融机构和商业保理公司；（2）保理法律关系应当以债权转让为前提；（3）保理法律关系一般存在两个合同、三方当事人。保理业务中涉及债权人与保理商之间的保理合同，债权人与债务人之间的买卖合同等基础合同。两个合同中涉及三方当事人，包括债务人（基础合同项下的付款义务人）、债权人（基础合同中的债权人，同时也是保理合同中的应收账款出让人）、保理商（开展保理业务的金融机构及商业保理公司，即保理合同中的应收账款受让人）。因保理合同引发的民事纠纷，即为保理合同纠纷。

典型形态

实践中，保理合同纠纷一般有以下两种：

（1）有追索权的保理合同纠纷，当事人约定有追索权保理的，保理人可以向应收账款债权人主张返还保理融资款本息或者回购应收账款债权，也可以向应收账款债务人主张应收账款债权。保理人向应收账款债务人主张应收账款债权，在扣除保理融资款本息和相关费用后有剩余的，剩余部分应当返还给应收账款债权人。

（2）无追索权的保理合同纠纷，当事人约定无追索权保理的，保理人应当向应收账款债务人主张应收账款债权，保理人取得超过保理融资款本息和相关费用的部分，无需向债权人返还。

常用法律条文及索引

《中华人民共和国民法典》（2020年5月28日公布　2021年1月1日施行）

第七百六十一条　保理合同是应收账款债权人将现有的或者将有的应收账款转让给保理人，保理人提供资金融通、应收账款管理或者催收、应收账款债务人付款担保等服务的合同。

第七百六十二条　保理合同的内容一般包括业务类型、服务范围、服务期限、基础交易合同情况、应收账款信息、保理融资款或者服务报酬及其支付方式等条款。

保理合同应当采用书面形式。

第七百六十三条　应收账款债权人与债务人虚构应收账款作为转让标的，与保理人订立保理合同的，应收账款债务人不得以应收账款不存在为由对抗保理人，但是保理人明知虚构的除外。

第七百六十四条　保理人向应收账款债务人发出应收账款转让通知的，应当表明保理人身份并附有必要凭证。

第七百六十五条　应收账款债务人接到应收账款转让通知后，应收账款债权人与债务人无正当理由协商变更或者终止基础交易合同，对保理人产生不利影响的，对保理人不发生效力。

第七百六十六条　当事人约定有追索权保理的，保理人可以向应收账款债权人主张返还保理融资款本息或者回购应收账款债权，也可以向应收账款债务人主张应收账款债权。保理人向应收账款债务人主张应收账款债权，在扣除保理融资款本息和相关费用后有剩余的，剩余部分应当返还给应收账款债权人。

第七百六十七条　当事人约定无追索权保理的，保理人应当向应收账款债务人主张应收账款债权，保理人取得超过保理融资款本息和相关费用的部分，无需向应收账款债权人返还。

第七百六十八条 应收账款债权人就同一应收账款订立多个保理合同，致使多个保理人主张权利的，已经登记的先于未登记的取得应收账款；均已经登记的，按照登记时间的先后顺序取得应收账款；均未登记的，由最先到达应收账款债务人的转让通知中载明的保理人取得应收账款；既未登记也未通知的，按照保理融资款或者服务报酬的比例取得应收账款。

第七百六十九条 本章没有规定的，适用本编第六章债权转让的有关规定。

《最高人民法院关于适用〈中华人民共和国民法典〉有关担保制度的解释》（法释〔2020〕28号 2020年12月31日公布）

第六十六条 同一应收账款同时存在保理、应收账款质押和债权转让，当事人主张参照民法典第七百六十八条的规定确定优先顺序的，人民法院应予支持。

在有追索权的保理中，保理人以应收账款债权人或者应收账款债务人为被告提起诉讼，人民法院应予受理；保理人一并起诉应收账款债权人和应收账款债务人的，人民法院可以受理。

应收账款债权人向保理人返还保理融资款本息或者回购应收账款债权后，请求应收账款债务人向其履行应收账款债务的，人民法院应予支持。

适用本案由需要注意的问题

◆适用本案由应当注意区分其与基础交易合同纠纷、债权转让合同纠纷之间的关系，保理人与应收账款债权人之间因履行保理合同而发生的纠纷适用本案由；保理人与应收账款债务人因履行基础交易合同而发生的纠纷，应当按照基础交易合同的性质适用合同纠纷的其他案由；只有应收账款债权转让，未涉及保理服务内容的，应当适用债权转让合同纠纷。

114. 承揽合同纠纷

（1）加工合同纠纷
（2）定作合同纠纷
（3）修理合同纠纷
（4）复制合同纠纷
（5）测试合同纠纷
（6）检验合同纠纷
（7）铁路机车、车辆建造合同纠纷

案由解析

承揽合同是指承揽人按照定作人的要求完成工作，交付工作成果，定作人给付报酬的合同。

承揽合同纠纷是指当事人之间因订立、履行、变更、终止承揽合同发生的权利义务纠纷。

承揽合同的特征主要是：（1）承揽合同是双务、有偿合同。在承揽合同中，定作人给付报酬和承揽人交付工作成果互为对价，都既享有权利同时又承担义务。（2）承揽合同是诺成合同。承揽合同的成立以当事人意思表示一致为准。（3）承揽合同以完成一定工作为目的。承揽合同中是定作人提出一定的标准和要求来约定承揽工作的具体事项，由承揽人完成工作并向定作人交付工作成果。（4）承揽人须独立完成工作。定作人与承揽人签订承揽合同，是建立在信任其能力和信用状况的前提下，承揽人须自己完成工作才符合定作人要求，而不可将义务交由其他人来完成。（5）定作物的特殊性。定作人托付由承揽人完成工作时会对定作物提出具体的标准和要求，承揽人完成工作必须符合定作人的要求。

典型形态

在实践中，承揽合同的典型形态主要有：

（1）加工合同纠纷，是指当事人就达成的定作人提供原材料和提出具体要求，由承揽人以自己的设备与技能完成成品，交付给定作人并接受报酬的合同产生的权利义务纠纷。

（2）定作合同纠纷，是指当事人就达成的承揽人根据定作人的要求，用自己的材料、设备、技能完成成品，定作人接受成品并支付报酬的合同产生的权利义务纠纷。

（3）修理合同纠纷，是指当事人就达成的承揽人为定作人修理坏掉的物品使之恢复原状，定作人支付报酬的合同产生的权利义务纠纷。

（4）复制合同纠纷，是指当事人就达成的承揽人根据定作人的样品和要求，制作出类似的复制品，定作人接受复制品并向承揽人支付报酬的合同产生的权利义务纠纷。

（5）测试合同纠纷，是指当事人就达成的承揽人利用自己的设备、技术以定作人的要求为准对某一项目的性能进行检测试验，定作人接受测试成果并支付报酬的合同产生的权利义务纠纷。

（6）检验合同纠纷，当事人就达成的承揽人用自己的设备、技术等对定作人提供的具体事务进行性能、质量、问题等方面的检查化验，定作人接受检验成果并支付报酬的合同产生的权利义务纠纷。

（7）铁路机车、车辆建造合同纠纷，是指当事人就达成的铁路机车、车辆制造企业根据铁路运输企业的要求为其制造机车、车辆并接受报酬的合同产生的权利义务纠纷。

常用法律条文及索引

《中华人民共和国民法典》（2020年5月28日公布　2021年1月1日施行）

第七百七十条　承揽合同是承揽人按照定作人的要求完成工作，交付工作成果，定作人支付报酬的合同。

承揽包括加工、定作、修理、复制、测试、检验等工作。

第七百七十一条　承揽合同的内容一般包括承揽的标的、数量、质量、报酬，承揽方式，材料的提供，履行期限，验收标准和方法等条款。

第七百七十二条　承揽人应当以自己的设备、技术和劳力，完成主要工作，但是当事人另有约定的除外。

承揽人将其承揽的主要工作交由第三人完成的，应当就该第三人完成的工作成果向定作人负责；未经定作人同意的，定作人也可以解除合同。

第七百七十三条　承揽人可以将其承揽的辅助工作交由第三人完成。承揽人将其承揽的辅助工作交由第三人完成的，应当就该第三人完成的工作成果向定作人负责。

第七百七十四条　承揽人提供材料的，应当按照约定选用材料，并接受定作人检验。

第七百七十五条　定作人提供材料的，应当按照约定提供材料。承揽人对定作人提供的材料应当及时检验，发现不符合约定时，应当及时通知定作人更换、补齐或者采取其他补救措施。

承揽人不得擅自更换定作人提供的材料，不得更换不需要修理的零部件。

第七百七十六条　承揽人发现定作人提供的图纸或者技术要求不合理的，应当及时通知定作人。因定作人怠于答复等原因造成承揽人损失的，应当赔偿损失。

第七百七十七条　定作人中途变更承揽工作的要求，造成承揽人损失的，应当赔偿损失。

第七百七十八条　承揽工作需要定作人协助的，定作人有协助的义务。定作人不履行协助义务致使承揽工作不能完成的，承揽人可以催告定作人在合理期限内履行义务，并可以顺延履行期限；定作人逾期不履行的，承揽人可以解除合同。

第七百七十九条　承揽人在工作期间，应当接受定作人必要的监督检验。定作人不得因监督检验妨碍承揽人的正常工作。

第七百八十条　承揽人完成工作的，应当向定作人交付工作成果，并提交必要的技术资料和有关质量证明。定作人应当验收该工作成果。

第七百八十一条　承揽人交付的工作成果不符合质量要求的，定作人可以合理选择请求承揽人承担修理、重作、减少报酬、赔偿损失等违约责任。

第七百八十二条　定作人应当按照约定的期限支付报酬。对支付报酬的期限没有约定或者约定不明确，依据本法第五百一十条的规定仍不能确定的，定作人应当在承揽人交付工作成果时支付；工作成果部分交付的，定作人应当相应支付。

第七百八十三条　定作人未向承揽人支付报酬或者材料费等价款的，承揽人对完成的工作成果享有留置权或者有权拒绝交付，但是当事人另有约定的除外。

第七百八十四条　承揽人应当妥善保管定作人提供的材料以及完成的工作成果，因保管不善造成毁损、灭失的，应当承担赔偿责任。

第七百八十五条　承揽人应当按照定作人的要求保守秘密，未经定作人许可，不得留存复制品或者技术资料。

第七百八十六条　共同承揽人对定作人承担连带责任，但是当事人另有约定的除外。

第七百八十七条 定作人在承揽人完成工作前可以随时解除合同，造成承揽人损失的，应当赔偿损失。

另，请求权基础条款参见本法第一百四十八条～第一百五十一条、第一百五十三条、第一百五十四条、第一百八十六条、第五百零六条、第五百四十九条、第五百六十二条、第五百六十三条、第五百六十六条、第五百六十八条、第五百七十七条、第五百七十八条。

适用本案由需要注意的问题

◆承揽合同纠纷案件，按照合同纠纷案件的一般管辖原则，由被告住所地或合同履行地人民法院管辖，合同履行地以加工行为地为准，但当事人有特殊约定的除外。

115. 建设工程合同纠纷

（1）建设工程勘察合同纠纷
（2）建设工程设计合同纠纷
（3）建设工程施工合同纠纷
（4）建设工程价款优先受偿权纠纷
（5）建设工程分包合同纠纷
（6）建设工程监理合同纠纷
（7）装饰装修合同纠纷
（8）铁路修建合同纠纷
（9）农村建房施工合同纠纷

案由解析

建设工程合同是指承包人进行工程建设，发包人支付价款的合同。

建设工程合同纠纷，是指当事人之间因订立、履行、变更、终止建设工程合同发生的权利义务纠纷。

建设工程合同的客体是工程。这里的工程是指土木建筑工程和建筑业范围内的线路、管道、设备安装工程的新建、扩建、改建及大型的建筑装修装饰活动，主要包括房屋、铁路、公路、机场、港口、桥梁、矿井、水库、电站、通信线路等。建设工程的主体是发包人和承包人。发包人，一般为建设工程的建设单位，即投资建设该项工程的单位，通常也称作“业主”。广义而言，发包人的定义可借鉴《建设工程施工合同（示范文本）》（GF—2017—0201）第 1.1.2.2 条的规定，即发包人是指与承包人签订建设工程合同、享有取得承包人工作成果的权利、履行价款支付义务的当事人及取得该当事人资格的合法继承人。这里的“合法继承人”，是指与发包人合并、分立的单位，包括兼并发包人的单位以及合法继受发包人在建设工程合同中权利义务的其他主体。狭义而言，合法发包人一般仅指建设工程的建设单位，即对于建设工程所占土地具有合法土地使用权或所有权，且经合法取得建设用地规划许可文件和建设工程规划许可文件的单位，但是依法不要求取得建设用地规划许可文件或者建设工程规划许可文件的特殊项目，对于建设工程所占土地具有合法土地使用权或所有权的单位，亦可成为狭义的合法发包人。建设工程的承包人，即实施建设工程的勘察、设计、施工等业务的单位，包括对建设工程实行总承包的单位和承包分包工程的单位。

典型形态

在实践中，建设工程合同纠纷主要有：

（1）建设工程勘察合同纠纷，是指当事人就达成的发包人与勘察人关于完成建设工程地理地质调查研究工作为内容的协议产生的权利义务纠纷。

（2）建设工程设计合同纠纷，是指承包人与发包人就达成的关于可行性资料设计的协议或具体施工设计的协议产生的权利义务纠纷。

（3）建设工程施工合同纠纷，是指当事人就达成的为完成建设工程的建筑、安装等行为，双方明确相互权利义务的合同产生的权利义务纠纷。

（4）建设工程价款优先受偿权纠纷，是指当事人就建设工程承包人的优先受偿权产生的权利义务纠纷。

（5）建设工程分包合同纠纷，建设工程的承包人经发包人同意后，把其承包的部分工程交给第三人，并与其签订承包合同项下的合同产生的权利义务纠纷。

（6）建设工程监理合同纠纷，是指具有法定资质条件的工程监理单位与发包人就达成的明确建设工程监理中双方权利义务的合同产生的权利义务纠纷。

（7）装饰装修合同纠纷，是指建筑装饰装修企业与发包人就达成的明确装饰装修中双方权利义务的合同产生的权利义务纠纷。

（8）铁路修建合同纠纷，是指承包人与发包人就达成的在建设或修整铁路过程中明确双方权利义务的合同产生的权利义务纠纷。

（9）农村建房施工合同纠纷，是指农村建房户与施工方就达成的在建设房屋过程中明确双方权利义务的合同产生的权利义务纠纷。

常用法律条文及索引

《中华人民共和国民法典》（2020年5月28日公布　2021年1月1日施行）

第七百八十八条　建设工程合同是承包人进行工程建设，发包人支付价款的合同。

建设工程合同包括工程勘察、设计、施工合同。

第七百八十九条　建设工程合同应当采用书面形式。

第七百九十条　建设工程的招标投标活动，应当依照有关法律的规定公开、公平、公正进行。

第七百九十一条　发包人可以与总承包人订立建设工程合同，也可以分别与勘察人、设计人、施工人订立勘察、设计、施工承包合同。发包人不得将应当由一个承包人完成的建设工程支解成若干部分发包给数个承包人。

总承包人或者勘察、设计、施工承包人经发包人同意，可以将自己承包的部分工作交由第三人完成。第三人就其完成的工作成果与总承包人或者勘察、设计、施工承包人向发包人承担连带责任。承包人不得将其承包的全部建设工程转包给第三人或者将其承包的全部建设工程支解以后以分包的名义分别转包给第三人。

禁止承包人将工程分包给不具备相应资质条件的单位。禁止分包单位将其承包的工程再分包。建设工程主体结构的施工必须由承包人自行完成。

第七百九十二条　国家重大建设工程合同，应当按照国家规定的程序和国家批准的投资计划、可行性研究报告等文件订立。

第七百九十三条　建设工程施工合同无效，但是建设工程经验收合格的，可以参照合同关于工程价款的约定折价补偿承包人。

建设工程施工合同无效，且建设工程经验收不合格的，按照以下情形处理：

（一）修复后的建设工程经验收合格的，发包人可以请求承包人承担修复费用；

（二）修复后的建设工程经验收不合格的，承包人无权请求参照合同关于工程价款的约定折价补偿。

发包人对因建设工程不合格造成的损失有过错的，应当承担相应的责任。

第七百九十四条　勘察、设计合同的内容一般包括提交有关基础资料和概预算等文件的期限、质量要求、费用以及其他协作条件等条款。

第七百九十五条　施工合同的内容一般包括工程范围、建设工期、中间交工工程的开工和竣工时间、工程质量、工程造价、技术资料交付时间、材料和设备供应责任、拨款和结算、竣工验收、质量保修范围和质量保证期、相互协作等条款。

第七百九十六条　建设工程实行监理的，发包人应当与监理人采用书面形式订立委托监理合同。发包人与监理人的权利和义务以及法律责任，应当依照本编委托合同以及其他有关法律、行政法规的规定。

第七百九十七条　发包人在不妨碍承包人正常作业的情况下，可以随时对作业进度、质量进行检查。

第七百九十八条　隐蔽工程在隐蔽以前，承包人应当通知发包人检查。发包人没有及时检查的，承包人可以顺延工程日期，并有权请求赔偿停工、窝工等损失。

第七百九十九条　建设工程竣工后，发包人应当根据施工图纸及说明书、国家颁发的施工验收规范和质量检验标准及时进行验收。验收合格的，发包人应当按照约定支付价款，并接收该建设工程。

建设工程竣工经验收合格后，方可交付使用；未经验收或者验收不合格的，不得交付使用。

第八百条　勘察、设计的质量不符合要求或者未按照期限提交勘察、设计文件拖延工期，造成发包人损失的，勘察人、设计人应当继续完善勘察、设计，减收或者免收勘察、设计费并赔偿损失。

第八百零一条　因施工人的原因致使建设工程质量不符合约定的，发包人有权请求施工人在合理期限内无偿修理或者返工、改建。经过修理或者返工、改建后，造成逾期交付的，施工人应当承担违约责任。

第八百零二条　因承包人的原因致使建设工程在合理使用期限内造成人身损害和财产损失的，承包人应当承担赔偿责任。

第八百零三条　发包人未按照约定的时间和要求提供原材料、设备、场地、资金、技术资料的，承包人可以顺延工程日期，并有权请求赔偿停工、窝工等损失。

第八百零四条　因发包人的原因致使工程中途停建、缓建的，发包人应当采取措施弥补或者减少损失，赔偿承包人因此造成的停工、窝工、倒运、机械设备调迁、材料和构件积压等损失和实际费用。

第八百零五条　因发包人变更计划，提供的资料不准确，或者未按照期限提供必需的勘察、设计工作条件而造成勘察、设计的返工、停工或者修改设计，发包人应当按照勘察人、设计人实际消耗的工作量增付费用。

第八百零六条　承包人将建设工程转包、违法分包的，发包人可以解除合同。

发包人提供的主要建筑材料、建筑构配件和设备不符合强制性标准或者不履行协助义务，致使承包人无法施工，经催告后在合理期限内仍未履行相应义务的，承包人可以解除合同。

合同解除后，已经完成的建设工程质量合格的，发包人应当按照约定支付相应的工程价款；已经完成的建设工程质量不合格的，参照本法第七百九十三条的规定处理。

第八百零七条　发包人未按照约定支付价款的，承包人可以催告发包人在合理期限内支付价款。发包人逾期不支付的，除根据建设工程的性质不宜折价、拍卖外，承包人可以与发包人协议将该工程折价，也可以请求人民法院将该工程依法拍卖。建设工程的价款就该工程折价或者拍卖的价款优先受偿。

第八百零八条　本章没有规定的，适用承揽合同的有关规定。

另，请求权基础条款参见本法第一百四十八条～第一百五十一条、第一百五十三条、第一百五十四条、第一百八十六条、第五百零六条、第五百四十九条、第五百六十二条、第五百六十三条、第五百六十六条、第五百六十八条、第五百七十七条、第五百七十八条。

《最高人民法院关于审理建设工程施工合同纠纷案件适用法律问题的解释（一）》（法释〔2020〕25号　2020年12月29日公布）

第一条　建设工程施工合同具有下列情形之一的，应当依据民法典第一百五十三条第一款的规定，认定无效：

（一）承包人未取得建筑业企业资质或者超越资质等级的；

（二）没有资质的实际施工人借用有资质的建筑施工企业名义的；

（三）建设工程必须进行招标而未招标或者中标无效的。

承包人因转包、违法分包建设工程与他人签订的建设工程施工合同，应当依据民法典第一百五十三条第一款及第七百九十一条第二款、第三款的规定，认定无效。

第二条　招标人和中标人另行签订的建设工程施工合同约定的工程范围、建设工期、工程质量、工程价款等实质性内容，与中标合同不一致，一方当事人请求按照中标合同确定权利义务的，人民法院应予支持。

招标人和中标人在中标合同之外就明显高于市场价格购买承建房产、无偿建设住房配套设施、让利、向建设单位捐赠财物等另行签订合同，变相降低工程价款，一方当事人以该合同背离中标合同实质性内容为由请求确认无效的，人民法院应予支持。

第三条　当事人以发包人未取得建设工程规划许可证等规划审批手续为由，请求确认建设工程施工合同无效的，人民法院应予支持，但发包人在起诉前取得建设工程规划许可证等规划审批手续的除外。

发包人能够办理审批手续而未办理，并以未办理审批手续为由请求确认建设工程施工合同无效的，人民法院不予支持。

第四条　承包人超越资质等级许可的业务范围签订建设工程施工合同，在建设工程竣工前取得相应资质等级，当事人请求按照无效合同处理的，人民法院不予支持。

第五条　具有劳务作业法定资质的承包人与总承包人、分包人签订的劳务分包合同，当事人请求确认无效的，人民法院依法不予支持。

第六条　建设工程施工合同无效，一方当事人请求对方赔偿损失的，应当就对方过错、损失大小、过错与损失之间的因果关系承担举证责任。

损失大小无法确定，一方当事人请求参照合同约定的质量标准、建设工期、工程价款支付时间等内容确定损失大小的，人民法院可以结合双方过错程度、过错与损失之间的因果关系等因素作出裁判。

第七条　缺乏资质的单位或者个人借用有资质的建筑施工企业名义签订建设工程施工合同，发包人请求出借方与借用方对建设工程质量不合格等因出借资质造成的损失承担连带赔偿责任的，人民法院应予支持。

第八条　当事人对建设工程开工日期有争议的，人民法院应当分别按照以下情形予以认定：

（一）开工日期为发包人或者监理人发出的开工通知载明的开工日期；开工通知发出后，尚不具备开工条件的，以开工条件具备的时间为开工日期；因承包人原因导致开工时间推迟的，以开工通知载明的时间为开工日期。

（二）承包人经发包人同意已经实际进场施工的，以实际进场施工时间为开工日期。

（三）发包人或者监理人未发出开工通知，亦无相关证据证明实际开工日期的，应当综合考虑开工报告、合同、施工许可证、竣工验收报告或者竣工验收备案表等载明的时间，并结合是否具备开工条件的事实，认定开工日期。

第九条 当事人对建设工程实际竣工日期有争议的，人民法院应当分别按照以下情形予以认定：

（一）建设工程经竣工验收合格的，以竣工验收合格之日为竣工日期；

（二）承包人已经提交竣工验收报告，发包人拖延验收的，以承包人提交验收报告之日为竣工日期；

（三）建设工程未经竣工验收，发包人擅自使用的，以转移占有建设工程之日为竣工日期。

第十条 当事人约定顺延工期应当经发包人或者监理人签证等方式确认，承包人虽未取得工期顺延的确认，但能够证明在合同约定的期限内向发包人或者监理人申请过工期顺延且顺延事由符合合同约定，承包人以此为由主张工期顺延的，人民法院应予支持。

当事人约定承包人未在约定期限内提出工期顺延申请视为工期不顺延的，按照约定处理，但发包人在约定期限后同意工期顺延或者承包人提出合理抗辩的除外。

第十一条 建设工程竣工前，当事人对工程质量发生争议，工程质量经鉴定合格的，鉴定期间为顺延工期期间。

第十二条 因承包人的原因造成建设工程质量不符合约定，承包人拒绝修理、返工或者改建，发包人请求减少支付工程价款的，人民法院应予支持。

第十三条 发包人具有下列情形之一，造成建设工程质量缺陷，应当承担过错责任：

（一）提供的设计有缺陷；

（二）提供或者指定购买的建筑材料、建筑构配件、设备不符合强制性标准；

（三）直接指定分包人分包专业工程。

承包人有过错的，也应当承担相应的过错责任。

第十四条 建设工程未经竣工验收，发包人擅自使用后，又以使用部分质量不符合约定为由主张权利的，人民法院不予支持；但是承包人应当在建设工程的合理使用寿命内对地基基础工程和主体结构质量承担民事责任。

第十五条　因建设工程质量发生争议的，发包人可以以总承包人、分包人和实际施工人为共同被告提起诉讼。

第十六条　发包人在承包人提起的建设工程施工合同纠纷案件中，以建设工程质量不符合合同约定或者法律规定为由，就承包人支付违约金或者赔偿修理、返工、改建的合理费用等损失提出反诉的，人民法院可以合并审理。

第十七条　有下列情形之一，承包人请求发包人返还工程质量保证金的，人民法院应予支持：

（一）当事人约定的工程质量保证金返还期限届满；

（二）当事人未约定工程质量保证金返还期限的，自建设工程通过竣工验收之日起满二年；

（三）因发包人原因建设工程未按约定期限进行竣工验收的，自承包人提交工程竣工验收报告九十日后当事人约定的工程质量保证金返还期限届满；当事人未约定工程质量保证金返还期限的，自承包人提交工程竣工验收报告九十日后起满二年。

发包人返还工程质量保证金后，不影响承包人根据合同约定或者法律规定履行工程保修义务。

第十八条　因保修人未及时履行保修义务，导致建筑物毁损或者造成人身损害、财产损失的，保修人应当承担赔偿责任。

保修人与建筑物所有人或者发包人对建筑物毁损均有过错的，各自承担相应的责任。

第十九条　当事人对建设工程的计价标准或者计价方法有约定的，按照约定结算工程价款。

因设计变更导致建设工程的工程量或者质量标准发生变化，当事人对该部分工程价款不能协商一致的，可以参照签订建设工程施工合同时当地建设行政主管部门发布的计价方法或者计价标准结算工程价款。

建设工程施工合同有效，但建设工程经竣工验收不合格的，依照民法典第五百七十七条规定处理。

第二十条　当事人对工程量有争议的，按照施工过程中形成的签证等书面文件确认。承包人能够证明发包人同意其施工，但未能提供签证文件证明工程量发生的，可以按照当事人提供的其他证据确认实际发生的工程量。

第二十一条　当事人约定，发包人收到竣工结算文件后，在约定期限内不予答复，视为认可竣工结算文件的，按照约定处理。承包人请求按照竣工结算文件结算工程价款的，人民法院应予支持。

第二十二条 当事人签订的建设工程施工合同与招标文件、投标文件、中标通知书载明的工程范围、建设工期、工程质量、工程价款不一致，一方当事人请求将招标文件、投标文件、中标通知书作为结算工程价款的依据的，人民法院应予支持。

第二十三条 发包人将依法不属于必须招标的建设工程进行招标后，与承包人另行订立的建设工程施工合同背离中标合同的实质性内容，当事人请求以中标合同作为结算建设工程价款依据的，人民法院应予支持，但发包人与承包人因客观情况发生了在招标投标时难以预见的变化而另行订立建设工程施工合同的除外。

第二十四条 当事人就同一建设工程订立的数份建设工程施工合同均无效，但建设工程质量合格，一方当事人请求参照实际履行的合同关于工程价款的约定折价补偿承包人的，人民法院应予支持。

实际履行的合同难以确定，当事人请求参照最后签订的合同关于工程价款的约定折价补偿承包人的，人民法院应予支持。

第二十五条 当事人对垫资和垫资利息有约定，承包人请求按照约定返还垫资及其利息的，人民法院应予支持，但是约定的利息计算标准高于垫资时的同类贷款利率或者同期贷款市场报价利率的部分除外。

当事人对垫资没有约定的，按照工程欠款处理。

当事人对垫资利息没有约定，承包人请求支付利息的，人民法院不予支持。

第二十六条 当事人对欠付工程价款利息计付标准有约定的，按照约定处理。没有约定的，按照同期同类贷款利率或者同期贷款市场报价利率计息。

第二十七条 利息从应付工程价款之日开始计付。当事人对付款时间没有约定或者约定不明的，下列时间视为应付款时间：

（一）建设工程已实际交付的，为交付之日；

（二）建设工程没有交付的，为提交竣工结算文件之日；

（三）建设工程未交付，工程价款也未结算的，为当事人起诉之日。

第二十八条 当事人约定按照固定价结算工程价款，一方当事人请求对建设工程造价进行鉴定的，人民法院不予支持。

第二十九条 当事人在诉讼前已经对建设工程价款结算达成协议，诉讼中一方当事人申请对工程造价进行鉴定的，人民法院不予准许。

第三十条　当事人在诉讼前共同委托有关机构、人员对建设工程造价出具咨询意见，诉讼中一方当事人不认可该咨询意见申请鉴定的，人民法院应予准许，但双方当事人明确表示受该咨询意见约束的除外。

第三十一条　当事人对部分案件事实有争议的，仅对有争议的事实进行鉴定，但争议事实范围不能确定，或者双方当事人请求对全部事实鉴定的除外。

第三十二条　当事人对工程造价、质量、修复费用等专门性问题有争议，人民法院认为需要鉴定的，应当向负有举证责任的当事人释明。当事人经释明未申请鉴定，虽申请鉴定但未支付鉴定费用或者拒不提供相关材料的，应当承担举证不能的法律后果。

一审诉讼中负有举证责任的当事人未申请鉴定，虽申请鉴定但未支付鉴定费用或者拒不提供相关材料，二审诉讼中申请鉴定，人民法院认为确有必要的，应当依照民事诉讼法第一百七十条第一款第三项的规定处理。

第三十三条　人民法院准许当事人的鉴定申请后，应当根据当事人申请及查明案件事实的需要，确定委托鉴定的事项、范围、鉴定期限等，并组织当事人对争议的鉴定材料进行质证。

第三十四条　人民法院应当组织当事人对鉴定意见进行质证。鉴定人将当事人有争议且未经质证的材料作为鉴定依据的，人民法院应当组织当事人就该部分材料进行质证。经质证认为不能作为鉴定依据的，根据该材料作出的鉴定意见不得作为认定案件事实的依据。

第三十五条　与发包人订立建设工程施工合同的承包人，依据民法典第八百零七条的规定请求其承建工程的价款就工程折价或者拍卖的价款优先受偿的，人民法院应予支持。

第三十六条　承包人根据民法典第八百零七条规定享有的建设工程价款优先受偿权优于抵押权和其他债权。

第三十七条　装饰装修工程具备折价或者拍卖条件，装饰装修工程的承包人请求工程价款就该装饰装修工程折价或者拍卖的价款优先受偿的，人民法院应予支持。

第三十八条　建设工程质量合格，承包人请求其承建工程的价款就工程折价或者拍卖的价款优先受偿的，人民法院应予支持。

第三十九条　未竣工的建设工程质量合格，承包人请求其承建工程的价款就其承建工程部分折价或者拍卖的价款优先受偿的，人民法院应予支持。

第四十条 承包人建设工程价款优先受偿的范围依照国务院有关行政主管部门关于建设工程价款范围的规定确定。

承包人就逾期支付建设工程价款的利息、违约金、损害赔偿金等主张优先受偿的，人民法院不予支持。

第四十一条 承包人应当在合理期限内行使建设工程价款优先受偿权，但最长不得超过十八个月，自发包人应当给付建设工程价款之日起算。

第四十二条 发包人与承包人约定放弃或者限制建设工程价款优先受偿权，损害建筑工人利益，发包人根据该约定主张承包人不享有建设工程价款优先受偿权的，人民法院不予支持。

第四十三条 实际施工人以转包人、违法分包人为被告起诉的，人民法院应当依法受理。

实际施工人以发包人为被告主张权利的，人民法院应当追加转包人或者违法分包人为本案第三人，在查明发包人欠付转包人或者违法分包人建设工程价款的数额后，判决发包人在欠付建设工程价款范围内对实际施工人承担责任。

第四十四条 实际施工人依据民法典第五百三十五条规定，以转包人或者违法分包人怠于向发包人行使到期债权或者与该债权有关的从权利，影响其到期债权实现，提起代位权诉讼的，人民法院应予支持。

《第八次全国法院民事商事审判工作会议（民事部分）纪要》（法〔2016〕399 号 2016 年 11 月 21 日公布）

30. 要依法维护通过招投标所签订的中标合同的法律效力。当事人违反工程建设强制性标准，任意压缩合理工期、降低工程质量标准的约定，应认定无效。对于约定无效后的工程价款结算，应依据建设工程施工合同司法解释的相关规定处理。

31. 招标人和中标人另行签订改变工期、工程价款、工程项目性质等影响中标结果实质性内容的协议，导致合同双方当事人就实质性内容享有的权利义务发生较大变化的，应认定为变更中标合同实质性内容。

32. 因发包人未按照约定提供原材料、设备、场地、资金、技术资料的，隐蔽工程在隐蔽之前，承包人已通知发包人检查，发包人未及时检查等原因致使工程中途停、缓建，发包人应当赔偿因此给承包人造成的停（窝）工损失，包括停（窝）工人员人工费、机械设备窝工费和因窝工造成设备租赁费用等停（窝）工损失。

33. 发包人不履行告知变更后的施工方案、施工技术交底、完善施工条件等协作义务，致使承包人停（窝）工，以至难以完成工程项目建设的，承包人催告在合理期限内履行，发包人逾期仍不履行的，人民法院视违约情节，可以依据合同法第二百五十九条、第二百八十三条规定裁判顺延工期，并有权要求赔偿停（窝）工损失。

34. 承包人不履行配合工程档案备案、开具发票等协作义务的，人民法院视违约情节，可以依据合同法第六十条、第一百零七条规定，判令承包人限期履行、赔偿损失等。

适用本案由需要注意的问题

◆根据《最高人民法院关于适用〈中华人民共和国民事诉讼法〉的解释》第28条规定，建设工程合同纠纷案件，按照不动产纠纷确定管辖，即由不动产所在地人民法院管辖。不动产已登记的，以不动产登记簿记载的所在地为不动产所在地；不动产未登记的，以不动产实际所在地为不动产所在地。

◆在适用本案由时，要注意其与承揽合同纠纷的区别。建设工程合同属于一种特殊的承揽合同，由于其特殊性，《民事案件案由规定》将其列为一个单独的案由，并在其下列了九个四级案由，属于这九个四级案由的，不适用承揽合同纠纷这一案由。

116. 运输合同纠纷

（1）公路旅客运输合同纠纷
（2）公路货物运输合同纠纷
（3）水路旅客运输合同纠纷
（4）水路货物运输合同纠纷
（5）航空旅客运输合同纠纷
（6）航空货物运输合同纠纷
（7）出租汽车运输合同纠纷
（8）管道运输合同纠纷
（9）城市公交运输合同纠纷
（10）联合运输合同纠纷
（11）多式联运合同纠纷
（12）铁路货物运输合同纠纷
（13）铁路旅客运输合同纠纷
（14）铁路行李运输合同纠纷
（15）铁路包裹运输合同纠纷
（16）国际铁路联运合同纠纷

案由解析

运输合同是指承运人将旅客或货物从起运地点运输到约定地点，旅客、托运人支付票款或者运输费用的合同。

运输合同纠纷是指当事人之间因订立、履行、变更、终止运输合同发生的权利义务纠纷。

运输合同的特征主要是：（1）运输合同是双务有偿合同。在运输合同中，双方当事人都既享有权利又承担义务，承运人及时安全地将旅客或货物运至目的地与旅客或托运人支付费用互为对价。（2）运输合同是诺成合同。双方当事人意思表示一致时，运输合同即告成立。（3）某些运输合同具缔约强制性。这主要是指那些垄断性的公用企业，为了保护社会公众的利益，法律强制其不得拒绝旅客或托运人的缔约要求。

典型形态

在实践中，运输合同的典型形态主要有：

（1）公路旅客运输合同纠纷，是指当事人就达成的承运人在公路上使用汽车等运输工具把旅客运送至目的地的合同产生的权利义务纠纷。

（2）公路货物运输合同纠纷，是指当事人就达成的承运人在公路上使用汽车等运输工具将托运人的货物运送至指定地点交付收货人的合同产生的权利义务纠纷。

（3）水路旅客运输合同纠纷，是指当事人就达成的承运人用船舶经水路将旅客及其自带行李从一个港口运送至另一个港口，旅客支付票款的合同产生的权利义务纠纷。

（4）水路货物运输合同纠纷，是指当事人就达成的承运人用船舶经水路把货物从一个港口运至另一个港口，托运人支付运费的合同产生的权利义务纠纷。

（5）航空旅客运输合同纠纷，是指当事人就达成的承运人将旅客及其行李以航空器运送至目的地的合同产生的权利义务纠纷。

（6）航空货物运输合同纠纷，是指当事人就达成的承运人以航空器和其他设备，采用航空运输的方式把托运物运送至指定地点交给收货人的合同产生的权利义务纠纷。

（7）出租汽车运输合同纠纷，是指当事人就达成的承运人以出租汽车把乘客及其随身物品运送至指定地点并收取运费的合同产生的权利义务纠纷。

（8）管道运输合同纠纷，是指当事人就达成的承运人以管道作为运输方式运送货物的合同产生的权利义务纠纷。

（9）城市公交运输合同纠纷，是指城镇的公共运输企业利用公众乘用的公共汽车、电车、地铁、索道缆车及城市水上客运船运送旅客产生的权利义务纠纷。

（10）联合运输合同纠纷，是指当事人就达成的多个承运人用同一种运输方式共同为托运人运送货物的合同产生的权利义务纠纷。

（11）多式联运合同纠纷，是指当事人就达成的多式联运经营人用两种以上运输方式将货物运送至目的地交付收货人，并收取全程运费的合同产生的权利义务纠纷。

（12）铁路货物运输合同纠纷，是指当事人就达成的铁路运输企业按照合同约定或国务院铁路主管部门规定的期限，把货物运送至目的地，并收取运费的合同产生的权利义务纠纷。

（13）铁路旅客运输合同纠纷，是指当事人就达成的铁路运输企业按照车票上的日期、车次将旅客运送至目的地，旅客支付票款的合同产生的权利义务纠纷。

（14）铁路行李运输合同纠纷，是指铁路运输企业将旅客的被褥、衣服等其他旅行物品运送至目的地的合同产生的权利义务纠纷。

（15）铁路包裹运输合同纠纷，是指铁路运输企业将小件货物放置在列车行李车内运送至目的地的合同产生的权利义务纠纷。

（16）国际铁路联运合同纠纷，是指国际联运承运人按照与托运人的约定通过铁路跨国运送货物并收取运费的合同产生的权利义务纠纷。

常用法律条文及索引

《中华人民共和国民法典》（2020 年 5 月 28 日公布　2021 年 1 月 1 日施行）

第八百一十条　从事公共运输的承运人不得拒绝旅客、托运人通常、合理的运输要求。

第八百一十一条　承运人应当在约定期限或者合理期限内将旅客、货物安全运输到约定地点。

第八百一十二条　承运人应当按照约定的或者通常的运输路线将旅客、货物运输到约定地点。

第八百一十三条　旅客、托运人或者收货人应当支付票款或者运输费用。承运人未按照约定路线或者通常路线运输增加票款或者运输费用的，旅客、托运人或者收货人可以拒绝支付增加部分的票款或者运输费用。

第八百一十四条　客运合同自承运人向旅客出具客票时成立，但是当事人另有约定或者另有交易习惯的除外。

第八百一十五条　旅客应当按照有效客票记载的时间、班次和座位号乘坐。旅客无票乘坐、超程乘坐、越级乘坐或者持不符合减价条件的优惠客票乘坐的，应当补交票款，承运人可以按照规定加收票款；旅客不支付票款的，承运人可以拒绝运输。

实名制客运合同的旅客丢失客票的，可以请求承运人挂失补办，承运人不得再次收取票款和其他不合理费用。

第八百一十六条　旅客因自己的原因不能按照客票记载的时间乘坐的，应当在约定的期限内办理退票或者变更手续；逾期办理的，承运人可以不退票款，并不再承担运输义务。

第八百一十七条　旅客随身携带行李应当符合约定的限量和品类要求；超过限量或者违反品类要求携带行李的，应当办理托运手续。

第八百一十八条　旅客不得随身携带或者在行李中夹带易燃、易爆、有毒、有腐蚀性、有放射性以及可能危及运输工具上人身和财产安全的危险物品或者违禁物品。

旅客违反前款规定的，承运人可以将危险物品或者违禁物品卸下、销毁或者送交有关部门。旅客坚持携带或者夹带危险物品或者违禁物品的，承运人应当拒绝运输。

第八百一十九条　承运人应当严格履行安全运输义务，及时告知旅客安全运输应当注意的事项。旅客对承运人为安全运输所作的合理安排应当积极协助和配合。

第八百二十条　承运人应当按照有效客票记载的时间、班次和座位号运输旅客。承运人迟延运输或者有其他不能正常运输情形的，应当及时告知和提醒旅客，采取必要的安置措施，并根据旅客的要求安排改乘其他班次或者退票；由此造成旅客损失的，承运人应当承担赔偿责任，但是不可归责于承运人的除外。

第八百二十一条　承运人擅自降低服务标准的，应当根据旅客的请求退票或者减收票款；提高服务标准的，不得加收票款。

第八百二十二条　承运人在运输过程中，应当尽力救助患有急病、分娩、遇险的旅客。

第八百二十三条　承运人应当对运输过程中旅客的伤亡承担赔偿责任；但是，伤亡是旅客自身健康原因造成的或者承运人证明伤亡是旅客故意、重大过失造成的除外。

前款规定适用于按照规定免票、持优待票或者经承运人许可搭乘的无票旅客。

第八百二十四条　在运输过程中旅客随身携带物品毁损、灭失，承运人有过错的，应当承担赔偿责任。

旅客托运的行李毁损、灭失的，适用货物运输的有关规定。

第八百二十五条　托运人办理货物运输，应当向承运人准确表明收货人的姓名、名称或者凭指示的收货人，货物的名称、性质、重量、数量，收货地点等有关货物运输的必要情况。

因托运人申报不实或者遗漏重要情况，造成承运人损失的，托运人应当承担赔偿责任。

第八百二十六条　货物运输需要办理审批、检验等手续的，托运人应当将办理完有关手续的文件提交承运人。

第八百二十七条　托运人应当按照约定的方式包装货物。对包装方式没有约定或者约定不明确的，适用本法第六百一十九条的规定。

托运人违反前款规定的，承运人可以拒绝运输。

第八百二十八条　托运人托运易燃、易爆、有毒、有腐蚀性、有放射性等危险物品的，应当按照国家有关危险物品运输的规定对危险物品妥善包装，做出危险物品标志和标签，并将有关危险物品的名称、性质和防范措施的书面材料提交承运人。

托运人违反前款规定的，承运人可以拒绝运输，也可以采取相应措施以避免损失的发生，因此产生的费用由托运人负担。

第八百二十九条　在承运人将货物交付收货人之前，托运人可以要求承运人中止运输、返还货物、变更到达地或者将货物交给其他收货人，但是应当赔偿承运人因此受到的损失。

第八百三十条　货物运输到达后，承运人知道收货人的，应当及时通知收货人，收货人应当及时提货。收货人逾期提货的，应当向承运人支付保管费等费用。

第八百三十一条　收货人提货时应当按照约定的期限检验货物。对检验货物的期限没有约定或者约定不明确，依据本法第五百一十条的规定仍不能确定的，应当在合理期限内检验货物。收货人在约定的期限或者合理期限内对货物的数量、毁损等未提出异议的，视为承运人已经按照运输单证的记载交付的初步证据。

第八百三十二条　承运人对运输过程中货物的毁损、灭失承担赔偿责任。但是，承运人证明货物的毁损、灭失是因不可抗力、货物本身的自然性质或者合理损耗以及托运人、收货人的过错造成的，不承担赔偿责任。

第八百三十三条　货物的毁损、灭失的赔偿额，当事人有约定的，按照其约定；没有约定或者约定不明确，依据本法第五百一十条的规定仍不能确定的，按照交付或者应当交付时货物到达地的市场价格计算。法律、行政法规对赔偿额的计算方法和赔偿限额另有规定的，依照其规定。

第八百三十四条　两个以上承运人以同一运输方式联运的，与托运人订立合同的承运人应当对全程运输承担责任；损失发生在某一运输区段的，与托运人订立合同的承运人和该区段的承运人承担连带责任。

第八百三十五条　货物在运输过程中因不可抗力灭失，未收取运费的，承运人不得请求支付运费；已经收取运费的，托运人可以请求返还。法律另有规定的，依照其规定。

第八百三十六条　托运人或者收货人不支付运费、保管费或者其他费用的，承运人对相应的运输货物享有留置权，但是当事人另有约定的除外。

第八百三十七条　收货人不明或者收货人无正当理由拒绝受领货物的，承运人依法可以提存货物。

第八百三十八条　多式联运经营人负责履行或者组织履行多式联运合同，对全程运输享有承运人的权利，承担承运人的义务。

第八百三十九条　多式联运经营人可以与参加多式联运的各区段承运人就多式联运合同的各区段运输约定相互之间的责任；但是，该约定不影响多式联运经营人对全程运输承担的义务。

第八百四十条　多式联运经营人收到托运人交付的货物时，应当签发多式联运单据。按照托运人的要求，多式联运单据可以是可转让单据，也可以是不可转让单据。

第八百四十一条　因托运人托运货物时的过错造成多式联运经营人损失的，即使托运人已经转让多式联运单据，托运人仍然应当承担赔偿责任。

第八百四十二条　货物的毁损、灭失发生于多式联运的某一运输区段的，多式联运经营人的赔偿责任和责任限额，适用调整该区段运输方式的有关法律规定；货物毁损、灭失发生的运输区段不能确定的，依照本章规定承担赔偿责任。

另，请求权基础条款参见本法第一百一十九条、第一百四十八条～第一百五十一条、第一百五十三条、第一百五十四条、第一百八十六条，第五百零六条，第五百四十九条、第五百六十二条、第五百六十三条、第五百六十六条、第五百六十八条、第五百七十七条、第五百七十八条。

《中华人民共和国铁路法》（2015 年 4 月 24 日修正）

第十一条　铁路运输合同是明确铁路运输企业与旅客、托运人之间权利义务关系的协议。

旅客车票、行李票、包裹票和货物运单是合同或者合同的组成部分。

第十二条　铁路运输企业应当保证旅客按车票载明的日期、车次乘车，并到达目的站。因铁路运输企业的责任造成旅客不能按车票载明的日期、车次乘车的，铁路运输企业应当按照旅客的要求，退还全部票款或者安排改乘到达相同目的站的其他列车。

第十三条 铁路运输企业应当采取有效措施做好旅客运输服务工作，做到文明礼貌、热情周到，保持车站和车厢内的清洁卫生，提供饮用开水，做好列车上的饮食供应工作。

铁路运输企业应当采取措施，防止对铁路沿线环境的污染。

第十四条 旅客乘车应当持有效车票。对无票乘车或者持失效车票乘车的，应当补收票款，并按照规定加收票款；拒不交付的，铁路运输企业可以责令下车。

适用本案由需要注意的问题

◆在确定运输合同纠纷的管辖法院时，应注意区分普通运输方式与铁路运输、海上运输的不同。铁路运输合同纠纷由铁路运输法院管辖，海上运输合同纠纷案件由海事法院管辖，而其他纠纷由运输始发地、目的地或被告住所地人民法院管辖。

◆在适用本案由时，要注意本案由中的水路运输与国际海上运输的区别。在我国，水上运输指国内水路运输，包括沿海运输与内陆可航水域运输，不包括国际海上运输，所以国际海上运输纠纷不适用本案由。

117. 保管合同纠纷

案由解析

保管合同又称寄托合同、寄存合同，是指双方当事人约定一方将物交付他方保管的合同。保管物品的一方称为保管人，或者称为受寄人，其所保管的物品称为保管物，或者称为寄托物，交付物品保管的一方称为寄存人，或者称为寄托人。保管合同纠纷是指当事人之间因订立、履行、变更、终止保管合同发生的权利义务纠纷。

保管合同的特征主要是：（1）合同的目的是保管。当事人订立合同的目的是由保管人代为保管物品，并不是为了得到保管物的所有权或者使用权。（2）保管合同原则上为实践合同、无偿合同。《民法典》合同编规定，保管合同自保管物交付时成立，所以如无特别约定，为实践合同。根据《民法典》合同编的规定，保管合同的当事人对保管费没有约定或约定不明时，保管合同是无偿合同。也就是说，保管合同以无偿为原则，但约定为有偿的除外。(3)保管合同是双务合同、不要式合同。虽然保管合同多为无偿合同，但即使在无偿的保管合同中，也有可能存在保管费用，对于保管人在保管物品时的支出，寄存人有义务支付。不要式体现在当事人交付与接收保管物时合同即成立，无须采取特别的形式。

常用法律条文及索引

《中华人民共和国民法典》（2020 年 5 月 28 日公布　2021 年 1 月 1 日施行）

第八百八十八条　保管合同是保管人保管寄存人交付的保管物，并返还该物的合同。

寄存人到保管人处从事购物、就餐、住宿等活动，将物品存放在指定场所的，视为保管，但是当事人另有约定或者另有交易习惯的除外。

第九百条　保管期限届满或者寄存人提前领取保管物的，保管人应当将原物及其孳息归还寄存人。

第九百零二条　有偿的保管合同，寄存人应当按照约定的期限向保管人支付保管费。

当事人对支付期限没有约定或者约定不明确，依据本法第五百一十条的规定仍不能确定的，应当在领取保管物的同时支付。

另，请求权基础条款参见本法第一百五十三条、第一百五十四条、第一百八十六条、第五百六十二条、第五百六十三条、第五百六十六条、第五百七十七条。

适用本案由需要注意的问题

◆保管合同纠纷案件，按照合同纠纷案件的一般管辖原则，由被告住所地或合同履行地人民法院管辖。如保管物为不动产，则由不动产所在地人民法院管辖。根据《最高人民法院关于军事法院管辖民事案件若干问题的规定》第 2 条的规定，《民事诉讼法》第 33 条规定的不动产所在地在营区内，且当事人一方为军人或者军队单位的案件，地方当事人向军事法院提起诉讼的，军事法院应当受理。

◆在适用本案由时，要注意保管合同和其他相关合同的区别，如借用合同、租赁合同等。区分时从订立合同的目的出发，保管合同是出于对物的保管，其他合同虽然也有对物的保管行为，但借用合同是为了出借人对出借物的使用，租赁合同是租赁人对租赁物的使用，而保管合同不以其他目的订立，这是保管合同区别于其他合同的本质所在。

118. 仓储合同纠纷

案由解析

仓储合同是指保管人储存存货人交付的仓储物，存货人交付仓储费的合同。

仓储合同纠纷是指当事人之间因订立、履行、变更、终止仓储合同发生的权利义务纠纷。

仓储合同的特征主要是：（1）保管人是从事仓储保管业务的人。这是仓储合同与保管合同非常重要的区别，在保管合同中，对于保管人并无资质上的要求，而仓储合同中的保管人须具有仓储设备和从事仓储业务的资格。（2）仓储合同的仓储物为动产。仓储合同的保管人是用自己的仓库保管仓储物，所以仓储合同的仓储物必须是动产。（3）仓储合同是诺成、不要式合同。仓储合同的成立以当事人达成合意为准，无须仓储物的实际交付。仓储合同亦无须采用特殊的形式，所以是诺成、不要式合同。（4）仓储合同是双务、有偿合同。仓储合同中保管人与寄存人都既享有权利又承担义务，仓储人的保管行为与寄存人交付保管费互为对价。

典型形态

在实践中，仓储合同纠纷主要有；

（1）仓储物损毁纠纷，是指仓储物在保管人管理过程中发生损坏、灭失等情况时当事人之间产生的权利义务纠纷。

（2）仓储费纠纷，是指当事人之间关于仓储费用的计算、支付等情况产生的纠纷。

常用法律条文及索引

《中华人民共和国民法典》（2020 年 5 月 28 日公布　2021 年 1 月 1 日施行）

第九百零六条　储存易燃、易爆、有毒、有腐蚀性、有放射性等危险物品或者易变质物品的，存货人应当说明该物品的性质，提供有关资料。

存货人违反前款规定的，保管人可以拒收仓储物，也可以采取相应措施以避免损失的发生，因此产生的费用由存货人负担。

保管人储存易燃、易爆、有毒、有腐蚀性、有放射性等危险物品的，应当具备相应的保管条件。

第九百零七条　保管人应当按照约定对入库仓储物进行验收。保管人验收时发现入库仓储物与约定不符合的，应当及时通知存货人。保管人验收后，发生仓储物的品种、数量、质量不符合约定的，保管人应当承担赔偿责任。

第九百零八条　存货人交付仓储物的，保管人应当出具仓单、入库单等凭证。

第九百零九条　保管人应当在仓单上签名或者盖章。仓单包括下列事项：

（一）存货人的姓名或者名称和住所；

（二）仓储物的品种、数量、质量、包装及其件数和标记；

（三）仓储物的损耗标准；

（四）储存场所；

（五）储存期限；

（六）仓储费；

（七）仓储物已经办理保险的，其保险金额、期间以及保险人的名称；

（八）填发人、填发地和填发日期。

第九百一十条　仓单是提取仓储物的凭证。存货人或者仓单持有人在仓单上背书并经保管人签名或者盖章的，可以转让提取仓储物的权利。

第九百一十一条　保管人根据存货人或者仓单持有人的要求，应当同意其检查仓储物或者提取样品。

第九百一十二条　保管人发现入库仓储物有变质或者其他损坏的，应当及时通知存货人或者仓单持有人。

第九百一十三条　保管人发现入库仓储物有变质或者其他损坏，危及其他仓储物的安全和正常保管的，应当催告存货人或者仓单持有人作出必要的处置。因情况紧急，保管人可以作出必要的处置；但是，事后应当将该情况及时通知存货人或者仓单持有人。

第九百一十四条　当事人对储存期限没有约定或者约定不明确的，存货人或者仓单持有人可以随时提取仓储物，保管人也可以随时请求存货人或者仓单持有人提取仓储物，但是应当给予必要的准备时间。

第九百一十五条　储存期限届满，存货人或者仓单持有人应当凭仓单、入库单等提取仓储物。存货人或者仓单持有人逾期提取的，应当加收仓储费；提前提取的，不减收仓储费。

第九百一十六条 储存期限届满，存货人或者仓单持有人不提取仓储物的，保管人可以催告其在合理期限内提取；逾期不提取的，保管人可以提存仓储物。

第九百一十七条 储存期内，因保管不善造成仓储物毁损、灭失的，保管人应当承担赔偿责任。因仓储物本身的自然性质、包装不符合约定或者超过有效储存期造成仓储物变质、损坏的，保管人不承担赔偿责任。

第九百一十八条 本章没有规定的，适用保管合同的有关规定。

另，请求权基础条款参见本法第一百四十八条～第一百五十一条、第一百五十三条、第一百五十四条、第一百八十六条、第五百六十二条、第五百六十三条、第五百六十六条、第五百七十七条、第五百七十八条。

适用本案由需要注意的问题

◆仓储合同纠纷案件，按照合同纠纷案件的一般管辖原则，由被告住所地或合同履行地人民法院管辖。

◆在适用本案由时，要注意其与保管合同纠纷的区别。保管合同的保管人无特别资质要求，而仓储合同的保管人要求是仓库营业人。保管合同原则上是实践合同，仓储合同是诺成合同。保管合同既有可能是有偿合同，也有可能是无偿合同，而仓储合同是有偿合同。此外，在保管物的验收及保管物的毁损、灭失的赔偿责任上都有不同，适用时需注意不要将两者混淆。

119. 委托合同纠纷

（1）进出口代理合同纠纷

（2）货运代理合同纠纷

（3）民用航空运输销售代理合同纠纷

（4）诉讼、仲裁、人民调解代理合同纠纷

（5）销售代理合同纠纷

案由解析

委托合同是指委托人和受托人约定，由受托人处理委托事务的合同。

委托合同纠纷是指当事人之间因订立、履行、变更、终止委托合同发生的权利义务纠纷。

委托合同的特征主要是：（1）委托合同是建立在委托人与受托人相互信任的基础上的。委托人选择受托人为自己处理事务，是因为委托人信任受托人的能力和信用，而受托人愿意为委托人处理事务，也是基于对委托人的了解与信任。因为委托合同的这个特点，当事人任何一方对对方产生了不信任，都可以随时终止合同。（2）委托合同的标的是处理事务。当事人签订合同的目的是一方代另一方处理委托事务，属于劳务类合同。（3）受托人以委托人的名义处理问题。受托人在代委托人处理问题时，不是以自己的名义进行，而是由委托人的名义，受托人处理的委托事务的后果，直接由委托人承担。（4）委托合同是诺成、不要式合同。在委托合同中，双方意思表示达成一致，合同便告成立，同时签订合同无须采用特别的形式。

典型形态

在实践中，委托合同的典型形态主要有：

（1）进出口代理合同纠纷，是指当事人就达成的代理人为委托人处理进出口事务的合同产生的权利义务纠纷。

（2）货运代理合同纠纷，是指当事人就达成的由代理人为委托人处理货物运输事务的合同产生的权利义务纠纷。

（3）民用航空运输销售代理合同纠纷，是指当事人就达成的由代理人为委托人处理民用航空运输销售事务的合同产生的权利义务纠纷。

（4）诉讼、仲裁、人民调解代理合同纠纷，是指当事人就达成的案件纠纷的当事人或法定代理人委托代理人代为进行诉讼、仲裁、人民调解等法律活动的合同产生的权利义务纠纷。

（5）销售代理合同纠纷，是指当事人达成的由代理人为委托人销售特定产品的合同产生的权利义务纠纷。

常用法律条文及索引

《中华人民共和国民法典》（2020年5月28日公布　2021年1月1日施行）

第一百六十一条　民事主体可以通过代理人实施民事法律行为。

依照法律规定、当事人约定或者民事法律行为的性质，应当由本人亲自实施的民事法律行为，不得代理。

第一百六十二条　代理人在代理权限内，以被代理人名义实施的民事法律行为，对被代理人发生效力。

第一百六十三条 代理包括委托代理和法定代理。

委托代理人按照被代理人的委托行使代理权。法定代理人依照法律的规定行使代理权。

第一百六十四条 代理人不履行或者不完全履行职责，造成被代理人损害的，应当承担民事责任。

代理人和相对人恶意串通，损害被代理人合法权益的，代理人和相对人应当承担连带责任。

第一百六十五条 委托代理授权采用书面形式的，授权委托书应当载明代理人的姓名或者名称、代理事项、权限和期限，并由被代理人签名或者盖章。

第一百六十六条 数人为同一代理事项的代理人的，应当共同行使代理权，但是当事人另有约定的除外。

第一百六十七条 代理人知道或者应当知道代理事项违法仍然实施代理行为，或者被代理人知道或者应当知道代理人的代理行为违法未作反对表示的，被代理人和代理人应当承担连带责任。

第一百六十八条 代理人不得以被代理人的名义与自己实施民事法律行为，但是被代理人同意或者追认的除外。

代理人不得以被代理人的名义与自己同时代理的其他人实施民事法律行为，但是被代理的双方同意或者追认的除外。

第一百六十九条 代理人需要转委托第三人代理的，应当取得被代理人的同意或者追认。

转委托代理经被代理人同意或者追认的，被代理人可以就代理事务直接指示转委托的第三人，代理人仅就第三人的选任以及对第三人的指示承担责任。

转委托代理未经被代理人同意或者追认的，代理人应当对转委托的第三人的行为承担责任；但是，在紧急情况下代理人为了维护被代理人的利益需要转委托第三人代理的除外。

第一百七十条 执行法人或者非法人组织工作任务的人员，就其职权范围内的事项，以法人或者非法人组织的名义实施的民事法律行为，对法人或者非法人组织发生效力。

法人或者非法人组织对执行其工作任务的人员职权范围的限制，不得对抗善意相对人。

第一百七十一条　行为人没有代理权、超越代理权或者代理权终止后，仍然实施代理行为，未经被代理人追认的，对被代理人不发生效力。

相对人可以催告被代理人自收到通知之日起三十日内予以追认。被代理人未作表示的，视为拒绝追认。行为人实施的行为被追认前，善意相对人有撤销的权利。撤销应当以通知的方式作出。

行为人实施的行为未被追认的，善意相对人有权请求行为人履行债务或者就其受到的损害请求行为人赔偿。但是，赔偿的范围不得超过被代理人追认时相对人所能获得的利益。

相对人知道或者应当知道行为人无权代理的，相对人和行为人按照各自的过错承担责任。

第一百七十二条　行为人没有代理权、超越代理权或者代理权终止后，仍然实施代理行为，相对人有理由相信行为人有代理权的，代理行为有效。

第一百七十三条　有下列情形之一的，委托代理终止：

（一）代理期限届满或者代理事务完成；

（二）被代理人取消委托或者代理人辞去委托；

（三）代理人丧失民事行为能力；

（四）代理人或者被代理人死亡；

（五）作为代理人或者被代理人的法人、非法人组织终止。

第一百七十四条　被代理人死亡后，有下列情形之一的，委托代理人实施的代理行为有效：

（一）代理人不知道且不应当知道被代理人死亡；

（二）被代理人的继承人予以承认；

（三）授权中明确代理权在代理事务完成时终止；

（四）被代理人死亡前已经实施，为了被代理人的继承人的利益继续代理。

作为被代理人的法人、非法人组织终止的，参照适用前款规定。

第一百七十五条　有下列情形之一的，法定代理终止：

（一）被代理人取得或者恢复完全民事行为能力；

（二）代理人丧失民事行为能力；

（三）代理人或者被代理人死亡；

（四）法律规定的其他情形。

第九百二十条　委托人可以特别委托受托人处理一项或者数项事务，也可以概括委托受托人处理一切事务。

第九百二十一条 委托人应当预付处理委托事务的费用。受托人为处理委托事务垫付的必要费用，委托人应当偿还该费用并支付利息。

第九百二十二条 受托人应当按照委托人的指示处理委托事务。需要变更委托人指示的，应当经委托人同意；因情况紧急，难以和委托人取得联系的，受托人应当妥善处理委托事务，但是事后应当将该情况及时报告委托人。

第九百二十三条 受托人应当亲自处理委托事务。经委托人同意，受托人可以转委托。转委托经同意或者追认的，委托人可以就委托事务直接指示转委托的第三人，受托人仅就第三人的选任及其对第三人的指示承担责任。转委托未经同意或者追认的，受托人应当对转委托的第三人的行为承担责任；但是，在紧急情况下受托人为了维护委托人的利益需要转委托第三人的除外。

第九百二十四条 受托人应当按照委托人的要求，报告委托事务的处理情况。委托合同终止时，受托人应当报告委托事务的结果。

第九百二十五条 受托人以自己的名义，在委托人的授权范围内与第三人订立的合同，第三人在订立合同时知道受托人与委托人之间的代理关系的，该合同直接约束委托人和第三人；但是，有确切证据证明该合同只约束受托人和第三人的除外。

第九百二十六条 受托人以自己的名义与第三人订立合同时，第三人不知道受托人与委托人之间的代理关系的，受托人因第三人的原因对委托人不履行义务，受托人应当向委托人披露第三人，委托人因此可以行使受托人对第三人的权利。但是，第三人与受托人订立合同时如果知道该委托人就不会订立合同的除外。

受托人因委托人的原因对第三人不履行义务，受托人应当向第三人披露委托人，第三人因此可以选择受托人或者委托人作为相对人主张其权利，但是第三人不得变更选定的相对人。

委托人行使受托人对第三人的权利的，第三人可以向委托人主张其对受托人的抗辩。第三人选定委托人作为其相对人的，委托人可以向第三人主张其对受托人的抗辩以及受托人对第三人的抗辩。

第九百二十七条 受托人处理委托事务取得的财产，应当转交给委托人。

第九百二十八条 受托人完成委托事务的，委托人应当按照约定向其支付报酬。

因不可归责于受托人的事由，委托合同解除或者委托事务不能完成的，委托人应当向受托人支付相应的报酬。当事人另有约定的，按照其约定。

第九百二十九条　有偿的委托合同，因受托人的过错造成委托人损失的，委托人可以请求赔偿损失。无偿的委托合同，因受托人的故意或者重大过失造成委托人损失的，委托人可以请求赔偿损失。

受托人超越权限造成委托人损失的，应当赔偿损失。

第九百三十条　受托人处理委托事务时，因不可归责于自己的事由受到损失的，可以向委托人请求赔偿损失。

第九百三十一条　委托人经受托人同意，可以在受托人之外委托第三人处理委托事务。因此造成受托人损失的，受托人可以向委托人请求赔偿损失。

第九百三十二条　两个以上的受托人共同处理委托事务的，对委托人承担连带责任。

第九百三十三条　委托人或者受托人可以随时解除委托合同。因解除合同造成对方损失的，除不可归责于该当事人的事由外，无偿委托合同的解除方应当赔偿因解除时间不当造成的直接损失，有偿委托合同的解除方应当赔偿对方的直接损失和合同履行后可以获得的利益。

第九百三十四条　委托人死亡、终止或者受托人死亡、丧失民事行为能力、终止的，委托合同终止；但是，当事人另有约定或者根据委托事务的性质不宜终止的除外。

第九百三十五条　因委托人死亡或者被宣告破产、解散，致使委托合同终止将损害委托人利益的，在委托人的继承人、遗产管理人或者清算人承受委托事务之前，受托人应当继续处理委托事务。

第九百三十六条　因受托人死亡、丧失民事行为能力或者被宣告破产、解散，致使委托合同终止的，受托人的继承人、遗产管理人、法定代理人或者清算人应当及时通知委托人。因委托合同终止将损害委托人利益的，在委托人作出善后处理之前，受托人的继承人、遗产管理人、法定代理人或者清算人应当采取必要措施。

《中华人民共和国民事诉讼法》（2023年9月1日修正）

第六十一条　当事人、法定代理人可以委托一至二人作为诉讼代理人。

下列人员可以被委托为诉讼代理人：

（一）律师、基层法律服务工作者；

（二）当事人的近亲属或者工作人员；

（三）当事人所在社区、单位以及有关社会团体推荐的公民。

《中华人民共和国仲裁法》（2017 年 9 月 1 日修正）

第二十九条　当事人、法定代理人可以委托律师和其他代理人进行仲裁活动。委托律师和其他代理人进行仲裁活动的，应当向仲裁委员会提交授权委托书。

《全国法院民商事审判工作会议纪要》（法〔2019〕254 号　2019 年 11 月 8 日公布）

41.【盖章行为的法律效力】司法实践中，有些公司有意刻制两套甚至多套公章，有的法定代表人或者代理人甚至私刻公章，订立合同时恶意加盖非备案的公章或者假公章，发生纠纷后法人以加盖的是假公章为由否定合同效力的情形并不鲜见。人民法院在审理案件时，应当主要审查签约人于盖章之时有无代表权或者代理权，从而根据代表或者代理的相关规则来确定合同的效力。

法定代表人或者其授权之人在合同上加盖法人公章的行为，表明其是以法人名义签订合同，除《公司法》第 16 条等法律对其职权有特别规定的情形外，应当由法人承担相应的法律后果。法人以法定代表人事后已无代表权、加盖的是假章、所盖之章与备案公章不一致等为由否定合同效力的，人民法院不予支持。

代理人以被代理人名义签订合同，要取得合法授权。代理人取得合法授权后，以被代理人名义签订的合同，应当由被代理人承担责任。被代理人以代理人事后已无代理权、加盖的是假章、所盖之章与备案公章不一致等为由否定合同效力的，人民法院不予支持。

适用本案由需要注意的问题

◆委托合同纠纷案件，按照合同纠纷案件的一般原则，由被告住所地或合同履行地人民法院管辖。若当事人对管辖法院有特殊约定，且约定符合《民事诉讼法》第 35 条关于协议管辖的规定，则从其约定。合同履行地以受托人办理委托事务的地点为准。

◆在适用本案由时，要注意本案由的四级案由货运代理合同纠纷与货物运输合同纠纷的区别。货物运输合同的标的是运输行为，即将货物运送至目的地。而货运代理合同的标的是处理货运事务。此外，要注意本案由下的货运代理不包括国际海上货运代理，所以相关纠纷不能适用本案由。

◆销售代理合同纠纷为新增案由，注意其与特许经营合同纠纷之间的区别，销售代理如涉及知识产权内容的，应当适用“特许经营合同纠纷”。

120. 委托理财合同纠纷

（1）金融委托理财合同纠纷

（2）民间委托理财合同纠纷

案由解析

委托理财合同是指委托人与受托人签订的受托人将委托人的资金、证券等资产投资于期货、证券等交易市场或者通过其他金融形式进行管理，投资收益按双方的约定分配或受托人收取代理费的协议。

委托理财合同纠纷是指当事人之间因订立、履行、变更、终止委托合同发生的权利义务纠纷。

常用法律条文及索引

《中华人民共和国民法典》（2020 年 5 月 28 日公布　2021 年 1 月 1 日施行）

第一百五十七条　民事法律行为无效、被撤销或者确定不发生效力后，行为人因该行为取得的财产，应当予以返还；不能返还或者没有必要返还的，应当折价补偿。有过错的一方应当赔偿对方由此所受到的损失；各方都有过错的，应当各自承担相应的责任。法律另有规定的，依照其规定。

《中华人民共和国证券法》（2019 年 12 月 28 日修订）

第一百三十三条　证券公司接受证券买卖的委托，应当根据委托书载明的证券名称、买卖数量、出价方式、价格幅度等，按照交易规则代理买卖证券，如实进行交易记录；买卖成交后，应当按照规定制作买卖成交报告单交付客户。

证券交易中确认交易行为及其交易结果的对账单必须真实，保证账面证券余额与实际持有的证券相一致。

第一百三十四条　证券公司办理经纪业务，不得接受客户的全权委托而决定证券买卖、选择证券种类、决定买卖数量或者买卖价格。

证券公司不得允许他人以证券公司的名义直接参与证券的集中交易。

第一百三十五条　证券公司不得对客户证券买卖的收益或者赔偿证券买

卖的损失作出承诺。

第一百三十六条　证券公司的从业人员在证券交易活动中，执行所属的证券公司的指令或者利用职务违反交易规则的，由所属的证券公司承担全部责任。

证券公司的从业人员不得私下接受客户委托买卖证券。

《中华人民共和国信托法》（2001年4月28日公布　2001年10月1日施行）

第二十六条　受托人除依照本法规定取得报酬外，不得利用信托财产为自己谋取利益。

受托人违反前款规定，利用信托财产为自己谋取利益的，所得利益归入信托财产。

第二十七条　受托人不得将信托财产转为其固有财产。受托人将信托财产转为其固有财产的，必须恢复该信托财产的原状；造成信托财产损失的，应当承担赔偿责任。

第二十八条　受托人不得将其固有财产与信托财产进行交易或者将不同委托人的信托财产进行相互交易，但信托文件另有规定或者经委托人或者受益人同意，并以公平的市场价格进行交易的除外。

受托人违反前款规定，造成信托财产损失的，应当承担赔偿责任。

第二十九条　受托人必须将信托财产与其固有财产分别管理、分别记帐，并将不同委托人的信托财产分别管理、分别记帐。

第三十条　受托人应当自己处理信托事务，但信托文件另有规定或者有不得已事由的，可以委托他人代为处理。

受托人依法将信托事务委托他人代理的，应当对他人处理信托事务的行为承担责任。

第三十一条　同一信托的受托人有两个以上的，为共同受托人。

共同受托人应当共同处理信托事务，但信托文件规定对某些具体事务由受托人分别处理的，从其规定。

共同受托人共同处理信托事务，意见不一致时，按信托文件规定处理；信托文件未规定的，由委托人、受益人或者其利害关系人决定。

第三十二条　共同受托人处理信托事务对第三人所负债务，应当承担连带清偿责任。第三人对共同受托人之一所作的意思表示，对其他受托人同样有效。

共同受托人之一违反信托目的处分信托财产或者因违背管理职责、处理信托事务不当致使信托财产受到损失的，其他受托人应当承担连带赔偿责任。

《全国法院民商事审判工作会议纪要》（法〔2019〕254 号　2019 年 11 月 8 日公布）

72.【适当性义务】适当性义务是指卖方机构在向金融消费者推介、销售银行理财产品、保险投资产品、信托理财产品、券商集合理财计划、杠杆基金份额、期权及其他场外衍生品等高风险等级金融产品，以及为金融消费者参与融资融券、新三板、创业板、科创板、期货等高风险等级投资活动提供服务的过程中，必须履行的了解客户、了解产品、将适当的产品（或者服务）销售（或者提供）给适合的金融消费者等义务。卖方机构承担适当性义务的目的是为了确保金融消费者能够在充分了解相关金融产品、投资活动的性质及风险的基础上作出自主决定，并承受由此产生的收益和风险。在推介、销售高风险等级金融产品和提供高风险等级金融服务领域，适当性义务的履行是“卖者尽责”的主要内容，也是“买者自负”的前提和基础。

73.【法律适用规则】在确定卖方机构适当性义务的内容时，应当以合同法、证券法、证券投资基金法、信托法等法律规定的基本原则和国务院发布的规范性文件作为主要依据。相关部门在部门规章、规范性文件中对高风险等级金融产品的推介、销售，以及为金融消费者参与高风险等级投资活动提供服务作出的监管规定，与法律和国务院发布的规范性文件的规定不相抵触的，可以参照适用。

74.【责任主体】金融产品发行人、销售者未尽适当性义务，导致金融消费者在购买金融产品过程中遭受损失的，金融消费者既可以请求金融产品的发行人承担赔偿责任，也可以请求金融产品的销售者承担赔偿责任，还可以根据《民法总则》第 167 条的规定，请求金融产品的发行人、销售者共同承担连带赔偿责任。发行人、销售者请求人民法院明确各自的责任份额的，人民法院可以在判决发行人、销售者对金融消费者承担连带赔偿责任的同时，明确发行人、销售者在实际承担了赔偿责任后，有权向责任方追偿其应当承担的赔偿份额。

金融服务提供者未尽适当性义务，导致金融消费者在接受金融服务后参与高风险等级投资活动遭受损失的，金融消费者可以请求金融服务提供者承担赔偿责任。

75.【举证责任分配】在案件审理过程中，金融消费者应当对购买产品（或者接受服务）、遭受的损失等事实承担举证责任。卖方机构对其是否履行了适当性义务承担举证责任。卖方机构不能提供其已经建立了金融产品（或者服务）的风险评估及相应管理制度、对金融消费者的风险认知、风险偏好和风险承受能力进行了测试、向金融消费者告知产品（或者服务）的收益和主要风险因素等相关证据的，应当承担举证不能的法律后果。

76.【告知说明义务】告知说明义务的履行是金融消费者能够真正了解各类高风险等级金融产品或者高风险等级投资活动的投资风险和收益的关键，人民法院应当根据产品、投资活动的风险和金融消费者的实际情况，综合理性人能够理解的客观标准和金融消费者能够理解的主观标准来确定卖方机构是否已经履行了告知说明义务。卖方机构简单地以金融消费者手写了诸如“本人明确知悉可能存在本金损失风险”等内容主张其已经履行了告知说明义务，不能提供其他相关证据的，人民法院对其抗辩理由不予支持。

77.【损失赔偿数额】卖方机构未尽适当性义务导致金融消费者损失的，应当赔偿金融消费者所受的实际损失。实际损失为损失的本金和利息，利息按照中国人民银行发布的同期同类存款基准利率计算。

金融消费者因购买高风险等级金融产品或者为参与高风险投资活动接受服务，以卖方机构存在欺诈行为为由，主张卖方机构应当根据《消费者权益保护法》第55条的规定承担惩罚性赔偿责任的，人民法院不予支持。卖方机构的行为构成欺诈的，对金融消费者提出赔偿其支付金钱总额的利息损失请求，应当注意区分不同情况进行处理：

（1）金融产品的合同文本中载明了预期收益率、业绩比较基准或者类似约定的，可以将其作为计算利息损失的标准；

（2）合同文本以浮动区间的方式对预期收益率或者业绩比较基准等进行约定，金融消费者请求按照约定的上限作为利息损失计算标准的，人民法院依法予以支持；

（3）合同文本虽然没有关于预期收益率、业绩比较基准或者类似约定，但金融消费者能够提供证据证明产品发行的广告宣传资料中载明了预期收益率、业绩比较基准或者类似表述的，应当将宣传资料作为合同文本的组成部分；

（4）合同文本及广告宣传资料中未载明预期收益率、业绩比较基准或者类似表述的，按照全国银行间同业拆借中心公布的贷款市场报价利率计算。

78.【免责事由】因金融消费者故意提供虚假信息、拒绝听取卖方机构的建议等自身原因导致其购买产品或者接受服务不适当，卖方机构请求免除相应责任的，人民法院依法予以支持，但金融消费者能够证明该虚假信息的出具系卖方机构误导的除外。卖方机构能够举证证明根据金融消费者的既往投资经验、受教育程度等事实，适当性义务的违反并未影响金融消费者作出自主决定的，对其关于应当由金融消费者自负投资风险的抗辩理由，人民法院依法予以支持。

有关代理的规定等另参见“119. 委托合同纠纷”案由相关部分。

适用本案由需要注意的问题

◆委托理财合同纠纷案件，按照合同纠纷案件的一般管辖原则，由被告住所地或者合同履行地人民法院管辖。

◆在适用本案由时，要注意其与委托合同纠纷的区别。虽然两种合同纠纷都是委托他人处理事务，但是两者仍有所不同。委托合同既可能有偿也可能无偿，而委托理财合同必定是有偿合同；委托合同是诺成、非要式合同，委托理财合同是实践、要式合同；在委托合同中处理事务的后果一般由委托人完全承担，而在委托理财合同中经常有委托人不承担因受托人的理财行为所造成损失的约定。

121. 物业服务合同纠纷

案由解析

物业服务合同是物业服务人在物业服务区域内，为业主提供建筑物及其附属设施的维修养护、环境卫生和相关秩序的管理维护等物业服务，业主支付物业费的合同。物业服务人包括物业服务企业和其他管理人。物业服务合同纠纷多为业主拖欠物业费的案件，标的相对较小，其他包括业主不满小区物业服务，如绿地、公共区域被占用及功能划分利用、水管漏水、暖气不足、下水道堵塞、安防设备维修更新不及时、业主财物失窃等。业主与物业服务人之间因履行物业服务合同而产生的民事争议即为物业服务合同纠纷。

常用法律条文及索引

《中华人民共和国民法典》（2020 年 5 月 28 日公布　2021 年 1 月 1 日施行）

第九百三十七条　物业服务合同是物业服务人在物业服务区域内，为业主提供建筑物及其附属设施的维修养护、环境卫生和相关秩序的管理维护等物业服务，业主支付物业费的合同。

物业服务人包括物业服务企业和其他管理人。

第九百三十八条 物业服务合同的内容一般包括服务事项、服务质量、服务费用的标准和收取办法、维修资金的使用、服务用房的管理和使用、服务期限、服务交接等条款。

物业服务人公开作出的有利于业主的服务承诺，为物业服务合同的组成部分。

物业服务合同应当采用书面形式。

第九百三十九条 建设单位依法与物业服务人订立的前期物业服务合同，以及业主委员会与业主大会依法选聘的物业服务人订立的物业服务合同，对业主具有法律约束力。

第九百四十条 建设单位依法与物业服务人订立的前期物业服务合同约定的服务期限届满前，业主委员会或者业主与新物业服务人订立的物业服务合同生效的，前期物业服务合同终止。

第九百四十一条 物业服务人将物业服务区域内的部分专项服务事项委托给专业性服务组织或者其他第三人的，应当就该部分专项服务事项向业主负责。

物业服务人不得将其应当提供的全部物业服务转委托给第三人，或者将全部物业服务支解后分别转委托给第三人。

第九百四十二条 物业服务人应当按照约定和物业的使用性质，妥善维修、养护、清洁、绿化和经营管理物业服务区域内的业主共有部分，维护物业服务区域内的基本秩序，采取合理措施保护业主的人身、财产安全。

对物业服务区域内违反有关治安、环保、消防等法律法规的行为，物业服务人应当及时采取合理措施制止、向有关行政主管部门报告并协助处理。

第九百四十三条 物业服务人应当定期将服务的事项、负责人员、质量要求、收费项目、收费标准、履行情况，以及维修资金使用情况、业主共有部分的经营与收益情况等以合理方式向业主公开并向业主大会、业主委员会报告。

第九百四十四条 业主应当按照约定向物业服务人支付物业费。物业服务人已经按照约定和有关规定提供服务的，业主不得以未接受或者无需接受相关物业服务为由拒绝支付物业费。

业主违反约定逾期不支付物业费的，物业服务人可以催告其在合理期限内支付；合理期限届满仍不支付的，物业服务人可以提起诉讼或者申请仲裁。

物业服务人不得采取停止供电、供水、供热、供燃气等方式催交物业费。

第九百四十五条 业主装饰装修房屋的，应当事先告知物业服务人，遵守物业服务人提示的合理注意事项，并配合其进行必要的现场检查。

业主转让、出租物业专有部分、设立居住权或者依法改变共有部分用途的，应当及时将相关情况告知物业服务人。

第九百四十六条 业主依照法定程序共同决定解聘物业服务人的，可以解除物业服务合同。决定解聘的，应当提前六十日书面通知物业服务人，但是合同对通知期限另有约定的除外。

依据前款规定解除合同造成物业服务人损失的，除不可归责于业主的事由外，业主应当赔偿损失。

第九百四十七条 物业服务期限届满前，业主依法共同决定续聘的，应当与原物业服务人在合同期限届满前续订物业服务合同。

物业服务期限届满前，物业服务人不同意续聘的，应当在合同期限届满前九十日书面通知业主或者业主委员会，但是合同对通知期限另有约定的除外。

第九百四十八条 物业服务期限届满后，业主没有依法作出续聘或者另聘物业服务人的决定，物业服务人继续提供物业服务的，原物业服务合同继续有效，但是服务期限为不定期。

当事人可以随时解除不定期物业服务合同，但是应当提前六十日书面通知对方。

第九百四十九条 物业服务合同终止的，原物业服务人应当在约定期限或者合理期限内退出物业服务区域，将物业服务用房、相关设施、物业服务所必需的相关资料等交还给业主委员会、决定自行管理的业主或者其指定的人，配合新物业服务人做好交接工作，并如实告知物业的使用和管理状况。

原物业服务人违反前款规定的，不得请求业主支付物业服务合同终止后的物业费；造成业主损失的，应当赔偿损失。

第九百五十条 物业服务合同终止后，在业主或者业主大会选聘的新物业服务人或者决定自行管理的业主接管之前，原物业服务人应当继续处理物业服务事项，并可以请求业主支付该期间的物业费。

《最高人民法院关于审理物业服务纠纷案件适用法律若干问题的解释》（法释〔2009〕8号 2020年12月23日修正）

第一条 业主违反物业服务合同或者法律、法规、管理规约，实施妨碍物业服务与管理的行为，物业服务人请求业主承担停止侵害、排除妨碍、恢复原状等相应民事责任的，人民法院应予支持。

第二条 物业服务人违反物业服务合同约定或者法律、法规、部门规章规定，擅自扩大收费范围、提高收费标准或者重复收费，业主以违规收费为由提出抗辩的，人民法院应予支持。

业主请求物业服务人退还其已经收取的违规费用的，人民法院应予支持。

第三条 物业服务合同的权利义务终止后，业主请求物业服务人退还已经预收，但尚未提供物业服务期间的物业费的，人民法院应予支持。

第四条 因物业的承租人、借用人或者其他物业使用人实施违反物业服务合同，以及法律、法规或者管理规约的行为引起的物业服务纠纷，人民法院可以参照关于业主的规定处理。

第五条 本解释自2009年10月1日起施行。

本解释施行前已经终审，本解释施行后当事人申请再审或者按照审判监督程序决定再审的案件，不适用本解释。

适用本案由需要注意的问题

◆因相邻关系、车位车库权属、商品房质量等发生的纠纷，不适用本案由。

◆物业服务合同纠纷不适用专属管辖规定，应当由合同履行地或被告住所地人民法院管辖。

122. 行纪合同纠纷

案由解析

行纪合同是指行纪人以自己名义为委托人从事贸易活动，委托人支付报酬的合同。

行纪合同纠纷是指当事人之间因订立、履行、变更、终止行纪合同发生的权利义务纠纷。

行纪合同的特征主要是：（1）行纪人有资质要求。行纪是一种特殊行业，从事行纪业务需要经过批准或许可。（2）行纪合同的标的是处理委托事务。行纪合同属于劳务合同的一种，但其劳务非一般的工作事项，是代委托人从事贸易活动。（3）行纪人从事委托事务时以自己的名义。行纪人代委托人从事贸易活动时，是以自己的名义与他人发生民事关系，这与代理关系中代理人以委托人的名义活动相区别。（4）行纪人为委托人的利益处理事务。虽然在处理事务时，行纪人用的是自己的名义，但其与第三人发生法律关系是从委托人的利益出发，所以行纪人处理委托事务的利益与损失均由委托人承受。（5）行纪合同是诺成、不要式合同。行纪合同自当事人意思表示一致时成立，也不需要采用特别的形式。（6）行纪合同是双务、有偿合同。行纪合同中的委托人与行纪人都既享有权利又承担义务，双方权利义务互为对价。

常用法律条文及索引

《中华人民共和国民法典》（2020年5月28日公布　2021年1月1日施行）

第九百五十二条　行纪人处理委托事务支出的费用，由行纪人负担，但是当事人另有约定的除外。

第九百五十三条　行纪人占有委托物的，应当妥善保管委托物。

第九百五十四条　委托物交付给行纪人时有瑕疵或者容易腐烂、变质的，经委托人同意，行纪人可以处分该物；不能与委托人及时取得联系的，行纪人可以合理处分。

第九百五十五条　行纪人低于委托人指定的价格卖出或者高于委托人指定的价格买入的，应当经委托人同意；未经委托人同意，行纪人补偿其差额的，该买卖对委托人发生效力。

行纪人高于委托人指定的价格卖出或者低于委托人指定的价格买入的，可以按照约定增加报酬；没有约定或者约定不明确，依据本法第五百一十条的规定仍不能确定的，该利益属于委托人。

委托人对价格有特别指示的，行纪人不得违背该指示卖出或者买入。

第九百五十六条　行纪人卖出或者买入具有市场定价的商品，除委托人有相反的意思表示外，行纪人自己可以作为买受人或者出卖人。

行纪人有前款规定情形的，仍然可以请求委托人支付报酬。

第九百五十七条　行纪人按照约定买入委托物，委托人应当及时受领。经行纪人催告，委托人无正当理由拒绝受领的，行纪人依法可以提存委托物。

委托物不能卖出或者委托人撤回出卖，经行纪人催告，委托人不取回或者不处分该物的，行纪人依法可以提存委托物。

第九百五十八条 行纪人与第三人订立合同的，行纪人对该合同直接享有权利、承担义务。

第三人不履行义务致使委托人受到损害的，行纪人应当承担赔偿责任，但是行纪人与委托人另有约定的除外。

第九百五十九条 行纪人完成或者部分完成委托事务的，委托人应当向其支付相应的报酬。委托人逾期不支付报酬的，行纪人对委托物享有留置权，但是当事人另有约定的除外。

第九百六十条 本章没有规定的，参照适用委托合同的有关规定。

有关代理的规定等另参见“119. 委托合同纠纷”案由相关部分。

适用本案由需要注意的问题

◆行纪合同纠纷案件，按照合同纠纷案件的一般管辖原则，由被告住所地或合同履行地人民法院管辖。

◆在适用本案由时，要注意其与委托合同纠纷的区别。虽然行纪合同与委托合同很相似，但两者仍有区别。首先，法律对行纪人有特殊的资质要求，从事行纪业须经批准或许可，而委托合同中的受托人则只需具有民事行为能力即可。其次，行纪合同中行纪人以自己的名义进行活动，如无特别约定，费用也由自己负担，而委托合同中，受托人既可以以自己名义，也可以以委托人名义活动，费用由委托人负担。再次，行纪合同中委托的事务是贸易活动，相对于委托合同来说是特定的。最后，行纪合同是有偿合同，而委托合同则不一定。

123. 中介合同纠纷

案由解析

中介合同是指中介人向委托人报告订立合同的机会或提供订立合同的媒介服务，委托人支付报酬的合同。

中介合同纠纷是指当事人之间因订立、履行、变更、终止中介合同发生的权利义务纠纷。

中介合同的特征主要是：（1）合同的标的是中介人提供的劳务。中介合同是劳务类合同的一种，其内容主要是中介人向委托人报告订约的机会或提供订约媒介服务。（2）中介人从事中介活动时遵循委托人的指示和要求。中介人属于中间人角色，不是委托人的代理人，也不是为委托人利益与第三人订立合同的当事人，所以应该根据委托人的要求和指示从事具体活动。（3）中介人有资质方面的要求，从事中介业务应是经批准从事中介营业的人。（4）中介合同是双务、有偿合同。中介合同中的双方都既享有权利又承担义务，委托人支付报酬的义务与中介人报告订约机会的义务互为对价。（5）中介合同是诺成、不要式合同。中介合同自当事人意思表示一致时成立，无须要采用特别的形式。（6）委托人的给付义务具有不确定性。在中介合同中，中介人能否得到报酬取决于委托人与第三人的合同最终是否达成，这是中介人不能用自己的意志决定的。

典型形态

在实践中，常见的中介合同纠纷主要有：

（1）房地产中介合同纠纷，是指当事人之间就达成的中介人为委托人提供房地产信息或交易信息和媒介服务的合同产生的权利义务纠纷。

（2）劳务中介合同纠纷，是指当事人之间就达成的中介人为委托人提供用人信息或求职信息和媒介服务的合同产生的权利义务纠纷。

常用法律条文及索引

《中华人民共和国民法典》（2020年5月28日公布　2021年1月1日施行）

第一百六十一条　民事主体可以通过代理人实施民事法律行为。

依照法律规定、当事人约定或者民事法律行为的性质，应当由本人亲自实施的民事法律行为，不得代理。

第一百六十二条　代理人在代理权限内，以被代理人名义实施的民事法律行为，对被代理人发生效力。

第一百六十三条　代理包括委托代理和法定代理。

委托代理人按照被代理人的委托行使代理权。法定代理人依照法律的规定行使代理权。

第一百六十四条　代理人不履行或者不完全履行职责，造成被代理人损害的，应当承担民事责任。

代理人和相对人恶意串通，损害被代理人合法权益的，代理人和相对人应当承担连带责任。

第一百六十五条　委托代理授权采用书面形式的，授权委托书应当载明代理人的姓名或者名称、代理事项、权限和期限，并由被代理人签名或者盖章。

第一百六十六条　数人为同一代理事项的代理人的，应当共同行使代理权，但是当事人另有约定的除外。

第一百六十七条　代理人知道或者应当知道代理事项违法仍然实施代理行为，或者被代理人知道或者应当知道代理人的代理行为违法未作反对表示的，被代理人和代理人应当承担连带责任。

第一百六十八条　代理人不得以被代理人的名义与自己实施民事法律行为，但是被代理人同意或者追认的除外。

代理人不得以被代理人的名义与自己同时代理的其他人实施民事法律行为，但是被代理的双方同意或者追认的除外。

第一百六十九条　代理人需要转委托第三人代理的，应当取得被代理人的同意或者追认。

转委托代理经被代理人同意或者追认的，被代理人可以就代理事务直接指示转委托的第三人，代理人仅就第三人的选任以及对第三人的指示承担责任。

转委托代理未经被代理人同意或者追认的，代理人应当对转委托的第三人的行为承担责任；但是，在紧急情况下代理人为了维护被代理人的利益需要转委托第三人代理的除外。

第一百七十条　执行法人或者非法人组织工作任务的人员，就其职权范围内的事项，以法人或者非法人组织的名义实施的民事法律行为，对法人或者非法人组织发生效力。

法人或者非法人组织对执行其工作任务的人员职权范围的限制，不得对抗善意相对人。

第一百七十一条　行为人没有代理权、超越代理权或者代理权终止后，仍然实施代理行为，未经被代理人追认的，对被代理人不发生效力。

相对人可以催告被代理人自收到通知之日起三十日内予以追认。被代理人未作表示的，视为拒绝追认。行为人实施的行为被追认前，善意相对人有撤销的权利。撤销应当以通知的方式作出。

行为人实施的行为未被追认的，善意相对人有权请求行为人履行债务或者就其受到的损害请求行为人赔偿。但是，赔偿的范围不得超过被代理人追认时相对人所能获得的利益。

相对人知道或者应当知道行为人无权代理的，相对人和行为人按照各自的过错承担责任。

第一百七十二条　行为人没有代理权、超越代理权或者代理权终止后，仍然实施代理行为，相对人有理由相信行为人有代理权的，代理行为有效。

第一百七十三条　有下列情形之一的，委托代理终止：

（一）代理期限届满或者代理事务完成；

（二）被代理人取消委托或者代理人辞去委托；

（三）代理人丧失民事行为能力；

（四）代理人或者被代理人死亡；

（五）作为代理人或者被代理人的法人、非法人组织终止。

第一百七十四条　被代理人死亡后，有下列情形之一的，委托代理人实施的代理行为有效：

（一）代理人不知道且不应当知道被代理人死亡；

（二）被代理人的继承人予以承认；

（三）授权中明确代理权在代理事务完成时终止；

（四）被代理人死亡前已经实施，为了被代理人的继承人的利益继续代理。

作为被代理人的法人、非法人组织终止的，参照适用前款规定。

第一百七十五条　有下列情形之一的，法定代理终止：

（一）被代理人取得或者恢复完全民事行为能力；

（二）代理人丧失民事行为能力；

（三）代理人或者被代理人死亡；

（四）法律规定的其他情形。

第九百六十一条　中介合同是中介人向委托人报告订立合同的机会或者提供订立合同的媒介服务，委托人支付报酬的合同。

第九百六十二条　中介人应当就有关订立合同的事项向委托人如实报告。

中介人故意隐瞒与订立合同有关的重要事实或者提供虚假情况，损害委托人利益的，不得请求支付报酬并应当承担赔偿责任。

第九百六十三条　中介人促成合同成立的，委托人应当按照约定支付报酬。对中介人的报酬没有约定或者约定不明确，依据本法第五百一十条的规定仍不能确定的，根据中介人的劳务合理确定。因中介人提供订立合同的媒介服务而促成合同成立的，由该合同的当事人平均负担中介人的报酬。

中介人促成合同成立的，中介活动的费用，由中介人负担。

第九百六十四条 中介人未促成合同成立的，不得请求支付报酬；但是，可以按照约定请求委托人支付从事中介活动支出的必要费用。

第九百六十五条 委托人在接受中介人的服务后，利用中介人提供的交易机会或者媒介服务，绕开中介人直接订立合同的，应当向中介人支付报酬。

第九百六十六条 本章没有规定的，参照适用委托合同的有关规定。

适用本案由需要注意的问题

◆中介合同纠纷案件，按照合同纠纷案件的一般管辖原则，由被告住所地或合同履行地人民法院管辖。

◆在适用本案由时，要注意其与委托合同纠纷、行纪合同纠纷的区别。中介合同中的中介人不像委托合同的受托人、行纪合同的行纪人一样代委托人从事活动，而是充当中间人的角色，只起介绍、协助的作用，其本身不参与委托人和第三人之间的合同。适用本案由时不要将中介合同与委托合同、行纪合同混淆。

◆中介合同里的中介行为不包括技术中介，技术中介合同纠纷是技术合同纠纷项下的四级案由。

124. 补偿贸易纠纷

案由解析

补偿贸易是指一方在信贷的基础上，从国外一方买进设备、技术、原材料等，在未来的一段时间内用其生产的产品或劳务偿还贷款的贸易方式。根据商务部2017年的《外商投资统计制度》，补偿贸易是指国外厂商直接提供或通过国外信贷进口生产技术或设备，境内企业以该技术、设备生产的产品分期偿还外方技术、设备价款。补偿贸易双方的关系属于国际贸易范畴内买方与卖方的关系，其法律关系是一种债权债务关系。在补偿贸易中，提供技术、设备的出口方是先履行方，当其将技术设备交付进口方后，即取得对进口方的债权，在进口方的工厂企业内不占有股份。进口方对接受的技术、设备拥有所有权，同时承担对出口方的债务，该债务在进口方履行自己的义务，即以产品或约定商品偿还货款后消灭。

补偿贸易纠纷是指当事人之间在进行补偿贸易这一贸易方式时产生的权利义务纠纷。

补偿贸易与一般贸易方式相比，具有以下两个基本特征：(1) 信贷是进行补偿贸易必不可少的前提条件。(2) 设备供应方必须同时承诺回购设备进口方的产品或劳务，这是构成补偿贸易的必备条件。应当明确的是，在信贷基础上进行设备的进口并不一定构成补偿贸易，补偿贸易不仅要求设备供应方提供信贷，同时还要承诺回购对方的产品或劳务，以使对方用所得货款还贷款。这两个条件必须同时具备，缺一不可。

常用法律条文及索引

关于补偿贸易，目前没有法律、行政法规和司法解释的专门规定，可参考适用有关的部门规章和地方性法规。

适用本案由需要注意的问题

◆补偿贸易纠纷案件，按照合同纠纷案件的一般管辖原则，由被告住所地或者合同履行地人民法院管辖。

◆在适用本案由时，要注意其与国际货物买卖合同纠纷的区别。补偿贸易与一般的国际货物买卖相比有两个特征，一是补偿贸易以信贷为前提，二是以设备、技术供应方承诺回购设备进口方的产品或劳务为前提，以上两个前提在补偿贸易中缺一不可。根据此特征可以将补偿贸易与一般的国际货物买卖合同区分开来。

125. 借用合同纠纷

案由解析

借用合同是指出借人将出借物无偿交给借用人使用，借用人在一定期限内或使用完后将出借物返还给出借人的合同。

借用合同纠纷是指当事之间因订立、履行、变更、终止借用合同发生的权利义务纠纷。

借用合同的特征主要是：(1) 借用合同的标的物是特定物和不可消耗物。借用合同是借用人因需要向出借人借某件特定的物品，且用完后返还的合同，所以其标的物应是特定的，不可消耗的。（2）借用合同是单务、无偿合同。在借用合同中，仅出借人负向借用人交付出借物的义务，虽然借用人应当返还，但那不是合同性质和效力的问题。民间借用一般是无偿的，借用合同属此。（3）借用合同是实践、不要式合同。借用合同自出借人交付标的物时成立，无须采用特别的形式，所以是实践、不要式合同。

常用法律条文及索引

《中华人民共和国文物保护法》（2024 年 11 月 8 日修订）

第五十六条 国有文物收藏单位之间因举办展览、科学研究等需借用馆藏文物的，应当报主管的文物行政部门备案；借用馆藏一级文物的，应当同时报国务院文物行政部门备案。

非国有文物收藏单位和其他单位举办展览需借用国有馆藏文物的，应当报主管的文物行政部门批准；借用国有馆藏一级文物的，应当经国务院文物行政部门批准。

文物收藏单位之间借用文物的，应当签订借用协议，协议约定的期限不得超过三年。

第五十八条 未依照本法规定建立馆藏文物档案、管理制度的国有文物收藏单位，不得依照本法第五十五条至第五十七条的规定借用、交换其馆藏文物。

第五十九条 依法调拨、交换、借用馆藏文物，取得文物的文物收藏单位可以对提供文物的文物收藏单位给予合理补偿。

文物收藏单位调拨、交换、出借文物所得的补偿费用，必须用于改善文物的收藏条件和收集新的文物，不得挪作他用；任何单位或者个人不得侵占。

调拨、交换、借用的文物必须严格保管，不得丢失、损毁。

第六十五条 文物行政部门和国有文物收藏单位的工作人员不得借用国有文物，不得非法侵占国有文物。

《中华人民共和国文物保护法实施条例》（2017 年 10 月 7 日修订）

第三十条 文物收藏单位之间借用馆藏文物，借用人应当对借用的馆藏文物采取必要的保护措施，确保文物的安全。

借用的馆藏文物的灭失、损坏风险，除当事人另有约定外，由借用该馆藏文物的文物收藏单位承担。

第三十一条 国有文物收藏单位未依照文物保护法第三十六条的规定建

立馆藏文物档案并将馆藏文物档案报主管的文物行政主管部门备案的，不得交换、借用馆藏文物。

适用本案由需要注意的问题

◆借用合同纠纷案件，按照合同纠纷案件的一般管辖原则，由被告住所地或合同履行地人民法院管辖。借用合同的履行地是出借人履行义务所在地，若借用物为不动产，则由不动产所在地人民法院管辖。

◆在适用本案由时，要注意其与相近案由的区别。如借用合同与赠与合同，两者的区别在于借用不改变标的物的所有权，赠与会发生所有权转移；借用合同与租赁合同，两者的区别是借用合同是无偿合同，租赁是有偿合同；借用合同与借款合同，两者的区别是借用合同的标的物是物，借款合同的标的物是货币。

126. 典当纠纷

案由解析

典当是指当户将其动产、不动产、财产权利作为当物抵押或质押给典当行，交付一定比例费用以取得当金，并在约定期限内支付当金及利息，赎回当物的行为。

典当纠纷是指当事人之间因订立、履行、变更、终止典当合同发生的权利义务纠纷。

典当是一种融资行为，需有偿使用，典当行一般按当金收取综合费及当金利息。至于典当的标的物，原则上只要来源合法、权属清晰、可以依法流通的有价值的物品或财产权利都可以典当。一般而言，主要包括房产、股票、企业债券、大额存单、车辆、金银饰品、珠宝钻石、电子产品、钟表等。

常用法律条文及索引

《中华人民共和国民法典》（2020年5月28日公布　2021年1月1日施行）

第一百五十三条　违反法律、行政法规的强制性规定的民事法律行为无效。但是，该强制性规定不导致该民事法律行为无效的除外。

违背公序良俗的民事法律行为无效。

第一百五十四条 行为人与相对人恶意串通，损害他人合法权益的民事法律行为无效。

第五百零六条 合同中的下列免责条款无效：

（一）造成对方人身损害的；

（二）因故意或者重大过失造成对方财产损失的。

第五百六十六条 合同解除后，尚未履行的，终止履行；已经履行的，根据履行情况和合同性质，当事人可以请求恢复原状或者采取其他补救措施，并有权请求赔偿损失。

合同因违约解除的，解除权人可以请求违约方承担违约责任，但是当事人另有约定的除外。

主合同解除后，担保人对债务人应当承担的民事责任仍应当承担担保责任，但是担保合同另有约定的除外。

第五百八十五条 当事人可以约定一方违约时应当根据违约情况向对方支付一定数额的违约金，也可以约定因违约产生的损失赔偿额的计算方法。

约定的违约金低于造成的损失的，人民法院或者仲裁机构可以根据当事人的请求予以增加；约定的违约金过分高于造成的损失的，人民法院或者仲裁机构可以根据当事人的请求予以适当减少。

当事人就迟延履行约定违约金的，违约方支付违约金后，还应当履行债务。

《典当管理办法》（2005 年 2 月 9 日公布　2005 年 4 月 1 日施行）

第一章　总　则

第一条 为规范典当行为，加强监督管理，促进典当业规范发展，根据有关法律规定，制定本办法。

第二条 在中华人民共和国境内设立典当行，从事典当活动，适用本办法。

第三条 本办法所称典当，是指当户将其动产、财产权利作为当物质押或者将其房地产作为当物抵押给典当行，交付一定比例费用，取得当金，并在约定期限内支付当金利息、偿还当金、赎回当物的行为。

本办法所称典当行，是指依照本办法设立的专门从事典当活动的企业法人，其组织形式与组织机构适用《中华人民共和国公司法》的有关规定。

第四条 商务主管部门对典当业实施监督管理，公安机关对典当业进行治安管理。

第五条 典当行的名称应当符合企业名称登记管理的有关规定。典当行名称中的行业表述应当标明“典当”字样。其他任何经营性组织和机构的名称不得含有“典当”字样，不得经营或者变相经营典当业务。

第六条　典当行从事经营活动，应当遵守法律、法规和规章，遵循平等、自愿、诚信、互利的原则。

第二章　设　立

第七条　申请设立典当行，应当具备下列条件：

（一）有符合法律、法规规定的章程；

（二）有符合本办法规定的最低限额的注册资本；

（三）有符合要求的营业场所和办理业务必需的设施；

（四）有熟悉典当业务的经营管理人员及鉴定评估人员；

（五）有2个以上法人股东，且法人股相对控股；

（六）符合本办法第九条和第十条规定的治安管理要求；

（七）符合国家对典当行统筹规划、合理布局的要求。

第八条　典当行注册资本最低限额为300万元；从事房地产抵押典当业务的，注册资本最低限额为500万元；从事财产权利质押典当业务的，注册资本最低限额为1000万元。

典当行的注册资本最低限额应当为股东实缴的货币资本，不包括以实物、工业产权、非专利技术、土地使用权作价出资的资本。

第九条　典当行应当建立、健全以下安全制度：

（一）收当、续当、赎当查验证件（照）制度；

（二）当物查验、保管制度；

（三）通缉协查核对制度；

（四）可疑情况报告制度；

（五）配备保安人员制度。

第十条　典当行房屋建筑和经营设施应当符合国家有关安全标准和消防管理规定，具备下列安全防范设施：

（一）经营场所内设置录像设备（录像资料至少保存2个月）；

（二）营业柜台设置防护设施；

（三）设置符合安全要求的典当物品保管库房和保险箱（柜、库）；

（四）设置报警装置；

（五）门窗设置防护设施；

（六）配备必要的消防设施及器材。

第十一条　设立典当行，申请人应当向拟设典当行所在地设区的市

（地）级商务主管部门提交下列材料：

（一）设立申请（应当载明拟设立典当行的名称、住所、注册资本、股东及出资额、经营范围等内容）及可行性研究报告；

（二）典当行章程、出资协议及出资承诺书；

（三）典当行业务规则、内部管理制度及安全防范措施；

（四）具有法定资格的验资机构出具的验资证明；

（五）档案所在单位人事部门出具的个人股东、拟任法定代表人和其他高级管理人员的简历；

（六）具有法定资格的会计师事务所出具的法人股东近期财务审计报告及出资能力证明、法人股东的董事会（股东会）决议及营业执照副本复印件；

（七）符合要求的营业场所的所有权或者使用权的有效证明文件；

（八）工商行政管理机关核发的《企业名称预先核准通知书》。

第十二条 具备下列条件的典当行可以跨省（自治区、直辖市）设立分支机构：

（一）经营典当业务 3 年以上，注册资本不少于人民币 1500 万元；

（二）最近 2 年连续盈利；

（三）最近 2 年无违法违规经营记录。

典当行的分支机构应当执行本办法第九条规定的安全制度，具备本办法第十条规定的安全防范设施。

第十三条 典当行应当对每个分支机构拨付不少于 500 万元的营运资金。

典当行各分支机构营运资金总额不得超过典当行注册资本的 50%。

第十四条 典当行申请设立分支机构，应当向拟设分支机构所在地设区的市（地）级商务主管部门提交下列材料：

（一）设立分支机构的申请报告（应当载明拟设立分支机构的名称、住所、负责人、营运资金数额等）、可行性研究报告、董事会（股东会）决议；

（二）具有法定资格的会计师事务所出具的该典当行最近 2 年的财务会计报告；

（三）档案所在地人事部门出具的拟任分支机构负责人的简历；

（四）符合要求的营业场所的所有权或者使用权的有效证明文件；

（五）省级商务主管部门及所在地县级人民政府公安机关出具的最近 2 年无违法违规经营记录的证明。

第十五条 收到设立典当行或者典当行申请设立分支机构的申请后，设区的市（地）级商务主管部门应当报省级商务主管部门审核，省级商务主管部门将审核意见和申请材料报送商务部，由商务部批准并颁发《典当经营许可证》。省级商务主管部门应当在收到商务部批准文件后5日（工作日，下同）内将有关情况通报同级人民政府公安机关。省级人民政府公安机关应当在5日内将通报情况通知设区的市（地）级人民政府公安机关。

第十六条 申请人领取《典当经营许可证》后，应当在10日内向所在地县级人民政府公安机关申请典当行《特种行业许可证》，并提供下列材料：

（一）申请报告；

（二）《典当经营许可证》及复印件；

（三）法定代表人、个人股东和其他高级管理人员的简历及有效身份证件复印件；

（四）法定代表人、个人股东和其他高级管理人员的户口所在地县级人民政府公安机关出具的无故意犯罪记录证明；

（五）典当行经营场所及保管库房平面图、建筑结构图；

（六）录像设备、防护设施、保险箱（柜、库）及消防设施安装、设置位置分布图；

（七）各项治安保卫、消防安全管理制度；

（八）治安保卫组织或者治安保卫人员基本情况。

第十七条 所在地县级人民政府公安机关受理后应当在10日内将申请材料及初步审核结果报设区的市（地）级人民政府公安机关审核批准，设区的市（地）级人民政府公安机关应当在10日内审核批准完毕。经批准的，颁发《特种行业许可证》。

设区的市（地）级人民政府公安机关直接受理的申请，应当在20日内审核批准完毕。经批准的，颁发《特种行业许可证》。

设区的市（地）级人民政府公安机关应当在发证后5日内将审核批准情况报省级人民政府公安机关备案；省级人民政府公安机关应当在5日内将有关情况通报同级商务主管部门。

申请人领取《特种行业许可证》后，应当在10日内到工商行政管理机关申请登记注册，领取营业执照后，方可营业。

第三章 变更、终止

第十八条 典当行变更机构名称、注册资本（变更后注册资本在5000万元以上的除外）、法定代表人、在本市（地、州、盟）范围内变更住所、转让股份（对外转让股份累计达50%以上的除外）的，应当经省级商务主管部门批准。省级商务主管部门应当在批准后 20 日内向商务部备案。商务部于每年 6 月、12 月集中换发《典当经营许可证》。

典当行分立、合并、跨市（地、州、盟）迁移住所、对外转让股份累计达 50%以上、以及变更后注册资本在 5000 万元以上的，应当经省级商务主管部门同意，报商务部批准，并换发《典当经营许可证》。

申请人领取《典当经营许可证》后，依照本办法第十七条的有关规定申请换发《特种行业许可证》和营业执照。

第十九条 典当行增加注册资本应当符合下列条件：

（一）与开业时间或者前一次增资相隔的时间在 1 年以上；

（二）1 年内没有违法违规经营记录。

第二十条 典当行变更注册资本或者调整股本结构，新进入的个人股东和拟任高级管理人员应当接受资格审查；新进入的法人股东及增资的法人股东应当具备相应的投资能力与投资资格。

第二十一条 无正当理由未按照规定办理《特种行业许可证》及营业执照的，或者自核发营业执照之日起无正当理由超过 6 个月未营业，或者营业后自行停业连续达 6 个月以上的，省级商务主管部门、设区的市（地）级人民政府公安机关应当分别收回《典当经营许可证》、《特种行业许可证》，原批准文件自动撤销。收回的《典当经营许可证》应当交回商务部。

省级商务主管部门收回《典当经营许可证》，或者设区的市（地）级人民政府公安机关收回《特种行业许可证》的，应当在 10 日内通过省级人民政府公安机关相互通报情况。

许可证被收回后，典当行应当依法向工商行政管理机关申请注销登记。

第二十二条 典当行解散应当提前 3 个月向省级商务主管部门提出申请，经批准后，应当停止除赎当和处理绝当物品以外的其他业务，并依法成立清算组，进行清算。

第二十三条 典当行清算结束后，清算组应当将清算报告报省级商务主管部门确认，由省级商务主管部门收回《典当经营许可证》，并在 5 日内通报同级人民政府公安机关。

省级人民政府公安机关应当在 5 日内通知作出原批准决定的设区的市（地）级人民政府公安机关收回《特种行业许可证》。

典当行在清算结束后，应当依法向工商行政管理机关申请注销登记。

第二十四条 省级商务主管部门对终止经营的典当行应当予以公告，并报商务部备案。

第四章　经营范围

第二十五条　经批准，典当行可以经营下列业务：

（一）动产质押典当业务；

（二）财产权利质押典当业务；

（三）房地产（外省、自治区、直辖市的房地产或者未取得商品房预售许可证的在建工程除外）抵押典当业务；

（四）限额内绝当物品的变卖；

（五）鉴定评估及咨询服务；

（六）商务部依法批准的其他典当业务。

第二十六条　典当行不得经营下列业务：

（一）非绝当物品的销售以及旧物收购、寄售；

（二）动产抵押业务；

（三）集资、吸收存款或者变相吸收存款；

（四）发放信用贷款；

（五）未经商务部批准的其他业务。

第二十七条　典当行不得收当下列财物：

（一）依法被查封、扣押或者已经被采取其他保全措施的财产；

（二）赃物和来源不明的物品；

（三）易燃、易爆、剧毒、放射性物品及其容器；

（四）管制刀具，枪支、弹药，军、警用标志、制式服装和器械；

（五）国家机关公文、印章及其管理的财物；

（六）国家机关核发的除物权证书以外的证照及有效身份证件；

（七）当户没有所有权或者未能依法取得处分权的财产；

（八）法律、法规及国家有关规定禁止流通的自然资源或者其他财物。

第二十八条　典当行不得有下列行为：

（一）从商业银行以外的单位和个人借款；

（二）与其他典当行拆借或者变相拆借资金；

（三）超过规定限额从商业银行贷款；

（四）对外投资。

第二十九条　典当行收当国家统收、专营、专卖物品，须经有关部门批准。

第五章　当　票

第三十条　当票是典当行与当户之间的借贷契约，是典当行向当户支付当金的付款凭证。

典当行和当户就当票以外事项进行约定的，应当补充订立书面合同，但约定的内容不得违反有关法律、法规和本办法的规定。

第三十一条 当票应当载明下列事项：

（一）典当行机构名称及住所；

（二）当户姓名（名称）、住所（址）、有效证件（照）及号码；

（三）当物名称、数量、质量、状况；

（四）估价金额、当金数额；

（五）利率、综合费率；

（六）典当日期、典当期、续当期；

（七）当户须知。

第三十二条 典当行和当户不得将当票转让、出借或者质押给第三人。

第三十三条 典当行和当户应当真实记录并妥善保管当票。

当票遗失，当户应当及时向典当行办理挂失手续。未办理挂失手续或者挂失前被他人赎当，典当行无过错的，典当行不负赔偿责任。

第六章 经营规则

第三十四条 典当行不得委托其他单位和个人代办典当业务，不得向其他组织、机构和经营场所派驻业务人员从事典当业务。

第三十五条 办理出当与赎当，当户均应当出具本人的有效身份证件。当户为单位的，经办人员应当出具单位证明和经办人的有效身份证件；委托典当中，被委托人应当出具典当委托书、本人和委托人的有效身份证件。

除前款所列证件外，出当时，当户应当如实向典当行提供当物的来源及相关证明材料。赎当时，当户应当出示当票。

典当行应当查验当户出具的本条第二款所列证明文件。

第三十六条 当物的估价金额及当金数额应当由双方协商确定。

房地产的当金数额经协商不能达成一致的，双方可以委托有资质的房地产价格评估机构进行评估，估价金额可以作为确定当金数额的参考。

典当期限由双方约定，最长不得超过 6 个月。

第三十七条 典当当金利率，按中国人民银行公布的银行机构 6 个月期法定贷款利率及典当期限折算后执行。

典当当金利息不得预扣。

第三十八条 典当综合费用包括各种服务及管理费用。

动产质押典当的月综合费率不得超过当金的 42‰。

房地产抵押典当的月综合费率不得超过当金的27‰。

财产权利质押典当的月综合费率不得超过当金的24‰。

当期不足5日的，按5日收取有关费用。

第三十九条　典当期内或典当期限届满后5日内，经双方同意可以续当，续当1次的期限最长为6个月。续当期自典当期限或者前1次续当期限届满日起算。续当时，当户应当结清前期利息和当期费用。

第四十条　典当期限或者续当期限届满后，当户应当在5日内赎当或者续当。逾期不赎当也不续当的，为绝当。

当户于典当期限或者续当期限届满至绝当前赎当的，除须偿还当金本息、综合费用外，还应当根据中国人民银行规定的银行等金融机构逾期贷款罚息水平、典当行制定的费用标准和逾期天数，补交当金利息和有关费用。

第四十一条　典当行在当期内不得出租、质押、抵押和使用当物。

质押当物在典当期内或者续当期内发生遗失或者损毁的，典当行应当按照估价金额进行赔偿。遇有不可抗力导致质押当物损毁的，典当行不承担赔偿责任。

第四十二条　典当行经营房地产抵押典当业务，应当和当户依法到有关部门先行办理抵押登记，再办理抵押典当手续。

典当行经营机动车质押典当业务，应当到车辆管理部门办理质押登记手续。

典当行经营其他典当业务，有关法律、法规要求登记的，应当依法办理登记手续。

第四十三条　典当行应当按照下列规定处理绝当物品：

（一）当物估价金额在3万元以上的，可以按照《中华人民共和国担保法》的有关规定处理，也可以双方事先约定绝当后由典当行委托拍卖行公开拍卖。拍卖收入在扣除拍卖费用及当金本息后，剩余部分应当退还当户，不足部分向当户追索。

（二）绝当物估价金额不足3万元的，典当行可以自行变卖或者折价处理，损溢自负。

（三）对国家限制流通的绝当物，应当根据有关法律、法规，报有关管理部门批准后处理或者交售指定单位。

（四）典当行在营业场所以外设立绝当物品销售点应当报省级商务主管部门备案，并自觉接受当地商务主管部门监督检查。

（五）典当行处分绝当物品中的上市公司股份应当取得当户的同意和配

合，典当行不得自行变卖、折价处理或者委托拍卖行公开拍卖绝当物品中的上市公司股份。

第四十四条 典当行的资产应当按照下列比例进行管理：

（一）典当行自初始营业起至第1次向省级商务主管部门及所在地商务主管部门报送年度财务会计报告的时期内从商业银行贷款的，贷款余额不得超过其注册资本。典当行第1次向省级商务主管部门及所在地商务主管部门报送财务会计报告之后从商业银行贷款的，贷款余额不得超过上1年度向主管部门报送的财务会计报告中的所有者权益。典当行不得从本市（地、州、盟）以外的商业银行贷款。典当行分支机构不得从商业银行贷款。

（二）典当行对同一法人或者自然人的典当余额不得超过注册资本的25%。

（三）典当行对其股东的典当余额不得超过该股东入股金额，且典当条件不得优于普通当户。

（四）典当行净资产低于注册资本的90%时，各股东应当按比例补足或者申请减少注册资本，但减少后的注册资本不得违反本办法关于典当行注册资本最低限额的规定。

（五）典当行财产权利质押典当余额不得超过注册资本的50%。房地产抵押典当余额不得超过注册资本。注册资本不足1000万元的，房地产抵押典当单笔当金数额不得超过100万元。注册资本在1000万元以上的，房地产抵押典当单笔当金数额不得超过注册资本的10%。

第四十五条 典当行应当依照法律和国家统一的会计制度，建立、健全财务会计制度和内部审计制度。

典当行应当按照国家有关规定，真实记录并全面反映其业务活动和财务状况，编制月度报表和年度财务会计报告，并按要求向省级商务主管部门及所在地设区的市（地）级商务主管部门报送。

典当行年度财务会计报告须经会计师事务所或者其他法定机构审查验证。

第七章　监督管理

第四十六条 商务部对典当业实行归口管理，履行以下监督管理职责：

（一）制定有关规章、政策；

（二）负责典当行市场准入和退出管理；

（三）负责典当行日常业务监管；

（四）对典当行业自律组织进行业务指导。

第四十七条　商务部参照省级商务主管部门拟定的年度发展规划对全国范围内典当行的总量、布局及资本规模进行调控。

第四十八条　《典当经营许可证》由商务部统一印制。《典当经营许可证》实行统一编码管理，编码管理办法由商务部另行制定。

当票由商务部统一设计，省级商务主管部门监制。省级商务主管部门应当每半年向商务部报告当票的印制、使用情况。任何单位和个人不得伪造和变造当票。

第四十九条　省级商务主管部门应当按季度向商务部报送本地典当行经营情况。具体要求和报表格式由商务部另行规定。

第五十条　典当行的从业人员应当持有有效身份证件；外国人及其他境外人员在典当行就业的，应当按照国家有关规定，取得外国人就业许可证书。

典当行不得雇佣不能提供前款所列证件的人员。

第五十一条　典当行应当如实记录、统计质押当物和当户信息，并按照所在地县级以上人民政府公安机关的要求报送备查。

第五十二条　典当行发现公安机关通报协查的人员或者赃物以及本办法第二十七条所列其他财物的，应当立即向公安机关报告有关情况。

第五十三条　对属于赃物或者有赃物嫌疑的当物，公安机关应当依法予以扣押，并依照国家有关规定处理。

第五十四条　省级商务主管部门以及设区的市（地）级商务主管部门应当根据本地实际建立定期检查及不定期抽查制度，及时发现和处理有关问题；对于辖区内典当行发生的盗抢、火灾、集资吸储及重大涉讼案件等情况，应当在24小时之内将有关情况报告上级商务主管部门和当地人民政府，并通报同级人民政府公安机关。

第五十五条　全国性典当行业协会是典当行业的全国性自律组织，经国务院民政部门核准登记后成立，接受国务院商务、公安等部门的业务指导。

地方性典当行业协会是本地典当行业的自律性组织，经当地民政部门核准登记后成立，接受所在地商务、公安等部门的业务指导。

第五十六条　商务部授权省级商务主管部门对典当行进行年审。具体办法由商务部另行制定。

省级商务主管部门应当在年审后10日内将有关情况通报同级人民政府公安机关和工商行政管理机关。

第五十七条　国家推行典当执业水平认证制度。具体办法由商务部会同国务院人事行政部门制定。

第八章 罚 则

第五十八条 非法设立典当行及分支机构或者以其他方式非法经营典当业务的，依据国务院《无照经营查处取缔办法》予以处罚。

第五十九条 典当行违反本办法第二十六条第（三）、（四）项规定，构成犯罪的，依法追究刑事责任。

第六十条 典当行违反本办法第二十八条第（一）、（二）、（三）项或者第四十四条第（一）、（二）、（五）项规定的，由省级商务主管部门责令改正，并处5000元以上3万元以下罚款；构成犯罪的，依法追究刑事责任。

第六十一条 典当行违反本办法第三十七条第一款或者第三十八条第二、三、四款规定的，由省级商务主管部门责令改正，并处5000元以上3万元以下罚款；构成犯罪的，依法追究刑事责任。

第六十二条 典当行违反本办法第四十五条规定，隐瞒真实经营情况，提供虚假财务会计报告及财务报表，或者采用其他方式逃避税收与监管的，由省级商务主管部门责令改正，并通报相关部门依法查处；构成犯罪的，依法追究刑事责任。

第六十三条 典当行违反本办法第二十七条规定的，由县级以上人民政府公安机关责令改正，并处5000元以上3万元以下罚款；构成犯罪的，依法追究刑事责任。

第六十四条 典当行违反本办法第二十六条第（一）、（二）、（五）项，第二十八条第（四）项或者第三十四条规定的，由所在地设区的市（地）级商务主管部门责令改正，单处或者并处5000元以上3万元以下罚款。

典当行违反本办法第二十九条或者第四十三条第（三）、（五）项的规定，收当限制流通物或者处理绝当物未获得相应批准或者同意的，由所在地设区的市（地）级商务主管部门责令改正，并处1000元以上5000元以下罚款。

典当行违反本办法第四十四条第（三）、（四）项规定，资本不实，扰乱经营秩序的，由所在地设区的市（地）级商务主管部门责令限期补足或者减少注册资本，并处以5000元以上3万元以下罚款。

第六十五条 典当行违反本办法第三十五条第三款或者第五十一条规定的，由县级以上人民政府公安机关责令改正，并处200元以上1000元以下罚款。

第六十六条 典当行违反本办法第五十二条规定的，由县级以上人民政府公安机关责令改正，并处2000元以上1万元以下罚款；造成严重后果或者屡教不改的，处5000元以上3万元以下罚款。

对明知是赃物而窝藏、销毁、转移的，依法给予治安管理处罚；构成犯罪的，依法追究刑事责任。

第六十七条　典当行采用暴力、威胁手段强迫他人典当，或者以其他不正当手段侵犯当户合法权益，构成违反治安管理行为的，由公安机关依法给予治安管理处罚；构成犯罪的，依法追究刑事责任。

第六十八条　在调查、侦查典当行违法犯罪行为过程中，商务主管部门与公安机关应当相互配合。商务主管部门和公安机关发现典当行有违反本办法行为的，应当进行调查、核实，并相互通报查处结果；涉嫌构成犯罪的，商务主管部门应当及时移送公安机关处理。

第六十九条　商务主管部门、公安机关工作人员在典当行设立、变更及终止审批中违反法律、法规和本办法规定，或者在监督管理工作中滥用职权、徇私舞弊、玩忽职守的，对直接负责的主管人员和其他直接责任人员依法给予行政处分；构成犯罪的，依法追究刑事责任。

第九章　附　则

第七十条　各省、自治区、直辖市商务主管部门、公安机关可以依据本办法，制定具体实施办法或者就有关授权委托管理事项作出规定，并报商务部、公安部备案。

第七十一条　外商及港、澳、台商投资典当行的管理办法由商务部会同有关部门另行制定。

第七十二条　本办法由商务部、公安部负责解释。

第七十三条　本办法自2005年4月1日起施行。《典当行管理办法》（国家经贸委令第22号）、《典当业治安管理办法》（公安部第26号令）同时废止。

适用本案由需要注意的问题

◆典当纠纷案件，一般应按照合同纠纷案件的一般管辖原则，由被告住所地或合同履行地人民法院管辖。若典当物是不动产，由不动产所在地人民法院管辖。

◆在适用本案由时，要注意其与借贷类纠纷及担保类纠纷的区别。典当是一种复合的法律关系，其既包括借贷关系，亦包括担保关系，两种关系在典当中是很重要的有机结合，不宜单独适用某一种法规来调整，用单独的典当纠纷这一案由来调整此纠纷是必要的。

127. 合伙合同纠纷

案由解析

合伙合同，又称合伙协议，是指二人以上相互约定共同出资，为实现共同事业目的，订立的共享利益，共担风险的合同。

合伙合同纠纷是指合伙人之间因订立、履行、变更、终止合伙合同发生的权利义务纠纷。

合伙合同纠纷案由适用于《民法典》规定的民事合伙。在《民法典》通过以前，我国法律没有对合伙合同作出专门规定，关于合伙的规定，散见于不同的法律规定。原《民法通则》采取自然人与法人二元民事主体立法思路，把个人合伙和企业间非法人型联营（包括合伙型联营）分别规定在第2章“公民（自然人）”第5节“个人合伙”和第3章“法人”第4节“联营”第52条，并未赋予个人合伙民事主体地位。《合伙企业法》对合伙企业作出专门规定，属于典型的商事主体法。《民法典》第102条第2款以列举的方式将合伙企业归于非法人组织范围，赋予合伙企业（组织型合伙）民事主体地位。《民法典》将合伙的一般规定从自然人部分移出，吸收原《民法通则》相关规定，在合同编中将“合伙合同”规定为有名合同，对契约型合伙作出一般规定，从合伙合同定义、合伙人出资、合伙财产、合伙事务执行、合伙债务承担等方面构建了民事合伙体系。至此，就合伙法律制度，我国形成了《民法典》《合伙企业法》分别调整的模式。《民法典》总则编确立了合伙企业的独立民事主体地位，为该类主体广泛从事市场交易活动奠定了基础。《民法典》合同编调整民事合伙法律关系，侧重合伙的内部关系，是处理合伙法律关系的一般规定。《合伙企业法》则全面规定了合伙企业内外部关系规则，属于对商事合伙的特别规定。

合伙合同的主要特征有：（1）合伙合同的主体须为二人以上。自然人、法人、非法人均可作为合同主体签订合伙合同。（2）实现共同的事业目的，是合伙最显明的特征，共同的事业是各合伙人追求的目标。所谓“共同的事业目的”，既可以是营利性、长期性的活动，如成立合伙企业进行商业经营，也可以是非营利性、短期、临时的活动，单纯为共同兴趣。（3）合伙合同的内容应当包括合伙人、出资、利润分配和亏损分担等合伙内部关系重要事项。（4）合伙合同为不要式合同，既可采用书面形式，也可采取口头形式或其他形式订立。（5）合伙合同不是双务合同。各合伙人订立合同的目的是从事某项共同事业，实现某种共同目的，具有一致性，并非为等价交换，合伙合同的主体之间不产生双务合同关系。

常用法律条文及索引

《中华人民共和国民法典》（2020年5月28日公布　2021年1月1日施行）

第四百六十七条第一款　本法或者其他法律没有明文规定的合同，适用本编通则的规定，并可以参照适用本编或者其他法律最相类似合同的规定。

第六百四十六条　法律对其他有偿合同有规定的，依照其规定；没有规定的，参照适用买卖合同的有关规定。

第九百六十七条　合伙合同是两个以上合伙人为了共同的事业目的，订立的共享利益、共担风险的协议。

第九百六十八条　合伙人应当按照约定的出资方式、数额和缴付期限，履行出资义务。

第九百六十九条　合伙人的出资、因合伙事务依法取得的收益和其他财产，属于合伙财产。

合伙合同终止前，合伙人不得请求分割合伙财产。

第九百七十条　合伙人就合伙事务作出决定的，除合伙合同另有约定外，应当经全体合伙人一致同意。

合伙事务由全体合伙人共同执行。按照合伙合同的约定或者全体合伙人的决定，可以委托一个或者数个合伙人执行合伙事务；其他合伙人不再执行合伙事务，但是有权监督执行情况。

合伙人分别执行合伙事务的，执行事务合伙人可以对其他合伙人执行的事务提出异议；提出异议后，其他合伙人应当暂停该项事务的执行。

第九百七十一条　合伙人不得因执行合伙事务而请求支付报酬，但是合伙合同另有约定的除外。

第九百七十二条　合伙的利润分配和亏损分担，按照合伙合同的约定办理；合伙合同没有约定或者约定不明确的，由合伙人协商决定；协商不成的，由合伙人按照实缴出资比例分配、分担；无法确定出资比例的，由合伙人平均分配、分担。

第九百七十三条　合伙人对合伙债务承担连带责任。清偿合伙债务超过自己应当承担份额的合伙人，有权向其他合伙人追偿。

第九百七十四条　除合伙合同另有约定外，合伙人向合伙人以外的人转让其全部或者部分财产份额的，须经其他合伙人一致同意。

第九百七十五条　合伙人的债权人不得代位行使合伙人依照本章规定和合伙合同享有的权利，但是合伙人享有的利益分配请求权除外。

第九百七十六条　合伙人对合伙期限没有约定或者约定不明确，依据本法第五百一十条的规定仍不能确定的，视为不定期合伙。

合伙期限届满，合伙人继续执行合伙事务，其他合伙人没有提出异议的，原合伙合同继续有效，但是合伙期限为不定期。

合伙人可以随时解除不定期合伙合同，但是应当在合理期限之前通知其他合伙人。

第九百七十七条　合伙人死亡、丧失民事行为能力或者终止的，合伙合同终止；但是，合伙合同另有约定或者根据合伙事务的性质不宜终止的除外。

第九百七十八条　合伙合同终止后，合伙财产在支付因终止而产生的费用以及清偿合伙债务后有剩余的，依据本法第九百七十二条的规定进行分配。

《中华人民共和国合伙企业法》（2006 年 8 月 27 日修订）

第三条　国有独资公司、国有企业、上市公司以及公益性的事业单位、社会团体不得成为普通合伙人。

第十一条　合伙企业的营业执照签发日期，为合伙企业成立日期。

合伙企业领取营业执照前，合伙人不得以合伙企业名义从事合伙业务。

第十六条　合伙人可以用货币、实物、知识产权、土地使用权或者其他财产权利出资，也可以用劳务出资。

合伙人以实物、知识产权、土地使用权或者其他财产权利出资，需要评估作价的，可以由全体合伙人协商确定，也可以由全体合伙人委托法定评估机构评估。

合伙人以劳务出资的，其评估办法由全体合伙人协商确定，并在合伙协议中载明。

第十七条　合伙人应当按照合伙协议约定的出资方式、数额和缴付期限，履行出资义务。

以非货币财产出资的，依照法律、行政法规的规定，需要办理财产权转移手续的，应当依法办理。

第二十二条　除合伙协议另有约定外，合伙人向合伙人以外的人转让其在合伙企业中的全部或者部分财产份额时，须经其他合伙人一致同意。

合伙人之间转让在合伙企业中的全部或者部分财产份额时，应当通知其他合伙人。

第二十三条　合伙人向合伙人以外的人转让其在合伙企业中的财产份额的，在同等条件下，其他合伙人有优先购买权；但是，合伙协议另有约定的除外。

第二十四条　合伙人以外的人依法受让合伙人在合伙企业中的财产份额的，经修改合伙协议即成为合伙企业的合伙人，依照本法和修改后的合伙协议享有权利，履行义务。

第二十五条　合伙人以其在合伙企业中的财产份额出质的，须经其他合伙人一致同意；未经其他合伙人一致同意，其行为无效，由此给善意第三人造成损失的，由行为人依法承担赔偿责任。

第三十三条　合伙企业的利润分配、亏损分担，按照合伙协议的约定办理；合伙协议未约定或者约定不明确的，由合伙人协商决定；协商不成的，由合伙人按照实缴出资比例分配、分担；无法确定出资比例的，由合伙人平均分配、分担。

合伙协议不得约定将全部利润分配给部分合伙人或者由部分合伙人承担全部亏损。

第三十九条　合伙企业不能清偿到期债务的，合伙人承担无限连带责任。

第四十条　合伙人由于承担无限连带责任，清偿数额超过本法第三十三条第一款规定的其亏损分担比例的，有权向其他合伙人追偿。

第四十一条　合伙人发生与合伙企业无关的债务，相关债权人不得以其债权抵销其对合伙企业的债务；也不得代位行使合伙人在合伙企业中的权利。

第四十二条　合伙人的自有财产不足清偿其与合伙企业无关的债务的，该合伙人可以以其从合伙企业中分取的收益用于清偿；债权人也可以依法请求人民法院强制执行该合伙人在合伙企业中的财产份额用于清偿。

人民法院强制执行合伙人的财产份额时，应当通知全体合伙人，其他合伙人有优先购买权；其他合伙人未购买，又不同意将该财产份额转让给他人的，依照本法第五十一条的规定为该合伙人办理退伙结算，或者办理削减该合伙人相应财产份额的结算。

第八十五条　合伙企业有下列情形之一的，应当解散：

（一）合伙期限届满，合伙人决定不再经营；

（二）合伙协议约定的解散事由出现；

（三）全体合伙人决定解散；

（四）合伙人已不具备法定人数满三十天；

（五）合伙协议约定的合伙目的已经实现或者无法实现；

（六）依法被吊销营业执照、责令关闭或者被撤销；

（七）法律、行政法规规定的其他原因。

第八十六条 合伙企业解散，应当由清算人进行清算。

清算人由全体合伙人担任；经全体合伙人过半数同意，可以自合伙企业解散事由出现后十五日内指定一个或者数个合伙人，或者委托第三人，担任清算人。

自合伙企业解散事由出现之日起十五日内未确定清算人的，合伙人或者其他利害关系人可以申请人民法院指定清算人。

第九十二条 合伙企业不能清偿到期债务的，债权人可以依法向人民法院提出破产清算申请，也可以要求普通合伙人清偿。

合伙企业依法被宣告破产的，普通合伙人对合伙企业债务仍应承担无限连带责任。

第九十六条 合伙人执行合伙事务，或者合伙企业从业人员利用职务上的便利，将应当归合伙企业的利益据为己有的，或者采取其他手段侵占合伙企业财产的，应当将该利益和财产退还合伙企业；给合伙企业或者其他合伙人造成损失的，依法承担赔偿责任。

第九十八条 不具有事务执行权的合伙人擅自执行合伙事务，给合伙企业或者其他合伙人造成损失的，依法承担赔偿责任。

第一百零三条 合伙人违反合伙协议的，应当依法承担违约责任。

合伙人履行合伙协议发生争议的，合伙人可以通过协商或者调解解决。不愿通过协商、调解解决或者协商、调解不成的，可以按照合伙协议约定的仲裁条款或者事后达成的书面仲裁协议，向仲裁机构申请仲裁。合伙协议中未订立仲裁条款，事后又没有达成书面仲裁协议的，可以向人民法院起诉。

适用本案由需要注意的问题

◆合伙合同纠纷案件，按照合同纠纷案件的一般管辖原则，由被告住所地或者合伙合同履行地人民法院管辖。

◆在适用本案由时，要注意其与合伙企业纠纷的区别。合伙合同纠纷适用于民事合伙，即个人合伙纠纷，而合伙企业纠纷是商事合伙纠纷，即合伙企业这一营利性组织发生的纠纷。

◆虽然合伙合同纠纷一般适用于民事合伙，但在特殊情况下，商事合伙发生的纠纷可能适用本案由，如企业法人之间形成共同出资、共同经营，但是不具备法人资格条件的合伙型联营，如果没有登记和取得营业执照，发生纠纷时，应当适用本案由。

128. 种植、养殖回收合同纠纷

案由解析

种植、养殖回收合同是指当事人签订的一方负责提供技术、种苗产品或者种植、养殖饲料以保证成品达到一定标准，另一方负责喂养、种植，成品由技术提供方报价回收的合同。

种植、养殖回收合同纠纷是指当事人之间因订立、履行、变更、终止种植、养殖回收合同发生的权利义务纠纷。

常用法律条文及索引

种植、养殖回收合同属于无名合同，该类纠纷的法律依据主要是《民法典》合同编中关于买卖合同、技术合同的相关规定。

适用本案由需要注意的问题

◆种植、养殖回收合同纠纷案件，按照合同纠纷案件的一般管辖原则，由被告住所地或者合同履行地人民法院管辖。

◆在适用本案由时，要注意其与买卖合同纠纷、技术服务合同纠纷的区别。种植、养殖回收合同兼具技术提供与买卖两种法律行为，在农村地区这种特殊的买卖合同大量存在，所以将它列为一个单独的三级案由。

129. 彩票、奖券纠纷

案由解析

根据《彩票管理条例》的规定，彩票是国家为筹集社会公益资金，促进社会公益事业发展而特许发行、依法销售，自然人自愿购买，并按照特定规则获得中奖机会的凭证。一般认为，除了彩票以外的有奖凭证称为奖券，较多地指经营者销售商品或提供服务，附带性地向购买者提供物品、金钱或者其他经济利益的凭证。

彩票、奖券纠纷是指当事人在发行、购买彩票和其他有奖证券及兑奖时发生的权利义务纠纷。

常用法律条文及索引

《彩票管理条例》（2009 年 5 月 4 日公布　2009 年 7 月 1 日施行）

第二条　本条例所称彩票，是指国家为筹集社会公益资金，促进社会公益事业发展而特许发行、依法销售，自然人自愿购买，并按照特定规则获得中奖机会的凭证。

彩票不返还本金、不计付利息。

第八条　彩票发行机构申请开设彩票品种，应当经国务院民政部门或国务院体育行政部门审核同意，向国务院提交下列申请材料：

（一）申请书；

（二）彩票品种的规则；

（三）发行方式，发行范围；

（四）市场分析报告及技术可行性分析报告；

（五）开奖、兑奖操作规程；

（六）风险控制方案。

国务院财政部门应当自受理申请之日起 90 个工作日内，通过专家评审、听证会等方式对开设彩票品种听取社会意见，对申请进行审查并作出书面决定。

第十四条　彩票发行机构、彩票销售机构应当建立风险管理体系和可疑资金报告制度，保障彩票发行、销售的安全。

彩票发行机构、彩票销售机构负责彩票销售系统的数据管理、开奖兑奖管理以及彩票资金的归集管理，不得委托他人管理。

第十五条　彩票发行机构、彩票销售机构可以委托单位、个人代理销售彩票。彩票发行机构、彩票销售机构应当与接受委托的彩票代销者签订彩票代销合同。福利彩票、体育彩票的代销合同示范文本分别由国务院民政部门、体育行政部门制定。

彩票代销者不得委托他人代销彩票。

第十六条　彩票销售机构应当为彩票代销者配置彩票投注专用设备。彩票投注专用设备属于彩票销售机构所有，彩票代销者不得转借、出租、出售。

第十七条　彩票销售机构应当在彩票发行机构的指导下，统筹规划彩票销售场所的布局。彩票销售场所应当按照彩票发行机构的统一要求，设置彩票销售标识，张贴警示标语。

第十八条　彩票发行机构、彩票销售机构、彩票代销者不得有下列行为：

（一）进行虚假性、误导性宣传；

（二）以诋毁同业者等手段进行不正当竞争；

（三）向未成年人销售彩票；

（四）以赊销或者信用方式销售彩票。

第十九条　需要销毁彩票的，由彩票发行机构报国务院财政部门批准后，在国务院民政部门或者国务院体育行政部门的监督下销毁。

第二十条　彩票发行机构、彩票销售机构应当及时将彩票发行、销售情况向社会全面公布，接受社会公众的监督。

第二十一条　彩票发行机构、彩票销售机构应当按照批准的彩票品种的规则和开奖操作规程开奖。

国务院民政部门、体育行政部门和省、自治区、直辖市人民政府民政部门、体育行政部门应当加强对彩票开奖活动的监督，确保彩票开奖的公开、公正。

第二十二条　彩票发行机构、彩票销售机构应当确保彩票销售数据的完整、准确和安全。当期彩票销售数据封存后至开奖活动结束前，不得查阅、变更或者删除销售数据。

第二十三条　彩票发行机构、彩票销售机构应当加强对开奖设备的管理，确保开奖设备正常运行，并配置备用开奖设备。

第二十四条　彩票发行机构、彩票销售机构应当在每期彩票销售结束后，及时向社会公布当期彩票的销售情况和开奖结果。

第二十五条　彩票中奖者应当自开奖之日起60个自然日内，持中奖彩票到指定的地点兑奖彩票品种的规则规定需要出示身份证件的，还应当出示本人身份证件。逾期不兑奖的视为弃奖。

禁止使用伪造、变造的彩票兑奖。

第二十六条　彩票发行机构、彩票销售机构、彩票代销者应当按照彩票品种的规则和兑奖操作规程兑奖。

彩票中奖奖金应当以人民币现金或者现金支票形式一次性兑付。

不得向未成年人兑奖。

第二十七条 彩票发行机构、彩票销售机构、彩票代销者以及其他因职务或者业务便利知悉彩票中奖者个人信息的人员，应当对彩票中奖者个人信息予以保密。

适用本案由需要注意的问题

◆彩票、奖券纠纷属于合同纠纷，按照合同纠纷案件的一般管辖原则，此类案件应由被告住所地或者合同履行地人民法院管辖。

◆在法律适用上，彩票、奖券合同属于无名合同，可适用《民法典》合同编通则的有关规定，并参照分编或其他法律最相类似的规定，以及有关行政法规、司法解释等。

130. 中外合作勘探开发自然资源合同纠纷

案由解析

中外合作勘探开发自然资源合同是指中国企业与外国企业依据中国法律合作进行自然资源的勘探开发而订立的合同。

中外合作勘探开发纠纷是指中国企业与外国企业之间因订立、履行、变更、终止中外合作勘探开发自然资源合同发生的权利义务纠纷。

常用法律条文及索引

《中华人民共和国民法典》（2020 年 5 月 28 日公布 2021 年 1 月 1 日施行）

第四百六十七条 本法或者其他法律没有明文规定的合同，适用本编通则的规定，并可以参照适用本编或者其他法律最相类似合同的规定。

在中华人民共和国境内履行的中外合资经营企业合同、中外合作经营企业合同、中外合作勘探开发自然资源合同，适用中华人民共和国法律。

适用本案由需要注意的问题

◆根据《民事诉讼法》第 279 条的规定，在我国境内履行的中外合作勘探开发自然资源合同发生纠纷引起的诉讼，由我国人民法院管辖。因中外合作勘探开发自然资源合同纠纷属于合同纠纷，所以适用《民事诉讼法》第 24

条关于合同纠纷案件的一般管辖原则，由被告住所地或合同履行地法院管辖。

131. 农业承包合同纠纷

案由解析

农业承包合同是指发包方与承包方签订的关于开发经营和利用集体经济组织所有的自然资源和依法取得使用权的国家资源的合同，以及各承包方之间签订的关于转让、转包和互换承包经营标的物的合同。

农业承包合同纠纷是指当事人之间因订立、履行、变更、终止农业承包合同发生的权利义务纠纷。

常用法律条文及索引

《中华人民共和国农村土地承包法》（2018 年 12 月 29 日修正）

第十三条　农民集体所有的土地依法属于村农民集体所有的，由村集体经济组织或者村民委员会发包；已经分别属于村内两个以上农村集体经济组织的农民集体所有的，由村内各该农村集体经济组织或者村民小组发包。村集体经济组织或者村民委员会发包的，不得改变村内各集体经济组织农民集体所有的土地的所有权。

国家所有依法由农民集体使用的农村土地，由使用该土地的农村集体经济组织、村民委员会或者村民小组发包。

第十四条　发包方享有下列权利：

（一）发包本集体所有的或者国家所有依法由本集体使用的农村土地；

（二）监督承包方依照承包合同约定的用途合理利用和保护土地；

（三）制止承包方损害承包地和农业资源的行为；

（四）法律、行政法规规定的其他权利。

第十五条　发包方承担下列义务：

（一）维护承包方的土地承包经营权，不得非法变更、解除承包合同；

（二）尊重承包方的生产经营自主权，不得干涉承包方依法进行正常的生产经营活动；

（三）依照承包合同约定为承包方提供生产、技术、信息等服务；

（四）执行县、乡（镇）土地利用总体规划，组织本集体经济组织内的农业基础设施建设；

（五）法律、行政法规规定的其他义务。

第十六条 家庭承包的承包方是本集体经济组织的农户。

农户内家庭成员依法平等享有承包土地的各项权益。

第十七条 承包方享有下列权利：

（一）依法享有承包地使用、收益的权利，有权自主组织生产经营和处置产品；

（二）依法互换、转让土地承包经营权；

（三）依法流转土地经营权；

（四）承包地被依法征收、征用、占用的，有权依法获得相应的补偿；

（五）法律、行政法规规定的其他权利。

第十八条 承包方承担下列义务：

（一）维持土地的农业用途，未经依法批准不得用于非农建设；

（二）依法保护和合理利用土地，不得给土地造成永久性损害；

（三）法律、行政法规规定的其他义务。

第二十二条 发包方应当与承包方签订书面承包合同。

承包合同一般包括以下条款：

（一）发包方、承包方的名称，发包方负责人和承包方代表的姓名、住所；

（二）承包土地的名称、坐落、面积、质量等级；

（三）承包期限和起止日期；

（四）承包土地的用途；

（五）发包方和承包方的权利和义务；

（六）违约责任。

第二十三条 承包合同自成立之日起生效。承包方自承包合同生效时取得土地承包经营权。

第二十四条 国家对耕地、林地和草地等实行统一登记，登记机构应当向承包方颁发土地承包经营权证或者林权证等证书，并登记造册，确认土地承包经营权。

土地承包经营权证或者林权证等证书应当将具有土地承包经营权的全部家庭成员列入。

登记机构除按规定收取证书工本费外，不得收取其他费用。

第二十五条 承包合同生效后，发包方不得因承办人或者负责人的变动而变更或者解除，也不得因集体经济组织的分立或者合并而变更或者解除。

第二十六条　国家机关及其工作人员不得利用职权干涉农村土地承包或者变更、解除承包合同。

第四十条　土地经营权流转，当事人双方应当签订书面流转合同。

土地经营权流转合同一般包括以下条款：

（一）双方当事人的姓名、住所；

（二）流转土地的名称、坐落、面积、质量等级；

（三）流转期限和起止日期；

（四）流转土地的用途；

（五）双方当事人的权利和义务；

（六）流转价款及支付方式；

（七）土地被依法征收、征用、占用时有关补偿费的归属；

（八）违约责任。

承包方将土地交由他人代耕不超过一年的，可以不签订书面合同。

第四十八条　不宜采取家庭承包方式的荒山、荒沟、荒丘、荒滩等农村土地，通过招标、拍卖、公开协商等方式承包的，适用本章规定。

第四十九条　以其他方式承包农村土地的，应当签订承包合同，承包方取得土地经营权。当事人的权利和义务、承包期限等，由双方协商确定。以招标、拍卖方式承包的，承包费通过公开竞标、竞价确定；以公开协商等方式承包的，承包费由双方议定。

适用本案由需要注意的问题

◆农业承包合同纠纷案件，按照合同纠纷案件的一般管辖原则，由被告住所地或合同履行地人民法院管辖。

132. 林业承包合同纠纷

案由解析

林业承包合同是指发包方与承包方签订的关于开发经营和利用集体经济组织所有的林业资源和依法取得使用权的国家林业资源的合同，以及各承包方之间签订的关于转让、转包和互换承包经营标的物的合同。

林业承包合同纠纷是指当事人之间因订立、履行、变更、终止林业承包合同发生的权利义务纠纷。

常用法律条文及索引

参见“131. 农业承包合同纠纷”案由相关部分。

适用本案由需要注意的问题

◆林业承包合同纠纷案件，按照合同纠纷案件的一般管辖原则，由被告住所地或合同履行地人民法院管辖。

133. 渔业承包合同纠纷

案由解析

渔业承包合同是指发包方与承包方签订的关于开发经营和利用集体经济组织所有的渔业资源和依法取得使用权的国家渔业资源的合同，以及各承包方之间签订的关于转让、转包和互换承包经营标的物的合同。

渔业承包合同纠纷是指当事人之间因订立、履行、变更、终止渔业承包合同发生的权利义务纠纷。

常用法律条文及索引

参见“131. 农业承包合同纠纷”案由相关部分。

适用本案由需要注意的问题

◆渔业承包合同纠纷案件，按照合同纠纷案件的一般管辖原则，由被告住所地或合同履行地人民法院管辖。

134. 牧业承包合同纠纷

案由解析

牧业承包合同是指发包方与承包方签订的关于开发经营和利用集体经济

组织所有的牧业资源和依法取得使用权的国家牧业资源的合同，以及各承包方之间签订的关于转让、转包和互换承包经营标的物的合同。

牧业承包合同纠纷是指当事人之间因订立、履行、变更、终止牧业承包合同发生的权利义务纠纷。

常用法律条文及索引

参见“131. 农业承包合同纠纷”案由相关部分。

适用本案由需要注意的问题

◆牧业承包合同纠纷案件，按照合同纠纷案件的一般管辖原则，由被告住所地或合同履行地人民法院管辖。

135. 土地承包经营权合同纠纷

（1）土地承包经营权转让合同纠纷

（2）土地承包经营权互换合同纠纷

（3）土地经营权入股合同纠纷

（4）土地经营权抵押合同纠纷

（5）土地经营权出租合同纠纷

案由解析

土地承包经营权合同是指农村经济组织成员以家庭承包或以招标、拍卖、公开协商等方式承包农民集体所有和国家所有由农民集体使用的耕地、林地、草地以及其他依法用于农业的土地的合同。

土地承包经营权合同纠纷是指当事人之间因土地承包经营权合同的订立、履行、变更以及终止而发生的权利义务纠纷。

根据《农村土地承包法》第 3 条的规定，农村土地承包经营制度，包括两种承包方式，即家庭经营方式的承包和以招标、拍卖、公开协商等方式的承包。所谓家庭承包方式是指，以农村集体经济组织的每一个农户家庭全体成员为一个生产经营单位作为承包人，承包农民集体的耕地、林地、草地等农业用地，对于承包地按照本集体经济组织成员人人平等地享有一份的方式进行承包。有些农业用地并不是本集体经济组织成员都有份的，如菜地、养殖水面等由于数量少，在本集体经济组织内做不到人人有份，只能由少数农户来承包，有的“四荒地”虽多，但本集体经济组织成员有的不愿承包，有的根据自己的能力承包的数量不同。这些不宜采取家庭承包方式的农村土地，可以采取招标、拍卖、公开协商等方式承包。

典型形态

在实践中，土地承包经营权合同纠纷的典型形态主要有：

（1）土地承包经营权转让合同纠纷，是指当事人就达成的农村土地承包人依法将其农村土地承包经营权转让给其他人经营的合同产生的权利义务纠纷。

（2）土地承包经营权互换合同纠纷，是指当事人就达成的农村土地承包人将其取得的农村土地承包经营权与他人互换的合同产生的权利义务纠纷。

（3）土地经营权入股合同纠纷，是指当事人就达成的承包人将其取得的农村土地承经营包权作为股份加入其他经济组织的合同产生的权利义务纠纷。

（4）土地经营权抵押合同纠纷，是指当事人就达成的承包人将其取得的农村土地承包经营权进行抵押的合同产生的权利义务纠纷。

（5）土地经营权出租合同纠纷，是指当事人就达成的农村土地承包人将其农村土地承包经营权出租给他人的合同产生的权利义务纠纷。

常用法律条文及索引

《中华人民共和国民法典》（2020年5月28日公布　2021年1月1日施行）

第三百三十四条　土地承包经营权人依照法律规定，有权将土地承包经营权互换、转让。未经依法批准，不得将承包地用于非农建设。

第三百三十五条　土地承包经营权互换、转让的，当事人可以向登记机构申请登记；未经登记，不得对抗善意第三人。

《中华人民共和国农村土地承包法》（2018年12月29日修正）

第十三条　农民集体所有的土地依法属于村农民集体所有的，由村集体经济组织或者村民委员会发包；已经分别属于村内两个以上农村集体经济组织的农民集体所有的，由村内各该农村集体经济组织或者村民小组发包。村集体经济组织或者村民委员会发包的，不得改变村内各集体经济组织农民集体所有的土地的所有权。

国家所有依法由农民集体使用的农村土地，由使用该土地的农村集体经济组织、村民委员会或者村民小组发包。

第十四条　发包方享有下列权利：

（一）发包本集体所有的或者国家所有依法由本集体使用的农村土地；

（二）监督承包方依照承包合同约定的用途合理利用和保护土地；

（三）制止承包方损害承包地和农业资源的行为；

（四）法律、行政法规规定的其他权利。

第十五条　发包方承担下列义务：

（一）维护承包方的土地承包经营权，不得非法变更、解除承包合同；

（二）尊重承包方的生产经营自主权，不得干涉承包方依法进行正常的生产经营活动；

（三）依照承包合同约定为承包方提供生产、技术、信息等服务；

（四）执行县、乡（镇）土地利用总体规划，组织本集体经济组织内的农业基础设施建设；

（五）法律、行政法规规定的其他义务。

第十六条　家庭承包的承包方是本集体经济组织的农户。

农户内家庭成员依法平等享有承包土地的各项权益。

第十七条　承包方享有下列权利：

（一）依法享有承包地使用、收益的权利，有权自主组织生产经营和处置产品；

（二）依法互换、转让土地承包经营权；

（三）依法流转土地经营权；

（四）承包地被依法征收、征用、占用的，有权依法获得相应的补偿；

（五）法律、行政法规规定的其他权利。

第三十六条　承包方可以自主决定依法采取出租（转包）、入股或者其他方式向他人流转土地经营权，并向发包方备案。

第三十九条　土地经营权流转的价款，应当由当事人双方协商确定。流转的收益归承包方所有，任何组织和个人不得擅自截留、扣缴。

第四十条　土地经营权流转，当事人双方应当签订书面流转合同。

土地经营权流转合同一般包括以下条款：

（一）双方当事人的姓名、住所；

（二）流转土地的名称、坐落、面积、质量等级；

（三）流转期限和起止日期；

（四）流转土地的用途；

（五）双方当事人的权利和义务；

（六）流转价款及支付方式；

（七）土地被依法征收、征用、占用时有关补偿费的归属；

（八）违约责任。

承包方将土地交由他人代耕不超过一年的，可以不签订书面合同。

第四十九条 以其他方式承包农村土地的，应当签订承包合同，承包方取得土地经营权。当事人的权利和义务、承包期限等，由双方协商确定。以招标、拍卖方式承包的，承包费通过公开竞标、竞价确定；以公开协商等方式承包的，承包费由双方议定。

第五十三条 通过招标、拍卖、公开协商等方式承包农村土地，经依法登记取得权属证书的，可以依法采取出租、入股、抵押或者其他方式流转土地经营权。

适用本案由需要注意的问题

◆土地承包经营权合同纠纷案件，按照合同纠纷案件的一般管辖原则，由被告住所地或合同履行地人民法院管辖。

◆在适用本案由时，要注意其与土地承包经营权纠纷的区别。土地承包经营权纠纷是物权纠纷，土地承包经营权合同纠纷是债权纠纷，且土地承包经营权合同纠纷仅涉及农村集体所有土地和国家所有由农民集体使用的土地。

136. 居住权合同纠纷

案由解析

居住权是为了满足自己生活需要而居住在他人的住宅的权利，居住权合同是住宅所有权人与居住人之间为设立居住权而签订的合同。居住权合同一般包括下列条款：（1）当事人的姓名或者名称和住所；（2）住宅的位置；（3）居住的条件和要求；（4）居住权期限；（5）解决争议的方法。居住权期限届满或者居住权人死亡的，居住权消灭，已经登记的居住权应当注销登记。当事人因履行居住权合同而产生的民事争议即为居住权合同纠纷。

常用法律条文及索引

《中华人民共和国民法典》（2020 年 5 月 28 日公布　2021 年 1 月 1 日施行）

第三百六十六条　居住权人有权按照合同约定，对他人的住宅享有占有、使用的用益物权，以满足生活居住的需要。

第三百六十七条　设立居住权，当事人应当采用书面形式订立居住权合同。

居住权合同一般包括下列条款：

（一）当事人的姓名或者名称和住所；

（二）住宅的位置；

（三）居住的条件和要求；

（四）居住权期限；

（五）解决争议的方法。

第三百六十八条　居住权无偿设立，但是当事人另有约定的除外。设立居住权的，应当向登记机构申请居住权登记。居住权自登记时设立。

第三百六十九条　居住权不得转让、继承。设立居住权的住宅不得出租，但是当事人另有约定的除外。

第三百七十条　居住权期限届满或者居住权人死亡的，居住权消灭。居住权消灭的，应当及时办理注销登记。

第三百七十一条　以遗嘱方式设立居住权的，参照适用本章的有关规定。

适用本案由需要注意的问题

◆在适用本案由时，要注意其与居住权纠纷的区别。因居住权合同订立、效力、履行等引发的纠纷，适用本案由；因居住权的设立、权属、使用等引发的纠纷，适用居住权纠纷。

137. 服务合同纠纷

（1）电信服务合同纠纷
（2）邮政服务合同纠纷
（3）快递服务合同纠纷
（4）医疗服务合同纠纷
（5）法律服务合同纠纷
（6）旅游合同纠纷
（7）房地产咨询合同纠纷
（8）房地产价格评估合同纠纷
（9）旅店服务合同纠纷
（10）财会服务合同纠纷
（11）餐饮服务合同纠纷
（12）娱乐服务合同纠纷
（13）有线电视服务合同纠纷
（14）网络服务合同纠纷
（15）教育培训合同纠纷
（16）家政服务合同纠纷
（17）庆典服务合同纠纷
（18）殡葬服务合同纠纷
（19）农业技术服务合同纠纷
（20）农机作业服务合同纠纷
（21）保安服务合同纠纷
（22）银行结算合同纠纷

案由解析

服务合同是指服务提供者与服务接受者就相互间的权利义务关系签订的协议。

服务合同纠纷是指服务提供者与服务接受者之间因订立、履行、变更、终止服务合同发生的权利义务纠纷。

典型形态

在实践中，服务合同纠纷主要有：

（1）电信服务合同纠纷，是指当事人就达成的电信运营公司向用户提供语音和文字通信、网络以及上述业务相关的服务，用户向电信运营公司支付费用的合同产生的权利义务纠纷。

（2）邮政服务合同纠纷，是指邮寄企业和用户就达成的邮寄服务合同产生的权利义务纠纷。

（3）快递服务合同纠纷，是指经营快递业务的企业和用户就达成的快递服务合同产生的权利义务纠纷。

（4）医疗服务合同纠纷，是指医疗机构和患者就达成的医疗服务合同产生的权利义务纠纷。

（5）法律服务合同纠纷，是指当事人就达成的律师、律师事务所等法律专业人员和机构接受当事人委托，为当事人提供非诉法律服务的合同产生的权利义务纠纷。

（6）旅游合同纠纷，是指旅游机构和游客在签订、履行、变更、终止旅游合同时产生的权利义务纠纷。

（7）房地产咨询合同纠纷，是指当事人就达成的房地产中介机构向客户提供信息、技术和政策法规咨询服务并收取费用的合同产生的权利义务纠纷。

（8）房地产价格评估合同纠纷，是指当事人就达成的具有资质的房地产价格评估机构向客户提供对土地、建筑物、构筑物，在建工程等进行价格评估服务的合同产生的权利义务纠纷。

（9）旅店服务合同纠纷，是指当事人就达成的旅店向旅客和其他人员提供房屋住宿和其他服务并收取费用的合同产生的权利义务纠纷。

（10）财会服务合同纠纷，是指当事人就达成的注册会计师、注册审计师等专业财会人员和机构向客户提供审计服务、会计咨询、会计服务并收取费用的合同产生的权利义务纠纷。

（11）餐饮服务合同纠纷，是指当事人就达成的餐饮服务机构和人员向消费者提供食品、饮料、消费场所和设施，消费者支付费用的合同产生的权利义务纠纷。

（12）娱乐服务合同纠纷，是指当事人就达成的娱乐场所提供歌舞等娱乐活动，消费者支付费用的合同产生的权利义务纠纷。

（13）有线电视服务合同纠纷，是指当事人就达成的有线电视网络经营者向用户提供有线电视服务，用户支付费用的合同产生的权利义务纠纷。

（14）网络服务合同纠纷，是指当事人就达成的网络服务商向消费者提供通路以使消费者能与因特网连线的中介服务或提供内容服务的合同产生的权利义务纠纷。

（15）教育培训合同纠纷，是指当事人就达成的学校等培训机构向受教育者提供教育服务并收取培训费用的合同产生的权利义务纠纷。

（16）家政服务合同纠纷，是指家政服务机构与家政服务人员之间、家政服务人员与家政服务对象之间、家政服务对象与家政服务机构之间就相互间的权利义务关系产生的纠纷。

（17）庆典服务合同纠纷，是指当事人就达成的庆典服务机构向客户提供庆祝礼仪式服务并收取费用的合同产生的权利义务纠纷。

（18）殡葬服务合同纠纷，是指当事人就达成的殡葬服务机构为客户提供对死者遗体进行处理的合同产生的权利义务纠纷。

（19）农业技术服务合同纠纷，是指当事人就达成的农业技术服务组织向农户提供农业技术培训、指导和咨询服务的合同产生的权利义务纠纷。

（20）农机作业服务合同纠纷，是指当事人就达成的农机作业单位为客户按时、按质、按量完成农机作业任务的合同产生的权利义务纠纷。

（21）保安服务合同纠纷，是指当事人就达成的保安服务公司为客户提供门卫、巡逻、守护、安全检查以及安全技术防范、安全风险评估等服务的合同产生的权利义务纠纷。

（22）银行结算合同纠纷，是指当事人就达成的银行为客户提供信用收付业务的合同产生的权利义务纠纷。

常用法律条文及索引

《中华人民共和国民法典》（2020 年 5 月 28 日公布　2021 年 1 月 1 日施行）

第九百三十七条　物业服务合同是物业服务人在物业服务区域内，为业主提供建筑物及其附属设施的维修养护、环境卫生和相关秩序的管理维护等物业服务，业主支付物业费的合同。

物业服务人包括物业服务企业和其他管理人。

第九百三十八条　物业服务合同的内容一般包括服务事项、服务质量、服务费用的标准和收取办法、维修资金的使用、服务用房的管理和使用、服务期限、服务交接等条款。

物业服务人公开作出的有利于业主的服务承诺，为物业服务合同的组成部分。

物业服务合同应当采用书面形式。

第九百三十九条　建设单位依法与物业服务人订立的前期物业服务合同，以及业主委员会与业主大会依法选聘的物业服务人订立的物业服务合同，对业主具有法律约束力。

第九百四十条　建设单位依法与物业服务人订立的前期物业服务合同约定的服务期限届满前，业主委员会或者业主与新物业服务人订立的物业服务合同生效的，前期物业服务合同终止。

第九百四十一条　物业服务人将物业服务区域内的部分专项服务事项委托给专业性服务组织或者其他第三人的，应当就该部分专项服务事项向业主负责。

物业服务人不得将其应当提供的全部物业服务转委托给第三人，或者将全部物业服务支解后分别转委托给第三人。

第九百四十二条　物业服务人应当按照约定和物业的使用性质，妥善维修、养护、清洁、绿化和经营管理物业服务区域内的业主共有部分，维护物业服务区域内的基本秩序，采取合理措施保护业主的人身、财产安全。

对物业服务区域内违反有关治安、环保、消防等法律法规的行为，物业服务人应当及时采取合理措施制止、向有关行政主管部门报告并协助处理。

第九百四十三条　物业服务人应当定期将服务的事项、负责人员、质量要求、收费项目、收费标准、履行情况，以及维修资金使用情况、业主共有部分的经营与收益情况等以合理方式向业主公开并向业主大会、业主委员会报告。

第九百四十四条　业主应当按照约定向物业服务人支付物业费。物业服务人已经按照约定和有关规定提供服务的，业主不得以未接受或者无需接受相关物业服务为由拒绝支付物业费。

业主违反约定逾期不支付物业费的，物业服务人可以催告其在合理期限内支付；合理期限届满仍不支付的，物业服务人可以提起诉讼或者申请仲裁。

物业服务人不得采取停止供电、供水、供热、供燃气等方式催交物业费。

第九百四十五条 业主装饰装修房屋的，应当事先告知物业服务人，遵守物业服务人提示的合理注意事项，并配合其进行必要的现场检查。

业主转让、出租物业专有部分、设立居住权或者依法改变共有部分用途的，应当及时将相关情况告知物业服务人。

第九百四十六条 业主依照法定程序共同决定解聘物业服务人的，可以解除物业服务合同。决定解聘的，应当提前六十日书面通知物业服务人，但是合同对通知期限另有约定的除外。

依据前款规定解除合同造成物业服务人损失的，除不可归责于业主的事由外，业主应当赔偿损失。

第九百四十七条 物业服务期限届满前，业主依法共同决定续聘的，应当与原物业服务人在合同期限届满前续订物业服务合同。

物业服务期限届满前，物业服务人不同意续聘的，应当在合同期限届满前九十日书面通知业主或者业主委员会，但是合同对通知期限另有约定的除外。

第九百四十八条 物业服务期限届满后，业主没有依法作出续聘或者另聘物业服务人的决定，物业服务人继续提供物业服务的，原物业服务合同继续有效，但是服务期限为不定期。

当事人可以随时解除不定期物业服务合同，但是应当提前六十日书面通知对方。

第九百四十九条 物业服务合同终止的，原物业服务人应当在约定期限或者合理期限内退出物业服务区域，将物业服务用房、相关设施、物业服务所必需的相关资料等交还给业主委员会、决定自行管理的业主或者其指定的人，配合新物业服务人做好交接工作，并如实告知物业的使用和管理状况。

原物业服务人违反前款规定的，不得请求业主支付物业服务合同终止后的物业费；造成业主损失的，应当赔偿损失。

第九百五十条 物业服务合同终止后，在业主或者业主大会选聘的新物业服务人或者决定自行管理的业主接管之前，原物业服务人应当继续处理物业服务事项，并可以请求业主支付该期间的物业费。

《中华人民共和国电信条例》（2016 年 2 月 6 日修订）

第三十条 电信业务经营者应当按照国家规定的电信服务标准向电信用户提供服务。电信业务经营者提供服务的种类、范围、资费标准和时限，应当向社会公布，并报省、自治区、直辖市电信管理机构备案。

电信用户有权自主选择使用依法开办的各类电信业务。

第三十一条　电信用户申请安装、移装电信终端设备的，电信业务经营者应当在其公布的时限内保证装机开通；由于电信业务经营者的原因逾期未能装机开通的，应当每日按照收取的安装费、移装费或者其他费用数额1%的比例，向电信用户支付违约金。

第三十二条　电信用户申告电信服务障碍的，电信业务经营者应当自接到申告之日起，城镇48小时、农村72小时内修复或者调通；不能按期修复或者调通的，应当及时通知电信用户，并免收障碍期间的月租费用。但是，属于电信终端设备的原因造成电信服务障碍的除外。

第三十三条　电信业务经营者应当为电信用户交费和查询提供方便。电信用户要求提供国内长途通信、国际通信、移动通信和信息服务等收费清单的，电信业务经营者应当免费提供。

电信用户出现异常的巨额电信费用时，电信业务经营者一经发现，应当尽可能迅速告知电信用户，并采取相应的措施。

前款所称巨额电信费用，是指突然出现超过电信用户此前3个月平均电信费用5倍以上的费用。

第三十四条　电信用户应当按照约定的时间和方式及时、足额地向电信业务经营者交纳电信费用；电信用户逾期不交纳电信费用的，电信业务经营者有权要求补交电信费用，并可以按照所欠费用每日加收3‰的违约金。

对超过收费约定期限30日仍不交纳电信费用的电信用户，电信业务经营者可以暂停向其提供电信服务。电信用户在电信业务经营者暂停服务60日内仍未补交电信费用和违约金的，电信业务经营者可以终止提供服务，并可以依法追缴欠费和违约金。

经营移动电信业务的经营者可以与电信用户约定交纳电信费用的期限、方式，不受前款规定期限的限制。

电信业务经营者应当在迟延交纳电信费用的电信用户补足电信费用、违约金后的48小时内，恢复暂停的电信服务。

第三十五条　电信业务经营者因工程施工、网络建设等原因，影响或者可能影响正常电信服务的，必须按照规定的时限及时告知用户，并向省、自治区、直辖市电信管理机构报告。

因前款原因中断电信服务的，电信业务经营者应当相应减免用户在电信服务中断期间的相关费用。

出现本条第一款规定的情形，电信业务经营者未及时告知用户的，应当赔偿由此给用户造成的损失。

第三十六条 经营本地电话业务和移动电话业务的电信业务经营者，应当免费向用户提供火警、匪警、医疗急救、交通事故报警等公益性电信服务并保障通信线路畅通。

第三十七条 电信业务经营者应当及时为需要通过中继线接入其电信网的集团用户，提供平等、合理的接入服务。

未经批准，电信业务经营者不得擅自中断接入服务。

第三十八条 电信业务经营者应当建立健全内部服务质量管理制度，并可以制定并公布施行高于国家规定的电信服务标准的企业标准。

电信业务经营者应当采取各种形式广泛听取电信用户意见，接受社会监督，不断提高电信服务质量。

第三十九条 电信业务经营者提供的电信服务达不到国家规定的电信服务标准或者其公布的企业标准的，或者电信用户对交纳电信费用持有异议的，电信用户有权要求电信业务经营者予以解决；电信业务经营者拒不解决或者电信用户对解决结果不满意的，电信用户有权向国务院信息产业主管部门或者省、自治区、直辖市电信管理机构或者其他有关部门申诉。收到申诉的机关必须对申诉及时处理，并自收到申诉之日起 30 日内向申诉者作出答复。

电信用户对交纳本地电话费用有异议的，电信业务经营者还应当应电信用户的要求免费提供本地电话收费依据，并有义务采取必要措施协助电信用户查找原因。

第四十条 电信业务经营者在电信服务中，不得有下列行为：

（一）以任何方式限定电信用户使用其指定的业务；

（二）限定电信用户购买其指定的电信终端设备或者拒绝电信用户使用自备的已经取得入网许可的电信终端设备；

（三）无正当理由拒绝、拖延或者中止对电信用户的电信服务；

（四）对电信用户不履行公开作出的承诺或者作容易引起误解的虚假宣传；

（五）以不正当手段刁难电信用户或者对投诉的电信用户打击报复。

《中华人民共和国邮政法》（2015 年 4 月 24 日修正）

第四十六条 邮政企业对平常邮件的损失不承担赔偿责任。但是，邮政企业因故意或者重大过失造成平常邮件损失的除外。

第四十七条 邮政企业对给据邮件的损失依照下列规定赔偿：

（一）保价的给据邮件丢失或者全部损毁的，按照保价额赔偿；部分损毁或者内件短少的，按照保价额与邮件全部价值的比例对邮件的实际损失予以赔偿。

（二）未保价的给据邮件丢失、损毁或者内件短少的，按照实际损失赔偿，但最高赔偿额不超过所收取资费的三倍；挂号信件丢失、损毁的，按照所收取资费的三倍予以赔偿。

邮政企业应当在营业场所的告示中和提供给用户的给据邮件单据上，以足以引起用户注意的方式载明前款规定。

邮政企业因故意或者重大过失造成给据邮件损失，或者未履行前款规定义务的，无权援用本条第一款的规定限制赔偿责任。

第四十八条　因下列原因之一造成的给据邮件损失，邮政企业不承担赔偿责任：

（一）不可抗力，但因不可抗力造成的保价的给据邮件的损失除外；

（二）所寄物品本身的自然性质或者合理损耗；

（三）寄件人、收件人的过错。

《快递暂行条例》（2025 年 4 月 13 日修订）

第二十二条　经营快递业务的企业在寄件人填写快递运单前，应当提醒其阅读快递服务合同条款、遵守禁止寄递和限制寄递物品的有关规定，告知相关保价规则和保险服务项目。

寄件人交寄贵重物品的，应当事先声明；经营快递业务的企业可以要求寄件人对贵重物品予以保价。

第二十三条　寄件人交寄快件，应当如实提供以下事项：

（一）寄件人姓名、地址、联系电话；

（二）收件人姓名（名称）、地址、联系电话；

（三）寄递物品的名称、性质、数量。

除信件和已签订安全协议用户交寄的快件外，经营快递业务的企业收寄快件，应当对寄件人身份进行查验，并登记身份信息，但不得在快递运单上记录除姓名（名称）、地址、联系电话以外的用户身份信息。寄件人拒绝提供身份信息或者提供身份信息不实的，经营快递业务的企业不得收寄。

第二十五条　经营快递业务的企业应当规范操作，防止造成快件损毁。

法律法规对食品、药品等特定物品的运输有特殊规定的，寄件人、经营快递业务的企业应当遵守相关规定。

第二十六条　经营快递业务的企业应当将快件投递到约定的收件地址、收件人或者收件人指定的代收人，并告知收件人或者代收人当面验收。收件人或者代收人有权当面验收。

第二十七条 快件无法投递的，经营快递业务的企业应当退回寄件人或者根据寄件人的要求进行处理；属于进出境快件的，经营快递业务的企业应当依法办理海关和检验检疫手续。

快件无法投递又无法退回的，依照下列规定处理：

（一）属于信件，自确认无法退回之日起超过6个月无人认领的，由经营快递业务的企业在所在地邮政管理部门的监督下销毁；

（二）属于信件以外其他快件的，经营快递业务的企业应当登记，并按照国务院邮政管理部门的规定处理；

（三）属于进境快件的，交由海关依法处理。

第二十八条 快件延误、丢失、损毁或者内件短少的，对保价的快件，应当按照经营快递业务的企业与寄件人约定的保价规则确定赔偿责任；对未保价的快件，依照民事法律的有关规定确定赔偿责任。

国家鼓励保险公司开发快件损失赔偿责任险种，鼓励经营快递业务的企业投保。

《中华人民共和国律师法》（2017年9月1日修正）

第五十四条 律师违法执业或者因过错给当事人造成损失的，由其所在的律师事务所承担赔偿责任。律师事务所赔偿后，可以向有故意或者重大过失行为的律师追偿。

《中华人民共和国旅游法》（2018年10月26日修正）

第二条 在中华人民共和国境内的和在中华人民共和国境内组织到境外的游览、度假、休闲等形式的旅游活动以及为旅游活动提供相关服务的经营活动，适用本法。

第五十七条 旅行社组织和安排旅游活动，应当与旅游者订立合同。

第五十九条 旅行社应当在旅游行程开始前向旅游者提供旅游行程单。旅游行程单是包价旅游合同的组成部分。

第六十条 旅行社委托其他旅行社代理销售包价旅游产品并与旅游者订立包价旅游合同的，应当在包价旅游合同中载明委托社和代理社的基本信息。

旅行社依照本法规定将包价旅游合同中的接待业务委托给地接社履行的，应当在包价旅游合同中载明地接社的基本信息。

安排导游为旅游者提供服务的，应当在包价旅游合同中载明导游服务费用。

第六十一条　旅行社应当提示参加团队旅游的旅游者按照规定投保人身意外伤害保险。

第六十二条　订立包价旅游合同时，旅行社应当向旅游者告知下列事项：

（一）旅游者不适合参加旅游活动的情形；

（二）旅游活动中的安全注意事项；

（三）旅行社依法可以减免责任的信息；

（四）旅游者应当注意的旅游目的地相关法律、法规和风俗习惯、宗教禁忌，依照中国法律不宜参加的活动等；

（五）法律、法规规定的其他应当告知的事项。

在包价旅游合同履行中，遇有前款规定事项的，旅行社也应当告知旅游者。

第六十三条　旅行社招徕旅游者组团旅游，因未达到约定人数不能出团的，组团社可以解除合同。但是，境内旅游应当至少提前七日通知旅游者，出境旅游应当至少提前三十日通知旅游者。

因未达到约定人数不能出团的，组团社经征得旅游者书面同意，可以委托其他旅行社履行合同。组团社对旅游者承担责任，受委托的旅行社对组团社承担责任。旅游者不同意的，可以解除合同。

因未达到约定的成团人数解除合同的，组团社应当向旅游者退还已收取的全部费用。

第六十四条　旅游行程开始前，旅游者可以将包价旅游合同中自身的权利义务转让给第三人，旅行社没有正当理由的不得拒绝，因此增加的费用由旅游者和第三人承担。

第六十五条　旅游行程结束前，旅游者解除合同的，组团社应当在扣除必要的费用后，将余款退还旅游者。

第六十六条　旅游者有下列情形之一的，旅行社可以解除合同：

（一）患有传染病等疾病，可能危害其他旅游者健康和安全的；

（二）携带危害公共安全的物品且不同意交有关部门处理的；

（三）从事违法或者违反社会公德的活动的；

（四）从事严重影响其他旅游者权益的活动，且不听劝阻、不能制止的；

（五）法律规定的其他情形。

因前款规定情形解除合同的，组团社应当在扣除必要的费用后，将余款退还旅游者；给旅行社造成损失的，旅游者应当依法承担赔偿责任。

第六十七条 因不可抗力或者旅行社、履行辅助人已尽合理注意义务仍不能避免的事件，影响旅游行程的，按照下列情形处理：

（一）合同不能继续履行的，旅行社和旅游者均可以解除合同。合同不能完全履行的，旅行社经向旅游者作出说明，可以在合理范围内变更合同；旅游者不同意变更的，可以解除合同。

（二）合同解除的，组团社应当在扣除已向地接社或者履行辅助人支付且不可退还的费用后，将余款退还旅游者；合同变更的，因此增加的费用由旅游者承担，减少的费用退还旅游者。

（三）危及旅游者人身、财产安全的，旅行社应当采取相应的安全措施，因此支出的费用，由旅行社与旅游者分担。

（四）造成旅游者滞留的，旅行社应当采取相应的安置措施。因此增加的食宿费用，由旅游者承担；增加的返程费用，由旅行社与旅游者分担。

第六十八条 旅游行程中解除合同的，旅行社应当协助旅游者返回出发地或者旅游者指定的合理地点。由于旅行社或者履行辅助人的原因导致合同解除的，返程费用由旅行社承担。

第六十九条 旅行社应当按照包价旅游合同的约定履行义务，不得擅自变更旅游行程安排。

经旅游者同意，旅行社将包价旅游合同中的接待业务委托给其他具有相应资质的地接社履行的，应当与地接社订立书面委托合同，约定双方的权利和义务，向地接社提供与旅游者订立的包价旅游合同的副本，并向地接社支付不低于接待和服务成本的费用。地接社应当按照包价旅游合同和委托合同提供服务。

第七十条 旅行社不履行包价旅游合同义务或者履行合同义务不符合约定的，应当依法承担继续履行、采取补救措施或者赔偿损失等违约责任；造成旅游者人身损害、财产损失的，应当依法承担赔偿责任。旅行社具备履行条件，经旅游者要求仍拒绝履行合同，造成旅游者人身损害、滞留等严重后果的，旅游者还可以要求旅行社支付旅游费用一倍以上三倍以下的赔偿金。

由于旅游者自身原因导致包价旅游合同不能履行或者不能按照约定履行，或者造成旅游者人身损害、财产损失的，旅行社不承担责任。

在旅游者自行安排活动期间，旅行社未尽到安全提示、救助义务的，应当对旅游者的人身损害、财产损失承担相应责任。

第七十一条 由于地接社、履行辅助人的原因导致违约的，由组团社承担责任；组团社承担责任后可以向地接社、履行辅助人追偿。

由于地接社、履行辅助人的原因造成旅游者人身损害、财产损失的，旅游者可以要求地接社、履行辅助人承担赔偿责任，也可以要求组团社承担赔偿责任；组团社承担责任后可以向地接社、履行辅助人追偿。但是，由于公共交通经营者的原因造成旅游者人身损害、财产损失的，由公共交通经营者依法承担赔偿责任，旅行社应当协助旅游者向公共交通经营者索赔。

第七十二条　旅游者在旅游活动中或者在解决纠纷时，损害旅行社、履行辅助人、旅游从业人员或者其他旅游者的合法权益的，依法承担赔偿责任。

第八十二条　旅游者在人身、财产安全遇有危险时，有权请求旅游经营者、当地政府和相关机构进行及时救助。

中国出境旅游者在境外陷于困境时，有权请求我国驻当地机构在其职责范围内给予协助和保护。

旅游者接受相关组织或者机构的救助后，应当支付应由个人承担的费用。

《最高人民法院关于审理旅游纠纷案件适用法律若干问题的规定》（法释〔2010〕13号　2020年12月23日修正）

第二条　以单位、家庭等集体形式与旅游经营者订立旅游合同，在履行过程中发生纠纷，除集体以合同一方当事人名义起诉外，旅游者个人提起旅游合同纠纷诉讼的，人民法院应予受理。

第三条　因旅游经营者方面的同一原因造成旅游者人身损害、财产损失，旅游者选择请求旅游经营者承担违约责任或者侵权责任的，人民法院应当根据当事人选择的案由进行审理。

第四条　因旅游辅助服务者的原因导致旅游经营者违约，旅游者仅起诉旅游经营者的，人民法院可以将旅游辅助服务者追加为第三人。

第五条　旅游经营者已投保责任险，旅游者因保险责任事故仅起诉旅游经营者的，人民法院可以应当事人的请求将保险公司列为第三人。

第六条　旅游经营者以格式条款、通知、声明、店堂告示等方式作出排除或者限制旅游者权利、减轻或者免除旅游经营者责任、加重旅游者责任等对旅游者不公平、不合理的规定，旅游者依据消费者权益保护法第二十六条的规定请求认定该内容无效的，人民法院应予支持。

第七条　旅游经营者、旅游辅助服务者未尽到安全保障义务，造成旅游者人身损害、财产损失，旅游者请求旅游经营者、旅游辅助服务者承担责任的，人民法院应予支持。

因第三人的行为造成旅游者人身损害、财产损失，由第三人承担责任；旅游经营者、旅游辅助服务者未尽安全保障义务，旅游者请求其承担相应补充责任的，人民法院应予支持。

第八条 旅游经营者、旅游辅助服务者对可能危及旅游者人身、财产安全的旅游项目未履行告知、警示义务，造成旅游者人身损害、财产损失，旅游者请求旅游经营者、旅游辅助服务者承担责任的，人民法院应予支持。

旅游者未按旅游经营者、旅游辅助服务者的要求提供与旅游活动相关的个人健康信息并履行如实告知义务，或者不听从旅游经营者、旅游辅助服务者的告知、警示，参加不适合自身条件的旅游活动，导致旅游过程中出现人身损害、财产损失，旅游者请求旅游经营者、旅游辅助服务者承担责任的，人民法院不予支持。

第九条 旅游经营者、旅游辅助服务者以非法收集、存储、使用、加工、传输、买卖、提供、公开等方式处理旅游者个人信息，旅游者请求其承担相应责任的，人民法院应予支持。

第十条 旅游经营者将旅游业务转让给其他旅游经营者，旅游者不同意转让，请求解除旅游合同、追究旅游经营者违约责任的，人民法院应予支持。

旅游经营者擅自将其旅游业务转让给其他旅游经营者，旅游者在旅游过程中遭受损害，请求与其签订旅游合同的旅游经营者和实际提供旅游服务的旅游经营者承担连带责任的，人民法院应予支持。

第十一条 除合同性质不宜转让或者合同另有约定之外，在旅游行程开始前的合理期间内，旅游者将其在旅游合同中的权利义务转让给第三人，请求确认转让合同效力的，人民法院应予支持。

因前款所述原因，旅游经营者请求旅游者、第三人给付增加的费用或者旅游者请求旅游经营者退还减少的费用的，人民法院应予支持。

第十二条 旅游行程开始前或者进行中，因旅游者单方解除合同，旅游者请求旅游经营者退还尚未实际发生的费用，或者旅游经营者请求旅游者支付合理费用的，人民法院应予支持。

第十三条 签订旅游合同的旅游经营者将其部分旅游业务委托旅游目的地的旅游经营者，因受托方未尽旅游合同义务，旅游者在旅游过程中受到损害，要求作出委托的旅游经营者承担赔偿责任的，人民法院应予支持。

旅游经营者委托除前款规定以外的人从事旅游业务，发生旅游纠纷，旅游者起诉旅游经营者的，人民法院应予受理。

第十四条 旅游经营者准许他人挂靠其名下从事旅游业务，造成旅游者人身损害、财产损失，旅游者依据民法典第一千一百六十八条的规定请求旅游经营者与挂靠人承担连带责任的，人民法院应予支持。

第十五条 旅游经营者违反合同约定，有擅自改变旅游行程、遗漏旅游景点、减少旅游服务项目、降低旅游服务标准等行为，旅游者请求旅游经营者赔偿未完成约定旅游服务项目等合理费用的，人民法院应予支持。

旅游经营者提供服务时有欺诈行为，旅游者依据消费者权益保护法第五十五条第一款规定请求旅游经营者承担惩罚性赔偿责任的，人民法院应予支持。

第十六条 因飞机、火车、班轮、城际客运班车等公共客运交通工具延误，导致合同不能按照约定履行，旅游者请求旅游经营者退还未实际发生的费用的，人民法院应予支持。合同另有约定的除外。

第十七条 旅游者在自行安排活动期间遭受人身损害、财产损失，旅游经营者未尽到必要的提示义务、救助义务，旅游者请求旅游经营者承担相应责任的，人民法院应予支持。

前款规定的自行安排活动期间，包括旅游经营者安排的在旅游行程中独立的自由活动期间、旅游者不参加旅游行程的活动期间以及旅游者经导游或者领队同意暂时离队的个人活动期间等。

第十八条 旅游者在旅游行程中未经导游或者领队许可，故意脱离团队，遭受人身损害、财产损失，请求旅游经营者赔偿损失的，人民法院不予支持。

第十九条 旅游经营者或者旅游辅助服务者为旅游者代管的行李物品损毁、灭失，旅游者请求赔偿损失的，人民法院应予支持，但下列情形除外：

（一）损失是由于旅游者未听从旅游经营者或者旅游辅助服务者的事先声明或者提示，未将现金、有价证券、贵重物品由其随身携带而造成的；

（二）损失是由于不可抗力造成的；

（三）损失是由于旅游者的过错造成的；

（四）损失是由于物品的自然属性造成的。

第二十条 旅游者要求旅游经营者返还下列费用的，人民法院应予支持：

（一）因拒绝旅游经营者安排的购物活动或者另行付费的项目被增收的费用；

（二）在同一旅游行程中，旅游经营者提供相同服务，因旅游者的年龄、职业等差异而增收的费用。

第二十一条 旅游经营者因过错致其代办的手续、证件存在瑕疵，或者未尽妥善保管义务而遗失、毁损，旅游者请求旅游经营者补办或者协助补办相关手续、证件并承担相应费用的，人民法院应予支持。

因上述行为影响旅游行程，旅游者请求旅游经营者退还尚未发生的费用、赔偿损失的，人民法院应予支持。

第二十二条 旅游经营者事先设计，并以确定的总价提供交通、住宿、游览等一项或者多项服务，不提供导游和领队服务，由旅游者自行安排游览行程的旅游过程中，旅游经营者提供的服务不符合合同约定，侵害旅游者合法权益，旅游者请求旅游经营者承担相应责任的，人民法院应予支持。

《房地产估价机构管理办法》（2015 年 5 月 4 日修正）

第四十七条 未取得房地产估价机构资质从事房地产估价活动或者超越资质等级承揽估价业务的，出具的估价报告无效，由县级以上人民政府房地产主管部门给予警告，责令限期改正，并处 1 万元以上 3 万元以下的罚款；造成当事人损失的，依法承担赔偿责任。

第五十四条 违反本办法第三十五条规定，房地产估价机构擅自对外提供估价过程中获知的当事人的商业秘密和业务资料，给当事人造成损失的，依法承担赔偿责任；构成犯罪的，依法追究刑事责任。

《物业管理条例》（2018 年 3 月 19 日修订）

第三十五条 物业服务企业应当按照物业服务合同的约定，提供相应的服务。

物业服务企业未能履行物业服务合同的约定，导致业主人身、财产安全受到损害的，应当依法承担相应的法律责任。

第三十八条 物业服务合同终止时，物业服务企业应当将物业管理用房和本条例第二十九条第一款规定的资料交还给业主委员会。

物业服务合同终止时，业主大会选聘了新的物业服务企业的，物业服务企业之间应当做好交接工作。

《中华人民共和国注册会计师法》（2014 年 8 月 31 日修正）

第十六条 注册会计师承办业务，由其所在的会计师事务所统一受理并与委托人签订委托合同。

会计师事务所对本所注册会计师依照前款规定承办的业务，承担民事责任。

第十七条 注册会计师执行业务，可以根据需要查阅委托人的有关会计资料和文件，查看委托人的业务现场和设施，要求委托人提供其他必要的协助。

第十八条　注册会计师与委托人有利害关系的，应当回避；委托人有权要求其回避。

第十九条　注册会计师对在执行业务中知悉的商业秘密，负有保密义务。

第四十二条　会计师事务所违反本法规定，给委托人、其他利害关系人造成损失的，应当依法承担赔偿责任。

《中华人民共和国电子商务法》（2018 年 8 月 31 日公布　2019 年 1 月 1 日施行）

第四十七条　电子商务当事人订立和履行合同，适用本章和《中华人民共和国民法总则》《中华人民共和国合同法》《中华人民共和国电子签名法》等法律的规定。

第四十八条　电子商务当事人使用自动信息系统订立或者履行合同的行为对使用该系统的当事人具有法律效力。

在电子商务中推定当事人具有相应的民事行为能力。但是，有相反证据足以推翻的除外。

第四十九条　电子商务经营者发布的商品或者服务信息符合要约条件的，用户选择该商品或者服务并提交订单成功，合同成立。当事人另有约定的，从其约定。

电子商务经营者不得以格式条款等方式约定消费者支付价款后合同不成立；格式条款等含有该内容的，其内容无效。

第五十条　电子商务经营者应当清晰、全面、明确地告知用户订立合同的步骤、注意事项、下载方法等事项，并保证用户能够便利、完整地阅览和下载。

电子商务经营者应当保证用户在提交订单前可以更正输入错误。

第五十一条　合同标的为交付商品并采用快递物流方式交付的，收货人签收时间为交付时间。合同标的为提供服务的，生成的电子凭证或者实物凭证中载明的时间为交付时间；前述凭证没有载明时间或者载明时间与实际提供服务时间不一致的，实际提供服务的时间为交付时间。

合同标的为采用在线传输方式交付的，合同标的进入对方当事人指定的特定系统并且能够检索识别的时间为交付时间。

合同当事人对交付方式、交付时间另有约定的，从其约定。

第五十二条 电子商务当事人可以约定采用快递物流方式交付商品。

快递物流服务提供者为电子商务提供快递物流服务，应当遵守法律、行政法规，并应当符合承诺的服务规范和时限。快递物流服务提供者在交付商品时，应当提示收货人当面查验；交由他人代收的，应当经收货人同意。

快递物流服务提供者应当按照规定使用环保包装材料，实现包装材料的减量化和再利用。

快递物流服务提供者在提供快递物流服务的同时，可以接受电子商务经营者的委托提供代收货款服务。

第五十三条 电子商务当事人可以约定采用电子支付方式支付价款。

电子支付服务提供者为电子商务提供电子支付服务，应当遵守国家规定，告知用户电子支付服务的功能、使用方法、注意事项、相关风险和收费标准等事项，不得附加不合理交易条件。电子支付服务提供者应当确保电子支付指令的完整性、一致性、可跟踪稽核和不可篡改。

电子支付服务提供者应当向用户免费提供对账服务以及最近三年的交易记录。

第五十四条 电子支付服务提供者提供电子支付服务不符合国家有关支付安全管理要求，造成用户损失的，应当承担赔偿责任。

第五十五条 用户在发出支付指令前，应当核对支付指令所包含的金额、收款人等完整信息。

支付指令发生错误的，电子支付服务提供者应当及时查找原因，并采取相关措施予以纠正。造成用户损失的，电子支付服务提供者应当承担赔偿责任，但能够证明支付错误非自身原因造成的除外。

第五十六条 电子支付服务提供者完成电子支付后，应当及时准确地向用户提供符合约定方式的确认支付的信息。

第五十七条 用户应当妥善保管交易密码、电子签名数据等安全工具。用户发现安全工具遗失、被盗用或者未经授权的支付的，应当及时通知电子支付服务提供者。

未经授权的支付造成的损失，由电子支付服务提供者承担；电子支付服务提供者能够证明未经授权的支付是因用户的过错造成的，不承担责任。

电子支付服务提供者发现支付指令未经授权，或者收到用户支付指令未经授权的通知时，应当立即采取措施防止损失扩大。电子支付服务提供者未及时采取措施导致损失扩大的，对损失扩大部分承担责任。

第七十四条 电子商务经营者销售商品或者提供服务，不履行合同义务或者履行合同义务不符合约定，或者造成他人损害的，依法承担民事责任。

《最高人民法院关于审理侵害信息网络传播权民事纠纷案件适用法律若干问题的规定》（法释〔2012〕20号　2020年12月23日修正）

第三条　网络用户、网络服务提供者未经许可，通过信息网络提供权利人享有信息网络传播权的作品、表演、录音录像制品，除法律、行政法规另有规定外，人民法院应当认定其构成侵害信息网络传播权行为。

通过上传到网络服务器、设置共享文件或者利用文件分享软件等方式，将作品、表演、录音录像制品置于信息网络中，使公众能够在个人选定的时间和地点以下载、浏览或者其他方式获得的，人民法院应当认定其实施了前款规定的提供行为。

第四条　有证据证明网络服务提供者与他人以分工合作等方式共同提供作品、表演、录音录像制品，构成共同侵权行为的，人民法院应当判令其承担连带责任。网络服务提供者能够证明其仅提供自动接入、自动传输、信息存储空间、搜索、链接、文件分享技术等网络服务，主张其不构成共同侵权行为的，人民法院应予支持。

第五条　网络服务提供者以提供网页快照、缩略图等方式实质替代其他网络服务提供者向公众提供相关作品的，人民法院应当认定其构成提供行为。

前款规定的提供行为不影响相关作品的正常使用，且未不合理损害权利人对该作品的合法权益，网络服务提供者主张其未侵害信息网络传播权的，人民法院应予支持。

第六条　原告有初步证据证明网络服务提供者提供了相关作品、表演、录音录像制品，但网络服务提供者能够证明其仅提供网络服务，且无过错的，人民法院不应认定为构成侵权。

第七条　网络服务提供者在提供网络服务时教唆或者帮助网络用户实施侵害信息网络传播权行为的，人民法院应当判令其承担侵权责任。

网络服务提供者以言语、推介技术支持、奖励积分等方式诱导、鼓励网络用户实施侵害信息网络传播权行为的，人民法院应当认定其构成教唆侵权行为。

网络服务提供者明知或者应知网络用户利用网络服务侵害信息网络传播权，未采取删除、屏蔽、断开链接等必要措施，或者提供技术支持等帮助行为的，人民法院应当认定其构成帮助侵权行为。

第八条　人民法院应当根据网络服务提供者的过错，确定其是否承担教唆、帮助侵权责任。网络服务提供者的过错包括对于网络用户侵害信息网络传播权行为的明知或者应知。

网络服务提供者未对网络用户侵害信息网络传播权的行为主动进行审查的，人民法院不应据此认定其具有过错。

网络服务提供者能够证明已采取合理、有效的技术措施，仍难以发现网络用户侵害信息网络传播权行为的，人民法院应当认定其不具有过错。

第九条 人民法院应当根据网络用户侵害信息网络传播权的具体事实是否明显，综合考虑以下因素，认定网络服务提供者是否构成应知：

（一）基于网络服务提供者提供服务的性质、方式及其引发侵权的可能性大小，应当具备的管理信息的能力；

（二）传播的作品、表演、录音录像制品的类型、知名度及侵权信息的明显程度；

（三）网络服务提供者是否主动对作品、表演、录音录像制品进行了选择、编辑、修改、推荐等；

（四）网络服务提供者是否积极采取了预防侵权的合理措施；

（五）网络服务提供者是否设置便捷程序接收侵权通知并及时对侵权通知作出合理的反应；

（六）网络服务提供者是否针对同一网络用户的重复侵权行为采取了相应的合理措施；

（七）其他相关因素。

第十条 网络服务提供者在提供网络服务时，对热播影视作品等以设置榜单、目录、索引、描述性段落、内容简介等方式进行推荐，且公众可以在其网页上直接以下载、浏览或者其他方式获得的，人民法院可以认定其应知网络用户侵害信息网络传播权。

第十一条 网络服务提供者从网络用户提供的作品、表演、录音录像制品中直接获得经济利益的，人民法院应当认定其对该网络用户侵害信息网络传播权的行为负有较高的注意义务。

网络服务提供者针对特定作品、表演、录音录像制品投放广告获取收益，或者获取与其传播的作品、表演、录音录像制品存在其他特定联系的经济利益，应当认定为前款规定的直接获得经济利益。网络服务提供者因提供网络服务而收取一般性广告费、服务费等，不属于本款规定的情形。

第十二条 有下列情形之一的，人民法院可以根据案件具体情况，认定提供信息存储空间服务的网络服务提供者应知网络用户侵害信息网络传播权：

（一）将热播影视作品等置于首页或者其他主要页面等能够为网络服务提供者明显感知的位置的；

（二）对热播影视作品等的主题、内容主动进行选择、编辑、整理、推荐，或者为其设立专门的排行榜的；

（三）其他可以明显感知相关作品、表演、录音录像制品为未经许可提供，仍未采取合理措施的情形。

第十三条　网络服务提供者接到权利人以书信、传真、电子邮件等方式提交的通知及构成侵权的初步证据，未及时根据初步证据和服务类型采取必要措施的，人民法院应当认定其明知相关侵害信息网络传播权行为。

第十四条　人民法院认定网络服务提供者转送通知、采取必要措施是否及时，应当根据权利人提交通知的形式，通知的准确程度，采取措施的难易程度，网络服务的性质，所涉作品、表演、录音录像制品的类型、知名度、数量等因素综合判断。

第十五条　侵害信息网络传播权民事纠纷案件由侵权行为地或者被告住所地人民法院管辖。侵权行为地包括实施被诉侵权行为的网络服务器、计算机终端等设备所在地。侵权行为地和被告住所地均难以确定或者在境外的，原告发现侵权内容的计算机终端等设备所在地可以视为侵权行为地。

《最高人民法院关于审理技术合同纠纷案件适用法律若干问题的解释》（法释〔2004〕20号　2020年12月23日修正）

第三十六条　民法典第八百八十七条规定的“技术培训合同”，是指当事人一方委托另一方对指定的学员进行特定项目的专业技术训练和技术指导所订立的合同，不包括职业培训、文化学习和按照行业、法人或者非法人组织的计划进行的职工业余教育。

第三十七条　当事人对技术培训必需的场地、设施和试验条件等工作条件的提供和管理责任没有约定或者约定不明确的，由委托人负责提供和管理。

技术培训合同委托人派出的学员不符合约定条件，影响培训质量的，由委托人按照约定支付报酬。

受托人配备的教员不符合约定条件，影响培训质量，或者受托人未按照计划和项目进行培训，导致不能实现约定培训目标的，应当减收或者免收报酬。

受托人发现学员不符合约定条件或者委托人发现教员不符合约定条件，

未在合理期限内通知对方，或者接到通知的一方未在合理期限内按约定改派的，应当由负有履行义务的当事人承担相应的民事责任。

《保安服务管理条例》（2022 年 3 月 29 日修订）

第二十一条　保安服务公司提供保安服务应当与客户单位签订保安服务合同，明确规定服务的项目、内容以及双方的权利义务。保安服务合同终止后，保安服务公司应当将保安服务合同至少留存 2 年备查。

保安服务公司应当对客户单位要求提供的保安服务的合法性进行核查，对违法的保安服务要求应当拒绝，并向公安机关报告。

第二十四条　保安服务公司应当按照保安服务业服务标准提供规范的保安服务，保安服务公司派出的保安员应当遵守客户单位的有关规章制度。客户单位应当为保安员从事保安服务提供必要的条件和保障。

第二十五条　保安服务中使用的技术防范产品，应当符合有关的产品质量要求。保安服务中安装监控设备应当遵守国家有关技术规范，使用监控设备不得侵犯他人合法权益或者个人隐私。

保安服务中形成的监控影像资料、报警记录，应当至少留存 30 日备查，保安从业单位和客户单位不得删改或者扩散。

适用本案由需要注意的问题

◆服务合同纠纷案件，按照合同纠纷案件的一般管辖原则，由被告住所地或合同履行地人民法院管辖。

◆对于事实清楚、权利义务关系明确、争议不大的服务合同纠纷案件，标的额为各省、自治区、直辖市上年度就业人员年平均工资 50%以下的，根据《民事诉讼法》第 165 条的规定，应适用小额诉讼程序进行审理。

138. 演出合同纠纷

案由解析

演出合同是指双方约定一方为他方演出文艺节目等，另一方支付报酬的合同。

演出合同纠纷是指当事人因订立、履行、变更、终止演出合同发生的权利义务纠纷。

典型形态

在实践中。演出合同纠纷主要有：

(1) 电视电影类演出合同纠纷，是指当事人之间就达成的演出标的为电视电影类节目的演出合同产生的权利义务纠纷。

(2) 演唱会类演出合同纠纷，是指当事人之间就达成的演唱会性质类的演出合同产生的权利义务纠纷。

(3) 剧台类演出合同纠纷，是指当事人之间就达成的京剧、相声小品类演出合同产生的权利义务纠纷。

常用法律条文及索引

《营业性演出管理条例》（2020 年 11 月 29 日修订）

第四十七条　有下列行为之一的，对演出举办单位、文艺表演团体、演员，由国务院文化主管部门或者省、自治区、直辖市人民政府文化主管部门向社会公布；演出举办单位、文艺表演团体在 2 年内再次被公布的，由原发证机关吊销营业性演出许可证；个体演员在 2 年内再次被公布的，由工商行政管理部门吊销营业执照：

（一）非因不可抗力中止、停止或者退出演出的；

（二）文艺表演团体、主要演员或者主要节目内容等发生变更未及时告知观众的；

（三）以假唱欺骗观众的；

（四）为演员假唱提供条件的。

有前款第（一）项、第（二）项和第（三）项所列行为之一的，观众有权在退场后依照有关消费者权益保护的法律规定要求演出举办单位赔偿损失；演出举办单位可以依法向负有责任的文艺表演团体、演员追偿。

有本条第一款第（一）项、第（二）项和第（三）项所列行为之一的，由县级人民政府文化主管部门处 5 万元以上 10 万元以下的罚款；有本条第一款第（四）项所列行为的，由县级人民政府文化主管部门处 5000 元以上 1 万元以下的罚款。

第四十八条　以政府或者政府部门的名义举办营业性演出，或者营业性演出冠以“中国”、“中华”、“全国”、“国际”等字样的，由县级人民政府文化主管部门责令改正，没收违法所得，并处违法所得 3 倍以上 5 倍以下的罚款；没有违法所得或者违法所得不足 1 万元的，并处 3 万元以上 5 万元以下的罚款；拒不改正或者造成严重后果的，由原发证机关吊销营业性演出许可证。

营业性演出广告的内容误导、欺骗公众或者含有其他违法内容的，由工商行政管理部门责令停止发布，并依法予以处罚。

第四十九条 演出举办单位或者其法定代表人、主要负责人及其他直接责任人员在募捐义演中获取经济利益的，由县级以上人民政府文化主管部门依据各自职权责令其退回并交付受捐单位；构成犯罪的，依法追究刑事责任；尚不构成犯罪的，由县级以上人民政府文化主管部门依据各自职权处违法所得3倍以上5倍以下的罚款，并由国务院文化主管部门或者省、自治区、直辖市人民政府文化主管部门向社会公布违法行为人的名称或者姓名，直至由原发证机关吊销演出举办单位的营业性演出许可证。

文艺表演团体或者演员、职员在募捐义演中获取经济利益的，由县级以上人民政府文化主管部门依据各自职权责令其退回并交付受捐单位。

适用本案由需要注意的问题

◆演出合同纠纷案件，按照合同纠纷案件的一般管辖原则，由被告住所地或合同履行地人民法院管辖。

139. 劳务合同纠纷

案由解析

劳务合同有广义与狭义之分。广义的劳务合同是指一切与提供活劳动服务（即劳务）有关的协议。其涵盖的内容很多，只要是标的为劳务的合同，均可纳入该类合同。按照一方提供给另一方劳务（或劳动服务）侧重的不同，可以把广义的劳务合同划分为两类：一类是合同的标的是劳务，但侧重于劳务行为本身的合同。有学者将该类劳务合同内容概括为以下诸多方面：委托、行纪、中介、保管、仓储、运送（输）、旅游、演出、雇佣、银行转账结算合同以及劳动合同。另一类是合同的标的是劳务，但侧重于劳务行为结果的合同，即完成工作交付成果的合同。该类合同的内容主要是承揽合同，以及承揽合同的特殊形式建筑工程承包合同。广义的劳务合同主要遵循传统的民法原理，受民法的调整，且大部分合同都已成为《民法典》合同编规定的有名合同，双方的具体权利义务在合同中都有明确的规定，如行纪、中介、保管、运输、承揽、建筑工程承包合同等。狭义的劳务合同仅指雇佣合同，即是指双方当事人约定，在确定或不确定期间内，一方向他方提供劳务，他方给付报酬的合同。本案由下的劳务合同，仅指狭义的劳务合同，即雇佣合同，并且不包含签订了劳动合同、形成劳动关系的雇佣合同。劳务合同纠纷是指当事人因签订、履行、变更、终止劳务合同产生的权利义务纠纷。

劳务合同的特征主要有：(1) 主体的广泛性与平等性。劳务合同的主体既可以是法人、组织之间签订，也可以是公民个人之间、公民与法人组织之间签订，一般不作特殊限定。(2) 合同标的的特殊性。劳务合同的标的是一方当事人向另一方当事人提供的活劳动，即劳务，它是一种行为。(3) 内容的任意性。除法律有强制性规定以外，合同双方当事人完全可以以其自由意志决定合同的内容及相应的条款，双方签订合同时依据《民法典》合同编的自愿原则进行。(4) 合同是双务合同、非要式合同。在劳务合同中，一方必须为另一方提供劳务，另一方则必须为提供劳务的当事人支付相应的劳务报酬，故劳务合同是双务有偿合同。大部分劳务合同为非要式合同，除法律有做特别规定者外。

劳动合同与劳务合同是极易混淆的两种合同，两者都是以人的劳动为给付标的的合同。依《劳动法》第 16 条的规定，劳动合同是劳动者与用人单位确立劳动关系、明确双方权利义务的协议。劳务合同与劳动合同的区别主要有：(1) 主体资格不同。劳动合同的主体只能一方是法人或组织，即用人单位，另一方则必须是劳动者个人，劳动合同的主体不能同时都是自然人；劳务合同的主体双方当事人可以同时都是法人、组织、公民，也可以是公民与法人、组织。(2) 主体性质及其关系不同。劳动合同的双方主体间不仅存在财产关系即经济关系，还存在着人身关系，即行政隶属关系。劳动者除提供劳动之外，还要接受用人单位的管理，服从其安排，遵守其规章制度等，成为用人单位的内部职工。但劳务合同的双方主体之间只存在财产关系，即经济关系，彼此之间无从属性，不存在行政隶属关系，劳动者提供劳务服务，用人单位支付劳务报酬，各自独立、地位平等。(3) 主体的待遇不同。劳动关系中的劳动者除获得工资报酬外，还有保险、福利待遇等；而劳务关系中的自然人，一般只获得劳动报酬。(4) 报酬的性质不同。因劳动合同的履行而产生的劳动报酬，具有分配性质，体现按劳分配的原则，不完全和不直接随市场供求情况变动，其支付形式往往特定化为一种持续、定期的工资支付；因劳务合同而取得的劳动报酬，按等价有偿的市场原则支付，完全由双方当事人协商确定，是商品价格的一次性支付，商品价格是与市场的变化直接联系的。（5）用人单位的义务不同。劳动合同的履行贯穿着国家的干预，为了保护劳动者，《劳动法》给用人单位强制性地规定了许多法定义务，如必须为劳动者交纳社会保险等。劳务合同的雇主一般没有上述义务，当然双方可以约定上述内容，也可以不约定上述内容。（6）适用的法律不同。劳务合同主要由民法调整，而劳动合同则由劳动法和劳动合同法规范调整。（7）违反合同产生的法律责任不同。劳动合同不履行、非法履行所产生的责任不仅有民事责任，而且还有行政责任，如用人单位支付劳动者的工资低于当地的最低工资标准，劳动行政部门责令用人单位限期补足低于标准部分的工资，拒绝支付的，劳动行政部门同时还可以给用人单位警告等行政处分。劳务合同所产生的责任只有民事责任违约责任和侵权责任，不存在行政责任。（8）纠纷的处理方式不同。劳动合同纠纷发生后，应先到劳动机关的劳动仲裁委员会仲裁，不服的在法定期间内才可以到人民法院起诉，劳动仲裁是前置程序；但劳务合同纠纷出现后可以诉讼，也可以经双方当事人协商解决。

常用法律条文及索引

《中华人民共和国民法典》（2020 年 5 月 28 日公布　2021 年 1 月 1 日施行）

第一千一百七十九条　侵害他人造成人身损害的，应当赔偿医疗费、护理费、交通费、营养费、住院伙食补助费等为治疗和康复支出的合理费用，以及因误工减少的收入。造成残疾的，还应当赔偿辅助器具费和残疾赔偿金；造成死亡的，还应当赔偿丧葬费和死亡赔偿金。

第一千一百九十二条　个人之间形成劳务关系，提供劳务一方因劳务造成他人损害的，由接受劳务一方承担侵权责任。接受劳务一方承担侵权责任后，可以向有故意或者重大过失的提供劳务一方追偿。提供劳务一方因劳务受到损害的，根据双方各自的过错承担相应的责任。

提供劳务期间，因第三人的行为造成提供劳务一方损害的，提供劳务一方有权请求第三人承担侵权责任，也有权请求接受劳务一方给予补偿。接受劳务一方补偿后，可以向第三人追偿。

适用本案由需要注意的问题

◆劳务合同纠纷案件，按照合同纠纷案件的一般管辖原则，由被告住所地或合同履行地人民法院管辖。

◆在适用本案由时，要注意其与劳动合同纠纷的区别。劳动合同的主体一方是企业、个体经济组织等用人单位，另一方是劳动者个人，用人单位与劳动者存在着隶属关系，劳动者须服从用人单位的管理和安排，用人单位须履行给劳动者缴纳养老保险、医疗保险、失业保险、生育保险，工资不得低于政府规定的最低工资标准等法律义务。而劳务合同双方当事人都可以是法人、组织、公民，双方当事人之间没有上下等级关系，各自独立、地位平等，雇佣方也不需履行上述用人单位须履行的义务。

◆对于劳务关系清楚，仅在劳务报酬的给付数额和给付时间上存在争议的劳务合同纠纷案件，标的额为各省、自治区、直辖市上年度就业人员年平均工资50%以下的，根据《民事诉讼法》第165条的规定，应适用小额诉讼程序进行审理。

140. 离退休人员返聘合同纠纷

案由解析

离退休人员返聘合同是指离退休人员在离退休后，离开工作岗位又被原单位返聘或者到其他单位工作签订的合同。

离退休人员返聘合同纠纷是指当事人因签订、履行、变更、终止返聘合同发生的权利义务纠纷。

常用法律条文及索引

参见“139. 劳务合同纠纷”案由相关部分。

适用本案由需要注意的问题

◆离退休人员返聘合同纠纷案件，按照合同纠纷案件的一般管辖原则，由被告住所地或合同履行地人民法院管辖。

◆在适用本案由时注意其与劳动合同纠纷的区别。离退休人员在离退休后又被原单位返聘或者到其他工作单位工作，双方建立的不是劳动合同关系，不能签订正式的劳动合同，不受劳动法调整，双方之间的关系是劳务合同关系。离退休人员返聘合同虽然属于劳务合同，但是由于其主体的特殊性，即一方是离退休人员，所以《民事案件案由规定》把它列为一个单独案由，与劳务合同纠纷相区分。

141. 广告合同纠纷

案由解析

广告合同是指广告经营者之间、广告经营者与客户之间签订的关于广告承办或代理关系的协议。

广告合同纠纷是指因当事人订立、履行、变更、终止广告合同发生的权利义务纠纷。

常用法律条文及索引

《中华人民共和国广告法》（2021年4月29日修正）

第二条 在中华人民共和国境内，商品经营者或者服务提供者通过一定媒介和形式直接或者间接地介绍自己所推销的商品或者服务的商业广告活动，适用本法。

本法所称广告主，是指为推销商品或者服务，自行或者委托他人设计、制作、发布广告的自然人、法人或者其他组织。

本法所称广告经营者，是指接受委托提供广告设计、制作、代理服务的自然人、法人或者其他组织。

本法所称广告发布者，是指为广告主或者广告主委托的广告经营者发布广告的自然人、法人或者其他组织。

本法所称广告代言人，是指广告主以外的，在广告中以自己的名义或者形象对商品、服务作推荐、证明的自然人、法人或者其他组织。

第三十条 广告主、广告经营者、广告发布者之间在广告活动中应当依法订立书面合同。

第三十一条 广告主、广告经营者、广告发布者不得在广告活动中进行任何形式的不正当竞争。

第三十二条 广告主委托设计、制作、发布广告，应当委托具有合法经营资格的广告经营者、广告发布者。

适用本案由需要注意的问题

◆广告合同纠纷案件，按照合同纠纷案件的一般管辖原则，由被告住所地或者合同履行地人民法院管辖。

◆在适用本案由时，要注意其与悬赏广告纠纷的区别。悬赏广告目前在性质上仍有争议，其属于单方民事行为还是合同仍没有在法律上明确规定，而广告合同是无名合同，广告纠纷是典型的合同纠纷。

142. 展览合同纠纷

案由解析

展览合同是指当事人签订的一方提供美术作品、摄影图片、艺术收藏品、书法碑帖、古代和传统服饰、专题性文化艺术等，另一方负责展品运输、安全保卫、布展以及其他具体展览事务并收取费用的合同。

展览合同纠纷是指当事人因订立、履行、变更、终止展览合同发生的权利义务纠纷。

典型形态

在实践中，展览合同纠纷主要有：

（1）车辆展览合同纠纷，是指当事人之间人就达成的一方提供各种车辆，另一方负责展品运输、安全保卫、布展等事宜的合同产生的权利义务纠纷。

（2）书画展览合同纠纷，是指当事人之间就达成的一方提供书法、字画等艺术品，另一方负责展品运输、安全保卫、布展等事宜的合同产生的权利义务纠纷。

（3）电子展览合同纠纷，是指当事人之间就达成的一方提供电脑、电玩等各种电子物品，另一方负责展品运输、安全保卫、布展等事宜的合同产生的权利义务纠纷。

适用本案由需要注意的问题

◆展览合同纠纷案件，按照合同纠纷案件的一般管辖原则，由被告住所地或合同履行地人民法院管辖。

◆在适用本案由时，要注意其与租赁合同纠纷的区别。如果当事人的约定只是租赁展览场地，相关的布展、宣传、安全保卫等事项由承租人自己负责时，双方达成的合同是租赁合同，发生纠纷时适用租赁合同纠纷这一案由。

143. 追偿权纠纷

案由解析

追偿权纠纷是指追偿权人在行使追偿权时产生的权利义务纠纷。

典型形态

在实践中，追偿权纠纷主要有：

（1）担保责任追偿权纠纷。担保责任追偿权是指为债务人提供担保的第三人，在承担了保证责任后，享有的向债务人追偿的权利。

（2）合伙债务追偿权纠纷。合伙债务追偿权是指合伙债务的债务人清偿债务后，对超过自己应承担数额的部分享有向其他债务人追偿的权利。

常用法律条文及索引

《中华人民共和国民法典》（2020 年 5 月 28 日公布　2021 年 1 月 1 日施行）

第三百九十二条　被担保的债权既有物的担保又有人的担保的，债务人不履行到期债务或者发生当事人约定的实现担保物权的情形，债权人应当按照约定实现债权；没有约定或者约定不明确，债务人自己提供物的担保的，债权人应当先就该物的担保实现债权；第三人提供物的担保的，债权人可以就物的担保实现债权，也可以请求保证人承担保证责任。提供担保的第三人承担担保责任后，有权向债务人追偿。

第六百九十九条　同一债务有两个以上保证人的，保证人应当按照保证合同约定的保证份额，承担保证责任；没有约定保证份额的，债权人可以请求任何一个保证人在其保证范围内承担保证责任。

第七百条　保证人承担保证责任后，除当事人另有约定外，有权在其承担保证责任的范围内向债务人追偿，享有债权人对债务人的权利，但是不得损害债权人的利益。

《中华人民共和国合伙企业法》（2006年8月27日修订）

第四十条 合伙人由于承担无限连带责任，清偿数额超过本法第三十三条第一款规定的其亏损分担比例的，有权向其他合伙人追偿。

适用本案由需要注意的问题

◆追偿权纠纷是由担保合同或合伙合同引起的纠纷，所以此类案件由被告住所地或者担保合同、合伙合同履行地人民法院管辖。

◆在适用本案由时，要注意合伙债务追偿发生的纠纷与合伙合同纠纷、联营合同纠纷的区别。合伙合同纠纷和联营合同纠纷是当事人对整个合伙合同或联营合同在签订、履行、变更、终止时发生的纠纷，合伙债务追偿的纠纷是仅就追偿权问题的纠纷。

◆担保人的追偿权以担保人承担了担保责任或赔偿责任为前提，且承担赔偿责任的无效担保人对反担保人行使追偿权以反担保人有过错为前提，所以在担保责任追偿的情况下，适用本案由须注意要求当事人仅就追偿权提起诉讼，同时法院应审查原告是否履行了担保责任和其他要求具备的提起追偿权的条件。

◆需要注意的是，《民法典》中提到“追偿”一词的地方很多，但并非只要涉及“追偿”一词，就应适用追偿权纠纷，其只是在具体的纠纷中涉及追偿的问题，仍应适用原来的案由。

十一、不当得利纠纷

144. 不当得利纠纷

案由解析

不当得利，是指没有合法根据而获得利益并使他人利益遭受损失的事实。依法律规定，取得不当利益的一方应将所获利益返还于受损失的一方，双方因此形成债权债务关系，即不当得利之债。不当得利之债与侵权行为之债、无因管理之债同属法定之债，其特点在于，它既不像合同之债那样基于当事人的合意而成立，也不像侵权行为之债那样因不法行为而发生，或像无因管理之债那样因合法的事实行为而发生，而是基于当事人之间的利益发生不当变动的法律事实（事件）而发生。不当得利纠纷是指因不当得利这一事实引起的权利义务纠纷。

常用法律条文及索引

《中华人民共和国民法典》（2020 年 5 月 28 日公布　2021 年 1 月 1 日施行）

第一百二十二条　因他人没有法律根据，取得不当利益，受损失的人有权请求其返还不当利益。

第九百八十五条　得利人没有法律根据取得不当利益的，受损失的人可以请求得利人返还取得的利益，但是有下列情形之一的除外：

（一）为履行道德义务进行的给付；

（二）债务到期之前的清偿；

（三）明知无给付义务而进行的债务清偿。

第九百八十六条　得利人不知道且不应当知道取得的利益没有法律根据，取得的利益已经不存在的，不承担返还该利益的义务。

第九百八十七条　得利人知道或者应当知道取得的利益没有法律根据的，受损失的人可以请求得利人返还其取得的利益并依法赔偿损失。

第九百八十八条　得利人已经将取得的利益无偿转让给第三人的，受损失的人可以请求第三人在相应范围内承担返还义务。

《最高人民法院关于适用〈中华人民共和国民法典〉合同编通则若干问题的解释》（法释〔2023〕13 号　2023 年 12 月 4 日公布）

第五十一条　第三人加入债务并与债务人约定了追偿权，其履行债务后主张向债务人追偿的，人民法院应予支持；没有约定追偿权，第三人依照民法典关于不当得利等的规定，在其已经向债权人履行债务的范围内请求债务人向其履行的，人民法院应予支持，但是第三人知道或者应当知道加入债务会损害债务人利益的除外。

债务人就其对债权人享有的抗辩向加入债务的第三人主张的，人民法院应予支持。

《中华人民共和国涉外民事关系法律适用法》（2010 年 10 月 28 日公布　2011 年 4 月 1 日施行）

第四十七条　不当得利、无因管理，适用当事人协议选择适用的法律。

当事人没有选择的，适用当事人共同经常居所地法律；没有共同经常居所地的，适用不当得利、无因管理发生地法律。

适用本案由需要注意的问题

◆不当得利纠纷案件，由被告住所地人民法院管辖，被告住所地与经常居住地不一致的，由经常居住地人民法院管辖。

◆在适用本案由时，还要注意的是，在《物权法》实施以前，在遗失物的拾得这一问题上，司法实践上认为遗失人对拾得人拥有不当得利的债权，若拾得人拒不返还，则会转化为侵权。《物权法》实施后，把遗失人追回遗失物的权利认定为基于所有权，拾得人拒不返还构成侵犯其所有权，可提起侵权之诉，在法律逻辑上更为妥当。

十二、无因管理纠纷

145. 无因管理纠纷

案由解析

无因管理，是指没有法定的或约定的义务，为避免他人利益受损失而为他人管理事务或提供服务的行为。无因管理一经成立，在管理人和本人之间即发生债权债务关系，管理人有权请求本人偿还其因管理而支出的必要费用，本人有义务偿还，此即无因管理之债。无因管理之债与合同之债一样，都是因合法行为而发生的，二者的根本区别在于合同之债为意定之债，无因管理之债为法定之债。无因管理纠纷是指当事人因为无因管理这一行为引起的权利义务纠纷。

常用法律条文及索引

《中华人民共和国民法典》（2020 年 5 月 28 日公布　2021 年 1 月 1 日施行）

第一百二十一条　没有法定的或者约定的义务，为避免他人利益受损失而进行管理的人，有权请求受益人偿还由此支出的必要费用。

第九百七十九条 管理人没有法定的或者约定的义务，为避免他人利益受损失而管理他人事务的，可以请求受益人偿还因管理事务而支出的必要费用；管理人因管理事务受到损失的，可以请求受益人给予适当补偿。

管理事务不符合受益人真实意思的，管理人不享有前款规定的权利；但是，受益人的真实意思违反法律或者违背公序良俗的除外。

第九百八十条 管理人管理事务不属于前条规定的情形，但是受益人享有管理利益的，受益人应当在其获得的利益范围内向管理人承担前条第一款规定的义务。

第九百八十一条 管理人管理他人事务，应当采取有利于受益人的方法。中断管理对受益人不利的，无正当理由不得中断。

第九百八十二条 管理人管理他人事务，能够通知受益人的，应当及时通知受益人。管理的事务不需要紧急处理的，应当等待受益人的指示。

第九百八十三条 管理结束后，管理人应当向受益人报告管理事务的情况。管理人管理事务取得的财产，应当及时转交给受益人。

第九百八十四条 管理人管理事务经受益人事后追认的，从管理事务开始时起，适用委托合同的有关规定，但是管理人另有意思表示的除外。

《中华人民共和国涉外民事关系法律适用法》（2010 年 10 月 28 日公布 2011 年 4 月 1 日施行）

第四十七条 不当得利、无因管理，适用当事人协议选择适用的法律。当事人没有选择的，适用当事人共同经常居所地法律；没有共同经常居所地的，适用不当得利、无因管理发生地法律。

适用本案由需要注意的问题

◆无因管理纠纷案件，由被告住所地人民法院管辖，被告住所地与经常居住地不一致的，由经常居住地人民法院管辖。

◆无因管理属于事实行为，因此并不像民事法律行为那样要求行为人有相应的民事行为能力，所以限制行为能力人独立为他人管理事务的，可以适用无因管理的规定。

第五部分　知识产权与竞争纠纷

十三、知识产权合同纠纷

146. 著作权合同纠纷

（1）委托创作合同纠纷
（2）合作创作合同纠纷
（3）著作权转让合同纠纷
（4）著作权许可使用合同纠纷
（5）出版合同纠纷
（6）表演合同纠纷
（7）音像制品制作合同纠纷
（8）广播电视播放合同纠纷
（9）邻接权转让合同纠纷
（10）邻接权许可使用合同纠纷
（11）计算机软件开发合同纠纷
（12）计算机软件著作权转让合同纠纷
（13）计算机软件著作权许可使用合同纠纷

案由解析

著作权是指作者及其他著作权人对文学、艺术、科学作品所享有的专有的人身权利和财产权利的总称。狭义的著作权指的是文学艺术和科学作品的作者依法享有的权利，包括人身权和财产权两个方面的内容，它基于作品的创作而产生；广义的著作权除了狭义的著作权之外，还包括传播者的权利，学理上称为著作邻接权，具体为表演者、录制者和广播组织依法享有的权利，它基于传播活动而产生。

著作权合同，是指著作权人与其他当事人就著作权的归属、转让以及使用许可，明确双方权利义务而达成的协议。

著作权合同纠纷是指当事人之间就文学、艺术、科学作品的著作权和邻接权的归属、转让、许可使用等事宜达成的协议所发生的争议。广义的著作权合同纠纷应包括邻接权合同纠纷。邻接权合同包括：图书出版者就其出版的图书、期刊的版式设计与他人签订的合同；表演者就其现场表演许可他人通过各种方式传播、录音录像，并复制、发行录有其表演的录音录像制品签订的合同；录音录像制作者就其录音录像制品的复制、发行、出租、通过信息网络传播与他人签订的合同；广播组织（广播电台、电视台）就其播放的广播、电视节目转播，及将其播放的广播、电视节目复制与他人签订的合同。

著作权合同的主要特征是：（1）著作权合同是许可人与被许可人、出让人与被出让人订立的有关著作权关系中财产权利许可使用或转让的协议。这种协议能够引起著作权关系的发生、变更或者终止。（2）著作权合同的客体是著作权中的财产权利，而不是作品载体的所有权，但著作权合同可以对作品载体的所有权有所约定。如果仅转让作品载体的所有权，此合同则不是著作权合同，而是所有权合同。（3）著作权合同是诺成性合同，当事人双方意思表示一致，达成协议，合同即可成立。合同成立即产生法律效力。

典型形态

在实践中，著作权纠纷的典型形态主要有：

（1）委托创作合同纠纷，是指委托方与受托方签订的，约定由受托方接受委托方的委托，并按照约定完成作品创作所订立的合同而发生的纠纷。

（2）合作创作合同纠纷，是指两个以上的当事人因有共同的创作某一作品的愿望所订立的合同而发生的纠纷。

（3）著作权转让合同纠纷，是指著作权人将其作品使用权的一项或者多项财产权利在法定有效期内转移给另一方，双方当事人由此所订立的合同而发生的纠纷。

（4）著作权许可使用合同纠纷，是指著作权人将自己的作品中的一项或者多项财产权利，以一定的方式，在一定的地域和期限内许可他人使用，双方当事人由此所订立的合同而发生的纠纷。

（5）出版合同纠纷，是指双方当事人就著作权中的一项或多项权利，许可出版方在一定范围和期限内使用所订立的合同发生的纠纷。

（6）表演合同纠纷，是指著作权人与表演者为演奏乐曲、上演剧本、朗诵诗词作品等事项所订立的合同而发生的纠纷。

（7）音像制品制作合同纠纷，是指著作权人将自己的作品许可他人通过录音、录像等技术手段，将声音、图像、文字等内容整理加工成音像制品节目源的活动所订立的合同而发生的纠纷。

（8）广播电视播放合同纠纷，是指著作权人将自己的作品许可他人通过广播电台、电视台播放录音制品、录像制品等事项所订立的合同而发生的纠纷。

（9）邻接权转让合同纠纷，是指一方就其依法享有的与著作权有关的权利，如出版者权、表演者权、录制者权和广播电视组织权，转移给另一方所有所订立的合同而发生的纠纷。

（10）邻接权许可使用合同纠纷，是指一方就其依法享有的与著作权有关的权利，如出版者权、表演者权、录制者权和广播电视组织权，在一定的期限、范围和方式内许可他人使用，由此所订立的合同而发生的纠纷。

（11）计算机软件开发合同纠纷，是指双方当事人就计算机软件开发等相关事宜达成的协议（包括计算机软件的委托开发合同、合作开发合同）而发生的纠纷。

（12）计算机软件著作权转让合同纠纷，是指计算机软件著作权人就其计算机软件著作权中的一项或者多项财产权利在法定期限内转移给另一方，双方当事人由此所订立的合同发生的纠纷。

（13）计算机软件著作权许可使用合同纠纷，是指计算机软件著作权人将其计算机软件著作权中的一项或者多项财产权利，以一定的方式，在一定的范围和期限内许可另一方使用，双方当事人由此订立的合同而发生的纠纷。

常用法律条文及索引

《中华人民共和国民法典》（2020 年 5 月 28 日公布　2021 年 1 月 1 日施行）

第一百二十三条　民事主体依法享有知识产权。

知识产权是权利人依法就下列客体享有的专有的权利：

（一）作品；

（二）发明、实用新型、外观设计；

（三）商标；

（四）地理标志；

（五）商业秘密；

（六）集成电路布图设计；

（七）植物新品种；

（八）法律规定的其他客体。

第八百七十六条 集成电路布图设计专有权、植物新品种权、计算机软件著作权等其他知识产权的转让和许可，参照适用本节的有关规定。

《中华人民共和国著作权法》（2020 年 11 月 11 日修正）

第十条 著作权包括下列人身权和财产权：

（一）发表权，即决定作品是否公之于众的权利；

（二）署名权，即表明作者身份，在作品上署名的权利；

（三）修改权，即修改或者授权他人修改作品的权利；

（四）保护作品完整权，即保护作品不受歪曲、篡改的权利；

（五）复制权，即以印刷、复印、拓印、录音、录像、翻录、翻拍、数字化等方式将作品制作一份或者多份的权利；

（六）发行权，即以出售或者赠与方式向公众提供作品的原件或者复制件的权利；

（七）出租权，即有偿许可他人临时使用视听作品、计算机软件的原件或者复制件的权利，计算机软件不是出租的主要标的的除外；

（八）展览权，即公开陈列美术作品、摄影作品的原件或者复制件的权利；

（九）表演权，即公开表演作品，以及用各种手段公开播送作品的表演的权利；

（十）放映权，即通过放映机、幻灯机等技术设备公开再现美术、摄影、视听作品等的权利；

（十一）广播权，即以有线或者无线方式公开传播或者转播作品，以及通过扩音器或者其他传送符号、声音、图像的类似工具向公众传播广播的作品的权利，但不包括本款第十二项规定的权利；

（十二）信息网络传播权，即以有线或者无线方式向公众提供，使公众可以在其选定的时间和地点获得作品的权利；

（十三）摄制权，即以摄制视听作品的方法将作品固定在载体上的权利；

（十四）改编权，即改变作品，创作出具有独创性的新作品的权利；

（十五）翻译权，即将作品从一种语言文字转换成另一种语言文字的权利；

（十六）汇编权，即将作品或者作品的片段通过选择或者编排，汇集成新作品的权利；

（十七）应当由著作权人享有的其他权利。

著作权人可以许可他人行使前款第五项至第十七项规定的权利，并依照约定或者本法有关规定获得报酬。

著作权人可以全部或者部分转让本条第一款第五项至第十七项规定的权利，并依照约定或者本法有关规定获得报酬。

第十一条　著作权属于作者，本法另有规定的除外。

创作作品的自然人是作者。

由法人或者非法人组织主持，代表法人或者非法人组织意志创作，并由法人或者非法人组织承担责任的作品，法人或者非法人组织视为作者。

第二十六条　使用他人作品应当同著作权人订立许可使用合同，本法规定可以不经许可的除外。

许可使用合同包括下列主要内容：

（一）许可使用的权利种类；

（二）许可使用的权利是专有使用权或者非专有使用权；

（三）许可使用的地域范围、期间；

（四）付酬标准和办法；

（五）违约责任；

（六）双方认为需要约定的其他内容。

第二十七条　转让本法第十条第一款第五项至第十七项规定的权利，应当订立书面合同。

权利转让合同包括下列主要内容：

（一）作品的名称；

（二）转让的权利种类、地域范围；

（三）转让价金；

（四）交付转让价金的日期和方式；

（五）违约责任；

（六）双方认为需要约定的其他内容。

第二十八条　以著作权中的财产权出质的，由出质人和质权人依法办理出质登记。

第二十九条 许可使用合同和转让合同中著作权人未明确许可、转让的权利，未经著作权人同意，另一方当事人不得行使。

第三十条 使用作品的付酬标准可以由当事人约定，也可以按照国家著作权主管部门会同有关部门制定的付酬标准支付报酬。当事人约定不明确的，按照国家著作权主管部门会同有关部门制定的付酬标准支付报酬。

第三十一条 出版者、表演者、录音录像制作者、广播电台、电视台等依照本法有关规定使用他人作品的，不得侵犯作者的署名权、修改权、保护作品完整权和获得报酬的权利。

第五十四条 侵犯著作权或者与著作权有关的权利的，侵权人应当按照权利人因此受到的实际损失或者侵权人的违法所得给予赔偿；权利人的实际损失或者侵权人的违法所得难以计算的，可以参照该权利使用费给予赔偿。对故意侵犯著作权或者与著作权有关的权利，情节严重的，可以在按照上述方法确定数额的一倍以上五倍以下给予赔偿。

权利人的实际损失、侵权人的违法所得、权利使用费难以计算的，由人民法院根据侵权行为的情节，判决给予五百元以上五百万元以下的赔偿。

赔偿数额还应当包括权利人为制止侵权行为所支付的合理开支。

人民法院为确定赔偿数额，在权利人已经尽了必要举证责任，而与侵权行为相关的账簿、资料等主要由侵权人掌握的，可以责令侵权人提供与侵权行为相关的账簿、资料等；侵权人不提供，或者提供虚假的账簿、资料等的，人民法院可以参考权利人的主张和提供的证据确定赔偿数额。

人民法院审理著作权纠纷案件，应权利人请求，对侵权复制品，除特殊情况外，责令销毁；对主要用于制造侵权复制品的材料、工具、设备等，责令销毁，且不予补偿；或者在特殊情况下，责令禁止前述材料、工具、设备等进入商业渠道，且不予补偿。

《中华人民共和国著作权法实施条例》（2013 年 1 月 30 日修订）

第二十三条 使用他人作品应当同著作权人订立许可使用合同，许可使用的权利是专有使用权的，应当采取书面形式，但是报社、期刊社刊登作品除外。

第二十四条 著作权法第二十四条规定的专有使用权的内容由合同约定，合同没有约定或者约定不明的，视为被许可人有权排除包括著作权人在内的任何人以同样的方式使用作品；除合同另有约定外，被许可人许可第三人行使同一权利，必须取得著作权人的许可。

第二十五条　与著作权人订立专有许可使用合同、转让合同的，可以向著作权行政管理部门备案。

第二十八条　图书出版合同中约定图书出版者享有专有出版权但没有明确其具体内容的，视为图书出版者享有在合同有效期限内和在合同约定的地域范围内以同种文字的原版、修订版出版图书的专有权利。

第二十九条　著作权人寄给图书出版者的两份订单在6个月内未能得到履行，视为著作权法第三十一条所称图书脱销。

《最高人民法院关于审理著作权民事纠纷案件适用法律若干问题的解释》（法释〔2002〕31号　2020年12月23日修正）

第一条　人民法院受理以下著作权民事纠纷案件：

（一）著作权及与著作权有关权益权属、侵权、合同纠纷案件；

（二）申请诉前停止侵害著作权、与著作权有关权益行为，申请诉前财产保全、诉前证据保全案件；

（三）其他著作权、与著作权有关权益纠纷案件。

第二十一条　计算机软件用户未经许可或者超过许可范围商业使用计算机软件的，依据著作权法第四十八条第（一）项、《计算机软件保护条例》第二十四条第（一）项的规定承担民事责任。

第二十二条　著作权转让合同未采取书面形式的，人民法院依据民法典第四百九十条的规定审查合同是否成立。

第二十三条　出版者将著作权人交付出版的作品丢失、毁损致使出版合同不能履行的，著作权人有权依据民法典第一百八十六条、第二百三十八条、第一千一百八十四条等规定要求出版者承担相应的民事责任。

《计算机软件保护条例》（2013年1月30日修订）

第八条　软件著作权人享有下列各项权利：

（一）发表权，即决定软件是否公之于众的权利；

（二）署名权，即表明开发者身份，在软件上署名的权利；

（三）修改权，即对软件进行增补、删节，或者改变指令、语句顺序的权利；

（四）复制权，即将软件制作一份或者多份的权利；

（五）发行权，即以出售或者赠与方式向公众提供软件的原件或者复制件的权利；

（六）出租权，即有偿许可他人临时使用软件的权利，但是软件不是出租的主要标的的除外；

（七）信息网络传播权，即以有线或者无线方式向公众提供软件，使公众可以在其个人选定的时间和地点获得软件的权利；

（八）翻译权，即将原软件从一种自然语言文字转换成另一种自然语言文字的权利；（九）应当由软件著作权人享有的其他权利。

软件著作权人可以许可他人行使其软件著作权，并有权获得报酬。

软件著作权人可以全部或者部分转让其软件著作权，并有权获得报酬。

《信息网络传播权保护条例》（2013年1月30日修订）

第二条 权利人享有的信息网络传播权受著作权法和本条例保护。除法律、行政法规另有规定的外，任何组织或者个人将他人的作品、表演、录音录像制品通过信息网络向公众提供，应当取得权利人许可，并支付报酬。

第三条 依法禁止提供的作品、表演、录音录像制品，不受本条例保护。

权利人行使信息网络传播权，不得违反宪法和法律、行政法规，不得损害公共利益。

第四条 为了保护信息网络传播权，权利人可以采取技术措施。

任何组织或者个人不得故意避开或者破坏技术措施，不得故意制造、进口或者向公众提供主要用于避开或者破坏技术措施的装置或者部件，不得故意为他人避开或者破坏技术措施提供技术服务。但是，法律、行政法规规定可以避开的除外。

第五条 未经权利人许可，任何组织或者个人不得进行下列行为：

（一）故意删除或者改变通过信息网络向公众提供的作品、表演、录音录像制品的权利管理电子信息，但由于技术上的原因无法避免删除或者改变的除外；

（二）通过信息网络向公众提供明知或者应知未经权利人许可被删除或者改变权利管理电子信息的作品、表演、录音录像制品。

第六条 通过信息网络提供他人作品，属于下列情形的，可以不经著作权人许可，不向其支付报酬：

（一）为介绍、评论某一作品或者说明某一问题，在向公众提供的作品中适当引用已经发表的作品；

（二）为报道时事新闻，在向公众提供的作品中不可避免地再现或者引用已经发表的作品；

（三）为学校课堂教学或者科学研究，向少数教学、科研人员提供少量已经发表的作品；

（四）国家机关为执行公务，在合理范围内向公众提供已经发表的作品；

（五）将中国公民、法人或者其他组织已经发表的、以汉语言文字创作的作品翻译成的少数民族语言文字作品，向中国境内少数民族提供；

（六）不以营利为目的，以盲人能够感知的独特方式向盲人提供已经发表的文字作品；

（七）向公众提供在信息网络上已经发表的关于政治、经济问题的时事性文章；

（八）向公众提供在公众集会上发表的讲话。

第七条 图书馆、档案馆、纪念馆、博物馆、美术馆等可以不经著作权人许可，通过信息网络向本馆馆舍内服务对象提供本馆收藏的合法出版的数字作品和依法为陈列或者保存版本的需要以数字化形式复制的作品，不向其支付报酬，但不得直接或者间接获得经济利益。当事人另有约定的除外。

前款规定的为陈列或者保存版本需要以数字化形式复制的作品，应当是已经损毁或者濒临损毁、丢失或者失窃，或者其存储格式已经过时，并且在市场上无法购买或者只能以明显高于标定的价格购买的作品。

第八条 为通过信息网络实施九年制义务教育或者国家教育规划，可以不经著作权人许可，使用其已经发表作品的片断或者短小的文字作品、音乐作品或者单幅的美术作品、摄影作品制作课件，由制作课件或者依法取得课件的远程教育机构通过信息网络向注册学生提供，但应当向著作权人支付报酬。

第九条 为扶助贫困，通过信息网络向农村地区的公众免费提供中国公民、法人或者其他组织已经发表的种植养殖、防病治病、防灾减灾等与扶助贫困有关的作品和适应基本文化需求的作品，网络服务提供者应当在提供前公告拟提供的作品及其作者、拟支付报酬的标准。自公告之日起 30 日内，著作权人不同意提供的，网络服务提供者不得提供其作品；自公告之日起满 30 日，著作权人没有异议的，网络服务提供者可以提供其作品，并按照公告的标准向著作权人支付报酬。网络服务提供者提供著作权人的作品后，著作权人不同意提供的，网络服务提供者应当立即删除著作权人的作品，并按照公告的标准向著作权人支付提供作品期间的报酬。

依照前款规定提供作品的，不得直接或者间接获得经济利益。

第十条 依照本条例规定不经著作权人许可、通过信息网络向公众提供其作品的，还应当遵守下列规定：

（一）除本条例第六条第一项至第六项、第七条规定的情形外，不得提供作者事先声明不许提供的作品；

（二）指明作品的名称和作者的姓名（名称）；

（三）依照本条例规定支付报酬；

（四）采取技术措施，防止本条例第七条、第八条、第九条规定的服务对象以外的其他人获得著作权人的作品，并防止本条例第七条规定的服务对象的复制行为对著作权人利益造成实质性损害；

（五）不得侵犯著作权人依法享有的其他权利。

第十一条 通过信息网络提供他人表演、录音录像制品的，应当遵守本条例第六条至第十条的规定。

第十二条 属于下列情形的，可以避开技术措施，但不得向他人提供避开技术措施的技术、装置或者部件，不得侵犯权利人依法享有的其他权利：

（一）为学校课堂教学或者科学研究，通过信息网络向少数教学、科研人员提供已经发表的作品、表演、录音录像制品，而该作品、表演、录音录像制品只能通过信息网络获取；

（二）不以营利为目的，通过信息网络以盲人能够感知的独特方式向盲人提供已经发表的文字作品，而该作品只能通过信息网络获取；

（三）国家机关依照行政、司法程序执行公务；

（四）在信息网络上对计算机及其系统或者网络的安全性能进行测试。

适用本案由需要注意的问题

◆由于著作权自身的特殊性，最高人民法院对著作权民事纠纷案件的管辖作出了特殊规定，即著作权民事纠纷案件的受理必须遵守司法解释关于著作权纠纷案件级别管辖和指定管辖的规定。《最高人民法院关于审理著作权民事纠纷案件适用法律若干问题的解释》第 2 条第 1 款规定：“著作权民事纠纷案件，由中级以上人民法院管辖。”该条体现的是人民法院的级别管辖，即关于著作权民事纠纷案件的第一审在中级人民法院，第二审在高级人民法院。由于各种客观因素所致，级别管辖不可能完全适应著作权民事纠纷案件的管辖，《最高人民法院关于审理著作权民事纠纷案件适用法律若干问题的解释》第 2 条第 2 款又指出：“各高级人民法院根据本辖区的实际情况，可以报请最高人民法院批准，由若干基层人民法院管辖第一审著作权民事纠纷案件。”此即指定管辖。

对于北京、上海、广州而言，著作权合同纠纷案件的管辖，又有一定的特殊性。根据《最高人民法院关于北京、上海、广州知识产权法院案件管辖的规定》第3条的规定，北京市、上海市各中级人民法院和广州市中级人民法院不再受理知识产权民事和行政案件，因此，有关著作权合同纠纷的案件，在北京、上海、广州辖区，全部由（当地高院指定的）基层人民法院受理。根据该规定第6条的规定，当事人对北京、上海、广州市的基层人民法院作出的第一审著作权合同纠纷案的判决、裁定提起的上诉案件，由相应的北京、上海、广州知识产权法院审理。

◆在适用本案由时，要注意其与专利权合同纠纷的不同。首先，著作权所保护的是其表达的思想内容的具体形式，而专利权保护的是具有新颖性、独创性、实用性的发明创造。其次，就著作权而言，当今世界上绝大多数的国家的著作权都是伴随着作品的创作完成而自动产生，无须履行任何注册登记手续，而专利权的产生需要经过专利机关的特别授权，经过申请、审查、批准、公告、颁发专利证书等程序才能产生。最后，著作权合同中享有著作权的作品主要涉及文学、艺术领域，而专利权合同中享有专利权的作品主要发生在工业领域，与产品的技术方案息息相关。

◆《著作权集体管理条例》第19条第1款还明确规定了一类特殊的著作权合同，即著作权集体管理合同。著作权集体管理，是指著作权集体管理组织经权利人授权，集中行使权利人的有关权利并以自己的名义进行的下列活动：（1）与使用者订立著作权或者与著作权有关的权利许可使用合同；（2）向使用者收取使用费；（3）向权利人转付使用费；（4）进行涉及著作权或者与著作权有关的权利的诉讼、仲裁等。此类纠纷案件可直接确定为著作权合同纠纷。

147. 商标合同纠纷

（1）商标权转让合同纠纷
（2）商标使用许可合同纠纷
（3）商标代理合同纠纷

案由解析

商标是指生产经营者在其商品或服务上使用，由文字、图形、字母、数字、三维标志和颜色组合，以及上述要素的组合构成的，具有显著特性，便于识别商品或服务来源的标记。

商标合同是指当事人之间因商标的权利归属、转让、许可使用和商标代理等事项所达成的协议。

商标合同纠纷是指双方当事人因商标的权利归属、转让、许可使用和商标代理等事项所达成的协议所发生的纠纷。通常包括商标权转让合同纠纷、商标使用许可合同纠纷和商标代理合同纠纷。

商标合同的主要特征是：（1）合同的主体具有广泛性，主体包括：企业、事业单位，社会团体，个体工商户，个人合伙以及外国人或外国企业。（2）合同标的的特殊性，是经过注册的商标专用权，是一种无形财产。

典型形态

在实践中，商标合同纠纷的典型形态主要有：

（1）商标权转让合同纠纷，是指注册商标所有人根据自己的意志，按一定的条件，通过必要的形式将其拥有的商标专用权转移给他人所有而订立的合同所发生的纠纷。

（2）商标使用许可合同纠纷，是指注册商标所有人将其注册商标许可给他人使用所订立的合同而发生的纠纷。商标使用许可合同包括独占使用许可合同、排他使用许可合同和普通使用许可合同。

（3）商标代理合同纠纷，是指注册商标所有人与商标代理人就关于办理商标注册申请及其他有关商标事宜所订立的合同而发生的纠纷。

常用法律条文及索引

《中华人民共和国民法典》（2020年5月28日公布　2021年1月1日施行）

第一百二十三条　民事主体依法享有知识产权。

知识产权是权利人依法就下列客体享有的专有的权利：

……

（三）商标；

……

《中华人民共和国商标法》（2019年4月23日修正）

第四十二条　转让注册商标的，转让人和受让人应当签订转让协议，并共同向商标局提出申请。受让人应当保证使用该注册商标的商品质量。

转让注册商标的，商标注册人对其在同一种商品上注册的近似的商标，或者在类似商品上注册的相同或者近似的商标，应当一并转让。

对容易导致混淆或者有其他不良影响的转让，商标局不予核准，书面通知申请人并说明理由。

转让注册商标经核准后，予以公告。受让人自公告之日起享有商标专用权。

第四十三条　商标注册人可以通过签订商标使用许可合同，许可他人使用其注册商标。许可人应当监督被许可人使用其注册商标的商品质量。被许可人应当保证使用该注册商标的商品质量。

经许可使用他人注册商标的，必须在使用该注册商标的商品上标明被许可人的名称和商品产地。

许可他人使用其注册商标的，许可人应当将其商标使用许可报商标局备案，由商标局公告。商标使用许可未经备案不得对抗善意第三人。

第六十条　有本法第五十七条所列侵犯注册商标专用权行为之一，引起纠纷的，由当事人协商解决；不愿协商或者协商不成的，商标注册人或者利害关系人可以向人民法院起诉，也可以请求工商行政管理部门处理。

工商行政管理部门处理时，认定侵权行为成立的，责令立即停止侵权行为，没收、销毁侵权商品和主要用于制造侵权商品、伪造注册商标标识的工具，违法经营额五万元以上的，可以处违法经营额五倍以下的罚款，没有违法经营额或者违法经营额不足五万元的，可以处二十五万元以下的罚款。对五年内实施两次以上商标侵权行为或者有其他严重情节的，应当从重处罚。销售不知道是侵犯注册商标专用权的商品，能证明该商品是自己合法取得并说明提供者的，由工商行政管理部门责令停止销售。

对侵犯商标专用权的赔偿数额的争议，当事人可以请求进行处理的工商行政管理部门调解，也可以依照《中华人民共和国民事诉讼法》向人民法院起诉。经工商行政管理部门调解，当事人未达成协议或者调解书生效后不履行的，当事人可以依照《中华人民共和国民事诉讼法》向人民法院起诉。

《中华人民共和国商标法实施条例》（2014 年 4 月 29 日修订）

第五条　当事人委托商标代理机构申请商标注册或者办理其他商标事宜，应当提交代理委托书。代理委托书应当载明代理内容及权限；外国人或者外国企业的代理委托书还应当载明委托人的国籍。

外国人或者外国企业的代理委托书及与其有关的证明文件的公证、认证手续，按照对等原则办理。

申请商标注册或者转让商标，商标注册申请人或者商标转让受让人为外国人或者外国企业的，应当在申请书中指定中国境内接收人负责接收商标局、商标评审委员会后继商标业务的法律文件。商标局、商标评审委员会后继商标业务的法律文件向中国境内接收人送达。

商标法第十八条所称外国人或者外国企业，是指在中国没有经常居所或者营业所的外国人或者外国企业。

第三十一条 转让注册商标的，转让人和受让人应当向商标局提交转让注册商标申请书。转让注册商标申请手续应当由转让人和受让人共同办理。商标局核准转让注册商标申请的，发给受让人相应证明，并予以公告。

转让注册商标，商标注册人对其在同一种或者类似商品上注册的相同或者近似的商标未一并转让的，由商标局通知其限期改正；期满未改正的，视为放弃转让该注册商标的申请，商标局应当书面通知申请人。

第三十二条 注册商标专用权因转让以外的继承等其他事由发生移转的，接受该注册商标专用权的当事人应当凭有关证明文件或者法律文书到商标局办理注册商标专用权移转手续。

注册商标专用权移转的，注册商标专用权人在同一种或者类似商品上注册的相同或者近似的商标，应当一并移转；未一并移转的，由商标局通知其限期改正；期满未改正的，视为放弃该移转注册商标的申请，商标局应当书面通知申请人。

商标移转申请经核准的，予以公告。接受该注册商标专用权移转的当事人自公告之日起享有商标专用权。

适用本案由需要注意的问题

◆根据《最高人民法院关于审理商标案件有关管辖和法律适用范围问题的解释》第2条的规定，商标民事纠纷案一审案件，由中级以上人民法院管辖。各高级人民法院根据本辖区的实际情况，经最高人民法院批准，可以在较大城市确定1～2个基层人民法院受理第一审商标民事纠纷案件。

对于北京、上海、广州而言，商标合同纠纷案件的管辖，又有一定的特殊性。根据《最高人民法院关于北京、上海、广州知识产权法院案件管辖的规定》第3条的规定，北京市、上海市各中级人民法院和广州市中级人民法院不再受理知识产权民事和行政案件，因此，有关商标合同纠纷的案件，在北京、上海、广州辖区，全部由（当地高院指定的）基层人民法院受理。根据该规定第6条的规定，当事人对北京、上海、广州市的基层人民法院作出的第一审商标合同纠纷案的判决、裁定提起的上诉案件，由相应的北京、上海、广州知识产权法院审理。

◆在适用本案由时，要注意区分其与企业名称（商号）使用合同纠纷。

企业名称（商号）合同纠纷是指当事人之间就企业名称（商号）的转让、使用等所订立的合同而发生的纠纷。商号是用来区别经营者的，商标是用来区别商品和服务的。

148. 专利合同纠纷

（1）专利申请权转让合同纠纷
（2）专利权转让合同纠纷
（3）发明专利实施许可合同纠纷
（4）实用新型专利实施许可合同纠纷
（5）外观设计专利实施许可合同纠纷
（6）专利代理合同纠纷

案由解析

专利权是指发明创造人或其权利受让人对特定的发明创造在一定期限内依法享有的独占实施权。

专利合同纠纷是指当事人就已经成果化和特定化的专利权或者专利申请权的转让、专利实施许可、专利代理等事项所订立的合同而发生的纠纷。

典型形态

实践中，专利合同纠纷主要有：

（1）专利申请权转让合同纠纷，是指当事人就专利申请权的转让所订立的合同而发生的纠纷。

（2）专利权转让合同纠纷，是指当事人就专利权的转让所订立的合同而发生的纠纷。

（3）发明专利实施许可合同纠纷，是指当事人就发明专利的实施许可所订立的合同而发生的纠纷。

（4）实用新型专利实施许可合同纠纷，是指当事人就实用新型专利权的实施许可所订立的合同而发生的纠纷。

（5）外观设计专利实施许可合同纠纷，是指当事人就外观设计专利权的实施许可所订立的合同而发生的纠纷。

（6）专利代理合同纠纷，是指专利申请人委派具有专利代理人资格的在专利局正式授权的专利代理机构中工作的人员，作为委托代理人，办理专利申请或者办理其他专利事务所订立的合同而发生的纠纷。

常用法律条文及索引

《中华人民共和国民法典》（2020年5月28日公布 2021年1月1日施行）

第一百二十三条 民事主体依法享有知识产权。

知识产权是权利人依法就下列客体享有的专有的权利：

……

（二）发明、实用新型、外观设计；

……

第八百六十二条 技术转让合同是合法拥有技术的权利人，将现有特定的专利、专利申请、技术秘密的相关权利让与他人所订立的合同。

技术许可合同是合法拥有技术的权利人，将现有特定的专利、技术秘密的相关权利许可他人实施、使用所订立的合同。

技术转让合同和技术许可合同中关于提供实施技术的专用设备、原材料或者提供有关的技术咨询、技术服务的约定，属于合同的组成部分。

第八百六十三条 技术转让合同包括专利权转让、专利申请权转让、技术秘密转让等合同。

技术许可合同包括专利实施许可、技术秘密使用许可等合同。

技术转让合同和技术许可合同应当采用书面形式。

第八百六十四条 技术转让合同和技术许可合同可以约定实施专利或者使用技术秘密的范围，但是不得限制技术竞争和技术发展。

第八百六十五条 专利实施许可合同仅在该专利权的存续期限内有效。专利权有效期限届满或者专利权被宣告无效的，专利权人不得就该专利与他人订立专利实施许可合同。

第八百六十六条 专利实施许可合同的许可人应当按照约定许可被许可人实施专利，交付实施专利有关的技术资料，提供必要的技术指导。

第八百六十七条 专利实施许可合同的被许可人应当按照约定实施专利，不得许可约定以外的第三人实施该专利，并按照约定支付使用费。

第八百六十八条 技术秘密转让合同的让与人和技术秘密使用许可合同的许可人应当按照约定提供技术资料，进行技术指导，保证技术的实用性、可靠性，承担保密义务。

前款规定的保密义务，不限制许可人申请专利，但是当事人另有约定的除外。

第八百六十九条　技术秘密转让合同的受让人和技术秘密使用许可合同的被许可人应当按照约定使用技术，支付转让费、使用费，承担保密义务。

第八百七十条　技术转让合同的让与人和技术许可合同的许可人应当保证自己是所提供的技术的合法拥有者，并保证所提供的技术完整、无误、有效，能够达到约定的目标。

第八百七十一条　技术转让合同的受让人和技术许可合同的被许可人应当按照约定的范围和期限，对让与人、许可人提供的技术中尚未公开的秘密部分，承担保密义务。

第八百七十二条　许可人未按照约定许可技术的，应当返还部分或者全部使用费，并应当承担违约责任；实施专利或者使用技术秘密超越约定的范围的，违反约定擅自许可第三人实施该项专利或者使用该项技术秘密的，应当停止违约行为，承担违约责任；违反约定的保密义务的，应当承担违约责任。

让与人承担违约责任，参照适用前款规定。

第八百七十三条　被许可人未按照约定支付使用费的，应当补交使用费并按照约定支付违约金；不补交使用费或者支付违约金的，应当停止实施专利或者使用技术秘密，交还技术资料，承担违约责任；实施专利或者使用技术秘密超越约定的范围的，未经许可人同意擅自许可第三人实施该专利或者使用该技术秘密的，应当停止违约行为，承担违约责任；违反约定的保密义务的，应当承担违约责任。

受让人承担违约责任，参照适用前款规定。

第八百七十四条　受让人或者被许可人按照约定实施专利、使用技术秘密侵害他人合法权益的，由让与人或者许可人承担责任，但是当事人另有约定的除外。

第八百七十五条　当事人可以按照互利的原则，在合同中约定实施专利、使用技术秘密后续改进的技术成果的分享办法；没有约定或者约定不明确，依据本法第五百一十条的规定仍不能确定的，一方后续改进的技术成果，其他各方无权分享。

第八百七十六条　集成电路布图设计专有权、植物新品种权、计算机软件著作权等其他知识产权的转让和许可，参照适用本节的有关规定。

第八百七十七条　法律、行政法规对技术进出口合同或者专利、专利申请合同另有规定的，依照其规定。

另，请求权基础条款参见本法第一百五十三条、第一百五十四条、第五百零六条、第五百六十二条、第五百六十三条、第五百七十九条、第五百八十三条～第五百八十五条。

《中华人民共和国专利法》（2020 年 10 月 17 日修正）

第十条 专利申请权和专利权可以转让。

中国单位或者个人向外国人、外国企业或者外国其他组织转让专利申请权或者专利权的，应当依照有关法律、行政法规的规定办理手续。

转让专利申请权或者专利权的，当事人应当订立书面合同，并向国务院专利行政部门登记，由国务院专利行政部门予以公告。专利申请权或者专利权的转让自登记之日起生效。

第十二条 任何单位或者个人实施他人专利的，应当与专利权人订立实施许可合同，向专利权人支付专利使用费。被许可人无权允许合同规定以外的任何单位或者个人实施该专利。

第十八条 在中国没有经常居所或者营业所的外国人、外国企业或者外国其他组织在中国申请专利和办理其他专利事务的，应当委托依法设立的专利代理机构办理。

中国单位或者个人在国内申请专利和办理其他专利事务的，可以委托依法设立的专利代理机构办理。

专利代理机构应当遵守法律、行政法规，按照被代理人的委托办理专利申请或者其他专利事务；对被代理人发明创造的内容，除专利申请已经公布或者公告的以外，负有保密责任。专利代理机构的具体管理办法由国务院规定。

《中华人民共和国专利法实施细则》（2023 年 12 月 11 日修订）

第十五条 除依照专利法第十条规定转让专利权外，专利权因其他事由发生转移的，当事人应当凭有关证明文件或者法律文书向国务院专利行政部门办理专利权转移手续。

专利权人与他人订立的专利实施许可合同，应当自合同生效之日起 3 个月内向国务院专利行政部门备案。

以专利权出质的，由出质人和质权人共同向国务院专利行政部门办理出质登记。

《专利代理条例》（2018 年 9 月 6 日修订）

第十三条 专利代理机构可以接受委托，代理专利申请、宣告专利权无效、转让专利申请权或者专利权以及订立专利实施许可合同等专利事务，也可以应当事人要求提供专利事务方面的咨询。

第十四条　专利代理机构接受委托，应当与委托人订立书面委托合同。专利代理机构接受委托后，不得就同一专利申请或者专利权的事务接受有利益冲突的其他当事人的委托。

专利代理机构应当指派在本机构执业的专利代理师承办专利代理业务，指派的专利代理师本人及其近亲属不得与其承办的专利代理业务有利益冲突。

第十五条　专利代理机构解散或者被撤销、吊销执业许可证的，应当妥善处理各种尚未办结的专利代理业务。

第十六条　专利代理师应当根据专利代理机构的指派承办专利代理业务，不得自行接受委托。

专利代理师不得同时在两个以上专利代理机构从事专利代理业务。

专利代理师对其签名办理的专利代理业务负责。

第十七条　专利代理机构和专利代理师对其在执业过程中了解的发明创造的内容，除专利申请已经公布或者公告的以外，负有保守秘密的义务。

《最高人民法院关于审理技术合同纠纷案件适用法律若干问题的解释》（法释〔2004〕20号　2020年12月23日修正）

第二十三条　专利申请权转让合同当事人以专利申请被驳回或者被视为撤回为由请求解除合同，该事实发生在依照专利法第十条第三款的规定办理专利申请权转让登记之前的，人民法院应当予以支持；发生在转让登记之后的，不予支持，但当事人另有约定的除外。

专利申请因专利申请权转让合同成立时即存在尚未公开的同样发明创造的在先专利申请被驳回，当事人依据民法典第五百六十三条第一款第（四）项的规定请求解除合同的，人民法院应当予以支持。

第二十四条　订立专利权转让合同或者专利申请权转让合同前，让与人自己已经实施发明创造，在合同生效后，受让人要求让与人停止实施的，人民法院应当予以支持，但当事人另有约定的除外。

让与人与受让人订立的专利权、专利申请权转让合同，不影响在合同成立前让与人与他人订立的相关专利实施许可合同或者技术秘密转让合同的效力。

第二十五条　专利实施许可包括以下方式：

（一）独占实施许可，是指许可人在约定许可实施专利的范围内，将该专利仅许可一个被许可人实施，许可人依约定不得实施该专利；

（二）排他实施许可，是指许可人在约定许可实施专利的范围内，将该专利仅许可一个被许可人实施，但许可人依约定可以自行实施该专利；

（三）普通实施许可，是指许可人在约定许可实施专利的范围内许可他人实施该专利，并且可以自行实施该专利。

当事人对专利实施许可方式没有约定或者约定不明确的，认定为普通实施许可。专利实施许可合同约定被许可人可以再许可他人实施专利的，认定该再许可为普通实施许可，但当事人另有约定的除外。

技术秘密的许可使用方式，参照本条第一、二款的规定确定。

第二十六条　专利实施许可合同许可人负有在合同有效期内维持专利权有效的义务，包括依法缴纳专利年费和积极应对他人提出宣告专利权无效的请求，但当事人另有约定的除外。

第二十七条　排他实施许可合同许可人不具备独立实施其专利的条件，以一个普通许可的方式许可他人实施专利的，人民法院可以认定为许可人自己实施专利，但当事人另有约定的除外。

第二十八条　民法典第八百六十四条所称"实施专利或者使用技术秘密的范围"，包括实施专利或者使用技术秘密的期限、地域、方式以及接触技术秘密的人员等。

当事人对实施专利或者使用技术秘密的期限没有约定或者约定不明确的，受让人、被许可人实施专利或者使用技术秘密不受期限限制。

第二十九条　当事人之间就申请专利的技术成果所订立的许可使用合同，专利申请公开以前，适用技术秘密许可合同的有关规定；发明专利申请公开以后、授权以前，参照适用专利实施许可合同的有关规定；授权以后，原合同即为专利实施许可合同，适用专利实施许可合同的有关规定。

人民法院不以当事人就已经申请专利但尚未授权的技术订立专利实施许可合同为由，认定合同无效。

适用本案由需要注意的问题

◆在确定专利合同纠纷案件的管辖时要注意，四级案由下的各类专利合同纠纷管辖法院并不一致，其中的专利权转让合同纠纷、专利申请权转让合同纠纷一审案件，根据《最高人民法院关于审理专利纠纷案件适用法律问题的若干规定》第2条的规定，由侵权行为地或者被告住所地人民法院管辖。而专利实施许可合同纠纷案件，则应当按照《最高人民法院关于审理技术合同纠纷案件适用法律若干问题的解释》第 43 条第 1 款和第 2 款的规定确定管辖，即一般由各地中级以上人民法院管辖，各高级人民法院根据本辖区的实际情况并报经最高人民法院批准，可以指定若干基层人民法院管辖第一审技术合同纠纷案件。至于专利代理合同纠纷案件的管辖，司法解释并未作出明确规定，鉴于其专业技术性并不特殊，在本质上属于服务合同，故应按照一般合同管辖确定管辖法院，即由被告住所地或合同履行地法院管辖。

◆对于北京、上海、广州而言，专利合同纠纷案件的管辖，又有一定的特殊性。根据《最高人民法院关于北京、上海、广州知识产权法院案件管辖的规定》第 1 条的规定，有关专利合同纠纷一审案件，在北京、上海、广州辖区，全部由相应的北京、上海、广州知识产权法院受理。根据该规定第 7 条的规定，当事人对知识产权法院作出的专利合同纠纷案件第一审判决、裁定提起的上诉案件和依法申请上一级法院复议的案件，由知识产权法院所在地的高级人民法院知识产权审判庭审理。

◆在适用本案由时，要注意其与著作权合同纠纷的不同。（参见本书案由“146. 著作权合同纠纷”中“适用本案由需要注意的问题”部分）

◆根据《民法典》第 877 条和《技术进出口管理条例》第 2 条的规定，涉及技术跨境转移的涉外专利权转让、专利申请权转让和专利实施许可合同纠纷，案由应当确定为技术进口合同纠纷或技术出口合同纠纷。

149. 植物新品种合同纠纷

（1）植物新品种育种合同纠纷
（2）植物新品种申请权转让合同纠纷
（3）植物新品种权转让合同纠纷
（4）植物新品种实施许可合同纠纷

案由解析

植物新品种，是指经过人工培育的或者对发现的野生植物予以开发，具备新颖性、特异性、一致性和稳定性并有适当命名的植物品种。

植物新品种合同纠纷，是指双方当事人就植物新品种育种、申请权、品种权转让和实施许可等所订立的合同而发生的纠纷。植物新品种合同是植物新品种培育、生产、销售和推广中最典型而且也是最基本的法律形式。植物新品种合同的客体是植物新品种所能带来的其特有的利益。

典型形态

在实践中，植物新品种合同纠纷主要有：

（1）植物新品种育种合同纠纷，是指当事人之间就人工培育或者对发现的野生植物加以开发，培育新的植物品种达成的协议所引发的纠纷。

（2）植物新品种申请权转让合同纠纷，是指当事人之间就植物新品种的申请权转移给另外一方所有而达成的协议所引发的纠纷。

（3）植物新品种权转让合同纠纷，是指当事人之间约定就植物新品种权转移给另外一方所有而达成的协议所引发的纠纷。

（4）植物新品种实施许可合同纠纷，是指品种权人许可他人在一定的时间和地域范围内以商业目的生产或者销售授权品种的繁殖材料达成的协议所引发的纠纷。

常用法律条文及索引

《中华人民共和国民法典》（2020 年 5 月 28 日公布　2021 年 1 月 1 日施行）

第一百二十三条　民事主体依法享有知识产权。

知识产权是权利人依法就下列客体享有的专有的权利：

……

（七）植物新品种；

……

第八百七十六条　集成电路布图设计专有权、植物新品种权、计算机软件著作权等其他知识产权的转让和许可，参照适用本节的有关规定。

《中华人民共和国植物新品种保护条例》（2025 年 4 月 29 日修订）

第九条　执行本单位的任务或者主要是利用本单位的物质技术条件所完成的职务育种，品种权的申请权属于该单位；非职务育种，品种权的申请权属于完成育种的个人。利用本单位的物质技术条件所完成的育种，单位与完成育种的个人对品种权的申请权有合同约定的，从其约定。

委托育种或者合作育种，当事人可以在合同中约定品种权的申请权归属；没有合同约定的，品种权的申请权属于受委托完成或者共同完成育种的单位或者个人。

申请被批准后，品种权属于申请人。

第十一条　品种权的申请权和品种权可以依法转让。

中国的单位或者个人就其在境内培育的植物新品种向外国人、外国企业或者外国其他组织转让申请权或者品种权的，应当经国务院农业农村、林业草原主管部门批准。

转让申请权或者品种权的，当事人应当订立书面合同，并向国务院农业农村、林业草原主管部门登记，由国务院农业农村、林业草原主管部门予以公告。转让自登记之日起生效。

以品种权出质的，由出质人和质权人共同向国务院农业农村、林业草原主管部门办理出质登记，由国务院农业农村、林业草原主管部门予以公告。

《最高人民法院关于审理侵害植物新品种权纠纷案件具体应用法律问题的若干规定》（法释〔2007〕1号　2020年12月23日修正）

第一条　植物新品种权所有人（以下称品种权人）或者利害关系人认为植物新品种权受到侵害的，可以依法向人民法院提起诉讼。

前款所称利害关系人，包括植物新品种实施许可合同的被许可人、品种权财产权利的合法继承人等。

独占实施许可合同的被许可人可以单独向人民法院提起诉讼；排他实施许可合同的被许可人可以和品种权人共同起诉，也可以在品种权人不起诉时，自行提起诉讼；普通实施许可合同的被许可人经品种权人明确授权，可以提起诉讼。

第二条　未经品种权人许可，生产、繁殖或者销售授权品种的繁殖材料，或者为商业目的将授权品种的繁殖材料重复使用于生产另一品种的繁殖材料的，人民法院应当认定为侵害植物新品种权。

被诉侵权物的特征、特性与授权品种的特征、特性相同，或者特征、特性的不同是因非遗传变异所致的，人民法院一般应当认定被诉侵权物属于生产、繁殖或者销售授权品种的繁殖材料。

被诉侵权人重复以授权品种的繁殖材料为亲本与其他亲本另行繁殖的，人民法院一般应当认定属于为商业目的将授权品种的繁殖材料重复使用于生产另一品种的繁殖材料。

《最高人民法院关于审理侵害植物新品种权纠纷案件具体应用法律问题的若干规定（二）》（法释〔2021〕14号　2021年7月5日公布）

第一条　植物新品种权（以下简称品种权）或者植物新品种申请权的共有人对权利行使有约定的，人民法院按照其约定处理。没有约定或者约定不明的，共有人主张其可以单独实施或者以普通许可方式许可他人实施的，人民法院应予支持。

共有人单独实施该品种权，其他共有人主张该实施收益在共有人之间分配的，人民法院不予支持，但是其他共有人有证据证明其不具备实施能力或者实施条件的除外。

共有人之一许可他人实施该品种权，其他共有人主张收取的许可费在共有人之间分配的，人民法院应予支持。

第二条　品种权转让未经国务院农业、林业主管部门登记、公告，受让人以品种权人名义提起侵害品种权诉讼的，人民法院不予受理。

第三条　受品种权保护的繁殖材料应当具有繁殖能力，且繁殖出的新个体与该授权品种的特征、特性相同。

前款所称的繁殖材料不限于以品种权申请文件所描述的繁殖方式获得的繁殖材料。

第四条　以广告、展陈等方式作出销售授权品种的繁殖材料的意思表示的，人民法院可以以销售行为认定处理。

第五条　种植授权品种的繁殖材料的，人民法院可以根据案件具体情况，以生产、繁殖行为认定处理。

第六条　品种权人或者利害关系人（以下合称权利人）举证证明被诉侵权品种繁殖材料使用的名称与授权品种相同的，人民法院可以推定该被诉侵权品种繁殖材料属于授权品种的繁殖材料；有证据证明不属于该授权品种的繁殖材料的，人民法院可以认定被诉侵权人构成假冒品种行为，并参照假冒注册商标行为的有关规定确定民事责任。

第七条　受托人、被许可人超出与品种权人约定的规模或者区域生产、繁殖授权品种的繁殖材料，或者超出与品种权人约定的规模销售授权品种的繁殖材料，品种权人请求判令受托人、被许可人承担侵权责任的，人民法院依法予以支持。

第八条　被诉侵权人知道或者应当知道他人实施侵害品种权的行为，仍然提供收购、存储、运输、以繁殖为目的的加工处理等服务或者提供相关证明材料等条件的，人民法院可以依据民法典第一千一百六十九条的规定认定为帮助他人实施侵权行为。

第九条　被诉侵权物既可以作为繁殖材料又可以作为收获材料，被诉侵权人主张被诉侵权物系作为收获材料用于消费而非用于生产、繁殖的，应当承担相应的举证责任。

第十条　授权品种的繁殖材料经品种权人或者经其许可的单位、个人售出后，权利人主张他人生产、繁殖、销售该繁殖材料构成侵权的，人民法院一般不予支持，但是下列情形除外：

（一）对该繁殖材料生产、繁殖后获得的繁殖材料进行生产、繁殖、销售；

（二）为生产、繁殖目的将该繁殖材料出口到不保护该品种所属植物属或者种的国家或者地区。

第十一条　被诉侵权人主张对授权品种进行的下列生产、繁殖行为属于科研活动的，人民法院应予支持：

（一）利用授权品种培育新品种；

（二）利用授权品种培育形成新品种后，为品种权申请、品种审定、品种登记需要而重复利用授权品种的繁殖材料。

第十二条　农民在其家庭农村土地承包经营合同约定的土地范围内自繁自用授权品种的繁殖材料，权利人对此主张构成侵权的，人民法院不予支持。

对前款规定以外的行为，被诉侵权人主张其行为属于种子法规定的农民自繁自用授权品种的繁殖材料的，人民法院应当综合考虑被诉侵权行为的目的、规模、是否营利等因素予以认定。

第十三条　销售不知道也不应当知道是未经品种权人许可而售出的被诉侵权品种繁殖材料，且举证证明具有合法来源的，人民法院可以不判令销售者承担赔偿责任，但应当判令其停止销售并承担权利人为制止侵权行为所支付的合理开支。

对于前款所称合法来源，销售者一般应当举证证明购货渠道合法、价格合理、存在实际的具体供货方、销售行为符合相关生产经营许可制度等。

第十四条　人民法院根据已经查明侵害品种权的事实，认定侵权行为成立的，可以先行判决停止侵害，并可以依据当事人的请求和具体案情，责令采取消灭活性等阻止被诉侵权物扩散、繁殖的措施。

第十五条　人民法院为确定赔偿数额，在权利人已经尽力举证，而与侵权行为相关的账簿、资料主要由被诉侵权人掌握的情况下，可以责令被诉侵权人提供与侵权行为相关的账簿、资料；被诉侵权人不提供或者提供虚假账簿、资料的，人民法院可以参考权利人的主张和提供的证据判定赔偿数额。

第十六条　被诉侵权人有抗拒保全或者擅自拆封、转移、毁损被保全物等举证妨碍行为，致使案件相关事实无法查明的，人民法院可以推定权利人就该证据所涉证明事项的主张成立。构成民事诉讼法第一百一十一条规定情形的，依法追究法律责任。

第十七条 除有关法律和司法解释规定的情形以外，以下情形也可以认定为侵权行为情节严重：

（一）因侵权被行政处罚或者法院裁判承担责任后，再次实施相同或者类似侵权行为；

（二）以侵害品种权为业；

（三）伪造品种权证书；

（四）以无标识、标签的包装销售授权品种；

（五）违反种子法第七十七条第一款第一项、第二项、第四项的规定；

（六）拒不提供被诉侵权物的生产、繁殖、销售和储存地点。

存在前款第一项至第五项情形的，在依法适用惩罚性赔偿时可以按照计算基数的二倍以上确定惩罚性赔偿数额。

第十八条 品种权终止后依法恢复权利，权利人要求实施品种权的单位或者个人支付终止期间实施品种权的费用的，人民法院可以参照有关品种权实施许可费，结合品种类型、种植时间、经营规模、当时的市场价值等因素合理确定。

第十九条 他人未经许可，自品种权初步审查合格公告之日起至被授予品种权之日止，生产、繁殖或者销售该授权品种的繁殖材料，或者为商业目的将该授权品种的繁殖材料重复使用于生产另一品种的繁殖材料，权利人对此主张追偿利益损失的，人民法院可以按照临时保护期使用费纠纷处理，并参照有关品种权实施许可费，结合品种类型、种植时间、经营规模、当时的市场价值等因素合理确定该使用费数额。

前款规定的被诉行为延续到品种授权之后，权利人对品种权临时保护期使用费和侵权损害赔偿均主张权利的，人民法院可以合并审理，但应当分别计算处理。

第二十条 侵害品种权纠纷案件涉及的专门性问题需要鉴定的，由当事人在相关领域鉴定人名录或者国务院农业、林业主管部门向人民法院推荐的鉴定人中协商确定；协商不成的，由人民法院从中指定。

第二十一条 对于没有基因指纹图谱等分子标记检测方法进行鉴定的品种，可以采用行业通用方法对授权品种与被诉侵权物的特征、特性进行同一性判断。

第二十二条 对鉴定意见有异议的一方当事人向人民法院申请复检、补充鉴定或者重新鉴定，但未提出合理理由和证据的，人民法院不予准许。

第二十三条　通过基因指纹图谱等分子标记检测方法进行鉴定，待测样品与对照样品的差异位点小于但接近临界值，被诉侵权人主张二者特征、特性不同的，应当承担举证责任；人民法院也可以根据当事人的申请，采取扩大检测位点进行加测或者提取授权品种标准样品进行测定等方法，并结合其他相关因素作出认定。

第二十四条　田间观察检测与基因指纹图谱等分子标记检测的结论不同的，人民法院应当以田间观察检测结论为准。

第二十五条　本规定自2021年7月7日起施行。本院以前发布的相关司法解释与本规定不一致的，按照本规定执行。

《最高人民法院关于审理植物新品种纠纷案件若干问题的解释》（法释〔2001〕5号　2020年12月23日修正）

第一条　人民法院受理的植物新品种纠纷案件主要包括以下几类：

（一）植物新品种申请驳回复审行政纠纷案件；

（二）植物新品种权无效行政纠纷案件；

（三）植物新品种权更名行政纠纷案件；

（四）植物新品种权强制许可纠纷案件；

（五）植物新品种权实施强制许可使用费纠纷案件；

（六）植物新品种申请权权属纠纷案件；

（七）植物新品种权权属纠纷案件；

（八）植物新品种申请权转让合同纠纷案件；

（九）植物新品种权转让合同纠纷案件；

（十）侵害植物新品种权纠纷案件；

（十一）假冒他人植物新品种权纠纷案件；

（十二）植物新品种培育人署名权纠纷案件；

（十三）植物新品种临时保护期使用费纠纷案件；

（十四）植物新品种行政处罚纠纷案件；

（十五）植物新品种行政复议纠纷案件；

（十六）植物新品种行政赔偿纠纷案件；

（十七）植物新品种行政奖励纠纷案件；

（十八）其他植物新品种权纠纷案件。

第五条　关于植物新品种申请驳回复审行政纠纷案件、植物新品种权无效或者更名行政纠纷案件，应当以植物新品种审批机关为被告；关于植物新品种强制许可纠纷案件，应当以植物新品种审批机关为被告；关于实施强制许可使用费纠纷案件，应当根据原告所请求的事项和所起诉的当事人确定被告。

第六条 人民法院审理侵害植物新品种权纠纷案件，被告在答辩期间内向植物新品种审批机关请求宣告该植物新品种权无效的，人民法院一般不中止诉讼。

适用本案由需要注意的问题

◆在确定植物新品种合同纠纷案件的管辖时要注意，四级案由下的各类植物新品种合同纠纷管辖法院并不一致，其中的植物新品种申请权转让合同纠纷、植物新品种权转让合同纠纷一审案件，根据《最高人民法院关于审理植物新品种纠纷案件若干问题的解释》第 1 条和第 3 条的规定，由知识产权法院，各省、自治区、直辖市人民政府所在地的中级人民法院和最高人民法院指定的中级人民法院管辖。而植物新品种实施许可合同纠纷案件，则应当按照《最高人民法院关于审理技术合同纠纷案件适用法律若干问题的解释》第 43 条第 1 款和第 2 款的规定确定管辖，即一般由各地中级以上人民法院管辖，各高级人民法院根据本辖区的实际情况并报经最高人民法院批准，可以指定若干基层人民法院管辖第一审技术合同纠纷案件。至于植物新品种育种合同纠纷案件的管辖，司法解释并未作出明确规定，故不属于专属管辖的范畴，应按照一般合同管辖确定管辖法院，即由被告住所地或合同履行地法院管辖。

对于北京、上海、广州而言，植物新品种合同纠纷案件的管辖，又有一定的特殊性。根据《最高人民法院关于北京、上海、广州知识产权法院案件管辖的规定》第 1 条的规定，有关植物新品种合同纠纷一审案件，在北京、上海、广州辖区，全部由相应的北京、上海、广州知识产权法院受理。根据该规定第 7 条的规定，当事人对知识产权法院作出的专利合同纠纷案件第一审判决、裁定提起的上诉案件和依法申请上一级法院复议的案件，由知识产权法院所在地的高级人民法院知识产权审判庭审理。

◆在适用本案由时，要注意区分两个四级案由植物新品种申请权转让合同纠纷和植物新品种权转让合同纠纷的不同。植物新品种申请权转让合同纠纷是因当事人之间就植物新品种的申请权转移给另外一方所有而达成的协议所引发的纠纷，其标的是植物新品种的申请权；而植物新品种权转让合同纠纷是指当事人之间约定就植物新品种权转移给另外一方所有而达成的协议所引发的纠纷，其标的是植物新品种权，是工业产权的一种类型，是指完成育种的单位或个人对其授权的品种依法享有的排他使用权。而植物新品种培育完成后，必须由完成植物新品种的单位或个人或其受让人向国家主管部门申请，经主管部门审查和批准后，才能取得植物新品种权。即对植物新品种的申请是取得植物新品种权的条件。

◆《最高人民法院关于审理技术合同纠纷案件适用法律若干问题的解释》中，对技术成果的内涵进行了界定，明确技术成果包括植物新品种。

150. 集成电路布图设计合同纠纷

(1) 集成电路布图设计创作合同纠纷

(2) 集成电路布图设计专有权转让合同纠纷

(3) 集成电路布图设计许可使用合同纠纷

案由解析

集成电路指半导体集成电路，即以半导体材料为基片，将至少有一个是有源元件的两个以上元件和部分或者全部互联线路集成在基片之中或者基片之上，以执行某种电子功能的中间产品或者最终产品。它是微电子技术的核心，电子信息技术的基础，广泛应用于计算机、通信设备、家用电器等电子产品，具备集成性、整体性及工艺严格性。

集成电路布图设计是指集成电路中至少有一个是有源元件的两个以上元件和部分或者全部互联线路的三维配置，或者为制造集成电路而准备的上述三维配置。通俗地说，它就是确定用以制造集成电路的电子元件在一个传导材料中的几何图形排列和连接的布局设计。

集成电路布图设计合同纠纷是指当事人就集成电路布图设计的创作、有关专有权利的转让和许可使用等内容所订立的合同而引发的纠纷。

集成电路布图设计合同的主要特点是：(1) 合同客体的特殊性，集成电路布图设计合同的客体是布图设计所能带来的其特有的利益。(2) 须订立书面合同。

典型形态

在实践中，集成电路布图设计合同纠纷主要有：

（1）集成电路布图设计创作合同纠纷，是指双方当事人就集成电路布图设计的创作所订立的合同（包括委托创作合同和合作创作合同）而引发的纠纷。

（2）集成电路布图设计专有权转让合同纠纷，是指双方当事人就集成电路布图设计专有权（包括复制权和商业利用权）的转让所订立的合同而引发的纠纷。

（3）集成电路布图设计许可使用合同纠纷，是指权利人就集成电路布图设计的一部分或者全部，以一定的方式，在一定的期限和地域范围内许可他人使用所订立的合同而引发的纠纷。

常用法律条文及索引

《中华人民共和国民法典》（2020 年 5 月 28 日公布　2021 年 1 月 1 日施行）

第一百二十三条　民事主体依法享有知识产权。

知识产权是权利人依法就下列客体享有的专有的权利：

……

（六）集成电路布图设计；

……

第八百七十六条　集成电路布图设计专有权、植物新品种权、计算机软件著作权等其他知识产权的转让和许可，参照适用本节的有关规定。

《集成电路布图设计保护条例》（2001 年 4 月 2 日公布　2001 年 10 月 1 日施行）

第十条　两个以上自然人、法人或者其他组织合作创作的布图设计，其专有权的归属由合作者约定；未作约定或者约定不明的，其专有权由合作者共同享有。

第十一条　受委托创作的布图设计，其专有权的归属由委托人和受托人双方约定；未作约定或者约定不明的，其专有权由受托人享有。

第二十二条　布图设计权利人可以将其专有权转让或者许可他人使用其布图设计。

转让布图设计专有权的，当事人应当订立书面合同，并向国务院知识产权行政部门登记，由国务院知识产权行政部门予以公告。布图设计专有权的转让自登记之日起生效。

许可他人使用其布图设计的，当事人应当订立书面合同。

《集成电路布图设计保护条例实施细则》（2001年9月18日公布　2001年10月1日施行）

第四条　代理机构

中国单位或者个人在国内申请布图设计登记和办理其他与布图设计有关的事务的，可以委托专利代理机构办理。

在中国没有经常居所或者营业所的外国人、外国企业或者外国其他组织在中国申请布图设计登记和办理其他与布图设计有关的事务的，应当委托国家知识产权局指定的专利代理机构办理。

第十一条　向外国人转让专有权

中国单位或者个人向外国人转让布图设计专有权的，在向国家知识产权局办理转让登记时应当提交国务院有关主管部门允许其转让的证明文件。

布图设计专有权发生转移的，当事人应当凭有关证明文件或者法律文书向国家知识产权局办理著录项目变更手续。

适用本案由需要注意的问题

◆鉴于侵犯布图设计专有权纠纷案件多涉及技术性问题，专业性强，法律问题复杂，考虑到案件数量、审判力量的配置和方便人民群众诉讼等因素，《最高人民法院关于开展涉及集成电路布图设计案件审判工作的通知》规定，布图设计纠纷第一审案件，由各省、自治区、直辖市人民政府所在地、经济特区所在地的中级人民法院和最高人民法院指定的中级人民法院管辖。受理第一审布图设计纠纷案件的中级人民法院共有43个：省、自治区、直辖市人民政府所在地的34个中级人民法院（包括北京，上海，天津市的一、二中级人民法院）；深圳、珠海、汕头、厦门4个经济特区中级人民法院；经最高人民法院同意指定的大连、青岛、温州、佛山、烟台市的5个中级人民法院。

在确定集成电路布图设计合同纠纷案件的管辖时要注意，四级案由下的各类集成电路布图设计合同纠纷管辖法院并不一致，其中的集成电路布图设计专有权转让合同纠纷一审案件，根据《最高人民法院关于开展涉及集成电路布图设计案件审判工作的通知》第1条和第2条的规定，各省、自治区、直辖市人民政府所在地，经济特区所在地和大连、青岛、温州、佛山、烟台市的中级人民法院作为第一审人民法院审理。而集成电路布图设计许可使用合同纠纷案件，则应当按照《最高人民法院关于审理技术合同纠纷案件适用法律若干问题的解释》第43条第1款和第2款的规定确定管辖，即一般由各地中级以上人民法院管辖，各高级人民法院根据本辖区的实际情况并报经最高人民法院批准，可以指定若干基层人民法院管辖第一审技术合同纠纷案件。至于集成电路布图设计创作合同纠纷案件的管辖，司法解释并未作出明确规定，故不属于专属管辖的范畴，应按照一般合同管辖确定管辖法院，即由被告住所地或合同履行地法院管辖。

对于北京、上海、广州而言，集成电路布图设计合同纠纷案件的管辖，又有一定的特殊性。根据《最高人民法院关于北京、上海、广州知识产权法院案件管辖的规定》第1条的规定，集成电路布图设计合同纠纷一审案件，在北京、上海、广州辖区，全部由相应的北京、上海、广州知识产权法院受理。根据该规定第7条的规定，当事人对知识产权法院作出的专利合同纠纷案件第一审判决、裁定提起的上诉案件和依法申请上一级法院复议的案件，由知识产权法院所在地的高级人民法院知识产权审判庭审理。

◆在适用本案由时，要注意区分集成电路布图设计专有权转让合同纠纷与专利权转让合同纠纷的不同。集成电路布图设计专有权并不能够适用专利法予以保护，因为集成电路布图设计实质上是一种图形设计，但并非是一种工业品外观设计。布图设计并不取决于集成电路的外观，而决定于集成电路中具有电子功能的每一元件的实际位置；布图设计尽管需要专家的大量劳动，但设计方案不会有多大改变，其设计的主旨在于提高集成度、节约材料、降低能耗，因此不具备创造性的专门要求。因此，集成电路布图设计专有权与专利权其实还是有很大差别的。

151. 商业秘密合同纠纷

（1）技术秘密让与合同纠纷
（2）技术秘密许可使用合同纠纷
（3）经营秘密让与合同纠纷
（4）经营秘密许可使用合同纠纷

案由解析

商业秘密，是指不为公众所知悉，能为权利人带来经济效益，具有实用性并经权利人采取保密措施的技术信息和经营信息，包括技术秘密与经营秘密。商业秘密的构成条件有4个：（1）商业秘密必须具有信息性。（2）商业秘密必须具有未公开性。（3）商业秘密必须具有实用性。（4）商业秘密必须具有保密性。

商业秘密合同纠纷，是指双方当事人就商业秘密（技术秘密或经营秘密）权利的让与或许可使用所订立的合同而引发的纠纷。

商业秘密和其他知识产权（专利权、商标权、著作权等）相比，有着以下特点：（1）商业秘密的前提是不为公众所知悉，而其他知识产权都是公开的，对专利权甚至有公开到相当程度的要求。（2）商业秘密是一项相对的权利。商业秘密的专有性不是绝对的，不具有排他性。如果其他人以合法方式取得了同一内容的商业秘密，他们就和第一个人有着同样的地位。商业秘密的拥有者既不能阻止在他之前已经开发掌握该信息的人使用、转让该信息，也不能阻止在他之后开发掌握该信息的人使用、转让该信息。（3）能使经营者获得利益，获得竞争优势，或具有潜在的商业利益。（4）商业秘密的保护期不是法定的，取决于权利人的保密措施和其他人对此项秘密的公开。一项技术秘密可能由于权利人保密措施得力和技术本身的应用价值而延续很长时间，远远超过专利技术受保护的期限。

典型形态

在实践中，商业秘密合同纠纷主要有：

（1）技术秘密让与合同纠纷，指的是技术秘密权利人将其技术秘密成果让与他人，双方当事人因此签订合同而引发的纠纷。

（2）技术秘密许可使用合同纠纷，指的是技术秘密权利人许可他人使用其技术秘密成果，双方当事人因此签订合同而引发的纠纷。

（3）经营秘密让与合同纠纷，指的是经营秘密权利人将其经营秘密的整体权利让与他人，双方当事人因此签订合同而引发的纠纷。

（4）经营秘密许可使用合同纠纷，指的是经营秘密权利人许可他人使用其经营秘密，双方当事人因此签订合同而引发的纠纷。

常用法律条文及索引

《中华人民共和国民法典》（2020年5月28日公布　2021年1月1日施行）

第一百二十三条　民事主体依法享有知识产权。

知识产权是权利人依法就下列客体享有的专有的权利：

……

（五）商业秘密；

……

第八百六十八条 技术秘密转让合同的让与人和技术秘密使用许可合同的许可人应当按照约定提供技术资料，进行技术指导，保证技术的实用性、可靠性，承担保密义务。

前款规定的保密义务，不限制许可人申请专利，但是当事人另有约定的除外。

第八百六十九条 技术秘密转让合同的受让人和技术秘密使用许可合同的被许可人应当按照约定使用技术，支付转让费、使用费，承担保密义务。

第八百七十条 技术转让合同的让与人和技术许可合同的许可人应当保证自己是所提供的技术的合法拥有者，并保证所提供的技术完整、无误、有效，能够达到约定的目标。

第八百七十一条 技术转让合同的受让人和技术许可合同的被许可人应当按照约定的范围和期限，对让与人、许可人提供的技术中尚未公开的秘密部分，承担保密义务。

第八百七十二条 许可人未按照约定许可技术的，应当返还部分或者全部使用费，并应当承担违约责任；实施专利或者使用技术秘密超越约定的范围的，违反约定擅自许可第三人实施该项专利或者使用该项技术秘密的，应当停止违约行为，承担违约责任；违反约定的保密义务的，应当承担违约责任。

让与人承担违约责任，参照适用前款规定。

第八百七十三条 被许可人未按照约定支付使用费的，应当补交使用费并按照约定支付违约金；不补交使用费或者支付违约金的，应当停止实施专利或者使用技术秘密，交还技术资料，承担违约责任；实施专利或者使用技术秘密超越约定的范围的，未经许可人同意擅自许可第三人实施该专利或者使用该技术秘密的，应当停止违约行为，承担违约责任；违反约定的保密义务的，应当承担违约责任。

受让人承担违约责任，参照适用前款规定。

第八百七十四条 受让人或者被许可人按照约定实施专利、使用技术秘密侵害他人合法权益的，由让与人或者许可人承担责任，但是当事人另有约定的除外。

第八百七十五条 当事人可以按照互利的原则，在合同中约定实施专利、使用技术秘密后续改进的技术成果的分享办法；没有约定或者约定不明确，依据本法第五百一十条的规定仍不能确定的，一方后续改进的技术成果，其他各方无权分享。

第八百七十七条　法律、行政法规对技术进出口合同或者专利、专利申请合同另有规定的，依照其规定。

《中华人民共和国反不正当竞争法》（2025年6月27日修订）

第十条　经营者不得实施下列侵犯商业秘密的行为：

（一）以盗窃、贿赂、欺诈、胁迫、电子侵入或者其他不正当手段获取权利人的商业秘密；

（二）披露、使用或者允许他人使用以前项手段获取的权利人的商业秘密；

（三）违反保密义务或者违反权利人有关保守商业秘密的要求，披露、使用或者允许他人使用其所掌握的商业秘密；

（四）教唆、引诱、帮助他人违反保密义务或者违反权利人有关保守商业秘密的要求，获取、披露、使用或者允许他人使用权利人的商业秘密。

经营者以外的其他自然人、法人和非法人组织实施前款所列违法行为的，视为侵犯商业秘密。

第三人明知或者应知商业秘密权利人的员工、前员工或者其他单位、个人实施本条第一款所列违法行为，仍获取、披露、使用或者允许他人使用该商业秘密的，视为侵犯商业秘密。

本法所称的商业秘密，是指不为公众所知悉、具有商业价值并经权利人采取相应保密措施的技术信息、经营信息等商业信息。

《最高人民法院关于审理技术合同纠纷案件适用法律若干问题的解释》（法释〔2004〕20号　2020年12月23日修正）

第九条　当事人一方采取欺诈手段，就其现有技术成果作为研究开发标的与他人订立委托开发合同收取研究开发费用，或者就同一研究开发课题先后与两个或者两个以上的委托人分别订立委托开发合同重复收取研究开发费用，使对方在违背真实意思的情况下订立的合同，受损害方依照民法典第一百四十八条规定请求撤销合同的，人民法院应当予以支持。

第十条　下列情形，属于民法典第八百五十条所称的“非法垄断技术”：

（一）限制当事人一方在合同标的技术基础上进行新的研究开发或者限制其使用所改进的技术，或者双方交换改进技术的条件不对等，包括要求一方将其自行改进的技术无偿提供给对方、非互惠性转让给对方、无偿独占或者共享该改进技术的知识产权；

（二）限制当事人一方从其他来源获得与技术提供方类似技术或者与其竞争的技术；

（三）阻碍当事人一方根据市场需求，按照合理方式充分实施合同标的技术，包括明显不合理地限制技术接受方实施合同标的技术生产产品或者提供服务的数量、品种、价格、销售渠道和出口市场；

（四）要求技术接受方接受并非实施技术必不可少的附带条件，包括购买非必需的技术、原材料、产品、设备、服务以及接收非必需的人员等；

（五）不合理地限制技术接受方购买原材料、零部件、产品或者设备等的渠道或者来源；

（六）禁止技术接受方对合同标的技术知识产权的有效性提出异议或者对提出异议附加条件。

第十一条 技术合同无效或者被撤销后，技术开发合同研究开发人、技术转让合同让与人、技术许可合同许可人、技术咨询合同和技术服务合同的受托人已经履行或者部分履行了约定的义务，并且造成合同无效或者被撤销的过错在对方的，对其已履行部分应当收取的研究开发经费、技术使用费、提供咨询服务的报酬，人民法院可以认定为因对方原因导致合同无效或者被撤销给其造成的损失。

技术合同无效或者被撤销后，因履行合同所完成新的技术成果或者在他人技术成果基础上完成后续改进技术成果的权利归属和利益分享，当事人不能重新协议确定的，人民法院可以判决由完成技术成果的一方享有。

第二十二条 就尚待研究开发的技术成果或者不涉及专利、专利申请或者技术秘密的知识、技术、经验和信息所订立的合同，不属于民法典第八百六十二条规定的技术转让合同或者技术许可合同。

技术转让合同中关于让与人向受让人提供实施技术的专用设备、原材料或者提供有关的技术咨询、技术服务的约定，属于技术转让合同的组成部分。因此发生的纠纷，按照技术转让合同处理。

当事人以技术入股方式订立联营合同，但技术入股人不参与联营体的经营管理，并且以保底条款形式约定联营体或者联营对方支付其技术价款或者使用费的，视为技术转让合同或者技术许可合同。

第二十三条 专利申请权转让合同当事人以专利申请被驳回或者被视为撤回为由请求解除合同，该事实发生在依照专利法第十条第三款的规定办理专利申请权转让登记之前的，人民法院应当予以支持；发生在转让登记之后的，不予支持，但当事人另有约定的除外。

专利申请因专利申请权转让合同成立时即存在尚未公开的同样发明创造的在先专利申请被驳回，当事人依据民法典第五百六十三条第一款第（四）项的规定请求解除合同的，人民法院应当予以支持。

第二十四条　订立专利权转让合同或者专利申请权转让合同前，让与人自己已经实施发明创造，在合同生效后，受让人要求让与人停止实施的，人民法院应当予以支持，但当事人另有约定的除外。

让与人与受让人订立的专利权、专利申请权转让合同，不影响在合同成立前让与人与他人订立的相关专利实施许可合同或者技术秘密转让合同的效力。

第二十五条　专利实施许可包括以下方式：

（一）独占实施许可，是指许可人在约定许可实施专利的范围内，将该专利仅许可一个被许可人实施，许可人依约定不得实施该专利；

（二）排他实施许可，是指许可人在约定许可实施专利的范围内，将该专利仅许可一个被许可人实施，但许可人依约定可以自行实施该专利；

（三）普通实施许可，是指许可人在约定许可实施专利的范围内许可他人实施该专利，并且可以自行实施该专利。

当事人对专利实施许可方式没有约定或者约定不明确的，认定为普通实施许可。专利实施许可合同约定被许可人可以再许可他人实施专利的，认定该再许可为普通实施许可，但当事人另有约定的除外。

技术秘密的许可使用方式，参照本条第一、二款的规定确定。

第二十六条　专利实施许可合同许可人负有在合同有效期内维持专利权有效的义务，包括依法缴纳专利年费和积极应对他人提出宣告专利权无效的请求，但当事人另有约定的除外。

第二十七条　排他实施许可合同许可人不具备独立实施其专利的条件，以一个普通许可的方式许可他人实施专利的，人民法院可以认定为许可人自己实施专利，但当事人另有约定的除外。

第二十八条　民法典第八百六十四条所称“实施专利或者使用技术秘密的范围”，包括实施专利或者使用技术秘密的期限、地域、方式以及接触技术秘密的人员等。

当事人对实施专利或者使用技术秘密的期限没有约定或者约定不明确的，受让人、被许可人实施专利或者使用技术秘密不受期限限制。

第二十九条　当事人之间就申请专利的技术成果所订立的许可使用合同，专利申请公开以前，适用技术秘密许可合同的有关规定；发明专利申请公开以后、授权以前，参照适用专利实施许可合同的有关规定；授权以后，原合同即为专利实施许可合同，适用专利实施许可合同的有关规定。

人民法院不以当事人就已经申请专利但尚未授权的技术订立专利实施许可合同为由，认定合同无效。

第四十六条 计算机软件开发等合同争议，著作权法以及其他法律、行政法规另有规定的，依照其规定；没有规定的，适用民法典第三编第一分编的规定，并可以参照民法典第三编第二分编第二十章和本解释的有关规定处理。

适用本案由需要注意的问题

◆商业秘密合同纠纷本质上属于合同纠纷，因合同纠纷提起的诉讼，由被告住所地或者合同履行地人民法院管辖。合同的双方当事人可以在书面合同中协议选择被告住所地、合同履行地、合同签订地、原告住所地、标的物所在地人民法院管辖，但不得违反《民事诉讼法》对级别管辖和专属管辖的规定。但由于技术秘密的特殊性，此类案件的受理应遵守最高人民法院关于技术成果合同纠纷案件的指定管辖和级别管辖的规定，一般由中级以上人民法院管辖。各高级人民法院根据本辖区的实际情况并报经最高人民法院批准，可以指定若干基层人民法院管辖第一审技术合同纠纷案件。

◆在适用本案由时，要注意区分其四级案由之间的区别，即技术秘密让与合同纠纷和经营秘密让与合同纠纷与技术秘密许可使用合同纠纷和经营秘密许可使用合同纠纷之间的区别。技术秘密让与合同和经营秘密让与合同均涉及商业秘密整体权利的让与（即俗语所称买断或者卖断），即商业秘密的所有人发生转移。技术秘密许可使用合同和经营秘密许可使用合同中，商业秘密的所有人并不发生转移，而是商业秘密的所有人和经商业秘密所有人许可的商业秘密使用人之间就商业秘密许可使用内容所订立的合同。

152. 技术合同纠纷

(1) 技术委托开发合同纠纷
(2) 技术合作开发合同纠纷
(3) 技术转化合同纠纷
(4) 技术转让合同纠纷
(5) 技术许可合同纠纷
(6) 技术咨询合同纠纷
(7) 技术服务合同纠纷
(8) 技术培训合同纠纷
(9) 技术中介合同纠纷
(10) 技术进口合同纠纷
(11) 技术出口合同纠纷
(12) 职务技术成果完成人奖励、报酬纠纷
(13) 技术成果完成人署名权、荣誉权、奖励权纠纷

案由解析

技术合同纠纷，是指双方当事人就技术开发、转让、许可、咨询或者服务等订立的确立相互之间权利和义务的合同所引发的纠纷。

技术合同是一类比较特别的合同，其特点主要有：(1) 技术合同的标的与技术有密切联系，不同类型的技术合同有不同的技术内容。技术转让合同的标的是特定的技术成果，技术服务与技术咨询合同的标的是特定的技术行为，技术开发合同的标的兼具技术成果与技术行为的内容。(2) 技术合同履行环节多，履行期限长，价款、报酬或使用费的计算较为复杂，一些技术合同的风险性很强。(3) 技术合同的法律调整具有多样性。技术合同标的物是人类智力活动的成果，这些技术成果中许多是知识产权法调整的对象，涉及技术权益的归属、技术风险的承担、技术专利权的获得、技术产品的商业标记、技术的保密、技术的表现形式等，受专利法、商标法、商业秘密法、反不正当竞争法、著作权法等法律的调整。(4) 当事人一方具有特定性，通常

应当是具有一定专业知识或技能的技术人员。（5）技术合同是双务、有偿合同。

典型形态

在实践中，技术合同纠纷主要有：

（1）技术委托开发合同纠纷，是指当事人一方按照约定支付研究开发费用和报酬，完成协作事项并按期接受研究开发成果，另一方合理使用研究开发费用，按期完成研究开发工作并交付成果，同时接受委托方必要的检查所订立的合同而引发的纠纷。

（2）技术合作开发合同纠纷，是指合作各方当事人就新技术、新产品、新工艺或者新材料及其系统的研究开发、按照约定进行投资，分工参与研究开发工作，并协作配合研究开发工作而签订的合同所产生的纠纷。

（3）技术转化合同纠纷，是指双方当事人就具有实用价值，但尚未能够实现商品化、工业化应用的科技成果（包括阶段性技术成果）实施转化，以实现该科技成果工业化应用为目标，对已有的科技成果进行后续试验、开发和应用而订立的合同而引发的纠纷。

（4）技术转让合同纠纷，是指合法拥有技术的权利人将专利、专利申请、技术秘密、计算机软件、集成电路布图设计、植物新品种以外的其他现有特定的技术成果的相关权利让与他人或者许可他人使用所订立的合同而引发的纠纷。技术转让合同包括专利权转让合同、专利申请权转让合同、技术秘密转让合同和专利实施许可合同四种类型。

（5）技术许可合同纠纷，是指合法拥有技术的权利人将其现有特定的专利、技术秘密的相关权利许可他人实施、使用等所订立的合同而发生的纠纷。

（6）技术咨询合同纠纷，是指双方当事人就特定技术项目提供可行性论证、技术预测、专题技术调查、分析评价报告等所订立的合同而发生的纠纷。

（7）技术服务合同纠纷，是指双方当事人为解决特定的技术问题，委托人按照约定提供工作条件，完成配合事项，接受工作成果并支付报酬，受托人按照约定完成服务项目，解决技术问题，保证工作质量，并传授解决技术问题的知识而签订的合同所引发的纠纷。

（8）技术培训合同纠纷，是指当事人一方委托另一方对指定的专业技术人员进行特定项目的技术指导和专业训练所订立的合同而引发的纠纷。技术培训合同不包括职业培训、文化学习和按照行业、单位的计划进行的职工业余教育等非特定项目的培训合同。

（9）技术中介合同纠纷，是指中介人与委托人就特定的技术成果或技术项目，促成委托人与第三方订立技术合同进行联系，介绍以及对履行合同提供专门服务所订立的合同而发生的纠纷。

（10）技术进口合同纠纷，是指双方当事人就通过贸易、投资或者经济技术合作的方式，从中华人民共和国境外向中华人民共和国境内转移技术所订立的合同而发生的纠纷。

（11）技术出口合同纠纷，是指双方当事人就通过贸易、投资或者经济技术合作的方式，从中华人民共和国境内向中华人民共和国境外转移技术所订立的合同而发生的纠纷。

（12）职务技术成果完成人奖励、报酬纠纷，是指职务技术成果完成后，职务技术成果的使用权、转让权属于法人或者其他组织的，法人或者其他组织从使用和转让该项职务技术成果所取得的收益中提取一定比例，对完成该项职务技术成果的个人给予奖励或者报酬的行为而产生的纠纷。

（13）技术成果完成人署名权、荣誉权、奖励权纠纷，是指完成技术成果的个人，为主张在有关技术成果上署名、获得荣誉或者奖励而产生的纠纷。

常用法律条文及索引

《中华人民共和国民法典》（2020 年 5 月 28 日公布　2021 年 1 月 1 日施行）

第八百五十一条　技术开发合同是当事人之间就新技术、新产品、新工艺、新品种或者新材料及其系统的研究开发所订立的合同。

技术开发合同包括委托开发合同和合作开发合同。

技术开发合同应当采用书面形式。

当事人之间就具有实用价值的科技成果实施转化订立的合同，参照适用技术开发合同的有关规定。

第八百五十二条　委托开发合同的委托人应当按照约定支付研究开发经费和报酬，提供技术资料，提出研究开发要求，完成协作事项，接受研究开发成果。

第八百五十三条　委托开发合同的研究开发人应当按照约定制定和实施研究开发计划，合理使用研究开发经费，按期完成研究开发工作，交付研究开发成果，提供有关的技术资料和必要的技术指导，帮助委托人掌握研究开发成果。

第八百五十四条 委托开发合同的当事人违反约定造成研究开发工作停滞、延误或者失败的，应当承担违约责任。

第八百五十五条 合作开发合同的当事人应当按照约定进行投资，包括以技术进行投资，分工参与研究开发工作，协作配合研究开发工作。

第八百五十六条 合作开发合同的当事人违反约定造成研究开发工作停滞、延误或者失败的，应当承担违约责任。

第八百五十七条 作为技术开发合同标的的技术已经由他人公开，致使技术开发合同的履行没有意义的，当事人可以解除合同。

第八百五十八条 技术开发合同履行过程中，因出现无法克服的技术困难，致使研究开发失败或者部分失败的，该风险由当事人约定；没有约定或者约定不明确，依据本法第五百一十条的规定仍不能确定的，风险由当事人合理分担。

当事人一方发现前款规定的可能致使研究开发失败或者部分失败的情形时，应当及时通知另一方并采取适当措施减少损失；没有及时通知并采取适当措施，致使损失扩大的，应当就扩大的损失承担责任。

第八百五十九条 委托开发完成的发明创造，除法律另有规定或者当事人另有约定外，申请专利的权利属于研究开发人。研究开发人取得专利权的，委托人可以依法实施该专利。

研究开发人转让专利申请权的，委托人享有以同等条件优先受让的权利。

第八百六十条 合作开发完成的发明创造，申请专利的权利属于合作开发的当事人共有；当事人一方转让其共有的专利申请权的，其他各方享有以同等条件优先受让的权利。但是，当事人另有约定的除外。

合作开发的当事人一方声明放弃其共有的专利申请权的，除当事人另有约定外，可以由另一方单独申请或者由其他各方共同申请。申请人取得专利权的，放弃专利申请权的一方可以免费实施该专利。

合作开发的当事人一方不同意申请专利的，另一方或者其他各方不得申请专利。

第八百六十一条 委托开发或者合作开发完成的技术秘密成果的使用权、转让权以及收益的分配办法，由当事人约定；没有约定或者约定不明确，依据本法第五百一十条的规定仍不能确定的，在没有相同技术方案被授予专利权前，当事人均有使用和转让的权利。但是，委托开发的研究开发人不得在向委托人交付研究开发成果之前，将研究开发成果转让给第三人。

第八百六十二条　技术转让合同是合法拥有技术的权利人，将现有特定的专利、专利申请、技术秘密的相关权利让与他人所订立的合同。

技术许可合同是合法拥有技术的权利人，将现有特定的专利、技术秘密的相关权利许可他人实施、使用所订立的合同。

技术转让合同和技术许可合同中关于提供实施技术的专用设备、原材料或者提供有关的技术咨询、技术服务的约定，属于合同的组成部分。

第八百六十三条　技术转让合同包括专利权转让、专利申请权转让、技术秘密转让等合同。

技术许可合同包括专利实施许可、技术秘密使用许可等合同。

技术转让合同和技术许可合同应当采用书面形式。

第八百六十九条　技术秘密转让合同的受让人和技术秘密使用许可合同的被许可人应当按照约定使用技术，支付转让费、使用费，承担保密义务。

第八百七十三条　被许可人未按照约定支付使用费的，应当补交使用费并按照约定支付违约金；不补交使用费或者支付违约金的，应当停止实施专利或者使用技术秘密，交还技术资料，承担违约责任；实施专利或者使用技术秘密超越约定的范围的，未经许可人同意擅自许可第三人实施该专利或者使用该技术秘密的，应当停止违约行为，承担违约责任；违反约定的保密义务的，应当承担违约责任。

受让人承担违约责任，参照适用前款规定。

《最高人民法院关于审理技术合同纠纷案件适用法律若干问题的解释》
（法释〔2004〕20号　2020年12月23日修正）

第十七条　民法典第八百五十一条第一款所称“新技术、新产品、新工艺、新品种或者新材料及其系统”，包括当事人在订立技术合同时尚未掌握的产品、工艺、材料及其系统等技术方案，但对技术上没有创新的现有产品的改型、工艺变更、材料配方调整以及对技术成果的验证、测试和使用除外。

第十八条　民法典第八百五十一条第四款规定的“当事人之间就具有实用价值的科技成果实施转化订立的”技术转化合同，是指当事人之间就具有实用价值但尚未实现工业化应用的科技成果包括阶段性技术成果，以实现该科技成果工业化应用为目标，约定后续试验、开发和应用等内容的合同。

第十九条　民法典第八百五十五条所称“分工参与研究开发工作”，包括当事人按照约定的计划和分工，共同或者分别承担设计、工艺、试验、试制等工作。

技术开发合同当事人一方仅提供资金、设备、材料等物质条件或者承担辅助协作事项，另一方进行研究开发工作的，属于委托开发合同。

第二十条 民法典第八百六十一条所称“当事人均有使用和转让的权利”，包括当事人均有不经对方同意而自己使用或者以普通使用许可的方式许可他人使用技术秘密，并独占由此所获利益的权利。当事人一方将技术秘密成果的转让权让与他人，或者以独占或者排他使用许可的方式许可他人使用技术秘密，未经对方当事人同意或者追认的，应当认定该让与或者许可行为无效。

第二十一条 技术开发合同当事人依照民法典的规定或者约定自行实施专利或使用技术秘密，但因其不具备独立实施专利或者使用技术秘密的条件，以一个普通许可方式许可他人实施或者使用的，可以准许。

第二十二条 就尚待研究开发的技术成果或者不涉及专利、专利申请或者技术秘密的知识、技术、经验和信息所订立的合同，不属于民法典第八百六十二条规定的技术转让合同或者技术许可合同。

技术转让合同中关于让与人向受让人提供实施技术的专用设备、原材料或者提供有关的技术咨询、技术服务的约定，属于技术转让合同的组成部分。因此发生的纠纷，按照技术转让合同处理。

当事人以技术入股方式订立联营合同，但技术入股人不参与联营体的经营管理，并且以保底条款形式约定联营体或者联营对方支付其技术价款或者使用费的，视为技术转让合同或者技术许可合同。

适用本案由需要注意的问题

◆《最高人民法院关于审理技术合同纠纷案件适用法律若干问题的解释》第43条规定：“技术合同纠纷案件一般由中级以上人民法院管辖。各高级人民法院根据本辖区的实际情况并报经最高人民法院批准，可以指定若干基层人民法院管辖第一审技术合同纠纷案件。其他司法解释对技术合同纠纷案件管辖另有规定的，从其规定。合同中既有技术合同内容，又有其他合同内容，当事人就技术合同内容和其他合同内容均发生争议的，由具有技术合同纠纷案件管辖权的人民法院受理。”

对于北京、上海、广州而言，技术合同纠纷案件的管辖，又有一定的特殊性。根据《最高人民法院关于北京、上海、广州知识产权法院案件管辖的规定》第6条的规定，当事人对知识产权法院所在市的基层人民法院作出的第一审技术合同纠纷民事判决、裁定提起的上诉案件，由相应的知识产权法院审理。

◆在适用本案由时，要注意区分技术培训合同、技术中介合同与技术服务合同的不同。《最高人民法院关于审理技术合同纠纷案件适用法律若干问题的解释》实际上将技术培训合同和技术中介合同视为技术服务合同大类下的特殊合同类型。根据我国目前技术服务业的实践，可以将技术服务合同分为两大类：一是技术辅助合同，即《民法典》第 878 条第 2 款所称的技术服务合同；二是传授和传递科技信息的合同，包括技术培训合同和技术中介合同。对于因前一类合同发生的纠纷，案由应当确定为技术服务合同纠纷，而对于因技术培训合同和技术中介合同发生的纠纷，案由应当直接确定为技术培训合同纠纷和技术中介合同纠纷。

◆本条所称的技术合同纠纷不包括《民事案件案由规定》在知识产权合同纠纷部分其他案由项下规定的其他与技术有关的知识产权合同。即在其他知识产权合同纠纷中列明的与技术有关的知识产权合同纠纷，按照列明的知识产权合同纠纷确定案由。比如，除应当适用《技术进出口管理条例》的技术进出口合同之外，其他各类技术转让合同纠纷，根据所涉及的技术成果的知识产权类型，相应在各类知识产权合同纠纷项下确定案由。具体而言，计算机软件著作权转让和许可使用合同纠纷、专利申请权转让合同纠纷、专利权转让合同纠纷、三类专利实施许可合同纠纷、植物新品种申请权转让合同纠纷、植物新品种权转让合同纠纷和植物新品种实施许可合同纠纷、集成电路布图设计专有权转让合同纠纷、集成电路布图设计许可使用合同纠纷、技术秘密让与和许可使用合同纠纷，不作为本条规定的技术合同纠纷确定案由。

153. 特许经营合同纠纷

案由解析

特许经营合同，是指特许人许可被特许人使用自己所拥有的，或者有权授予他人使用的商标、商号、企业标志、专利、专有技术等经营资源，对被特许人给予培训与支持，并要求被特许人按照合同的约定，在统一的经营模式下开展经营，被特许人向特许人支付特许经营费用的合同。特许经营合同纠纷，是指拥有注册商标、企业标志、专利等经营资源的企业（即特许人），以合同形式将其拥有的经营资源许可其他经营者（即被特许人）使用，被特许人按照合同约定在统一的经营模式下开展经营，并向特许人支付特许经营费用所引发的纠纷。

特许经营合同具有以下法律特征：（1）具备特许人资格是特许人得以与被特许人（也称加盟方）签订特许经营合同的前提。因此特许人必须是适格的，即享受独立知识产权或有资格授权的企业。同时，特许经营合同的双方当事人是相互独立的法律主体，自负盈亏，自担风险，不存在隶属关系。（2）特许经营的核心是特许权的授予。特许权是包括商标、商号、经营模式、服务标志、专利、商业秘密、经营诀窍等权利的知识产权性质的综合性使用权。（3）特许经营要求被特许人与特许人对外具有共同的外部特征。也就是说特许经营合同中必须要有为达到“统一经营模式”目的而设定的条款。（4）被特许人必须向特许人支付相应的特许经营费用（也称加盟费）。加盟费是被特许人获取特许经营资格的对价，被特许人在交纳该费用后即可直接享受他人成功的经营模式，因此，加盟金在法律性质上不同于预付款。

在实践中，特许经营分为直接特许经营、开发式特许经营、分区特许经营、复合式特许经营四种类型。

（1）直接特许经营，是最为常见的一种，专指特许人授予受许人在一个规定区域内开设一家加盟店的权利，且受许人直接进行加盟店的经营。

（2）开发式特许经营，是指特许人授权受许人在特定的区域、特定的时间或特定的条件下，建立若干特许经营单元的特许经营发展模式。受许人除了向特许人购买特许权的使用权外，还被授予了区域开发权。受许人不仅可以建立一家加盟店，而且可以在约定的时间和条件成熟的基础上开发新的加盟店进行特许经营业务。受许人开发多家加盟店的行为无须向特许人另行申请。

（3）分区特许经营，是指特许人在特定区域内将特许权独占授予分特许人，再由分特许人转授予直接从事经营的分受许人。分区特许经营是分区域开展特许经营的方式，涉及主特许人、分特许人、分受许人三方当事人。主特许人把自己的产品、商标、商号等的使用权出售给某个区域的分特许人，并允许其在该区域内代表主特许人向该区域内的分受许人授予特许权，分特许人既是主特许人的特许权的有权使用者，又具体负责一定区域内的特许权的授予。因此，在分特许经营中，就会存在两份不同的特许经营合同，一是主特许人与分特许人签订的《区域总特许经营合同》，二是分特许人与分受许人签订的《区域分特许经营合同》。分特许经营扩张速度较快，在跨国特许经营中较为常见。

（4）复合式特许经营，是指特许人将一定区域内的独占特许权授予受许人，受许人在该区域内可以独自经营，也可再行授予其他加盟者。在复合式特许经营中，该受许人一方面具有受许人的法律地位，可以自行从事被特许的业务，同时又具有区域特许人的法律地位，可以在区域内授权给其他受许人经营被特许的业务。

常用法律条文及索引

《中华人民共和国民法典》（2020年5月28日公布　2021年1月1日施行）

第四百六十七条　本法或者其他法律没有明文规定的合同，适用本编通则的规定，并可以参照适用本编或者其他法律最相类似合同的规定。

在中华人民共和国境内履行的中外合资经营企业合同、中外合作经营企业合同、中外合作勘探开发自然资源合同，适用中华人民共和国法律。

《商业特许经营管理条例》（2007年2月6日公布　2007年5月1日施行）

第三条　本条例所称商业特许经营（以下简称特许经营），是指拥有注册商标、企业标志、专利、专有技术等经营资源的企业（以下称特许人），以合同形式将其拥有的经营资源许可其他经营者（以下称被特许人）使用，被特许人按照合同约定在统一的经营模式下开展经营，并向特许人支付特许经营费用的经营活动。

企业以外的其他单位和个人不得作为特许人从事特许经营活动。

第十一条　从事特许经营活动，特许人和被特许人应当采用书面形式订立特许经营合同。

特许经营合同应当包括下列主要内容：

（一）特许人、被特许人的基本情况；

（二）特许经营的内容、期限；

（三）特许经营费用的种类、金额及其支付方式；

（四）经营指导、技术支持以及业务培训等服务的具体内容和提供方式；

（五）产品或者服务的质量、标准要求和保证措施；

（六）产品或者服务的促销与广告宣传；

（七）特许经营中的消费者权益保护和赔偿责任的承担；

（八）特许经营合同的变更、解除和终止；

（九）违约责任；

（十）争议的解决方式；

（十一）特许人与被特许人约定的其他事项。

第十二条 特许人和被特许人应当在特许经营合同中约定，被特许人在特许经营合同订立后一定期限内，可以单方解除合同。

第十三条 特许经营合同约定的特许经营期限应当不少于3年。但是，被特许人同意的除外。

特许人和被特许人续签特许经营合同的，不适用前款规定。

第十四条 特许人应当向被特许人提供特许经营操作手册，并按照约定的内容和方式为被特许人持续提供经营指导、技术支持、业务培训等服务。

第十五条 特许经营的产品或者服务的质量、标准应当符合法律、行政法规和国家有关规定的要求。

第十六条 特许人要求被特许人在订立特许经营合同前支付费用的，应当以书面形式向被特许人说明该部分费用的用途以及退还的条件、方式。

第十七条 特许人向被特许人收取的推广、宣传费用，应当按照合同约定的用途使用。推广、宣传费用的使用情况应当及时向被特许人披露。

特许人在推广、宣传活动中，不得有欺骗、误导的行为，其发布的广告中不得含有宣传被特许人从事特许经营活动收益的内容。

第十八条 未经特许人同意，被特许人不得向他人转让特许经营权。

被特许人不得向他人泄露或者允许他人使用其所掌握的特许人的商业秘密。

适用本案由需要注意的问题

◆特许经营合同纠纷本质上属于合同纠纷，因合同纠纷提起的诉讼，由被告住所地或者合同履行地人民法院管辖。合同的双方当事人可以在书面合同中协议选择被告住所地、合同履行地、合同签订地、原告住所地、标的物所在地人民法院管辖，但不得违反《民事诉讼法》及有关司法解释关于级别管辖和专属管辖的规定。

◆在适用本案由时，要注意其与商标使用合同纠纷的区别。特许经营行为中，特许权是包括商标、商号、经营模式、服务标志、专利、商业秘密、经营诀窍等权利的知识产权性质的综合性使用权，其包括但不限于商标使用许可的行为。依照我国《商标法》及其实施细则的规定，商标注册人许可他人使用其注册商标后，许可人与被许可人必须签订"商标使用许可合同"，其合同副本必须报国家知识产权局备案。因此，在特许经营实务操作过程中，双方要分别签订《商标使用许可合同》和《特许经营合同》，但我们在判断案由上要从整体的法律关系性质考虑，如果一个行为只涉及单纯的商标使用许可，那定“商标使用许可纠纷”无疑，但如果许可的是组合的经营资源，如商标、专利、经营模式等，那么，也应认定为“特许经营合同纠纷”。

154. 企业名称（商号）合同纠纷

（1）企业名称（商号）转让合同纠纷

（2）企业名称（商号）使用合同纠纷

案由解析

商号，即厂商字号，或企业名称。商号作为企业特定化的标志，是企业具有法律人格的表现。

企业名称（商号）合同纠纷，是指企业法人、个体工商户、个人合伙等就企业名称（商号）的转让、使用等方面签订的合同中出现的纠纷。

企业名称（商号）合同的特征，主要是该合同的标的是企业名称（商号）的使用权或转让权，是无形财产。

典型形态

在实践中，企业名称（商号）合同纠纷主要有：

（1）企业名称（商号）转让合同纠纷，是指企业法人、个体工商户、个人合伙等就企业名称（商号）的转让方面签订的合同中出现的纠纷。

（2）企业名称（商号）使用合同纠纷，是指企业法人、个体工商户、个人合伙等就企业名称（商号）的使用方面签订的合同中出现的纠纷。

常用法律条文及索引

《中华人民共和国民法典》（2020年5月28日公布　2021年1月1日施行）

第一百一十条第二款　法人、非法人组织享有名称权、名誉权和荣誉权。

第一千零一十三条　法人、非法人组织享有名称权，有权依法决定、使用、变更、转让或者许可他人使用自己的名称。

第一千零一十四条　任何组织或者个人不得以干涉、盗用、假冒等方式侵害他人的姓名权或者名称权。

《中华人民共和国商标法》（2019 年 4 月 23 日修正）

第六十条 有本法第五十七条所列侵犯注册商标专用权行为之一，引起纠纷的，由当事人协商解决；不愿协商或者协商不成的，商标注册人或者利害关系人可以向人民法院起诉，也可以请求工商行政管理部门处理。

工商行政管理部门处理时，认定侵权行为成立的，责令立即停止侵权行为，没收、销毁侵权商品和主要用于制造侵权商品、伪造注册商标标识的工具，违法经营额五万元以上的，可以处违法经营额五倍以下的罚款，没有违法经营额或者违法经营额不足五万元的，可以处二十五万元以下的罚款。对五年内实施两次以上商标侵权行为或者有其他严重情节的，应当从重处罚。销售不知道是侵犯注册商标专用权的商品，能证明该商品是自己合法取得并说明提供者的，由工商行政管理部门责令停止销售。

对侵犯商标专用权的赔偿数额的争议，当事人可以请求进行处理的工商行政管理部门调解，也可以依照《中华人民共和国民事诉讼法》向人民法院起诉。经工商行政管理部门调解，当事人未达成协议或者调解书生效后不履行的，当事人可以依照《中华人民共和国民事诉讼法》向人民法院起诉。

第六十三条 侵犯商标专用权的赔偿数额，按照权利人因被侵权所受到的实际损失确定；实际损失难以确定的，可以按照侵权人因侵权所获得的利益确定；权利人的损失或者侵权人获得的利益难以确定的，参照该商标许可使用费的倍数合理确定。对恶意侵犯商标专用权，情节严重的，可以在按照上述方法确定数额的一倍以上五倍以下确定赔偿数额。赔偿数额应当包括权利人为制止侵权行为所支付的合理开支。

人民法院为确定赔偿数额，在权利人已经尽力举证，而与侵权行为相关的账簿、资料主要由侵权人掌握的情况下，可以责令侵权人提供与侵权行为相关的账簿、资料；侵权人不提供或者提供虚假的账簿、资料的，人民法院可以参考权利人的主张和提供的证据判定赔偿数额。

权利人因被侵权所受到的实际损失、侵权人因侵权所获得的利益、注册商标许可使用费难以确定的，由人民法院根据侵权行为的情节判决给予五百万元以下的赔偿。

人民法院审理商标纠纷案件，应权利人请求，对属于假冒注册商标的商品，除特殊情况外，责令销毁；对主要用于制造假冒注册商标的商品的材料、工具，责令销毁，且不予补偿；或者在特殊情况下，责令禁止前述材料、工具进入商业渠道，且不予补偿。

假冒注册商标的商品不得在仅去除假冒注册商标后进入商业渠道。

适用本案由需要注意的问题

◆企业名称（商号）合同纠纷本质上属于合同纠纷，因合同纠纷提起的诉讼，由被告住所地或者合同履行地人民法院管辖。合同的双方当事人可以在书面合同中协议选择被告住所地、合同履行地、合同签订地、原告住所地、标的物所在地人民法院管辖，但不得违反《民事诉讼法》及有关司法解释关于级别管辖和专属管辖的规定。

◆在适用本案由时，要注意其与商标合同纠纷之间的区别（参见本书案由“147. 商标合同纠纷”中“适用本案由需要注意的问题”部分）。

◆我国法律对商号权未有明确规定，但对企业名称权的保护有具体规定。商号权具有人身权属性，与特定的商业主体的人格与身份密切联系，与主体资格同生同灭。商号权可转让、继承，具有财产权属性。商号在同一个行政区划内的相同营业范围里具有排他性和专用性。商号权人可依法使用其商号，有权在行政区域内禁止他人重复登记或擅自冒用、盗用其商号，还有权对侵害其商号权行为提起诉讼要求赔偿。对于商号权可以转让、许可使用或设定抵押。

155. 特殊标志合同纠纷

案由解析

特殊标志是指经国务院批准举办的从全国性或者是国际性的文化、体育、科学研究及其他社会公益活动所使用的由文字、图形组成的名称及缩写、徽记、吉祥物等标志。特殊标志的权利所有人应当是由国务院批准举办的全国性和国际性的文化、体育、科学研究及其他社会公益活动的组织者或筹备者，是依法成立的企业、事业单位、社会团体、个体工商户。

特殊标志合同纠纷是指当事人双方就经国务院批准举办的全国性和国际性的文化、体育、科学研究及其他社会公益活动说明使用的，由文字、图形组成的名称及缩写、会徽、吉祥物等标志的使用、经营等签订的合同中出现的纠纷。

常用法律条文及索引

《特殊标志管理条例》（1996年7月13日公布施行）

第二条 本条例所称特殊标志，是指经国务院批准举办的全国性和国际性的文化、体育、科学研究及其他社会公益活动所使用的，由文字、图形组成的名称及缩写、会徽、吉祥物等标志。

第十四条 特殊标志的使用人应当是依法成立的企业、事业单位、社会团体、个体工商户。

特殊标志使用人应当同所有人签订书面使用合同。

特殊标志使用人应当自合同签订之日起1个月内，将合同副本报国务院工商行政管理部门备案，并报使用人所在地县级以上人民政府工商行政管理部门存查。

适用本案由需要注意的问题

◆特殊标志合同纠纷本质上属于合同纠纷，因合同纠纷提起的诉讼，由被告住所地或者合同履行地人民法院管辖。合同的双方当事人可以在书面合同中协议选择被告住所地、合同履行地、合同签订地、原告住所地、标的物所在地人民法院管辖，但不得违反《民事诉讼法》及有关司法解释关于级别管辖和专属管辖的规定。

◆在适用本案由时，要注意其与商标合同纠纷的区分。特殊标记合同纠纷与商标合同纠纷同属于第三级案由。特殊标志登记申请、使用和保护的形式，特殊标志的组成要素等都与注册商标有非常类似的共同点，从某种角度上说，特殊标志是特殊类型的商标。国家知识产权局也同样主管全国性特殊标志的管理工作。特殊标志与商标的主要不同表现为：

（1）权利所有人的对象不同。特殊标志的权利所有人是指经国务院批准举办的全国性和国际性的文化体育、科学研究及其他社会公益活动的组织者或筹备者。注册商标的权利所有人是商品的生产者或经营者。

（2）使用的目的不同。特殊标志的使用目的是将所募集的资金，用于特殊标志所服务的社会公益事业，取之于民，用之于民。注册商标的使用目的是商品的生产者或经营者为了出售自己的商品，为了营利，并区别于其他商品生产者或经营者的商品，吸引消费者。

（3）使用及保护的范围不同。特殊标志可以使用在与其公益活动相关的所有商品或服务项目上。注册商标限定使用在核定使用的商品项目上，并在该范围内受到保护。

（4）时效性不同。特殊标志的有效期为4年。需要延长期限的，由国家知识产权局根据实际情况和需要决定。注册商标的有效期为10年。期满后可以续展注册，每次续展注册的有效期为10年，而且可以无限期地重复续展。

◆特殊标志的所有人是法定的，实践中一般不会发生特殊标志所有人的变更问题，因此几乎不会有特殊标志转让合同，大量的是特殊标志许可使用合同：特殊标志许可使用合同是指特殊标志所有人就经国家知识产权局核准登记的特殊标志许可他人在国家知识产权局核准使用该标志的商品或者服务项目上使用该标志所订立的合同。《民事案件案由规定》未列举特殊标志许可使用合同纠纷为第四级案由，有关纠纷直接按照第三级案由确定。

156. 网络域名合同纠纷

（1）网络域名注册合同纠纷

（2）网络域名转让合同纠纷

（3）网络域名许可使用合同纠纷

案由解析

网络域名，就是指互联网上识别和定位计算机层次结构式的字符标识，与该计算机的互联网协议地址相对应。目前，网络域名的种类十分丰富，主要有com、cn、net、org、edu、gov等。

网络域名合同纠纷，是指双方当事人就网络域名的注册、转让和使用等所订立的合同而发生的纠纷。

网络域名合同的主要特点是其合同标的的特殊性，是网络域名，属无形财产。

典型形态

在实践中，网络域名合同纠纷主要有：

（1）网络域名注册合同纠纷，是指域名注册申请者为解决网络地址对应的问题与域名注册服务机构签订的域名注册协议而引发的纠纷。

（2）网络域名转让合同纠纷，是指域名持有者将其注册的网络域名转让给他人所订立的合同而发生的纠纷。

（3）网络域名许可使用合同纠纷，是指域名持有者许可他人使用其注册的网络域名所订立的合同而引发的纠纷。

常用法律条文及索引

《最高人民法院关于审理涉及计算机网络域名民事纠纷案件适用法律若干问题的解释》（法释〔2001〕24号　2020年12月23日修正）

第一条　对于涉及计算机网络域名注册、使用等行为的民事纠纷，当事人向人民法院提起诉讼，经审查符合民事诉讼法第一百一十九条规定的，人民法院应当受理。

第三条　域名纠纷案件的案由，根据双方当事人争议的法律关系的性质确定，并在其前冠以计算机网络域名；争议的法律关系的性质难以确定的，可以通称为计算机网络域名纠纷案件。

适用本案由需要注意的问题

◆网络域名合同纠纷本质上属于合同纠纷，因合同纠纷提起的诉讼，由被告住所地或者合同履行地人民法院管辖。合同的双方当事人可以在书面合同中协议选择被告住所地、合同履行地、合同签订地、原告住所地、标的物所在地人民法院管辖，但不得违反《民事诉讼法》及有关司法解释关于级别管辖和专属管辖的规定。

157. 知识产权质押合同纠纷

案由解析

知识产权质押，是指为担保债权人的债权，以注册商标专用权、专利权、著作权中的财产权等知识产权作为标的设定的质押形式。

知识产权质押合同，是指债务人或第三人以其有权处分的、可以转让的注册商标专用权、专利权、著作权中的财产权等知识产权作为出质物，确保债权的实现，而与债权人订立的质押合同。

知识产权质押合同纠纷，是指债务人或第三人以其有权处分的、可以转让的注册商标专用权、专利权、著作权中的财产权等知识产权，作为出质物而与债权人订立的质押合同所引发的纠纷。

典型形态

在实践中，知识产权质押合同纠纷主要有：

（1）商标专用权质押合同纠纷，是指商标注册人以出质人身份将自己所拥有并依法可以转让的商标专用权作为债权的担保而与债权人订立的质押合同所引发的纠纷。

（2）专利权质押合同纠纷，是指专利权所有人以出质人身份将自己所拥有并依法可以转让的商标专用权作为债权的担保而与债权人订立的质押合同所引发的纠纷。

（3）著作权质押合同纠纷，是指债务人或者第三人依法将其著作权中的财产权出质，将该财产权作为债权的担保而与债权人订立的质押合同所引发的纠纷。

常用法律条文及索引

《中华人民共和国民法典》（2020年5月28日公布　2021年1月1日施行）

第四百四十条　债务人或者第三人有权处分的下列权利可以出质：

（一）汇票、本票、支票；

（二）债券、存款单；

（三）仓单、提单；

（四）可以转让的基金份额、股权；

（五）可以转让的注册商标专用权、专利权、著作权等知识产权中的财产权；

（六）现有的以及将有的应收账款；

（七）法律、行政法规规定可以出质的其他财产权利。

第四百四十四条　以注册商标专用权、专利权、著作权等知识产权中的财产权出质的，质权自办理出质登记时设立。

知识产权中的财产权出质后，出质人不得转让或者许可他人使用，但是出质人与质权人协商同意的除外。出质人转让或者许可他人使用出质的知识产权中的财产权所得的价款，应当向质权人提前清偿债务或者提存。

适用本案由需要注意的问题

◆知识产权质押合同纠纷本质上属于合同纠纷，因合同纠纷提起的诉讼，由被告住所地或者合同履行地人民法院管辖。合同的双方当事人可以在书面合同中协议选择被告住所地、合同履行地、合同签订地、原告住所地、标的物所在地人民法院管辖，但不得违反《民事诉讼法》及有关司法解释关于级别管辖和专属管辖的规定。

◆在适用本案由时，要注意其与质押合同纠纷的区别。知识产权质押合同属于权利质押合同，是质押合同的一种，所以，理论上来说，不属于知识产权的质押合同，都可算作质押合同纠纷。

◆实践中应当注意的是，法律对以知识产权中的财产权出质的权利质权设立问题和出质人处分知识产权问题进行了限制，即以注册商标专用权、专利权、著作权等知识产权中的财产权出质的，当事人应当订立书面合同。质权自有关主管部门办理出质登记时设立。还有，知识产权中的财产权出质后，出质人不得转让或者许可他人使用，但经出质人与质权人协商同意的除外。出质人转让或者许可他人使用出质的知识产权中的财产权所得价款，应当向质权人提前清偿债务或者提存。

十四、知识产权权属、侵权纠纷

158. 著作权权属、侵权纠纷

（1）著作权权属纠纷
（2）侵害作品发表权纠纷
（3）侵害作品署名权纠纷
（4）侵害作品修改权纠纷
（5）侵害保护作品完整权纠纷
（6）侵害作品复制权纠纷
（7）侵害作品发行权纠纷

(8) 侵害作品出租权纠纷

(9) 侵害作品展览权纠纷

(10) 侵害作品表演权纠纷

(11) 侵害作品放映权纠纷

(12) 侵害作品广播权纠纷

(13) 侵害作品信息网络传播权纠纷

(14) 侵害作品摄制权纠纷

(15) 侵害作品改编权纠纷

(16) 侵害作品翻译权纠纷

(17) 侵害作品汇编权纠纷

(18) 侵害其他著作财产权纠纷

(19) 出版者权权属纠纷

(20) 表演者权权属纠纷

(21) 录音录像制作者权权属纠纷

(22) 广播组织权权属纠纷

(23) 侵害出版者权纠纷

(24) 侵害表演者权纠纷

(25) 侵害录音录像制作者权纠纷

(26) 侵害广播组织权纠纷

(27) 计算机软件著作权权属纠纷

(28) 侵害计算机软件著作权纠纷

案由解析

著作权是指作者及其他著作权人对文学、艺术、科学作品所享有的专有的人身权利和财产权利的总称。著作人身权是指作者通过创作表现个人风格的作品而依法享有获得名誉、声望和维护作品完整性的权利，即《著作权法》规定的著作权人的发表权、署名权、修改权、保护作品完整权，这类权利与作者的人身有紧密的关系，一般情况下只能由作者本人享有和行使。著作财产权是指作者及传播者通过某种形式使用作品，从而依法获得经济报酬的权利，即著作权法规定的著作权人的复制权、发行权、出租权、展览权、表演权、放映权、广播权、信息网络传播权、摄制权、改编权、翻译权、汇编权和应当由著作权人享有的其他权利。

狭义的著作权指的是文学艺术和科学作品的作者依法享有的权利，包括人身权和财产权两个方面的内容，它基于作品的创作而产生；广义的著作权除了狭义的著作权之外，还包括传播者的权利，学理上称为著作邻接权，具体为表演者、录制者和广播组织依法享有的权利，它基于传播活动而产生，即《著作权法》第 4 章所规定的出版者权、表演者权、录音录像制作者权、广播组织权。《著作权法》将著作权及邻接权都纳入其调整的范围。

著作权权属、侵权纠纷，是指当事人之间因著作权和邻接权权属、侵犯著作权和邻接权而发生的纠纷。

著作权权属、侵权纠纷的特点是：（1）侵权对象的特殊性。与传统的民事权利（财产权、人身权）以及知识产权中的专利权、商标权相比，著作权具有权利的多重性及可分性的特点，即著作权包含了著作财产权和著作人身权，其中，著作财产权又包含了复制、表演等十多项权利。上述权利既可独立行使，也可结合行使。（2）侵权行为主体的多样性。在一定民事侵权行为中，由一人单独实施的单独侵权行为，是最常见、最普通的侵权行为。除此以外，还有一种由二人或二人以上由于共同过错造成他人损害的共同侵权行为。在著作权侵权行为中，除了上述两种形式以外，还存在着第三种形态，即由数个行为人分别对同一权利人进行的侵害。

典型形态

在实践中，著作权权属、侵权纠纷主要有：

（1）著作权权属纠纷，是指当事人之间因作品著作权的权利属于谁而出现的纠纷，一般有个人与单位之间、单位与单位之间、个人与个人之间三种形式。著作权权属是著作权人行使权力的前提。

（2）侵害作品发表权纠纷，是指侵害著作权人决定作品是否公之于众的权利而引起的纠纷。

（3）侵害作品署名权纠纷，是指侵害著作权人在作品上署名，表明作者身份的权利而引发的纠纷。

（4）侵害作品修改权纠纷，是指侵害著作权人修改或者授权他人修改作品的权利而引发的纠纷。

（5）侵害保护作品完整权纠纷，是指侵害著作权人保护作品不受歪曲、篡改的权利而引发的纠纷。

（6）侵害作品复制权纠纷，是指侵害著作权人以印刷、复印、拓印、录音、翻录、翻拍等方式将作品制作一份或者多份的权利所引发的纠纷。

（7）侵害作品发行权纠纷，是指侵害著作权人以出售或者赠与方式向公众提供作品的原件或者复制件的权利所引发的纠纷。

（8）侵害作品出租权纠纷，是指侵害著作权人有偿许可他人临时使用电影作品和以类似摄制电影的方法创作的作品、计算机软件（计算机软件不是出租的主要标的的除外）的权利所引发的纠纷。

（9）侵害作品展览权纠纷，是指侵害著作权人公开陈列美术作品、摄影作品的原件或者复制件的权利所引发的纠纷。

（10）侵害作品表演权纠纷，是指侵害著作权人公开表演作品、以及用各种手段公开播送作品的表演的权利所引发的纠纷。

（11）侵害作品放映权纠纷，是指侵害著作权人通过放映机、幻灯机等技术设备公开再现美术、摄影、电影和以类似摄制电影的方法创作的作品等的权利所引发的纠纷。

（12）侵害作品广播权纠纷，是指侵害著作权人以无线方式公开广播或者传播作品，以有线传播或者转播的方式向公众传播广播的作品，以及通过扩音器或者其他传送符号、声音、图像的类似工具向公众传播广播的作品的权利所引发的纠纷。

（13）侵害作品信息网络传播权纠纷，是指侵害著作权人以有线或无线方式向公众提供作品，使公众可以在其个人选定的时间和地点获得作品的权利。

（14）侵害作品摄制权纠纷，是指侵害著作权人以摄制电影或者以类似摄制电影的方法将作品固定在载体上的权利所引发的纠纷。

（15）侵害作品改编权纠纷，是指侵害著作权人改编作品，创作出具有独创性的新作品的权利所引发的纠纷。

（16）侵害作品翻译权纠纷，是指侵害著作权人将作品从一种语言转换成另一种语言文字的权利所引发的纠纷。

（17）侵害作品汇编权纠纷，是指侵害著作权人将作品或者作品的片段通过选择或者编排，汇集成新作品的权利所引发的纠纷。

（18）侵害其他著作财产权纠纷，是指侵害应当由著作权人享有的其他权利所引发的纠纷。其他著作财产权是一种兜底性的权利。根据国际公认的著作权理论，利用作品的方式和因此获得的经济利益，即使法律未作明确列举规定，只要法律未作明确排除，仍然属于著作权人针对其作品所享有的权利。

（19）出版者权权属纠纷，是指双方当事人就图书出版者对著作权人交付出版的作品，按照合同约定享有的专有出版权以及许可或禁止他人使用其出版的图书、期刊的版式设计的权利的归属所产生的纠纷。

（20）表演者权权属纠纷，是指双方当事人就表演者对其表演所享有的表演者权的归属所引发的纠纷。表演者权作为一项邻接权，其内容包括：表明表演者身份；保护表演形象不受歪曲；许可他人从现场直播和公开传送其现场表演，并获得报酬；许可他人录音录像，并获得报酬；许可他人复制、发行录有表演者表演的录音录像制品，并获得报酬；许可他人通过网络向公众传播其表演，并获得报酬。

（21）录音录像制作者权权属纠纷，是指双方当事人就录音录像制作者对其制作的录音录像制品，享有许可他人复制、发行、出租、通过信息网络向公众传播并获得报酬的权利的归属所引发的纠纷。录音录像制作者权是一项邻接权，根据《著作权法实施条例》第5条的规定，录音制品是指任何对表演的声音和其他声音的录制品；录像制品是指电影作品和以类似摄制电影的方法创作的作品以外的任何有伴音或者无伴音的连续相关形象、图像的录制品；录音制作者是指录音制品的首次制作人；录像制作者是指录像制品的首次制作人。

（22）广播组织权权属纠纷，是指双方当事人就广播组织对其自己编排，播放的节目享有的权利的归属所引发的纠纷。广播组织权是一项邻接权，是指广播电台、电视台有权禁止未经其许可的下列行为：将其播放的广播、电视转播；将其播放的广播、电视录制在音像载体上以及复制音像载体。

（23）侵害出版者权纠纷，是指因侵犯出版社或者杂志对其出版作品的专有出版权和对其出版的图书、期刊的版式设计享有的许可或禁止他人使用的权利而发生的纠纷。

（24）侵害表演者权纠纷，是指因侵害表演者对其表演所享有的表演者权而发生的纠纷。表演者权作为一项邻接权，其内容包括：表明表演者身份；保护表演形象不受歪曲；许可他人从现场直播和公开传送其现场表演，并获得报酬；许可他人录音录像，并获得报酬；许可他人复制，发行录有表演者表演的录音录像制品，并获得报酬；许可他人通过网络向公众传播其表演，并获得报酬。

（25）侵害录音录像制作者权纠纷，是指因侵害录音录像制作者对其制作的录音录像制品所享有的许可他人复制、发行、出租、通过信息网络向公众传播并获得报酬的权利而发生的纠纷。

（26）侵害广播组织权纠纷，是指因侵害广播电台、电视台对其播放的广播、电视所享有的禁止未经许可将其播放的广播、电视转播或者将其播放的广播、电视录制在音像载体上以及复制音像载体的权利而发生的纠纷。

（27）计算机软件著作权权属纠纷，是指双方当事人因计算机软件著作权的归属而发生的纠纷。

（28）侵害计算机软件著作权纠纷，是指因侵害软件著作权人享有的发表权、署名权、修改权、复制权、发行权、出租权、信息网络传播权、翻译权以及应由软件著作权人享有的其他权利而发生的纠纷。

常用法律条文及索引

《中华人民共和国民法典》（2020年5月28日公布 2021年1月1日施行）

第一百二十三条 民事主体依法享有知识产权。

知识产权是权利人依法就下列客体享有的专有的权利：

（一）作品；

（二）发明、实用新型、外观设计；

（三）商标；

（四）地理标志；

（五）商业秘密；

（六）集成电路布图设计；

（七）植物新品种；

（八）法律规定的其他客体。

《中华人民共和国著作权法》（2020年11月11日修正）

第五十八条 人民法院审理案件，对于侵犯著作权或者与著作权有关的权利的，可以没收违法所得、侵权复制品以及进行违法活动的财物。

第五十九条 复制品的出版者、制作者不能证明其出版、制作有合法授权的，复制品的发行者或者视听作品、计算机软件、录音录像制品的复制品的出租者不能证明其发行、出租的复制品有合法来源的，应当承担法律责任。

在诉讼程序中，被诉侵权人主张其不承担侵权责任的，应当提供证据证明已经取得权利人的许可，或者具有本法规定的不经权利人许可而可以使用的情形。

第六十一条 当事人因不履行合同义务或者履行合同义务不符合约定而承担民事责任，以及当事人行使诉讼权利、申请保全等，适用有关法律的规定。

第六十二条 本法所称的著作权即版权。

第六十四条 计算机软件、信息网络传播权的保护办法由国务院另行规定。

《中华人民共和国电子商务法》（2018年8月31日公布 2019年1月1日施行）

第四十二条 知识产权权利人认为其知识产权受到侵害的，有权通知电子商务平台经营者采取删除、屏蔽、断开链接、终止交易和服务等必要措施。通知应当包括构成侵权的初步证据。

电子商务平台经营者接到通知后，应当及时采取必要措施，并将该通知转送平台内经营者；未及时采取必要措施的，对损害的扩大部分与平台内经营者承担连带责任。

因通知错误造成平台内经营者损害的，依法承担民事责任。恶意发出错误通知，造成平台内经营者损失的，加倍承担赔偿责任。

第四十三条 平台内经营者接到转送的通知后，可以向电子商务平台经营者提交不存在侵权行为的声明。声明应当包括不存在侵权行为的初步证据。

电子商务平台经营者接到声明后，应当将该声明转送发出通知的知识产权权利人，并告知其可以向有关主管部门投诉或者向人民法院起诉。电子商务平台经营者在转送声明到达知识产权权利人后十五日内，未收到权利人已经投诉或者起诉通知的，应当及时终止所采取的措施。

第四十四条 电子商务平台经营者应当及时公示收到的本法第四十二条、第四十三条规定的通知、声明及处理结果。

第四十五条 电子商务平台经营者知道或者应当知道平台内经营者侵犯知识产权的，应当采取删除、屏蔽、断开链接、终止交易和服务等必要措施；未采取必要措施的，与侵权人承担连带责任。

《中华人民共和国著作权法实施条例》（2013年1月30日修订）

第九条 合作作品不可以分割使用的，其著作权由各合作作者共同享有，通过协商一致行使；不能协商一致，又无正当理由的，任何一方不得阻止他方行使除转让以外的其他权利，但是所得收益应当合理分配给所有合作作者。

第十条 著作权人许可他人将其作品摄制成电影作品和以类似摄制电影的方法创作的作品的，视为已同意对其作品进行必要的改动，但是这种改动不得歪曲篡改原作品。

第十二条　职务作品完成两年内，经单位同意，作者许可第三人以与单位使用的相同方式使用作品所获报酬，由作者与单位按约定的比例分配。

作品完成两年的期限，自作者向单位交付作品之日起计算。

第十三条　作者身份不明的作品，由作品原件的所有人行使除署名权以外的著作权。作者身份确定后，由作者或者其继承人行使著作权。

第十四条　合作作者之一死亡后，其对合作作品享有的著作权法第十条第一款第（五）项至第（十七）项规定的权利无人继承又无人受遗赠的，由其他合作作者享有。

第十五条　作者死亡后，其著作权中的署名权、修改权和保护作品完整权由作者的继承人或者受遗赠人保护。

著作权无人继承又无人受遗赠的，其署名权、修改权和保护作品完整权由著作权行政管理部门保护。

第十六条　国家享有著作权的作品的使用，由国务院著作权行政管理部门管理。

第十七条　作者生前未发表的作品，如果作者未明确表示不发表，作者死亡后 50 年内，其发表权可由继承人或者受遗赠人行使；没有继承人又无人受遗赠的，由作品原件的所有人行使。

第十八条　作者身份不明的作品，其著作权法第十条第一款第（五）项至第（十七）项规定的权利的保护期截止于作品首次发表后第 50 年的 12 月 31 日。作者身份确定后，适用著作权法第二十一条的规定。

第十九条　使用他人作品的，应当指明作者姓名、作品名称；但是，当事人另有约定或者由于作品使用方式的特性无法指明的除外。

第二十条　著作权法所称已经发表的作品，是指著作权人自行或者许可他人公之于众的作品。

第二十一条　依照著作权法有关规定，使用可以不经著作权人许可的已经发表的作品的，不得影响该作品的正常使用，也不得不合理地损害著作权人的合法利益。

第二十三条　使用他人作品应当同著作权人订立许可使用合同，许可使用的权利是专有使用权的，应当采取书面形式，但是报社、期刊社刊登作品除外。

第二十四条　著作权法第二十四条规定的专有使用权的内容由合同约定，合同没有约定或者约定不明的，视为被许可人有权排除包括著作权人在内的任何人以同样的方式使用作品；除合同另有约定外，被许可人许可第三人行使同一权利，必须取得著作权人的许可。

《最高人民法院关于审理著作权民事纠纷案件适用法律若干问题的解释》（法释〔2002〕31号 2020年12月23日修正）

第十一条 因作品署名顺序发生的纠纷，人民法院按照下列原则处理：有约定的按约定确定署名顺序；没有约定的，可以按照创作作品付出的劳动、作品排列、作者姓氏笔划等确定署名顺序。

第十二条 按照著作权法第十七条规定委托作品著作权属于受托人的情形，委托人在约定的使用范围内享有使用作品的权利；双方没有约定使用作品范围的，委托人可以在委托创作的特定目的范围内免费使用该作品。

第十三条 除著作权法第十一条第三款规定的情形外，由他人执笔，本人审阅定稿并以本人名义发表的报告、讲话等作品，著作权归报告人或者讲话人享有。著作权人可以支付执笔人适当的报酬。

第十四条 当事人合意以特定人物经历为题材完成的自传体作品，当事人对著作权权属有约定的，依其约定；没有约定的，著作权归该特定人物享有，执笔人或整理人对作品完成付出劳动的，著作权人可以向其支付适当的报酬。

第十五条 由不同作者就同一题材创作的作品，作品的表达系独立完成并且有创作性的，应当认定作者各自享有独立著作权。

第十六条 通过大众传播媒介传播的单纯事实消息属于著作权法第五条第（二）项规定的时事新闻。传播报道他人采编的时事新闻，应当注明出处。

第十七条 著作权法第三十三条第二款规定的转载，是指报纸、期刊登载其他报刊已发表作品的行为。转载未注明被转载作品的作者和最初登载的报刊出处的，应当承担消除影响、赔礼道歉等民事责任。

第十八条 著作权法第二十二条第（十）项规定的室外公共场所的艺术作品，是指设置或者陈列在室外社会公众活动处所的雕塑、绘画、书法等艺术作品。

对前款规定艺术作品的临摹、绘画、摄影、录像人，可以对其成果以合理的方式和范围再行使用，不构成侵权。

第十九条 出版者、制作者应当对其出版、制作有合法授权承担举证责任，发行者、出租者应当对其发行或者出租的复制品有合法来源承担举证责任。举证不能的，依据著作权法第四十七条、第四十八条的相应规定承担法律责任。

第二十条　出版物侵害他人著作权的，出版者应当根据其过错、侵权程度及损害后果等承担赔偿损失的责任。

出版者对其出版行为的授权、稿件来源和署名、所编辑出版物的内容等未尽到合理注意义务的，依据著作权法第四十九条的规定，承担赔偿损失的责任。

出版者应对其已尽合理注意义务承担举证责任。

第二十一条　计算机软件用户未经许可或者超过许可范围商业使用计算机软件的，依据著作权法第四十八条第（一）项、《计算机软件保护条例》第二十四条第（一）项的规定承担民事责任。

《最高人民法院关于审理侵害信息网络传播权民事纠纷案件适用法律若干问题的规定》（法释〔2012〕20号　2020年12月23日修正）

第一条　人民法院审理侵害信息网络传播权民事纠纷案件，在依法行使裁量权时，应当兼顾权利人、网络服务提供者和社会公众的利益。

第二条　本规定所称信息网络，包括以计算机、电视机、固定电话机、移动电话机等电子设备为终端的计算机互联网、广播电视网、固定通信网、移动通信网等信息网络，以及向公众开放的局域网络。

第三条　网络用户、网络服务提供者未经许可，通过信息网络提供权利人享有信息网络传播权的作品、表演、录音录像制品，除法律、行政法规另有规定外，人民法院应当认定其构成侵害信息网络传播权行为。

通过上传到网络服务器、设置共享文件或者利用文件分享软件等方式，将作品、表演、录音录像制品置于信息网络中，使公众能够在个人选定的时间和地点以下载、浏览或者其他方式获得的，人民法院应当认定其实施了前款规定的提供行为。

第四条　有证据证明网络服务提供者与他人以分工合作等方式共同提供作品、表演、录音录像制品，构成共同侵权行为的，人民法院应当判令其承担连带责任。网络服务提供者能够证明其仅提供自动接入、自动传输、信息存储空间、搜索、链接、文件分享技术等网络服务，主张其不构成共同侵权行为的，人民法院应予支持。

第五条　网络服务提供者以提供网页快照、缩略图等方式实质替代其他网络服务提供者向公众提供相关作品的，人民法院应当认定其构成提供行为。

前款规定的提供行为不影响相关作品的正常使用，且未不合理损害权利人对该作品的合法权益，网络服务提供者主张其未侵害信息网络传播权的，人民法院应予支持。

第六条 原告有初步证据证明网络服务提供者提供了相关作品、表演、录音录像制品，但网络服务提供者能够证明其仅提供网络服务，且无过错的，人民法院不应认定为构成侵权。

第七条 网络服务提供者在提供网络服务时教唆或者帮助网络用户实施侵害信息网络传播权行为的，人民法院应当判令其承担侵权责任。

网络服务提供者以言语、推介技术支持、奖励积分等方式诱导、鼓励网络用户实施侵害信息网络传播权行为的，人民法院应当认定其构成教唆侵权行为。

网络服务提供者明知或者应知网络用户利用网络服务侵害信息网络传播权，未采取删除、屏蔽、断开链接等必要措施，或者提供技术支持等帮助行为的，人民法院应当认定其构成帮助侵权行为。

第八条 人民法院应当根据网络服务提供者的过错，确定其是否承担教唆、帮助侵权责任。网络服务提供者的过错包括对于网络用户侵害信息网络传播权行为的明知或者应知。

网络服务提供者未对网络用户侵害信息网络传播权的行为主动进行审查的，人民法院不应据此认定其具有过错。

网络服务提供者能够证明已采取合理、有效的技术措施，仍难以发现网络用户侵害信息网络传播权行为的，人民法院应当认定其不具有过错。

第九条 人民法院应当根据网络用户侵害信息网络传播权的具体事实是否明显，综合考虑以下因素，认定网络服务提供者是否构成应知：

（一）基于网络服务提供者提供服务的性质、方式及其引发侵权的可能性大小，应当具备的管理信息的能力；

（二）传播的作品、表演、录音录像制品的类型、知名度及侵权信息的明显程度；

（三）网络服务提供者是否主动对作品、表演、录音录像制品进行了选择、编辑、修改、推荐等；

（四）网络服务提供者是否积极采取了预防侵权的合理措施；

（五）网络服务提供者是否设置便捷程序接收侵权通知并及时对侵权通知作出合理的反应；

（六）网络服务提供者是否针对同一网络用户的重复侵权行为采取了相应的合理措施；

（七）其他相关因素。

第十条　网络服务提供者在提供网络服务时，对热播影视作品等以设置榜单、目录、索引、描述性段落、内容简介等方式进行推荐，且公众可以在其网页上直接以下载、浏览或者其他方式获得的，人民法院可以认定其应知网络用户侵害信息网络传播权。

第十一条　网络服务提供者从网络用户提供的作品、表演、录音录像制品中直接获得经济利益的，人民法院应当认定其对该网络用户侵害信息网络传播权的行为负有较高的注意义务。

网络服务提供者针对特定作品、表演、录音录像制品投放广告获取收益，或者获取与其传播的作品、表演、录音录像制品存在其他特定联系的经济利益，应当认定为前款规定的直接获得经济利益。网络服务提供者因提供网络服务而收取一般性广告费、服务费等，不属于本款规定的情形。

第十二条　有下列情形之一的，人民法院可以根据案件具体情况，认定提供信息存储空间服务的网络服务提供者应知网络用户侵害信息网络传播权：

（一）将热播影视作品等置于首页或者其他主要页面等能够为网络服务提供者明显感知的位置的；

（二）对热播影视作品等的主题、内容主动进行选择、编辑、整理、推荐，或者为其设立专门的排行榜的；

（三）其他可以明显感知相关作品、表演、录音录像制品为未经许可提供，仍未采取合理措施的情形。

第十三条　网络服务提供者接到权利人以书信、传真、电子邮件等方式提交的通知及构成侵权的初步证据，未及时根据初步证据和服务类型采取必要措施的，人民法院应当认定其明知相关侵害信息网络传播权行为。

第十四条　人民法院认定网络服务提供者转送通知、采取必要措施是否及时，应当根据权利人提交通知的形式，通知的准确程度，采取措施的难易程度，网络服务的性质，所涉作品、表演、录音录像制品的类型、知名度、数量等因素综合判断。

第十五条　侵害信息网络传播权民事纠纷案件由侵权行为地或者被告住所地人民法院管辖。侵权行为地包括实施被诉侵权行为的网络服务器、计算机终端等设备所在地。侵权行为地和被告住所地均难以确定或者在境外的，原告发现侵权内容的计算机终端等设备所在地可以视为侵权行为地。

《最高人民法院关于审理侵害知识产权民事案件适用惩罚性赔偿的解释》（法释〔2021〕4号　2021年3月2日公布）

第一条　原告主张被告故意侵害其依法享有的知识产权且情节严重，请求判令被告承担惩罚性赔偿责任的，人民法院应当依法审查处理。

本解释所称故意，包括商标法第六十三条第一款和反不正当竞争法第十七条第三款规定的恶意。

第二条　原告请求惩罚性赔偿的，应当在起诉时明确赔偿数额、计算方式以及所依据的事实和理由。

原告在一审法庭辩论终结前增加惩罚性赔偿请求的，人民法院应当准许；在二审中增加惩罚性赔偿请求的，人民法院可以根据当事人自愿的原则进行调解，调解不成的，告知当事人另行起诉。

第三条　对于侵害知识产权的故意的认定，人民法院应当综合考虑被侵害知识产权客体类型、权利状态和相关产品知名度、被告与原告或者利害关系人之间的关系等因素。

对于下列情形，人民法院可以初步认定被告具有侵害知识产权的故意：

（一）被告经原告或者利害关系人通知、警告后，仍继续实施侵权行为的；

（二）被告或其法定代表人、管理人是原告或者利害关系人的法定代表人、管理人、实际控制人的；

（三）被告与原告或者利害关系人之间存在劳动、劳务、合作、许可、经销、代理、代表等关系，且接触过被侵害的知识产权的；

（四）被告与原告或者利害关系人之间有业务往来或者为达成合同等进行过磋商，且接触过被侵害的知识产权的；

（五）被告实施盗版、假冒注册商标行为的；

（六）其他可以认定为故意的情形。

第四条　对于侵害知识产权情节严重的认定，人民法院应当综合考虑侵权手段、次数，侵权行为的持续时间、地域范围、规模、后果，侵权人在诉讼中的行为等因素。

被告有下列情形的，人民法院可以认定为情节严重：

（一）因侵权被行政处罚或者法院裁判承担责任后，再次实施相同或者类似侵权行为；

（二）以侵害知识产权为业；

（三）伪造、毁坏或者隐匿侵权证据；

（四）拒不履行保全裁定；

（五）侵权获利或者权利人受损巨大；

（六）侵权行为可能危害国家安全、公共利益或者人身健康；

（七）其他可以认定为情节严重的情形。

第五条 人民法院确定惩罚性赔偿数额时，应当分别依照相关法律，以原告实际损失数额、被告违法所得数额或者因侵权所获得的利益作为计算基数。该基数不包括原告为制止侵权所支付的合理开支；法律另有规定的，依照其规定。

前款所称实际损失数额、违法所得数额、因侵权所获得的利益均难以计算的，人民法院依法参照该权利许可使用费的倍数合理确定，并以此作为惩罚性赔偿数额的计算基数。

人民法院依法责令被告提供其掌握的与侵权行为相关的账簿、资料，被告无正当理由拒不提供或者提供虚假账簿、资料的，人民法院可以参考原告的主张和证据确定惩罚性赔偿数额的计算基数。构成民事诉讼法第一百一十一条规定情形的，依法追究法律责任。

第六条 人民法院依法确定惩罚性赔偿的倍数时，应当综合考虑被告主观过错程度、侵权行为的情节严重程度等因素。

因同一侵权行为已经被处以行政罚款或者刑事罚金且执行完毕，被告主张减免惩罚性赔偿责任的，人民法院不予支持，但在确定前款所称倍数时可以综合考虑。

第七条 本解释自 2021 年 3 月 3 日起施行。最高人民法院以前发布的相关司法解释与本解释不一致的，以本解释为准。

适用本案由需要注意的问题

◆对于一般民事侵权纠纷案件的地域管辖，根据《民事诉讼法》第 29 条的规定，因侵权行为提起的诉讼，由侵权行为地或者被告住所地人民法院管辖；上述侵权行为地，根据《最高人民法院关于适用〈中华人民共和国民事诉讼法〉的解释》第 24 条的规定，包括侵权行为实施地和侵权结果发生地。

◆根据《最高人民法院关于审理著作权民事纠纷案件适用法律若干问题的解释》第 2 条和参照相关其他知识产权司法解释的规定，第一审著作权民事纠纷案件原则上由中级以上人民法院管辖，各高级人民法院根据本辖区的实际情况，经最高人民法院批准，可以指定若干基层人民法院管辖。

◆对于侵害著作权纠纷案件的地域管辖，《最高人民法院关于审理著作权民事纠纷案件适用法律若干问题的解释》对此作出了进一步的明确规定。根据该解释第 4 条的规定，因侵犯著作权行为提起的民事诉讼，由《著作权法》第 47 条和第 48 条所规定的侵权行为的实施地、侵权复制品储藏地或者查封扣押地、被告住所地人民法院管辖。侵权复制品储藏地是指大量经营、储存、隐匿侵权复制品所在地；查封扣押地是指海关、版权、工商等行政机关依法查封、扣押侵权复制品所在地。根据该解释第 5 条的规定，对涉及不同侵权行为实施地的多个被告提起的共同诉讼，原告可以选择其中一个被告的侵权行为实施地人民法院管辖；仅对其中某一被告提起的诉讼，该被告侵权行为实施地的人民法院有管辖权。

159. 商标权权属、侵权纠纷

（1）商标权权属纠纷
（2）侵害商标权纠纷

案由解析

商标权是商标专用权的简称，是指商标主管机关依法授予商标所有人对其注册商标受国家法律保护的专有权。商标注册人依法支配其注册商标并禁止他人侵害的权利，包括商标注册人对其注册商标的排他使用权、收益权、处分权、续展权和禁止他人侵害的权利。商标权是一种无形资产，具有经济价值，可以用于抵债，即依法转让。根据我国《商标法》的规定，商标可以转让，转让注册商标时转让人和受让人应当签订转让协议，并共同向国家知识产权局提出申请。

商标权权属、侵权纠纷，是指双方当事人因商标专用权的归属、侵犯商标专用权而发生的纠纷。

商标权的特点主要有以下几点：（1）专有性，商标权的专有性又称为独占性或垄断性，是指注册商标所有人对其注册商标享有专有使用权，其他任何单位及个人非经注册商标所有人的许可，不得使用该注册商标。（2）时间性，商标权的时间性也称法定时间性，是指商标权为一种有期限的权利，在有效期限内才受法律保护，超过有效期限，商标权即终止，不再受法律保护。(3) 地域性，商标权具有严格的地域性，这是由商标权的国内法性质所决定的。

典型形态

在实践中，商标权权属、侵权纠纷主要有：

(1) 商标权权属纠纷，是指当事人之间因商标权的归属而产生的纠纷。

(2) 侵害商标权纠纷，是指当事人之间因侵害了商标的专用权而引发的纠纷。侵害商标权的方式主要有：未经注册商标所有人的许可，在同种商品或者类似商品上使用与其注册商标相近或者近似的商标的；销售明知是假冒注册商标的商品的；伪造、擅自制造他人注册商标标识或者销售伪造、擅自制造的注册商标标识的；故意为侵犯注册商标专用权的行为提供便利条件的；给他人注册商标专用权造成其他损害的。

常用法律条文及索引

《中华人民共和国民法典》(2020 年 5 月 28 日公布　2021 年 1 月 1 日施行)

第一百二十三条　民事主体依法享有知识产权。

知识产权是权利人依法就下列客体享有的专有的权利：

……

(三) 商标；

……

《中华人民共和国商标法》(2019 年 4 月 23 日修正)

第三十条　申请注册的商标，凡不符合本法有关规定或者同他人在同一种商品或者类似商品上已经注册的或者初步审定的商标相同或者近似的，由商标局驳回申请，不予公告。

第三十一条　两个或者两个以上的商标注册申请人，在同一种商品或者类似商品上，以相同或者近似的商标申请注册的，初步审定并公告申请在先的商标；同一天申请的，初步审定并公告使用在先的商标，驳回其他人的申请，不予公告。

第三十二条　申请商标注册不得损害他人现有的在先权利，也不得以不正当手段抢先注册他人已经使用并有一定影响的商标。

第三十三条　对初步审定公告的商标，自公告之日起三个月内，在先权利人、利害关系人认为违反本法第十三条第二款和第三款、第十五条、第十六条第一款、第三十条、第三十一条、第三十二条规定的，或者任何人认为违反本法第四条、第十条、第十一条、第十二条、第十九条第四款规定的，可以向商标局提出异议。公告期满无异议的，予以核准注册，发给商标注册证，并予公告。

第五十六条 注册商标的专用权，以核准注册的商标和核定使用的商品为限。

第五十七条 有下列行为之一的，均属侵犯注册商标专用权：

（一）未经商标注册人的许可，在同一种商品上使用与其注册商标相同的商标的；

（二）未经商标注册人的许可，在同一种商品上使用与其注册商标近似的商标，或者在类似商品上使用与其注册商标相同或者近似的商标，容易导致混淆的；

（三）销售侵犯注册商标专用权的商品的；

（四）伪造、擅自制造他人注册商标标识或者销售伪造、擅自制造的注册商标标识的；

（五）未经商标注册人同意，更换其注册商标并将该更换商标的商品又投入市场的；

（六）故意为侵犯他人商标专用权行为提供便利条件，帮助他人实施侵犯商标专用权行为的；

（七）给他人的注册商标专用权造成其他损害的。

第六十条 有本法第五十七条所列侵犯注册商标专用权行为之一，引起纠纷的，由当事人协商解决；不愿协商或者协商不成的，商标注册人或者利害关系人可以向人民法院起诉，也可以请求工商行政管理部门处理。

工商行政管理部门处理时，认定侵权行为成立的，责令立即停止侵权行为，没收、销毁侵权商品和主要用于制造侵权商品、伪造注册商标标识的工具，违法经营额五万元以上的，可以处违法经营额五倍以下的罚款，没有违法经营额或者违法经营额不足五万元的，可以处二十五万元以下的罚款。对五年内实施两次以上商标侵权行为或者有其他严重情节的，应当从重处罚。销售不知道是侵犯注册商标专用权的商品，能证明该商品是自己合法取得并说明提供者的，由工商行政管理部门责令停止销售。

对侵犯商标专用权的赔偿数额的争议，当事人可以请求进行处理的工商行政管理部门调解，也可以依照《中华人民共和国民事诉讼法》向人民法院起诉。经工商行政管理部门调解，当事人未达成协议或者调解书生效后不履行的，当事人可以依照《中华人民共和国民事诉讼法》向人民法院起诉。

第六十二条　县级以上工商行政管理部门根据已经取得的违法嫌疑证据或者举报，对涉嫌侵犯他人注册商标专用权的行为进行查处时，可以行使下列职权：

（一）询问有关当事人，调查与侵犯他人注册商标专用权有关的情况；

（二）查阅、复制当事人与侵权活动有关的合同、发票、账簿以及其他有关资料；

（三）对当事人涉嫌从事侵犯他人注册商标专用权活动的场所实施现场检查；

（四）检查与侵权活动有关的物品；对有证据证明是侵犯他人注册商标专用权的物品，可以查封或者扣押。

工商行政管理部门依法行使前款规定的职权时，当事人应当予以协助、配合，不得拒绝、阻挠。

在查处商标侵权案件过程中，对商标权属存在争议或者权利人同时向人民法院提起商标侵权诉讼的，工商行政管理部门可以中止案件的查处。中止原因消除后，应当恢复或者终结案件查处程序。

第六十三条　侵犯商标专用权的赔偿数额，按照权利人因被侵权所受到的实际损失确定；实际损失难以确定的，可以按照侵权人因侵权所获得的利益确定；权利人的损失或者侵权人获得的利益难以确定的，参照该商标许可使用费的倍数合理确定。对恶意侵犯商标专用权，情节严重的，可以在按照上述方法确定数额的一倍以上五倍以下确定赔偿数额。赔偿数额应当包括权利人为制止侵权行为所支付的合理开支。

人民法院为确定赔偿数额，在权利人已经尽力举证，而与侵权行为相关的账簿、资料主要由侵权人掌握的情况下，可以责令侵权人提供与侵权行为相关的账簿、资料；侵权人不提供或者提供虚假的账簿、资料的，人民法院可以参考权利人的主张和提供的证据判定赔偿数额。

权利人因被侵权所受到的实际损失、侵权人因侵权所获得的利益、注册商标许可使用费难以确定的，由人民法院根据侵权行为的情节判决给予五百万元以下的赔偿。

人民法院审理商标纠纷案件，应权利人请求，对属于假冒注册商标的商品，除特殊情况外，责令销毁；对主要用于制造假冒注册商标的商品的材料、工具，责令销毁，且不予补偿；或者在特殊情况下，责令禁止前述材料、工具进入商业渠道，且不予补偿。

假冒注册商标的商品不得在仅去除假冒注册商标后进入商业渠道。

第六十四条 注册商标专用权人请求赔偿，被控侵权人以注册商标专用权人未使用注册商标提出抗辩的，人民法院可以要求注册商标专用权人提供此前三年内实际使用该注册商标的证据。注册商标专用权人不能证明此前三年内实际使用过该注册商标，也不能证明因侵权行为受到其他损失的，被控侵权人不承担赔偿责任。

销售不知道是侵犯注册商标专用权的商品，能证明该商品是自己合法取得并说明提供者的，不承担赔偿责任。

《中华人民共和国电子商务法》（2018 年 8 月 31 日公布　2019 年 1 月 1 日施行）

第四十一条 电子商务平台经营者应当建立知识产权保护规则，与知识产权权利人加强合作，依法保护知识产权。

第四十二条 知识产权权利人认为其知识产权受到侵害的，有权通知电子商务平台经营者采取删除、屏蔽、断开链接、终止交易和服务等必要措施。通知应当包括构成侵权的初步证据。

电子商务平台经营者接到通知后，应当及时采取必要措施，并将该通知转送平台内经营者；未及时采取必要措施的，对损害的扩大部分与平台内经营者承担连带责任。

因通知错误造成平台内经营者损害的，依法承担民事责任。恶意发出错误通知，造成平台内经营者损失的，加倍承担赔偿责任。

第四十三条 平台内经营者接到转送的通知后，可以向电子商务平台经营者提交不存在侵权行为的声明。声明应当包括不存在侵权行为的初步证据。

电子商务平台经营者接到声明后，应当将该声明转送发出通知的知识产权权利人，并告知其可以向有关主管部门投诉或者向人民法院起诉。电子商务平台经营者在转送声明到达知识产权权利人后十五日内，未收到权利人已经投诉或者起诉通知的，应当及时终止所采取的措施。

第四十四条 电子商务平台经营者应当及时公示收到的本法第四十二条、第四十三条规定的通知、声明及处理结果。

第四十五条 电子商务平台经营者知道或者应当知道平台内经营者侵犯知识产权的，应当采取删除、屏蔽、断开链接、终止交易和服务等必要措施；未采取必要措施的，与侵权人承担连带责任。

《中华人民共和国商标法实施条例》（2014 年 4 月 29 日修订）

第七十五条 为侵犯他人商标专用权提供仓储、运输、邮寄、印制、隐匿、经营场所、网络商品交易平台等，属于商标法第五十七条第六项规定的提供便利条件。

第七十六条 在同一种商品或者类似商品上将与他人注册商标相同或者近似的标志作为商品名称或者商品装潢使用，误导公众的，属于商标法第五十七条第二项规定的侵犯注册商标专用权的行为。

第七十七条 对侵犯注册商标专用权的行为，任何人可以向工商行政管理部门投诉或者举报。

第七十八条 计算商标法第六十条规定的违法经营额，可以考虑下列因素：

（一）侵权商品的销售价格；

（二）未销售侵权商品的标价；

（三）已查清侵权商品实际销售的平均价格；

（四）被侵权商品的市场中间价格；

（五）侵权人因侵权所产生的营业收入；

（六）其他能够合理计算侵权商品价值的因素。

《最高人民法院关于审理商标民事纠纷案件适用法律若干问题的解释》（法释〔2002〕32号 2020年12月23日修正）

第一条 下列行为属于商标法第五十七条第（七）项规定的给他人注册商标专用权造成其他损害的行为：

（一）将与他人注册商标相同或者相近似的文字作为企业的字号在相同或者类似商品上突出使用，容易使相关公众产生误认的；

（二）复制、摹仿、翻译他人注册的驰名商标或其主要部分在不相同或者不相类似商品上作为商标使用，误导公众，致使该驰名商标注册人的利益可能受到损害的；

（三）将与他人注册商标相同或者相近似的文字注册为域名，并且通过该域名进行相关商品交易的电子商务，容易使相关公众产生误认的。

第二条 依据商标法第十三条第二款的规定，复制、摹仿、翻译他人未在中国注册的驰名商标或其主要部分，在相同或者类似商品上作为商标使用，容易导致混淆的，应当承担停止侵害的民事法律责任。

适用本案由需要注意的问题

◆如因合同原因发生商标权权属争议，应当根据《民事诉讼法》及其司法解释有关合同案件的管辖规则来确定案件的地域管辖。对于商标侵权案件而言，根据《最高人民法院关于审理商标民事纠纷案件适用法律若干问题的解释》第6条的规定，因侵犯注册商标专用权行为提起的民事诉讼，由侵权行为的实施地、侵权商品的储藏地或者查封扣押地、被告住所地人民法院管辖。侵权商品的储藏地，是指大量或者经常性储存、隐匿侵权商品所在地；查封扣押地，是指海关、工商等行政机关依法查封、扣押侵权商品所在地。该解释第7条规定，对涉及不同侵权行为实施地的多个被告提起的共同诉讼，原告可以选择其中一个被告的侵权行为实施地人民法院管辖；仅对其中某一被告提起的诉讼，该被告侵权行为实施地的人民法院有管辖权。

◆对于商标民事纠纷案件的级别管辖，根据《最高人民法院关于审理商标案件有关管辖和法律适用范围问题的解释》第2条的规定，商标民事纠纷一审案件，由中级以上人民法院管辖。各高级人民法院根据本辖区的实际情况，经最高人民法院批准，可以在较大城市确定1～2个基层人民法院受理第一审商标民事纠纷案件。

◆对于涉及驰名商标认定的民事纠纷案件的级别管辖，根据《最高人民法院关于涉及驰名商标认定的民事纠纷案件管辖问题的通知》的规定，凡是涉及驰名商标认定的民事纠纷案件，由省、自治区人民政府所在地的市、计划单列市中级人民法院，以及直辖市辖区内的中级人民法院管辖。其他中级人民法院管辖此类民事纠纷案件，须报经最高人民法院批准；未经批准的中级人民法院不再受理此类案件。

◆北京、上海、广州三地涉及驰名商标认定的民事纠纷案件的管辖，又存在特殊性。根据《最高人民法院关于北京、上海、广州知识产权法院案件管辖的规定》上述三个知识产权法院分别对所在市辖区内的涉及驰名商标认定的第一审民事案件享有管辖权。

◆在适用本案由时，要注意其与侵害企业名称（商号）权纠纷的区别。（参见本书案由“147. 商标合同纠纷”中“适用本案由需要注意的问题”部分。）

160. 专利权权属、侵权纠纷

(1) 专利申请权权属纠纷
(2) 专利权权属纠纷
(3) 侵害发明专利权纠纷
(4) 侵害实用新型专利权纠纷
(5) 侵害外观设计专利权纠纷
(6) 假冒他人专利纠纷
(7) 发明专利临时保护期使用费纠纷
(8) 职务发明创造发明人、设计人奖励、报酬纠纷
(9) 发明创造发明人、设计人署名权纠纷
(10) 标准必要专利使用费纠纷

案由解析

专利权是发明创造人或其权利受让人对特定的发明创造在一定期限内依法享有的独占实施权，是知识产权的一种。依据《专利法》的规定，该法所称发明创造是指发明、实用新型和外观设计三种。发明，是指对产品、方法或者其改进所提出的新的技术方案。发明必须是一种技术方案，是发明人将自然规律在特定技术领域进行运用和结合的结果，而不是自然规律本身，因而科学发现不属于发明范畴。同时，发明通常是自然科学领域的智力成果，文学、艺术和社会科学领域的成果也不能构成专利法意义上的发明。专利一旦被授予，任何单位和个人未经专利权人许可，都不可为生产经营目的实施其专利。

发明创造要取得专利权，必须具备三个条件：即新颖性、创造性和实用性。新颖性是指该发明或实用新型不属于现有技术；也没有任何单位或者个人就同样的发明或实用新型在申请日以前向专利局提出过申请，并记载在申请日公布以后的专利申请文件或者公告的专利文件中；创造性是指同申请日以前已有的技术相比，该发明有突出的实质性特点和显著的进步，该实用新型有实质性特点和进步。申请专利的发明或实用新型，必须与申请日前已有的技术相比，在技术方案的构成上有实质性的差别，必须是通过创造性思维

活动的结果，不能是现有技术通过简单的分析、归纳、推理就能够自然获得的结果。发明的创造性比实用新型的创造性要求更高。创造性的判断以所属领域普通技术人员的知识和判断能力为准；实用性是指该发明或者实用新型能够制造或者使用，并且能够产生积极效果。它有两层含义：第一，该技术能够在产业中制造或者使用。产业包括了工业、农业、林业、水产业、畜牧业、交通运输业以及服务业等行业。产业中的制造和利用是指具有可实施性及再现性。第二，必须能够产生积极的效果，即同现有的技术相比，申请专利的发明或实用新型能够产生更好的经济效益或社会效益，如能提高产品数量、改善产品质量、增加产品功能、节约能源或资源、防治环境污染等。

专利权权属、侵权纠纷，指的是双方当事人因专利权的归属以及侵犯专利权人有关专利权所引起的纠纷。

专利权的特点主要有以下几点：（1）排他性，也称独占性或专有性。专利权人对其拥有的专利权享有独占或排他的权利，未经其许可或者出现法律规定的特殊情况，任何人不得使用，否则即构成侵权。这是专利权（知识产权）最重要的法律特点之一。（2）时间性，指法律对专利权所有人的保护不是无期限的，而有限制，超过这一时间限制则不再予以保护，专利权随即成为人类共同财富，任何人都可以利用。（3）地域性，指任何一项专利权，只有依一定地域内的法律才得以产生并在该地域内受到法律保护。这也是区别于有形财产的另一个重要法律特征。根据该特征，依一国法律取得的专利权只在该国领域内受到法律保护，而在其他国家则不受该国家的法律保护，除非两国之间有双边的专利（知识产权）保护协定，或共同参加了有关保护专利（知识产权）的国际公约。

典型形态

在实践中，专利权权属、侵权纠纷有：

（1）专利申请权权属纠纷，是指双方当事人就专利申请权的归属所引发的纠纷。专利申请权是指专利权人就其完成的发明创造所享有的申请专利的权利和对该专利申请在授权审查程序中依法所享有的权利。

（2）专利权权属纠纷，是指双方当事人就专利权的归属所引发的纠纷。

（3）侵害发明专利权纠纷，是指发明专利权人就侵害其发明专利而与他人发生的纠纷。发明专利权就是对产品、方法或其改进所提出的新技术方案而享有的专有权利。

（4）侵害实用新型专利权纠纷，是指实用新型专利权人就侵害其实用新型专利权而与他人产生的纠纷。实用新型专利权是指对产品的形状、构造或者其结合所提出的适于实用的新的技术方案而享有的专有权利。

（5）侵害外观设计专利权纠纷，是指外观设计专利权人就侵害其外观设计而与他人发生的纠纷，外观设计专利权是指对产品的形状、图案或者其结合以及色彩与形状、图案所作出的富有美感并适于工业上应用的新设计所享有的专有权利。

（6）假冒他人专利纠纷，是指专利权人指控他人假冒其专利权而引发的纠纷。假冒他人专利的行为包括：在其制造或者销售的产品、产品的包装上标注他人的专利号；在广告或者其他宣称材料中使用他人的专利号，使人将所设计的技术误认为是他人的专利技术；在合同中使用他人的专利号，使人将合同设计的技术误认为是他人的专利技术；伪造或者变造他人的专利证书、专利文件或者专利申请文件。

（7）发明专利临时保护期使用费纠纷，是指发明专利权利人要求他人支付在其发明专利申请公布后、专利权授予前实施其发明的使用费而发生的纠纷。

（8）职务发明创造发明人、设计人奖励、报酬纠纷，是指职务发明创造发明人、设计人与被授予专利权的单位就职务发明创造发明人、设计人的奖励、报酬所引发的纠纷。职务发明创造发明人、设计人奖励、报酬是指被授予专利权的单位应当对职务发明创造的发明人或者设计人给予奖励；发明创造专利实施后，根据其推广应用的范围和取得的经济效益，对发明人或者设计人给予合理的报酬。

（9）发明创造发明人、设计人署名权纠纷，是指发明创造的发明人或设计人就其在该发明创造上写明自己是发明人或者设计人的权利而与他人引发的纠纷。

（10）标准必要专利使用费纠纷，是指标准必要专利权人与实施者之间就他人实施必要专利时所应当向专利权人支付的费用发生的纠纷。

常用法律条文及索引

《中华人民共和国民法典》（2020年5月28日公布　2021年1月1日施行）

第一百二十三条　民事主体依法享有知识产权。

知识产权是权利人依法就下列客体享有的专有的权利：

……

（二）发明、实用新型、外观设计；

……

第一百七十九条　承担民事责任的方式主要有：

（一）停止侵害；

（二）排除妨碍；

（三）消除危险；

（四）返还财产；

（五）恢复原状；

（六）修理、重作、更换；

（七）继续履行；

（八）赔偿损失；

（九）支付违约金；

（十）消除影响、恢复名誉；

（十一）赔礼道歉。

法律规定惩罚性赔偿的，依照其规定。

本条规定的承担民事责任的方式，可以单独适用，也可以合并适用。

《中华人民共和国专利法》（2020 年 10 月 17 日修正）

第八条　两个以上单位或者个人合作完成的发明创造、一个单位或者个人接受其他单位或者个人委托所完成的发明创造，除另有协议的以外，申请专利的权利属于完成或者共同完成的单位或者个人；申请被批准后，申请的单位或者个人为专利权人。

第十一条　发明和实用新型专利权被授予后，除本法另有规定的以外，任何单位或者个人未经专利权人许可，都不得实施其专利，即不得为生产经营目的制造、使用、许诺销售、销售、进口其专利产品，或者使用其专利方法以及使用、许诺销售、销售、进口依照该专利方法直接获得的产品。

外观设计专利权被授予后，任何单位或者个人未经专利权人许可，都不得实施其专利，即不得为生产经营目的制造、许诺销售、销售、进口其外观设计专利产品。

第十五条　被授予专利权的单位应当对职务发明创造的发明人或者设计人给予奖励；发明创造专利实施后，根据其推广应用的范围和取得的经济效益，对发明人或者设计人给予合理的报酬。

国家鼓励被授予专利权的单位实行产权激励，采取股权、期权、分红等方式，使发明人或者设计人合理分享创新收益。

第六十五条　未经专利权人许可，实施其专利，即侵犯其专利权，引起纠纷的，由当事人协商解决；不愿协商或者协商不成的，专利权人或者利害关系人可以向人民法院起诉，也可以请求管理专利工作的部门处理。管理专利工作的部门处理时，认定侵权行为成立的，可以责令侵权人立即停止侵权行为，当事人不服的，可以自收到处理通知之日起十五日内依照《中华人民共和国行政诉讼法》向人民法院起诉；侵权人期满不起诉又不停止侵权行为的，管理专利工作的部门可以申请人民法院强制执行。进行处理的管理专利工作的部门应当事人的请求，可以就侵犯专利权的赔偿数额进行调解；调解不成的，当事人可以依照《中华人民共和国民事诉讼法》向人民法院起诉。

第六十六条 专利侵权纠纷涉及新产品制造方法的发明专利的，制造同样产品的单位或者个人应当提供其产品制造方法不同于专利方法的证明。

专利侵权纠纷涉及实用新型专利或者外观设计专利的，人民法院或者管理专利工作的部门可以要求专利权人或者利害关系人出具由国务院专利行政部门对相关实用新型或者外观设计进行检索、分析和评价后作出的专利权评价报告，作为审理、处理专利侵权纠纷的证据；专利权人、利害关系人或者被控侵权人也可以主动出具专利权评价报告。

第六十七条 在专利侵权纠纷中，被控侵权人有证据证明其实施的技术或者设计属于现有技术或者现有设计的，不构成侵犯专利权。

第七十一条 侵犯专利权的赔偿数额按照权利人因被侵权所受到的实际损失或者侵权人因侵权所获得的利益确定；权利人的损失或者侵权人获得的利益难以确定的，参照该专利许可使用费的倍数合理确定。对故意侵犯专利权，情节严重的，可以在按照上述方法确定数额的一倍以上五倍以下确定赔偿数额。

权利人的损失、侵权人获得的利益和专利许可使用费均难以确定的，人民法院可以根据专利权的类型、侵权行为的性质和情节等因素，确定给予三万元以上五百万元以下的赔偿。

赔偿数额还应当包括权利人为制止侵权行为所支付的合理开支。

人民法院为确定赔偿数额，在权利人已经尽力举证，而与侵权行为相关的账簿、资料主要由侵权人掌握的情况下，可以责令侵权人提供与侵权行为相关的账簿、资料；侵权人不提供或者提供虚假的账簿、资料的，人民法院可以参考权利人的主张和提供的证据判定赔偿数额。

《中华人民共和国专利法实施细则》（2023 年 12 月 11 日修订）

第十四条 专利法所称发明人或者设计人，是指对发明创造的实质性特点作出创造性贡献的人。在完成发明创造过程中，只负责组织工作的人、为物质技术条件的利用提供方便的人或者从事其他辅助工作的人，不是发明人或者设计人。

第一百零一条 下列行为属于专利法第六十八条规定的假冒专利的行为：

（一）在未被授予专利权的产品或者其包装上标注专利标识，专利权被宣告无效后或者终止后继续在产品或者其包装上标注专利标识，或者未经许可在产品或者产品包装上标注他人的专利号；

（二）销售第（一）项所述产品；

（三）在产品说明书等材料中将未被授予专利权的技术或者设计称为专利技术或者专利设计，将专利申请称为专利，或者未经许可使用他人的专利号，使公众将所涉及的技术或者设计误认为是专利技术或者专利设计；

（四）伪造或者变造专利证书、专利文件或者专利申请文件；

（五）其他使公众混淆，将未被授予专利权的技术或者设计误认为是专利技术或者专利设计的行为。

专利权终止前依法在专利产品、依照专利方法直接获得的产品或者其包装上标注专利标识，在专利权终止后许诺销售、销售该产品的，不属于假冒专利行为。

销售不知道是假冒专利的产品，并且能够证明该产品合法来源的，由县级以上负责专利执法的部门责令停止销售。

《中华人民共和国电子商务法》（2018 年 8 月 31 日公布　2019 年 1 月 1 日施行）

第四十一条 电子商务平台经营者应当建立知识产权保护规则，与知识产权权利人加强合作，依法保护知识产权。

第四十二条 知识产权权利人认为其知识产权受到侵害的，有权通知电子商务平台经营者采取删除、屏蔽、断开链接、终止交易和服务等必要措施。通知应当包括构成侵权的初步证据。

电子商务平台经营者接到通知后，应当及时采取必要措施，并将该通知转送平台内经营者；未及时采取必要措施的，对损害的扩大部分与平台内经营者承担连带责任。

因通知错误造成平台内经营者损害的，依法承担民事责任。恶意发出错误通知，造成平台内经营者损失的，加倍承担赔偿责任。

第四十三条 平台内经营者接到转送的通知后，可以向电子商务平台经营者提交不存在侵权行为的声明。声明应当包括不存在侵权行为的初步证据。

电子商务平台经营者接到声明后，应当将该声明转送发出通知的知识产权权利人，并告知其可以向有关主管部门投诉或者向人民法院起诉。电子商务平台经营者在转送声明到达知识产权权利人后十五日内，未收到权利人已经投诉或者起诉通知的，应当及时终止所采取的措施。

第四十四条　电子商务平台经营者应当及时公示收到的本法第四十二条、第四十三条规定的通知、声明及处理结果。

第四十五条　电子商务平台经营者知道或者应当知道平台内经营者侵犯知识产权的，应当采取删除、屏蔽、断开链接、终止交易和服务等必要措施；未采取必要措施的，与侵权人承担连带责任。

《最高人民法院关于审理专利纠纷案件适用法律问题的若干规定》（法释〔2001〕21号　2020年12月23日修正）

第一条　人民法院受理下列专利纠纷案件：

1. 专利申请权权属纠纷案件；
2. 专利权权属纠纷案件；
3. 专利合同纠纷案件；
4. 侵害专利权纠纷案件；
5. 假冒他人专利纠纷案件；
6. 发明专利临时保护期使用费纠纷案件；
7. 职务发明创造发明人、设计人奖励、报酬纠纷案件；
8. 诉前申请行为保全纠纷案件；
9. 诉前申请财产保全纠纷案件；
10. 因申请行为保全损害责任纠纷案件；
11. 因申请财产保全损害责任纠纷案件；
12. 发明创造发明人、设计人署名权纠纷案件；
13. 确认不侵害专利权纠纷案件；
14. 专利权宣告无效后返还费用纠纷案件；
15. 因恶意提起专利权诉讼损害责任纠纷案件；
16. 标准必要专利使用费纠纷案件；
17. 不服国务院专利行政部门维持驳回申请复审决定案件；
18. 不服国务院专利行政部门专利权无效宣告请求决定案件；
19. 不服国务院专利行政部门实施强制许可决定案件；
20. 不服国务院专利行政部门实施强制许可使用费裁决案件；

21. 不服国务院专利行政部门行政复议决定案件；

22. 不服国务院专利行政部门作出的其他行政决定案件；

23. 不服管理专利工作的部门行政决定案件；

24. 确认是否落入专利权保护范围纠纷案件；

25. 其他专利纠纷案件。

第二条 因侵犯专利权行为提起的诉讼，由侵权行为地或者被告住所地人民法院管辖。

侵权行为地包括：被诉侵犯发明、实用新型专利权的产品的制造、使用、许诺销售、销售、进口等行为的实施地；专利方法使用行为的实施地，依照该专利方法直接获得的产品的使用、许诺销售、销售、进口等行为的实施地；外观设计专利产品的制造、许诺销售、销售、进口等行为的实施地；假冒他人专利的行为实施地。上述侵权行为的侵权结果发生地。

第三条 原告仅对侵权产品制造者提起诉讼，未起诉销售者，侵权产品制造地与销售地不一致的，制造地人民法院有管辖权；以制造者与销售者为共同被告起诉的，销售地人民法院有管辖权。

销售者是制造者分支机构，原告在销售地起诉侵权产品制造者制造、销售行为的，销售地人民法院有管辖权。

第四条 对申请日在 2009 年 10 月 1 日前（不含该日）的实用新型专利提起侵犯专利权诉讼，原告可以出具由国务院专利行政部门作出的检索报告；对申请日在 2009 年 10 月 1 日以后的实用新型或者外观设计专利提起侵犯专利权诉讼，原告可以出具由国务院专利行政部门作出的专利权评价报告。根据案件审理需要，人民法院可以要求原告提交检索报告或者专利权评价报告。原告无正当理由不提交的，人民法院可以裁定中止诉讼或者判令原告承担可能的不利后果。

侵犯实用新型、外观设计专利权纠纷案件的被告请求中止诉讼的，应当在答辩期内对原告的专利权提出宣告无效的请求。

第五条 人民法院受理的侵犯实用新型、外观设计专利权纠纷案件，被告在答辩期间内请求宣告该项专利权无效的，人民法院应当中止诉讼，但具备下列情形之一的，可以不中止诉讼：

（一）原告出具的检索报告或者专利权评价报告未发现导致实用新型或者外观设计专利权无效的事由的；

（二）被告提供的证据足以证明其使用的技术已经公知的；

（三）被告请求宣告该项专利权无效所提供的证据或者依据的理由明显

不充分的；

（四）人民法院认为不应当中止诉讼的其他情形。

第六条 人民法院受理的侵犯实用新型、外观设计专利权纠纷案件，被告在答辩期间届满后请求宣告该项专利权无效的，人民法院不应当中止诉讼，但经审查认为有必要中止诉讼的除外。

第七条 人民法院受理的侵犯发明专利权纠纷案件或者经国务院专利行政部门审查维持专利权的侵犯实用新型、外观设计专利权纠纷案件，被告在答辩期间内请求宣告该项专利权无效的，人民法院可以不中止诉讼。

第八条 人民法院决定中止诉讼，专利权人或者利害关系人请求责令被告停止有关行为或者采取其他制止侵权损害继续扩大的措施，并提供了担保，人民法院经审查符合有关法律规定的，可以在裁定中止诉讼的同时一并作出有关裁定。

第九条 人民法院对专利权进行财产保全，应当向国务院专利行政部门发出协助执行通知书，载明要求协助执行的事项，以及对专利权保全的期限，并附人民法院作出的裁定书。

对专利权保全的期限一次不得超过六个月，自国务院专利行政部门收到协助执行通知书之日起计算。如果仍然需要对该专利权继续采取保全措施的，人民法院应当在保全期限届满前向国务院专利行政部门另行送达继续保全的协助执行通知书。保全期限届满前未送达的，视为自动解除对该专利权的财产保全。

人民法院对出质的专利权可以采取财产保全措施，质权人的优先受偿权不受保全措施的影响；专利权人与被许可人已经签订的独占实施许可合同，不影响人民法院对该专利权进行财产保全。

人民法院对已经进行保全的专利权，不得重复进行保全。

第十条 2001 年 7 月 1 日以前利用本单位的物质技术条件所完成的发明创造，单位与发明人或者设计人订有合同，对申请专利的权利和专利权的归属作出约定的，从其约定。

第十一条 人民法院受理的侵犯专利权纠纷案件，涉及权利冲突的，应当保护在先依法享有权利的当事人的合法权益。

第十二条 专利法第二十三条第三款所称的合法权利，包括就作品、商标、地理标志、姓名、企业名称、肖像，以及有一定影响的商品名称、包装、装潢等享有的合法权利或者权益。

第十三条 专利法第五十九条第一款所称的“发明或者实用新型专利权

的保护范围以其权利要求的内容为准，说明书及附图可以用于解释权利要求的内容”，是指专利权的保护范围应当以权利要求记载的全部技术特征所确定的范围为准，也包括与该技术特征相等同的特征所确定的范围。

等同特征，是指与所记载的技术特征以基本相同的手段，实现基本相同的功能，达到基本相同的效果，并且本领域普通技术人员在被诉侵权行为发生时无需经过创造性劳动就能够联想到的特征。

第十四条　专利法第六十五条规定的权利人因被侵权所受到的实际损失可以根据专利权人的专利产品因侵权所造成销售量减少的总数乘以每件专利产品的合理利润所得之积计算。权利人销售量减少的总数难以确定的，侵权产品在市场上销售的总数乘以每件专利产品的合理利润所得之积可以视为权利人因被侵权所受到的实际损失。

专利法第六十五条规定的侵权人因侵权所获得的利益可以根据该侵权产品在市场上销售的总数乘以每件侵权产品的合理利润所得之积计算。侵权人因侵权所获得的利益一般按照侵权人的营业利润计算，对于完全以侵权为业的侵权人，可以按照销售利润计算。

第十五条　权利人的损失或者侵权人获得的利益难以确定，有专利许可使用费可以参照的，人民法院可以根据专利权的类型、侵权行为的性质和情节、专利许可的性质、范围、时间等因素，参照该专利许可使用费的倍数合理确定赔偿数额；没有专利许可使用费可以参照或者专利许可使用费明显不合理的，人民法院可以根据专利权的类型、侵权行为的性质和情节等因素，依照专利法第六十五条第二款的规定确定赔偿数额。

第十六条　权利人主张其为制止侵权行为所支付合理开支的，人民法院可以在专利法第六十五条确定的赔偿数额之外另行计算。

第十七条　侵犯专利权的诉讼时效为三年，自专利权人或者利害关系人知道或者应当知道权利受到损害以及义务人之日起计算。权利人超过三年起诉的，如果侵权行为在起诉时仍在继续，在该项专利权有效期内，人民法院应当判决被告停止侵权行为，侵权损害赔偿数额应当自权利人向人民法院起诉之日起向前推算三年计算。

第十八条　专利法第十一条、第六十九条所称的许诺销售，是指以做广告、在商店橱窗中陈列或者在展销会上展出等方式作出销售商品的意思表示。

第十九条　人民法院受理的侵犯专利权纠纷案件，已经过管理专利工作的部门作出侵权或者不侵权认定的，人民法院仍应当就当事人的诉讼请求进行全面审查。

《最高人民法院关于审理侵犯专利权纠纷案件应用法律若干问题的解释》（法释〔2009〕21号　2009年12月28日公布）

第五条　对于仅在说明书或者附图中描述而在权利要求中未记载的技术方案，权利人在侵犯专利权纠纷案件中将其纳入专利权保护范围的，人民法院不予支持。

第六条　专利申请人、专利权人在专利授权或者无效宣告程序中，通过对权利要求、说明书的修改或者意见陈述而放弃的技术方案，权利人在侵犯专利权纠纷案件中又将其纳入专利权保护范围的，人民法院不予支持。

第十二条　将侵犯发明或者实用新型专利权的产品作为零部件，制造另一产品的，人民法院应当认定属于专利法第十一条规定的使用行为；销售该另一产品的，人民法院应当认定属于专利法第十一条规定的销售行为。

将侵犯外观设计专利权的产品作为零部件，制造另一产品并销售的，人民法院应当认定属于专利法第十一条规定的销售行为，但侵犯外观设计专利权的产品在该另一产品中仅具有技术功能的除外。

对于前两款规定的情形，被诉侵权人之间存在分工合作的，人民法院应当认定为共同侵权。

第十三条　对于使用专利方法获得的原始产品，人民法院应当认定为专利法第十一条规定的依照专利方法直接获得的产品。

对于将上述原始产品进一步加工、处理而获得后续产品的行为，人民法院应当认定属于专利法第十一条规定的使用依照该专利方法直接获得的产品。

第十四条　被诉落入专利权保护范围的全部技术特征，与一项现有技术方案中的相应技术特征相同或者无实质性差异的，人民法院应当认定被诉侵权人实施的技术属于专利法第六十二条规定的现有技术。

被诉侵权设计与一个现有设计相同或者无实质性差异的，人民法院应当认定被诉侵权人实施的设计属于专利法第六十二条规定的现有设计。

第十五条　被诉侵权人以非法获得的技术或者设计主张先用权抗辩的，人民法院不予支持。

有下列情形之一的，人民法院应当认定属于专利法第六十九条第（二）项规定的已经作好制造、使用的必要准备：

（一）已经完成实施发明创造所必需的主要技术图纸或者工艺文件；

（二）已经制造或者购买实施发明创造所必需的主要设备或者原材料。

专利法第六十九条第（二）项规定的原有范围，包括专利申请日前已有的生产规模以及利用已有的生产设备或者根据已有的生产准备可以达到的生产规模。

先用权人在专利申请日后将其已经实施或作好实施必要准备的技术或设计转让或者许可他人实施，被诉侵权人主张该实施行为属于在原有范围内继续实施的，人民法院不予支持，但该技术或设计与原有企业一并转让或者承继的除外。

第十六条　人民法院依据专利法第六十五条第一款的规定确定侵权人因侵权所获得的利益，应当限于侵权人因侵犯专利权行为所获得的利益；因其他权利所产生的利益，应当合理扣除。

侵犯发明、实用新型专利权的产品系另一产品的零部件的，人民法院应当根据该零部件本身的价值及其在实现成品利润中的作用等因素合理确定赔偿数额。

侵犯外观设计专利权的产品为包装物的，人民法院应当按照包装物本身的价值及其在实现被包装产品利润中的作用等因素合理确定赔偿数额。

第十七条　产品或者制造产品的技术方案在专利申请日以前为国内外公众所知的，人民法院应当认定该产品不属于专利法第六十一条第一款规定的新产品。

第十八条　权利人向他人发出侵犯专利权的警告，被警告人或者利害关系人经书面催告权利人行使诉权，自权利人收到该书面催告之日起一个月内或者自书面催告发出之日起二个月内，权利人不撤回警告也不提起诉讼，被警告人或者利害关系人向人民法院提起请求确认其行为不侵犯专利权的诉讼的，人民法院应当受理。

第十九条　被诉侵犯专利权行为发生在2009年10月1日以前的，人民法院适用修改前的专利法；发生在2009年10月1日以后的，人民法院适用修改后的专利法。

被诉侵犯专利权行为发生在2009年10月1日以前且持续到2009年10月1日以后，依据修改前和修改后的专利法的规定侵权人均应承担赔偿责任的，人民法院适用修改后的专利法确定赔偿数额。

《最高人民法院关于审理侵犯专利权纠纷案件应用法律若干问题的解释（二）》（法释〔2016〕1号　2020年12月23日修正）

第一条　权利要求书有两项以上权利要求的，权利人应当在起诉状中载明据以起诉被诉侵权人侵犯其专利权的权利要求。起诉状对此未记载或者记载不明的，人民法院应当要求权利人明确。经释明，权利人仍不予明确的，人民法院可以裁定驳回起诉。

第二条　权利人在专利侵权诉讼中主张的权利要求被国务院专利行政部门宣告无效的，审理侵犯专利权纠纷案件的人民法院可以裁定驳回权利人基于该无效权利要求的起诉。

有证据证明宣告上述权利要求无效的决定被生效的行政判决撤销的，权利人可以另行起诉。

专利权人另行起诉的，诉讼时效期间从本条第二款所称行政判决书送达之日起计算。

第三条　因明显违反专利法第二十六条第三款、第四款导致说明书无法用于解释权利要求，且不属于本解释第四条规定的情形，专利权因此被请求宣告无效的，审理侵犯专利权纠纷案件的人民法院一般应当裁定中止诉讼；在合理期限内专利权未被请求宣告无效的，人民法院可以根据权利要求的记载确定专利权的保护范围。

第四条　权利要求书、说明书及附图中的语法、文字、标点、图形、符号等存有歧义，但本领域普通技术人员通过阅读权利要求书、说明书及附图可以得出唯一理解的，人民法院应当根据该唯一理解予以认定。

第五条　在人民法院确定专利权的保护范围时，独立权利要求的前序部分、特征部分以及从属权利要求的引用部分、限定部分记载的技术特征均有限定作用。

第六条　人民法院可以运用与涉案专利存在分案申请关系的其他专利及其专利审查档案、生效的专利授权确权裁判文书解释涉案专利的权利要求。

专利审查档案，包括专利审查、复审、无效程序中专利申请人或者专利权人提交的书面材料，国务院专利行政部门制作的审查意见通知书、会晤记录、口头审理记录、生效的专利复审请求审查决定书和专利权无效宣告请求审查决定书等。

第七条　被诉侵权技术方案在包含封闭式组合物权利要求全部技术特征的基础上增加其他技术特征的，人民法院应当认定被诉侵权技术方案未落入专利权的保护范围，但该增加的技术特征属于不可避免的常规数量杂质的除外。

前款所称封闭式组合物权利要求，一般不包括中药组合物权利要求。

第八条　功能性特征，是指对于结构、组分、步骤、条件或其之间的关系等，通过其在发明创造中所起的功能或者效果进行限定的技术特征，但本领域普通技术人员仅通过阅读权利要求即可直接、明确地确定实现上述功能或者效果的具体实施方式的除外。

与说明书及附图记载的实现前款所称功能或者效果不可缺少的技术特征相比，被诉侵权技术方案的相应技术特征是以基本相同的手段，实现相同的功能，达到相同的效果，且本领域普通技术人员在被诉侵权行为发生时无需经过创造性劳动就能够联想到的，人民法院应当认定该相应技术特征与功能性特征相同或者等同。

第九条　被诉侵权技术方案不能适用于权利要求中使用环境特征所限定的使用环境的，人民法院应当认定被诉侵权技术方案未落入专利权的保护范围。

第十条　对于权利要求中以制备方法界定产品的技术特征，被诉侵权产品的制备方法与其不相同也不等同的，人民法院应当认定被诉侵权技术方案未落入专利权的保护范围。

第十一条　方法权利要求未明确记载技术步骤的先后顺序，但本领域普通技术人员阅读权利要求书、说明书及附图后直接、明确地认为该技术步骤应当按照特定顺序实施的，人民法院应当认定该步骤顺序对于专利权的保护范围具有限定作用。

第十二条　权利要求采用“至少”“不超过”等用语对数值特征进行界定，且本领域普通技术人员阅读权利要求书、说明书及附图后认为专利技术方案特别强调该用语对技术特征的限定作用，权利人主张与其不相同的数值特征属于等同特征的，人民法院不予支持。

第十三条　权利人证明专利申请人、专利权人在专利授权确权程序中对权利要求书、说明书及附图的限缩性修改或者陈述被明确否定的，人民法院应当认定该修改或者陈述未导致技术方案的放弃。

第十四条　人民法院在认定一般消费者对于外观设计所具有的知识水平和认知能力时，一般应当考虑被诉侵权行为发生时授权外观设计所属相同或者相近种类产品的设计空间。设计空间较大的，人民法院可以认定一般消费者通常不容易注意到不同设计之间的较小区别；设计空间较小的，人民法院可以认定一般消费者通常更容易注意到不同设计之间的较小区别。

第十五条　对于成套产品的外观设计专利，被诉侵权设计与其一项外观设计相同或者近似的，人民法院应当认定被诉侵权设计落入专利权的保护范围。

第十六条　对于组装关系唯一的组件产品的外观设计专利，被诉侵权设计与其组合状态下的外观设计相同或者近似的，人民法院应当认定被诉侵权设计落入专利权的保护范围。

对于各构件之间无组装关系或者组装关系不唯一的组件产品的外观设计专利，被诉侵权设计与其全部单个构件的外观设计均相同或者近似的，人民法院应当认定被诉侵权设计落入专利权的保护范围；被诉侵权设计缺少其单个构件的外观设计或者与之不相同也不近似的，人民法院应当认定被诉侵权设计未落入专利权的保护范围。

第十七条 对于变化状态产品的外观设计专利，被诉侵权设计与变化状态图所示各种使用状态下的外观设计均相同或者近似的，人民法院应当认定被诉侵权设计落入专利权的保护范围；被诉侵权设计缺少其一种使用状态下的外观设计或者与之不相同也不近似的，人民法院应当认定被诉侵权设计未落入专利权的保护范围。

第十八条 权利人依据专利法第十三条诉请在发明专利申请公布日至授权公告日期间实施该发明的单位或者个人支付适当费用的，人民法院可以参照有关专利许可使用费合理确定。

发明专利申请公布时申请人请求保护的范围与发明专利公告授权时的专利权保护范围不一致，被诉技术方案均落入上述两种范围的，人民法院应当认定被告在前款所称期间内实施了该发明；被诉技术方案仅落入其中一种范围的，人民法院应当认定被告在前款所称期间内未实施该发明。

发明专利公告授权后，未经专利权人许可，为生产经营目的的使用、许诺销售、销售在本条第一款所称期间内已由他人制造、销售、进口的产品，且该他人已支付或者书面承诺支付专利法第十三条规定的适当费用的，对于权利人关于上述使用、许诺销售、销售行为侵犯专利权的主张，人民法院不予支持。

第十九条 产品买卖合同依法成立的，人民法院应当认定属于专利法第十一条规定的销售。

第二十条 对于将依照专利方法直接获得的产品进一步加工、处理而获得的后续产品，进行再加工、处理的，人民法院应当认定不属于专利法第十一条规定的“使用依照该专利方法直接获得的产品”。

第二十一条 明知有关产品系专门用于实施专利的材料、设备、零部件、中间物等，未经专利权人许可，为生产经营目的将该产品提供给他人实施了侵犯专利权的行为，权利人主张该提供者的行为属于民法典第一千一百六十九条规定的帮助他人实施侵权行为的，人民法院应予支持。

明知有关产品、方法被授予专利权，未经专利权人许可，为生产经营目的积极诱导他人实施了侵犯专利权的行为，权利人主张该诱导者的行为属于民法典第一千一百六十九条规定的教唆他人实施侵权行为的，人民法院应予支持。

第二十二条 对于被诉侵权人主张的现有技术抗辩或者现有设计抗辩，人民法院应当依照专利申请日时施行的专利法界定现有技术或者现有设计。

第二十三条 被诉侵权技术方案或者外观设计落入在先的涉案专利权的保护范围，被诉侵权人以其技术方案或者外观设计被授予专利权为由抗辩不侵犯涉案专利权的，人民法院不予支持。

第二十四条 推荐性国家、行业或者地方标准明示所涉必要专利的信息，被诉侵权人以实施该标准无需专利权人许可为由抗辩不侵犯该专利权的，人民法院一般不予支持。

推荐性国家、行业或者地方标准明示所涉必要专利的信息，专利权人、被诉侵权人协商该专利的实施许可条件时，专利权人故意违反其在标准制定中承诺的公平、合理、无歧视的许可义务，导致无法达成专利实施许可合同，且被诉侵权人在协商中无明显过错的，对于权利人请求停止标准实施行为的主张，人民法院一般不予支持。

本条第二款所称实施许可条件，应当由专利权人、被诉侵权人协商确定。经充分协商，仍无法达成一致的，可以请求人民法院确定。人民法院在确定上述实施许可条件时，应当根据公平、合理、无歧视的原则，综合考虑专利的创新程度及其在标准中的作用、标准所属的技术领域、标准的性质、标准实施的范围和相关的许可条件等因素。

法律、行政法规对实施标准中的专利另有规定的，从其规定。

第二十五条 为生产经营目的使用、许诺销售或者销售不知道是未经专利权人许可而制造并售出的专利侵权产品，且举证证明该产品合法来源的，对于权利人请求停止上述使用、许诺销售、销售行为的主张，人民法院应予支持，但被诉侵权产品的使用者举证证明其已支付该产品的合理对价的除外。

本条第一款所称不知道，是指实际不知道且不应当知道。

本条第一款所称合法来源，是指通过合法的销售渠道、通常的买卖合同等正常商业方式取得产品。对于合法来源，使用者、许诺销售者或者销售者应当提供符合交易习惯的相关证据。

第二十六条 被告构成对专利权的侵犯，权利人请求判令其停止侵权行为的，人民法院应予支持，但基于国家利益、公共利益的考量，人民法院可以不判令被告停止被诉行为，而判令其支付相应的合理费用。

第二十七条　权利人因被侵权所受到的实际损失难以确定的，人民法院应当依照专利法第六十五条第一款的规定，要求权利人对侵权人因侵权所获得的利益进行举证；在权利人已经提供侵权人所获利益的初步证据，而与专利侵权行为相关的账簿、资料主要由侵权人掌握的情况下，人民法院可以责令侵权人提供该账簿、资料；侵权人无正当理由拒不提供或者提供虚假的账簿、资料的，人民法院可以根据权利人的主张和提供的证据认定侵权人因侵权所获得的利益。

第二十八条　权利人、侵权人依法约定专利侵权的赔偿数额或者赔偿计算方法，并在专利侵权诉讼中主张依据该约定确定赔偿数额的，人民法院应予支持。

第二十九条　宣告专利权无效的决定作出后，当事人根据该决定依法申请再审，请求撤销专利权无效宣告前人民法院作出但未执行的专利侵权的判决、调解书的，人民法院可以裁定中止再审审查，并中止原判决、调解书的执行。

专利权人向人民法院提供充分、有效的担保，请求继续执行前款所称判决、调解书的，人民法院应当继续执行；侵权人向人民法院提供充分、有效的反担保，请求中止执行的，人民法院应当准许。人民法院生效裁判未撤销宣告专利权无效的决定的，专利权人应当赔偿因继续执行给对方造成的损失；宣告专利权无效的决定被人民法院生效裁判撤销，专利权仍有效的，人民法院可以依据前款所称判决、调解书直接执行上述反担保财产。

第三十条　在法定期限内对宣告专利权无效的决定不向人民法院起诉或者起诉后生效裁判未撤销该决定，当事人根据该决定依法申请再审，请求撤销宣告专利权无效前人民法院作出但未执行的专利侵权的判决、调解书的，人民法院应当再审。当事人根据该决定，依法申请终结执行宣告专利权无效前人民法院作出但未执行的专利侵权的判决、调解书的，人民法院应当裁定终结执行。

《最高人民法院关于审理申请注册的药品相关的专利权纠纷民事案件适用法律若干问题的规定》（法释〔2021〕13 号　2021 年 7 月 4 日公布）

第一条　当事人依据专利法第七十六条规定提起的确认是否落入专利权保护范围纠纷的第一审案件，由北京知识产权法院管辖。

第二条　专利法第七十六条所称相关的专利，是指适用国务院有关行政部门关于药品上市许可审批与药品上市许可申请阶段专利权纠纷解决的具体衔接办法（以下简称衔接办法）的专利。

专利法第七十六条所称利害关系人，是指前款所称专利的被许可人、相关药品上市许可持有人。

第三条 专利权人或者利害关系人依据专利法第七十六条起诉的，应当按照民事诉讼法第一百一十九条第三项的规定提交下列材料：

（一）国务院有关行政部门依据衔接办法所设平台中登记的相关专利信息，包括专利名称、专利号、相关的权利要求等；

（二）国务院有关行政部门依据衔接办法所设平台中公示的申请注册药品的相关信息，包括药品名称、药品类型、注册类别以及申请注册药品与所涉及的上市药品之间的对应关系等；

（三）药品上市许可申请人依据衔接办法作出的四类声明及声明依据。

药品上市许可申请人应当在一审答辩期内，向人民法院提交其向国家药品审评机构申报的、与认定是否落入相关专利权保护范围对应的必要技术资料副本。

第四条 专利权人或者利害关系人在衔接办法规定的期限内未向人民法院提起诉讼的，药品上市许可申请人可以向人民法院起诉，请求确认申请注册药品未落入相关专利权保护范围。

第五条 当事人以国务院专利行政部门已经受理专利法第七十六条所称行政裁决请求为由，主张不应当受理专利法第七十六条所称诉讼或者申请中止诉讼的，人民法院不予支持。

第六条 当事人依据专利法第七十六条起诉后，以国务院专利行政部门已经受理宣告相关专利权无效的请求为由，申请中止诉讼的，人民法院一般不予支持。

第七条 药品上市许可申请人主张具有专利法第六十七条、第七十五条第二项等规定情形的，人民法院经审查属实，可以判决确认申请注册的药品相关技术方案未落入相关专利权保护范围。

第八条 当事人对其在诉讼中获取的商业秘密或者其他需要保密的商业信息负有保密义务，擅自披露或者在该诉讼活动之外使用、允许他人使用的，应当依法承担民事责任。构成民事诉讼法第一百一十一条规定情形的，人民法院应当依法处理。

第九条 药品上市许可申请人向人民法院提交的申请注册的药品相关技术方案，与其向国家药品审评机构申报的技术资料明显不符，妨碍人民法院审理案件的，人民法院依照民事诉讼法第一百一十一条的规定处理。

第十条 专利权人或者利害关系人在专利法第七十六条所称诉讼中申请行为保全，请求禁止药品上市许可申请人在相关专利权有效期内实施专利法第十一条规定的行为的，人民法院依照专利法、民事诉讼法有关规定处理；请求禁止药品上市申请行为或者审评审批行为的，人民法院不予支持。

第十一条 在针对同一专利权和申请注册药品的侵害专利权或者确认不侵害专利权诉讼中，当事人主张依据专利法第七十六条所称诉讼的生效判决认定涉案药品技术方案是否落入相关专利权保护范围的，人民法院一般予以支持。但是，有证据证明被诉侵权药品技术方案与申请注册的药品相关技术方案不一致或者新主张的事由成立的除外。

第十二条 专利权人或者利害关系人知道或者应当知道其主张的专利权应当被宣告无效或者申请注册药品的相关技术方案未落入专利权保护范围，仍提起专利法第七十六条所称诉讼或者请求行政裁决的，药品上市许可申请人可以向北京知识产权法院提起损害赔偿之诉。

第十三条 人民法院依法向当事人在国务院有关行政部门依据衔接办法所设平台登载的联系人、通讯地址、电子邮件等进行的送达，视为有效送达。当事人向人民法院提交送达地址确认书后，人民法院也可以向该确认书载明的送达地址送达。

第十四条 本规定自 2021 年 7 月 5 日起施行。本院以前发布的相关司法解释与本规定不一致的，以本规定为准。

适用本案由需要注意的问题

◆对于专利申请权权属纠纷和专利权权属纠纷案件的地域管辖，应当区别权属争议发生的原因是合同关系还是侵权行为，分别确定案件管辖。

对于一般民事侵权纠纷案件的地域管辖，根据《民事诉讼法》第 29 条的规定，因侵权行为提起的诉讼，由侵权行为地或者被告住所地人民法院管辖。侵权行为地，包括侵权行为实施地和侵权结果发生地。

对于侵害发明专利权纠纷、侵害实用新型专利权纠纷和侵害外观设计专利权纠纷案件的地域管辖，根据《最高人民法院关于审理专利纠纷案件适用法律问题的若干规定》第 2 条和第 3 条的规定，因侵犯专利权行为提起的诉讼，由侵权行为地或者被告住所地人民法院管辖。侵权行为地包括：被控侵犯发明、实用新型专利权的产品的制造、使用、许诺销售、销售、进口等行为的实施地；专利方法使用行为的实施地；依照该专利方法直接获得的产品的使用，许诺销售、销售、进口等行为的实施地；外观设计专利产品的制造、许诺销售、销售、进口等行为的实施地；假冒他人专利的行为实施地；上述侵权行为的侵权结果发生地。原告仅对侵权产品制造者提起诉讼，未起诉销售者，侵权产品制造地与销售地不一致的，制造地人民法院有管辖权；以制造者与销售者为共同被告起诉的，销售地人民法院有管辖权。销售者是制造者分支机构，原告在销售地起诉侵权产品制造者制造、销售行为的，销售地人民法院有管辖权。

对于假冒他人专利纠纷，发明专利临时保护期使用费纠纷，职务发明创造发明人、设计人奖励、报酬纠纷和发明创造发明人、设计人署名权纠纷案件的地域管辖，目前没有明确的法律规定，原则上可以参照上述有关侵害专利权纠纷案件的规定精神确定地域管辖。

对于标准必要专利使用费纠纷案件的地域管辖，目前尚没有明确的法律规定。因单纯的标准必要专利使用费纠纷本质上属于合同纠纷，通常可按照合同纠纷管辖的一般原则确立管辖。实践中，许可标的所在地、专利实施地、合同签订地、合同履行地等均可以作为管辖连接点依据。此外，标准必要专利使用费纠纷经常与专利侵权纠纷、垄断纠纷等具有事实上的相互关联，而在同一诉讼中被同时提起，在此情况下，只要符合管辖的基本原则，通常情况下不宜对地域管辖作出严苛的限制，各案由均可作为确立管辖法院的依据。

对于北京、上海、广州而言，专利权属、侵权纠纷案件的管辖，又有一定的特殊性。根据《最高人民法院关于北京、上海、广州知识产权法院案件管辖的规定》第1条的规定，有关专利权属、侵权纠纷一审案件，在北京、上海、广州辖区，全部由相应的北京、上海、广州知识产权法院受理。根据该规定第7条的规定，当事人对知识产权法院作出的专利权属、侵权纠纷案件第一审判决、裁定提起的上诉案件和依法申请上一级法院复议的案件，由知识产权法院所在地的高级人民法院知识产权审判庭审理。

161. 植物新品种权权属、侵权纠纷

(1) 植物新品种申请权权属纠纷
(2) 植物新品种权权属纠纷
(3) 侵害植物新品种权纠纷
(4) 植物新品种临时保护期使用费纠纷

案由解析

植物新品种是指经过人工培育的或者对发现的野生植物加以开发，具备新颖性、特异性、一致性、稳定性，并有适当的命名的植物新品种。完成育种的单位和个人对其授权的品种，享有排他的独占权，即拥有植物新品种权。

植物新品种权，是指完成育种的单位或个人对其授权的品种依法享有的排他使用权，是工业产权的一种。

植物新品种权是一种特殊的知识产权，其特点主要有以下几点：(1) 排他性，植物品种权主体对其所拥有的品种权具有排他性或独占性。(2) 可分解性，对特定的植物品种权而言其各项权能可分属于不同的主体。(3) 可让渡性，植物品种权可在不同的主体之间进行转让。在植物品种权交易转让过程中，植物品种权可作为整体进行交易，也可以以其产权权能中的任何一项或几项的组合进行交易。

植物新品种权权属、侵权纠纷，是指双方当事人因植物新品种申请权和植物新品种权的归属以及侵犯植物新品种权及有关权益而发生的纠纷。

典型形态

在实践中，植物新品种权权属、侵权纠纷主要有：

(1) 植物新品种申请权权属纠纷，是指双方当事人因植物新品种的申请权归谁所有而引发的纠纷。

(2) 植物新品种权权属纠纷，是指双方当事人就植物新品种权归谁所有而引发的纠纷。

(3) 侵害植物新品种权纠纷，是指双方当事人因侵犯植物新品种权及其有关权益而引发的纠纷。

（4）植物新品种临时保护期使用费纠纷，是指双方当事人因植物新品种临时保护期使用费产生争议而引发的纠纷。

常用法律条文及索引

《中华人民共和国民法典》（2020年5月28日公布　2021年1月1日施行）

第一百二十三条　民事主体依法享有知识产权。

知识产权是权利人依法就下列客体享有的专有的权利：

……

（七）植物新品种；

……

《中华人民共和国植物新品种保护条例》（2025年4月29日修订）

第九条　执行本单位的任务或者主要是利用本单位的物质技术条件所完成的职务育种，品种权的申请权属于该单位；非职务育种，品种权的申请权属于完成育种的个人。利用本单位的物质技术条件所完成的育种，单位与完成育种的个人对品种权的申请权有合同约定的，从其约定。

委托育种或者合作育种，当事人可以在合同中约定品种权的申请权归属；没有合同约定的，品种权的申请权属于受委托完成或者共同完成育种的单位或者个人。

申请被批准后，品种权属于申请人。

第十条　一个植物新品种只能授予一项品种权。两个以上的申请人分别就同一个植物新品种申请品种权的，品种权授予最先申请的人；同时申请的，品种权授予最先完成该植物新品种育种的人。

第三十四条　品种权被授予后，在自初步审查合格公告之日起至被授予品种权之日止的期间，任何单位或者个人违反本条例第七条规定的，品种权人享有追偿的权利。

《最高人民法院关于审理侵害植物新品种权纠纷案件具体应用法律问题的若干规定》（法释〔2007〕1号　2020年12月23日修正）

第一条　植物新品种权所有人（以下称品种权人）或者利害关系人认为植物新品种权受到侵害的，可以依法向人民法院提起诉讼。

前款所称利害关系人，包括植物新品种实施许可合同的被许可人、品种权财产权利的合法继承人等。

独占实施许可合同的被许可人可以单独向人民法院提起诉讼；排他实施许可合同的被许可人可以和品种权人共同起诉，也可以在品种权人不起诉时，自行提起诉讼；普通实施许可合同的被许可人经品种权人明确授权，可以提起诉讼。

第二条　未经品种权人许可，生产、繁殖或者销售授权品种的繁殖材料，或者为商业目的将授权品种的繁殖材料重复使用于生产另一品种的繁殖材料的，人民法院应当认定为侵害植物新品种权。

被诉侵权物的特征、特性与授权品种的特征、特性相同，或者特征、特性的不同是因非遗传变异所致的，人民法院一般应当认定被诉侵权物属于生产、繁殖或者销售授权品种的繁殖材料。

被诉侵权人重复以授权品种的繁殖材料为亲本与其他亲本另行繁殖的，人民法院一般应当认定属于为商业目的将授权品种的繁殖材料重复使用于生产另一品种的繁殖材料。

第三条　侵害植物新品种权纠纷案件涉及的专门性问题需要鉴定的，由双方当事人协商确定的有鉴定资格的鉴定机构、鉴定人鉴定；协商不成的，由人民法院指定的有鉴定资格的鉴定机构、鉴定人鉴定。

没有前款规定的鉴定机构、鉴定人的，由具有相应品种检测技术水平的专业机构、专业人员鉴定。

第四条　对于侵害植物新品种权纠纷案件涉及的专门性问题可以采取田间观察检测、基因指纹图谱检测等方法鉴定。

对采取前款规定方法作出的鉴定意见，人民法院应当依法质证，认定其证明力。

第五条　品种权人或者利害关系人向人民法院提起侵害植物新品种权诉讼前，可以提出行为保全或者证据保全请求，人民法院经审查作出裁定。

人民法院采取证据保全措施时，可以根据案件具体情况，邀请有关专业技术人员按照相应的技术规程协助取证。

第六条　人民法院审理侵害植物新品种权纠纷案件，应当依照民法典第一百七十九条、第一千一百八十五条和种子法第七十三条的规定，结合案件具体情况，判决侵权人承担停止侵害、赔偿损失等民事责任。

人民法院可以根据权利人的请求，按照权利人因被侵权所受实际损失或者侵权人因侵权所得利益确定赔偿数额。权利人的损失或者侵权人获得的利益难以确定的，可以参照该植物新品种权许可使用费的倍数合理确定。权利人为制止侵权行为所支付的合理开支应当另行计算。

依照前款规定难以确定赔偿数额的，人民法院可以综合考虑侵权的性质、期间、后果，植物新品种权许可使用费的数额，植物新品种实施许可的种类、时间、范围及权利人调查、制止侵权所支付的合理费用等因素，在300万元以下确定赔偿数额。

故意侵害他人植物新品种权，情节严重的，可以按照第二款确定数额的一倍以上三倍以下确定赔偿数额。

第七条 权利人和侵权人均同意将侵权物折价抵扣权利人所受损失的，人民法院应当准许。权利人或者侵权人不同意折价抵扣的，人民法院依照当事人的请求，责令侵权人对侵权物作消灭活性等使其不能再被用作繁殖材料的处理。

侵权物正处于生长期或者销毁侵权物将导致重大不利后果的，人民法院可以不采取责令销毁侵权物的方法，而判令其支付相应的合理费用。但法律、行政法规另有规定的除外。

第八条 以农业或者林业种植为业的个人、农村承包经营户接受他人委托代为繁殖侵害品种权的繁殖材料，不知道代繁物是侵害品种权的繁殖材料并说明委托人的，不承担赔偿责任。

《最高人民法院关于审理侵害植物新品种权纠纷案件具体应用法律问题的若干规定（二）》（法释〔2021〕14号　2021年7月5日公布）

第一条 植物新品种权（以下简称品种权）或者植物新品种申请权的共有人对权利行使有约定的，人民法院按照其约定处理。没有约定或者约定不明的，共有人主张其可以单独实施或者以普通许可方式许可他人实施的，人民法院应予支持。

共有人单独实施该品种权，其他共有人主张该实施收益在共有人之间分配的，人民法院不予支持，但是其他共有人有证据证明其不具备实施能力或者实施条件的除外。

共有人之一许可他人实施该品种权，其他共有人主张收取的许可费在共有人之间分配的，人民法院应予支持。

第二条 品种权转让未经国务院农业、林业主管部门登记、公告，受让人以品种权人名义提起侵害品种权诉讼的，人民法院不予受理。

第三条 受品种权保护的繁殖材料应当具有繁殖能力，且繁殖出的新个体与该授权品种的特征、特性相同。

前款所称的繁殖材料不限于以品种权申请文件所描述的繁殖方式获得的繁殖材料。

第四条 以广告、展陈等方式作出销售授权品种的繁殖材料的意思表示的，人民法院可以以销售行为认定处理。

第五条　种植授权品种的繁殖材料的，人民法院可以根据案件具体情况，以生产、繁殖行为认定处理。

第六条　品种权人或者利害关系人（以下合称权利人）举证证明被诉侵权品种繁殖材料使用的名称与授权品种相同的，人民法院可以推定该被诉侵权品种繁殖材料属于授权品种的繁殖材料；有证据证明不属于该授权品种的繁殖材料的，人民法院可以认定被诉侵权人构成假冒品种行为，并参照假冒注册商标行为的有关规定确定民事责任。

第七条　受托人、被许可人超出与品种权人约定的规模或者区域生产、繁殖授权品种的繁殖材料，或者超出与品种权人约定的规模销售授权品种的繁殖材料，品种权人请求判令受托人、被许可人承担侵权责任的，人民法院依法予以支持。

第八条　被诉侵权人知道或者应当知道他人实施侵害品种权的行为，仍然提供收购、存储、运输、以繁殖为目的的加工处理等服务或者提供相关证明材料等条件的，人民法院可以依据民法典第一千一百六十九条的规定认定为帮助他人实施侵权行为。

第九条　被诉侵权物既可以作为繁殖材料又可以作为收获材料，被诉侵权人主张被诉侵权物系作为收获材料用于消费而非用于生产、繁殖的，应当承担相应的举证责任。

第十条　授权品种的繁殖材料经品种权人或者经其许可的单位、个人售出后，权利人主张他人生产、繁殖、销售该繁殖材料构成侵权的，人民法院一般不予支持，但是下列情形除外：

（一）对该繁殖材料生产、繁殖后获得的繁殖材料进行生产、繁殖、销售；

（二）为生产、繁殖目的将该繁殖材料出口到不保护该品种所属植物属或者种的国家或者地区。

第十一条　被诉侵权人主张对授权品种进行的下列生产、繁殖行为属于科研活动的，人民法院应予支持：

（一）利用授权品种培育新品种；

（二）利用授权品种培育形成新品种后，为品种权申请、品种审定、品种登记需要而重复利用授权品种的繁殖材料。

第十二条　农民在其家庭农村土地承包经营合同约定的土地范围内自繁自用授权品种的繁殖材料，权利人对此主张构成侵权的，人民法院不予支持。

对前款规定以外的行为，被诉侵权人主张其行为属于种子法规定的农民自繁自用授权品种的繁殖材料的，人民法院应当综合考虑被诉侵权行为的目的、规模、是否营利等因素予以认定。

第十三条 销售不知道也不应当知道是未经品种权人许可而售出的被诉侵权品种繁殖材料，且举证证明具有合法来源的，人民法院可以不判令销售者承担赔偿责任，但应当判令其停止销售并承担权利人为制止侵权行为所支付的合理开支。

对于前款所称合法来源，销售者一般应当举证证明购货渠道合法、价格合理、存在实际的具体供货方、销售行为符合相关生产经营许可制度等。

第十四条 人民法院根据已经查明侵害品种权的事实，认定侵权行为成立的，可以先行判决停止侵害，并可以依据当事人的请求和具体案情，责令采取消灭活性等阻止被诉侵权物扩散、繁殖的措施。

第十五条 人民法院为确定赔偿数额，在权利人已经尽力举证，而与侵权行为相关的账簿、资料主要由被诉侵权人掌握的情况下，可以责令被诉侵权人提供与侵权行为相关的账簿、资料；被诉侵权人不提供或者提供虚假账簿、资料的，人民法院可以参考权利人的主张和提供的证据判定赔偿数额。

第十六条 被诉侵权人有抗拒保全或者擅自拆封、转移、毁损被保全物等举证妨碍行为，致使案件相关事实无法查明的，人民法院可以推定权利人就该证据所涉证明事项的主张成立。构成民事诉讼法第一百一十一条规定情形的，依法追究法律责任。

第十七条 除有关法律和司法解释规定的情形以外，以下情形也可以认定为侵权行为情节严重：

（一）因侵权被行政处罚或者法院裁判承担责任后，再次实施相同或者类似侵权行为；

（二）以侵害品种权为业；

（三）伪造品种权证书；

（四）以无标识、标签的包装销售授权品种；

（五）违反种子法第七十七条第一款第一项、第二项、第四项的规定；

（六）拒不提供被诉侵权物的生产、繁殖、销售和储存地点。

存在前款第一项至第五项情形的，在依法适用惩罚性赔偿时可以按照计算基数的二倍以上确定惩罚性赔偿数额。

第十八条 品种权终止后依法恢复权利，权利人要求实施品种权的单位或者个人支付终止期间实施品种权的费用的，人民法院可以参照有关品种权实施许可费，结合品种类型、种植时间、经营规模、当时的市场价值等因素合理确定。

第十九条　他人未经许可，自品种权初步审查合格公告之日起至被授予品种权之日止，生产、繁殖或者销售该授权品种的繁殖材料，或者为商业目的将该授权品种的繁殖材料重复使用于生产另一品种的繁殖材料，权利人对此主张追偿利益损失的，人民法院可以按照临时保护期使用费纠纷处理，并参照有关品种权实施许可费，结合品种类型、种植时间、经营规模、当时的市场价值等因素合理确定该使用费数额。

前款规定的被诉行为延续到品种授权之后，权利人对品种权临时保护期使用费和侵权损害赔偿均主张权利的，人民法院可以合并审理，但应当分别计算处理。

第二十条　侵害品种权纠纷案件涉及的专门性问题需要鉴定的，由当事人在相关领域鉴定人名录或者国务院农业、林业主管部门向人民法院推荐的鉴定人中协商确定；协商不成的，由人民法院从中指定。

第二十一条　对于没有基因指纹图谱等分子标记检测方法进行鉴定的品种，可以采用行业通用方法对授权品种与被诉侵权物的特征、特性进行同一性判断。

第二十二条　对鉴定意见有异议的一方当事人向人民法院申请复检、补充鉴定或者重新鉴定，但未提出合理理由和证据的，人民法院不予准许。

第二十三条　通过基因指纹图谱等分子标记检测方法进行鉴定，待测样品与对照样品的差异位点小于但接近临界值，被诉侵权人主张二者特征、特性不同的，应当承担举证责任；人民法院也可以根据当事人的申请，采取扩大检测位点进行加测或者提取授权品种标准样品进行测定等方法，并结合其他相关因素作出认定。

第二十四条　田间观察检测与基因指纹图谱等分子标记检测的结论不同的，人民法院应当以田间观察检测结论为准。

第二十五条　本规定自2021年7月7日起施行。本院以前发布的相关司法解释与本规定不一致的，按照本规定执行。

适用本案由需要注意的问题

◆对于植物新品种申请权和植物新品种权属纠纷案件的地域管辖，应当区别权属争议发生的原因是合同关系还是侵权行为，分别确定案件管辖。

对于一般民事侵权纠纷案件的管辖，根据《民事诉讼法》第29条的规定，因侵权行为提起的诉讼，由侵权行为地或者被告住所地人民法院管辖；上述侵权行为地，包括侵权行为实施地和侵权结果发生地。对于侵害植物新品种权纠纷而言，根据《最高人民法院关于审理植物新品种纠纷案件若干问题的解释》第4条规定，以侵权行为地确定人民法院管辖的侵害植物新品种权的民事案件，其所称的侵权行为地，是指未经品种权所有人许可，生产、繁殖或者销售该授权植物新品种的繁殖材料的所在地，或者为商业目的将该授权品种的繁殖材料重复使用于生产另一品种的繁殖材料的所在地。

对于侵害植物新品种权属纠纷案件的级别管辖，根据《最高人民法院关于审理植物新品种纠纷案件若干问题的解释》第3条的规定，由知识产权法院，各省、自治区、直辖市人民政府所在地和最高人民法院指定的中级人民法院作为第一审人民法院审理。

◆在适用本案由时，要注意植物新品种权和专利权的区别。两者的不同主要有：(1) 植物新品种和发明专利之间的本质属性不同。植物新品种不属于发明创造，只是对现有植物的改造。植物新品种是指经过人工培育的或者对发现的野生植物加以开发，具备新颖性、特异性、一致性和稳定性并有适当命名的植物品种。《专利法》上所称的发明创造，是指对产品、方法或者其改进所提出的新的技术方案。发明是可以产生一种全新的产品或者方法的技术方案。植物新品种应当保持不变。植物新品种和发明专利比较，前者是改造，后者是创造；前者是结果，后者是程序；前者保持稳定性，后者追求发展性。(2) 植物新品种权和发明专利权的授权条件不同。授予专利权的发明，应当具备新颖性、创造性和实用性。申请品种权的植物新品种，应当具备新颖性、特异性、一致性、稳定性和有适当的命名。两者相比，除对新颖性的衡量标准不同外，主要区别在于：授予专利权的发明要具有创造性和实用性；授予品种权的植物新品种只要求具有特异性，不要求具有创造性和实用性。(3) 植物新品种和专利产品的生产方式和后果不同。授权品种的繁殖材料和专利产品，虽然都可生产，但是两者的生产方式和后果不同。专利产品的生产方式是制造，通过制造再现专利产品。制造是生产原先没有的，如用配件制造汽车，制造出的产品与所用原料的性能和形态都不同。这种生产是把一个物品或物质改变成另一个物品或物质，发生了质的变化。植物新品种的生产方式是繁殖，通过繁殖实现植物新品种的繁衍。繁殖是生产原先已有的，如种瓜得瓜、种豆得豆，收获的瓜或豆与种植的瓜或豆之间的特征特性都相同。这种生产只是量的变化，不发生质的变异。

162. 集成电路布图设计专有权权属、侵权纠纷

（1）集成电路布图设计专有权权属纠纷
（2）侵害集成电路布图设计专有权纠纷

案由解析

集成电路布图设计专有权，是指布图设计权利人享有的对受保护的布图设计的全部或者其中任何具有独创性的部分进行复制，将受保护的布图设计、含有该布图设计的集成电路或者含有该集成电路的物品投入商业利用的专有权。

集成电路布图设计专有权权属、侵权纠纷，是指双方当事人就集成电路布图设计的归属或侵犯权利人集成电路布图设计专有权而引发的纠纷。

集成电路布图设计专有权具有以下特点：（1）具有工业实用性，这是一般知识产权所不具有的。（2）必须经过一定的法律程序，即登记才能取得集成电路布图设计专有权。（3）布图设计专有权的保护期为 10 年，自布图设计登记申请之日或者在世界任何地方首次投入商业利用之日起计算，以较前日期为准。但是，无论是否登记或者投入商业利用，布图设计自创作完成之日起 15 年后，不再受条例保护。从保护期限来看，符合其技术更新较快的特点。

典型形态

在实践中，集成电路布图设计专有权权属、侵权纠纷主要有：

（1）集成电路布图设计专有权权属纠纷，是指当事人之间就集成电路布图设计专有权归谁所有而引发的纠纷。

（2）侵害集成电路布图设计专有权纠纷，是指集成电路布图设计权利人就是否侵害其集成电路布图设计专有权，而与他人引发的纠纷。

常用法律条文及索引

《中华人民共和国民法典》（2020 年 5 月 28 日公布　2021 年 1 月 1 日施行）

第一百二十三条　民事主体依法享有知识产权。

知识产权是权利人依法就下列客体享有的专有的权利：

……

（六）集成电路布图设计；

……

第八百七十六条 集成电路布图设计专有权、植物新品种权、计算机软件著作权等其他知识产权的转让和许可，参照适用本节的有关规定。

《集成电路布图设计保护条例》（2001 年 4 月 2 日公布 2001 年 10 月 1 日施行）

第九条 布图设计专有权属于布图设计创作者，本条例另有规定的除外。

由法人或者其他组织主持，依据法人或者其他组织的意志而创作，并由法人或者其他组织承担责任的布图设计，该法人或者其他组织是创作者。

由自然人创作的布图设计，该自然人是创作者。

第十条 两个以上自然人、法人或者其他组织合作创作的布图设计，其专有权的归属由合作者约定；未作约定或者约定不明的，其专有权由合作者共同享有。

第十一条 受委托创作的布图设计，其专有权的归属由委托人和受托人双方约定；未作约定或者约定不明的，其专有权由受托人享有。

第十二条 布图设计专有权的保护期为 10 年，自布图设计登记申请之日或者在世界任何地方首次投入商业利用之日起计算，以较前日期为准。但是，无论是否登记或者投入商业利用，布图设计自创作完成之日起 15 年后，不再受本条例保护。

第十三条 布图设计专有权属于自然人的，该自然人死亡后，其专有权在本条例规定的保护期内依照继承法的规定转移。

布图设计专有权属于法人或者其他组织的，法人或者其他组织变更、终止后，其专有权在本条例规定的保护期内由承继其权利、义务的法人或者其他组织享有；没有承继其权利、义务的法人或者其他组织的，该布图设计进入公有领域。

适用本案由需要注意的问题

◆对于集成电路布图设计专有权权属、侵权纠纷案件的地域管辖，应当区别权属争议发生的原因是合同关系还是侵权行为，分别确定案件管辖。

对于一般民事侵权纠纷案件的管辖，根据《民事诉讼法》第 29 条的规定，因侵权行为提起的诉讼，由侵权行为地或者被告住所地人民法院管辖。上述侵权行为地，包括侵权行为实施地和侵权结果发生地。对于侵害集成电路布图设计纠纷而言，目前没有明确的法律规定，可以参照专利纠纷案件确定。

对于侵害集成电路布图设计专有权纠纷案件的级别管辖，根据《最高人民法院关于开展涉及集成电路布图设计案件审判工作的通知》，由各省、自治区、直辖市人民政府所在地，经济特区所在地和大连、青岛、温州、佛山、烟台市的中级人民法院作为第一审人民法院审理。

◆在适用本案由时，要注意集成电路布图设计专有权与著作权的区别。两者的不同主要有：（1）一方面，布图设计专有权的产生方式与著作权不同，只有在履行一定的法律程序，即登记后才能产生，而著作权无须登记，一旦作品完成，就享有著作权利。集成电路作为一种工业产品，一旦投放市场将被应用于各个领域，性能优良的集成电路可能会因其商业价值引来一些不法厂商的仿冒。另一方面，由于集成电路布图设计受到诸多因素的限制，其表现形式是有限的，这就可能存在不同人完全独立地设计出具有相同实质性特点的布图设计的情况。这就是说，布图设计具有一定的客观自然属性，其人身性远不及普通著作权客体那样强。（2）布图设计权中的复制权，与著作权中的复制权相比，受到更多的限制。如果照搬著作权法中关于复制权的规定，实施反向工程将被认为是侵权行为。为了电子工业和集成电路技术的发展，应当对复制权加以一定的限制，允许在一定条件下或合理范围内实施反向工程。与此相反，单纯地为复制布图设计而实施反向工程仍为侵权。反向工程是对复制权的一种限制。（3）布图设计专有权的保护期为10年，自布图设计登记申请之日或者在世界任何地方首次投入商业利用之日起计算，以较前日期为准。但是，无论是否登记或者投入商业利用，布图设计自创作完成之日起15年后，不再受条例保护。而著作权的保护期限为自然人终生及其死亡后50年，截止到自然人死亡后第50年的12月31日；软件是合作开发的，截止到最后死亡的自然人死亡后第50年的12月31日。

163. 侵害企业名称（商号）权纠纷

案由解析

企业名称（商号）权，是指国内企业对其注册取得的企业名称在登记范围内享有的专有权利，以及外国企业依据国际条约在我国境内享有的权利。企业名称应当由以下部分依次组成：字号（或者商号）、行业或者经营特点、组织形式，并冠以企业所在地行政区划名称。

侵害企业名称（商号）权纠纷，是指一方当事人因擅自使用他人企业名称（商号）或者其他侵犯他人企业名称权的行为而引发的纠纷。

企业名称（商号）权的特征：(1) 企业名称（商号）权的主体，是依法取得商事主体资格的独立商品生产者或经营者，且具有单一性。法律对同一个企业名称（商号），在核准注册的范围内，只授予一个商事主体以专用权，不存在企业名称（商号）权共有的情况，这一特点是由企业名称（商号）的识别功能决定的，它是企业名称（商号）权区别于其他有形财产权的显著特征。(2) 企业名称（商号）权的内容，具有人身权和财产权双重属性。企业名称（商号）权与商事主体的人身不可分离，离开了具体的商品生产者或经营者，就无所谓企业名称（商号）权。企业名称（商号）权的财产权属性则是由企业名称自身的无形财产属性所决定的。(3) 企业名称（商号）权没有时间限制。只要商事主体存在，其企业名称（商号）权就可以存续，这是由企业名称权强烈的人格性特征所决定的。

常用法律条文及索引

《中华人民共和国民法典》（2020 年 5 月 28 日公布　2021 年 1 月 1 日施行）

第一百一十条第二款　法人、非法人组织享有名称权、名誉权和荣誉权。

第一千零一十三条　法人、非法人组织享有名称权，有权依法决定、使用、变更、转让或者许可他人使用自己的名称。

第一千零一十四条　任何组织或者个人不得以干涉、盗用、假冒等方式侵害他人的姓名权或者名称权。

《中华人民共和国反不正当竞争法》（2025 年 6 月 27 日修订）

第七条　经营者不得实施下列混淆行为，引人误认为是他人商品或者与他人存在特定联系：

（一）擅自使用与他人有一定影响的商品名称、包装、装潢等相同或者近似的标识；

（二）擅自使用他人有一定影响的名称（包括简称、字号等）、姓名（包括笔名、艺名、网名、译名等）；

（三）擅自使用他人有一定影响的域名主体部分、网站名称、网页、新媒体账号名称、应用程序名称或者图标等；

（四）其他足以引人误认为是他人商品或者与他人存在特定联系的混淆行为。

擅自将他人注册商标、未注册的驰名商标作为企业名称中的字号使用，或者将他人商品名称、企业名称（包括简称、字号等）、注册商标、未注册的驰名商标等设置为搜索关键词，引人误认为是他人商品或者与他人存在特定联系的，属于前款规定的混淆行为。

经营者不得帮助他人实施混淆行为。

《最高人民法院关于审理注册商标、企业名称与在先权利冲突的民事纠纷案件若干问题的规定》（法释〔2008〕3号　2020年12月23日修正）

第一条　原告以他人注册商标使用的文字、图形等侵犯其著作权、外观设计专利权、企业名称权等在先权利为由提起诉讼，符合民事诉讼法第一百一十九条规定的，人民法院应当受理。

原告以他人使用在核定商品上的注册商标与其在先的注册商标相同或者近似为由提起诉讼的，人民法院应当根据民事诉讼法第一百二十四条第（三）项的规定，告知原告向有关行政主管机关申请解决。但原告以他人超出核定商品的范围或者以改变显著特征、拆分、组合等方式使用的注册商标，与其注册商标相同或者近似为由提起诉讼的，人民法院应当受理。

第二条　原告以他人企业名称与其在先的企业名称相同或者近似，足以使相关公众对其商品的来源产生混淆，违反反不正当竞争法第六条第（二）项的规定为由提起诉讼，符合民事诉讼法第一百一十九条规定的，人民法院应当受理。

第三条　人民法院应当根据原告的诉讼请求和争议民事法律关系的性质，按照民事案件案由规定，确定注册商标或者企业名称与在先权利冲突的民事纠纷案件的案由，并适用相应的法律。

第四条　被诉企业名称侵犯注册商标专用权或者构成不正当竞争的，人民法院可以根据原告的诉讼请求和案件具体情况，确定被告承担停止使用、规范使用等民事责任。

适用本案由需要注意的问题

◆侵害企业名称（商号）权纠纷案件的管辖，根据《民事诉讼法》第29条的规定，由侵权行为地或者被告住所地人民法院管辖。侵权行为地，包括侵权行为实施地和侵权结果发生地。

◆在适用本案由时，要特别注意区分企业名称（商号）与商标的区别。（参见本书案由“147. 商标合同纠纷”中“适用本案由需要注意的问题”部分。）

164. 侵害特殊标志专有权纠纷

案由解析

特殊标志是指经国务院批准举办的全国性或者是国际性的文化、教育、科学研究及其他社会公益活动所使用的由文字、图形组成的名称及缩写、徽记、吉祥物等标志。

特殊标志专有权，指的是特殊标志所有人对特殊标志依法享有的专有权。

侵害特殊标志专有权纠纷，是指特殊标志所有人就他人是否侵害其特殊标志专有权而与他人产生的纠纷。

特殊标志专有权的特征是：(1) 权利主体是由国务院批准举办的全国性和国际性的文化、体育、科学研究及其他社会公益活动的组织者或筹备者，是依法成立的企业、事业单位、社会团体、个体工商户。(2) 取得该专有权须订立书面合同。(3) 权利的客体是图书标志，是由文字、图形组成的名称及缩写、徽记、吉祥物。

常用法律条文及索引

《特殊标志管理条例》（1996年7月13日公布施行）

第十三条 特殊标志所有人可以在与其公益活动相关的广告、纪念品及其他物品上使用该标志，并许可他人在国务院工商行政管理部门核准使用该标志的商品或者服务项目上使用。

第十六条 有下列行为之一的，由县级以上人民政府工商行政管理部门责令侵权人立即停止侵权行为，没收侵权商品，没收违法所得，并处违法所得5倍以下的罚款，没有违法所得的，处1万元以下的罚款：

（一）擅自使用与所有人的特殊标志相同或者近似的文字、图形或者其组合的；

（二）未经特殊标志所有人许可，擅自制造、销售其特殊标志或者将其特殊标志用于商业活动的；

（三）有给特殊标志所有人造成经济损失的其他行为的。

适用本案由需要注意的问题

◆侵害特殊标志专有权纠纷案件的管辖，根据《民事诉讼法》第29条的规定，由侵权行为地或者被告住所地人民法院管辖。侵权行为地，包括侵权行为实施地和侵权结果发生地。

◆在适用本案由时，要特别注意区分特殊标志和商标的区别。（参见本书案由“155.特殊标志合同纠纷”中“适用本案由需要注意的问题”部分）。

◆一般来说，世界博览会、奥运会、亚运会等大型活动的举办国或者相关的国际组织都会通过制定专项法律等，以实现对世界博览会、奥运会、亚运会等的特殊标志专有权的全面保护。我国更是高度重视对世界博览会、奥运会、亚运会等的特殊标志专有权的保护工作，分别制定了相应的法律保护制度。

◆以世界博览会特殊标志为例。2004年10月13日，国务院第六十六次常务会议通过《世界博览会标志保护条例》，并规定自2004年12月1日起施行。《世界博览会标志保护条例》是专门保护世界博览会标志的一部专项法规。因此，只要世界博览会标志权利人（包括国际展览局和每一届世界博览会举办国的具体组织机构）将世界博览会标志报有关机关备案并公告，便会在法律上获得严密保护。凡未经世界博览会标志权利人许可，任何人以商业目的（含潜在商业目的）使用世界博览会标志的行为，都违反了《世界博览会标志保护条例》的规定。

◆在一般情况下，对于侵犯特殊标志专有权的违法行为，各级市场监督管理机关应首先考虑适用《世界博览会标志保护条例》《奥林匹克标志保护条例》《特殊标志管理条例》等进行立案调查及处理。同时，《世界博览会标志保护条例》第15条规定，世界博览会标志除依照本条例受到保护外，还可以依照《著作权法》《商标法》《专利法》《反不正当竞争法》《特殊标志管理条例》等法律、行政法规的规定获得保护。由此可见，《世界博览会标志保护条例》并不是保护世界博览会标志的唯一一个法规，世界博览会标志同样受到其他法律、法规的保护，只是其他法律、法规对特殊标志的保护是有条件的，是间接的。

165. 网络域名权属、侵权纠纷

（1）网络域名权属纠纷

（2）侵害网络域名纠纷

案由解析

网络域名，就是指互联网上识别和定位计算机层次结构式的字符标识，与该计算机的互联网协议地址相对应。

网络域名权属、侵权纠纷，是指当事人之间就网络域名的归属和侵害网络域名的相关权益所引发的纠纷。

典型形态

在实践中，网络域名权属、侵权纠纷主要有：

（1）网络域名权属纠纷，是指双方当事人就网络域名归谁所有所引发的纠纷。

（2）侵害网络域名纠纷，是指网络域名权利人因他人擅自使用权利人已注册的网络域名及其相关权益而发生的纠纷。

相关法律条文及索引

《最高人民法院关于审理涉及计算机网络域名民事纠纷案件适用法律若干问题的解释》（法释〔2001〕24号　2020年12月23日修正）

第四条　人民法院审理域名纠纷案件，对符合以下各项条件的，应当认定被告注册、使用域名等行为构成侵权或者不正当竞争：

（一）原告请求保护的民事权益合法有效；

（二）被告域名或其主要部分构成对原告驰名商标的复制、模仿、翻译或音译；或者与原告的注册商标、域名等相同或近似，足以造成相关公众的误认；

（三）被告对该域名或其主要部分不享有权益，也无注册、使用该域名的正当理由；

（四）被告对该域名的注册、使用具有恶意。

第五条　被告的行为被证明具有下列情形之一的，人民法院应当认定其具有恶意：

（一）为商业目的将他人驰名商标注册为域名的；

（二）为商业目的注册、使用与原告的注册商标、域名等相同或近似的域名，故意造成与原告提供的产品、服务或者原告网站的混淆，误导网络用户访问其网站或其他在线站点的；

（三）曾要约高价出售、出租或者以其他方式转让该域名获取不正当利益的；

（四）注册域名后自己并不使用也未准备使用，而有意阻止权利人注册该域名的；

（五）具有其他恶意情形的。

被告举证证明在纠纷发生前其所持有的域名已经获得一定的知名度，且能与原告的注册商标、域名等相区别，或者具有其他情形足以证明其不具有恶意的，人民法院可以不认定被告具有恶意。

第六条　人民法院审理域名纠纷案件，根据当事人的请求以及案件的具体情况，可以对涉及的注册商标是否驰名依法作出认定。

第七条　人民法院认定域名注册、使用等行为构成侵权或者不正当竞争的，可以判令被告停止侵权、注销域名，或者依原告的请求判令由原告注册使用该域名；给权利人造成实际损害的，可以判令被告赔偿损失。

侵权人故意侵权且情节严重，原告有权向人民法院请求惩罚性赔偿。

适用本案由需要注意的问题

◆对于网络域名权属纠纷案件的管辖，应当区别权属争议发生的原因是合同关系还是侵权行为，分别确定案件管辖。

◆对于侵害网络域名纠纷案件的管辖，根据《民事诉讼法》第29条的规定，因侵权行为提起的诉讼，由侵权行为地或者被告住所地人民法院管辖。侵权行为地，包括侵权行为实施地和侵权结果发生地。《最高人民法院关于审理涉及计算机网络域名民事纠纷案件适用法律若干问题的解释》第2条对侵害网络域名纠纷案件的地域管辖作出了进一步限定。即对难以确定侵权行为地和被告住所地的，原告发现该域名的计算机终端等设备所在地可以视为侵权行为地。涉外域名纠纷案件包括当事人一方或者双方是外国人、无国籍人、外国企业或组织、国际组织，或者域名注册地在外国的域名纠纷案件。在中华人民共和国领域内发生的涉外域名纠纷案件，依照《民事诉讼法》第 4 编的“涉外民事诉讼程序的特别规定”确定管辖。对于级别管辖，《最高人民法院关于审理涉及计算机网络域名民事纠纷案件适用法律若干问题的解释》第 2 条规定，涉及域名的侵权纠纷案件，由侵权行为地或者被告住所地的中级人民法院管辖。

166. 发现权纠纷

案由解析

发现权，是指集体或者个人在探索阐明自然现象、特征或者规律的科学研究中，取得前人未知的、对科技发展有重大意义的成果，而依法享有的权利。即发现人因重大科学发现，经评审而获得荣誉和物质奖励的权利。发现权是一种民事权利，包括人身权和财产权。发现与发明不同，发明是对现有生产技术水平的变革所取得的科学技术成就，发现则是对自然界或其客观规律的新认识。发现权纠纷，是指当事人之间就发现权的归属以及因发现权其他有关权益所引发的纠纷。

相关法律条文及索引

《中华人民共和国民法典》（2020 年 5 月 28 日公布　2021 年 1 月 1 日施行）

第一百二十三条　民事主体依法享有知识产权。

知识产权是权利人依法就下列客体享有的专有的权利：

（一）作品；

（二）发明、实用新型、外观设计；

（三）商标；

（四）地理标志；

（五）商业秘密；

（六）集成电路布图设计；

（七）植物新品种；

（八）法律规定的其他客体。

《中华人民共和国科学技术进步法》（2021 年 12 月 24 日修订）

第十八条　每年 5 月 30 日为全国科技工作者日。

国家建立和完善科学技术奖励制度，设立国家最高科学技术奖等奖项，对在科学技术进步活动中做出重要贡献的组织和个人给予奖励。具体办法由国务院规定。

国家鼓励国内外的组织或者个人设立科学技术奖项，对科学技术进步活动中做出贡献的组织和个人给予奖励。

适用本案由需要注意的问题

◆发现权纠纷案件的管辖，按照一般侵权纠纷案件的管辖原则，由侵权行为地或者被告住所地人民法院管辖。侵权行为地，包括侵权行为实施地和侵权结果发生地。对于发现权纠纷案件的级别管辖，虽然目前并无明确的法律和司法解释规定，但作为知识产权案件的一种，该类纠纷案件应由中级以上人民法院和经最高人民法院批准具有知识产权案件管辖权的基层人民法院管辖

◆在适用本案由时，要注意其与发明权纠纷的区别。发现与发明不同之处在于，发明是对现有生产技术水平的变革所取得的科学技术成就，发现则是对自然界或其客观规律的新认识，如对新星球、数学定理、物理理论、地震规律方面新的发现等。这些发现不一定能立即应用于生产实践，但它们扩大了人类的知识领域，使人类能够进一步探索大自然以及人类自己（如在生理学方面）的奥秘，有的还能进一步引进应用科学，为人类带来福利，因此受到各国法律的保护和奖励。取得重大理论成就的发现人能获得国际奖金和荣誉。

167. 发明权纠纷

案由解析

发明权是指发明人对其基于发明创造的成果而产生的专利和专利申请以外的其他发明成果所享有的权利。

发明权纠纷，是指双方当事人因专利和专利申请以外的其他发明成果的权利的归属及其有关权益发生的争议。

发明权的特点主要有以下几点：（1）发明权的客体是专利和专利申请以外的其他发明成果。（2）发明权包括人身权和财产权，且人身权不得转让和继承。

常用法律条文及索引

《中华人民共和国民法典》（2020年5月28日公布　2021年1月1日施行）

第一百二十三条　民事主体依法享有知识产权。

知识产权是权利人依法就下列客体享有的专有的权利：

（一）作品；

（二）发明、实用新型、外观设计；

（三）商标；

（四）地理标志；

（五）商业秘密；

（六）集成电路布图设计；

（七）植物新品种；

（八）法律规定的其他客体。

《中华人民共和国科学技术进步法》（2021年12月24日修订）

第十八条　每年5月30日为全国科技工作者日。

国家建立和完善科学技术奖励制度，设立国家最高科学技术奖等奖项，对在科学技术进步活动中做出重要贡献的组织和个人给予奖励。具体办法由国务院规定。

国家鼓励国内外的组织或者个人设立科学技术奖项，对科学技术进步活动中做出贡献的组织和个人给予奖励。

《中华人民共和国专利法实施细则》（2023年12月11日修订）

第九十二条　被授予专利权的单位可以与发明人、设计人约定或者在其依法制定的规章制度中规定专利法第十五条规定的奖励、报酬的方式和数额。鼓励被授予专利权的单位实行产权激励，采取股权、期权、分红等方式，使发明人或者设计人合理分享创新收益。

企业、事业单位给予发明人或者设计人的奖励、报酬，按照国家有关财务、会计制度的规定进行处理。

第九十三条　被授予专利权的单位未与发明人、设计人约定也未在其依法制定的规章制度中规定专利法第十五条规定的奖励的方式和数额的，应当自公告授予专利权之日起3个月内发给发明人或者设计人奖金。一项发明专利的奖金最低不少于4000元；一项实用新型专利或者外观设计专利的奖金最低不少于1500元。

由于发明人或者设计人的建议被其所属单位采纳而完成的发明创造，被授予专利权的单位应当从优发给奖金。

第九十四条 被授予专利权的单位未与发明人、设计人约定也未在其依法制定的规章制度中规定专利法第十五条规定的报酬的方式和数额的，应当依照《中华人民共和国促进科技成果转化法》的规定，给予发明人或者设计人合理的报酬。

适用本案由需要注意的问题

◆发明权纠纷案件的管辖，按照一般侵权纠纷案件的管辖原则，由侵权行为地或者被告住所地人民法院管辖。侵权行为地，包括侵权行为实施地和侵权结果发生地。对于发明权纠纷案件的级别管辖，虽然目前并无明确的法律和司法解释规定，但作为知识产权案件的一种，该类纠纷案件应由中级以上人民法院和经最高人民法院批准具有知识产权案件管辖权的基层人民法院管辖

◆在适用本案有时，要注意其与发现权纠纷的区别。

168. 其他科技成果权纠纷

案由解析

其他科技成果权是指除《民法典》之外尚无专门的知识产权法律和行政法规作出规定的、发现和发明之外的科学技术成果的权利。科学技术成果，是指人们在科学和技术活动中通过复杂的智力劳动所得出的成果。

其他科技成果权纠纷，是指双方当事人对除《民法典》之外尚无专门的知识产权法律和行政法规作出规定的、发现和发明之外的科学技术成果的权利的归属及其有关权益发生的纠纷。

常用法律条文及索引

《中华人民共和国民法典》（2020年5月28日公布 2021年1月1日施行）

第一百二十三条 民事主体依法享有知识产权。

知识产权是权利人依法就下列客体享有的专有的权利：

（一）作品；

（二）发明、实用新型、外观设计；

（三）商标；

（四）地理标志；

（五）商业秘密；

（六）集成电路布图设计；

（七）植物新品种；

（八）法律规定的其他客体。

《中华人民共和国促进科技成果转化法》（2015 年 8 月 29 日修正）

第十六条 科技成果持有者可以采用下列方式进行科技成果转化：

（一）自行投资实施转化；

（二）向他人转让该科技成果；

（三）许可他人使用该科技成果；

（四）以该科技成果作为合作条件，与他人共同实施转化；

（五）以该科技成果作价投资，折算股份或者出资比例；

（六）其他协商确定的方式。

第四十条 科技成果完成单位与其他单位合作进行科技成果转化的，应当依法由合同约定该科技成果有关权益的归属。合同未作约定的，按照下列原则办理：

（一）在合作转化中无新的发明创造的，该科技成果的权益，归该科技成果完成单位；

（二）在合作转化中产生新的发明创造的，该新发明创造的权益归合作各方共有；

（三）对合作转化中产生的科技成果，各方都有实施该项科技成果的权利，转让该科技成果应经合作各方同意。

第四十一条 科技成果完成单位与其他单位合作进行科技成果转化的，合作各方应当就保守技术秘密达成协议；当事人不得违反协议或者违反权利人有关保守技术秘密的要求，披露、允许他人使用该技术。

适用本案由需要注意的问题

◆其他科技成果权纠纷案件的管辖，按照一般侵权纠纷案件的管辖原则，由侵权行为地或者被告住所地人民法院管辖。侵权行为地，包括侵权行为实施地和侵权结果发生地。对于其他科技成果权纠纷案件的级别管辖，虽然目前并无明确的法律和司法解释规定，但作为知识产权案件的一种，该类纠纷案件应由中级以上人民法院和经最高人民法院批准具有知识产权案件管辖权的基层人民法院管辖。

◆在适用本案由时，要注意的是，凡是涉及已经有专门知识产权法律或者行政法规规定的科技成果，均应当确定为相应的知识产权纠纷，只有那些无法归类为某种具体类型的知识产权，也不属于发现权和发明权，可是却又与科学技术有关的智力成果的纠纷，才可以确定为其他科学技术成果纠纷。

169. 确认不侵害知识产权纠纷

（1）确认不侵害专利权纠纷
（2）确认不侵害商标权纠纷
（3）确认不侵害著作权纠纷
（4）确认不侵害植物新品种权纠纷
（5）确认不侵害集成电路布图设计专用权纠纷
（6）确认不侵害计算机软件著作权纠纷

案由解析

确认不侵害知识产权纠纷，是指行为人的利益受到特定知识产权影响，行为人以该知识产权权利人为被告，提起请求确认其有关行为不侵犯该知识产权的诉讼。“特定知识产权影响”指的是一方当事人受到来自另一方特定知识产权权利人的侵权警告或者侵权威胁，但权利人并未在合理期限内依照法定程序请求人民法院解决有关纠纷。

确认不侵害知识产权纠纷的特点主要有：第一，行为人或第三人提起的是一个消极的确认之诉。第二，是对知识产权的专有性提出的限制。

典型形态

在实践中，确认不侵害知识产权纠纷主要有：

（1）确认不侵害专利权纠纷，是指专利权人作为被告，涉嫌侵权人作为原告主动提起诉讼，请求法院确认其行为不构成对被告专利权的侵犯。

（2）确认不侵害商标权纠纷，是指商标权人作为被告，涉嫌侵权人作为原告主动提起诉讼，请求法院确认其行为不构成对被告商标权的侵犯。

（3）确认不侵害著作权纠纷，是指著作权人或者邻接权人作为被告，涉嫌侵权人作为原告主动提起诉讼，请求法院确认其行为不构成对被告著作权或邻接权的侵犯。

（4）确认不侵害植物新品种权纠纷，是指植物新品种权利人作为被告，涉嫌侵权人作为原告主动提起诉讼，请求法院确认其行为不构成对被告植物新品种权的侵犯。

（5）确认不侵害集成电路布图设计专用权纠纷，是指集成电路布图设计专用权人作为被告，涉嫌侵权人作为原告主动提起诉讼，请求法院确认其行为不构成对被告集成电路布图设计专用权的侵犯。

（6）确认不侵害计算机软件著作权纠纷，是指计算机软件著作权人作为被告，涉嫌侵权人作为原告主动提起诉讼，请求法院确认其行为不构成对被告计算机软件著作权的侵犯。

常用法律条文及索引

《最高人民法院关于审理侵犯专利权纠纷案件应用法律若干问题的解释》（法释〔2009〕21号 2009年12月28日公布）

第十八条 权利人向他人发出侵犯专利权的警告，被警告人或者利害关系人经书面催告权利人行使诉权，自权利人收到该书面催告之日起一个月内或者自书面催告发出之日起二个月内，权利人不撤回警告也不提起诉讼，被警告人或者利害关系人向人民法院提起请求确认其行为不侵犯专利权的诉讼的，人民法院应当受理。

适用本案由需要注意的问题

◆确认不侵害知识产权纠纷，在性质上属于侵权纠纷。故该类纠纷案件的管辖，按照一般侵权纠纷案件的管辖原则，由侵权行为地或者被告住所地人民法院管辖。侵权行为地，包括侵权行为实施地和侵权结果发生地。对于确认不侵害知识产权纠纷案件的级别管辖，虽然目前并无明确的法律和司法解释规定，但作为知识产权案件的一种，该类纠纷案件应由中级以上人民法院和经最高人民法院批准具有知识产权案件管辖权的基层人民法院管辖。

◆在适用本案由时，要注意其与知识产权侵权纠纷的区别。两者区别主要是知识产权侵权纠纷的原告是知识产权权利人，而确认不侵害知识产权纠纷案件的被告是知识产权权利人，且是由于权利人并未在合理期限内依照法定程序请求人民法院解决有关纠纷，涉嫌侵害权利人专有知识产权的一方才提起诉讼。确认不侵害知识产权纠纷是一种消极的确认之诉，而知识产权侵权纠纷是积极确认之诉。

170. 因申请知识产权临时措施损害责任纠纷

（1）因申请诉前停止侵害专利权损害责任纠纷
（2）因申请诉前停止侵害注册商标专用权损害责任纠纷
（3）因申请诉前停止侵害著作权损害责任纠纷
（4）因申请诉前停止侵害植物新品种权损害责任纠纷
（5）因申请海关知识产权保护措施损害责任纠纷
（6）因申请诉前停止侵害计算机软件著作权损害责任纠纷
（7）因申请诉前停止侵害集成电路布图设计专用权损害责任纠纷

案由解析

因申请知识产权临时措施损害责任纠纷，是指在人民法院应知识产权权利人的申请而采取临时措施之后，因申请人不起诉或者申请错误造成被申请人损失而发生的损害责任纠纷。

临时措施，指的是司法机关在对案件事实和法律问题进行全面审查并作出终局决定前，因情况紧急而为权利人采取的临时性的救济措施。目前，我国法律规定的临时措施主要包括三种：责令停让有关行为（一般称为临时禁令）、财产保全和证据保全。

典型形态

在实践中，因申请知识产权临时措施损害责任纠纷主要有：

（1）因申请诉前停止侵害专利权损害责任纠纷，是指在人民法院应专利权人的申请而采取临时措施之后，因申请人不起诉或者申请错误造成被申请人损失而发生的损害责任纠纷。

（2）因申请诉前停止侵害注册商标专用权损害责任纠纷，是指在人民法院应商标专用权人的申请而采取临时措施之后，因申请人不起诉或者申请错误造成被申请人损失而发生的损害责任纠纷。

（3）因申请诉前停止侵害著作权损害责任纠纷，是指在人民法院应著作权人或邻接权人的申请而采取临时措施之后，因申请人不起诉或者申请错误造成被申请人损失而发生的损害责任纠纷。

（4）因申请诉前停止侵害植物新品种权损害责任纠纷，是指在人民法院应植物新品种权利人的申请而采取临时措施之后，因申请人不起诉或者申请错误造成被申请人损失而发生的损害责任纠纷。

（5）因申请海关知识产权保护措施损害责任纠纷，是指在海关应知识产权权利人的申请而采取临时措施之后，因申请人不起诉或者申请错误造成被申请人损失而发生的损害责任纠纷。

（6）因申请诉前停止侵害计算机软件著作权损害责任纠纷，是指在人民法院应计算机软件著作权人的申请而采取临时措施之后，因申请人不起诉或者申请错误造成被申请人损失而发生的损害责任纠纷。

（7）因申请诉前停止侵害集成电路布图设计专用权损害责任纠纷，是指在人民法院应集成电路布图设计专用权人的申请而采取临时措施之后，因申请人不起诉或者申请错误造成被申请人损失而发生的损害责任纠纷。

常用法律条文及索引

《中华人民共和国民事诉讼法》（2023 年 9 月 1 日修正）

第一百零三条 人民法院对于可能因当事人一方的行为或者其他原因，使判决难以执行或者造成当事人其他损害的案件，根据对方当事人的申请，可以裁定对其财产进行保全、责令其作出一定行为或者禁止其作出一定行为；当事人没有提出申请的，人民法院在必要时也可以裁定采取保全措施。

人民法院采取保全措施，可以责令申请人提供担保，申请人不提供担保的，裁定驳回申请。

人民法院接受申请后，对情况紧急的，必须在四十八小时内作出裁定；裁定采取保全措施的，应当立即开始执行。

第一百零四条 利害关系人因情况紧急，不立即申请保全将会使其合法权益受到难以弥补的损害的，可以在提起诉讼或者申请仲裁前向被保全财产所在地、被申请人住所地或者对案件有管辖权的人民法院申请采取保全措施。申请人应当提供担保，不提供担保的，裁定驳回申请。

人民法院接受申请后，必须在四十八小时内作出裁定；裁定采取保全措施的，应当立即开始执行。

申请人在人民法院采取保全措施后三十日内不依法提起诉讼或者申请仲裁的，人民法院应当解除保全。

第一百零五条　保全限于请求的范围，或者与本案有关的财物。

第一百零六条　财产保全采取查封、扣押、冻结或者法律规定的其他方法。人民法院保全财产后，应当立即通知被保全财产的人。

财产已被查封、冻结的，不得重复查封、冻结。

第一百零七条　财产纠纷案件，被申请人提供担保的，人民法院应当裁定解除保全。

第一百零八条　申请有错误的，申请人应当赔偿被申请人因保全所遭受的损失。

《中华人民共和国商标法》（2019 年 4 月 23 日修正）

第六十五条　商标注册人或者利害关系人有证据证明他人正在实施或者即将实施侵犯其注册商标专用权的行为，如不及时制止将会使其合法权益受到难以弥补的损害的，可以依法在起诉前向人民法院申请采取责令停止有关行为和财产保全的措施。

第六十六条　为制止侵权行为，在证据可能灭失或者以后难以取得的情况下，商标注册人或者利害关系人可以依法在起诉前向人民法院申请保全证据。

《集成电路布图设计保护条例》（2001 年 4 月 2 日公布　2001 年 10 月 1 日施行）

第三十二条　布图设计权利人或者利害关系人有证据证明他人正在实施或者即将实施侵犯其专有权的行为，如不及时制止将会使其合法权益受到难以弥补的损害的，可以在起诉前依法向人民法院申请采取责令停止有关行为和财产保全的措施。

《中华人民共和国知识产权海关保护条例》（2018 年 3 月 19 日修订）

第二十八条　海关接受知识产权保护备案和采取知识产权保护措施的申请后，因知识产权权利人未提供确切情况而未能发现侵权货物、未能及时采取保护措施或者采取保护措施不力的，由知识产权权利人自行承担责任。

知识产权权利人请求海关扣留侵权嫌疑货物后，海关不能认定被扣留的侵权嫌疑货物侵犯知识产权权利人的知识产权，或者人民法院判定不侵犯知识产权权利人的知识产权的，知识产权权利人应当依法承担赔偿责任。

《最高人民法院关于审查知识产权纠纷行为保全案件适用法律若干问题的规定》（法释〔2018〕21 号　2018 年 12 月 12 日公布）

第二条　知识产权纠纷的当事人在判决、裁定或者仲裁裁决生效前，依据民事诉讼法第一百条、第一百零一条规定申请行为保全的，人民法院应当受理。

知识产权许可合同的被许可人申请诉前责令停止侵害知识产权行为的，独占许可合同的被许可人可以单独向人民法院提出申请；排他许可合同的被许可人在权利人不申请的情况下，可以单独提出申请；普通许可合同的被许可人经权利人明确授权以自己的名义起诉的，可以单独提出申请。

第四条　向人民法院申请行为保全，应当递交申请书和相应证据。申请书应当载明下列事项：

（一）申请人与被申请人的身份、送达地址、联系方式；

（二）申请采取行为保全措施的内容和期限；

（三）申请所依据的事实、理由，包括被申请人的行为将会使申请人的合法权益受到难以弥补的损害或者造成案件裁决难以执行等损害的具体说明；

（四）为行为保全提供担保的财产信息或资信证明，或者不需要提供担保的理由；

（五）其他需要载明的事项。

第五条　人民法院裁定采取行为保全措施前，应当询问申请人和被申请人，但因情况紧急或者询问可能影响保全措施执行等情形除外。

人民法院裁定采取行为保全措施或者裁定驳回申请的，应当向申请人、被申请人送达裁定书。向被申请人送达裁定书可能影响采取保全措施的，人民法院可以在采取保全措施后及时向被申请人送达裁定书，至迟不得超过五日。

当事人在仲裁过程中申请行为保全的，应当通过仲裁机构向人民法院提交申请书、仲裁案件受理通知书等相关材料。人民法院裁定采取行为保全措施或者裁定驳回申请的，应当将裁定书送达当事人，并通知仲裁机构。

第六条　有下列情况之一，不立即采取行为保全措施即足以损害申请人利益的，应当认定属于民事诉讼法第一百条、第一百零一条规定的“情况紧急”：

（一）申请人的商业秘密即将被非法披露；

（二）申请人的发表权、隐私权等人身权利即将受到侵害；

（三）诉争的知识产权即将被非法处分；

（四）申请人的知识产权在展销会等时效性较强的场合正在或者即将受到侵害；

（五）时效性较强的热播节目正在或者即将受到侵害；

（六）其他需要立即采取行为保全措施的情况。

第七条　人民法院审查行为保全申请，应当综合考量下列因素：

（一）申请人的请求是否具有事实基础和法律依据，包括请求保护的知识产权效力是否稳定；

（二）不采取行为保全措施是否会使申请人的合法权益受到难以弥补的损害或者造成案件裁决难以执行等损害；

（三）不采取行为保全措施对申请人造成的损害是否超过采取行为保全措施对被申请人造成的损害；

（四）采取行为保全措施是否损害社会公共利益；

（五）其他应当考量的因素。

第八条　人民法院审查判断申请人请求保护的知识产权效力是否稳定，应当综合考量下列因素：

（一）所涉权利的类型或者属性；

（二）所涉权利是否经过实质审查；

（三）所涉权利是否处于宣告无效或者撤销程序中以及被宣告无效或者撤销的可能性；

（四）所涉权利是否存在权属争议；

（五）其他可能导致所涉权利效力不稳定的因素。

第九条　申请人以实用新型或者外观设计专利权为依据申请行为保全的，应当提交由国务院专利行政部门作出的检索报告、专利权评价报告或者专利复审委员会维持该专利权有效的决定。申请人无正当理由拒不提交的，人民法院应当裁定驳回其申请。

第十条　在知识产权与不正当竞争纠纷行为保全案件中，有下列情形之一的，应当认定属于民事诉讼法第一百零一条规定的“难以弥补的损害”：

（一）被申请人的行为将会侵害申请人享有的商誉或者发表权、隐私权等人身性质的权利且造成无法挽回的损害；

（二）被申请人的行为将会导致侵权行为难以控制且显著增加申请人损害；

（三）被申请人的侵害行为将会导致申请人的相关市场份额明显减少；

（四）对申请人造成其他难以弥补的损害。

第十一条 申请人申请行为保全的，应当依法提供担保。

申请人提供的担保数额，应当相当于被申请人可能因执行行为保全措施所遭受的损失，包括责令停止侵权行为所涉产品的销售收益、保管费用等合理损失。

在执行行为保全措施过程中，被申请人可能因此遭受的损失超过申请人担保数额的，人民法院可以责令申请人追加相应的担保。申请人拒不追加的，可以裁定解除或者部分解除保全措施。

第十二条 人民法院采取的行为保全措施，一般不因被申请人提供担保而解除，但是申请人同意的除外。

第十三条 人民法院裁定采取行为保全措施的，应当根据申请人的请求或者案件具体情况等因素合理确定保全措施的期限。

裁定停止侵害知识产权行为的效力，一般应当维持至案件裁判生效时止。

人民法院根据申请人的请求、追加担保等情况，可以裁定继续采取保全措施。申请人请求续行保全措施的，应当在期限届满前七日内提出。

第十四条 当事人不服行为保全裁定申请复议的，人民法院应当在收到复议申请后十日内审查并作出裁定。

第十五条 人民法院采取行为保全的方法和措施，依照执行程序相关规定处理。

第十六条 有下列情形之一的，应当认定属于民事诉讼法第一百零五条规定的“申请有错误”：

（一）申请人在采取行为保全措施后三十日内不依法提起诉讼或者申请仲裁；

（二）行为保全措施因请求保护的知识产权被宣告无效等原因自始不当；

（三）申请责令被申请人停止侵害知识产权或者不正当竞争，但生效裁判认定不构成侵权或者不正当竞争；

（四）其他属于申请有错误的情形。

第十七条 当事人申请解除行为保全措施，人民法院收到申请后经审查符合《最高人民法院关于适用〈中华人民共和国民事诉讼法〉的解释》第一百六十六条规定的情形的，应当在五日内裁定解除。

申请人撤回行为保全申请或者申请解除行为保全措施的，不因此免除民事诉讼法第一百零五条规定的赔偿责任。

第十八条　被申请人依据民事诉讼法第一百零五条规定提起赔偿诉讼，申请人申请诉前行为保全后没有起诉或者当事人约定仲裁的，由采取保全措施的人民法院管辖；申请人已经起诉的，由受理起诉的人民法院管辖。

第十九条　申请人同时申请行为保全、财产保全或者证据保全的，人民法院应当依法分别审查不同类型保全申请是否符合条件，并作出裁定。

为避免被申请人实施转移财产、毁灭证据等行为致使保全目的无法实现，人民法院可以根据案件具体情况决定不同类型保全措施的执行顺序。

适用本案由需要注意的问题

◆关于该类案件的地域管辖，根据《最高人民法院关于审查知识产权纠纷行为保全案件适用法律若干问题的规定》第18条的规定，申请知识产权临时措施损害责任纠纷，申请人申请诉前行为保全后没有起诉或者当事人约定仲裁的，由采取保全措施的人民法院管辖；申请人已经起诉的，由受理起诉的人民法院管辖。

171. 因恶意提起知识产权诉讼损害责任纠纷

案由解析

因恶意提起知识产权诉讼损害责任纠纷，是指一方为获取非法或不正当利益而恶意提起知识产权诉讼，从而引发的纠纷。

目前，恶意诉讼在我国并无明确的定义，从学理上分析，一般认为，恶意诉讼指的是一方当事人以虚假的事实提起诉讼，利用诉讼获取自己不正当利益的诉讼行为。也就是说因恶意提起知识产权诉讼损害责任纠纷，就是一种以保护自己的知识产权为幌子，侵害他人合法权益，从而使得他人蒙受利益损失的不合情理的侵权行为。

恶意诉讼的实质是妄图用合法形式掩盖非法目的，其特征主要有以下几点：（1）恶意诉讼是行为人利用诉讼机制而提起的诉讼作为。（2）恶意诉讼行为人的主观动机是恶意的。（3）恶意诉讼具有双重违法性：一是恶意诉讼以损害他人利益追求自己非法利益为目的，具有侵权性质，是一种侵权行为，只不过这种侵权行为与一般的侵权行为相比有其自身的特殊性，它的侵权手段借用了国家正当的诉讼机制，形式的合法性具有较强的迷惑性，一般不易识别；二是恶意诉讼严重扰乱了国家正当的诉讼秩序，浪费了诉讼资源，损害了司法公正、司法权威与诉讼价值，具有恶意的、严重的违法性。

常用法律条文及索引

《中华人民共和国民法典》（2020年5月28日公布　2021年1月1日施行）

第一百七十六条　民事主体依照法律规定或者按照当事人约定，履行民事义务，承担民事责任。

《中华人民共和国专利法》（2020年10月17日修正）

第四十七条　宣告无效的专利权视为自始即不存在。

宣告专利权无效的决定，对在宣告专利权无效前人民法院作出并已执行的专利侵权的判决、调解书，已经履行或者强制执行的专利侵权纠纷处理决定，以及已经履行的专利实施许可合同和专利权转让合同，不具有追溯力。但是因专利权人的恶意给他人造成的损失，应当给予赔偿。

依照前款规定不返还专利侵权赔偿金、专利使用费、专利权转让费，明显违反公平原则的，应当全部或者部分返还。

《中华人民共和国民事诉讼法》（2023年9月1日修正）

第一百一十五条　当事人之间恶意串通，企图通过诉讼、调解等方式侵害国家利益、社会公共利益或者他人合法权益的，人民法院应当驳回其请求，并根据情节轻重予以罚款、拘留；构成犯罪的，依法追究刑事责任。

当事人单方捏造民事案件基本事实，向人民法院提起诉讼，企图侵害国家利益、社会公共利益或者他人合法权益的，适用前款规定。

《最高人民法院关于适用〈中华人民共和国民事诉讼法〉的解释》（法释〔2015〕5号　2022年3月22日修正）

第一百九十条　民事诉讼法第一百一十五条规定的他人合法权益，包括案外人的合法权益、国家利益、社会公共利益。

第三人根据民事诉讼法第五十九条第三款规定提起撤销之诉，经审查，原案当事人之间恶意串通进行虚假诉讼的，适用民事诉讼法第一百一十五条规定处理。

第一百九十一条　单位有民事诉讼法第一百一十五条或者第一百一十六条规定行为的，人民法院应当对该单位进行罚款，并可以对其主要负责人或者直接责任人员予以罚款、拘留；构成犯罪的，依法追究刑事责任。

适用本案由需要注意的问题

◆因恶意提起知识产权诉讼损害责任纠纷本质上属于侵权纠纷，故按照一般侵权纠纷案件的管辖原则，该类纠纷案件由侵权行为地或者被告住所地人民法院管辖。侵权行为地，包括侵权行为实施地和侵权结果发生地。恶意诉讼的受理地一般就属于侵权行为地。

因恶意提起知识产权诉讼损害责任纠纷的级别管辖，目前虽然尚无法律或者司法解释的明确规定，但应当符合知识产权案件的一般管辖规则。对于涉及专利等特殊类型知识产权问题的案件，为确保案件审理的顺利进行，一般应由具有特殊知识产权案件管辖权的法院管辖。

172. 专利权宣告无效后返还费用纠纷

案由解析

专利权宣告无效后返还费用纠纷是指因专利权宣布无效后被控专利侵权人、专利被许可人、专利受让人依法要求专利权人返还专利侵权赔偿金、专利使用费、专利权转让费而提起的诉讼纠纷。

相关法律条文及索引

《中华人民共和国专利法》（2020年10月17日修正）

第四十七条　宣告无效的专利权视为自始即不存在。

宣告专利权无效的决定，对在宣告专利权无效前人民法院作出并已执行的专利侵权的判决、调解书，已经履行或者强制执行的专利侵权纠纷处理决定，以及已经履行的专利实施许可合同和专利权转让合同，不具有追溯力。但是因专利权人的恶意给他人造成的损失，应当给予赔偿。

依照前款规定不返还专利侵权赔偿金、专利使用费、专利权转让费，明显违反公平原则的，应当全部或者部分返还。

适用本案由需要注意的问题

◆对于专利权宣告无效后返还费用纠纷的管辖，首先应区分基础法律关系是侵权法律关系还是合同法律关系。若是因之前存在的专利侵权纠纷而在专利权被宣告无效后被控侵权人提出的返还侵权赔偿金纠纷，一般应按照专利侵权案件的管辖规则来确定管辖（参见本书案由“160. 专利权权属、侵权纠纷”中“适用本案由需要注意的问题”部分）。对于因存在专利权转让合同而在专利权被宣告无效后受让人提出的返还专利权转让费纠纷，可以按照专利权转让合同案件的管辖规则来确定管辖（参见本书案由“148. 专利合同纠纷”中“适用本案由需要注意的问题”部分）。对于因存在专利实施许可合同而在专利权被宣告无效后被许可人提出的返还专利使用费纠纷；可以按照专利实施许可合同案件管辖规则来确定管辖（参见本书案由“148. 专利合同纠纷”中“适用本案由需要注意的问题”部分）。

十五、不正当竞争纠纷

173. 仿冒纠纷

（1）擅自使用与他人有一定影响的商品名称、包装、装潢等相同或者近似的标识纠纷
（2）擅自使用他人有一定影响的企业名称、社会组织名称、姓名纠纷
（3）擅自使用他人有一定影响的域名主体部分、网站名称、网页纠纷

案由解析

仿冒行为是指公民、法人或者其他组织在生产经营过程中为了争夺竞争优势，在自己的商品或者营业标志上不正当地使用他人的标志，使自己的商品或者营业与他人经营的商品、营业相混淆，牟取不正当利益的行为。具体表现为擅自使用其他经营者特有的、为公众所熟知的注册商标、商品的名称、包装、装潢或者各种质量标志，导致消费者混淆和市场混乱。

仿冒纠纷，是指公民、法人或者其他组织在生产经营过程中，擅自使用知名商品特有名称、包装、装潢和他人企业名称和姓名，通过伪造和冒用他

人产品质量标志和产地等不正当竞争手段，损害其他公民、法人和组织的合法权益所引起的纠纷。

典型形态

在实践中，仿冒纠纷主要有：

（1）擅自使用与他人有一定影响的商品名称、包装、装潢等相同或者近似的标识纠纷，是指公民、法人或者其他组织在生产经营过程中为了争夺竞争优势，未经权利人许可，擅自使用与他人有一定影响的商品名称、包装、装潢等相同或者近似的标识，导致消费者混淆从而引发的纠纷。

（2）擅自使用他人有一定影响的企业名称、社会组织名称、姓名纠纷，是指公民、法人或者其他组织在生产经营过程中为了争夺竞争优势，未经权利人许可，擅自使用他人有一定影响的企业名称、社会组织名称、姓名，导致消费者误认为是他人商品所引发的纠纷。

（3）擅自使用他人有一定影响的域名主体部分、网站名称、网页纠纷，是指公民、法人或者其他组织在生产经营过程中为了争夺竞争优势，未经权利人许可，擅自使用他人有一定影响的域名主体部分、网站名称、网页，导致消费者混淆从而引发的纠纷。

常用法律条文及索引

《中华人民共和国反不正当竞争法》（2025 年 6 月 27 日修订）

第七条　经营者不得实施下列混淆行为，引人误认为是他人商品或者与他人存在特定联系：

（一）擅自使用与他人有一定影响的商品名称、包装、装潢等相同或者近似的标识；

（二）擅自使用他人有一定影响的名称（包括简称、字号等）、姓名（包括笔名、艺名、网名、译名等）；

（三）擅自使用他人有一定影响的域名主体部分、网站名称、网页、新媒体账号名称、应用程序名称或者图标等；

（四）其他足以引人误认为是他人商品或者与他人存在特定联系的混淆行为。

擅自将他人注册商标、未注册的驰名商标作为企业名称中的字号使用，或者将他人商品名称、企业名称（包括简称、字号等）、注册商标、未注册的驰名商标等设置为搜索关键词，引人误认为是他人商品或者与他人存在特定联系的，属于前款规定的混淆行为。

经营者不得帮助他人实施混淆行为。

《最高人民法院关于适用〈中华人民共和国反不正当竞争法〉若干问题的解释》（法释〔2022〕9号　2022年3月16日公布）

第四条　具有一定的市场知名度并具有区别商品来源的显著特征的标识，人民法院可以认定为反不正当竞争法第六条规定的“有一定影响的”标识。

人民法院认定反不正当竞争法第六条规定的标识是否具有一定的市场知名度，应当综合考虑中国境内相关公众的知悉程度，商品销售的时间、区域、数额和对象，宣传的持续时间、程度和地域范围，标识受保护的情况等因素。

第五条　反不正当竞争法第六条规定的标识有下列情形之一的，人民法院应当认定其不具有区别商品来源的显著特征：

（一）商品的通用名称、图形、型号；

（二）仅直接表示商品的质量、主要原料、功能、用途、重量、数量及其他特点的标识；

（三）仅由商品自身的性质产生的形状，为获得技术效果而需有的商品形状以及使商品具有实质性价值的形状；

（四）其他缺乏显著特征的标识。

前款第一项、第二项、第四项规定的标识经过使用取得显著特征，并具有一定的市场知名度，当事人请求依据反不正当竞争法第六条规定予以保护的，人民法院应予支持。

第六条　因客观描述、说明商品而正当使用下列标识，当事人主张属于反不正当竞争法第六条规定的情形的，人民法院不予支持：

（一）含有本商品的通用名称、图形、型号；

（二）直接表示商品的质量、主要原料、功能、用途、重量、数量以及其他特点；

（三）含有地名。

第七条　反不正当竞争法第六条规定的标识或者其显著识别部分属于商标法第十条第一款规定的不得作为商标使用的标志，当事人请求依据反不正当竞争法第六条规定予以保护的，人民法院不予支持。

第八条　由经营者营业场所的装饰、营业用具的式样、营业人员的服饰等构成的具有独特风格的整体营业形象，人民法院可以认定为反不正当竞争法第六条第一项规定的“装潢”。

第九条 市场主体登记管理部门依法登记的企业名称，以及在中国境内进行商业使用的境外企业名称，人民法院可以认定为反不正当竞争法第六条第二项规定的“企业名称”。

有一定影响的个体工商户、农民专业合作社（联合社）以及法律、行政法规规定的其他市场主体的名称（包括简称、字号等），人民法院可以依照反不正当竞争法第六条第二项予以认定。

第十条 在中国境内将有一定影响的标识用于商品、商品包装或者容器以及商品交易文书上，或者广告宣传、展览以及其他商业活动中，用于识别商品来源的行为，人民法院可以认定为反不正当竞争法第六条规定的“使用”。

第十一条 经营者擅自使用与他人有一定影响的企业名称（包括简称、字号等）、社会组织名称（包括简称等）、姓名（包括笔名、艺名、译名等）、域名主体部分、网站名称、网页等近似的标识，引人误认为是他人商品或者与他人存在特定联系，当事人主张属于反不正当竞争法第六条第二项、第三项规定的情形的，人民法院应予支持。

第十二条 人民法院认定与反不正当竞争法第六条规定的“有一定影响的”标识相同或者近似，可以参照商标相同或者近似的判断原则和方法。

反不正当竞争法第六条规定的“引人误认为是他人商品或者与他人存在特定联系”，包括误认为与他人具有商业联合、许可使用、商业冠名、广告代言等特定联系。

在相同商品上使用相同或者视觉上基本无差别的商品名称、包装、装潢等标识，应当视为足以造成与他人有一定影响的标识相混淆。

第十三条 经营者实施下列混淆行为之一，足以引人误认为是他人商品或者与他人存在特定联系的，人民法院可以依照反不正当竞争法第六条第四项予以认定：

（一）擅自使用反不正当竞争法第六条第一项、第二项、第三项规定以外“有一定影响的”标识；

（二）将他人注册商标、未注册的驰名商标作为企业名称中的字号使用，误导公众。

第十四条 经营者销售带有违反反不正当竞争法第六条规定的标识的商品，引人误认为是他人商品或者与他人存在特定联系，当事人主张构成反不正当竞争法第六条规定的情形的，人民法院应予支持。

销售不知道是前款规定的侵权商品，能证明该商品是自己合法取得并说明提供者，经营者主张不承担赔偿责任的，人民法院应予支持。

适用本案由需要注意的问题

◆对于仿冒纠纷案件，根据《最高人民法院关于适用〈中华人民共和国反不正当竞争法〉若干问题的解释》第26条第1款的规定，由侵权行为地或者被告住所地人民法院管辖。侵权行为地，包括侵权行为实施地和侵权结果发生地。

◆在适用本案由时，要注意区分仿冒行为与假冒行为的区别：(1) 侵犯的客体不同。仿冒行为侵犯的是市场竞争秩序；假冒侵犯的是商标管理秩序。(2) 违法对象不同。违法对象是违法客体的物质承担者，违法客体是违法对象所体现的社会关系。仿冒行为的违法对象是知名商品的“名称”“包装”“装潢”；假冒行为的违法对象是他人的“注册商标”。(3) 客观表现不同。仿冒行为客观上表现为违反反不正当竞争法，擅自将知名商品的名称、包装、装潢作相同或近似使用；假冒行为客观上表现为违反商标管理法规，假冒或者伪造、销售他人注册商标。(4) 侵害结果不同。仿冒行为造成和他人知名商品相混淆，使购买者误认为是该知名商品，具有损害竞争对手之目的；假冒行为是构成对商品标志、记号（文字、图形）的误认，对同类商品无法区别，具有侵犯他人注册商标专用权之目的。

174. 商业贿赂不正当竞争纠纷

案由解析

商业贿赂行为是不正当竞争行为的一种，是指经营者以排斥竞争对手为目的，为使自己在销售或购买商品或提供服务等业务活动中获得利益，而采取的向交易相对人及其职员或其代理人暗中提供或许诺提供某种利益，从而实现交易的不正当竞争行为。

商业贿赂不正当竞争纠纷，是指公民、法人或其他组织为自己在销售或购买商品或提供服务等业务活动中获得利益，向其交易相对人提供商业贿赂，损害其竞争对手的合法权益而引发的纠纷。

商业贿赂行为的特征主要有：(1) 主体是经营者，贿赂对方单位或者个人。作为商业贿赂主体的经营者不限于法人，除法人外，还包括其他组织和个人。法人也不限于企业法人，还包括从事经营活动的事业单位法人、社会团体法人。(2) 目的是为销售商品或者购买商品，即为达到商业目的，通过贿赂手段，获取优于其他经营者的竞争地位。(3) 手段有两类，即财物手段和其他手段。当然，商业贿赂与其他贿赂都属于贿赂的范畴，触犯刑法的都要给予刑事制裁，但在行政责任上是不同的，商业贿赂由市场监督管理机关根据《反不正当竞争法》给予行政处罚，其他贿赂要受党纪政纪处分。

常用法律条文及索引

《中华人民共和国反不正当竞争法》（2025 年 6 月 27 日修订）

第八条　经营者不得采用给予财物或者其他手段贿赂下列单位或者个人，以谋取交易机会或者竞争优势：

（一）交易相对方的工作人员；

（二）受交易相对方委托办理相关事务的单位或者个人；

（三）利用职权或者影响力影响交易的单位或者个人。

前款规定的单位和个人不得收受贿赂。

经营者在交易活动中，可以以明示方式向交易相对方支付折扣，或者向中间人支付佣金。经营者向交易相对方支付折扣、向中间人支付佣金的，应当如实入账。接受折扣、佣金的经营者也应当如实入账。

经营者的工作人员进行贿赂的，应当认定为经营者的行为；但是，经营者有证据证明该工作人员的行为与为经营者谋取交易机会或者竞争优势无关的除外。

适用本案由需要注意的问题

◆对于商业贿赂不正当竞争纠纷案件，根据《最高人民法院关于适用〈中华人民共和国反不正当竞争法〉若干问题的解释》第 26 条第 1 款的规定，因不正当竞争行为提起的民事诉讼，由侵权行为地或者被告住所地人民法院管辖。

175. 虚假宣传纠纷

案由解析

虚假宣传是指在商业活动中经营者利用广告或其他方法对商品或者服务

作出与实际内容不相符的虚假信息（包括对商品或服务的质量、制作成分、性能、用途、生产者、有效期限、产地等），导致客户或消费者误解的行为。这种行为违反诚实信用原则，违反公认的商业准则，是一种严重的不正当竞争行为。

虚假宣传纠纷，是指在商业活动中，生产经营者利用广告或者其他方法，对商品的质量、制作成分、性能、用途、生产者、有效期限、产地等作出引人误解的虚假宣传而引发的民事纠纷。

虚假宣传的特征主要有：(1) 行为的违法性。虚假宣传之所以是违法行为，在于它违反了我国《广告法》和《反不正当竞争法》的有关规定，妨碍社会公共秩序，有悖社会善良风气，同时损害了消费者或其他生产经营者的合法权益，具有一定的社会危害性。(2) 宣传内容的不真实性。虚假宣传的一个重要特征就是宣传内容不能真实地、客观地介绍有关商品或服务的情况，即宣传内容与实际半成品或服务情况明显不符。(3) 手段的欺骗性。这主要表现在生产经营者或服务者在宣传中采取虚构事实和扩大事实或隐瞒真相等手段，从而误导消费者，使其产生错误的认识，而购买商品或接受服务。

常用法律条文及索引

《中华人民共和国反不正当竞争法》（2025 年 6 月 27 日修订）

第九条 经营者不得对其商品的性能、功能、质量、销售状况、用户评价、曾获荣誉等作虚假或者引人误解的商业宣传，欺骗、误导消费者和其他经营者。

经营者不得通过组织虚假交易、虚假评价等方式，帮助其他经营者进行虚假或者引人误解的商业宣传。

《中华人民共和国广告法》（2021 年 4 月 29 日修正）

第八条 广告中对商品的性能、功能、产地、用途、质量、成分、价格、生产者、有效期限、允诺等或者对服务的内容、提供者、形式、质量、价格、允诺等有表示的，应当准确、清楚、明白。

广告中表明推销的商品或者服务附带赠送的，应当明示所附带赠送商品或者服务的品种、规格、数量、期限和方式。

法律、行政法规规定广告中应当明示的内容，应当显著、清晰表示。

第十一条 广告内容涉及的事项需要取得行政许可的，应当与许可的内容相符合。

广告使用数据、统计资料、调查结果、文摘、引用语等引证内容的，应当真实、准确，并表明出处。引证内容有适用范围和有效期限的，应当明确表示。

第二十八条 广告以虚假或者引人误解的内容欺骗、误导消费者的，构成虚假广告。

广告有下列情形之一的，为虚假广告：

（一）商品或者服务不存在的；

（二）商品的性能、功能、产地、用途、质量、规格、成分、价格、生产者、有效期限、销售状况、曾获荣誉等信息，或者服务的内容、提供者、形式、质量、价格、销售状况、曾获荣誉等信息，以及与商品或者服务有关的允诺等信息与实际情况不符，对购买行为有实质性影响的；

（三）使用虚构、伪造或者无法验证的科研成果、统计资料、调查结果、文摘、引用语等信息作证明材料的；

（四）虚构使用商品或者接受服务的效果的；

（五）以虚假或者引人误解的内容欺骗、误导消费者的其他情形。

《最高人民法院关于适用〈中华人民共和国反不正当竞争法〉若干问题的解释》（法释〔2022〕9号 2022年3月16日公布）

第十六条 经营者在商业宣传过程中，提供不真实的商品相关信息，欺骗、误导相关公众的，人民法院应当认定为反不正当竞争法第八条第一款规定的虚假的商业宣传。

第十七条 经营者具有下列行为之一，欺骗、误导相关公众的，人民法院可以认定为反不正当竞争法第八条第一款规定的“引人误解的商业宣传”：

（一）对商品作片面的宣传或者对比；

（二）将科学上未定论的观点、现象等当作定论的事实用于商品宣传；

（三）使用歧义性语言进行商业宣传；

（四）其他足以引人误解的商业宣传行为。

人民法院应当根据日常生活经验、相关公众一般注意力、发生误解的事实和被宣传对象的实际情况等因素，对引人误解的商业宣传行为进行认定。

第十八条 当事人主张经营者违反反不正当竞争法第八条第一款的规定并请求赔偿损失的，应当举证证明其因虚假或者引人误解的商业宣传行为受到损失。

第二十三条 对于反不正当竞争法第二条、第八条、第十一条、第十二条规定的不正当竞争行为，权利人因被侵权所受到的实际损失、侵权人因侵权所获得的利益难以确定，当事人主张依据反不正当竞争法第十七条第四款确定赔偿数额的，人民法院应予支持。

适用本案由需要注意的问题

◆对于虚假宣传纠纷案件，根据《最高人民法院关于适用〈中华人民共和国反不正当竞争法〉若干问题的解释》第26条第1款的规定，由侵权行为地或者被告住所地人民法院管辖。

◆在适用本案由时，应注意区分虚假宣传纠纷与仿冒纠纷的区别。仿冒行为是仿冒其他商标或商品等特征，欺骗消费者使其误认为是其他商标或商品；虚假宣传则只是单纯夸大质量、制作成分、性能、用途、生产者、有效期限、产地等，使消费者误解。

176. 侵害商业秘密纠纷

（1）侵害技术秘密纠纷

（2）侵害经营秘密纠纷

案由解析

商业秘密，是指不为公众所知悉、能为权利人带来经济利益，具有实用性并经权利人采取保密措施的技术信息和经营信息。因此商业秘密包括两部分：技术信息和经营信息。

侵害商业秘密纠纷，是指公民、法人或其他组织违反法律法规，采取不正当手段获取、使用或者披露权利人的商业秘密而引发的民事纠纷。采取不正当手段侵害商业秘密的行为包括：（1）以盗窃、利诱、胁迫等不正当手段获取利益人的商业秘密；（2）披露、使用或允许他人使用盗窃等手段获取权利人的商业秘密；（3）违反约定或者违反权利人有关保守商业秘密的要求，披露、使用他人的商业秘密等。

商业秘密的特征主要有：（1）秘密性，此特征是指作为某一信息处于一种不为公众所知悉的状态；（2）价值性，此特征是指某一项技术信息或者经营信息能够为权利人带来经济利益；（3）保密性，此一特征是指某项技术信息或者经营信息持有人对其技术信息或经营信息所采取合理的保密措施。

典型形态

在实践中，侵害商业秘密纠纷主要有：

（1）侵害技术秘密纠纷，是指公民、法人或者其他组织，违反法律规定，采取盗窃、利诱、胁迫等不正当手段，获取、使用或者披露权利人的不为公众所知悉，具有商业价值并经权利人采取保密措施的技术信息而引发的纠纷。

（2）侵害经营秘密纠纷，是指公民、法人或者其他组织，违反法律规定，采取盗窃、利诱、胁迫等不正当手段，获取、使用或者披露权利人的不为公众所知悉，具有商业价值并经权利人采取保密措施的经营信息而引发的纠纷。

常用法律条文及索引

《中华人民共和国反不正当竞争法》（2025 年 6 月 27 日修订）

第十条　经营者不得实施下列侵犯商业秘密的行为：

（一）以盗窃、贿赂、欺诈、胁迫、电子侵入或者其他不正当手段获取权利人的商业秘密；

（二）披露、使用或者允许他人使用以前项手段获取的权利人的商业秘密；

（三）违反保密义务或者违反权利人有关保守商业秘密的要求，披露、使用或者允许他人使用其所掌握的商业秘密；

（四）教唆、引诱、帮助他人违反保密义务或者违反权利人有关保守商业秘密的要求，获取、披露、使用或者允许他人使用权利人的商业秘密。

经营者以外的其他自然人、法人和非法人组织实施前款所列违法行为的，视为侵犯商业秘密。

第三人明知或者应知商业秘密权利人的员工、前员工或者其他单位、个人实施本条第一款所列违法行为，仍获取、披露、使用或者允许他人使用该商业秘密的，视为侵犯商业秘密。

本法所称的商业秘密，是指不为公众所知悉、具有商业价值并经权利人采取相应保密措施的技术信息、经营信息等商业信息。

《中华人民共和国劳动合同法》（2012 年 12 月 28 日修正）

第二十三条　用人单位与劳动者可以在劳动合同中约定保守用人单位的商业秘密和与知识产权相关的保密事项。

对负有保密义务的劳动者，用人单位可以在劳动合同或者保密协议中与劳动者约定竞业限制条款，并约定在解除或者终止劳动合同后，在竞业限制期限内按月给予劳动者经济补偿。劳动者违反竞业限制约定的，应当按照约定向用人单位支付违约金。

第二十四条 竞业限制的人员限于用人单位的高级管理人员、高级技术人员和其他负有保密义务的人员。竞业限制的范围、地域、期限由用人单位与劳动者约定，竞业限制的约定不得违反法律、法规的规定。

在解除或者终止劳动合同后，前款规定的人员到与本单位生产或者经营同类产品、从事同类业务的有竞争关系的其他用人单位，或者自己开业生产或者经营同类产品、从事同类业务的竞业限制期限，不得超过二年。

《最高人民法院关于审理侵犯商业秘密民事案件适用法律若干问题的规定》（法释〔2020〕7号 2020年9月10日公布）

第一条 与技术有关的结构、原料、组分、配方、材料、样品、样式、植物新品种繁殖材料、工艺、方法或其步骤、算法、数据、计算机程序及其有关文档等信息，人民法院可以认定构成反不正当竞争法第九条第四款所称的技术信息。

与经营活动有关的创意、管理、销售、财务、计划、样本、招投标材料、客户信息、数据等信息，人民法院可以认定构成反不正当竞争法第九条第四款所称的经营信息。

前款所称的客户信息，包括客户的名称、地址、联系方式以及交易习惯、意向、内容等信息。

第二条 当事人仅以与特定客户保持长期稳定交易关系为由，主张该特定客户属于商业秘密的，人民法院不予支持。

客户基于对员工个人的信赖而与该员工所在单位进行交易，该员工离职后，能够证明客户自愿选择与该员工或者该员工所在的新单位进行交易的，人民法院应当认定该员工没有采用不正当手段获取权利人的商业秘密。

第三条 权利人请求保护的信息在被诉侵权行为发生时不为所属领域的相关人员普遍知悉和容易获得的，人民法院应当认定为反不正当竞争法第九条第四款所称的不为公众所知悉。

第四条 具有下列情形之一的，人民法院可以认定有关信息为公众所知悉：

（一）该信息在所属领域属于一般常识或者行业惯例的；

（二）该信息仅涉及产品的尺寸、结构、材料、部件的简单组合等内容，所属领域的相关人员通过观察上市产品即可直接获得的；

（三）该信息已经在公开出版物或者其他媒体上公开披露的；

（四）该信息已通过公开的报告会、展览等方式公开的；

（五）所属领域的相关人员从其他公开渠道可以获得该信息的。

将为公众所知悉的信息进行整理、改进、加工后形成的新信息，符合本规定第三条规定的，应当认定该新信息不为公众所知悉。

第五条　权利人为防止商业秘密泄露，在被诉侵权行为发生以前所采取的合理保密措施，人民法院应当认定为反不正当竞争法第九条第四款所称的相应保密措施。

人民法院应当根据商业秘密及其载体的性质、商业秘密的商业价值、保密措施的可识别程度、保密措施与商业秘密的对应程度以及权利人的保密意愿等因素，认定权利人是否采取了相应保密措施。

第六条　具有下列情形之一，在正常情况下足以防止商业秘密泄露的，人民法院应当认定权利人采取了相应保密措施：

（一）签订保密协议或者在合同中约定保密义务的；

（二）通过章程、培训、规章制度、书面告知等方式，对能够接触、获取商业秘密的员工、前员工、供应商、客户、来访者等提出保密要求的；

（三）对涉密的厂房、车间等生产经营场所限制来访者或者进行区分管理的；

（四）以标记、分类、隔离、加密、封存、限制能够接触或者获取的人员范围等方式，对商业秘密及其载体进行区分和管理的；

（五）对能够接触、获取商业秘密的计算机设备、电子设备、网络设备、存储设备、软件等，采取禁止或者限制使用、访问、存储、复制等措施的；

（六）要求离职员工登记、返还、清除、销毁其接触或者获取的商业秘密及其载体，继续承担保密义务的；

（七）采取其他合理保密措施的。

第七条　权利人请求保护的信息因不为公众所知悉而具有现实的或者潜在的商业价值的，人民法院经审查可以认定为反不正当竞争法第九条第四款所称的具有商业价值。

生产经营活动中形成的阶段性成果符合前款规定的，人民法院经审查可以认定该成果具有商业价值。

第八条　被诉侵权人以违反法律规定或者公认的商业道德的方式获取权利人的商业秘密的，人民法院应当认定属于反不正当竞争法第九条第一款所称的以其他不正当手段获取权利人的商业秘密。

第九条　被诉侵权人在生产经营活动中直接使用商业秘密，或者对商业秘密进行修改、改进后使用，或者根据商业秘密调整、优化、改进有关生产经营活动的，人民法院应当认定属于反不正当竞争法第九条所称的使用商业秘密。

第十条　当事人根据法律规定或者合同约定所承担的保密义务，人民法院应当认定属于反不正当竞争法第九条第一款所称的保密义务。

当事人未在合同中约定保密义务，但根据诚信原则以及合同的性质、目的、缔约过程、交易习惯等，被诉侵权人知道或者应当知道其获取的信息属于权利人的商业秘密的，人民法院应当认定被诉侵权人对其获取的商业秘密承担保密义务。

第十一条　法人、非法人组织的经营、管理人员以及具有劳动关系的其他人员，人民法院可以认定为反不正当竞争法第九条第三款所称的员工、前员工。

第十二条　人民法院认定员工、前员工是否有渠道或者机会获取权利人的商业秘密，可以考虑与其有关的下列因素：

（一）职务、职责、权限；

（二）承担的本职工作或者单位分配的任务；

（三）参与和商业秘密有关的生产经营活动的具体情形；

（四）是否保管、使用、存储、复制、控制或者以其他方式接触、获取商业秘密及其载体；

（五）需要考虑的其他因素。

第十三条　被诉侵权信息与商业秘密不存在实质性区别的，人民法院可以认定被诉侵权信息与商业秘密构成反不正当竞争法第三十二条第二款所称的实质上相同。

人民法院认定是否构成前款所称的实质上相同，可以考虑下列因素：

（一）被诉侵权信息与商业秘密的异同程度；

（二）所属领域的相关人员在被诉侵权行为发生时是否容易想到被诉侵权信息与商业秘密的区别；

（三）被诉侵权信息与商业秘密的用途、使用方式、目的、效果等是否具有实质性差异；

（四）公有领域中与商业秘密相关信息的情况；

（五）需要考虑的其他因素。

第十四条 通过自行开发研制或者反向工程获得被诉侵权信息的，人民法院应当认定不属于反不正当竞争法第九条规定的侵犯商业秘密行为。

前款所称的反向工程，是指通过技术手段对从公开渠道取得的产品进行拆卸、测绘、分析等而获得该产品的有关技术信息。

被诉侵权人以不正当手段获取权利人的商业秘密后，又以反向工程为由主张未侵犯商业秘密的，人民法院不予支持。

第十五条 被申请人试图或者已经以不正当手段获取、披露、使用或者允许他人使用权利人所主张的商业秘密，不采取行为保全措施会使判决难以执行或者造成当事人其他损害，或者将会使权利人的合法权益受到难以弥补的损害的，人民法院可以依法裁定采取行为保全措施。

前款规定的情形属于民事诉讼法第一百条、第一百零一条所称情况紧急的，人民法院应当在四十八小时内作出裁定。

第十六条 经营者以外的其他自然人、法人和非法人组织侵犯商业秘密，权利人依据反不正当竞争法第十七条的规定主张侵权人应当承担的民事责任的，人民法院应予支持。

第十七条 人民法院对于侵犯商业秘密行为判决停止侵害的民事责任时，停止侵害的时间一般应当持续到该商业秘密已为公众所知悉时为止。

依照前款规定判决停止侵害的时间明显不合理的，人民法院可以在依法保护权利人的商业秘密竞争优势的情况下，判决侵权人在一定期限或者范围内停止使用该商业秘密。

第十八条 权利人请求判决侵权人返还或者销毁商业秘密载体，清除其控制的商业秘密信息的，人民法院一般应予支持。

第十九条 因侵权行为导致商业秘密为公众所知悉的，人民法院依法确定赔偿数额时，可以考虑商业秘密的商业价值。

人民法院认定前款所称的商业价值，应当考虑研究开发成本、实施该项商业秘密的收益、可得利益、可保持竞争优势的时间等因素。

第二十条 权利人请求参照商业秘密许可使用费确定因被侵权所受到的实际损失的，人民法院可以根据许可的性质、内容、实际履行情况以及侵权行为的性质、情节、后果等因素确定。

人民法院依照反不正当竞争法第十七条第四款确定赔偿数额的，可以考虑商业秘密的性质、商业价值、研究开发成本、创新程度、能带来的竞争优势以及侵权人的主观过错、侵权行为的性质、情节、后果等因素。

第二十一条 对于涉及当事人或者案外人的商业秘密的证据、材料，当事人或者案外人书面申请人民法院采取保密措施的，人民法院应当在保全、证据交换、质证、委托鉴定、询问、庭审等诉讼活动中采取必要的保密措施。

违反前款所称的保密措施的要求，擅自披露商业秘密或者在诉讼活动之外使用或者允许他人使用在诉讼中接触、获取的商业秘密的，应当依法承担民事责任。构成民事诉讼法第一百一十一条规定情形的，人民法院可以依法采取强制措施。构成犯罪的，依法追究刑事责任。

第二十二条　人民法院审理侵犯商业秘密民事案件时，对在侵犯商业秘密犯罪刑事诉讼程序中形成的证据，应当按照法定程序，全面、客观地审查。

由公安机关、检察机关或者人民法院保存的与被诉侵权行为具有关联性的证据，侵犯商业秘密民事案件的当事人及其诉讼代理人因客观原因不能自行收集，申请调查收集的，人民法院应当准许，但可能影响正在进行的刑事诉讼程序的除外。

第二十三条　当事人主张依据生效刑事裁判认定的实际损失或者违法所得确定涉及同一侵犯商业秘密行为的民事案件赔偿数额的，人民法院应予支持。

第二十四条　权利人已经提供侵权人因侵权所获得的利益的初步证据，但与侵犯商业秘密行为相关的账簿、资料由侵权人掌握的，人民法院可以根据权利人的申请，责令侵权人提供该账簿、资料。侵权人无正当理由拒不提供或者不如实提供的，人民法院可以根据权利人的主张和提供的证据认定侵权人因侵权所获得的利益。

第二十五条　当事人以涉及同一被诉侵犯商业秘密行为的刑事案件尚未审结为由，请求中止审理侵犯商业秘密民事案件，人民法院在听取当事人意见后认为必须以该刑事案件的审理结果为依据的，应予支持。

第二十六条　对于侵犯商业秘密行为，商业秘密独占使用许可合同的被许可人提起诉讼的，人民法院应当依法受理。

排他使用许可合同的被许可人和权利人共同提起诉讼，或者在权利人不起诉的情况下自行提起诉讼的，人民法院应当依法受理。

普通使用许可合同的被许可人和权利人共同提起诉讼，或者经权利人书面授权单独提起诉讼的，人民法院应当依法受理。

第二十七条　权利人应当在一审法庭辩论结束前明确所主张的商业秘密具体内容。仅能明确部分的，人民法院对该明确的部分进行审理。

权利人在第二审程序中另行主张其在一审中未明确的商业秘密具体内容

的，第二审人民法院可以根据当事人自愿的原则就与该商业秘密具体内容有关的诉讼请求进行调解；调解不成的，告知当事人另行起诉。双方当事人均同意由第二审人民法院一并审理的，第二审人民法院可以一并裁判。

第二十八条　人民法院审理侵犯商业秘密民事案件，适用被诉侵权行为发生时的法律。被诉侵权行为在法律修改之前已经发生且持续到法律修改之后的，适用修改后的法律。

《最高人民法院关于审理技术合同纠纷案件适用法律若干问题的解释》（法释〔2004〕20号　2020年12月23日修正）

第一条　技术成果，是指利用科学技术知识、信息和经验作出的涉及产品、工艺、材料及其改进等的技术方案，包括专利、专利申请、技术秘密、计算机软件、集成电路布图设计、植物新品种等。

技术秘密，是指不为公众所知悉、具有商业价值并经权利人采取保密措施的技术信息。

适用本案由需要注意的问题

◆对于侵害商业秘密纠纷案件的地域管辖，根据《最高人民法院关于适用〈中华人民共和国反不正当竞争法〉若干问题的解释》第26条第1款的规定，由侵权行为地或者被告住所地人民法院管辖。该类案件的级别管辖，与一般侵权案件并无不同。

◆在适用本案由时，要注意其与侵害专利权纠纷的区别。商业秘密与专利权相比，有以下不同点：（1）非公开性，商业秘密的前提是不为公众所知悉，而专利权是要求公开的。（2）非排他性，商业秘密是一项相对的权利。商业秘密的专有性不是绝对的，不具有排他性。如果其他人以合法方式取得了同一内容的商业秘密，他们就和第一个人有着同样的地位。商业秘密的拥有者既不能阻止在他之前已经开发掌握该信息的人使用、转让该信息，也不能阻止在他之后开发掌握该信息的人使用、转让该信息。而专利权不同，专利权人对其专利享有绝对专有的权利，未经许可，他人不得使用其专利，若是经合法程序转让，那么前专利权人就不再拥有专利，也不得使用。（3）期限保护，商业秘密的保护期不是法定的，取决于权利人的保密措施和其他人对此项秘密的公开。而专利权的保护期限是有严格的法律限制的，一项技术秘密可能由于权利人保密措施得力和技术本身的应用价值而延续很长时间，远远超过专利技术受保护的期限。

177. 低价倾销不正当竞争纠纷

案由解析

对低价倾销不正当竞争行为的禁止最早规定在1993年版的《反不正当竞争法》第11条，即“以排挤竞争对手为目的，以低于成本的价格销售商品”。据此，低价倾销行为是指经营者在依法降价处理商品之外，为排挤竞争对手或者独占市场，以低于成本的价格销售商品，扰乱正常生产经营秩序，损害国家利益或者其他经营者合法权益的行为。低价倾销不正当竞争纠纷，是指经营者在依法降价处理商品之外，为排挤竞争对手或者独占市场，以低于成本的价格销售商品所引发的民事纠纷。

但《反不正当竞争法》自2017年修法时即已删除了关于低于成本价格销售商品的条文。这主要是基于以下考虑：一是适用该条规定的认定成本过高，操作性弱。实践中，“低于成本价”的认定长期存在争议，成本计算标准模糊（如是否包含固定成本、摊销方式等）；“排挤竞争对手目的”需依赖主观证据，举证难度大。二是与《反垄断法》交叉重叠，需厘清分工。《反垄断法》第22条已禁止具有市场支配地位的经营者无正当理由以低于成本的价格销售商品（即掠夺性定价）。删除后避免了重复规制，也突出了《反垄断法》在系统性低价倾销问题上的主导地位。总之，2017年修法删除“低于成本价销售”条款，是立法者对竞争规则体系化重构的结果，旨在解决实践认定难题、避免法律交叉，同时推动监管向“结果导向”转型。因此，在我国当前的法律体系中，普通经营者的低价倾销行为一般不再被视为独立的不正当竞争行为类型。

当然，这并不意味着法律对此类行为完全不再规制，就法律适用层面，存在通过《反不正当竞争法》的一般条款（第2条第1款）或结合其他法律（如《价格法》）进行规制的选择路径。《反不正当竞争法》第2条第1款规定：“经营者在生产经营活动中，应当遵循自愿、平等、公平、诚信的原则，遵守法律和商业道德，公平参与市场竞争。”理论上，若低价倾销行为严重违背商业道德（如恶意排挤中小企业、扰乱行业秩序），可能援引该条作为兜底依据。不过，对于该一般条款的适用，法院在实践中往往持谨慎态度，而且，需证明行为违反商业道德且扰乱竞争秩序，但“商业道德”标准模糊，举证难度大。对不具支配地位经营者的低价倾销，目前执法与司法实践主要转向适用《价格法》第 14 条，该条第 2 项明确禁止经营者“为了排挤竞争对手或者独占市场，以低于成本的价格倾销，扰乱正常的生产经营秩序”。构成要件包括：第一，低于成本销售；第二，主观目的是排挤竞争对手或独占市场；第三，行为后果是扰乱市场秩序。

常用法律条文及索引

《中华人民共和国反不正当竞争法》（2025 年 6 月 27 日修订）

第二条第一款　经营者在生产经营活动中，应当遵循自愿、平等、公平、诚信的原则，遵守法律和商业道德，公平参与市场竞争。

《中华人民共和国价格法》（1997 年 12 月 29 日公布　1998 年 5 月 1 日施行）

第十四条　经营者不得有下列不正当价格行为：

（一）相互串通，操纵市场价格，损害其他经营者或者消费者的合法权益；

（二）在依法降价处理鲜活商品、季节性商品、积压商品等商品外，为了排挤竞争对手或者独占市场，以低于成本的价格倾销，扰乱正常的生产经营秩序，损害国家利益或者其他经营者的合法权益；

（三）捏造、散布涨价信息，哄抬价格，推动商品价格过高上涨的；

（四）利用虚假的或者使人误解的价格手段，诱骗消费者或者其他经营者与其进行交易；

（五）提供相同商品或者服务，对具有同等交易条件的其他经营者实行价格歧视；

（六）采取抬高等级或者压低等级等手段收购、销售商品或者提供服务，变相提高或者压低价格；

（七）违反法律、法规的规定牟取暴利；

（八）法律、行政法规禁止的其他不正当价格行为。

适用本案由需要注意的问题

◆对于低价倾销不正当竞争纠纷案件，应当按照一般侵权案件确定管辖，由侵权行为地或者被告住所地人民法院管辖。侵权行为地，包括侵权行为实施地和侵权结果发生地。

◆在适用本案由时，要注意区分低价倾销不正当竞争与《反垄断法》的掠夺性定价的区别。虽然《反垄断法》第22条也禁止具有市场支配地位的经营者“没有正当理由，以低于成本的价格销售商品”（即掠夺性定价），但这与本案由下的低价倾销不正当竞争行为的适用前提有显著不同：前者仅适用于具有市场支配地位的经营者，且要求其行为“没有正当理由”。后者并不要求该经营者具有市场支配地位。如果实施低价倾销的经营者被主张具有市场支配地位，并且其行为被认定为是滥用该支配地位（掠夺性定价），则适用“垄断纠纷”中的“掠夺定价纠纷”案由。

178. 捆绑销售不正当竞争纠纷

案由解析

捆绑销售，是指公民、法人或其他组织在经营过程中，在销售某一商品的同时搭售其他商品或者附加其他条件的行为。捆绑销售是中性的商业策略，本身并不必然违法，如常见的优惠套装（如“加1元换购”）通常合法。但当其表现为强制搭售即违背购买者的意愿搭售商品或者附加其他不合理的条件时，则可能构成捆绑销售不正当竞争。

捆绑销售不正当竞争纠纷，是指在经营过程中，在销售某一商品时，违背消费者的意愿，在该商品销售的同时搭售其他商品或者附加其他不合理的条件所引发的不正当竞争纠纷。

捆绑销售不正当竞争行为的特点是：（1）行为主体是包括公民、法人或其他组织的经营者。（2）经营者所做的捆绑销售是违背消费者意愿的。（3）行为的表现形式是强迫消费者接受不需要的商品或服务，支付不必要的费用。

《反不正当竞争法》（1993年版）第12条曾规定：“经营者销售商品，不得违背购买者的意愿搭售商品或者附加其他不合理的条件。”但自2017年修法时即已删除了关于捆绑销售不正当竞争的条文，也未在其他章节设置直接对应条款。这一修订体现了立法者对搭售行为规制思路的转变：不再将其作为一种独立的不正当竞争行为类型。

当然，这并不意味着法律对此类行为完全不再规制，就法律适用层面，存在通过《反不正当竞争法》的一般条款（第2条第1款）或结合其他法律（如《消费者权益保护法》）进行规制的选择路径。《反不正当竞争法》第2

条第1款规定："经营者在生产经营活动中，应当遵循自愿、平等、公平、诚信的原则，遵守法律和商业道德。"理论上，可能援引该条作为兜底依据。不过，对于该一般条款的适用，法院在实践中往往持谨慎态度。对不具支配地位经营者实施的强制搭售，目前执法与司法实践主要转向适用《消费者权益保护法》第9条和第10条。

常用法律条文及索引

《中华人民共和国反不正当竞争法》（2025年6月27日修订）

第二条第一款　经营者在生产经营活动中，应当遵循自愿、平等、公平、诚信的原则，遵守法律和商业道德，公平参与市场竞争。

《中华人民共和国消费者权益保护法》（2013年10月25日修正）

第九条　消费者享有自主选择商品或者服务的权利。

消费者有权自主选择提供商品或者服务的经营者，自主选择商品品种或者服务方式，自主决定购买或者不购买任何一种商品、接受或者不接受任何一项服务。

消费者在自主选择商品或者服务时，有权进行比较、鉴别和挑选。

第十条　消费者享有公平交易的权利。

消费者在购买商品或者接受服务时，有权获得质量保障、价格合理、计量正确等公平交易条件，有权拒绝经营者的强制交易行为。

适用本案由需要注意的问题

◆对于捆绑销售不正当竞争纠纷案件，应当按照一般侵权案件确定管辖，由侵权行为地或者被告住所地人民法院管辖。侵权行为地，包括侵权行为实施地和侵权结果发生地。

◆在适用本案由时，要注意区分捆绑销售不正当竞争纠纷与捆绑交易纠纷。捆绑交易行为是《反垄断法》意义上的行为。如果实施者具有市场支配地位且无正当理由强制搭售，并产生了排除、限制竞争的效果，则构成垄断行为（滥用市场支配地位），应当适用"垄断纠纷"中的"捆绑交易纠纷"案由。

179. 有奖销售纠纷

案由解析

有奖销售，是指经营者在销售商品或者提供服务时，附带性地向购买者提供物品、金钱或者其他经济上的利益的行为。包括附赠式有奖销售和抽奖式有奖销售。并非所有的有奖销售行为均构成不正当竞争行为，只有违反法律规定的有奖销售行为才可能构成不正当竞争纠纷。

有奖销售纠纷，是指经营者在销售商品或提供服务时，违反法律规定，附带性地向购买者提供物品、金钱或者其他经济上的利益的行为而引发的纠纷。

有奖销售的特征主要有：（1）销售手段的不正当性。有奖销售必须通过某种手段或措施进行，销售手段是否正当，是区分正当竞争和不正当竞争的重要标志。（2）行为主体的特定性和行为营利的不义性。作为不正当竞争手段的一种形式，不正当有奖销售的实施主体只能是从事商品生产、销售的单位和个人，国家机关和一般事业单位应排除在外；实施不正当有奖销售的主体，其主观的动机、目的完全是为了牟利，并且往往是和抢占市场占有率紧密联系在一起的。一旦行为人通过不正当有奖销售手段抢占了市场，其追逐的利益就得以实现。其销售收入的增加是建立在欺诈客户，排挤竞争对手的基础上的，因此其行为具有不义性。（3）行为侵犯客体的多重性。不正当有奖销售侵犯的客体主要包括：竞争对手的财产权，市场竞争秩序和消费者的合法权益。

常用法律条文及索引

《中华人民共和国反不正当竞争法》（2025年6月27日修订）

第十一条　经营者进行有奖销售不得存在下列情形：

（一）所设奖的种类、兑奖条件、奖金金额或者奖品等有奖销售信息不明确，影响兑奖；

（二）有奖销售活动开始后，无正当理由变更所设奖的种类、兑奖条件、奖金金额或者奖品等有奖销售信息；

（三）采用谎称有奖或者故意让内定人员中奖等欺骗方式进行有奖销售；

（四）抽奖式的有奖销售，最高奖的金额超过五万元。

适用本案由需要注意的问题

◆对于有奖销售纠纷案件的地域管辖，根据《最高人民法院关于适用〈中华人民共和国反不正当竞争法〉若干问题的解释》第 26 条第 1 款的规定，由侵权行为地或者被告住所地人民法院管辖。该类案件的级别管辖，与一般侵权案件并无不同。

180. 商业诋毁纠纷

案由解析

商业诋毁，是指经营者为了谋取不正当利益，通过捏造、散布虚伪事实等不正当手段，对竞争对手的商业信誉、商品声誉进行恶意的诋毁、贬低的行为。

商业诋毁纠纷，是指经营者在生产经营过程中，通过捏造、散布虚伪事实等不正当手段，对竞争对手的商业信誉、商品声誉进行恶意的诋毁、贬低所引发的纠纷。

商业诋毁的主要特征是：（1）其行为主体必须是经营者，即只有从事商品经营或者营利性服务的法人、其他经济组织和个人所实施的损害竞争对手商誉的行为才构成该类不正当竞争行为。（2）其行为的主观方面为故意而不是过失。行为人实施商业诋毁行为，是以削弱竞争对手的市场竞争能力，并谋求自己的市场竞争优势为目的，通过捏造、散布虚伪事实等不正当手段，对竞争对手的商业信誉、商品信誉进行恶意的诋毁、贬低，因此，故意行为才构成这种不正当的竞争行为。（3）其行为的客观方面表现为捏造、散布虚伪事实或者对真实的事件采用不正当的说法，对竞争对手的商誉进行诋毁、贬低，给其造成或可能造成一定的损害后果。（4）有特定的诋毁对象，即行为所诋毁的对象必须是与行为人存在竞争关系的同业经营者，也即竞争对手，而非其他经营者。

典型形态

在实践中，商业诋毁纠纷主要有：

（1）广告性商业诋毁纠纷，是指利用散发公开信、召开新闻发布会、刊登对比性广告、声明性广告等形式，制造、散布贬损竞争对手商业信誉、商品声誉的虚假事实所引发的纠纷。

（2）散布虚假事实性商业诋毁，是指在对外经营过程中，向业务客户及消费者散布虚假事实，以贬低竞争对手的商业信誉，诋毁其商品或服务的质量声誉所引发的纠纷。

常用法律条文及索引

《中华人民共和国反不正当竞争法》（2025 年 6 月 27 日修订）

第十二条 经营者不得编造、传播或者指使他人编造、传播虚假信息或者误导性信息，损害其他经营者的商业信誉、商品声誉。

《中华人民共和国广告法》（2021 年 4 月 29 日修正）

第十三条 广告不得贬低其他生产经营者的商品或者服务。

适用本案由需要注意的问题

◆对于商业诋毁纠纷案件的地域管辖，根据《最高人民法院关于适用〈中华人民共和国反不正当竞争法〉若干问题的解释》第 26 条第 1 款的规定，由侵权行为地或者被告住所地人民法院管辖。该类案件的级别管辖，与一般侵权案件并无不同。

◆在适用本案由时，要注意区分商业诋毁纠纷和虚假宣传纠纷。二者由于均属不真实的宣传，所以容易导致误解。二者的区别是宣传的对象存在差异：虚假宣传行为只涉及自己的商品或者服务，即对自己的商品或者服务进行虚假宣传，不涉及其他经营者的商品或服务；而商业诋毁除涉及自己的商品或服务外，还涉及其他经营者的商品或服务，并且常常是通过虚假宣传其他经营者的商品或服务而抬高自己商品或者服务的声誉。

181. 串通投标不正当竞争纠纷

案由解析

串通投标，是指在投标前和投标过程中，投标人之间私下串通，抬高标价或压低标价，共同损害招标人或其他投标人的利益，或者投标人与招标人之间相互勾结，损害国家、集体、公民的合法权益的行为。

串通投标不正当竞争纠纷，是指投标者为了达到承揽招标项目的目的，在投标前和投标过程中，投标者相互串通投标报价，损害招标人或其他投标人的合法权益，或者投标者与招标者相互勾结，损害国家、集体、公民的合法权益所引发的民事纠纷。

常用法律条文及索引

《中华人民共和国招标投标法》（2017 年 12 月 27 日修正）

第三十二条 投标人不得相互串通投标报价，不得排挤其他投标人的公平竞争，损害招标人或者其他投标人的合法权益。

投标人不得与招标人串通投标，损害国家利益、社会公共利益与他人的合法权益。

禁止投标人以向招标人或者评标委员会成员行贿的手段谋取中标。

第五十三条 投标人相互串通投标或者与招标人串通投标的，投标人以向招标人或者评标委员会成员行贿的手段谋取中标的，中标无效，处中标项目金额千分之五以上千分之十以下的罚款，对单位直接负责的主管人员和其他直接责任人员处单位罚款数额百分之五以上百分之十以下的罚款；有违法所得的，并处没收违法所得；情节严重的，取消其一年至二年内参加依法必须进行招标的项目的投标资格并予以公告，直至由工商行政管理机关吊销营业执照；构成犯罪的，依法追究刑事责任。给他人造成损失的，依法承担赔偿责任。

适用本案由需要注意的问题

◆对于串通投标不正当竞争纠纷案件的地域管辖，根据《最高人民法院关于适用〈中华人民共和国反不正当竞争法〉若干问题的解释》第 26 条第 1 款的规定，由侵权行为地或者被告住所地人民法院管辖。该类案件的级别管辖，与一般侵权案件并无不同。

◆虽然 2017 年 11 月 4 日第十二届全国人民代表大会常务委员会第三十次会议修订后的《反不正当竞争法》基于串通投标行为已由《招标投标法》规制而删除了关于串通投标引起不正当竞争纠纷的条文，但由于《招标投标法》第 32 条、第 53 条的规定仍然有效，且案由中的“招标投标买卖合同纠纷”并不能涵盖串通投标不正当竞争纠纷，故本案由仍有适用的必要。

182. 网络不正当竞争纠纷

案由解析

网络不正当竞争纠纷，是指经营者利用技术手段，通过影响用户选择或其他方式，实施妨碍、破坏其他经营者合法提供的网络产品或者服务正常运行的行为引发的民事纠纷。根据《反不正当竞争法》第 13 条的相关规定，网络不正当竞争行为主要包括：(1) 未经其他经营者同意，在其合法提供的网络产品或服务中，插入链接、强制进行目标跳转；(2) 误导、欺骗、强迫用户修改、关闭、卸载其他经营者合法提供的网络产品或者服务；(3) 恶意对其他经营者合法提供的网络产品或者服务实施不兼容；(4) 其他妨碍、破坏其他经营者合法提供的网络产品或者服务正常运行的行为。

常用法律条文及索引

《中华人民共和国反不正当竞争法》（2025 年 6 月 27 日修订）

第十三条 经营者利用网络从事生产经营活动，应当遵守本法的各项规定。

经营者不得利用数据和算法、技术、平台规则等，通过影响用户选择或者其他方式，实施下列妨碍、破坏其他经营者合法提供的网络产品或者服务正常运行的行为：

（一）未经其他经营者同意，在其合法提供的网络产品或者服务中，插入链接、强制进行目标跳转；

（二）误导、欺骗、强迫用户修改、关闭、卸载其他经营者合法提供的网络产品或者服务；

（三）恶意对其他经营者合法提供的网络产品或者服务实施不兼容；

（四）其他妨碍、破坏其他经营者合法提供的网络产品或者服务正常运行的行为。

经营者不得以欺诈、胁迫、避开或者破坏技术管理措施等不正当方式，获取、使用其他经营者合法持有的数据，损害其他经营者的合法权益，扰乱市场竞争秩序。

经营者不得滥用平台规则，直接或者指使他人对其他经营者实施虚假交易、虚假评价或者恶意退货等行为，损害其他经营者的合法权益，扰乱市场竞争秩序。

第二十九条　经营者违反本法第十三条第二款、第三款、第四款规定利用网络从事不正当竞争的，由监督检查部门责令停止违法行为，处十万元以上一百万元以下的罚款；情节严重的，处一百万元以上五百万元以下的罚款。

适用本案由需要注意的问题

◆适用本案由时，须注意网络不正当竞争的构成要件，一般包括以下方面：(1) 是否存在竞争关系；(2) 经营者是否有过错；(3) 是否实行了不正当竞争行为；(4) 是否造成了损害后果。

十六、垄断纠纷

183. 垄断协议纠纷

(1) 横向垄断协议纠纷

(2) 纵向垄断协议纠纷

案由解析

垄断协议，是指两个或者两个以上的经营者（包括行业协会等经营者团体），通过协议或者其他协同一致的行为，实施固定价格、划分市场、限制产量、排挤其他竞争对手等排除、限制竞争的行为。

垄断协议纠纷，是指两个或两个以上的经营者，通过协议或者其他协同一致的行为实施排除、限制竞争的行为而引起的纠纷。

垄断协议的特征主要有：(1) 实施主体是两个或者两个以上的经营者；(2) 共同或者联合实施；(3) 是以排除、限制竞争为目的。

典型形态

在实践中，垄断协议纠纷主要有：

（1）横向垄断协议纠纷，在生产或销售过程中具有同业竞争关系的经营者之间达成的旨在排除和限制竞争的协议所引发的纠纷。

（2）纵向垄断协议纠纷，是指在同一产业中两个或两个以上处于不同经济层次、没有直接竞争关系但是有买卖关系的经营者，通过明示或者默示的方式达成的排除、限制竞争的协议所引发的纠纷。

常用法律条文及索引

《中华人民共和国反垄断法》（2022 年 6 月 24 日修正）

第十六条　本法所称垄断协议，是指排除、限制竞争的协议、决定或者其他协同行为。

第十七条　禁止具有竞争关系的经营者达成下列垄断协议：

（一）固定或者变更商品价格；

（二）限制商品的生产数量或者销售数量；

（三）分割销售市场或者原材料采购市场；

（四）限制购买新技术、新设备或者限制开发新技术、新产品；

（五）联合抵制交易；

（六）国务院反垄断执法机构认定的其他垄断协议。

第十八条　禁止经营者与交易相对人达成下列垄断协议：

（一）固定向第三人转售商品的价格；

（二）限定向第三人转售商品的最低价格；

（三）国务院反垄断执法机构认定的其他垄断协议。

对前款第一项和第二项规定的协议，经营者能够证明其不具有排除、限制竞争效果的，不予禁止。

经营者能够证明其在相关市场的市场份额低于国务院反垄断执法机构规定的标准，并符合国务院反垄断执法机构规定的其他条件的，不予禁止。

第十九条　经营者不得组织其他经营者达成垄断协议或者为其他经营者达成垄断协议提供实质性帮助。

第二十条　经营者能够证明所达成的协议属于下列情形之一的，不适用本法第十七条、第十八条第一款、第十九条的规定：

（一）为改进技术、研究开发新产品的；

（二）为提高产品质量、降低成本、增进效率，统一产品规格、标准或者实行专业化分工的；

（三）为提高中小经营者经营效率，增强中小经营者竞争力的；

（四）为实现节约能源、保护环境、救灾救助等社会公共利益的；

（五）因经济不景气，为缓解销售量严重下降或者生产明显过剩的；

（六）为保障对外贸易和对外经济合作中的正当利益的；

（七）法律和国务院规定的其他情形。

属于前款第一项至第五项情形，不适用本法第十七条、第十八条第一款、第十九条规定的，经营者还应当证明所达成的协议不会严重限制相关市场的竞争，并且能够使消费者分享由此产生的利益。

第二十一条　行业协会不得组织本行业的经营者从事本章禁止的垄断行为。

第六十条　经营者实施垄断行为，给他人造成损失的，依法承担民事责任。

经营者实施垄断行为，损害社会公共利益的，设区的市级以上人民检察院可以依法向人民法院提起民事公益诉讼。

《最高人民法院关于审理垄断民事纠纷案件适用法律若干问题的解释》（法释〔2024〕6号　2024年6月24日公布）

第七条　案件立案时的案由并非垄断民事纠纷，人民法院受理后经审查发现属于垄断民事纠纷，但受诉人民法院并无垄断民事纠纷案件管辖权的，应当将案件移送有管辖权的人民法院。

第八条　两个以上原告因同一垄断行为向有管辖权的同一人民法院分别提起诉讼的，人民法院可以合并审理。

两个以上原告因同一垄断行为向有管辖权的不同人民法院分别提起诉讼的，后立案的人民法院发现其他有管辖权的人民法院已先立案的，应当裁定将案件移送先立案的人民法院；受移送的人民法院可以合并审理。

人民法院可以要求当事人提供与被诉垄断行为相关的行政执法、仲裁、诉讼等情况。当事人拒不如实提供的，可以作为认定其是否遵循诚信原则和构成滥用权利等的考量因素。

第十八条　人民法院认定反垄断法第十六条规定的其他协同行为，应当综合考虑下列因素：

（一）经营者的市场行为是否具有一致性；

（二）经营者之间是否进行过意思联络、信息交流或者传递；

（三）相关市场的市场结构、竞争状况、市场变化等情况；

（四）经营者能否对行为一致性作出合理解释。

原告提供前款第一项和第二项的初步证据，或者第一项和第三项的初步证据，能够证明经营者存在协同行为的可能性较大的，被告应当提供证据或者进行充分说明，对其行为一致性作出合理解释；不能作出合理解释的，人民法院可以认定协同行为成立。

本条所称合理解释，包括经营者系基于市场和竞争状况变化等而独立实施相关行为。

第十九条　反垄断法第十七条规定的具有竞争关系的经营者，是指在商品生产经营过程中处于同一阶段、提供具有较为紧密替代关系的商品、独立经营决策并承担法律责任的两个以上的实际经营者或者可能进入同一相关市场进行竞争的潜在经营者。

特定经营者取得对其他经营者的控制权或者能够对其他经营者施加决定性影响，或者两个以上经营者被同一第三方控制或者施加决定性影响，应当视为一个经济实体的，不构成前款所称具有竞争关系的经营者。

第二十条　原告有证据证明仿制药申请人与被仿制药专利权利人达成、实施的协议同时具备下列条件，主张该协议构成反垄断法第十七条规定的垄断协议的，人民法院可予支持：

（一）被仿制药专利权利人给予或者承诺给予仿制药申请人明显不合理的金钱或者其他形式的利益补偿；

（二）仿制药申请人承诺不质疑被仿制药专利权的有效性或者延迟进入被仿制药相关市场。

被告有证据证明前款所称的利益补偿仅系为弥补被仿制药专利相关纠纷解决成本或者具有其他正当理由，或者该协议符合反垄断法第二十条规定，主张其不构成反垄断法第十七条规定的垄断协议的，人民法院应予支持。

第二十一条　被诉垄断行为属于反垄断法第十八条第一款第一项、第二项规定的垄断协议的，应当由被告对该协议不具有排除、限制竞争效果承担举证责任。

第二十二条　人民法院依照反垄断法第十八条第一款和第二款的规定审查认定被诉垄断协议是否具有排除、限制竞争效果时，可以综合考虑下列因素：

（一）被告在相关市场的市场力量和协议对相关市场类似不利竞争效果的累积作用；

（二）协议是否具有提高市场进入壁垒、阻碍更有效率的经营者或者经营模式、限制品牌间或者品牌内竞争等不利竞争效果；

（三）协议是否具有防止搭便车、促进品牌间竞争、维护品牌形象、提升售前或者售后服务水平、促进创新等有利竞争效果，且为实现该效果所必需；

（四）其他可以考虑的因素。

在案证据足以证明的有利竞争效果明显超过不利竞争效果的，人民法院应当认定协议不具有排除、限制竞争效果。

第二十三条 被诉垄断协议具有下列情形之一，原告依据反垄断法第十八条第一款的规定主张被告应当承担法律责任的，人民法院不予支持：

（一）协议属于经营者与相对人之间的代理协议，且代理商不承担任何实质性商业或者经营风险；

（二）被告在相关市场的市场份额低于国务院反垄断执法机构规定的标准并符合国务院反垄断执法机构规定的其他条件。

第二十四条 经营者利用数据、算法、技术等手段进行意思联络、信息交流或者传递，或者利用数据、算法、技术、平台规则等手段实现行为一致性，达成、实施被诉垄断协议的，人民法院可以依照反垄断法第十七条的规定审查认定。

经营者利用数据、算法、技术、平台规则等手段实现限定或者自动化设定转售商品价格等，达成、实施被诉垄断协议的，人民法院可以依照反垄断法第十八条的规定审查认定。

第二十五条 平台经营者与平台内经营者的协议要求平台内经营者在该平台上提供与其他交易渠道相同或者更优惠交易条件的，根据原告的诉讼请求和具体案情，人民法院可以区别下列情形作出处理：

（一）平台经营者与平台内经营者之间具有竞争关系的，依照反垄断法第十七条的规定审查认定；

（二）平台经营者与平台内经营者之间不具有竞争关系的，依照反垄断法第十八条或者第十九条的规定审查认定；

（三）原告主张平台经营者滥用市场支配地位的，依照反垄断法第二十二条、电子商务法第二十二条的规定审查认定；

（四）原告主张平台经营者违反电子商务法第三十五条的规定的，依照该条规定处理。

第二十六条 经营者、经营者团体等组织其他经营者达成、实施垄断协议，给原告造成损失，原告依据民法典第一千一百六十八条的规定主张实施组织行为的经营者、经营者团体等与达成、实施垄断协议的其他经营者承担连带责任的，人民法院应当予以支持。

经营者、经营者团体等为其他经营者达成、实施垄断协议提供实质性帮助，给原告造成损失，原告依据民法典第一千一百六十九条第一款的规定主张提供帮助行为的经营者、经营者团体等与达成、实施垄断协议的其他经营者承担连带责任的，人民法院应当予以支持。但是，经营者、经营者团体等能够证明其不知道且不应当知道其他经营者达成、实施有关协议的除外。

前款所称实质性帮助，是指对垄断协议达成或者实施具有直接、重要促进作用的引导产生违法意图、提供便利条件、充当信息渠道、帮助实施惩罚等行为。

第二十七条　被告依据反垄断法第二十条第一款第一项至第五项的规定提出抗辩的，应当提供证据证明如下事实：

（一）被诉垄断协议能够实现相关目的或者效果；

（二）被诉垄断协议为实现相关目的或者效果所必需；

（三）被诉垄断协议不会严重限制相关市场的竞争；

（四）消费者能够分享由此产生的利益。

适用本案由需要注意的问题

◆根据《最高人民法院关于审理垄断民事纠纷案件适用法律若干问题的解释》，第一审垄断民事纠纷案件，由知识产权法院和最高人民法院指定的中级人民法院管辖。垄断民事纠纷案件的地域管辖，根据案件具体情况，依照民事诉讼法及相关司法解释有关侵权纠纷、合同纠纷等的管辖规定确定。

◆在适用本案由时，要注意其与合同纠纷的区别，虽然合同纠纷是第二级案由，而垄断协议纠纷是第三级案由，但是由于两者都是协议的一种，容易造成混淆。合同纠纷与垄断协议纠纷的区别是：(1) 主体不同。合同的主体为平等主体的自然人、法人、其他组织；垄断协议的主体为经济实力较强的经营者，垄断协议的当事人，又可以分为具有竞争关系的经营者，或者经营者和交易相对人。(2) 目的不同。订立合同的目的是确定当事人的权利义务，保证双方权益；而垄断协议的目的则是为了排除竞争。(3) 承担后果不同。合同协议上会明确表明违约责任，而垄断协议一般不表明。(4) 法律依据不同。合同依据的是《民法典》合同编，而垄断协议则依据《反垄断法》有关规定。

184. 滥用市场支配地位纠纷

(1) 垄断定价纠纷
(2) 掠夺定价纠纷
(3) 拒绝交易纠纷
(4) 限定交易纠纷
(5) 捆绑交易纠纷
(6) 差别待遇纠纷

案由解析

滥用市场支配地位，是指经营者获得一定的市场优势地位后滥用这种地位，对市场中的其他主体进行排除或限制竞争的行为。

滥用市场支配地位纠纷，是指具有市场支配地位的经营者滥用其市场支配地位，对市场中的其他主体进行排除或限制竞争所引起的纠纷。

滥用市场支配地位的特征主要有：(1) 行为主体具有特定性，必须是具有市场支配地位的企业。(2) 行为目的具有针对性，为了维持或加强支配地位。(3) 行为本质具有反竞争性，即对其他竞争主体进行不公平的交易或者从事排斥竞争对手的行为。

典型形态

在实践中，滥用市场支配地位纠纷主要有：

(1) 垄断定价纠纷，是指具有市场支配地位的经营者滥用其市场支配地位，没有正当理由，以不公平的高价销售商品或者以不公平的低价购买商品，排除、限制竞争所引发的纠纷。

(2) 掠夺定价纠纷，是指具有市场支配地位的经营者滥用其市场支配地位，没有正当理由，以挤垮竞争对手为目的，以低于成本的价值销售商品所引发的纠纷。

(3) 拒绝交易纠纷，是指具有市场支配地位的经营者滥用其市场支配地位，没有正当理由，拒绝与交易相对人进行交易所引发的纠纷。

(4) 限定交易纠纷，是指具有市场支配地位的经营者滥用其市场支配地位，没有正当理由，限定交易相对人只能与其进行交易或者只能与其指定的经营者进行交易所引发的纠纷。

（5）捆绑交易纠纷，是指具有市场支配地位的经营者滥用其市场支配地位，没有正当理由，搭售商品，或者在交易时附加其他不合理的交易条件所引发的纠纷。

（6）差别待遇纠纷，是指具有市场支配地位的经营者滥用其市场支配地位，没有正当理由，对条件相同的交易相对人在交易价格等交易条件上实行差别待遇所引发的纠纷。

常用法律条文及索引

《中华人民共和国反垄断法》（2022年6月24日修正）

第二十二条　禁止具有市场支配地位的经营者从事下列滥用市场支配地位的行为：

（一）以不公平的高价销售商品或者以不公平的低价购买商品；

（二）没有正当理由，以低于成本的价格销售商品；

（三）没有正当理由，拒绝与交易相对人进行交易；

（四）没有正当理由，限定交易相对人只能与其进行交易或者只能与其指定的经营者进行交易；

（五）没有正当理由搭售商品，或者在交易时附加其他不合理的交易条件；

（六）没有正当理由，对条件相同的交易相对人在交易价格等交易条件上实行差别待遇；

（七）国务院反垄断执法机构认定的其他滥用市场支配地位的行为。

具有市场支配地位的经营者不得利用数据和算法、技术以及平台规则等从事前款规定的滥用市场支配地位的行为。

本法所称市场支配地位，是指经营者在相关市场内具有能够控制商品价格、数量或者其他交易条件，或者能够阻碍、影响其他经营者进入相关市场能力的市场地位。

第二十三条　认定经营者具有市场支配地位，应当依据下列因素：

（一）该经营者在相关市场的市场份额，以及相关市场的竞争状况；

（二）该经营者控制销售市场或者原材料采购市场的能力；

（三）该经营者的财力和技术条件；

（四）其他经营者对该经营者在交易上的依赖程度；

（五）其他经营者进入相关市场的难易程度；

（六）与认定该经营者市场支配地位有关的其他因素。

第二十四条　有下列情形之一的，可以推定经营者具有市场支配地位：

（一）一个经营者在相关市场的市场份额达到二分之一的；

（二）两个经营者在相关市场的市场份额合计达到三分之二的；

（三）三个经营者在相关市场的市场份额合计达到四分之三的。

有前款第二项、第三项规定的情形，其中有的经营者市场份额不足十分之一的，不应当推定该经营者具有市场支配地位。

被推定具有市场支配地位的经营者，有证据证明不具有市场支配地位的，不应当认定其具有市场支配地位。

第六十条　经营者实施垄断行为，给他人造成损失的，依法承担民事责任。

经营者实施垄断行为，损害社会公共利益的，设区的市级以上人民检察院可以依法向人民法院提起民事公益诉讼。

《最高人民法院关于审理垄断民事纠纷案件适用法律若干问题的解释》（法释〔2024〕6号　2024年6月24日公布）

第二十八条　原告主张被诉垄断行为属于反垄断法第二十二条第一款规定的滥用市场支配地位的，应当对被告在相关市场内具有支配地位和被告滥用市场支配地位承担举证责任。被告以其行为具有正当性为由抗辩的，应当承担举证责任。

第二十九条　原告有证据证明经营者具有下列情形之一的，人民法院可以根据具体案件中相关市场的结构和实际竞争状况，结合相关市场经济规律等经济学知识，初步认定经营者在相关市场具有支配地位，但有相反证据足以反驳的除外：

（一）经营者在较长时间内维持明显高于市场竞争水平的价格，或者在较长时间内商品质量明显下降却未见大量用户流失，且相关市场明显缺乏竞争、创新和新进入者；

（二）经营者在较长时间内维持明显超过其他经营者的较高市场份额，且相关市场明显缺乏竞争、创新和新进入者。

被告对外发布的信息可以作为原告证明被告具有市场支配地位的初步证据，但有相反证据足以反驳的除外。

第三十条　反垄断法第二十三条和第二十四条所称的“经营者在相关市场的市场份额”，可以根据被诉垄断行为发生时经营者一定时期内的相关商品交易金额、交易数量、生产能力或者其他指标在相关市场所占的比例确定。

人民法院认定平台经营者在相关市场的市场份额时，可以采用能够反映相关市场实际竞争状况的交易金额、活跃用户数量、企业用户数量、用户使用时长、访问量、点击量、数据资产数量或者其他指标作为计算基准。

第三十一条 原告主张公用企业或者其他依法具有独占地位的经营者滥用市场支配地位的，人民法院可以根据市场结构和竞争状况的具体情况，认定被告在相关市场具有支配地位，但有相反证据足以反驳的除外。

第三十二条 人民法院依照反垄断法第二十三条的规定认定平台经营者的市场支配地位，可以重点考虑下列因素：

（一）平台的商业模式及平台经营者实际受到的竞争约束；

（二）平台经营者在相关市场的市场份额及该市场份额的持续时间；

（三）平台经营是否存在显著的网络效应、规模效应、范围效应等；

（四）平台经营者掌握的相关数据、算法、技术等情况；

（五）平台经营者对相邻市场的影响；

（六）用户或者平台内经营者对平台经营者的依赖程度及制衡能力、锁定效应、使用习惯、同时使用多个平台的情况、转向其他平台经营者的成本等；

（七）其他经营者进入相关市场的意愿、能力及所面临的规模要求、技术要求、政策法律限制等市场进入障碍；

（八）相关市场的创新和技术变化情况；

（九）其他需要考虑的与平台经营相关的因素。

第三十三条 人民法院依照反垄断法第二十三条的规定认定被诉滥用知识产权的经营者的市场支配地位，可以重点考虑下列因素：

（一）相关市场内特定知识产权客体的可替代性、替代性客体的数量及转向替代性客体的成本；

（二）利用该特定知识产权所提供的商品的可替代性及该商品的市场份额；

（三）交易相对人对拥有该特定知识产权的经营者的制衡能力；

（四）相关市场的创新和技术变化情况；

（五）其他需要考虑的与知识产权行使相关的因素。

经营者主张不能仅根据其拥有知识产权而推定具有市场支配地位的，人民法院应予支持。

第三十四条　依据反垄断法第二十四条第一款第二项、第三项被推定共同具有市场支配地位的经营者，有证据证明具有下列情形之一，反驳上述推定的，人民法院应予支持：

（一）该两个以上经营者之间不具有行为一致性且存在实质性竞争；

（二）该两个以上经营者作为整体在相关市场受到来自其他经营者的有效竞争约束。

第三十五条　经营者同时具备下列条件的，人民法院可以认定其构成反垄断法第二十二条规定的滥用市场支配地位行为：

（一）在相关市场具有支配地位；

（二）实施了被诉垄断行为；

（三）被诉垄断行为具有排除、限制竞争效果；

（四）实施被诉垄断行为缺乏正当理由。

第三十六条　人民法院认定反垄断法第二十二条第一款第一项规定的经营者“以不公平的高价销售商品或者以不公平的低价购买商品”，可以综合考虑下列因素：

（一）该商品的收益率是否明显偏离竞争性市场中的合理收益率；

（二）该商品的价格是否明显偏离其成本与竞争条件下的合理利润之和；

（三）经营者向交易相对人销售或者购买商品的价格是否明显高于或者低于该经营者在上下游市场中销售或者购买相同商品或者可比商品的价格；

（四）经营者向交易相对人销售或者购买商品的价格是否明显高于或者低于其他经营者在相同或者相似条件下销售或者购买相同商品或者可比商品的价格；

（五）经营者向交易相对人销售或者购买商品的价格是否明显高于或者低于该经营者在相同或者相似条件下在其他地域市场销售或者购买相同商品或者可比商品的价格；

（六）经营者向交易相对人销售商品的价格增长幅度是否明显高于该经营者成本增长幅度，或者购买商品的价格降低幅度明显高于交易相对人成本降低幅度；

（七）该高价或者低价的持续时间；

（八）其他可以考虑的因素。

认定前款第四项、第五项所称相同或者相似条件，可以考虑经营模式、交易渠道、供求状况、监管环境、交易环节、成本结构、交易情况、平台类型等因素。

第三十七条 具有市场支配地位的经营者，具有下列情形之一的，人民法院可以初步认定其构成反垄断法第二十二条第一款第二项规定的“以低于成本的价格销售商品”：

（一）经营者在较长时间内持续以低于平均可变成本或者平均可避免成本的价格销售商品；

（二）经营者在较长时间内持续以高于平均可变成本或者平均可避免成本，但低于平均总成本的价格销售商品，且有其他证据证明其具有排除、限制同等效率的其他经营者在相关市场开展有效竞争的明确意图。

依照前款规定认定平台经营者以低于成本的价格销售商品，还应当考虑该平台涉及的多边市场中各相关市场之间的成本关联情况及其合理性。

具有下列情形之一的，人民法院可以认定构成反垄断法第二十二条第一款第二项规定的正当理由：

（一）低价处理鲜活商品、季节性商品、淘汰商品、即将超过有效期限的商品或者积压商品等；

（二）因清偿债务、转产、歇业等低价销售商品；

（三）为推广新商品、发展新业务、吸引新用户在合理期限内低价促销；

（四）能够证明行为具有正当性的其他理由。

第三十八条 具有市场支配地位的经营者，同时具备下列条件的，人民法院可以初步认定其构成反垄断法第二十二条第一款第三项规定的“拒绝与交易相对人进行交易”：

（一）经营者直接拒绝与交易相对人交易，提出交易相对人明显难以接受的交易条件，或者不合理地拖延交易，致使未能达成交易；

（二）经营者与交易相对人进行交易在经济、技术、法律和安全上具有可行性；

（三）拒绝交易行为排除、限制上游市场或者下游市场的竞争。

具有市场支配地位的经营者没有正当理由，拒绝将其商品、平台或者软件系统等与其他经营者提供的特定商品、平台或者软件系统等相兼容，拒绝开放其技术、数据、平台接口，或者拒绝许可其知识产权的，人民法院依照反垄断法第二十二条第一款第三项的规定予以认定时，可以综合考虑下列因素：

（一）该经营者实施兼容、开放或者许可在经济、技术、法律和安全上的可行性；

（二）该商品、平台或者软件系统、技术、数据、知识产权等的可替代性及重建成本；

（三）其他经营者在上游市场或者下游市场开展有效竞争对该经营者商品、平台或者软件系统、技术、数据、知识产权等的依赖程度；

（四）拒绝兼容、开放或者许可对创新以及推出新商品的影响；

（五）实施兼容、开放或者许可对该经营者自身经营活动和合法权益的影响；

（六）拒绝兼容、开放或者许可是否实质性地排除、限制相关市场的有效竞争；

（七）其他可以考虑的因素。

具有下列情形之一的，人民法院可以认定构成反垄断法第二十二条第一款第三项规定的正当理由：

（一）因不可抗力、情势变更等客观原因无法进行交易或者导致交易条件、结果明显不公平；

（二）交易相对人具有经营状况严重恶化、转移财产或者抽逃资金以逃避债务等丧失或者可能丧失履行交易能力的情形，或者具有不良信用记录、丧失商业信誉、实施违法犯罪等情形，影响交易安全；

（三）交易相对人拒绝接受适当的交易条件，或者不遵守经营者提出的合理要求；

（四）与交易相对人交易将严重减损该经营者的正当利益；

（五）能够证明行为具有正当性的其他理由。

第三十九条　具有市场支配地位的经营者，同时具备下列条件的，人民法院可以初步认定其构成反垄断法第二十二条第一款第四项规定的“限定交易相对人只能与其进行交易或者只能与其指定的经营者进行交易”：

（一）经营者直接限定或者以设定交易条件、提供交易指南等方式变相限定交易相对人只能与其进行交易或者只能与其指定的经营者进行交易，或者限定交易相对人不得与特定经营者进行交易；

（二）限定交易行为排除、限制相关市场的竞争。

认定限定交易行为是否具有排除、限制竞争效果，可以综合考虑下列因素：

（一）限定交易的范围、程度及持续时间；

（二）限定交易是否提高市场进入壁垒或者增加竞争对手的成本而产生市场封锁效应；

（三）被告为平台经营者的，限定交易所针对的平台内经营者的可替代性和平台用户使用多个替代性平台的情况及其转向其他平台的成本；

（四）限定交易是否实质剥夺交易相对人的自主选择权；

（五）其他需要考虑的因素。

具有下列情形之一的，人民法院可以认定构成反垄断法第二十二条第一款第四项规定的正当理由：

（一）为保护交易相对人和消费者利益所必需；

（二）为满足商品安全要求所必需；

（三）为保护知识产权或者数据安全所必需；

（四）为保护针对交易进行的特定投入所必需；

（五）为维护平台合理的商业模式所必需；

（六）为防止对平台整体具有消极影响的不当行为所必需；

（七）能够证明行为具有正当性的其他理由。

第四十条 具有市场支配地位的经营者，同时具备下列条件的，人民法院可以初步认定其构成反垄断法第二十二条第一款第五项规定的“搭售商品”：

（一）经营者将可以单独销售的不同商品捆绑销售；

（二）交易相对人违背意愿接受被搭售商品；

（三）搭售行为排除、限制相关市场的竞争。

反垄断法第二十二条第一款第五项规定的“附加其他不合理的交易条件”，包括下列情形：

（一）对交易达成、服务方式、付款方式、销售地域及对象、售后保障等附加不合理限制；

（二）在交易对价之外索取缺乏合理依据的费用或者利益；

（三）附加与所涉交易缺乏关联性的交易条件；

（四）强制收集非必要的用户信息或者数据；

（五）附加限制交易相对人改进技术、研究开发新产品等不竞争义务。

具有下列情形之一的，人民法院可以认定构成反垄断法第二十二条第一款第五项规定的正当理由：

（一）符合正当的交易习惯、消费习惯或者商业惯例；

（二）为保护交易相对人和消费者利益所必需；

（三）为满足商品安全要求所必需；

（四）为正常实施特定技术所必需；

（五）为维护平台正常运行所必需；

（六）能够证明行为具有正当性的其他理由。

第四十一条　具有市场支配地位的经营者，同时具备下列条件的，人民法院可以初步认定其构成反垄断法第二十二条第一款第六项规定的“对条件相同的交易相对人在交易价格等交易条件上实行差别待遇”：

（一）经营者就相同商品对交易相对人在交易价格等交易条件上实行差别待遇；

（二）与经营者的其他交易相对人相比，该交易相对人在交易安全、交易成本、规模和能力、信用状况、所处交易环节、交易持续时间等方面不存在影响交易的实质性差异；

（三）差别待遇行为排除、限制相关市场的竞争。

具有市场支配地位的经营者向交易相对人销售或者购买商品的价格高于或者低于该经营者在上下游市场中销售或者购买相同商品的价格，形成对交易相对人的利润挤压，足以排除、限制同等效率的交易相对人在相关市场开展有效竞争的，人民法院可以初步认定该经营者构成前款所称差别待遇。

认定差别待遇是否具有排除、限制竞争效果，可以综合考虑下列因素：

（一）是否排除、限制经营者与竞争对手之间的竞争；

（二）是否致使交易相对人处于不利竞争地位，并排除、限制其所在相关市场的竞争；

（三）是否损害消费者利益和社会公共利益；

（四）其他可以考虑的因素。

具有下列情形之一的，人民法院可以认定构成反垄断法第二十二条第一款第六项规定的正当理由：

（一）根据交易相对人的实际需求实行差别待遇且符合正当的交易习惯、消费习惯或者商业惯例；

（二）针对新用户的首次交易在合理期限内开展优惠活动；

（三）基于公平、合理、无歧视的平台规则实施的随机性交易；

（四）能够证明行为具有正当性的其他理由。

第四十二条　平台内经营者作为原告提起诉讼，主张平台经营者利用数据、算法、技术、平台规则等实施滥用市场支配地位或者其他违法行为，根据原告的诉讼请求和具体案情，人民法院可以区别下列情形作出处理：

（一）平台经营者通过惩罚性或者激励性措施等限定平台内经营者交易、对平台内经营者附加不合理的交易条件、对条件相同的平台内经营者在交易价格等交易条件上实行差别待遇等，原告主张该平台经营者滥用市场支配地位的，依照反垄断法第二十二条、电子商务法第二十二条的规定审查认定；

（二）原告主张实施前项行为的平台经营者违反电子商务法第三十五条的规定的，依照该条规定处理。

适用本案由需要注意的问题

◆根据《最高人民法院关于审理垄断民事纠纷案件适用法律若干问题的解释》，第一审垄断民事纠纷案件，由知识产权法院和最高人民法院指定的中级人民法院管辖。垄断民事纠纷案件的地域管辖，根据案件具体情况，依照民事诉讼法及相关司法解释有关侵权纠纷、合同纠纷等的管辖规定确定。

185. 经营者集中纠纷

案由解析

经营者集中，是指经营者通过合并、资产购买、股份购买、合同约定（联营、合营）、人事安排、技术控制等方式取得对其他经营者的控制权或者能够对其他经营者施加决定性影响的情形。其中，合并是最重要和最常见的一种经营者集中形式。根据《反垄断法》第25条的规定，经营者集中是指下列情形：（1）经营者合并。（2）经营者通过取得股权或者资产的方式取得对其他经营者的控制权。（3）经营者通过合同等方式取得对其他经营者的控制权或者能够对其他经营者施加决定性影响。

经营者集中纠纷，是指经营者通过合并、资产购买、股份购买、合同约定（联营、合营）、人事安排、技术控制等方式取得对其他经营者的控制权或者能够对其他经营者施加决定性影响所引发的纠纷。

经营者集中的特点主要有：（1）从主观上要求一个或几个企业有控制其他企业的意思。（2）从行为上要求控制企业能够对被结合的企业施加控制性影响，控制其主要经营活动。（3）从效果上要求控制的行为是有计划的长期行为。

典型形态

在实践中，经营者集中纠纷主要有：

（1）横向经营者集中纠纷，是指在相关市场的同一生产经营阶段，从事同样生产经营活动的经营者之间的集中而引发的纠纷。

（2）纵向经营者集中纠纷，是指从事同样生产经营活动、处于不同市场层次的经营者之间的集中而引发的纠纷。

（3）混合经营者集中纠纷，是指处于不同市场上的企业之间的集中，即参与集中的企业既不存在竞争关系，也不存在商品买卖关系的企业因集中而引发的纠纷。

常用法律条文及索引

《国务院关于经营者集中申报标准的规定》（2023年12月29日修订）

第一条　为了明确经营者集中的申报标准，根据《中华人民共和国反垄断法》，制定本规定。

第二条　经营者集中是指下列情形：

（一）经营者合并；

（二）经营者通过取得股权或者资产的方式取得对其他经营者的控制权；

（三）经营者通过合同等方式取得对其他经营者的控制权或者能够对其他经营者施加决定性影响。

第三条　经营者集中达到下列标准之一的，经营者应当事先向国务院反垄断执法机构申报，未申报的不得实施集中：

（一）参与集中的所有经营者上一会计年度在全球范围内的营业额合计超过120亿元人民币，并且其中至少两个经营者上一会计年度在中国境内的营业额均超过8亿元人民币；

（二）参与集中的所有经营者上一会计年度在中国境内的营业额合计超过40亿元人民币，并且其中至少两个经营者上一会计年度在中国境内的营业额均超过8亿元人民币。

营业额的计算，应当考虑银行、保险、证券、期货等特殊行业、领域的实际情况，具体办法由国务院反垄断执法机构会同国务院有关部门制定。

第四条　经营者集中未达到本规定第三条规定的申报标准，但有证据证明该经营者集中具有或者可能具有排除、限制竞争效果的，国务院反垄断执法机构可以要求经营者申报。

第五条　经营者未依照本规定第三条和第四条规定进行申报的，国务院反垄断执法机构应当依法进行调查。

第六条　国务院反垄断执法机构应当根据经济发展情况，对本规定确定的申报标准的实施情况进行评估。

第七条 本规定自公布之日起施行。

《经营者集中审查规定》（2023 年 3 月 10 日公布 2023 年 4 月 15 日施行）

第一章 总 则

第一条 为了规范经营者集中反垄断审查工作，根据《中华人民共和国反垄断法》（以下简称反垄断法）和《国务院关于经营者集中申报标准的规定》，制定本规定。

第二条 国家市场监督管理总局（以下简称市场监管总局）负责经营者集中反垄断审查工作，并对违法实施的经营者集中进行调查处理。

市场监管总局根据工作需要，可以委托省、自治区、直辖市市场监督管理部门（以下称省级市场监管部门）实施经营者集中审查。

市场监管总局加强对受委托的省级市场监管部门的指导和监督，健全审查人员培训管理制度，保障审查工作的科学性、规范性、一致性。

第三条 经营者可以通过公平竞争、自愿联合，依法实施集中，扩大经营规模，提高市场竞争能力。

市场监管总局开展经营者集中反垄断审查工作时，坚持公平公正，依法平等对待所有经营者。

第四条 本规定所称经营者集中，是指反垄断法第二十五条所规定的下列情形：

（一）经营者合并；

（二）经营者通过取得股权或者资产的方式取得对其他经营者的控制权；

（三）经营者通过合同等方式取得对其他经营者的控制权或者能够对其他经营者施加决定性影响。

第五条 判断经营者是否取得对其他经营者的控制权或者能够对其他经营者施加决定性影响，应当考虑下列因素：

（一）交易的目的和未来的计划；

（二）交易前后其他经营者的股权结构及其变化；

（三）其他经营者股东（大）会等权力机构的表决事项及其表决机制，以及其历史出席率和表决情况；

（四）其他经营者董事会等决策或者管理机构的组成及其表决机制，以及其历史出席率和表决情况；

（五）其他经营者高级管理人员的任免等；

（六）其他经营者股东、董事之间的关系，是否存在委托行使投票权、一致行动人等；

（七）该经营者与其他经营者是否存在重大商业关系、合作协议等；

（八）其他应当考虑的因素。

两个以上经营者均拥有对其他经营者的控制权或者能够对其他经营者施加决定性影响的，构成对其他经营者的共同控制。

第六条　市场监管总局健全经营者集中分类分级审查制度。

市场监管总局可以针对涉及国计民生等重要领域的经营者集中，制定具体的审查办法。

市场监管总局对经营者集中审查制度的实施效果进行评估，并根据评估结果改进审查工作。

第七条　市场监管总局强化经营者集中审查工作的信息化体系建设，充分运用技术手段，推进智慧监管，提升审查效能。

第二章　经营者集中申报

第八条　经营者集中达到国务院规定的申报标准（以下简称申报标准）的，经营者应当事先向市场监管总局申报，未申报或者申报后获得批准前不得实施集中。

经营者集中未达到申报标准，但有证据证明该经营者集中具有或者可能具有排除、限制竞争效果的，市场监管总局可以要求经营者申报并书面通知经营者。集中尚未实施的，经营者未申报或者申报后获得批准前不得实施集中；集中已经实施的，经营者应当自收到书面通知之日起一百二十日内申报，并采取暂停实施集中等必要措施减少集中对竞争的不利影响。

是否实施集中的判断因素包括但不限于是否完成市场主体登记或者权利变更登记、委派高级管理人员、实际参与经营决策和管理、与其他经营者交换敏感信息、实质性整合业务等。

第九条　营业额包括相关经营者上一会计年度内销售产品和提供服务所获得的收入，扣除相关税金及附加。

前款所称上一会计年度，是指集中协议签署日的上一会计年度。

第十条　参与集中的经营者的营业额，应当为该经营者以及申报时与该经营者存在直接或者间接控制关系的所有经营者的营业额总和，但是不包括上述经营者之间的营业额。

经营者取得其他经营者的组成部分时，出让方不再对该组成部分拥有控制权或者不能施加决定性影响的，目标经营者的营业额仅包括该组成部分的营业额。

参与集中的经营者之间或者参与集中的经营者和未参与集中的经营者之

间有共同控制的其他经营者时，参与集中的经营者的营业额应当包括被共同控制的经营者与第三方经营者之间的营业额，此营业额只计算一次，且在有共同控制权的参与集中的经营者之间平均分配。

金融业经营者营业额的计算，按照金融业经营者集中申报营业额计算相关规定执行。

第十一条 相同经营者之间在两年内多次实施的未达到申报标准的经营者集中，应当视为一次集中，集中时间从最后一次交易算起，参与集中的经营者的营业额应当将多次交易合并计算。经营者通过与其有控制关系的其他经营者实施上述行为，依照本规定处理。

前款所称两年内，是指从第一次交易完成之日起至最后一次交易签订协议之日止的期间。

第十二条 市场监管总局加强对经营者集中申报的指导。在正式申报前，经营者可以以书面方式就集中申报事宜提出商谈申请，并列明拟商谈的具体问题。

第十三条 通过合并方式实施的经营者集中，合并各方均为申报义务人；其他情形的经营者集中，取得控制权或者能够施加决定性影响的经营者为申报义务人，其他经营者予以配合。

同一项经营者集中有多个申报义务人的，可以委托一个申报义务人申报。被委托的申报义务人未申报的，其他申报义务人不能免除申报义务。申报义务人未申报的，其他参与集中的经营者可以提出申报。

申报人可以自行申报，也可以依法委托他人代理申报。申报人应当严格审慎选择代理人。申报代理人应当诚实守信、合规经营。

第十四条 申报文件、资料应当包括如下内容：

（一）申报书。申报书应当载明参与集中的经营者的名称、住所（经营场所）、经营范围、预定实施集中的日期，并附申报人身份证件或者登记注册文件，境外申报人还须提交当地公证机关的公证文件和相关的认证文件。委托代理人申报的，应当提交授权委托书。

（二）集中对相关市场竞争状况影响的说明。包括集中交易概况；相关市场界定；参与集中的经营者在相关市场的市场份额及其对市场的控制力；主要竞争者及其市场份额；市场集中度；市场进入；行业发展现状；集中对市场竞争结构、行业发展、技术进步、创新、国民经济发展、消费者以及其他经营者的影响；集中对相关市场竞争影响的效果评估及依据。

（三）集中协议。包括各种形式的集中协议文件，如协议书、合同以及相应的补充文件等。

（四）参与集中的经营者经会计师事务所审计的上一会计年度财务会计报告。

（五）市场监管总局要求提交的其他文件、资料。

申报人应当对申报文件、资料的真实性、准确性、完整性负责。

申报代理人应当协助申报人对申报文件、资料的真实性、准确性、完整性进行审核。

第十五条　申报人应当对申报文件、资料中的商业秘密、未披露信息、保密商务信息、个人隐私或者个人信息进行标注，并且同时提交申报文件、资料的公开版本和保密版本。申报文件、资料应当使用中文。

第十六条　市场监管总局对申报人提交的文件、资料进行核查，发现申报文件、资料不完备的，可以要求申报人在规定期限内补交。申报人逾期未补交的，视为未申报。

第十七条　市场监管总局经核查认为申报文件、资料符合法定要求的，自收到完备的申报文件、资料之日予以受理并书面通知申报人。

第十八条　经营者集中未达到申报标准，参与集中的经营者自愿提出经营者集中申报，市场监管总局收到申报文件、资料后经核查认为有必要受理的，按照反垄断法予以审查并作出决定。

第十九条　符合下列情形之一的经营者集中，可以作为简易案件申报，市场监管总局按照简易案件程序进行审查：

（一）在同一相关市场，参与集中的经营者所占的市场份额之和小于百分之十五；在上下游市场，参与集中的经营者所占的市场份额均小于百分之二十五；不在同一相关市场也不存在上下游关系的参与集中的经营者，在与交易有关的每个市场所占的市场份额均小于百分之二十五；

（二）参与集中的经营者在中国境外设立合营企业，合营企业不在中国境内从事经济活动的；

（三）参与集中的经营者收购境外企业股权或者资产，该境外企业不在中国境内从事经济活动的；

（四）由两个以上经营者共同控制的合营企业，通过集中被其中一个或者一个以上经营者控制的。

第二十条　符合本规定第十九条但存在下列情形之一的经营者集中，不视为简易案件：

（一）由两个以上经营者共同控制的合营企业，通过集中被其中的一个经营者控制，该经营者与合营企业属于同一相关市场的竞争者，且市场份额之和大于百分之十五的；

（二）经营者集中涉及的相关市场难以界定的；

（三）经营者集中对市场进入、技术进步可能产生不利影响的；

（四）经营者集中对消费者和其他有关经营者可能产生不利影响的；

（五）经营者集中对国民经济发展可能产生不利影响的；

（六）市场监管总局认为可能对市场竞争产生不利影响的其他情形。

第二十一条 市场监管总局受理简易案件后，对案件基本信息予以公示，公示期为十日。公示的案件基本信息由申报人填报。

对于不符合简易案件标准的简易案件申报，市场监管总局予以退回，并要求申报人按非简易案件重新申报。

第三章 经营者集中审查

第二十二条 市场监管总局应当自受理之日起三十日内，对申报的经营者集中进行初步审查，作出是否实施进一步审查的决定，并书面通知申报人。

市场监管总局决定实施进一步审查的，应当自决定之日起九十日内审查完毕，作出是否禁止经营者集中的决定，并书面通知申报人。符合反垄断法第三十一条第二款规定情形的，市场监管总局可以延长本款规定的审查期限，最长不得超过六十日。

第二十三条 在审查过程中，出现反垄断法第三十二条规定情形的，市场监管总局可以决定中止计算经营者集中的审查期限并书面通知申报人，审查期限自决定作出之日起中止计算。

自中止计算审查期限的情形消除之日起，审查期限继续计算，市场监管总局应当书面通知申报人。

第二十四条 在审查过程中，申报人未按照规定提交文件、资料导致审查工作无法进行的，市场监管总局应当书面通知申报人在规定期限内补正。申报人未在规定期限内补正的，市场监管总局可以决定中止计算审查期限。

申报人按要求提交文件、资料后，审查期限继续计算。

第二十五条 在审查过程中，出现对经营者集中审查具有重大影响的新情况、新事实，不经核实将导致审查工作无法进行的，市场监管总局可以决定中止计算审查期限。

经核实，审查工作可以进行的，审查期限继续计算。

第二十六条 在市场监管总局对申报人提交的附加限制性条件承诺方案

进行评估阶段，申报人提出中止计算审查期限请求，市场监管总局认为确有必要的，可以决定中止计算审查期限。

对附加限制性条件承诺方案评估完成后，审查期限继续计算。

第二十七条 在市场监管总局作出审查决定之前，申报人要求撤回经营者集中申报的，应当提交书面申请并说明理由。经市场监管总局同意，申报人可以撤回申报。

集中交易情况或者相关市场竞争状况发生重大变化，需要重新申报的，申报人应当申请撤回。

撤回经营者集中申报的，审查程序终止。市场监管总局同意撤回申报不视为对集中的批准。

第二十八条 在审查过程中，市场监管总局根据审查工作需要，可以要求申报人在规定期限内补充提供相关文件、资料，就申报有关事项与申报人及其代理人进行沟通。

申报人可以主动提供有助于对经营者集中进行审查和作出决定的有关文件、资料。

第二十九条 在审查过程中，参与集中的经营者可以通过信函、传真、电子邮件等方式向市场监管总局就有关申报事项进行书面陈述，市场监管总局应当听取。

第三十条 在审查过程中，市场监管总局根据审查工作需要，可以通过书面征求、座谈会、论证会、问卷调查、委托咨询、实地调研等方式听取有关政府部门、行业协会、经营者、消费者、专家学者等单位或者个人的意见。

第三十一条 审查经营者集中，应当考虑下列因素：

（一）参与集中的经营者在相关市场的市场份额及其对市场的控制力；

（二）相关市场的市场集中度；

（三）经营者集中对市场进入、技术进步的影响；

（四）经营者集中对消费者和其他有关经营者的影响；

（五）经营者集中对国民经济发展的影响；

（六）应当考虑的影响市场竞争的其他因素。

第三十二条 评估经营者集中的竞争影响，可以考察相关经营者单独或者共同排除、限制竞争的能力、动机及可能性。

集中涉及上下游市场或者关联市场的，可以考察相关经营者利用在一个或者多个市场的控制力，排除、限制其他市场竞争的能力、动机及可能性。

第三十三条 评估参与集中的经营者对市场的控制力，可以考虑参与集中的经营者在相关市场的市场份额、产品或者服务的替代程度、控制销售市场或者原材料采购市场的能力、财力和技术条件、掌握和处理数据的能力，以及相关市场的市场结构、其他经营者的生产能力、下游客户购买能力和转换供应商的能力、潜在竞争者进入的抵消效果等因素。

评估相关市场的市场集中度，可以考虑相关市场的经营者数量及市场份额等因素。

第三十四条 评估经营者集中对市场进入的影响，可以考虑经营者通过控制生产要素、销售和采购渠道、关键技术、关键设施、数据等方式影响市场进入的情况，并考虑进入的可能性、及时性和充分性。

评估经营者集中对技术进步的影响，可以考虑经营者集中对技术创新动力和能力、技术研发投入和利用、技术资源整合等方面的影响。

第三十五条 评估经营者集中对消费者的影响，可以考虑经营者集中对产品或者服务的数量、价格、质量、多样化等方面的影响。

评估经营者集中对其他有关经营者的影响，可以考虑经营者集中对同一相关市场、上下游市场或者关联市场经营者的市场进入、交易机会等竞争条件的影响。

第三十六条 评估经营者集中对国民经济发展的影响，可以考虑经营者集中对经济效率、经营规模及其对相关行业发展等方面的影响。

第三十七条 评估经营者集中的竞争影响，还可以综合考虑集中对公共利益的影响、参与集中的经营者是否为濒临破产的企业等因素。

第三十八条 市场监管总局认为经营者集中具有或者可能具有排除、限制竞争效果的，应当告知申报人，并设定一个允许参与集中的经营者提交书面意见的合理期限。

参与集中的经营者的书面意见应当包括相关事实和理由，并提供相应证据。参与集中的经营者逾期未提交书面意见的，视为无异议。

第三十九条 为减少集中具有或者可能具有的排除、限制竞争的效果，参与集中的经营者可以向市场监管总局提出附加限制性条件承诺方案。

市场监管总局应当对承诺方案的有效性、可行性和及时性进行评估，并及时将评估结果通知申报人。

市场监管总局认为承诺方案不足以减少集中对竞争的不利影响的，可以与参与集中的经营者就限制性条件进行磋商，要求其在合理期限内提出其他承诺方案。

第四十条　根据经营者集中交易具体情况，限制性条件可以包括如下种类：

（一）剥离有形资产，知识产权、数据等无形资产或者相关权益（以下简称剥离业务）等结构性条件；

（二）开放其网络或者平台等基础设施、许可关键技术（包括专利、专有技术或者其他知识产权）、终止排他性或者独占性协议、保持独立运营、修改平台规则或者算法、承诺兼容或者不降低互操作性水平等行为性条件；

（三）结构性条件和行为性条件相结合的综合性条件。

剥离业务一般应当具有在相关市场开展有效竞争所需要的所有要素，包括有形资产、无形资产、股权、关键人员以及客户协议或者供应协议等权益。剥离对象可以是参与集中经营者的子公司、分支机构或者业务部门等。

第四十一条　承诺方案存在不能实施的风险的，参与集中的经营者可以提出备选方案。备选方案应当在首选方案无法实施后生效，并且比首选方案的条件更为严格。

承诺方案为剥离，但存在下列情形之一的，参与集中的经营者可以在承诺方案中提出特定买方和剥离时间建议：

（一）剥离存在较大困难；

（二）剥离前维持剥离业务的竞争性和可销售性存在较大风险；

（三）买方身份对剥离业务能否恢复市场竞争具有重要影响；

（四）市场监管总局认为有必要的其他情形。

第四十二条　对于具有或者可能具有排除、限制竞争效果的经营者集中，参与集中的经营者提出的附加限制性条件承诺方案能够有效减少集中对竞争产生的不利影响的，市场监管总局可以作出附加限制性条件批准决定。

参与集中的经营者未能在规定期限内提出附加限制性条件承诺方案，或者所提出的承诺方案不能有效减少集中对竞争产生的不利影响的，市场监管总局应当作出禁止经营者集中的决定。

第四十三条　任何单位和个人发现未达申报标准但具有或者可能具有排除、限制竞争效果的经营者集中，可以向市场监管总局书面反映，并提供相关事实和证据。

市场监管总局经核查，对有证据证明未达申报标准的经营者集中具有或者可能具有排除、限制竞争效果的，依照本规定第八条进行处理。

第四章　限制性条件的监督和实施

第四十四条　对于附加限制性条件批准的经营者集中，义务人应当严格履行审查决定规定的义务，并按规定向市场监管总局报告限制性条件履行情况。

市场监管总局可以自行或者通过受托人对义务人履行限制性条件的行为进行监督检查。通过受托人监督检查的，市场监管总局应当在审查决定中予以明确。受托人包括监督受托人和剥离受托人。

义务人，是指附加限制性条件批准经营者集中的审查决定中要求履行相关义务的经营者。

监督受托人，是指受义务人委托并经市场监管总局评估确定，负责对义务人实施限制性条件进行监督并向市场监管总局报告的自然人、法人或者非法人组织。

剥离受托人，是指受义务人委托并经市场监管总局评估确定，在受托剥离阶段负责出售剥离业务并向市场监管总局报告的自然人、法人或者非法人组织。

第四十五条 通过受托人监督检查的，义务人应当在市场监管总局作出审查决定之日起十五日内向市场监管总局提交监督受托人人选。限制性条件为剥离的，义务人应当在进入受托剥离阶段三十日前向市场监管总局提交剥离受托人人选。义务人应当严格审慎选择受托人人选并对相关文件、资料的真实性、完整性、准确性负责。受托人人选应当符合下列具体要求：

（一）诚实守信、合规经营；

（二）有担任受托人的意愿；

（三）独立于义务人和剥离业务的买方；

（四）具有履行受托人职责的专业团队，团队成员应当具有对限制性条件进行监督所需的专业知识、技能及相关经验；

（五）能够提出可行的工作方案；

（六）过去五年未在担任受托人过程中受到处罚；

（七）市场监管总局提出的其他要求。

义务人正式提交受托人人选后，受托人人选无正当理由不得放弃参与受托人评估。

一般情况下，市场监管总局应当从义务人提交的人选中择优评估确定受托人。但义务人未在规定期限内提交受托人人选且经再次书面通知后仍未按时提交，或者两次提交的人选均不符合要求，导致监督执行工作难以正常进行的，市场监管总局可以指导义务人选择符合条件的受托人。

受托人确定后，义务人应当与受托人签订书面协议，明确各自权利和义务，并报市场监管总局同意。受托人应当勤勉、尽职地履行职责。义务人支付受托人报酬，并为受托人提供必要的支持和便利。

第四十六条　限制性条件为剥离的，剥离义务人应当在审查决定规定的期限内，自行找到合适的剥离业务买方、签订出售协议，并报经市场监管总局批准后完成剥离。剥离义务人未能在规定期限内完成剥离的，市场监管总局可以要求义务人委托剥离受托人在规定的期限内寻找合适的剥离业务买方。剥离业务买方应当符合下列要求：

（一）独立于参与集中的经营者；

（二）拥有必要的资源、能力并有意愿使用剥离业务参与市场竞争；

（三）取得其他监管机构的批准；

（四）不得向参与集中的经营者融资购买剥离业务；

（五）市场监管总局根据具体案件情况提出的其他要求。

买方已有或者能够从其他途径获得剥离业务中的部分资产或者权益时，可以向市场监管总局申请对剥离业务的范围进行必要调整。

第四十七条　义务人提交市场监管总局审查的监督受托人、剥离受托人、剥离业务买方人选原则上各不少于三家。在特殊情况下，经市场监管总局同意，上述人选可少于三家。

市场监管总局应当对义务人提交的受托人及委托协议、剥离业务买方人选及出售协议进行审查，以确保其符合审查决定要求。

限制性条件为剥离的，市场监管总局上述审查所用时间不计入剥离期限。

第四十八条　审查决定未规定自行剥离期限的，剥离义务人应当在审查决定作出之日起六个月内找到适当的买方并签订出售协议。经剥离义务人申请并说明理由，市场监管总局可以酌情延长自行剥离期限，但延期最长不得超过三个月。

审查决定未规定受托剥离期限的，剥离受托人应当在受托剥离开始之日起六个月内找到适当的买方并签订出售协议。

第四十九条　剥离义务人应当在市场监管总局审查批准买方和出售协议后，与买方签订出售协议，并自签订之日起三个月内将剥离业务转移给买方，完成所有权转移等相关法律程序。经剥离义务人申请并说明理由，市场监管总局可以酌情延长业务转移的期限。

第五十条　经市场监管总局批准的买方购买剥离业务达到申报标准的，取得控制权的经营者应当将其作为一项新的经营者集中向市场监管总局申报。市场监管总局作出审查决定之前，剥离义务人不得将剥离业务出售给买方。

第五十一条 在剥离完成之前，为确保剥离业务的存续性、竞争性和可销售性，剥离义务人应当履行下列义务：

（一）保持剥离业务与其保留的业务之间相互独立，并采取一切必要措施以最符合剥离业务发展的方式进行管理；

（二）不得实施任何可能对剥离业务有不利影响的行为，包括聘用被剥离业务的关键员工，获得剥离业务的商业秘密或者其他保密信息等；

（三）指定专门的管理人，负责管理剥离业务。管理人在监督受托人的监督下履行职责，其任命和更换应当得到监督受托人的同意；

（四）确保潜在买方能够以公平合理的方式获得有关剥离业务的充分信息，评估剥离业务的商业价值和发展潜力；

（五）根据买方的要求向其提供必要的支持和便利，确保剥离业务的顺利交接和稳定经营；

（六）向买方及时移交剥离业务并履行相关法律程序。

第五十二条 监督受托人应当在市场监管总局的监督下履行下列职责：

（一）监督义务人履行本规定、审查决定及相关协议规定的义务；

（二）对剥离义务人推荐的买方人选、拟签订的出售协议进行评估，并向市场监管总局提交评估报告；

（三）监督剥离业务出售协议的执行，并定期向市场监管总局提交监督报告；

（四）协调剥离义务人与潜在买方就剥离事项产生的争议；

（五）按照市场监管总局的要求提交其他与义务人履行限制性条件有关的报告。

未经市场监管总局同意，监督受托人不得披露其在履行职责过程中向市场监管总局提交的各种报告及相关信息。

第五十三条 在受托剥离阶段，剥离受托人负责为剥离业务找到买方并达成出售协议。

剥离受托人有权以无底价方式出售剥离业务。

第五十四条 审查决定应当规定附加限制性条件的期限。

根据审查决定，限制性条件到期自动解除的，经市场监管总局核查确认，义务人未违反审查决定的，限制性条件自动解除。义务人存在违反审查决定情形的，市场监管总局可以适当延长附加限制性条件的期限，并及时向社会公布。

根据审查决定，限制性条件到期后义务人需要申请解除的，义务人应当提交书面申请并说明理由。市场监管总局评估后决定解除限制性条件的，应当及时向社会公布。

限制性条件为剥离，经市场监管总局核查确认，义务人履行完成所有义务的，限制性条件自动解除。

第五十五条　审查决定生效期间，市场监管总局可以主动或者应义务人申请对限制性条件进行重新审查，变更或者解除限制性条件。市场监管总局决定变更或者解除限制性条件的，应当及时向社会公布。

市场监管总局变更或者解除限制性条件时，应当考虑下列因素：

（一）集中交易方是否发生重大变化；

（二）相关市场竞争状况是否发生实质性变化；

（三）实施限制性条件是否无必要或者不可能；

（四）应当考虑的其他因素。

第五章　对违法实施经营者集中的调查

第五十六条　经营者集中达到申报标准，经营者未申报实施集中、申报后未经批准实施集中或者违反审查决定的，依照本章规定进行调查。

未达申报标准的经营者集中，经营者未按照本规定第八条进行申报的，市场监管总局依照本章规定进行调查。

第五十七条　对涉嫌违法实施经营者集中，任何单位和个人有权向市场监管总局举报。市场监管总局应当为举报人保密。

举报采用书面形式，并提供举报人和被举报人基本情况、涉嫌违法实施经营者集中的相关事实和证据等内容的，市场监管总局应当进行必要的核查。

对于采用书面形式的实名举报，市场监管总局可以根据举报人的请求向其反馈举报处理结果。

对举报处理工作中获悉的国家秘密以及公开后可能危及国家安全、公共安全、经济安全、社会稳定的信息，市场监管总局应当严格保密。

第五十八条　对有初步事实和证据表明存在违法实施经营者集中嫌疑的，市场监管总局应当予以立案，并书面通知被调查的经营者。

第五十九条　被调查的经营者应当在立案通知送达之日起三十日内，向市场监管总局提交是否属于经营者集中、是否达到申报标准、是否申报、是否违法实施等有关的文件、资料。

第六十条 市场监管总局应当自收到被调查的经营者依照本规定第五十九条提交的文件、资料之日起三十日内，对被调查的交易是否属于违法实施经营者集中完成初步调查。

属于违法实施经营者集中的，市场监管总局应当作出实施进一步调查的决定，并书面通知被调查的经营者。经营者应当停止违法行为。

不属于违法实施经营者集中的，市场监管总局应当作出不实施进一步调查的决定，并书面通知被调查的经营者。

第六十一条 市场监管总局决定实施进一步调查的，被调查的经营者应当自收到市场监管总局书面通知之日起三十日内，依照本规定关于经营者集中申报文件、资料的规定向市场监管总局提交相关文件、资料。

市场监管总局应当自收到被调查的经营者提交的符合前款规定的文件、资料之日起一百二十日内，完成进一步调查。

在进一步调查阶段，市场监管总局应当按照反垄断法及本规定，对被调查的交易是否具有或者可能具有排除、限制竞争效果进行评估。

第六十二条 在调查过程中，被调查的经营者、利害关系人有权陈述意见。市场监管总局应当对被调查的经营者、利害关系人提出的事实、理由和证据进行核实。

第六十三条 市场监管总局在作出行政处罚决定前，应当告知被调查的经营者拟作出的行政处罚内容及事实、理由、依据，并告知被调查的经营者依法享有的陈述、申辩、要求听证等权利。

被调查的经营者自告知书送达之日起五个工作日内，未行使陈述、申辩权，未要求听证的，视为放弃此权利。

第六十四条 市场监管总局对违法实施经营者集中应当依法作出处理决定，并可以向社会公布。

第六十五条 市场监管总局责令经营者采取必要措施恢复到集中前状态的，相关措施的监督和实施参照本规定第四章执行。

第六章 法律责任

第六十六条 经营者违反反垄断法规定实施集中的，依照反垄断法第五十八条规定予以处罚。

第六十七条 对市场监管总局依法实施的审查和调查，拒绝提供有关材料、信息，或者提供虚假材料、信息，或者隐匿、销毁、转移证据，或者有其他拒绝、阻碍调查行为的，由市场监管总局责令改正，对单位处上一年度销售额百分之一以下的罚款，上一年度没有销售额或者销售额难以计算的，处五百万元以下的罚款；对个人处五十万元以下的罚款。

第六十八条　市场监管总局在依据反垄断法和本规定对违法实施经营者集中进行调查处理时，应当考虑集中实施的时间，是否具有或者可能具有排除、限制竞争的效果及其持续时间，消除违法行为后果的情况等因素。

当事人主动报告市场监管总局尚未掌握的违法行为，主动消除或者减轻违法行为危害后果的，市场监管总局应当依据《中华人民共和国行政处罚法》第三十二条从轻或者减轻处罚。

第六十九条　市场监管总局依据反垄断法和本规定第六十六条、第六十七条对经营者予以行政处罚的，依照反垄断法第六十四条和国家有关规定记入信用记录，并向社会公示。

第七十条　申报人应当对代理行为加强管理并依法承担相应责任。

申报代理人故意隐瞒有关情况、提供虚假材料或者有其他行为阻碍经营者集中案件审查、调查工作的，市场监管总局依法调查处理并公开，可以向有关部门提出处理建议。

第七十一条　受托人不符合履职要求、无正当理由放弃履行职责、未按要求履行职责或者有其他行为阻碍经营者集中案件监督执行的，市场监管总局可以要求义务人更换受托人，并可以对受托人给予警告、通报批评，处十万元以下的罚款。

第七十二条　剥离业务的买方未按规定履行义务，影响限制性条件实施的，由市场监管总局责令改正，处十万元以下的罚款。

第七十三条　违反反垄断法第四章和本规定，情节特别严重、影响特别恶劣、造成特别严重后果的，市场监管总局可以在反垄断法第五十八条、第六十二条规定和本规定第六十六条、第六十七条规定的罚款数额的二倍以上五倍以下处以罚款。

第七十四条　反垄断执法机构工作人员滥用职权、玩忽职守、徇私舞弊或者泄露执法过程中知悉的商业秘密、个人隐私和个人信息的，依照有关规定处理。

反垄断执法机构在调查期间发现的公职人员涉嫌职务违法、职务犯罪问题线索，应当及时移交纪检监察机关。

第七章　附　则

第七十五条　市场监管总局以及其他单位和个人对于知悉的商业秘密、未披露信息、保密商务信息、个人隐私和个人信息承担保密义务，但根据法律法规规定应当披露的或者事先取得权利人同意的除外。

第七十六条 本规定对违法实施经营者集中的调查、处罚程序未作规定的，依照《市场监督管理行政处罚程序规定》执行，有关时限、立案、案件管辖的规定除外。

在审查或者调查过程中，市场监管总局可以组织听证。听证程序依照《市场监督管理行政许可程序暂行规定》《市场监督管理行政处罚听证办法》执行。

第七十七条 对于需要送达经营者的书面文件，送达方式参照《市场监督管理行政处罚程序规定》执行。

第七十八条 本规定自2023年4月15日起施行。2020年10月23日国家市场监督管理总局令第30号公布的《经营者集中审查暂行规定》同时废止。

适用本案由需要注意的问题

◆根据《最高人民法院关于审理垄断民事纠纷案件适用法律若干问题的解释》，第一审垄断民事纠纷案件，由知识产权法院和最高人民法院指定的中级人民法院管辖。垄断民事纠纷案件的地域管辖，根据案件具体情况，依照民事诉讼法及相关司法解释有关侵权纠纷、合同纠纷等的管辖规定确定。

◆适用本案由时，应注意区分垄断协议纠纷和经营者集中纠纷的区别。垄断协议，是指两个或者两个以上的经营者签订的协议的行为；而经营者集中是指经营者通过合并、资产购买、股份购买、合同约定（联营、合营）、人事安排、技术控制等方式取得对其他经营者的控制权，签订合同只是其中一种实施垄断的方式。

第六部分　劳动争议、人事争议

十七、劳动争议

186. 劳动合同纠纷

（1）确认劳动关系纠纷
（2）集体合同纠纷
（3）劳务派遣合同纠纷
（4）非全日制用工纠纷
（5）追索劳动报酬纠纷
（6）经济补偿金纠纷
（7）竞业限制纠纷

案由解析

劳动合同，是指劳动者与用工单位之间确立劳动关系，明确双方权利和义务的协议。

劳动合同纠纷，是指在中国境内的用人单位与劳动者因订立、履行、变更、解除和终止劳动合同所发生的纠纷。

劳动合同的特点主要有：（1）劳动合同是建立劳动关系的一种法律形式，以合同形式确立了劳动者与用人单位的权利义务。（2）劳动合同双方当事人中，一方必须是具有劳动权利能力和劳动行为能力的公民本人，另一方必须是中国境内的企业、个体经济组织以及与劳动者建立劳动合同关系的国家机关、事业组织、社会团体等用人单位。（3）劳动合同的当事人之间存在着职业上的从属关系，即作为劳动合同一方当事人的劳动者，在订立劳动合同后，成为用人单位的一员，用人单位有权指派劳动者完成劳动合同规定的属于劳动者劳动职能范围内的任何任务。这种职业上的从属关系，是劳动合同区别于其他合同的重要特点之一。(4) 劳动合同双方当事人的权利和义务是统一的，即双方当事人既是劳动权利主体，又是劳动义务主体，根据签订的劳动合同，劳动者有义务完成工作任务，遵守本单位内部的劳动规则，用人单位有义务按照劳动者劳动数量和质量支付劳动报酬。劳动者有权享受法律、法规及劳动合同规定的劳动保险和生活福利待遇，用人单位有义务提供劳动法律、法规及劳动合同规定的劳动保护条件。

典型形态

实践中，劳动合同纠纷主要有：

(1) 确认劳动关系纠纷，劳动者与用人单位之间，就劳动关系是否存在，劳动关系是否终止与劳动关系是否有效等问题所引发的纠纷。

(2) 集体合同纠纷，是指劳动者一方与用人单位之间，就劳动报酬、工作时间、休息休假、劳动安全卫生、保险福利等事项在集体协商、履行过程中发生的纠纷。

(3) 劳务派遣合同纠纷，是指劳动者一方与用人单位之间，就劳务派遣合同的签订、履行发生的纠纷。劳务派遣合同是劳动者与劳务派遣公司签订的合同和用人单位与派遣公司签订的合同，派遣至用人单位工作，它的关系涉及劳动者、派出公司、服务单位三方，由实际用人单位向派遣劳工给付劳务报酬，而实际用人单位和派遣劳工之间并没有签订合同。

(4) 非全日制用工纠纷，是指用人单位与非全日制劳动者就非全日制用工合同的签订、履行发生的纠纷。非全日制用工是指以小时计酬、劳动者在同一用人单位平均每日工作时间不超过 4 小时，累计每周工作时间不超过 24 小时的用工形式。从事非全日制工作的劳动者，可以与一个或一个以上用人单位建立劳动关系。用人单位与非全日制劳动者建立劳动关系，应当订立劳动合同。

(5) 追索劳动报酬纠纷，是指劳动者与用人单位在履行劳动合同期间，因劳动报酬发生的争议。

(6) 经济补偿金纠纷，是指劳动者与用人单位之间解除劳动合同时，就依法应当给予劳动者的经济补偿而引发的纠纷。

(7) 竞业限制纠纷，是指劳动者与用人单位之间就竞业限制而发生的纠纷。所谓竞业限制是指禁止特定劳动者在与用人单位存在竞争的行业任职的制度，也称竞业禁止。按照法律依据的不同，竞业限制可分为法定竞业限制和约定竞业限制。约定竞业限制是指当事人自愿达成竞业限制协议，劳动者根据协议承担竞业限制的义务。法定竞业限制是指某些特殊主体根据法律规定必须承担竞业禁止义务。《劳动合同法》赋予了用人单位与劳动者约定竞业限制的权利，其中规定：第一，用人单位与劳动者可以在劳动合同中约定保守用人单位的商业秘密和与知识产权相关的保密事项。对负有保密义务的劳动者，用人单位可以在劳动合同或者保密协议中与劳动者约定竞业限制条款。第二，约定竞业限制条款的，要同时约定在解除或者终止劳动合同后，在竞业限制期限内按月给予劳动者经济补偿。第三，劳动者违反竞业限制约定的，应当按照约定向用人单位支付违约金。

常用法律条文及索引

《中华人民共和国劳动法》（2018年12月29日修正）

第二十四条　经劳动合同当事人协商一致，劳动合同可以解除。

第二十五条　劳动者有下列情形之一的，用人单位可以解除劳动合同：

（一）在试用期间被证明不符合录用条件的；

（二）严重违反劳动纪律或者用人单位规章制度的；

（三）严重失职，营私舞弊，对用人单位利益造成重大损害的；

（四）被依法追究刑事责任的。

第二十六条　有下列情形之一的，用人单位可以解除劳动合同，但是应当提前三十日以书面形式通知劳动者本人：

（一）劳动者患病或者非因工负伤，医疗期满后，不能从事原工作也不能从事由用人单位另行安排的工作的；

（二）劳动者不能胜任工作，经过培训或者调整工作岗位，仍不能胜任工作的；

（三）劳动合同订立时所依据的客观情况发生重大变化，致使原劳动合同无法履行，经当事人协商不能就变更劳动合同达成协议的。

第二十七条　用人单位濒临破产进行法定整顿期间或者生产经营状况发生严重困难，确需裁减人员的，应当提前三十日向工会或者全体职工说明情况，听取工会或者职工的意见，经向劳动行政部门报告后，可以裁减人员。

用人单位依据本条规定裁减人员，在六个月内录用人员的，应当优先录用被裁减的人员。

第二十八条　用人单位依据本法第二十四条、第二十六条、第二十七条的规定解除劳动合同的，应当依照国家有关规定给予经济补偿。

第三十二条 有下列情形之一的，劳动者可以随时通知用人单位解除劳动合同：

（一）在试用期内的；

（二）用人单位以暴力、威胁或者非法限制人身自由的手段强迫劳动的；

（三）用人单位未按照劳动合同约定支付劳动报酬或者提供劳动条件的。

第三十三条 企业职工一方与企业可以就劳动报酬、工作时间、休息休假、劳动安全卫生、保险福利等事项，签订集体合同。集体合同草案应当提交职工代表大会或者全体职工讨论通过。

集体合同由工会代表职工与企业签订；没有建立工会的企业，由职工推举的代表与企业签订。

第四十四条 有下列情形之一的，用人单位应当按照下列标准支付高于劳动者正常工作时间工资的工资报酬：

（一）安排劳动者延长工作时间的，支付不低于工资的百分之一百五十的工资报酬；

（二）休息日安排劳动者工作又不能安排补休的，支付不低于工资的百分之二百的工资报酬；

（三）法定休假日安排劳动者工作的，支付不低于工资的百分之三百的工资报酬。

第五十条 工资应当以货币形式按月支付给劳动者本人。不得克扣或者无故拖欠劳动者的工资。

第七十九条 劳动争议发生后，当事人可以向本单位劳动争议调解委员会申请调解；调解不成，当事人一方要求仲裁的，可以向劳动争议仲裁委员会申请仲裁。当事人一方也可以直接向劳动争议仲裁委员会申请仲裁。对仲裁裁决不服的，可以向人民法院提起诉讼。

第八十二条 提出仲裁要求的一方应当自劳动争议发生之日起六十日内向劳动争议仲裁委员会提出书面申请。仲裁裁决一般应在收到仲裁申请的六十日内作出。对仲裁裁决无异议的，当事人必须履行。

第八十三条 劳动争议当事人对仲裁裁决不服的，可以自收到仲裁裁决书之日起十五日内向人民法院提起诉讼。一方当事人在法定期限内不起诉又不履行仲裁裁决的，另一方当事人可以申请人民法院强制执行。

第九十一条 用人单位有下列侵害劳动者合法权益情形之一的，由劳动行政部门责令支付劳动者的工资报酬、经济补偿，并可以责令支付赔偿金：

（一）克扣或者无故拖欠劳动者工资的；

（二）拒不支付劳动者延长工作时间工资报酬的；

（三）低于当地最低工资标准支付劳动者工资的；

（四）解除劳动合同后，未依照本法规定给予劳动者经济补偿的。

《中华人民共和国劳动合同法》（2012年12月28日修正）

第十条　建立劳动关系，应当订立书面劳动合同。

已建立劳动关系，未同时订立书面劳动合同的，应当自用工之日起一个月内订立书面劳动合同。

用人单位与劳动者在用工前订立劳动合同的，劳动关系自用工之日起建立。

第二十三条　用人单位与劳动者可以在劳动合同中约定保守用人单位的商业秘密和与知识产权相关的保密事项。

对负有保密义务的劳动者，用人单位可以在劳动合同或者保密协议中与劳动者约定竞业限制条款，并约定在解除或者终止劳动合同后，在竞业限制期限内按月给予劳动者经济补偿。劳动者违反竞业限制约定的，应当按照约定向用人单位支付违约金。

第二十四条　竞业限制的人员限于用人单位的高级管理人员、高级技术人员和其他负有保密义务的人员。竞业限制的范围、地域、期限由用人单位与劳动者约定，竞业限制的约定不得违反法律、法规的规定。

在解除或者终止劳动合同后，前款规定的人员到与本单位生产或者经营同类产品、从事同类业务的有竞争关系的其他用人单位，或者自己开业生产或者经营同类产品、从事同类业务的竞业限制期限，不得超过二年。

第二十六条　下列劳动合同无效或者部分无效：

（一）以欺诈、胁迫的手段或者乘人之危，使对方在违背真实意思的情况下订立或者变更劳动合同的；

（二）用人单位免除自己的法定责任、排除劳动考权利的；

（三）违反法律、行政法规强制性规定的。

对劳动合同的无效或者部分无效有争议的，由劳动争议仲裁机构或者人民法院确认。

第三十一条　用人单位应当严格执行劳动定额标准，不得强迫或者变相强迫劳动者加班。用人单位安排加班的，应当按照国家有关规定向劳动者支付加班费。

第三十六条　用人单位与劳动者协商一致，可以解除劳动合同。

第三十八条　用人单位有下列情形之一的，劳动者可以解除劳动合同：

（一）未按照劳动合同约定提供劳动保护或者劳动条件的；

（二）未及时足额支付劳动报酬的；

（三）未依法为劳动者缴纳社会保险费的；

（四）用人单位的规章制度违反法律、法规的规定，损害劳动者权益的；

（五）因本法第二十六条第一款规定的情形致使劳动合同无效的；

（六）法律、行政法规规定劳动者可以解除劳动合同的其他情形。

用人单位以暴力、威胁或者非法限制人身自由的手段强迫劳动者劳动的，或者用人单位违章指挥、强令冒险作业危及劳动者人身安全的，劳动者可以立即解除劳动合同，不需事先告知用人单位。

第四十四条　有下列情形之一的，劳动合同终止：

（一）劳动合同期满的；

（二）劳动者开始依法享受基本养老保险待遇的；

（三）劳动者死亡，或者被人民法院宣告死亡或者宣告失踪的；

（四）用人单位被依法宣告破产的；

（五）用人单位被吊销营业执照、责令关闭、撤销或者用人单位决定提前解散的；

（六）法律、行政法规规定的其他情形。

第四十六条　有下列情形之一的，用人单位应当向劳动者支付经济补偿：

（一）劳动者依照本法第三十八条规定解除劳动合同的；

（二）用人单位依照本法第三十六条规定向劳动者提出解除劳动合同并与劳动者协商一致解除劳动合同的；

（三）用人单位依照本法第四十条规定解除劳动合同的；

（四）用人单位依照本法第四十一条第一款规定解除劳动合同的；

（五）除用人单位维持或者提高劳动合同约定条件续订劳动合同，劳动者不同意续订的情形外，依照本法第四十四条第一项规定终止固定期限劳动合同的；

（六）依照本法第四十四条第四项、第五项规定终止劳动合同的；

（七）法律、行政法规规定的其他情形。

第四十七条　经济补偿按劳动者在本单位工作的年限，每满一年支付一个月工资的标准向劳动者支付。六个月以上不满一年的，按一年计算；不满六个月的，向劳动者支付半个月工资的经济补偿。

劳动者月工资高于用人单位所在直辖市、设区的市级人民政府公布的本地区上年度职工月平均工资三倍的，向其支付经济补偿的标准按职工月平均工资三倍的数额支付，向其支付经济补偿的年限最高不超过十二年。

本条所称月工资是指劳动者在劳动合同解除或者终止前十二个月的平均工资。

第四十八条　用人单位违反本法规定解除或者终止劳动合同，劳动者要求继续履行劳动合同的，用人单位应当继续履行；劳动者不要求继续履行劳动合同或者劳动合同已经不能继续履行的，用人单位应当依照本法第八十七条规定支付赔偿金。

第五十一条　企业职工一方与用人单位通过平等协商，可以就劳动报酬、工作时间、休息休假、劳动安全卫生、保险福利等事项订立集体合同。集体合同草案应当提交职工代表大会或者全体职工讨论通过。

集体合同由工会代表企业职工一方与用人单位订立；尚未建立工会的用人单位，由上级工会指导劳动者推举的代表与用人单位订立。

第五十二条　企业职工一方与用人单位可以订立劳动安全卫生、女职工权益保护、工资调整机制等专项集体合同。

第五十三条　在县级以下区域内，建筑业、采矿业、餐饮服务业等行业可以由工会与企业方面代表订立行业性集体合同，或者订立区域性集体合同。

第五十四条　集体合同订立后，应当报送劳动行政部门；劳动行政部门自收到集体合同文本之日起十五日内未提出异议的，集体合同即行生效。

依法订立的集体合同对用人单位和劳动者具有约束力。行业性、区域性集体合同对当地本行业、本区域的用人单位和劳动者具有约束力。

第五十五条　集体合同中劳动报酬和劳动条件等标准不得低于当地人民政府规定的最低标准；用人单位与劳动者订立的劳动合同中劳动报酬和劳动条件等标准不得低于集体合同规定的标准。

第五十六条　用人单位违反集体合同，侵犯职工劳动权益的，工会可以依法要求用人单位承担责任；因履行集体合同发生争议，经协商解决不成的，工会可以依法申请仲裁、提起诉讼。

第五十八条　劳务派遣单位是本法所称用人单位，应当履行用人单位对劳动者的义务。劳务派遣单位与被派遣劳动者订立的劳动合同，除应当载明本法第十七条规定的事项外，还应当载明被派遣劳动者的用工单位以及派遣期限、工作岗位等情况。

劳务派遣单位应当与被派遣劳动者订立二年以上的固定期限劳动合同，按月支付劳动报酬；被派遣劳动者在无工作期间，劳务派遣单位应当按照所在地人民政府规定的最低工资标准，向其按月支付报酬。

第五十九条　劳务派遣单位派遣劳动者应当与接受以劳务派遣形式用工的单位（以下称用工单位）订立劳务派遣协议。劳务派遣协议应当约定派遣岗位和人员数量、派遣期限、劳动报酬和社会保险费的数额与支付方式以及违反协议的责任。

用工单位应当根据工作岗位的实际需要与劳务派遣单位确定派遣期限，不得将连续用工期限分割订立数个短期劳务派遣协议。

第六十条　劳务派遣单位应当将劳务派遣协议的内容告知被派遣劳动者。

劳务派遣单位不得克扣用工单位按照劳务派遣协议支付给被派遣劳动者的劳动报酬。

劳务派遣单位和用工单位不得向被派遣劳动者收取费用。

第六十一条　劳务派遣单位跨地区派遣劳动者的，被派遣劳动者享有的劳动报酬和劳动条件，按照用工单位所在地的标准执行。

第六十二条　用工单位应当履行下列义务：

（一）执行国家劳动标准，提供相应的劳动条件和劳动保护；

（二）告知被派遣劳动者的工作要求和劳动报酬；

（三）支付加班费、绩效奖金，提供与工作岗位相关的福利待遇；

（四）对在岗被派遣劳动者进行工作岗位所必需的培训；

（五）连续用工的，实行正常的工资调整机制。

用工单位不得将被派遣劳动者再派遣到其他用人单位。

第六十三条　被派遣劳动者享有与用工单位的劳动者同工同酬的权利。用工单位无同类岗位劳动者的，参照用工单位所在地相同或者相近岗位劳动者的劳动报酬确定。

劳务派遣单位与被派遣劳动者订立的劳动合同和与用工单位订立的劳务派遣协议，载明或者约定的向被派遣劳动者支付的劳动报酬应当符合前款规定。

第六十五条　被派遣劳动者可以依照本法第三十六条、第三十八条的规定与劳务派遣单位解除劳动合同。

被派遣劳动者有本法第三十九条和第四十条第一项、第二项规定情形的，用工单位可以将劳动者退回劳务派遣单位，劳务派遣单位依照本法有关规定，可以与劳动者解除劳动合同。

第六十九条 非全日制用工双方当事人可以订立口头协议。

从事非全日制用工的劳动者可以与一个或者一个以上用人单位订立劳动合同；但是，后订立的劳动合同不得影响先订立的劳动合同的履行。

第七十条 非全日制用工双方当事人不得约定试用期。

第七十一条 非全日制用工双方当事人任何一方都可以随时通知对方终止用工。终止用工，用人单位不向劳动者支付经济补偿。

第七十二条 非全日制用工小时计酬标准不得低于用人单位所在地人民政府规定的最低小时工资标准。

非全日制用工劳动报酬结算支付周期最长不得超过十五日。

第八十二条 用人单位自用工之日起超过一个月不满一年未与劳动者订立书面劳动合同的，应当向劳动者每月支付二倍的工资。

用人单位违反本法规定不与劳动者订立无固定期限劳动合同的，自应当订立无固定期限劳动合同之日起向劳动者每月支付二倍的工资。

第八十五条 用人单位有下列情形之一的，由劳动行政部门责令限期支付劳动报酬、加班费或者经济补偿；劳动报酬低于当地最低工资标准的，应当支付其差额部分；逾期不支付的，责令用人单位按应付金额百分之五十以上百分之一百以下的标准向劳动者加付赔偿金：

（一）未按照劳动合同的约定或者国家规定及时足额支付劳动者劳动报酬的；

（二）低于当地最低工资标准支付劳动者工资的；

（三）安排加班不支付加班费的；

（四）解除或者终止劳动合同，未依照本法规定向劳动者支付经济补偿的。

第八十七条 单位违反本法规定解除或者终止劳动合同的，应当依照本法第四十七条规定的经济补偿标准的二倍向劳动者支付赔偿金。

第九十条 劳动者违反本法规定解除劳动合同，或者违反劳动合同中约定的保密义务或者竞业限制，给用人单位造成损失的，应当承担赔偿责任。

《最高人民法院关于审理劳动争议案件适用法律问题的解释（一）》（法释〔2020〕26号 2021年1月1日施行）

第一条 劳动者与用人单位之间发生的下列纠纷，属于劳动争议，当事人不服劳动争议仲裁机构作出的裁决，依法提起诉讼的，人民法院应予受理：

（一）劳动者与用人单位在履行劳动合同过程中发生的纠纷；

（二）劳动者与用人单位之间没有订立书面劳动合同，但已形成劳动关系后发生的纠纷；

（三）劳动者与用人单位因劳动关系是否已经解除或者终止，以及应否支付解除或者终止劳动关系经济补偿金发生的纠纷；

（四）劳动者与用人单位解除或者终止劳动关系后，请求用人单位返还其收取的劳动合同定金、保证金、抵押金、抵押物发生的纠纷，或者办理劳动者的人事档案、社会保险关系等移转手续发生的纠纷；

（五）劳动者以用人单位未为其办理社会保险手续，且社会保险经办机构不能补办导致其无法享受社会保险待遇为由，要求用人单位赔偿损失发生的纠纷；

（六）劳动者退休后，与尚未参加社会保险统筹的原用人单位因追索养老金、医疗费、工伤保险待遇和其他社会保险待遇而发生的纠纷；

（七）劳动者因为工伤、职业病，请求用人单位依法给予工伤保险待遇发生的纠纷；

（八）劳动者依据劳动合同法第八十五条规定，要求用人单位支付加付赔偿金发生的纠纷；

（九）因企业自主进行改制发生的纠纷。

第二条 下列纠纷不属于劳动争议：

（一）劳动者请求社会保险经办机构发放社会保险金的纠纷；

（二）劳动者与用人单位因住房制度改革产生的公有住房转让纠纷；

（三）劳动者对劳动能力鉴定委员会的伤残等级鉴定结论或者对职业病诊断鉴定委员会的职业病诊断鉴定结论的异议纠纷；

（四）家庭或者个人与家政服务人员之间的纠纷；

（五）个体工匠与帮工、学徒之间的纠纷；

（六）农村承包经营户与受雇人之间的纠纷。

第十三条 劳动者依据劳动合同法第三十条第二款和调解仲裁法第十六条规定向人民法院申请支付令，符合民事诉讼法第十七章督促程序规定的，人民法院应予受理。

依据劳动合同法第三十条第二款规定申请支付令被人民法院裁定终结督促程序后，劳动者就劳动争议事项直接提起诉讼的，人民法院应当告知其先向劳动争议仲裁机构申请仲裁。

依据调解仲裁法第十六条规定申请支付令被人民法院裁定终结督促程序

后，劳动者依据调解协议直接提起诉讼的，人民法院应予受理。

第十四条　人民法院受理劳动争议案件后，当事人增加诉讼请求的，如该诉讼请求与讼争的劳动争议具有不可分性，应当合并审理；如属独立的劳动争议，应当告知当事人向劳动争议仲裁机构申请仲裁。

第十五条　劳动者以用人单位的工资欠条为证据直接提起诉讼，诉讼请求不涉及劳动关系其他争议的，视为拖欠劳动报酬争议，人民法院按照普通民事纠纷受理。

第十六条　劳动争议仲裁机构作出仲裁裁决后，当事人对裁决中的部分事项不服，依法提起诉讼的，劳动争议仲裁裁决不发生法律效力。

第十七条　劳动争议仲裁机构对多个劳动者的劳动争议作出仲裁裁决后，部分劳动者对仲裁裁决不服，依法提起诉讼的，仲裁裁决对提起诉讼的劳动者不发生法律效力；对未提起诉讼的部分劳动者，发生法律效力，如其申请执行的，人民法院应当受理。

第十八条　仲裁裁决的类型以仲裁裁决书确定为准。仲裁裁决书未载明该裁决为终局裁决或者非终局裁决，用人单位不服该仲裁裁决向基层人民法院提起诉讼的，应当按照以下情形分别处理：

（一）经审查认为该仲裁裁决为非终局裁决的，基层人民法院应予受理；

（二）经审查认为该仲裁裁决为终局裁决的，基层人民法院不予受理，但应告知用人单位可以自收到不予受理裁定书之日起三十日内向劳动争议仲裁机构所在地的中级人民法院申请撤销该仲裁裁决；已经受理的，裁定驳回起诉。

第十九条　仲裁裁决书未载明该裁决为终局裁决或者非终局裁决，劳动者依据调解仲裁法第四十七条第一项规定，追索劳动报酬、工伤医疗费、经济补偿或者赔偿金，如果仲裁裁决涉及数项，每项确定的数额均不超过当地月最低工资标准十二个月金额的，应当按照终局裁决处理。

第二十条　劳动争议仲裁机构作出的同一仲裁裁决同时包含终局裁决事项和非终局裁决事项，当事人不服该仲裁裁决向人民法院提起诉讼的，应当按照非终局裁决处理。

第二十一条　劳动者依据调解仲裁法第四十八条规定向基层人民法院提起诉讼，用人单位依据调解仲裁法第四十九条规定向劳动争议仲裁机构所在地的中级人民法院申请撤销仲裁裁决的，中级人民法院应当不予受理；已经受理的，应当裁定驳回申请。

被人民法院驳回起诉或者劳动者撤诉的，用人单位可以自收到裁定书之日起三十日内，向劳动争议仲裁机构所在地的中级人民法院申请撤销仲裁裁决。

第二十二条 用人单位依据调解仲裁法第四十九条规定向中级人民法院申请撤销仲裁裁决，中级人民法院作出的驳回申请或者撤销仲裁裁决的裁定为终审裁定。

第二十三条 中级人民法院审理用人单位申请撤销终局裁决的案件，应当组成合议庭开庭审理。经过阅卷、调查和询问当事人，对没有新的事实、证据或者理由，合议庭认为不需要开庭审理的，可以不开庭审理。

中级人民法院可以组织双方当事人调解。达成调解协议的，可以制作调解书。一方当事人逾期不履行调解协议的，另一方可以申请人民法院强制执行。

第二十四条 当事人申请人民法院执行劳动争议仲裁机构作出的发生法律效力的裁决书、调解书，被申请人提出证据证明劳动争议仲裁裁决书、调解书有下列情形之一，并经审查核实的，人民法院可以根据民事诉讼法第二百三十七条规定，裁定不予执行：

（一）裁决的事项不属于劳动争议仲裁范围，或者劳动争议仲裁机构无权仲裁的；

（二）适用法律、法规确有错误的；

（三）违反法定程序的；

（四）裁决所根据的证据是伪造的；

（五）对方当事人隐瞒了足以影响公正裁决的证据的；

（六）仲裁员在仲裁该案时有索贿受贿、徇私舞弊、枉法裁决行为的；

（七）人民法院认定执行该劳动争议仲裁裁决违背社会公共利益的。

人民法院在不予执行的裁定书中，应当告知当事人在收到裁定书之次日起三十日内，可以就该劳动争议事项向人民法院提起诉讼。

第二十五条 劳动争议仲裁机构作出终局裁决，劳动者向人民法院申请执行，用人单位向劳动争议仲裁机构所在地的中级人民法院申请撤销的，人民法院应当裁定中止执行。

用人单位撤回撤销终局裁决申请或者其申请被驳回的，人民法院应当裁定恢复执行。仲裁裁决被撤销的，人民法院应当裁定终结执行。

用人单位向人民法院申请撤销仲裁裁决被驳回后，又在执行程序中以相同理由提出不予执行抗辩的，人民法院不予支持。

第三十三条 外国人、无国籍人未依法取得就业证件即与中华人民共和国境内的用人单位签订劳动合同，当事人请求确认与用人单位存在劳动关系的，人民法院不予支持。

持有《外国专家证》并取得《外国人来华工作许可证》的外国人，与中华人民共和国境内的用人单位建立用工关系的，可以认定为劳动关系。

第三十四条　劳动合同期满后，劳动者仍在原用人单位工作，原用人单位未表示异议的，视为双方同意以原条件继续履行劳动合同。一方提出终止劳动关系的，人民法院应予支持。

根据劳动合同法第十四条规定，用人单位应当与劳动者签订无固定期限劳动合同而未签订的，人民法院可以视为双方之间存在无固定期限劳动合同关系，并以原劳动合同确定双方的权利义务关系。

第三十六条　当事人在劳动合同或者保密协议中约定了竞业限制，但未约定解除或者终止劳动合同后给予劳动者经济补偿，劳动者履行了竞业限制义务，要求用人单位按照劳动者在劳动合同解除或者终止前十二个月平均工资的30%按月支付经济补偿的，人民法院应予支持。

前款规定的月平均工资的30%低于劳动合同履行地最低工资标准的，按照劳动合同履行地最低工资标准支付。

第三十七条　当事人在劳动合同或者保密协议中约定了竞业限制和经济补偿，当事人解除劳动合同时，除另有约定外，用人单位要求劳动者履行竞业限制义务，或者劳动者履行了竞业限制义务后要求用人单位支付经济补偿的，人民法院应予支持。

第三十八条　当事人在劳动合同或者保密协议中约定了竞业限制和经济补偿，劳动合同解除或者终止后，因用人单位的原因导致三个月未支付经济补偿，劳动者请求解除竞业限制约定的，人民法院应予支持。

第三十九条　在竞业限制期限内，用人单位请求解除竞业限制协议的，人民法院应予支持。

在解除竞业限制协议时，劳动者请求用人单位额外支付劳动者三个月的竞业限制经济补偿的，人民法院应予支持。

第四十条　劳动者违反竞业限制约定，向用人单位支付违约金后，用人单位要求劳动者按照约定继续履行竞业限制义务的，人民法院应予支持。

第四十四条　因用人单位作出的开除、除名、辞退、解除劳动合同、减少劳动报酬、计算劳动者工作年限等决定而发生的劳动争议，用人单位负举证责任。

第四十五条　用人单位有下列情形之一，迫使劳动者提出解除劳动合同的，用人单位应当支付劳动者的劳动报酬和经济补偿，并可支付赔偿金：

（一）以暴力、威胁或者非法限制人身自由的手段强迫劳动的；

（二）未按照劳动合同约定支付劳动报酬或者提供劳动条件的；

（三）克扣或者无故拖欠劳动者工资的；

（四）拒不支付劳动者延长工作时间工资报酬的；

（五）低于当地最低工资标准支付劳动者工资的。

《最高人民法院关于审理劳动争议案件适用法律问题的解释（二）》（法释〔2025〕12号　2025年9月1日施行）

第一条　具备合法经营资格的承包人将承包业务转包或者分包给不具备合法经营资格的组织或者个人，该组织或者个人招用的劳动者请求确认承包人为承担用工主体责任单位，承担支付劳动报酬、认定工伤后的工伤保险待遇等责任的，人民法院依法予以支持。

第二条　不具备合法经营资格的组织或者个人挂靠具备合法经营资格的单位对外经营，该组织或者个人招用的劳动者请求确认被挂靠单位为承担用工主体责任单位，承担支付劳动报酬、认定工伤后的工伤保险待遇等责任的，人民法院依法予以支持。

第三条　劳动者被多个存在关联关系的单位交替或者同时用工，其请求确认劳动关系的，人民法院按照下列情形分别处理：

（一）已订立书面劳动合同，劳动者请求按照劳动合同确认劳动关系的，人民法院依法予以支持；

（二）未订立书面劳动合同的，根据用工管理行为，综合考虑工作时间、工作内容、劳动报酬支付、社会保险费缴纳等因素确认劳动关系。

劳动者请求符合前款第二项规定情形的关联单位共同承担支付劳动报酬、福利待遇等责任的，人民法院依法予以支持，但关联单位之间依法对劳动者的劳动报酬、福利待遇等作出约定且经劳动者同意的除外。

第四条　外国人与中华人民共和国境内的用人单位建立用工关系，有下列情形之一，外国人请求确认与用人单位存在劳动关系的，人民法院依法予以支持：

（一）已取得永久居留资格的；

（二）已取得工作许可且在中国境内合法停留居留的；

（三）按照国家有关规定办理相关手续的。

第五条　依法设立的外国企业常驻代表机构可以作为劳动争议案件的当事人。当事人申请追加外国企业参加诉讼的，人民法院依法予以支持。

第六条 用人单位未依法与劳动者订立书面劳动合同，应当支付劳动者的二倍工资按月计算；不满一个月的，按该月实际工作日计算。

第七条 劳动者以用人单位未订立书面劳动合同为由，请求用人单位支付二倍工资的，人民法院依法予以支持，但用人单位举证证明存在下列情形之一的除外：

（一）因不可抗力导致未订立的；

（二）因劳动者本人故意或者重大过失未订立的；

（三）法律、行政法规规定的其他情形。

第八条 劳动合同期满，有下列情形之一的，人民法院认定劳动合同期限依法自动续延，不属于用人单位未订立书面劳动合同的情形：

（一）劳动合同法第四十二条规定的用人单位不得解除劳动合同的；

（二）劳动合同法实施条例第十七条规定的服务期尚未到期的；

（三）工会法第十九条规定的任期未届满的。

第九条 有证据证明存在劳动合同法第十四条第三款规定的“视为用人单位与劳动者已订立无固定期限劳动合同”情形，劳动者请求与用人单位订立书面劳动合同的，人民法院依法予以支持；劳动者以用人单位未及时补订书面劳动合同为由，请求用人单位支付视为已与劳动者订立无固定期限劳动合同期间二倍工资的，人民法院不予支持。

第十条 有下列情形之一的，人民法院应认定为符合劳动合同法第十四条第二款第三项“连续订立二次固定期限劳动合同”的规定：

（一）用人单位与劳动者协商延长劳动合同期限累计达到一年以上，延长期限届满的；

（二）用人单位与劳动者约定劳动合同期满后自动续延，续延期限届满的；

（三）劳动者非因本人原因仍在原工作场所、工作岗位工作，用人单位变换劳动合同订立主体，但继续对劳动者进行劳动管理，合同期限届满的；

（四）以其他违反诚信原则的规避行为再次订立劳动合同，期限届满的。

第十一条 劳动合同期满后，劳动者仍在用人单位工作，用人单位未表示异议超过一个月，劳动者请求用人单位以原条件续订劳动合同的，人民法院依法予以支持。

符合订立无固定期限劳动合同情形，劳动者请求用人单位以原条件订立无固定期限劳动合同的，人民法院依法予以支持。

用人单位解除劳动合同，劳动者请求用人单位依法承担解除劳动合同法律后果的，人民法院依法予以支持。

第十二条 除向劳动者支付正常劳动报酬外，用人单位与劳动者约定服务期限并提供特殊待遇，劳动者违反约定提前解除劳动合同且不符合劳动合同法第三十八条规定的单方解除劳动合同情形时，用人单位请求劳动者承担赔偿损失责任的，人民法院可以综合考虑实际损失、当事人的过错程度、已经履行的年限等因素确定劳动者应当承担的赔偿责任。

第十三条 劳动者未知悉、接触用人单位的商业秘密和与知识产权相关的保密事项，劳动者请求确认竞业限制条款不生效的，人民法院依法予以支持。

竞业限制条款约定的竞业限制范围、地域、期限等内容与劳动者知悉、接触的商业秘密和与知识产权相关的保密事项不相适应，劳动者请求确认竞业限制条款超过合理比例部分无效的，人民法院依法予以支持。

第十四条 用人单位与高级管理人员、高级技术人员和其他负有保密义务的人员约定在职期间竞业限制条款，劳动者以不得约定在职期间竞业限制、未支付经济补偿为由请求确认竞业限制条款无效的，人民法院不予支持。

第十五条 劳动者违反有效的竞业限制约定，用人单位请求劳动者按照约定返还已经支付的经济补偿并支付违约金的，人民法院依法予以支持。

第十六条 用人单位违法解除或者终止劳动合同后，有下列情形之一的，人民法院可以认定为劳动合同法第四十八条规定的“劳动合同已经不能继续履行”：

（一）劳动合同在仲裁或者诉讼过程中期满且不存在应当依法续订、续延劳动合同情形的；

（二）劳动者开始依法享受基本养老保险待遇的；

（三）用人单位被宣告破产的；

（四）用人单位解散的，但因合并或者分立需要解散的除外；

（五）劳动者已经与其他用人单位建立劳动关系，对完成用人单位的工作任务造成严重影响，或者经用人单位提出，不与其他用人单位解除劳动合同的；

（六）存在劳动合同客观不能履行的其他情形的。

第十七条 用人单位未按照国务院安全生产监督管理部门、卫生行政部门的规定组织从事接触职业病危害作业的劳动者进行离岗前的职业健康检查，劳动者在双方解除劳动合同后请求继续履行劳动合同的，人民法院依法予以支持，但有下列情形之一的除外：

（一）一审法庭辩论终结前，用人单位已经组织劳动者进行职业健康检查且经检查劳动者未患职业病的；

（二）一审法庭辩论终结前，用人单位组织劳动者进行职业健康检查，劳动者无正当理由拒绝检查的。

第十八条　用人单位违法解除、终止可以继续履行的劳动合同，劳动者请求用人单位支付违法解除、终止决定作出后至劳动合同继续履行前一日工资的，用人单位应当按照劳动者提供正常劳动时的工资标准向劳动者支付上述期间的工资。

用人单位、劳动者对于劳动合同解除、终止都有过错的，应当各自承担相应的责任。

第十九条　用人单位与劳动者约定或者劳动者向用人单位承诺无需缴纳社会保险费的，人民法院应当认定该约定或者承诺无效。用人单位未依法缴纳社会保险费，劳动者根据劳动合同法第三十八条第一款第三项规定请求解除劳动合同、由用人单位支付经济补偿的，人民法院依法予以支持。

有前款规定情形，用人单位依法补缴社会保险费后，请求劳动者返还已支付的社会保险费补偿的，人民法院依法予以支持。

第二十条　当事人在仲裁期间因自身原因未提出仲裁时效抗辩，在一审或者二审诉讼期间提出仲裁时效抗辩的，人民法院不予支持。当事人基于新的证据能够证明对方当事人请求权的仲裁时效期间届满的，人民法院应予支持。

当事人未按照前款规定提出仲裁时效抗辩，以仲裁时效期间届满为由申请再审或者提出再审抗辩的，人民法院不予支持。

第二十一条　本解释自2025年9月1日起施行。《最高人民法院关于审理劳动争议案件适用法律问题的解释（一）》（法释〔2020〕26号）第三十二条第一款同时废止。最高人民法院此前发布的司法解释与本解释不一致的，以本解释为准。

《中华人民共和国劳动争议调解仲裁法》（2007年12月29日公布　2008年5月1日施行）

第二条　中华人民共和国境内的用人单位与劳动者发生的下列劳动争议，适用本法：

（一）因确认劳动关系发生的争议；

（二）因订立、履行、变更、解除和终止劳动合同发生的争议；

（三）因除名、辞退和辞职、离职发生的争议；

（四）因工作时间、休息休假、社会保险、福利、培训以及劳动保护发生的争议；

（五）因劳动报酬、工伤医疗费、经济补偿或者赔偿金等发生的争议；

（六）法律、法规规定的其他劳动争议。

《中华人民共和国涉外民事关系法律适用法》（2010 年 10 月 28 日公布 2011 年 4 月 1 日施行）

第四十三条 劳动合同，适用劳动者工作地法律；难以确定劳动者工作地的，适用用人单位主营业地法律。劳务派遣，可以适用劳务派出地法律。

《第八次全国法院民事商事审判工作会议（民事部分）纪要》（法〔2016〕399 号 2016 年 11 月 21 日公布）

26. 劳动人事仲裁机构作出仲裁裁决，当事人在法定期限内未提起诉讼但再次申请仲裁，劳动人事仲裁机构作出不予受理裁决、决定或通知，当事人不服提起诉讼，经审查认为前后两次申请仲裁事项属于不同事项的，人民法院予以受理；经审查认为属于同一事项的，人民法院不予受理，已经受理的裁定驳回起诉。

27. 当事人在仲裁阶段未提出超过仲裁申请期间的抗辩，劳动人事仲裁机构作出实体裁决后，当事人在诉讼阶段又以超过仲裁时效期间为由进行抗辩的，人民法院不予支持。

当事人未按照规定提出仲裁时效抗辩，又以仲裁时效期间届满为由申请再审或者提出再审抗辩的，人民法院不予支持。

29. 用人单位在劳动合同期限内通过“末位淘汰”或“竞争上岗”等形式单方解除劳动合同，劳动者可以用人单位违法解除劳动合同为由，请求用人单位继续履行劳动合同或者支付赔偿金。

适用本案由需要注意的问题

◆劳动合同纠纷，根据《最高人民法院关于审理劳动争议案件适用法律问题的解释（一）》第 3 条的规定，由用人单位所在地或者劳动合同履行地的基层人民法院管辖。劳动合同履行地不明确的，由用人单位所在地的基层人民法院管辖。法律另有规定的，依照其规定。

◆在适用本案由时，要特别注意区分劳动合同纠纷与劳务合同纠纷的不同，具体参见本书案由“139. 劳务合同纠纷”中“适用本案由需要注意的问题”部分。

◆对于劳动关系清楚，仅在劳动报酬、工伤医疗费、经济补偿金或者赔偿金等的给付数额和给付时间上存在争议的劳动合同纠纷案件，标的额为各省、自治区、直辖市上年度就业人员年平均工资 50%以下的，根据《民事诉讼法》第 165 条的规定，应适用小额诉讼程序进行审理。

◆为防止建设工程领域劳务公司规避用工主体责任，针对转包、分包、挂靠经营的用工主体责任承担，《最高人民法院关于审理劳动争议案件适用法律问题的解释（二）》第 1 条以及第 2 条明确了在“具备合法经营资格的承包人将承包业务转包或者分包给不具备合法经营资格的组织或者个人”以及“不具备合法经营资格的组织或者个人挂靠具备合法经营资格的单位对外经营”的情形下，“具备合法经营资格”的主体应承担用工主体责任。这与原劳动与社会保障部《关于确立劳动关系有关事项的通知》（劳社部发〔2005〕12 号）第 4 条规定的“具备用工主体资格”存在差别，使承担用工主体责任的主体更加明确。同时对于劳动者被多个存在关联关系的单位交替或者同时用工的情形，《最高人民法院关于审理劳动争议案件适用法律问题的解释（二）》第 3 条规定了应区分情形处理。

◆针对外国人的劳动关系确认问题，《最高人民法院关于审理劳动争议案件适用法律问题的解释（二）》第 4 条规定了外国人可以请求确认与用人单位存在劳动关系的三种情况，《最高人民法院关于审理劳动争议案件适用法律问题的解释（一）》第 33 条第 2 款规定的“持有《外国专家证》并取得《外国人来华工作许可证》”已被包含在内。同时《最高人民法院关于审理劳动争议案件适用法律问题的解释（二）》第 5 条规定了“依法设立的外国企业常驻代表机构可以作为劳动争议案件的当事人”，但外国企业是否可以作为用人单位仍有待进一步明确。

187. 社会保险纠纷

（1）养老保险待遇纠纷
（2）工伤保险待遇纠纷
（3）医疗保险待遇纠纷
（4）生育保险待遇纠纷
（5）失业保险待遇纠纷

案由解析

社会保险，是国家通过立法建立的，用于保障劳动者在因年老、患病、伤残、死亡、失业等原因，丧失劳动能力或中断就业时，能够从国家和社会获得物质帮助的一种社会保障制度。社会保险的主要项目包括养老社会保险、医疗社会保险、失业保险、工伤保险、生育保险，等等。

社会保险纠纷，是指社会保险关系当事人之间因社会保险关系的建立和社会保险权利义务的实现所发生的争议。依据社会保险险种的不同，社会保险争议可以分为养老保险纠纷、医疗保险纠纷、工伤保险纠纷、失业保险纠纷和生育保险纠纷。

社会保险的特征主要有：（1）保障性。实施社会保险的根本目的，就是保障劳动者在其失去劳动能力之后的基本生活，从而维护社会稳定。（2）法定性。就是国家立法，强制实施。保险待遇的享受者及其所在单位，双方都必须按照规定参加并依法缴纳社会保险基金，不能自愿。（3）互济性。这是指社会保险是按照社会共担风险原则进行组织的。社会保险费由国家、企业、个人三方负担，建立社会保险基金。社会保险机构要用互助互济的办法统一调剂基金，支付保险金和提供服务，实行收入再分配，使参加社会保险的劳动者生活得到保障。（4）福利性。社会保险不以盈利为目的，它以最少的花费，解决最大的社会保障问题，属于社会福利性质。（5）普遍性。社会保险实施范围广，一般在所有职工及其供养的直系亲属中实行。

典型形态

在实践中，社会保险纠纷的典型形态主要有：

（1）养老保险待遇纠纷，是指养老保险关系当事人之间因养老保险关系的建立和养老保险权利义务的实现所发生的争议。养老保险是指国家和社会根据一定的法律和法规，为解决劳动者在达到国家规定的解除劳动义务的劳动年龄界线，或因年老丧失劳动能力退出劳动岗位后的基本生活而建立的一种社会保险制度。

（2）工伤保险待遇纠纷，是指工伤保险关系当事人之间因工伤保险关系的建立和工伤保险权利义务的实现所发生的争议。工伤保险是指劳动者在工作中或在规定的特殊情况下，遭受意外伤害或患职业病导致暂时或永久丧失劳动能力以及死亡时，劳动者或其遗属从国家和社会获得物质帮助的一种社会保险制度。

（3）医疗保险待遇纠纷，是指医疗保险关系当事人之间因医疗保险关系的建立和医疗保险权利义务的实现所发生的争议。医疗保险是为补偿疾病所带来的医疗费用的一种保险。职工因疾病、负伤、生育时，由社会或企业提供必要的医疗服务或物质帮助的社会保险。

(4) 生育保险待遇纠纷，是指生育保险关系当事人之间因生育保险关系的建立和生育保险权利义务的实现所发生的争议。生育保险是国家通过立法，在怀孕和分娩的妇女劳动者暂时中断劳动时，由国家和社会提供医疗服务、生育津贴和产假的一种社会保险制度，国家或社会对生育的职工给予必要的经济补偿和医疗保健的社会保险制度。

(5) 失业保险待遇纠纷，是指失业保险关系当事人之间因失业保险关系的建立和失业保险权利义务的实现所发生的争议。国家通过立法强制实行的，由社会集中建立基金，对因失业而暂时中断生活来源的劳动者提供物质帮助的制度。

常用法律条文及索引

《中华人民共和国劳动法》（2018 年 12 月 29 日修正）

第七十二条　社会保险基金按照保险类型确定资金来源，逐步实行社会统筹。用人单位和劳动者必须依法参加社会保险，缴纳社会保险费。

第七十三条　劳动者在下列情形下，依法享受社会保险待遇：

（一）退休；

（二）患病、负伤；

（三）因工伤残或者患职业病；

（四）失业；

（五）生育。

劳动者死亡后，其遗属依法享受遗属津贴。

劳动者享受社会保险待遇的条件和标准由法律、法规规定。

劳动者享受的社会保险金必须按时足额支付。

第七十四条　社会保险基金经办机构依照法律规定收支、管理和运营社会保险基金，并负有使社会保险基金保值增值的责任。

社会保险基金监督机构依照法律规定，对社会保险基金的收支、管理和运营实施监督。

社会保险基金经办机构和社会保险基金监督机构的设立和职能由法律规定。

任何组织和个人不得挪用社会保险基金。

第七十五条　国家鼓励用人单位根据本单位实际情况为劳动者建立补充保险。

国家提倡劳动者个人进行储蓄性保险。

第一百条　用人单位无故不缴纳社会保险费的，由劳动行政部门责令其限期缴纳；逾期不缴的，可以加收滞纳金。

第一百零四条　国家工作人员和社会保险基金经办机构的工作人员挪用社会保险基金，构成犯罪的，依法追究刑事责任。

《中华人民共和国社会保险法》（2018年12月29日修正）

第二条　国家建立基本养老保险、基本医疗保险、工伤保险、失业保险、生育保险等社会保险制度，保障公民在年老、疾病、工伤、失业、生育等情况下依法从国家和社会获得物质帮助的权利。

第四条　中华人民共和国境内的用人单位和个人依法缴纳社会保险费，有权查询缴费记录、个人权益记录，要求社会保险经办机构提供社会保险咨询等相关服务。

个人依法享受社会保险待遇，有权监督本单位为其缴费情况。

第十条　职工应当参加基本养老保险，由用人单位和职工共同缴纳基本养老保险费。

无雇工的个体工商户、未在用人单位参加基本养老保险的非全日制从业人员以及其他灵活就业人员可以参加基本养老保险，由个人缴纳基本养老保险费。

公务员和参照公务员法管理的工作人员养老保险的办法由国务院规定。

第十一条　基本养老保险实行社会统筹与个人账户相结合。

基本养老保险基金由用人单位和个人缴费以及政府补贴等组成。

第十二条　用人单位应当按照国家规定的本单位职工工资总额的比例缴纳基本养老保险费，记入基本养老保险统筹基金。

职工应当按照国家规定的本人工资的比例缴纳基本养老保险费，记入个人账户。

无雇工的个体工商户、未在用人单位参加基本养老保险的非全日制从业人员以及其他灵活就业人员参加基本养老保险的，应当按照国家规定缴纳基本养老保险费，分别记入基本养老保险统筹基金和个人账户。

第十三条　国有企业、事业单位职工参加基本养老保险前，视同缴费年限期间应当缴纳的基本养老保险费由政府承担。

基本养老保险基金出现支付不足时，政府给予补贴。

第十四条　个人账户不得提前支取，记账利率不得低于银行定期存款利率，免征利息税。个人死亡的，个人账户余额可以继承。

第十五条 基本养老金由统筹养老金和个人账户养老金组成。

基本养老金根据个人累计缴费年限、缴费工资、当地职工平均工资、个人账户金额、城镇人口平均预期寿命等因素确定。

第十六条 参加基本养老保险的个人，达到法定退休年龄时累计缴费满十五年的，按月领取基本养老金。

参加基本养老保险的个人，达到法定退休年龄时累计缴费不足十五年的，可以缴费至满十五年，按月领取基本养老金；也可以转入新型农村社会养老保险或者城镇居民社会养老保险，按照国务院规定享受相应的养老保险待遇。

第十七条 参加基本养老保险的个人，因病或者非因工死亡的，其遗属可以领取丧葬补助金和抚恤金；在未达到法定退休年龄时因病或者非因工致残完全丧失劳动能力的，可以领取病残津贴。所需资金从基本养老保险基金中支付。

第十八条 国家建立基本养老金正常调整机制。根据职工平均工资增长、物价上涨情况，适时提高基本养老保险待遇水平。

第十九条 个人跨统筹地区就业的，其基本养老保险关系随本人转移，缴费年限累计计算。个人达到法定退休年龄时，基本养老金分段计算、统一支付。具体办法由国务院规定。

第二十条 国家建立和完善新型农村社会养老保险制度。

新型农村社会养老保险实行个人缴费、集体补助和政府补贴相结合。

第二十一条 新型农村社会养老保险待遇由基础养老金和个人账户养老金组成。

参加新型农村社会养老保险的农村居民，符合国家规定条件的，按月领取新型农村社会养老保险待遇。

第二十二条 国家建立和完善城镇居民社会养老保险制度。

省、自治区、直辖市人民政府根据实际情况，可以将城镇居民社会养老保险和新型农村社会养老保险合并实施。

第二十三条 职工应当参加职工基本医疗保险，由用人单位和职工按照国家规定共同缴纳基本医疗保险费。

无雇工的个体工商户、未在用人单位参加职工基本医疗保险的非全日制从业人员以及其他灵活就业人员可以参加职工基本医疗保险，由个人按照国家规定缴纳基本医疗保险费。

第二十四条 国家建立和完善新型农村合作医疗制度。

新型农村合作医疗的管理办法，由国务院规定。

第二十五条 国家建立和完善城镇居民基本医疗保险制度。

城镇居民基本医疗保险实行个人缴费和政府补贴相结合。

享受最低生活保障的人、丧失劳动能力的残疾人、低收入家庭六十周岁以上的老年人和未成年人等所需个人缴费部分，由政府给予补贴。

第二十六条 职工基本医疗保险、新型农村合作医疗和城镇居民基本医疗保险的待遇标准按照国家规定执行。

第二十七条 参加职工基本医疗保险的个人，达到法定退休年龄时累计缴费达到国家规定年限的，退休后不再缴纳基本医疗保险费，按照国家规定享受基本医疗保险待遇；未达到国家规定年限的，可以缴费至国家规定年限。

第二十八条 符合基本医疗保险药品目录、诊疗项目、医疗服务设施标准以及急诊、抢救的医疗费用，按照国家规定从基本医疗保险基金中支付。

第二十九条 参保人员医疗费用中应当由基本医疗保险基金支付的部分，由社会保险经办机构与医疗机构、药品经营单位直接结算。

社会保险行政部门和卫生行政部门应当建立异地就医医疗费用结算制度，方便参保人员享受基本医疗保险待遇。

第三十条 下列医疗费用不纳入基本医疗保险基金支付范围：

（一）应当从工伤保险基金中支付的；

（二）应当由第三人负担的；

（三）应当由公共卫生负担的；

（四）在境外就医的。

医疗费用依法应当由第三人负担，第三人不支付或者无法确定第三人的，由基本医疗保险基金先行支付。基本医疗保险基金先行支付后，有权向第三人追偿。

第三十一条 社会保险经办机构根据管理服务的需要，可以与医疗机构、药品经营单位签订服务协议，规范医疗服务行为。

医疗机构应当为参保人员提供合理、必要的医疗服务。

第三十二条 个人跨统筹地区就业的，其基本医疗保险关系随本人转移，缴费年限累计计算。

第三十三条 职工应当参加工伤保险，由用人单位缴纳工伤保险费，职工不缴纳工伤保险费。

第三十四条 国家根据不同行业的工伤风险程度确定行业的差别费率，

并根据使用工伤保险基金、工伤发生率等情况在每个行业内确定费率档次。行业差别费率和行业内费率档次由国务院社会保险行政部门制定，报国务院批准后公布施行。

社会保险经办机构根据用人单位使用工伤保险基金、工伤发生率和所属行业费率档次等情况，确定用人单位缴费费率。

第三十五条　用人单位应当按照本单位职工工资总额，根据社会保险经办机构确定的费率缴纳工伤保险费。

第三十六条　职工因工作原因受到事故伤害或者患职业病，且经工伤认定的，享受工伤保险待遇；其中，经劳动能力鉴定丧失劳动能力的，享受伤残待遇。

工伤认定和劳动能力鉴定应当简捷、方便。

第三十七条　职工因下列情形之一导致本人在工作中伤亡的，不认定为工伤：

（一）故意犯罪；

（二）醉酒或者吸毒；

（三）自残或者自杀；

（四）法律、行政法规规定的其他情形。

第三十八条　因工伤发生的下列费用，按照国家规定从工伤保险基金中支付：

（一）治疗工伤的医疗费用和康复费用；

（二）住院伙食补助费；

（三）到统筹地区以外就医的交通食宿费；

（四）安装配置伤残辅助器具所需费用；

（五）生活不能自理的，经劳动能力鉴定委员会确认的生活护理费；

（六）一次性伤残补助金和一至四级伤残职工按月领取的伤残津贴；

（七）终止或者解除劳动合同时，应当享受的一次性医疗补助金；

（八）因工死亡的，其遗属领取的丧葬补助金、供养亲属抚恤金和因工死亡补助金；

（九）劳动能力鉴定费。

第三十九条　因工伤发生的下列费用，按照国家规定由用人单位支付：

（一）治疗工伤期间的工资福利；

（二）五级、六级伤残职工按月领取的伤残津贴；

（三）终止或者解除劳动合同时，应当享受的一次性伤残就业补助金。

第四十条 工伤职工符合领取基本养老金条件的，停发伤残津贴，享受基本养老保险待遇。基本养老保险待遇低于伤残津贴的，从工伤保险基金中补足差额。

第四十一条 职工所在用人单位未依法缴纳工伤保险费，发生工伤事故的，由用人单位支付工伤保险待遇。用人单位不支付的，从工伤保险基金中先行支付。

从工伤保险基金中先行支付的工伤保险待遇应当由用人单位偿还。用人单位不偿还的，社会保险经办机构可以依照本法第六十三条的规定追偿。

第四十二条 由于第三人的原因造成工伤，第三人不支付工伤医疗费用或者无法确定第三人的，由工伤保险基金先行支付。工伤保险基金先行支付后，有权向第三人追偿。

第四十三条 工伤职工有下列情形之一的，停止享受工伤保险待遇：

（一）丧失享受待遇条件的；

（二）拒不接受劳动能力鉴定的；

（三）拒绝治疗的。

第四十四条 职工应当参加失业保险，由用人单位和职工按照国家规定共同缴纳失业保险费。

第四十五条 失业人员符合下列条件的，从失业保险基金中领取失业保险金：

（一）失业前用人单位和本人已经缴纳失业保险费满一年的；

（二）非因本人意愿中断就业的；

（三）已经进行失业登记，并有求职要求的。

第四十六条 失业人员失业前用人单位和本人累计缴费满一年不足五年的，领取失业保险金的期限最长为十二个月；累计缴费满五年不足十年的，领取失业保险金的期限最长为十八个月；累计缴费十年以上的，领取失业保险金的期限最长为二十四个月。重新就业后，再次失业的，缴费时间重新计算，领取失业保险金的期限与前次失业应当领取而尚未领取的失业保险金的期限合并计算，最长不超过二十四个月。

第四十七条 失业保险金的标准，由省、自治区、直辖市人民政府确定，不得低于城市居民最低生活保障标准。

第四十八条 失业人员在领取失业保险金期间，参加职工基本医疗保险，享受基本医疗保险待遇。

失业人员应当缴纳的基本医疗保险费从失业保险基金中支付，个人不缴纳基本医疗保险费。

第四十九条　失业人员在领取失业保险金期间死亡的，参照当地对在职职工死亡的规定，向其遗属发给一次性丧葬补助金和抚恤金。所需资金从失业保险基金中支付。

个人死亡同时符合领取基本养老保险丧葬补助金、工伤保险丧葬补助金和失业保险丧葬补助金条件的，其遗属只能选择领取其中的一项。

第五十条　用人单位应当及时为失业人员出具终止或者解除劳动关系的证明，并将失业人员的名单自终止或者解除劳动关系之日起十五日内告知社会保险经办机构。

失业人员应当持本单位为其出具的终止或者解除劳动关系的证明，及时到指定的公共就业服务机构办理失业登记。

失业人员凭失业登记证明和个人身份证明，到社会保险经办机构办理领取失业保险金的手续。失业保险金领取期限自办理失业登记之日起计算。

第五十一条　失业人员在领取失业保险金期间有下列情形之一的，停止领取失业保险金，并同时停止享受其他失业保险待遇：

（一）重新就业的；

（二）应征服兵役的；

（三）移居境外的；

（四）享受基本养老保险待遇的；

（五）无正当理由，拒不接受当地人民政府指定部门或者机构介绍的适当工作或者提供的培训的。

第五十二条　职工跨统筹地区就业的，其失业保险关系随本人转移，缴费年限累计计算。

第五十三条　职工应当参加生育保险，由用人单位按照国家规定缴纳生育保险费，职工不缴纳生育保险费。

第五十四条　用人单位已经缴纳生育保险费的，其职工享受生育保险待遇；职工未就业配偶按照国家规定享受生育医疗费用待遇。所需资金从生育保险基金中支付。

生育保险待遇包括生育医疗费用和生育津贴。

第五十五条　生育医疗费用包括下列各项：

（一）生育的医疗费用；

（二）计划生育的医疗费用；

（三）法律、法规规定的其他项目费用。

第五十六条 职工有下列情形之一的，可以按照国家规定享受生育津贴：

（一）女职工生育享受产假；

（二）享受计划生育手术休假；

（三）法律、法规规定的其他情形。

生育津贴按照职工所在用人单位上年度职工月平均工资计发。

第五十八条 用人单位应当自用工之日起三十日内为其职工向社会保险经办机构申请办理社会保险登记。未办理社会保险登记的，由社会保险经办机构核定其应当缴纳的社会保险费。

自愿参加社会保险的无雇工的个体工商户、未在用人单位参加社会保险的非全日制从业人员以及其他灵活就业人员，应当向社会保险经办机构申请办理社会保险登记。

国家建立全国统一的个人社会保障号码。个人社会保障号码为公民身份号码。

第六十条 用人单位应当自行申报、按时足额缴纳社会保险费，非因不可抗力等法定事由不得缓缴、减免。职工应当缴纳的社会保险费由用人单位代扣代缴，用人单位应当按月将缴纳社会保险费的明细情况告知本人。

无雇工的个体工商户、未在用人单位参加社会保险的非全日制从业人员以及其他灵活就业人员，可以直接向社会保险费征收机构缴纳社会保险费。

第八十四条 用人单位不办理社会保险登记的，由社会保险行政部门责令限期改正；逾期不改正的，对用人单位处应缴社会保险费数额一倍以上三倍以下的罚款，对其直接负责的主管人员和其他直接责任人员处五百元以上三千元以下的罚款。

第八十六条 用人单位未按时足额缴纳社会保险费的，由社会保险费征收机构责令限期缴纳或者补足，并自欠缴之日起，按日加收万分之五的滞纳金；逾期仍不缴纳的，由有关行政部门处欠缴数额一倍以上三倍以下的罚款。

第八十八条 以欺诈、伪造证明材料或者其他手段骗取社会保险待遇的，由社会保险行政部门责令退回骗取的社会保险金，处骗取金额二倍以上五倍以下的罚款。

《工伤保险条例》（2010年12月20日修订）

第三十条 职工因工作遭受事故伤害或者患职业病进行治疗，享受工伤医疗待遇。

职工治疗工伤应当在签订服务协议的医疗机构就医，情况紧急时可以先到就近的医疗机构急救。

治疗工伤所需费用符合工伤保险诊疗项目目录、工伤保险药品目录、工伤保险住院服务标准的，从工伤保险基金支付。工伤保险诊疗项目目录、工伤保险药品目录、工伤保险住院服务标准，由国务院社会保险行政部门会同国务院卫生行政部门、食品药品监督管理部门等部门规定。

职工住院治疗工伤的伙食补助费，以及经医疗机构出具证明，报经办机构同意，工伤职工到统筹地区以外就医所需的交通、食宿费用从工伤保险基金支付，基金支付的具体标准由统筹地区人民政府规定。

工伤职工治疗非工伤引发的疾病，不享受工伤医疗待遇，按照基本医疗保险办法处理。

工伤职工到签订服务协议的医疗机构进行工伤康复的费用，符合规定的，从工伤保险基金支付。

第三十三条第一款　职工因工作遭受事故伤害或者患职业病需要暂停工作接受工伤医疗的，在停工留薪期内，原工资福利待遇不变，由所在单位按月支付。

第三十四条　工伤职工已经评定伤残等级并经劳动能力鉴定委员会确认需要生活护理的，从工伤保险基金按月支付生活护理费。

生活护理费按照生活完全不能自理、生活大部分不能自理或者生活部分不能自理3个不同等级支付，其标准分别为统筹地区上年度职工月平均工资的50%、40%或者30%。

《第八次全国法院民事商事审判工作会议（民事部分）纪要》（法〔2016〕399号　2016年11月21日公布）

9. 被侵权人有权获得工伤保险待遇或者其他社会保险待遇的，侵权人的侵权责任不因受害人获得社会保险而减轻或者免除。根据社会保险法第三十条和四十二条的规定，被侵权人有权请求工伤保险基金或者其他社会保险支付工伤保险待遇或者其他保险待遇。

10. 用人单位未依法缴纳工伤保险费，劳动者因第三人侵权造成人身损害并构成工伤，侵权人已经赔偿的，劳动者有权请求用人单位支付除医疗费之外的工伤保险待遇。用人单位先行支付工伤保险待遇的，可以就医疗费用在第三人应承担的赔偿责任范围内向其追偿。

适用本案由需要注意的问题

◆因社会保险纠纷提起的诉讼，由被告住所地人民法院管辖。

◆在适用本案由时，要特别注意区分其与福利待遇纠纷的不同。社会保险与福利待遇虽然都是社会保障的有机组合，但也有一定的区别：(1) 对象不同。社会保险的对象主要是指过去和现在是属于劳动法律关系的主体——劳动者，旨在保证劳动者在暂时或永久失去劳动能力时获得的基本劳动生活需要的一种制度，因此，社会保险的保障对象是具有活力和创造力的劳动者；社会福利则是指国家和社会为全体社会成员，其中包括对鳏寡孤独、盲聋哑残、精神病人以及其他需要帮助和保护的公民提供物质帮助和福利服务。(2) 权利和义务关系不同。社会保险强调受保的劳动者个人缴纳部分保险费，并以此作为其享受待遇的前提条件，即受保者履行缴费义务与享受社会待遇的权利是相辅相成的，其体现的是部分义务对应全部权利的关系；在社会福利中，各种福利设施是部分免费，部分实行低收费，福利生产则需要受益者付出劳动代价，国家给予政策扶持和减免税待遇。(3) 保障水平不同。由于劳动者是城乡居民家庭中支撑家庭经济的主要支柱，社会保险对劳动者提供的保障水平就不能仅仅是对劳动者本人基本生活的保障问题，而是往往要考虑到其家庭成员的生活保障问题及劳动者本人的生活水平；社会福利往往只能照顾到受益者本人，目的是减轻受益者的家庭负担。(4) 保障的目标和手段不同。社会保险的目标是保障基本生活，其采取的是投入—返还式的与就业关联的手段，社会福利的目标则是提高生活质量，其采用的是普遍性的按人头发放的手段。

◆社会保险争议的民事解决途径主要包括民间调解、劳动仲裁和民事诉讼。依据双方自愿原则，在发生社会保险争议后当事人可以到企业劳动争议调解委员会、依法设立的基层人民调解组织或在乡镇、街道设立的具有劳动争议调解职能的组织申请调解。调解不是劳动仲裁的必经程序。劳动者在知道或应当知道其社会保险权被侵害之日起一年内，可向劳动仲裁委员会申请劳动仲裁。经过劳动仲裁后的社会保险争议，任何一方当事人不服仲裁裁决的，都可以自收到仲裁裁决书之日起 15 日内向人民法院提起诉讼。

◆在适用本案由时，还要注意的是，劳动者与用人单位之间发生的不交、少交或者迟交社会保险费的纠纷，属于劳动争议的一种，而不应适用本案由。

188. 福利待遇纠纷

案由解析

福利待遇，从传统意义上来讲，一般指现在劳动法所规定的劳动保障和社会保障。现在的福利待遇指企业为了保留和激励员工，采用的非现金形式的报酬。福利的形式包括保险、实物、股票期权、培训、带薪假等。

福利待遇纠纷，是指用工单位与劳动者之间因为福利待遇问题而引发的纠纷。

常用法律条文及索引

《中华人民共和国劳动法》（2018年12月29日修正）

第七十六条　国家发展社会福利事业，兴建公共福利设施，为劳动者休息、休养和疗养提供条件。

用人单位应当创造条件，改善集体福利，提高劳动者的福利待遇。

《中华人民共和国劳动合同法》（2012年12月28日修正）

第六十二条　用工单位应当履行下列义务：

（一）执行国家劳动标准，提供相应的劳动条件和劳动保护；

（二）告知被派遣劳动者的工作要求和劳动报酬；

（三）支付加班费、绩效奖金，提供与工作岗位相关的福利待遇；

（四）对在岗被派遣劳动者进行工作岗位所必需的培训；

（五）连续用工的，实行正常的工资调整机制。

用工单位不得将被派遣劳动者再派遣到其他用人单位。

《中华人民共和国妇女权益保障法》（2022年10月30日修订）

第四十六条　在晋职、晋级、评聘专业技术职称和职务、培训等方面，应当坚持男女平等的原则，不得歧视妇女。

《最高人民法院关于审理劳动争议案件适用法律问题的解释（二）》（法释〔2025〕12号　2025年9月1日施行）

第三条　劳动者被多个存在关联关系的单位交替或者同时用工，其请求确认劳动关系的，人民法院按照下列情形分别处理：

（一）已订立书面劳动合同，劳动者请求按照劳动合同确认劳动关系的，人民法院依法予以支持；

（二）未订立书面劳动合同的，根据用工管理行为，综合考虑工作时间、工作内容、劳动报酬支付、社会保险费缴纳等因素确认劳动关系。

劳动者请求符合前款第二项规定情形的关联单位共同承担支付劳动报酬、福利待遇等责任的，人民法院依法予以支持，但关联单位之间依法对劳动者的劳动报酬、福利待遇等作出约定且经劳动者同意的除外。

适用本案由需要注意的问题

◆因福利待遇纠纷提起的诉讼，由被告住所地人民法院管辖。

十八、人事争议

189. 聘用合同纠纷

案由解析

聘用合同纠纷，是指事业单位工作人员因履行聘用合同关系所引发的争议。聘用合同是劳动合同的一种，是确立聘用单位与应聘的劳动者之间权利义务关系的协议。

常用法律条文及索引

《中华人民共和国劳动合同法》（2012年12月28日修正）

第四十八条　用人单位违反本法规定解除或者终止劳动合同，劳动者要求继续履行劳动合同的，用人单位应当继续履行；劳动者不要求继续履行劳动合同或者劳动合同已经不能继续履行的，用人单位应当依照本法第八十七条规定支付赔偿金。

第八十二条　用人单位自用工之日起超过一个月不满一年未与劳动者订立书面劳动合同的，应当向劳动者每月支付二倍的工资。

用人单位违反本法规定不与劳动者订立无固定期限劳动合同的，自应当订立无固定期限劳动合同之日起向劳动者每月支付二倍的工资。

第八十五条　用人单位有下列情形之一的，由劳动行政部门责令限期支付劳动报酬、加班费或者经济补偿；劳动报酬低于当地最低工资标准的，应当支付其差额部分；逾期不支付的，责令用人单位按应付金额百分之五十以上百分之一百以下的标准向劳动者加付赔偿金：

（一）未按照劳动合同的约定或者国家规定及时足额支付劳动者劳动报酬的；

（二）低于当地最低工资标准支付劳动者工资的；

（三）安排加班不支付加班费的；

（四）解除或者终止劳动合同，未依照本法规定向劳动者支付经济补偿的。

第九十六条　事业单位与实行聘用制的工作人员订立、履行、变更、解除或者终止劳动合同，法律、行政法规或者国务院另有规定的，依照其规定；未作规定的，依照本法有关规定执行。

《中华人民共和国劳动合同法实施条例》（2008 年 9 月 18 日公布施行）

第十条　劳动者非因本人原因从原用人单位被安排到新用人单位工作的，劳动者在原用人单位的工作年限合并计算为新用人单位的工作年限。原用人单位已经向劳动者支付经济补偿的，新用人单位在依法解除、终止劳动合同计算支付经济补偿的工作年限时，不再计算劳动者在原用人单位的工作年限。

《事业单位人事管理条例》（2014 年 4 月 25 日公布　2014 年 7 月 1 日施行）

第三十七条　事业单位工作人员与所在单位发生人事争议的，依照《中华人民共和国劳动争议调解仲裁法》等有关规定处理。

第三十八条　事业单位工作人员对涉及本人的考核结果、处分决定等不服的，可以按照国家有关规定申请复核、提出申诉。

第三十九条　负有事业单位聘用、考核、奖励、处分、人事争议处理等职责的人员履行职责，有下列情形之一的，应当回避：

（一）与本人有利害关系的；

（二）与本人近亲属有利害关系的；

（三）其他可能影响公正履行职责的。

《最高人民法院关于人民法院审理事业单位人事争议案件若干问题的规定》（法释〔2003〕13 号　2003 年 8 月 27 日公布）

第一条　事业单位与其工作人员之间因辞职、辞退及履行聘用合同所发生的争议，适用《中华人民共和国劳动法》的规定处理。

第二条　当事人对依照国家有关规定设立的人事争议仲裁机构所作的人事争议仲裁裁决不服，自收到仲裁裁决之日起十五日内向人民法院提起诉讼的，人民法院应当依法受理。一方当事人在法定期间内不起诉又不履行仲裁裁决，另一方当事人向人民法院申请执行的，人民法院应当依法执行。

第三条 本规定所称人事争议是指事业单位与其工作人员之间因辞职、辞退及履行聘用合同所发生的争议。

《最高人民法院关于事业单位人事争议案件适用法律等问题的答复》（法函〔2004〕30号 2004年4月30日公布）

一、《最高人民法院关于人民法院审理事业单位人事争议案件若干问题的规定》（法释〔2003〕13号）第一条规定，“事业单位与其工作人员之间因辞职、辞退及履行聘用合同所发生的争议，适用《中华人民共和国劳动法》的规定处理。”这里“适用《中华人民共和国劳动法》的规定处理”是指人民法院审理事业单位人事争议案件的程序运用《中华人民共和国劳动法》的相关规定。人民法院对事业单位人事争议案件的实体处理应当适用人事方面的法律规定，但涉及事业单位工作人员劳动权利的内容在人事法律中没有规定的，适用《中华人民共和国劳动法》的有关规定。

适用本案由需要注意的问题

◆因人事争议提起的诉讼，一般由被告住所地人民法院管辖；涉及合同纠纷的，劳动合同履行地人民法院亦有管辖权。

190. 聘任合同纠纷

案由解析

聘任合同是劳动合同的一种，是确立聘任制公务员与所在机关之间权利义务关系的协议。

聘任合同纠纷，是指聘任制公务员因履行聘任合同关系所引发的纠纷。

常用法律条文及索引

《中华人民共和国公务员法》（2018年12月29日修订）

第一百零五条 聘任制公务员与所在机关之间因履行聘任合同发生争议的，可以自争议发生之日起六十日内申请仲裁。

省级以上公务员主管部门根据需要设立人事争议仲裁委员会，受理仲裁申请。人事争议仲裁委员会由公务员主管部门的代表、聘用机关的代表、聘任制公务员的代表以及法律专家组成。

当事人对仲裁裁决不服的，可以自接到仲裁裁决书之日起十五日内向人民法院提起诉讼。仲裁裁决生效后，一方当事人不履行的，另一方当事人可以申请人民法院执行。

适用本案由需要注意的问题

◆因聘任合同纠纷提起的诉讼，一般由被告住所地人民法院管辖，此外，聘任合同履行地人民法院亦有管辖权。

191. 辞职纠纷

案由解析

辞职纠纷，是指事业单位工作人员因主动辞职与单位发生争议而产生的纠纷。

常用法律条文及索引

《中华人民共和国劳动合同法实施条例》（2008 年 9 月 18 日公布施行）

第十条　劳动者非因本人原因从原用人单位被安排到新用人单位工作的，劳动者在原用人单位的工作年限合并计算为新用人单位的工作年限。原用人单位已经向劳动者支付经济补偿的，新用人单位在依法解除、终止劳动合同计算支付经济补偿的工作年限时，不再计算劳动者在原用人单位的工作年限。

《事业单位人事管理条例》（2014 年 4 月 25 日公布　2014 年 7 月 1 日施行）

第三十七条　事业单位工作人员与所在单位发生人事争议的，依照《中华人民共和国劳动争议调解仲裁法》等有关规定处理。

第三十八条　事业单位工作人员对涉及本人的考核结果、处分决定等不服的，可以按照国家有关规定申请复核、提出申诉。

第三十九条　负有事业单位聘用、考核、奖励、处分、人事争议处理等职责的人员履行职责，有下列情形之一的，应当回避：

（一）与本人有利害关系的；

（二）与本人近亲属有利害关系的；

（三）其他可能影响公正履行职责的。

《最高人民法院关于人民法院审理事业单位人事争议案件若干问题的规定》（法释〔2003〕13号 2003年8月27日公布）

第一条 事业单位与其工作人员之间因辞职、辞退及履行聘用合同所发生的争议，适用《中华人民共和国劳动法》的规定处理。

第二条 当事人对依照国家有关规定设立的人事争议仲裁机构所作的人事争议仲裁裁决不服，自收到仲裁裁决之日起十五日内向人民法院提起诉讼的，人民法院应当依法受理。一方当事人在法定期间内不起诉又不履行仲裁裁决，另一方当事人向人民法院申请执行的，人民法院应当依法执行。

第三条 本规定所称人事争议是指事业单位与其工作人员之间因辞职、辞退及履行聘用合同所发生的争议。

《最高人民法院关于事业单位人事争议案件适用法律等问题的答复》（法函〔2004〕30号 2004年4月30日公布）

一、《最高人民法院关于人民法院审理事业单位人事争议案件若干问题的规定》（法释〔2003〕13号）第一条规定，"事业单位与其工作人员之间因辞职、辞退及履行聘用合同所发生的争议，适用《中华人民共和国劳动法》的规定处理。"这里"适用《中华人民共和国劳动法》的规定处理"是指人民法院审理事业单位人事争议案件的程序运用《中华人民共和国劳动法》的相关规定。人民法院对事业单位人事争议案件的实体处理应当适用人事方面的法律规定，但涉及事业单位工作人员劳动权利的内容在人事法律中没有规定的，适用《中华人民共和国劳动法》的有关规定。

适用本案由需要注意的问题

◆在适用本案由时，要注意区分辞职纠纷和辞退纠纷的不同：(1) 辞职和辞退行为主体不同。辞职的行为主体只能是职工个人，辞退的行为主体只能是单位。(2) 辞职和辞退成立的事由在性质上不同。以目前的政策法规来看，辞退成立的法定事由，绝大部分是属于职工本人有程度不同的违纪行为。辞职却并非如此，更多的是出于职工本人的意愿。(3) 辞职和辞退的程序不同。辞职首先要由职工本人提出书面申请，而辞退单位无须向任何人提出申请。(4) 辞退和辞职涉及的经济偿付不同。对于被辞退者一定时间内的生活保障和其在本单位工作的补偿，单位需按有关政策的规定向被辞退职工支付法定数额的辞退费。而辞职职工无须向单位偿付任何费用（培训费除外）。在培训费方面，辞职人员需按规定向单位偿付自己使用过的培训费，对于辞退则没有这方面的规定。

192. 辞退纠纷

案由解析

辞退纠纷，是指事业单位工作人员因被单位辞退与单位发生争议而产生的纠纷。

常用法律条文及索引

《中华人民共和国劳动合同法》（2012 年 12 月 28 日修正）

第四十八条　用人单位违反本法规定解除或者终止劳动合同，劳动者要求继续履行劳动合同的，用人单位应当继续履行；劳动者不要求继续履行劳动合同或者劳动合同已经不能继续履行的，用人单位应当依照本法第八十七条规定支付赔偿金。

第八十二条　用人单位自用工之日起超过一个月不满一年未与劳动者订立书面劳动合同的，应当向劳动者每月支付二倍的工资。

用人单位违反本法规定不与劳动者订立无固定期限劳动合同的，自应当订立无固定期限劳动合同之日起向劳动者每月支付二倍的工资。

第八十五条　用人单位有下列情形之一的，由劳动行政部门责令限期支付劳动报酬、加班费或者经济补偿；劳动报酬低于当地最低工资标准的，应当支付其差额部分；逾期不支付的，责令用人单位按应付金额百分之五十以上百分之一百以下的标准向劳动者加付赔偿金：

（一）未按照劳动合同的约定或者国家规定及时足额支付劳动者劳动报酬的；

（二）低于当地最低工资标准支付劳动者工资的；

（三）安排加班不支付加班费的；

（四）解除或者终止劳动合同，未依照本法规定向劳动者支付经济补偿的。

《中华人民共和国劳动合同法实施条例》（2008 年 9 月 18 日公布施行）

第十条　劳动者非因本人原因从原用人单位被安排到新用人单位工作的，劳动者在原用人单位的工作年限合并计算为新用人单位的工作年限。原用人单位已经向劳动者支付经济补偿的，新用人单位在依法解除、终止劳动合同计算支付经济补偿的工作年限时，不再计算劳动者在原用人单位的工作年限。

《事业单位人事管理条例》（2014 年 4 月 25 日公布　2014 年 7 月 1 日施行）

第三十七条　事业单位工作人员与所在单位发生人事争议的，依照《中华人民共和国劳动争议调解仲裁法》等有关规定处理。

第三十八条　事业单位工作人员对涉及本人的考核结果、处分决定等不服的，可以按照国家有关规定申请复核、提出申诉。

第三十九条　负有事业单位聘用、考核、奖励、处分、人事争议处理等职责的人员履行职责，有下列情形之一的，应当回避：

（一）与本人有利害关系的；

（二）与本人近亲属有利害关系的；

（三）其他可能影响公正履行职责的。

《最高人民法院关于人民法院审理事业单位人事争议案件若干问题的规定》（法释〔2003〕13 号　2003 年 8 月 27 日公布）

第一条　事业单位与其工作人员之间因辞职、辞退及履行聘用合同所发生的争议，适用《中华人民共和国劳动法》的规定处理。

第二条　当事人对依照国家有关规定设立的人事争议仲裁机构所作的人事争议仲裁裁决不服，自收到仲裁裁决之日起十五日内向人民法院提起诉讼的，人民法院应当依法受理。一方当事人在法定期间内不起诉又不履行仲裁裁决，另一方当事人向人民法院申请执行的，人民法院应当依法执行。

第三条　本规定所称人事争议是指事业单位与其工作人员之间因辞职、辞退及履行聘用合同所发生的争议。

《最高人民法院关于事业单位人事争议案件适用法律等问题的答复》（法函〔2004〕30 号　2004 年 4 月 30 日公布）

一、《最高人民法院关于人民法院审理事业单位人事争议案件若干问题的规定》（法释〔2003〕13 号）第一条规定，“事业单位与其工作人员之间因辞职、辞退及履行聘用合同所发生的争议，适用《中华人民共和国劳动法》的规定处理。”这里“适用《中华人民共和国劳动法》的规定处理”是指人民法院审理事业单位人事争议案件的程序运用《中华人民共和国劳动法》的相关规定。人民法院对事业单位人事争议案件的实体处理应当适用人事方面的法律规定，但涉及事业单位工作人员劳动权利的内容在人事法律中没有规定的，适用《中华人民共和国劳动法》的有关规定。

适用本案由需要注意的问题

参见“191. 辞职纠纷”案由相关部分。

民事案件案由
新释新解与适用指南

[下册]

司伟◎编著

MINSHI ANJIAN ANYOU
XINSHI XINJIE
YU
SHIYONG ZHINAN

中国法治出版社
CHINA LEGAL PUBLISHING HOUSE

图书在版编目（CIP）数据

民事案件案由新释新解与适用指南. 下册 / 司伟编著. -- 北京 : 中国法治出版社, 2025. 8. -- ISBN 978-7-5216-4564-4

Ⅰ. D925.105

中国国家版本馆 CIP 数据核字第 2024QM9549 号

策划编辑：戴　蕊　　责任编辑：周琼妮　　封面设计：杨鑫宇

民事案件案由新释新解与适用指南(下册)

MINSHI ANJIAN ANYOU XINSHI XINJIE YU SHIYONG ZHINAN(XIACE)

编著/司　伟

经销/新华书店

印刷/三河市国英印务有限公司

开本/710 毫米×1000 毫米　16 开　　印张/46　字数/802 千

版次/2025 年 8 月第 1 版　　2025 年 8 月第 1 次印刷

中国法治出版社出版

书号 ISBN 978-7-5216-4564-4　　定价：298.00 元(上、下册)

北京市西城区西便门西里甲 16 号西便门办公区

邮政编码：100053　　传真：010－63141600

网址：http：//www.zgfzs.com　　编辑部电话：010－63141805

市场营销部电话：010－63141612　　印务部电话：010－63141607

总目录

上　册

第一部分　人格权纠纷

第二部分　婚姻家庭、继承纠纷

第三部分　物权纠纷

第四部分　合同、准合同纠纷

第五部分　知识产权与竞争纠纷

第六部分　劳动争议、人事争议

下　册

第七部分　海事海商纠纷

第八部分　与公司、证券、保险、票据等有关的民事纠纷

第九部分　侵权责任纠纷

第十部分　非讼程序案件案由

第十一部分　特殊诉讼程序案件案由

目　录

（下册）

第七部分　海事海商纠纷

十九、海事海商纠纷

第八部分　与公司、证券、保险、票据等有关的民事纠纷

二十、与企业有关的纠纷

二十一、与公司有关的纠纷

二十二、合伙企业纠纷

二十三、与破产有关的纠纷

二十四、证券纠纷

二十五、期货交易纠纷

二十六、信托纠纷

二十七、保险纠纷

二十八、票据纠纷

二十九、信用证纠纷

三十、独立保函纠纷

第九部分 侵权责任纠纷

三十一、侵权责任纠纷

第十部分　非讼程序案件案由

三十二、选民资格案件

三十三、宣告失踪、宣告死亡案件

三十四、认定自然人无民事行为能力、限制民事行为能力案件

三十五、指定遗产管理人案件

三十六、认定财产无主案件

三十七、确认调解协议案件

三十八、实现担保物权案件

三十九、监护权特别程序案件

四十、督促程序案件

四十一、公示催告程序案件

四十二、公司清算案件

四十三、破产程序案件

四十四、申请诉前停止侵害知识产权案件

四十五、申请保全案件

四十六、申请人身安全保护令案件

四十七、申请人格权侵害禁令案件

四十八、仲裁程序案件

四十九、海事诉讼特别程序案件

五十、申请承认与执行法院判决、仲裁裁决案件

第十一部分　特殊诉讼程序案件案由

五十一、与宣告失踪、宣告死亡案件有关的纠纷

五十二、公益诉讼

五十三、第三人撤销之诉

五十四、执行程序中的异议之诉

第七部分　海事海商纠纷

十九、海事海商纠纷

193. 船舶碰撞损害责任纠纷

案由解析

船舶碰撞损害责任纠纷是指当事人因船舶及船舶属具、其他海上移动式装置相互间在海上或与海相通的可航水域发生碰撞事故而引起的损害责任纠纷。

根据《最高人民法院关于审理船舶碰撞和触碰案件财产损害赔偿的规定》，船舶碰撞是指海上或者与海相通的可航水域，两艘或者两艘以上的船舶之间发生接触或者没有直接接触，造成财产损害的事故。《海商法》第 170 条规定，“船舶因操纵不当或者不遵守航行规章，虽然实际上没有同其他船舶发生碰撞，但是使其他船舶以及船上的人员、货物或者其他财产遭受损失的”，适用有关船舶碰撞的规定。

船舶碰撞主要有以下几点特征：（1）船舶必须符合我国《海商法》的要求，仅限于海船及其他海上移动式装置，包括船舶属具，但是执行公务的政府和军事船艇除外。（2）碰撞是发生在船舶间的。这里的船舶包括船舶属具及其他海上移动式装置。（3）损害与船舶碰撞间具有因果关系。若损害不是因为碰撞引起的，或者碰撞并未引起损害，船舶碰撞法律关系则不能成立。

船舶碰撞又可分为：（1）直接碰撞，具体又可分为：过失碰撞和不可抗力或意外事故导致的碰撞以及故意碰撞。其中过失碰撞又可具体分为：其一，单方过失责任的碰撞；其二，双方过失责任的碰撞。（2）间接碰撞，是指船舶事实上没有与其他船舶发生碰撞，但是使其他船舶以及船上的人员、货物或财产遭受损失。

常用法律条文及索引

《中华人民共和国海商法》（1992年11月7日公布　1993年7月1日施行）

第三条　本法所称船舶，是指海船和其他海上移动式装置，但是用于军事的、政府公务的船舶和20总吨以下的小型船艇除外。

前款所称船舶，包括船舶属具。

第一百六十五条　船舶碰撞，是指船舶在海上或者与海相通的可航水域发生接触造成损害的事故。

前款所称船舶，包括与本法第三条所指船舶碰撞的任何其他非用于军事的或者政府公务的船艇。

第一百六十六条　船舶发生碰撞，当事船舶的船长在不严重危及本船和船上人员安全的情况下，对于相碰的船舶和船上的人员必须尽力施救。

碰撞船舶的船长应当尽可能将其船舶名称、船籍港、出发港和目的港通知对方。

第一百六十七条　船舶发生碰撞，是由于不可抗力或者其他不能归责于任何一方的原因或者无法查明的原因造成的，碰撞各方互相不负赔偿责任。

第一百六十八条　船舶发生碰撞，是由于一船的过失造成的，由于过失的船舶负赔偿责任。

第一百六十九条　船舶发生碰撞，碰撞的船舶互有过失的，各船按照过失程度的比例负赔偿责任；过失程度相当或者过失程度的比例无法判定的，平均负赔偿责任。

互有过失的船舶，对碰撞造成的船舶以及船上货物和其他财产的损失，依照前款规定的比例负赔偿责任。碰撞造成第三人财产损失的，各船的赔偿责任均不超过其应当承担的比例。

互有过失的船舶，对造成的第三人的人身伤亡，负连带赔偿责任。一船连带支付的赔偿超过本条第一款规定的比例的，有权向其他有过失的船舶追偿。

第一百七十条　船舶因操纵不当或者不遵守航行规章，虽然实际上没有同其他船舶发生碰撞，但是使其他船舶以及船上的人员、货物或者其他财产遭受损失的，适用本章的规定。

《中华人民共和国海事诉讼特别程序法》（1999年12月25日公布　2000年7月1日施行）

第八十二条　原告在起诉时、被告在答辩时，应当如实填写《海事事故调查表》。

第八十四条　当事人应当在开庭审理前完成举证。当事人完成举证并向海事法院出具完成举证说明书后，可以申请查阅有关船舶碰撞的事实证据材料。

《最高人民法院关于审理船舶碰撞纠纷案件若干问题的规定》（法释〔2008〕7号　2020年12月23日修正）

第四条　船舶碰撞产生的赔偿责任由船舶所有人承担，碰撞船舶在光船租赁期间并经依法登记的，由光船承租人承担。

第五条　因船舶碰撞发生的船上人员的人身伤亡属于海商法第一百六十九条第三款规定的第三人的人身伤亡。

第六条　碰撞船舶互有过失造成船载货物损失，船载货物的权利人对承运货物的本船提起违约赔偿之诉，或者对碰撞船舶一方或者双方提起侵权赔偿之诉的，人民法院应当依法予以受理。

第七条　船载货物的权利人因船舶碰撞造成其货物损失向承运货物的本船提起诉讼的，承运船舶可以依照海商法第一百六十九条第二款的规定主张按照过失程度的比例承担赔偿责任。

前款规定不影响承运人和实际承运人援用海商法第四章关于承运人抗辩理由和限制赔偿责任的规定。

第八条　碰撞船舶船载货物权利人或者第三人向碰撞船舶一方或者双方就货物或其他财产损失提出赔偿请求的，由碰撞船舶方提供证据证明过失程度的比例。无正当理由拒不提供证据的，由碰撞船舶一方承担全部赔偿责任或者由双方承担连带赔偿责任。

前款规定的证据指具有法律效力的判决书、裁定书、调解书和仲裁裁决书。对于碰撞船舶提交的国外的判决书、裁定书、调解书和仲裁裁决书，依照民事诉讼法第二百八十二条和第二百八十三条规定的程序审查。

第九条　因起浮、清除、拆毁由船舶碰撞造成的沉没、遇难、搁浅或被弃船舶及船上货物或者使其无害的费用提出的赔偿请求，责任人不能依照海商法第十一章的规定享受海事赔偿责任限制。

《最高人民法院关于审理发生在我国管辖海域相关案件若干问题的规定(二)》（法释〔2016〕17号　2016年8月1日公布）

第一条　当事人因船舶碰撞、海洋污染等事故受到损害，请求侵权人赔偿渔船、渔具、渔货损失以及收入损失的，人民法院应予支持。

当事人违反渔业法第二十三条，未取得捕捞许可证从事海上捕捞作业，依照前款规定主张收入损失的，人民法院不予支持。

适用本案由需要注意的问题

◆根据《最高人民法院关于审理船舶碰撞纠纷案件若干问题的规定》第1条第1款的规定，本规定所称船舶碰撞，是指《海商法》第165条所指的船舶碰撞，不包括内河船舶之间的碰撞。《里斯本规则》中明确了船舶碰撞不仅仅指船体的实际接触，因此，船舶间的其他一切侵权行为，包括浪损，船舶间的火灾、爆炸、油污也可以作为船舶碰撞。

◆根据《民事诉讼法》第31条、《海事诉讼特别程序法》第6条的规定，因船舶碰撞或者其他海事损害事故请求损害赔偿提起的诉讼，由碰撞发生地、碰撞船舶最先到达地、加害船舶被扣留地或者被告住所地人民法院管辖。《最高人民法院关于适用〈中华人民共和国民事诉讼法〉的解释》第2条也明确海事、海商案件由海事法院管辖。《最高人民法院关于适用〈中华人民共和国海事诉讼特别程序法〉若干问题的解释》第1条进一步明确在海上或者通海水域发生的与船舶或者运输、生产、作业相关的海事侵权纠纷、海商合同纠纷，以及法律或者相关司法解释规定的其他海事纠纷案件由海事法院及其上级人民法院专门管辖。

◆船舶碰撞发生后，没有碰撞的现场，也不可能在周边环境中留下碰撞的轨迹，这一切使得直接有效的证据的获得变得异常困难，所以船舶碰撞案件的证据制度具有与普通民商事案件不同的证据规则。《海事诉讼特别程序法》第82条规定，审理船舶碰撞案件时，“原告在起诉时、被告在答辩时，应当如实填写《海事事故调查表》”，第84条规定“当事人应当在开庭审理前完成举证”。这是船舶碰撞案件中对证据的固定和保密的要求。

194. 船舶触碰损害责任纠纷

案由解析

船舶触碰损害责任纠纷是指船舶与船舶之外的设施或者障碍物发生触碰事故而引起的损害责任纠纷。

船舶触碰是指船舶与非船舶发生接触，造成一方或多方损害的事故。这里的非船舶主要是指海上、与海相通的可航水域及港口的建筑物和构筑物，如码头、灯塔、浮筒、防波堤等。

船舶碰触的主要特征是：（1）主体明确。因客体一般都处于静止或无法移动的状态，故施害方就只有可能是引起船舶触碰的船方。（2）责任明确。在船舶触碰事故责任认定过程中，只有在船方有证据证明损害的原因是不可抗力或者被触碰物体的所有人或使用人的过错的情况下，船方不需要承担全部赔偿责任，否则船方就应当承担全部赔偿责任。

常用法律条文及索引

《中华人民共和国海商法》（1992年11月7日公布　1993年7月1日施行）

第一百六十九条　船舶发生碰撞，碰撞的船舶互有过失的，各船按照过失程度的比例负赔偿责任；过失程度相当或者过失程度的比例无法判定的，平均负赔偿责任。

互有过失的船舶，对碰撞造成的船舶以及船上货物和其他财产的损失，依照前款规定的比例负赔偿责任。碰撞造成第三人财产损失的，各船的赔偿责任均不超过其应当承担的比例。

互有过失的船舶，对造成的第三人的人身伤亡，负连带赔偿责任。一船连带支付的赔偿超过本条第一款规定的比例的，有权向其他有过失的船舶追偿。

《中华人民共和国海上交通安全法》（2021年4月29日修订）

第二十七条　任何单位、个人发现下列情形之一的，应当立即向海事管理机构报告；涉及航道管理机构职责或者专用航标的，海事管理机构应当及时通报航道管理机构或者专用航标的所有人：

（一）助航标志或者导航设施位移、损坏、灭失；

（二）有妨碍海上交通安全的沉没物、漂浮物、搁浅物或者其他碍航物；

（三）其他妨碍海上交通安全的异常情况。

《中华人民共和国海事诉讼特别程序法》（1999年12月25日公布　2000年7月1日施行）

第六条　海事诉讼的地域管辖，依照《中华人民共和国民事诉讼法》的有关规定。

下列海事诉讼的地域管辖，依照以下规定：

（一）因海事侵权行为提起的诉讼，除依照《中华人民共和国民事诉讼法》第二十八条的规定以外，还可以由船籍港所在地海事法院管辖；

……

《最高人民法院关于审理发生在我国管辖海域相关案件若干问题的规定(二)》（法释〔2016〕17号　2016年8月1日公布）

第一条　当事人因船舶碰撞、海洋污染等事故受到损害，请求侵权人赔偿渔船、渔具、渔货损失以及收入损失的，人民法院应予支持。

当事人违反渔业法第二十三条，未取得捕捞许可证从事海上捕捞作业，依照前款规定主张收入损失的，人民法院不予支持。

适用本案由需要注意的问题

◆因船舶触碰是船舶与非船舶发生接触，客体一般都处于静止或无法移动的状态，故船方一般就是造成损害的施害方，所以因船舶触碰请求损害责任提起的诉讼，由触碰发生地、触碰船舶最先到达地、触碰船舶被扣留地、被告住所地人民法院及船籍港所在地海事法院管辖。《最高人民法院关于适用〈中华人民共和国海事诉讼特别程序法〉若干问题的解释》第1条进一步明确在海上或者通海水域发生的与船舶或者运输、生产、作业相关的海事侵权纠纷、海商合同纠纷，以及法律或者相关司法解释规定的其他海事纠纷案件由海事法院及其上级人民法院专门管辖。

◆在确定本案由时，尤其要注意区分船舶碰撞损害责任纠纷与船舶触碰损害责任纠纷。船舶碰撞是指船舶与船舶或船舶属具之间的碰撞，即海上设施一方或多方在移动状态下的碰撞；而船舶碰触是指在只有船舶一方是移动状态的情况下，船舶与静止的建筑物或构筑物之间的碰撞。

◆船舶与船舶之外的其他设施或障碍物发生触碰，是指船舶与防波堤、灯塔等发生直接的触碰造成的损失。船舶与船舶发生碰撞，造成第三方的损失，是指互有过失的船舶发生碰撞，造成了第三方的财产损失，如两船相撞，同时撞坏航标，这一点我国《海商法》第八章第169条第2款作了相关规定。

195. 船舶损坏空中设施、水下设施损害责任纠纷

案由解析

空中设施、水下设施是指海上、通海水域的水上或水下固定物体。

船舶损坏空中设施、水下设施损害责任纠纷是指船舶在航行或停泊时，损坏在空中架设或在海底、通海水域下铺设的设施或其他财产而引起的纠纷。

船舶损坏空中设施、水下设施损害责任主要有以下几点特征：(1) 主体明确。因客体是在空中或者在水下的状态，故施害方就只有可能是船方；(2) 责任明确。在船舶损坏空中设施、水下设施事故责任认定过程中，只有在船方有证据证明损坏的原因是不可抗力或者被损坏物体的所有人或使用人的过错的情况下，船方不需承担全部赔偿责任，否则船方就应当承担全部赔偿责任。

船舶损坏空中设施、水下设施可分为：(1) 船舶在航行或停泊时，损坏架设于水上的跨海架空线，桥梁等；(2) 船舶在航行或停泊时，损坏铺设的海底，水底的管道、电缆等；(3) 互有过失的船舶发生碰撞造成对空中设施、水下设施的损毁。

常用法律条文及索引

《中华人民共和国海商法》(1992 年 11 月 7 日公布 1993 年 7 月 1 日施行)

第一百六十九条 船舶发生碰撞，碰撞的船舶互有过失的，各船按照过失程度的比例负赔偿责任；过失程度相当或者过失程度的比例无法判定的，平均负赔偿责任。

互有过失的船舶，对碰撞造成的船舶以及船上货物和其他财产的损失，依照前款规定的比例负赔偿责任。碰撞造成第三人财产损失的，各船的赔偿责任均不超过其应当承担的比例。

互有过失的船舶，对造成的第三人的人身伤亡，负连带赔偿责任。一船连带支付的赔偿超过本条第一款规定的比例的，有权向其他有过失的船舶追偿。

《最高人民法院关于审理船舶碰撞和触碰案件财产损害赔偿的规定》（2020年12月23日修正）

十二、设施损害赔偿的计算：

期限：以实际停止使用期间扣除常规检修的期间为限；设施部分损坏或者全损，分别以合理的修复费用或者重新建造的费用，扣除已使用年限的折旧费计算；设施使用的收益损失，以实际减少的净收益，即按停止使用前三个月的平均净盈利计算；部分使用并有收益的，应当扣减。

十六、本规定中下列用语的含义：

……

“设施”是指人为设置的固定或者可移动的构造物，包括固定平台、浮鼓、码头、堤坝、桥梁、敷设或者架设的电缆、管道等。

……

适用本案由应当注意的问题

根据《民事诉讼法》《海事诉讼特别程序法》及《最高人民法院关于适用〈中华人民共和国海事诉讼特别程序法〉若干问题的解释》的规定，因船舶损坏空中设施、水下设施请求损害责任提起的诉讼，应当由损坏空中设施、水下设施发生地、加害船舶最先到达地、碰触船舶被扣留地、被告住所地及船籍港所在地海事法院管辖。

在确定本案由时，尤其要注意其与船舶触碰损害责任纠纷的区别。因为水上或水下设施一般具有特殊用途，此类设施的损毁会影响海上交通秩序和安全，故而造成的影响范围较大，涉及的部门也较多，属于较为特殊的纠纷。

我国《海商法》并未明确对船舶损坏水上或水下设施损害责任作出适用规定，但该法第八章第169条第2款规定，互有过失的船舶，碰撞造成第三人财产损失的，各船的赔偿责任均不超过其应当承担的比例。本款规定即可适用于船舶损毁水上或水下设施的情形。

196. 船舶污染损害责任纠纷

案由解析

船舶污染是指船舶在航行、停泊港口、装卸货物的过程中对周围环境产生的污染，其中海上石油勘探开发作业中固定和移动式平台除外。

船舶污染损害责任纠纷是指船舶在航行、停泊港口、装卸货物的过程中排放、泄漏、倾倒油类、污水或其他有害物质对周围环境产生污染或对其他船舶、货物及其他财产造成损失的损害责任纠纷。

船舶污染具有以下几点特征：（1）影响范围大。由于水具有流动性，船舶排出、倾倒、泄漏的油类或有害物质会在极短的时间内扩散到极大的区域，极易造成重大的损害；（2）排除危害难度大。船舶污染扩散区域广，涉及部门多，一旦造成污染，处理难度非常大。按污染源不同分为：运营性排放造成的污染和事故性排放造成的污染。按污染物性质不同分为：船舶油类作业和含油污水的排放；船舶装运有毒液体物质的残余物和污水的排放；船舶装运有害物质造成的污染；船舶生活污水的排放；船舶垃圾排放造成的污染；船舶排气、船舶噪声、船舶防腐涂料及疫区载来的压载水等造成的污染。

常用法律条文及索引

《中华人民共和国民法典》（2020年5月28日公布　2021年1月1日施行）

第一千二百二十九条　因污染环境、破坏生态造成他人损害的，侵权人应当承担侵权责任。

第一千二百三十条　因污染环境、破坏生态发生纠纷，行为人应当就法律规定的不承担责任或者减轻责任的情形及其行为与损害之间不存在因果关系承担举证责任。

第一千二百三十一条　两个以上侵权人污染环境、破坏生态的，承担责任的大小，根据污染物的种类、浓度、排放量，破坏生态的方式、范围、程度，以及行为对损害后果所起的作用等因素确定。

第一千二百三十二条　侵权人违反法律规定故意污染环境、破坏生态造成严重后果的，被侵权人有权请求相应的惩罚性赔偿。

第一千二百三十三条 因第三人的过错污染环境、破坏生态的，被侵权人可以向侵权人请求赔偿，也可以向第三人请求赔偿。侵权人赔偿后，有权向第三人追偿。

《中华人民共和国环境保护法》（2014 年 4 月 24 日修订）

第六十六条 提起环境损害赔偿诉讼的时效期间为三年，从当事人知道或者应当知道其受到损害时起计算。

《中华人民共和国海洋环境保护法》（2023 年 10 月 24 日修订）

第五十一条 禁止向海域排放油类、酸液、碱液、剧毒废液。

禁止向海域排放污染海洋环境、破坏海洋生态的放射性废水。

严格控制向海域排放含有不易降解的有机物和重金属的废水。

第一百一十四条 对污染海洋环境、破坏海洋生态，造成他人损害的，依照《中华人民共和国民法典》等法律的规定承担民事责任。

对污染海洋环境、破坏海洋生态，给国家造成重大损失的，由依照本法规定行使海洋环境监督管理权的部门代表国家对责任者提出损害赔偿要求。

前款规定的部门不提起诉讼的，人民检察院可以向人民法院提起诉讼。前款规定的部门提起诉讼的，人民检察院可以支持起诉。

第一百一十六条 完全属于下列情形之一，经过及时采取合理措施，仍然不能避免对海洋环境造成污染损害的，造成污染损害的有关责任者免予承担责任：

（一）战争；

（二）不可抗拒的自然灾害；

（三）负责灯塔或者其他助航设备的主管部门，在执行职责时的疏忽，或者其他过失行为。

《最高人民法院关于审理海洋自然资源与生态环境损害赔偿纠纷案件若干问题的规定》（法释〔2017〕23 号　2017 年 12 月 29 日公布）

第三条 海洋环境保护法第五条规定的行使海洋环境监督管理权的机关，根据其职能分工提起海洋自然资源与生态环境损害赔偿诉讼，人民法院应予受理。

第四条 人民法院受理海洋自然资源与生态环境损害赔偿诉讼，应当在立案之日起五日内公告案件受理情况。

人民法院在审理中发现可能存在下列情形之一的，可以书面告知其他依法行使海洋环境监督管理权的机关：

（一）同一损害涉及不同区域或者不同部门；

（二）不同损害应由其他依法行使海洋环境监督管理权的机关索赔。

本规定所称不同损害，包括海洋自然资源与生态环境损害中不同种类和同种类但可以明确区分属不同机关索赔范围的损害。

第五条　在人民法院依照本规定第四条的规定发布公告之日起三十日内，或者书面告知之日起七日内，对同一损害有权提起诉讼的其他机关申请参加诉讼，经审查符合法定条件的，人民法院应当将其列为共同原告；逾期申请的，人民法院不予准许。裁判生效后另行起诉的，人民法院参照《最高人民法院关于审理环境民事公益诉讼案件适用法律若干问题的解释》第二十八条的规定处理。

对于不同损害，可以由各依法行使海洋环境监督管理权的机关分别提起诉讼；索赔人共同起诉或者在规定期限内申请参加诉讼的，人民法院依照民事诉讼法第五十二条第一款的规定决定是否按共同诉讼进行审理。

第六条　依法行使海洋环境监督管理权的机关请求造成海洋自然资源与生态环境损害的责任者承担停止侵害、排除妨碍、消除危险、恢复原状、赔礼道歉、赔偿损失等民事责任的，人民法院应当根据诉讼请求以及具体案情，合理判定责任者承担民事责任。

第七条　海洋自然资源与生态环境损失赔偿范围包括：

（一）预防措施费用，即为减轻或者防止海洋环境污染、生态恶化、自然资源减少所采取合理应急处置措施而发生的费用；

（二）恢复费用，即采取或者将要采取措施恢复或者部分恢复受损害海洋自然资源与生态环境功能所需费用；

（三）恢复期间损失，即受损害的海洋自然资源与生态环境功能部分或者完全恢复前的海洋自然资源损失、生态环境服务功能损失；

（四）调查评估费用，即调查、勘查、监测污染区域和评估污染等损害风险与实际损害所发生的费用。

第八条　恢复费用，限于现实修复实际发生和未来修复必然发生的合理费用，包括制定和实施修复方案和监测、监管产生的费用。

未来修复必然发生的合理费用和恢复期间损失，可以根据有资格的鉴定评估机构依据法律法规、国家主管部门颁布的鉴定评估技术规范作出的鉴定意见予以确定，但当事人有相反证据足以反驳的除外。

预防措施费用和调查评估费用，以实际发生和未来必然发生的合理费用计算。

责任者已经采取合理预防、恢复措施，其主张相应减少损失赔偿数额的，人民法院应予支持。

第九条 依照本规定第八条的规定难以确定恢复费用和恢复期间损失的，人民法院可以根据责任者因损害行为所获得的收益或者所减少支付的污染防治费用，合理确定损失赔偿数额。

前款规定的收益或者费用无法认定的，可以参照政府部门相关统计资料或者其他证据所证明的同区域同类生产经营者同期平均收入、同期平均污染防治费用，合理酌定。

第十条 人民法院判决责任者赔偿海洋自然资源与生态环境损失的，可以一并写明依法行使海洋环境监督管理权的机关受领赔款后向国库账户交纳。

发生法律效力的裁判需要采取强制执行措施的，应当移送执行。

第十一条 海洋自然资源与生态环境损害赔偿诉讼当事人达成调解协议或者自行达成和解协议的，人民法院依照《最高人民法院关于审理环境民事公益诉讼案件适用法律若干问题的解释》第二十五条的规定处理。

第十二条 人民法院审理海洋自然资源与生态环境损害赔偿纠纷案件，本规定没有规定的，适用《最高人民法院关于审理环境侵权责任纠纷案件适用法律若干问题的解释》《最高人民法院关于审理环境民事公益诉讼案件适用法律若干问题的解释》等相关司法解释的规定。

在海上或者沿海陆域内从事活动，对中华人民共和国管辖海域内海洋自然资源与生态环境形成损害威胁，人民法院审理由此引起的赔偿纠纷案件，参照适用本规定。

人民法院审理因船舶引起的海洋自然资源与生态环境损害赔偿纠纷案件，法律、行政法规、司法解释另有特别规定的，依照其规定。

适用本案由应当注意的问题

◆船舶污染损害引发的纠纷系因船舶在航行或停泊、装卸货物过程中造成的环境污染，影响范围较大，故此类纠纷提起的诉讼，由污染发生地、损害结果地或者采取预防污染措施地海事法院管辖。

◆《民法典》第 1233 条规定，因第三人的过错污染环境造成损害的，被侵权人可以向污染者请求赔偿，也可以向第三人请求赔偿。污染者赔偿后，有权向第三人追偿。

197. 海上、通海水域污染损害责任纠纷

案由解析

海上、通海水域的污染是指船舶污染以外，在海上或者通海水域的航运、生产、作业或者船舶建造、修理、拆解或者港口作业、建设造成的环境污染。

海上、通海水域污染损害责任纠纷是指船舶污染以外，海上或者通海水域的航运、生产、作业或者船舶建造、修理、拆解或者港口作业、建设，造成水域污染、滩涂污染或者他船、货物及其他财产损失的损害赔偿纠纷。

海上、通海水域污染的特征主要是污染源来自船舶以外，该类污染是在相关水域进行建造、作业，主要包括船舶建造、修理、拆解，以及位于海岸或者与海岸连接，工程主体位于海岸线向陆一侧，对海洋环境产生影响的新建、改建、扩建工程项目的建设过程中对水域、滩涂等造成污染及相关损害的纠纷。

常用法律条文及索引

《中华人民共和国民法典》（2020年5月28日公布 2021年1月1日施行）

第一千二百二十九条 因污染环境、破坏生态造成他人损害的，侵权人应当承担侵权责任。

第一千二百三十条 因污染环境、破坏生态发生纠纷，行为人应当就法律规定的不承担责任或者减轻责任的情形及其行为与损害之间不存在因果关系承担举证责任。

第一千二百三十一条 两个以上侵权人污染环境、破坏生态的，承担责任的大小，根据污染物的种类、浓度、排放量，破坏生态的方式、范围、程度，以及行为对损害后果所起的作用等因素确定。

第一千二百三十二条 侵权人违反法律规定故意污染环境、破坏生态造成严重后果的，被侵权人有权请求相应的惩罚性赔偿。

第一千二百三十三条 因第三人的过错污染环境、破坏生态的，被侵权人可以向侵权人请求赔偿，也可以向第三人请求赔偿。侵权人赔偿后，有权向第三人追偿。

《中华人民共和国环境保护法》（2014 年 4 月 24 日修订）

第六十六条 提起环境损害赔偿诉讼的时效期间为三年，从当事人知道或者应当知道其受到损害时起计算。

《中华人民共和国海洋环境保护法》（2023 年 10 月 24 日修订）

第五十一条 禁止向海域排放油类、酸液、碱液、剧毒废液。

禁止向海域排放污染海洋环境、破坏海洋生态的放射性废水。

严格控制向海域排放含有不易降解的有机物和重金属的废水。

第一百一十四条 对污染海洋环境、破坏海洋生态，造成他人损害的，依照《中华人民共和国民法典》等法律的规定承担民事责任。

对污染海洋环境、破坏海洋生态，给国家造成重大损失的，由依照本法规定行使海洋环境监督管理权的部门代表国家对责任者提出损害赔偿要求。

前款规定的部门不提起诉讼的，人民检察院可以向人民法院提起诉讼。前款规定的部门提起诉讼的，人民检察院可以支持起诉。

第一百一十六条 完全属于下列情形之一，经过及时采取合理措施，仍然不能避免对海洋环境造成污染损害的，造成污染损害的有关责任者免予承担责任：

（一）战争；

（二）不可抗拒的自然灾害；

（三）负责灯塔或者其他助航设备的主管部门，在执行职责时的疏忽，或者其他过失行为。

《最高人民法院关于审理海洋自然资源与生态环境损害赔偿纠纷案件若干问题的规定》（法释〔2017〕23 号 2017 年 12 月 29 日公布）

第三条 海洋环境保护法第五条规定的行使海洋环境监督管理权的机关，根据其职能分工提起海洋自然资源与生态环境损害赔偿诉讼，人民法院应予受理。

第四条 人民法院受理海洋自然资源与生态环境损害赔偿诉讼，应当在立案之日起五日内公告案件受理情况。

人民法院在审理中发现可能存在下列情形之一的，可以书面告知其他依法行使海洋环境监督管理权的机关：

（一）同一损害涉及不同区域或者不同部门；

（二）不同损害应由其他依法行使海洋环境监督管理权的机关索赔。

本规定所称不同损害，包括海洋自然资源与生态环境损害中不同种类和同种类但可以明确区分属不同机关索赔范围的损害。

第五条　在人民法院依照本规定第四条的规定发布公告之日起三十日内，或者书面告知之日起七日内，对同一损害有权提起诉讼的其他机关申请参加诉讼，经审查符合法定条件的，人民法院应当将其列为共同原告；逾期申请的，人民法院不予准许。裁判生效后另行起诉的，人民法院参照《最高人民法院关于审理环境民事公益诉讼案件适用法律若干问题的解释》第二十八条的规定处理。

对于不同损害，可以由各依法行使海洋环境监督管理权的机关分别提起诉讼；索赔人共同起诉或者在规定期限内申请参加诉讼的，人民法院依照民事诉讼法第五十二条第一款的规定决定是否按共同诉讼进行审理。

第六条　依法行使海洋环境监督管理权的机关请求造成海洋自然资源与生态环境损害的责任者承担停止侵害、排除妨碍、消除危险、恢复原状、赔礼道歉、赔偿损失等民事责任的，人民法院应当根据诉讼请求以及具体案情，合理判定责任者承担民事责任。

第七条　海洋自然资源与生态环境损失赔偿范围包括：

（一）预防措施费用，即为减轻或者防止海洋环境污染、生态恶化、自然资源减少所采取合理应急处置措施而发生的费用；

（二）恢复费用，即采取或者将要采取措施恢复或者部分恢复受损害海洋自然资源与生态环境功能所需费用；

（三）恢复期间损失，即受损害的海洋自然资源与生态环境功能部分或者完全恢复前的海洋自然资源损失、生态环境服务功能损失；

（四）调查评估费用，即调查、勘查、监测污染区域和评估污染等损害风险与实际损害所发生的费用。

第八条　恢复费用，限于现实修复实际发生和未来修复必然发生的合理费用，包括制定和实施修复方案和监测、监管产生的费用。

未来修复必然发生的合理费用和恢复期间损失，可以根据有资格的鉴定评估机构依据法律法规、国家主管部门颁布的鉴定评估技术规范作出的鉴定意见予以确定，但当事人有相反证据足以反驳的除外。

预防措施费用和调查评估费用，以实际发生和未来必然发生的合理费用计算。

责任者已经采取合理预防、恢复措施，其主张相应减少损失赔偿数额的，人民法院应予支持。

第九条　依照本规定第八条的规定难以确定恢复费用和恢复期间损失的，人民法院可以根据责任者因损害行为所获得的收益或者所减少支付的污染防治费用，合理确定损失赔偿数额。

前款规定的收益或者费用无法认定的，可以参照政府部门相关统计资料或者其他证据所证明的同区域同类生产经营者同期平均收入、同期平均污染防治费用，合理酌定。

第十条 人民法院判决责任者赔偿海洋自然资源与生态环境损失的，可以一并写明依法行使海洋环境监督管理权的机关受领赔款后向国库账户交纳。

发生法律效力的裁判需要采取强制执行措施的，应当移送执行。

第十一条 海洋自然资源与生态环境损害赔偿诉讼当事人达成调解协议或者自行达成和解协议的，人民法院依照《最高人民法院关于审理环境民事公益诉讼案件适用法律若干问题的解释》第二十五条的规定处理。

第十二条 人民法院审理海洋自然资源与生态环境损害赔偿纠纷案件，本规定没有规定的，适用《最高人民法院关于审理环境侵权责任纠纷案件适用法律若干问题的解释》《最高人民法院关于审理环境民事公益诉讼案件适用法律若干问题的解释》等相关司法解释的规定。

在海上或者沿海陆域内从事活动，对中华人民共和国管辖海域内海洋自然资源与生态环境形成损害威胁，人民法院审理由此引起的赔偿纠纷案件，参照适用本规定。

人民法院审理因船舶引起的海洋自然资源与生态环境损害赔偿纠纷案件，法律、行政法规、司法解释另有特别规定的，依照其规定。

适用本案由需要注意的问题

◆因海上生产、作业或者拆船、修船作业给污染发生地的水资源保护乃至经济发展都会产生严重的影响，因此该类纠纷提起的诉讼由污染发生地、损害结果地或者采取预防污染措施地海事法院管辖。

◆在确定本案由时，尤其应注意海上、通海水域污染损害责任纠纷与船舶污染损害责任纠纷的区别。前者污染源来自船舶的建造修理以及海岸或海岸向陆一侧的工程建设，而后者的污染源来自船舶。

◆我国《水污染防治法》中明确规定了海洋污染防治适用《海洋环境保护法》。

198. 海上、通海水域养殖损害责任纠纷

案由解析

海上、通海水域养殖是海洋及通海水域开发利用的重要形式，是受到法律保护的生产行为。海上、通海水域养殖损害责任纠纷是指由于船舶航行或其他作业活动造成海上或者通海水域捕捞、养殖设施、水产养殖物损失而引起的损害赔偿纠纷。

海上、通海水域养殖损害责任的特征主要是：(1) 在水域、滩涂进行养殖、捕捞办理了合法的许可证件，取得了海域使用权。(2) 遭受损害的客体是养殖设施、水产养殖物，是指在一定水域、滩涂合法进行养殖所生产出的水产养殖物及用于养殖、捕捞的设备。

常用法律条文及索引

参见“197. 海上、通海水域污染损害责任纠纷”案由相关部分。

适用本案由需要注意的问题

◆由于海上、通海水域养殖损害责任纠纷是对具有养殖、捕捞使用权以及对养殖捕捞设施具有所有权人的使用权及所有权的侵害，因此该类纠纷的管辖法院除了可以由损害发生地海事法院管辖外，还包括加害船舶最先到达地、加害船舶被扣留地、被告住所地及船籍港所在地海事法院。

◆在确定本案由时，尤其应注意海上、通海水域养殖损害责任纠纷与船舶碰撞损害责任纠纷及船舶损害空中设施、水下设施损害责任纠纷的区别。海上、通海水域养殖损害责任纠纷的客体主要是在一定水域、滩涂合法进行养殖所生产出的水产养殖物及用于养殖、捕捞的设备；而船舶碰撞的客体是船舶及其他海上移动式装置，其中船舶还包括船舶属具；船舶损害空中设施、水下设施的客体是海上、通海水域的水上或水下固定物体。该类被碰触的物体多为特殊用途。

◆《海商法》并未对海上、通海水域养殖损害责任作出专门规定，但依据该法第 169 条第 2 款的规定，互有过失的船舶碰撞造成第三人财产损失的，各船的赔偿责任均不超过其应当承担的比例。本款规定应该可以适用海

上、通海水域养殖损害责任的情形。即因船舶碰撞对一定水域具有养殖、捕捞使用权以及对养殖捕捞设施具有所有权人的使用权及所有权造成侵害的情况时，可适用该款规定。

199. 海上、通海水域财产损害责任纠纷

案由解析

海上、通海水域财产是指船舶包括船舶属具，船舶上所携带的货物及其他财产。

海上、通海水域财产损害责任纠纷是指因船舶航行，海上、通海水域进行的生产和作业造成船舶、货物及其他财产损失而产生的民事责任纠纷。

海上、通海水域财产损害责任的特征是：（1）客体的特殊性，该类案件中的财产是指其他船舶、船舶上的货物及其他财产，是不包括加害船舶上的财产损失的。（2）施害方式的特殊性，船舶在航行时，或者在水域上进行生产和作业时对其他船舶、货物及其他财产造成的损害。除了海上、通海水域航运以及生产作业的方式外，还包括船舶建造、修理、拆解，港口作业及建设的方式。

常用法律条文及索引

《中华人民共和国海商法》（1992 年 11 月 7 日公布　1993 年 7 月 1 日施行）

第一百六十九条　船舶发生碰撞，碰撞的船舶互有过失的，各船按照过失程度的比例负赔偿责任；过失程度相当或者过失程度的比例无法判定的，平均负赔偿责任。

互有过失的船舶，对碰撞造成的船舶以及船上货物和其他财产的损失，依照前款规定的比例负赔偿责任。碰撞造成第三人财产损失的，各船的赔偿责任均不超过其应当承担的比例。

互有过失的船舶，对造成的第三人的人身伤亡，负连带赔偿责任。一船连带支付的赔偿超过本条第一款规定的比例的，有权向其他有过失的船舶追偿。

《中华人民共和国民法典》（2020 年 5 月 28 日公布　2021 年 1 月 1 日施行）

第一千一百六十七条　侵权行为危及他人人身、财产安全的，被侵权人

有权请求侵权人承担停止侵害、排除妨碍、消除危险等侵权责任。

第一千一百八十四条 侵害他人财产的，财产损失按照损失发生时的市场价格或者其他合理方式计算。

第一千一百八十七条 损害发生后，当事人可以协商赔偿费用的支付方式。协商不一致的，赔偿费用应当一次性支付；一次性支付确有困难的，可以分期支付，但是被侵权人有权请求提供相应的担保。

适用本案由需要注意的问题

◆由于该类案件涉及财产损害的侵权行为，因此海上、通海水域财产损害责任纠纷提起的诉讼，由损害发生地、加害船舶最先到达地、加害船舶被扣留地、被告住所地及船籍港所在地海事法院管辖。

◆《海商法》并未对海上、通海水域财产损害责任纠纷的处理方式作出专门规定，但是该法第169条第2款中关于互有过失的船舶，碰撞造成第三人财产损失的，各船的赔偿责任均不超过其应当承担的比例的规定，可以适用于此类案件的处理。同时，我国《民法典》中对财产损害的民事责任的一般性规定，也可以适用于此类案件的处理。

◆由于海上、通海水域中的沉船、沉物机器残骸、废弃物，海上、通海水域的临时或者永久性设施装置不当，而影响船舶航行，造成船舶、货物及其他财产损失而产生的纠纷，也属于海上、通海水域财产损害责任纠纷的范畴。

200. 海上、通海水域人身损害责任纠纷

案由解析

海上、通海水域人身损害是指因船舶航行，在海上、通海水域范围内进行生产和作业过程中对相对人的生命权、身体权及健康权造成伤害。

海上、通海水域人身损害责任纠纷是指因船舶航行，在海上、通海水域范围内进行生产和作业过程中对相对人造成人身伤害而产生的民事责任纠纷。

海上、通海水域人身损害责任的特征是：（1）伤害发生在一定的区域内，即人身伤害是发生在海上、通海水域范围内的，并且是在船舶航行，生产作业，以及船舶建造、修理、拆解，港口作业及建设的过程中。（2）损害

的是他人的人身权，即指他人的生命权、身体权及健康权。

常用法律条文及索引

《中华人民共和国海商法》（1992年11月7日公布　1993年7月1日施行）

第一百一十四条　在本法第一百一十一条规定的旅客及其行李的运送期间，因承运人或者承运人的受雇人、代理人在受雇或者受委托的范围内的过失引起事故，造成旅客人身伤亡或者行李灭失、损坏的，承运人应当负赔偿责任。

请求人对承运人或者承运人的受雇人、代理人的过失，应当负举证责任；但是，本条第三款和第四款规定的情形除外。

旅客的人身伤亡或者自带行李的灭失、损坏，是由于船舶的沉没、碰撞、搁浅、爆炸、火灾所引起或者是由于船舶的缺陷所引起的，承运人或者承运人的受雇人、代理人除非提出反证，应当视为其有过失。

旅客自带行李以外的其他行李的灭失或者损坏，不论由于何种事故所引起，承运人或者承运人的受雇人、代理人除非提出反证，应当视为其有过失。

第一百一十五条　经承运人证明，旅客的人身伤亡或者行李的灭失、损坏，是由于旅客本人的过失或者旅客和承运人的共同过失造成的，可以免除或者相应减轻承运人的赔偿责任。

经承运人证明，旅客的人身伤亡或者行李的灭失、损坏，是由于旅客本人的故意造成的，或者旅客的人身伤亡是由于旅客本人健康状况造成的，承运人不负赔偿责任。

第一百一十七条　除本条第四款规定的情形外，承运人在每次海上旅客运输中的赔偿责任限额，依照下列规定执行：

（一）旅客人身伤亡的，每名旅客不超过46666计算单位；

（二）旅客自带行李灭失或者损坏的，每名旅客不超过833计算单位；

（三）旅客车辆包括该车辆所载行李灭失或者损坏的，每一车辆不超过3333计算单位；

（四）本款第（二）、（三）项以外的旅客其他行李灭失或者损坏的，每名旅客不超过1200计算单位。

承运人和旅客可以约定，承运人对旅客车辆和旅客车辆以外的其他行李损失的免赔额。但是，对每一车辆损失的免赔额不得超过117计算单位，对每名旅客的车辆以外的其他行李损失的免赔额不得超过13计算单位。在计算每一车辆或者每名旅客的车辆以外的其他行李的损失赔偿数额时，应当扣除约定的承运人免赔额。

承运人和旅客可以书面约定高于本条第一款规定的赔偿责任限额。

中华人民共和国港口之间的海上旅客运输，承运人的赔偿责任限额，由国务院交通主管部门制定，报国务院批准后施行。

第一百一十八条　经证明，旅客的人身伤亡或者行李的灭失、损坏，是由于承运人的故意或者明知可能造成损害而轻率地作为或者不作为造成的，承运人不得援用本法第一百一十六条和第一百一十七条限制赔偿责任的规定。

经证明，旅客的人身伤亡或者行李的灭失、损坏，是由于承运人的受雇人、代理人的故意或者明知可能造成损害而轻率地作为或者不作为造成的，承运人的受雇人、代理人不得援用本法第一百一十六条和第一百一十七条限制赔偿责任的规定。

第一百二十四条　就旅客的人身伤亡或者行李的灭失、损坏，分别向承运人、实际承运人以及他们的受雇人、代理人提出赔偿请求的，赔偿总额不得超过本法第一百一十七条规定的限额。

第一百六十九条　船舶发生碰撞，碰撞的船舶互有过失的，各船按照过失程度的比例负赔偿责任；过失程度相当或者过失程度的比例无法判定的，平均负赔偿责任。

互有过失的船舶，对碰撞造成的船舶以及船上货物和其他财产的损失，依照前款规定的比例负赔偿责任。碰撞造成第三人财产损失的，各船的赔偿责任均不超过其应当承担的比例。

互有过失的船舶，对造成的第三人的人身伤亡，负连带赔偿责任。一船连带支付的赔偿超过本条第一款规定的比例的，有权向其他有过失的船舶追偿。

第二百一十条　除本法第二百一十一条另有规定外，海事赔偿责任限制，依照下列规定计算赔偿限额：

（一）关于人身伤亡的赔偿请求

1. 总吨位300吨至500吨的船舶，赔偿限额为333000计算单位；

2. 总吨位超过500吨的船舶，500吨以下部分适用本项第1目的规定，500吨以上的部分，应当增加下列数额：

501吨至3000吨的部分，每吨增加500计算单位；

3001吨至30000吨的部分，每吨增加333计算单位；

30001 吨至 70000 吨的部分，每吨增加 250 计算单位；

超过 70000 吨的部分，每吨增加 167 计算单位。

（二）关于非人身伤亡的赔偿请求

1. 总吨位 300 吨至 500 吨的船舶，赔偿限额为 167000 计算单位；

2. 总吨位超过 500 吨的船舶，500 吨以下部分适用本项第 1 目的规定，500 吨以上的部分，应当增加下列数额：

501 吨至 30000 吨的部分，每吨增加 167 计算单位；

30001 吨至 70000 吨的部分，每吨增加 125 计算单位；

超过 70000 吨的部分，每吨增加 83 计算单位。

（三）依照第（一）项规定的限额，不足以支付全部人身伤亡的赔偿请求的，其差额应当与非人身伤亡的赔偿请求并列，从第（二）项数额中按照比例受偿。

（四）在不影响第（三）项关于人身伤亡赔偿请求的情况下，就港口工程、港池、航道和助航设施的损害提出的赔偿请求，应当较第（二）项中的其他赔偿请求优先受偿。

（五）不以船舶进行救助作业或者在被救船舶上进行救助作业的救助人，其责任限额按照总吨位为 1500 吨的船舶计算。

总吨位不满 300 吨的船舶，从事中华人民共和国港口之间的运输的船舶，以及从事沿海作业的船舶，其赔偿限额由国务院交通主管部门制定，报国务院批准后施行。

第二百一十一条 海上旅客运输的旅客人身伤亡赔偿责任限制，按照 46666 计算单位乘以船舶证书规定的载客定额计算赔偿限额，但是最高不超过 25000000 计算单位。

中华人民共和国港口之间海上旅客运输的旅客人身伤亡，赔偿限额由国务院交通主管部门制定，报国务院批准后施行。

适用本案由需要注意的问题

◆海上、通海水域人身损害责任纠纷属于海上侵权纠纷，因此该类案件的管辖由损害发生地、加害船舶最先到达地、加害船舶被扣留地、被告住所地及船籍港所在地海事法院管辖。

◆人身伤亡的赔偿请求具体包括三种：第一，在船上发生的人身伤亡；第二，与船舶营运直接相关的人身伤亡；第三，与救助作业直接相关的人身伤亡。其中，第二种和第三种人身伤亡的赔偿请求，包括不是发生在船舶上，但与船舶的营运或者救助直接相关的人身伤亡赔偿请求。这里的人身伤亡赔偿请求，既适用于具有涉外因素的人身伤亡赔偿请求，也适用于没有涉外因素的人身伤亡赔偿请求。

201. 非法留置船舶、船载货物、船用燃油、船用物料损害责任纠纷

案由解析

船舶留置权是以船舶为客体的法定担保物权，若非法行使，就会构成侵权。

非法留置船舶、船载货物、船用燃油、船用物料损害责任纠纷是指承运人非法占有船舶、船载货物（包括待运海运货物）、船舶自用燃油和燃料，造成船舶、船载货物或其他财产损失而引起的损害责任纠纷。

《海商法》规定托运人应当向承运人支付的运费、共同海损分摊、滞期费和承运人为货物垫付的必要费用以及应当向承运人支付的其他费用没有付清，又没有提供适当担保的，承运人可以在合理的限度内留置其货物。若没有出现上述情况而行使留置权的，则构成非法留置。

常用法律条文及索引

《中华人民共和国海商法》（1992年11月7日公布 1993年7月1日施行）

第八十七条 应当向承运人支付的运费、共同海损分摊、滞期和费承运人为货物垫付的必要费用以及应当向承运人支付的其他费用没有付清，又没有提供适当担保的，承运人可以在合理的限度内留置货物。

第八十八条 承运人根据本法第八十七条规定留置的货物，自船舶达抵卸货港的次日起满六十日无人提取的，承运人可以申请法院裁定拍卖；货物易腐烂变质或者货物的保管费用可能超过其价值的，可以申请提前拍卖。

拍卖所得价款，用于清偿保管、拍卖货物的费用和运费以及应当向承运人支付的其他有关费用；不足的金额，承运人有权向托运人追偿；剩余的金额，退还托运人；无法退还、自拍卖之日起满一年又无人领取的，上缴国库。

第一百四十一条 承租人未向出租人支付租金或者合同的约定的其他款

项的，出租人对船上属于承租人的货物和财产以及转租船舶的收入有留置权。

第一百六十一条 被拖方未按照约定支付拖航费和其他合理费用的，承拖方对被拖物有留置权。

《中华人民共和国民法典》（2020年5月28日公布 2021年1月1日施行）

第四百四十七条 债务人不履行到期债务，债权人可以留置已经合法占有的债务人的动产，并有权就该动产优先受偿。

前款规定的债权人为留置权人，占有的动产为留置财产。

适用本案由需要注意的问题

◆不合法的留置行为即构成对他人财产的侵权，因此，因非法留置船舶、船载货物、船用燃油、燃用物料损害责任纠纷提起的诉讼，由非法留置行为发生地、被告住所地及船籍港所在地海事法院管辖。

◆非法留置船舶、船载货物、船用燃油、船用物料损害与其他的损害在范围和原因方面略有不同。其他损害范围一般在船舶之间或者船舶与其他水上水下物体发生接触造成的损害纠纷，要求损害与船舶的行为之间存在因果关系，包括过失和故意的情况，而非法留置则不存在过失的情况，构成要件要求行为人出于非法目的非法占有他人财物。

202. 海上、通海水域货物运输合同纠纷

案由解析

海上、通海水域运输合同是指由承运人收取运费，负责将托运人托运的货物从海路或通海水域进行运输的合同。承运人即一般所称的“船方”，通海水域即是与海相通的水域。

海上、通海水域货物运输合同纠纷是指该运输合同的当事人因合同的订立、履行、变更和终止而产生的纠纷。具体包括远洋运输、含有海运区段的国际多式联运、沿海和内河航运，以及水水联运、水陆联运等水上货物运输合同纠纷。

根据我国《海商法》第四章的规定，海上货物运输合同纠纷，包括海上货物运输合同的成立、效力、货损货差、货物灭失、货物交付以及运费、运

输单证、合同的解除、违约责任等纠纷。

常用法律条文及索引

《中华人民共和国海商法》（1992年11月7日公布　1993年7月1日施行）

第四十一条　海上货物运输合同，是指承运人收取运费，负责将托运人托运的货物经海路由一港运至另一港的合同。

第四十二条　本章下列用语的含义：

（一）“承运人”，是指本人或者委托他人以本人名义与托运人订立海上货物运输合同的人。

（二）“实际承运人”，是指接受承运人委托，从事货物运输或者部分运输的人，包括接受转委托从事此项运输的其他人。

（三）“托运人”，是指：

1. 本人或者委托他人以本人名义或者委托他人为本人与承运人订立海上货物运输合同的人；

2. 本人或者委托他人以本人名义或者委托他人为本人将货物交给与海上货物运输合同有关的承运人的人。

（四）“收货人”，是指有权提取货物的人。

（五）“货物”，包括活动物和由托运人提供的用于集装货物的集装箱、货盘或者类似的装运器具。

第四十三条　承运人或者托运人可以要求书面确认海上货物运输合同的成立。但是，航次租船合同应当书面订立。电报、电传和传真具有书面效力。

第四十四条　海上货物运输合同和作为合同凭证的提单或者其他运输单证中的条款，违反本章规定的，无效。此类条款的无效，不影响该合同和提单或者其他运输单证中其他条款的效力。将货物的保险利益转让给承运人的条款或者类似条款，无效。

第四十五条　本法第四十四条的规定不影响承运人在本章规定的承运人责任和义务之外，增加其责任和义务。

《中华人民共和国民法典》（2020年5月28日公布　2021年1月1日施行）

第八百三十二条　承运人对运输过程中货物的毁损、灭失承担赔偿责任。但是，承运人证明货物的毁损、灭失是因不可抗力、货物本身的自然性质或者合理损耗以及托运人、收货人的过错造成的，不承担赔偿责任。

《最高人民法院关于国内水路货物运输纠纷案件法律问题的指导意见》（法发〔2012〕28号 2012年12月24日公布）

3. 根据《国内水路运输管理条例》和《国内水路运输经营资质管理规定》的有关规定，从事国内水路运输的企业和个人，应当达到并保持相应的经营资质条件，并在核定的经营范围内从事水路运输经营活动。没有取得国内水路运输经营资质的承运人签订的国内水路货物运输合同，人民法院应当根据合同法第五十二条第（五）项的规定认定合同无效。

4. 国内水路货物运输合同无效，但是承运人已经按照运输合同的约定将货物安全运输到约定地点，承运人请求托运人或者收货人参照合同的约定支付运费，人民法院可以适当予以保护。

国内水路货物运输合同无效，而且运输过程中货物发生了毁损、灭失，托运人或者收货人向承运人主张损失赔偿的，人民法院可以综合考虑托运人或者收货人和承运人对合同无效和货物损失的过错程度，依法判定相应的民事责任。

5. 人民法院审理国内水路货物运输纠纷案件过程中发现从事国内水路货物运输的承运人没有取得相应的运输经营资质，应及时向相关行政主管机关发出司法建议。

7. 国内水路货物运输合同履行完毕，托运人或者收货人没有按照约定支付运费、保管费或者其他运输费用，依照合同法第三百一十五条的规定，承运人对相应的运输货物享有留置权。人民法院在审查承运人的留置权时，应当重点审查承运人留置货物的数量是否是在合理的限度之内，以及承运人留置的货物是否是其合法占有的货物。债务人对留置货物是否具有所有权并不必然影响承运人留置权的行使，除非运输合同当事人对承运人的留置权另有特殊约定。

8. 没有运营资质的个体运输船舶的实际所有人，为了进入国内水路货物运输市场，规避国家有关水路运输经营资质的管理规定，将船舶所有权登记在具有水路运输经营资质的船舶运输企业名下，向该运输企业交纳管理费，并以该运输企业的名义从事国内水路货物运输活动，是国内水路货物运输中普遍存在的一种挂靠经营方式。这种挂靠经营方式导致挂靠船舶的所有权登记形同虚设，船舶管理混乱，被挂靠企业对挂靠船舶疏于安全管理，严重冲击了航运市场的安全秩序，导致大量国内水路货物运输纠纷的产生。人民法院在审理与船舶挂靠有关的合同纠纷时，应当严格依照现行船舶管理的法律规范确定法律关系，坚持合同相对性的基本原则，根据合同的签订主体和合同的履行等基本事实，准确认定合同当事人。

9. 挂靠船舶的实际所有人以自己的名义签订运输合同，应当认定其为运输合同承运人，承担相应的合同责任。

10. 挂靠船舶的实际所有人以被挂靠企业的名义签订运输合同，被挂靠企业亦签章予以确认，应当认定被挂靠企业为运输合同承运人，承担相应的合同责任。

11. 在没有签订水路货物运输合同的情形下，可以依照运单上承运人的记载判断运输合同的承运人。如果运单上仅仅加盖了承运船舶的船名章，应当认定该承运船舶的登记所有人为运输合同的承运人，承担相应的合同责任。

12. 挂靠船舶因侵权行为造成他人财产、人身损害，依据民法通则、侵权责任法、海商法和有关司法解释的规定，挂靠船舶的实际所有人和被挂靠企业应当承担连带赔偿责任。

适用本案由需要注意的问题

◆海上、通海水域货物运输合同纠纷是因合同的订立、履行、变更和终止而产生的纠纷，因此该类纠纷提起的诉讼，由运输始发地、目的地或者被告住所地及转运港所在地海事法院管辖。

◆适用本案由时，应注意海上、通海水域货物运输合同纠纷与海上、通海水域财产损害责任纠纷的区别。海上、通海水域货物运输合同纠纷的客体是托运人委托承运人运送的货物，海上、通海水域财产损害责任纠纷的客体是他人的船舶、货物及其他财产。前者是当事人双方因合同的订立、履行、变更和终止而产生的纠纷，后者是船舶在航行或进行生产作业时对他人的财产造成损失而产生的纠纷。

◆根据我国《海商法》的规定，海上货物运输合同纠纷的形态还应当包括集装箱运输合同纠纷、航次租船合同纠纷和多式联运合同纠纷。

◆我国《海商法》中规定的通海水域货物运输合同纠纷，还包括货损货差、货物灭失、货物交付以及运费、运输单证、班轮运输等纠纷，此类纠纷也应当适用我国《民法典》《国内水路运输管理条例》中有关货物运输的规定。

203. 海上、通海水域旅客运输合同纠纷

案由解析

海上、通海水域旅客运输合同分为海上旅客运输合同和通海水域旅客运输合同。

海上旅客运输合同是指承运人以适合运送旅客的船舶经由海路将旅客从一港运送至另一港，由旅客支付票款的合同。当事人因该合同的订立、履行、变更和终止而产生的纠纷，就是海上旅客运输合同纠纷。

通海水域旅客运输合同是指承运人以适合客运的船舶将旅客从国内通海水域一港口运至通海水域另一港口，由旅客支付票款的合同。当事人因该合同的订立、履行、变更和终止产生的纠纷，就是通海水域旅客运输合同纠纷。

海上、通海水域旅客运输合同的主要特征是：（1）海上旅客运输合同的当事人是承运人和旅客，其中旅客既是合同的当事人，同时又是运送对象；（2）海上旅客运输合同是诺成双务有偿合同；（3）海上旅客运输合同包括国际和沿海海上旅客运输合同；（4）旅客的客票是海上、通海水域旅客运输合同成立的凭证。

常用法律条文及索引

《中华人民共和国海商法》（1992年11月7日公布　1993年7月1日施行）

第一百零七条　海上旅客运输合同，是指承运人以适合运送旅客的船舶经海路将旅客及其行李从一港运送至另一港，由旅客支付票款的合同。

第一百零八条　本章下列用语的含义：

（一）“承运人”，是指本人或者委托他人以本人名义与旅客订立海上旅客运输合同的人。

（二）“实际承运人”，是指接受承运人委托，从事旅客运送或者部分运送的人，包括接受转委托从事此项运送的其他人。

（三）“旅客”，是指根据海上旅客运输合同运送的人；经承运人同意，根据海上货物运输合同，随船护送货物的人，视为旅客。

（四）“行李”，是指根据海上旅客运输合同由承运人载运的任何物品和

车辆，但是活动物除外。

（五）“自带行李”，是指旅客自行携带、保管或者放置在客舱中的行李。

第一百零九条　本章关于承运人责任的规定，适用于实际承运人。本章关于承运人的受雇人代理人责任的规定，适用于实际承运人的受雇人、代理人。

第一百一十条　旅客客票是海上旅客运输合同成立的凭证。

第一百一十一条　海上旅客运输的运送期间，自旅客登船时起至旅客离船时止。客票票价含接送费用的，运送期间并包括承运人经水路将旅客从岸上接到船上和从船上送到岸上的时间，但是不包括旅客在港站内、码头上或者在港口其他设施内的时间。

旅客的自带行李，运送期间同前款规定。旅客自带行李以外的其他行李。运送期间旅客将行李交付承运人或者承运人的受雇人、代理人时起至承运人或者承运人的受雇人、代理人交还旅客时止。

第一百一十二条　旅客无票乘船、越级乘船或者超程乘船，应当按照规定补足票款，承运人可以按照规定加收票款；拒不交付的，船长有权在适当地点令其离船，承运人有权向其追偿。

第一百一十五条　经承运人证明，旅客的人身伤亡或者行李的灭失、损坏，是由于旅客本人的过失或者旅客和承运人的共同过失造成的，可以免除或者相应减轻承运人的赔偿责任。

经承运人证明，旅客的人身伤亡或者行李的灭失、损坏，是由于旅客本人的故意造成的，或者旅客的人身伤亡是由于旅客本人健康状况造成的，承运人不负赔偿责任。

第一百一十六条　承运人对旅客的货币、金银、珠宝、有价证券或者其他贵重物品所发生的灭失、损失，不负赔偿责任。

旅客与承运人约定将前款规定的物品交由承运人保管的，承运人应当依照本法第一百一十七条的规定负赔偿责任；双方以书面约定的赔偿限额高于本法第一百一十七条的规定的，承运人应当按照约定的数额负赔偿责任。

第一百一十七条　除本条第四款规定的情形外，承运人在每次海上旅客运输中的赔偿责任限额，依照下列规定执行：

（一）旅客人身伤亡的，每名旅客不超过46666计算单位；

（二）旅客自带行李灭失或者损坏的，每名旅客不超过833计算单位；

（三）旅客车辆包括该车辆所载行李灭失或者损坏的，每一车辆不超过3333计算单位；

（四）本款第（二）、（三）项以外的旅客其他行李灭失或者损坏的，每名旅客不超过1200计算单位。

承运人和旅客可以约定，承运人对旅客车辆和旅客车辆以外的其他行李损失的免赔额。但是对每一车辆损失的免赔额不得超过117计算单位，对每名旅客的车辆以外的其他行李损失的免赔额不得超过13计算单位。在计算每一车辆或者每名旅客的车辆以外的其他行李的损失赔偿数额时，应当扣除约定的承运人免赔额。

承运人和旅客可以书面约定高于本条第一款规定的赔偿责任限额。

中华人民共和国港口之间的海上旅客运输，承运人的赔偿责任限额，由国务院交通主管部门制定，报国务院批准后施行。

第一百一十八条 经证明，旅客的人身伤亡或者行李的灭失、损坏，是由于承运人的故意或者明知可能造成损害而轻率地作为或者不作为造成的，承运人不得援用本法第一百一十六条和第一百一十七条限制赔偿责任的规定。

经证明，旅客的人身伤亡或者行李的灭失、损坏，是由于承运人的受雇人、代理人的故意或者明知可能造成损害而轻率地作为或者不作为造成的，承运人的受雇人、代理人不得援用本法第一百一十六条和第一百一十七条限制赔偿责任的规定。

第一百二十条 向承运人的受雇人、代理人提出的赔偿请求，受雇人或者代理人证明其行为是在受雇或者受委托的范围内的，有权援用本法第一百一十五条、第一百一十六条和第一百一十七条的抗辩理由和赔偿责任限制的规定。

第一百二十一条 承运人将旅客运送或者部分运送委托给实际承运人履行的，仍然应当依照本章规定，对全程运送负责。实际承运人履行运送，承运人应当对实际承运人的行为或者实际承运人的受雇人、代理人在受雇或者受委托的范围内行为负责。

第一百二十二条 承运人承担本章未规定的义务或者放弃本章赋予的权利的任何特别协议，经实际承运人书面明确同意的，对实际承运人发生效力；实际承运人是否同意，不影响此项特别协议对承运人的效力。

第一百二十三条 承运人与实际承运人均负有赔偿责任的，应当在此项责任限度内负连带责任。

第一百二十四条 就旅客的人身伤亡或者行李的灭失、损坏，分别向承运人、实际承运人以及他们的受雇人、代理人提出赔偿请求的，赔偿总额不得超过本法第一百一十七条规定的限额。

第一百二十五条　本法第一百二十一条至第一百二十四条的规定，不影响承运人和实际承运人之间相互追偿。

第一百二十六条　海上旅客运输合同中含有下列内容之一的条款无效。

（一）免除承运人对旅客应当承担的法定责任；

（二）降低本章规定的承运人责任限额；

（三）对本章规定的举证责任作出相反的约定；

（四）限制旅客提出赔偿请求的权利。

前款规定的合同条款的无效，不影响合同其他条款的效力。

第二百一十一条　海上旅客运输的旅客人身伤亡赔偿责任限制，按照46666计算单位乘以船舶证书规定的载客定额计算赔偿限额，但是最高不超过25000000计算单位。

中华人民共和国港口之间海上旅客运输的旅客人身伤亡，赔偿限额由国务院交通主管部门制定，报国务院批准后施行。

适用本案由需要注意的问题

◆因海上、通海水域旅客运输合同纠纷提起的诉讼，由运输始发地、目的地或者被告住所地及转运港所在地海事法院管辖。

◆在适用本案由时，应注意其与海上、通海水域人身损害责任纠纷的区别。海上、通海水域旅客运输合同纠纷中当事人双方以合同的成立互附有相应的权利和义务，海上、通海水域人身损害责任纠纷中当事人之间并无任何法律上的关系。

◆因海上旅客运输合同而产生的纠纷应当适用《海商法》第五章的规定。国内港口之间的旅客运输，应适用《民法典》《国内水路运输管理条例》的有关规定，并要参照有关交通主管部门规章的规定。

◆根据海上货物运输合同的约定，随船护送货物的人，也视为旅客。海上旅客运输合同承运人赔偿责任的免除，均由承运人负举证责任。从"一港运送至另一港"既包括中国港口和外国港口之间的旅客运输，也包括中国港口之间的旅客运输。

204. 海上、通海水域行李运输合同纠纷

案由解析

海上、通海水域行李运输合同分为海上行李运输合同和通海水域行李运输合同。

海上行李运输合同是指承运人以适合运送行李的船舶经海路将行李从一港运送至另一港，由旅客支付票款的合同。当事人因该合同的订立、履行、变更和终止而产生的纠纷，就是海上行李运输合同纠纷。

通海水域行李运输合同是指承运人以适合运送行李的船舶将行李从国内通海水域的港口运至通海水域另一港口，由旅客支付票款的合同。当事人因该合同的订立、履行、变更和终止而产生的纠纷，就是通海水域行李运输合同纠纷。

常用法律条文及索引

《中华人民共和国民法典》（2020 年 5 月 28 日公布　2021 年 1 月 1 日施行）

第八百一十七条　旅客随身携带行李应当符合约定的限量和品类要求；超过限量或者违反品类要求携带行李的，应当办理托运手续。

第八百一十八条　旅客不得随身携带或者在行李中夹带易燃、易爆、有毒、有腐蚀性、有放射性以及可能危及运输工具上人身和财产安全的危险物品或者违禁物品。

旅客违反前款规定的，承运人可以将危险物品或者违禁物品卸下、销毁或者送交有关部门。旅客坚持携带或者夹带危险物品或者违禁物品的，承运人应当拒绝运输。

第八百二十四条　在运输过程中旅客随身携带物品毁损、灭失，承运人有过错的，应当承担赔偿责任。

旅客托运的行李毁损、灭失的，适用货物运输的有关规定。

《中华人民共和国海商法》（1992 年 11 月 7 日公布　1993 年 7 月 1 日施行）

第一百零八条　本章下列用语的含义：

……

（四）“行李”是指根据海上旅客运输合同由承运人载运的任何物品和车

辆，但是活动物除外。

（五）“自带行李”是指旅客自行携带、保管或者放置在客舱中的行李。

第一百一十三条　旅客不得随身携带或者在行李中夹带违禁品、或者易燃、易爆、有毒、有腐蚀性、有放射性以及有可能危及船上人身和财产安全的其他危险品。

承运人可以在任何时间、任何地点将旅客违反前款规定随身携带或者在行李中夹带的违禁品危险品卸下、销毁或者使之不能为害，或者送交有关部门，而不负赔偿责任。

旅客违反本条第一款规定，造成损害的，应当负赔偿责任。

第一百一十四条　在本法第一百一十一条规定的旅客及其行李的运送期间，因承运人或者承运人的受雇人、代理人在受雇或者受委托的范围内的过失引起事故，造成旅客人身伤亡或者行李灭失、损坏的，承运人应当负赔偿责任。

请求人对承运人或者承运人的受雇人、代理人的过失，应当负举证责任；但是，本条第三款和第四款规定的情形除外。

旅客的人身伤亡或者自带行李的灭失、损坏，是由于船舶的沉没、碰撞、搁浅、爆炸、火灾所引起或者是由于船舶的缺陷所引起的，承运人或者承运人的受雇人、代理人除非提出反证，应当视为其有过失。

旅客自带行李以外的其他行李的灭失或者损坏，不论由于何种事故所引起，承运人或者承运人的受雇人、代理人除非提出反证，应当视为其有过失。

适用本案由需要注意的问题

◆因海上、通海水域行李运输合同的成立前提需要旅客运输合同也成立，因此有关该类纠纷的诉讼，也应由运输始发地、目的地或者被告住所地及转运港所在地海事法院管辖。

◆在适用本案由时，要注意区分其与海上、通海水域财产损害责任纠纷的不同。海上、通海水域行李运输合同纠纷的客体是以旅客运输合同为依据，由承运人载运以及旅客自行携带、保管或者放置在客舱的任何物品和车辆。海上、通海水域财产损害责任纠纷的客体是其他的船舶、货物和财产。

◆在适用本案由时，要注意其与海上、通海水域旅客运输合同纠纷的区别。前者系财产损害引起的纠纷，而后者则是人身伤害引起的纠纷，在损害后果上具有本质的区别。

◆从“一港运送至另一港”既包括中国港口和外国港口之间的行李运输，也包括中国港口之间的行李运输。

205. 船舶经营管理合同纠纷

案由解析

船舶经营管理合同是指船舶经营人或管理人与船东签订的，依约定对船舶进行经营和管理，并由船东向船舶经营管理人支付服务费的合同。

船舶经营管理合同纠纷是指当事人因该合同的订立、履行、变更和终止而产生的纠纷。该类纠纷包括了与船舶经营和船舶管理活动有关的纠纷。

船舶经营管理合同的主要特征是该类合同的客体是针对船舶的经营与管理活动，在船舶经营活动中，船舶经营人对船舶实际占有或控制，并可获取船舶收益，同时对外要承担船舶所有人的责任；而在船舶管理活动中，船舶管理人对船舶不享有直接的占有、控制和获取收益的权利，相应的，对外也不必承担船舶所有人的责任。

常用法律条文及索引

《中华人民共和国海商法》（1992 年 11 月 7 日公布　1993 年 7 月 1 日施行）

第四条　中华人民共和国港口之间的海上运输和拖航，由悬挂中华人民共和国国旗的船舶经营。但是，法律、行政法规另有规定的除外。

非经国务院交通主管部门批准，外国籍船舶不得经营中华人民共和国港口之间的海上运输和拖航。

《国内水路运输管理条例》（2023 年 7 月 20 日修订）

第二十五条　运输船舶的所有人、经营人可以委托船舶管理业务经营者为其提供船舶海务、机务管理等服务。

第二十六条　申请经营船舶管理业务，申请人应当符合下列条件：

（一）取得企业法人资格；

（二）有健全的安全管理制度；

（三）有与其申请管理的船舶运力相适应的海务、机务管理人员；

（四）法律、行政法规规定的其他条件。

第二十七条　经营船舶管理业务，应当经设区的市级以上地方人民政府负责水路运输管理的部门批准。

申请经营船舶管理业务，应当向前款规定的部门提交申请书和证明申请人符合本条例第二十六条规定条件的相关材料。

受理申请的部门应当自受理申请之日起30个工作日内审查完毕，作出准予许可或者不予许可的决定。予以许可的，发给船舶管理业务经营许可证件，并向国务院交通运输主管部门备案；不予许可的，应当书面通知申请人并说明理由。

第二十八条 船舶管理业务经营者接受委托提供船舶管理服务，应当与委托人订立书面合同，并将合同报所在地海事管理机构备案。

船舶管理业务经营者应当按照国家有关规定和合同约定履行有关船舶安全和防止污染的管理义务。

适用本案由需要注意的问题

◆船舶经营管理合同纠纷是因船舶的经营和管理活动所产生的纠纷，因该类纠纷提起的诉讼，由船舶所在地、船籍港所在地、合同履行地、被告住所地海事法院管辖。

◆船舶经营管理合同在《海商法》中没有专门规定，依据《民法典》第467条第1款的规定，本法或者其他法律没有明文规定的合同，适用本编通则的规定，并可以参照适用本编或者其他法律最相类似合同的规定。据此，有关船舶管理合同纠纷应该适用《民法典》合同编的相关规定，以及《海商法》相类似的规定。

206. 船舶买卖合同纠纷

案由解析

船舶买卖合同是指船舶出卖人交付船舶给买受人，该买受人取得船舶所有权并支付价款的合同。

船舶买卖合同纠纷是指买受人与出卖人因船舶买卖合同的订立、履行、变更和终止所产生的纠纷。

常用法律条文及索引

《中华人民共和国海商法》（1992 年 11 月 7 日公布　1993 年 7 月 1 日施行）

第九条　船舶所有权的取得、转让和消灭，应当向船舶登记机关登记；未经登记的，不得对抗第三人。

船舶所有权的转让，应当签订书面合同。

第十条　船舶由两个以上的法人或者个人共有的，应当向船舶登记机关登记；未经登记的，不得对抗第三人。

《中华人民共和国民法典》（2020 年 5 月 28 日公布　2021 年 1 月 1 日施行）

第五百九十五条　买卖合同是出卖人转移标的物的所有权于买受人，买受人支付价款的合同。

第五百九十六条　买卖合同的内容一般包括标的物的名称、数量、质量、价款、履行期限、履行地点和方式、包装方式、检验标准和方法、结算方式、合同使用的文字及其效力等条款。

第五百九十七条　因出卖人未取得处分权致使标的物所有权不能转移的，买受人可以解除合同并请求出卖人承担违约责任。

法律、行政法规禁止或者限制转让的标的物，依照其规定。

第五百九十八条　出卖人应当履行向买受人交付标的物或者交付提取标的物的单证，并转移标的物所有权的义务。

第五百九十九条　出卖人应当按照约定或者交易习惯向买受人交付提取标的物单证以外的有关单证和资料。

第六百条　出卖具有知识产权的标的物的，除法律另有规定或者当事人另有约定外，该标的物的知识产权不属于买受人。

第六百零一条　出卖人应当按照约定的时间交付标的物。约定交付期限的，出卖人可以在该交付期限内的任何时间交付。

第六百零二条　当事人没有约定标的物的交付期限或者约定不明确的，适用本法第五百一十条、第五百一十一条第四项的规定。

第六百零三条　出卖人应当按照约定的地点交付标的物。

当事人没有约定交付地点或者约定不明确，依据本法第五百一十条的规定仍不能确定的，适用下列规定：

（一）标的物需要运输的，出卖人应当将标的物交付给第一承运人以运交给买受人；

（二）标的物不需要运输，出卖人和买受人订立合同时知道标的物在某一地点的，出卖人应当在该地点交付标的物；不知道标的物在某一地点的，应当在出卖人订立合同时的营业地交付标的物。

第六百零四条 标的物毁损、灭失的风险，在标的物交付之前由出卖人承担，交付之后由买受人承担，但是法律另有规定或者当事人另有约定的除外。

第六百零五条 因买受人的原因致使标的物未按照约定的期限交付的，买受人应当自违反约定时起承担标的物毁损、灭失的风险。

第六百零六条 出卖人出卖交由承运人运输的在途标的物，除当事人另有约定外，毁损、灭失的风险自合同成立时起由买受人承担。

第六百零七条 出卖人按照约定将标的物运送至买受人指定地点并交付给承运人后，标的物毁损、灭失的风险由买受人承担。

当事人没有约定交付地点或者约定不明确，依据本法第六百零三条第二款第一项的规定标的物需要运输的，出卖人将标的物交付给第一承运人后，标的物毁损、灭失的风险由买受人承担。

第六百零八条 出卖人按照约定或者依据本法第六百零三条第二款第二项的规定将标的物置于交付地点，买受人违反约定没有收取的，标的物毁损、灭失的风险自违反约定时起由买受人承担。

第六百零九条 出卖人按照约定未交付有关标的物的单证和资料的，不影响标的物毁损、灭失风险的转移。

第六百一十条 因标的物不符合质量要求，致使不能实现合同目的的，买受人可以拒绝接受标的物或者解除合同。买受人拒绝接受标的物或者解除合同的，标的物毁损、灭失的风险由出卖人承担。

第六百一十一条 标的物毁损、灭失的风险由买受人承担的，不影响因出卖人履行义务不符合约定，买受人请求其承担违约责任的权利。

第六百一十二条 出卖人就交付的标的物，负有保证第三人对该标的物不享有任何权利的义务，但是法律另有规定的除外。

第六百一十三条 买受人订立合同时知道或者应当知道第三人对买卖的标的物享有权利的，出卖人不承担前条规定的义务。

第六百一十四条 买受人有确切证据证明第三人对标的物享有权利的，可以中止支付相应的价款，但是出卖人提供适当担保的除外。

第六百一十五条 出卖人应当按照约定的质量要求交付标的物。出卖人提供有关标的物质量说明的，交付的标的物应当符合该说明的质量要求。

第六百一十六条 当事人对标的物的质量要求没有约定或者约定不明

确，依据本法第五百一十条的规定仍不能确定的，适用本法第五百一十一条第一项的规定。

第六百一十七条 出卖人交付的标的物不符合质量要求的，买受人可以依据本法第五百八十二条至第五百八十四条的规定请求承担违约责任。

第六百一十八条 当事人约定减轻或者免除出卖人对标的物瑕疵承担的责任，因出卖人故意或者重大过失不告知买受人标的物瑕疵的，出卖人无权主张减轻或者免除责任。

第六百一十九条 出卖人应当按照约定的包装方式交付标的物。对包装方式没有约定或者约定不明确，依据本法第五百一十条的规定仍不能确定的，应当按照通用的方式包装；没有通用方式的，应当采取足以保护标的物且有利于节约资源、保护生态环境的包装方式。

第六百二十条 买受人收到标的物时应当在约定的检验期限内检验。没有约定检验期限的，应当及时检验。

第六百二十一条 当事人约定检验期限的，买受人应当在检验期限内将标的物的数量或者质量不符合约定的情形通知出卖人。买受人怠于通知的，视为标的物的数量或者质量符合约定。

当事人没有约定检验期限的，买受人应当在发现或者应当发现标的物的数量或者质量不符合约定的合理期限内通知出卖人。买受人在合理期限内未通知或者自收到标的物之日起二年内未通知出卖人的，视为标的物的数量或者质量符合约定；但是，对标的物有质量保证期的，适用质量保证期，不适用该二年的规定。

出卖人知道或者应当知道提供的标的物不符合约定的，买受人不受前两款规定的通知时间的限制。

第六百二十二条 当事人约定的检验期限过短，根据标的物的性质和交易习惯，买受人在检验期限内难以完成全面检验的，该期限仅视为买受人对标的物的外观瑕疵提出异议的期限。

约定的检验期限或者质量保证期短于法律、行政法规规定期限的，应当以法律、行政法规规定的期限为准。

第六百二十三条 当事人对检验期限未作约定，买受人签收的送货单、确认单等载明标的物数量、型号、规格的，推定买受人已经对数量和外观瑕疵进行检验，但是有相关证据足以推翻的除外。

第六百二十四条 出卖人依照买受人的指示向第三人交付标的物，出卖人和买受人约定的检验标准与买受人和第三人约定的检验标准不一致的，以出卖人和买受人约定的检验标准为准。

第六百二十五条 依照法律、行政法规的规定或者按照当事人的约定，标的物在有效使用年限届满后应予回收的，出卖人负有自行或者委托第三人对标的物予以回收的义务。

第六百二十六条 买受人应当按照约定的数额和支付方式支付价款。对价款的数额和支付方式没有约定或者约定不明确的，适用本法第五百一十条、第五百一十一条第二项和第五项的规定。

第六百二十七条 买受人应当按照约定的地点支付价款。对支付地点没有约定或者约定不明确，依据本法第五百一十条的规定仍不能确定的，买受人应当在出卖人的营业地支付；但是，约定支付价款以交付标的物或者交付提取标的物单证为条件的，在交付标的物或者交付提取标的物单证的所在地支付。

第六百二十八条 买受人应当按照约定的时间支付价款。对支付时间没有约定或者约定不明确，依据本法第五百一十条的规定仍不能确定的，买受人应当在收到标的物或者提取标的物单证的同时支付。

第六百二十九条 出卖人多交标的物的，买受人可以接收或者拒绝接收多交的部分。买受人接收多交部分的，按照约定的价格支付价款；买受人拒绝接收多交部分的，应当及时通知出卖人。

第六百三十条 标的物在交付之前产生的孳息，归出卖人所有；交付之后产生的孳息，归买受人所有。但是，当事人另有约定的除外。

第六百三十一条 因标的物的主物不符合约定而解除合同的，解除合同的效力及于从物。因标的物的从物不符合约定被解除的，解除的效力不及于主物。

第六百三十二条 标的物为数物，其中一物不符合约定的，买受人可以就该物解除。但是，该物与他物分离使标的物的价值显受损害的，买受人可以就数物解除合同。

第六百三十三条 出卖人分批交付标的物的，出卖人对其中一批标的物不交付或者交付不符合约定，致使该批标的物不能实现合同目的的，买受人可以就该批标的物解除。

出卖人不交付其中一批标的物或者交付不符合约定，致使之后其他各批标的物的交付不能实现合同目的的，买受人可以就该批以及之后其他各批标的物解除。

买受人如果就其中一批标的物解除，该批标的物与其他各批标的物相互依存的，可以就已经交付和未交付的各批标的物解除。

第六百三十四条 分期付款的买受人未支付到期价款的数额达到全部价款的五分之一，经催告后在合理期限内仍未支付到期价款的，出卖人可以请求买受人支付全部价款或者解除合同。

出卖人解除合同的，可以向买受人请求支付该标的物的使用费。

第六百三十五条 凭样品买卖的当事人应当封存样品，并可以对样品质量予以说明。出卖人交付的标的物应当与样品及其说明的质量相同。

第六百三十六条 凭样品买卖的买受人不知道样品有隐蔽瑕疵的，即使交付的标的物与样品相同，出卖人交付的标的物的质量仍然应当符合同种物的通常标准。

第六百三十七条 试用买卖的当事人可以约定标的物的试用期限。对试用期限没有约定或者约定不明确，依据本法第五百一十条的规定仍不能确定的，由出卖人确定。

第六百三十八条 试用买卖的买受人在试用期内可以购买标的物，也可以拒绝购买。试用期限届满，买受人对是否购买标的物未作表示的，视为购买。

试用买卖的买受人在试用期内已经支付部分价款或者对标的物实施出卖、出租、设立担保物权等行为的，视为同意购买。

第六百三十九条 试用买卖的当事人对标的物使用费没有约定或者约定不明确的，出卖人无权请求买受人支付。

第六百四十条 标的物在试用期内毁损、灭失的风险由出卖人承担。

第六百四十一条 当事人可以在买卖合同中约定买受人未履行支付价款或者其他义务的，标的物的所有权属于出卖人。

出卖人对标的物保留的所有权，未经登记，不得对抗善意第三人。

第六百四十二条 当事人约定出卖人保留合同标的物的所有权，在标的物所有权转移前，买受人有下列情形之一，造成出卖人损害的，除当事人另有约定外，出卖人有权取回标的物：

（一）未按照约定支付价款，经催告后在合理期限内仍未支付；

（二）未按照约定完成特定条件；

（三）将标的物出卖、出质或者作出其他不当处分。

出卖人可以与买受人协商取回标的物；协商不成的，可以参照适用担保物权的实现程序。

第六百四十三条 出卖人依据前条第一款的规定取回标的物后，买受人在双方约定或者出卖人指定的合理回赎期限内，消除出卖人取回标的物的事由的，可以请求回赎标的物。

买受人在回赎期限内没有回赎标的物，出卖人可以以合理价格将标的物出卖给第三人，出卖所得价款扣除买受人未支付的价款以及必要费用后仍有剩余的，应当返还买受人；不足部分由买受人清偿。

第六百四十四条　招标投标买卖的当事人的权利和义务以及招标投标程序等，依照有关法律、行政法规的规定。

第六百四十五条　拍卖的当事人的权利和义务以及拍卖程序等，依照有关法律、行政法规的规定。

第六百四十六条　法律对其他有偿合同有规定的，依照其规定；没有规定的，参照适用买卖合同的有关规定。

第六百四十七条　当事人约定易货交易，转移标的物的所有权的，参照适用买卖合同的有关规定。

适用本案由需要注意的问题

◆根据《民事诉讼法》第24条的规定，因合同纠纷提起的诉讼，由被告住所地或者合同履行地人民法院管辖。同时，根据《最高人民法院关于适用〈中华人民共和国海事诉讼特别程序法〉若干问题的解释》第1条的规定，海商合同纠纷由海事法院及其上级人民法院专门管辖。因此，因船舶买卖合同纠纷提起的诉讼，由船舶买卖合同履行地、被告住所地海事法院管辖。

◆在适用本案由时，要注意船舶买卖合同纠纷与船舶权属纠纷的区别。船舶买卖合同属于物权变动的原因关系，即当事人是对船舶买卖合同的订立、履行、变更和终止而产生纠纷；船舶权属纠纷涉及的是物权权属变动的结果关系，即当事人对船舶所有权的转让登记或者共有关系以及妨碍船舶所有权行使的情形提起诉讼，则属于船舶权属纠纷。

207. 船舶建造合同纠纷

案由解析

船舶建造合同是指船舶建造人按约定条件建造船舶，定造人按约定条件支付价款的合同。船舶建造人又称船舶承揽人，通常是指造船厂家；船舶定造人，又称购买人，通常是指船舶公司。

船舶建造合同纠纷是指当事人因该合同的订立、履行、变更和终止而产生的纠纷。

船舶建造合同的主要特征是：（1）船舶建造合同通常为格式合同。（2）船舶建造合同要有按照约定条件建造船舶的过程，属于广义上的承揽合同的范围，与建设工程合同相类似。

常用法律条文及索引

《中华人民共和国民法典》（2020年5月28日公布　2021年1月1日施行）

第四百六十七条　本法或者其他法律没有明文规定的合同，适用本编通则的规定，并可以参照适用本编或者其他法律最相类似合同的规定。

在中华人民共和国境内履行的中外合资经营企业合同、中外合作经营企业合同、中外合作勘探开发自然资源合同，适用中华人民共和国法律。

第七百七十条　承揽合同是承揽人按照定作人的要求完成工作，交付工作成果，定作人支付报酬的合同。

承揽包括加工、定作、修理、复制、测试、检验等工作。

第七百七十一条　承揽合同的内容一般包括承揽的标的、数量、质量、报酬，承揽方式，材料的提供，履行期限，验收标准和方法等条款。

第七百七十二条　承揽人应当以自己的设备、技术和劳力，完成主要工作，但是当事人另有约定的除外。

承揽人将其承揽的主要工作交由第三人完成的，应当就该第三人完成的工作成果向定作人负责；未经定作人同意的，定作人也可以解除合同。

第七百七十三条　承揽人可以将其承揽的辅助工作交由第三人完成。承揽人将其承揽的辅助工作交由第三人完成的，应当就该第三人完成的工作成果向定作人负责。

第七百七十四条　承揽人提供材料的，应当按照约定选用材料，并接受定作人检验。

第七百七十五条　定作人提供材料的，应当按照约定提供材料。承揽人对定作人提供的材料应当及时检验，发现不符合约定时，应当及时通知定作人更换、补齐或者采取其他补救措施。

承揽人不得擅自更换定作人提供的材料，不得更换不需要修理的零部件。

第七百七十六条　承揽人发现定作人提供的图纸或者技术要求不合理的，应当及时通知定作人。因定作人怠于答复等原因造成承揽人损失的，应当赔偿损失。

第七百七十七条　定作人中途变更承揽工作的要求，造成承揽人损失的，应当赔偿损失。

第七百七十八条　承揽工作需要定作人协助的，定作人有协助的义务。定作人不履行协助义务致使承揽工作不能完成的，承揽人可以催告定作人在合理期限内履行义务，并可以顺延履行期限；定作人逾期不履行的，承揽人可以解除合同。

第七百七十九条　承揽人在工作期间，应当接受定作人必要的监督检验。定作人不得因监督检验妨碍承揽人的正常工作。

第七百八十条　承揽人完成工作的，应当向定作人交付工作成果，并提交必要的技术资料和有关质量证明。定作人应当验收该工作成果。

第七百八十一条　承揽人交付的工作成果不符合质量要求的，定作人可以合理选择请求承揽人承担修理、重作、减少报酬、赔偿损失等违约责任。

第七百八十二条　定作人应当按照约定的期限支付报酬。对支付报酬的期限没有约定或者约定不明确，依据本法第五百一十条的规定仍不能确定的，定作人应当在承揽人交付工作成果时支付；工作成果部分交付的，定作人应当相应支付。

第七百八十三条　定作人未向承揽人支付报酬或者材料费等价款的，承揽人对完成的工作成果享有留置权或者有权拒绝交付，但是当事人另有约定的除外。

第七百八十四条　承揽人应当妥善保管定作人提供的材料以及完成的工作成果，因保管不善造成毁损、灭失的，应当承担赔偿责任。

第七百八十五条　承揽人应当按照定作人的要求保守秘密，未经定作人许可，不得留存复制品或者技术资料。

第七百八十六条　共同承揽人对定作人承担连带责任，但是当事人另有约定的除外。

第七百八十七条　定作人在承揽人完成工作前可以随时解除合同，造成承揽人损失的，应当赔偿损失。

第七百八十八条　建设工程合同是承包人进行工程建设，发包人支付价款的合同。

建设工程合同包括工程勘察、设计、施工合同。

第七百八十九条 建设工程合同应当采用书面形式。

第七百九十条 建设工程的招标投标活动，应当依照有关法律的规定公开、公平、公正进行。

第七百九十一条 发包人可以与总承包人订立建设工程合同，也可以分别与勘察人、设计人、施工人订立勘察、设计、施工承包合同。发包人不得将应当由一个承包人完成的建设工程支解成若干部分发包给数个承包人。

总承包人或者勘察、设计、施工承包人经发包人同意，可以将自己承包的部分工作交由第三人完成。第三人就其完成的工作成果与总承包人或者勘察、设计、施工承包人向发包人承担连带责任。承包人不得将其承包的全部建设工程转包给第三人或者将其承包的全部建设工程支解以后以分包的名义分别转包给第三人。

禁止承包人将工程分包给不具备相应资质条件的单位。禁止分包单位将其承包的工程再分包。建设工程主体结构的施工必须由承包人自行完成。

第七百九十二条 国家重大建设工程合同，应当按照国家规定的程序和国家批准的投资计划、可行性研究报告等文件订立。

第七百九十三条 建设工程施工合同无效，但是建设工程经验收合格的，可以参照合同关于工程价款的约定折价补偿承包人。

建设工程施工合同无效，且建设工程经验收不合格的，按照以下情形处理：

（一）修复后的建设工程经验收合格的，发包人可以请求承包人承担修复费用；

（二）修复后的建设工程经验收不合格的，承包人无权请求参照合同关于工程价款的约定折价补偿。

发包人对因建设工程不合格造成的损失有过错的，应当承担相应的责任。

第七百九十四条 勘察、设计合同的内容一般包括提交有关基础资料和概预算等文件的期限、质量要求、费用以及其他协作条件等条款。

第七百九十五条 施工合同的内容一般包括工程范围、建设工期、中间交工工程的开工和竣工时间、工程质量、工程造价、技术资料交付时间、材料和设备供应责任、拨款和结算、竣工验收、质量保修范围和质量保证期、相互协作等条款。

第七百九十六条 建设工程实行监理的，发包人应当与监理人采用书面形式订立委托监理合同。发包人与监理人的权利和义务以及法律责任，应当依照本编委托合同以及其他有关法律、行政法规的规定。

第七百九十七条　发包人在不妨碍承包人正常作业的情况下，可以随时对作业进度、质量进行检查。

第七百九十八条　隐蔽工程在隐蔽以前，承包人应当通知发包人检查。发包人没有及时检查的，承包人可以顺延工程日期，并有权请求赔偿停工、窝工等损失。

第七百九十九条　建设工程竣工后，发包人应当根据施工图纸及说明书、国家颁发的施工验收规范和质量检验标准及时进行验收。验收合格的，发包人应当按照约定支付价款，并接收该建设工程。

建设工程竣工经验收合格后，方可交付使用；未经验收或者验收不合格的，不得交付使用。

第八百条　勘察、设计的质量不符合要求或者未按照期限提交勘察、设计文件拖延工期，造成发包人损失的，勘察人、设计人应当继续完善勘察、设计，减收或者免收勘察、设计费并赔偿损失。

第八百零一条　因施工人的原因致使建设工程质量不符合约定的，发包人有权请求施工人在合理期限内无偿修理或者返工、改建。经过修理或者返工、改建后，造成逾期交付的，施工人应当承担违约责任。

第八百零二条　因承包人的原因致使建设工程在合理使用期限内造成人身损害和财产损失的，承包人应当承担赔偿责任。

第八百零三条　发包人未按照约定的时间和要求提供原材料、设备、场地、资金、技术资料的，承包人可以顺延工程日期，并有权请求赔偿停工、窝工等损失。

第八百零四条　因发包人的原因致使工程中途停建、缓建的，发包人应当采取措施弥补或者减少损失，赔偿承包人因此造成的停工、窝工、倒运、机械设备调迁、材料和构件积压等损失和实际费用。

第八百零五条　因发包人变更计划，提供的资料不准确，或者未按照期限提供必需的勘察、设计工作条件而造成勘察、设计的返工、停工或者修改设计，发包人应当按照勘察人、设计人实际消耗的工作量增付费用。

第八百零六条　承包人将建设工程转包、违法分包的，发包人可以解除合同。

发包人提供的主要建筑材料、建筑构配件和设备不符合强制性标准或者不履行协助义务，致使承包人无法施工，经催告后在合理期限内仍未履行相应义务的，承包人可以解除合同。

合同解除后，已经完成的建设工程质量合格的，发包人应当按照约定支付相应的工程价款；已经完成的建设工程质量不合格的，参照本法第七百九十三条的规定处理。

第八百零七条 发包人未按照约定支付价款的，承包人可以催告发包人在合理期限内支付价款。发包人逾期不支付的，除根据建设工程的性质不宜折价、拍卖外，承包人可以与发包人协议将该工程折价，也可以请求人民法院将该工程依法拍卖。建设工程的价款就该工程折价或者拍卖的价款优先受偿。

第八百零八条 本章没有规定的，适用承揽合同的有关规定。

适用本案由需要注意的问题

◆根据《民事诉讼法》第24条、《最高人民法院关于适用〈中华人民共和国民事诉讼法〉的解释》第2条及《最高人民法院关于适用〈中华人民共和国海事诉讼特别程序法〉若干问题的解释》第1条的规定，因船舶建造合同纠纷提起的诉讼，由船舶建造合同履行地、被告住所地海事法院管辖。

◆在适用本案由时，要注意其与船舶买卖合同的区别。船舶建造合同要求有按约定条件建造船舶的过程，属于承揽合同范围；而船舶买卖合同要求转移船舶的所有权，属于买卖合同范围。

◆因船舶建造合同属于广义上的承揽合同范围，并与建设工程合同非常类似，我国《海商法》仅在第14条中提到“建造中的船舶办理抵押权登记的，还应当向船舶登记机关提交船舶建造合同”，除此之外并无其他专门规定。因此，船舶建造合同纠纷在法律适用上应该参照《民法典》第467条及第十七章有关承揽合同、建设工程合同的规定。

208. 船舶修理合同纠纷

案由解析

船舶修理合同是指船舶修理人根据船舶所有人的要求对船舶进行船体修缮、机件更换增减等补正措施，以保证船舶的可航行和可运营性，船舶所有人负责向船舶修理人支付相应修理费用的合同。

船舶修理合同纠纷是指船舶修理人与船舶所有人之间因船舶修理合同的

订立、履行、变更和终止所产生的纠纷。

船舶修理合同的特征是：（1）其客体为已有船舶，订立合同的目的是对出现问题的旧船进行修缮，旨在保证和提高船舶的修理质量，满足船级社、法定主管机关、“国内安全管理规则”要求，使船舶始终处于良好的适航状态，确保救助待命及满足防污染管理规定要求。（2）船舶修理合同是对船舶进行修缮、更换机件等补正措施，符合承揽的法律属性。

常用法律条文及索引

参见“207. 船舶建造合同纠纷”案由相关部分。

适用本案由需要注意的问题

◆根据《民事诉讼法》第24条、《海事诉讼特别程序法》第6条、《最高人民法院关于适用〈中华人民共和国民事诉讼法〉的解释》第2条及《最高人民法院关于适用〈中华人民共和国海事诉讼特别程序法〉若干问题的解释》第1条的规定，因船舶修理合同纠纷提起的诉讼，由船舶修理合同履行地、被告住所地海事法院管辖。

◆我国《海商法》并未对船舶修理合同作出专门规定，同时船舶修理合同又符合承揽合同的法律属性，因此船舶修理合同在法律适用上可以参照我国《民法典》中有关承揽合同的规定。

209. 船舶改建合同纠纷

案由解析

船舶改建合同是指船舶修造人按委托人的要求对船舶的船体及用途等进行改造，由委托人向船舶修造人支付改建费用的合同，该合同也属于承揽合同的范围。

船舶改建合同纠纷是指当事人因该合同的订立、履行、变更和终止产生的纠纷。

常用法律条文及索引

参见“207. 船舶建造合同纠纷”案由相关部分。

适用本案由需要注意的问题

◆根据《民事诉讼法》第 24 条、《海事诉讼特别程序法》第 6 条、《最高人民法院关于适用〈中华人民共和国民事诉讼法〉的解释》第 2 条及《最高人民法院关于适用〈中华人民共和国海事诉讼特别程序法〉若干问题的解释》第 1 条的规定，因船舶改建合同纠纷提起的诉讼，由船舶改建合同履行地、被告住所地海事法院管辖。

◆在适用本案由时，尤其要注意其与船舶建造合同、船舶修理合同相区分。船舶改建合同是对旧船的船体及用途进行改造，船舶建造合同是建造人根据要求建造出新的船舶，而船舶修理是修理人对船舶的船体进行修缮、更换零件等补正措施来保证船舶的运行状态，不能改变船舶的船体及用途。他们各自的合同项下的权利义务不同，进而合同性质也不同。

◆我国《海商法》对船舶改建合同并未作专门规定，又由于船舶改建合同与船舶建造合同、船舶修理合同一样，都属于承揽合同的范畴，因此船舶改建合同也应该适用《民法典》中有关承揽合同的规定。

210. 船舶拆解合同纠纷

案由解析

船舶拆解合同是指船舶拆解人按照船舶所有人的要求对船体进行拆解，船舶所有人向其支付费用的合同。

船舶拆解合同纠纷是指当事人因船舶拆解合同的订立、履行、变更和终止而产生的纠纷。

常用法律条文及索引

参见“207. 船舶建造合同纠纷”案由相关部分。

适用本案由需要注意的问题

◆根据《民事诉讼法》第 24 条、《最高人民法院关于适用〈中华人民共和国民事诉讼法〉的解释》第 2 条及《最高人民法院关于适用〈中华人民共和国海事诉讼特别程序法〉若干问题的解释》第 1 条的规定，因船舶拆解合同纠纷提起的诉讼，由船舶拆解合同履行地、被告住所地海事法院管辖。

◆在适用本案由时，尤其要注意其与船舶修理合同相区分。船舶拆解合同时按照要求将船舶解体，导致船舶在物理上消灭的合同，船舶修理合同是在不改变船体和用途的情况下对船舶进行修理和机件更换来实现船舶的性能。

◆我国《海商法》并未对船舶拆解合同的法律规则作出专门规定，而船舶拆解合同和船舶修理合同一样，都属于承揽合同的范畴，因此在法律适用上应该参照《民法典》合同编一般规定和有关承揽合同的规定。

211. 船舶抵押合同纠纷

案由解析

船舶抵押合同是指船舶抵押人与船舶抵押权人之间订立的，以特定船舶或建造中的船舶作为担保标的，在不转移船舶占有的前提下，为保障主债权的实现而设立船舶抵押权的书面合同。当债务人不履行到期债务或发生当事人约定的实现抵押权的情形时，抵押权人有权依法就抵押船舶的折价、拍卖或变卖所得价款优先受偿。

船舶抵押合同纠纷，是指合同当事人因船舶抵押合同的订立、履行、变更和终止而产生的纠纷。

常用法律条文及索引

《中华人民共和国海商法》（1992年11月7日公布　1993年7月1日施行）

第十一条　船舶抵押权，是指抵押权人对于抵押人提供的作为债务担保的船舶，在抵押人不履行债务时，可以依法拍卖，从卖得的价款中优先受偿的权利。

第十二条　船舶所有人或者船舶所有人授权的人可以设定船舶抵押权。船舶抵押权的设定，应当签订书面合同。

第十四条　建造中的船舶可以设定船舶抵押权。

建造中的船舶办理抵押权登记，还应当向船舶登记机关提交船舶建造合同。

《中华人民共和国民法典》（2020年5月28日公布　2021年1月1日施行）

第三百九十四条　为担保债务的履行，债务人或者第三人不转移财产的占有，将该财产抵押给债权人的，债务人不履行到期债务或者发生当事人约定的实现抵押权的情形，债权人有权就该财产优先受偿。

前款规定的债务人或者第三人为抵押人，债权人为抵押权人，提供担保的财产为抵押财产。

第三百九十五条 债务人或者第三人有权处分的下列财产可以抵押：

（一）建筑物和其他土地附着物；

（二）建设用地使用权；

（三）海域使用权；

（四）生产设备、原材料、半成品、产品；

（五）正在建造的建筑物、船舶、航空器；

（六）交通运输工具；

（七）法律、行政法规未禁止抵押的其他财产。

抵押人可以将前款所列财产一并抵押。

第四百六十七条 本法或者其他法律没有明文规定的合同，适用本编通则的规定，并可以参照适用本编或者其他法律最相类似合同的规定。

在中华人民共和国境内履行的中外合资经营企业合同、中外合作经营企业合同、中外合作勘探开发自然资源合同，适用中华人民共和国法律。

适用本案由需要注意的问题

◆因抵押合同的客体是债务人或第三人提供的不转移占有的不动产或特定的动产，故因船舶抵押合同纠纷提起的诉讼，由担保物所在地、船籍港所在地、被告住所地海事法院管辖。

◆在适用本案由时，要注意其与抵押权的权属纠纷的区别。抵押合同属于物权变动的原因关系，是债权性质的合同关系，而抵押权涉及的权属是物权变动结果意义上的法律关系，也就是说若是对船舶抵押合同的订立、履行、变更和终止而提起的诉讼，才应该适用船舶抵押合同纠纷案由。

◆我国《海商法》中的船舶抵押权与《民法典》中的抵押权概念基本一致，而我国《海商法》中并未对船舶抵押合同作出专门规定，因此有关船舶抵押合同的纠纷，应该适用《民法典》中的相关规定。

◆作为抵押标的的船舶应是实际存在的且具有足够担保的价值，已经沉没或者失踪、发生了其他实际全损或推定全损的船舶均不能设定抵押权，在已设有抵押权的船舶上再设抵押权时，须审查该船上是否存在可提供担保的剩余价值，否则，因后发生且登记在后的抵押权之受偿顺序在后，所余船价如果不足再设抵押权的担保时，后设的抵押权则有可能构成不足额担保甚至致抵押权落空的情况。

212. 航次租船合同纠纷

案由解析

航次租船合同又称为航程租船合同，简称“程租合同”，是货物运输合同的一种，是指船舶出租人向承租人提供船舶或者船舶的部分舱位，装运约定的货物，从一港运至另一港，由承租人按约定支付运费的合同。

航次租船合同纠纷是指当事人因该合同的订立、履行、变更和终止所产生的纠纷。

航次租船合同的特征是：（1）出租人保留船舶的占有权和所有权，并由其雇佣船长和船员，负责经营管理。承担船员工资、港口使费、船用燃料、港口代理费等费用，承租人不直接参与船舶经营，只负责合同中规定应当承担的装卸费等费用。（2）承租人可以租用船舶的全部舱位或部分舱位，运费通常按货物数量计算。（3）出租人不仅对船舶负责，还对货物负责。（4）规定货物装卸的期限和装卸时间的计算办法，并计算滞期费和速遣费。

常用法律条文及索引

《中华人民共和国海商法》（1992 年 11 月 7 日公布　1993 年 7 月 1 日施行）

第四十七条　承运人在船舶开航前和开航当时，应当谨慎处理，使船舶处于适航状态，妥善配备船员、装备船舶和配备供应品，并使货舱、冷藏舱、冷气舱和其他载货处所适于并能安全收受、载运和保管货物。

第四十八条　承运人应当妥善地、谨慎地装载、搬移、积载、运输、保管照料和卸载所运货物。

第四十九条　承运人应当按照约定的或者习惯的或者地理上的船线将货物运往卸货港。

船舶在海上为救助或者企图救助人命或者财产而发生的绕航或者其他合理绕航，不属于违反前款规定的行为。

第九十二条　航次租船合同，是指船舶出租人向承担人提供船舶或者船舶的部分舱位，装运约定的货物，从一港运至另一港，由承租人支付约定运费的合同。

第九十三条 航次租船合同的内容，主要包括出租人和承租人的名称、船名、船籍、载货重量、容积、货名、装货港和目的港、受载期限、装卸期限、运费、滞期费、速遣费以及其他有关事项。

第九十四条 本法第四十七条和第四十九条的规定，适用于航次租船合同的出租人。

本章其他有关合同当事人之间的权利、义务的规定，仅在航次租船合同没有约定或者没有不同约定时，适用于航次租船合同的出租人的承租人。

第九十五条 对按照航次租船合同运输的货物签发的提单，提单持有人不是承租人的，承运人与该提单持有人之间的权利、义务关系适用提单的约定。但是，提单中载明适用航次租船合同条款的，适用该航次租船合同的条款。

第九十六条 出租人应当提供约定的船舶；经承租人同意，可以更换船舶。但是提供的船舶或者更换的船舶不符合合同的约定的，承租人有权拒绝或者解除合同。

因出租人过失未提供约定的船舶致使承租人遭受损失的，出租人应当负赔偿责任。

第九十七条 出租人在约定的受载期限内未能提供船舶的，承租人有权解除合同。但是，出租人将船舶延误情况和船舶抵达装货港的日期通知承租人的，承租人应当自收到通知时起四十八小时内，将是否解除合同的决定通知出租人。

因预期出租人过失延误提供船舶致使承租人遭受损失的，出租人应当负赔偿责任。

第九十八条 航次租船合同的装货、卸货期限及其计算办法，超过装货、卸货期限后的滞期费和提前完成装货、卸货的速运费，由双方约定。

第九十九条 承租人可以将其租用的船舶转租；转租后，原合同约定的权利和义务不受影响。

第一百条 承租人应当提供约定的货物；经出租人同意，可以更换货物。但是，更换的货物对出租人不利的，出租人有权拒绝或者解除合同。

因未提供约定的货物致使出租人遭受损失的，承租人应当负赔偿责任。

第一百零一条 出租人应当在合同约定的卸货港卸货。合同订有承租人选择卸货港条款的，在承租人未按照合同约定及时通知确定的卸货港时，船长可以从约定的选卸港中自行选定一港卸货。承租人未按照合同约定及时通知确定的卸货港。致使出租人遭受损失的，应当负赔偿责任。出租人未按照合同约定，擅自选定港口卸货致使承租人遭受损失的，应当负赔偿责任。

适用本案由需要注意的问题

◆因航次租船合同纠纷提起的诉讼，由交船港、还船港、船籍港所在地，被告住所地海事法院管辖。

◆根据《海商法》第94条之规定，《海商法》第四章海上货物运输合同当事人之间的权利义务的规定，也可以适用于航次租船合同的出租人和承租人。此外，航次租船合同具有货物运输合同的性质，二者的权利义务是相对应的。因此，我们要注意，航次租船合同的承租人支付给出租人的不是租金，而是运费。

213. 船舶租用合同纠纷

（1）定期租船合同纠纷

（2）光船租赁合同纠纷

案由解析

船舶租用合同是指船舶出租人按照约定将配备了船员或者无配备船员的船舶提供给承租人，承租人须在约定的期间内按约定的用途使用，并支付租金的合同。

船舶租用合同纠纷是指当事人因船舶租用合同的订立、履行、变更和终止所产生的纠纷。

船舶租用合同的特征：（1）出租人向承租人提供船舶的同时可以配备船员或不配备船员，出租人和承租人之间可以就配备船员事项作约定。（2）承租人必须按照合同中约定的条件和用途使用船舶，不得将船舶用于约定的用途之外。

典型形态

（1）定期租船合同，是指船舶出租人按照约定将配备了船员的船舶出租给承租人，承租人在约定期间内按照约定的用途使用并支付租金的合同。出租人和承租人之间因该合同的订立、履行、变更和终止所产生的纠纷就是定期租船合同纠纷。

（2）光船租赁合同，是指船舶出租人向承租人提供不配备船员的船舶，在约定的时间内由承租人占有、使用和营运，并向出租人支付租金的合同。出租人和承租人之间因该合同的订立、履行、变更和终止所产生的纠纷就是光船租赁合同纠纷。

常用法律条文及索引

《中华人民共和国海商法》（1992年11月7日公布　1993年7月1日施行）

第一百二十七条　本章关于出租人和承租人之间权利、义务的规定，仅在船舶租用合同没有约定或者没有不同的约定时适用。

第一百二十八条　船舶租用合同，包括定期租船合同和光船租赁合同，均应当书面订立。

第一百二十九条　定期租船合同，是指船舶出租人向承租人提供约定的由出租人配备船员的船舶，由承租人在约定的期间内按照约定的用途使用，并支付租金的合同。

第一百三十条　定期租船合同的内容，主要包括出租人和承租人的名称、船名、船籍、船级、吨位、容积、船速、燃料消耗、航区、用途、租船期间、交船和还船的时间和地点以及条件、租金及其支付，以及其他有关事项。

第一百四十四条　光船租赁合同，是指船舶出租人向承租人提供不配备船员的船舶，在约定的期间内由承租人占有、使用和营运，并向出租人支付租金的合同。

第一百四十五条　光船租赁合同的内容，主要包括出租人和承租人的名称、船名、船籍、船级、吨位、容积、航区、用途、租船期间、交船和还船的时间和地点以及条件、船舶检验、船舶的保养维修、租金及其支付、船舶保险、合同解除的时间和条件，以及其他有关事项。

第一百四十七条　在光船租赁期间，承租人负责船舶的保养、维修。

第一百四十八条　在光船租赁期间，承租人应当按照合同约定的船舶价值，以出租人同意的保险方式为船舶进行保险，并负担保险费用。

第一百四十九条　在光船租赁期间，因承租人对船舶占有、使用和营运的原因使出租人的利益受到影响或者遭受损失的，承租人应当负责消除影响或者赔偿损失。

因船舶所有权争议或者出租人所负的债务致使船舶被扣押的，出租人应当保证承租人的利益不受影响；致使承租人遭受损失的，出租人应当负赔偿责任。

第一百五十条　在光船租赁期间，未经出租人书面同意，承租人不得转让合同的权利和义务或者以光船租赁的方式将船舶进行转租。

第一百五十一条　未经承租人事先书面同意，出租人不得在光船租赁期间对船舶设定抵押权。

出租人违反前款规定，致使承租人遭受损失的，应当负赔偿责任。

第一百五十三条　本法第一百三十四条、第一百三十五条第一款、第一百四十二条和第一百四十三条的规定，适用于光船租赁合同。

第一百五十四条　订有租购条款的光船租赁合同，承租人按照合同约定向出租人付清租购费时，船舶所有权即归于承租人。

适用本案由需要注意的问题

◆因船舶租用合同纠纷提起的诉讼，由交船港、还船港、船籍所在地、被告住所地海事法院管辖。

◆在适用本案由时，要注意其与航次租船合同的区别。船舶租用合同中承租人在租期内对船舶具有使用权，其中光船租赁合同中的承租人对船舶还具有占有和收益权；航次租船合同中的承租人与出租人是委托的法律关系，承租人将自己的货物交由出租人运输，航次租船合同中的承租人支付给出租人的不是租金，而是运费。

◆在实践中，有相当一部分的船舶租用合同具有涉外因素，我国法院在处理时首先要审查合同双方当事人是否协议过选择其他国家法律作为准据法，只有排除了适用外国法的情况，才可以将《海商法》等其他单行法律、法规作为准据法适用。

◆在定期租船合同下，船舶绝大部分的支配权、管理权均属于出租人，不同于一般的财产租赁，故定期租船合同中有许多条款是直接规定货物运输的，因此在一定程度上体现出运输合同的特征。

214. 船舶融资租赁合同纠纷

案由解析

船舶融资租赁合同是指出租人根据承租人选择的出卖人和船舶进行购买后将购买的船舶提供给承租人使用，承租人支付租金的合同。

船舶融资租赁合同纠纷是指船舶融资租赁合同当事人因该合同的订立、履行、变更和终止所产生的纠纷。

船舶融资租赁合同的主要特征是：（1）船舶融资租赁只有在光船租赁的条件下才能进行，包括银行对承租人的租赁和出租人对承租人的融资，其中银行对承租人的租赁是在承租人期望取得船舶所有权的条件下进行。（2）承租人对船舶具有占有和使用权，但不具有所有权。

常用法律条文及索引

《中华人民共和国海商法》（1992 年 11 月 7 日公布　1993 年 7 月 1 日施行）

第一百二十七条～第一百三十条、第一百四十四条至第一百五十四条，参见“213. 船舶租用合同纠纷”案由相关部分。

《中华人民共和国民法典》（2020 年 5 月 28 日公布　2021 年 1 月 1 日施行）

第七百三十六条　融资租赁合同的内容一般包括租赁物的名称、数量、规格、技术性能、检验方法，租赁期限，租金构成及其支付期限和方式、币种，租赁期限届满租赁物的归属等条款。

融资租赁合同应当采用书面形式。

第七百三十七条　当事人以虚构租赁物方式订立的融资租赁合同无效。

第七百三十八条　依照法律、行政法规的规定，对于租赁物的经营使用应当取得行政许可的，出租人未取得行政许可不影响融资租赁合同的效力。

第七百三十九条　出租人根据承租人对出卖人、租赁物的选择订立的买卖合同，出卖人应当按照约定向承租人交付标的物，承租人享有与受领标的物有关的买受人的权利。

第七百四十条　出卖人违反向承租人交付标的物的义务，有下列情形之一的，承租人可以拒绝受领出卖人向其交付的标的物：

（一）标的物严重不符合约定；

（二）未按照约定交付标的物，经承租人或者出租人催告后在合理期限内仍未交付。

承租人拒绝受领标的物的，应当及时通知出租人。

第七百四十一条　出租人、出卖人、承租人可以约定，出卖人不履行买卖合同义务的，由承租人行使索赔的权利。承租人行使索赔权利的，出租人应当协助。

第七百四十二条　承租人对出卖人行使索赔权利，不影响其履行支付租金的义务。但是，承租人依赖出租人的技能确定租赁物或者出租人干预选择租赁物的，承租人可以请求减免相应租金。

第七百四十三条　出租人有下列情形之一，致使承租人对出卖人行使索赔权利失败的，承租人有权请求出租人承担相应的责任：

（一）明知租赁物有质量瑕疵而不告知承租人；

（二）承租人行使索赔权利时，未及时提供必要协助。

出租人怠于行使只能由其对出卖人行使的索赔权利，造成承租人损失的，承租人有权请求出租人承担赔偿责任。

第七百四十四条　出租人根据承租人对出卖人、租赁物的选择订立的买卖合同，未经承租人同意，出租人不得变更与承租人有关的合同内容。

第七百四十五条　出租人对租赁物享有的所有权，未经登记，不得对抗善意第三人。

第七百四十六条　融资租赁合同的租金，除当事人另有约定外，应当根据购买租赁物的大部分或者全部成本以及出租人的合理利润确定。

第七百四十七条　租赁物不符合约定或者不符合使用目的的，出租人不承担责任。但是，承租人依赖出租人的技能确定租赁物或者出租人干预选择租赁物的除外。

第七百四十八条　出租人应当保证承租人对租赁物的占有和使用。

出租人有下列情形之一的，承租人有权请求其赔偿损失：

（一）无正当理由收回租赁物；

（二）无正当理由妨碍、干扰承租人对租赁物的占有和使用；

（三）因出租人的原因致使第三人对租赁物主张权利；

（四）不当影响承租人对租赁物占有和使用的其他情形。

第七百四十九条　承租人占有租赁物期间，租赁物造成第三人人身损害或者财产损失的，出租人不承担责任。

第七百五十条　承租人应当妥善保管、使用租赁物。

承租人应当履行占有租赁物期间的维修义务。

第七百五十一条 承租人占有租赁物期间，租赁物毁损、灭失的，出租人有权请求承租人继续支付租金，但是法律另有规定或者当事人另有约定的除外。

第七百五十二条 承租人应当按照约定支付租金。承租人经催告后在合理期限内仍不支付租金的，出租人可以请求支付全部租金；也可以解除合同，收回租赁物。

第七百五十三条 承租人未经出租人同意，将租赁物转让、抵押、质押、投资入股或者以其他方式处分的，出租人可以解除融资租赁合同。

第七百五十四条 有下列情形之一的，出租人或者承租人可以解除融资租赁合同：

（一）出租人与出卖人订立的买卖合同解除、被确认无效或者被撤销，且未能重新订立买卖合同；

（二）租赁物因不可归责于当事人的原因毁损、灭失，且不能修复或者确定替代物；

（三）因出卖人的原因致使融资租赁合同的目的不能实现。

第七百五十五条 融资租赁合同因买卖合同解除、被确认无效或者被撤销而解除，出卖人、租赁物系由承租人选择的，出租人有权请求承租人赔偿相应损失；但是，因出租人原因致使买卖合同解除、被确认无效或者被撤销的除外。

出租人的损失已经在买卖合同解除、被确认无效或者被撤销时获得赔偿的，承租人不再承担相应的赔偿责任。

第七百五十六条 融资租赁合同因租赁物交付承租人后意外毁损、灭失等不可归责于当事人的原因解除的，出租人可以请求承租人按照租赁物折旧情况给予补偿。

第七百五十七条 出租人和承租人可以约定租赁期限届满租赁物的归属；对租赁物的归属没有约定或者约定不明确，依据本法第五百一十条的规定仍不能确定的，租赁物的所有权归出租人。

第七百五十八条 当事人约定租赁期限届满租赁物归承租人所有，承租人已经支付大部分租金，但是无力支付剩余租金，出租人因此解除合同收回租赁物，收回的租赁物的价值超过承租人欠付的租金以及其他费用的，承租人可以请求相应返还。

当事人约定租赁期限届满租赁物归出租人所有，因租赁物毁损、灭失或者附合、混合于他物致使承租人不能返还的，出租人有权请求承租人给予合理补偿。

第七百五十九条　当事人约定租赁期限届满，承租人仅需向出租人支付象征性价款的，视为约定的租金义务履行完毕后租赁物的所有权归承租人。

第七百六十条　融资租赁合同无效，当事人就该情形下租赁物的归属有约定的，按照其约定；没有约定或者约定不明确的，租赁物应当返还出租人。但是，因承租人原因致使合同无效，出租人不请求返还或者返还后会显著降低租赁物效用的，租赁物的所有权归承租人，由承租人给予出租人合理补偿。

适用本案由需要注意的问题

◆根据《最高人民法院关于适用〈中华人民共和国海事诉讼特别程序法〉若干问题的解释》和《最高人民法院关于海事法院受理案件范围的规定》的规定，因船舶融资租赁合同纠纷提起的诉讼，由海事法院专门管辖。同时，根据《民事诉讼法》中的有关规定，因船舶融资租赁合同纠纷提起的诉讼，应当由被告住所地或船舶融资租赁合同履行地确定海事法院管辖。此外，根据《民事诉讼法》第 35 条的规定，在当事人协议管辖的情形下，应依据当事人的协议为依据确定管辖法院，即由原告住所地、被告住所地、合同签订地、合同履行地或标的物所在地的海事法院管辖。

◆在适用本案由时，要注意其与一般的光船租赁合同纠纷的区别，船舶融资租赁合同是出租人按照承租人的要求购买船舶出租给承租人使用，一般的光船租赁合同是出租人将无配备船员的船舶出租给承租人使用，不同的合同项下的权利义务不同，合同的性质也不同。

◆我国法院在处理时，首先要审查合同双方当事人是否协议过选择其他国家法律作为准据法，只有排除了适用国际公约、外国法的情况，才可以将我国法律、法规作为准据法适用。

215. 海上、通海水域运输船舶承包合同纠纷

案由解析

海上、通海水域运输船舶承包合同是指船舶所有人将船舶交给承包人进

行经营管理，承包人交纳承包费给船舶所有人的合同。

海上、通海水域运输船舶承包合同纠纷是指当事人因海上、通海水域运输船舶承包合同的订立、履行、变更和终止所产生的纠纷。

海上、通海水域运输船舶承包合同的主要特征是：（1）船舶所有人转移的是船舶的占有和使用权，不涉及船舶所有权的移转。（2）船舶所有人不参与船舶的经营与管理，只收取合同约定的承包费用。

常用法律条文及索引

《中华人民共和国民法典》（2020年5月28日公布　2021年1月1日施行）

第四百六十七条　本法或者其他法律没有明文规定的合同，适用本编通则的规定，并可以参照适用本编或者其他法律最相类似合同的规定。

在中华人民共和国境内履行的中外合资经营企业合同、中外合作经营企业合同、中外合作勘探开发自然资源合同，适用中华人民共和国法律。

第五百七十七条　当事人一方不履行合同义务或者履行合同义务不符合约定的，应当承担继续履行、采取补救措施或者赔偿损失等违约责任。

适用本案由需要注意的问题

◆根据《最高人民法院关于适用〈中华人民共和国海事诉讼特别程序法〉若干问题的解释》和《最高人民法院关于海事法院受理案件范围的规定》的规定，因海上、通海水域运输船舶承包合同纠纷提起的诉讼，由海事法院专门管辖。同时，根据《民事诉讼法》的有关规定，海上、通海水域运输船舶承包合同纠纷引起的诉讼，应当由被告住所地或海上、通海水域运输船舶承包合同履行地的海事法院管辖。此外，根据《民事诉讼法》第35条的规定，在当事人协议管辖的情形下，应依据当事人的协议为依据确定管辖法院，即由原告住所地、被告住所地、合同签订地、合同履行地或标的物所在地的海事法院管辖。

◆我国《海商法》并未对海上、通海水域运输船舶承包合同纠纷作出专门规定，从法律属性上讲，海上、通海水域运输船舶承包合同也属于承包合同的范畴，因此该类纠纷的处理可以参照《民法典》的相关规定。

216. 渔船承包合同纠纷

案由解析

渔船承包合同是指渔船所有人将渔船交给承包人进行捕捞作业，承包人交纳承包费用给渔船所有人的合同。

渔船承包合同纠纷是指双方当事人因渔船承包合同的订立、履行、变更和终止所产生的纠纷。

渔船承包合同的主要特征是：（1）其客体仅针对渔船而非其他船舶。（2）承包人只能依据合同约定用途将渔船用于捕捞作业，不可用于合同约定以外的用途。

常用法律条文及索引

参见“215. 海上、通海水域运输船舶承包合同纠纷”案由相关部分。

适用本案由需要注意的问题

◆根据《最高人民法院关于适用〈中华人民共和国民事诉讼法〉的解释》《最高人民法院关于适用〈中华人民共和国海事诉讼特别程序法〉若干问题的解释》和《最高人民法院关于海事法院受理案件范围的规定》的规定，因渔船承包合同纠纷提起的诉讼，由海事法院专门管辖。同时，根据《民事诉讼法》的有关规定，因渔船承包合同纠纷提起的诉讼，应当由被告住所地或渔船承包合同履行地的海事法院管辖。此外，根据《民事诉讼法》第35条的规定，在当事人协议管辖的情形下，应依据当事人的协议为依据确定管辖法院，即由原告住所地、被告住所地、合同签订地、合同履行地或标的物所在地的海事法院管辖。

◆在确定本案由时，尤其要注意其与海上、通海水域运输船舶承包合同纠纷的区别。渔船承包合同是将渔船的占有和使用权移转，移转的目的是进行捕捞作业；海上、通海水域运输船舶承包合同是由承包人对船舶进行经营和管理从而获得收益。

217. 船舶属具租赁合同纠纷

案由解析

船舶属具租赁合同是指船舶所有人将船舶属具出租给承租人使用或经营，承租人向船舶所有人支付租金的合同。船舶属具是指附属于船舶的各种用具或机械，如锚链、罗经、绞车、救生艇、起货机等。船舶属具的范围以每条船舶属具清单为准。

船舶属具租赁合同纠纷是指合同当事人因该合同的订立、履行、变更和终止而产生的纠纷。

船舶属具租赁合同的主要特征是：(1) 当事人之间的法律关系建立在对船舶的各种用具和机械的租赁关系上，出租人负责交付属具的占有权或使用权，承租人负责支付合同约定的费用。(2) 不同船舶搭载的用具和机械并不是统一的，故应以每条船舶属具所列清单为准。

常用法律条文及索引

《中华人民共和国民法典》（2020 年 5 月 28 日公布　2021 年 1 月 1 日施行）

第七百零三条～第七百三十四条，见本书”111. 租赁合同“案由相关部分。

《中华人民共和国海商法》（1992 年 11 月 7 日公布　1993 年 7 月 1 日施行）

第三条　本法所称船舶，是指海船和其他海上移动式装置，但是用于军事的、政府公务的船舶和 20 总吨以下的小型船艇除外。

前款所称船舶，包括船舶属具。

适用本案由需要注意的问题

◆根据《最高人民法院关于适用〈中华人民共和国民事诉讼法〉的解释》《最高人民法院关于适用〈中华人民共和国海事诉讼特别程序法〉若干问题的解释》和《最高人民法院关于海事法院受理案件范围的规定》的规定，因船舶属具租赁合同纠纷提起的诉讼，由海事法院专门管辖。同时，根据《民事诉讼法》的有关规定，因船舶属具租赁合同纠纷提起的诉讼，应当由被告住所地或船舶属具租赁合同履行地的海事法院管辖。此外，根据《民事诉讼法》第34条的规定，在当事人协议管辖的情形下，应依据当事人的协议为依据确定管辖法院，即由原告住所地、被告住所地、合同签订地、合同履行地或标的物所在地的海事法院管辖。

◆在适用本案由时，要注意船舶属具租赁合同纠纷与船舶租用合同纠纷的区别。前者当事人之间的法律关系主要建立在对船舶属具的租赁上，后者的法律关系则主要建立在船舶出租人是否为承租人配备船员上。

◆我国《海商法》对船舶属具租赁合同纠纷并未作专门规定，又因其法律属性属于租赁合同范围，因此有关船舶属具租赁合同纠纷的处理可以参照我国《民法典》中有关租赁合同的规定。

218. 船舶属具保管合同纠纷

案由解析

船舶属具保管合同是指保管人替船舶所有人保管船舶属具，船舶所有人支付保管费，保管人依约定返还的合同。船舶属具是指附属于船舶的各种用具或机械，如锚链、罗经、绞车、救生艇、起货机等。船舶属具的范围以每条船舶属具清单为准。

船舶属具保管合同纠纷是指当事人因船舶属具保管合同的订立、履行、变更和终止所产生的纠纷。

船舶属具保管合同的特征主要是：（1）该合同的法律关系建立在对船舶属具的保管上，船舶所有人移转的是船舶属具的占有权，保管人不具有船舶属具的使用权和所有权。（2）不同船舶搭载的用具和机械并不是统一的，故应以每条船舶属具所列清单为准。

常用法律条文及索引

《中华人民共和国民法典》（2020年5月28日公布　2021年1月1日施行）

第八百八十八条　保管合同是保管人保管寄存人交付的保管物，并返还该物的合同。

寄存人到保管人处从事购物、就餐、住宿等活动，将物品存放在指定场所的，视为保管，但是当事人另有约定或者另有交易习惯的除外。

第八百八十九条　寄存人应当按照约定向保管人支付保管费。

当事人对保管费没有约定或者约定不明确，依据本法第五百一十条的规定仍不能确定的，视为无偿保管。

第八百九十条 保管合同自保管物交付时成立，但是当事人另有约定的除外。

第八百九十一条 寄存人向保管人交付保管物的，保管人应当出具保管凭证，但是另有交易习惯的除外。

第八百九十二条 保管人应当妥善保管保管物。

当事人可以约定保管场所或者方法。除紧急情况或者为维护寄存人利益外，不得擅自改变保管场所或者方法。

第八百九十三条 寄存人交付的保管物有瑕疵或者根据保管物的性质需要采取特殊保管措施的，寄存人应当将有关情况告知保管人。寄存人未告知，致使保管物受损失的，保管人不承担赔偿责任；保管人因此受损失的，除保管人知道或者应当知道且未采取补救措施外，寄存人应当承担赔偿责任。

第八百九十四条 保管人不得将保管物转交第三人保管，但是当事人另有约定的除外。

保管人违反前款规定，将保管物转交第三人保管，造成保管物损失的，应当承担赔偿责任。

第八百九十五条 保管人不得使用或者许可第三人使用保管物，但是当事人另有约定的除外。

第八百九十六条 第三人对保管物主张权利的，除依法对保管物采取保全或者执行措施外，保管人应当履行向寄存人返还保管物的义务。

第三人对保管人提起诉讼或者对保管物申请扣押的，保管人应当及时通知寄存人。

第八百九十七条 保管期内，因保管人保管不善造成保管物毁损、灭失的，保管人应当承担赔偿责任。但是，无偿保管人证明自己没有故意或者重大过失的，不承担赔偿责任。

第八百九十八条 寄存人寄存货币、有价证券或者其他贵重物品的，应当向保管人声明，由保管人验收或者封存；寄存人未声明的，该物品毁损、灭失后，保管人可以按照一般物品予以赔偿。

第八百九十九条 寄存人可以随时领取保管物。

当事人对保管期限没有约定或者约定不明确的，保管人可以随时请求寄存人领取保管物；约定保管期限的，保管人无特别事由，不得请求寄存人提前领取保管物。

第九百条　保管期限届满或者寄存人提前领取保管物的，保管人应当将原物及其孳息归还寄存人。

第九百零一条　保管人保管货币的，可以返还相同种类、数量的货币；保管其他可替代物的，可以按照约定返还相同种类、品质、数量的物品。

第九百零二条　有偿的保管合同，寄存人应当按照约定的期限向保管人支付保管费。

当事人对支付期限没有约定或者约定不明确，依据本法第五百一十条的规定仍不能确定的，应当在领取保管物的同时支付。

第九百零三条　寄存人未按照约定支付保管费或者其他费用的，保管人对保管物享有留置权，但是当事人另有约定的除外。

《中华人民共和国海商法》（1992年11月7日公布　1993年7月1日施行）

第三条　本法所称船舶，是指海船和其他海上移动式装置，但是用于军事的、政府公务的船舶和20总吨以下的小型船艇除外。

前款所称船舶，包括船舶属具。

适用本案由需要注意的问题

◆根据《最高人民法院关于适用〈中华人民共和国民事诉讼法〉的解释》《最高人民法院关于适用〈中华人民共和国海事诉讼特别程序法〉若干问题的解释》和《最高人民法院关于海事法院受理案件范围的规定》的规定，因船舶属具保管合同纠纷提起的诉讼，由海事法院专门管辖。同时，根据《民事诉讼法》的有关规定，因船舶属具保管合同纠纷提起的诉讼，应当由被告住所地或船舶属具保管合同履行地的海事法院管辖。此外，根据《民事诉讼法》第35条的规定，在当事人协议管辖的情形下，应依据当事人的协议为依据确定管辖法院，即由原告住所地、被告住所地、合同签订地、合同履行地或标的物所在地的海事法院管辖。

◆我国《海商法》第3条第2款规定，船舶包括船舶属具，即船舶属具也被视为船舶的一部分。因此，我们在确定案由时应当注意界定船舶属具与船舶的范围。我国《海商法》对船舶属具保管合同纠纷并未作专门规定，又因其法律属性属于保管合同范围，因此有关船舶属具保管合同纠纷的处理可以参照我国《民法典》中有关保管合同的规定。

219. 海运集装箱租赁合同纠纷

案由解析

海运集装箱租赁合同是指集装箱所有人或制造商将空箱出租给承租人使用或经营，由承租人支付租金的合同。集装箱租赁方式主要有定期租赁、航次租赁和活期租赁。

海运集装箱租赁合同纠纷是指当事人因海运集装箱租赁合同的订立、履行、变更和终止而产生的纠纷。

海运集装箱租赁合同的主要特征是：(1) 海运集装箱的承租人一般为船公司、货主或者集装箱制造商、租赁公司等。(2) 集装箱租赁要求双方当事人须签订租箱合同来规定双方的权利义务、免责和违约责任。(3) 租箱合同的内容一般为交箱、还箱、租期、租箱数量、损坏赔偿责任、租金支付、保险、转租及其他权利义务方面的条款。

常用法律条文及索引

《中华人民共和国民法典》（2020 年 5 月 28 日公布　2021 年 1 月 1 日施行）

第七百零三条～第七百三十四条，见本书“111. 租赁合同纠纷”案由相关部分。

适用本案由需要注意的问题

◆根据《最高人民法院关于适用〈中华人民共和国民事诉讼法〉的解释》《最高人民法院关于适用〈中华人民共和国海事诉讼特别程序法〉若干问题的解释》和《最高人民法院关于海事法院受理案件范围的规定》的规定，因海运集装箱租赁合同纠纷提起的诉讼，由海事法院专门管辖。同时，根据《民事诉讼法》的相关规定，因海运集装箱租赁合同纠纷提起的诉讼，应当由被告住所地或海运集装箱租赁合同履行地的海事法院管辖。此外，根据《民事诉讼法》第 35 条的规定，在当事人协议管辖的情形下，应依据当事人的协议为依据确定管辖法院，即由原告住所地、被告住所地、合同签订地、合同履行地或标的物所在地的海事法院管辖。

◆我国《海商法》对海运集装箱租赁合同纠纷并未作专门规定，又因其法律属性属于租赁合同范围，因此有关海运集装箱租赁合同纠纷的处理可以参照我国《民法典》中有关租赁合同的规定。

220. 海运集装箱保管合同纠纷

案由解析

海运集装箱保管合同是指保管人替集装箱所有人或承租人保管集装箱并收取保管费，到期后依约返还集装箱的合同。

海运集装箱保管合同纠纷是指当事人因海运集装箱保管合同的订立、履行、变更和终止所产生的纠纷。

常用法律条文及索引

《中华人民共和国民法典》（2020 年 5 月 28 日公布 2021 年 1 月 1 日施行）

第八百八十八条～第九百零三条，见本书“218. 船舶属具保管合同纠纷”案由相关部分。

适用本案由需要注意的问题

◆根据《最高人民法院关于适用〈中华人民共和国民事诉讼法〉的解释》《最高人民法院关于适用〈中华人民共和国海事诉讼特别程序法〉若干问题的解释》和《最高人民法院关于海事法院受理案件范围的规定》的规定，因海运集装箱保管合同纠纷提起的诉讼，由海事法院专门管辖。同时，根据《民事诉讼法》的相关规定，因海运集装箱保管合同纠纷提起的诉讼，应当由被告住所地或海运集装箱保管合同履行地的海事法院管辖。此外，根据《民事诉讼法》第 35 条的规定，在当事人协议管辖的情形下，应依据当事人的协议为依据确定管辖法院，即由原告住所地、被告住所地、合同签订地、合同履行地或标的物所在地的海事法院管辖。

◆我国《海商法》对航运集装箱保管合同纠纷并未作专门规定，又因其法律属性属于保管合同范围，因此有关海运集装箱保管合同纠纷的处理可以参照我国《民法典》中有关保管合同的规定。

221. 港口货物保管合同纠纷

案由解析

港口货物保管合同纠纷是指当事人因港口货物保管合同的订立、履行、变更和终止而产生的纠纷。

港口货物一般指在港区内没有装载于进出港船舶上的货物的总称，包括港口陆域中的货物和港口驳运中的货物。港口货物保管合同是指货主将滞留在港区内的货物交由保管人予以保管，并向保管人支付保管费用的合同。港口货物保管合同纠纷的客体是滞留在港区内的货物，正在装运或者正在卸载的货物不属于港口货物保管的范围。

在港口货物的经营实务中，还存在港口货物的仓储业务。仓储营业人须为有仓储设备并专事该类业务的人，涉及仓储业务时当事人双方法律关系在合同签订时成立。

常用法律条文及索引

《中华人民共和国民法典》（2020 年 5 月 28 日公布　2021 年 1 月 1 日施行）

第八百八十八条～第九百零三条，见本书“218. 船舶属具保管合同纠纷”案由相关部分。

适用本案由需要注意的问题

◆根据《最高人民法院关于适用〈中华人民共和国民事诉讼法〉的解释》《最高人民法院关于适用〈中华人民共和国海事诉讼特别程序法〉若干问题的解释》和《最高人民法院关于海事法院受理案件范围的规定》的规定，因港口货物保管合同纠纷提起的诉讼，由海事法院专门管辖。同时，根据《民事诉讼法》中的相关规定，因港口货物保管合同纠纷提起的诉讼，应当由被告住所地或港口货物保管合同履行地的海事法院管辖。此外，根据《民事诉讼法》第 35 条的规定，在当事人协议管辖的情形下，应依据当事人的协议为依据确定管辖法院，即由原告住所地、被告住所地、合同签订地、合同履行地或标的物所在地的海事法院管辖。

◆在适用本案由时，要注意仓储合同与保管合同的区别。仓储合同一定是有偿的，而保管合同可以分为无偿和有偿，保管合同与仓储合同属于包容与被包容的关系。由于仓储也属于保管行为，因此在港口货物保管合同纠纷中也应当包括港口货物仓储合同纠纷。

222. 船舶代理合同纠纷

案由解析

船舶代理合同是指船舶代理人接受船方的委托，代为办理船舶有关营运业务和进出港手续等业务的合同。船舶代理人一般为法人机构，必须取得相关资质才可以从事船舶代理业务。

船舶代理合同纠纷是指当事人因船舶代理合同的订立、履行、变更和终止所产生的纠纷。

船舶代理合同的特征是：（1）船舶代理人除了代理在港船舶的各项业务之外，还应对所代理的在港船舶进行必要的管理并维护船舶所有人的有关利益。（2）船舶代理既接受船方的委托代办定期或不定期船舶的营运业务，也接受货方或租船人委托的营运业务。

常用法律条文及索引

《中华人民共和国民法典》（2020年5月28日公布　2021年1月1日施行）

第九百二十条　委托人可以特别委托受托人处理一项或者数项事务，也可以概括委托受托人处理一切事务。

第九百二十一条　委托人应当预付处理委托事务的费用。受托人为处理委托事务垫付的必要费用，委托人应当偿还该费用并支付利息。

第九百二十二条　受托人应当按照委托人的指示处理委托事务。需要变更委托人指示的，应当经委托人同意；因情况紧急，难以和委托人取得联系的，受托人应当妥善处理委托事务，但是事后应当将该情况及时报告委托人。

第九百二十三条　受托人应当亲自处理委托事务。经委托人同意，受托人可以转委托。转委托经同意或者追认的，委托人可以就委托事务直接指示转委托的第三人，受托人仅就第三人的选任及其对第三人的指示承担责任。转委托未经同意或者追认的，受托人应当对转委托的第三人的行为承担责任；但是，在紧急情况下受托人为了维护委托人的利益需要转委托第三人的除外。

第九百二十四条 受托人应当按照委托人的要求，报告委托事务的处理情况。委托合同终止时，受托人应当报告委托事务的结果。

第九百二十五条 受托人以自己的名义，在委托人的授权范围内与第三人订立的合同，第三人在订立合同时知道受托人与委托人之间的代理关系的，该合同直接约束委托人和第三人；但是，有确切证据证明该合同只约束受托人和第三人的除外。

第九百二十六条 受托人以自己的名义与第三人订立合同时，第三人不知道受托人与委托人之间的代理关系的，受托人因第三人的原因对委托人不履行义务，受托人应当向委托人披露第三人，委托人因此可以行使受托人对第三人的权利。但是，第三人与受托人订立合同时如果知道该委托人就不会订立合同的除外。

受托人因委托人的原因对第三人不履行义务，受托人应当向第三人披露委托人，第三人因此可以选择受托人或者委托人作为相对人主张其权利，但是第三人不得变更选定的相对人。

委托人行使受托人对第三人的权利的，第三人可以向委托人主张其对受托人的抗辩。第三人选定委托人作为其相对人的，委托人可以向第三人主张其对受托人的抗辩以及受托人对第三人的抗辩。

第九百二十七条 受托人处理委托事务取得的财产，应当转交给委托人。

第九百二十八条 受托人完成委托事务的，委托人应当按照约定向其支付报酬。

因不可归责于受托人的事由，委托合同解除或者委托事务不能完成的，委托人应当向受托人支付相应的报酬。当事人另有约定的，按照其约定。

第九百二十九条 有偿的委托合同，因受托人的过错造成委托人损失的，委托人可以请求赔偿损失。无偿的委托合同，因受托人的故意或者重大过失造成委托人损失的，委托人可以请求赔偿损失。

受托人超越权限造成委托人损失的，应当赔偿损失。

第九百三十条 受托人处理委托事务时，因不可归责于自己的事由受到损失的，可以向委托人请求赔偿损失。

第九百三十一条 委托人经受托人同意，可以在受托人之外委托第三人处理委托事务。因此造成受托人损失的，受托人可以向委托人请求赔偿损失。

第九百三十二条 两个以上的受托人共同处理委托事务的，对委托人承担连带责任。

第九百三十三条 委托人或者受托人可以随时解除委托合同。因解除合同造成对方损失的，除不可归责于该当事人的事由外，无偿委托合同的解除方应当赔偿因解除时间不当造成的直接损失，有偿委托合同的解除方应当赔偿对方的直接损失和合同履行后可以获得的利益。

第九百三十四条 委托人死亡、终止或者受托人死亡、丧失民事行为能力、终止的，委托合同终止；但是，当事人另有约定或者根据委托事务的性质不宜终止的除外。

第九百三十五条 因委托人死亡或者被宣告破产、解散，致使委托合同终止将损害委托人利益的，在委托人的继承人、遗产管理人或者清算人承受委托事务之前，受托人应当继续处理委托事务。

第九百三十六条 因受托人死亡、丧失民事行为能力或者被宣告破产、解散，致使委托合同终止的，受托人的继承人、遗产管理人、法定代理人或者清算人应当及时通知委托人。因委托合同终止将损害委托人利益的，在委托人作出善后处理之前，受托人的继承人、遗产管理人、法定代理人或者清算人应当采取必要措施。

《国内水路运输管理条例》（2023 年 7 月 20 日修订）

第二十九条 水路运输经营者可以委托船舶代理、水路旅客运输代理、水路货物运输代理业务的经营者，代办船舶进出港手续等港口业务，代为签订运输合同，代办旅客、货物承揽业务以及其他水路运输代理业务。

第三十条 船舶代理、水路旅客运输代理业务的经营者应当自企业设立登记之日起 15 个工作日内，向所在地设区的市级人民政府负责水路运输管理的部门备案。

第三十一条 船舶代理、水路旅客运输代理、水路货物运输代理业务的经营者接受委托提供代理服务，应当与委托人订立书面合同，按照国家有关规定和合同约定办理代理业务，不得强行代理，不得为未依法取得水路运输业务经营许可或者超越许可范围的经营者办理代理业务。

《中华人民共和国国际海运条例》（2023 年 7 月 2C 日修订）

第二十五条 国际船舶代理经营者接受船舶所有人或者船舶承租人、船舶经营人的委托，可以经营下列业务：

（一）办理船舶进出港口手续，联系安排引航、靠泊和装卸；

（二）代签提单、运输合同，代办接受订舱业务；

（三）办理船舶、集装箱以及货物的报关手续；

（四）承揽货物、组织货载，办理货物、集装箱的托运和中转；

（五）代收运费，代办结算；

（六）组织客源，办理有关海上旅客运输业务；

（七）其他相关业务。

国际船舶代理经营者应当按照国家有关规定代扣代缴其所代理的外国国际船舶运输经营者的税款。

《中华人民共和国国际海运条例实施细则》（2023 年 11 月 10 日修正）

第三条 《海运条例》和本实施细则中下列用语的含义是：

（六）国际船舶代理经营者，是指依照中国法律设立从事《海运条例》第二十五条规定业务的中国企业法人。

适用本案由需要注意的问题

◆根据《最高人民法院关于适用〈中华人民共和国民事诉讼法〉的解释》《最高人民法院关于适用〈中华人民共和国海事诉讼特别程序法〉若干问题的解释》和《最高人民法院关于海事法院受理案件范围的规定》的规定，因船舶代理合同纠纷提起的诉讼，由海事法院专门管辖。同时，根据《民事诉讼法》中的相关规定，因船舶代理合同纠纷提起的诉讼，应当由被告住所地或船舶代理合同履行地的海事法院管辖。此外，根据《民事诉讼法》第 35 条的规定，在当事人协议管辖的情形下，应依据当事人的协议为依据确定管辖法院，即由原告住所地、被告住所地、合同签订地、合同履行地或标的物所在地的海事法院管辖。

◆我国《海商法》对船舶代理合同纠纷并未作出专门规定，根据法律属性判断船舶代理合同属于委托合同的范畴，故对该类案件的处理应该参照我国《民法典》中有关委托合同的规定，同时《国际海运条例》中有关国际船舶代理的规定也可以作为处理该类纠纷的依据。

223. 海上、通海水域货运代理合同纠纷

案由解析

海上、通海水域货运代理合同是指代理人接受他人委托，为他人利益办理货物运输，并收取报酬的合同。货运代理人一般为法人机构，必须取得相关资质才可从事货运代理业务。

海上、通海水域货运代理合同纠纷是指代理人与被代理人因该合同的订立、履行、变更和终止所产生的纠纷。

需要注意的是，最高人民法院于2012年颁布的《关于审理海上货运代理纠纷案件若干问题的规定》明确将此类纠纷称为“海上货运代理纠纷”。之所以去掉了“合同”二字，是因为当前货运代理企业提供的服务已远远超出了传统货运代理业务范围，使得“海上货运代理合同纠纷”已不能准确反映货运代理业务中所发生纠纷的性质。商务部于2004年修订的《国际货物运输代理业管理规定实施细则》（以下简称《实施细则》）第32条对货运代理企业从事的经营范围作出了详尽的规定，涉及货运代理企业在货物进出口过程中所可能从事的种种业务。在经营活动中，货运代理企业既可能作为代理人以委托人名义或者以自己的名义办理有关业务，如代为订舱，代办保险、报关，还可能直接成为某一具体法律关系的当事人，如将货物寄存在自己控制的仓库中成为保管人，或者成为签发运输单证，履行运输合同的独立经营人。总而言之，货运代理企业为完成货主委托的货物出口或进口事务，其可能会以不同身份从事相关业务活动，从而与委托人之间形成多种法律关系。而“海上货运代理合同纠纷”从法律关系上看仅指基于委托代理关系发生的纠纷，已经不能涵盖在货物进出口过程中所可能发生的种种纠纷。鉴于法律未将货运代理企业与委托人之间的法律关系作为一种有名合同进行调整，而委托人与货运代理企业之间发生的纠纷系在处理海上货运代理业务过程中发生的，且“海上货运代理”名称的使用沿袭已久，为法律界和货运代理业所接受，故《最高人民法院关于审理海上货运代理纠纷案件若干问题的规定》采用了“海上货运代理纠纷”一语对所涉纠纷进行概况性的表述。

常用法律条文及索引

《中华人民共和国海商法》（1992年11月7日公布　1993年7月1日施行）

第五十九条　经证明，货物的灭失、损坏或者迟延交付是由于承运人的故意或者明知可能造成损失而轻率地作为或者不作为造成的，承运人不得援用本法第五十六条或者第五十七条限制赔偿责任的规定。

经证明，货物的灭失、损坏或者迟延交付是由于承运人的受雇人、代理人的故意或者明知可能造成损失而轻率地作为或者不作为造成的，承运人的受雇人或者代理人不得援用本法第五十六条或者第五十七条限制赔偿责任的规定。

第六十条　承运人将货物运输或者部分运输委托给实际承运人履行的，承运人仍然应当依照本章规定对全部运输负责。对实际承运人承担的运输，承运人应当对实际承运人的行为或者实际承运人的受雇人、代理人在受雇或者受委托的范围内的行为负责。

虽有前款规定，在海上运输合同中明确约定合同所包括的特定的部分运输由承运人以外的指定的实际承运人履行的，合同可以同时约定，货物在指定的实际承运人掌管期间发生的灭失、损坏或者迟延交付，承运人不负赔偿责任。

第七十条　托运人对承运人、实际承运人所遭受的损失或者船舶所遭受的损坏，不负赔偿责任；但是，此种损失或者损坏是由于托运人或者托运人的受雇人、代理人的过失造成的除外。

托运人的受雇人、代理人对承运人、实际承运人所遭受的损失或者船舶所遭受的损坏，不负赔偿责任；但是，这种损失或者损坏是由于托运人的受雇人、代理人的过失造成的除外。

第一百零二条　本法所称多式联运合同，是指多式联运经营人以两种以上的不同运输方式，其中一种是海上运输方式，负责将货物从接收地运至目的地交付收货人，并收取全程运费的合同。

前款所称多式联运经营人，是指本人或者委托他人以本人名义与托运人订立多式联运合同的人。

《中华人民共和国民法典》（2020年5月28日公布　2021年1月1日施行）

第九百二十条～第九百三十六条，见本书“222. 船舶代理合同纠纷”案由相关部分。

《最高人民法院关于审理海上货运代理纠纷案件若干问题的规定》（法释〔2012〕3号　2020年12月23日修正）

第一条　本规定适用于货运代理企业接受委托人委托处理与海上货物运

输有关的货运代理事务时发生的下列纠纷：

（一）因提供订舱、报关、报检、报验、保险服务所发生的纠纷；

（二）因提供货物的包装、监装、监卸、集装箱装拆箱、分拨、中转服务所发生的纠纷；

（三）因缮制、交付有关单证、费用结算所发生的纠纷；

（四）因提供仓储、陆路运输服务所发生的纠纷；

（五）因处理其他海上货运代理事务所发生的纠纷。

第二条　人民法院审理海上货运代理纠纷案件，认定货运代理企业因处理海上货运代理事务与委托人之间形成代理、运输、仓储等不同法律关系的，应分别适用相关的法律规定。

第三条　人民法院应根据书面合同约定的权利义务的性质，并综合考虑货运代理企业取得报酬的名义和方式、开具发票的种类和收费项目、当事人之间的交易习惯以及合同实际履行的其他情况，认定海上货运代理合同关系是否成立。

第四条　货运代理企业在处理海上货运代理事务过程中以自己的名义签发提单、海运单或者其他运输单证，委托人据此主张货运代理企业承担承运人责任的，人民法院应予支持。

货运代理企业以承运人代理人名义签发提单、海运单或者其他运输单证，但不能证明取得承运人授权，委托人据此主张货运代理企业承担承运人责任的，人民法院应予支持。

第五条　委托人与货运代理企业约定了转委托权限，当事人就权限范围内的海上货运代理事务主张委托人同意转委托的，人民法院应予支持。

没有约定转委托权限，货运代理企业或第三人以委托人知道货运代理企业将海上货运代理事务转委托或部分转委托第三人处理而未表示反对为由，主张委托人同意转委托的，人民法院不予支持，但委托人的行为明确表明其接受转委托的除外。

第六条　一方当事人根据双方的交易习惯，有理由相信行为人有权代表对方当事人订立海上货运代理合同，该方当事人依据民法典第一百七十二条的规定主张合同成立的，人民法院应予支持。

第七条　海上货运代理合同约定货运代理企业交付处理海上货运代理事务取得的单证以委托人支付相关费用为条件，货运代理企业以委托人未支付相关费用为由拒绝交付单证的，人民法院应予支持。

合同未约定或约定不明确，货运代理企业以委托人未支付相关费用为由拒绝交付单证的，人民法院应予支持，但提单、海运单或者其他运输单证除外。

第八条 货运代理企业接受契约托运人的委托办理订舱事务，同时接受实际托运人的委托向承运人交付货物，实际托运人请求货运代理企业交付其取得的提单、海运单或者其他运输单证的，人民法院应予支持。

契约托运人是指本人或者委托他人以本人名义或者委托他人为本人与承运人订立海上货物运输合同的人。

实际托运人是指本人或者委托他人以本人名义或者委托他人为本人将货物交给与海上货物运输合同有关的承运人的人。

第九条 货运代理企业按照概括委托权限完成海上货运代理事务，请求委托人支付相关合理费用的，人民法院应予支持。

第十条 委托人以货运代理企业处理海上货运代理事务给委托人造成损失为由，主张由货运代理企业承担相应赔偿责任的，人民法院应予支持，但货运代理企业证明其没有过错的除外。

第十一条 货运代理企业未尽谨慎义务，与未在我国交通主管部门办理提单登记的无船承运业务经营者订立海上货物运输合同，造成委托人损失的，应承担相应的赔偿责任。

第十二条 货运代理企业接受未在我国交通主管部门办理提单登记的无船承运业务经营者的委托签发提单，当事人主张由货运代理企业和无船承运业务经营者对提单项下的损失承担连带责任的，人民法院应予支持。

货运代理企业承担赔偿责任后，有权向无船承运业务经营者追偿。

第十三条 因本规定第一条所列纠纷提起的诉讼，由海事法院管辖。

第十四条 人民法院在案件审理过程中，发现不具有无船承运业务经营资格的货运代理企业违反《中华人民共和国国际海运条例》的规定，以自己的名义签发提单、海运单或者其他运输单证的，应当向有关交通主管部门发出司法建议，建议交通主管部门予以处罚。

第十五条 本规定不适用于与沿海、内河货物运输有关的货运代理纠纷案件。

第十六条 本规定施行前本院作出的有关司法解释与本规定相抵触的，以本规定为准。

本规定施行后，案件尚在一审或者二审阶段的，适用本规定；本规定施行前已经终审的案件，本规定施行后当事人申请再审或者按照审判监督程序决定再审的案件，不适用本规定。

适用本案由需要注意的问题

◆根据《最高人民法院关于适用〈中华人民共和国民事诉讼法〉的解释》《最高人民法院关于适用〈中华人民共和国海事诉讼特别程序法〉若干问题的解释》和《最高人民法院关于海事法院受理案件范围的规定》的规定，因海上、通海水域货运代理合同纠纷提起的诉讼，由海事法院专门管辖。同时，根据《民事诉讼法》的规定，因海上、通海水域货运代理合同纠纷提起的诉讼，应当由被告住所地或海上、通海水域货运代理合同履行地的海事法院管辖。此外，根据《民事诉讼法》第35条的规定，在当事人协议管辖的情形下，应以当事人的协议为依据确定管辖法院，即由原告住所地、被告住所地、合同签订地、合同履行地或标的物所在地的海事法院管辖。

◆在适用本案由时，需要注意的是，海上货运代理纠纷是指与国际海上货物运输有关的货运代理纠纷，即货运代理企业接受进出口货物的发货人或收货人的委托，处理与国际海上货物运输有关的货运代理事务过程中发生的纠纷，并不包括“与沿海、内河货物运输有关的货运代理纠纷”。

224. 理货合同纠纷

案由解析

理货合同是指理货方与船方、港方三方之间就提供理货服务的权利义务内容达成的协议。理货是指承运人将货物运送至目的地并交付收货人或其代理人的过程中，按照货物标志进行分唛、验残、计数、制单、编制记录，分清数量和残损责任而设立的一种专业性工作。理货人一般为公司法人。

理货合同纠纷是指理货方、船方和港方三方之间就该合同的订立、履行、变更和终止所产生的纠纷。

理货合同的主要特征是：(1) 理货人是代表船方或者港方与承运人进行货物交接，按其性质分为公正性理货和交接性理货，公正性理货是由船方申请专业理货人员进行的，交接性理货是港口为了货物的交接和保管而配备专职人员进行的。(2) 理货合同的双方当事人分别是理货人和船方或者理货人和港方，理货人接受船方或者港方的委托，代表船方或港方与承运人交接货物。

常用法律条文及索引

《中华人民共和国民法典》（2020 年 5 月 28 日公布 2021 年 1 月 1 日施行）

第四百六十七条 本法或者其他法律没有明文规定的合同，适用本编通则的规定，并可以参照适用本编或者其他法律最相类似合同的规定。

在中华人民共和国境内履行的中外合资经营企业合同、中外合作经营企业合同、中外合作勘探开发自然资源合同，适用中华人民共和国法律。

第五百七十七条 当事人一方不履行合同义务或者履行合同义务不符合约定的，应当承担继续履行、采取补救措施或者赔偿损失等违约责任。

第九百二十条 委托人可以特别委托受托人处理一项或者数项事务，也可以概括委托受托人处理一切事务。

第九百二十二条 受托人应当按照委托人的指示处理委托事务。需要变更委托人指示的，应当经委托人同意；因情况紧急，难以和委托人取得联系的，受托人应当妥善处理委托事务，但是事后应当将该情况及时报告委托人。

第九百二十四条 受托人应当按照委托人的要求，报告委托事务的处理情况。委托合同终止时，受托人应当报告委托事务的结果。

第九百二十八条 受托人完成委托事务的，委托人应当按照约定向其支付报酬。

因不可归责于受托人的事由，委托合同解除或者委托事务不能完成的，委托人应当向受托人支付相应的报酬。当事人另有约定的，按照其约定。

第九百三十条 受托人处理委托事务时，因不可归责于自己的事由受到损失的，可以向委托人请求赔偿损失。

适用本案由需要注意的问题

◆根据《最高人民法院关于适用〈中华人民共和国民事诉讼法〉的解释》《最高人民法院关于适用〈中华人民共和国海事诉讼特别程序法〉若干问题的解释》，因理货合同纠纷提起的诉讼，由海事法院专门管辖。同时，根据《民事诉讼法》有关地域管辖的规定，因理货合同纠纷提起的诉讼，由被告住所地、理货合同履行地的海事法院管辖。此外，根据《民事诉讼法》第 35 条的规定，在当事人协议管辖的情形下，应以当事人的协议为依据确定管辖法院，即由原告住所地、被告住所地、合同签订地、合同履行地或标的物所在地的海事法院管辖。

◆理货人为船方或者港方提供理货服务，代表船方或者港方与承运人交接货物，在法律属性上属于委托合同的范畴，故处理理货合同纠纷也可以适用《民法典》中有关委托合同的规定。

225. 船舶物料和备品供应合同纠纷

案由解析

船舶物料和备品供应合同是指供应方向船方提供船舶所需物资和用品，船方支付相应费用的合同。船舶物料和备品一般指船舶的设备及配件、动力燃料和船员的生活物资。

船舶物料和备品供应合同纠纷是指供应方和船方因该合同的订立、履行、变更和终止而产生的纠纷。

常用法律条文及索引

《中华人民共和国民法典》（2020年5月28日公布　2021年1月1日施行）

第五百七十七条　当事人一方不履行合同义务或者履行合同义务不符合约定的，应当承担继续履行、采取补救措施或者赔偿损失等违约责任。

第五百九十五条　买卖合同是出卖人转移标的物的所有权于买受人，买受人支付价款的合同。

第五百九十八条　出卖人应当履行向买受人交付标的物或者交付提取标的物的单证，并转移标的物所有权的义务。

第六百零一条　出卖人应当按照约定的时间交付标的物。约定交付期限的，出卖人可以在该交付期限内的任何时间交付。

第六百零二条　当事人没有约定标的物的交付期限或者约定不明确的，适用本法第五百一十条、第五百一十一条第四项的规定。

适用本案由需要注意的问题

◆根据《最高人民法院关于适用〈中华人民共和国民事诉讼法〉的解释》《最高人民法院关于适用〈中华人民共和国海事诉讼特别程序法〉若干问题的解释》和《最高人民法院关于海事法院受理案件范围的规定》的规定，因船舶物料和备品供应合同纠纷提起的诉讼，由海事法院专门管辖。同时，根据《民事诉讼法》有关地域管辖的规定，因船舶物料和备品供应合同纠纷提起的诉讼，由被告住所地、船舶物料和备品供应合同履行地的海事法院管辖。此外，根据《民事诉讼法》第35条的规定，在当事人协议管辖的情形下，应以当事人的协议为依据确定管辖法院，即由原告住所地、被告住所地、合同签订地、合同履行地或标的物所在地的海事法院管辖。

◆供应方向船方提供物资，船方付给费用，是典型的买卖关系，船舶物料和备品供应合同在法律属性上也属于买卖合同范畴，因此处理船舶物料和备品供应合同纠纷也应该适用《民法典》中关于买卖合同的规定。

226. 船员劳务合同纠纷

案由解析

船员劳务合同是指船员在船上尽职工作或服务，船舶所有人或经营人向船员支付工资报酬的合同。

船员劳务合同纠纷是指船员与船舶所有人或经营人就劳务合同的订立、履行、变更和终止所产生的纠纷。

船员劳务合同的特征是：（1）内容限制性较多，当事人在合同中的权利义务都由法律所规定，当事人不能作出更改。（2）合同签订的方式较特殊，我国一般不是由船员个人直接与船舶所有人、船舶经营人签订劳务合同，而是由船员向船员劳务服务机构提出申请，由该机构与船舶所有人或经营人签订合同。

常用法律条文及索引

《中华人民共和国劳动法》（2018年12月29日修正）

第三条 劳动者享有平等就业和选择职业的权利、取得劳动报酬的权利、休息休假的权利、获得劳动安全卫生保护的权利、接受职业技能培训的权利、享受社会保险和福利的权利、提请劳动争议处理的权利以及法律规定的其他劳动权利。

劳动者应当完成劳动任务，提高职业技能，执行劳动安全卫生规程，遵守劳动纪律和职业道德。

第四条 用人单位应当依法建立和完善规章制度，保障劳动者享有劳动权利和履行劳动义务。

《中华人民共和国海商法》（1992 年 11 月 7 日公布　1993 年 7 月 1 日施行）

第二十二条　下列各项海事请求具有船舶优先权：

（一）船长、船员和在船上工作的其他在编人员根据劳动法律、行政法规或者劳动合同所产生的工资、其他劳动报酬、船员遣返费用和社会保险费用的给付请求；

……

第三十一条　船员，是指包括船长在内的船上一切任职人员。

第三十二条　船长、驾驶员、轮机长、轮机员、电机员、报务员，必须由持有相应适任证书的人担任。

第三十三条　从事国际航行的船舶的中国籍船员，必须持有中华人民共和国港务监督机构颁发的海员证和有关证书。

第三十四条　船员的任用和劳动方面的权利、义务，本法没有规定的，适用有关法律、行政法规的规定。

《中华人民共和国船员条例》（2023 年 7 月 20 日修订）

第二十一条　船员用人单位和船员应当按照国家有关规定参加工伤保险、医疗保险、养老保险、失业保险以及其他社会保险，并依法按时足额缴纳各项保险费用。

船员用人单位应当为在驶往或者驶经战区、疫区或者运输有毒、有害物质的船舶上工作的船员，办理专门的人身、健康保险，并提供相应的防护措施。

第二十二条　船舶上船员生活和工作的场所，应当符合国家船舶检验规范中有关船员生活环境、作业安全和防护的要求。

船员用人单位应当为船员提供必要的生活用品、防护用品、医疗用品，建立船员健康档案，并为船员定期进行健康检查，防治职业疾病。

船员在船工作期间患病或者受伤的，船员用人单位应当及时给予救治；船员失踪或者死亡的，船员用人单位应当及时做好相应的善后工作。

第二十三条　船员用人单位应当依照有关劳动合同的法律、法规和中华人民共和国缔结或者加入的有关船员劳动与社会保障国际条约的规定，与船员订立劳动合同。

船员用人单位不得招用未取得本条例规定证件的人员上船工作。

第二十四条　船员工会组织应当加强对船员合法权益的保护，指导、帮助船员与船员用人单位订立劳动合同。

第二十五条　船员用人单位应当根据船员职业的风险性、艰苦性、流动性等因素，向船员支付合理的工资，并按时足额发放给船员。任何单位和个人不得克扣船员的工资。

船员用人单位应当向在劳动合同有效期内的待派船员，支付不低于船员用人单位所在地人民政府公布的最低工资。

第二十六条　船员在船工作时间应当符合国务院交通主管部门规定的标准，不得疲劳值班。

船员除享有国家法定节假日的假期外，还享有在船舶上每工作2个月不少于5日的年休假。

船员用人单位应当在船员年休假期间，向其支付不低于该船员在船工作期间平均工资的报酬。

第二十七条　船员在船工作期间，有下列情形之一的，可以要求遣返：

（一）船员的劳动合同终止或者依法解除的；

（二）船员不具备履行船上岗位职责能力的；

（三）船舶灭失的；

（四）未经船员同意，船舶驶往战区、疫区的；

（五）由于破产、变卖船舶、改变船舶登记或者其他原因，船员用人单位、船舶所有人不能继续履行对船员的法定或者约定义务的。

第二十八条　船员可以从下列地点中选择遣返地点：

（一）船员接受招用的地点或者上船任职的地点；

（二）船员的居住地、户籍所在地或者船籍登记国；

（三）船员与船员用人单位或者船舶所有人约定的地点。

第二十九条　船员的遣返费用由船员用人单位支付。遣返费用包括船员乘坐交通工具的费用、旅途中合理的食宿及医疗费用和30公斤行李的运输费用。

第三十条　船员的遣返权利受到侵害的，船员当时所在地民政部门或者中华人民共和国驻境外领事机构，应当向船员提供援助；必要时，可以直接安排船员遣返。民政部门或者中华人民共和国驻境外领事机构为船员遣返所垫付的费用，船员用人单位应当及时返还。

《最高人民法院关于审理涉船员纠纷案件若干问题的规定》（法释〔2020〕11号　2020年9月27日公布）

为正确审理涉船员纠纷案件，根据《中华人民共和国劳动合同法》《中华人民共和国海商法》《中华人民共和国劳动争议调解仲裁法》《中华人民共和国海事诉讼特别程序法》等法律的规定，结合审判实践，制定本规定。

第一条　船员与船舶所有人之间的劳动争议不涉及船员登船、在船工作、离船遣返，当事人直接向海事法院提起诉讼的，海事法院告知当事人依照《中华人民共和国劳动争议调解仲裁法》的规定处理。

第二条　船员与船舶所有人之间的劳务合同纠纷，当事人向原告住所地、合同签订地、船员登船港或者离船港所在地、被告住所地海事法院提起诉讼的，海事法院应予受理。

第三条　船员服务机构仅代理船员办理相关手续，或者仅为船员提供就业信息，且不属于劳务派遣情形，船员服务机构主张其与船员仅成立居间或委托合同关系的，应予支持。

第四条　船舶所有人以被挂靠单位的名义对外经营，船舶所有人未与船员签订书面劳动合同，其聘用的船员因工伤亡，船员主张被挂靠单位为承担工伤保险责任的单位的，应予支持。船舶所有人与船员成立劳动关系的除外。

第五条　与船员登船、在船工作、离船遣返无关的劳动争议提交劳动争议仲裁委员会仲裁，仲裁庭根据船员的申请，就船员工资和其他劳动报酬、工伤医疗费、经济补偿或赔偿金裁决先予执行的，移送地方人民法院审查。

船员申请扣押船舶的，仲裁庭应将扣押船舶申请提交船籍港所在地或者船舶所在地的海事法院审查，或交地方人民法院委托船籍港所在地或者船舶所在地的海事法院审查。

第六条　具有船舶优先权的海事请求，船员未依照《中华人民共和国海商法》第二十八条的规定请求扣押产生船舶优先权的船舶，仅请求确认其在一定期限内对该产生船舶优先权的船舶享有优先权的，应予支持。

前款规定的期限自优先权产生之日起以一年为限。

第七条　具有船舶优先权的海事请求，船员未申请限制船舶继续营运，仅申请对船舶采取限制处分、限制抵押等保全措施的，应予支持。船员主张该保全措施构成《中华人民共和国海商法》第二十八条规定的船舶扣押的，不予支持。

第八条　因登船、在船工作、离船遣返产生的下列工资、其他劳动报酬，船员主张船舶优先权的，应予支持：

（一）正常工作时间的报酬或基本工资；

（二）延长工作时间的加班工资，休息日、法定休假日加班工资；

（三）在船服务期间的奖金、相关津贴和补贴，以及特殊情况下支付的工资等；

（四）未按期支付上述款项产生的孳息。

《中华人民共和国劳动法》和《中华人民共和国劳动合同法》中规定的相关经济补偿金、赔偿金，未依据《中华人民共和国劳动合同法》第八十二条之规定签订书面劳动合同而应支付的双倍工资，以及因未按期支付本款规定的前述费用而产生的孳息，船员主张船舶优先权的，不予支持。

第九条 船员因登船、在船工作、离船遣返而产生的工资、其他劳动报酬、船员遣返费用、社会保险费用，船舶所有人未依约支付，第三方向船员垫付全部或部分费用，船员将相应的海事请求权转让给第三方，第三方就受让的海事请求权请求确认或行使船舶优先权的，应予支持。

第十条 船员境外工作期间被遗弃，或遭遇其他突发事件，船舶所有人或其财务担保人、船员外派机构未承担相应责任，船员请求财务担保人、船员外派机构从财务担保费用、海员外派备用金中先行支付紧急救助所需相关费用的，应予支持。

第十一条 对于船员工资构成是否涵盖船员登船、在船工作、离船遣返期间的工作日加班工资、休息日加班工资、法定休假日加班工资，当事人有约定并主张依据约定确定双方加班工资的，应予支持。但约定标准低于法定最低工资标准的，不予支持。

第十二条 标准工时制度下，船员就休息日加班主张加班工资，船舶所有人举证证明已做补休安排，不应按法定标准支付加班工资的，应予支持。综合计算工时工作制下，船员对综合计算周期内的工作时间总量超过标准工作时间总量的部分主张加班工资的，应予支持。

船员就法定休假日加班主张加班工资，船舶所有人抗辩对法定休假日加班已做补休安排，不应支付法定休假日加班工资的，对船舶所有人的抗辩不予支持。双方另有约定的除外。

第十三条 当事人对船员工资或其他劳动报酬的支付标准、支付方式未作约定或约定不明，当事人主张以同工种、同级别、同时期市场的平均标准确定的，应予支持。

第十四条 船员因受欺诈、受胁迫在禁渔期、禁渔区或使用禁用的工具、方法捕捞水产品，或者捕捞珍稀、濒危海洋生物，或者进行其他违法作业，对船员主张的登船、在船工作、离船遣返期间的船员工资、其他劳动报酬，应予支持。

船舶所有人举证证明船员对违法作业自愿且明知的，对船员的上述请求不予支持。

船舶所有人或者船员的行为应受行政处罚或涉嫌刑事犯罪的，依照相关法定程序处理。

第十五条　船员因劳务受到损害，船舶所有人举证证明船员自身存在过错，并请求判令船员自担相应责任的，对船舶所有人的抗辩予以支持。

第十六条　因第三人的原因遭受工伤，船员对第三人提起民事诉讼请求民事赔偿，第三人以船员已获得工伤保险待遇为由，抗辩其不应承担民事赔偿责任的，对第三人的抗辩不予支持。但船员已经获得医疗费用的，对船员关于医疗费用的诉讼请求不予支持。

第十七条　船员与船舶所有人之间的劳动合同具有涉外因素，当事人请求依照《中华人民共和国涉外民事关系法律适用法》第四十三条确定应适用的法律的，应予支持。

船员与船舶所有人之间的劳务合同，当事人没有选择应适用的法律，当事人主张适用劳务派出地、船舶所有人主营业地、船旗国法律的，应予支持。

船员与船员服务机构之间，以及船员服务机构与船舶所有人之间的居间或委托协议，当事人未选择应适用的法律，当事人主张适用与该合同有最密切联系的法律的，应予支持。

第十八条　本规定中的船舶所有人，包括光船承租人、船舶管理人、船舶经营人。

第十九条　本规定施行后尚未终审的案件，适用本规定；本规定施行前已经终审，当事人申请再审或者按照审判监督程序决定再审的案件，不适用本规定。

第二十条　本院以前发布的规定与本规定不一致的，以本规定为准。

第二十一条　本规定自2020年9月29日起实施。

适用本案由需要注意的问题

◆根据《最高人民法院关于适用〈中华人民共和国民事诉讼法〉的解释》第2条、《最高人民法院关于海事法院受理案件范围的规定》以及《最高人民法院关于适用〈中华人民共和国海事诉讼特别程序法〉若干问题的解释》第8条的规定，因船员劳务合同纠纷提起的诉讼应由原告住所地、合同签订地、船员登船港或者离船港所在地、被告住所地的海事法院管辖。

227. 海难救助合同纠纷

案由解析

海难救助又称海上救助，是《海商法》中特有的法律制度，它是针对海上的特殊风险而产生的，是指遭遇海难的船舶、货物等由他人进行救助的行为。

海难救助合同是指遭遇海难无力自行施救的船舶，与救助人就救助事项达成的有关权利义务方面的书面或口头协议。

海难救助合同纠纷是指救助人与被救助人因海难救助合同的订立、履行、变更和终止所产生的纠纷。

海难救助合同的特征是：（1）由于救助合同一般是在紧急的情况下订立的，双方当事人没有充分的时间对合同的条款进行协商，因此救助合同不是一种完全意思自治的合同。（2）海难救助既包括对物的救助，也包括对人的救助，对人的救助是国际法规定的义务，是一种基于道德的救助。在仅救助人命的情况下，是不能取得救助报酬的。（3）合同救助采用的是“无效果，无报酬”的救助原则，在救助成功前，救助人均无救助报酬的请求权。为避免拖延救助的时机，“无效果，无报酬”的救助一般均采用格式合同。

常用法律条文及索引

《中华人民共和国海商法》（1992 年 11 月 7 日公布　1993 年 7 月 1 日施行）

第一百七十一条　本章规定适用于在海上或者与海相通的河航水域，对遇险的船舶和其他财产进行救助。

第一百七十二条　本章下列用语的含义：

（一）“船舶”，是指本法第三条所称的船舶和与其发生救助关系的任何其他非用于军事的或者是政府公务的船艇。

（二）“财产”，是指非永久地和非有意地依附于岸线的任何财产，包括有风险的运费。

（三）“救助款项”，是指依照本章规定，被救助方应当向救助方支付的任何救助报酬、酬金或者补偿。

第一百七十三条　本章规定，不适用于海上已经就位的从事海底矿物资源的勘探、开发或者生产的固定式、浮动式平台和移动式近海钻井装置。

第一百七十四条　船长在不严重危及本船和船上人员安全的情况下，有义务尽力救助海上人命。

第一百七十五条　救助方与被救助方就海难救助达成协议，救助合同成立。

遇险船舶的船长有权代表船舶所有人订立救助合同。遇险船舶的船长或者船舶所有人有权代表船上财产所有人订立救助合同。

第一百七十六条　有下列情形之一，经一方当事人起诉或者双方当事人协议仲裁的，受理争议的法院或者仲裁机构可以判决或者裁决变更救助合同：

（一）合同在不正当的或者危险情况的影响下订立，合同条款显失公平的；

（二）根据合同支付的救助款项明显过高或者过低于实际提供的救助服务的。

第一百七十七条　在救助作业过程中，救助方对被救助方负有下列义务：

（一）以应有的谨慎进行救助；

（二）以应有的谨慎防止或者减少环境污染损害；

（三）在合同需要的情况下，寻求其他救助方援助；

（四）当被救助方合理地要求其他救助方参与救助作业时，接受此种要求，但是要求不合理的，原救助方的救助报酬金额不受影响。

第一百七十八条　在救助作业过程中，被救助方对救助方负有以下列义务：

（一）与救助方通力合作；

（二）以应有的谨慎防止或者减少环境污染损害；

（三）当获救的船舶或者其他财产已经被送至安全地点时，及时接受救助方提出的合理的移交要求。

第一百七十九条　救助方对遇险的船舶和其他财产的救助，取得效果的，有权获得救助报酬；救助未取得效果的，除本法第一百八十二条或其他法律另有规定或者合同另有约定外，无权获得救助款项。

第一百八十条　确定救助报酬，应当体现对救助作业的鼓励，并综合考虑下列各项因素。

（一）船舶和其他财产的获救的价值；

（二）救助方在防止或者减少环境污染损害方面的技能和努力；

（三）救助方的救助成效；

（四）危险的性质和程度；

（五）救助方在救助船舶、其他财产和人命方面的技能和努力；

（六）救助方所用的时间、支出的费用和遭受的损失；

（七）救助方或者救助设备所冒的责任风险和其他风险；

（八）救助方提供救助服务的及时性；

（九）用于救助作业的船舶和其他设备的可用性和使用情况；

（十）救助设备的备用状况、效能和设备的价值。

救助报酬不得超过船舶和其他财产的获救价值。

第一百八十一条 船舶和其他财产的获救价值，是指船舶和其他财产获救后的估计价值或者实际出卖的收入，扣除有关税款和海关、检疫、检验费用以及进行卸载、保管、估价、出卖而产生的费用后的价值。

前款规定的价值不包括船员的获救的私人物品和旅客的获救的自带行李的价值。

第一百八十二条 对构成环境污染损害危险的船舶或者船上货物进行的救助，救助方依照本法第一百八十条规定获得的救助报酬，少于依照本条规定可以得到的特别补偿的，救助方有权依照本条规定，从船舶所有人处获得相当于救助费用的特别补偿。

救助人进行前款规定的救助作业，取得防止或者减少环境污染损害效果的，船舶所有人依照前款规定应当向救助方支付的特别补偿可以另行增加，增加的数额可以达到救助费用的百分之三十。受理争议的法院或者仲裁机构认为适当，并且考虑到本法第一百八十条第一款的规定，可以判决或者裁决进一步增加特别数额；但是，在任何情况下，增加部分不得超过救助费用的百分之一百。

本条所称救助费用，是指救助方在救助作业中直接支付的合理费用以及实际使用救助设备、投入救助人员的合理费用。确定救助费用应当考虑本法第一百八十条第一款（八）、（九）、（十）项的规定。

在任何情况下，本条规定的全部特别补偿，只有在超过救助方依照本法第一百八十条规定能够获得的救助报酬时，方可支付，支付金额为特别补偿超过救助报酬的差额部分。

由于救助方的过失未能防止或者减少环境污染损害的，可以全部或者部分地剥夺救助方获得特别补偿的权利。

本条规定不影响船舶所有人对其他被救助方的追偿权。

第一百八十三条 救助报酬的金额，应当由获救的船舶和其他财产的各所有人，按照船舶和其他各项财产各自的获救价值占全部获救价值的比例承担。

第一百八十四条 参加同一救助作业的各救助方的救助报酬，应当根据本法第一百八十条规定的标准。由各方协商确定；协商不成的，可以提请受理争议的法院判决或者经各方协议提请仲裁机构裁决。

第一百八十五条 在救助作业中救助人命的救助方，对获救人员不得请求酬金，但是有权从救助船舶或者其他财产、防止或者减少环境污染损害的救助方获得的救助款项中，获得合理的份额。

第一百八十六条 下列救助行为无权获得救助款项：

（一）正常履行拖航合同或者其服务合同的义务进行救助的，但是提供不属于履行上述义务的特殊劳务除外；

（二）不顾遇险的船舶的船长、船舶所有人或者其他财产所有人明确的和合理的拒绝，仍然进行救助的。

第一百八十七条 由于救助方的过失致使救助作业成为必需或者更加困难的，可能救助方有欺诈或者其他不诚实行为的，应当取消或者减少向救助方支付的救助款项。

第一百八十八条 被救助方在救助作业的结束后，应当根据救助方的要求，对救助款项提供满意的担保。

在不影响前款规定的情况下，获救船舶的船舶所有人应当在获救的货物交还前，尽力使货物的所有人对其应当承担的求助款项提供满意的担保。

在未根据救助人的要求对获救的船舶或者其他财产提供满意的担保以前，未经救助方同意，不得将获救的船舶和其他财产从救助作业完成后最初到达的港口或者地点移走。

适用本案由需要注意的问题

◆根据《最高人民法院关于适用〈中华人民共和国民事诉讼法〉的解释》《最高人民法院关于适用〈中华人民共和国海事诉讼特别程序法〉若干问题的解释》和《民事诉讼法》的规定，因海难救助合同纠纷提起的诉讼，应该由救助地或者被救船舶最先到达地、被救助的船舶以外的其他获救财产所在地的海事法院管辖。

◆处理具有涉外因素的海难救助合同时，法院要先审查合同双方当事人是否协议选择了外国法作为准据法，只有在排除了适用国际公约、国际惯例和外国法的情况下，才可以将我国法律作为准据法予以适用。

◆为了鼓励对油轮的救助，在涉及环境污染的救助中采用“无效果，也给予补偿”的特别补偿原则，在救助人无过失的情况下，救助人的救助防止了环境损害，但无效果，仍可补偿其实际支出；若救助人成功防止了环境损害，则可取得高于实际支出的补偿。海上救助不同于陆上救助之处在于救助人在海上或者其他可航水域，如能成功帮助遇险船舶、货物脱离危险，即有权为自己的救助行为请求报酬，并对获救的财产享有留置权。

228. 海上、通海水域打捞合同纠纷

案由解析

海上、通海水域打捞合同是指打捞人就沉船沉物进行打捞活动，包括扫测探摸、实施打捞及相关活动所签订的合同。打捞的客体分为两种，一种是具有商业价值的沉船沉物的打捞，另一种是沉船沉物所有人对沉船沉物的打捞。

海上、通海水域打捞合同纠纷是指当事人因该合同的订立、履行、变更和终止而产生的纠纷。

常用法律条文及索引

《中华人民共和国民法典》（2020年5月28日公布　2021年1月1日施行）

第四百六十七条　本法或者其他法律没有明文规定的合同，适用本编通则的规定，并可以参照适用本编或者其他法律最相类似合同的规定。

在中华人民共和国境内履行的中外合资经营企业合同、中外合作经营企业合同、中外合作勘探开发自然资源合同，适用中华人民共和国法律。

第五百七十七条　当事人一方不履行合同义务或者履行合同义务不符合约定的，应当承担继续履行、采取补救措施或者赔偿损失等违约责任。

《中华人民共和国打捞沉船管理办法》（1957年10月11日公布施行）

第三条　下列沉船应当进行打捞：

（一）妨碍船舶航行、航道整治或者工程建筑的沉船；

（二）有修复使用价值的沉船；

（三）虽无修复使用价值而有拆卸利用价值的沉船。

第五条　妨碍船舶航行、航道整治或者工程建筑的沉船，有关港（航）务主管机关应当根据具体情况规定申请期限和打捞期限，通知或公告沉船所有人。

沉船所有人必须在规定期限以内提出申请和进行打捞；否则，有关港（航）务主管机关可以进行打捞或者予以解体清除。

第六条　其他不属于第五条规定范围的沉船，沉船所有人应当自船舶沉没之日起一年以内提出打捞计划和完工期限，经有关港（航）务主管机关批准后进行打捞。

第七条　沉船所有人除遇有特殊情况向有关港（航）务主管机关申请延期并经核准外，在下列情况下即丧失各该沉船的所有权：

（一）妨碍船舶航行、航道整治或者工程建筑的沉船，在申请期限以内没有申请或者声明放弃；或者打捞期限届满，而没有完成打捞。

（二）其他不属于第五条规定范围的沉船自沉没之日起一年以内没有申请打捞；或者完工期限已经届满，而没有打捞。

第八条　有关港（航）务主管机关根据第四条规定所捞起的船体、船用器物、货物或者解体所得的钢材、机件等，在无法或者不易保管的情况下，可以作价处理。

沉船所有人自船舶沉没之日起一年以内，可以申请发还捞起的原物或者处理原物所得的价款，过期如不申请即丧失其所有权。

沉船所有人在领回原物或者价款时，应当偿还有关打捞、保管和处理等费用。

适用本案由需要注意的问题

◆根据《最高人民法院关于适用〈中华人民共和国民事诉讼法〉的解释》及《最高人民法院关于适用〈中华人民共和国海事诉讼特别程序法〉若干问题的解释》，海上、通海水域打捞合同纠纷由海事法院专门管辖。同时，根据《民事诉讼法》有关地域管辖的规定，因海上、通海水域打捞合同纠纷提起的诉讼，由被告住所地、打捞合同履行地的海事法院管辖。此外，根据《民事诉讼法》第35条的规定，在当事人协议管辖的情形下，应以当事人的协议确定管辖法院，即由原告住所地、被告住所地、合同签订地、合同履行地或标的物所在地的海事法院管辖。

◆若海上、通海水域打捞合同具有涉外因素，法院在处理时应当先审查合同双方当事人是否协议选择了外国法作为准据法，只有排除了适用外国法、国际公约的情况下，才可以将我国的法律作为准据法予以适用。

229. 海上、通海水域拖航合同纠纷

案由解析

海上、通海水域拖航合同是指承拖方用拖轮将被拖物经海路从一地拖至另一地，被拖方支付拖航费的合同。拖航合同应当书面订立。

海上、通海水域拖航合同纠纷是指双方当事人因该合同的订立、履行、变更和终止所产生的纠纷。

海上、通海水域拖航合同的特征是：（1）如果被拖方未依合同约定支付拖航费及其他合同费用，承拖方对被拖物有留置权。但如果承拖方已经交付被拖物，视为放弃其留置权。（2）拖带被拖物的船舶既可以是专门设计拖带的船舶，也允许运输船舶或其他有动力的船舶拖带被拖物的情况。

常用法律条文及索引

《中华人民共和国海商法》（1992 年 11 月 7 日公布　1993 年 7 月 1 日施行）

第一百五十五条　海上拖航合同，是指承拖方用拖轮将被拖物经海路从一地拖至另一地，而由被拖方支付航费的合同。

本章规定不适用于在港区内对船舶提供的拖轮服务。

第一百五十六条　海上拖航合同应当书面订立。海上拖航合同的内容，主要包括承拖方和被拖方的名称和住所、拖轮和被拖物的名称和主要尺度、拖轮马力、起拖地和目的地、起拖日期、拖航费及其支付方式，以及其他有关事项。

第一百五十七条　承拖方在起拖前和起拖当时，应当谨慎处理，使拖轮处于适航、适拖状态，妥善配备船员，配置拖航索具和配备供应品以及该航次必备的其他装置、设备。

被拖方在起拖前和起拖当时，应当做好被拖物的拖航准备，谨慎处理，使被拖物处于适拖状态，并向承拖方如实说明被拖物的情况，提供有关检验机构签发的被拖物适合拖航的证书和有关文件。

第一百五十八条　起拖前，因不可抗力或者其他不能归责于双方的原因致使合同不能履行的，双方均可以解除合同，并互相不负赔偿责任。除合同另有约定外，拖航费已经支付的，承拖方应当退还给被拖方。

第一百五十九条 起拖后，因不可抗力或者其他不能归责于双方的原因致使合同不能继续履行的，双方均可以解除合同，并互相不负赔偿责任。

第一百六十条 因不可抗力或者其他不能归责于双方的原因致使被拖物不能拖至目的地的，除合同另有约定外，承拖方可以在目的地的邻近地点或者拖轮船长选定的安全的港口或者锚泊地，将被拖物移交给被拖方或者其代理人，视为已经履行合同。

第一百六十一条 被拖方未按照约定支付拖航费和其他合理费用的，承拖方对被拖物有留置权。

第一百六十二条 在海上拖航过程中，承拖方或者被拖方遭受的损失，由一方的过失造成的，有过失的一方应当负赔偿责任；由双方过失造成的，各方按照过失程度的比例负赔偿责任。虽有前款规定，经承拖方证明，被拖方的损失是由于下列原因之一造成的，承拖方不负赔偿责任：

（一）拖轮船长、船员、引航员或者承拖的其他受雇人、代理人在驾驶拖轮或者管理拖轮中的过失；

（二）拖轮在海上救助或者企图救助人命或者财产时的过失。

本条规定仅在海上拖航合同没有约定或者没有不同约定的适用。

第一百六十三条 在海上拖航过程中，由于承拖方或者被拖方的过失，造成第三人人身伤亡或者财产损失的，承拖方和被拖方对第三人负连带赔偿责任。除合同另有约定外，一方连带支付的赔偿超过其应当承担的比例的，对另一方有追偿权。

第一百六十四条 拖轮所有人拖带其所有的或者经营的驳船载运货物，经海路由一港运至另一港的，视为海上货物运输。

适用本案由需要注意的问题

◆根据《最高人民法院关于适用〈中华人民共和国民事诉讼法〉的解释》及《最高人民法院关于适用〈中华人民共和国海事诉讼特别程序法〉若干问题的解释》，因海上、通海水域拖航合同纠纷提起的诉讼，由海事法院专门管辖。同时，根据《民事诉讼法》中有关地域管辖的规定，因海上、通海水域拖航合同纠纷提起的诉讼，由被告住所地、拖航合同履行地的海事法院管辖。此外，根据《民事诉讼法》第 35 条的规定，在当事人协议管辖的情形下，应依据当事人的协议确定管辖法院，即由原告住所地、被告住所地、合同签订地、合同履行地或标的物所在地的海事法院管辖。

◆我国《海商法》规定有关拖航合同的规定不适用于三种情况：(1) 在

港区内对船舶提供的拖轮服务；(2) 救助方拖带被救助物的拖带行为；(3) 拖轮所有人拖带其所有的或者经营的驳船载运货物，经海路由一港运至另一港的。

230. 海上、通海水域保险合同纠纷

案由解析

海上、通海水域保险合同是指保险人按照约定的承保范围和险别，对被保险人遭遇海上风险所致的损失负责赔偿的合同。海上风险就是保险人与被保险人约定的任何海上事故，包括与海上航行有关的发生于内河或陆上的事故。

海上、通海水域保险合同纠纷是指保险人和被保险人因该合同的订立、履行、变更和终止所产生的纠纷。

海上、通海水域保险合同的特征是：(1) 海上保险合同是由保险事故的偶然性决定的，保险人所承担的危险是否会发生并不能确定，其具备射幸合同的机会性特征。(2) 有关财产保险的海上保险合同是一种特殊的补偿合同，目的是补偿被保险人的经济损失，对被保险可能遭遇危险的财产利益进行保险保障。(3) 海上保险合同是双务的、有偿的保险合同。

常用法律条文及索引

《中华人民共和国海商法》（1992 年 11 月 7 日公布　1993 年 7 月 1 日施行）

第二百一十六条　海上保险合同，是指保险人按照约定，对被保险人遭受保险事故造成保险标的损失和产生的责任负责赔偿，而由被保险人支付保险费的合同。

前款所称保险事故，是指保险人与被保险人约定的任何海上事故，包括与海上航行有关的发生于内河或者陆上的事故。

第二百一十九条　保险标的的保险价值由保险人与被保险人约定。

保险人与被保险人未约定保险价值的，保险价值依照下列规定计算：

（一）船舶的保险价值，是保险责任开始时船舶的价值，包括船壳、机器、设备的价值，以及船上燃料、物料、索具、给养、淡水的价值和保险费的总和；

（二）货物的保险价值，是保险责任开始时货物在起运地的发票价格或者非贸易商品在起运地的实际价值以及运费和保险费的总和；

（三）运费的保险价值，是保险责任开始时承运人应收运费总额和保险费的总和；

（四）其他保险标的的保险价值，是保险责任开始时保险标的的实际价值和保险费的总和。

第二百二十条　保险金额由保险人与被保险人约定。保险金额不得超过保险价值；超过保险价值的，超过部分无效。

第二百二十一条　被保险人提出保险要求，经保险人同意承保，并就海上保险合同的条款达成协议后，合同成立。保险人应当及时向被保险人签发保险单或者其他保险单证，并在保险单或者其他保险单证中载明当事人双方约定的合同内容。

第二百三十七条　发生保险事故造成损失后，保险人应当及时向被保险人支付保险赔偿。

第二百三十八条　保险人赔偿保险事故造成的损失，以保险金额为限。保险金额低于保险价值的，在保险标的发生部分损失时，保险人按照保险金额与保险价值的比例负赔偿责任。

第二百四十五条　保险标的发生保险事故后灭失，或者受到严重损坏完全失去原有形体、效用，或者不能再归被保险人所拥有的，为实际全损。

第二百四十六条　船舶发生保险事故后，认为实际全损已经不可避免，或者为避免发生实际全损所需支付的费用超过保险价值的，为推定全损。

货物发生保险事故后，认为实际全损已经不可避免，或者为避免发生实际全损所需支付的费用与继续将货物运抵目的地的费用之和超过保险价值的，为推定全损。

第二百四十七条　不属于实际全损和推定全损的损失，为部分损失。

第二百五十一条　保险事故发生后，保险人向被保险人支付保险赔偿前，可以要求被保险人提供与确认保险事故性质和损失程度有关的证明和资料。

第二百五十二条　保险标的发生保险责任范围内的损失是由第三人造成的，被保险人向第三人要求赔偿的权利，自保险人支付赔偿之日起，相应转移给保险人。

被保险人应当向保险人提供必要的文件和其所需要知道的情况，并尽力协助保险人向第三人追偿。

《最高人民法院关于审理海上保险纠纷案件若干问题的规定》（法释〔2006〕10号 2020年12月23日修正）

第一条 审理海上保险合同纠纷案件，适用海商法的规定；海商法没有规定的，适用保险法的有关规定；海商法、保险法均没有规定的，适用民法典等其他相关法律的规定。

第二条 审理非因海上事故引起的港口设施或者码头作为保险标的的保险合同纠纷案件，适用保险法等法律的规定。

第三条 审理保险人因发生船舶触碰港口设施或者码头等保险事故，行使代位请求赔偿权利向造成保险事故的第三人追偿的案件，适用海商法的规定。

第四条 保险人知道被保险人未如实告知海商法第二百二十二条第一款规定的重要情况，仍收取保险费或者支付保险赔偿，保险人又以被保险人未如实告知重要情况为由请求解除合同的，人民法院不予支持。

第五条 被保险人未按照海商法第二百三十四条的规定向保险人支付约定的保险费的，保险责任开始前，保险人有权解除保险合同，但保险人已经签发保险单证的除外；保险责任开始后，保险人以被保险人未支付保险费请求解除合同的，人民法院不予支持。

第六条 保险人以被保险人违反合同约定的保证条款未立即书面通知保险人为由，要求从违反保证条款之日起解除保险合同的，人民法院应予支持。

第七条 保险人收到被保险人违反合同约定的保证条款书面通知后仍支付保险赔偿，又以被保险人违反合同约定的保证条款为由请求解除合同的，人民法院不予支持。

第八条 保险人收到被保险人违反合同约定的保证条款的书面通知后，就修改承保条件、增加保险费等事项与被保险人协商未能达成一致的，保险合同于违反保证条款之日解除。

第九条 在航次之中发生船舶转让的，未经保险人同意转让的船舶保险合同至航次终了时解除。船舶转让时起至航次终了时止的船舶保险合同的权利、义务由船舶出让人享有、承担，也可以由船舶受让人继受。

船舶受让人根据前款规定向保险人请求赔偿时，应当提交有效的保险单证及船舶转让合同的证明。

第十条 保险人与被保险人在订立保险合同时均不知道保险标的已经发生保险事故而遭受损失，或者保险标的已经不可能因发生保险事故而遭受损失的，不影响保险合同的效力。

第十一条　海上货物运输中因承运人无正本提单交付货物造成的损失不属于保险人的保险责任范围。保险合同当事人另有约定的，依约定。

第十二条　发生保险事故后，被保险人为防止或者减少损失而采取的合理措施没有效果，要求保险人支付由此产生的合理费用的，人民法院应予支持。

第十三条　保险人在行使代位请求赔偿权利时，未依照海事诉讼特别程序法的规定，向人民法院提交其已经向被保险人实际支付保险赔偿凭证的，人民法院不予受理；已经受理的，裁定驳回起诉。

第十四条　受理保险人行使代位请求赔偿权利纠纷案件的人民法院应当仅就造成保险事故的第三人与被保险人之间的法律关系进行审理。

第十五条　保险人取得代位请求赔偿权利后，以被保险人向第三人提起诉讼、提交仲裁、申请扣押船舶或者第三人同意履行义务为由主张诉讼时效中断的，人民法院应予支持。

第十六条　保险人取得代位请求赔偿权利后，主张享有被保险人因申请扣押船舶取得的担保权利的，人民法院应予支持。

适用本案由需要注意的问题

◆根据《最高人民法院关于适用〈中华人民共和国民事诉讼法〉的解释》及《最高人民法院关于适用〈中华人民共和国海事诉讼特别程序法〉若干问题的解释》，因海上、通海水域保险合同纠纷提起的诉讼，由海事法院专门管辖。同时，根据《民事诉讼法》中有关地域管辖的规定，因海上、通海水域保险合同纠纷提起的诉讼，由被告住所地、保险标的物所在地海事法院管辖。根据《最高人民法院关于适用〈中华人民共和国民事诉讼法〉的解释》第 21 条第 1 款的规定，因财产保险合同纠纷提起的诉讼，如果保险标的物是运输工具或者运输中的货物，可以由运输工具登记注册地、运输目的地、保险事故发生地人民法院管辖。此外，根据《民事诉讼法》第 35 条的规定，在当事人协议管辖的情形下，应依据当事人的协议确定管辖法院，即由原告住所地、被告住所地、合同签订地、合同履行地或标的物所在地的海事法院管辖。

◆保险关系具有特殊性，因为保险人主要依靠投保人所提供的保险标的的情况来确定是否承保及承保费率的高低，如果投保人欺诈或隐瞒，极有可能导致保险人判断失误和上当受骗，所有法律对于保险合同诚实信用的要求远远大于一般民事法律关系。

◆海上保险合同的一个重要内容就是保险费率，它是依照大数法则根据特定风险发生的概率厘定的。就具体的被保险人而言，他所交纳的保险费比起约定风险发生后所获得的补偿是微不足道的，就这一点而言，保险与赌博具有同样的数学基础。为了防止有人利用保险业务进行赌博，投保人对保险标的应当具有可保利益。若投保人对保险标的不具有可保利益的，保险合同无效。

231. 海上、通海水域保赔合同纠纷

案由解析

海上、通海水域保赔合同是指船东或船舶经营人或租船人对其所有或占有、管理、经营、租用的船舶的潜在责任风险向船东互保协会投保，订立的保险合同。保赔合同实际就是保赔保险合同。船东互保协会是船东们自己的组织，其目的是共同承担属于船东责任的损害赔偿，是非营利性组织，没有外来资金。

海上、通海水域保赔合同纠纷是指双方当事人因海上保赔合同的订立、履行、变更和终止而产生的纠纷。

海上、通海水域保赔合同的特征是：（1）船东或船舶经营人或租船人需要加入船东互保协会并承认协会章程缴纳保险费；（2）合同的当事人既是投保人，又是承保人，其责任得到承保，不是基于保险合同，而是基于对协会章程的承认以及缴纳的保险费和成为协会成员，因此船东互保协会的入会证书，就是船东与船东互保协会之间保险合同的证明；（3）保赔保险的实质是船东们组织起自己的力量，分摊保险公司不承保的责任。

常用法律条文及索引

参见“230. 海上、通海水域保险合同纠纷”案由相关部分。

适用本案由需要注意的问题

◆保赔合同具有保险合同的性质，但又有所区别，故其管辖的海事法院与海上、通海水域保险合同也有区别。根据《海事诉讼特别程序法》第 6 条

第2款第4项和《最高人民法院关于适用〈中华人民共和国海事诉讼特别程序法〉若干问题的解释》的规定，因海上、通海水域保赔合同纠纷提起的诉讼，由保赔标的物所在地、事故发生地、被告住所地的海事法院管辖，其中保赔标的物所在地指保赔船舶所在地。

◆在适用本案由时，应注意海上、通海水域保赔合同与海上、通海水域保险合同的区别。保赔合同是船东自己组织起来利用自己的力量分担自己船舶的潜在风险，船东既是投保人又是承保人；保险合同中一方提出保险要求，一方同意承保，双方就合同条款达成协议，合同即告成立。保赔合同就是保赔保险合同，保险合同与保赔保险合同是包容与被包容的关系。

232. 海上、通海水域运输联营合同纠纷

案由解析

海上、通海水域运输联营合同是指船舶所有人或者船舶经营人、货物所有人、港口经营人等，在平等的基础上，为追求一定经济目的而实行的联合经营所达成的合同。

海上、通海水域运输联营合同纠纷是指当事人因运输联营合同的订立、履行、变更和终止所产生的纠纷。

常用法律条文及索引

参见“258. 联营合同纠纷”案由相关部分。

适用本案由需要注意的问题

◆根据《最高人民法院关于适用〈中华人民共和国民事诉讼法〉的解释》《最高人民法院关于适用〈中华人民共和国海事诉讼特别程序法〉若干问题的解释》和《最高人民法院关于海事法院受理案件范围的规定》的规定，因海上、通海水域运输联营合同纠纷提起的诉讼，由海事法院专门管辖。同时，根据《民事诉讼法》中有关地域管辖的规定，因海上、通海水域运输联营合同纠纷提起的诉讼，由被告住所地或海上、通海水域运输联营合同履行地的海事法院管辖。此外，根据《民事诉讼法》第35条的规定，在当事人协议管辖的情形下，应依据当事人的协议确定管辖法院，即由原告住所地、被告住所地、合

同签订地、合同履行地或标的物所在地的海事法院管辖。

233. 船舶营运借款合同纠纷

案由解析

船舶营运借款合同是指借款人向贷款人借款，用于船舶的经营和运输生产，到期返还借款并支付利息的合同。

船舶营运借款合同纠纷是指双方当事人因船舶营运借款合同的订立、履行、变更和终止所产生的纠纷。

常用法律条文及索引

《中华人民共和国民法典》（2020 年 5 月 28 日公布　2021 年 1 月 1 日施行）

第六百六十八条　借款合同应当采用书面形式，但是自然人之间借款另有约定的除外。

借款合同的内容一般包括借款种类、币种、用途、数额、利率、期限和还款方式等条款。

第六百七十一条　贷款人未按照约定的日期、数额提供借款，造成借款人损失的，应当赔偿损失。

借款人未按照约定的日期、数额收取借款的，应当按照约定的日期、数额支付利息。

适用本案由需要注意的问题

◆根据《最高人民法院关于适用〈中华人民共和国民事诉讼法〉的解释》《最高人民法院关于适用〈中华人民共和国海事诉讼特别程序法〉若干问题的解释》和《最高人民法院关于海事法院受理案件范围的规定》的规定，因船舶营运借款合同纠纷提起的诉讼，由海事法院专门管辖。同时，根据《民事诉讼法》中有关地域管辖的规定，因船舶营运借款合同纠纷提起的诉讼，由被告住所地、合同履行地的海事法院管辖。根据《最高人民法院关于适用〈中华人民共和国海事诉讼特别程序法〉若干问题的解释》第 10 条的规定，若借款合同是涉及船舶的担保或船舶的优先权的，则该类案由引起的纠纷还可以由船籍港所在地、船舶所在地的海事法院管辖。此外，根据

《民事诉讼法》第35条的规定，在当事人协议管辖的情形下，应以当事人的协议为依据确定管辖法院，即由原告住所地、被告住所地、合同签订地、合同履行地或标的物所在地的海事法院管辖。

◆我国《海商法》对船舶营运借款合同纠纷的处理并未作出专门规定，从法律属性上讲，船舶营运借款合同也属于借款合同的范畴，因此处理该类案由引起的纠纷时应该参照《民法典》中有关借款合同的规定。

234. 海事担保合同纠纷

案由解析

海事担保合同是指为担保海事请求的实现，海事请求人或者第三人与被请求人签订的担保合同。海事担保的方式主要有提供现金或保证、设置抵押或质押。

海事担保合同纠纷是指当事人因海事担保合同的订立、履行、变更和终止所产生的纠纷。

海事担保合同的特征是：（1）海事担保是一种独立的责任保证，不依附于任何其他合同。（2）海事担保包括两方面的担保，一方面是海事请求的被请求人对于保证其所负责任而提供的担保，另一方面是海事请求人对于避免因申请错误造成被请求人损害而提供的担保。

常用法律条文及索引

《中华人民共和国海事诉讼特别程序法》（1999年12月25日公布 2000年7月1日施行）

第六条 海事诉讼的地域管辖，依照《中华人民共和国民事诉讼法》的有关规定。

下列海事诉讼的地域管辖，依照以下规定：

……

（六）因海事担保纠纷提起的诉讼，由担保物所在地、被告住所地海事法院管辖；因船舶抵押纠纷提起的诉讼，还可以由船籍港所在地海事法院管辖；

……

第七十三条 海事担保包括本法规定的海事请求保全、海事强制令、海事证据保全等程序中所涉及的担保。

担保的方式为提供现金或者保证、设置抵押或者质押。

第七十四条 海事请求人的担保应当提交给海事法院；被请求人的担保可以提交给海事法院，也可以提供给海事请求人。

第七十五条 海事请求人提供的担保，其方式、数额由海事法院决定。被请求人提供的担保，其方式、数额由海事请求人和被请求人协商；协商不成的，由海事法院决定。

第七十六条 海事请求人要求被请求人就海事请求保全提供担保的数额，应当与其债权数额相当，但不得超过被保全的财产价值。

海事请求人提供担保的数额，应当相当于因其申请可能给被请求人造成的损失。具体数额由海事法院决定。

第七十八条 海事请求人请求担保的数额过高，造成被请求人损失的，应当承担赔偿责任。

《中华人民共和国民法典》（2020年5月28日公布 2021年1月1日施行）

第六百八十一条 保证合同是为保障债权的实现，保证人和债权人约定，当债务人不履行到期债务或者发生当事人约定的情形时，保证人履行债务或者承担责任的合同。

第六百九十二条 保证期间是确定保证人承担保证责任的期间，不发生中止、中断和延长。

债权人与保证人可以约定保证期间，但是约定的保证期间早于主债务履行期限或者与主债务履行期限同时届满的，视为没有约定；没有约定或者约定不明确的，保证期间为主债务履行期限届满之日起六个月。

债权人与债务人对主债务履行期限没有约定或者约定不明确的，保证期间自债权人请求债务人履行债务的宽限期届满之日起计算。

《最高人民法院关于适用〈中华人民共和国海事诉讼特别程序法〉若干问题的解释》（法释〔2003〕3号 2008年12月16日调整）

第五十二条 海事诉讼特别程序法第七十七条规定的正当理由指：

（1）海事请求人请求担保的数额过高。

（2）被请求人已采取其他有效的担保方式。

（3）海事请求人的请求权消灭。

适用本案由需要注意的问题

◆根据《海事诉讼特别程序法》第6条第6项的规定，因海事担保纠纷提起的诉讼，由担保物所在地、被告住所地海事法院管辖；因船舶抵押纠纷提起的诉讼，还可以由船籍港所在地海事法院管辖。

◆海事请求人与被请求人或者第三人为海事担保而订立的保证、抵押或者质押合同均属于海事担保合同，因此有关海事担保合同纠纷的处理也应该参照《民法典》中有关保证、抵押、质押的规定。

235. 航道、港口疏浚合同纠纷

案由解析

航道、港口疏浚合同是指为疏通航道、港口的水域，航道、港口管理部门与疏浚作业人签订的疏浚工程，由航道、港口管理部门向疏浚作业人支付报酬的合同。

航道、港口疏浚合同纠纷是指双方当事人因该合同的订立、履行、变更和终止所产生的纠纷。

常用法律条文及索引

《中华人民共和国民法典》（2020 年 5 月 28 日公布　2021 年 1 月 1 日施行）

第四百六十七条　本法或者其他法律没有明文规定的合同，适用本编通则的规定，并可以参照适用本编或者其他法律最相类似合同的规定。

在中华人民共和国境内履行的中外合资经营企业合同、中外合作经营企业合同、中外合作勘探开发自然资源合同，适用中华人民共和国法律。

第五百七十七条　当事人一方不履行合同义务或者履行合同义务不符合约定的，应当承担继续履行、采取补救措施或者赔偿损失等违约责任。

适用本案由需要注意的问题

◆根据《最高人民法院关于适用〈中华人民共和国民事诉讼法〉的解释》《最高人民法院关于适用〈中华人民共和国海事诉讼特别程序法〉若干问题的解释》和《最高人民法院关于海事法院受理案件范围的规定》的规定，因航道、港口疏浚合同纠纷提起的诉讼，由海事法院专门管辖。同时，根据《民事诉讼法》中有关地域管辖的规定，因航道、港口疏浚合同纠纷提起的诉讼，由被告住所地、合同履行地的海事法院管辖。此外，根据《民事诉讼法》第35条的规定，在当事人协议管辖的情形下，应以当事人的协议为依据确定管辖法院，即由原告住所地、被告住所地、合同签订地、合同履行地或标的物所在地的海事法院管辖。

236. 船坞、码头建造合同纠纷

案由解析

船坞、码头建造合同是指发包人将建造船坞、码头的工程项目交由承包人进行建设，发包人支付价款的合同。船坞是用于建造或检验船舶用的建筑物，码头是用于船舶停靠、装卸货物或上下旅客、船舶补给、检疫的水上建筑物。船坞、码头建造合同均属于建设工程合同的一种。

船坞、码头建造合同纠纷是指当事人因建造合同的订立、履行、变更和终止所产生的纠纷。

常用法律条文及索引

《中华人民共和国民法典》（2020年5月28日公布　2021年1月1日施行）

第七百八十八条　建设工程合同是承包人进行工程建设，发包人支付价款的合同。

建设工程合同包括工程勘察、设计、施工合同。

第七百八十九条　建设工程合同应当采用书面形式。

第七百九十条　建设工程的招标投标活动，应当依照有关法律的规定公开、公平、公正进行。

第七百九十一条　发包人可以与总承包人订立建设工程合同，也可以分别与勘察人、设计人、施工人订立勘察、设计、施工承包合同。发包人不得将应当由一个承包人完成的建设工程支解成若干部分发包给数个承包人。

总承包人或者勘察、设计、施工承包人经发包人同意，可以将自己承包的部分工作交由第三人完成。第三人就其完成的工作成果与总承包人或者勘察、设计、施工承包人向发包人承担连带责任。承包人不得将其承包的全部建设工程转包给第三人或者将其承包的全部建设工程支解以后以分包的名义分别转包给第三人。

禁止承包人将工程分包给不具备相应资质条件的单位。禁止分包单位将其承包的工程再分包。建设工程主体结构的施工必须由承包人自行完成。

适用本案由需要注意的问题

◆根据《最高人民法院关于适用〈中华人民共和国民事诉讼法〉的解释》《最高人民法院关于适用〈中华人民共和国海事诉讼特别程序法〉若干问题的解释》和《最高人民法院关于海事法院受理案件范围的规定》的规定，因船坞、码头建造合同纠纷提起的诉讼，由海事法院专门管辖。同时，根据《民事诉讼法》中有关地域管辖的规定，因船坞、码头建造合同纠纷提起的诉讼，由被告住所地或者合同履行地的海事法院管辖。此外，根据《民事诉讼法》第35条的规定，在当事人协议管辖的情形下，应以当事人的协议为依据确定管辖法院，即由原告住所地、被告住所地、合同签订地、合同履行地或标的物所在地的海事法院管辖。

◆由于船坞、码头建造合同实际属于建设工程合同的一种，其具有建设工程合同的法律属性，在处理船坞、码头建造合同纠纷时也应当参照《民法典》中有关建设工程合同的规定。

237. 船舶检验合同纠纷

案由解析

船舶检验合同是指船舶所有人与船舶检验机构订立的，由船舶检验机构以自己的技术和机器、设备对船舶进行技术检验，船舶所有人接受检验结果并支付检验费用的合同。船舶检验的目的在于通过对船舶及其设备的检验，促使船公司保持船舶的良好技术状况，以保证船舶的营运安全和防止污染、损害海洋环境；保证船旗国和港口国政府对船舶实施有效的管理和控制；同时也为船舶所有人提高船舶在航运市场的竞争力，降低保险费率以及为公证、索赔、海事处理等提供必要的技术依据。

船舶检验合同是指双方当事人因船舶检验合同的订立、履行、变更和终止所产生的纠纷。

船舶检验合同的特征是：（1）船舶检验合同是一种有偿合同，是船舶所有人为保证船舶适航与船舶检验机构订立的合同，船舶检验机构负责对船舶进行检验，船舶所有人负责支付费用。（2）该合同的一方当事人是固定的，即合同的一方当事人必须是具备检验资格的船舶检验机构。

常用法律条文及索引

《中华人民共和国民法典》（2020 年 5 月 28 日公布　2021 年 1 月 1 日施行）

第四百六十七条　本法或者其他法律没有明文规定的合同，适用本编通则的规定，并可以参照适用本编或者其他法律最相类似合同的规定。

在中华人民共和国境内履行的中外合资经营企业合同、中外合作经营企业合同、中外合作勘探开发自然资源合同，适用中华人民共和国法律。

第五百七十七条　当事人一方不履行合同义务或者履行合同义务不符合约定的，应当承担继续履行、采取补救措施或者赔偿损失等违约责任。

《中华人民共和国船舶和海上设施检验条例》（2019 年 3 月 2 日修订）

第六条　船舶检验分别由下列机构实施：

（一）船检局设置的船舶检验机构；

（二）省、自治区、直辖市人民政府交通主管部门设置的地方船舶检验机构；

（三）船检局委托、指定或者认可的检验机构。

前款所列机构，以下统称船舶检验机构。

第七条　中国籍船舶的所有人或者经营人，必须向船舶检验机构申请下列检验：

（一）建造或者改建船舶时，申请建造检验；

（二）营运中的船舶，申请定期检验；

（三）由外国籍船舶改为中国籍船舶的，申请初次检验。

适用本案由需要注意的问题

◆根据《最高人民法院关于适用〈中华人民共和国民事诉讼法〉的解释》《最高人民法院关于适用〈中华人民共和国海事诉讼特别程序法〉若干问题的解释》和《最高人民法院关于海事法院受理案件范围的规定》的规定，因船舶检验合同纠纷提起的诉讼，由海事法院专门管辖。同时，根据《民事诉讼法》中有关地域管辖的规定，因船舶检验合同纠纷提起的诉讼，由被告住所地或者合同履行地的海事法院管辖。此外，根据《民事诉讼法》第 35 条的规定，在当事人协议管辖的情形下，应以当事人的协议为依据确定管辖法院，即由原告住所地、被告住所地、合同签订地、合同履行地或标的物所在地的海事法院管辖。

238. 海事请求担保纠纷

案由解析

海事请求担保纠纷是指海事请求人和被请求人因海事请求提供担保而产生的纠纷。

海事请求人为保证其海事请求得以实现，往往在提出海事请求申请的同时，要求被请求人提供担保。被请求人提供担保的方式、数额一般需与海事请求人协商确定。海事请求人请求担保的数额应与被请求人所承担的责任相当。

常用法律条文及索引

《中华人民共和国海事诉讼特别程序法》（1999 年 12 月 25 日公布 2000 年 7 月 1 日施行）

第六条 海事诉讼的地域管辖，依照《中华人民共和国民事诉讼法》的有关规定。

下列海事诉讼的地域管辖，依照以下规定：

……

（六）因海事担保纠纷提起的诉讼，由担保物所在地、被告住所地海事法院管辖；因船舶抵押纠纷提起的诉讼，还可以由船籍港所在地海事法院管辖；

……

第七十五条 海事请求人提供的担保，其方式、数额由海事法院决定。被请求人提供的担保，其方式、数额由海事请求人和被请求人协商；协商不成的，由海事法院决定。

第七十六条 海事请求人要求被请求人就海事请求保全提供担保的数额，应当与其债权数额相当，但不得超过被保全的财产价值。

海事请求人提供担保的数额，应当相当于因其申请可能给被请求人造成的损失。具体数额由海事法院决定。

第七十八条 海事请求人请求担保的数额过高，造成被请求人损失的，应当承担赔偿责任。

适用本案由需要注意的问题

◆关于本案由纠纷的管辖，《海事诉讼特别程序法》第6条第6项规定，由担保物所在地、被告住所地的海事法院管辖；因船舶抵押纠纷提起的诉讼，还可以由船籍港所在地的海事法院管辖。

239. 海上、通海水域运输重大责任事故责任纠纷

案由解析

海上、通海水域运输重大责任事故责任纠纷是指因在海上、通海水域运输或者从事其他海上作业的过程中，造成人身和财产重大损害或者其他严重不良后果的事故而引起的损害赔偿纠纷。

海上、通海水域运输重大责任事故的特征是：（1）行为人违反国家法律法规和规章制度的失职行为是造成事故的原因。（2）除对人身和财产造成重大损害外，造成大面积的环境污染等事故也属于严重的不良后果。

常用法律条文及索引

《中华人民共和国民法典》（2020年5月28日公布　2021年1月1日施行）

第一百七十六条　民事主体依照法律规定或者按照当事人约定，履行民事义务，承担民事责任。

第一千一百六十五条　行为人因过错侵害他人民事权益造成损害的，应当承担侵权责任。

依照法律规定推定行为人有过错，其不能证明自己没有过错的，应当承担侵权责任。

第一千一百六十六条　行为人造成他人民事权益损害，不论行为人有无过错，法律规定应当承担侵权责任的，依照其规定。

《中华人民共和国海商法》（1992年11月7日公布　1993年7月1日施行）

第四十七条　承运人在船舶开航前和开航当时，应当谨慎处理，使船舶处于适航状态，妥善配备船员、装备船舶和配备供应品，并使货舱、冷藏舱、冷气舱和其他载货处所适于并能安全收受、载运和保管货物。

第五十九条　经证明，货物的灭失、损坏或者迟延交付是由于承运人的

故意或者明知可能造成损失而轻率地作为或者不作为造成的，承运人不得援用本法第五十六条或者第五十七条限制赔偿责任的规定。

经证明，货物的灭失、损坏或者迟延交付是由于承运人的受雇人、代理人的故意或者明知可能造成损失而轻率地作为或者不作为造成的，承运人的受雇人或者代理人不得援用本法第五十六条或者第五十七条限制赔偿责任的规定。

适用本案由需要注意的问题

◆根据《最高人民法院关于适用〈中华人民共和国海事诉讼特别程序法〉若干问题的解释》和《最高人民法院关于海事法院受理案件范围的若干规定》的规定，因海上、通海水域运输重大责任事故责任纠纷提起的诉讼，由海事法院专门管辖。同时，根据《民事诉讼法》《海事诉讼特别程序法》中有关地域管辖的规定，因海上、通海水域运输重大责任事故责任纠纷提起的诉讼，由被告住所地、事故发生地、船籍港所在地的海事法院管辖。

240. 港口作业重大责任事故责任纠纷

案由解析

港口作业重大责任事故责任纠纷是指在港口进行有关运输作业的过程中，造成人身和财产重大损害或者其他严重不良后果的事故所引起的损害赔偿纠纷。

造成港口作业重大责任事故的原因是行为人违反国家法律法规和规章制度的失职行为。除对人身和财产造成重大损害外，大面积的环境污染等事故也属于严重的不良后果。但港口作业重大责任事故的侵权地位于港口范围内。

常用法律条文及索引

《中华人民共和国民法典》（2020年5月28日公布　2021年1月1日施行）

第一百七十六条　民事主体依照法律规定或者按照当事人约定，履行民事义务，承担民事责任。

第一千一百六十五条　行为人因过错侵害他人民事权益造成损害的，应当承担侵权责任。

依照法律规定推定行为人有过错，其不能证明自己没有过错的，应当承担侵权责任。

第一千一百六十六条 行为人造成他人民事权益损害，不论行为人有无过错，法律规定应当承担侵权责任的，依照其规定。

《中华人民共和国港口法》（2018年12月29日修正）

第三十二条 港口经营人必须依照《中华人民共和国安全生产法》等有关法律、法规和国务院交通主管部门有关港口安全作业规则的规定，加强安全生产管理，建立健全安全生产责任制等规章制度，完善安全生产条件，采取保障安全生产的有效措施，确保安全生产。

港口经营人应当依法制定本单位的危险货物事故应急预案、重大生产安全事故的旅客紧急疏散和救援预案以及预防自然灾害预案，保障组织实施。

第三十三条 港口行政管理部门应当依法制定可能危及社会公共利益的港口危险货物事故应急预案、重大生产安全事故的旅客紧急疏散和救援预案以及预防自然灾害预案，建立健全港口重大生产安全事故的应急救援体系。

第三十四条 船舶进出港口，应当依照有关水上交通安全的法律、行政法规的规定向海事管理机构报告。海事管理机构接到报告后，应当及时通报港口行政管理部门。

船舶载运危险货物进出港口，应当按照国务院交通主管部门的规定将危险货物的名称、特性、包装和进出港口的时间报告海事管理机构。海事管理机构接到报告后，应当在国务院交通主管部门规定的时间内作出是否同意的决定，通知报告人，并通报港口行政管理部门。但是，定船舶、定航线、定货种的船舶可以定期报告。

第三十五条 在港口内进行危险货物的装卸、过驳作业，应当按照国务院交通主管部门的规定将危险货物的名称、特性、包装和作业的时间、地点报告港口行政管理部门。港口行政管理部门接到报告后，应当在国务院交通主管部门规定的时间内作出是否同意的决定，通知报告人，并通报海事管理机构。

第三十六条 港口行政管理部门应当依法对港口安全生产情况实施监督检查，对旅客上下集中、货物装卸量较大或者有特殊用途的码头进行重点巡查；检查中发现安全隐患的，应当责令被检查人立即排除或者限期排除。

负责安全生产监督管理的部门和其他有关部门依照法律、法规的规定，在各自职责范围内对港口安全生产实施监督检查。

适用本案由需要注意的问题

◆根据《最高人民法院关于适用〈中华人民共和国海事诉讼特别程序法〉若干问题的解释》和《最高人民法院关于海事法院受理案件范围的若干规定》的规定，因港口作业重大责任事故责任纠纷提起的诉讼，由海事法院专门管辖。同时，根据《民事诉讼法》《海事诉讼特别程序法》中有关地域管辖的规定，因港口重大责任事故责任纠纷提起的诉讼，由港口所在地海事法院管辖。此外，根据《最高人民法院关于军事法院管辖民事案件若干问题的规定》第 2 条的规定，《民事诉讼法》第 34 条规定的港口所在地在营区内，且当事人一方为军人或者军队单位的案件，地方当事人向军事法院提起诉讼的，军事法院应当受理。

241. 港口作业纠纷

案由解析

港口作业纠纷是指在港区内进行的工程建设、疏浚、打捞、救助、水上水下施工以及与运输相关的作业活动引起的各种纠纷。

港口作业纠纷的主要特征是港口作业包括在港区内进行的工程建设和与运输相关的作业，其中港区内的工程建设是指工程的测量、勘探、建造等；与运输相关的作业是指货物的装卸、驳运和保管等。

常用法律条文及索引

《港口货物作业规则》（2000 年 8 月 28 日公布　2001 年 1 月 1 日施行）①

第二条　在中华人民共和国境内，为水路运输货物提供的装卸、驳运、储存、装拆集装箱等港口作业适用本规则。

第四十五条　港口经营人对港口作业合同履行过程中货物的损坏、灭失或者迟延交付承担损害赔偿责任，但港口经营人证明货物的损坏、灭失或者迟延交付是由于下列原因造成的除外：

（一）不可抗力；

① 该文件已被废止，收入本书仅供参考。

（二）货物的自然属性和潜在缺陷；

（三）货物的自然减量和合理损耗；

（四）包装不符合要求；

（五）包装完好但货物与港口经营人签发的收据记载内容不符；

（六）作业委托人申报的货物重量不准确；

（七）普通货物中夹带危险、流质、易腐货物；

（八）作业委托人、货物接收人的其他过错。

第四十六条 除另有约定外，港口经营人与船方在水路运输货物港口装卸作业过程中的交接，适用本章规定。

（另参见“240. 港口作业重大责任事故责任纠纷”之“常用法律条文及索引”。）

适用本案由需要注意的问题

◆根据《最高人民法院关于适用〈中华人民共和国民事诉讼法〉的解释》《最高人民法院关于适用〈中华人民共和国海事诉讼特别程序法〉若干问题的解释》和《最高人民法院关于海事法院受理案件范围的规定》的规定，因港口作业纠纷提起的诉讼，由海事法院专门管辖。同时，根据《民事诉讼法》《海事诉讼特别程序法》中有关地域管辖的规定，因港口作业纠纷提起的诉讼，由港口所在地的海事法院管辖。此外，根据《最高人民法院关于军事法院管辖民事案件若干问题的规定》第 2 条的规定，《民事诉讼法》第 34 条规定的港口所在地在营区内，且当事人一方为军人或者军队单位的案件，地方当事人向军事法院提起诉讼的，军事法院应当受理。

242. 共同海损纠纷

案由解析

共同海损纠纷是指在同一海上航程中，船舶、货物和其他财产遭遇共同危险，为了共同安全，有意地合理地采取措施所直接造成的特殊牺牲、支付的特殊费用所产生的纠纷。

共同海损的特征是：（1）共同海损是由于船舶和货物遭受共同危险后，为了船舶和货物的共同安全，有意而合理的采取某种会造成一定损失的措施。(2) 措施必须是有效果的，否则共同海损就失去了赖以存在的经济基础。(3) 共同海损的损失部分由受益的船方和货方按比例分摊。

常用法律条文及索引

《中华人民共和国海商法》(1992年11月7日公布 1993年7月1日施行)

第一百九十三条 共同海损，是指在同一海上航程中，船舶、货物和其他财产遭遇共同危险，为了共同安全，有意地合理地采取措施所直接造成的特殊牺牲、支付的特殊费用。

无论在航程中或者在航程结束所发生的船舶或者货物因迟延所造成的损失，包括船期损失和行市损失以及其他间接损失，均不得列入共同海损。

第一百九十四条 船舶因发生意外、牺牲或者其他牺牲情况而损坏时，为了安全完成本航程，驶入避难港口、避难地点或者驶回装货港口、装货地点进行必要的修理，在该港口或者地点额外停留期间所支付的港口费，船员工资、给养，船舶所消耗的燃料、物料，为修理而卸载、储存、重装或者搬移船上货物、燃料、物料以及其他财产所造成的损失、支付的费用，应当列入共同海损。

第一百九十五条 为代替可以列为共同海损的特殊费用而支付的额外费用，可以作为代替费用列入共同海损；但是，列入共同海损的代替费用的金额，不得超过被代替的共同海损的特殊费用。

第一百九十六条 提出共同海损分摊请求的一方应当负举证责任，证明其损失应当列入共同海损。

第一百九十七条 引起共同海损特殊牺牲、特殊费用的事故，可能是由航程中一方的过失造成的，不影响该方要求分摊共同海损的权利；但是，非过失方或者过失方可以就此项过失提出赔偿请求或者进行抗辩。

第一百九十八条 船舶、货物和运费的共同海损牺牲的金额，依照下列规定确定；

(一) 船舶共同海损牺牲的金额，按照实际支付的修理费，减除合理的以新换旧的扣减额计算船舶尚未修理的，按照牺牲金额造成合理贬值计算，但是不得超过估计的修理费。

船舶发生实际全损或者修理费用超过修复后的船舶价值的，共同海损牺牲金额按照该船舶在完好状态下的估计价值，减除不属于共同海损损坏的估计的修理费和该船舶受损后的价值价的余额计算。

(二) 货物共同海损牺牲的金额，货物灭失的，按照货物在装船时的价值加保险费加运费，减除由于牺牲无需支付的运费计算。货物损坏，在就损坏程度达成协议前出售的，按照货物在装船时的价值加保险费加运费，与出售货物净得的差额计算。

（三）运费共同海损牺牲的金额，按照货物遭受牺牲造成的运费的损失金额，减除为取得这笔运费本应支付，但是由于牺牲无需支付的营运费用计算。

第一百九十九条 共同海损应当由受益方按照各自的分摊价值的比例分摊。

船舶、货物和运费的共同海损分摊价值，分别依照下列规定确定：

（一）船舶共同海损分摊价值，按照船舶在航程终止时的完好价值，减除不属于共同海损的损失金额计算，或者按照船舶在航程终止时的实际价值，加上共同海损牺牲的金额计算。

（二）货物共同海损分摊价值，按照货物在装船时的价值加保险费加运费，减除不属于共同海损的损失金额和承运人承担风险的运费计算。货物在抵达目的港以前售出的，按照出售净得金额，加上共同海损牺牲的金额计算。

旅客的行李和私人物品，不分摊共同海损。

（三）运费分摊价值，按照承运人承担风险并于航程终止时有权收取的运费，减除为取得该项运费而在共同海损事故发生后，为完成本航程所支付的营运费用，加上共同海损牺牲的金额计算。

第二百条 未申报的货物或者谎报的货物，应当参加共同海损分摊；其遭受的特殊牺牲，不得列入共同海损。

不正当地以低于货物实际价值作为申报价值的，按照实际价值分摊共同海损；在发生共同海损牺牲时，按照申报价值计算牺牲金额。

第二百零一条 对共同海损特殊牺牲和垫付的共同海损特殊费用，应当计算利息，对垫付的共同海损特殊费用，除船员工资、给养和船舶消耗的燃料、物料外，应当计算手续费。

第二百零二条 经利益关系人要求，各分摊方应当提供共同海损担保。

以提供保证金方式进行共同海损担保的，保证金应当交由海损理算师以保管人名义存入银行。

保证金的提供、使用或者退还，不影响各方最终的分摊责任。

第二百零三条 共同海损理算，适用合同约定的理算规则；合同未约定的，适用本章的规定。

《中华人民共和国海事诉讼特别程序法》（1999 年 12 月 25 日公布　2000 年 7 月 1 日施行）

第六条　海事诉讼的地域管辖，依照《中华人民共和国民事诉讼法》的有关规定。

下列海事诉讼的地域管辖，依照以下规定：

（一）因海事侵权行为提起的诉讼，除依照《中华人民共和国民事诉讼法》第二十九条至第三十一条的规定以外，还可以由船籍港所在地海事法院管辖；

……

第二十一条　下列海事请求，可以申请扣押船舶：

……

（九）共同海损；

……

第八十八条　当事人就共同海损的纠纷，可以协议委托理算机构理算，也可以直接向海事法院提起诉讼。海事法院受理未经理算的共同海损纠纷，可以委托理算机构理算。

第八十九条　理算机构作出的共同海损理算报告，当事人没有提出异议的，可以作为分摊责任的依据；当事人提出异议的，由海事法院决定是否采纳。

第九十条　当事人可以不受因同一海损事故提起的共同海损诉讼程序的影响，就非共同海损损失向责任人提起诉讼。

第九十一条　当事人就同一海损事故向受理共同海损案件的海事法院提起非共同海损的诉讼，以及对共同海损分摊向责任人提起追偿诉讼的，海事法院可以合并审理。

第九十二条　海事法院审理共同海损案件，应当在立案后一年内审结。有特殊情况需要延长的，由本院院长批准。

《最高人民法院关于适用〈中华人民共和国海事诉讼特别程序法〉若干问题的解释》（法释〔2003〕3 号　2008 年 12 月 16 日调整）

第一条　在海上或者通海水域发生的与船舶或者运输、生产、作业相关的海事侵权纠纷、海商合同纠纷，以及法律或者相关司法解释规定的其他海事纠纷案件由海事法院及其上级人民法院专门管辖。

第六十二条　未经理算的共同海损纠纷诉至海事法院的，海事法院应责令当事人自行委托共同海损理算。确有必要由海事法院委托理算的，由当事人提出申请，委托理算的费用由主张共同海损的当事人垫付。

第六十三条　当事人对共同海损理算报告提出异议，经海事法院审查异议成立，需要补充理算或者重新理算的，应当由原委托人通知理算人进行理算。原委托人不通知理算的，海事法院可以通知理算人重新理算，有关费用由异议人垫付；异议人拒绝垫付费用的，视为撤销异议。

第六十四条　因与共同海损纠纷有关的非共同海损损失向责任人提起的诉讼，适用海事诉讼特别程序法第九十二条规定的审限。

适用本案由需要注意的问题

◆根据《最高人民法院关于适用〈中华人民共和国民事诉讼法〉的解释》《最高人民法院关于适用〈中华人民共和国海事诉讼特别程序法〉若干问题的解释》和《最高人民法院关于海事法院受理案件范围的规定》的规定，因共同海损纠纷提起的诉讼，由海事法院专门管辖。同时，根据《民事诉讼法》的规定，因共同海损纠纷提起的诉讼，由船舶最先到达地、共同海损理算地及航程终止地的海事法院管辖。

◆采取共同海损措施后必须要有效果，如果采取措施后未能避免船货和其他财产的全损，则不能构成共同海损。但这里所指的“效果”，并非要求财产全部获救，即使只有部分财产获救，也不影响共同海损的成立。

◆在任何情况下，船舶或者货物因迟延所造成的损失，包括船期损失和行市损失以及其他间接损失，均不得列入共同海损。未申报的货物或者谎报的货物，应当参加共同海损分摊；其遭受的特殊牺牲，不得列入共同海损。

243. 海洋开发利用纠纷

案由解析

海洋开发利用纠纷是指因开展对海洋石油、天然气的开采，对海水进行淡化和综合利用，海洋水下工程的建设，对海洋生态和矿产等进行科学考察和利用等活动所产生的纠纷。

常用法律条文及索引

《中华人民共和国海洋环境保护法》（2023 年 10 月 24 日修订）

第二条　本法适用于中华人民共和国管辖海域。

在中华人民共和国管辖海域内从事航行、勘探、开发、生产、旅游、科学研究及其他活动，或者在沿海陆域内从事影响海洋环境活动的任何单位和个人，应当遵守本法。

在中华人民共和国管辖海域以外，造成中华人民共和国管辖海域环境污染、生态破坏的，适用本法相关规定。

《中华人民共和国领海及毗连区法》（1992 年 2 月 25 日公布施行）

第十一条 任何国际组织、外国的组织或者个人，在中华人民共和国领海内进行科学研究、海洋作业等活动，须经中华人民共和国政府或者其有关主管部门批准，遵守中华人民共和国法律、法规。

违反前款规定，非法进入中华人民共和国领海进行科学研究、海洋作业等活动的，由中华人民共和国有关机关依法处理。

《中华人民共和国专属经济区和大陆架法》（1998 年 6 月 26 日公布施行）

第三条 中华人民共和国在专属经济区为勘查、开发、养护和管理海床上覆水域、海床及其底土的自然资源，以及进行其他经济性开发和勘查，如利用海水、海流和风力生产能等活动，行使主权权利。

中华人民共和国对专属经济区的人工岛屿、设施和结构的建造、使用和海洋科学研究、海洋环境的保护和保全，行使管辖权。

本法所称专属经济区的自然资源，包括生物资源和非生物资源。

第四条 中华人民共和国为勘查大陆架和开发大陆架的自然资源，对大陆架行使主权权利。

中华人民共和国对大陆架的人工岛屿、设施和结构的建造、使用和海洋科学研究、海洋环境的保护和保全，行使管辖权。

中华人民共和国拥有授权和管理为一切目的在大陆架上进行钻探的专属权利。

本法所称大陆架的自然资源，包括海床和底土的矿物和其他非生物资源，以及属于定居种的生物，即在可捕捞阶段在海床上或者海床下不能移动或者其躯体须与海床或者底土保持接触才能移动的生物。

第五条 任何国际组织、外国的组织或者个人进入中华人民共和国的专属经济区从事渔业活动，必须经中华人民共和国主管机关批准，并遵守中华人民共和国的法律、法规及中华人民共和国与有关国家签订的条约、协定。

中华人民共和国主管机关有权采取各种必要的养护和管理措施，确保专属经济区的生物资源不受过度开发的危害。

第六条 中华人民共和国主管机关有权对专属经济区的跨界种群、高度洄游鱼种、海洋哺乳动物、源自中华人民共和国河流的溯河产卵种群、在中华人民共和国水域内度过大部分生命周期的降河产卵鱼种，进行养护和管理。

中华人民共和国对源自本国河流的溯河产卵种群，享有主要利益。

第七条 任何国际组织、外国的组织或者个人对中华人民共和国的专属经济区和大陆架的自然资源进行勘查、开发活动或者在中华人民共和国的大陆架上为任何目的进行钻探，必须经中华人民共和国主管机关批准，并遵守中华人民共和国的法律、法规。

第八条 中华人民共和国在专属经济区和大陆架有专属权利建造并授权和管理建造、操作和使用人工岛屿、设施和结构。

中华人民共和国对专属经济区和大陆架的人工岛屿、设施和结构行使专属管辖权，包括有关海关、财政、卫生、安全和出境入境的法律和法规方面的管辖权。

中华人民共和国主管机关有权在专属经济区和大陆架的人工岛屿、设施和结构周围设置安全地带，并可以在该地带采取适当措施，确保航行安全以及人工岛屿、设施和结构的安全。

第九条 任何国际组织、外国的组织或者个人在中华人民共和国的专属经济区和大陆架进行海洋科学研究，必须经中华人民共和国主管机关批准，并遵守中华人民共和国的法律、法规。

第十条 中华人民共和国主管机关有权采取必要的措施，防止、减少和控制海洋环境的污染，保护和保全专属经济区和大陆架的海洋环境。

第十一条 任何国家在遵守国际法和中华人民共和国的法律、法规的前提下，在中华人民共和国的专属经济区享有航行、飞越的自由，在中华人民共和国的专属经济区和大陆架享有铺设海底电缆和管道的自由，以及与上述自由有关的其他合法使用海洋的便利。铺设海底电缆和管道的路线，必须经中华人民共和国主管机关同意。

第十二条 中华人民共和国在行使勘查、开发、养护和管理专属经济区的生物资源的主权权利时，为确保中华人民共和国的法律、法规得到遵守，可以采取登临、检查、逮捕、扣留和进行司法程序等必要的措施。

中华人民共和国对在专属经济区和大陆架违反中华人民共和国法律、法规的行为，有权采取必要措施，依法追究法律责任，并可以行使紧追权。

适用本案由需要注意的问题

◆根据《最高人民法院关于适用〈中华人民共和国民事诉讼法〉的解

释》《最高人民法院关于适用〈中华人民共和国海事诉讼特别程序法〉若干问题的解释》和《最高人民法院关于海事法院受理案件范围的规定》的规定，海洋开发利用纠纷由海事法院专门管辖。根据《海事诉讼特别程序法》第7条第3项的规定，因在中华人民共和国领域和有管辖权的海域履行的海洋勘探开发合同纠纷提起的诉讼，由合同履行地海事法院管辖。根据《最高人民法院关于适用〈中华人民共和国海事诉讼特别程序法〉若干问题的解释》第11条和第12条的规定，《海事诉讼特别程序法》第7条第3项规定的有管辖权的海域指中华人民共和国的毗连区、专属经济区、大陆架以及有管辖权的其他海域；合同履行地指合同的实际履行地；合同未实际履行的，为合同约定的履行地。

244. 船舶共有纠纷

案由解析

船舶共有是指两个或两个以上民事主体共同享有同一船舶的所有权，是基于当事人共同投资建造新船及共同购买船舶而发生的。

船舶共有纠纷是指从事海上、通海水域运输、渔业生产的船舶共有人之间因对船舶的共同经营、收益、分配、处分、修缮和财产分割所引发的纠纷。

船舶共有纠纷的特征是：（1）该类纠纷仅存在于从事海上、通海水域运输、渔业生产的船舶共有人之间。（2）船舶共有要求当事人之间有共同投资建造新船及共同购买船舶的行为。（3）船舶共有需经登记方才发生法律效力。

常用法律条文及索引

《中华人民共和国海商法》（1992年11月7日公布　1993年7月1日施行）

第十条　船舶由两个以上的法人或者个人共有的，应当向船舶登记机关登记；未经登记的，不得对抗第三人。

《中华人民共和国民法典》（2020年5月28日公布　2021年1月1日施行）

第二百九十七条　不动产或者动产可以由两个以上组织、个人共有。共有包括按份共有和共同共有。

第二百九十八条 按份共有人对共有的不动产或者动产按照其份额享有所有权。

第二百九十九条 共同共有人对共有的不动产或者动产共同享有所有权。

适用本案由需要注意的问题

◆根据《最高人民法院关于适用〈中华人民共和国民事诉讼法〉的解释》《最高人民法院关于适用〈中华人民共和国海事诉讼特别程序法〉若干问题的解释》和《最高人民法院关于海事法院受理案件范围的规定》的规定，因船舶共有纠纷提起的诉讼，由海事法院专门管辖。同时，根据《海事诉讼特别程序法》和《最高人民法院关于适用〈中华人民共和国海事诉讼特别程序法〉若干问题的解释》的规定，因船舶共有纠纷提起的诉讼，由船舶所在地、船籍港所在地、被告住所地的海事法院管辖。其中船舶所在地指起诉时船舶的停泊地或者船舶被扣押地。

245. 船舶权属纠纷

案由解析

船舶权属纠纷是指因船舶的所有权、使用权、抵押权、留置权及优先权等权利的成立、归属方面的争议引发的纠纷。

常用法律条文及索引

《中华人民共和国海商法》（1992年11月7日公布　1993年7月1日施行）

第九条 船舶所有权的取得、转让和消灭，应当向船舶登记机关登记；未经登记的，不得对抗第三人。

船舶所有权的转让，应当签订书面合同。

第十条 船舶由两个以上的法人或者个人共有的，应当向船舶登记机关登记；未经登记的，不得对抗第三人。

第十三条 设定船舶抵押权，由抵押权人和抵押人共同向船舶登记机关办理抵押权登记；未经登记的，不得对抗第三人。

船舶抵押权登记，包括下列主要项目：

（一）船舶抵押权人和抵押人的姓名或者名称、地址；

（二）被抵押船舶的名称、国籍、船舶所有权证书的颁发机关和证书号码；

（三）所担保的债权数额、利息率、受偿期限。

船舶抵押权的登记状况，允许公众查询。

第二十一条 船舶优先权，是指海事请求人依照本法第二十二条的规定，向船舶所有人、光船承租人、船舶经营人提出海事请求，对产生该海事请求的船舶具有优先受偿的权利。

适用本案由需要注意的问题

◆根据《最高人民法院关于适用〈中华人民共和国民事诉讼法〉的解释》《最高人民法院关于适用〈中华人民共和国海事诉讼特别程序法〉若干问题的解释》和《最高人民法院关于海事法院受理案件范围的规定》的规定，因船舶权属纠纷提起的诉讼，由海事法院专门管辖。同时，根据《海事诉讼特别程序法》和《最高人民法院关于适用〈中华人民共和国海事诉讼特别程序法〉若干问题的解释》的规定，因船舶权属纠纷提起的诉讼，由船舶所在地、船籍港所在地、被告住所地的海事法院管辖。其中船舶所在地指起诉时船舶的停泊地或者船舶被扣押地。

246. 海运欺诈纠纷

案由解析

海运欺诈纠纷是指由于采用欺骗手段在海上运输及与海上运输相关的国际贸易活动中获取非法利益而引起的海运纠纷。海运欺诈主要有制造虚假海运单证、鬼船、非法绕航、沉船等手段。

常用法律条文及索引

《中华人民共和国海商法》（1992年11月7日公布 1993年7月1日施行）

第一百八十七条 由于救助方的过失致使救助作业成为必需或者更加困难的，或者救助方有欺诈或者其他不诚实行为的，应当取消或者减少向救助方支付的救助款项。

《中华人民共和国民法典》（2020年5月28日公布　2021年1月1日施行）

第一百四十八条　一方以欺诈手段，使对方在违背真实意思的情况下实施的民事法律行为，受欺诈方有权请求人民法院或者仲裁机构予以撤销。

第一百四十九条　第三人实施欺诈行为，使一方在违背真实意思的情况下实施的民事法律行为，对方知道或者应当知道该欺诈行为的，受欺诈方有权请求人民法院或者仲裁机构予以撤销。

第一百五十条　一方或者第三人以胁迫手段，使对方在违背真实意思的情况下实施的民事法律行为，受胁迫方有权请求人民法院或者仲裁机构予以撤销。

第一百五十一条　一方利用对方处于危困状态、缺乏判断能力等情形，致使民事法律行为成立时显失公平的，受损害方有权请求人民法院或者仲裁机构予以撤销。

第一百五十三条　违反法律、行政法规的强制性规定的民事法律行为无效。但是，该强制性规定不导致该民事法律行为无效的除外。

违背公序良俗的民事法律行为无效。

第一百五十四条　行为人与相对人恶意串通，损害他人合法权益的民事法律行为无效。

第一百五十七条　民事法律行为无效、被撤销或者确定不发生效力后，行为人因该行为取得的财产，应当予以返还；不能返还或者没有必要返还的，应当折价补偿。有过错的一方应当赔偿对方由此所受到的损失；各方都有过错的，应当各自承担相应的责任。法律另有规定的，依照其规定。

适用本案由需要注意的问题

◆根据《最高人民法院关于适用〈中华人民共和国民事诉讼法〉的解释》《最高人民法院关于适用〈中华人民共和国海事诉讼特别程序法〉若干问题的解释》和《最高人民法院关于海事法院受理案件范围的规定》的规定，因海运欺诈纠纷提起的诉讼，由海事法院专门管辖。同时，根据《海事诉讼特别程序法》和《民事诉讼法》有关地域管辖的规定，因海运欺诈纠纷提起的诉讼，由被告住所地或海运合同履行地的海事法院管辖。

247. 海事债权确权纠纷

案由解析

海事债权确权纠纷是指在海事法院强制拍卖船舶或者设立海事赔偿责任限制基金的公告发布后，债权人在公告期间向海事法院申请债权登记，并提供法院裁判文书、仲裁裁决书或者公证债权文书，以及其他证明具有海事债权的证据材料，由法院对上述材料的真实合法性进行审查，并裁定予以确认的纠纷。

海事债权确权的特征是：（1）债权人提供证明债权的判决书、海事法院经审查认定上述文书真实合法的，裁定予以确认，该债权是否存在、数额多少，由证明债权的判决书决定。（2）该裁定无实体效力，仅具有决定此种债权性质是否为相关海事请求，能否参加分配的效力。

常用法律条文及索引

《中华人民共和国民事诉讼法》（2023 年 9 月 1 日修正）

第二百九十八条 外国法院作出的发生法律效力的判决、裁定，需要人民法院承认和执行的，可以由当事人直接向有管辖权的中级人民法院申请承认和执行，也可以由外国法院依照该国与中华人民共和国缔结或者参加的国际条约的规定，或者按照互惠原则，请求人民法院承认和执行。

第二百九十九条 人民法院对申请或者请求承认和执行的外国法院作出的发生法律效力的判决、裁定，依照中华人民共和国缔结或者参加的国际条约，或者按照互惠原则进行审查后，认为不违反中华人民共和国法律的基本原则且不损害国家主权、安全、社会公共利益的，裁定承认其效力；需要执行的，发出执行令，依照本法的有关规定执行。

《中华人民共和国海事诉讼特别程序法》（1999 年 12 月 25 日公布 2000 年 7 月 1 日施行）

第一百一十一条 海事法院裁定强制拍卖船舶的公告发布后，债权人应当在公告期间，就与被拍卖船舶有关的债权申请登记。公告期间届满不登记的，视为放弃在本次拍卖船舶价款中受偿的权利。

第一百一十二条 海事法院受理设立海事赔偿责任限制基金的公告发布

后，债权人应当在公告期间就与特定场合发生的海事事故有关的债权申请登记。公告期间届满不登记的，视为放弃债权。

第一百一十三条 债权人向海事法院申请登记债权的，应当提交书面申请，并提供有关债权证据。

债权证据，包括证明债权的具有法律效力的判决书、裁定书、调解书、仲裁裁决书和公证债权文书，以及其他证明具有海事请求的证据材料。

第一百一十四条 海事法院应当对债权人的申请进行审查，对提供债权证据的，裁定准予登记；对不提供债权证据的，裁定驳回申请。

第一百一十五条 债权人提供证明债权的判决书、裁定书、调解书、仲裁裁决书或者公证债权文书的，海事法院经审查认定上述文书真实合法的，裁定予以确认。

第一百一十六条 债权人提供其他海事请求证据的，应当在办理债权登记以后，在受理债权登记的海事法院提起确权诉讼。当事人之间有仲裁协议的，应当及时申请仲裁。

海事法院对确权诉讼作出的判决、裁定具有法律效力，当事人不得提起上诉。

第一百一十七条 海事法院审理并确认债权后，应当向债权人发出债权人会议通知书，组织召开债权人会议。

第一百一十八条 债权人会议可以协商提出船舶价款或者海事赔偿责任限制基金的分配方案，签订受偿协议。

受偿协议经海事法院裁定认可，具有法律效力。

债权人会议协商不成的，由海事法院依照《中华人民共和国海商法》以及其他有关法律规定的受偿顺序，裁定船舶价款或者海事赔偿责任限制基金的分配方案。

第一百一十九条 拍卖船舶所得价款及其利息，或者海事赔偿责任限制基金及其利息，应当一并予以分配。

分配船舶价款时，应当由责任人承担的诉讼费用，为保存、拍卖船舶和分配船舶价款产生的费用，以及为债权人的共同利益支付的其他费用，应当从船舶价款中先行拨付。

清偿债务后的余款，应当退还船舶原所有人或者海事赔偿责任限制基金设立人。

《最高人民法院关于适用〈中华人民共和国海事诉讼特别程序法〉若干问题的解释》（法释〔2003〕3号　2008年12月16日调整）

第八十七条　海事诉讼特别程序法第一百一十一条规定的与被拍卖船舶有关的债权指与被拍卖船舶有关的海事债权。

第八十八条　海事诉讼特别程序法第一百一十五条规定的判决书、裁定书、调解书和仲裁裁决书指我国国内的判决书、裁定书、调解书和仲裁裁决书。对于债权人提供的国外的判决书、裁定书、调解书和仲裁裁决书，适用民事诉讼法第二百六十八条和第二百六十九条规定的程序审查。

第八十九条　在债权登记前，债权人已向受理债权登记的海事法院以外的海事法院起诉的，受理案件的海事法院应当将案件移送至登记债权的海事法院一并审理，但案件已经进入二审的除外。

第九十条　债权人依据海事诉讼特别程序法第一百一十六条规定向受理债权登记的海事法院提起确权诉讼的，应当在办理债权登记后七日内提起。

适用本案由需要注意的问题

◆根据《最高人民法院关于适用〈中华人民共和国民事诉讼法〉的解释》《最高人民法院关于适用〈中华人民共和国海事诉讼特别程序法〉若干问题的解释》和《最高人民法院关于海事法院受理案件范围的规定》的规定，海事债权确权纠纷由海事法院专门管辖。

第八部分　与公司、证券、保险、票据等有关的民事纠纷

二十、与企业有关的纠纷

248. 企业出资人权益确认纠纷

案由解析

出资人权益是指企业出资人（自然人、法人或者其他组织）依据法律和企业章程的规定在企业中享有的资产收益、重大决策以及选择经营管理者等权利。该权益内容由法律规定和企业章程来确定。对于国有企业，由国务院或地方人民政府授权本级人民政府国有资产管理机构履行出资人职责，享有出资人权益；对于非国有企业，相关法律法规对出资人权益予以保护，出资人按照约定或者出资比例享有出资人权益并履行义务。

企业出资人权益确认纠纷是指企业出资人之间或者企业出资人与企业之间就出资权益是否存在或者持有出资比例多少发生争议时，出资人向人民法院提请民事诉讼，请求确认其在企业中享有一定出资权益的纠纷。

常用法律条文及索引

《中华人民共和国民法典》（2020 年 5 月 28 日公布　2021 年 1 月 1 日施行）

第二百五十七条　国家出资的企业，由国务院、地方人民政府依照法律、行政法规规定分别代表国家履行出资人职责，享有出资人权益。

第二百六十八条　国家、集体和私人依法可以出资设立有限责任公司、

股份有限公司或者其他企业。国家、集体和私人所有的不动产或者动产投到企业的，由出资人按照约定或者出资比例享有资产收益、重大决策以及选择经营管理者等权利并履行义务。

《中华人民共和国公司法》（2023年12月29日修订）

第十四条　公司可以向其他企业投资。

法律规定公司不得成为对所投资企业的债务承担连带责任的出资人的，从其规定。

第五十六条　有限责任公司应当置备股东名册，记载下列事项：

（一）股东的姓名或者名称及住所；

（二）股东认缴和实缴的出资额、出资方式和出资日期；

（三）出资证明书编号；

（四）取得和丧失股东资格的日期。

记载于股东名册的股东，可以依股东名册主张行使股东权利。

第九十五条　股份有限公司章程应当载明下列事项：

（一）公司名称和住所；

（二）公司经营范围；

（三）公司设立方式；

（四）公司注册资本、已发行的股份数和设立时发行的股份数，面额股的每股金额；

（五）发行类别股的，每一类别股的股份数及其权利和义务；

（六）发起人的姓名或者名称、认购的股份数、出资方式；

（七）董事会的组成、职权和议事规则；

（八）公司法定代表人的产生、变更办法；

（九）监事会的组成、职权和议事规则；

（十）公司利润分配办法；

（十一）公司的解散事由与清算办法；

（十二）公司的通知和公告办法；

（十三）股东会认为需要规定的其他事项。

《中华人民共和国中小企业促进法》（2017年9月1日修订）

第五十条　国家保护中小企业及其出资人的财产权和其他合法权益。任何单位和个人不得侵犯中小企业财产及其合法收益。

《企业国有资产监督管理暂行条例》（2019年3月2日修订）

第五条　国务院代表国家对关系国民经济命脉和国家安全的大型国有及

国有控股、国有参股企业，重要基础设施和重要自然资源等领域的国有及国有控股、国有参股企业，履行出资人职责。国务院履行出资人职责的企业，由国务院确定、公布。

省、自治区、直辖市人民政府和设区的市、自治州级人民政府分别代表国家对由国务院履行出资人职责以外的国有及国有控股、国有参股企业，履行出资人职责。其中，省、自治区、直辖市人民政府履行出资人职责的国有及国有控股、国有参股企业，由省、自治区、直辖市人民政府确定、公布，并报国务院国有资产监督管理机构备案；其他由设区的市、自治州级人民政府履行出资人职责的国有及国有控股、国有参股企业，由设区的市、自治州级人民政府确定、公布，并报省、自治区、直辖市人民政府国有资产监督管理机构备案。

国务院，省、自治区、直辖市人民政府，设区的市、自治州级人民政府履行出资人职责的企业，以下统称所出资企业。

第十条第一款 所出资企业及其投资设立的企业，享有有关法律、行政法规规定的企业经营自主权。

第二十三条 国有资产监督管理机构决定其所出资企业的国有股权转让。其中，转让全部国有股权或者转让部分国有股权致使国家不再拥有控股地位的，报本级人民政府批准。

第二十四条 所出资企业投资设立的重要子企业的重大事项，需由所出资企业报国有资产监督管理机构批准的，管理办法由国务院国有资产监督管理机构另行制定，报国务院批准。

《最高人民法院关于审理中央级财政资金转为部分中央企业国家资本金有关纠纷案件的通知》（法〔2012〕295号　2012年12月11日公布）

一、有关中央企业就《通知》所涉中央级财政资金转为国家资本金引发的确认公司或企业出资人权益、返还资金等纠纷提起民事诉讼的，人民法院应予受理。《通知》发布前人民法院已经受理的相关案件，人民法院可以继续审理。

有关中央企业请求返还资金案件的案由为资金返还纠纷。

二、《通知》发布前，当事人之间就确认公司或企业出资人权益、资金返还等达成的协议，不违反国家相关政策规定的，其效力应予认可。

三、除人民法院已经受理的案件外，有关中央企业返还资金请求权的诉讼时效期间自《通知》第五条规定的期限届满之日起算。

当事人主张确认公司或企业出资人权益请求权不适用诉讼时效的规定。

五、本通知发布前尚未审结的一、二审案件适用本通知；本通知发布前已经审结的案件，当事人申请再审或按审判监督程序提起再审的案件，不适用本通知。但依照《最高人民法院关于因政府调整划转企业国有资产引起的纠纷是否受理问题的批复》（法复〔1996〕4号）的规定或者以相关政策不明确为由，作出不予受理或者驳回起诉裁定的案件除外。

适用本案由需要注意的问题

◆企业出资人权益确认纠纷案件系出资人请求法院确认当事人是否享有所争议的出资权益，属于确认之诉，依据《民事诉讼法》第22条的规定，由被告住所地人民法院管辖。

◆在确定本案由时，尤其要注意区分其与股东资格确认纠纷的不同，股东资格确认纠纷主要是涉及公司法人的出资人权益确认的纠纷，而企业出资人权益纠纷主要是指涉及非公司制法人的出资人的权益确认纠纷。

◆企业出资人要获得实际的出资人权益，应以出资义务的实际履行为前提，因此，实际出资人若向企业主张权利，应首先提起确认之诉，需提供出资证明文件、公司章程和工商登记等证据材料。

249. 侵害企业出资人权益纠纷

案由解析

侵害企业出资人权益纠纷，是指企业或者企业的出资人侵犯企业其他出资人的合法权益，或者是企业的经营管理者侵犯企业的出资人的合法权益及因投资取得的合法收益所引发的民事争议。

在司法实践中，侵害企业出资人权益纠纷主要是侵权人违反法律规定或者违反企业章程规定，损害了企业出资人在企业享有的资产收益、重大决策和选择经营管理者等权利。这种纠纷往往与企业出资人权益确认纠纷紧密相连，企业出资人权益的确认是人民法院审理侵害企业出资人权益纠纷的前提和基础。没有权益的确认，就没有权益的保护。

常用法律条文及索引

《中华人民共和国民法典》（2020年5月28日公布 2021年1月1日施行）

第二百五十七条 国家出资的企业，由国务院、地方人民政府依照法律、行政法规规定分别代表国家履行出资人职责，享有出资人权益。

第二百六十八条 国家、集体和私人依法可以出资设立有限责任公司、股份有限公司或者其他企业。国家、集体和私人所有的不动产或者动产投到企业的，由出资人按照约定或者出资比例享有资产收益、重大决策以及选择经营管理者等权利并履行义务。

《中华人民共和国公司法》（2023年12月29日修订）

第十四条 公司可以向其他企业投资。

法律规定公司不得成为对所投资企业的债务承担连带责任的出资人的，从其规定。

《中华人民共和国中小企业促进法》（2017年9月1日修订）

第五十条 国家保护中小企业及其出资人的财产权和其他合法权益。任何单位和个人不得侵犯中小企业财产及其合法收益。

《企业国有资产监督管理暂行条例》（2019年3月2日修订）

第十一条 所出资企业应当努力提高经济效益，对其经营管理的企业国有资产承担保值增值责任。

所出资企业应当接受国有资产监督管理机构依法实施的监督管理，不得损害企业国有资产所有者和其他出资人的合法权益。

《最高人民法院关于审理与企业改制相关民事纠纷案件若干问题的规定》（法释〔2003〕1号 2020年12月23日修正）

第十一条 企业在进行股份合作制改造时，参照公司法的有关规定，公告通知了债权人。企业股份合作制改造后，债权人就原企业资产管理人（出资人）隐瞒或者遗漏的债务起诉股份合作制企业的，如债权人在公告期内申报过该债权，股份合作制企业在承担民事责任后，可再向原企业资产管理人（出资人）追偿。如债权人在公告期内未申报过该债权，则股份合作制企业不承担民事责任，人民法院可告知债权人另行起诉原企业资产管理人（出资人）。

第三十三条 企业吸收合并或新设合并后，被兼并企业应当办理而未办理工商注销登记，债权人起诉被兼并企业的，人民法院应当根据企业兼并后的具体情况，告知债权人追加责任主体，并判令责任主体承担民事责任。

适用本案由需要注意的问题

◆侵害企业出资人权益纠纷系出资人的合法权益受到侵害所引起，依据《民事诉讼法》第 29 条的规定，该类纠纷案件由侵权行为地或者被告住所地人民法院管辖。

◆在司法实践中，处理侵害企业出资人权益纠纷案件时，应先确认出资人是否享有法律和企业章程规定的资产收益、重大决策和选择经营管理者等权利。企业出资人权益的确认是人民法院审理侵害企业出资人权益纠纷的前提。

250. 企业公司制改造合同纠纷

案由解析

企业公司制改造是指依据公司法和国有企业改制的相关规定，将企业改造为有限责任公司或股份有限公司的法律行为。企业公司制改造合同纠纷是指在企业改制过程中，由于企业公司制改造合同的签订，合同的效力、履行、变更、终止等产生的纠纷。

人民法院在确认企业公司制改造合同效力时，采取慎重原则。对当事人围绕企业公司制改造所签订的合同，除合同内容违反法律、法规的强制性规定，应当确认合同无效外，原则上确认合同有效。

常用法律条文及索引

《中华人民共和国全民所有制工业企业法》（2009 年 8 月 27 日修正）

第二条　全民所有制工业企业（以下简称企业）是依法自主经营、自负盈亏、独立核算的社会主义商品生产和经营单位。

企业的财产属于全民所有，国家依照所有权和经营权分离的原则授予企业经营管理。企业对国家授予其经营管理的财产享有占有、使用和依法处分的权利。企业依法取得法人资格，以国家授予其经营管理的财产承担民事责任。

第十八条　企业合并或者分立，依照法律、行政法规的规定，由政府或者政府主管部门批准。

《最高人民法院关于审理与企业改制相关的民事纠纷案件若干问题的规定》（法释〔2003〕1号 2020年12月23日修正）

第四条 国有企业依公司法整体改造为国有独资有限责任公司的，原企业的债务，由改造后的有限责任公司承担。

第五条 企业通过增资扩股或者转让部分产权，实现他人对企业的参股，将企业整体改造为有限责任公司或者股份有限公司的，原企业债务由改造后的新设公司承担。

第六条 企业以其部分财产和相应债务与他人组建新公司，对所转移的债务债权人认可的，由新组建的公司承担民事责任；对所转移的债务未通知债权人或者虽通知债权人，而债权人不予认可的，由原企业承担民事责任。原企业无力偿还债务，债权人就此向新设公司主张债权的，新设公司在所接收的财产范围内与原企业承担连带民事责任。

第七条 企业以其优质财产与他人组建新公司，而将债务留在原企业，债权人以新设公司和原企业作为共同被告提起诉讼主张债权的，新设公司应当在所接收的财产范围内与原企业共同承担连带责任。

适用本案由需要注意的问题

◆企业公司制改造合同纠纷系企业因签订、履行改造合同而引起的纠纷，依据《民事诉讼法》第24条的规定，该类纠纷案件由被告住所地或者合同履行地人民法院管辖。

◆企业公司制改造受相关法律法规及政策调整，但企业公司制改造后的债务承担，尤其是对企业部分改造为公司后的债务承担问题，缺少具体的规定。因此，《最高人民法院关于审理与企业改制相关的民事纠纷案件若干问题的规定》第4条至第7条对企业公司制改造过程中的债务承担问题作了具体规定：第4条是关于企业整体改造为国有独资有限责任公司后债务承担的规定；第5条是关于企业整体改造为有限责任公司或者股份有限公司后债务承担的规定；第6条是企业部分改造为公司后债务承担的问题；第7条是关于债务人借企业公司制改造逃债的处理规定。

◆企业公司制改造分为整体改造和部分改造。所谓整体改造就是国有企业依据公司法整体改造为国有独资有限责任公司，或者企业通过增资扩股或转让部分产权，实现他人对企业参股，整体改造为有限责任公司或者股份有限公司。整体改造的特点是企业依法将其全部资产投入改制后设立的公司，原企业终止。改制后的公司不仅承接原企业全部资产，而且整体承接原企业债务。原企业债务由改制后的有限责任公司或者新设公司承担。

◆所谓部分改造就是企业以其部分财产和相应债务与他人组建新公司，或者企业以其优质财产与他人组建新公司而将债务留在原企业。部分改造的特点是原企业剥离部分资产吸收其他投资人改造为公司，原企业不消灭，只是资产结构发生变化。在这种情况下，改造后的公司与原企业债务的承接关系存在以下几种实际情况：（1）企业既以部分财产又以相应部分债务与他人组建新公司，债权人对所转移的债务认可的，债务已经依法转移，债务由新组建的公司承担。（2）对所转移债务未通知债权人或者通知了债权人而债权人不予认可，虽然债务未依法转移，但是新组建的公司有足够能力清偿该债务的，应当根据实际情况确定由新组建的公司承担该债务的清偿责任，这样有利于企业改制前原有债务债权的实现。（3）原企业因部分改造而无力偿还或以优质财产实现部分改造导致无力偿还债务的，新设公司应当在所接受财产范围内与原企业对原有债务承担连带责任，防止利用企业公司制改造逃避债务，保护债权人权益。

251. 企业股份合作制改造合同纠纷

案由解析

企业股份合作制改造是指将企业改造为以合作制为基础，吸收股份制的一些做法，实行以企业职工的劳动联合与资本联合为主的企业组织形式。主要包括以下三种形式：一是由企业职工出资买断企业产权，将企业改造为股份合作制企业；二是企业向职工转让部分产权，由企业与职工共同组建股份合作制企业；三是企业通过职工增资扩股，将原企业改造成股份合作制企业。

企业股份合作制的主要特征是：（1）股份合作制企业是独立的企业法人，能够独立承担责任。（2）企业的股东主要是本企业的职工，原则上不吸收他人入股。（3）依法设立董事会、监事会、经理等管理机构，企业职工通过职工股东大会的形式实行民主管理。（4）股份合作制体现了劳动合作和资本合作的有机结合。在股份合作制企业中，职工既是企业的劳动者，又是企业的出资者。（5）在分配方式上，实行按资分配和按劳分配相结合。企业职工取得的收入有工资收入和资本分红两种途径。

企业股份合作制改造合同纠纷是指在保留企业法人资格的前提下，吸收股份制的做法将企业改造成股份合作制企业，在此过程中因合同的效力、履行、变更、终止等产生的纠纷。

常用法律条文及索引

《最高人民法院关于审理与企业改制相关的民事纠纷案件若干问题的规定》（法释〔2003〕1号　2020年12月23日修正）

第八条　由企业职工买断企业产权，将原企业改造为股份合作制的，原企业的债务，由改造后的股份合作制企业承担。

第九条　企业向其职工转让部分产权，由企业与职工共同组建股份合作制企业的，原企业的债务由改造后的股份合作制企业承担。

第十条　企业通过其职工投资增资扩股，将原企业改造为股份合作制企业的，原企业的债务由改造后的股份合作制企业承担。

第十一条　企业在进行股份合作制改造时，参照公司法的有关规定，公告通知了债权人。企业股份合作制改造后，债权人就原企业资产管理人（出资人）隐瞒或者遗漏的债务起诉股份合作制企业的，如债权人在公告期内申报过该债权，股份合作制企业在承担民事责任后，可再向原企业资产管理人（出资人）追偿。如债权人在公告期内未申报过该债权，则股份合作制企业不承担民事责任，人民法院可告知债权人另行起诉原企业资产管理人（出资人）。

适用本案由需要注意的问题

◆企业股份合作制改造合同纠纷系企业在股份合作制改造中企业与职工的合同纠纷，依据《民事诉讼法》第24条的规定，该类案件由被告住所地或者合同履行地人民法院管辖。

◆关于企业股份制合作制改造后的债务承担问题，相关司法解释作出了专门规定。股份合作制改造，改变的仅是企业性质、资本构成、组织形式等，原企业法人资格并不消灭，企业法人责任财产仍然维持原有状态，企业资产价值并不减少，企业对外债权债务关系不受企业改制的影响。因此，被改制企业的债务由改造后的股份合作制企业承担。

◆企业股份合作制改造后，债权人就原企业资产管理人隐瞒或者遗漏的债务起诉股份合作制企业的，如债权人在公告期申报过该债权，股份合作制企业在承担民事责任后，可再向原企业资产管理人追偿；如债权人在公告期内未申报该债权，则股份合作制企业不再承担民事责任，人民法院可告知债权人另行起诉原企业资产管理人。

252. 企业债权转股权合同纠纷

案由解析

企业债权转股权是指债权人将其对债务人企业所享有的合法债权按约定的方法折抵为一定的股权，增加债务人企业注册资本，成为该企业的股东，相关债务由此消灭的行为。

目前，我国并存着两种企业债权转股权形式：（1）国有企业政策性债权转股权，是指国家决定由四大国有资产管理公司操作，剥离银行不良资产和解除国有企业负债，将国有企业的债权依法转变为股权。（2）非政策性企业债权转股权纠纷，是指出于企业当事人的自由意志，将债权依法转变为股权。两者都是债权人将其对债务人企业的债权折资入股，成为公司股东的法律行为。但程序上存在着差异，前者按照国务院有关部门的规定必须经过特殊的审批程序，后者无须特殊的审批程序，完全出于当事人的自愿。

企业将债权转换为股权，实质上等于股东以债权出资，但这不等于对债权出资的完全认可，这种债转股与一般的债权出资在实际的法律后果上，有着重要的区别。债权转股权的结果使债务人公司的相应债务消灭，股东权益相应增加，债权出资的财产价值当即实现，这种债转股不存在一般债权出资价值实现方面的障碍和风险，这与一般的债权出资的法律后果显然不同。

企业债权转股权合同纠纷是指企业债权人在将其对企业享有的债权依法转变为股权的过程中因合同效力、合同履行等发生的民事纠纷。

常用法律条文及索引

《中华人民共和国民法典》（2020年5月28日公布　2021年1月1日施行）

第五百四十三条　当事人协商一致，可以变更合同。

《金融资产管理公司条例》（2000年11月10日公布施行）

第十六条　金融资产管理公司可以将收购国有银行不良贷款取得的债权转为对借款企业的股权。

金融资产管理公司持有的股权，不受本公司净资产额或者注册资本的比例限制。

第十七条 实施债权转股权，应当贯彻国家产业政策，有利于优化经济结构，促进有关企业的技术进步和产品升级。

第十八条 实施债权转股权的企业，由国家经济贸易委员会向金融资产管理公司推荐。金融资产管理公司对被推荐的企业进行独立评审，制定企业债权转股权的方案并与企业签订债权转股权协议。债权转股权的方案和协议由国家经济贸易委员会会同财政部、中国人民银行审核，报国务院批准后实施。

第十九条 实施债权转股权的企业，应当按照现代企业制度的要求，转换经营机制，建立规范的公司法人治理结构，加强企业管理。有关地方人民政府应当帮助企业减员增效、下岗分流，分离企业办社会的职能。

第二十条 金融资产管理公司的债权转股权后，作为企业的股东，可以派员参加企业董事会、监事会，依法行使股东权利。

第二十一条 金融资产管理公司持有的企业股权，可以按照国家有关规定向境内外投资者转让，也可以由债权转股权企业依法回购。

第二十二条 企业实施债权转股权后，应当按照国家有关规定办理企业产权变更等有关登记。

第二十三条 国家经济贸易委员会负责组织、指导、协调企业债权转股权工作。

《最高人民法院关于审理与企业改制相关的民事纠纷案件若干问题的规定》（法释〔2003〕1号　2020年12月23日修正）

第十四条 债权人与债务人自愿达成债权转股权协议，且不违反法律和行政法规强制性规定的，人民法院在审理相关的民事纠纷案件中，应当确认债权转股权协议有效。

政策性债权转股权，按照国务院有关部门的规定处理。

第十五条 债务人以隐瞒企业资产或者虚列企业资产为手段，骗取债权人与其签订债权转股权协议，债权人在法定期间内行使撤销权的，人民法院应当予以支持。

债权转股权协议被撤销后，债权人有权要求债务人清偿债务。

第十六条 部分债权人进行债权转股权的行为，不影响其他债权人向债务人主张债权。

适用本案由需要注意的问题

◆企业债权转股权合同纠纷系企业债权人享有的债权依法转变为股权的过程中发生的合同纠纷，依据《民事诉讼法》第24条的规定，该类案件由被告住所地或者合同履行地人民法院管辖。

◆债权转股权程序在本质上是对个别债权人的一种债务清偿，而并非对一般债务的清偿程序，故与破产清算程序不同。债权转股权是债权人与债务人企业之间的合同行为，债权人成为债务人企业的股东，享有股东地位和权益；而破产清算程序中，除享有优先权的债权人外，债权人的地位和清偿标准是相同的。

253. 企业分立合同纠纷

案由解析

企业分立是指一个企业依照有关法律规定或者合同约定，依法变更为两个或两个以上企业的法律行为。企业分立包括存续分立和新设分立两种形式。存续分立是指原企业存续，新设立一个或者一个以上的企业；新设分立是指原企业解散，分立出的各方（两个或者两个以上）分别设立为新的企业。

企业分立合同纠纷是指在将一个企业分为两个或两个以上企业的过程中，因合同的签订、效力、履行、终止等发生的纠纷。

常用法律条文及索引

《中华人民共和国民法典》（2020年5月28日公布　2021年1月1日施行）

第六十七条　法人合并的，其权利和义务由合并后的法人享有和承担。

法人分立的，其权利和义务由分立后的法人享有连带债权，承担连带债务，但是债权人和债务人另有约定的除外。

第五百二十九条　债权人分立、合并或者变更住所没有通知债务人，致使履行债务发生困难的，债务人可以中止履行或者将标的物提存。

第五百四十三条　当事人协商一致，可以变更合同。

第五百四十五条　债权人可以将债权的全部或者部分转让给第三人，但是有下列情形之一的除外：

（一）根据债权性质不得转让；

（二）按照当事人约定不得转让；

（三）依照法律规定不得转让。

当事人约定非金钱债权不得转让的，不得对抗善意第三人。当事人约定金钱债权不得转让的，不得对抗第三人。

第五百四十六条　债权人转让债权，未通知债务人的，该转让对债务人不发生效力。

债权转让的通知不得撤销，但是经受让人同意的除外。

第五百四十七条　债权人转让债权的，受让人取得与债权有关的从权利，但是该从权利专属于债权人自身的除外。

受让人取得从权利不因该从权利未办理转移登记手续或者未转移占有而受到影响。

第五百四十八条　债务人接到债权转让通知后，债务人对让与人的抗辩，可以向受让人主张。

第五百四十九条　有下列情形之一的，债务人可以向受让人主张抵销：

（一）债务人接到债权转让通知时，债务人对让与人享有债权，且债务人的债权先于转让的债权到期或者同时到期；

（二）债务人的债权与转让的债权是基于同一合同产生。

第五百五十条　因债权转让增加的履行费用，由让与人负担。

第五百五十一条　债务人将债务的全部或者部分转移给第三人的，应当经债权人同意。

债务人或者第三人可以催告债权人在合理期限内予以同意，债权人未作表示的，视为不同意。

第五百五十二条　第三人与债务人约定加入债务并通知债权人，或者第三人向债权人表示愿意加入债务，债权人未在合理期限内明确拒绝的，债权人可以请求第三人在其愿意承担的债务范围内和债务人承担连带债务。

第五百五十三条　债务人转移债务的，新债务人可以主张原债务人对债权人的抗辩；原债务人对债权人享有债权的，新债务人不得向债权人主张抵销。

第五百五十四条　债务人转移债务的，新债务人应当承担与主债务有关的从债务，但是该从债务专属于原债务人自身的除外。

第五百五十五条　当事人一方经对方同意，可以将自己在合同中的权利和义务一并转让给第三人。

《最高人民法院关于审理与企业改制相关的民事纠纷案件若干问题的规定》（法释〔2003〕1号 2020年12月23日修正）

第八条 由企业职工买断企业产权，将原企业改造为股份合作制的，原企业的债务，由改造后的股份合作制企业承担。

第九条 企业向其职工转让部分产权，由企业与职工共同组建股份合作制企业的，原企业的债务由改造后的股份合作制企业承担。

第十条 企业通过其职工投资增资扩股，将原企业改造为股份合作制企业的，原企业的债务由改造后的股份合作制企业承担。

第十一条 企业在进行股份合作制改造时，参照公司法的有关规定，公告通知了债权人。企业股份合作制改造后，债权人就原企业资产管理人（出资人）隐瞒或者遗漏的债务起诉股份合作制企业的，如债权人在公告期内申报过该债权，股份合作制企业在承担民事责任后，可再向原企业资产管理人（出资人）追偿。如债权人在公告期内未申报过该债权，则股份合作制企业不承担民事责任，人民法院可告知债权人另行起诉原企业资产管理人（出资人）。

第十二条 债权人向分立后的企业主张债权，企业分立时对原企业的债务承担有约定，并经债权人认可的，按照当事人的约定处理；企业分立时对原企业债务承担没有约定或者约定不明，或者虽然有约定但债权人不予认可的，分立后的企业应当承担连带责任。

第十三条 分立的企业在承担连带责任后，各分立的企业间对原企业债务承担有约定的，按照约定处理；没有约定或者约定不明的，根据企业分立时的资产比例分担。

适用本案由需要注意的问题

◆ 企业分立合同纠纷系企业在分立的过程中产生的合同纠纷，依据《民事诉讼法》第24条的规定，该类纠纷案件由被告住所地或者合同履行地人民法院管辖。

◆ 在适用本案由时，要注意其与公司分立纠纷的不同。公司分立纠纷的主体是公司法人，而企业分立合同纠纷的主体则是非公司法人。

254. 企业租赁经营合同纠纷

案由解析

本案由原系适用于根据《全民所有制小型工业企业租赁经营暂行条例》（已被2024年5月1日施行的《国务院关于修改和废止部分行政法规的决定》废止）规定的企业租赁经营中因企业租赁经营合同订立、履行、变更、解除发生的民事纠纷。因而本案由所称的“企业租赁经营”仅限于全民所有制小型工业企业租赁经营，是指在不改变全民所有制企业性质的条件下，实行所有权与经营权的分离，国家授权单位为出租方，将企业有期限地交给承租方经营，承租方向出租方交付租金并依照合同规定对企业实行自主经营的方式。与企业承包经营合同相比，企业租赁经营合同的特点在于：（1）企业承包合同的基本内容，是承包上缴利润指标以及由此产生当事人之间的其他权利义务；企业租赁经营合同的基本内容，是承租方对企业财产进行租赁经营，并向出租方交纳租金，这里利润和租金是最大的区别。（2）从适用范围上看，承包经营合同多运用于大中型国营企业，而租赁合同则多用于小型国营企业和集体企业。（3）在承包经营合同中，承包方提供抵押财产担保不是合同的有效条件；而在租赁经营合同中，必须明确承租人所提供的抵押财产人担保。（4）发生亏损时，承包企业只要用企业的自有资金补偿即可，而租赁合同的承租方则必须以抵押财产进行补偿。（5）在承包经营的情况下，承包期间新增资产的所有权性质与承包方的企业所有权性质是一致的；而在租赁经营的情况下，租赁期间承租方用其收入追加投资所添置的资产，则属于承租方。企业租赁经营合同纠纷是指当事人之间因企业租赁经营合同的成立、效力、履行、终止等产生的纠纷。

常用法律条文及索引

《中华人民共和国民法典》

第四百六十七条第一款　本法或者其他法律没有明文规定的合同，适用本编通则的规定，并可以参照适用本编或者其他法律最相类似合同的规定。

第六百四十六条　法律对其他有偿合同有规定的，依照其规定；没有规定的，参照适用买卖合同的有关规定。

《全民所有制小型工业企业租赁经营暂行条例》（1990年2月24日修订）（现已失效）[①]

第二条　本条例适用于全民所有制小型工业企业（以下简称企业）。

企业划分标准按照国家有关规定确定。

第三条　本条例所称租赁经营，是指在不改变企业的全民所有制性质的条件下，实行所有权与经营权的分离，国家授权单位为出租方将企业有期限地交给承租方经营，承租方向出租方交付租金并依照合同规定对企业实行自主经营的方式。

第六条　国家授权企业所在地方人民政府委托的部门为出租方，代表国家行使企业的出租权。

第七条　按照本条例规定承租经营企业的为承租方。

承租方可以采取下列形式承租经营企业：

（一）一个人承租经营企业（以下简称个人承租）；

（二）二至五人合伙承租经营企业（以下简称合伙承租）；

（三）本企业全体职工承租经营企业（以下简称全员承租）；

（四）一个企业承租经营另一个企业（以下简称企业承租）；

（五）国家允许的其他租赁经营形式。

第八条　租赁期限每届为三至五年。承租方不得将企业转租。

第九条　承租经营者是指承租经营企业的个人，或者合伙承租、全员承租确定的厂长，或者承租企业派出的厂长。承租经营者是企业租赁期间的法定代表人，行使厂长职权，对企业全面负责。

第十条　承租经营者必须具备国家规定的厂长条件。

第十一条　承租方必须提供下列担保：

（一）个人承租的，必须出具与租赁企业资产成一定比例的个人财产（其中应当有一定比例的现金）作为担保，现金必须专款存入银行，并有不少于两名有相应财产可资担保的保证人；

（二）合伙承租、全员承租的承租成员必须出具与租赁企业资产成一定比例的个人财产（其中应当有一定比例的现金）作为担保，现金必须专款存入银行；

（三）企业承租的，必须出具与租赁企业资产成一定比例的留用资金作

---

① 该条例虽已失效，但现实中仍有存量的全民所有制小型工业企业租赁经营行为，故本案由目前仍有存在的必要。当然，未来修改案由时有调整优化的必要。

为担保，并存入银行。存入银行后，除征得出租方同意可作为流动资金参加周转外，不得挪作他用。

前款各项担保财产与租赁企业的资产的具体比例，由出租方所在地方人民政府根据具体情况确定。

第十二条 出租方在企业出租前必须会同有关部门对企业进行清产核资、清理债权债务、评估资产（包括有形资产和无形资产），根据行业和本企业资金利润率确定标底。

第十三条 出租方选择承租方的步骤：

（一）公布招标通告，进行招标登记，对招标登记者进行资格审查，确定投标者；

（二）组织投标者进厂考察，由投标者编制投标书，提出治厂方案；

（三）组织投标者公开答辩，对投标者进行综合考评，征求职工代表大会（职工大会）的意见，确定中标者。

第十四条 企业、事业单位的干部或者职工按照国家有关规定参加租赁企业投标的，其所在单位应当允许，并支持中标者到租赁企业任职。

第十五条 出租方选定承租方后，出租方与承租方必须订立租赁经营合同，按照国家有关规定办理法人变更登记手续。

第十六条 租赁期满，出租方同意承租方继续承租的，必须重新订立合同并按照国家有关规定办理法人变更登记手续。

租赁期满前六个月，出租方和承租方应当互相明确是否继续租赁关系。

第十七条 租赁经营合同应当采用书面形式。订立租赁经营合同的双方必须坚持自愿、平等、协商的原则。

租赁经营合同依照本条例订立，即具有法律约束力。

第十八条 租赁经营合同应当具备下列条款：

（一）标的；

（二）租赁经营合同的生效条件和有效期限；

（三）租赁期内经营总目标及年度经营目标；

（四）租金数额、交付期限及计算办法；

（五）承租方的收益及企业各项基金的分配比例；

（六）企业租赁前债权债务及遗留亏损的处理；

（七）租赁双方的权利和义务；

（八）担保的形式和要求；

（九）合同的变更、解除及合同纠纷处理办法；

（十）违约责任；

（十一）租赁期满后资产返还和验收；

（十二）租赁双方约定的其他条款。

第十九条　未经协商同意，任何一方不得擅自变更、解除租赁经营合同。

第二十条　有下列情况之一，使租赁经营合同无法履行时，允许变更或者解除合同：

（一）由于不可抗力，或者由于一方当事人虽无过失但无法防止的外因；

（二）由于承租方经营管理不善达不到合同规定的年度经营目标；

（三）由于一方违约；

（四）由于合同规定的其他变更或者解除合同的条件出现。

第二十一条　租赁经营合同一方要求变更或者解除合同时，应当及时以书面形式通知对方，双方未达成书面协议以前，原合同仍然有效。

租赁经营合同一方接到另一方要求变更或者解除合同的书面通知后，应当自收到书面通知之日起十五日内作出书面答复，逾期未作出答复的，即视为默认。

第二十二条　租赁经营合同双方发生纠纷，应当协商解决。协商不成的，可以根据合同规定向工商行政管理机关申请调解或者仲裁。租赁经营合同任何一方对仲裁机关的仲裁决定不服的，可以在接到仲裁决定书之日起十日内向上一级仲裁机关申请复议。上一级仲裁机关作出的决定，即为终局裁决。逾期未申请复议，发生法律效力的仲裁决定，即为终局裁决。

租赁经营合同任何一方可以根据租赁经营合同规定直接向人民法院起诉。

租赁经营合同未规定纠纷处理办法，但当事人在合同订立后或发生纠纷时达成申请工商行政管理机关仲裁的书面协议的，由工商行政管理机关依法受理该仲裁案件。

当事人一方在规定期限内不执行已经发生法律效力的调解书、裁决书的，另一方可以申请人民法院强制执行。

第二十八条　出租方可视企业技术改造任务情况，将承租方交付租金的全部或者一部交给企业，用于生产发展和技术改造，或者清偿企业租赁前的债务及遗留亏损。

第二十九条　租赁经营企业实现的利润依法纳税后，分为承租方的收入（含租金）、企业生产发展基金、职工集体福利基金、职工奖励基金四部分，按照合同规定的比例进行分配。

第三十一条　企业租赁经营前的债权债务及遗留亏损的处理办法，按照租赁经营合同规定办理。

第三十五条　租赁经营合同解除时，出租方应当会同有关部门对承租方经营成果进行审查。凡达到租赁经营合同规定的经营总目标并按照租赁经营合同规定交付租金的，出租方应当根据企业的经营情况，商得职工代表大会（职工大会）的同意，从企业的风险保证金中按照承租方担保现金数额的一至五倍支付给承租方。承租方在租赁期内达不到租赁经营合同规定的经营总目标或者欠交租金时，应当以企业的风险保证金、预支的生活费（或承租成员的年度收入）抵补，不足部分，由承租方、保证人提供的担保财产抵补。保证人以其保证财产抵补后，有权向承租方追偿。

第三十六条　个人承租的承租经营者对保证人的风险补偿，应当从个人收入中支付并订立书面协议。

适用本案由需要注意的问题

◆企业租赁经营合同纠纷系企业租赁经营过程中产生的合同纠纷，依据《民事诉讼法》第24条之规定，该类纠纷案件由被告住所地或者合同履行地人民法院管辖。

◆在适用本案由时，要注意其与挂靠经营合同纠纷的不同。在企业租赁经营合同纠纷中，承租方交付租金后对企业自主经营，因此而发生的债权债务由承租方承担。而在挂靠经营合同中，挂靠方使用被挂靠方的经营资格和凭证等进行经营活动，因此而发生的债权债务一般由挂靠企业与被挂靠企业承担连带责任。

255. 企业出售合同纠纷

案由解析

企业出售是指双方协议将企业的所有权以及企业的债权债务等事项转移给受让人的法律行为。通常是将企业的债权债务和职工安置等一系列事项一并转让。

企业出售合同纠纷是指在出售企业所有权过程中，企业出售方和购买方基于企业出售合同的成立、效力、履行、变更和终止等发生的民事纠纷。

常用法律条文及索引

《中华人民共和国民法典》（2020年5月28日公布 2021年1月1日施行）

第一百一十九条 依法成立的合同，对当事人具有法律约束力。

第一百四十八条 一方以欺诈手段，使对方在违背真实意思的情况下实施的民事法律行为，受欺诈方有权请求人民法院或者仲裁机构予以撤销。

第一百四十九条 第三人实施欺诈行为，使一方在违背真实意思的情况下实施的民事法律行为，对方知道或者应当知道该欺诈行为的，受欺诈方有权请求人民法院或者仲裁机构予以撤销。

第一百五十条 一方或者第三人以胁迫手段，使对方在违背真实意思的情况下实施的民事法律行为，受胁迫方有权请求人民法院或者仲裁机构予以撤销。

第一百五十一条 一方利用对方处于危困状态、缺乏判断能力等情形，致使民事法律行为成立时显失公平的，受损害方有权请求人民法院或者仲裁机构予以撤销。

第一百五十三条 违反法律、行政法规的强制性规定的民事法律行为无效。但是，该强制性规定不导致该民事法律行为无效的除外。

违背公序良俗的民事法律行为无效。

第一百五十四条 行为人与相对人恶意串通，损害他人合法权益的民事法律行为无效。

第一百五十七条 民事法律行为无效、被撤销或者确定不发生效力后，行为人因该行为取得的财产，应当予以返还；不能返还或者没有必要返还的，应当折价补偿。有过错的一方应当赔偿对方由此所受到的损失；各方都有过错的，应当各自承担相应的责任。法律另有规定的，依照其规定。

第五百六十三条 有下列情形之一的，当事人可以解除合同：

（一）因不可抗力致使不能实现合同目的；

（二）在履行期限届满前，当事人一方明确表示或者以自己的行为表明不履行主要债务；

（三）当事人一方迟延履行主要债务，经催告后在合理期限内仍未履行；

（四）当事人一方迟延履行债务或者有其他违约行为致使不能实现合同目的；

（五）法律规定的其他情形。

以持续履行的债务为内容的不定期合同，当事人可以随时解除合同，但是应当在合理期限之前通知对方。

第五百六十六条 合同解除后，尚未履行的，终止履行；已经履行的，根据履行情况和合同性质，当事人可以请求恢复原状或者采取其他补救措施，并有权请求赔偿损失。

合同因违约解除的，解除权人可以请求违约方承担违约责任，但是当事人另有约定的除外。

主合同解除后，担保人对债务人应当承担的民事责任仍应当承担担保责任，但是担保合同另有约定的除外。

第五百六十八条 当事人互负债务，该债务的标的物种类、品质相同的，任何一方可以将自己的债务与对方的到期债务抵销；但是，根据债务性质、按照当事人约定或者依照法律规定不得抵销的除外。

当事人主张抵销的，应当通知对方。通知自到达对方时生效。抵销不得附条件或者附期限。

第五百七十七条 当事人一方不履行合同义务或者履行合同义务不符合约定的，应当承担继续履行、采取补救措施或者赔偿损失等违约责任。

第五百七十八条 当事人一方明确表示或者以自己的行为表明不履行合同义务的，对方可以在履行期限届满前请求其承担违约责任。

第六百八十八条 当事人在保证合同中约定保证人和债务人对债务承担连带责任的，为连带责任保证。

连带责任保证的债务人不履行到期债务或者发生当事人约定的情形时，债权人可以请求债务人履行债务，也可以请求保证人在其保证范围内承担保证责任。

第九百九十六条 因当事人一方的违约行为，损害对方人格权并造成严重精神损害，受损害方选择请求其承担违约责任的，不影响受损害方请求精神损害赔偿。

《最高人民法院关于审理与企业改制相关的民事纠纷案件若干问题的规定》（法释〔2003〕1号 2020年12月23日修正）

第十七条 以协议转让形式出售企业，企业出售合同未经有审批权的地方人民政府或其授权的职能部门审批的，人民法院在审理相关的民事纠纷案件时，应当确认该企业出售合同不生效。

第十八条 企业出售中，当事人双方恶意串通，损害国家利益的，人民法院在审理相关的民事纠纷案件时，应当确认该企业出售行为无效。

第十九条　企业出售中，出卖人实施的行为具有法律规定的撤销情形，买受人在法定期限内行使撤销权的，人民法院应当予以支持。

第二十条　企业出售合同约定的履行期限届满，一方当事人拒不履行合同，或者未完全履行合同义务，致使合同目的不能实现，对方当事人要求解除合同并要求赔偿损失的，人民法院应当予以支持。

第二十一条　企业出售合同约定的履行期限届满，一方当事人未完全履行合同义务，对方当事人要求继续履行合同并要求赔偿损失的，人民法院应当予以支持。双方当事人均未完全履行合同义务的，应当根据当事人的过错，确定各自应当承担的民事责任。

第二十二条　企业出售时，出卖人对所售企业的资产负债状况、损益状况等重大事项未履行如实告知义务，影响企业出售价格，买受人就此向人民法院起诉主张补偿的，人民法院应当予以支持。

第二十三条　企业出售合同被确认无效或者被撤销的，企业售出后买受人经营企业期间发生的经营盈亏，由买受人享有或者承担。

第二十四条　企业售出后，买受人将所购企业资产纳入本企业或者将所购企业变更为所属分支机构的，所购企业的债务，由买受人承担。但买卖双方另有约定，并经债权人认可的除外。

第二十五条　企业售出后，买受人将所购企业资产作价入股与他人重新组建新公司，所购企业法人予以注销的，对所购企业出售前的债务，买受人应当以其所有财产，包括在新组建公司中的股权承担民事责任。

第二十六条　企业售出后，买受人将所购企业重新注册为新的企业法人，所购企业法人被注销的，所购企业出售前的债务，应当由新注册的企业法人承担。但买卖双方另有约定，并经债权人认可的除外。

第二十七条　企业售出后，应当办理而未办理企业法人注销登记，债权人起诉该企业的，人民法院应当根据企业资产转让后的具体情况，告知债权人追加责任主体，并判令责任主体承担民事责任。

第二十八条　出售企业时，参照公司法的有关规定，出卖人公告通知了债权人。企业售出后，债权人就出卖人隐瞒或者遗漏的原企业债务起诉买受人的，如债权人在公告期内申报过该债权，买受人在承担民事责任后，可再行向出卖人追偿。如债权人在公告期内未申报过该债权，则买受人不承担民事责任。人民法院可告知债权人另行起诉出卖人。

第二十九条　出售企业的行为具有民法典第五百三十八条、第五百三十九条规定的情形，债权人在法定期限内行使撤销权的，人民法院应当予以支持。

适用本案由需要注意的问题

◆企业出售合同纠纷系企业出售其所有权过程中产生的合同纠纷，依据《民事诉讼法》第24条的规定，该类纠纷案件由被告住所地或者合同履行地人民法院管辖。

◆企业出售一般是指国有小型企业出售，是国家深化国企改革的一项重要措施，不同于一般的买卖合同，有其特殊性和政策性。国有小企业的出售须经政府审批。企业出售转移的是企业所有权，而非经营权，这是与企业租赁经营合同纠纷、挂靠经营合同纠纷的重要区别。

256. 挂靠经营合同纠纷

案由解析

现行法律并未对挂靠经营的含义进行规定。一般意义上，挂靠经营是指经营主体（多为自然人、个体工商户、私营企业）与另一经营主体（多为具备一定实力、信誉、资格的国有或者集体法人企业）协议约定，由挂靠方使用被挂靠企业的经营资格和凭证等进行经营活动，并向被挂靠企业提供挂靠费用的经营形式。挂靠经营一般是指以被挂靠企业的名义进行经营活动，同时支付一定的挂靠费用。

挂靠经营合同纠纷，是指公民、法人或者其他组织为了获得较好的经营资格、凭证、信誉或国家优惠政策等便利条件，与另一方主体（被挂靠单位）达成协议，以该主体的经营资格、凭证或名义等进行经营活动，并向该主体支付一定报酬或“管理费”，由此在生产经营过程中所发生的民事争议。

实践中的挂靠经营形式繁多，如建筑施工队挂靠建筑公司、个体车辆挂靠有资质的出租汽车营运公司等。

常用法律条文及索引

《中华人民共和国民法典》（2020年5月28日公布　2021年1月1日施行）

第一百五十三条　违反法律、行政法规的强制性规定的民事法律行为无效。但是，该强制性规定不导致该民事法律行为无效的除外。

违背公序良俗的民事法律行为无效。

《中华人民共和国建筑法》（2019 年 4 月 23 日修正）

第二十六条　承包建筑工程的单位应当持有依法取得的资质证书，并在其资质等级许可的业务范围内承揽工程。

禁止建筑施工企业超越本企业资质等级许可的业务范围或者以任何形式用其他建筑施工企业的名义承揽工程。禁止建筑施工企业以任何形式允许其他单位或者个人使用本企业的资质证书、营业执照，以本企业的名义承揽工程。

《最高人民法院关于审理建设工程施工合同纠纷案件适用法律问题的解释（一）》（法释〔2020〕25 号　2020 年 12 月 29 日公布）

第一条　建设工程施工合同具有下列情形之一的，应当依据民法典第一百五十三条第一款的规定，认定无效：

（一）承包人未取得建筑业企业资质或者超越资质等级的；

（二）没有资质的实际施工人借用有资质的建筑施工企业名义的；

（三）建设工程必须进行招标而未招标或者中标无效的。

承包人因转包、违法分包建设工程与他人签订的建设工程施工合同，应当依据民法典第一百五十三条第一款及第七百九十一条第二款、第三款的规定，认定无效。

第七条　缺乏资质的单位或者个人借用有资质的建筑施工企业名义签订建设工程施工合同，发包人请求出借方与借用方对建设工程质量不合格等因出借资质造成的损失承担连带赔偿责任的，人民法院应予支持。

《最高人民法院关于审理旅游纠纷案件适用法律若干问题的规定》（法释〔2010〕13 号　2020 年 12 月 23 日修正）

第十四条　旅游经营者准许他人挂靠其名下从事旅游业务，造成旅游者人身损害、财产损失，旅游者依据民法典第一千一百六十八条的规定请求旅游经营者与挂靠人承担连带责任的，人民法院应予支持。

《最高人民法院关于审理劳动争议案件适用法律问题的解释（一）》（法释〔2020〕26 号　2020 年 12 月 29 日公布）

第三十条　未办理营业执照、营业执照被吊销或者营业期限届满仍继续经营的用人单位，以挂靠等方式借用他人营业执照经营的，应当将用人单位和营业执照出借方列为当事人。

适用本案由需要注意的问题

◆挂靠经营合同纠纷系挂靠方与被挂靠方在生产经营过程中产生的合同

纠纷，依据《民事诉讼法》第24条的规定，该类纠纷案件由被告住所地或者合同履行地人民法院管辖。

◆在适用本案由时，要注意其与企业租赁经营合同纠纷的不同。在挂靠经营合同纠纷中，挂靠方使用被挂靠方的经营资格和凭证等进行经营活动，由此而发生的债权债务一般由挂靠企业与被挂靠企业承担连带责任。而在企业租赁经营合同纠纷中，承租方交付租金后对企业自主经营，发生的债权债务由承租方承担。

257. 企业兼并合同纠纷

案由解析

企业兼并是指一个企业购买其他企业的产权，使其他企业失去法人资格或改变法人实体的一种行为。

企业兼并合同纠纷是指一个企业在通过划转、购买、控股等形式取得其他企业产权，使其他企业失去法人资格或改变法人实体的过程中，围绕企业兼并合同的效力、履行、变更、终止等所发生的纠纷。

常用法律条文及索引

《最高人民法院关于审理与企业改制相关的民事纠纷案件若干问题的规定》（法释〔2003〕1号　2020年12月23日修正）

第三十条　企业兼并协议自当事人签字盖章之日起生效。需经政府主管部门批准的，兼并协议自批准之日起生效；未经批准的，企业兼并协议不生效。但当事人在一审法庭辩论终结前补办报批手续的，人民法院应当确认该兼并协议有效。

第三十一条　企业吸收合并后，被兼并企业的债务应当由兼并方承担。

第三十二条　企业新设合并后，被兼并企业的债务由新设合并后的企业法人承担。

第三十三条　企业吸收合并或新设合并后，被兼并企业应当办理而未办理工商注销登记，债权人起诉被兼并企业的，人民法院应当根据企业兼并后的具体情况，告知债权人追加责任主体，并判令责任主体承担民事责任。

第三十四条　以收购方式实现对企业控股的，被控股企业的债务，仍由其自行承担。但因控股企业抽逃资金、逃避债务，致被控股企业无力偿还债务的，被控股企业的债务则由控股企业承担。

《最高人民法院关于适用〈中华人民共和国民事诉讼法〉的解释》（法释〔2015〕5号　2022年3月22日修正）

第六十三条　企业法人合并的，因合并前的民事活动发生的纠纷，以合并后的企业为当事人；企业法人分立的，因分立前的民事活动发生的纠纷，以分立后的企业为共同诉讼人。

适用本案由需要注意的问题

◆企业兼并合同纠纷系企业在兼并其他企业过程中产生的合同纠纷，依据我国《民事诉讼法》第24条的规定，该类纠纷案件由被告住所地或者合同履行地人民法院管辖。

◆在适用本案由时，要注意区分企业合并与企业兼并这两个易混淆的概念。企业兼并是企业合并的上位概念，企业合并是企业兼并的一种形式。以收购形式实现对企业控股的属于企业兼并，不同于企业合并，两者主要区别在于：(1)企业控股是企业收购形式，属于企业股东行为；企业合并是企业行为，但需要经股东大会决议同意。(2)企业控股不发生被控股企业主体资格的消灭，企业合并导致被吸收企业或者合并各方（新设合并）主体资格消灭。(3)企业控股的法律后果仅为被控股企业股权发生变动，该企业资产和负债不发生转移；企业合并的法律后果是参与合并的企业可不经清算而消灭，消灭的企业资产和负债概括性地转移至存续企业或新设企业。

258. 联营合同纠纷

案由解析

联营是指企业法人之间或企业法人与事业单位法人之间通过协议或者章程而进行经济联合的组织形式，当事人以此达成的协议称为联营合同。

联营合同纠纷是指企业法人之间或事业单位法人之间在通过协议或者章程进行经济联合经营的过程中，联营各方因联营合同的效力、履行、变更和解除所发生的合同纠纷。根据相关法律规定，联营主要包括三种类型：法人型联营、合伙型联营和合同型联营。法人型联营，是指企业法人之间或企业法人与事业单位法人之间以财务、资金、技术等形式出资并组成新的经济实体，在具备法人条件，能独立承担民事责任时，经市场监督管理机关核准登记，取得法人资格。合伙型联营，是指企业法人之间或企业法人与事业单位法人之间共同出资、共同经营，但不具备法人条件，联营各方以各自所有的或者经营管理的财产承担民事责任。合同型联营，是指企业法人之间或企业法人与事业单位法人之间按照协议约定相互协作但各自独立经营，联营各方的权利义务由联营协议加以约定，各自独立承担责任。

常用法律条文及索引

《中华人民共和国民法典》（2020 年 5 月 28 日公布　2021 年 1 月 1 日施行）

第一百四十八条　一方以欺诈手段，使对方在违背真实意思的情况下实施的民事法律行为，受欺诈方有权请求人民法院或者仲裁机构予以撤销。

第一百四十九条　第三人实施欺诈行为，使一方在违背真实意思的情况下实施的民事法律行为，对方知道或者应当知道该欺诈行为的，受欺诈方有权请求人民法院或者仲裁机构予以撤销。

第一百五十条　一方或者第三人以胁迫手段，使对方在违背真实意思的情况下实施的民事法律行为，受胁迫方有权请求人民法院或者仲裁机构予以撤销。

第一百五十一条　一方利用对方处于危困状态、缺乏判断能力等情形，致使民事法律行为成立时显失公平的，受损害方有权请求人民法院或者仲裁机构予以撤销。

第一百五十三条　违反法律、行政法规的强制性规定的民事法律行为无效。但是，该强制性规定不导致该民事法律行为无效的除外。

违背公序良俗的民事法律行为无效。

第一百五十四条　行为人与相对人恶意串通，损害他人合法权益的民事法律行为无效。

第一百八十六条　因当事人一方的违约行为，损害对方人身权益、财产权益的，受损害方有权选择请求其承担违约责任或者侵权责任。

第五百零六条　合同中的下列免责条款无效：

（一）造成对方人身损害的；

（二）因故意或者重大过失造成对方财产损失的。

第五百六十二条　当事人协商一致，可以解除合同。

当事人可以约定一方解除合同的事由。解除合同的事由发生时，解除权人可以解除合同。

第五百六十三条　有下列情形之一的，当事人可以解除合同：

（一）因不可抗力致使不能实现合同目的；

（二）在履行期限届满前，当事人一方明确表示或者以自己的行为表明不履行主要债务；

（三）当事人一方迟延履行主要债务，经催告后在合理期限内仍未履行；

（四）当事人一方迟延履行债务或者有其他违约行为致使不能实现合同目的；

（五）法律规定的其他情形。

以持续履行的债务为内容的不定期合同，当事人可以随时解除合同，但是应当在合理期限之前通知对方。

第五百六十六条　合同解除后，尚未履行的，终止履行；已经履行的，根据履行情况和合同性质，当事人可以请求恢复原状或者采取其他补救措施，并有权请求赔偿损失。

合同因违约解除的，解除权人可以请求违约方承担违约责任，但是当事人另有约定的除外。

主合同解除后，担保人对债务人应当承担的民事责任仍应当承担担保责任，但是担保合同另有约定的除外。

第五百七十八条　当事人一方明确表示或者以自己的行为表明不履行合同义务的，对方可以在履行期限届满前请求其承担违约责任。

《中华人民共和国全民所有制工业企业法》（2009年8月27日修正）

第三十四条　企业必须履行依法订立的合同。

第六十八条　自治区人民代表大会常务委员会可以根据本法和《中华人民共和国民族区域自治法》的原则，结合当地的特点，制定实施办法，报全国人民代表大会常务委员会备案。

适用本案由需要注意的问题

◆关于联营合同纠纷案件的管辖问题，适用合同纠纷的一般管辖原则，即根据《民事诉讼法》第24条的规定，由被告住所地或者合同履行地人民法院管辖。对于法人型联营合同纠纷，根据《民法典》第63条的规定，应以其主要办事机构所在地为住所。对于合伙型联营合同纠纷，根据《最高人民法院关于适用〈中华人民共和国民事诉讼法〉的解释》第5条的规定，由被告注册登记地人民法院管辖；没有注册登记，几个被告又不在同一辖区的，被告住所地的人民法院都有管辖权。对于合同型联营合同纠纷，则适用合同纠纷的一般管辖原则确定管辖法院即可。

◆对于法人型联营合同纠纷，如果成立符合《公司法》条件的联营体，确定案由既可适用联营合同纠纷案由，也可适用第二级案由“与公司有关的纠纷”项下的案由；如果成立非公司法人联营体的，适用联营合同纠纷案由。对于合伙型联营合同纠纷，如果合伙型联营申请登记并领取营业执照的，确定案由既可适用联营合同纠纷案由，也可适用合伙企业纠纷案由；如果没有登记的，则适用联营合同纠纷案由。对于合同型联营合同纠纷，按照合同基础法律关系确定案由即可。

259. 企业承包经营合同纠纷

（1）中外合资经营企业承包经营合同纠纷
（2）中外合作经营企业承包经营合同纠纷
（3）外商独资企业承包经营合同纠纷
（4）乡镇企业承包经营合同纠纷

案由解析

企业承包经营合同是指在保持企业所有制不变的基础上，按照所有权与经营权分离的原则，确定企业所有权人与企业经营者之间的权利义务关系的协议。

企业承包经营合同纠纷，是指企业与承包人之间因签订、履行、变更、终止企业承包经营合同发生的权利义务纠纷。实践中，宾馆、饭店、会所、停车场等承包经营合同纠纷，农村集体或个人所有的砖窑厂、矿场承包经营合同纠纷等，均应归入此类。

典型形态

在实践中，企业承包经营合同纠纷主要有：

（1）中外合资经营企业承包经营合同纠纷，是指中外合资经营企业与承包者约定将中外合资经营企业的部分或者全部经营管理权在一定期限内交给承包者，由承包者对中外合资经营企业进行经营管理，在中外合资经营企业与承包者之间因合同的订立、履行、变更以及终止等产生的纠纷。

（2）中外合作经营企业承包经营合同纠纷，是指中外合作经营企业与承包者约定将中外合作经营企业的部分或者全部经营管理权在一定期限内交给承包者，由承包者对中外合作经营企业进行经营管理，在中外合作经营企业与承包者之间因合同的订立、履行、变更以及终止等产生的纠纷。

（3）外商独资企业承包经营合同纠纷，是指外商独资企业在经营过程中将企业承包给中国或外国的承包者，由承包者在一定期限内对企业进行经营管理，获取企业部分收益并承担经营风险，在经营管理过程中因合同的订立、履行、变更以及终止等产生的纠纷。

（4）乡镇企业承包经营合同纠纷，是指乡镇企业与承包者就乡镇企业的部分或者全部经营管理权达成协议，由承包者对乡镇企业在一定期限内进行经营管理，在乡镇企业与承包者之间因合同的订立、履行、变更及终止等产生的纠纷。

值得注意的是，自 2020 年 1 月 1 日《外商投资法》实施以来，我国的外商投资法律体系发生了根本性变化。"中外合资经营企业"和"中外合作经营企业"作为独立的法律主体类型已不再新增。根据五年过渡期（2020 年 1 月 1 日—2024 年 12 月 31 日）的安排，存量企业需在此期间内转为《公司法》等法律规定的组织形式（如有限责任公司）。因此，"中外合资/合作经营企业承包经营合同纠纷"这两个案由主要适用于存量企业在过渡期内发生的纠纷以及历史遗留纠纷，并将随过渡期结束而逐渐不再适用。"外商独资企业"在组织形式上本身就接近于《公司法》下的有限责任公司，其过渡相对平顺，但其法律定性也已从"外资企业法下的外商独资企业"转变为"公司法下的由外国股东持股的有限责任公司（或股份有限公司）"。

新法实施后，涉及外商投资企业的组织机构、治理方式等内部关系的纠纷，将统一适用《公司法》等法律。因此，即使案由名称暂时保留，其审理所依据的实体法规则已从"外资三法"转向《公司法》等通用商事法律。未来，此类纠纷将更多地被归入"企业承包经营合同纠纷"等更加一般性的案由，企业的"外商投资"属性将作为案件背景事实，而非决定其法律主体分类的依据。

常用法律条文及索引

《中华人民共和国民法典》（2020 年 5 月 28 日公布　2021 年 1 月 1 日施行）

第四百六十七条　本法或者其他法律没有明文规定的合同，适用本编通则的规定，并可以参照适用本编或者其他法律最相类似合同的规定。

在中华人民共和国境内履行的中外合资经营企业合同、中外合作经营企业合同、中外合作勘探开发自然资源合同，适用中华人民共和国法律。

《中华人民共和国外商投资法》（2019年3月15日公布 2020年1月1日施行）

第二条 在中华人民共和国境内（以下简称中国境内）的外商投资，适用本法。

本法所称外商投资，是指外国的自然人、企业或者其他组织（以下称外国投资者）直接或者间接在中国境内进行的投资活动，包括下列情形：

（一）外国投资者单独或者与其他投资者共同在中国境内设立外商投资企业；

（二）外国投资者取得中国境内企业的股份、股权、财产份额或者其他类似权益；

（三）外国投资者单独或者与其他投资者共同在中国境内投资新建项目；

（四）法律、行政法规或者国务院规定的其他方式的投资。

本法所称外商投资企业，是指全部或者部分由外国投资者投资，依照中国法律在中国境内经登记注册设立的企业。

第四条 国家对外商投资实行准入前国民待遇加负面清单管理制度。

前款所称准入前国民待遇，是指在投资准入阶段给予外国投资者及其投资不低于本国投资者及其投资的待遇；所称负面清单，是指国家规定在特定领域对外商投资实施的准入特别管理措施。国家对负面清单之外的外商投资，给予国民待遇。

负面清单由国务院发布或者批准发布。

中华人民共和国缔结或者参加的国际条约、协定对外国投资者准入待遇有更优惠规定的，可以按照相关规定执行。

第五条 国家依法保护外国投资者在中国境内的投资、收益和其他合法权益。

第六条 在中国境内进行投资活动的外国投资者、外商投资企业，应当遵守中国法律法规，不得危害中国国家安全、损害社会公共利益。

第二十八条 外商投资准入负面清单规定禁止投资的领域，外国投资者不得投资。

外商投资准入负面清单规定限制投资的领域，外国投资者进行投资应当符合负面清单规定的条件。

外商投资准入负面清单以外的领域，按照内外资一致的原则实施管理。

第三十一条　外商投资企业的组织形式、组织机构及其活动准则，适用《中华人民共和国公司法》、《中华人民共和国合伙企业法》等法律的规定。

第三十二条　外商投资企业开展生产经营活动，应当遵守法律、行政法规有关劳动保护、社会保险的规定，依照法律、行政法规和国家有关规定办理税收、会计、外汇等事宜，并接受相关主管部门依法实施的监督检查。

第三十三条　外国投资者并购中国境内企业或者以其他方式参与经营者集中的，应当依照《中华人民共和国反垄断法》的规定接受经营者集中审查。

第三十四条　国家建立外商投资信息报告制度。外国投资者或者外商投资企业应当通过企业登记系统以及企业信用信息公示系统向商务主管部门报送投资信息。

外商投资信息报告的内容和范围按照确有必要的原则确定；通过部门信息共享能够获得的投资信息，不得再行要求报送。

第三十五条　国家建立外商投资安全审查制度，对影响或者可能影响国家安全的外商投资进行安全审查。

依法作出的安全审查决定为最终决定。

第三十六条　外国投资者投资外商投资准入负面清单规定禁止投资的领域的，由有关主管部门责令停止投资活动，限期处分股份、资产或者采取其他必要措施，恢复到实施投资前的状态；有违法所得的，没收违法所得。

外国投资者的投资活动违反外商投资准入负面清单规定的限制性准入特别管理措施的，由有关主管部门责令限期改正，采取必要措施满足准入特别管理措施的要求；逾期不改正的，依照前款规定处理。

外国投资者的投资活动违反外商投资准入负面清单规定的，除依照前两款规定处理外，还应当依法承担相应的法律责任。

《最高人民法院关于审理外商投资企业纠纷案件若干问题的规定（一）》

（法释〔2010〕9号　2020年12月23日修正）

第一条　当事人在外商投资企业设立、变更等过程中订立的合同，依法律、行政法规的规定应当经外商投资企业审批机关批准后才生效的，自批准之日起生效；未经批准的，人民法院应当认定该合同未生效。当事人请求确认该合同无效的，人民法院不予支持。

前款所述合同因未经批准而被认定未生效的，不影响合同中当事人履行报批义务条款及因该报批义务而设定的相关条款的效力。

第二条　当事人就外商投资企业相关事项达成的补充协议对已获批准的合同不构成重大或实质性变更的，人民法院不应以未经外商投资企业审批机关批准为由认定该补充协议未生效。

前款规定的重大或实质性变更包括注册资本、公司类型、经营范围、营业期限、股东认缴的出资额、出资方式的变更以及公司合并、公司分立、股权转让等。

第三条　人民法院在审理案件中，发现经外商投资企业审批机关批准的外商投资企业合同具有法律、行政法规规定的无效情形的，应当认定合同无效；该合同具有法律、行政法规规定的可撤销情形，当事人请求撤销的，人民法院应予支持。

适用本案由需要注意的问题

◆企业承包经营合同纠纷系企业所有权人与企业承包者在企业经营管理过程中产生的合同纠纷，依据我国《民事诉讼法》第24条的规定，该类纠纷案件由被告住所地或者合同履行地人民法院管辖。

◆如果案件系涉外案件，则应当依据《民事诉讼法》第24章的规定确定管辖。《民事诉讼法》第276条规定，因涉外民事纠纷，对在中华人民共和国领域内没有住所的被告提起除身份关系以外的诉讼，如果合同签订地、合同履行地、诉讼标的物所在地、可供扣押财产所在地、侵权行为地、代表机构住所地位于中华人民共和国领域内的，可以由合同签订地、合同履行地、诉讼标的物所在地、可供扣押财产所在地、侵权行为地、代表机构住所地人民法院管辖。

◆全民所有制和集体所有制企业实行承包经营，因承包经营合同发生纠纷，由合同的双方当事人作为诉讼主体。发包方是指企业的所有者。全民所有制的所有者是国家，由人民政府指定的国有资产管理部门或企业所属的上级主管部门和财政部门代表国家行使职权。集体所有制企业的所有者是本企业的劳动群众。

◆在审理企业承包经营合同纠纷时，应该注意区别违约性损失和经营性损失的界限。承包经营企业在经营过程中的损失同其他合同标的因一方违约给对方造成的经济损失不同，有的不是违约所造成的，而是由于经营不善造成的，这种损失应由经营者承担而不是违约者承担。违约性损失是指因一方的违约行为而引起的经济损失，损失后果与违约行为有着直接的必然联系，它们之间存在因果关系。经营性损失是经营者因经营管理不善或经营上的失误引起的财产损失，这类损失与违约行为没有联系，它们之间不存在因果关系。

260. 中外合资经营企业合同纠纷

案由解析

中外合资经营企业合同是指外国的企业、公司和其他经济组织或个人，按照平等互利的原则，经中国政府批准在中华人民共和国境内同中国的公司、企业或者其他经济组织共同投资、共同经营管理、共享利益、共担风险的股权式合营企业而订立的合同。

中外合资经营企业合同纠纷是指中外合资经营企业的合同当事人因合同的订立、履行、变更以及终止等产生的纠纷。

常用法律条文及索引

参见“259. 企业承包经营合同纠纷”案由相关部分。

适用本案由需要注意的问题

◆中外合资经营企业合同纠纷虽涉及外国投资者，但是依据《民事诉讼法》第279条规定，因在中华人民共和国领域内履行中外合资经营企业合同发生纠纷提起的诉讼，由人民法院专属管辖。因此，按照我国《民事诉讼法》第24条的规定，该类纠纷案件由被告住所地或者合同履行地人民法院管辖。

◆审判实践中，经常遇到中外合营企业一方当事人向人民法院提起诉讼，要求解散合营企业，并追究对方违约责任的情况。由于我国法律对合营企业的成立规定了行政审批的前置程序，所以无论当事人的诉讼请求是否含有确定合营协议效力的内容，人民法院均应予以审查。若合同无效，则处理时仅涉及损失的承担；若合同有效，则涉及合营合同应否终止和追究违反合同一方当事人违约责任的问题。

261. 中外合作经营企业合同纠纷

案由解析

中外合作经营企业合同是指由外国的企业、公司、其他经济组织或者个人同中国的企业、公司或其他经济组织，按照平等互利的原则和中国的法律，经中国政府批准在中国境内共同投资创办、共同经营、共担风险、共享权益的契约式合营企业而订立的合同。

中外合作经营企业合同纠纷是指中外合作经营企业合同当事人因合同的订立、履行、变更以及终止等产生的纠纷。

常用法律条文及索引

参见“259. 企业承包经营合同纠纷”案由相关部分。

适用本案由需要注意的问题

◆中外合作经营企业合同纠纷虽涉及外国投资者，但是依据《民事诉讼法》第279条规定，因在中华人民共和国领域内履行中外合作经营企业合同、中外合作勘探开发发生纠纷提起的诉讼，由人民法院专属管辖。因此，按照我国《民事诉讼法》第24条的规定，该类纠纷案件由被告住所地或者合同履行地人民法院管辖。

◆在适用本案由时，要注意其与中外合资经营企业合同纠纷的不同。中外合作经营企业与中外合资经营企业的主要区别在于：中外各方的投资一般不折价计算投资比例，利润也不按出资比例分配，各方的权利义务都在合作各方签订的合同中确定。中外合作经营企业既可组成具有法人资格的企业组织，也可组成非法人资格的企业组织，而中外合资企业的组织方式为有限责任公司。

二十一、与公司有关的纠纷

262. 股东资格确认纠纷

案由解析

股东资格又称股东地位，是指民事主体作为公司股东的一种身份和地位。具有股东资格，就意味着股东享有包括自益权和共益权在内的各项权利；同时，也意味着需要承担股东应当承担的相应义务，主要是指在出资范围内对公司债务承担责任。

股东资格确认纠纷是指股东与股东之间或者股东与公司之间就股东资格是否存在，或者股东持有数额、比例等争议产生的纠纷。该类纠纷既可以发生在股东与公司之间，也可以发生在股东与股东之间。

典型形态

在实践中，股东资格确认纠纷的典型形态主要有：

（1）确认起诉人是公司股东的纠纷，也可称为正向确认股东资格纠纷，是指因故未进行工商登记的股东确认自己是公司股东的纠纷。

（2）确认起诉人不是公司股东的纠纷，也可称为反向确认股东资格纠纷，是指已进行工商登记的股东确认自己不是公司股东的纠纷。

常用法律条文及索引

《中华人民共和国民法典》（2020 年 5 月 28 日公布　2021 年 1 月 1 日施行）

第一百二十五条　民事主体依法享有股权和其他投资性权利。

《中华人民共和国公司法》（2023 年 12 月 29 日修订）

第三十四条　公司登记事项发生变更的，应当依法办理变更登记。

公司登记事项未经登记或者未经变更登记，不得对抗善意相对人。

第五十五条 有限责任公司成立后，应当向股东签发出资证明书，记载下列事项：

（一）公司名称；

（二）公司成立日期；

（三）公司注册资本；

（四）股东的姓名或者名称、认缴和实缴的出资额、出资方式和出资日期；

（五）出资证明书的编号和核发日期。

出资证明书由法定代表人签名，并由公司盖章。

第五十六条 有限责任公司应当置备股东名册，记载下列事项：

（一）股东的姓名或者名称及住所；

（二）股东认缴和实缴的出资额、出资方式和出资日期；

（三）出资证明书编号；

（四）取得和丧失股东资格的日期。

记载于股东名册的股东，可以依股东名册主张行使股东权利。

第八十六条 股东转让股权的，应当书面通知公司，请求变更股东名册；需要办理变更登记的，并请求公司向公司登记机关办理变更登记。公司拒绝或者在合理期限内不予答复的，转让人、受让人可以依法向人民法院提起诉讼。

股权转让的，受让人自记载于股东名册时起可以向公司主张行使股东权利。

第八十七条 依照本法转让股权后，公司应当及时注销原股东的出资证明书，向新股东签发出资证明书，并相应修改公司章程和股东名册中有关股东及其出资额的记载。对公司章程的该项修改不需再由股东会表决。

第一百零二条 股份有限公司应当制作股东名册并置备于公司。股东名册应当记载下列事项：

（一）股东的姓名或者名称及住所；

（二）各股东所认购的股份种类及股份数；

（三）发行纸面形式的股票的，股票的编号；

（四）各股东取得股份的日期。

第一百四十七条 公司的股份采取股票的形式。股票是公司签发的证明股东所持股份的凭证。

公司发行的股票，应当为记名股票。

第一百五十条 股份有限公司成立后，即向股东正式交付股票。公司成立前不得向股东交付股票。

第一百五十六条　公司向社会公开募集股份，应当同银行签订代收股款协议。

代收股款的银行应当按照协议代收和保存股款，向缴纳股款的认股人出具收款单据，并负有向有关部门出具收款证明的义务。

公司发行股份募足股款后，应予公告。

第一百五十七条　股份有限公司的股东持有的股份可以向其他股东转让，也可以向股东以外的人转让；公司章程对股份转让有限制的，其转让按照公司章程的规定进行。

第一百五十九条　股票的转让，由股东以背书方式或者法律、行政法规规定的其他方式进行；转让后由公司将受让人的姓名或者名称及住所记载于股东名册。

股东会会议召开前二十日内或者公司决定分配股利的基准日前五日内，不得变更股东名册。法律、行政法规或者国务院证券监督管理机构对上市公司股东名册变更另有规定的，从其规定。

适用本案由需要注意的问题

◆因确认股东资格纠纷提起的诉讼，根据《民事诉讼法》第 27 条的规定，由公司住所地人民法院管辖。公司住所地指公司主要办事机构所在地。公司办事机构不明确的，由其注册地人民法院管辖。若公司设立失败，此时不存在公司的住所地，应根据民事诉讼一般地域管辖的规则确定管辖法院。因该案由项下当事人常常因发起人协议、发起人对外签订的合同产生纠纷，纠纷本质为合同纠纷，根据《民事诉讼法》第 24 条的规定，可由合同履行地或被告住所地人民法院管辖。发起人履行设立职责造成他人损害的，案件可由侵权行为地或被告住所地人民法院管辖。

◆需要注意的是，新修订的《公司法》按照反洗钱的有关要求，并根据我国股票发行的实际，删除了公司可以发行无记名股票的规定。

◆新修订的《公司法》吸收了原《最高人民法院关于适用〈中华人民共和国公司法〉若干问题的规定（三）》有限责任公司股东失权制度，在“股东未按照公司章程规定的出资日期缴纳出资”并且“宽限期届满，股东仍未履行出资义务的”情况下，经董事会决议向该股东发出失权通知后，该股东将会丧失股东权利。

◆适用本案由时要注意与“发起人责任纠纷”的区别。发起人责任是指发起人在公司设立过程中，因公司不能成立对债权人所应承担的责任或者在公司成立时发起人自身的过失行为致使公司利益受损时应当承担的责任。两者的区别主要在于：1. 争议发生的事由与时间不同。公司设立纠纷涉及的争议仅发生在公司设立过程中，发起人责任纠纷则不涉及事由发生的时间问题，无论在公司设立过程中，还是公司设立成功或失败后，均可能发生。2. 原被告法律关系不同。公司设立纠纷的原被告之间均为公司发起人，而发起人责任纠纷的原告系案外人，被告则为发起人。

◆在适用本案由时，要注意其与企业出资人权益确认纠纷的不同，参见本书案由“248. 企业出资人权益确认纠纷”中的相关部分。

263. 股东名册记载纠纷

案由解析

股东名册是指有限责任公司和股份有限公司依据公司法的规定必须置备的，用以记载股东及其所持股份数量、种类等事宜的簿册。

股东名册记载纠纷是指依照公司法规定股东名册必须记载股东的姓名或名称、持股数量等内容，在股东转让股权或者其他发生应当变更股东名册记载事项时，由于转让方股东或公司懈怠或者过失而未变更股东名册所产生的纠纷。

典型形态

实践中，股东名册记载纠纷主要有：

（1）转让人怠于履行变更登记义务产生的纠纷，是指负有协助办理股东名册变更登记义务的转让人股东怠于履行该义务而引发的纠纷。

（2）公司不履行记载义务产生的纠纷，是指负有保管、维护股东名册事宜义务的公司不履行该义务而引发的纠纷。

常用法律条文及索引

《中华人民共和国民法典》（2020 年 5 月 28 日公布　2021 年 1 月 1 日施行）

第一百二十五条　民事主体依法享有股权和其他投资性权利。

《中华人民共和国公司法》（2023 年 12 月 29 日修订）

第三十四条　公司登记事项发生变更的，应当依法办理变更登记。

公司登记事项未经登记或者未经变更登记，不得对抗善意相对人。

第四十条　公司应当按照规定通过国家企业信用信息公示系统公示下列事项：

（一）有限责任公司股东认缴和实缴的出资额、出资方式和出资日期，股份有限公司发起人认购的股份数；

（二）有限责任公司股东、股份有限公司发起人的股权、股份变更信息；

（三）行政许可取得、变更、注销等信息；

（四）法律、行政法规规定的其他信息。

公司应当确保前款公示信息真实、准确、完整。

第五十五条　有限责任公司成立后，应当向股东签发出资证明书，记载下列事项：

（一）公司名称；

（二）公司成立日期；

（三）公司注册资本；

（四）股东的姓名或者名称、认缴和实缴的出资额、出资方式和出资日期；

（五）出资证明书的编号和核发日期。

出资证明书由法定代表人签名，并由公司盖章。

第五十六条　有限责任公司应当置备股东名册，记载下列事项：

（一）股东的姓名或者名称及住所；

（二）股东认缴和实缴的出资额、出资方式和出资日期；

（三）出资证明书编号；

（四）取得和丧失股东资格的日期。

记载于股东名册的股东，可以依股东名册主张行使股东权利。

第八十六条　股东转让股权的，应当书面通知公司，请求变更股东名册；需要办理变更登记的，并请求公司向公司登记机关办理变更登记。公司拒绝或者在合理期限内不予答复的，转让人、受让人可以依法向人民法院提起诉讼。

股权转让的，受让人自记载于股东名册时起可以向公司主张行使股东权利。

第八十七条　依照本法转让股权后，公司应当及时注销原股东的出资证明书，向新股东签发出资证明书，并相应修改公司章程和股东名册中有关股东及其出资额的记载。对公司章程的该项修改不需再由股东会表决。

第一百零二条 股份有限公司应当制作股东名册并置备于公司。股东名册应当记载下列事项：

（一）股东的姓名或者名称及住所；

（二）各股东所认购的股份种类及股份数；

（三）发行纸面形式的股票的，股票的编号；

（四）各股东取得股份的日期。

第一百五十九条 股票的转让，由股东以背书方式或者法律、行政法规规定的其他方式进行；转让后由公司将受让人的姓名或者名称及住所记载于股东名册。

股东会会议召开前二十日内或者公司决定分配股利的基准日前五日内，不得变更股东名册。法律、行政法规或者国务院证券监督管理机构对上市公司股东名册变更另有规定的，从其规定。

适用本案由需要注意的问题

◆因股东名册记载纠纷提起的诉讼，应以《民事诉讼法》规定的关于地域管辖的一般原则为基础，并结合《民事诉讼法》第27条的规定综合考虑确定管辖法院。在股东名册记载纠纷中，应以公司作为被告。在股权转让后公司未及时办理股东名册变更而导致的股东名册记载纠纷中，可将转让人作为第三人；如果转让人不配合变更，则可将其作为共同被告。如果转让人请求从公司股东名册中涤除，则转让人为原告。在由股权代持关系引发的股东名册记载纠纷中，实际出资人向公司请求将其记载于股东名册，应以公司为被告，可将名义出资人作为第三人，也可将其作为共同被告请求其履行协助义务。

◆在适用本案由时，要注意其与请求变更公司登记纠纷的区别。两者适用情形中，均包含《公司法》第56条规定的情形，但前者不限于此，还包括《公司法》第87条、第159条规定的情形，而后者仅限于《公司法》第56条规定的情形；前者适用于对置备于公司处的股东名册记载事项存在异议而发生的纠纷，其诉讼的目的在于变更股东名册相关记载事项，而后者适用于对公司在登记机关登记事项存在异议而发生的纠纷，其诉讼目的在于变更公司在登记机关登记的相关事项；前者作为被告一方的诉讼主体的可能是公司，也可能是其他股东，后者作为被告一方的诉讼主体则限于公司。

◆需要注意的是，新修订的《公司法》规定了“股权转让的，受让人自记载于股东名册时起可以向公司主张行使股东权利”，明确了股权变动生效时点或者股东资格认定标准是受让人被记载于股东名册，工商登记产生的是对外的公示效力。

264. 请求变更公司登记纠纷

案由解析

请求变更公司登记纠纷是指股东转让股权或者发生其他应当变更股东姓名或名称及其出资额时，依照公司法规定，公司应当向公司登记机关申请变更登记而未予办理，进而损害相应股东利益而产生的纠纷。

常用法律条文及索引

《中华人民共和国民法典》（2020 年 5 月 28 日公布　2021 年 1 月 1 日施行）

第六十五条　法人的实际情况与登记的事项不一致的，不得对抗善意相对人。

《中华人民共和国公司法》（2023 年 12 月 29 日修订）

第三十四条　公司登记事项发生变更的，应当依法办理变更登记。

公司登记事项未经登记或者未经变更登记，不得对抗善意相对人。

第五十六条　有限责任公司应当置备股东名册，记载下列事项：

（一）股东的姓名或者名称及住所；

（二）股东认缴和实缴的出资额、出资方式和出资日期；

（三）出资证明书编号；

（四）取得和丧失股东资格的日期。

记载于股东名册的股东，可以依股东名册主张行使股东权利。

第八十六条　股东转让股权的，应当书面通知公司，请求变更股东名册；需要办理变更登记的，并请求公司向公司登记机关办理变更登记。公司拒绝或者在合理期限内不予答复的，转让人、受让人可以依法向人民法院提起诉讼。

股权转让的，受让人自记载于股东名册时起可以向公司主张行使股东权利。

第一百五十六条　公司向社会公开募集股份，应当同银行签订代收股款协议。

代收股款的银行应当按照协议代收和保存股款，向缴纳股款的认股人出具收款单据，并负有向有关部门出具收款证明的义务。

公司发行股份募足股款后，应予公告。

适用本案由需要注意的问题

◆因请求变更公司登记纠纷提起的诉讼，应以《民事诉讼法》规定的关于地域管辖的一般原则为基础，并结合《民事诉讼法》第 27 条的规定综合考虑确定管辖法院。

◆该类纠纷的原告应为公司股东等与工商登记存在利害关系且对工商登记存在异议的一方，被告则为公司。如果因法定代表人或股东等主体拒不配合，导致无法变更登记的，也可以将其列为共同被告。

◆在适用本案由时，要注意其与股东名册记载纠纷的区别（参见本书案由“263. 股东名册记载纠纷”中的相关部分）。

◆需要注意的是，新修订的《公司法》明确规定了股权转让后股东的变更登记请求权，并赋予转让人和受让人通过司法途径寻求救济的权利。

265. 股东出资纠纷

案由解析

股东出资是指公司股东（包括发起人和认购人）在公司设立或者增加资本时，为取得股份或股权，根据协议的约定以及法律和章程的规定向公司交付财产或履行其他给付义务的法律行为。

股东出资纠纷是指公司股东违反出资义务造成公司或者其他已履行出资义务的出资人损失而产生的纠纷。

典型形态

在实践中，股东出资纠纷的典型形态主要有：

（1）虚假出资纠纷，是指公司股东认购出资取得股权而事实上并未出资所引发的纠纷。虚假出资为欺诈行为，具体表现形式包括：以无实际货币的虚假银行进账单、对账单骗取验资报告和公司登记；以虚假的实物投资手续骗取验资报告和公司登记等。

（2）出资不足纠纷，是指公司股东只履行了部分出资义务，未按规定数额足额交付而引发的纠纷，具体表现形式包括：货币出资的不足；出资的实物、知识产权等非货币出资的价值显著低于章程所确定的金额等。

（3）逾期出资纠纷，是指公司股东不按规定期限交付出资或办理实物等财产权的转移手续而引发的纠纷。实践中经常发生的逾期出资是股东首次出资后未及时履行后续分期出资义务。

（4）抽逃出资纠纷，是指公司股东在公司成立或资本验资之后，将已缴纳的出资抽回而产生的纠纷。抽逃出资属于欺诈行为，具体表现形式包括：将款项转入公司账户验资后又转出；公司成立后，无根据地向股东转移公司资金或其他财产；未依法提取法定公积金或未弥补上一年亏损前而先行分配利润；在公司非盈利状态下，制作虚假财务报表虚增利润进行分配；公司回购股东的股权但未办理减资手续、股东依然行使股东权利；股东通过其控制的其他民事主体与公司之间的关联交易，增加交易成本，变相获取公司财产等。

常用法律条文及索引

《中华人民共和国民法典》（2020年5月28日公布　2021年1月1日施行）

第一百二十五条　民事主体依法享有股权和其他投资性权利。

《中华人民共和国公司法》（2023年12月29日修订）

第四十七条　有限责任公司的注册资本为在公司登记机关登记的全体股东认缴的出资额。全体股东认缴的出资额由股东按照公司章程的规定自公司成立之日起五年内缴足。

法律、行政法规以及国务院决定对有限责任公司注册资本实缴、注册资本最低限额、股东出资期限另有规定的，从其规定。

第四十八条　股东可以用货币出资，也可以用实物、知识产权、土地使用权、股权、债权等可以用货币估价并可以依法转让的非货币财产作价出资；但是，法律、行政法规规定不得作为出资的财产除外。

对作为出资的非货币财产应当评估作价，核实财产，不得高估或者低估作价。法律、行政法规对评估作价有规定的，从其规定。

第四十九条　股东应当按期足额缴纳公司章程规定的各自所认缴的出资额。

股东以货币出资的，应当将货币出资足额存入有限责任公司在银行开设的账户；以非货币财产出资的，应当依法办理其财产权的转移手续。

股东未按期足额缴纳出资的，除应当向公司足额缴纳外，还应当对给公司造成的损失承担赔偿责任。

第五十条　有限责任公司设立时，股东未按照公司章程规定实际缴纳出资，或者实际出资的非货币财产的实际价额显著低于所认缴的出资额的，设立时的其他股东与该股东在出资不足的范围内承担连带责任。

第五十一条　有限责任公司成立后，董事会应当对股东的出资情况进行核查，发现股东未按期足额缴纳公司章程规定的出资的，应当由公司向该股东发出书面催缴书，催缴出资。

未及时履行前款规定的义务，给公司造成损失的，负有责任的董事应当承担赔偿责任。

第五十二条　股东未按照公司章程规定的出资日期缴纳出资，公司依照前条第一款规定发出书面催缴书催缴出资的，可以载明缴纳出资的宽限期；宽限期自公司发出催缴书之日起，不得少于六十日。宽限期届满，股东仍未履行出资义务的，公司经董事会决议可以向该股东发出失权通知，通知应当以书面形式发出。自通知发出之日起，该股东丧失其未缴纳出资的股权。

依照前款规定丧失的股权应当依法转让，或者相应减少注册资本并注销该股权；六个月内未转让或者注销的，由公司其他股东按照其出资比例足额缴纳相应出资。

股东对失权有异议的，应当自接到失权通知之日起三十日内，向人民法院提起诉讼。

第五十三条　公司成立后，股东不得抽逃出资。

违反前款规定的，股东应当返还抽逃的出资；给公司造成损失的，负有责任的董事、监事、高级管理人员应当与该股东承担连带赔偿责任。

第九十五条　股份有限公司章程应当载明下列事项：

（一）公司名称和住所；

（二）公司经营范围；

（三）公司设立方式；

（四）公司注册资本、已发行的股份数和设立时发行的股份数，面额股的每股金额；

（五）发行类别股的，每一类别股的股份数及其权利和义务；

（六）发起人的姓名或者名称、认购的股份数、出资方式；

（七）董事会的组成、职权和议事规则；

（八）公司法定代表人的产生、变更办法；

（九）监事会的组成、职权和议事规则；

（十）公司利润分配办法；

（十一）公司的解散事由与清算办法；

（十二）公司的通知和公告办法；

（十三）股东会认为需要规定的其他事项。

第九十六条　股份有限公司的注册资本为在公司登记机关登记的已发行股份的股本总额。在发起人认购的股份缴足前，不得向他人募集股份。

法律、行政法规以及国务院决定对股份有限公司注册资本最低限额另有规定的，从其规定。

第九十七条　以发起设立方式设立股份有限公司的，发起人应当认足公司章程规定的公司设立时应发行的股份。

以募集设立方式设立股份有限公司的，发起人认购的股份不得少于公司章程规定的公司设立时应发行股份总数的百分之三十五；但是，法律、行政法规另有规定的，从其规定。

第九十八条　发起人应当在公司成立前按照其认购的股份全额缴纳股款。

发起人的出资，适用本法第四十八条、第四十九条第二款关于有限责任公司股东出资的规定。

第九十九条　发起人不按照其认购的股份缴纳股款，或者作为出资的非货币财产的实际价额显著低于所认购的股份的，其他发起人与该发起人在出资不足的范围内承担连带责任。

第一百零五条　公司设立时应发行的股份未募足，或者发行股份的股款缴足后，发起人在三十日内未召开成立大会的，认股人可以按照所缴股款并加算银行同期存款利息，要求发起人返还。

发起人、认股人缴纳股款或者交付非货币财产出资后，除未按期募足股份、发起人未按期召开成立大会或者成立大会决议不设立公司的情形外，不得抽回其股本。

第二百五十二条　公司的发起人、股东虚假出资，未交付或者未按期交付作为出资的货币或者非货币财产的，由公司登记机关责令改正，可以处以五万元以上二十万元以下的罚款；情节严重的，处以虚假出资或者未出资金额百分之五以上百分之十五以下的罚款；对直接负责的主管人员和其他直接责任人员处以一万元以上十万元以下的罚款。

第二百五十三条 公司的发起人、股东在公司成立后，抽逃其出资的，由公司登记机关责令改正，处以所抽逃出资金额百分之五以上百分之十五以下的罚款；对直接负责的主管人员和其他直接责任人员处以三万元以上三十万元以下的罚款。

第二百六十六条 本法自2024年7月1日起施行。

本法施行前已登记设立的公司，出资期限超过本法规定的期限的，除法律、行政法规或者国务院另有规定外，应当逐步调整至本法规定的期限以内；对于出资期限、出资额明显异常的，公司登记机关可以依法要求其及时调整。具体实施办法由国务院规定。

《最高人民法院关于〈中华人民共和国公司法〉第八十八条第一款不溯及适用的批复》（法释〔2024〕15号 2024年12月24日公布）

河南省高级人民法院：

你院《关于公司法第八十八条第一款是否溯及适用的请示》收悉。经研究，批复如下：

2024年7月1日起施行的《中华人民共和国公司法》第八十八条第一款仅适用于2024年7月1日之后发生的未届出资期限的股权转让行为。对于2024年7月1日之前股东未届出资期限转让股权引发的出资责任纠纷，人民法院应当根据原公司法等有关法律的规定精神公平公正处理。

本批复公布施行后，最高人民法院以前发布的司法解释与本批复规定不一致的，不再适用。

适用本案由需要注意的问题

◆因股东出资纠纷提起的诉讼，应以《民事诉讼法》中关于地域管辖的一般原则为基础，并结合《民事诉讼法》第27条的规定综合考虑确定管辖法院。股东出资纠纷的原告可能有公司、其他股东、公司债权人以及因股东违反出资义务而承担责任并因此而享有追偿权的主体。被告可能有股东，公司的董事、监事、高级管理人员，公司的控股股东、实际控制人、其他股东、代垫资金的第三人，承担资产评估、验资或者验证的机构，股权转让人或受让人。此外，凡是与案件审理结果有法律上利害关系或对原告、被告之间争议的诉讼标的享有独立请求权的主体，都可作为第三人参加诉讼。

◆根据《最高人民法院关于适用〈中华人民共和国公司法〉若干问题的规定（三）》第19条和最高人民法院《关于审理民事案件适用诉讼时效制度

若干问题的规定》第1条第3项的规定，相关主体请求未履行或未完全履行或抽逃出资的股东承担责任，不适用诉讼时效制度，但是公司的债权人需要在其债权的诉讼时效期间内主张权利。

◆在适用本案由时，要注意其与新增资本认购纠纷的不同。股东出资纠纷针对的是股东违反出资义务的情形；而新增资本认购纠纷针对的是公司新增注册资本的情形。

◆需要注意本次《公司法》修订对有限责任公司股东出资期限的重大变动，根据《公司法》第47条的规定，股东认缴的出资额应自公司成立之日起5年内缴足，同时本条也明确了法律、行政法规以及国务院可以作出特别规定，为重点行业及特殊领域设定其他认缴期限留下制度空间。关于本次《公司法》修订之前设立登记的公司的出资期限问题，根据第266条的规定，除法律、行政法规或者国务院另有规定外，应当逐步调整至本法规定的期限以内；对于出资期限、出资额明显异常的，公司登记机关可以依法要求其及时调整。具体实施办法由国务院规定。

◆同时，新修订的《公司法》第54条正式在公司法层面确立了股东出资加速到期制度，即在“公司不能清偿到期债务”情形下，“公司或者已到期债权的债权人”有权要求已认缴出资但未届出资期限的股东提前缴纳出资，并且该提前缴纳的出资并非向某些债权人进行个别清偿，而是归入公司。

266. 新增资本认购纠纷

案由解析

新增资本认购纠纷是指有限责任公司新增资本认购、股份有限公司发行新股认购而产生的纠纷。

新增资本认购纠纷主要有以下类型：股东或者公司之外的其他人起诉要求确认享有公司股权纠纷和因行使优先认股权产生的纠纷。

常用法律条文及索引

《中华人民共和国民法典》（2020年5月28日公布　2021年1月1日施行）

第一百二十五条　民事主体依法享有股权和其他投资性权利。

《中华人民共和国公司法》（2023 年 12 月 29 日修订）

第一百条 发起人向社会公开募集股份，应当公告招股说明书，并制作认股书。认股书应当载明本法第一百五十四条第二款、第三款所列事项，由认股人填写认购的股份数、金额、住所，并签名或者盖章。认股人应当按照所认购股份足额缴纳股款。

第一百五十一条 公司发行新股，股东会应当对下列事项作出决议：

（一）新股种类及数额；

（二）新股发行价格；

（三）新股发行的起止日期；

（四）向原有股东发行新股的种类及数额；

（五）发行无面额股的，新股发行所得股款计入注册资本的金额。

公司发行新股，可以根据公司经营情况和财务状况，确定其作价方案。

第一百五十二条 公司章程或者股东会可以授权董事会在三年内决定发行不超过已发行股份百分之五十的股份。但以非货币财产作价出资的应当经股东会决议。

董事会依照前款规定决定发行股份导致公司注册资本、已发行股份数发生变化的，对公司章程该项记载事项的修改不需再由股东会表决。

第一百五十三条 公司章程或者股东会授权董事会决定发行新股的，董事会决议应当经全体董事三分之二以上通过。

第二百一十条 公司分配当年税后利润时，应当提取利润的百分之十列入公司法定公积金。公司法定公积金累计额为公司注册资本的百分之五十以上的，可以不再提取。

公司的法定公积金不足以弥补以前年度亏损的，在依照前款规定提取法定公积金之前，应当先用当年利润弥补亏损。

公司从税后利润中提取法定公积金后，经股东会决议，还可以从税后利润中提取任意公积金。

公司弥补亏损和提取公积金后所余税后利润，有限责任公司按照股东实缴的出资比例分配利润，全体股东约定不按照出资比例分配利润的除外；股份有限公司按照股东所持有的股份比例分配利润，公司章程另有规定的除外。

公司持有的本公司股份不得分配利润。

第二百二十七条 有限责任公司增加注册资本时，股东在同等条件下有权优先按照实缴的出资比例认缴出资。但是，全体股东约定不按照出资比例优先认缴出资的除外。

股份有限公司为增加注册资本发行新股时，股东不享有优先认购权，公司章程另有规定或者股东会决议决定股东享有优先认购权的除外。

第二百二十八条　有限责任公司增加注册资本时，股东认缴新增资本的出资，依照本法设立有限责任公司缴纳出资的有关规定执行。

股份有限公司为增加注册资本发行新股时，股东认购新股，依照本法设立股份有限公司缴纳股款的有关规定执行。

适用本案由需要注意的问题

◆因新增资本认购纠纷提起的诉讼，应以《民事诉讼法》规定的关于地域管辖的一般原则为基础，并结合《民事诉讼法》第 27 条的规定综合考虑确定管辖法院。

◆在适用本案由时，要注意其与股东出资纠纷的不同。新增资本认购纠纷针对的是公司新增注册资本的情形；而股东出资纠纷针对的是股东违反出资义务的情形。

◆需要注意新修订的《公司法》在股东对新股优先认购权方面规定的变化。首先是区分了有限责任公司与股份有限公司，有限责任公司股东原则上有优先认购权，但全体股东另有约定的除外；而股份有限公司原则上无优先认购权，但公司章程或股东会决议另有安排的除外。其次，有限责任公司股东对新股的优先认购权增加了“同等条件”这一限制条件。

267. 股东知情权纠纷

案由解析

股东知情权为法律赋予股东通过查阅公司财务报告资料、账簿等有关公司经营、决策、管理的相关资料以及询问与上述有关的问题，实现了解公司运营状况和公司高级管理人员的业务活动的权利。股东知情权是一个权利体系，股东知情权并非股东所享有的单一权利而是一个权利体系。由查阅公司章程权、查阅股东会会议记录权、查阅公司会计报告权、查阅董事会会议决议权等一系列权利构成。现代公司实行所有权与控制权的分离，股东不直接营运公司事务，股东要对公司事务参与和监管，首先要获取公司经营的有关信息，只有在获取了公司经营信息的基础上，才可能行使对公司的监督权和在重大经营决策上维护股东的终极利益，从而达到维护股东利益的目的，所以可以说股东知情权是实现其他权利的前提和基础。股东知情权纠纷是指公司限制或剥夺股东了解公司运营状况和公司高级管理人员的业务活动的相关权利而产生的纠纷。

常用法律条文及索引

《中华人民共和国民法典》（2020 年 5 月 28 日公布　2021 年 1 月 1 日施行）

第一百二十五条　民事主体依法享有股权和其他投资性权利。

《中华人民共和国公司法》（2023 年 12 月 29 日修订）

第五十七条　股东有权查阅、复制公司章程、股东名册、股东会会议记录、董事会会议决议、监事会会议决议和财务会计报告。

股东可以要求查阅公司会计账簿、会计凭证。股东要求查阅公司会计账簿、会计凭证的，应当向公司提出书面请求，说明目的。公司有合理根据认为股东查阅会计账簿、会计凭证有不正当目的，可能损害公司合法利益的，可以拒绝提供查阅，并应当自股东提出书面请求之日起十五日内书面答复股东并说明理由。公司拒绝提供查阅的，股东可以向人民法院提起诉讼。

股东查阅前款规定的材料，可以委托会计师事务所、律师事务所等中介机构进行。

股东及其委托的会计师事务所、律师事务所等中介机构查阅、复制有关材料，应当遵守有关保护国家秘密、商业秘密、个人隐私、个人信息等法律、行政法规的规定。

股东要求查阅、复制公司全资子公司相关材料的，适用前四款的规定。

第一百零九条　股份有限公司应当将公司章程、股东名册、股东会会议记录、董事会会议记录、监事会会议记录、财务会计报告、债券持有人名册置备于本公司。

第一百一十条　股东有权查阅、复制公司章程、股东名册、股东会会议记录、董事会会议决议、监事会会议决议、财务会计报告，对公司的经营提出建议或者质询。

连续一百八十日以上单独或者合计持有公司百分之三以上股份的股东要求查阅公司的会计账簿、会计凭证的，适用本法第五十七条第二款、第三款、第四款的规定。公司章程对持股比例有较低规定的，从其规定。

股东要求查阅、复制公司全资子公司相关材料的，适用前两款的规定。

上市公司股东查阅、复制相关材料的，应当遵守《中华人民共和国证券法》等法律、行政法规的规定。

第一百二十九条　公司应当定期向股东披露董事、监事、高级管理人员从公司获得报酬的情况。

第二百零九条　有限责任公司应当按照公司章程规定的期限将财务会计报告送交各股东。

股份有限公司的财务会计报告应当在召开股东会年会的二十日前置备于本公司，供股东查阅；公开发行股份的股份有限公司应当公告其财务会计报告。

适用本案由需要注意的问题

◆因股东知情权纠纷提起的诉讼，应以《民事诉讼法》中关于地域管辖的一般原则为基础，并结合《民事诉讼法》第27条的规定综合考虑确定管辖法院。

◆股东知情权纠纷的原告通常应为公司现有股东。如果存在股东身份争议，则原告应先行解决股东身份问题。公司原股东转让股权后无权提起股东知情权诉讼，除非其在起诉时提交初步证据证明在持股期间合法权益受到损害。

◆实践中，对于行使知情权的股东同时又是公司董事的情况，依据《公司法》规定，应当以股东名义提起知情权诉讼。此外，股东请求委托他人查阅公司有关档案材料，或者公司未依照法律或者公司章程规定建立相关档案材料、公司建立的相关档案材料虚假或者丢失，股东起诉请求公司依照法律或者公司章程规定重新建立并提供给股东查阅的，适用本案由纠纷。如公司没有按照法律或章程规定建立相关档案材料义务的，股东主张知情权诉讼要求公司承担赔偿责任的，不适用本案由纠纷，应另行起诉。

◆需要注意的是，针对有限责任公司，新修订的《公司法》明确了会计凭证属于股东行使知情权可以查阅的范围，同时新修订的《公司法》吸收了原《最高人民法院关于适用〈中华人民共和国公司法〉若干问题的规定（四）》的规定，赋予了股东委托第三方中介机构查阅、复制的权利，并且不再有“该股东在场”的要求，此外还增加了股东查阅、复制公司全资子公司相关资料的权利，进一步完善了股东知情权制度。

◆针对股份有限公司，新修订的《公司法》增加了股东“复制”相关资料的权利，扩大了股东知情权范畴，并且对符合一定持股比例的股东可以参照有限责任公司的规定，同时也增加了股东查阅、复制公司全资子公司相关资料的权利，使得股份有限公司股东知情权制度与有限责任公司股东知情权制度的差距越来越小。

268. 请求公司收购股份纠纷

案由解析

本案由是异议股东行使《公司法》的股份收购请求权时产生纠纷的案由。股份收购请求权是指公司股东会基于资本多数表决就有关公司的重大行动作出决议后，持异议的少数股东有权要求公司以公平价格购买其持有股份，从而退出该公司的权利。

请求公司收购股份纠纷是指异议股东在法定情形下要求公司对其所持股份以公平价格予以购买而产生的纠纷。

常用法律条文及索引

《中华人民共和国民法典》（2020 年 5 月 28 日公布　2021 年 1 月 1 日施行）

第一百二十五条　民事主体依法享有股权和其他投资性权利。

《中华人民共和国公司法》（2023 年 12 月 29 日修订）

第八十九条　有下列情形之一的，对股东会该项决议投反对票的股东可以请求公司按照合理的价格收购其股权：

（一）公司连续五年不向股东分配利润，而公司该五年连续盈利，并且符合本法规定的分配利润条件；

（二）公司合并、分立、转让主要财产；

（三）公司章程规定的营业期限届满或者章程规定的其他解散事由出现，股东会通过决议修改章程使公司存续。

自股东会决议作出之日起六十日内，股东与公司不能达成股权收购协议的，股东可以自股东会决议作出之日起九十日内向人民法院提起诉讼。

公司的控股股东滥用股东权利，严重损害公司或者其他股东利益的，其他股东有权请求公司按照合理的价格收购其股权。

公司因本条第一款、第三款规定的情形收购的本公司股权，应当在六个月内依法转让或者注销。

第一百六十一条　有下列情形之一的，对股东会该项决议投反对票的股东可以请求公司按照合理的价格收购其股份，公开发行股份的公司除外：

（一）公司连续五年不向股东分配利润，而公司该五年连续盈利，并且符合本法规定的分配利润条件；

（二）公司转让主要财产；

（三）公司章程规定的营业期限届满或者章程规定的其他解散事由出现，股东会通过决议修改章程使公司存续。

自股东会决议作出之日起六十日内，股东与公司不能达成股份收购协议的，股东可以自股东会决议作出之日起九十日内向人民法院提起诉讼。

公司因本条第一款规定的情形收购的本公司股份，应当在六个月内依法转让或者注销。

第一百六十二条　公司不得收购本公司股份。但是，有下列情形之一的除外：

（一）减少公司注册资本；

（二）与持有本公司股份的其他公司合并；

（三）将股份用于员工持股计划或者股权激励；

（四）股东因对股东会作出的公司合并、分立决议持异议，要求公司收购其股份；

（五）将股份用于转换公司发行的可转换为股票的公司债券；

（六）上市公司为维护公司价值及股东权益所必需。

公司因前款第一项、第二项规定的情形收购本公司股份的，应当经股东会决议；公司因前款第三项、第五项、第六项规定的情形收购本公司股份的，可以按照公司章程或者股东会的授权，经三分之二以上董事出席的董事会会议决议。

公司依照本条第一款规定收购本公司股份后，属于第一项情形的，应当自收购之日起十日内注销；属于第二项、第四项情形的，应当在六个月内转让或者注销；属于第三项、第五项、第六项情形的，公司合计持有的本公司股份数不得超过本公司已发行股份总数的百分之十，并应当在三年内转让或者注销。

上市公司收购本公司股份的，应当依照《中华人民共和国证券法》的规定履行信息披露义务。上市公司因本条第一款第三项、第五项、第六项规定的情形收购本公司股份的，应当通过公开的集中交易方式进行。

公司不得接受本公司的股份作为质权的标的。

适用本案由需要注意的问题

◆因请求公司收购股份纠纷提起的诉讼，应以《民事诉讼法》规定的关于地域管辖的一般原则为基础，并结合《民事诉讼法》第27条的规定综合考虑确定管辖法院。

◆在适用本案由时，要注意其与股权转让纠纷的不同。在股权转让纠纷中，股权的受让方是公司之外的其他主体；而在请求公司收购股份纠纷中，股权的受让方是公司本身。

◆需要注意的是，针对股份收购请求权，新修订的《公司法》增加了“公司的控股股东滥用股东权利，严重损害公司或者其他股东利益的”情形下，其他股东可以行使股份收购请求权。同时新修订的《公司法》规定了公司对收购股份6个月的持有期限，有利于更好地实现资本维持原则。

269. 股权转让纠纷

案由解析

股权转让是指公司的股东将自己所持有的出资额或股份转让给他人，使他人成为公司的股东。

股权转让纠纷是指公司股东之间、股东与非股东之间进行股权转让而产生的纠纷。

典型形态

在实践中，股权转让纠纷主要有：

（1）股权转让合同效力纠纷，是指公司股东之间或股东与非股东之间在股权转让过程中因合同的效力问题而产生的纠纷。

（2）股权转让合同履行纠纷，是指公司股东之间或股东与非股东之间在股权转让过程中因合同的履行问题而产生的纠纷。

（3）瑕疵出资股东股权转让纠纷，是指公司股东在转让股权过程中因其出资存在瑕疵而产生的纠纷。

（4）股权转让中的瑕疵责任纠纷，是指公司股东在转让股权过程中因股权存在瑕疵而产生的责任纠纷。

常用法律条文及索引

《中华人民共和国民法典》（2020年5月28日公布　2021年1月1日施行）

第一百二十五条　民事主体依法享有股权和其他投资性权利。

第一百四十八条　一方以欺诈手段，使对方在违背真实意思的情况下实施的民事法律行为，受欺诈方有权请求人民法院或者仲裁机构予以撤销。

第一百四十九条　第三人实施欺诈行为，使一方在违背真实意思的情况下实施的民事法律行为，对方知道或者应当知道该欺诈行为的，受欺诈方有权请求人民法院或者仲裁机构予以撤销。

第一百五十条　一方或者第三人以胁迫手段，使对方在违背真实意思的情况下实施的民事法律行为，受胁迫方有权请求人民法院或者仲裁机构予以撤销。

第一百五十一条　一方利用对方处于危困状态、缺乏判断能力等情形，致使民事法律行为成立时显失公平的，受损害方有权请求人民法院或者仲裁机构予以撤销。

第一百五十三条　违反法律、行政法规的强制性规定的民事法律行为无效。但是，该强制性规定不导致该民事法律行为无效的除外。

违背公序良俗的民事法律行为无效。

第一百五十四条　行为人与相对人恶意串通，损害他人合法权益的民事法律行为无效。

第一百五十七条　民事法律行为无效、被撤销或者确定不发生效力后，行为人因该行为取得的财产，应当予以返还；不能返还或者没有必要返还的，应当折价补偿。有过错的一方应当赔偿对方由此所受到的损失；各方都有过错的，应当各自承担相应的责任。法律另有规定的，依照其规定。

第五百六十二条　当事人协商一致，可以解除合同。

当事人可以约定一方解除合同的事由。解除合同的事由发生时，解除权人可以解除合同。

第五百六十三条　有下列情形之一的，当事人可以解除合同：

（一）因不可抗力致使不能实现合同目的；

（二）在履行期限届满前，当事人一方明确表示或者以自己的行为表明不履行主要债务；

（三）当事人一方迟延履行主要债务，经催告后在合理期限内仍未履行；

（四）当事人一方迟延履行债务或者有其他违约行为致使不能实现合同

目的；

（五）法律规定的其他情形。

以持续履行的债务为内容的不定期合同，当事人可以随时解除合同，但是应当在合理期限之前通知对方。

第五百六十六条 合同解除后，尚未履行的，终止履行；已经履行的，根据履行情况和合同性质，当事人可以请求恢复原状或者采取其他补救措施，并有权请求赔偿损失。

合同因违约解除的，解除权人可以请求违约方承担违约责任，但是当事人另有约定的除外。

主合同解除后，担保人对债务人应当承担的民事责任仍应当承担担保责任，但是担保合同另有约定的除外。

《中华人民共和国公司法》（2023 年 12 月 29 日修订）

第五十二条 股东未按照公司章程规定的出资日期缴纳出资，公司依照前条第一款规定发出书面催缴书催缴出资的，可以载明缴纳出资的宽限期；宽限期自公司发出催缴书之日起，不得少于六十日。宽限期届满，股东仍未履行出资义务的，公司经董事会决议可以向该股东发出失权通知，通知应当以书面形式发出。自通知发出之日起，该股东丧失其未缴纳出资的股权。

依照前款规定丧失的股权应当依法转让，或者相应减少注册资本并注销该股权；六个月内未转让或者注销的，由公司其他股东按照其出资比例足额缴纳相应出资。

股东对失权有异议的，应当自接到失权通知之日起三十日内，向人民法院提起诉讼。

第八十四条 有限责任公司的股东之间可以相互转让其全部或者部分股权。

股东向股东以外的人转让股权的，应当将股权转让的数量、价格、支付方式和期限等事项书面通知其他股东，其他股东在同等条件下有优先购买权。股东自接到书面通知之日起三十日内未答复的，视为放弃优先购买权。两个以上股东行使优先购买权的，协商确定各自的购买比例；协商不成的，按照转让时各自的出资比例行使优先购买权。

公司章程对股权转让另有规定的，从其规定。

第八十五条 人民法院依照法律规定的强制执行程序转让股东的股权时，应当通知公司及全体股东，其他股东在同等条件下有优先购买权。其他股东自人民法院通知之日起满二十日不行使优先购买权的，视为放弃优先购买权。

第九十条　自然人股东死亡后，其合法继承人可以继承股东资格；但是，公司章程另有规定的除外。

第一百五十七条　股份有限公司的股东持有的股份可以向其他股东转让，也可以向股东以外的人转让；公司章程对股份转让有限制的，其转让按照公司章程的规定进行。

第一百五十八条　股东转让其股份，应当在依法设立的证券交易场所进行或者按照国务院规定的其他方式进行。

第一百五十九条　股票的转让，由股东以背书方式或者法律、行政法规规定的其他方式进行；转让后由公司将受让人的姓名或者名称及住所记载于股东名册。

股东会会议召开前二十日内或者公司决定分配股利的基准日前五日内，不得变更股东名册。法律、行政法规或者国务院证券监督管理机构对上市公司股东名册变更另有规定的，从其规定。

第一百六十条　公司公开发行股份前已发行的股份，自公司股票在证券交易所上市交易之日起一年内不得转让。法律、行政法规或者国务院证券监督管理机构对上市公司的股东、实际控制人转让其所持有的本公司股份另有规定的，从其规定。

公司董事、监事、高级管理人员应当向公司申报所持有的本公司的股份及其变动情况，在就任时确定的任职期间每年转让的股份不得超过其所持有本公司股份总数的百分之二十五；所持本公司股份自公司股票上市交易之日起一年内不得转让。上述人员离职后半年内，不得转让其所持有的本公司股份。公司章程可以对公司董事、监事、高级管理人员转让其所持有的本公司股份作出其他限制性规定。

股份在法律、行政法规规定的限制转让期限内出质的，质权人不得在限制转让期限内行使质权。

第一百六十五条　上市公司的股票，依照有关法律、行政法规及证券交易所交易规则上市交易。

第一百六十七条　自然人股东死亡后，其合法继承人可以继承股东资格；但是，股份转让受限的股份有限公司的章程另有规定的除外。

《全国法院民商事审判工作会议纪要》（法〔2019〕254号　2019年11月8日公布）

8.【有限责任公司的股权变动】当事人之间转让有限责任公司股权，受让人以其姓名或者名称已记载于股东名册为由主张其已经取得股权的，人民法院依法予以支持，但法律、行政法规规定应当办理批准手续生效的股权转让除外。未向公司登记机关办理股权变更登记的，不得对抗善意相对人。

9.【侵犯优先购买权的股权转让合同的效力】审判实践中，部分人民法院对公司法司法解释（四）第21条规定的理解存在偏差，往往以保护其他股东的优先购买权为由认定股权转让合同无效。准确理解该条规定，既要注意保护其他股东的优先购买权，也要注意保护股东以外的股权受让人的合法权益，正确认定有限责任公司的股东与股东以外的股权受让人订立的股权转让合同的效力。一方面，其他股东依法享有优先购买权，在其主张按照股权转让合同约定的同等条件购买股权的情况下，应当支持其诉讼请求，除非出现该条第1款规定的情形。另一方面，为保护股东以外的股权受让人的合法权益，股权转让合同如无其他影响合同效力的事由，应当认定有效。其他股东行使优先购买权的，虽然股东以外的股权受让人关于继续履行股权转让合同的请求不能得到支持，但不影响其依约请求转让股东承担相应的违约责任。

适用本案由需要注意的问题

◆因股权转让纠纷提起的诉讼，应以《民事诉讼法》中关于地域管辖的一般原则为基础，并结合《民事诉讼法》第27条的规定综合考虑确定管辖法院。

◆在确定本案由时，尤其要注意区分其与请求公司收购股份纠纷的不同。此外，本案由与一般的买卖纠纷也存在不同。在一般的买卖合同中，买受人取得的是商品的所有权；而在股权转让中，受让方取得的是公司的股东资格，享有股东地位和权益。

◆针对股东对外转让股权，新修订的《公司法》删除了“经其他股东同意”的要求，简化了股东对外转让股权的程序，同时针对其他股东优先购买权的“同等条件”要求，新修订的《公司法》进行了详细规定。

270. 公司决议纠纷

（1）公司决议效力确认纠纷

（2）公司决议撤销纠纷

案由解析

公司决议纠纷是指公司股东会、董事会决议内容或者会议召集程序、表决方式违反法律、行政法规或者公司章程，股东向人民法院提起诉讼，要求确认股东会、董事会决议的效力或者撤销股东会、董事会决议而产生的纠纷。

公司决议瑕疵是指由于公司决议违反法律、行政法规或公司章程的规定，导致公司决议不能体现所有股东的真实意思。决议的瑕疵既可能存在于形成决议的程序中，又可能存在于决议的内容中；前者属于程序瑕疵，后者属于内容瑕疵。

公司决议的产生要通过履行一定程序方可形成，只有按照规定的程序形成的决议才能保证决议参与者平等、充分地表达意思，也才能发生公司决议的效力。倘若公司决议在程序上存在瑕疵，就不能体现为所有应当享有表决权的决议参与者的真实意思表示，除非该决议做出后取得所有应当享有表决权的决议参与者的一致追认或默认。程序瑕疵发生于决议形成的过程之中，主要体现在会议召集程序和表决方式两个方面。程序瑕疵表现为会议召集程序、表决方式违反法律、行政法规或者公司章程。

内容瑕疵与程序瑕疵相比具有不可逆转性，被一些学者称之为“不可逆转的缺陷”，即不论公司采取何种补救措施均不得作出与此内容相同的决议。内容瑕疵主要表现为：决议内容违反民法、公司法的基本原则和具体规定；违反其他法律、行政法规的规定；违反公司章程。

我国《公司法》第25条和第26条的规定，把公司决议瑕疵诉讼区分为“决议内容违反法律、行政法规”的确认决议无效诉讼和“会议召集程序、表决方式违反法律、行政法规或者公司章程，或者决议内容违反公司章程”的撤销决议诉讼两种情形，作此区分也并不是完全按照程序瑕疵和内容瑕疵的区分而进行的诉讼区分，而是把决议内容违法作为无效之诉；把程序违反法律、章程和内容违反章程合并作为撤销之诉。

常用法律条文及索引

《中华人民共和国民法典》（2020 年 5 月 28 日公布　2021 年 1 月 1 日施行）

第八十五条　营利法人的权力机构、执行机构作出决议的会议召集程序、表决方式违反法律、行政法规、法人章程，或者决议内容违反法人章程的，营利法人的出资人可以请求人民法院撤销该决议。但是，营利法人依据该决议与善意相对人形成的民事法律关系不受影响。

《中华人民共和国公司法》（2023 年 12 月 29 日修订）

第二十五条　公司股东会、董事会的决议内容违反法律、行政法规的无效。

第二十六条　公司股东会、董事会的会议召集程序、表决方式违反法律、行政法规或者公司章程，或者决议内容违反公司章程的，股东自决议作出之日起六十日内，可以请求人民法院撤销。但是，股东会、董事会的会议召集程序或者表决方式仅有轻微瑕疵，对决议未产生实质影响的除外。

未被通知参加股东会会议的股东自知道或者应当知道股东会决议作出之日起六十日内，可以请求人民法院撤销；自决议作出之日起一年内没有行使撤销权的，撤销权消灭。

第二十七条　有下列情形之一的，公司股东会、董事会的决议不成立：

（一）未召开股东会、董事会会议作出决议；

（二）股东会、董事会会议未对决议事项进行表决；

（三）出席会议的人数或者所持表决权数未达到本法或者公司章程规定的人数或者所持表决权数；

（四）同意决议事项的人数或者所持表决权数未达到本法或者公司章程规定的人数或者所持表决权数。

第六十五条　股东会会议由股东按照出资比例行使表决权；但是，公司章程另有规定的除外。

第六十六条　股东会的议事方式和表决程序，除本法有规定的外，由公司章程规定。

股东会作出决议，应当经代表过半数表决权的股东通过。

股东会作出修改公司章程、增加或者减少注册资本的决议，以及公司合并、分立、解散或者变更公司形式的决议，应当经代表三分之二以上表决权的股东通过。

第七十三条　董事会的议事方式和表决程序，除本法有规定的外，由公司章程规定。

董事会会议应当有过半数的董事出席方可举行。董事会作出决议，应当经全体董事的过半数通过。

董事会决议的表决，应当一人一票。

董事会应当对所议事项的决定作成会议记录，出席会议的董事应当在会议记录上签名。

第一百一十六条　股东出席股东会会议，所持每一股份有一表决权，类别股股东除外。公司持有的本公司股份没有表决权。

股东会作出决议，应当经出席会议的股东所持表决权过半数通过。

股东会作出修改公司章程、增加或者减少注册资本的决议，以及公司合并、分立、解散或者变更公司形式的决议，应当经出席会议的股东所持表决权的三分之二以上通过。

第一百三十九条　上市公司董事与董事会会议决议事项所涉及的企业或者个人有关联关系的，该董事应当及时向董事会书面报告。有关联关系的董事不得对该项决议行使表决权，也不得代理其他董事行使表决权。该董事会会议由过半数的无关联关系董事出席即可举行，董事会会议所作决议须经无关联关系董事过半数通过。出席董事会会议的无关联关系董事人数不足三人的，应当将该事项提交上市公司股东会审议。

适用本案由需要注意的问题

◆需要注意的是，新修订的《公司法》将“股东会”和“股东大会”统称为“股东会”，原《公司法》规定的“股东大会”不再规定在新法中。同时，应注意“股东会、董事会的会议召集程序或者表决方式仅有轻微瑕疵，对决议未产生实质影响的”，已不属于可被撤销的决议的范围。对于原《公司法》第22条第3款规定的“股东依照前款规定提起诉讼的，人民法院可以应公司的请求，要求股东提供相应担保”，由于实践中未发现有具体适用的案例，缺乏实操性，故新修订的《公司法》已将此规定删除。

◆因股权决议纠纷提起的诉讼，应以《民事诉讼法》规定的关于地域管辖的一般原则为基础，并结合《民事诉讼法》第27条的规定综合考虑确定管辖法院。

◆在适用本案由时，需要注意的是，在股东决议纠纷中，原告是起诉时具有公司股东资格、董事身份或监事身份的人，但也并非完全排除起诉时已经为非公司股东的公司前股东，如被决议剥夺了股东身份的前股东针对剥夺了其股权的公司决议、已经转让了股权的股东对其作为股东期间的公司决议可以作为原告提起确认公司决议无效之诉。公司其他股东以与原告相同理由请求参加诉讼的，应当列为共同原告；由于股东会和董事会为公司机关，因此被告为公司，对决议涉及的相关利害关系人，可以列为共同被告或者第三人。

◆公司决议不成立是《公司法》在《最高人民法院关于适用〈中华人民共和国公司法〉若干问题的规定（四）》的基础上规定的公司决议瑕疵新形式。目前的案由中并未设置公司决议不成立纠纷这一四级案由，实践中可适用第三级案由“公司决议纠纷”或第四级案由“公司决议效力确认纠纷”。

271. 公司设立纠纷

案由解析

公司设立是指发起人依照公司法的规定在公司成立之前为组建公司进行的、目的在于取得法律主体资格的活动。

公司设立纠纷是指公司设立过程中，发起人、设立中的公司和债权人等利害关系人因相互之间的权利义务争议而产生的纠纷。

典型形态

在实践中，公司设立纠纷的典型形态主要有：

（1）发起人为设立公司以自己的名义对外签订合同而产生的纠纷。

（2）发起人为设立公司以设立中的公司的名义签订合同而产生的纠纷。

（3）公司未成立时，发起人、相关出资人之间产生的纠纷。

常用法律条文及索引

《中华人民共和国民法典》（2020 年 5 月 28 日公布　2021 年 1 月 1 日施行）

第七十五条　设立人为设立法人从事的民事活动，其法律后果由法人承受；法人未成立的，其法律后果由设立人承受，设立人为二人以上的，享有连带债权，承担连带债务。

设立人为设立法人以自己的名义从事民事活动产生的民事责任，第三人有权选择请求法人或者设立人承担。

《中华人民共和国公司法》（2023 年 12 月 29 日修订）

第四十四条　有限责任公司设立时的股东为设立公司从事的民事活动，其法律后果由公司承受。

公司未成立的，其法律后果由公司设立时的股东承受；设立时的股东为二人以上的，享有连带债权，承担连带债务。

设立时的股东为设立公司以自己的名义从事民事活动产生的民事责任，第三人有权选择请求公司或者公司设立时的股东承担。

设立时的股东因履行公司设立职责造成他人损害的，公司或者无过错的股东承担赔偿责任后，可以向有过错的股东追偿。

适用本案由需要注意的问题

◆因公司设立纠纷提起的诉讼，根据《民事诉讼法》第 27 条的规定，由公司住所地人民法院管辖。公司住所地是指公司主要办事机构所在地。公司办事机构不明确的，由其注册地人民法院管辖。若公司设立失败，此时不存在公司住所地，应根据民事诉讼一般地域管辖的规则确定管辖法院。因该案由项下常常因发起人协议、发起人对外签订合同产生纠纷，纠纷本质为合同纠纷，根据《民事诉讼法》第 24 条的规定，可由合同履行地或被告住所地人民法院管辖。

◆在适用本案由时，要注意其与发起人责任纠纷的不同。发起人责任纠纷主要是规范公司设立过程中发起人的责任承担问题，而公司设立纠纷主要规范的是公司设立过程中发起人与设立中公司、债权人之间的权利义务争议问题。

272. 公司证照返还纠纷

案由解析

公司证照返还纠纷是指保管、持有公司证照的公司相关人员不履行在特定情形下将公司证照返还给公司的义务而产生的纠纷。个别情况下，公司人员之外的第三人也有可能非法侵占公司证照拒不返还，此处的“证照”，不限于证件和营业执照，还包括公司印章。

常用法律条文及索引

《中华人民共和国民法典》（2020 年 5 月 28 日公布　2021 年 1 月 1 日施行）

第二百三十五条　无权占有不动产或者动产的，权利人可以请求返还原物。

第四百五十九条　占有人因使用占有的不动产或者动产，致使该不动产或者动产受到损害的，恶意占有人应当承担赔偿责任。

第四百六十条　不动产或者动产被占有人占有的，权利人可以请求返还原物及其孳息；但是，应当支付善意占有人因维护该不动产或者动产支出的必要费用。

《中华人民共和国公司法》（2023 年 12 月 29 日修订）

第三条　公司是企业法人，有独立的法人财产，享有法人财产权。公司以其全部财产对公司的债务承担责任。

公司的合法权益受法律保护，不受侵犯。

适用本案由需要注意的问题

◆因公司证照返还纠纷提起的诉讼，应以《民事诉讼法》规定的关于地域管辖的一般原则为基础，并结合《民事诉讼法》第 27 条的规定综合考虑确定管辖法院。

◆因公司证照返还引发的纠纷，其实质往往是对公司控制权的争夺。因此此类纠纷与普通的损害公司权益的财产返还纠纷有所区别。

273. 发起人责任纠纷

案由解析

发起人是指依照公司法的规定为设立公司而签署公司章程、向公司认购出资或者股份、履行公司设立职责并对公司设立承担责任的人，包括有限责任公司设立时的出资人和股份有限公司的发起人。

发起人责任纠纷是指发起人在公司设立过程中，因公司不能成立对认股人所应承担的责任，或者在公司成立时因发起人自身的过失行为致使公司利益受损应当承担相应责任的纠纷。

典型形态

在实践中，发起人责任纠纷的典型形态主要有：

（1）公司设立失败时的发起人责任纠纷，是指因为各种原因导致公司不能成立时，发起人应承担公司设立失败的责任而引发的纠纷。

（2）公司成立时的发起人责任纠纷，是指发起人在公司成立时应承担资本充实、损害赔偿等责任，在公司设立过程中因发起人的过失致使公司利益受到损害而产生的纠纷。

常用法律条文及索引

《中华人民共和国公司法》（2023年12月29日修订）

第四十四条 有限责任公司设立时的股东为设立公司从事的民事活动，其法律后果由公司承受。

公司未成立的，其法律后果由公司设立时的股东承受；设立时的股东为二人以上的，享有连带债权，承担连带债务。

设立时的股东为设立公司以自己的名义从事民事活动产生的民事责任，第三人有权选择请求公司或者公司设立时的股东承担。

设立时的股东因履行公司设立职责造成他人损害的，公司或者无过错的股东承担赔偿责任后，可以向有过错的股东追偿。

第五十条 有限责任公司设立时，股东未按照公司章程规定实际缴纳出资，或者实际出资的非货币财产的实际价额显著低于所认缴的出资额的，设立时的其他股东与该股东在出资不足的范围内承担连带责任。

第九十七条 以发起设立方式设立股份有限公司的，发起人应当认足公司章程规定的公司设立时应发行的股份。

以募集设立方式设立股份有限公司的，发起人认购的股份不得少于公司章程规定的公司设立时应发行股份总数的百分之三十五；但是，法律、行政法规另有规定的，从其规定。

第九十九条 发起人不按照其认购的股份缴纳股款，或者作为出资的非货币财产的实际价额显著低于所认购的股份的，其他发起人与该发起人在出资不足的范围内承担连带责任。

第一百零五条 公司设立时应发行的股份未募足，或者发行股份的股款缴足后，发起人在三十日内未召开成立大会的，认股人可以按照所缴股款并加算银行同期存款利息，要求发起人返还。

发起人、认股人缴纳股款或者交付非货币财产出资后，除未按期募足股份、发起人未按期召开成立大会或者成立大会决议不设立公司的情形外，不得抽回其股本。

第一百五十二条 公司章程或者股东会可以授权董事会在三年内决定发行不超过已发行股份百分之五十的股份。但以非货币财产作价出资的应当经股东会决议。

董事会依照前款规定决定发行股份导致公司注册资本、已发行股份数发生变化的，对公司章程该项记载事项的修改不需再由股东会表决。

第一百五十三条 公司章程或者股东会授权董事会决定发行新股的，董事会决议应当经全体董事三分之二以上通过。

适用本案由需要注意的问题

◆因发起人责任纠纷提起的诉讼，应以《民事诉讼法》规定的关于地域管辖的一般原则为基础，并结合《民事诉讼法》第27条的规定综合考虑确定管辖法院。

◆如前所述，在确定本案由时，要注意区分其与公司设立纠纷的不同。

274. 公司盈余分配纠纷

案由解析

股东盈余分配请求权是指股东依法享有请求公司按照出资或股份比例分配股利的权利。

公司盈余分配纠纷是指公司或公司大股东利用股利政策损害中小股东盈余分配请求权而产生的纠纷。

常用法律条文及索引

《中华人民共和国公司法》（2023年12月29日修订）

第二十五条 公司股东会、董事会的决议内容违反法律、行政法规的无效。

第二十六条 公司股东会、董事会的会议召集程序、表决方式违反法律、行政法规或者公司章程，或者决议内容违反公司章程的，股东自决议作出之日起六十日内，可以请求人民法院撤销。但是，股东会、董事会的会议召集程序或者表决方式仅有轻微瑕疵，对决议未产生实质影响的除外。

未被通知参加股东会会议的股东自知道或者应当知道股东会决议作出之日起六十日内，可以请求人民法院撤销；自决议作出之日起一年内没有行使撤销权的，撤销权消灭。

第二百一十条　公司分配当年税后利润时，应当提取利润的百分之十列入公司法定公积金。公司法定公积金累计额为公司注册资本的百分之五十以上的，可以不再提取。

公司的法定公积金不足以弥补以前年度亏损的，在依照前款规定提取法定公积金之前，应当先用当年利润弥补亏损。

公司从税后利润中提取法定公积金后，经股东会决议，还可以从税后利润中提取任意公积金。

公司弥补亏损和提取公积金后所余税后利润，有限责任公司按照股东实缴的出资比例分配利润，全体股东约定不按照出资比例分配利润的除外；股份有限公司按照股东所持有的股份比例分配利润，公司章程另有规定的除外。

公司持有的本公司股份不得分配利润。

第二百一十一条　公司违反本法规定向股东分配利润的，股东应当将违反规定分配的利润退还公司；给公司造成损失的，股东及负有责任的董事、监事、高级管理人员应当承担赔偿责任。

第二百二十五条　公司依照本法第二百一十四条第二款的规定弥补亏损后，仍有亏损的，可以减少注册资本弥补亏损。减少注册资本弥补亏损的，公司不得向股东分配，也不得免除股东缴纳出资或者股款的义务。

依照前款规定减少注册资本的，不适用前条第二款的规定，但应当自股东会作出减少注册资本决议之日起三十日内在报纸上或者国家企业信用信息公示系统公告。

公司依照前两款的规定减少注册资本后，在法定公积金和任意公积金累计额达到公司注册资本百分之五十前，不得分配利润。

适用本案由需要注意的问题

◆因公司盈余分配纠纷提起的诉讼，应以《民事诉讼法》规定的关于地域管辖的一般原则为基础，并结合《民事诉讼法》第 27 条的规定综合考虑确定管辖法院。

◆本案由纠纷的原告为公司股东，如果原告起诉时已经将股权转让，并且其转让前股东会已经作出利润分配决议，则不影响其作为原告的主体主张权利；被告为公司。

275. 损害股东利益责任纠纷

案由解析

损害股东利益责任纠纷是指公司董事、高级管理人员违反法律、行政法规或者公司章程的规定，损害股东利益而产生的纠纷。

常用法律条文及索引

《中华人民共和国公司法》（2023 年 12 月 29 日修订）

第一百九十条 董事、高级管理人员违反法律、行政法规或者公司章程的规定，损害股东利益的，股东可以向人民法院提起诉讼。

第一百九十二条 公司的控股股东、实际控制人指示董事、高级管理人员从事损害公司或者股东利益的行为的，与该董事、高级管理人员承担连带责任。

适用本案由需要注意的问题

◆因损害股东利益责任纠纷提起的诉讼，根据《民事诉讼法》第 27 条的规定，由公司住所地人民法院管辖。公司住所地是指公司主要办事机构所在地。公司办事机构不明确的，由其注册地人民法院管辖。

◆该案由以董事、高级管理人员违反法律、法规或公司章程规定为前提，与一般侵权行为不同。

◆需要注意的是，新修订的《公司法》增加了“公司的控股股东、实际控制人指示董事、高级管理人员从事损害股东利益的行为”的情形。

276. 损害公司利益责任纠纷

案由解析

损害公司利益责任纠纷是指公司股东滥用股东权利或者董事、监事、高级管理人员违反法定义务，损害公司利益引起的纠纷。

典型形态

在实践中，损害公司利益责任纠纷的典型形态主要有：

（1）股东滥用股东权利损害公司利益责任纠纷，是指因股东滥用股东权利，违反法律、行政法规或者公司章程规定，给公司利益造成损害而发生的纠纷。

（2）公司董事、监事、高级管理人员损害公司利益责任纠纷，是指董事、监事、高级管理人员执行公司职务时违反法律、行政法规或者公司章程规定，给公司利益造成损害而发生的纠纷。

常用法律条文及索引

《中华人民共和国民法典》（2020 年 5 月 28 日公布　2021 年 1 月 1 日施行）

第八十四条　营利法人的控股出资人、实际控制人、董事、监事、高级管理人员不得利用其关联关系损害法人的利益；利用关联关系造成法人损失的，应当承担赔偿责任。

《中华人民共和国公司法》（2023 年 12 月 29 日修订）

第二十一条　公司股东应当遵守法律、行政法规和公司章程，依法行使股东权利，不得滥用股东权利损害公司或者其他股东的利益。

公司股东滥用股东权利给公司或者其他股东造成损失的，应当承担赔偿责任。

第二十二条　公司的控股股东、实际控制人、董事、监事、高级管理人员不得利用关联关系损害公司利益。

违反前款规定，给公司造成损失的，应当承担赔偿责任。

第一百七十九条　董事、监事、高级管理人员应当遵守法律、行政法规和公司章程。

第一百八十条 董事、监事、高级管理人员对公司负有忠实义务，应当采取措施避免自身利益与公司利益冲突，不得利用职权牟取不正当利益。

董事、监事、高级管理人员对公司负有勤勉义务，执行职务应当为公司的最大利益尽到管理者通常应有的合理注意。

公司的控股股东、实际控制人不担任公司董事但实际执行公司事务的，适用前两款规定。

第一百八十一条 董事、监事、高级管理人员不得有下列行为：

（一）侵占公司财产、挪用公司资金；

（二）将公司资金以其个人名义或者以其他个人名义开立账户存储；

（三）利用职权贿赂或者收受其他非法收入；

（四）接受他人与公司交易的佣金归为己有；

（五）擅自披露公司秘密；

（六）违反对公司忠实义务的其他行为。

第一百八十二条 董事、监事、高级管理人员，直接或者间接与本公司订立合同或者进行交易，应当就与订立合同或者进行交易有关的事项向董事会或者股东会报告，并按照公司章程的规定经董事会或者股东会决议通过。

董事、监事、高级管理人员的近亲属，董事、监事、高级管理人员或者其近亲属直接或者间接控制的企业，以及与董事、监事、高级管理人员有其他关联关系的关联人，与公司订立合同或者进行交易，适用前款规定。

第一百八十三条 董事、监事、高级管理人员，不得利用职务便利为自己或者他人谋取属于公司的商业机会。但是，有下列情形之一的除外：

（一）向董事会或者股东会报告，并按照公司章程的规定经董事会或者股东会决议通过；

（二）根据法律、行政法规或者公司章程的规定，公司不能利用该商业机会。

第一百八十四条 董事、监事、高级管理人员未向董事会或者股东会报告，并按照公司章程的规定经董事会或者股东会决议通过，不得自营或者为他人经营与其任职公司同类的业务。

第一百八十五条 董事会对本法第一百八十二条至第一百八十四条规定的事项决议时，关联董事不得参与表决，其表决权不计入表决权总数。出席董事会会议的无关联关系董事人数不足三人的，应当将该事项提交股东会审议。

第一百八十六条 董事、监事、高级管理人员违反本法第一百八十一条至第一百八十四条规定所得的收入应当归公司所有。

第一百八十八条　董事、监事、高级管理人员执行职务违反法律、行政法规或者公司章程的规定，给公司造成损失的，应当承担赔偿责任。

第一百八十九条　董事、高级管理人员有前条规定的情形的，有限责任公司的股东、股份有限公司连续一百八十日以上单独或者合计持有公司百分之一以上股份的股东，可以书面请求监事会向人民法院提起诉讼；监事有前条规定的情形的，前述股东可以书面请求董事会向人民法院提起诉讼。

监事会或者董事会收到前款规定的股东书面请求后拒绝提起诉讼，或者自收到请求之日起三十日内未提起诉讼，或者情况紧急、不立即提起诉讼将会使公司利益受到难以弥补的损害的，前款规定的股东有权为公司利益以自己的名义直接向人民法院提起诉讼。

他人侵犯公司合法权益，给公司造成损失的，本条第一款规定的股东可以依照前两款的规定向人民法院提起诉讼。

公司全资子公司的董事、监事、高级管理人员有前条规定情形，或者他人侵犯公司全资子公司合法权益造成损失的，有限责任公司的股东、股份有限公司连续一百八十日以上单独或者合计持有公司百分之一以上股份的股东，可以依照前三款规定书面请求全资子公司的监事会、董事会向人民法院提起诉讼或者以自己的名义直接向人民法院提起诉讼。

第一百九十二条　公司的控股股东、实际控制人指示董事、高级管理人员从事损害公司或者股东利益的行为的，与该董事、高级管理人员承担连带责任。

适用本案由需要注意的问题

◆因损害公司利益责任纠纷提起的诉讼，应以《民事诉讼法》规定的关于地域管辖的一般原则为基础，并结合《民事诉讼法》第 27 条的规定综合考虑确定管辖法院。

◆本案由针对的是公司股东滥用股东权利或者公司董事、监事、高级管理人员违反法定义务的行为，对于第三人的侵权行为或违约行为损害公司利益的，不适用本案由。

◆需要注意的是，新修订的《公司法》第 181 条在关于禁止违反忠实义务的规定中，增加了“监事”这一主体。

◆同时，新修订的《公司法》第 189 条第 4 款规定了公司及全资子公司权益受损情况下的双重股东代表诉讼制度，根据其规定，公司股东对公司全资子公司的董事、监事、高级管理人员违反忠实、勤勉义务损害公司权益的行为，可以依照前三款规定书面请求全资子公司的监事会、董事会向人民法院提起诉讼，并有权提起股东代表诉讼。

277. 损害公司债权人利益责任纠纷

（1）股东损害公司债权人利益责任纠纷

（2）实际控制人损害公司债权人利益责任纠纷

案由解析

损害公司债权人利益纠纷是指公司股东、实际控制人通过滥用公司法人独立地位、控制权和股东有限责任逃避债务，损害公司债权人利益引起的纠纷。

《公司法》对公司股东、实际控制人滥用公司法人地位、控制权和股东有限责任作出了规定，确立了公司法人人格否认制度。公司法人人格否认制度，又称揭开公司面纱、刺破公司面纱制度，是指为阻止公司独立人格的滥用和保护公司债权人利益及社会公共利益，就具体法律关系中的特定事实，否认公司与股东各自独立的人格及股东的有限责任，责令股东对公司债权人或公共利益直接负责，以实现公平、正义的法律制度。

典型形态

实践中，损害公司债权人利益纠纷一般包括以下两种：

（1）股东损害公司债权人利益责任纠纷，是指公司股东滥用股东有限责任损害债权人利益引发的纠纷；

（2）实际控制人损害公司债权人利益责任纠纷，是指实际控制人滥用控制权损害债权人利益引发的纠纷。

常用法律条文及索引

《中华人民共和国公司法》（2023年12月29日修订）

第二十一条　公司股东应当遵守法律、行政法规和公司章程，依法行使股东权利，不得滥用股东权利损害公司或者其他股东的利益。

公司股东滥用股东权利给公司或者其他股东造成损失的，应当承担赔偿责任。

第二十二条　公司的控股股东、实际控制人、董事、监事、高级管理人员不得利用关联关系损害公司利益。

违反前款规定，给公司造成损失的，应当承担赔偿责任。

第二十三条　公司股东滥用公司法人独立地位和股东有限责任，逃避债务，严重损害公司债权人利益的，应当对公司债务承担连带责任。

股东利用其控制的两个以上公司实施前款规定行为的，各公司应当对任一公司的债务承担连带责任。

只有一个股东的公司，股东不能证明公司财产独立于股东自己的财产的，应当对公司债务承担连带责任。

《全国法院民商事审判工作会议纪要》（法〔2019〕254号　2019年11月8日公布）

10.【人格混同】认定公司人格与股东人格是否存在混同，最根本的判断标准是公司是否具有独立意思和独立财产，最主要的表现是公司的财产与股东的财产是否混同且无法区分。在认定是否构成人格混同时，应当综合考虑以下因素：

（1）股东无偿使用公司资金或者财产，不作财务记载的；

（2）股东用公司的资金偿还股东的债务，或者将公司的资金供关联公司无偿使用，不作财务记载的；

（3）公司账簿与股东账簿不分，致使公司财产与股东财产无法区分的；

（4）股东自身收益与公司盈利不加区分，致使双方利益不清的；

（5）公司的财产记载于股东名下，由股东占有、使用的；

（6）人格混同的其他情形。

在出现人格混同的情况下，往往同时出现以下混同：公司业务和股东业务混同；公司员工与股东员工混同，特别是财务人员混同；公司住所与股东住所混同。人民法院在审理案件时，关键要审查是否构成人格混同，而不要求同时具备其他方面的混同，其他方面的混同往往只是人格混同的补强。

11.【过度支配与控制】公司控制股东对公司过度支配与控制，操纵公司的决策过程，使公司完全丧失独立性，沦为控制股东的工具或躯壳，严重损害公司债权人利益，应当否认公司人格，由滥用控制权的股东对公司债务承担连带责任。实践中常见的情形包括：

（1）母子公司之间或者子公司之间进行利益输送的；

（2）母子公司或者子公司之间进行交易，收益归一方，损失却由另一方承担的；

（3）先从原公司抽走资金，然后再成立经营目的相同或者类似的公司，逃避原公司债务的；

（4）先解散公司，再以原公司场所、设备、人员及相同或者相似的经营目的另设公司，逃避原公司债务的；

（5）过度支配与控制的其他情形。

控制股东或实际控制人控制多个子公司或者关联公司，滥用控制权使多个子公司或者关联公司财产边界不清、财务混同，利益相互输送，丧失人格独立性，沦为控制股东逃避债务、非法经营，甚至违法犯罪工具的，可以综合案件事实，否认子公司或者关联公司法人人格，判令承担连带责任。

12. 【资本显著不足】资本显著不足指的是，公司设立后在经营过程中，股东实际投入公司的资本数额与公司经营所隐含的风险相比明显不匹配。股东利用较少资本从事力所不及的经营，表明其没有从事公司经营的诚意，实质是恶意利用公司独立人格和股东有限责任把投资风险转嫁给债权人。由于资本显著不足的判断标准有很大的模糊性，特别是要与公司采取“以小博大”的正常经营方式相区分，因此在适用时要十分谨慎，应当与其他因素结合起来综合判断。

13. 【诉讼地位】人民法院在审理公司人格否认纠纷案件时，应当根据不同情形确定当事人的诉讼地位：

（1）债权人对债务人公司享有的债权已经由生效裁判确认，其另行提起公司人格否认诉讼，请求股东对公司债务承担连带责任的，列股东为被告，公司为第三人；

（2）债权人对债务人公司享有的债权提起诉讼的同时，一并提起公司人格否认诉讼，请求股东对公司债务承担连带责任的，列公司和股东为共同被告；

（3）债权人对债务人公司享有的债权尚未经生效裁判确认，直接提起公司人格否认诉讼，请求公司股东对公司债务承担连带责任的，人民法院应当向债权人释明，告知其追加公司为共同被告。债权人拒绝追加的，人民法院应当裁定驳回起诉。

适用本案由需要注意的问题

◆因股东损害公司债权人利益责任纠纷提起的诉讼，故应以《民事诉讼法》规定的关于地域管辖的一般原则为基础，并结合《民事诉讼法》第 27 条的规定综合考虑确定管辖法院。

◆在适用本案由时，尤其要注意严格把握公司法人人格否认适用的条件：(1) 公司必须具有独立法人人格。(2) 适用的对象必须是具体的双方当事人。一是公司人格的滥用者；二是因公司法人人格滥用而受到损害，并有权提起诉讼的相对人。(3) 存在股东滥用公司人格的事实和行为，如滥用公司人格回避合同义务、滥用公司人格造成公司形骸化等。(4) 股东滥用行为造成逃避债务、严重损害公司债权人利益的结果。

◆此外，还需要注意的是，根据我国《公司法》第 23 条第 1 款的规定，公司法人人格否认适用的公司类型并未区分有限责任公司还是股份有限责任公司。因此，只要符合《公司法》第 23 条第 1 款的条件，不论是什么类型的公司，都可以适用法人人格否认制度。

◆实践中，损害公司债权人利益的情形主要有：(1) 股东未出资或未全面履行出资义务损害公司债权人利益；(2) 股东抽逃出资损害公司债权人利益；(3) 股东资产与公司资产混同、股东业务与公司业务混同；(4) 清算人未尽清算义务或不当履行清算义务。

◆需要注意的是，新修订的《公司法》增加了横向人格否认的规定，即否定控股股东控制下的子公司或者关联公司法人人格，各公司之间相互承担连带责任。

278. 公司关联交易损害责任纠纷

案由解析

公司关联交易损害责任纠纷是指公司的控股股东、实际控制人、董事、监事、高级管理人员利用其关联关系损害公司利益，给公司造成损失而产生的纠纷。

关联交易，就是企业关联方之间的交易，关联交易是公司运作中经常出现的而又易于发生不公平结果的交易。从有利的方面讲，交易双方因存在关联关系，可以节约大量商业谈判等方面的交易成本，并可运用行政的力量保证商业合同的优先执行，从而提高交易效率。从不利的方面讲，由于关联交易方可以运用行政力量撮合交易的进行，从而有可能使交易的价格、方式等在非竞争的条件下出现不公正情况，形成对股东或部分股东权益的侵犯，也易导致债权人利益受到损害。

常用法律条文及索引

《中华人民共和国民法典》（2020年5月28日公布　2021年1月1日施行）

第八十四条　营利法人的控股出资人、实际控制人、董事、监事、高级管理人员不得利用其关联关系损害法人的利益；利用关联关系造成法人损失的，应当承担赔偿责任。

《中华人民共和国公司法》（2023年12月29日修订）

第二十二条　公司的控股股东、实际控制人、董事、监事、高级管理人员不得利用关联关系损害公司利益。

违反前款规定，给公司造成损失的，应当承担赔偿责任。

第二百六十五条　本法下列用语的含义：

……

（四）关联关系，是指公司控股股东、实际控制人、董事、监事、高级管理人员与其直接或者间接控制的企业之间的关系，以及可能导致公司利益转移的其他关系。但是，国家控股的企业之间不仅因为同受国家控股而具有关联关系。

适用本案由需要注意的问题

◆因公司关联交易损害责任纠纷提起的诉讼，应以《民事诉讼法》规定的关于地域管辖的一般原则为基础，并结合《民事诉讼法》第27条的规定综合考虑确定管辖法院。

◆需要注意的是，本案由以利用关联关系为前提，如果相关关联方损害了公司利益，但并非利用关联关系，则不属于本案由。

279. 公司合并纠纷

案由解析

公司合并是指两个或两个以上公司订立合并协议，依照法定条件和程序，合并为一个公司的法律行为。公司合并分为吸收合并和新设合并两种类型。吸收合并是指一个公司吸收其他公司，被吸收的公司解散；新设合并是指两个以上公司合并设立一个新的公司，合并各方解散。

公司合并纠纷是指公司合并没有依照合并协议或公司章程进行，或者违反了法律、行政法规的强制性规定引起的纠纷。

常用法律条文及索引

《中华人民共和国民法典》（2020年5月28日公布 2021年1月1日施行）

第六十七条 法人合并的，其权利和义务由合并后的法人享有和承担。

法人分立的，其权利和义务由分立后的法人享有连带债权，承担连带债务，但是债权人和债务人另有约定的除外。

《中华人民共和国公司法》（2023年12月29日修订）

第二十五条 公司股东会、董事会的决议内容违反法律、行政法规的无效。

第二十六条 公司股东会、董事会的会议召集程序、表决方式违反法律、行政法规或者公司章程，或者决议内容违反公司章程的，股东自决议作出之日起六十日内，可以请求人民法院撤销。但是，股东会、董事会的会议召集程序或者表决方式仅有轻微瑕疵，对决议未产生实质影响的除外。

未被通知参加股东会会议的股东自知道或者应当知道股东会决议作出之日起六十日内，可以请求人民法院撤销；自决议作出之日起一年内没有行使撤销权的，撤销权消灭。

第六十六条 股东会的议事方式和表决程序，除本法有规定的外，由公司章程规定。

股东会作出决议，应当经代表过半数表决权的股东通过。

股东会作出修改公司章程、增加或者减少注册资本的决议，以及公司合并、分立、解散或者变更公司形式的决议，应当经代表三分之二以上表决权的股东通过。

第二百一十八条 公司合并可以采取吸收合并或者新设合并。

一个公司吸收其他公司为吸收合并，被吸收的公司解散。两个以上公司合并设立一个新的公司为新设合并，合并各方解散。

第二百一十九条 公司与其持股百分之九十以上的公司合并，被合并的公司不需经股东会决议，但应当通知其他股东，其他股东有权请求公司按照合理的价格收购其股权或者股份。

公司合并支付的价款不超过本公司净资产百分之十的，可以不经股东会决议；但是，公司章程另有规定的除外。

公司依照前两款规定合并不经股东会决议的，应当经董事会决议。

第二百二十条 公司合并，应当由合并各方签订合并协议，并编制资产负债表及财产清单。公司应当自作出合并决议之日起十日内通知债权人，并于三十日内在报纸上或者国家企业信用信息公示系统公告。债权人自接到通知之日起三十日内，未接到通知的自公告之日起四十五日内，可以要求公司清偿债务或者提供相应的担保。

第二百二十一条 公司合并时，合并各方的债权、债务，应当由合并后存续的公司或者新设的公司承继。

适用本案由需要注意的问题

◆因公司合并纠纷提起的诉讼，应以《民事诉讼法》规定的关于地域管辖的一般原则为基础，并结合《民事诉讼法》第 27 条的规定综合考虑确定管辖法院。

◆在适用本案由中，比较常见的是公司合并无效纠纷，如公司股东认为公司合并协议未经股东会通过等情形而提起的公司合并无效之诉。若债权人不主张公司合并无效而只是向合并后的公司主张债权的，则不适用本案由纠纷，应适用普通的债权债务纠纷。

◆需要注意的是，新修订的《公司法》增加了关于公司简易合并制度的规定，相较于一般意义上的公司合并，简易合并的特殊之处在于无需经过股东会决议，只需经董事会决议，其适用情形包括公司与其持股百分之九十以上的公司合并，以及公司合并支付的价款不超过本公司净资产百分之十两种。

280. 公司分立纠纷

案由解析

公司分立是指一个公司通过签订协议并依照法定条件和程序，分为两个或者两个以上公司的行为。公司分立主要有派生分立和新设分立两种形式。派生分立是指本公司继续存在，并设立一个以上的新公司；新设分立是指本公司解散，并设立两个以上的新公司。

公司分立的主要特征是：（1）公司分立是在原有公司基础上的“一分为

二”或“一分为多”。（2）公司分立是公司组织法定变更的一种特殊形式。公司分立不是公司的完全解散，无论是新设分立还是派生分立，均无须经过清算程序而实现在原公司基础上成立两个或两个以上公司。（3）公司分立须依照法定的程序和条件进行。

公司分立纠纷是指公司分立未依照该公司分立计划、分立协议或公司章程进行，或者违反法律、行政法规的强制性规定引起的纠纷。

常用法律条文及索引

《中华人民共和国民法典》（2020 年 5 月 28 日公布　2021 年 1 月 1 日施行）

第六十七条　法人合并的，其权利和义务由合并后的法人享有和承担。

法人分立的，其权利和义务由分立后的法人享有连带债权，承担连带债务，但是债权人和债务人另有约定的除外。

《中华人民共和国公司法》（2023 年 12 月 29 日修订）

第六十六条　股东会的议事方式和表决程序，除本法有规定的外，由公司章程规定。

股东会作出决议，应当经代表过半数表决权的股东通过。

股东会作出修改公司章程、增加或者减少注册资本的决议，以及公司合并、分立、解散或者变更公司形式的决议，应当经代表三分之二以上表决权的股东通过。

第二百二十二条　公司分立，其财产作相应的分割。

公司分立，应当编制资产负债表及财产清单。公司应当自作出分立决议之日起十日内通知债权人，并于三十日内在报纸上或者国家企业信用信息公示系统公告。

第二百二十三条　公司分立前的债务由分立后的公司承担连带责任。但是，公司在分立前与债权人就债务清偿达成的书面协议另有约定的除外。

适用本案由需要注意的问题

◆因公司分立纠纷提起的诉讼，应以《民事诉讼法》规定的关于地域管辖的一般原则为基础，并结合《民事诉讼法》第 27 条的规定综合考虑确定管辖法院。

◆若债权人不主张公司分立无效而只是向分立后的公司主张债权的，则不适用本案由，而是直接适用普通的债权债务纠纷案由，但公司在分立前与债权人就债务清偿达成的书面协议另有约定的除外。

281. 公司减资纠纷

案由解析

公司减资是指公司基于实际情况或需要，依照法定条件和程序对注册资本予以减少的行为。公司减资是受到严格限制的，而作出这种限制的根本目的，是为了确保交易安全，保护股东和债权人利益。因此在减资的程序中，减资协议必须经股东代表 2/3 以上表决权的股东通过，且要公告或通知债权人，保证债权人有提出清偿或要求提供担保的机会。

公司减资纠纷是指公司注册资本减少过程中因减资行为引起的民事纠纷。

常用法律条文及索引

《中华人民共和国公司法》（2023 年 12 月 29 日修订）

第二百二十四条 公司减少注册资本，应当编制资产负债表及财产清单。

公司应当自股东会作出减少注册资本决议之日起十日内通知债权人，并于三十日内在报纸上或者国家企业信用信息公示系统公告。债权人自接到通知之日起三十日内，未接到通知的自公告之日起四十五日内，有权要求公司清偿债务或者提供相应的担保。

公司减少注册资本，应当按照股东出资或者持有股份的比例相应减少出资额或者股份，法律另有规定、有限责任公司全体股东另有约定或者股份有限公司章程另有规定的除外。

适用本案由需要注意的问题

◆因公司减资纠纷提起的诉讼，应以《民事诉讼法》规定的关于地域管辖的一般原则为基础，并结合《民事诉讼法》第 27 条的规定综合考虑确定管辖法院。

◆需要注意的是，新修订的《公司法》规定了公司减资应进行同比例减资，以保护中小股东的权益，实现股东平等，同时也规定了同比例减资的除外情形。

282. 公司增资纠纷

案由解析

公司增资是指公司基于筹集资金、扩大经营等目的，依照法定条件和程序增加公司注册资本的行为。公司资本增加必然调整现有的股权结构，直接影响现有股东的利益并可能在股东之间引发利益之争。因此，《公司法》规定，有限责任公司增加注册资本时，股东在同等条件下有权优先按照实缴的出资比例认缴出资。但是，全体股东约定不按照出资比例优先认缴出资的除外。股份有限公司为增加注册资本发行新股时，股东不享有优先认购权，公司章程另有规定或者股东会决议决定股东享有优先认购权的除外。对于违反程序作出的决议，股东可以向人民法院提起诉讼请求确认增资决议无效。

公司增资纠纷是指公司在增加注册资本过程中因增资行为引起的民事纠纷。

常用法律条文及索引

《中华人民共和国公司法》（2023 年 12 月 29 日修订）

第一百一十六条　股东出席股东会会议，所持每一股份有一表决权，类别股股东除外。公司持有的本公司股份没有表决权。

股东会作出决议，应当经出席会议的股东所持表决权过半数通过。

股东会作出修改公司章程、增加或者减少注册资本的决议，以及公司合并、分立、解散或者变更公司形式的决议，应当经出席会议的股东所持表决权的三分之二以上通过。

第二百二十八条　有限责任公司增加注册资本时，股东认缴新增资本的出资，依照本法设立有限责任公司缴纳出资的有关规定执行。

股份有限公司为增加注册资本发行新股时，股东认购新股，依照本法设立股份有限公司缴纳股款的有关规定执行。

适用本案由需要注意的问题

◆因公司增资纠纷提起的诉讼，应以《民事诉讼法》规定的关于地域管辖的一般原则为基础，并结合《民事诉讼法》第 27 条的规定综合考虑确定管辖法院。

◆在适用本案由时，要注意其与新增资本认购纠纷的不同。新增资本认购纠纷主要是发生在新出资人与公司之间以及原股东与公司之间；而公司增资纠纷主要是公司增资过程中因增资行为而产生的纠纷。

◆需要注意新修订的《公司法》在股东对新股优先认购权方面规定的变化。首先是区分了有限责任公司与股份有限公司，有限责任公司股东原则上有优先认购权，但全体股东另有约定的除外；而股份有限公司原则上无优先认购权，但公司章程或股东会决议另有安排的除外。其次，有限责任公司股东对新股的优先认购权增加了“同等条件”这一限制条件。

283. 公司解散纠纷

案由解析

公司解散是指公司经营出现显著困难或董事、股东之间出现僵局时发生的股东依据公司章程或法律规定申请解散公司的纠纷。公司解散分为任意解散和强制解散两种类型。任意解散是指依公司章程或股东决议而解散；强制解散是指因政府有关机关或法院判决而发生的解散，即行政解散和司法解散。司法解散又称裁判解散，是指公司的目的和行为违反法律、公共秩序和善良风俗的，依法律的规定命令其解散；或者公司经营出现显著困难、重大损害或董事、股东之间出现僵局时，依据股东的申请，由法院裁判解散公司。这里所指的公司解散纠纷主要是指公司僵局出现时，公司股东提起解散公司申请而引发的纠纷。

公司解散纠纷是指在公司出现特定情形时，股东申请公司解散而产生的纠纷。

常用法律条文及索引

《中华人民共和国民法典》（2020年5月28日公布　2021年1月1日施行）

第六十八条　有下列原因之一并依法完成清算、注销登记的，法人终止：

（一）法人解散；

（二）法人被宣告破产；

（三）法律规定的其他原因。

法人终止，法律、行政法规规定须经有关机关批准的，依照其规定。

第六十九条　有下列情形之一的，法人解散：

（一）法人章程规定的存续期间届满或者法人章程规定的其他解散事由出现；

（二）法人的权力机构决议解散；

（三）因法人合并或者分立需要解散；

（四）法人依法被吊销营业执照、登记证书，被责令关闭或者被撤销；

（五）法律规定的其他情形。

《中华人民共和国公司法》（2023 年 12 月 29 日修订）

第十七条第三款　公司研究决定改制、解散、申请破产以及经营方面的重大问题、制定重要的规章制度时，应当听取公司工会的意见，并通过职工代表大会或者其他形式听取职工的意见和建议。

第三十七条　公司因解散、被宣告破产或者其他法定事由需要终止的，应当依法向公司登记机关申请注销登记，由公司登记机关公告公司终止。

第六十六条　股东会的议事方式和表决程序，除本法有规定的外，由公司章程规定。

股东会作出决议，应当经代表过半数表决权的股东通过。

股东会作出修改公司章程、增加或者减少注册资本的决议，以及公司合并、分立、解散或者变更公司形式的决议，应当经代表三分之二以上表决权的股东通过。

第二百二十九条　公司因下列原因解散：

（一）公司章程规定的营业期限届满或者公司章程规定的其他解散事由出现；

（二）股东会决议解散；

（三）因公司合并或者分立需要解散；

（四）依法被吊销营业执照、责令关闭或者被撤销；

（五）人民法院依照本法第二百三十一条的规定予以解散。

公司出现前款规定的解散事由，应当在十日内将解散事由通过国家企业信用信息公示系统予以公示。

第二百三十一条　公司经营管理发生严重困难，继续存续会使股东利益受到重大损失，通过其他途径不能解决的，持有公司百分之十以上表决权的股东，可以请求人民法院解散公司。

适用本案由需要注意的问题

◆因公司解散纠纷提起的诉讼，根据《民事诉讼法》第27条的规定，由公司住所地人民法院管辖。公司住所地是指公司主要办事机构所在地。公司办事机构不明确的，由其注册地人民法院管辖。

◆我国公司法上的司法解散适用的法律要件主要有：（1）公司经营管理发生严重困难，继续存续会使股东利益受到重大损失。（2）公司经营管理的严重困难通过其他途径无法解决。（3）需要持有公司全部股东表决权10%以上的股东提出请求。

◆本案由纠纷的原告应当是持有公司10%以上表决权的股东。股东未实缴出资或股权被冻结不影响其起诉资格，但隐名出资人不具有起诉资格。另外还需要注意的是，在有限责任公司中，新修订的《公司法》第65条规定，公司章程可以对股东表决权有特别规定；在股份有限公司中，存在类别股制度，根据公司章程的规定，不同股东持有的表决权可能会不同。因此，人民法院在审查原告的起诉资格时，还应当结合公司章程、股东名册、公司登记信息进行综合审查。

284. 清算责任纠纷

案由解析

清算责任是指清算组成员对其在清算期间因故意或者重大过失行为给公司、股东、债权人造成损失所应承担的责任。

清算责任纠纷是指清算组成员在清算期间的故意或者重大过失行为给公司、股东、债权人造成损失而引发的纠纷。

常用法律条文及索引

《中华人民共和国民法典》（2020年5月28日公布　2021年1月1日施行）

第七十条　法人解散的，除合并或者分立的情形外，清算义务人应当及时组成清算组进行清算。

法人的董事、理事等执行机构或者决策机构的成员为清算义务人。法律、行政法规另有规定的，依照其规定。

清算义务人未及时履行清算义务，造成损害的，应当承担民事责任；主管机关或者利害关系人可以申请人民法院指定有关人员组成清算组进行清算。

《中华人民共和国公司法》（2023 年 12 月 29 日修订）

第二百三十四条　清算组在清算期间行使下列职权：

（一）清理公司财产，分别编制资产负债表和财产清单；

（二）通知、公告债权人；

（三）处理与清算有关的公司未了结的业务；

（四）清缴所欠税款以及清算过程中产生的税款；

（五）清理债权、债务；

（六）分配公司清偿债务后的剩余财产；

（七）代表公司参与民事诉讼活动。

第二百三十五条　清算组应当自成立之日起十日内通知债权人，并于六十日内在报纸上或者国家企业信用信息公示系统公告。债权人应当自接到通知之日起三十日内，未接到通知的自公告之日起四十五日内，向清算组申报其债权。

债权人申报债权，应当说明债权的有关事项，并提供证明材料。清算组应当对债权进行登记。

在申报债权期间，清算组不得对债权人进行清偿。

第二百三十六条　清算组在清理公司财产、编制资产负债表和财产清单后，应当制订清算方案，并报股东会或者人民法院确认。

公司财产在分别支付清算费用、职工的工资、社会保险费用和法定补偿金，缴纳所欠税款，清偿公司债务后的剩余财产，有限责任公司按照股东的出资比例分配，股份有限公司按照股东持有的股份比例分配。

清算期间，公司存续，但不得开展与清算无关的经营活动。公司财产在未依照前款规定清偿前，不得分配给股东。

第二百三十八条　清算组成员履行清算职责，负有忠实义务和勤勉义务。

清算组成员怠于履行清算职责，给公司造成损失的，应当承担赔偿责任；因故意或者重大过失给债权人造成损失的，应当承担赔偿责任。

第二百三十九条　公司清算结束后，清算组应当制作清算报告，报股东会或者人民法院确认，并报送公司登记机关，申请注销公司登记。

《全国法院民商事审判工作会议纪要》（法〔2019〕254 号　2019 年 11 月 8 日公布）

14.【怠于履行清算义务的认定】公司法司法解释（二）第 18 条第 2 款

规定的“怠于履行义务”，是指有限责任公司的股东在法定清算事由出现后，在能够履行清算义务的情况下，故意拖延、拒绝履行清算义务，或者因过失导致无法进行清算的消极行为。股东举证证明其已经为履行清算义务采取了积极措施，或者小股东举证证明其既不是公司董事会或者监事会成员，也没有选派人员担任该机关成员，且从未参与公司经营管理，以不构成“怠于履行义务”为由，主张其不应当对公司债务承担连带清偿责任的，人民法院依法予以支持。

15. 【因果关系抗辩】有限责任公司的股东举证证明其“怠于履行义务”的消极不作为与“公司主要财产、账册、重要文件等灭失，无法进行清算”的结果之间没有因果关系，主张其不应对公司债务承担连带清偿责任的，人民法院依法予以支持。

16. 【诉讼时效期间】公司债权人请求股东对公司债务承担连带清偿责任，股东以公司债权人对公司的债权已经超过诉讼时效期间为由抗辩，经查证属实的，人民法院依法予以支持。

公司债权人以公司法司法解释（二）第18条第2款为依据，请求有限责任公司的股东对公司债务承担连带清偿责任的，诉讼时效期间自公司债权人知道或者应当知道公司无法进行清算之日起计算。

适用本案由需要注意的问题

◆因清算责任纠纷提起的诉讼，应以《民事诉讼法》规定的关于地域管辖的一般原则为基础，并结合《民事诉讼法》第27条的规定综合考虑确定管辖法院。

◆在适用本案由时，要注意其与申请公司清算纠纷的不同。申请公司清算主要是由于公司董事等相关责任人怠于履行职责所引起的纠纷；而清算责任纠纷则是因为清算组成员故意或者重大过失行为造成损失所引起的。

◆需要注意的是，新修订的《公司法》增加了清算组成员忠实义务和勤勉义务的规定，这是因为原《公司法》规定有限责任公司的清算组由股东组成，股份有限公司的清算组由董事或者股东大会确定的人员组成，而修订后的《公司法》规定清算组由董事组成，因此董事的忠实、勤勉义务同等适用于清算组成员。

285. 上市公司收购纠纷

案由解析

上市公司收购是指为取得或巩固对上市公司的控制权而购买该上市公司股份的行为。按照收购方式不同，可以分为要约收购、协议收购以及其他方式的收购等。

上市公司收购纠纷是指购买者在购买上市公司股份以获得该公司控制权的过程中与被收购者之间发生的纠纷。

常用法律条文及索引

《中华人民共和国证券法》（2019 年 12 月 28 日修订）

第六十五条　通过证券交易所的证券交易，投资者持有或者通过协议、其他安排与他人共同持有一个上市公司已发行的有表决权股份达到百分之三十时，继续进行收购的，应当依法向该上市公司所有股东发出收购上市公司全部或者部分股份的要约。

收购上市公司部分股份的要约应当约定，被收购公司股东承诺出售的股份数额超过预定收购的股份数额的，收购人按比例进行收购。

第六十六条　依照前条规定发出收购要约，收购人必须公告上市公司收购报告书，并载明下列事项：

（一）收购人的名称、住所；

（二）收购人关于收购的决定；

（三）被收购的上市公司名称；

（四）收购目的；

（五）收购股份的详细名称和预定收购的股份数额；

（六）收购期限、收购价格；

（七）收购所需资金额及资金保证；

（八）公告上市公司收购报告书时持有被收购公司股份数占该公司已发行的股份总数的比例。

第六十七条　收购要约约定的收购期限不得少于三十日，并不得超过六十日。

第六十八条 在收购要约确定的承诺期限内，收购人不得撤销其收购要约。收购人需要变更收购要约的，应当及时公告，载明具体变更事项，且不得存在下列情形：

（一）降低收购价格；

（二）减少预定收购股份数额；

（三）缩短收购期限；

（四）国务院证券监督管理机构规定的其他情形。

第六十九条 收购要约提出的各项收购条件，适用于被收购公司的所有股东。

上市公司发行不同种类股份的，收购人可以针对不同种类股份提出不同的收购条件。

第七十条 采取要约收购方式的，收购人在收购期限内，不得卖出被收购公司的股票，也不得采取要约规定以外的形式和超出要约的条件买入被收购公司的股票。

第七十一条 采取协议收购方式的，收购人可以依照法律、行政法规的规定同被收购公司的股东以协议方式进行股份转让。

以协议方式收购上市公司时，达成协议后，收购人必须在三日内将该收购协议向国务院证券监督管理机构及证券交易所作出书面报告，并予公告。

在公告前不得履行收购协议。

适用本案由需要注意的问题

◆因上市公司收购纠纷提起的诉讼，原则上应以《民事诉讼法》规定的关于地域管辖的一般原则为基础，并结合《民事诉讼法》第27条的规定综合考虑确定管辖法院。若属于与收购交易合同关系相关的纠纷，可由合同履行地或被告住所地人民法院管辖；属于利用收购行为损害公司及股东利益的赔偿责任纠纷的，可由侵权行为地或被告住所地人民法院管辖。

◆本案由主要针对收购者与被收购者之间发生的纠纷，收购者的目的是实现对目标公司的控制或者取得控制权。对于收购者之间的纠纷不适用本案由。

二十二、合伙企业纠纷

286. 入伙纠纷

案由解析

入伙是指在合伙企业存续期间，原来不具有合伙人身份的公民、法人或其他组织，经其他合伙人同意而取得合伙人资格的民事法律行为。

入伙纠纷是指因第三人加入合伙企业而产生的纠纷。

常用法律条文及索引

《中华人民共和国合伙企业法》（2006 年 8 月 27 日修订）

第四十三条　新合伙人入伙，除合伙协议另有约定外，应当经全体合伙人一致同意，并依法订立书面入伙协议。

订立入伙协议时，原合伙人应当向新合伙人如实告知原合伙企业的经营状况和财务状况。

第四十四条　入伙的新合伙人与原合伙人享有同等权利，承担同等责任。入伙协议另有约定的，从其约定。

新合伙人对入伙前合伙企业的债务承担无限连带责任。

适用本案由需要注意的问题

◆入伙纠纷系基于合同而发生的纠纷，故因入伙纠纷提起的诉讼，应根据《民事诉讼法》第 24 条的规定，由被告住所地或合同履行地人民法院管辖。

◆在适用本案由时，要注意其与“合同纠纷”案由中的三级案由“合伙协议纠纷”的不同。合伙协议纠纷为一般性的合伙纠纷适用案由；而入伙纠纷应理解为特别规定。即合伙企业内部产生的入伙纠纷适用本案由，合伙组织形式的其他入伙纠纷则适用“合伙协议纠纷”。

287. 退伙纠纷

案由解析

退伙是指已经取得合伙人身份的公民、法人、其他组织退出合伙组织，消灭合伙人身份的法律行为。

退伙纠纷是指合伙人因退出合伙企业，与其他合伙人脱离合伙关系而产生的纠纷。

常用法律条文及索引

《中华人民共和国合伙企业法》（2006年8月27日修订）

第四十五条 合伙协议约定合伙期限的，在合伙企业存续期间，有下列情形之一的，合伙人可以退伙：

（一）合伙协议约定的退伙事由出现；

（二）经全体合伙人一致同意；

（三）发生合伙人难以继续参加合伙的事由；

（四）其他合伙人严重违反合伙协议约定的义务。

第四十六条 合伙协议未约定合伙期限的，合伙人在不给合伙企业事务执行造成不利影响的情况下，可以退伙，但应当提前三十日通知其他合伙人。

第四十七条 合伙人违反本法第四十五条、第四十六条的规定退伙的，应当赔偿由此给合伙企业造成的损失。

第四十八条 合伙人有下列情形之一的，当然退伙：

（一）作为合伙人的自然人死亡或者被依法宣告死亡；

（二）个人丧失偿债能力；

（三）作为合伙人的法人或者其他组织依法被吊销营业执照、责令关闭、撤销，或者被宣告破产；

（四）法律规定或者合伙协议约定合伙人必须具有相关资格而丧失该资格；

（五）合伙人在合伙企业中的全部财产份额被人民法院强制执行。

合伙人被依法认定为无民事行为能力人或者限制民事行为能力人的，经其他合伙人一致同意，可以依法转为有限合伙人，普通合伙企业依法转为有限合伙企业。其他合伙人未能一致同意的，该无民事行为能力或者限制民事行为能力的合伙人退伙。

退伙事由实际发生之日为退伙生效日。

第四十九条　合伙人有下列情形之一的，经其他合伙人一致同意，可以决议将其除名：

（一）未履行出资义务；

（二）因故意或者重大过失给合伙企业造成损失；

（三）执行合伙事务时有不正当行为；

（四）发生合伙协议约定的事由。

对合伙人的除名决议应当书面通知被除名人。被除名人接到除名通知之日，除名生效，被除名人退伙。

被除名人对除名决议有异议的，可以自接到除名通知之日起三十日内，向人民法院起诉。

第五十条　合伙人死亡或者被依法宣告死亡的，对该合伙人在合伙企业中的财产份额享有合法继承权的继承人，按照合伙协议的约定或者经全体合伙人一致同意，从继承开始之日起，取得该合伙企业的合伙人资格。

有下列情形之一的，合伙企业应当向合伙人的继承人退还被继承合伙人的财产份额：

（一）继承人不愿意成为合伙人；

（二）法律规定或者合伙协议约定合伙人必须具有相关资格，而该继承人未取得该资格；

（三）合伙协议约定不能成为合伙人的其他情形。

合伙人的继承人为无民事行为能力人或者限制民事行为能力人的，经全体合伙人一致同意，可以依法成为有限合伙人，普通合伙企业依法转为有限合伙企业。全体合伙人未能一致同意的，合伙企业应当将被继承合伙人的财产份额退还该继承人。

第五十一条　合伙人退伙，其他合伙人应当与该退伙人按照退伙时的合伙企业财产状况进行结算，退还退伙人的财产份额。退伙人对给合伙企业造成的损失负有赔偿责任的，相应扣减其应当赔偿的数额。

退伙时有未了结的合伙企业事务的，待该事务了结后进行结算。

第五十二条　退伙人在合伙企业中财产份额的退还办法，由合伙协议约定或者由全体合伙人决定，可以退还货币，也可以退还实物。

第五十三条 退伙人对基于其退伙前的原因发生的合伙企业债务，承担无限连带责任。

第五十四条 合伙人退伙时，合伙企业财产少于合伙企业债务的，退伙人应当依照本法第三十三条第一款的规定分担亏损。

适用本案由需要注意的问题

◆退伙纠纷系基于合同而发生的纠纷，故因退伙纠纷提起的诉讼，应根据《民事诉讼法》第 24 条的规定，由被告住所地或合同履行地人民法院管辖。

◆在适用本案由时，要注意其与“合同纠纷”案由中的三级案由“合伙协议纠纷”的不同。合伙协议纠纷为一般性的合伙纠纷适用案由；而退伙纠纷应理解为特别规定。即合伙企业内部产生的退伙纠纷适用本案由，其他合伙组织形式的退伙纠纷则适用“合伙协议纠纷”。

288. 合伙企业财产份额转让纠纷

案由解析

合伙企业财产份额转让是指在合伙企业存续期间，合伙人向合伙人以外的人转让其在合伙企业中的全部或者部分财产份额。合伙人进行财产份额转让，须经其他合伙人一致同意。

合伙企业财产份额转让纠纷是指合伙人因向合伙人以外的人转让其合伙财产份额时，与其他合伙人产生的纠纷。

常用法律条文及索引

《中华人民共和国合伙企业法》（2006 年 8 月 27 日修订）

第二十二条 除合伙协议另有约定外，合伙人向合伙人以外的人转让其在合伙企业中的全部或者部分财产份额时，须经其他合伙人一致同意。

合伙人之间转让在合伙企业中的全部或者部分财产份额时，应当通知其他合伙人。

第二十三条 合伙人向合伙人以外的人转让其在合伙企业中的财产份额的，在同等条件下，其他合伙人有优先购买权；但是，合伙协议另有约定的除外。

第四十二条　合伙人的自有财产不足清偿其与合伙企业无关的债务的，该合伙人可以以其从合伙企业中分取的收益用于清偿；债权人也可以依法请求人民法院强制执行该合伙人在合伙企业中的财产份额用于清偿。

人民法院强制执行合伙人的财产份额时，应当通知全体合伙人，其他合伙人有优先购买权；其他合伙人未购买，又不同意将该财产份额转让给他人的，依照本法第五十一条的规定为该合伙人办理退伙结算，或者办理削减该合伙人相应财产份额的结算。

第七十三条　有限合伙人可以按照合伙协议的约定向合伙人以外的人转让其在有限合伙企业中的财产份额，但应当提前三十日通知其他合伙人。

适用本案由需要注意的问题

◆合伙企业财产份额转让纠纷系基于合同而发生的纠纷，故因合伙企业财产份额转让纠纷提起的诉讼，应根据《民事诉讼法》第 24 条的规定，由被告住所地或合同履行地人民法院管辖。

◆在适用本案由时，要注意其与“合同纠纷”案由中的三级案由“合伙协议纠纷”的不同。合伙协议纠纷为一般性的合伙纠纷适用案由；而合伙企业财产份额转让纠纷应理解为特别规定。即合伙企业内部产生的财产份额转让纠纷适用本案由，其他合伙组织形式的财产份额纠纷则适用“合伙协议纠纷”。

二十三、与破产有关的纠纷

289. 请求撤销个别清偿行为纠纷

案由解析

所谓个别清偿行为，是指债务人在法院受理破产申请前 6 个月内，且出现破产原因的情况下，仍对个别债权人进行清偿，使相关债权人获得多于其在破产清算程序中所获得清偿的行为。

请求撤销个别清偿行为纠纷是指当债务人出现破产原因时，为确保全体债权人得到公平受偿，对于债务人在破产程序开始前6个月实施有害于债权人利益的个别清偿行为，在破产程序开始后予以撤销并将撤销利益复归破产财团，管理人在破产程序中以诉讼的方式向人民法院提起所引发的纠纷。

个别清偿行为构成要件有：（1）个别清偿行为是对个别债权人进行清偿的行为，并且清偿的债务不是未到期的债务，而是已经届至清偿期的债务。（2）只有在人民法院受理破产案件前6个月内发生的个别清偿行为才属于可撤销的个别清偿行为。（3）个别清偿行为必须在债务人已经出现破产原因后作出。

常用法律条文及索引

《中华人民共和国企业破产法》（2006年8月27日公布　2007年6月1日施行）

第三十二条　人民法院受理破产申请前六个月内，债务人有本法第二条第一款规定的情形，仍对个别债权人进行清偿的，管理人有权请求人民法院予以撤销。但是，个别清偿使债务人财产受益的除外。

第三十四条　因本法第三十一条、第三十二条或者第三十三条规定的行为而取得的债务人的财产，管理人有权追回。

《最高人民法院关于适用〈中华人民共和国企业破产法〉若干问题的规定（二）》（法释〔2013〕22号　2020年12月23日修正）

第九条　管理人依据企业破产法第三十一条和第三十二条的规定提起诉讼，请求撤销涉及债务人财产的相关行为并由相对人返还债务人财产的，人民法院应予支持。

管理人因过错未依法行使撤销权导致债务人财产不当减损，债权人提起诉讼主张管理人对其损失承担相应赔偿责任的，人民法院应予支持。

第十条　债务人经过行政清理程序转入破产程序的，企业破产法第三十一条和第三十二条规定的可撤销行为的起算点，为行政监管机构作出撤销决定之日。

债务人经过强制清算程序转入破产程序的，企业破产法第三十一条和第三十二条规定的可撤销行为的起算点，为人民法院裁定受理强制清算申请之日。

第十二条　破产申请受理前一年内债务人提前清偿的未到期债务，在破产申请受理前已经到期，管理人请求撤销该清偿行为的，人民法院不予支持。但是，该清偿行为发生在破产申请受理前六个月内且债务人有企业破产法第二条第一款规定情形的除外。

第十四条　债务人对以自有财产设定担保物权的债权进行的个别清偿，管理人依据企业破产法第三十二条的规定请求撤销的，人民法院不予支持。但是，债务清偿时担保财产的价值低于债权额的除外。

第十五条　债务人经诉讼、仲裁、执行程序对债权人进行的个别清偿，管理人依据企业破产法第三十二条的规定请求撤销的，人民法院不予支持。但是，债务人与债权人恶意串通损害其他债权人利益的除外。

第十六条　债务人对债权人进行的以下个别清偿，管理人依据企业破产法第三十二条的规定请求撤销的，人民法院不予支持：

（一）债务人为维系基本生产需要而支付水费、电费等的；

（二）债务人支付劳动报酬、人身损害赔偿金的；

（三）使债务人财产受益的其他个别清偿。

适用本案由需要注意的问题

◆依据《企业破产法》第 21 条之规定，人民法院受理破产申请后，有关债务人的民事诉讼，只能向受理破产申请的人民法院提起。由于请求撤销个别清偿行为的诉讼系针对债务人的特定行为，故应由受理破产申请的人民法院管辖。

◆在适用本案由时，尤其要注意区分其与破产撤销权纠纷的区别。本案由仅适用于破产申请受理前 6 个月内个别清偿行为的撤销纠纷，其所依据的是《企业破产法》第 32 条；而破产撤销权纠纷适用于行使一般破产撤销权所引发的纠纷，其所依据的是《企业破产法》第 31 条。

290. 请求确认债务人行为无效纠纷

案由解析

请求债务人行为无效是指债务人在人民法院受理企业破产案件后，其所实施的行为被破产管理人主张无效。

请求确认债务人行为无效纠纷是指债务人进入法院破产案件审理程序

后，破产管理人主张债务人实施的行为无效而向人民法院提起诉讼所引起的纠纷。

常用法律条文及索引

《中华人民共和国企业破产法》（2006 年 8 月 27 日公布　2007 年 6 月 1 日施行）

第三十三条　涉及债务人财产的下列行为无效：

（一）为逃避债务而隐匿、转移财产的；

（二）虚构债务或者承认不真实的债务的。

《最高人民法院关于适用〈中华人民共和国企业破产法〉若干问题的规定（二）》（法释〔2013〕22 号　2020 年 12 月 23 日修正）

第十七条　管理人依据企业破产法第三十三条的规定提起诉讼，主张被隐匿、转移财产的实际占有人返还债务人财产，或者主张债务人虚构债务或者承认不真实债务的行为无效并返还债务人财产的，人民法院应予支持。

适用本案由需要注意的问题

◆请求确认债务人行为无效纠纷系有关债务人的纠纷，依据《企业破产法》第 21 条的规定，应由受理债务人破产申请的人民法院管辖。

◆在适用本案由时，尤其要注意其与破产撤销权纠纷、请求撤销个别清偿行为纠纷的不同。区别主要体现在债务人的具体行为和法律后果方面：破产撤销权纠纷和请求撤销个别清偿行为纠纷针对的是债务人在进入破产程序前一段时间内以有偿或无偿的方式转让或放弃财产权益的行为，被撤销行为自始无效，但属于可撤销的民事行为，在被撤销前不应认定其为无效；请求确认债务人行为无效纠纷针对的是债务人通过实施隐匿、转移财产和虚构债务或者承认不真实债务的行为导致债务人财产的不当减少，因此应认定其自始无效。

◆对债务人财产的无效行为应注意以下几个问题：(1) 发生该行为的主体是开放的，可以是债务人、管理人或者债务人财产的其他保管人等。(2) 客观行为上表现为隐匿、转移财产和虚构债务、承认不真实的债务。(3) 对行为发生的时间没有限制。对上述无效行为发生在破产申请受理之前，还是发生在破产申请之后，或者是破产程序终结之后，没有限制性规定。(4) 破产程序属于执行程序，对隐匿或者转移的财产，管理人可以直接追回，必要时请求人民法院采取强制措施。

291. 对外追收债权纠纷

案由解析

对外追收债权是指管理人在债务人进入破产程序后，对债务人的债权或者其他权益予以收回的行为。

对外追收债权纠纷是指在人民法院受理破产审理后，管理人与破产企业的债务人因清偿破产企业债权而引发的纠纷。

常用法律条文及索引

《中华人民共和国企业破产法》（2006年8月27日公布　2007年6月1日施行）

第十七条　人民法院受理破产申请后，债务人的债务人或者财产持有人应当向管理人清偿债务或者交付财产。

债务人的债务人或者财产持有人故意违反前款规定向债务人清偿债务或者交付财产，使债权人受到损失的，不免除其清偿债务或者交付财产的义务。

《最高人民法院关于适用〈中华人民共和国企业破产法〉若干问题的规定（二）》（法释〔2013〕22号　2020年12月23日修正）

第二十三条　破产申请受理后，债权人就债务人财产向人民法院提起本规定第二十一条第一款所列诉讼的，人民法院不予受理。

债权人通过债权人会议或者债权人委员会，要求管理人依法向次债务人、债务人的出资人等追收债务人财产，管理人无正当理由拒绝追收，债权人会议依据企业破产法第二十二条的规定，申请人民法院更换管理人的，人民法院应予支持。

管理人不予追收，个别债权人代表全体债权人提起相关诉讼，主张次债务人或者债务人的出资人等向债务人清偿或者返还债务人财产，或者依法申请合并破产的，人民法院应予受理。

适用本案由需要注意的问题

◆对外追收债权纠纷系有关债务人的纠纷，依据《企业破产法》第21

条的规定，应由受理债务人破产申请的人民法院管辖。

◆在适用本案由时，要注意其与追收未缴出资纠纷、追收抽逃出资纠纷和追收非正常收入纠纷的不同。追收未缴出资纠纷、追收抽逃出资纠纷和追收非正常收入纠纷的对象为债务人企业的出资人或董事、监事及高级管理人员。而对外追收债权纠纷的对象为破产企业的债务人。

292. 追收未缴出资纠纷

案由解析

追收未缴出资是指管理人在债务人进入破产程序后，对于破产企业的出资人所拖欠的出资款予以追回的行为。

追收未缴出资纠纷是指破产企业的出资人因为履行或者未适当履行出资义务，管理人在破产程序中进行追收所引发的纠纷。

常用法律条文及索引

《中华人民共和国企业破产法》（2006 年 8 月 27 日公布　2007 年 6 月 1 日施行）

第三十五条　人民法院受理破产申请后，债务人的出资人尚未完全履行出资义务的，管理人应当要求该出资人缴纳所认缴的出资，而不受出资期限的限制。

《中华人民共和国公司法》（2023 年 12 月 29 日修订）

第四十九条　股东应当按期足额缴纳公司章程规定的各自所认缴的出资额。

股东以货币出资的，应当将货币出资足额存入有限责任公司在银行开设的账户；以非货币财产出资的，应当依法办理其财产权的转移手续。

股东未按期足额缴纳出资的，除应当向公司足额缴纳外，还应当对给公司造成的损失承担赔偿责任。

第五十条　有限责任公司设立时，股东未按照公司章程规定实际缴纳出资，或者实际出资的非货币财产的实际价额显著低于所认缴的出资额的，设立时的其他股东与该股东在出资不足的范围内承担连带责任。

第五十一条　有限责任公司成立后，董事会应当对股东的出资情况进行核查，发现股东未按期足额缴纳公司章程规定的出资的，应当由公司向该股东发出书面催缴书，催缴出资。

未及时履行前款规定的义务，给公司造成损失的，负有责任的董事应当承担赔偿责任。

第九十七条　以发起设立方式设立股份有限公司的，发起人应当认足公司章程规定的公司设立时应发行的股份。

以募集设立方式设立股份有限公司的，发起人认购的股份不得少于公司章程规定的公司设立时应发行股份总数的百分之三十五；但是，法律、行政法规另有规定的，从其规定。

第九十八条　发起人应当在公司成立前按照其认购的股份全额缴纳股款。

发起人的出资，适用本法第四十八条、第四十九条第二款关于有限责任公司股东出资的规定。

第九十九条　发起人不按照其认购的股份缴纳股款，或者作为出资的非货币财产的实际价额显著低于所认购的股份的，其他发起人与该发起人在出资不足的范围内承担连带责任。

《最高人民法院关于适用〈中华人民共和国企业破产法〉若干问题的规定（二）》（法释〔2013〕22号　2020年12月23日修正）

第二十条　管理人代表债务人提起诉讼，主张出资人向债务人依法缴付未履行的出资或者返还抽逃的出资本息，出资人以认缴出资尚未届至公司章程规定的缴纳期限或者违反出资义务已经超过诉讼时效为由抗辩的，人民法院不予支持。

管理人依据公司法的相关规定代表债务人提起诉讼，主张公司的发起人和负有监督股东履行出资义务的董事、高级管理人员，或者协助抽逃出资的其他股东、董事、高级管理人员、实际控制人等，对股东违反出资义务或者抽逃出资承担相应责任，并将财产归入债务人财产的，人民法院应予支持。

适用本案由需要注意的问题

◆追收未缴出资纠纷系有关债务人的纠纷，依据《企业破产法》第21条的规定，应由受理债务人破产申请的人民法院管辖。

◆依据《企业破产法》第35条之规定，无论公司是否实际成立，未完全履行出资义务的出资人，都应在破产程序中补足出资，补足部分属于破产财产。企业出资人拖欠企业的出资，属于出资人的出资不到位，对出资人拖欠的出资款应予以追究，没有诉讼时效和除斥期间的限制。

293. 追收抽逃出资纠纷

案由解析

追收抽逃出资是指管理人在债务人进入破产程序后，对于股东抽逃其按照公司章程规定足额缴纳的出资予以追回的行为。

追收抽逃出资纠纷是指管理人在破产程序中对债务人股东抽逃已经投入公司的出资予以追收而产生的纠纷。

常用法律条文及索引

《中华人民共和国企业破产法》（2006年8月27日公布　2007年6月1日施行）

第二十五条　管理人履行下列职责：

……

（六）管理和处分债务人的财产；

（七）代表债务人参加诉讼、仲裁或者其他法律程序；

……

本法对管理人的职责另有规定的，适用其规定。

《中华人民共和国公司法》（2023年12月29日修订）

第五十三条　公司成立后，股东不得抽逃出资。

违反前款规定的，股东应当返还抽逃的出资；给公司造成损失的，负有责任的董事、监事、高级管理人员应当与该股东承担连带赔偿责任。

《最高人民法院关于适用〈中华人民共和国企业破产法〉若干问题的规定（二）》（法释〔2013〕22号　2020年12月23日修正）

第二十条　管理人代表债务人提起诉讼，主张出资人向债务人依法缴付未履行的出资或者返还抽逃的出资本息，出资人以认缴出资尚未届至公司章程规定的缴纳期限或者违反出资义务已经超过诉讼时效为由抗辩的，人民法院不予支持。

管理人依据公司法的相关规定代表债务人提起诉讼，主张公司的发起人和负有监督股东履行出资义务的董事、高级管理人员，或者协助抽逃出资的其他股东、董事、高级管理人员、实际控制人等，对股东违反出资义务或者抽逃出资承担相应责任，并将财产归入债务人财产的，人民法院应予支持。

适用本案由需要注意的问题

◆追收抽逃出资纠纷系有关债务人财产权利的纠纷，依据《企业破产法》第 21 条的规定，应由受理债务人破产申请的人民法院管辖。

◆债务人股东抽逃出资的行为虽属于广义上未适当履行出资义务的情形，但由于专门规定有追收未缴出资纠纷的案由，故本条案由仅适用于出资人在公司设立已根据章程规定足额缴纳出资，但在公司设立后又通过各种方式不当收回出资的情形。追收抽逃出资纠纷在性质上属于公司诉讼中的出资瑕疵纠纷，但基于破产程序的特殊性，故对在破产程序中因抽逃出资引发的纠纷专门规定本条案由。

294. 追收非正常收入纠纷

案由解析

追收非正常收入是指管理人在债务人进入破产程序后，对于破产企业的董事、经理或者其他负责人通过控制、操纵公司的董事会以及利用公司规则漏洞或模糊之处，给自己过高的薪酬、奖金或者期权计划等财产予以追回的行为。

追收非正常收入纠纷是指管理人在破产程序中，对于债务人的董事、经理和高级管理人员利用职权从企业获取的非正常收入和侵占的企业财产予以追回。

常用法律条文及索引

《中华人民共和国企业破产法》（2006 年 8 月 27 日公布 2007 年 6 月 1 日施行）

第三十六条 债务人的董事、监事和高级管理人员利用职权从企业获取的非正常收入和侵占的企业财产，管理人应当追回。

《最高人民法院关于适用〈中华人民共和国企业破产法〉若干问题的规定（二）》（法释〔2013〕22 号 2020 年 12 月 23 日修正）

第二十四条 债务人有企业破产法第二条第一款规定的情形时，债务人的董事、监事和高级管理人员利用职权获取的以下收入，人民法院应当认定为企业破产法第三十六条规定的非正常收入：

（一）绩效奖金；

（二）普遍拖欠职工工资情况下获取的工资性收入；

（三）其他非正常收入。

债务人的董事、监事和高级管理人员拒不向管理人返还上述债务人财产，管理人主张上述人员予以返还的，人民法院应予支持。

债务人的董事、监事和高级管理人员因返还第一款第（一）项、第（三）项非正常收入形成的债权，可以作为普通破产债权清偿。因返还第一款第（二）项非正常收入形成的债权，依据企业破产法第一百一十三条第三款的规定，按照该企业职工平均工资计算的部分作为拖欠职工工资清偿；高出该企业职工平均工资计算的部分，可以作为普通破产债权清偿。

第四十六条　债务人的股东主张以下列债务与债务人对其负有的债务抵销，债务人管理人提出异议的，人民法院应予支持：

（一）债务人股东因欠缴债务人的出资或者抽逃出资对债务人所负的债务；

（二）债务人股东滥用股东权利或者关联关系损害公司利益对债务人所负的债务。

适用本案由需要注意的问题

◆追收非正常收入纠纷系有关债务人财产权利的纠纷，依据《企业破产法》第 21 条的规定，应由受理债务人破产申请的人民法院管辖。

◆对于是否属于非正常收入，应从以下几个标准出发予以认定：(1) 同行标准，即参考同行业、同等规模企业同等职业的收入和待遇，来认定董事、经理和其他负责人的收入是否过高。(2) 企业经营标准，即根据企业的经营状况，认定董事、经理和其他负责人的收入是否过高。(3) 职业收入标准，即参考本企业职工收入标准来确定管理层的收入是否过高。

295. 破产债权确认纠纷

（1）职工破产债权确认纠纷

（2）普通破产债权确认纠纷

案由解析

破产债权确认是指在债权申报与债权调查完成后，由法定机关对申报债权进行认定的程序。

破产债权确认纠纷是指债务人、债权人和管理人对于债权是否存在、是否合法有效、债权数额、有无财产担保、是否到期或者附期限或条件等事实予以确认的纠纷。

典型形态

在实践中，破产债权确认纠纷的典型形态主要有：

（1）职工破产债权确认纠纷，是指对于职工债权是否存在、数额多少等事实予以确认的纠纷。

（2）普通破产债权确认纠纷，是指对于普通债权人申报的债权是否存在、债权数额以及有无担保等事实予以确认的纠纷。

常用法律条文及索引

《中华人民共和国企业破产法》（2006 年 8 月 27 日公布　2007 年 6 月 1 日施行）

第四十八条　债权人应当在人民法院确定的债权申报期限内向管理人申报债权。

债务人所欠职工的工资和医疗、伤残补助、抚恤费用，所欠的应当划入职工个人账户的基本养老保险、基本医疗保险费用，以及法律、行政法规规定应当支付给职工的补偿金，不必申报，由管理人调查后列出清单并予以公示。职工对清单记载有异议的，可以要求管理人更正；管理人不予更正的，职工可以向人民法院提起诉讼。

第五十六条　在人民法院确定的债权申报期限内，债权人未申报债权的，可以在破产财产最后分配前补充申报；但是，此前已进行的分配，不再对其补充分配。为审查和确认补充申报债权的费用，由补充申报人承担。

债权人未依照本法规定申报债权的，不得依照本法规定的程序行使权利。

第五十八条 依照本法第五十七条规定编制的债权表，应当提交第一次债权人会议核查。

债务人、债权人对债权表记载的债权无异议的，由人民法院裁定确认。

债务人、债权人对债权表记载的债权有异议的，可以向受理破产申请的人民法院提起诉讼。

《最高人民法院关于税务机关就破产企业欠缴税款产生的滞纳金提起的债权确认之诉应否受理问题的批复》（法释〔2012〕9号 2012年6月26日公布）

青海省高级人民法院：

你院《关于税务机关就税款滞纳金提起债权确认之诉应否受理问题的请示》（青民他字〔2011〕1号）收悉。经研究，答复如下：

税务机关就破产企业欠缴税款产生的滞纳金提起的债权确认之诉，人民法院应依法受理。依照企业破产法、税收征收管理法的有关规定，破产企业在破产案件受理前因欠缴税款产生的滞纳金属于普通破产债权。对于破产案件受理后因欠缴税款产生的滞纳金，人民法院应当依照《最高人民法院关于审理企业破产案件若干问题的规定》第六十一条规定处理。

此复。

《最高人民法院关于适用〈中华人民共和国企业破产法〉若干问题的规定（二）》（法释〔2013〕22号 2020年12月23日修正）

第二十二条 破产申请受理前，债权人就债务人财产向人民法院提起本规定第二十一条第一款所列诉讼，人民法院已经作出生效民事判决书或者调解书但尚未执行完毕的，破产申请受理后，相关执行行为应当依据企业破产法第十九条的规定中止，债权人应当依法向管理人申报相关债权。

第三十条 债务人占有的他人财产被违法转让给第三人，依据民法典第三百一十一条的规定第三人已善意取得财产所有权，原权利人无法取回该财产的，人民法院应当按照以下规定处理：

（一）转让行为发生在破产申请受理前的，原权利人因财产损失形成的债权，作为普通破产债权清偿；

（二）转让行为发生在破产申请受理后的，因管理人或者相关人员执行职务导致原权利人损害产生的债务，作为共益债务清偿。

第三十一条　债务人占有的他人财产被违法转让给第三人，第三人已向债务人支付了转让价款，但依据民法典第三百一十一条的规定未取得财产所有权，原权利人依法追回转让财产的，对因第三人已支付对价而产生的债务，人民法院应当按照以下规定处理：

（一）转让行为发生在破产申请受理前的，作为普通破产债权清偿；

（二）转让行为发生在破产申请受理后的，作为共益债务清偿。

第三十二条　债务人占有的他人财产毁损、灭失，因此获得的保险金、赔偿金、代偿物尚未交付给债务人，或者代偿物虽已交付给债务人但能与债务人财产予以区分的，权利人主张取回就此获得的保险金、赔偿金、代偿物的，人民法院应予支持。

保险金、赔偿金已经交付给债务人，或者代偿物已经交付给债务人且不能与债务人财产予以区分的，人民法院应当按照以下规定处理：

（一）财产毁损、灭失发生在破产申请受理前的，权利人因财产损失形成的债权，作为普通破产债权清偿；

（二）财产毁损、灭失发生在破产申请受理后的，因管理人或者相关人员执行职务导致权利人损害产生的债务，作为共益债务清偿。

债务人占有的他人财产毁损、灭失，没有获得相应的保险金、赔偿金、代偿物，或者保险金、赔偿物、代偿物不足以弥补其损失的部分，人民法院应当按照本条第二款的规定处理。

第三十六条　出卖人破产，其管理人决定解除所有权保留买卖合同，并依据企业破产法第十七条的规定要求买受人向其交付买卖标的物的，人民法院应予支持。

买受人以其不存在未依约支付价款或者履行完毕其他义务，或者将标的物出卖、出质或者作出其他不当处分情形抗辩的，人民法院不予支持。

买受人依法履行合同义务并依据本条第一款将买卖标的物交付出卖人管理人后，买受人已支付价款损失形成的债权作为共益债务清偿。但是，买受人违反合同约定，出卖人管理人主张上述债权作为普通破产债权清偿的，人民法院应予支持。

适用本案由需要注意的问题

◆破产债权确认纠纷系有关债务人的纠纷，依据《企业破产法》第21条的规定，应由受理破产申请的人民法院管辖。

◆对于职工破产债权确认纠纷，这类债权无须进行债权申报，管理人应当在法定期限内通过调查列出清单，职工作为原告，对清单所列事项可以提起诉讼；对于普通破产债权确认纠纷，应区分两种类型：第一，债务人起诉，此时应将受到异议的债权人列为被告；第二，债权人起诉，此时包括债权人对债权表记载的债权是否自身债权及记载内容有异议的情形，也包括债权人对债权表记载的他人债权有异议的情形。两种情形均可以将债务人列为被告，管理人代表债务人进行诉讼。对他人债权有异议，被记载的债权人可以作为第三人参加诉讼。

296. 取回权纠纷

（1）一般取回权纠纷

（2）出卖人取回权纠纷

案由解析

破产取回权是指在破产程序中，对于不属于债务人财产而由其占有或支配的财产，其所有人或者其他权利人不依照破产程序，通过破产管理人直接将该财产取回的权利。

取回权纠纷是指在人民法院受理破产申请后，债务人占有的不属于债务人的财产或者法律规定的其他情形下，该财产的所有人或者其他权利人通过破产企业的管理人对此财产予以取回引起的纠纷。

取回权的主要特征：（1）取回权的标的物并不归属于破产债务人所有。这在某种程度上与别除权区别开来。（2）取回权的权利基础主要是所有权以及其他物权，是物的返还请求权在破产法上的体现。（3）取回权的形式虽须向破产管理人提出，但不受破产程序尤其是破产清算程序的限制。

典型形态

在实践中，取回权纠纷主要有：

（1）一般取回权纠纷，是指不属于破产财产法定范围内的财产，已经为破产管理人所实际占有或支配，取回权人不依破产程序而取回财产所引发的纠纷。

（2）出卖人取回权纠纷，是指法院受理破产申请时，出卖人已将买卖标的物向作为买受人的债务人发运，债务人尚未收到且未付清全部价款时，出卖人请求取回在运输途中的标的物所引起的纠纷。

常用法律条文及索引

《中华人民共和国企业破产法》（2006 年 8 月 27 日公布　2007 年 6 月 1 日施行）

第三十八条　人民法院受理破产申请后，债务人占有的不属于债务人的财产，该财产的权利人可以通过管理人取回。但是，本法另有规定的除外。

第三十九条　人民法院受理破产申请时，出卖人已将买卖标的物向作为买受人的债务人发运，债务人尚未收到且未付清全部价款的，出卖人可以取回在运途中的标的物。但是，管理人可以支付全部价款，请求出卖人交付标的物。

《最高人民法院关于适用〈中华人民共和国企业破产法〉若干问题的规定（二）》（法释〔2013〕22 号　2020 年 12 月 23 日修正）

第二十六条　权利人依据企业破产法第三十八条的规定行使取回权，应当在破产财产变价方案或者和解协议、重整计划草案提交债权人会议表决前向管理人提出。权利人在上述期限后主张取回相关财产的，应当承担延迟行使取回权增加的相关费用。

第二十七条　权利人依据企业破产法第三十八条的规定向管理人主张取回相关财产，管理人不予认可，权利人以债务人为被告向人民法院提起诉讼请求行使取回权的，人民法院应予受理。

权利人依据人民法院或者仲裁机关的相关生效法律文书向管理人主张取回所涉争议财产，管理人以生效法律文书错误为由拒绝其行使取回权的，人民法院不予支持。

第二十八条　权利人行使取回权时未依法向管理人支付相关的加工费、保管费、托运费、委托费、代销费等费用，管理人拒绝其取回相关财产的，人民法院应予支持。

第二十九条　对债务人占有的权属不清的鲜活易腐等不易保管的财产或者不及时变现价值将严重贬损的财产，管理人及时变价并提存变价款后，有关权利人就该变价款行使取回权的，人民法院应予支持。

第三十条　债务人占有的他人财产被违法转让给第三人，依据民法典第三百一十一条的规定第三人已善意取得财产所有权，原权利人无法取回该财产的，人民法院应当按照以下规定处理：

（一）转让行为发生在破产申请受理前的，原权利人因财产损失形成的债权，作为普通破产债权清偿；

（二）转让行为发生在破产申请受理后的，因管理人或者相关人员执行职务导致原权利人损害产生的债务，作为共益债务清偿。

第三十二条 债务人占有的他人财产毁损、灭失，因此获得的保险金、赔偿金、代偿物尚未交付给债务人，或者代偿物虽已交付给债务人但能与债务人财产予以区分的，权利人主张取回就此获得的保险金、赔偿金、代偿物的，人民法院应予支持。

保险金、赔偿金已经交付给债务人，或者代偿物已经交付给债务人且不能与债务人财产予以区分的，人民法院应当按照以下规定处理：

（一）财产毁损、灭失发生在破产申请受理前的，权利人因财产损失形成的债权，作为普通破产债权清偿；

（二）财产毁损、灭失发生在破产申请受理后的，因管理人或者相关人员执行职务导致权利人损害产生的债务，作为共益债务清偿。

债务人占有的他人财产毁损、灭失，没有获得相应的保险金、赔偿金、代偿物，或者保险金、赔偿物、代偿物不足以弥补其损失的部分，人民法院应当按照本条第二款的规定处理。

第三十八条 买受人破产，其管理人决定解除所有权保留买卖合同，出卖人依据企业破产法第三十八条的规定主张取回买卖标的物的，人民法院应予支持。

出卖人取回买卖标的物，买受人管理人主张出卖人返还已支付价款的，人民法院应予支持。取回的标的物价值明显减少给出卖人造成损失的，出卖人可从买受人已支付价款中优先予以抵扣后，将剩余部分返还给买受人；对买受人已支付价款不足以弥补出卖人标的物价值减损损失形成的债权，出卖人主张作为共益债务清偿的，人民法院应予支持。

第三十九条 出卖人依据企业破产法第三十九条的规定，通过通知承运人或者实际占有人中止运输、返还货物、变更到达地，或者将货物交给其他收货人等方式，对在运途中标的物主张了取回权但未能实现，或者在货物未达管理人前已向管理人主张取回在运途中标的物，在买卖标的物到达管理人后，出卖人向管理人主张取回的，管理人应予准许。

出卖人对在运途中标的物未及时行使取回权，在买卖标的物到达管理人后向管理人行使在运途中标的物取回权的，管理人不应准许。

第四十条　债务人重整期间，权利人要求取回债务人合法占有的权利人的财产，不符合双方事先约定条件的，人民法院不予支持。但是，因管理人或者自行管理的债务人违反约定，可能导致取回物被转让、毁损、灭失或者价值明显减少的除外。

《最高人民法院关于适用〈中华人民共和国民法典〉有关担保制度的解释》（法释〔2020〕28号　2021年1月1日起施行）

第六十四条　在所有权保留买卖中，出卖人依法有权取回标的物，但是与买受人协商不成，当事人请求参照民事诉讼法“实现担保物权案件”的有关规定，拍卖、变卖标的物的，人民法院应予准许。

出卖人请求取回标的物，符合民法典第六百四十二条规定的，人民法院应予支持；买受人以抗辩或者反诉的方式主张拍卖、变卖标的物，并在扣除买受人未支付的价款以及必要费用后返还剩余款项的，人民法院应当一并处理。

第六十七条　在所有权保留买卖、融资租赁等合同中，出卖人、出租人的所有权未经登记不得对抗的“善意第三人”的范围及其效力，参照本解释第五十四条的规定处理。

第六十八条　债务人或者第三人与债权人约定将财产形式上转移至债权人名下，债务人不履行到期债务，债权人有权对财产折价或者以拍卖、变卖该财产所得价款偿还债务的，人民法院应当认定该约定有效。当事人已经完成财产权利变动的公示，债务人不履行到期债务，债权人请求参照民法典关于担保物权的有关规定就该财产优先受偿的，人民法院应予支持。

债务人或者第三人与债权人约定将财产形式上转移至债权人名下，债务人不履行到期债务，财产归债权人所有的，人民法院应当认定该约定无效，但是不影响当事人有关提供担保的意思表示的效力。当事人已经完成财产权利变动的公示，债务人不履行到期债务，债权人请求对该财产享有所有权的，人民法院不予支持；债权人请求参照民法典关于担保物权的规定对财产折价或者以拍卖、变卖该财产所得的价款优先受偿的，人民法院应予支持；债务人履行债务后请求返还财产，或者请求对财产折价或者以拍卖、变卖所得的价款清偿债务的，人民法院应予支持。

债务人与债权人约定将财产转移至债权人名下，在一定期间后再由债务人或者其指定的第三人以交易本金加上溢价款回购，债务人到期不履行回购义务，财产归债权人所有的，人民法院应当参照第二款规定处理。回购对象自始不存在的，人民法院应当依照民法典第一百四十六条第二款的规定，按照其实际构成的法律关系处理。

《最高人民法院印发〈关于推进破产案件依法高效审理的意见〉的通知》（法发〔2020〕14号　2020年4月15日公布）

8. 管理人应当及时接管债务人的财产、印章和账簿、文书等资料。债务人拒不移交的，人民法院可以根据管理人的申请或者依职权对直接责任人员处以罚款，并可以就债务人应当移交的内容和期限作出裁定。债务人不履行裁定确定的义务的，人民法院可以依照民事诉讼法执行程序的有关规定采取搜查、强制交付等必要措施予以强制执行。

接管过程中，对于债务人占有的不属于债务人的财产，权利人可以依据企业破产法第三十八条的规定向管理人主张取回。管理人不予认可的，权利人可以向破产案件受理法院提起诉讼请求行使取回权。诉讼期间不停止管理人的接管。

适用本案由需要注意的问题

◆取回权纠纷系有关债务人财产的纠纷，依据《企业破产法》第21条的规定，应由受理破产申请案件的人民法院管辖。

◆当事人在行使一般取回权时需要注意以下问题：(1)一般取回权的行使有时间限制。破产取回权成立于破产申请受理后，应在破产财产按照破产程序分配前行使，否则将视为放弃行使破产取回权。(2)一般取回权的行使不受破产程序限制，也无须通过诉讼程序，但取回财产须通过破产管理人行使，不得擅自从债务人处取回财产。(3)权利人在取回定作物、管理物等财产时，存在相应给付义务的，应向破产管理人交付加工、保管等费用后，方可取回其所有物。(4)一般取回权的行使只限于取回原物。若在破产案件受理前，原物已被破产人转让给他人，则不能再依一般取回权要求取回价款。

◆出卖人取回权包括以下构成要件：(1)出卖人已经发送货物并且货物尚在途中。(2)买受人尚未受领货物时破产宣告。(3)买受人未付或未付清全部价款。(4)买受人的破产管理人未要求在支付全部价款的情况下取得标的物的所有权。

297. 破产抵销权纠纷

案由解析

破产抵销权是指债权人在破产案件受理前对债务人负有债务的，不论其债权与所负债务种类是否相同，也不论其债权是否已经届至清偿期，均可向破产管理人主张以其债权抵销其对债务人所负债务的权利。

破产抵销权纠纷是指债权人与管理人之间因行使破产抵销权而引起的纠纷。

破产抵销权的主要特征：（1）破产抵销权的行使主体只能是债权人。（2）破产抵销权不受债务种类和履行期限或条件的限制。（3）破产债权人主张抵销的债务，只能成立于破产申请受理前。

常用法律条文及索引

《中华人民共和国企业破产法》（2006 年 8 月 27 日公布　2007 年 6 月 1 日施行）

第四十条　债权人在破产申请受理前对债务人负有债务的，可以向管理人主张抵销。但是，有下列情形之一的，不得抵销：

（一）债务人的债务人在破产申请受理后取得他人对债务人的债权的；

（二）债权人已知债务人有不能清偿到期债务或者破产申请的事实，对债务人负担债务的；但是，债权人因为法律规定或者有破产申请一年前所发生的原因而负担债务的除外；

（三）债务人的债务人已知债务人有不能清偿到期债务或者破产申请的事实，对债务人取得债权的；但是，债务人的债务人因为法律规定或者有破产申请一年前所发生的原因而取得债权的除外。

《最高人民法院关于适用〈中华人民共和国企业破产法〉若干问题的规定（二）》（法释〔2013〕22 号　2020 年 12 月 23 日修正）

第四十一条　债权人依据企业破产法第四十条的规定行使抵销权，应当向管理人提出抵销主张。

管理人不得主动抵销债务人与债权人的互负债务，但抵销使债务人财产受益的除外。

第四十二条 管理人收到债权人提出的主张债务抵销的通知后，经审查无异议的，抵销自管理人收到通知之日起生效。

管理人对抵销主张有异议的，应当在约定的异议期限内或者自收到主张债务抵销的通知之日起三个月内向人民法院提起诉讼。无正当理由逾期提起的，人民法院不予支持。

人民法院判决驳回管理人提起的抵销无效诉讼请求的，该抵销自管理人收到主张债务抵销的通知之日起生效。

第四十三条 债权人主张抵销，管理人以下列理由提出异议的，人民法院不予支持：

（一）破产申请受理时，债务人对债权人负有的债务尚未到期；

（二）破产申请受理时，债权人对债务人负有的债务尚未到期；

（三）双方互负债务标的物种类、品质不同。

第四十四条 破产申请受理前六个月内，债务人有企业破产法第二条第一款规定的情形，债务人与个别债权人以抵销方式对个别债权人清偿，其抵销的债权债务属于企业破产法第四十条第（二）、（三）项规定的情形之一，管理人在破产申请受理之日起三个月内向人民法院提起诉讼，主张该抵销无效的，人民法院应予支持。

第四十五条 企业破产法第四十条所列不得抵销情形的债权人，主张以其对债务人特定财产享有优先受偿权的债权，与债务人对其不享有优先受偿权的债权抵销，债务人管理人以抵销存在企业破产法第四十条规定的情形提出异议的，人民法院不予支持。但是，用以抵销的债权大于债权人享有优先受偿权财产价值的除外。

第四十六条 债务人的股东主张以下列债务与债务人对其负有的债务抵销，债务人管理人提出异议的，人民法院应予支持：

（一）债务人股东因欠缴债务人的出资或者抽逃出资对债务人所负的债务；

（二）债务人股东滥用股东权利或者关联关系损害公司利益对债务人所负的债务。

适用本案由需要注意的问题

◆破产抵销权纠纷系有关债务人财产的纠纷，依据《企业破产法》第 21 条的规定，应由受理破产申请案件的人民法院管辖。

◆破产抵销权纠纷属于破产派生诉讼，仅限于因行使破产抵销权而引发的纠纷，对于破产程序中因破产债权人与债务人互负种类相同且均已届清偿期的债务，债权人主张抵销的，应适用民法中关于抵销权的相关规定，而非属于本案由规定的纠纷。

298. 别除权纠纷

案由解析

破产别除权是指在破产程序开始之前，在债务人的特定财产上设定了担保物权或者存在有其他特别优先权的，于债权人宣告破产后，权利人享有就该特定财产不依照破产清算程序个别优先受偿的权利。

别除权纠纷是指债权人与管理人之间因别除权的行使而引发的纠纷。

破产别除权的主要特征：（1）别除权是针对破产人的特定财产行使的权利。（2）别除权是担保物权和法定特别优先权在破产法上的转化形式。（3）别除权或者可转化为别除权的基础权利的设定应当在破产程序开始之前。（4）别除权的行使受破产程序的适当约束。别除权人不仅应当参加债权申报，接受债权调查，并且在法院裁定认可和解协议、裁定批准重整计划之前，应当暂停别除权的行使。

常用法律条文及索引

《中华人民共和国企业破产法》（2006 年 8 月 27 日公布　2007 年 6 月 1 日施行）

第四十九条　债权人申报债权时，应当书面说明债权的数额和有无财产担保，并提交有关证据。申报的债权是连带债权的，应当说明。

第五十九条　依法申报债权的债权人为债权人会议的成员，有权参加债权人会议，享有表决权。

债权尚未确定的债权人，除人民法院能够为其行使表决权而临时确定债权额的外，不得行使表决权。

对债务人的特定财产享有担保权的债权人，未放弃优先受偿权利的，对于本法第六十一条第一款第七项、第十项规定的事项不享有表决权。

债权人可以委托代理人出席债权人会议，行使表决权。代理人出席债权人会议，应当向人民法院或者债权人会议主席提交债权人的授权委托书。

债权人会议应当有债务人的职工和工会的代表参加，对有关事项发表意见。

第一百零九条 对破产人的特定财产享有担保权的权利人，对该特定财产享有优先受偿的权利。

第一百一十条 享有本法第一百零九条规定权利的债权人行使优先受偿权利未能完全受偿的，其未受偿的债权作为普通债权；放弃优先受偿权利的，其债权作为普通债权。

第一百三十二条 本法施行后，破产人在本法公布之日前所欠职工的工资和医疗、伤残补助、抚恤费用，所欠的应当划入职工个人账户的基本养老保险、基本医疗保险费用，以及法律、行政法规规定应当支付给职工的补偿金，依照本法第一百一十三条的规定清偿后不足以清偿的部分，以本法第一百零九条规定的特定财产优先于对该特定财产享有担保权的权利人受偿。

《最高人民法院关于适用〈中华人民共和国企业破产法〉若干问题的规定（二）》（法释〔2013〕22号　2020年12月23日修正）

第四十五条 企业破产法第四十条所列不得抵销情形的债权人，主张以其对债务人特定财产享有优先受偿权的债权，与债务人对其不享有优先受偿权的债权抵销，债务人管理人以抵销存在企业破产法第四十条规定的情形提出异议的，人民法院不予支持。但是，用以抵销的债权大于债权人享有优先受偿权财产价值的除外。

适用本案由需要注意的问题

◆别除权纠纷系有关债务人财产的纠纷，依据《企业破产法》第21条的规定，应由受理破产申请案件的人民法院管辖。

◆别除权的行使通常还需要注意以下问题：(1) 别除权人应于法定期间内申报其债权，说明其性质和数额；担保标的物为别除权人占有而管理人要求提示标的物进行估价时，别除权人应予配合而不得拒绝。(2) 别除权人于破产宣告后不主动行使别除权时，除非放弃优先权，否则不得拒绝管理人对标的物进行拍卖，别除权人只能就拍卖价款优先受偿。(3) 当债务人是以自己的财产为自己的债务担保时，别除权人就担保标的物行使优先权不能得到满足的部分，可作为破产债权参加分配。但在中间分配中，别除权人如不能向管理人证明其已着手行使权利并说明其残余额的，不能参加中间分配。(4) 在最后分配期间，别除权人如果未表示放弃别除权或不能证明已行使别除权不足额的，可从最后分配中被除斥。

299. 破产撤销权纠纷

案由解析

破产撤销权是指破产管理人拥有的，对于债务人在临近破产程序开始的期间内实施的有害于债权人利益的行为，于破产程序开始后予以撤销并将撤销利益复归破产财团的权利。

破产撤销权纠纷是指债务人在破产程序开始前一段时间实施有害于债权人利益的行为，管理人行使破产撤销权而引起的纠纷。

破产撤销权的主要特征：（1）破产撤销权是一种独立的权利。破产撤销权并不依附于债权，可以独立存在和行使，该项权利的保护对象也不限于债权人，除了破产债权人因此间接受益外，破产管理人亦可由此受益。（2）破产撤销权的内容具有复合性。破产撤销权的本质属性表现为破产管理人的职权，兼具权利与义务的属性，若破产管理人怠于行使该项权利，将依法承担法律责任。（3）权利的行使主体具有专门性。破产撤销权的行使受到法律的限制，一般规定为破产管理人。

常用法律条文及索引

《中华人民共和国企业破产法》（2006 年 8 月 27 日公布　2007 年 6 月 1 日施行）

第三十一条　人民法院受理破产申请前一年内，涉及债务人财产的下列行为，管理人有权请求人民法院予以撤销：

（一）无偿转让财产的；

（二）以明显不合理的价格进行交易的；

（三）对没有财产担保的债务提供财产担保的；

（四）对未到期的债务提前清偿的；

（五）放弃债权的。

第三十四条　因本法第三十一条、第三十二条或者第三十三条规定的行为而取得的债务人的财产，管理人有权追回。

《最高人民法院关于适用〈中华人民共和国企业破产法〉若干问题的规定（二）》（法释〔2013〕22号 2020年12月23日修正）

第九条 管理人依据企业破产法第三十一条和第三十二条的规定提起诉讼，请求撤销涉及债务人财产的相关行为并由相对人返还债务人财产的，人民法院应予支持。

管理人因过错未依法行使撤销权导致债务人财产不当减损，债权人提起诉讼主张管理人对其损失承担相应赔偿责任的，人民法院应予支持。

第十条 债务人经过行政清理程序转入破产程序的，企业破产法第三十一条和第三十二条规定的可撤销行为的起算点，为行政监管机构作出撤销决定之日。

债务人经过强制清算程序转入破产程序的，企业破产法第三十一条和第三十二条规定的可撤销行为的起算点，为人民法院裁定受理强制清算申请之日。

第十三条 破产申请受理后，管理人未依据企业破产法第三十一条的规定请求撤销债务人无偿转让财产、以明显不合理价格交易、放弃债权行为的，债权人依据民法典第五百三十八条、第五百三十九条等规定提起诉讼，请求撤销债务人上述行为并将因此追回的财产归入债务人财产的，人民法院应予受理。

相对人以债权人行使撤销权的范围超出债权人的债权抗辩的，人民法院不予支持。

适用本案由需要注意的问题

◆破产撤销权纠纷系有关债务人财产的纠纷，依据《企业破产法》第21条的规定，应由受理破产申请案件的人民法院管辖。

◆在适用本案由时，要注意其与请求撤销个别清偿行为纠纷的不同。本案由适用于行使一般破产撤销权所引发的纠纷，其所依据的是《企业破产法》第31条；而请求撤销个别清偿行为纠纷仅适用于破产申请受理前6个月内个别清偿行为的撤销纠纷，其所依据的是《企业破产法》第32条。

◆在适用本案由时，要注意与民法上的债权人撤销权的区别，主要有以下四个方面：(1) 权利行使的主体不同。本案由下权利行使主体是管理人，后者则是债权人，破产程序中并不排斥债权人撤销权的行使。(2) 针对的情形范围不同。本案由所针对的是无偿（转让）行为、以明显不合理的价格进行交易的行为以及放弃债权的行为，后者则适用于更为广泛的范围，具体可参见《民法典》第538条、第539条以及第410条第1款。(3) 构成要件不同。债权人撤销权中，部分需要主观要件。破产撤销权都不需要主观要件。(4) 行使期间不同。债权人撤销权自债权人知道或者应当知道撤销事由之日起 1 年内行使。自债务人的行为发生之日起 5 年内没有行使撤销权的，该撤销权消灭。而破产撤销权则是自破产程序终结后 2 年内都可以行使。但还需要注意的是，破产程序中并不排斥债权人撤销权的行使。根据《最高人民法院关于适用〈中华人民共和国企业破产法〉若干问题的规定（二）》第 13 条的规定，破产申请受理后，管理人未依据《企业破产法》第 31 条的规定请求撤销债务人无偿转让财产、以明显不合理价格交易、放弃债权行为的，债权人依据《民法典》第 538 条、第 539 条等规定提起诉讼，请求撤销债务人上述行为并将因此追回的财产归入债务人财产的，人民法院应予受理。相对人以债权人行使撤销权的范围超出债权人的债权抗辩的，人民法院不予支持。

300. 损害债务人利益赔偿纠纷

案由解析

损害债务人利益赔偿纠纷是指债务人的董事、监事、高级管理人员、法定代表人等有关人员不当执行职务或有破产法规定的损害债权人利益行为，造成债务人财产利益的损失，在破产程序中被要求承担损害赔偿责任而引发的纠纷。

常用法律条文及索引

《中华人民共和国企业破产法》（2006 年 8 月 27 日公布　2007 年 6 月 1 日施行）

第一百二十五条　企业董事、监事或者高级管理人员违反忠实义务、勤勉义务，致使所在企业破产的，依法承担民事责任。

有前款规定情形的人员，自破产程序终结之日起三年内不得担任任何企业的董事、监事、高级管理人员。

第一百二十八条　债务人有本法第三十一条、第三十二条、第三十三条规定的行为，损害债权人利益的，债务人的法定代表人和其他直接责任人员依法承担赔偿责任。

《中华人民共和国公司法》（2023年12月29日修订）

第一百七十九条　董事、监事、高级管理人员应当遵守法律、行政法规和公司章程。

第一百八十条　董事、监事、高级管理人员对公司负有忠实义务，应当采取措施避免自身利益与公司利益冲突，不得利用职权牟取不正当利益。

董事、监事、高级管理人员对公司负有勤勉义务，执行职务应当为公司的最大利益尽到管理者通常应有的合理注意。

公司的控股股东、实际控制人不担任公司董事但实际执行公司事务的，适用前两款规定。

第一百八十八条　董事、监事、高级管理人员执行职务违反法律、行政法规或者公司章程的规定，给公司造成损失的，应当承担赔偿责任。

适用本案由需要注意的问题

◆损害债务人利益赔偿纠纷系有关债务人利益的纠纷，依据《企业破产法》第21条的规定，应由受理破产申请案件的人民法院管辖。

◆本案由针对的是债务人的董事、监事、高级管理人员、法定代表人等有关人员不当执行职务或有破产法规定的损害债权人利益行为，造成债务人财产利益的损失，性质上属于公司法中规定的有关企业高级管理人员违反对公司的忠实和勤勉义务给公司造成损害的赔偿纠纷。基于完善破产责任制度，将此种情形纳入损害债务人利益赔偿案由纠纷。

301. 管理人责任纠纷

案由解析

破产管理人是指依照破产法规定，在破产重整、破产和解和破产清算程序中负责债务人财产管理和其他事项的专门机构。

管理人责任纠纷是指管理人违反勤勉忠实义务，不当履行职责给债权人、债务人或第三人造成损失而产生的纠纷。

破产管理人的主要特征是：（1）独立性。破产管理人具有身份上的独立性，能够以自己的名义从事职责范围内的活动；此外，其还具有意思表示上的独立性，能够按照自身意愿做出职责范围内的相关决定。（2）中立性。破产管理人在履行职责过程中，应严格恪守客观中立的立场从事具体的管理和处分破产财产的行为，而不应当为某一方当事人或利害关系人谋求利益。(3) 专业性。破产管理人必须具备相应的专业知识和技能。(4) 法定性。破产管理人的选任虽由法院指定，但其职责并非由法院或债权人委员会选定，而是由法律明确规定。

常用法律条文及索引

《中华人民共和国企业破产法》（2006年8月27日公布 2007年6月1日施行）

第一百三十条 管理人未依照本法规定勤勉尽责，忠实执行职务的，人民法院可以依法处以罚款；给债权人、债务人或者第三人造成损失的，依法承担赔偿责任。

《最高人民法院关于审理企业破产案件指定管理人的规定》（法释〔2007〕8号 2007年4月12日公布）

第三十九条 管理人申请辞去职务未获人民法院许可，但仍坚持辞职并不再履行管理人职责，或者人民法院决定更换管理人后，原管理人拒不向新任管理人移交相关事务，人民法院可以根据企业破产法第一百三十条的规定和具体情况，决定对管理人罚款。对社会中介机构为管理人的罚款5万元至20万元人民币，对个人为管理人的罚款1万元至5万元人民币。

管理人有前款规定行为或者无正当理由拒绝人民法院指定的，编制管理人名册的人民法院可以决定停止其担任管理人一年至三年，或者将其从管理人名册中除名。

《最高人民法院关于适用〈中华人民共和国企业破产法〉若干问题的规定（二）》（法释〔2013〕22号 2020年12月23日修正）

第九条 管理人依据企业破产法第三十一条和第三十二条的规定提起诉讼，请求撤销涉及债务人财产的相关行为并由相对人返还债务人财产的，人民法院应予支持。

管理人因过错未依法行使撤销权导致债务人财产不当减损，债权人提起诉讼主张管理人对其损失承担相应赔偿责任的，人民法院应予支持。

第三十三条 管理人或者相关人员在执行职务过程中，因故意或者重大过失不当转让他人财产或者造成他人财产毁损、灭失，导致他人损害产生的债务作为共益债务，由债务人财产随时清偿不足弥补损失，权利人向管理人或者相关人员主张承担补充赔偿责任的，人民法院应予支持。

上述债务作为共益债务由债务人财产随时清偿后，债权人以管理人或者相关人员执行职务不当导致债务人财产减少给其造成损失为由提起诉讼，主张管理人或者相关人员承担相应赔偿责任的，人民法院应予支持。

适用本案由需要注意的问题

◆管理人责任纠纷的管辖问题，目前没有明确规定。我们认为，虽然《企业破产法》第21条关于破产申请受理后的民事诉讼管辖问题将范围限定在“有关债务人的民事诉讼”，但管理人责任纠纷系破产衍生诉讼的一种，因为“有关债务人的民事诉讼”应作广义理解，既包括债务人作为原告或被告的民事诉讼，还应包括诉讼标的物涉及债务人的民事诉讼。因此，在破产程序未终结之前，管理人责任纠纷仍应由受理破产案件的法院管辖。在破产程序终结之后，则可按照侵权责任纠纷的一般原则确定管辖法院。

◆本案由适用主要针对的是管理人违反忠实义务和勤勉义务造成损失的行为。对于管理人正当执行职务所产生的债务或违约责任等则属于共益债务；对于管理人非职务行为造成债务人、债权人等相关利害关系人损失的，则根据相应的侵权责任或违约责任确定纠纷。

二十四、证券纠纷

302. 证券权利确认纠纷

（1）股票权利确认纠纷

（2）公司债券权利确认纠纷

（3）国债权利确认纠纷

（4）证券投资基金权利确认纠纷

案由解析

一般法律意义上的证券，是指记载并代表一定权利的法律凭证，是广义上的证券，包括三大类型，即免责证券、金券和有价证券。有价证券又可分为财产证券、货币证券和资本证券。其中，财产证券（又称物权证券），如仓单、提单等，由民法或者相关法律调整和规范；货币证券，如支票、本票、汇票，由票据法调整和规范；资本证券则由专门的证券法调整和规范。

《证券法》所规定的证券主要包括股票、公司债券、政府债券和证券投资基金份额等。股票是指由公司发行的，用以证明股东享有股份权利和承担义务的可转让的书面凭证，按持有人的身份特征可分为国家股、法人股、公众股和外资股。公司债券是公司发行的，承诺在未来特定日期向债券持有人还本付息的一种债务凭证，《证券法》规定了普通公司债券和可转换公司债券，可转换公司债券是指公司债权人可以将公司债券转换为公司股份的公司债。政府债券是指中央政府或地方政府为筹措资金或其他目的向投资者出具的、承诺到期还本付息的一种债务凭证。证券投资基金是一种利益共存、风险共担的集合证券投资方式，即通过发行基金份额，集中投资者的资金，由基金托管人托管，由基金管理人管理和运用资金，从事股票、债券等金融工具投资，并将投资收益按基金投资者的投资比例进行分配的一种间接投资方式。按投资对象的不同可分为股票基金、债券基金、货币基金、期货基金等。证券权利确认纠纷是指当事人之间因股票、债券、基金份额等权利归属发生争议引起的纠纷。

典型形态

在实践中，证券权利确认纠纷主要有：

（1）股票权利确认纠纷，是指股东与股东之间或股东与公司之间就股权是否存在以及持有多少比例发生争议而引起的纠纷。可分为三种类型：股东与股东之间因隐名出资发生的股权确认纠纷；股东与股东之间因股权转让产生的股权确认纠纷；股东与公司之间的股权确认纠纷。

（2）公司债券权利确认纠纷，是指当事人之间因确认公司债券权利的归属而产生的纠纷。

（3）国债权利确认纠纷，是指当事人因国库券的权利归属发生争议产生的纠纷。

（4）证券投资基金权利确认纠纷，是指当事人之间对基金份额产生争议引发的纠纷。

常用法律条文及索引

《中华人民共和国民法典》（2020 年 5 月 28 日公布　2021 年 1 月 1 日施行）

第一百二十五条　民事主体依法享有股权和其他投资性权利。

《中华人民共和国证券法》（2019 年 12 月 28 日修订）

第二条　在中华人民共和国境内，股票、公司债券、存托凭证和国务院依法认定的其他证券的发行和交易，适用本法；本法未规定的，适用《中华人民共和国公司法》和其他法律、行政法规的规定。

政府债券、证券投资基金份额的上市交易，适用本法；其他法律、行政法规另有规定的，适用其规定。

资产支持证券、资产管理产品发行、交易的管理办法，由国务院依照本法的原则规定。

在中华人民共和国境外的证券发行和交易活动，扰乱中华人民共和国境内市场秩序，损害境内投资者合法权益的，依照本法有关规定处理并追究法律责任。

《中华人民共和国证券投资基金法》（2015 年 4 月 24 日修正）

第二条　在中华人民共和国境内，通过公开发售基金份额募集证券投资基金（以下简称基金），由基金管理人管理，基金托管人托管，为基金份额持有人的利益，以资产组合方式进行证券投资活动，适用本法；本法未规定的，适用《中华人民共和国信托法》《中华人民共和国证券法》和其他有关法律、行政法规的规定。

适用本案由需要注意的问题

◆证券权利确认纠纷案件，适用《民事诉讼法》第 22 条所规定的一般地域管辖原则，即“对公民提起的民事诉讼，由被告住所地人民法院管辖；被告住所地与经常居住地不一致的，由经常居住地人民法院管辖。对法人或者其他组织提起的民事诉讼，由被告住所地人民法院管辖。同一诉讼的几个被告住所地、经常居住地在两个以上人民法院辖区的，各该人民法院都有管辖权”。

◆处理证券权利确认纠纷的法律依据主要是《证券法》，《证券法》没有规定的，适用《公司法》的相关规定。

303. 证券交易合同纠纷

(1) 股票交易纠纷
(2) 公司债券交易纠纷
(3) 国债交易纠纷
(4) 证券投资基金交易纠纷

案由解析

从广义上讲，证券交易是指投资者之间以证券为标的进行买卖、质押、赠与、设立担保等行为的总称，证券买卖是证券交易的主要形式。证券法上的证券交易是指当事人之间就依法发行并交付的证券在特定交易场所进行买卖的行为。证券交易可分为场内交易和场外交易。场内交易（又称挂牌交易），是指在证券交易场所内以公开竞价方式进行的交易。场外交易（又称柜台交易），是指在证券交易市场以外的场所以非集中竞价的方式进行的交易。因此，证券交易方式可分为集中竞价方式和非集中竞价方式，集中竞价，是指所有购售该证券的买方和卖方在证券交易所公开申报，竞价交易，交易按照价格优先、时间优先的原则成交；非集中竞价方式通常是利用电子报价系统的做市商方式进行，主要包括证券协议转让、证券大宗交易、证券的裁判转让等。

证券交易合同是当事人之间设立、变更、终止证券买卖关系的协议。证券交易合同纠纷是指当事人之间因证券交易合同的成立、内容、变更、终止等发生的纠纷。

证券交易区别于一般商品的买卖行为，具有以下特征：(1) 证券交易的主体为具有民事权利能力和民事行为能力的自然人和法人，包括个人投资者和机构投资者、中国投资者和外国投资者。(2) 交易的证券必须是依法发行并交付的证券。(3) 证券交易的场所为证券交易市场，指证券的流通市场（又称二级市场），是证券交易的法定场所。

典型形态

在实践中，证券交易合同纠纷主要有：

（1）股票交易纠纷，是指当事人在股票交易市场因股票买卖、转让等产生的纠纷。股票市场可分为股票发行市场（一级市场）和股票交易市场（二级市场），股票交易市场是对已经发行的股票进行买卖、转让的法定场所。

（2）公司债券交易纠纷，是指当事人之间因公司债券的买卖、转让、质押等产生的纠纷，公司债券可分为记名公司债券和无记名公司债券。

（3）国债交易纠纷，是指当事人之间因买卖、转让已经发行的国债而产生的纠纷。国债可分为凭证式国债和记账式国债。凭证式国债是通过银行系统发行的，由财政部和中国人民银行确定利率的国家储蓄债；记账式国债通过证券交易市场买卖流通，利率由国债承购包销团成员投标确定。

（4）证券投资基金交易纠纷，是指当事人因证券投资基金的买卖、转让等产生的纠纷。根据基金是否可增加或赎回，可分为开放式基金和封闭式基金。开放式基金可通过基金管理人随时赎回或发行新的基金份额；封闭式基金在发行完毕和规定时期内的基金规模是固定不变的，且不允许投资者随时赎回。

常用法律条文及索引

《中华人民共和国民法典》（2020年5月28日公布　2021年1月1日施行）

第一百二十五条　民事主体依法享有股权和其他投资性权利。

《中华人民共和国证券法》（2019年12月28日修订）

第三条　证券的发行、交易活动，必须遵循公开、公平、公正的原则。

第四条　证券发行、交易活动的当事人具有平等的法律地位，应当遵守自愿、有偿、诚实信用的原则。

第五条　证券的发行、交易活动，必须遵守法律、行政法规；禁止欺诈、内幕交易和操纵证券市场的行为。

第三十五条　证券交易当事人依法买卖的证券，必须是依法发行并交付的证券。

非依法发行的证券，不得买卖。

第三十六条　依法发行的证券，《中华人民共和国公司法》和其他法律对其转让期限有限制性规定的，在限定的期限内不得转让。

上市公司持有百分之五以上股份的股东、实际控制人、董事、监事、高级管理人员，以及其他持有发行人首次公开发行前发行的股份或者上市公司向特定对象发行的股份的股东，转让其持有的本公司股份的，不得违反法律、行政法规和国务院证券监督管理机构关于持有期限、卖出时间、卖出数量、卖出方式、信息披露等规定，并应当遵守证券交易所的业务规则。

第三十七条　公开发行的证券，应当在依法设立的证券交易所上市交易或者在国务院批准的其他全国性证券交易场所交易。

非公开发行的证券，可以在证券交易所、国务院批准的其他全国性证券交易场所、按照国务院规定设立的区域性股权市场转让。

第三十八条　证券在证券交易所上市交易，应当采用公开的集中交易方式或者国务院证券监督管理机构批准的其他方式。

第三十九条　证券交易当事人买卖的证券可以采用纸面形式或者国务院证券监督管理机构规定的其他形式。

《中华人民共和国公司法》（2023年12月29日修订）

第一百五十七条　股份有限公司的股东持有的股份可以向其他股东转让，也可以向股东以外的人转让；公司章程对股份转让有限制的，其转让按照公司章程的规定进行。

第一百五十八条　股东转让其股份，应当在依法设立的证券交易场所进行或者按照国务院规定的其他方式进行。

第一百五十九条　股票的转让，由股东以背书方式或者法律、行政法规规定的其他方式进行；转让后由公司将受让人的姓名或者名称及住所记载于股东名册。

股东会会议召开前二十日内或者公司决定分配股利的基准日前五日内，不得变更股东名册。法律、行政法规或者国务院证券监督管理机构对上市公司股东名册变更另有规定的，从其规定。

《中华人民共和国证券投资基金法》（2015年4月24日修正）

第四十四条　基金合同应当约定基金的运作方式。

第四十五条　基金的运作方式可以采用封闭式、开放式或者其他方式。

采用封闭式运作方式的基金（以下简称封闭式基金），是指基金份额总额在基金合同期限内固定不变，基金份额持有人不得申请赎回的基金；采用开放式运作方式的基金（以下简称开放式基金），是指基金份额总额不固定，基金份额可以在基金合同约定的时间和场所申购或者赎回的基金。

采用其他运作方式的基金的基金份额发售、交易、申购、赎回的办法，由国务院证券监督管理机构另行规定。

适用本案由需要注意的问题

◆证券交易合同纠纷案件的管辖，适用合同纠纷案件的管辖的一般原则，根据《民事诉讼法》第24条的规定，由被告住所地或者合同履行地人民法院管辖。

304. 金融衍生品种交易纠纷

案由解析

金融衍生产品（又称衍生金融工具）是一种金融合约，其价值取决于一种或多种基础资产或指数，基础资产主要包括股票、债券、利率、汇率、商品等。按产品形态的不同，金融衍生产品可分为远期、期货、期权和掉期（互换）。金融衍生品交易可分为场内交易和场外交易。场内交易（又称交易所交易），指交易双方在交易所内以公开竞价的方式进行集中交易的交易形式，场内交易的衍生产品是交易所事先设计好的标准化金融合约，期货交易和部分标准化期权交易属于场内交易的方式。场外交易（又称柜台交易），指交易双方直接互为交易对手的交易方式，这种交易方式下的衍生产品是根据交易双方的具体要求设计的，主要交易对象为未在交易所上市的股票、债券以及不具有标准化合约的期货期权等金融资产。

金融衍生产品具有以下特征：（1）高杠杆效应和高危险性。衍生产品交易采用保证金（margin）制度，即交易所需的最低资金只需要满足基础资产价值的某个百分比，因此衍生品交易具有高风险高收益的特点。（2）具有未来性，金融衍生产品在现时对基础资产的未来预期进行交易，交易的盈亏要在未来一段时间才能看到。（3）具有规避风险、价格发现和投机的功能。

金融衍生品种交易纠纷是指当事人之间因金融衍生品种的交易所发生的纠纷。

典型形态

在实践中，金融衍生产品交易纠纷主要有：

（1）远期交易纠纷，是指当事人之间因远期合约的订立、履行、变更等发生的纠纷。远期合约主要包括远期利率协议、远期外汇协议、远期股票合约等，远期交易属于场外交易。

（2）期货交易纠纷，是指当事人之间因期货合约的订立、履行等产生的纠纷。期货主要包括股票期货、债券期货、利率期货、汇率期货、商品期货等，期货合约是高度标准化的合约。

（3）期权交易纠纷，是指当事人之间因期货合约的订立、履行等发生的纠纷。根据期权内容的不同可分为买入期权、卖出期权，按对象不同可分为股票期权、股指期权、利率期权、商品期权等。

（4）掉期（互换）交易纠纷，是指当事人之间因互换合约的订立、变更、履行等产生的纠纷。常见的互换交易主要包括利率互换、汇率互换、商品互换等。

常用法律条文及索引

《中华人民共和国证券法》（2019 年 12 月 28 日修订）

第二条　在中华人民共和国境内，股票、公司债券、存托凭证和国务院依法认定的其他证券的发行和交易，适用本法；本法未规定的，适用《中华人民共和国公司法》和其他法律、行政法规的规定。

政府债券、证券投资基金份额的上市交易，适用本法；其他法律、行政法规另有规定的，适用其规定。

资产支持证券、资产管理产品发行、交易的管理办法，由国务院依照本法的原则规定。

在中华人民共和国境外的证券发行和交易活动，扰乱中华人民共和国境内市场秩序，损害境内投资者合法权益的，依照本法有关规定处理并追究法律责任。

《银行业金融机构衍生产品交易业务管理暂行办法》（中国银行业监督管理委员会令 2004 年第 1 号　2011 年 1 月 5 日修订）

第三条　本办法所称衍生产品是一种金融合约，其价值取决于一种或多种基础资产或指数，合约的基本种类包括远期、期货、掉期（互换）和期权。衍生产品还包括具有远期、期货、掉期（互换）和期权中一种或多种特征的混合金融工具。

第四条　本办法所称银行业金融机构衍生产品交易业务按照交易目的分为两类：

（一）套期保值类衍生产品交易。即银行业金融机构主动发起，为规避自有资产、负债的信用风险、市场风险或流动性风险而进行的衍生产品交易。此类交易需符合套期会计规定，并划入银行账户管理。

（二）非套期保值类衍生产品交易。即除套期保值类以外的衍生产品交易。包括由客户发起，银行业金融机构为满足客户需求提供的代客交易和银行业金融机构为对冲前述交易相关风险而进行的交易；银行业金融机构为承担做市义务持续提供市场买、卖双边价格，并按其报价与其他市场参与者进行的做市交易；以及银行业金融机构主动发起，运用自有资金，根据对市场走势的判断，以获利为目的进行的自营交易。此类交易划入交易账户管理。

第六条 银行业金融机构开办衍生产品交易业务，应当经中国银监会批准，接受中国银监会的监督与检查。

获得衍生产品交易业务资格的银行业金融机构，应当从事与其自身风险管理能力相适应的业务活动。

第七条 银行业金融机构从事与外汇、商品、能源和股权有关的衍生产品交易以及场内衍生产品交易，应当具有中国银监会批准的衍生产品交易业务资格，并遵守国家外汇管理及其他相关规定。

适用本案由需要注意的问题

◆金融衍生产品是一种金融合约，该类纠纷案件的管辖适用合同纠纷案件的管辖的一般原则，根据《民事诉讼法》第 24 条的规定，由被告住所地或者合同履行地人民法院管辖。

305. 证券承销合同纠纷

（1）证券代销合同纠纷

（2）证券包销合同纠纷

案由解析

证券承销（亦称间接发行），是指证券发行人委托证券承销人（证券公司），向证券市场上的不特定投资者公开销售证券的行为。证券承销合同，是指证券承销人与发行人之间就证券承销事宜订立的各自权利义务明确的书面协议。证券承销合同纠纷是指当事人之间因证券承销合同的成立、履行、终止等发生的纠纷。

证券承销分为代销和包销两种形式：代销是指证券承销人代发行人发售证券，在承销期结束后，将未售出的证券全部退还发行人的承销方式，双方就此订立的协议为证券代销合同；包销是指证券承销人将发行人的证券全部购入或者在承销期满后将售后剩余证券全部自行购入的承销方式，双方就此订立的协议为证券包销合同。

证券承销合同具有以下主要特征：（1）合同主体的证券发行人和证券公司双方必须获得相关许可和资质。（2）合同的客体必须是经核准而公开发行的证券。（3）承销合同属于要式合同，以书面形式签订。合同须具备必要记载事项（当事人具体信息，代销、包销证券的种类、数量，发行价格、期限，付款方式等）。

典型形态

在实践中，证券承销合同纠纷主要有：

（1）证券代销合同纠纷，是指证券代销当事人（发行人、承销人、发行担保人、证券购买人）之间就证券代销合同的成立、履行、终止等产生的纠纷。常见形式又包括证券销售款支付纠纷和企业证券兑付纠纷。

（2）证券包销合同纠纷，是指当事人之间就证券包销合同的成立、履行、终止等产生的纠纷。相应地，包销合同纠纷又可分为定额包销纠纷和余额包销纠纷。

常用法律条文及索引

《中华人民共和国证券法》（2019 年 12 月 28 日修订）

第二十六条　发行人向不特定对象发行的证券，法律、行政法规规定应当由证券公司承销的，发行人应当同证券公司签订承销协议。证券承销业务采取代销或者包销方式。

证券代销是指证券公司代发行人发售证券，在承销期结束时，将未售出的证券全部退还给发行人的承销方式。

证券包销是指证券公司将发行人的证券按照协议全部购入或者在承销期结束时将售后剩余证券全部自行购入的承销方式。

第二十七条　公开发行证券的发行人有权依法自主选择承销的证券公司。

第二十八条　证券公司承销证券，应当同发行人签订代销或者包销协议，载明下列事项：

（一）当事人的名称、住所及法定代表人姓名；

（二）代销、包销证券的种类、数量、金额及发行价格；

（三）代销、包销的期限及起止日期；

（四）代销、包销的付款方式及日期；

（五）代销、包销的费用和结算办法；

（六）违约责任；

（七）国务院证券监督管理机构规定的其他事项。

第二十九条 证券公司承销证券，应当对公开发行募集文件的真实性、准确性、完整性进行核查。发现有虚假记载、误导性陈述或者重大遗漏的，不得进行销售活动；已经销售的，必须立即停止销售活动，并采取纠正措施。

证券公司承销证券，不得有下列行为：

（一）进行虚假的或者误导投资者的广告宣传或者其他宣传推介活动；

（二）以不正当竞争手段招揽承销业务；

（三）其他违反证券承销业务规定的行为。

证券公司有前款所列行为，给其他证券承销机构或者投资者造成损失的，应当依法承担赔偿责任。

第三十条 向不特定对象发行证券聘请承销团承销的，承销团应当由主承销和参与承销的证券公司组成。

第三十一条 证券的代销、包销期限最长不得超过九十日。

证券公司在代销、包销期内，对所代销、包销的证券应当保证先行出售给认购人，证券公司不得为本公司预留所代销的证券和预先购入并留存所包销的证券。

第三十二条 股票发行采取溢价发行的，其发行价格由发行人与承销的证券公司协商确定。

第三十三条 股票发行采用代销方式，代销期限届满，向投资者出售的股票数量未达到拟公开发行股票数量百分之七十的，为发行失败。发行人应当按照发行价并加算银行同期存款利息返还股票认购人。

第三十四条 公开发行股票，代销、包销期限届满，发行人应当在规定的期限内将股票发行情况报国务院证券监督管理机构备案。

第一百八十三条 证券公司承销或者销售擅自公开发行或者变相公开发行的证券的，责令停止承销或者销售，没收违法所得，并处以违法所得一倍以上十倍以下的罚款；没有违法所得或者违法所得不足一百万元的，处以一百万元以上一千万元以下的罚款；情节严重的，并处暂停或者撤销相关业务许可。给投资者造成损失的，应当与发行人承担连带赔偿责任。对直接负责的主管人员和其他直接责任人员给予警告，并处以五十万元以上五百万元以下的罚款。

第一百八十四条　证券公司承销证券违反本法第二十九条规定的，责令改正，给予警告，没收违法所得，可以并处五十万元以上五百万元以下的罚款；情节严重的，暂停或者撤销相关业务许可。对直接负责的主管人员和其他直接责任人员给予警告，可以并处二十万元以上二百万元以下的罚款；情节严重的，并处以五十万元以上五百万元以下的罚款。

《中华人民共和国公司法》（2023 年 12 月 29 日修订）

第一百五十五条　公司向社会公开募集股份，应当由依法设立的证券公司承销，签订承销协议。

适用本案由需要注意的问题

◆证券承销合同纠纷属于合同纠纷案件，该类纠纷案件的管辖适用合同纠纷案件的管辖的一般原则，根据《民事诉讼法》第 24 条的规定，由被告住所地或者合同履行地人民法院管辖。

◆在适用本案由时，要注意证券代销与证券包销的区别：证券代销合同属于行纪合同，发行人与证券承销人之间是一种委托代理关系；证券包销合同则属于买卖合同的一种，证券承销人要承担未售出证券的风险。

306. 证券投资咨询纠纷

案由解析

证券投资咨询是指取得相应资质的机构及咨询人员为证券投资者或客户提供证券投资的相关信息、分析、预测或建议，并直接或间接收取服务费的活动。证券投资咨询纠纷是指证券投资人或客户与提供证券投资咨询服务的机构及其人员之间关于证券投资咨询活动引起的纠纷。

证券投资咨询服务既可因合同产生，引发合同纠纷，也可因侵权行为而产生侵权纠纷。根据服务对象的不同，证券投资咨询可以分为：面向公众的投资咨询业务；为签订了咨询服务合同的特定对象提供的证券投资咨询业务；为本公司投资管理部门、投资银行部门的投资咨询服务。

典型形态

在实践中，证券投资咨询纠纷主要有：

（1）证券投资咨询合同纠纷，是指当事人之间因证券投资咨询合同的成立、履行、终止等发生的纠纷。证券投资咨询合同是投资人或客户与证券投资咨询业务机构就证券、期货投资咨询服务签订的服务协议。

（2）证券投资咨询侵权纠纷，是指当事人在证券投资咨询活动过程中发生的损害赔偿责任的纠纷。

常用法律条文及索引

《中华人民共和国证券法》（2019 年 12 月 28 日修订）

第一百六十一条 证券投资咨询机构及其从业人员从事证券服务业务不得有下列行为：

（一）代理委托人从事证券投资；

（二）与委托人约定分享证券投资收益或者分担证券投资损失；

（三）买卖本证券投资咨询机构提供服务的证券；

（四）法律、行政法规禁止的其他行为。

有前款所列行为之一，给投资者造成损失的，应当依法承担赔偿责任。

第一百六十二条 证券服务机构应当妥善保存客户委托文件、核查和验证资料、工作底稿以及与质量控制、内部管理、业务经营有关的信息和资料，任何人不得泄露、隐匿、伪造、篡改或者毁损。上述信息和资料的保存期限不得少于十年，自业务委托结束之日起算。

第一百六十三条 证券服务机构为证券的发行、上市、交易等证券业务活动制作、出具审计报告及其他鉴证报告、资产评估报告、财务顾问报告、资信评级报告或者法律意见书等文件，应当勤勉尽责，对所依据的文件资料内容的真实性、准确性、完整性进行核查和验证。其制作、出具的文件有虚假记载、误导性陈述或者重大遗漏，给他人造成损失的，应当与委托人承担连带赔偿责任，但是能够证明自己没有过错的除外。

适用本案由需要注意的问题

◆证券投资咨询纠纷中有关合同关系纠纷的，根据《民事诉讼法》第 24 条的规定，由被告住所地或者合同履行地人民法院管辖。证券投资咨询侵权纠纷，根据《民事诉讼法》第 29 条的规定，由侵权行为地或者被告住所地人民法院管辖。

◆在适用本案由时，要注意以下几点：（1）证券投资咨询机构及其从业人员必须是具有相关资质并取得国家批准的。（2）证券、期货投资咨询的主要形式有：接受投资人或者客户委托，提供证券、期货投资咨询服务；举办有关证券、期货投资咨询的讲座、报告会、分析会等；在报刊上发表证券、期货投资咨询的文章、评论、报告，以及通过电台、电视台等公众传播媒体提供证券、期货投资咨询服务；通过电话、传真、电脑网络等电信设备系统，提供证券、期货投资咨询服务。

307. 证券资信评级服务合同纠纷

案由解析

证券资信评级是指专门从事有价证券评级业务的机构，对证券发行公司的信誉、财务状况、偿债能力、投资人的投资风险等进行测定评级的活动。证券资信评级服务合同是证券发行人与证券资信评级机构就证券评级业务签订的合同。证券资信评级服务合同纠纷是指证券发行者与证券资信评级机构因证券资信评级服务合同的成立、履行、内容等发生的各种纠纷。

根据《证券市场资信评级业务管理办法》第 2 条第 2 款的规定，本办法所称证券评级业务，是指对下列评级对象开展资信评级服务：(1) 经中国证监会依法注册发行的债券、资产支持证券；(2) 在证券交易所或者经中国证监会认可的其他证券交易场所上市交易或者挂牌转让的债券、资产支持证券，国债除外；(3) 本款第 1 项和第 2 项规定的证券的发行人、发起机构、上市公司、非上市公众公司、证券期货经营机构；(4) 中国证监会规定的其他评级对象。

常用法律条文及索引

《中华人民共和国证券法》（2019 年 12 月 28 日修订）

第一百六十一条 证券投资咨询机构及其从业人员从事证券服务业务不得有下列行为：

（一）代理委托人从事证券投资；

（二）与委托人约定分享证券投资收益或者分担证券投资损失；

（三）买卖本证券投资咨询机构提供服务的证券；

（四）法律、行政法规禁止的其他行为。

有前款所列行为之一，给投资者造成损失的，应当依法承担赔偿责任。

第一百六十二条 证券服务机构应当妥善保存客户委托文件、核查和验证资料、工作底稿以及与质量控制、内部管理、业务经营有关的信息和资料，任何人不得泄露、隐匿、伪造、篡改或者毁损。上述信息和资料的保存期限不得少于十年，自业务委托结束之日起算。

第一百六十三条 证券服务机构为证券的发行、上市、交易等证券业务活动制作、出具审计报告及其他鉴证报告、资产评估报告、财务顾问报告、资信评级报告或者法律意见书等文件，应当勤勉尽责，对所依据的文件资料内容的真实性、准确性、完整性进行核查和验证。其制作、出具的文件有虚假记载、误导性陈述或者重大遗漏，给他人造成损失的，应当与委托人承担连带赔偿责任，但是能够证明自己没有过错的除外。

《资信评级机构出具证券公司债券信用评级报告准则》（证监发行字〔2003〕106号 2003年8月29日公布）

第五条 资信评级机构应建立健全统一的内部信用评级标准和程序，并在出具评级报告时保持所依据的标准和程序的一致性。

第十二条 评级结论应包括发行人名称、受评债券名称、信用级别及释义、评级结论的主要依据等，并简要说明本次评级的过程和发行人、受评债券的风险程度。

发行人为受评债券提供担保的，应对比说明有无担保情况下评级结论的差异。

第十四条 评级报告分析应当针对证券行业和发行人的特点，重点揭示风险，反映发行人及受评债券的信用水平及信用风险。

第十五条 评级报告分析可在显要位置作“特别风险提示”，必要时应详细分析该风险及其形成的原因，说明过去特别是最近一个会计年度曾经因该风险因素遭受的损失，判断将来遭受损失的可能程度。

适用本案由需要注意的问题

◆证券资信评级服务合同纠纷属于合同纠纷，该类纠纷案件的管辖适用合同纠纷案件的管辖的一般原则，根据《民事诉讼法》第24条的规定，由被告住所地或者合同履行地人民法院管辖。

◆在适用本案由时，所依据法律法规可参照中国证券监督管理委员会颁布的《资信评级机构出具证券公司债券信用评级报告准则》的相关规定。本案由适用于因证券发行者与资信评级机构签订资信评级服务合同后由资信评级机构所出具的评级报告产生的纠纷。

308. 证券回购合同纠纷

（1）股票回购合同纠纷
（2）国债回购合同纠纷
（3）公司债券回购合同纠纷
（4）证券投资基金回购合同纠纷
（5）质押式证券回购纠纷

案由解析

证券回购，是指证券持有人在卖出证券的同时，与买方签订协议，约定一定期限和价格买回同一笔证券的融资活动。证券回购合同纠纷是指证券持有人与买受人之间因证券回购合同的成立、履行、内容等发生的各种纠纷。

证券回购实质上是一种以有价证券作为抵押品拆借资金的信用行为。证券回购业务的品种有股票、国债、公司债券和证券投资基金等，证券持有人与资金贷出方签订的回购合同分别为股票回购合同、国债回购合同、公司债券回购合同和证券投资基金回购合同。质押式证券回购，是指卖出回购方在将证券出质给买入返售方的同时，双方约定在将来指定日期，由卖出回购方按约定的回购利率计算的资金额，向买入返售方返回出质证券的融资行为。

我国证券回购交易的主体主要是商业银行、城市信用社及信托投资公司、证券公司等金融机构。回购交易采取场内交易和场外交易两种方式。

典型形态

在实践中，证券回购合同纠纷主要有：

（1）股票回购合同纠纷，是指股票持有人与买受人之间因股票回购合同的成立、履行、内容等发生的各种纠纷。一般表现为上市公司通过二级市场买回股票的行为。

（2）国债回购合同纠纷，是指国债持有人与买受人因国债回购合同的成立、履行、内容等发生的各种纠纷。

（3）公司债券回购合同纠纷，是指公司证券持有人与买受人因公司证券回购合同的成立、履行、内容等发生的各种纠纷。

（4）证券投资基金回购合同纠纷，是指证券投资基金持有人与买受人因证券投资基金回购合同的成立、履行、内容等发生的各种纠纷。

（5）质押式证券回购纠纷，是指质押式证券持有人与买受人因质押式证券回购合同的成立、履行、内容等发生的各种纠纷。

常用法律条文及索引

《全国银行间债券市场债券交易管理办法》（中国人民银行令〔2000〕第2号 2000年4月30日公布）

第八条 下列机构可成为全国银行间债券市场参与者，从事债券交易业务：

（一）在中国境内具有法人资格的商业银行及其授权分支机构；

（二）在中国境内具有法人资格的非银行金融机构和非金融机构；

（三）经中国人民银行批准经营人民币业务的外国银行分行。

第九条 上述机构进入全国银行间债券市场，应签署债券回购主协议。

第十条 金融机构可直接进行债券交易和结算，也可委托结算代理人进行债券交易和结算；非金融机构应委托结算代理人进行债券交易和结算。

第十七条 以债券为质押进行回购交易，应办理登记；回购合同在办理质押登记后生效。

第十八条 合同一经成立，交易双方应全面履行合同规定的义务，不得擅自变更或解除合同。

第十九条 债券交易现券买卖价格或回购利率由交易双方自行确定。

第二十条 参与者进行债券交易不得在合同约定的价款或利息之外收取未经批准的其他费用。

第二十一条 回购期间，交易双方不得动用质押的债券。

第二十二条 回购期限最长为365天。回购到期应按照合同约定全额返还回购项下的资金，并解除质押关系，不得以任何方式展期。

适用本案由需要注意的问题

◆证券回购合同纠纷案件的管辖适用《民事诉讼法》第24条规定的合同纠纷案件的一般管辖原则。因合同纠纷提起的诉讼，由被告住所地或者合同履行地人民法院管辖。

309. 证券上市合同纠纷

案由解析

证券上市合同是指申请证券上市交易的公司在其申请被证券交易所审核同意后与证券交易所就证券上市交易日期、暂停或中止上市、内部审计制度、上市费用缴纳等各项权利义务签订的协议。该协议各方因协议订立、履行、终止等产生的纠纷称为证券上市合同纠纷。

通常证券上市包括股票的上市交易和公司证券的上市交易。股票上市必须有符合要求的业绩记录、最低的股本数额、最低的净资产值、最低的公众持股数和比例等。公司债券上市条件要求主要侧重公司债券的期限、发行数额以及是否仍然维持公司发行债券时的条件。

典型形态

在实践中，证券上市合同纠纷主要有：

（1）股票上市合同纠纷，是指申请股票上市交易的公司与证券交易所之间因股票上市合同的订立、履行、终止等发生的各种纠纷。股票上市合同是由证券交易所依照法律规定预先制作、具有固定格式、报经主管机关核准的、明确证券交易所与上市公司之间权利义务关系的协议。

（2）公司债券上市合同纠纷，是指申请上市交易的公司与证券交易所之间就签订的上市合同的成立、履行、终止等发生的各种纠纷。公司债券上市条件的核心在于保证公司债券交易的流动性合同偿还能力。

常用法律条文及索引

《中华人民共和国证券法》（2019 年 12 月 28 日修订）

第四十五条 通过计算机程序自动生成或者下达交易指令进行程序化交易的，应当符合国务院证券监督管理机构的规定，并向证券交易所报告，不得影响证券交易所系统安全或者正常交易秩序。

第四十七条 申请证券上市交易，应当符合证券交易所上市规则规定的上市条件。

证券交易所上市规则规定的上市条件，应当对发行人的经营年限、财务状况、最低公开发行比例和公司治理、诚信记录等提出要求。

第四十八条　上市交易的证券，有证券交易所规定的终止上市情形的，由证券交易所按照业务规则终止其上市交易。

证券交易所决定终止证券上市交易的，应当及时公告，并报国务院证券监督管理机构备案。

适用本案由需要注意的问题

◆证券上市合同纠纷属于合同纠纷，该类纠纷案件的管辖适用合同纠纷案件的管辖的一般原则，根据《民事诉讼法》第24条的规定，由被告住所地或者合同履行地人民法院管辖。

◆本案由适用于申请证券上市交易的公司在其申请被证券交易所审核后与证券交易所就证券上市交易日期、暂停或中止上市、内部审计制度、上市费用交纳等各项权利义务所签订的协议产生纠纷的案件。

310. 证券交易代理合同纠纷

案由解析

证券交易代理合同是指证券公司与投资者签订证券公司为代理人，以被代理人投资者的名义参加证券交易，交易的结果由委托的投资者承担的协议。因该协议的订立、履行、终止等产生的纠纷，即为证券交易代理合同纠纷。

证券交易代理行为具有以下几个特征：（1）《证券法》规定证券交易所采用会员制，因此直接进入证券交易所进行证券交易的是具有会员身份的证券公司，投资者不能直接进入交易所。（2）证券公司与投资者之间的法律关系是代理关系，证券公司以投资者的名义进行证券交易，交易结果由投资者承担。

常用法律条文及索引

《中华人民共和国证券法》（2019年12月28日修订）

第一百三十三条　证券公司接受证券买卖的委托，应当根据委托书载明的证券名称、买卖数量、出价方式、价格幅度等，按照交易规则代理买卖证券，如实进行交易记录；买卖成交后，应当按照规定制作买卖成交报告单交付客户。

证券交易中确认交易行为及其交易结果的对账单必须真实，保证账面证券余额与实际持有的证券相一致。

《中华人民共和国民法典》（2020年5月28日公布　2021年1月1日施行）

第一百六十四条　代理人不履行或者不完全履行职责，造成被代理人损害的，应当承担民事责任。

代理人和相对人恶意串通，损害被代理人合法权益的，代理人和相对人应当承担连带责任。

第一百六十五条　委托代理授权采用书面形式的，授权委托书应当载明代理人的姓名或者名称、代理事项、权限和期限，并由被代理人签名或者盖章。

第一百七十一条　行为人没有代理权、超越代理权或者代理权终止后，仍然实施代理行为，未经被代理人追认的，对被代理人不发生效力。

相对人可以催告被代理人自收到通知之日起三十日内予以追认。被代理人未作表示的，视为拒绝追认。行为人实施的行为被追认前，善意相对人有撤销的权利。撤销应当以通知的方式作出。

行为人实施的行为未被追认的，善意相对人有权请求行为人履行债务或者就其受到的损害请求行为人赔偿。但是，赔偿的范围不得超过被代理人追认时相对人所能获得的利益。

相对人知道或者应当知道行为人无权代理的，相对人和行为人按照各自的过错承担责任。

第九百二十九条　有偿的委托合同，因受托人的过错造成委托人损失的，委托人可以请求赔偿损失。无偿的委托合同，因受托人的故意或者重大过失造成委托人损失的，委托人可以请求赔偿损失。

受托人超越权限造成委托人损失的，应当赔偿损失。

第九百三十条　受托人处理委托事务时，因不可归责于自己的事由受到损失的，可以向委托人请求赔偿损失。

第九百三十一条　委托人经受托人同意，可以在受托人之外委托第三人处理委托事务。因此造成受托人损失的，受托人可以向委托人请求赔偿损失。

第九百三十二条　两个以上的受托人共同处理委托事务的，对委托人承担连带责任。

第九百三十三条 委托人或者受托人可以随时解除委托合同。因解除合同造成对方损失的，除不可归责于该当事人的事由外，无偿委托合同的解除方应当赔偿因解除时间不当造成的直接损失，有偿委托合同的解除方应当赔偿对方的直接损失和合同履行后可以获得的利益。

适用本案由需要注意的问题

◆证券交易代理合同纠纷属于合同纠纷，该类纠纷案件的管辖适用合同纠纷案件的管辖的一般原则，根据《民事诉讼法》第 24 条的规定，由被告住所地或者合同履行地人民法院管辖。

◆在适用本案由时要注意与“证券交易合同纠纷”的区别，证券交易代理合同纠纷的当事人双方是投资者与证券公司，而证券交易合同纠纷是投资者之间因证券交易合同而产生的纠纷。

311. 证券上市保荐合同纠纷

案由解析

证券上市保荐合同是指证券发行人就聘请具有保荐资格的证券公司为其证券上市担任保荐人而签订的协议。协议的主要内容是约定聘请事宜、协商确定相关费用、保荐协议终止事项以及双方在证券发行上市期间和上市之后一系列行为中的权利义务和内部责任承担等事项。合同当事人各方就该合同的订立、履行、终止等发生的各种纠纷，就是证券上市保荐合同纠纷。

保荐人制度则是由保荐人负责发行人的上市推荐和辅导，核实公司发行文件和上市文件的真实性、准确性和完整性，协助发行人建立严格的信息披露制度，并承担风险防范责任，并在公司上市后的规定时间内继续协助发行人建立规范的法人治理结构，督促公司遵守上市规定，完成招股计划书中的承诺，同时对上市公司的信息披露负有连带责任。

典型形态

在实践中，证券上市保荐合同纠纷主要有：

（1）股票上市保荐合同纠纷，是指股票发行人与保荐人之间因股票上市保荐合同的成立、履行、终止等发生的各种纠纷。通常又包括股份有限公司首次公开发行的股票的保荐合同纠纷、上市公司发行新股的保荐合同纠纷等。

（2）可转换公司证券的上市保荐合同纠纷，可发行可转换公司证券的上市公司与保荐人之间就可转换公司证券的上市发行签订合同，合同当事人就该合同的成立、履行、终止等发生的各种纠纷。可转换公司证券是指可转换为公司股票的公司证券。

常用法律条文及索引

《中华人民共和国证券法》（2019 年 12 月 28 日修订）

第十条 发行人申请公开发行股票、可转换为股票的公司债券，依法采取承销方式的，或者公开发行法律、行政法规规定实行保荐制度的其他证券的，应当聘请证券公司担任保荐人。

保荐人应当遵守业务规则和行业规范，诚实守信，勤勉尽责，对发行人的申请文件和信息披露资料进行审慎核查，督导发行人规范运作。

保荐人的管理办法由国务院证券监督管理机构规定。

第一百八十二条 保荐人出具有虚假记载、误导性陈述或者重大遗漏的保荐书，或者不履行其他法定职责的，责令改正，给予警告，没收业务收入，并处以业务收入一倍以上十倍以下的罚款；没有业务收入或者业务收入不足一百万元的，处以一百万元以上一千万元以下的罚款；情节严重的，并处暂停或者撤销保荐业务许可。对直接负责的主管人员和其他直接责任人员给予警告，并处以五十万元以上五百万元以下的罚款。

《证券发行上市保荐业务管理办法》（2025 年 2 月 19 日修正）

第二十五条 在发行保荐书中，保荐机构应当就下列事项做出承诺：

（一）有充分理由确信发行人符合法律法规及中国证监会有关证券发行上市的相关规定；

（二）有充分理由确信发行人申请文件和信息披露资料不存在虚假记载、误导性陈述或者重大遗漏；

（三）有充分理由确信发行人及其董事在申请文件和信息披露资料中表达意见的依据充分合理；

（四）有充分理由确信申请文件和信息披露资料与证券服务机构发表的意见不存在实质性差异；

（五）保证所指定的保荐代表人及本保荐机构的相关人员已勤勉尽责，对发行人申请文件和信息披露资料进行了尽职调查、审慎核查；

（六）保证保荐书、与履行保荐职责有关的其他文件不存在虚假记载、误导性陈述或者重大遗漏；

（七）保证对发行人提供的专业服务和出具的专业意见符合法律、行政法规、中国证监会的规定和行业规范；

（八）自愿接受中国证监会依照本办法采取的监管措施；

（九）中国证监会规定的其他事项。

第二十七条 保荐机构提交发行保荐书、上市保荐书后，应当配合证券交易所、中国证监会的发行上市审核和注册工作，并承担下列工作：

（一）组织发行人及证券服务机构对证券交易所、中国证监会的意见进行答复；

（二）按照证券交易所、中国证监会的要求对涉及本次证券发行上市的特定事项进行尽职调查或者核查；

（三）指定保荐代表人与证券交易所、中国证监会职能部门进行专业沟通，接受上市委员会问询；

（四）证券交易所、中国证监会规定的其他工作。

第二十八条 保荐机构应当针对发行人的具体情况，确定证券发行上市后持续督导的内容，督导发行人履行有关上市公司规范运作、信守承诺和信息披露等义务，审阅信息披露文件及向中国证监会、证券交易所提交的其他文件，并承担下列工作：

（一）督导发行人有效执行并完善防止控股股东、实际控制人、其他关联方违规占用发行人资源的制度；

（二）督导发行人有效执行并完善防止其董事、监事、高级管理人员利用职务之便损害发行人利益的内控制度；

（三）督导发行人有效执行并完善保障关联交易公允性和合规性的制度，并对关联交易发表意见；

（四）持续关注发行人募集资金的专户存储、投资项目的实施等承诺事项；

（五）持续关注发行人为他人提供担保等事项，并发表意见；

（六）中国证监会、证券交易所规定及保荐协议约定的其他工作。

适用本案由需要注意的问题

◆证券上市保荐合同纠纷属于合同纠纷，该类纠纷案件的管辖适用合同纠纷案件的管辖的一般原则，根据《民事诉讼法》第 24 条的规定，由被告住所地或者合同履行地人民法院管辖。

◆在适用本案由时要注意与“证券上市合同纠纷”的区别：证券上市保荐合同纠纷产生于证券发行人与具有保荐资格的证券公司因双方签订的协议而产生的各种纠纷，证券上市合同纠纷是证券发行人与证券交易所关于证券发行活动签订的协议而产生的纠纷，两者合同的主体不同。同时本案由在适用时还要与“证券资信评级服务合同纠纷”进行区分，两者的显著区别也在于合同主体之间的不同。

312. 证券发行纠纷

（1）证券认购纠纷

（2）证券发行失败纠纷

案由解析

证券发行是指包括证券申购与认购活动在内的一个完整的过程，包括证券发行的要约邀请、要约和证券的销售等。证券发行纠纷是指在证券发行过程中，因证券认购、申购、赎回，证券发行失败，或者因证券信息披露违法被撤销等产生的纠纷。在实践中较常见、多发的纠纷主要有证券认购纠纷和证券发行失败纠纷。

证券发行是一种直接融资方式，以筹集资金为目的。证券发行根据发行价格与票面面额的关系，可分为溢价发行、平价发行和折价发行。按发行对象和发行方式，可分为公开发行和非公开发行。

证券申购即申请配售证券，就是投资者提交购买证券的意愿。证券认购是指在申请配售得到批准后付款购买证券的行为。证券发行失败，如股票发行失败，指采用代销方式发行股票，代销期限届满，向投资者出售的股票数量未达到拟公开发行股票数量70%的情形。

典型形态

在实践中，证券发行纠纷主要有：

（1）证券认购纠纷，是指认购人与证券发行人之间在证券认购过程中产生的合同纠纷和侵权纠纷。按发行标的的不同可分为股票认购纠纷、基金认购纠纷、公司证券认购纠纷等。

（2）证券发行失败纠纷，是指证券认购人与发行人之间因证券发行失败而产生的各种纠纷。按发行标的的不同可分为股票发行失败纠纷、公司证券发行失败纠纷等。

常用法律条文及索引

《中华人民共和国证券法》（2019 年 12 月 28 日修订）

第二十一条　国务院证券监督管理机构或者国务院授权的部门依照法定条件负责证券发行申请的注册。证券公开发行注册的具体办法由国务院规定。

按照国务院的规定，证券交易所等可以审核公开发行证券申请，判断发行人是否符合发行条件、信息披露要求，督促发行人完善信息披露内容。

依照前两款规定参与证券发行申请注册的人员，不得与发行申请人有利害关系，不得直接或者间接接受发行申请人的馈赠，不得持有所注册的发行申请的证券，不得私下与发行申请人进行接触。

第三十一条　证券的代销、包销期限最长不得超过九十日。

证券公司在代销、包销期内，对所代销、包销的证券应当保证先行出售给认购人，证券公司不得为本公司预留所代销的证券和预先购入并留存所包销的证券。

第三十二条　股票发行采取溢价发行的，其发行价格由发行人与承销的证券公司协商确定。

第三十三条　股票发行采用代销方式，代销期限届满，向投资者出售的股票数量未达到拟公开发行股票数量百分之七十的，为发行失败。发行人应当按照发行价并加算银行同期存款利息返还股票认购人。

《中华人民共和国公司法》（2023 年 12 月 29 日修订）

第四十七条　有限责任公司的注册资本为在公司登记机关登记的全体股东认缴的出资额。全体股东认缴的出资额由股东按照公司章程的规定自公司成立之日起五年内缴足。

法律、行政法规以及国务院决定对有限责任公司注册资本实缴、注册资本最低限额、股东出资期限另有规定的，从其规定。

第四十八条　股东可以用货币出资，也可以用实物、知识产权、土地使用权、股权、债权等可以用货币估价并可以依法转让的非货币财产作价出资；但是，法律、行政法规规定不得作为出资的财产除外。

对作为出资的非货币财产应当评估作价，核实财产，不得高估或者低估作价。法律、行政法规对评估作价有规定的，从其规定。

第四十九条　股东应当按期足额缴纳公司章程规定的各自所认缴的出资额。

股东以货币出资的，应当将货币出资足额存入有限责任公司在银行开设的账户；以非货币财产出资的，应当依法办理其财产权的转移手续。

股东未按期足额缴纳出资的，除应当向公司足额缴纳外，还应当对给公司造成的损失承担赔偿责任。

适用本案由需要注意的问题

◆发行人、承销商与投资者因证券发行产生的纠纷，如果是合同纠纷，则根据《民事诉讼法》第24条的规定，由被告住所地或者合同履行地人民法院管辖；如果是侵权纠纷，则根据《民事诉讼法》第29条的规定，由侵权行为地或者被告住所地人民法院管辖。

◆在证券发行过程中，因证券认购、申购、赎回、证券发行失败、信息违法披露被撤销等产生的纠纷，都应按照证券发行纠纷来处理。

◆根据《证券法》和《股票发行与交易管理暂行条例》第81条的相关规定，证券发行应当包括要约邀请、要约和销售活动在内的完整过程。

313. 证券返还纠纷

案由解析

证券返还纠纷是指一方当事人主张其对他人证券账户中的特定证券享有所有权，进而要求对方返还证券而引发的纠纷。此类纠纷通常包括借用他人名义开设账户，或者利用他人账户从事证券买卖等情形。

典型形态

在实践中，证券返还纠纷主要有：

（1）利用他人账户从事证券买卖而产生的返还请求权人要求对方返还证券而引发的纠纷。

（2）借用他人名义开设账户或者委托他人以他人名义从事证券买卖而引起证券返还请求权人要求对方返还证券产生的纠纷。

常用法律条文及索引

《中华人民共和国证券法》（2019年12月28日修订）

第五十八条 任何单位和个人不得违反规定，出借自己的证券账户或者借用他人的证券账户从事证券交易。

第一百零六条 投资者应当与证券公司签订证券交易委托协议，并在证券公司实名开立账户，以书面、电话、自助终端、网络等方式，委托该证券公司代其买卖证券。

第一百零七条 证券公司为投资者开立账户，应当按照规定对投资者提供的身份信息进行核对。

证券公司不得将投资者的账户提供给他人使用。

投资者应当使用实名开立的账户进行交易。

第一百五十七条 投资者委托证券公司进行证券交易，应当通过证券公司申请在证券登记结算机构开立证券账户。证券登记结算机构应当按照规定为投资者开立证券账户。

投资者申请开立账户，应当持有证明中华人民共和国公民、法人、合伙企业身份的合法证件。国家另有规定的除外。

第一百九十五条 违反本法第五十八条的规定，出借自己的证券账户或者借用他人的证券账户从事证券交易的，责令改正，给予警告，可以处五十万元以下的罚款。

《中华人民共和国民法典》（2020年5月28日公布　2021年1月1日施行）

第九百二十六条 受托人以自己的名义与第三人订立合同时，第三人不知道受托人与委托人之间的代理关系的，受托人因第三人的原因对委托人不履行义务，受托人应当向委托人披露第三人，委托人因此可以行使受托人对第三人的权利。但是，第三人与受托人订立合同时如果知道该委托人就不会订立合同的除外。

受托人因委托人的原因对第三人不履行义务，受托人应当向第三人披露委托人，第三人因此可以选择受托人或者委托人作为相对人主张其权利，但是第三人不得变更选定的相对人。

委托人行使受托人对第三人的权利的，第三人可以向委托人主张其对受托人的抗辩。第三人选定委托人作为其相对人的，委托人可以向第三人主张其对受托人的抗辩以及受托人对第三人的抗辩。

第九百二十九条 有偿的委托合同，因受托人的过错造成委托人损失的，委托人可以请求赔偿损失。无偿的委托合同，因受托人的故意或者重大过失造成委托人损失的，委托人可以请求赔偿损失。

受托人超越权限造成委托人损失的，应当赔偿损失。

第九百三十条　受托人处理委托事务时，因不可归责于自己的事由受到损失的，可以向委托人请求赔偿损失。

适用本案由需要注意的问题

◆证券返还纠纷属于侵权纠纷案件，根据《民事诉讼法》第29条的规定，由侵权行为地或者被告住所地人民法院管辖。

◆现实中存在大量借用他人账户以及隐名委托他人从事证券买卖进而引起纠纷的情形，证券返还纠纷首先要确认账户中资金或证券的所有权，若返还请求权人不能证明系借用他人账户从事证券买卖，或者委托他人以他人名义从事证券买卖，则其返还请求权的主张便难以实现。

314. 证券欺诈责任纠纷

（1）证券内幕交易责任纠纷

（2）操纵证券交易市场责任纠纷

（3）证券虚假陈述责任纠纷

（4）欺诈客户责任纠纷

案由解析

证券欺诈的内涵及外延表现形式，存在着多种表述和理解。根据《证券法》的相关规定，证券欺诈纠纷是指在证券发行、交易及相关活动中因内幕交易、操纵市场、欺诈客户、虚假陈述等行为引发的一系列纠纷。

内幕交易，是指知悉证券交易内幕信息的知情人员或非法获取内幕信息的其他人员，在该信息公开之前，买入或卖出该证券，泄露该信息或者建议他人买卖该证券的行为。

操纵证券市场，是指个人或集团组织利用其资金优势、信息优势、持股优势或者滥用职权，人为干预证券市场行情，即抬高、压低或维持某种证券的价格水平，制造证券市场假象，诱使普通投资者盲目跟从、参与买卖，进而为自己谋取利益的行为。操纵市场通常具体表现为连续买卖（连续高价买入或低价卖出证券）和联合操纵（组成临时性操纵集团，操纵市场）两种情形。

虚假陈述是指证券市场的参与主体及相关人员违反证券信息披露制度，在证券活动中作出虚假陈述或者信息误导的行为。对虚假陈述行为的认定，具体表现为虚假记载、误导性陈述、重大遗漏、不正当披露等。

欺诈客户的行为，《证券法》中列举了以下类型：（1）违背客户委托为其买卖证券；（2）不在规定时间内向客户提供交易的书面确认文件。（3）挪用客户所委托买卖的证券或客户账户上的资金。（4）未经客户委托，擅自为客户买卖证券，或假借客户名义买卖证券。（5）为谋取佣金，诱使客户进行不必要的证券买卖。（6）利用传播媒介或其他方式提供、传播虚假或误导性信息。

典型形态

在实践中，证券欺诈责任纠纷主要有：

（1）证券内幕交易责任纠纷，是指知悉证券交易内幕信息的知情人员或非法获取内幕信息的其他人员，在该信息公开之前，买入或卖出该证券，泄露该信息或者建议他人买卖该证券所应当承担相应责任的纠纷。

（2）操纵证券交易市场责任纠纷，是指个人或集团组织利用其资金优势、信息优势、持股优势或者滥用职权，人为干预证券市场行情，即抬高、压低或维持某种证券的价格水平，制造证券市场假象，诱使普通投资者盲目跟从、参与买卖，损害普通投资者利益所应当承担的相应责任的纠纷。

（3）证券虚假陈述责任纠纷，是指证券信息披露人违反信息披露义务，在提交或公布信息披露文件中作出违背事实真相的陈述或记载，侵犯投资者合法权益而发生的民事侵权责任纠纷。

（4）欺诈客户责任纠纷，是指证券公司及其从业人员因欺诈客户，损害客户利益的行为所应当承担相应侵权责任的纠纷。

常用法律条文及索引

《中华人民共和国证券法》（2019 年 12 月 28 日修订）

第五十条　禁止证券交易内幕信息的知情人和非法获取内幕信息的人利用内幕信息从事证券交易活动。

第五十一条　证券交易内幕信息的知情人包括：

（一）发行人及其董事、监事、高级管理人员；

（二）持有公司百分之五以上股份的股东及其董事、监事、高级管理人员，公司的实际控制人及其董事、监事、高级管理人员；

（三）发行人控股或者实际控制的公司及其董事、监事、高级管理人员；

（四）由于所任公司职务或者因与公司业务往来可以获取公司有关内幕信息的人员；

（五）上市公司收购人或者重大资产交易方及其控股股东、实际控制人、董事、监事和高级管理人员；

（六）因职务、工作可以获取内幕信息的证券交易场所、证券公司、证券登记结算机构、证券服务机构的有关人员；

（七）因职责、工作可以获取内幕信息的证券监督管理机构工作人员；

（八）因法定职责对证券的发行、交易或者对上市公司及其收购、重大资产交易进行管理可以获取内幕信息的有关主管部门、监管机构的工作人员；

（九）国务院证券监督管理机构规定的可以获取内幕信息的其他人员。

第五十二条　证券交易活动中，涉及发行人的经营、财务或者对该发行人证券的市场价格有重大影响的尚未公开的信息，为内幕信息。

本法第八十条第二款、第八十一条第二款所列重大事件属于内幕信息。

第五十三条　证券交易内幕信息的知情人和非法获取内幕信息的人，在内幕信息公开前，不得买卖该公司的证券，或者泄露该信息，或者建议他人买卖该证券。

持有或者通过协议、其他安排与他人共同持有公司百分之五以上股份的自然人、法人、非法人组织收购上市公司的股份，本法另有规定的，适用其规定。

内幕交易行为给投资者造成损失的，应当依法承担赔偿责任。

第五十四条　禁止证券交易场所、证券公司、证券登记结算机构、证券服务机构和其他金融机构的从业人员、有关监管部门或者行业协会的工作人员，利用因职务便利获取的内幕信息以外的其他未公开的信息，违反规定，从事与该信息相关的证券交易活动，或者明示、暗示他人从事相关交易活动。

利用未公开信息进行交易给投资者造成损失的，应当依法承担赔偿责任。

第五十五条　禁止任何人以下列手段操纵证券市场，影响或者意图影响证券交易价格或者证券交易量：

（一）单独或者通过合谋，集中资金优势、持股优势或者利用信息优势联合或者连续买卖；

（二）与他人串通，以事先约定的时间、价格和方式相互进行证券交易；

（三）在自己实际控制的账户之间进行证券交易；

（四）不以成交为目的，频繁或者大量申报并撤销申报；

（五）利用虚假或者不确定的重大信息，诱导投资者进行证券交易；

（六）对证券、发行人公开作出评价、预测或者投资建议，并进行反向证券交易；

（七）利用在其他相关市场的活动操纵证券市场；

（八）操纵证券市场的其他手段。

操纵证券市场行为给投资者造成损失的，应当依法承担赔偿责任。

第五十六条 禁止任何单位和个人编造、传播虚假信息或者误导性信息，扰乱证券市场。

禁止证券交易场所、证券公司、证券登记结算机构、证券服务机构及其从业人员，证券业协会、证券监督管理机构及其工作人员，在证券交易活动中作出虚假陈述或者信息误导。

各种传播媒介传播证券市场信息必须真实、客观，禁止误导。传播媒介及其从事证券市场信息报道的工作人员不得从事与其工作职责发生利益冲突的证券买卖。

编造、传播虚假信息或者误导性信息，扰乱证券市场，给投资者造成损失的，应当依法承担赔偿责任。

第五十七条 禁止证券公司及其从业人员从事下列损害客户利益的行为：

（一）违背客户的委托为其买卖证券；

（二）不在规定时间内向客户提供交易的确认文件；

（三）未经客户的委托，擅自为客户买卖证券，或者假借客户的名义买卖证券；

（四）为牟取佣金收入，诱使客户进行不必要的证券买卖；

（五）其他违背客户真实意思表示，损害客户利益的行为。

违反前款规定给客户造成损失的，应当依法承担赔偿责任。

第五十八条 任何单位和个人不得违反规定，出借自己的证券账户或者借用他人的证券账户从事证券交易。

《最高人民法院关于审理证券市场虚假陈述侵权民事赔偿案件的若干规定》（法释〔2022〕2号　2022年1月21日公布）

第二十条　发行人的控股股东、实际控制人组织、指使发行人实施虚假陈述，致使原告在证券交易中遭受损失的，原告起诉请求直接判令该控股股东、实际控制人依照本规定赔偿损失的，人民法院应当予以支持。

控股股东、实际控制人组织、指使发行人实施虚假陈述，发行人在承担赔偿责任后要求该控股股东、实际控制人赔偿实际支付的赔偿款、合理的律师费、诉讼费用等损失的，人民法院应当予以支持。

第二十二条　有证据证明发行人的供应商、客户，以及为发行人提供服务的金融机构等明知发行人实施财务造假活动，仍然为其提供相关交易合同、发票、存款证明等予以配合，或者故意隐瞒重要事实致使发行人的信息披露文件存在虚假陈述，原告起诉请求判令其与发行人等责任主体赔偿由此导致的损失的，人民法院应当予以支持。

适用本案由需要注意的问题

◆证券欺诈责任行为属于侵权行为，该类纠纷案件的管辖，根据《民事诉讼法》第29条的规定，由侵权行为地或者被告住所地人民法院管辖。

◆在适用本案由时，要注意以下几点：(1) 证券内幕交易责任纠纷中，界定"知情人员"和"内幕信息"是适用本案由的关键，《证券法》第51条和52条对此分别作了规定。(2) 在很多情况下操纵市场行为人与上市公司及其内部人员有关联，在操纵市场责任纠纷中的受害者中特殊情况下上市公司也可能成为主张赔偿损失的权利人。(3) 在实践中认定证券欺诈行为时，结合证券法律、法规关于证券欺诈行为的具体规定，没有明确规定的按照《民法典》关于民事欺诈的相关规定，结合具体案情予以处理。(4) 处理证券欺诈责任纠纷还应结合《民法典》《股票发行与交易管理暂行条例》及《最高人民法院关于审理证券市场虚假陈述侵权民事赔偿案件的若干规定》的相关规定来处理。

315. 证券托管纠纷

案由解析

证券托管是指中央证券存管机构（在我国是指中国证券登记结算公司）

的代理机构接受投资者的委托，为其提供证券登记变更、股票分红派息以及证券账户查询挂失等服务的行为。在我国，投资者买卖证券，应当与证券公司签订证券交易、托管与结算协议。证券托管纠纷即指客户与证券公司之间就证券托管协议的订立、履行、终止等发生的纠纷。

常用法律条文及索引

《证券登记结算管理办法》（2022年5月6日修订）

第三十六条　投资者应当委托证券公司托管其持有的证券，证券公司应当将其自有证券和所托管的客户证券交由证券登记结算机构存管，但法律、行政法规和中国证监会另有规定的除外。

第三十八条　投资者买卖证券，应当与证券公司签订证券交易、托管与结算协议。

证券登记结算机构应当制定和公布证券交易、托管与结算协议中与证券登记结算业务有关的必备条款。必备条款应当包括但不限于以下内容：

（一）证券公司根据客户的委托，按照证券交易规则提出交易申报，根据成交结果完成其与客户的证券和资金的交收，并承担相应的交收责任；客户应当同意集中交易结束后，由证券公司委托证券登记结算机构办理其证券账户与证券公司证券交收账户之间的证券划付。

（二）证券登记结算机构提供集中履约保障的质押式回购交易，投资者和证券公司应当按照业务规则的规定向证券登记结算机构提交用于回购的质押券。投资者和证券公司之间债权债务关系不影响证券登记结算机构按照业务规则对证券公司提交的质押券行使质押权。

（三）客户出现资金交收违约时，证券公司可以委托证券登记结算机构将客户净买入证券或质押品保管库中的回购质押券划付到其证券处置账户内，并要求客户在约定期限内补足资金。客户出现证券交收违约时，证券公司可以将相当于证券交收违约金额的资金暂不划付给该客户。

第三十九条　证券公司应当将其与客户之间建立、变更和终止证券托管关系的事项报送证券登记结算机构。

证券登记结算机构应当对上述事项加以记录。

《中华人民共和国证券投资基金法》（2015年4月24日修正）

第三十二条　基金托管人由依法设立的商业银行或者其他金融机构担任。

商业银行担任基金托管人的，由国务院证券监督管理机构会同国务院银行业监督管理机构核准；其他金融机构担任基金托管人的，由国务院证券监督管理机构核准。

第四十条　国务院证券监督管理机构、国务院银行业监督管理机构对有下列情形之一的基金托管人，可以取消其基金托管资格：

（一）连续三年没有开展基金托管业务的；

（二）违反本法规定，情节严重的；

（三）法律、行政法规规定的其他情形。

第四十一条　有下列情形之一的，基金托管人职责终止：

（一）被依法取消基金托管资格；

（二）被基金份额持有人大会解任；

（三）依法解散、被依法撤销或者被依法宣告破产；

（四）基金合同约定的其他情形。

第四十二条　基金托管人职责终止的，基金份额持有人大会应当在六个月内选任新基金托管人；新基金托管人产生前，由国务院证券监督管理机构指定临时基金托管人。

基金托管人职责终止的，应当妥善保管基金财产和基金托管业务资料，及时办理基金财产和基金托管业务的移交手续，新基金托管人或者临时基金托管人应当及时接收。

适用本案由需要注意的问题

◆证券托管纠纷属于合同纠纷，该类纠纷案件的管辖适用合同纠纷案件的管辖的一般原则，根据《民事诉讼法》第 24 条的规定，由被告住所地或者合同履行地人民法院管辖。该类纠纷的合同履行地应该是托管行为的实施地，即证券公司营业部从事托管行为所在地。

◆在适用本案由时，应当注意与证券存管纠纷的区别。证券托管一般指投资者将持有的证券委托给证券公司保管，并由后者代为处理有关证券权益事务的行为。证券存管一般指证券公司进而将投资者交给其持有的证券以及自身持有的证券统一送交给中央证券存管机构保管，并由后者代为处理有关证券权益事务的行为。在账户记录上，中央证券存管机构一般以证券公司为单位，采用电脑记账方式记载证券公司送存的证券；证券公司也采用电脑记账的方式记载投资者送存的证券。对存管后的证券，实行非流动性制度。对股权、债权变更引起的证券转移，不签发实物证券，而是通过账面予以划转。可见，证券存管法律关系的主体是中央证券存管机构和证券公司，而证券托管法律关系的主体是投资者（客户）与证券公司。

316. 证券登记、存管、结算纠纷

案由解析

证券登记、存管、结算纠纷是指证券公司与证券登记结算机构之间因证券登记、存管、结算协议的订立、履行、终止等产生的各种纠纷。

证券登记是指证券登记结算机构接受证券发行人的委托，通过设立和维护证券持有人名册确认证券持有人持有证券事实的行为。

证券存管是指证券登记结算机构接受证券公司的委托，集中保管证券公司的客户证券和自有证券并提供代收红利等权益维护服务的行为。

证券结算包括证券的清算和证券的代收。清算是指在每一个证券交易日中，证券公司对其成交的证券数量及价款分别予以登记并对证券及资金的应收和应付净额进行计算的处理过程。交割是指买方需要支付一定的价款得到所购证券；交收是指买方支付证券取得价款的过程。清算是交收和交割的基础和前提，交收和交割是清算的后续。

典型形态

在实践中，证券登记、存管、结算纠纷主要有：

（1）证券登记纠纷，是指证券登记协议当事人之间因证券登记协议的订立、履行等发生的各种纠纷，表现为证券登记结算机构的工作人员违章操作、恶意修改系统数据等行为。

（2）证券存管纠纷，是指证券登记结算机构与证券公司之间因证券存管协议的订立、履行等发生的各种纠纷。

（3）证券结算纠纷，是指证券结算协议的当事人之间因协议的订立、履行等发生的各种纠纷，其中又表现为证券清算、交割、交收过程中的各种纠纷。

常用法律条文及索引

《证券登记结算管理办法》（2022 年 5 月 6 日修订）

第二十七条 上市或挂牌证券的发行人应当委托证券登记结算机构办理其所发行证券的登记业务。

证券登记结算机构应当与委托其办理证券登记业务的证券发行人签订证

券登记及服务协议，明确双方的权利义务。

证券登记结算机构应当制定并公布证券登记及服务协议的范本。

证券登记结算机构可以根据政府债券主管部门的要求办理上市政府债券的登记业务。

第三十六条　投资者应当委托证券公司托管其持有的证券，证券公司应当将其自有证券和所托管的客户证券交由证券登记结算机构存管，但法律、行政法规和中国证监会另有规定的除外。

第三十七条　证券登记结算机构为证券公司设立客户证券总账和自有证券总账，用以统计证券公司交存的客户证券和自有证券。

证券公司应当委托证券登记结算机构维护其客户及自有证券账户，但法律、行政法规和中国证监会另有规定的除外。

第四十三条　证券公司、商业银行等参与证券和资金的集中清算交收，应当向证券登记结算机构申请取得结算参与人资格，与证券登记结算机构签订结算协议，明确双方的权利义务。

没有取得结算参与人资格的，应当与结算参与人签订委托结算协议，委托结算参与人代其进行证券和资金的集中清算交收。

证券登记结算机构应当制定并公布结算协议和委托结算协议范本。

《中华人民共和国证券法》（2019 年 12 月 28 日修订）

第一百四十五条　证券登记结算机构为证券交易提供集中登记、存管与结算服务，不以营利为目的，依法登记，取得法人资格。

设立证券登记结算机构必须经国务院证券监督管理机构批准。

第一百四十六条　设立证券登记结算机构，应当具备下列条件：

（一）自有资金不少于人民币二亿元；

（二）具有证券登记、存管和结算服务所必须的场所和设施；

（三）国务院证券监督管理机构规定的其他条件。

证券登记结算机构的名称中应当标明证券登记结算字样。

适用本案由需要注意的问题

◆证券登记、存管、结算纠纷属于合同纠纷，该类纠纷案件的管辖适用合同纠纷案件的管辖的一般原则，根据《民事诉讼法》第 24 条的规定，由被告住所地或者合同履行地人民法院管辖。

◆在适用本案由时，应当注意证券存管纠纷与证券托管纠纷的区别（参见本书案由“315. 证券托管纠纷”中的相关部分）。

317. 融资融券交易纠纷

案由解析

融资融券交易，又称证券信用交易，是指具有证券交易所会员资格的证券公司向投资者出借资金供其买入上市证券或者出借上市证券供其卖出，并收取担保物的经营活动，包括券商对投资者的融资、融券和金融机构对券商的融资、融券四种类型。

融资融券交易纠纷是指证券公司与投资者之间因融资融券的交易活动而产生的各种纠纷。

典型形态

在实践中，融资融券交易纠纷主要有：

（1）融资交易纠纷，是指证券公司向投资者出借资金供其买入证券并提供担保物的经营活动中产生的各种纠纷，包括券商对投资者的融资纠纷和金融机构对券商的融资纠纷。

（2）融券交易纠纷，是指证券公司向投资者出借上市证券供其卖出并提供担保物的经营活动中产生的各种纠纷，包括券商对投资者的融券纠纷和金融机构对券商的融券纠纷。

常用法律条文及索引

《证券公司融资融券业务管理办法》（2015 年 7 月 1 日公布施行）

第十条　证券公司经营融资融券业务，应当以自己的名义，在证券登记结算机构分别开立融券专用证券账户、客户信用交易担保证券账户、信用交易证券交收账户和信用交易资金交收账户。

融券专用证券账户用于记录证券公司持有的拟向客户融出的证券和客户归还的证券，不得用于证券买卖；客户信用交易担保证券账户用于记录客户委托证券公司持有、担保证券公司因向客户融资融券所生债权的证券；信用交易证券交收账户用于客户融资融券交易的证券结算；信用交易资金交收账户用于客户融资融券交易的资金结算。

第十一条　证券公司经营融资融券业务，应当以自己的名义，在商业银行分别开立融资专用资金账户和客户信用交易担保资金账户。

融资专用资金账户用于存放证券公司拟向客户融出的资金及客户归还的资金；客户信用交易担保资金账户用于存放客户交存的、担保证券公司因向客户融资融券所生债权的资金。

第十四条　融资融券合同应当约定，证券公司客户信用交易担保证券账户内的证券和客户信用交易担保资金账户内的资金，为担保证券公司因融资融券所生对客户债权的信托财产。

证券公司与客户约定的融资、融券期限不得超过证券交易所规定的期限；融资利率、融券费率由证券公司与客户自主商定。

合约到期前，证券公司可以根据客户的申请为客户办理展期，每次展期期限不得超过证券交易所规定的期限。

证券公司在为客户办理合约展期前，应当对客户的信用状况、负债情况、维持担保比例水平等进行评估。

第十五条　证券公司与客户签订融资融券合同前，应当采用适当的方式向客户讲解业务规则和合同内容，明确告知客户权利、义务及风险，特别是关于违约处置的风险控制安排，并将融资融券交易风险揭示书交由客户书面确认。

第十八条　证券公司向客户融资，只能使用融资专用资金账户内的资金；向客户融券，只能使用融券专用证券账户内的证券。

客户融资买入、融券卖出的证券，不得超出证券交易所规定的范围。

客户在融券期间卖出其持有的、与所融入证券相同的证券的，应当符合证券交易所的规定，不得以违反规定卖出该证券的方式操纵市场。

第二十一条　客户融资买入证券的，应当以卖券还款或者直接还款的方式偿还向证券公司融入的资金。

客户融券卖出的，应当以买券还券或者直接还券的方式偿还向证券公司融入的证券。

客户融券卖出的证券暂停交易的，可以按照约定以现金等方式偿还向证券公司融入的证券。

第二十二条　客户融资买入或者融券卖出的证券暂停交易，且交易恢复日在融资融券债务到期日之后的，融资融券的期限顺延。融资融券合同另有约定的，从其约定。

第二十三条　客户融资买入或者融券卖出的证券预定终止交易，且最后交易日在融资融券债务到期日之前的，融资融券的期限缩短至最后交易日的前一交易日。融资融券合同另有约定的，从其约定。

第二十六条　证券公司应当在符合证券交易所规定的前提下，根据客户信用状况、担保物质量等情况，与客户约定最低维持担保比例、补足担保物的期限以及违约处置方式等。

证券公司应当逐日计算客户交存的担保物价值与其所欠债务的比例。当该比例低于约定的维持担保比例时，应当通知客户在约定的期限内补交担保物，客户经证券公司认可后，可以提交除可充抵保证金证券以外的其他证券、不动产、股权等资产。

客户未能按期交足担保物或者到期未偿还债务的，证券公司可以按照约定处分其担保物。

第三十四条　客户融入证券后、归还证券前，证券发行人分配投资收益、向证券持有人配售或者无偿派发证券、发行证券持有人有优先认购权的证券的，客户应当按照融资融券合同的约定，在偿还债务时，向证券公司支付与所融入证券可得利益相等的证券或者资金。

适用本案由需要注意的问题

◆投资者与证券公司的融资融券交易关系是基于合同关系建立的，故该类纠纷案件的管辖适用合同纠纷案件的管辖的一般原则，根据《民事诉讼法》第 24 条的规定，由被告住所地或者合同履行地人民法院管辖。

◆在适用本案由时，要注意与“证券回购合同纠纷”的区别。证券回购是指证券持有人在卖出一笔证券的同时，与买方签订协议，约定一定期限和价格买回同一笔证券的融资活动；证券公司的融资融券是指具有证券交易所会员资格的证券公司向投资者出借资金供其买入上市证券或者出借上市证券供其卖出，并收取担保物的经营活动。

318. 客户交易结算资金纠纷

案由解析

客户交易结算资金是指证券投资者在委托证券公司买卖证券时，预先在该证券公司存放的用于买卖证券的资金。

客户交易结算资金纠纷是指对客户交易结算资金的挪用或者在其自营业

务及其他业务中，由于未将其自有资金和客户交易结算资金分户管理，使用超出自有资金额度所产生的各种纠纷。

常用法律条文及索引

《中华人民共和国证券法》（2019 年 12 月 28 日修订）

第五十七条　禁止证券公司及其从业人员从事下列损害客户利益的行为：

（一）违背客户的委托为其买卖证券；

（二）不在规定时间内向客户提供交易的确认文件；

（三）未经客户的委托，擅自为客户买卖证券，或者假借客户的名义买卖证券；

（四）为牟取佣金收入，诱使客户进行不必要的证券买卖；

（五）其他违背客户真实意思表示，损害客户利益的行为。

违反前款规定给客户造成损失的，应当依法承担赔偿责任。

第一百三十一条　证券公司客户的交易结算资金应当存放在商业银行，以每个客户的名义单独立户管理。

证券公司不得将客户的交易结算资金和证券归入其自有财产。禁止任何单位或者个人以任何形式挪用客户的交易结算资金和证券。证券公司破产或者清算时，客户的交易结算资金和证券不属于其破产财产或者清算财产。非因客户本身的债务或者法律规定的其他情形，不得查封、冻结、扣划或者强制执行客户的交易结算资金和证券。

第一百五十九条　证券登记结算机构按照业务规则收取的各类结算资金和证券，必须存放于专门的清算交收账户，只能按业务规则用于已成交的证券交易的清算交收，不得被强制执行。

适用本案由需要注意的问题

◆由于客户交易结算资金纠纷主要是因证券公司挪用客户交易结算资金而产生的违约纠纷和侵权纠纷。因此，在处理该类纠纷时，属于合同纠纷的，根据《民事诉讼法》第 24 条的规定，由被告住所地或者合同履行地人民法院管辖；属于侵权纠纷的，根据《民事诉讼法》第 29 条的规定，由侵权行为地或者被告住所地人民法院管辖。

二十五、期货交易纠纷

319. 期货经纪合同纠纷

案由解析

经纪合同是经纪人以自己的名义为委托人从事贸易活动，委托人支付报酬的合同。期货经纪合同是指期货公司接受客户的委托，以自己的名义为客户进行期货交易，交易结果由客户承担的合同。经纪公司与客户之间因期货经纪合同的订立、履行等发生的纠纷称为期货经纪合同纠纷。

期货经纪合同具有以下几个特点：(1) 期货经纪合同的标的是期货投资活动，属于金融证券领域的贸易活动。(2) 期货经纪合同是双务合同和有偿合同，期货公司为客户提供投资服务，客户须为委托交易的完成支付交易和结算手续费。(3) 期货经纪合同中期货公司以自己的名义进行交易，交易结果最终由客户承担，但在进行经济活动时应当严格执行客户的交易指令。

典型形态

在实践中较常见的期货经纪合同纠纷主要有以下形态：

(1) 因缔约过失引起的期货经纪合同纠纷。期货公司有提醒客户注意《期货交易风险说明书》的义务，期货公司未履行该义务造成客户直接经济损失的，应承担缔约过失责任。

(2) 因格式条款及当事人约定引起的期货经纪合同纠纷。期货公司事先为所有客户制定了“标准合同”，允许双方在不违反法律法规的情况下对格式化条款进行补充和修改，若格式条款违反了《民法典》第 497 条的规定，按照《民法典》的有关规定处理。

(3) 因交易结算结果引起的期货经纪合同纠纷。包括以下两种情况：因期货公司履行交易结果通知义务产生的纠纷；因客户对交易结果提出异议产生的纠纷。

（4）因期货经纪合同无效引起的纠纷。《最高人民法院关于审理期货纠纷案件若干问题的规定》第 13 条规定了期货经纪合同无效的三种情形：没有从事期货经纪业务的主体资格而从事期货经纪业务；不具备从事期货主体资格的客户从事期货交易的；违反法律、法规禁止性规定的。

常用法律条文及索引

《中华人民共和国民法典》（2020 年 5 月 28 日公布　2021 年 1 月 1 日施行）

第一百五十三条　违反法律、行政法规的强制性规定的民事法律行为无效。但是，该强制性规定不导致该民事法律行为无效的除外。

违背公序良俗的民事法律行为无效。

第一百五十四条　行为人与相对人恶意串通，损害他人合法权益的民事法律行为无效。

第一百五十七条　民事法律行为无效、被撤销或者确定不发生效力后，行为人因该行为取得的财产，应当予以返还；不能返还或者没有必要返还的，应当折价补偿。有过错的一方应当赔偿对方由此所受到的损失；各方都有过错的，应当各自承担相应的责任。法律另有规定的，依照其规定。

第一百八十六条　因当事人一方的违约行为，损害对方人身权益、财产权益的，受损害方有权选择请求其承担违约责任或者侵权责任。

第四百六十五条　依法成立的合同，受法律保护。

依法成立的合同，仅对当事人具有法律约束力，但是法律另有规定的除外。

第五百零六条　合同中的下列免责条款无效：

（一）造成对方人身损害的；

（二）因故意或者重大过失造成对方财产损失的。

第五百六十二条　当事人协商一致，可以解除合同。

当事人可以约定一方解除合同的事由。解除合同的事由发生时，解除权人可以解除合同。

第五百六十三条　有下列情形之一的，当事人可以解除合同：

（一）因不可抗力致使不能实现合同目的；

（二）在履行期限届满前，当事人一方明确表示或者以自己的行为表明不履行主要债务；

（三）当事人一方迟延履行主要债务，经催告后在合理期限内仍未履行；

（四）当事人一方迟延履行债务或者有其他违约行为致使不能实现合同目的；

（五）法律规定的其他情形。

以持续履行的债务为内容的不定期合同，当事人可以随时解除合同，但是应当在合理期限之前通知对方。

第五百六十六条　合同解除后，尚未履行的，终止履行；已经履行的，根据履行情况和合同性质，当事人可以请求恢复原状或者采取其他补救措施，并有权请求赔偿损失。

合同因违约解除的，解除权人可以请求违约方承担违约责任，但是当事人另有约定的除外。

主合同解除后，担保人对债务人应当承担的民事责任仍应当承担担保责任，但是担保合同另有约定的除外。

第五百七十七条　当事人一方不履行合同义务或者履行合同义务不符合约定的，应当承担继续履行、采取补救措施或者赔偿损失等违约责任。

第五百七十八条　当事人一方明确表示或者以自己的行为表明不履行合同义务的，对方可以在履行期限届满前请求其承担违约责任。

《期货交易管理条例》（2017年3月1日修订）

第十七条　期货公司业务实行许可制度，由国务院期货监督管理机构按照其商品期货、金融期货业务种类颁发许可证。期货公司除申请经营境内期货经纪业务外，还可以申请经营境外期货经纪、期货投资咨询以及国务院期货监督管理机构规定的其他期货业务。

期货公司不得从事与期货业务无关的活动，法律、行政法规或者国务院期货监督管理机构另有规定的除外。

期货公司不得从事或者变相从事期货自营业务。

期货公司不得为其股东、实际控制人或者其他关联人提供融资，不得对外担保。

第十八条　期货公司从事经纪业务，接受客户委托，以自己的名义为客户进行期货交易，交易结果由客户承担。

第二十四条　期货公司接受客户委托为其进行期货交易，应当事先向客户出示风险说明书，经客户签字确认后，与客户签订书面合同。期货公司不得未经客户委托或者不按照客户委托内容，擅自进行期货交易。

期货公司不得向客户做获利保证；不得在经纪业务中与客户约定分享利益或者共担风险。

第三十条　期货公司经营期货经纪业务又同时经营其他期货业务的，应当严格执行业务分离和资金分离制度，不得混合操作。

《最高人民法院关于审理期货纠纷案件若干问题的规定》（法释〔2003〕10号　2020年12月23日修正）

第十三条　有下列情形之一的，应当认定期货经纪合同无效：

（一）没有从事期货经纪业务的主体资格而从事期货经纪业务的；

（二）不具备从事期货交易主体资格的客户从事期货交易的；

（三）违反法律、行政法规的强制性规定的。

第十六条　期货公司在与客户订立期货经纪合同时，未提示客户注意《期货交易风险说明书》内容，并由客户签字或者盖章，对于客户在交易中的损失，应当依据民法典第五百条第三项的规定承担相应的赔偿责任。但是，根据以往交易结果记载，证明客户已有交易经历的，应当免除期货公司的责任。

第十七条　期货公司接受客户全权委托进行期货交易的，对交易产生的损失，承担主要赔偿责任，赔偿额不超过损失的百分之八十，法律、行政法规另有规定的除外。

第十八条　期货公司与客户签订的期货经纪合同对下达交易指令的方式未作约定或者约定不明确的，期货公司不能证明其所进行的交易是依据客户交易指令进行的，对该交易造成客户的损失，期货公司应当承担赔偿责任，客户予以追认的除外。

第十九条　期货公司执行非受托人的交易指令造成客户损失，应当由期货公司承担赔偿责任，非受托人承担连带责任，客户予以追认的除外。

第二十条　客户下达的交易指令没有品种、数量、买卖方向的，期货公司未予拒绝而进行交易造成客户的损失，由期货公司承担赔偿责任，客户予以追认的除外。

第二十一条　客户下达的交易指令数量和买卖方向明确，没有有效期限的，应当视为当日有效；没有成交价格的，应当视为按市价交易；没有开平仓方向的，应当视为开仓交易。

第二十二条　期货公司错误执行客户交易指令，除客户认可的以外，交易的后果由期货公司承担，并按下列方式分别处理：

（一）交易数量发生错误的，多于指令数量的部分由期货公司承担，少于指令数量的部分，由期货公司补足或者赔偿直接损失；

（二）交易价格超出客户指令价位范围的，交易差价损失或者交易结果由期货公司承担。

第二十三条 期货公司不当延误执行客户交易指令给客户造成损失的，应当承担赔偿责任，但由于市场原因致客户交易指令未能全部或者部分成交的，期货公司不承担责任。

第二十四条 期货公司超出客户指令价位的范围，将高于客户指令价格卖出或者低于客户指令价格买入后的差价利益占为己有的，客户要求期货公司返还的，人民法院应予支持，期货公司与客户另有约定的除外。

第二十五条 期货交易所未按交易规则规定的期限、方式，将交易或者持仓头寸的结算结果通知期货公司，造成期货公司损失的，由期货交易所承担赔偿责任。

期货公司未按期货经纪合同约定的期限、方式，将交易或者持仓头寸的结算结果通知客户，造成客户损失的，由期货公司承担赔偿责任。

适用本案由需要注意的问题

◆根据《民事诉讼法》第24条以及《最高人民法院关于审理期货纠纷案件若干问题的规定》第4条、第5条、第7条的规定，期货经纪合同纠纷案件，由被告住所地或者合同履行地人民法院管辖；在期货公司的分公司、营业部等分支机构进行期货交易的，该分支机构为合同履行地；期货纠纷案件由中级人民法院管辖，高级人民法院根据需要可以确定部分基层人民法院受理期货纠纷案件。根据《最高人民法院关于审理期货纠纷案件若干问题的规定（二）》第1条的规定，以期货交易所为被告或者第三人的因期货交易所履行职责引起的商事案件，由期货交易所所在地的中级人民法院管辖。

◆在适用本案由时，要注意其与期货交易代理合同纠纷的区别。期货交易代理合同是期货经纪合同的核心内容，期货交易代理合同主要规定了客户资格、客户的授权、交易指令、客户代理人、保证金、交易、结算和账户清算、资金调拨、佣金等内容。

320. 期货透支交易纠纷

案由解析

期货透支交易是指客户在没有保证金或者交易保证金不足的情况下，占用期货公司或者其他客户的资金，允许继续持仓或者进行期货合约交易的行为。发生在期货公司与期货交易所之间以及期货公司与客户之间因期货透支交易引发的各种纠纷称为期货透支交易纠纷。

期货透支交易包括开仓透支交易和持仓透支交易。开仓透支交易是指期货交易所会员或者期货公司客户在保证金不足时进行的期货交易；持仓透支交易是指期货交易者或者期货公司在其保证金账户中的可用保证金为零或者负值时，不追加保证金，或在保证金没有到位时，利用期货公司或在期货交易所的自有或其管理的资金维持现有头寸的行为。

典型形态

在实践中，期货透支交易纠纷主要有：

（1）开仓透支交易纠纷，是指期货交易所会员或期货公司客户在保证金不足时进行期货交易而产生的纠纷。

（2）持仓透支交易纠纷，是指期货交易所会员或期货公司客户在保证金不足或没有到位时利用期货公司或期货交易所的自有资金或其管理的资金维持现有头寸而产生的纠纷。

常用法律条文及索引

《中华人民共和国民法典》（2020年5月28日公布　2021年1月1日施行）

第一百五十三条　违反法律、行政法规的强制性规定的民事法律行为无效。但是，该强制性规定不导致该民事法律行为无效的除外。

违背公序良俗的民事法律行为无效。

第一百五十四条　行为人与相对人恶意串通，损害他人合法权益的民事法律行为无效。

第一百五十七条　民事法律行为无效、被撤销或者确定不发生效力后，行为人因该行为取得的财产，应当予以返还；不能返还或者没有必要返还的，应当折价补偿。有过错的一方应当赔偿对方由此所受到的损失；各方都有过错的，应当各自承担相应的责任。法律另有规定的，依照其规定。

第一百八十六条　因当事人一方的违约行为，损害对方人身权益、财产权益的，受损害方有权选择请求其承担违约责任或者侵权责任。

第四百六十五条　依法成立的合同，受法律保护。

依法成立的合同，仅对当事人具有法律约束力，但是法律另有规定的除外。

第五百零六条 合同中的下列免责条款无效：

（一）造成对方人身损害的；

（二）因故意或者重大过失造成对方财产损失的。

第五百六十二条 当事人协商一致，可以解除合同。

当事人可以约定一方解除合同的事由。解除合同的事由发生时，解除权人可以解除合同。

第五百六十三条 有下列情形之一的，当事人可以解除合同：

（一）因不可抗力致使不能实现合同目的；

（二）在履行期限届满前，当事人一方明确表示或者以自己的行为表明不履行主要债务；

（三）当事人一方迟延履行主要债务，经催告后在合理期限内仍未履行；

（四）当事人一方迟延履行债务或者有其他违约行为致使不能实现合同目的；

（五）法律规定的其他情形。

以持续履行的债务为内容的不定期合同，当事人可以随时解除合同，但是应当在合理期限之前通知对方。

第五百六十六条 合同解除后，尚未履行的，终止履行；已经履行的，根据履行情况和合同性质，当事人可以请求恢复原状或者采取其他补救措施，并有权请求赔偿损失。

合同因违约解除的，解除权人可以请求违约方承担违约责任，但是当事人另有约定的除外。

主合同解除后，担保人对债务人应当承担的民事责任仍应当承担担保责任，但是担保合同另有约定的除外。

第五百七十七条 当事人一方不履行合同义务或者履行合同义务不符合约定的，应当承担继续履行、采取补救措施或者赔偿损失等违约责任。

第五百七十八条 当事人一方明确表示或者以自己的行为表明不履行合同义务的，对方可以在履行期限届满前请求其承担违约责任。

《最高人民法院关于审理期货纠纷案件若干问题的规定》（法释〔2003〕10号 2020年12月23日修正）

第三十一条 期货交易所在期货公司没有保证金或者保证金不足的情况下，允许期货公司开仓交易或者继续持仓，应当认定为透支交易。

期货公司在客户没有保证金或者保证金不足的情况下，允许客户开仓交易或者继续持仓，应当认定为透支交易。

审查期货公司或者客户是否透支交易，应当以期货交易所规定的保证金比例为标准。

第三十二条　期货公司的交易保证金不足，期货交易所未按规定通知期货公司追加保证金的，由于行情向持仓不利的方向变化导致期货公司透支发生的扩大损失，期货交易所应当承担主要赔偿责任，赔偿额不超过损失的百分之六十。

客户的交易保证金不足，期货公司未按约定通知客户追加保证金的，由于行情向持仓不利的方向变化导致客户透支发生的扩大损失，期货公司应当承担主要赔偿责任，赔偿额不超过损失的百分之八十。

第三十三条　期货公司的交易保证金不足，期货交易所履行了通知义务，而期货公司未及时追加保证金，期货公司要求保留持仓并经书面协商一致的，对保留持仓期间造成的损失，由期货公司承担；穿仓造成的损失，由期货交易所承担。

客户的交易保证金不足，期货公司履行了通知义务而客户未及时追加保证金，客户要求保留持仓并经书面协商一致的，对保留持仓期间造成的损失，由客户承担；穿仓造成的损失，由期货公司承担。

第三十四条　期货交易所允许期货公司开仓透支交易的，对透支交易造成的损失，由期货交易所承担主要赔偿责任，赔偿额不超过损失的百分之六十。

期货公司允许客户开仓透支交易的，对透支交易造成的损失，由期货公司承担主要赔偿责任，赔偿额不超过损失的百分之八十。

第三十五条　期货交易所允许期货公司透支交易，并与其约定分享利益，共担风险的，对透支交易造成的损失，期货交易所承担相应的赔偿责任。

期货公司允许客户透支交易，并与其约定分享利益，共担风险的，对透支交易造成的损失，期货公司承担相应的赔偿责任。

适用本案由需要注意的问题

◆根据《民事诉讼法》第24条以及《最高人民法院关于审理期货纠纷案件若干问题的规定》第4条、第5条、第7条的规定，期货透支交易纠纷案件，由被告住所地或者合同履行地人民法院管辖；在期货公司的分公司、营业部等分支机构进行期货交易的，该分支机构为合同履行地；期货纠纷案件由中级人民法院管辖，高级人民法院根据需要可以确定部分基层人民法院受理期货纠纷案件。根据《最高人民法院关于审理期货纠纷案件若干问题的规定（二）》第1条的规定，以期货交易所为被告或者第三人的因期货交易所履行职责引起的商事案件，由期货交易所所在地的中级人民法院管辖。

◆我国实行金融业务专营制度，只有国家批准的金融机构有权从事融资、信贷业务，因此期货交易所或期货公司进行透支交易，这种融资的法律关系因违反国家法律、法规的禁止性规定而无效，对无效融资法律关系双方当事人存在缔约上的过失责任，由双方当事人根据其过错承担责任。如期货公司或期货交易所未履行通知追加保证金义务，导致透支发生扩大损失的，期货公司或期货交易所承担赔偿责任。

321. 期货强行平仓纠纷

案由解析

强行平仓是指在期货交易过程中，期货公司或客户持仓所需的保证金低于期货交易所规定的比例，其又未及时足额追加保证金，期货交易所或期货公司有权对期货交易者的期货持仓进行反向交易，将所得资金补足保证金的法律行为。期货强行平仓纠纷就是指发生在期货交易所、期货公司与期货交易者之间因强行平仓行为产生的纠纷。

强行平仓必须符合法律规定的条件：（1）期货交易者的保证金不足。（2）履行通知义务，将追加保证金的合理时间和数额通知客户。（3）追加保证金的时间应合理。（4）应适度强行平仓。（5）按法律规定的平仓顺序强行平仓。

典型形态

在实践中，期货强行平仓纠纷主要有：

（1）未履行强行平仓通知义务产生的纠纷。期货公司与客户在订立期货经纪合同时要明确约定通知强行平仓的时间、条件、方式等。期货交易所或期货公司在强行平仓前应履行通知义务，未履行通知义务给被平仓者造成的损失要承担赔偿责任。

（2）强行平仓过程中产生的纠纷。期货交易所或期货公司违规或违约强行平仓或超量平仓，或应当平仓而未平仓产生的损失，期货交易所或期货公司应承担责任。

(3) 因强行平仓费用产生的纠纷。

常用法律条文及索引

《最高人民法院关于审理期货纠纷案件若干问题的规定》（法释〔2003〕10号　2020年12月23日修正）

第三十六条　期货公司的交易保证金不足，又未能按期货交易所规定的时间追加保证金的，按交易规则的规定处理；规定不明确的，期货交易所有权就其未平仓的期货合约强行平仓，强行平仓所造成的损失，由期货公司承担。

客户的交易保证金不足，又未能按期货经纪合同约定的时间追加保证金的，按期货经纪合同的约定处理；约定不明确的，期货公司有权就其未平仓的期货合约强行平仓，强行平仓造成的损失，由客户承担。

第三十七条　期货交易所因期货公司违规超仓或者其他违规行为而必须强行平仓的，强行平仓所造成的损失，由期货公司承担。

期货公司因客户违规超仓或者其他违规行为而必须强行平仓的，强行平仓所造成的损失，由客户承担。

第三十八条　期货公司或者客户交易保证金不足，符合强行平仓条件后，应当自行平仓而未平仓造成的扩大损失，由期货公司或者客户自行承担。法律、行政法规另有规定或者当事人另有约定的除外。

第三十九条　期货交易所或者期货公司强行平仓数额应当与期货公司或者客户需追加的保证金数额基本相当。因超量平仓引起的损失，由强行平仓者承担。

第四十条　期货交易所对期货公司、期货公司对客户未按期货交易所交易规则规定或者期货经纪合同约定的强行平仓条件、时间、方式进行强行平仓，造成期货公司或者客户损失的，期货交易所或者期货公司应当承担赔偿责任。

第四十一条　期货交易所依法或依交易规则强行平仓发生的费用，由被平仓的期货公司承担；期货公司承担责任后有权向有过错的客户追偿。

期货公司依法或依约定强行平仓所发生的费用，由客户承担。

《期货交易所管理办法》（2023年3月8日修订）

第九十一条　有根据认为会员或者交易者、境外经纪机构违反期货交易所业务规则并且对市场正在产生或者即将产生重大影响，为防止违规行为后果进一步扩大，期货交易所可以对会员或者交易者、境外经纪机构采取下列临时处置措施：

（一）限制入金；

（二）限制出金；

（三）限制开仓；

（四）提高保证金标准；

（五）限期平仓；

（六）强行平仓。

期货交易所按照业务规则规定的程序采取前款第（四）项、第（五）项或者第（六）项措施的，应当在采取措施后及时报告中国证监会。

期货交易所对会员或者交易者、境外经纪机构采取临时处置措施，应当按照业务规则规定的方式通知会员或者交易者、境外经纪机构，并列明采取临时处置措施的根据。

期货交易所发现交易行为涉嫌违反法律、行政法规、部门规章的，应当及时向中国证监会报告。

中国证监会依法查处期货市场的违法违规行为时，期货交易所应当予以配合。

适用本案由需要注意的问题

◆根据《民事诉讼法》第24条、第29条以及《最高人民法院关于审理期货纠纷案件若干问题的规定》第4条、第5条、第7条的规定，期货强行平仓纠纷案件，由被告住所地、合同履行地或者强行平仓侵权行为地人民法院管辖；在期货公司的分公司、营业部等分支机构进行期货交易的，该分支机构为合同履行地；期货纠纷案件由中级人民法院管辖，高级人民法院根据需要可以确定部分基层人民法院受理期货纠纷案件。根据《最高人民法院关于审理期货纠纷案件若干问题的规定（二）》第1条的规定，以期货交易所为被告或者第三人的因期货交易所履行职责引起的商事案件，由期货交易所所在地的中级人民法院管辖。

◆在适用本案由时，要注意其与期货透支交易纠纷的关系。一般而言，出现透支交易，必然引来强行平仓，但采用强行平仓行为却并不必然出现透支交易。《最高人民法院关于审理期货纠纷案件若干问题的规定》还明确规定了期货交易所或者期货公司对客户或者会员违规超仓或者其他违规行为有权予以强行平仓，可知，在保证金不足和违规持仓的两种情况下都可以强行平仓。

322. 期货实物交割纠纷

案由解析

期货实物交割，是指期货合约到期时，根据期货交易所的交易规则和程序，交易双方通过该期货合约所载商品所有权的转移，了结到期未平仓合约的过程。因实物交割各方（期货交易所、期货公司、客户、交割仓库）在实物交割过程中违反法律规定的义务而产生的各种纠纷称为期货实物交割纠纷。

实物交割主要用于商品期货的交割，包括集中交割和滚动交割两种方式。

典型形态

在实践中，期货实物交割纠纷的典型形态主要有：

（1）期货交易所或者期货公司拒绝实物交割申请纠纷。

（2）交割违约纠纷，包括在规定期限内，卖方未能如数交付标准仓单或者买方未能如数交付货款两种违约情形。

（3）交割仓库交割不能纠纷。

常用法律条文及索引

《最高人民法院关于审理期货纠纷案件若干问题的规定》（法释〔2003〕10号　2020年12月23日修正）

第四十二条　交割仓库未履行货物验收职责或者因保管不善给仓单持有人造成损失的，应当承担赔偿责任。

第四十三条　期货公司没有代客户履行申请交割义务的，应当承担违约责任；造成客户损失的，应当承担赔偿责任。

第四十四条　在交割日，卖方期货公司未向期货交易所交付标准仓单，或者买方期货公司未向期货交易所账户交付足额货款，构成交割违约。

构成交割违约的，违约方应当承担违约责任；具有民法典第五百六十三条第一款第四项规定情形的，对方有权要求终止交割或者要求违约方继续交割。

征购或者竞卖失败的，应当由违约方按照交易所有关赔偿办法的规定承担赔偿责任。

第四十五条 在期货合约交割期内，买方或者卖方客户违约的，期货交易所应当代期货公司、期货公司应当代客户向对方承担违约责任。

第四十六条 买方客户未在期货交易所交易规则规定的期限内对货物的质量、数量提出异议的，应视为其对货物的数量、质量无异议。

第四十七条 交割仓库不能在期货交易所交易规则规定的期限内，向标准仓单持有人交付符合期货合约要求的货物，造成标准仓单持有人损失的，交割仓库应当承担责任，期货交易所承担连带责任。

期货交易所承担责任后，有权向交割仓库追偿。

《期货交易所管理办法》（2023 年 3 月 8 日修订）

第九十五条 期货交易所应当以适当方式发布下列信息：

（一）即时行情；

（二）日行情表；

（三）持仓量、成交量排名情况；

（四）期货交易所业务规则规定的其他信息。

期货交易涉及商品实物交割的，期货交易所还应当发布标准仓单数量和可用库容情况。

期货交易行情信息包括合约名称、合约交割月份、开盘价、最新价、涨跌、收盘价、结算价、最高价、最低价、成交量、持仓量、成交金额等。

期货交易行情的权益由期货交易所依法享有。期货交易所对市场交易形成的基础信息和加工产生的信息产品享有专属权利。未经期货交易所同意，任何单位和个人不得发布期货交易所行情，不得以商业目的使用。经许可使用交易信息的机构和个人，未经期货交易所同意，不得将该信息提供给其他机构和个人使用。

期货交易所应当保障交易者有平等机会获取期货市场的交易行情、公开披露的信息及交易机会。

《期货交易管理条例》（2017 年 3 月 1 日修订）

第三十五条 期货交易的交割，由期货交易所统一组织进行。

交割仓库由期货交易所指定。期货交易所不得限制实物交割总量，并应当与交割仓库签订协议，明确双方的权利和义务。交割仓库不得有下列行为：

（一）出具虚假仓单；

（二）违反期货交易所业务规则，限制交割商品的入库、出库；

（三）泄露与期货交易有关的商业秘密；

（四）违反国家有关规定参与期货交易；

（五）国务院期货监督管理机构规定的其他行为。

第六十四条　期货交易所、非期货公司结算会员有下列行为之一的，责令改正，给予警告，没收违法所得：

……

（十）限制会员实物交割总量的；

……

有前款所列行为之一的，对直接负责的主管人员和其他直接责任人员给予纪律处分，处1万元以上10万元以下的罚款。

有本条第一款第二项所列行为的，应当责令退还多收取的手续费。

期货保证金安全存管监控机构有本条第一款第五项、第六项、第九项、第十一项、第十二项所列行为的，依照本条第一款、第二款的规定处罚、处分。期货保证金存管银行有本条第一款第九项、第十二项所列行为的，依照本条第一款、第二款的规定处罚、处分。

适用本案由需要注意的问题

◆根据《民事诉讼法》第24条以及《最高人民法院关于审理期货纠纷案件若干问题的规定》第4条、第5条、第7条的规定，期货实物交割纠纷案件，由被告住所地或者合同履行地或者强行平仓侵权行为地人民法院管辖；因实物交割发生纠纷的，期货交易所住所地为合同履行地；期货纠纷案件由中级人民法院管辖，高级人民法院根据需要可以确定部分基层人民法院受理期货纠纷案件。根据《最高人民法院关于审理期货纠纷案件若干问题的规定（二）》第1条的规定，以期货交易所为被告或者第三人的因期货交易所履行职责引起的商事案件，由期货交易所所在地的中级人民法院管辖。

323. 期货保证合约纠纷

案由解析

期货经纪公司、期货交易所负有保证期货合约履行的责任，因期货交易所或者期货经纪公司不履行其保证责任而引发的纠纷，就是期货保证合约纠纷。

期货经纪公司的保证责任，是指当期货交易中客户违约时，期货经纪公司必须承担代为履行期货合约的责任。期货交易所的保证责任是指在期货交易中对方违约时，期货交易所代为履行或者承担赔偿责任。

常用法律条文及索引

《最高人民法院关于审理期货纠纷案件若干问题的规定》（法释〔2003〕10号 2020年12月23日修正）

第四十八条 期货公司未按照每日无负债结算制度的要求，履行相应的金钱给付义务，期货交易所亦未代期货公司履行，造成交易对方损失的，期货交易所应当承担赔偿责任。

期货交易所代期货公司履行义务或者承担赔偿责任后，有权向不履行义务的一方追偿。

第四十九条 期货交易所未代期货公司履行期货合约，期货公司应当根据客户请求向期货交易所主张权利。

期货公司拒绝代客户向期货交易所主张权利的，客户可直接起诉期货交易所，期货公司可作为第三人参加诉讼。

第五十条 因期货交易所的过错导致信息发布、交易指令处理错误，造成期货公司或者客户直接经济损失的，期货交易所应当承担赔偿责任，但其能够证明系不可抗力的除外。

第五十一条 期货交易所依据有关规定对期货市场出现的异常情况采取合理的紧急措施造成客户损失的，期货交易所不承担赔偿责任。

期货公司执行期货交易所的合理的紧急措施造成客户损失的，期货公司不承担赔偿责任。

《期货交易管理条例》（2017年3月1日修订）

第十条 期货交易所应当依照本条例和国务院期货监督管理机构的规定，建立、健全各项规章制度，加强对交易活动的风险控制和对会员以及交易所工作人员的监督管理。期货交易所履行下列职责：

（一）提供交易的场所、设施和服务；

（二）设计合约，安排合约上市；

（三）组织并监督交易、结算和交割；

（四）为期货交易提供集中履约担保；

（五）按照章程和交易规则对会员进行监督管理；

（六）国务院期货监督管理机构规定的其他职责。

期货交易所不得直接或者间接参与期货交易。未经国务院期货监督管理机构审核并报国务院批准，期货交易所不得从事信托投资、股票投资、非自用不动产投资等与其职责无关的业务。

第三十六条　会员在期货交易中违约的，期货交易所先以该会员的保证金承担违约责任；保证金不足的，期货交易所应当以风险准备金和自有资金代为承担违约责任，并由此取得对该会员的相应追偿权。

客户在期货交易中违约的，期货公司先以该客户的保证金承担违约责任；保证金不足的，期货公司应当以风险准备金和自有资金代为承担违约责任，并由此取得对该客户的相应追偿权。

适用本案由需要注意的问题

◆根据《民事诉讼法》第24条以及《最高人民法院关于审理期货纠纷案件若干问题的规定》第4条、第5条、第7条的规定，期货保证合约纠纷案件，由被告住所地或者合同履行地人民法院管辖；在期货公司的分公司、营业部等分支机构进行期货交易的，该分支机构为合同履行地；期货纠纷案件由中级人民法院管辖，高级人民法院根据需要可以确定部分基层人民法院受理期货纠纷案件。根据《最高人民法院关于审理期货纠纷案件若干问题的规定（二）》第1条的规定，以期货交易所为被告或者第三人的因期货交易所履行职责引起的商事案件，由期货交易所所在地的中级人民法院管辖。

◆在适用本案由时，要注意以下几点：(1) 期货交易所承担的保证责任是替代责任，即债权人无须向交易对方提出清偿要求，而直接向交易所请求债务的履行。(2) 在期货交易所破产时，交易者对期货交易所的财产并没有优先权，只能参加破产程序分得自己的财产。(3) 除期货交易所应当提供担保外，期货经纪公司也负有保证合约履行的义务，但在经纪机构是交易所会员时直接履行的情况很少见。

324. 期货交易代理合同纠纷

案由解析

期货交易代理合同是指特定客户与期货经纪公司协商签订的、客户委托期货经纪公司按照客户指令代其进行商品期货交易的协议。因此该类协议在订立、履行等过程中产生的各种权利义务纠纷称为期货交易代理合同纠纷。

期货交易代理合同主要规定了客户的资格、资金调拨、佣金及有关费用、合同生效、变更和终止、术语解释等内容。期货交易代理合同是期货经纪合同的核心内容。

常用法律条文及索引

《中华人民共和国民法典》（2020年5月28日公布　2021年1月1日施行）

第一百五十三条　违反法律、行政法规的强制性规定的民事法律行为无效。但是，该强制性规定不导致该民事法律行为无效的除外。

违背公序良俗的民事法律行为无效。

第一百五十四条　行为人与相对人恶意串通，损害他人合法权益的民事法律行为无效。

第一百五十七条　民事法律行为无效、被撤销或者确定不发生效力后，行为人因该行为取得的财产，应当予以返还；不能返还或者没有必要返还的，应当折价补偿。有过错的一方应当赔偿对方由此所受到的损失；各方都有过错的，应当各自承担相应的责任。法律另有规定的，依照其规定。

第一百八十六条　因当事人一方的违约行为，损害对方人身权益、财产权益的，受损害方有权选择请求其承担违约责任或者侵权责任。

第四百六十五条　依法成立的合同，受法律保护。

依法成立的合同，仅对当事人具有法律约束力，但是法律另有规定的除外。

第五百零六条　合同中的下列免责条款无效：

（一）造成对方人身损害的；

（二）因故意或者重大过失造成对方财产损失的。

第五百六十二条　当事人协商一致，可以解除合同。

当事人可以约定一方解除合同的事由。解除合同的事由发生时，解除权人可以解除合同。

第五百六十三条　有下列情形之一的，当事人可以解除合同：

（一）因不可抗力致使不能实现合同目的；

（二）在履行期限届满前，当事人一方明确表示或者以自己的行为表明不履行主要债务；

（三）当事人一方迟延履行主要债务，经催告后在合理期限内仍未履行；

（四）当事人一方迟延履行债务或者有其他违约行为致使不能实现合同

目的；

（五）法律规定的其他情形。

以持续履行的债务为内容的不定期合同，当事人可以随时解除合同，但是应当在合理期限之前通知对方。

第五百六十六条　合同解除后，尚未履行的，终止履行；已经履行的，根据履行情况和合同性质，当事人可以请求恢复原状或者采取其他补救措施，并有权请求赔偿损失。

合同因违约解除的，解除权人可以请求违约方承担违约责任，但是当事人另有约定的除外。

主合同解除后，担保人对债务人应当承担的民事责任仍应当承担担保责任，但是担保合同另有约定的除外。

第五百七十七条　当事人一方不履行合同义务或者履行合同义务不符合约定的，应当承担继续履行、采取补救措施或者赔偿损失等违约责任。

第五百七十八条　当事人一方明确表示或者以自己的行为表明不履行合同义务的，对方可以在履行期限届满前请求其承担违约责任。

《最高人民法院关于审理期货纠纷案件若干问题的规定》（法释〔2003〕10号　2020年12月23日修正）

第十六条　期货公司在与客户订立期货经纪合同时，未提示客户注意《期货交易风险说明书》内容，并由客户签字或者盖章，对于客户在交易中的损失，应当依据民法典第五百条第三项的规定承担相应的赔偿责任。但是，根据以往交易结果记载，证明客户已有交易经历的，应当免除期货公司的责任。

第十七条　期货公司接受客户全权委托进行期货交易的，对交易产生的损失，承担主要赔偿责任，赔偿额不超过损失的百分之八十，法律、行政法规另有规定的除外。

第十八条　期货公司与客户签订的期货经纪合同对下达交易指令的方式未作约定或者约定不明确的，期货公司不能证明其所进行的交易是依据客户交易指令进行的，对该交易造成客户的损失，期货公司应当承担赔偿责任，客户予以追认的除外。

第十九条　期货公司执行非受托人的交易指令造成客户损失，应当由期货公司承担赔偿责任，非受托人承担连带责任，客户予以追认的除外。

第二十条　客户下达的交易指令没有品种、数量、买卖方向的，期货公司未予拒绝而进行交易造成客户的损失，由期货公司承担赔偿责任，客户予以追认的除外。

第二十一条 客户下达的交易指令数量和买卖方向明确，没有有效期限的，应当视为当日有效；没有成交价格的，应当视为按市价交易；没有开平仓方向的，应当视为开仓交易。

第二十二条 期货公司错误执行客户交易指令，除客户认可的以外，交易的后果由期货公司承担，并按下列方式分别处理：

（一）交易数量发生错误的，多于指令数量的部分由期货公司承担，少于指令数量的部分，由期货公司补足或者赔偿直接损失；

（二）交易价格超出客户指令价位范围的，交易差价损失或者交易结果由期货公司承担。

第二十三条 期货公司不当延误执行客户交易指令给客户造成损失的，应当承担赔偿责任，但由于市场原因致客户交易指令未能全部或者部分成交的，期货公司不承担责任。

第二十四条 期货公司超出客户指令价位的范围，将高于客户指令价格卖出或者低于客户指令价格买入后的差价利益占为己有的，客户要求期货公司返还的，人民法院应予支持，期货公司与客户另有约定的除外。

第二十五条 期货交易所未按交易规则规定的期限、方式，将交易或者持仓头寸的结算结果通知期货公司，造成期货公司损失的，由期货交易所承担赔偿责任。

期货公司未按期货经纪合同约定的期限、方式，将交易或者持仓头寸的结算结果通知客户，造成客户损失的，由期货公司承担赔偿责任。

第二十六条 期货公司与客户对交易结算结果的通知方式未作约定或者约定不明确，期货公司未能提供证据证明已经发出上述通知的，对客户因继续持仓而造成扩大的损失，应当承担主要赔偿责任，赔偿额不超过损失的百分之八十。

第二十七条 客户对当日交易结算结果的确认，应当视为对该日之前所有持仓和交易结算结果的确认，所产生的交易后果由客户自行承担。

第二十八条 期货公司对交易结算结果提出异议，期货交易所未及时采取措施导致损失扩大的，对造成期货公司扩大的损失应当承担赔偿责任。

客户对交易结算结果提出异议，期货公司未及时采取措施导致损失扩大的，期货公司对造成客户扩大的损失应当承担赔偿责任。

第二十九条 期货公司对期货交易所或者客户对期货公司的交易结算结果有异议，而未在期货交易所交易规则规定或者期货经纪合同约定的时间内提出的，视为期货公司或者客户对交易结算结果已予以确认。

第三十条　期货公司进行混码交易的，客户不承担责任，但期货公司能够举证证明其已按照客户交易指令入市交易的，客户应当承担相应的交易结果。

适用本案由需要注意的问题

◆根据《民事诉讼法》第24条以及《最高人民法院关于审理期货纠纷案件若干问题的规定》第4条、第5条、第7条的规定，期货交易代理合同纠纷案件，由被告住所地或者合同履行地人民法院管辖；在期货公司的分公司、营业部等分支机构进行期货交易的，该分支机构为合同履行地；期货纠纷案件由中级人民法院管辖，高级人民法院根据需要可以确定部分基层人民法院受理期货纠纷案件。根据《最高人民法院关于审理期货纠纷案件若干问题的规定（二）》第1条的规定，以期货交易所为被告或者第三人的因期货交易所履行职责引起的商事案件，由期货交易所所在地的中级人民法院管辖。

◆在适用本案由时，要注意其与期货经纪合同纠纷的区别。期货交易代理合同是期货经纪合同的核心内容，签订期货经纪合同是客户从事期货交易的首个步骤，其以后在期货市场的所有行为、与期货公司的权利义务除受法律、法规调整外，还受期货经纪合同约定的内容调整。

325. 侵占期货交易保证金纠纷

案由解析

期货交易保证金，又称履约保证金，是指参与期货交易的人为了保证其履行合约而交的资金，是一种在期货交易中起担保作用的押金或定金。因期货公司未经客户的允许，非法占用客户的保证金进行期货交易而造成客户损失所引起的纠纷，统称为侵占期货交易保证金纠纷。

典型形态

在实践中，侵占客户保证金，主要有以下几种表现形式：

（1）期货公司假借客户的名义用客户的保证金来为自己买卖期货的行为；

(2) 期货公司直接从客户的保证金账户中挪用资金给其他客户进行期货交易的行为；

(3) 将客户保证金挪作他用。

常用法律条文及索引

《最高人民法院关于审理期货纠纷案件若干问题的规定》（法释〔2003〕10号　2020年12月23日修正）

第五十五条　期货公司挪用客户保证金，或者违反有关规定划转客户保证金造成客户损失的，应当承担赔偿责任。

《期货公司监督管理办法》（2019年6月4日公布施行）

第四条　期货公司的股东、实际控制人和其他关联人不得滥用权利，不得占用期货公司资产或者挪用客户资产，不得侵害期货公司、客户的合法权益。

适用本案由需要注意的问题

◆根据《民事诉讼法》第24条、第29条以及《最高人民法院关于审理期货纠纷案件若干问题的规定》第4条、第5条、第7条的规定，侵占期货交易保证金纠纷案件，由被告住所地、合同履行地或者侵权行为地人民法院管辖；在期货公司的分公司、营业部等分支机构进行期货交易的，该分支机构为合同履行地；侵权与违约竞合的期货纠纷案件，依当事人选择的诉由确定管辖。当事人既以违约又以侵权起诉的，以当事人起诉状中在先的诉讼请求确定管辖；期货纠纷案件由中级人民法院管辖，高级人民法院根据需要可以确定部分基层人民法院受理期货纠纷案件。根据《最高人民法院关于审理期货纠纷案件若干问题的规定（二）》第1条的规定，以期货交易所为被告或者第三人的因期货交易所履行职责引起的商事案件，由期货交易所所在地的中级人民法院管辖。

◆在适用本案由时，要注意以下几点：(1) 期货公司侵占客户期货交易保证金的行为，侵犯的是客户对保证金的支配权，是一种非法占用客户资金的侵权行为。(2) 期货公司挪用保证金的行为同时又属于违约行为，是民事侵权行为与违约行为的竞合，当事人既可以提侵权之诉也可提违约之诉。(3) 我国法律规定了期货公司侵占期货交易保证金的行政责任和民事责任，随着我国期货市场法制的健全，可将侵占期货保证金作为一种犯罪行为进行处罚。

326. 期货欺诈责任纠纷

案由解析

期货欺诈是指期货公司在期货交易活动中，为了获取非法利益，违反公开、公平、公正和诚实信用原则，故意隐瞒实情或制造虚假事实，使客户产生错误认识并实施一定行为的商业欺诈行为。因期货欺诈行为引发的纠纷，适用本案由。

《期货交易管理条例》第 67 条规定了 9 种期货欺诈行为：（1）向客户做获利保证或者不按照规定向客户出示风险说明书的。（2）在经纪业务中与客户约定分享利益、共担风险的。（3）不按照规定接受客户委托或者不按照客户委托内容擅自进行期货交易的。（4）隐瞒重要事项或者使用其他不正当手段，诱骗客户发出交易指令的。（5）向客户提供虚假成交回报的。（6）未将客户交易指令下达到期货交易所的。（7）挪用客户保证金的。（8）不按照规定在期货保证金存管银行开立保证金账户，或者违规划转客户保证金的。（9）国务院期货监督管理机构规定的其他欺诈客户的行为。

常用法律条文及索引

《期货交易管理条例》（2017 年 3 月 1 日修订）

第三条　从事期货交易活动，应当遵循公开、公平、公正和诚实信用的原则。禁止欺诈、内幕交易和操纵期货交易价格等违法行为。

第六十七条　期货公司有下列欺诈客户行为之一的，责令改正，给予警告，没收违法所得，并处违法所得 1 倍以上 5 倍以下的罚款；没有违法所得或者违法所得不满 10 万元的，并处 10 万元以上 50 万元以下的罚款；情节严重的，责令停业整顿或者吊销期货业务许可：

（一）向客户作获利保证或者不按照规定向客户出示风险说明书的；

（二）在经纪业务中与客户约定分享利益、共担风险的；

（三）不按照规定接受客户委托或者不按照客户委托内容擅自进行期货交易的；

（四）隐瞒重要事项或者使用其他不正当手段，诱骗客户发出交易指令的；

（五）向客户提供虚假成交回报的；

（六）未将客户交易指令下达到期货交易所的；

（七）挪用客户保证金的；

（八）不按照规定在期货保证金存管银行开立保证金账户，或者违规划转客户保证金的；

（九）国务院期货监督管理机构规定的其他欺诈客户的行为。

期货公司有前款所列行为之一的，对直接负责的主管人员和其他直接责任人员给予警告，并处1万元以上10万元以下的罚款；情节严重的，暂停或者撤销期货从业人员资格。

任何单位或者个人编造并且传播有关期货交易的虚假信息，扰乱期货交易市场的，依照本条第一款、第二款的规定处罚。

适用本案由需要注意的问题

◆根据《民事诉讼法》第24条、第29条以及《最高人民法院关于审理期货纠纷案件若干问题的规定》第4条、第5条、第7条的规定，期货欺诈责任纠纷案件，由被告住所地、合同履行地或者侵权行为地人民法院管辖；在期货公司的分公司、营业部等分支机构进行期货交易的，该分支机构为合同履行地；侵权与违约竞合的期货纠纷案件，依当事人选择的诉由确定管辖。当事人既以违约又以侵权起诉的，以当事人起诉状中在先的诉讼请求确定管辖；期货纠纷案件由中级人民法院管辖，高级人民法院根据需要可以确定部分基层人民法院受理期货纠纷案件。根据《最高人民法院关于审理期货纠纷案件若干问题的规定（二）》第1条的规定，以期货交易所为被告或者第三人的因期货交易所履行职责引起的商事案件，由期货交易所所在地的中级人民法院管辖。

◆在适用本案由确定民事责任时，根据《最高人民法院关于审理期货纠纷案件会谈纪要》的规定，以欺诈手段诱骗对方违背真实意思所为的为无效行为，无效行为给当事人造成保证金或佣金等损失的，应当根据无效行为与损失之间的因果关系确定责任的承担，如果一方的损失确系对方行为所致，则应判令对方承担赔偿损失的责任；如果一方的损失属于正常风险，而非另一方的行为所致，则不应判令另一方承担赔偿损失的责任。例如，未经批准而从事期货经纪业务的，如果有证据证明期货经纪公司已经按照客户的指令，进入期货交易市场进行交易，客户的损失属于正常风险损失，经纪公司对此不应承担民事赔偿责任。

327. 操纵期货交易市场责任纠纷

案由解析

操纵期货交易市场是指交易所会员或客户为了获取不正当的利益，故意违反国家有关期货交易规定，违背期货交易公开、公平、公正的原则，利用资金、信息优势或滥用职权，制造实际或表面的频繁交易影响期货市场价格，以引诱他人买卖期货，严重扭曲期货市场价格，扰乱市场秩序的行为。操纵期货交易市场的行为违背了民法的公平和诚实信用的原则，属于侵权行为，给受害者造成了财产损失，由此而引发的民事诉讼纠纷被称为操纵期货交易市场责任纠纷。

《期货交易管理条例》第 70 条对期货市场操纵行为列举了以下几种情形：(1) 单独或者合谋，集中资金优势、持仓优势或者利用信息优势联合或者连续买卖合约，操纵期货交易价格的。(2) 蓄意串通，按事先约定的时间、价格和方式相互进行期货交易，影响期货交易价格或者期货交易量的。(3) 以自己为交易对象，自买自卖，影响期货交易价格或者期货交易量的。(4) 为影响期货市场行情囤积现货的。(5) 国务院期货监督管理机构规定的其他操纵期货交易价格的行为。

常用法律条文及索引

《期货交易管理条例》（2017 年 3 月 1 日修订）

第四十条　任何单位或者个人不得违规使用信贷资金、财政资金进行期货交易。

银行业金融机构从事期货交易融资或者担保业务的资格，由国务院银行业监督管理机构批准。

第七十条　任何单位或者个人有下列行为之一，操纵期货交易价格的，责令改正，没收违法所得，并处违法所得 1 倍以上 5 倍以下的罚款；没有违法所得或者违法所得不满 20 万元的，处 20 万元以上 100 万元以下的罚款：

（一）单独或者合谋，集中资金优势、持仓优势或者利用信息优势联合或者连续买卖合约，操纵期货交易价格的；

（二）蓄意串通，按事先约定的时间、价格和方式相互进行期货交易，影响期货交易价格或者期货交易量的；

（三）以自己为交易对象，自买自卖，影响期货交易价格或者期货交易量的；

（四）为影响期货市场行情囤积现货的；

（五）国务院期货监督管理机构规定的其他操纵期货交易价格的行为。

单位有前款所列行为之一的，对直接负责的主管人员和其他直接责任人员给予警告，并处1万元以上10万元以下的罚款。

《中华人民共和国刑法》（2023年12月29日修正）

第一百八十二条　有下列情形之一，操纵证券、期货市场，影响证券、期货交易价格或者证券、期货交易量，情节严重的，处五年以下有期徒刑或者拘役，并处或者单处罚金；情节特别严重的，处五年以上十年以下有期徒刑，并处罚金：

（一）单独或者合谋，集中资金优势、持股或者持仓优势或者利用信息优势联合或者连续买卖的；

（二）与他人串通，以事先约定的时间、价格和方式相互进行证券、期货交易的；

（三）在自己实际控制的帐户之间进行证券交易，或者以自己为交易对象，自买自卖期货合约的；

（四）不以成交为目的，频繁或者大量申报买入、卖出证券、期货合约并撤销申报的；

（五）利用虚假或者不确定的重大信息，诱导投资者进行证券、期货交易的；

（六）对证券、证券发行人、期货交易标的公开作出评价、预测或者投资建议，同时进行反向证券交易或者相关期货交易的；

（七）以其他方法操纵证券、期货市场的。

单位犯前款罪的，对单位判处罚金，并对其直接负责的主管人员和其他直接责任人员，依照前款的规定处罚。

适用本案由需要注意的问题

◆根据《民事诉讼法》第24条、第29条以及《最高人民法院关于审理期货纠纷案件若干问题的规定》第4条、第5条、第7条的规定，操纵期货交易市场责任纠纷案件，由被告住所地、合同履行地或者侵权行为地人民法院管辖；在期货公司的分公司、营业部等分支机构进行期货交易的，该分支机构为合同履行地；侵权与违约竞合的期货纠纷案件，依当事人选择的诉由确定管辖。当事人既以违约又以侵权起诉的，以当事人起诉状中在先的诉讼请求确定管辖；期货纠纷案件由中级人民法院管辖，高级人民法院根据需要可以确定部分基层人民法院受理期货纠纷案件。根据《最高人民法院关于审理期货纠纷案件若干问题的规定（二）》第1条的规定，以期货交易所为被告或者第三人的因期货交易所履行职责引起的商事案件，由期货交易所所在地的中级人民法院管辖。

◆在适用本案由时，要注意其与期货内幕交易责任纠纷的区别。操纵期货交易市场的行为可利用信息等优势地位以扭曲市场价格的行为，还可利用资金方面的优势地位等。期货内幕交易与操纵期货市场的行为扰乱了期货交易市场的运行秩序，都属于重大期货违法行为。

328. 期货内幕交易责任纠纷

案由解析

期货内幕交易是指期货交易内幕信息的知情人或者非法获取期货交易内幕信息的人，在内幕信息尚未公布之前，利用内幕信息从事期货交易，或者向他人泄露内幕信息，使他人利用内幕信息进行期货交易的违法行为。由此引发的纠纷称为期货内幕交易纠纷。

内幕信息包括：国务院期货监督管理机构以及其他相关部门制定的对期货交易价格可能发生重大影响的政策，期货交易所做出的可能对期货交易价格发生重大影响的决定，期货交易所会员、客户的资金和交易动向以及国务院期货监督管理机构认定的对期货交易价格有显著影响的其他重要信息。

内幕信息的知情人员，是指由于其管理地位、监督地位或者职业地位，或者作为雇员、专业顾问履行职务，能够接触或者获得内幕信息的人员，包括：期货交易所的管理人员以及其他由于任职可获取内幕信息的从业人员，国务院期货监督管理机构和其他有关部门的工作人员以及国务院期货监督管理机构规定的其他人员。

常用法律条文及索引

《期货交易管理条例》（2017年3月1日修订）

第四十七条　国务院期货监督管理机构依法履行职责，可以采取下列措施：

（一）对期货交易所、期货公司及其他期货经营机构、非期货公司结算会员、期货保证金安全存管监控机构和交割仓库进行现场检查；

（二）进入涉嫌违法行为发生场所调查取证；

（三）询问当事人和与被调查事件有关的单位和个人，要求其对与被调查事件有关的事项作出说明；

（四）查阅、复制与被调查事件有关的财产权登记等资料；

（五）查阅、复制当事人和与被调查事件有关的单位和个人的期货交易记录、财务会计资料以及其他相关文件和资料；对可能被转移、隐匿或者毁损的文件和资料，可以予以封存；

（六）查询与被调查事件有关的单位的保证金账户和银行账户；

（七）在调查操纵期货交易价格、内幕交易等重大期货违法行为时，经国务院期货监督管理机构主要负责人批准，可以限制被调查事件当事人的期货交易，但限制的时间不得超过 15 个交易日；案情复杂的，可以延长至 30 个交易日；

（八）法律、行政法规规定的其他措施。

第六十九条 期货交易内幕信息的知情人或者非法获取期货交易内幕信息的人，在对期货交易价格有重大影响的信息尚未公开前，利用内幕信息从事期货交易，或者向他人泄露内幕信息，使他人利用内幕信息进行期货交易的，没收违法所得，并处违法所得 1 倍以上 5 倍以下的罚款；没有违法所得或者违法所得不满 10 万元的，处 10 万元以上 50 万元以下的罚款。单位从事内幕交易的，还应当对直接负责的主管人员和其他直接责任人员给予警告，并处 3 万元以上 30 万元以下的罚款。

国务院期货监督管理机构、期货交易所和期货保证金安全存管监控机构的工作人员进行内幕交易的，从重处罚。

适用本案由需要注意的问题

◆根据《民事诉讼法》第 24 条、第 29 条以及《最高人民法院关于审理期货纠纷案件若干问题的规定》第 4 条、第 5 条、第 7 条的规定，期货内幕交易责任纠纷案件，由被告住所地、合同履行地或者侵权行为地人民法院管辖；在期货公司的分公司、营业部等分支机构进行期货交易的，该分支机构为合同履行地；侵权与违约竞合的期货纠纷案件，依当事人选择的诉由确定管辖。当事人既以违约又以侵权起诉的，以当事人起诉状中在先的诉讼请求确定管辖；期货纠纷案件由中级人民法院管辖，高级人民法院根据需要可以确定部分基层人民法院受理期货纠纷案件。根据《最高人民法院关于审理期货纠纷案件若干问题的规定（二）》第1条的规定，以期货交易所为被告或者第三人的因期货交易所履行职责引起的商事案件，由期货交易所所在地的中级人民法院管辖。

◆在适用本案由时，要注意其与期货虚假信息责任纠纷的区别。制造虚假信息的主体是特定的，虚假信息的实施者是期货交易所、期货公司及公司的负责人、信息发布人员。内幕信息的知情人员，包括由于管理地位、监督地位或者职业地位，或者作为雇员、专业顾问履行职务能够获取内幕信息的人员。虚假信息是无中生有或者不完全真实的市场信息，而内幕信息是指能对期货交易价格产生重大影响的尚未公开的信息。

329. 期货虚假信息责任纠纷

案由解析

期货虚假信息责任纠纷是指期货交易所和期货公司及其工作人员或其他有关机构有权发布信息的人员，在特定场所制造、散布虚假的市场信息，使期货交易者对期货市场行情产生错误的认识而进行的期货交易并发生交易亏损，期货交易者要求虚假信息散布者承担相应民事责任的纠纷。

构成期货虚假信息责任的要件包括：（1）制造虚假信息的主体是特定的，虚假信息的实施者是期货交易所、期货公司及公司有关人员，包括期货交易所负责人、信息发布人员，期货公司的负责人、信息发布人。（2）期货交易者因虚假信息产生误导并因此形成错误认识，实施期货交易行为。（3）制造虚假信息与期货交易损失之间有因果关系。

常用法律条文及索引

《期货交易管理条例》（2017年3月1日修订）

第六十七条　期货公司有下列欺诈客户行为之一的，责令改正，给予警告，没收违法所得，并处违法所得1倍以上5倍以下的罚款；没有违法所得或者违法所得不满10万元的，并处10万元以上50万元以下的罚款；情节严重的，责令停业整顿或者吊销期货业务许可证：

（一）向客户作获利保证或者不按照规定向客户出示风险说明书的；

（二）在经纪业务中与客户约定分享利益、共担风险的；

（三）不按照规定接受客户委托或者不按照客户委托内容擅自进行期货交易的；

（四）隐瞒重要事项或者使用其他不正当手段，诱骗客户发出交易指令的；

（五）向客户提供虚假成交回报的；

（六）未将客户交易指令下达到期货交易所的；

（七）挪用客户保证金的；

（八）不按照规定在期货保证金存管银行开立保证金账户，或者违规划转客户保证金；

（九）国务院期货监督管理机构规定的其他欺诈客户的行为。

期货公司有前款所列行为之一的，对直接负责的主管人员和其他直接责任人员给予警告，并处1万元以上10万元以下的罚款；情节严重的，暂停或者撤销任职资格、期货从业人员资格。

任何单位或者个人编造并且传播有关期货交易的虚假信息，扰乱期货交易市场的，依照本条第一款、第二款的规定处罚。

《最高人民法院关于审理期货纠纷案件若干问题的规定》（法释〔2003〕10号　2020年12月23日修正）

第五十二条　期货交易所、期货公司故意提供虚假信息误导客户下单的，由此造成客户的经济损失由期货交易所、期货公司承担。

适用本案由需要注意的问题

◆根据《民事诉讼法》第24条以及《最高人民法院关于审理期货纠纷案件若干问题的规定》第4条、第5条、第7条的规定，期货虚假信息责任纠纷案件，由被告住所地或者合同履行地人民法院管辖；在期货公司的分公司、营业部等分支机构进行期货交易的，该分支机构为合同履行地；期货纠纷案件由中级人民法院管辖，高级人民法院根据需要可以确定部分基层人民法院受理期货纠纷案件。根据《最高人民法院关于审理期货纠纷案件若干问题的规定（二）》第1条的规定，以期货交易所为被告或者第三人的因期货交易所履行职责引起的商事案件，由期货交易所所在地的中级人民法院管辖。

◆在适用本案由时，要注意其与期货内幕交易责任纠纷的区别（参见本书案由“328. 期货内幕交易责任纠纷”中的相关部分）。

二十六、信托纠纷

330. 民事信托纠纷

案由解析

民事信托是指信托事项所涉及的法律依据在民事法律范围之内的信托。民事法律范围主要包括：民法典、劳动法等法律，信托事项涉及的法律依据在此范围之内的为民事信托。例如，涉及个人财产的管理、抵押、变卖，遗产的继承和管理等事项的信托，即为民事信托。民事信托通常以自然人为委托人、不具有营业性或不以营业为目的。民事信托纠纷是因民事信托关系产生的各种纠纷，是公民个人生活信托纠纷，主要表现为以个人财产为抚养、赡养、处理遗产等目的设立的信托。

典型形态

在实践中，民事信托纠纷主要有：

（1）抚养信托纠纷，是指当事人一方以个人财产为抚养目的设立信托关系而产生的纠纷。

（2）赡养信托纠纷，是指当事人一方以个人财产为赡养目的设立信托而产生的纠纷。

（3）遗产信托纠纷，是指当事人一方以处理个人遗产为目的设立信托而产生的纠纷。

常用法律条文及索引

《中华人民共和国信托法》（2001年4月28日公布 2001年10月1日施行）

第二条 本法所称信托，是指委托人基于对受托人的信任，将其财产权委托给受托人，由受托人按委托人的意愿以自己的名义，为受益人的利益或者特定目的，进行管理或者处分的行为。

第三条 委托人、受托人、受益人（以下统称信托当事人）在中华人民共和国境内进行民事、营业、公益信托活动，适用本法。

第四条 受托人采取信托机构形式从事信托活动，其组织和管理由国务院制定具体办法。

第五条 信托当事人进行信托活动，必须遵守法律、行政法规，遵循自愿、公平和诚实信用原则，不得损害国家利益和社会公共利益。

第六条 设立信托，必须有合法的信托目的。

第七条 设立信托，必须有确定的信托财产，并且该信托财产必须是委托人合法所有的财产。

本法所称财产包括合法的财产权利。

第八条 设立信托，应当采取书面形式。

书面形式包括信托合同、遗嘱或者法律、行政法规规定的其他书面文件等。

采取信托合同形式设立信托的，信托合同签订时，信托成立。采取其他书面形式设立信托的，受托人承诺信托时，信托成立。

第九条 设立信托，其书面文件应当载明下列事项：

（一）信托目的；

（二）委托人、受托人的姓名或者名称、住所；

（三）受益人或者受益人范围；

（四）信托财产的范围、种类及状况；

（五）受益人取得信托利益的形式、方法。

除前款所列事项外，可以载明信托期限、信托财产的管理方法、受托人的报酬、新受托人的选任方式、信托终止事由等事项。

第十条 设立信托，对于信托财产，有关法律、行政法规规定应当办理登记手续的，应当依法办理信托登记。

未依照前款规定办理信托登记的，应当补办登记手续；不补办的，该信托不产生效力。

第十一条 有下列情形之一的，信托无效：

（一）信托目的违反法律、行政法规或者损害社会公共利益；

（二）信托财产不能确定；

（三）委托人以非法财产或者本法规定不得设立信托的财产设立信托；

（四）专以诉讼或者讨债为目的设立信托；

（五）受益人或者受益人范围不能确定；

（六）法律、行政法规规定的其他情形。

第十二条 委托人设立信托损害其债权人利益的，债权人有权申请人民法院撤销该信托。

人民法院依照前款规定撤销信托的，不影响善意受益人已经取得的信托利益。

本条第一款规定的申请权，自债权人知道或者应当知道撤销原因之日起一年内不行使的，归于消灭。

第十三条 设立遗嘱信托，应当遵守继承法关于遗嘱的规定。

遗嘱指定的人拒绝或者无能力担任受托人的，由受益人另行选任受托人；受益人为无民事行为能力人或者限制民事行为能力人的，依法由其监护人代行选任。遗嘱对选任受托人另有规定的，从其规定。

第十四条 受托人因承诺信托而取得的财产是信托财产。

受托人因信托财产的管理运用、处分或者其他情形而取得的财产，也归入信托财产。

法律、行政法规禁止流通的财产，不得作为信托财产。

法律、行政法规限制流通的财产，依法经有关主管部门批准后，可以作为信托财产。

第十五条 信托财产与委托人未设立信托的其他财产相区别。设立信托后，委托人死亡或者依法解散、被依法撤销、被宣告破产时，委托人是唯一受益人的，信托终止，信托财产作为其遗产或者清算财产；委托人不是唯一受益人的，信托存续，信托财产不作为其遗产或者清算财产；但作为共同受益人的委托人死亡或者依法解散、被依法撤销、被宣告破产时，其信托受益权作为其遗产或者清算财产。

第十六条 信托财产与属于受托人所有的财产（以下简称固有财产）相区别，不得归入受托人的固有财产或者成为固有财产的一部分。

受托人死亡或者依法解散、被依法撤销、被宣告破产而终止，信托财产不属于其遗产或者清算财产。

第十七条 除因下列情形之一外，对信托财产不得强制执行：

（一）设立信托前债权人已对该信托财产享有优先受偿的权利，并依法行使该权利的；

（二）受托人处理信托事务所产生债务，债权人要求清偿该债务的；

（三）信托财产本身应担负的税款；

（四）法律规定的其他情形。

对于违反前款规定而强制执行信托财产，委托人、受托人或者受益人有权向人民法院提出异议。

第十八条 受托人管理运用、处分信托财产所产生的债权，不得与其固有财产产生的债务相抵销。

受托人管理运用、处分不同委托人的信托财产所产生的债权债务，不得相互抵销。

第十九条 委托人应当是具有完全民事行为能力的自然人、法人或者依法成立的其他组织。

第二十条 委托人有权了解其信托财产的管理运用、处分及收支情况，并有权要求受托人作出说明。

委托人有权查阅、抄录或者复制与其信托财产有关的信托帐目以及处理信托事务的其他文件。

第二十一条 因设立信托时未能预见的特别事由，致使信托财产的管理方法不利于实现信托目的或者不符合受益人的利益时，委托人有权要求受托人调整该信托财产的管理方法。

第二十二条 受托人违反信托目的处分信托财产或者因违背管理职责、处理信托事务不当致使信托财产受到损失的，委托人有权申请人民法院撤销该处分行为，并有权要求受托人恢复信托财产的原状或者予以赔偿；该信托财产的受让人明知是违反信托目的而接受该财产的，应当予以返还或者予以赔偿。

前款规定的申请权，自委托人知道或者应当知道撤销原因之日起一年内不行使的，归于消灭。

第二十三条 受托人违反信托目的处分信托财产或者管理运用、处分信托财产有重大过失的，委托人有权依照信托文件的规定解任受托人，或者申请人民法院解任受托人。

第二十四条 受托人应当是具有完全民事行为能力的自然人、法人。

法律、行政法规对受托人的条件另有规定的，从其规定。

第二十五条 受托人应当遵守信托文件的规定，为受益人的最大利益处理信托事务。

受托人管理信托财产，必须恪尽职守，履行诚实、信用、谨慎、有效管理的义务。

第二十六条　受托人除依照本法规定取得报酬外，不得利用信托财产为自己谋取利益。

受托人违反前款规定，利用信托财产为自己谋取利益的，所得利益归入信托财产。

第二十七条　受托人不得将信托财产转为其固有财产。受托人将信托财产转为其固有财产的，必须恢复该信托财产的原状；造成信托财产损失的，应当承担赔偿责任。

第二十八条　受托人不得将其固有财产与信托财产进行交易或者将不同委托人的信托财产进行相互交易，但信托文件另有规定或者经委托人或者受益人同意，并以公平的市场价格进行交易的除外。

受托人违反前款规定，造成信托财产损失的，应当承担赔偿责任。

第二十九条　受托人必须将信托财产与其固有财产分别管理、分别记帐，并将不同委托人的信托财产分别管理、分别记帐。

第三十条　受托人应当自己处理信托事务，但信托文件另有规定或者有不得已事由的，可以委托他人代为处理。

受托人依法将信托事务委托他人代理的，应当对他人处理信托事务的行为承担责任。

第三十一条　同一信托的受托人有两个以上的，为共同受托人。

共同受托人应当共同处理信托事务，但信托文件规定对某些具体事务由受托人分别处理的，从其规定。

共同受托人共同处理信托事务，意见不一致时，按信托文件规定处理；信托文件未规定的，由委托人、受益人或者其利害关系人决定。

第三十二条　共同受托人处理信托事务对第三人所负债务，应当承担连带清偿责任。第三人对共同受托人之一所作的意思表示，对其他受托人同样有效。

共同受托人之一违反信托目的处分信托财产或者因违背管理职责、处理信托事务不当致使信托财产受到损失的，其他受托人应当承担连带赔偿责任。

第三十三条　受托人必须保存处理信托事务的完整记录。

受托人应当每年定期将信托财产的管理运用、处分及收支情况，报告委托人和受益人。

受托人对委托人、受益人以及处理信托事务的情况和资料负有依法保密的义务。

第三十四条 受托人以信托财产为限向受益人承担支付信托利益的义务。

第三十五条 受托人有权依照信托文件的约定取得报酬。信托文件未作事先约定的，经信托当事人协商同意，可以作出补充约定；未作事先约定和补充约定的，不得收取报酬。

约定的报酬经信托当事人协商同意，可以增减其数额。

第三十六条 受托人违反信托目的处分信托财产或者因违背管理职责、处理信托事务不当致使信托财产受到损失的，在未恢复信托财产的原状或者未予赔偿前，不得请求给付报酬。

第三十七条 受托人因处理信托事务所支出的费用、对第三人所负债务，以信托财产承担。受托人以其固有财产先行支付的，对信托财产享有优先受偿的权利。

受托人违背管理职责或者处理信托事务不当对第三人所负债务或者自己所受到的损失，以其固有财产承担。

第三十八条 设立信托后，经委托人和受益人同意，受托人可以辞任。本法对公益信托的受托人辞任另有规定的，从其规定。

受托人辞任的，在新受托人选出前仍应履行管理信托事务的职责。

第三十九条 受托人有下列情形之一的，其职责终止：

（一）死亡或者被依法宣告死亡；

（二）被依法宣告为无民事行为能力人或者限制民事行为能力人；

（三）被依法撤销或者被宣告破产；

（四）依法解散或者法定资格丧失；

（五）辞任或者被解任；

（六）法律、行政法规规定的其他情形。

受托人职责终止时，其继承人或者遗产管理人、监护人、清算人应当妥善保管信托财产，协助新受托人接管信托事务。

第四十条 受托人职责终止的，依照信托文件规定选任新受托人；信托文件未规定的，由委托人选任；委托人不指定或者无能力指定的，由受益人选任；受益人为无民事行为能力人或者限制民事行为能力人的，依法由其监护人代行选任。

原受托人处理信托事务的权利和义务，由新受托人承继。

第四十一条 受托人有本法第三十九条第一款第（三）项至第（六）项所列情形之一，职责终止的，应当作出处理信托事务的报告，并向新受托人办理信托财产和信托事务的移交手续。

前款报告经委托人或者受益人认可，原受托人就报告中所列事项解除责任。但原受托人有不正当行为的除外。

第四十二条　共同受托人之一职责终止的，信托财产由其他受托人管理和处分。

第四十三条　受益人是在信托中享有信托受益权的人。受益人可以是自然人、法人或者依法成立的其他组织。

委托人可以是受益人，也可以是同一信托的唯一受益人。

受托人可以是受益人，但不得是同一信托的唯一受益人。

第四十四条　受益人自信托生效之日起享有信托受益权。信托文件另有规定的，从其规定。

第四十五条　共同受益人按照信托文件的规定享受信托利益。信托文件对信托利益的分配比例或者分配方法未作规定的，各受益人按照均等的比例享受信托利益。

第四十六条　受益人可以放弃信托受益权。

全体受益人放弃信托受益权的，信托终止。

部分受益人放弃信托受益权的，被放弃的信托受益权按下列顺序确定归属：

（一）信托文件规定的人；

（二）其他受益人；

（三）委托人或者其继承人。

第四十七条　受益人不能清偿到期债务的，其信托受益权可以用于清偿债务，但法律、行政法规以及信托文件有限制性规定的除外。

第四十八条　受益人的信托受益权可以依法转让和继承，但信托文件有限制性规定的除外。

第四十九条　受益人可以行使本法第二十条至第二十三条规定的委托人享有的权利。受益人行使上述权利，与委托人意见不一致时，可以申请人民法院作出裁定。

受托人有本法第二十二条第一款所列行为，共同受益人之一申请人民法院撤销该处分行为的，人民法院所作出的撤销裁定，对全体共同受益人有效。

第五十条　委托人是唯一受益人的，委托人或者其继承人可以解除信托。信托文件另有规定的，从其规定。

第五十一条 设立信托后，有下列情形之一的，委托人可以变更受益人或者处分受益人的信托受益权：

（一）受益人对委托人有重大侵权行为；

（二）受益人对其他共同受益人有重大侵权行为；

（三）经受益人同意；

（四）信托文件规定的其他情形。

有前款第（一）项、第（三）项、第（四）项所列情形之一的，委托人可以解除信托。

第五十二条 信托不因委托人或者受托人的死亡、丧失民事行为能力、依法解散、被依法撤销或者被宣告破产而终止，也不因受托人的辞任而终止。但本法或者信托文件另有规定的除外。

第五十三条 有下列情形之一的，信托终止：

（一）信托文件规定的终止事由发生；

（二）信托的存续违反信托目的；

（三）信托目的已经实现或者不能实现；

（四）信托当事人协商同意；

（五）信托被撤销；

（六）信托被解除。

第五十四条 信托终止的，信托财产归属于信托文件规定的人；信托文件未规定的，按下列顺序确定归属：

（一）受益人或者其继承人；

（二）委托人或者其继承人。

第五十五条 依照前条规定，信托财产的归属确定后，在该信托财产转移给权利归属人的过程中，信托视为存续，权利归属人视为受益人。

第五十六条 信托终止后，人民法院依据本法第十七条的规定对原信托财产进行强制执行的，以权利归属人为被执行人。

第五十七条 信托终止后，受托人依照本法规定行使请求给付报酬、从信托财产中获得补偿的权利时，可以留置信托财产或者对信托财产的权利归属人提出请求。

第五十八条 信托终止的，受托人应当作出处理信托事务的清算报告。受益人或者信托财产的权利归属人对清算报告无异议的，受托人就清算报告所列事项解除责任。但受托人有不正当行为的除外。

适用本案由需要注意的问题

◆民事信托纠纷属于合同纠纷，该类纠纷案件的管辖适用合同纠纷案件的管辖的一般原则，根据《民事诉讼法》第 24 条的规定，由被告住所地或者合同履行地人民法院管辖。《最高人民法院关于适用〈中华人民共和国民事诉讼法〉的解释》第 18 条规定，合同约定履行地点的，以约定的履行地点为合同履行地。合同对履行地点没有约定或者约定不明确，争议标的为给付货币的，接收货币一方所在地为合同履行地；交付不动产的，不动产所在地为合同履行地；其他标的，履行义务一方所在地为合同履行地。即时结清的合同，交易行为地为合同履行地。合同没有实际履行，当事人双方住所地都不在合同约定的履行地的，由被告住所地人民法院管辖。

◆在适用本案由时，应当注意民事信托、营业信托和公益信托的不同。相对于营业信托（商事信托），民事信托属于非营业信托，是以个人财产为抚养、赡养、遗产继承等目的而设立的信托。

331. 营业信托纠纷

案由解析

营业信托主要是以法人（机构）为受托人，个人或者法人以财产增值为目的，委托营业性信托机构进行财产经营而设立的信托。营业信托纠纷是指信托当事人之间因营业信托关系而产生的纠纷。

《信托公司管理办法》第 16 条规定的信托公司所从事的信托业务都属于营业信托的范畴。

典型形态

在实践中，营业信托纠纷的典型形态主要表现为《信托公司管理办法》第 16 条规定的因资金信托、动产信托、不动产信托、有价证券信托和其他财产或财产权信托而产生的各种纠纷。

常用法律条文及索引

《中华人民共和国信托法》（2001 年 4 月 28 日公布 2001 年 10 月 1 日施行）

第二条～第五十八条，见本书“330. 民事信托纠纷”案由相关部分。

《信托公司管理办法》（2025 年 5 月 15 日修正）

第三十五条 信托公司开展关联交易，应以公平的市场价格进行，逐笔向国家金融监督管理总局事前报告，并按照有关规定进行信息披露。

第三十六条 信托公司经营信托业务，应依照信托文件约定以手续费或者佣金的方式收取报酬，国家金融监督管理总局另有规定的除外。

信托公司收取报酬，应当向受益人公开，并向受益人说明收费的具体标准。

第三十七条 信托公司违反信托目的处分信托财产，或者因违背管理职责、处理信托事务不当致使信托财产受到损失的，在恢复信托财产的原状或者予以赔偿前，信托公司不得请求给付报酬。

第三十八条 信托公司因处理信托事务而支出的费用、负担的债务，以信托财产承担，但应在信托合同中列明或明确告知受益人。信托公司以其固有财产先行支付的，对信托财产享有优先受偿的权利。因信托公司违背管理职责或者管理信托事务不当所负债务及所受到的损害，以其固有财产承担。

《全国法院民商事审判工作会议纪要》（法〔2019〕254 号 2019 年 11 月 8 日公布）

会议认为，从审判实践看，营业信托纠纷主要表现为事务管理信托纠纷和主动管理信托纠纷两种类型。在事务管理信托纠纷案件中，对信托公司开展和参与的多层嵌套、通道业务、回购承诺等融资活动，要以其实际构成的法律关系确定其效力，并在此基础上依法确定各方的权利义务。在主动管理信托纠纷案件中，应当重点审查受托人在“受人之托，忠人之事”的财产管理过程中，是否恪尽职守，履行了谨慎、有效管理等法定或者约定义务。

88.【营业信托纠纷的认定】信托公司根据法律法规以及金融监督管理部门的监管规定，以取得信托报酬为目的接受委托人的委托，以受托人身份处理信托事务的经营行为，属于营业信托。由此产生的信托当事人之间的纠纷，为营业信托纠纷。

根据《关于规范金融机构资产管理业务的指导意见》的规定，其他金融机构开展的资产管理业务构成信托关系的，当事人之间的纠纷适用信托法及其他有关规定处理。

89.【资产或者资产收益权转让及回购】信托公司在资金信托成立后，以募集的信托资金受让特定资产或者特定资产收益权，属于信托公司在资金依法募集后的资金运用行为，由此引发的纠纷不应当认定为营业信托纠纷。如果合同中约定由转让方或者其指定的第三方在一定期间后以交易本金加上溢价款等固定价款无条件回购的，无论转让方所转让的标的物是否真实存在、是否实际交付或者过户，只要合同不存在法定无效事由，对信托公司提出的由转让方或者其指定的第三方按约定承担责任的诉讼请求，人民法院依法予以支持。

当事人在相关合同中同时约定采用信托公司受让目标公司股权、向目标公司增资方式并以相应股权担保债权实现的，应当认定在当事人之间成立让与担保法律关系。当事人之间的具体权利义务，根据本纪要第 71 条的规定加以确定。

90.【劣后级受益人的责任承担】信托文件及相关合同将受益人区分为优先级受益人和劣后级受益人等不同类别，约定优先级受益人以其财产认购信托计划份额，在信托到期后，劣后级受益人负有对优先级受益人从信托财产获得利益与其投资本金及约定收益之间的差额承担补足义务，优先级受益人请求劣后级受益人按照约定承担责任的，人民法院依法予以支持。

信托文件中关于不同类型受益人权利义务关系的约定，不影响受益人与受托人之间信托法律关系的认定。

91.【增信文件的性质】信托合同之外的当事人提供第三方差额补足、代为履行到期回购义务、流动性支持等类似承诺文件作为增信措施，其内容符合法律关于保证的规定的，人民法院应当认定当事人之间成立保证合同关系。其内容不符合法律关于保证的规定的，依据承诺文件的具体内容确定相应的权利义务关系，并根据案件事实情况确定相应的民事责任。

92.【保底或者刚兑条款无效】信托公司、商业银行等金融机构作为资产管理产品的受托人与受益人订立的含有保证本息固定回报、保证本金不受损失等保底或者刚兑条款的合同，人民法院应当认定该条款无效。受益人请求受托人对其损失承担与其过错相适应的赔偿责任的，人民法院依法予以支持。

实践中，保底或者刚兑条款通常不在资产管理产品合同中明确约定，而是以“抽屉协议”或者其他方式约定，不管形式如何，均应认定无效。

93.【通道业务的效力】当事人在信托文件中约定，委托人自主决定信托设立、信托财产运用对象、信托财产管理运用处分方式等事宜，自行承担信托资产的风险管理责任和相应风险损失，受托人仅提供必要的事务协助或者服务，不承担主动管理职责的，应当认定为通道业务。《中国人民银行、中国银行保险监督管理委员会、中国证券监督管理委员会、国家外汇管理局关于规范金融机构资产管理业务的指导意见》第22条在规定“金融机构不得为其他金融机构的资产管理产品提供规避投资范围、杠杆约束等监管要求的通道服务”的同时，也在第29条明确按照“新老划断”原则，将过渡期设置为截止2020年底，确保平稳过渡。在过渡期内，对通道业务中存在的利用信托通道掩盖风险，规避资金投向、资产分类、拨备计提和资本占用等监管规定，或者通过信托通道将表内资产虚假出表等信托业务，如果不存在其他无效事由，一方以信托目的违法违规为由请求确认无效的，人民法院不予支持。至于委托人和受托人之间的权利义务关系，应当依据信托文件的约定加以确定。

94.【受托人的举证责任】资产管理产品的委托人以受托人未履行勤勉尽责、公平对待客户等义务损害其合法权益为由，请求受托人承担损害赔偿责任的，应当由受托人举证证明其已经履行了义务。受托人不能举证证明，委托人请求其承担相应赔偿责任的，人民法院依法予以支持。

95.【信托财产的诉讼保全】信托财产在信托存续期间独立于委托人、受托人、受益人各自的固有财产。委托人将其财产委托给受托人进行管理，在信托依法设立后，该信托财产即独立于委托人未设立信托的其他固有财产。受托人因承诺信托而取得的信托财产，以及通过对信托财产的管理、运用、处分等方式取得的财产，均独立于受托人的固有财产。受益人对信托财产享有的权利表现为信托受益权，信托财产并非受益人的责任财产。因此，当事人因其与委托人、受托人或者受益人之间的纠纷申请对存管银行或者信托公司专门账户中的信托资金采取保全措施的，除符合《信托法》第17条规定的情形外，人民法院不应当准许。已经采取保全措施的，存管银行或者信托公司能够提供证据证明该账户为信托账户的，应当立即解除保全措施。对信托公司管理的其他信托财产的保全，也应当根据前述规则办理。

当事人申请对受益人的受益权采取保全措施的，人民法院应当根据《信托法》第47条的规定进行审查，决定是否采取保全措施。决定采取保全措施的，应当将保全裁定送达受托人和受益人。

96.【信托公司固有财产的诉讼保全】除信托公司作为被告外，原告申请对信托公司固有资金账户的资金采取保全措施的，人民法院不应准许。信托公司作为被告，确有必要对其固有财产采取诉讼保全措施的，必须强化善意执行理念，防范发生金融风险。要严格遵守相应的适用条件与法定程序，坚决杜绝超标的执行。在采取具体保全措施时，要尽量寻求依法平等保护各方利益的平衡点，优先采取方便执行且对信托公司正常经营影响最小的执行措施，能采取“活封”“活扣”措施的，尽量不进行“死封”“死扣”。在条件允许的情况下，可以为信托公司预留必要的流动资金和往来账户，最大限度降低对信托公司正常经营活动的不利影响。信托公司申请解除财产保全符合法律、司法解释规定情形的，应当在法定期限内及时解除保全措施。

适用本案由需要注意的问题

◆营业信托纠纷属于合同纠纷，该类纠纷案件的管辖适用合同纠纷案件的管辖的一般原则，根据《民事诉讼法》第 24 条的规定，由被告住所地或者合同履行地人民法院管辖。对于以上海证券交易所和深圳证券交易所为被告或第三人的、与证券交易所监督管理相关的第一审民事信托纠纷案件的管辖，根据《最高人民法院关于对与证券交易所监管职能相关的诉讼案件管辖与受理问题的规定》，由上海证券交易所和深圳证券交易所所在地的中级人民法院管辖。

◆在适用本案由时，应当注意民事信托、营业信托和公益信托的不同。营业信托的委托人是以营利为目的，区别于民事信托中委托人以个人财产为抚养、赡养、遗产继承等为主要目的。

332. 公益信托纠纷

案由解析

公益信托是委托人为了不特定的社会公众利益而设立的信托。信托当事人基于信托关系而产生的一系列纠纷称为公益信托纠纷。为《信托法》第 60 条规定的情形设立的信托均属于公益信托。

公益信托的特点主要有：（1）目的必须是完全为了社会公共利益。（2）受益人是不完全确定的。（3）公益信托必须取得有关主管部门批准。（4）接受社会公众和国家有关机构监督。（5）不得中途解除合同。公益信托的种类主要有：（1）公众信托，委托人为一定范围内的公众的利益而设立的信托。

（2）公共机构信托，为促进公共机构的管理发展而设立的信托，可以提高公共机构的运行效率。（3）慈善性剩余信托，由捐款人设立的一种慈善信托，捐款人可将一部分信托收益用于自己及家庭的生活，剩余部分转给慈善机构。慈善性剩余信托有三种做法：慈善性剩余年金信托、慈善性剩余单一信托、共同收入基金。

常用法律条文及索引

《中华人民共和国信托法》（2001 年 4 月 28 日公布　2001 年 10 月 1 日施行）

第六十条　为了下列公共利益目的之一而设立的信托，属于公益信托：

（一）救济贫困；

（二）救助灾民；

（三）扶助残疾人；

（四）发展教育、科技、文化、艺术、体育事业；

（五）发展医疗卫生事业；

（六）发展环境保护事业，维护生态环境；

（七）发展其他社会公益事业。

第六十二条　公益信托的设立和确定其受托人，应当经有关公益事业的管理机构（以下简称公益事业管理机构）批准。

未经公益事业管理机构的批准，不得以公益信托的名义进行活动。

公益事业管理机构对于公益信托活动应当给予支持。

第六十三条　公益信托的信托财产及其收益，不得用于非公益目的。

第六十四条　公益信托应当设置信托监察人。

信托监察人由信托文件规定。信托文件未规定的，由公益事业管理机构指定。

第六十五条　信托监察人有权以自己的名义，为维护受益人的利益，提起诉讼或者实施其他法律行为。

第六十六条　公益信托的受托人未经公益事业管理机构批准，不得辞任。

第六十七条　公益事业管理机构应当检查受托人处理公益信托事务的情况及财产状况。

受托人应当至少每年一次作出信托事务处理情况及财产状况报告，经信托监察人认可后，报公益事业管理机构核准，并由受托人予以公告。

第六十八条　公益信托的受托人违反信托义务或者无能力履行其职责的，由公益事业管理机构变更受托人。

第六十九条　公益信托成立后，发生设立信托时不能预见的情形，公益事业管理机构可以根据信托目的，变更信托文件中的有关条款。

第七十条　公益信托终止的，受托人应当于终止事由发生之日起十五日内，将终止事由和终止日期报告公益事业管理机构。

第七十一条　公益信托终止的，受托人作出的处理信托事务的清算报告，应当经信托监察人认可后，报公益事业管理机构核准，并由受托人予以公告。

第七十二条　公益信托终止，没有信托财产权利归属人或者信托财产权利归属人是不特定的社会公众的，经公益事业管理机构批准，受托人应当将信托财产用于与原公益目的相近似的目的，或者将信托财产转移给具有近似目的的公益组织或者其他公益信托。

第七十三条　公益事业管理机构违反本法规定的，委托人、受托人或者受益人有权向人民法院起诉。

适用本案由需要注意的问题

◆公益信托纠纷属于合同纠纷，该类纠纷案件的管辖适用合同纠纷案件管辖的一般原则，根据《民事诉讼法》第 24 条的规定，由被告住所地或者合同履行地人民法院管辖。

◆在适用本案由时，应当注意民事信托、营业信托和公益信托的不同。公益信托的最大特点在于它的公益性，不是以谋取私人利益、谋取盈利为目的的。

二十七、保险纠纷

333. 财产保险合同纠纷

（1）财产损失保险合同纠纷
（2）责任保险合同纠纷
（3）信用保险合同纠纷
（4）保证保险合同纠纷
（5）保险人代位求偿权纠纷

案由解析

财产保险合同是指以特定的财产或财产利益为保险标的所订立的合同。财产保险合同具体包括财产损失保险合同、责任保险合同、信用保险合同、保证保险合同等。

财产损失保险合同是指以各种有形的物质财富，也可以是无形的、与财产有关的利益为保险标的所订立的合同；责任保险合同是以被保险人的民事损害赔偿责任作为保险对象所订立的保险合同；信用保险合同是以信用风险作为保险标的的财产保险合同；保证保险合同是指保险人向被保险人提供担保而成立的保险合同；保险人的代位求偿权是指因第三者对保险标的的损害而造成保险事故的，保险人自向被保险人赔偿保险金之日起，在赔偿金额范围内代位行使被保险人对第三者请求赔偿的权利。

财产保险合同除具备一般保险合同的特征外，还有以下特点：(1) 财产保险合同的标的是特定的财产或者与财产有关的利益，其保险标的既包括有形的物质财富，又包括无形的经济利益。(2) 财产保险合同是一种填补损失的合同，被保险人不得获取超过实际损失的赔偿。(3) 财产保险合同中约定的保险金额不得超过保险价值。

典型形态

在实践中，财产保险合同纠纷主要有：

（1）财产损失保险合同纠纷，是指当事人之间因以各种有形的物质财产、相关的利益及其责任为保险标的的财产损失保险合同的订立、履行等产生的各种纠纷。财产损失保险合同包括企业财产保险合同、家庭财产保险合同、运输保险合同、货物运输保险合同、农业保险合同等。

（2）责任保险合同纠纷，是指当事人之间因责任保险合同的订立、履行、终止等发生的各种纠纷。包括以下几种主要责任保险：公众责任保险、产品责任保险、雇主责任保险、职业责任保险等。

（3）信用保险合同纠纷，是指当事人之间因信用保险合同的成立、履行等发生的各种纠纷，包括商业信用保险、投资信用保险、出口信用保险。

（4）保证保险合同纠纷，是指当事人之间因保证保险合同的订立、履行等产生的各种纠纷。

（5）保险人代位求偿权纠纷，是指保险人在行使代位求偿权中所产生的各种纠纷。行使代位求偿权时应注意：保险事故必须是第三人造成的，且必须与第三人的过错存在因果关系；代位权的取得须以保险人已给付保险赔偿金为前提。

常用法律条文及索引

《中华人民共和国民法典》（2020 年 5 月 28 日公布 2021 年 1 月 1 日施行）

第一百四十八条 一方以欺诈手段，使对方在违背真实意思的情况下实施的民事法律行为，受欺诈方有权请求人民法院或者仲裁机构予以撤销。

第一百四十九条 第三人实施欺诈行为，使一方在违背真实意思的情况下实施的民事法律行为，对方知道或者应当知道该欺诈行为的，受欺诈方有权请求人民法院或者仲裁机构予以撤销。

第一百五十条 一方或者第三人以胁迫手段，使对方在违背真实意思的情况下实施的民事法律行为，受胁迫方有权请求人民法院或者仲裁机构予以撤销。

第一百五十一条 一方利用对方处于危困状态、缺乏判断能力等情形，致使民事法律行为成立时显失公平的，受损害方有权请求人民法院或者仲裁机构予以撤销。

第一百五十三条 违反法律、行政法规的强制性规定的民事法律行为无效。但是，该强制性规定不导致该民事法律行为无效的除外。

违背公序良俗的民事法律行为无效。

第一百五十四条 行为人与相对人恶意串通，损害他人合法权益的民事法律行为无效。

第一百五十七条 民事法律行为无效、被撤销或者确定不发生效力后，行为人因该行为取得的财产，应当予以返还；不能返还或者没有必要返还的，应当折价补偿。有过错的一方应当赔偿对方由此所受到的损失；各方都有过错的，应当各自承担相应的责任。法律另有规定的，依照其规定。

第一百八十六条 因当事人一方的违约行为，损害对方人身权益、财产权益的，受损害方有权选择请求其承担违约责任或者侵权责任。

第四百六十五条 依法成立的合同，受法律保护。

依法成立的合同，仅对当事人具有法律约束力，但是法律另有规定的除外。

第五百零六条 合同中的下列免责条款无效：

（一）造成对方人身损害的；

（二）因故意或者重大过失造成对方财产损失的。

第五百六十二条 当事人协商一致，可以解除合同。

当事人可以约定一方解除合同的事由。解除合同的事由发生时，解除权人可以解除合同。

第五百六十三条 有下列情形之一的，当事人可以解除合同：

（一）因不可抗力致使不能实现合同目的；

（二）在履行期限届满前，当事人一方明确表示或者以自己的行为表明不履行主要债务；

（三）当事人一方迟延履行主要债务，经催告后在合理期限内仍未履行；

（四）当事人一方迟延履行债务或者有其他违约行为致使不能实现合同目的；

（五）法律规定的其他情形。

以持续履行的债务为内容的不定期合同，当事人可以随时解除合同，但是应当在合理期限之前通知对方。

第五百六十六条 合同解除后，尚未履行的，终止履行；已经履行的，根据履行情况和合同性质，当事人可以请求恢复原状或者采取其他补救措施，并有权请求赔偿损失。

合同因违约解除的，解除权人可以请求违约方承担违约责任，但是当事人另有约定的除外。

主合同解除后，担保人对债务人应当承担的民事责任仍应当承担担保责任，但是担保合同另有约定的除外。

第五百七十七条　当事人一方不履行合同义务或者履行合同义务不符合约定的，应当承担继续履行、采取补救措施或者赔偿损失等违约责任。

第五百七十八条　当事人一方明确表示或者以自己的行为表明不履行合同义务的，对方可以在履行期限届满前请求其承担违约责任。

《中华人民共和国保险法》（2015年4月24日修正）

第二十三条　保险人收到被保险人或者受益人的赔偿或者给付保险金的请求后，应当及时作出核定；情形复杂的，应当在三十日内作出核定，但合同另有约定的除外。保险人应当将核定结果通知被保险人或者受益人；对属于保险责任的，在与被保险人或者受益人达成赔偿或者给付保险金的协议后十日内，履行赔偿或者给付保险金义务。保险合同对赔偿或者给付保险金的期限有约定的，保险人应当按照约定履行赔偿或者给付保险金义务。

保险人未及时履行前款规定义务的，除支付保险金外，应当赔偿被保险人或者受益人因此受到的损失。

任何单位和个人不得非法干预保险人履行赔偿或者给付保险金的义务，也不得限制被保险人或者受益人取得保险金的权利。

第四十八条　保险事故发生时，被保险人对保险标的不具有保险利益的，不得向保险人请求赔偿保险金。

第四十九条　保险标的转让的，保险标的的受让人承继被保险人的权利和义务。

保险标的转让的，被保险人或者受让人应当及时通知保险人，但货物运输保险合同和另有约定的合同除外。

因保险标的转让导致危险程度显著增加的，保险人自收到前款规定的通知之日起三十日内，可以按照合同约定增加保险费或者解除合同。保险人解除合同的，应当将已收取的保险费，按照合同约定扣除自保险责任开始之日起至合同解除之日止应收的部分后，退还投保人。

被保险人、受让人未履行本条第二款规定的通知义务的，因转让导致保险标的危险程度显著增加而发生的保险事故，保险人不承担赔偿保险金的责任。

第五十条　货物运输保险合同和运输工具航程保险合同，保险责任开始后，合同当事人不得解除合同。

第五十一条　被保险人应当遵守国家有关消防、安全、生产操作、劳动保护等方面的规定，维护保险标的的安全。

保险人可以按照合同约定对保险标的的安全状况进行检查，及时向投保人、被保险人提出消除不安全因素和隐患的书面建议。

投保人、被保险人未按照约定履行其对保险标的的安全应尽责任的，保险人有权要求增加保险费或者解除合同。

保险人为维护保险标的的安全，经被保险人同意，可以采取安全预防措施。

第五十九条　保险事故发生后，保险人已支付了全部保险金额，并且保险金额等于保险价值的，受损保险标的的全部权利归于保险人；保险金额低于保险价值的，保险人按照保险金额与保险价值的比例取得受损保险标的的部分权利。

第六十条　因第三者对保险标的的损害而造成保险事故的，保险人自向被保险人赔偿保险金之日起，在赔偿金额范围内代位行使被保险人对第三者请求赔偿的权利。

前款规定的保险事故发生后，被保险人已经从第三者取得损害赔偿的，保险人赔偿保险金时，可以相应扣减被保险人从第三者已取得的赔偿金额。

保险人依照本条第一款规定行使代位请求赔偿的权利，不影响被保险人就未取得赔偿的部分向第三者请求赔偿的权利。

第六十一条　保险事故发生后，保险人未赔偿保险金之前，被保险人放弃对第三者请求赔偿的权利的，保险人不承担赔偿保险金的责任。

保险人向被保险人赔偿保险金后，被保险人未经保险人同意放弃对第三者请求赔偿的权利的，该行为无效。

被保险人故意或者因重大过失致使保险人不能行使代位请求赔偿的权利的，保险人可以扣减或者要求返还相应的保险金。

第六十二条　除被保险人的家庭成员或者其组成人员故意造成本法第六十条第一款规定的保险事故外，保险人不得对被保险人的家庭成员或者其组成人员行使代位请求赔偿的权利。

第六十三条　保险人向第三者行使代位请求赔偿的权利时，被保险人应当向保险人提供必要的文件和所知道的有关情况。

第六十五条　保险人对责任保险的被保险人给第三者造成的损害，可以依照法律的规定或者合同的约定，直接向该第三者赔偿保险金。

责任保险的被保险人给第三者造成损害，被保险人对第三者应负的赔偿责任确定的，根据被保险人的请求，保险人应当直接向该第三者赔偿保险金。被保险人怠于请求的，第三者有权就其应获赔偿部分直接向保险人请求赔偿保险金。

责任保险的被保险人给第三者造成损害，被保险人未向该第三者赔偿的，保险人不得向被保险人赔偿保险金。

责任保险是指以被保险人对第三者依法应负的赔偿责任为保险标的的保险。

第六十六条　责任保险的被保险人因给第三者造成损害的保险事故而被提起仲裁或者诉讼的，被保险人支付的仲裁或者诉讼费用以及其他必要的、合理的费用，除合同另有约定外，由保险人承担。

《最高人民法院关于适用〈中华人民共和国保险法〉若干问题的解释(二)》（法释〔2013〕14号　2020年12月23日修正）

第一条　财产保险中，不同投保人就同一保险标的分别投保，保险事故发生后，被保险人在其保险利益范围内依据保险合同主张保险赔偿的，人民法院应予支持。

第二条　人身保险中，因投保人对被保险人不具有保险利益导致保险合同无效，投保人主张保险人退还扣减相应手续费后的保险费的，人民法院应予支持。

第三条　投保人或者投保人的代理人订立保险合同时没有亲自签字或者盖章，而由保险人或者保险人的代理人代为签字或者盖章的，对投保人不生效。但投保人已经交纳保险费的，视为其对代签字或者盖章行为的追认。

保险人或者保险人的代理人代为填写保险单证后经投保人签字或者盖章确认的，代为填写的内容视为投保人的真实意思表示。但有证据证明保险人或者保险人的代理人存在保险法第一百一十六条、第一百三十一条相关规定情形的除外。

第四条　保险人接受了投保人提交的投保单并收取了保险费，尚未作出是否承保的意思表示，发生保险事故，被保险人或者受益人请求保险人按照保险合同承担赔偿或者给付保险金责任，符合承保条件的，人民法院应予支持；不符合承保条件的，保险人不承担保险责任，但应当退还已经收取的保险费。

保险人主张不符合承保条件的，应承担举证责任。

第五条　保险合同订立时，投保人明知的与保险标的或者被保险人有关的情况，属于保险法第十六条第一款规定的投保人“应当如实告知”的内容。

第六条 投保人的告知义务限于保险人询问的范围和内容。当事人对询问范围及内容有争议的，保险人负举证责任。

保险人以投保人违反了对投保单询问表中所列概括性条款的如实告知义务为由请求解除合同的，人民法院不予支持。但该概括性条款有具体内容的除外。

第七条 保险人在保险合同成立后知道或者应当知道投保人未履行如实告知义务，仍然收取保险费，又依照保险法第十六条第二款的规定主张解除合同的，人民法院不予支持。

第八条 保险人未行使合同解除权，直接以存在保险法第十六条第四款、第五款规定的情形为由拒绝赔偿的，人民法院不予支持。但当事人就拒绝赔偿事宜及保险合同存续另行达成一致的情况除外。

第九条 保险人提供的格式合同文本中的责任免除条款、免赔额、免赔率、比例赔付或者给付等免除或者减轻保险人责任的条款，可以认定为保险法第十七条第二款规定的“免除保险人责任的条款”。

保险人因投保人、被保险人违反法定或者约定义务，享有解除合同权利的条款，不属于保险法第十七条第二款规定的“免除保险人责任的条款”。

第十条 保险人将法律、行政法规中的禁止性规定情形作为保险合同免责条款的免责事由，保险人对该条款作出提示后，投保人、被保险人或者受益人以保险人未履行明确说明义务为由主张该条款不成为合同内容的，人民法院不予支持。

第十一条 保险合同订立时，保险人在投保单或者保险单等其他保险凭证上，对保险合同中免除保险人责任的条款，以足以引起投保人注意的文字、字体、符号或者其他明显标志作出提示的，人民法院应当认定其履行了保险法第十七条第二款规定的提示义务。

保险人对保险合同中有关免除保险人责任条款的概念、内容及其法律后果以书面或者口头形式向投保人作出常人能够理解的解释说明的，人民法院应当认定保险人履行了保险法第十七条第二款规定的明确说明义务。

第十二条 通过网络、电话等方式订立的保险合同，保险人以网页、音频、视频等形式对免除保险人责任条款予以提示和明确说明的，人民法院可以认定其履行了提示和明确说明义务。

第十三条 保险人对其履行了明确说明义务负举证责任。

投保人对保险人履行了符合本解释第十一条第二款要求的明确说明义务

在相关文书上签字、盖章或者以其他形式予以确认的，应当认定保险人履行了该项义务。但另有证据证明保险人未履行明确说明义务的除外。

第十四条　保险合同中记载的内容不一致的，按照下列规则认定：

（一）投保单与保险单或者其他保险凭证不一致的，以投保单为准。但不一致的情形系经保险人说明并经投保人同意的，以投保人签收的保险单或者其他保险凭证载明的内容为准；

（二）非格式条款与格式条款不一致的，以非格式条款为准；

（三）保险凭证记载的时间不同的，以形成时间在后的为准；

（四）保险凭证存在手写和打印两种方式的，以双方签字、盖章的手写部分的内容为准。

第十五条　保险法第二十三条规定的三十日核定期间，应自保险人初次收到索赔请求及投保人、被保险人或者受益人提供的有关证明和资料之日起算。

保险人主张扣除投保人、被保险人或者受益人补充提供有关证明和资料期间的，人民法院应予支持。扣除期间自保险人根据保险法第二十二条规定作出的通知到达投保人、被保险人或者受益人之日起，至投保人、被保险人或者受益人按照通知要求补充提供的有关证明和资料到达保险人之日止。

第十六条　保险人应以自己的名义行使保险代位求偿权。

根据保险法第六十条第一款的规定，保险人代位求偿权的诉讼时效期间应自其取得代位求偿权之日起算。

第十七条　保险人在其提供的保险合同格式条款中对非保险术语所作的解释符合专业意义，或者虽不符合专业意义，但有利于投保人、被保险人或者受益人的，人民法院应予认可。

第十八条　行政管理部门依据法律规定制作的交通事故认定书、火灾事故认定书等，人民法院应当依法审查并确认其相应的证明力，但有相反证据能够推翻的除外。

第十九条　保险事故发生后，被保险人或者受益人起诉保险人，保险人以被保险人或者受益人未要求第三者承担责任为由抗辩不承担保险责任的，人民法院不予支持。

财产保险事故发生后，被保险人就其所受损失从第三者取得赔偿后的不足部分提起诉讼，请求保险人赔偿的，人民法院应予依法受理。

第二十条　保险公司依法设立并取得营业执照的分支机构属于《中华人民共和国民事诉讼法》第四十八条规定的其他组织，可以作为保险合同纠纷案件的当事人参加诉讼。

《最高人民法院关于适用〈中华人民共和国保险法〉若干问题的解释(四)》（法释〔2018〕13号　2020年12月23日修正）

第一条　保险标的已交付受让人，但尚未依法办理所有权变更登记，承担保险标的毁损灭失风险的受让人，依照保险法第四十八条、第四十九条的规定主张行使被保险人权利的，人民法院应予支持。

第二条　保险人已向投保人履行了保险法规定的提示和明确说明义务，保险标的受让人以保险标的转让后保险人未向其提示或者明确说明为由，主张免除保险人责任的条款不成为合同内容的，人民法院不予支持。

第三条　被保险人死亡，继承保险标的的当事人主张承继被保险人的权利和义务的，人民法院应予支持。

第四条　人民法院认定保险标的是否构成保险法第四十九条、第五十二条规定的“危险程度显著增加”时，应当综合考虑以下因素：

（一）保险标的用途的改变；

（二）保险标的使用范围的改变；

（三）保险标的所处环境的变化；

（四）保险标的因改装等原因引起的变化；

（五）保险标的使用人或者管理人的改变；

（六）危险程度增加持续的时间；

（七）其他可能导致危险程度显著增加的因素。

保险标的危险程度虽然增加，但增加的危险属于保险合同订立时保险人预见或者应当预见的保险合同承保范围的，不构成危险程度显著增加。

第五条　被保险人、受让人依法及时向保险人发出保险标的转让通知后，保险人作出答复前，发生保险事故，被保险人或者受让人主张保险人按照保险合同承担赔偿保险金的责任的，人民法院应予支持。

第六条　保险事故发生后，被保险人依照保险法第五十七条的规定，请求保险人承担为防止或者减少保险标的的损失所支付的必要、合理费用，保险人以被保险人采取的措施未产生实际效果为由抗辩的，人民法院不予支持。

第七条　保险人依照保险法第六十条的规定，主张代位行使被保险人因第三者侵权或者违约等享有的请求赔偿的权利的，人民法院应予支持。

第八条　投保人和被保险人为不同主体，因投保人对保险标的的损害而造成保险事故，保险人依法主张代位行使被保险人对投保人请求赔偿的权利的，人民法院应予支持，但法律另有规定或者保险合同另有约定的除外。

第九条　在保险人以第三者为被告提起的代位求偿权之诉中，第三者以被保险人在保险合同订立前已放弃对其请求赔偿的权利为由进行抗辩，人民法院认定上述放弃行为合法有效，保险人就相应部分主张行使代位求偿权的，人民法院不予支持。

保险合同订立时，保险人就是否存在上述放弃情形提出询问，投保人未如实告知，导致保险人不能代位行使请求赔偿的权利，保险人请求返还相应保险金的，人民法院应予支持，但保险人知道或者应当知道上述情形仍同意承保的除外。

第十条　因第三者对保险标的的损害而造成保险事故，保险人获得代位请求赔偿的权利的情况未通知第三者或者通知到达第三者前，第三者在被保险人已经从保险人处获赔的范围内又向被保险人作出赔偿，保险人主张代位行使被保险人对第三者请求赔偿的权利的，人民法院不予支持。保险人就相应保险金主张被保险人返还的，人民法院应予支持。

保险人获得代位请求赔偿的权利的情况已经通知到第三者，第三者又向被保险人作出赔偿，保险人主张代位行使请求赔偿的权利，第三者以其已经向被保险人赔偿为由抗辩的，人民法院不予支持。

第十一条　被保险人因故意或者重大过失未履行保险法第六十三条规定的义务，致使保险人未能行使或者未能全部行使代位请求赔偿的权利，保险人主张在其损失范围内扣减或者返还相应保险金的，人民法院应予支持。

第十二条　保险人以造成保险事故的第三者为被告提起代位求偿权之诉的，以被保险人与第三者之间的法律关系确定管辖法院。

第十三条　保险人提起代位求偿权之诉时，被保险人已经向第三者提起诉讼的，人民法院可以依法合并审理。

保险人行使代位求偿权时，被保险人已经向第三者提起诉讼，保险人向受理该案的人民法院申请变更当事人，代位行使被保险人对第三者请求赔偿的权利，被保险人同意的，人民法院应予准许；被保险人不同意的，保险人可以作为共同原告参加诉讼。

第十四条　具有下列情形之一的，被保险人可以依照保险法第六十五条第二款的规定请求保险人直接向第三者赔偿保险金：

（一）被保险人对第三者所负的赔偿责任经人民法院生效裁判、仲裁裁决确认；

（二）被保险人对第三者所负的赔偿责任经被保险人与第三者协商一致；

（三）被保险人对第三者应负的赔偿责任能够确定的其他情形。

前款规定的情形下，保险人主张按照保险合同确定保险赔偿责任的，人民法院应予支持。

第十五条　被保险人对第三者应负的赔偿责任确定后，被保险人不履行赔偿责任，且第三者以保险人为被告或者以保险人与被保险人为共同被告提起诉讼时，被保险人尚未向保险人提出直接向第三者赔偿保险金的请求的，可以认定为属于保险法第六十五条第二款规定的“被保险人怠于请求”的情形。

第十六条　责任保险的被保险人因共同侵权依法承担连带责任，保险人以该连带责任超出被保险人应承担的责任份额为由，拒绝赔付保险金的，人民法院不予支持。保险人承担保险责任后，主张就超出被保险人责任份额的部分向其他连带责任人追偿的，人民法院应予支持。

第十七条　责任保险的被保险人对第三者所负的赔偿责任已经生效判决确认并已进入执行程序，但未获得清偿或者未获得全部清偿，第三者依法请求保险人赔偿保险金，保险人以前述生效判决已进入执行程序为由抗辩的，人民法院不予支持。

第十八条　商业责任险的被保险人向保险人请求赔偿保险金的诉讼时效期间，自被保险人对第三者应负的赔偿责任确定之日起计算。

第十九条　责任保险的被保险人与第三者就被保险人的赔偿责任达成和解协议且经保险人认可，被保险人主张保险人在保险合同范围内依据和解协议承担保险责任的，人民法院应予支持。

被保险人与第三者就被保险人的赔偿责任达成和解协议，未经保险人认可，保险人主张对保险责任范围以及赔偿数额重新予以核定的，人民法院应予支持。

第二十条　责任保险的保险人在被保险人向第三者赔偿之前向被保险人赔偿保险金，第三者依照保险法第六十五条第二款的规定行使保险金请求权时，保险人以其已向被保险人赔偿为由拒绝赔偿保险金的，人民法院不予支持。保险人向第三者赔偿后，请求被保险人返还相应保险金的，人民法院应予支持。

《全国法院民商事审判工作会议纪要》（法〔2019〕254号　2019年11月8日公布）

97.【未依约支付保险费的合同效力】当事人在财产保险合同中约定以投保人支付保险费作为合同生效条件，但对该生效条件是否为全额支付保险费约定不明，已经支付了部分保险费的投保人主张保险合同已经生效的，人民法院依法予以支持。

98.【仲裁协议对保险人的效力】被保险人和第三者在保险事故发生前达成的仲裁协议，对行使保险代位求偿权的保险人是否具有约束力，实务中存在争议。保险代位求偿权是一种法定债权转让，保险人在向被保险人赔偿保险金后，有权行使被保险人对第三者请求赔偿的权利。被保险人和第三者在保险事故发生前达成的仲裁协议，对保险人具有约束力。考虑到涉外民商事案件的处理常常涉及国际条约、国际惯例的适用，相关问题具有特殊性，故具有涉外因素的民商事纠纷案件中该问题的处理，不纳入本条规范的范围。

99.【直接索赔的诉讼时效】商业责任保险的被保险人给第三者造成损害，被保险人对第三者应当承担的赔偿责任确定后，保险人应当根据被保险人的请求，直接向第三者赔偿保险金。被保险人怠于提出请求的，第三者有权依据《保险法》第 65 条第 2 款的规定，就其应获赔偿部分直接向保险人请求赔偿保险金。保险人拒绝赔偿的，第三者请求保险人直接赔偿保险金的诉讼时效期间的起算时间如何认定，实务中存在争议。根据诉讼时效制度的基本原理，第三者请求保险人直接赔偿保险金的诉讼时效期间，自其知道或者应当知道向保险人的保险金赔偿请求权行使条件成就之日起计算。

适用本案由需要注意的问题

◆根据《民事诉讼法》第 25 条的规定，因保险合同纠纷提起的诉讼，由被告住所地或者保险标的物所在地人民法院管辖。根据《最高人民法院关于适用〈中华人民共和国民事诉讼法〉的解释》第 21 条的规定，因财产保险合同纠纷提起的诉讼，如果保险标的物是运输工具或者运输中的货物，可以由运输工具登记注册地、运输目的地、保险事故发生地人民法院管辖。

334. 人身保险合同纠纷

（1）人寿保险合同纠纷

（2）意外伤害保险合同纠纷

（3）健康保险合同纠纷

案由解析

人身保险合同是指以人的寿命和身体为保险标的的保险合同。根据所保障的风险不同，可将其分为人寿保险合同、意外伤害保险合同、健康保险合同等类型。

人寿保险合同是以被保险人的寿命为保险标的的保险合同，其基本种类有死亡保险合同、生存保险合同、生死两全保险合同、简易人身保险合同和年金保险合同等。

意外伤害保险合同（伤害保险合同）是以被保险人遭受意外伤害及由此致残或死亡为保险标的的人身保险合同。伤害保险可分为：普通伤害保险、团体伤害保险、旅行伤害保险、交通事故伤害保险、职业伤害保险等。

健康保险合同（又称疾病保险合同），是指以被保险人患病、分娩及因此而引发的疾病或死亡为保险标的的保险合同。健康保险包括医疗费给付保险、工资收入保险、业务所得保险以及残疾、死亡保险等。

典型形态

在实践中，人身保险合同纠纷的典型形态主要有：

（1）人寿保险合同纠纷，是指当事人之间因人寿保险合同的订立、履行等产生的各种纠纷。

（2）意外伤害保险合同纠纷，是指当事人之间因意外伤害保险合同的订立、履行、终止等发生的各种纠纷。

（3）健康保险合同纠纷，是指当事人之间因健康保险合同的成立、履行等发生的各种纠纷。

常用法律条文及索引

《中华人民共和国保险法》（2015 年 4 月 24 日修正）

第三十一条 投保人对下列人员具有保险利益：

（一）本人；

（二）配偶、子女、父母；

（三）前项以外与投保人有抚养、赡养或者扶养关系的家庭其他成员、近亲属；

（四）与投保人有劳动关系的劳动者。

除前款规定外，被保险人同意投保人为其订立合同的，视为投保人对被保险人具有保险利益。

订立合同时，投保人对被保险人不具有保险利益的，合同无效。

第三十二条 投保人申报的被保险人年龄不真实，并且其真实年龄不符合合同约定的年龄限制的，保险人可以解除合同，并按照合同约定退还保险单的现金价值。保险人行使合同解除权，适用本法第十六条第三款、第六款的规定。

投保人申报的被保险人年龄不真实，致使投保人支付的保险费少于应付保险费的，保险人有权更正并要求投保人补交保险费，或者在给付保险金时按照实付保险费与应付保险费的比例支付。

投保人申报的被保险人年龄不真实，致使投保人支付的保险费多于应付保险费的，保险人应当将多收的保险费退还投保人。

第三十三条　投保人不得为无民事行为能力人投保以死亡为给付保险金条件的人身保险，保险人也不得承保。

父母为其未成年子女投保的人身保险，不受前款规定限制。但是，因被保险人死亡给付的保险金总和不得超过国务院保险监督管理机构规定的限额。

第三十四条　以死亡为给付保险金条件的合同，未经被保险人同意并认可保险金额的，合同无效。

按照以死亡为给付保险金条件的合同所签发的保险单，未经被保险人书面同意，不得转让或者质押。

父母为其未成年子女投保的人身保险，不受本条第一款规定限制。

第三十五条　投保人可以按照合同约定向保险人一次支付全部保险费或者分期支付保险费。

第三十六条　合同约定分期支付保险费，投保人支付首期保险费后，除合同另有约定外，投保人自保险人催告之日起超过三十日未支付当期保险费，或者超过约定的期限六十日未支付当期保险费的，合同效力中止，或者由保险人按照合同约定的条件减少保险金额。

被保险人在前款规定期限内发生保险事故的，保险人应当按照合同约定给付保险金，但可以扣减欠交的保险费。

第三十七条　合同效力依照本法第三十六条规定中止的，经保险人与投保人协商并达成协议，在投保人补交保险费后，合同效力恢复。但是，自合同效力中止之日起满二年双方未达成协议的，保险人有权解除合同。

保险人依照前款规定解除合同的，应当按照合同约定退还保险单的现金价值。

第三十八条　保险人对人寿保险的保险费，不得用诉讼方式要求投保人支付。

第三十九条　人身保险的受益人由被保险人或者投保人指定。

投保人指定受益人时须经被保险人同意。投保人为与其有劳动关系的劳动者投保人身保险，不得指定被保险人及其近亲属以外的人为受益人。

被保险人为无民事行为能力人或者限制民事行为能力人的，可以由其监护人指定受益人。

第四十条　被保险人或者投保人可以指定一人或者数人为受益人。

受益人为数人的，被保险人或者投保人可以确定受益顺序和受益份额；未确定受益份额的，受益人按照相等份额享有受益权。

第四十一条　被保险人或者投保人可以变更受益人并书面通知保险人。保险人收到变更受益人的书面通知后，应当在保险单或者其他保险凭证上批注或者附贴批单。

投保人变更受益人时须经被保险人同意。

第四十二条　被保险人死亡后，有下列情形之一的，保险金作为被保险人的遗产，由保险人依照《中华人民共和国继承法》的规定履行给付保险金的义务：

（一）没有指定受益人，或者受益人指定不明无法确定的；

（二）受益人先于被保险人死亡，没有其他受益人的；

（三）受益人依法丧失受益权或者放弃受益权，没有其他受益人的。

受益人与被保险人在同一事件中死亡，且不能确定死亡先后顺序的，推定受益人死亡在先。

第四十三条　投保人故意造成被保险人死亡、伤残或者疾病的，保险人不承担给付保险金的责任。投保人已交足二年以上保险费的，保险人应当按照合同约定向其他权利人退还保险单的现金价值。

受益人故意造成被保险人死亡、伤残、疾病的，或者故意杀害被保险人未遂的，该受益人丧失受益权。

第四十四条　以被保险人死亡为给付保险金条件的合同，自合同成立或者合同效力恢复之日起二年内，被保险人自杀的，保险人不承担给付保险金的责任，但被保险人自杀时为无民事行为能力人的除外。

保险人依照前款规定不承担给付保险金责任的，应当按照合同约定退还保险单的现金价值。

第四十五条　因被保险人故意犯罪或者抗拒依法采取的刑事强制措施导致其伤残或者死亡的，保险人不承担给付保险金的责任。投保人已交足二年以上保险费的，保险人应当按照合同约定退还保险单的现金价值。

第四十六条　被保险人因第三者的行为而发生死亡、伤残或者疾病等保险事故的，保险人向被保险人或者受益人给付保险金后，不享有向第三者追偿的权利，但被保险人或者受益人仍有权向第三者请求赔偿。

第四十七条　投保人解除合同的，保险人应当自收到解除合同通知之日起三十日内，按照合同约定退还保险单的现金价值。

《最高人民法院关于适用〈中华人民共和国保险法〉若干问题的解释(三)》（法释〔2015〕21号　2020年12月23日修正）

第一条　当事人订立以死亡为给付保险金条件的合同，根据保险法第三十四条的规定，“被保险人同意并认可保险金额”可以采取书面形式、口头形式或者其他形式；可以在合同订立时作出，也可以在合同订立后追认。

有下列情形之一的，应认定为被保险人同意投保人为其订立保险合同并认可保险金额：

（一）被保险人明知他人代其签名同意而未表示异议的；

（二）被保险人同意投保人指定的受益人的；

（三）有证据足以认定被保险人同意投保人为其投保的其他情形。

第二条　被保险人以书面形式通知保险人和投保人撤销其依据保险法第三十四条第一款规定所作出的同意意思表示的，可认定为保险合同解除。

第三条　人民法院审理人身保险合同纠纷案件时，应主动审查投保人订立保险合同时是否具有保险利益，以及以死亡为给付保险金条件的合同是否经过被保险人同意并认可保险金额。

第四条　保险合同订立后，因投保人丧失对被保险人的保险利益，当事人主张保险合同无效的，人民法院不予支持。

第五条　保险合同订立时，被保险人根据保险人的要求在指定医疗服务机构进行体检，当事人主张投保人如实告知义务免除的，人民法院不予支持。

保险人知道被保险人的体检结果，仍以投保人未就相关情况履行如实告知义务为由要求解除合同的，人民法院不予支持。

第六条　未成年人父母之外的其他履行监护职责的人为未成年人订立以死亡为给付保险金条件的合同，当事人主张参照保险法第三十三条第二款、第三十四条第三款的规定认定该合同有效的，人民法院不予支持，但经未成年人父母同意的除外。

第七条　当事人以被保险人、受益人或者他人已经代为支付保险费为由，主张投保人对应的交费义务已经履行的，人民法院应予支持。

第八条 保险合同效力依照保险法第三十六条规定中止，投保人提出恢复效力申请并同意补交保险费的，除被保险人的危险程度在中止期间显著增加外，保险人拒绝恢复效力的，人民法院不予支持。

保险人在收到恢复效力申请后，三十日内未明确拒绝的，应认定为同意恢复效力。

保险合同自投保人补交保险费之日恢复效力。保险人要求投保人补交相应利息的，人民法院应予支持。

第九条 投保人指定受益人未经被保险人同意的，人民法院应认定指定行为无效。

当事人对保险合同约定的受益人存在争议，除投保人、被保险人在保险合同之外另有约定外，按以下情形分别处理：

（一）受益人约定为“法定”或者“法定继承人”的，以民法典规定的法定继承人为受益人；

（二）受益人仅约定为身份关系，投保人与被保险人为同一主体的，根据保险事故发生时与被保险人的身份关系确定受益人；投保人与被保险人为不同主体的，根据保险合同成立时与被保险人的身份关系确定受益人；

（三）约定的受益人包括姓名和身份关系，保险事故发生时身份关系发生变化的，认定为未指定受益人。

第十条 投保人或者被保险人变更受益人，当事人主张变更行为自变更意思表示发出时生效的，人民法院应予支持。

投保人或者被保险人变更受益人未通知保险人，保险人主张变更对其不发生效力的，人民法院应予支持。

投保人变更受益人未经被保险人同意的，人民法院应认定变更行为无效。

第十一条 投保人或者被保险人在保险事故发生后变更受益人，变更后的受益人请求保险人给付保险金的，人民法院不予支持。

第十二条 投保人或者被保险人指定数人为受益人，部分受益人在保险事故发生前死亡、放弃受益权或者依法丧失受益权的，该受益人应得的受益份额按照保险合同的约定处理；保险合同没有约定或者约定不明的，该受益人应得的受益份额按照以下情形分别处理：

（一）未约定受益顺序和受益份额的，由其他受益人平均享有；

（二）未约定受益顺序但约定受益份额的，由其他受益人按照相应比例享有；

（三）约定受益顺序但未约定受益份额的，由同顺序的其他受益人平均享有；同一顺序没有其他受益人的，由后一顺序的受益人平均享有；

（四）约定受益顺序和受益份额的，由同顺序的其他受益人按照相应比例享有；同一顺序没有其他受益人的，由后一顺序的受益人按照相应比例享有。

第十三条　保险事故发生后，受益人将与本次保险事故相对应的全部或者部分保险金请求权转让给第三人，当事人主张该转让行为有效的，人民法院应予支持，但根据合同性质、当事人约定或者法律规定不得转让的除外。

第十四条　保险金根据保险法第四十二条规定作为被保险人的遗产，被保险人的继承人要求保险人给付保险金，保险人以其已向持有保险单的被保险人的其他继承人给付保险金为由抗辩的，人民法院应予支持。

第十五条　受益人与被保险人存在继承关系，在同一事件中死亡且不能确定死亡先后顺序的，人民法院应根据保险法第四十二条第二款的规定推定受益人死亡在先，并按照保险法及本解释的相关规定确定保险金归属。

第十六条　保险合同解除时，投保人与被保险人、受益人为不同主体，被保险人或者受益人要求退还保险单的现金价值的，人民法院不予支持，但保险合同另有约定的除外。

投保人故意造成被保险人死亡、伤残或者疾病，保险人依照保险法第四十三条规定退还保险单的现金价值的，其他权利人按照被保险人、被保险人继承人的顺序确定。

第十七条　投保人解除保险合同，当事人以其解除合同未经被保险人或者受益人同意为由主张解除行为无效的，人民法院不予支持，但被保险人或者受益人已向投保人支付相当于保险单现金价值的款项并通知保险人的除外。

第十八条　保险人给付费用补偿型的医疗费用保险金时，主张扣减被保险人从公费医疗或者社会医疗保险取得的赔偿金额的，应当证明该保险产品在厘定医疗费用保险费率时已经将公费医疗或者社会医疗保险部分相应扣除，并按照扣减后的标准收取保险费。

第十九条　保险合同约定按照基本医疗保险的标准核定医疗费用，保险人以被保险人的医疗支出超出基本医疗保险范围为由拒绝给付保险金的，人民法院不予支持；保险人有证据证明被保险人支出的费用超过基本医疗保险同类医疗费用标准，要求对超出部分拒绝给付保险金的，人民法院应予支持。

第二十条 保险人以被保险人未在保险合同约定的医疗服务机构接受治疗为由拒绝给付保险金的，人民法院应予支持，但被保险人因情况紧急必须立即就医的除外。

第二十一条 保险人以被保险人自杀为由拒绝给付保险金的，由保险人承担举证责任。

受益人或者被保险人的继承人以被保险人自杀时无民事行为能力为由抗辩的，由其承担举证责任。

第二十二条 保险法第四十五条规定的“被保险人故意犯罪”的认定，应当以刑事侦查机关、检察机关和审判机关的生效法律文书或者其他结论性意见为依据。

第二十三条 保险人主张根据保险法第四十五条的规定不承担给付保险金责任的，应当证明被保险人的死亡、伤残结果与其实施的故意犯罪或者抗拒依法采取的刑事强制措施的行为之间存在因果关系。

被保险人在羁押、服刑期间因意外或者疾病造成伤残或者死亡，保险人主张根据保险法第四十五条的规定不承担给付保险金责任的，人民法院不予支持。

第二十四条 投保人为被保险人订立以死亡为给付保险金条件的保险合同，被保险人被宣告死亡后，当事人要求保险人按照保险合同约定给付保险金的，人民法院应予支持。

被保险人被宣告死亡之日在保险责任期间之外，但有证据证明下落不明之日在保险责任期间之内，当事人要求保险人按照保险合同约定给付保险金的，人民法院应予支持。

第二十五条 被保险人的损失系由承保事故或者非承保事故、免责事由造成难以确定，当事人请求保险人给付保险金的，人民法院可以按照相应比例予以支持。

适用本案由需要注意的问题

◆根据《民事诉讼法》第 25 条的规定，因保险合同纠纷提起的诉讼，由被告住所地或者保险标的物所在地人民法院管辖。

◆根据《最高人民法院关于适用〈中华人民共和国民事诉讼法〉的解释》第 21 条的规定，因人身保险合同纠纷提起的诉讼，可以由被保险人住所地人民法院管辖。

335. 再保险合同纠纷

案由解析

再保险合同是指一个保险人（再保险分出人）分出一定的保费给另一个保险人（再保险接受人），再保险接受人对再保险分出人因原保险合同引起的赔付成本及其他相关费用进行补偿的保险合同。因此类保险合同的订立、履行、终止等发生的各种纠纷，称为再保险合同纠纷。

再保险合同具有以下特点：(1) 再保险合同的主体都是保险人。(2) 再保险的保险标的是承保的保险业务。(3) 再保险合同的直接目的是分摊原保险人承担的责任。

常用法律条文及索引

《中华人民共和国保险法》（2015 年 4 月 24 日修正）

第二十八条 保险人将其承担的保险业务，以分保形式部分转移给其他保险人的，为再保险。

应再保险接受人的要求，再保险分出人应当将其自负责任及原保险的有关情况书面告知再保险接受人。

第二十九条 再保险接受人不得向原保险的投保人要求支付保险费。

原保险的被保险人或者受益人不得向再保险接受人提出赔偿或者给付保险金的请求。

再保险分出人不得以再保险接受人未履行再保险责任为由，拒绝履行或者迟延履行其原保险责任。

《再保险业务管理规定》（2021 年 4 月 23 日修订）

第六条 再保险分出人、再保险接受人和保险经纪人，对在办理再保险业务中知悉的商业秘密或其他应当保密的信息，负有保密义务。

第十一条 再保险业务分为寿险再保险和非寿险再保险。保险人对寿险再保险和非寿险再保险应当单独列账、分别核算。

第十二条 保险人应当依照《保险法》规定，确定当年总自留保险费和每一危险单位自留责任；超过的部分，应当办理再保险。

保险人对危险单位的划分应当符合银保监会的相关规定。

第十五条 再保险分出人应当及时将影响再保险定价和分保条件的重要信息向再保险接受人书面告知；再保险合同成立后，再保险分出人应当及时向再保险接受人提供重大赔案信息、赔款准备金等对再保险接受人的偿付能力计算、准备金计提及预期赔付有重大影响的信息。

第二十四条 保险人和保险经纪人可以利用金融工具开发设计新型风险转移产品。保险人应当按照有关规定向银保监会报告。

第二十五条 中国境内的专业再保险接受人，应当配备在中国境内有住所的专职再保险核保人和再保险核赔人。

适用本案由需要注意的问题

◆根据《民事诉讼法》第25条的规定，因保险合同纠纷提起的诉讼，由被告住所地或者保险标的物所在地人民法院管辖。根据《最高人民法院关于适用〈中华人民共和国民事诉讼法〉的解释》第21条的规定，因财产保险合同纠纷提起的诉讼，如果保险标的物是运输工具或者运输中的货物，可以由运输工具登记注册地、运输目的地、保险事故发生地人民法院管辖。

◆再保险合同中的再保险分出人不得以再保险人不履行为由，拒绝或延迟履行其对原被保险人的给付义务。

336. 保险经纪合同纠纷

案由解析

保险经纪合同是指保险经纪人与投保人订立的基于投保人的利益，为投保人与保险人订立保险合同提供中介服务，并依法收取佣金的合同。因保险经纪合同的成立、履行、终止等发生的各种纠纷称为保险经纪合同纠纷。

保险经纪人所从事的业务包括保险代理业务、保险居间业务和保险咨询业务。

典型形态

在实践中，保险经纪合同纠纷的典型形态主要有：

（1）保险委托合同纠纷，是指保险经纪人接受保险人或投保人的委托为其订立保险合同而订立的保险委托合同产生的各种纠纷。

（2）保险咨询合同纠纷，是指保险经纪人接受保险人或投保人的委托为其订立保险合同而订立的保险咨询合同产生的各种纠纷。

（3）保险居间合同纠纷，是指保险经纪人接受保险人或投保人的委托为其订立保险合同而订立的保险居间合同产生的各种纠纷。

常用法律条文及索引

《中华人民共和国保险法》（2015年4月24日修正）

第一百一十八条　保险经纪人是基于投保人的利益，为投保人与保险人订立保险合同提供中介服务，并依法收取佣金的机构。

第一百一十九条　保险代理机构、保险经纪人应当具备国务院保险监督管理机构规定的条件，取得保险监督管理机构颁发的经营保险代理业务许可证、保险经纪业务许可证。

第一百二十条　以公司形式设立保险专业代理机构、保险经纪人，其注册资本最低限额适用《中华人民共和国公司法》的规定。

国务院保险监督管理机构根据保险专业代理机构、保险经纪人的业务范围和经营规模，可以调整其注册资本的最低限额，但不得低于《中华人民共和国公司法》规定的限额。

保险专业代理机构、保险经纪人的注册资本或者出资额必须为实缴货币资本。

第一百二十一条　保险专业代理机构、保险经纪人的高级管理人员，应当品行良好，熟悉保险法律、行政法规，具有履行职责所需的经营管理能力，并在任职前取得保险监督管理机构核准的任职资格。

第一百二十二条　个人保险代理人、保险代理机构的代理从业人员、保险经纪人的经纪从业人员，应当品行良好，具有从事保险代理业务或者保险经纪业务所需的专业能力。

第一百二十三条　保险代理机构、保险经纪人应当有自己的经营场所，设立专门账簿记载保险代理业务、经纪业务的收支情况。

第一百二十四条　保险代理机构、保险经纪人应当按照国务院保险监督管理机构的规定缴存保证金或者投保职业责任保险。

第一百二十五条　个人保险代理人在代为办理人寿保险业务时，不得同时接受两个以上保险人的委托。

第一百二十六条　保险人委托保险代理人代为办理保险业务，应当与保险代理人签订委托代理协议，依法约定双方的权利和义务。

第一百二十七条　保险代理人根据保险人的授权代为办理保险业务的行为，由保险人承担责任。

保险代理人没有代理权、超越代理权或者代理权终止后以保险人名义订立合同，使投保人有理由相信其有代理权的，该代理行为有效。保险人可以依法追究越权的保险代理人的责任。

第一百二十八条　保险经纪人因过错给投保人、被保险人造成损失的，依法承担赔偿责任。

第一百二十九条　保险活动当事人可以委托保险公估机构等依法设立的独立评估机构或者具有相关专业知识的人员，对保险事故进行评估和鉴定。

接受委托对保险事故进行评估和鉴定的机构和人员，应当依法、独立、客观、公正地进行评估和鉴定，任何单位和个人不得干涉。

前款规定的机构和人员，因故意或者过失给保险人或者被保险人造成损失的，依法承担赔偿责任。

第一百三十条　保险佣金只限于向保险代理人、保险经纪人支付，不得向其他人支付。

第一百三十一条　保险代理人、保险经纪人及其从业人员在办理保险业务活动中不得有下列行为：

（一）欺骗保险人、投保人、被保险人或者受益人；

（二）隐瞒与保险合同有关的重要情况；

（三）阻碍投保人履行本法规定的如实告知义务，或者诱导其不履行本法规定的如实告知义务；

（四）给予或者承诺给予投保人、被保险人或者受益人保险合同约定以外的利益；

（五）利用行政权力、职务或者职业便利以及其他不正当手段强迫、引诱或者限制投保人订立保险合同；

（六）伪造、擅自变更保险合同，或者为保险合同当事人提供虚假证明材料；

（七）挪用、截留、侵占保险费或者保险金；

（八）利用业务便利为其他机构或者个人牟取不正当利益；

（九）串通投保人、被保险人或者受益人，骗取保险金；

（十）泄露在业务活动中知悉的保险人、投保人、被保险人的商业秘密。

适用本案由需要注意的问题

◆根据《民事诉讼法》第25条的规定，因保险合同纠纷提起的诉讼，由被告住所地或者保险标的物所在地人民法院管辖。根据《最高人民法院关于适用〈中华人民共和国民事诉讼法〉的解释》第21条的规定，因保险合同纠纷提起的诉讼，如果保险标的物是运输工具或者运输中的货物，由被告住所地或者运输工具登记注册地、运输目的地、保险事故发生地的人民法院管辖。

◆在适用本案由时要注意与“保险代理合同纠纷”案由的区别，保险经纪合同的主体是保险经纪人和投保人，而保险代理合同的主体是保险代理人和保险人。

337. 保险代理合同纠纷

案由解析

保险代理合同是指保险代理人向保险人收取代理手续费，并在保险人授权的范围内代其办理保险业务的合同。因保险代理合同的成立、履行、终止等产生的各种纠纷称为保险代理合同纠纷。

保险代理人按所代理的险种不同可以分为产险代理人和寿险代理人。产险代理人是从事办理财产保险业务的保险代理人，寿险代理人是从事办理人身保险业务的保险代理人。

典型形态

在实践中，保险代理合同纠纷的典型形态主要有：

（1）财产险代理合同纠纷，是指财产险代理人与保险人因财产险代理合同的订立、履行、终止等产生的各种纠纷。

（2）寿险代理合同纠纷，是指寿险代理人与保险人因寿险代理合同的订立、履行、终止等产生的各种纠纷。

常用法律条文及索引

《中华人民共和国民法典》（2020年5月28日公布　2021年1月1日施行）

第九百二十九条　有偿的委托合同，因受托人的过错造成委托人损失的，委托人可以请求赔偿损失。无偿的委托合同，因受托人的故意或者重大过失造成委托人损失的，委托人可以请求赔偿损失。

受托人超越权限造成委托人损失的，应当赔偿损失。

适用本案由需要注意的问题

◆根据《民事诉讼法》第25条的规定，因保险合同纠纷提起的诉讼，由被告住所地或者保险标的物所在地人民法院管辖。根据《最高人民法院关于适用〈中华人民共和国民事诉讼法〉的解释》第21条的规定，因保险合同纠纷提起的诉讼，如果保险标的物是运输工具或者运输中的货物，由被告住所地或者运输工具登记注册地、运输目的地、保险事故发生地的人民法院管辖。

◆在适用本案由时，要注意其与保险经纪合同纠纷案由的区别。保险经纪合同的主体是保险经纪人和投保人，而保险代理合同的主体是保险代理人和保险人。

338. 进出口信用保险合同纠纷

案由解析

信用保险（又称商业信用保险合同）是指以信用风险作为保险标的的一种分散信用风险的财产保险，在实务上，信用保险合同主要有进出口信用保险合同、国内商业信用保险合同和投资信用保险合同三种形式。

进出口信用保险合同是以进出口信用保险为保险标的的保险合同，是国家为了推动本国进出口贸易而制定的政策性保险。因该合同的订立、履行、终止等发生的各种纠纷称为进出口信用保险合同纠纷。

常用法律条文及索引

《最高人民法院关于审理出口信用保险合同纠纷案件适用相关法律问题的批复》（法释〔2013〕13号　2013年5月2日公布）

广东省高级人民法院：

你院《关于出口信用保险合同法律适用问题的请示》（粤高法〔2012〕442号）收悉。经研究，批复如下：

对出口信用保险合同的法律适用问题，保险法没有作出明确规定。鉴于出口信用保险的特殊性，人民法院审理出口信用保险合同纠纷案件，可以参照适用保险法的相关规定；出口信用保险合同另有约定的，从其约定。

（关于保险合同的一般规定，参见“333. 财产保险合同纠纷”之“常用法律条文及索引”。）

适用本案由需要注意的问题

◆根据《民事诉讼法》第 25 条的规定，因保险合同纠纷提起的诉讼，由被告住所地或者保险标的物所在地人民法院管辖。根据《最高人民法院关于适用〈中华人民共和国民事诉讼法〉的解释》第 21 条的规定，因保险合同纠纷提起的诉讼，如果保险标的物是运输工具或者运输中的货物，由被告住所地或者运输工具登记注册地、运输目的地、保险事故发生地的人民法院管辖。

◆在适用本案由时，要注意其与“财产保险合同纠纷”下的四级案由“信用保险合同纠纷”的区别。进出口信用保险是以进出口信用风险作为保险标的，“信用保险合同纠纷”主要适用国内商业信用保险合同纠纷和投资信用保险合同纠纷的案件。若争议纠纷性质可以明确为进出口信用保险合同纠纷的，适用进出口信用保险合同纠纷案由；属于其他信用保险合同纠纷的，适用信用保险合同纠纷案由。

339. 保险费纠纷

案由解析

保险费是投保人为了取得保险保障，按合同约定的保险费率向保险人缴纳的费用。因投保人和保险人缴纳和收取保险费而产生的纠纷就是保险费纠纷。

典型形态

在实践中，保险费纠纷的典型形态主要有：

（1）财产保险费纠纷，是指投保人与保险人之间因财产保险费的缴纳等而产生的各种纠纷。

（2）人身保险费纠纷，是指投保人与保险人之间因人身保险费的缴纳等而产生的各种纠纷。

（3）强制险保险费纠纷，是指投保人与保险人之间因机动车第三者强制险保险费的缴纳等而产生的各种纠纷。

常用法律条文及索引

《中华人民共和国保险法》（2015年4月24日修正）

第十条 保险合同是投保人与保险人约定保险权利义务关系的协议。

投保人是指与保险人订立保险合同，并按照合同约定负有支付保险费义务的人。

保险人是指与投保人订立保险合同，并按照合同约定承担赔偿或者给付保险金责任的保险公司。

第十四条 保险合同成立后，投保人按照约定交付保险费，保险人按照约定的时间开始承担保险责任。

第十六条 订立保险合同，保险人就保险标的或者被保险人的有关情况提出询问的，投保人应当如实告知。

投保人故意或者因重大过失未履行前款规定的如实告知义务，足以影响保险人决定是否同意承保或者提高保险费率的，保险人有权解除合同。

前款规定的合同解除权，自保险人知道有解除事由之日起，超过三十日不行使而消灭。自合同成立之日起超过二年的，保险人不得解除合同；发生保险事故的，保险人应当承担赔偿或者给付保险金的责任。

投保人故意不履行如实告知义务的，保险人对于合同解除前发生的保险事故，不承担赔偿或者给付保险金的责任，并不退还保险费。

投保人因重大过失未履行如实告知义务，对保险事故的发生有严重影响的，保险人对于合同解除前发生的保险事故，不承担赔偿或者给付保险金的责任，但应当退还保险费。

保险人在合同订立时已经知道投保人未如实告知的情况的，保险人不得解除合同；发生保险事故的，保险人应当承担赔偿或者给付保险金的责任。

保险事故是指保险合同约定的保险责任范围内的事故。

第二十七条 未发生保险事故，被保险人或者受益人谎称发生了保险事故，向保险人提出赔偿或者给付保险金请求的，保险人有权解除合同，并不退还保险费。

投保人、被保险人故意制造保险事故的，保险人有权解除合同，不承担赔偿或者给付保险金的责任；除本法第四十三条规定外，不退还保险费。

保险事故发生后，投保人、被保险人或者受益人以伪造、变造的有关证明、资料或者其他证据，编造虚假的事故原因或者夸大损失程度的，保险人对其虚报的部分不承担赔偿或者给付保险金的责任。

投保人、被保险人或者受益人有前三款规定行为之一，致使保险人支付保险金或者支出费用的，应当退回或者赔偿。

第二十九条　再保险接受人不得向原保险的投保人要求支付保险费。

原保险的被保险人或者受益人不得向再保险接受人提出赔偿或者给付保险金的请求。

再保险分出人不得以再保险接受人未履行再保险责任为由，拒绝履行或者迟延履行其原保险责任。

《最高人民法院关于适用〈中华人民共和国保险法〉若干问题的解释(二)》（法释〔2013〕14号　2020年12月23日修正）

第四条　保险人接受了投保人提交的投保单并收取了保险费，尚未作出是否承保的意思表示，发生保险事故，被保险人或者受益人请求保险人按照保险合同承担赔偿或者给付保险金责任，符合承保条件的，人民法院应予支持；不符合承保条件的，保险人不承担保险责任，但应当退还已经收取的保险费。

保险人主张不符合承保条件的，应承担举证责任。

第七条　保险人在保险合同成立后知道或者应当知道投保人未履行如实告知义务，仍然收取保险费，又依照保险法第十六条第二款的规定主张解除合同的，人民法院不予支持。

适用本案由需要注意的问题

◆根据《民事诉讼法》第25条的规定，因保险合同纠纷提起的诉讼，由被告住所地或者保险标的物所在地人民法院管辖。根据《最高人民法院关于适用〈中华人民共和国民事诉讼法〉的解释》第21条的规定，因保险合同纠纷提起的诉讼，如果保险标的物是运输工具或者运输中的货物，由被告住所地或者运输工具登记注册地、运输目的地、保险事故发生地的人民法院管辖。因人身保险合同纠纷提起的诉讼，可以由被保险人住所地人民法院管辖。

二十八、票据纠纷

340. 票据付款请求权纠纷

案由解析

票据权利是指持票人向票据债务人请求支付票据金额的权利，包括付款请求权和追索权。付款请求权是持票人享有的第一顺序权利，追索权是持票人享有的第二顺序权利 。

票据付款请求权，是指票据的持票人（最后持票人或者票据上记载的收款人）向票据主债务人（汇票的承兑人、本票的出票人、支票的付款人）或者其他付款义务人（包括参加承兑人、参加付款人、担当付款人、预备付款人、保证人等）请求按照票据上记载的全额付款的权利。

票据付款请求权纠纷，是指票据的持票人（最后持票人或者票据上记载的收款人）向票据主债务人（汇票的承兑人、本票的出票人、支票的付款人）或者其他付款义务人（包括参加承兑人、参加付款人、担当付款人、预备付款人、保证人等）请求按照票据上记载的全额付款遭到拒绝而引起的票据纠纷。

典型形态

在实践中，票据付款请求权纠纷主要有：

（1）汇票付款请求权纠纷，是指汇票的持票人向票据的主债务人或其他付款义务人请求按照票据上记载的金额付款遭到拒绝而引起的纠纷。

（2）本票付款请求权纠纷，是指本票的持票人向票据的主债务人或其他付款义务人请求按照票据上记载的金额付款遭到拒绝而引起的纠纷。

（3）支票付款请求权纠纷，是指支票的持票人向票据的主债务人或其他付款义务人请求按照票据上记载的金额付款遭到拒绝而引起的纠纷。

常用法律条文及索引

《中华人民共和国票据法》（2004年8月28日修正）

第十六条　持票人对票据债务人行使票据权利，或者保全票据权利，应当在票据当事人的营业场所和营业时间内进行，票据当事人无营业场所的，应当在其住所进行。

第十七条　票据权利在下列期限内不行使而消灭：

（一）持票人对票据的出票人和承兑人的权利，自票据到期日起二年。见票即付的汇票、本票，自出票日起二年；

（二）持票人对支票出票人的权利，自出票日起六个月；

（三）持票人对前手的追索权，自被拒绝承兑或者被拒绝付款之日起六个月；

（四）持票人对前手的再追索权，自清偿日或者被提起诉讼之日起三个月。

票据的出票日、到期日由票据当事人依法确定。

第五十三条　持票人应当按照下列期限提示付款：

（一）见票即付的汇票，自出票日起一个月内向付款人提示付款；

（二）定日付款、出票后定期付款或者见票后定期付款的汇票，自到期日起十日内向承兑人提示付款。

持票人未按照前款规定期限提示付款的，在作出说明后，承兑人或者付款人仍应当继续对持票人承担付款责任。

通过委托收款银行或者通过票据交换系统向付款人提示付款的，视同持票人提示付款。

第五十四条　持票人依照前条规定提示付款的，付款人必须在当日足额付款。

第五十七条　付款人及其代理付款人付款时，应当审查汇票背书的连续，并审查提示付款人的合法身份证明或者有效证件。

付款人及其代理付款人以恶意或者有重大过失付款的，应当自行承担责任。

第五十八条　对定日付款、出票后定期付款或者见票后定期付款的汇票，付款人在到期日前付款的，由付款人自行承担所产生的责任。

第五十九条　汇票金额为外币的，按照付款日的市场汇价，以人民币支付。

汇票当事人对汇票支付的货币种类另有约定的，从其约定。

第六十条 付款人依法足额付款后，全体汇票债务人的责任解除。

《最高人民法院关于审理票据纠纷案件若干问题的规定》（法释〔2000〕32号 2020年12月23日修正）

第五条 付款请求权是持票人享有的第一顺序权利，追索权是持票人享有的第二顺序权利，即汇票到期被拒绝付款或者具有票据法第六十一条第二款所列情形的，持票人请求背书人、出票人以及汇票的其他债务人支付票据法第七十条第一款所列金额和费用的权利。

适用本案由需要注意的问题

◆根据《民事诉讼法》第26条的规定，因票据纠纷提起的诉讼，由票据支付地或者被告住所地人民法院管辖。根据《最高人民法院关于审理票据纠纷案件若干问题的规定》第6条的规定，因票据权利纠纷提起的诉讼，依法由票据支付地或者被告住所地人民法院管辖，票据支付地是指票据上载明的付款地，票据上未载明付款地的，以汇票付款人或者代理付款人的营业场所、住所或者经常居住地，本票出票人的营业场所，支票付款人或者代理付款人的营业场所所在地为票据付款地。代理付款人即付款人的委托代理人，是指根据付款人的委托代为支付票据金额的银行、信用合作社等金融机构。依法享有票据付款请求权的权利人，是指票据的持票人，即最后持票人或者票据上记载的收款人。票据付款请求权的义务人，是指票据主债务人（汇票的承兑人、本票的出票人、支票的付款人）或者其他付款义务人（包括参加承兑人、参加付款人、担当付款人、预备付款人、保证人等）。

341. 票据追索权纠纷

案由解析

票据追索权是指持票人在行使付款请求权不获实现时，或有其他法定原因时，在保全票据权利的基础上，向其前手请求支付票据金额、利息及有关费用的权利。

按照追索权行使的时间条件，可将其分为期前追索权和到期追索权两种。期前追索权是指在汇票不获承兑或者在付款人破产、死亡时，持票人在付款到期日前即可依法对其前手行使的追索权；到期追索权则是指当汇票到期而不获付款时，持票人在付款到期日后方可依法对其前手行使的追索权。按照追索权行使主体的标准，还可将追索权分为初次追索权和再追索权两种。初次追索权是指当汇票被拒绝承兑或拒绝付款时，由持票人或收款人依法对其所有前手行使的追索权；而再追索权则是指当初次追索权人因行使追索权而获偿付之后，由偿付该债务的当事人依法再向其前手进行追索的请求权。

票据追索权纠纷是指持票人因行使追索权而引起的纠纷。

典型形态

在实践中，票据追索权纠纷主要有：

（1）汇票追索权纠纷，是指汇票的持票人因行使追索权而引起的纠纷。

（2）本票追索权纠纷，是指本票的持票人因行使追索权而引起的纠纷。

（3）支票追索权纠纷，是指支票的持票人因行使追索权而引起的纠纷。

常用法律条文及索引

《中华人民共和国票据法》（2004 年 8 月 28 日修正）

第六十一条　汇票到期被拒绝付款的，持票人可以对背书人、出票人以及汇票的其他债务人行使追索权。

汇票到期日前，有下列情形之一的，持票人也可以行使追索权：

（一）汇票被拒绝承兑的；

（二）承兑人或者付款人死亡、逃匿的；

（三）承兑人或者付款人被依法宣告破产的或者因违法被责令终止业务活动的。

第六十二条　持票人行使追索权时，应当提供被拒绝承兑或者被拒绝付款的有关证明。

持票人提示承兑或者提示付款被拒绝的，承兑人或者付款人必须出具拒绝证明，或者出具退票理由书。未出具拒绝证明或者退票理由书的，应当承担由此产生的民事责任。

第六十五条　持票人不能出示拒绝证明、退票理由书或者未按照规定期限提供其他合法证明的，丧失对其前手的追索权。但是，承兑人或者付款人仍应当对持票人承担责任。

第六十六条　持票人应当自收到被拒绝承兑或者被拒绝付款的有关证明

之日起三日内，将被拒绝事由书面通知其前手；其前手应当自收到通知之日起三日内书面通知其再前手。持票人也可以同时向各汇票债务人发出书面通知。

未按照前款规定期限通知的，持票人仍可以行使追索权。因延期通知给其前手或者出票人造成损失的，由没有按照规定期限通知的汇票当事人，承担对该损失的赔偿责任，但是所赔偿的金额以汇票金额为限。

在规定期限内将通知按照法定地址或者约定的地址邮寄的，视为已经发出通知。

第六十七条 依照前条第一款所作的书面通知，应当记明汇票的主要记载事项，并说明该汇票已被退票。

第六十八条 汇票的出票人、背书人、承兑人和保证人对持票人承担连带责任。

持票人可以不按照汇票债务人的先后顺序，对其中任何一人、数人或者全体行使追索权。

持票人对汇票债务人中的一人或者数人已经进行追索的，对其他汇票债务人仍可以行使追索权。被追索人清偿债务后，与持票人享有同一权利。

第六十九条 持票人为出票人的，对其前手无追索权。持票人为背书人的，对其后手无追索权。

第七十条 持票人行使追索权，可以请求被追索人支付下列金额和费用：

（一）被拒绝付款的汇票金额；

（二）汇票金额自到期日或者提示付款日起至清偿日止，按照中国人民银行规定的利率计算的利息；

（三）取得有关拒绝证明和发出通知书的费用。

被追索人清偿债务时，持票人应当交出汇票和有关拒绝证明，并出具所收到利息和费用的收据。

第七十一条 被追索人依照前条规定清偿后，可以向其他汇票债务人行使再追索权，请求其他汇票债务人支付下列金额和费用：

（一）已清偿的全部金额；

（二）前项金额自清偿日起至再追索清偿日止，按照中国人民银行规定的利率计算的利息；

（三）发出通知书的费用。

行使再追索权的被追索人获得清偿时，应当交出汇票和有关拒绝证明，并出具所收到利息和费用的收据。

第七十二条　被追索人依照前二条规定清偿债务后，其责任解除。

第八十条第一款　本票的背书、保证、付款行为和追索权的行使，除本章规定外，适用本法第二章有关汇票的规定。

第九十三条第一款　支票的背书、付款行为和追索权的行使，除本章规定外，适用本法第二章有关汇票的规定。

《最高人民法院关于审理票据纠纷案件若干问题的规定》（法释〔2000〕32号　2020年12月23日修正）

第三条　依照票据法第三十六条的规定，票据被拒绝承兑、被拒绝付款或者汇票、支票超过提示付款期限后，票据持有人背书转让的，被背书人以背书人为被告行使追索权而提起诉讼的，人民法院应当依法受理。

第四条　持票人不先行使付款请求权而先行使追索权遭拒绝提起诉讼的，人民法院不予受理。除有票据法第六十一条第二款和本规定第三条所列情形外，持票人只能在首先向付款人行使付款请求权而得不到付款时，才可以行使追索权。

第五条　付款请求权是持票人享有的第一顺序权利，追索权是持票人享有的第二顺序权利，即汇票到期被拒绝付款或者具有票据法第六十一条第二款所列情形的，持票人请求背书人、出票人以及汇票的其他债务人支付票据法第七十条第一款所列金额和费用的权利。

适用本案由需要注意的问题

◆根据《民事诉讼法》第26条的规定，因票据纠纷提起的诉讼，由票据支付地或者被告住所地人民法院管辖。根据《最高人民法院关于审理票据纠纷案件若干问题的规定》第6条的规定，因票据权利纠纷提起的诉讼，依法由票据支付地或者被告住所地人民法院管辖，票据支付地是指票据上载明的付款地，票据上未载明付款地的，以汇票付款人或者代理付款人的营业场所、住所或者经常居住地，本票出票人的营业场所，支票付款人或者代理付款人的营业场所所在地为票据付款地。代理付款人即付款人的委托代理人，是指根据付款人的委托代为支付票据金额的银行、信用合作社等金融机构。依法享有票据付款请求权的权利人，是指票据的持票人，即最后持票人或者票据上记载的收款人。票据付款请求权的义务人，是指票据主债务人（汇票的承兑人、本票的出票人、支票的付款人）或者其他付款义务人（包括参加承兑人、参加付款人、担当付款人、预备付款人、保证人等）。

◆追索权人包括持票人和因清偿而取得票据的当事人。被追索人应为背书人、出票人、承兑人、保证人等票据债务人。

◆在适用本案由时，要注意其与票据付款请求权的区别。(1) 行使的次序不同。付款请求权是持票人享有的第一顺序权利，追索权是持票人享有的第二顺序权利。只有当付款请求权被拒绝或者因法定事由没有可能实现时，持票人方可行使追索权。(2) 行使的条件不同。付款请求权的行使条件是：票据未过时效；持票人持有票据原件；票据所载金额必须一次性得以完整履行；持票人得到付款后必须向付款人移转票据。追索权行使条件是：有法定追索原因（参见《票据法》第 61 条）；已按《票据法》提示承兑或提示付款；作成相关证明；在追索时效内。(3) 对方当事人不同。付款请求权的对方当事人只能是票据第一义务人或者关系人，汇票中承兑人为第一义务人，未承兑的付款人为关系人。本票中出票人为第一义务人，一般不存在关系人。支票中没有第一义务人，与出票人办理支票存款业务的银行为该支票的关系人。追索权的对方当事人包括所有的票据义务人。即票据的出票人、背书人、承兑人和保证人对持票人承担连带责任。(4) 行使次数不同。付款请求权只能行使一次。追索权可多次行使，可一直追索至票据权利义务消灭。(5) 请求支付的金额数目不同。付款请求权请求支付的金额为票据金额。追索权请求支付的金额包括：票据金额、法定利息、取得有关拒绝证明和发出通知之费用。(6) 权利消灭时效不同。持票人对票据的出票人和承兑人的付款请求权利，自票据到期日起 2 年。见票即付的汇票、本票，自出票日起 3 年；持票人对支票出票人的付款请求权利，自出票日起 6 个月。持票人对前手的追索权，自被拒绝承兑或者被拒绝付款之日起 6 个月；持票人对前手的再追索权，自清偿日或者被提起诉讼之日起 3 个月。

342. 票据交付请求权纠纷

案由解析

票据交付是指票据行为人将记载完毕的票据交给持票人持有的行为。

票据行为成立要件为三个方面的内容：票据上的合法记载、票据签章和票据交付。从我国《票据法》规定可知，出票由两个行为构成，一是签发票据，二是交付票据的行为。背书也由两个行为构成，一是背书，二是交付票据的行为。在我国《票据法》中，交付是票据行为成立生效必不可少的要件。

受领票据金额后的交付票据是票据债权人的一项义务，因为这样才能使票据上的权利义务消灭，或者由给付票据金额的票据债务人向其前手行使追索权。如果不交付票据，一旦该票据由善意第三人取得，付款人或者被追索人就有可能承担二次付款的责任，这加重了票据债务人的责任。

票据交付请求权纠纷是指在出票、背书和付款等环节因票据交付而引起的纠纷。

典型形态

在实践中，票据交付请求权纠纷主要有：

（1）汇票交付请求权纠纷，是指汇票在出票、背书和付款等环节因汇票的交付而引起的各种纠纷。

（2）本票交付请求权纠纷，是指本票在出票、背书和付款等环节因本票的交付而引起的各种纠纷。

（3）支票交付请求权纠纷，是指支票在出票、背书和付款等环节因支票的交付而引起的各种纠纷。

常用法律条文及索引

《中华人民共和国票据法》（2004 年 8 月 28 日修正）

第二十条　出票是指出票人签发票据并将其交付给收款人的票据行为。

第二十七条　持票人可以将汇票权利转让给他人或者将一定的汇票权利授予他人行使。

出票人在汇票上记载“不得转让”字样的，汇票不得转让。

持票人行使第一款规定的权利时，应当背书并交付汇票。

背书是指在票据背面或者粘单上记载有关事项并签章的票据行为。

第五十五条　持票人获得付款的，应当在汇票上签收，并将汇票交给付款人。持票人委托银行收款的，受委托的银行将代收的汇票金额转账收入持票人账户，视同签收。

第七十条　持票人行使追索权，可以请求被追索人支付下列金额和费用：

（一）被拒绝付款的汇票金额；

（二）汇票金额自到期日或者提示付款日起至清偿日止，按照中国人民银行规定的利率计算的利息；

（三）取得有关拒绝证明和发出通知书的费用。

被追索人清偿债务时，持票人应当交出汇票和有关拒绝证明，并出具所收到利息和费用的收据。

适用本案由需要注意的问题

◆根据《民事诉讼法》第26条的规定，因票据纠纷提起的诉讼，由票据支付地或者被告住所地人民法院管辖。根据《最高人民法院关于审理票据纠纷案件若干问题的规定》第6条的规定，因票据权利纠纷提起的诉讼，依法由票据支付地或者被告住所地人民法院管辖，票据支付地是指票据上载明的付款地，票据上未载明付款地的，以汇票付款人或者代理付款人的营业场所、住所或者经常居住地，本票出票人的营业场所，支票付款人或者代理付款人的营业场所所在地为票据付款地。代理付款人即付款人的委托代理人，是指根据付款人的委托代为支付票据金额的银行、信用合作社等金融机构。

◆票据交付义务人：出票人、背书人、持票人。票据交付请求权人：收款人、被背书人、付款人、被追索人。

343. 票据返还请求权纠纷

案由解析

票据返还请求权是指丧失票据占有的人，对于以恶意或因重大过失而取得票据的人，有请求其返还票据的权利。

票据返还请求权纠纷，是指丧失票据占有的人，因行使票据返还请求权而与因恶意或者因重大过失取得票据的持票人发生的纠纷。

票据返还请求权本质上是一种物权返还请求权。票据返还请求权的权利人，是并非出于自己的本意而丧失对票据占有的票据原持票人。原票据占有人丧失对票据的占有通常系自己主观意志以外的原因，如因票据被盗、骗取、冒领、丢失等原因而丧失票据的占有。票据返还请求权的义务人，是以恶意或重大过失而占有票据的人，即票据的无权占有人。

典型形态

在实践中，票据返还请求权纠纷主要有：

（1）汇票返还请求权纠纷，是指原汇票占有人在丧失该汇票时，对现汇票的无权占有人请求返还该汇票而引发的纠纷。

（2）本票返还请求权纠纷，是指原本票占有人在丧失该本票时，对现本票的无权占有人请求返还该本票而引发的纠纷。

（3）支票返还请求权纠纷，是指原支票占有人在丧失该汇票时，对现支票的无权占有人请求返还该支票而引发的纠纷。

常用法律条文及索引

《中华人民共和国票据法》（2004 年 8 月 28 日修正）

第十二条　以欺诈、偷盗或者胁迫等手段取得票据的，或者明知有前列情形，出于恶意取得票据的，不得享有票据权利。

持票人因重大过失取得不符合本法规定的票据的，也不得享有票据权利。

第十八条　持票人因超过票据权利时效或者因票据记载事项欠缺而丧失票据权利的，仍享有民事权利，可以请求出票人或者承兑人返还其与未支付的票据金额相当的利益。

《最高人民法院关于审理票据纠纷案件若干问题的规定》（法释〔2000〕32 号　2020 年 12 月 23 日修正）

第二条　依照票据法第十条的规定，票据债务人（即出票人）以在票据未转让时的基础关系违法、双方不具有真实的交易关系和债权债务关系、持票人应付对价而未付对价为由，要求返还票据而提起诉讼的，人民法院应当依法受理。

适用本案由需要注意的问题

◆在适用本案由时，要特别注意的是，不能机械地、望文生义地认为票据返还请求权纠纷案件属于“非票据权利纠纷”案件。事实上，此类纠纷实质或者内涵的主要民事法律关系是“确定票据权利”，即主要和最终确认谁是票据权利的享有者，也就是确认谁有权利向承兑行行使付款请求权，故应属于票据权利案件。根据《民事诉讼法》第 26 条的规定，因票据纠纷提起的诉讼，由票据支付地或者被告住所地人民法院管辖。根据《最高人民法院关于审理票据纠纷案件若干问题的规定》第 6 条的规定，因票据权利纠纷提起的诉讼，依法由票据支付地或者被告住所地人民法院管辖，票据支付地是指票据上载明的付款地，票据上未载明付款地的，以汇票付款人或者代理付款人的营业场所、住所或者经常居住地，本票出票人的营业场所，支票付款人或者代理付款人的营业场所所在地为票据付款地。代理付款人即付款人的委托代理人，是指根据付款人的委托代为支付票据金额的银行、信用合作社等金融机构。依法享有票据付款请求权的权利人，是指票据的持票人，即最后持票人或者票据上记载的收款人。票据付款请求权的义务人，是指票据主债务人（汇票的承兑人、本票的出票人、支票的付款人）或者其他付款义务人（包括参加承兑人、参加付款人、担当付款人、预备付款人、保证人等）。也就是说，该类案件的管辖法院有两个，对此，当事人有选择权。如果机械地理解为这类案由属于非票据权利纠纷，则管辖法院只有被告住所地法院。然而，如果原告只能去被告住所地法院立案，不能选择票据付款地立案的话，这样一来，在需要向付款地银行（在我国一般是出票行也是承兑行）申请保全，需要向付款地银行查明案件的事实，需要最终向付款地银行执行等需要在付款地银行才能具体进行民事法律行为的时候，如果当事人不能选择在付款地银行所在地法院提起诉讼的话，不仅仅是当事人要一次次的申请查询、申请担保、申请执行，法院也要一次次地到付款地出差。这将加重当事人的诉累，也会浪费司法资源。

◆实践中，票据返还请求权纠纷案件中各当事方所争议的焦点，以及案件审理围绕的核心内容是确认票据权利的法律关系，即原告或者被告究竟谁是该诉争票据的票据权利享有者，判断依据一般为《票据法》第 30 条、第 31 条、第 80 条第 1 款、第 93 条第 1 款。

344. 票据损害责任纠纷

案由解析

票据损害责任纠纷是指票据当事人或者金融机构工作人员因违反《票据法》的规定从事票据行为或者其他与票据相关的行为，给票据当事人或者其他人造成损失而引起的纠纷。

在实践中常见的票据损害责任主要有：（1）伪造、变造票据，造成他人损失的。（2）付款人及其代理人未尽附带审查义务而造成他人损失的。（3）承兑人或者付款人未出具拒绝证明或退票理由书的。（4）持票人延期通知给其前手或者出票人造成损失的。（5）签发空头支票给他人造成损失的。（6）金融机构工作人员因其玩忽职守给当事人造成损失的。(7) 付款人故意压票，拖延支付，给持票人造成损失的。(8) 其他违反《票据法》规定的行为给他人造成损失的。

典型形态

在实践中，票据损害责任纠纷主要有：

(1) 因伪造、变造票据给他人造成损失而引发的纠纷。

(2) 因签发空头支票给他人造成损失而引发的纠纷。

(3) 付款人故意压票、拖延支付给持票人造成损失而引发的各种纠纷。

(4) 金融机构工作人员因玩忽职守给当事人造成损失而引发的各种纠纷。

(5) 持票人延期通知给其前手或出票人造成损失引起的各种纠纷。

常用法律条文及索引

《中华人民共和国票据法》(2004 年 8 月 28 日修正)

第五十七条　付款人及其代理付款人付款时，应当审查汇票背书的连续，并审查提示付款人的合法身份证明或者有效证件。

付款人及其代理付款人以恶意或者有重大过失付款的，应当自行承担责任。

第六十二条　持票人行使追索权时，应当提供被拒绝承兑或者被拒绝付款的有关证明。

持票人提示承兑或者提示付款被拒绝的，承兑人或者付款人必须出具拒绝证明，或者出具退票理由书。未出具拒绝证明或者退票理由书的，应当承担由此产生的民事责任。

第六十五条　持票人不能出示拒绝证明、退票理由书或者未按照规定期限提供其他合法证明的，丧失对其前手的追索权。但是，承兑人或者付款人仍应当对持票人承担责任。

第六十六条　持票人应当自收到被拒绝承兑或者被拒绝付款的有关证明之日起三日内，将被拒绝事由书面通知其前手；其前手应当自收到通知之日起三日内书面通知其再前手。持票人也可以同时向各汇票债务人发出书面通知。

未按照前款规定期限通知的，持票人仍可以行使追索权。因延期通知给其前手或者出票人造成损失的，由没有按照规定期限通知的汇票当事人，承担对该损失的赔偿责任，但是所赔偿的金额以汇票金额为限。

在规定期限内将通知按照法定地址或者约定的地址邮寄的，视为已经发出通知。

第八十七条 支票的出票人所签发的支票金额不得超过其付款时在付款人处实有的存款金额。

出票人签发的支票金额超过其付款时在付款人处实有的存款金额的，为空头支票。禁止签发空头支票。

第一百零四条 金融机构工作人员在票据业务中玩忽职守，对违反本法规定的票据予以承兑、付款或者保证的，给予处分；造成重大损失，构成犯罪的，依法追究刑事责任。

由于金融机构工作人员因前款行为给当事人造成损失的，由该金融机构和直接责任人员依法承担赔偿责任。

第一百零五条 票据的付款人对见票即付或者到期的票据，故意压票，拖延支付的，由金融行政管理部门处以罚款，对直接责任人员给予处分。

票据的付款人故意压票，拖延支付，给持票人造成损失的，依法承担赔偿责任。

第一百零六条 依照本法规定承担赔偿责任以外的其他违反本法规定的行为，给他人造成损失的，应当依法承担民事责任。

《最高人民法院关于审理票据纠纷案件若干问题的规定》（法释〔2000〕32 号 2020 年 12 月 23 日修正）

第六十条 票据保证无效的，票据的保证人应当承担与其过错相应的民事责任。

第六十六条 依照票据法第十四条、第一百零二条、第一百零三条的规定，伪造、变造票据者除应当依法承担刑事、行政责任外，给他人造成损失的，还应当承担民事赔偿责任。被伪造签章者不承担票据责任。

第六十七条 对票据未记载事项或者未完全记载事项作补充记载，补充事项超出授权范围的，出票人对补充后的票据应当承担票据责任。给他人造成损失的，出票人还应当承担相应的民事责任。

第六十八条 付款人或者代理付款人未能识别出伪造、变造的票据或者身份证件而错误付款，属于票据法第五十七条规定的“重大过失”，给持票人造成损失的，应当依法承担民事责任。付款人或者代理付款人承担责任后有权向伪造者、变造者依法追偿。

持票人有过错的，也应当承担相应的民事责任。

第六十九条　付款人及其代理付款人有下列情形之一的，应当自行承担责任：

（一）未依照票据法第五十七条的规定对提示付款人的合法身份证明或者有效证件以及汇票背书的连续性履行审查义务而错误付款的；

（二）公示催告期间对公示催告的票据付款的；

（三）收到人民法院的止付通知后付款的；

（四）其他以恶意或者重大过失付款的。

第七十二条　因出票人签发空头支票、与其预留本名的签名式样或者印鉴不符的支票给他人造成损失的，支票的出票人和背书人应当依法承担民事责任。

第七十四条　依照票据法第一百零四条的规定，由于金融机构工作人员在票据业务中玩忽职守，对违反票据法规定的票据予以承兑、付款、贴现或者保证，给当事人造成损失的，由该金融机构与直接责任人员依法承担连带责任。

第七十五条　依照票据法第一百零六条的规定，由于出票人制作票据，或者其他票据债务人未按照法定条件在票据上签章，给他人造成损失的，除应当按照所记载事项承担票据责任外，还应当承担相应的民事责任。

持票人明知或者应当知道前款情形而接受的，可以适当减轻出票人或者票据债务人的责任。

适用本案由需要注意的问题

◆根据《民事诉讼法》第26条的规定，因票据纠纷提起的诉讼，由票据支付地或者被告住所地人民法院管辖。根据《最高人民法院关于审理票据纠纷案件若干问题的规定》第6条的规定，因票据权利纠纷提起的诉讼，依法由票据支付地或者被告住所地人民法院管辖，票据支付地是指票据上载明的付款地，票据上未载明付款地的，以汇票付款人或者代理付款人的营业场所、住所或者经常居住地，本票出票人的营业场所，支票付款人或者代理付款人的营业场所所在地为票据付款地。代理付款人即付款人的委托代理人，是指根据付款人的委托代为支付票据金额的银行、信用合作社等金融机构。

345. 票据利益返还请求权纠纷

案由解析

票据利益返还请求权是指票据上的权利因时效届满或手续欠缺而消灭时，持票人请求出票人或承兑人在其所受利益限度内予以偿还的权利。票据利益返还请求权纠纷是因持票人请求出票人或者承兑人在其所受利益的限度内返还其利益而引起的纠纷。

持票人有效行使票据利益返还请求权的前提有二：一是持票人因超过票据权利时效或者因票据记载事项欠缺而丧失票据权利；二是出票人或者承兑人享有与未支付票据金额相当的利益。

票据利益返还请求权是由票据法的特别规定而产生的一种权利，其立法本意是通过补偿丧失票据的权利人的损失，来谋求票据当事人之间的利益平衡。它是票据法上的一种权利，但它不是票据上的权利。它不是依据票据行为而产生的，其法律关系也不是票据关系。

票据利益返还请求权与票据返还请求权的区别：票据返还请求权是一种物上请求权，而票据利益返还请求权则是一种票据法上特别规定的权利，具有普通民事债权的属性。

典型形态

在实践中，票据利益返还请求权纠纷有：

（1）持票人的票据权利因时效经过而归于消灭时要求返还其利益而产生的纠纷。

（2）因票据行为要件不齐全导致票据权利丧失时要求返还票据利益而产生的各种纠纷。

（3）因票据权利的保全手续欠缺导致其消灭时产生的要求返还票据利益的各种纠纷。

常用法律法规及索引

《中华人民共和国票据法》（2004 年 8 月 28 日修正）

第十八条 持票人因超过票据权利时效或者因票据记载事项欠缺而丧失

票据权利的，仍享有民事权利，可以请求出票人或者承兑人返还其与未支付的票据金额相当的利益。

适用本案由需要注意的问题

◆根据《民事诉讼法》第 26 条的规定，因票据纠纷提起的诉讼，由票据支付地或者被告住所地人民法院管辖。根据《最高人民法院关于审理票据纠纷案件若干问题的规定》第 6 条的规定，因票据权利纠纷提起的诉讼，依法由票据支付地或者被告住所地人民法院管辖，票据支付地是指票据上载明的付款地，票据上未载明付款地的，以汇票付款人或者代理付款人的营业场所、住所或者经常居住地，本票出票人的营业场所，支票付款人或者代理付款人的营业场所所在地为票据付款地。代理付款人即付款人的委托代理人，是指根据付款人的委托代为支付票据金额的银行、信用合作社等金融机构。

◆票据利益返还请求权关系之中，权利人为持票人，即在票据权利消灭后的持票人，此时的持票人不以最后的被背书人为限，还包括因被追索而履行了票据债务以后取得票据的背书人，因履行了票据债务而取得追索权的保证人等。义务人则是各种票据的出票人或者汇票的承兑人，不应当包括背书人，因为一般情况下对于背书人而言，其并无受有额外利益的情况，背书人受让票据一般是支付对价的；票据保证人也没有因此受有额外利益，所以也不能成为义务人。

◆原告要提起票据利益返还请求权之诉，须对以下事实承担举证证明的责任，主要包括：

（1）票据上的权利曾经有效存在过。利益偿还请求权虽然不是票据权利，但是该权利因票据而产生，只不过因为票据权利人行使票据权利时超过了法律规定的时效期间而致其票据权利消灭，所以持票人的票据权利必须是曾经有效地存在过，否则不能享有利益偿还请求权。

（2）票据上的权利是因为时效期满或者手续的欠缺而消灭，我国《票据法》规定了票据权利的消灭时效期间，超过这一期间未行使票据权利的才可以行使票据利益偿还请求权；有关手续的欠缺则主要是指持票人没有在法律规定的时间内提示票据或者依法取证，从而对其前手丧失了追索权。而至于持票人对权利的丧失是否在主观上存在故意或者过失，则不影响利益偿还请求权的行使。

346. 汇票回单签发请求权纠纷

案由解析

汇票回单签发请求权是指汇票的持票人在向付款人提示承兑时，依法享有的要求付款人向其签发汇票回单，以证明自己为汇票持票者的权利。

汇票回单签发请求权纠纷，是付款人拒绝为向其提示承兑的持票人签发汇票回单而引起的纠纷。

常用法律条文及索引

《中华人民共和国票据法》（2004 年 8 月 28 日修正）

第四十一条 付款人对向其提示承兑的汇票，应当自收到提示承兑的汇票之日起三日内承兑或者拒绝承兑。

付款人收到持票人提示承兑的汇票时，应当向持票人签发收到汇票的回单。回单上应当记明汇票提示承兑日期并签章。

适用本案由需要注意的问题

◆本案由纠纷适用票据纠纷案件的一般管辖规则，由票据支付地或者被告住所地人民法院管辖。

347. 票据保证纠纷

案由解析

票据保证是指票据债务人以外的第三人以担保特定票据债务人履行票据债务为目的，而在票据或者粘单上明确记载“保证”字样的一种附属票据行为。

票据保证具有以下特征：（1）票据保证是一种单方票据行为，它具有要式行为、独立行为和单方行为特征。（2）票据保证是一种附属票据行为。（3）票据保证是为担保特定票据债务的履行而为的票据行为。（4）票据保证是由票据债务人以外的人所为的票据行为。

票据保证纠纷，是指票据债务人以外的人作为保证人与票据债务人作为被保证人之间因票据保证债务的履行而发生的纠纷。

典型形态

在实践中，票据保证纠纷主要表现为保函提货纠纷和票据承兑合同引发的票据保证纠纷。

常用法律条文及索引

《中华人民共和国票据法》（2004 年 8 月 28 日修正）

第四十五条 汇票的债务可以由保证人承担保证责任。

保证人由汇票债务人以外的他人担当。

第四十六条 保证人必须在汇票或者粘单上记载下列事项：

（一）表明“保证”的字样；

（二）保证人名称和住所；

（三）被保证人的名称；

（四）保证日期；

（五）保证人签章。

第四十七条 保证人在汇票或者粘单上未记载前条第（三）项的，已承兑的汇票，承兑人为被保证人；未承兑的汇票，出票人为被保证人。

保证人在汇票或者粘单上未记载前条第（四）项的，出票日期为保证日期。

第四十八条 保证不得附有条件；附有条件的，不影响对汇票的保证责任。

第四十九条 保证人对合法取得汇票的持票人所享有的汇票权利，承担保证责任。但是，被保证人的债务因汇票记载事项欠缺而无效的除外。

第五十条 被保证的汇票，保证人应当与被保证人对持票人承担连带责任。汇票到期后得不到付款的，持票人有权向保证人请求付款，保证人应当足额付款。

第五十一条 保证人为二人以上的，保证人之间承担连带责任。

第五十二条 保证人清偿汇票债务后，可以行使持票人对被保证人及其前手的追索权。

第八十条 本票的背书、保证、付款行为和追索权的行使，除本章规定外，适用本法第二章有关汇票的规定。

本票的出票行为，除本章规定外，适用本法第二十四条关于汇票的规定。

《最高人民法院关于审理票据纠纷案件若干问题的规定》（法释〔2000〕32号　2020年12月23日修正）

第五十九条　国家机关、以公益为目的的事业单位、社会团体作为票据保证人的，票据保证无效，但经国务院批准为使用外国政府或者国际经济组织贷款进行转贷，国家机关提供票据保证的除外。

第六十条　票据保证无效的，票据的保证人应当承担与其过错相应的民事责任。

第六十一条　保证人未在票据或者粘单上记载“保证”字样而另行签订保证合同或者保证条款的，不属于票据保证，人民法院应当适用《中华人民共和国民法典》的有关规定。

适用本案由需要注意的问题

参见“340. 票据付款请求权纠纷”案由相关部分。

348. 确认票据无效纠纷

案由解析

票据无效是指票据因不具备《票据法》规定的形式要件而缺乏票据上的法律约束效力，此时，所有的票据行为人均自始不承担票据责任，持票人也自始没有票据权利。

认定票据无效有以下几种情形：(1) 票据金额以中文大写和数码同时记载，二者不一致的票据无效。(2) 欠缺法定必要记载事项或者不符合法定格式的。(3) 伪造、变造的票据无效。(4) 人民法院作出除权判决已经发生法律效力的。(5) 签章不符合规定的票据无效。

确认票据无效纠纷是指票据因不具备《票据法》规定的形式要件而被确认缺乏票据上的法律约束效力而引起的纠纷。

常用法律条文及索引

《中华人民共和国票据法》（2004年8月28日修正）

第八条　票据金额以中文大写和数码同时记载，二者必须一致，二者不一致的，票据无效。

第九条　票据上的记载事项必须符合本法的规定。

票据金额、日期、收款人名称不得更改，更改的票据无效。

对票据上的其他记载事项，原记载人可以更改，更改时应当由原记载人签章证明。

第十四条　票据上的记载事项应当真实，不得伪造、变造。伪造、变造票据上的签章和其他记载事项的，应当承担法律责任。

票据上有伪造、变造的签章的，不影响票据上其他真实签章的效力。

票据上其他记载事项被变造的，在变造之前签章的人，对原记载事项负责；在变造之后签章的人，对变造之后的记载事项负责；不能辨别是在票据被变造之前或者之后签章的，视同在变造之前签章。

第十五条　票据丧失，失票人可以及时通知票据的付款人挂失止付，但是，未记载付款人或者无法确定付款人及其代理付款人的票据除外。

收到挂失止付通知的付款人，应当暂停支付。

失票人应当在通知挂失止付后三日内，也可以在票据丧失后，依法向人民法院申请公示催告，或者向人民法院提起诉讼。

第二十二条　汇票必须记载下列事项：

（一）表明“汇票”的字样；

（二）无条件支付的委托；

（三）确定的金额；

（四）付款人名称；

（五）收款人名称；

（六）出票日期；

（七）出票人签章。

汇票上未记载前款规定事项之一的，汇票无效。

第七十五条　本票必须记载下列事项：

（一）表明“本票”的字样；

（二）无条件支付的承诺；

（三）确定的金额；

（四）收款人名称；

（五）出票日期；

（六）出票人签章。

本票上未记载前款规定事项之一的，本票无效。

第八十四条 支票必须记载下列事项：

（一）表明“支票”的字样；

（二）无条件支付的委托；

（三）确定的金额；

（四）付款人名称；

（五）出票日期；

（六）出票人签章。

支票上未记载前款规定事项之一的，支票无效。

《最高人民法院关于审理票据纠纷案件若干问题的规定》（法释〔2000〕32号 2020年12月23日修正）

第三十九条 依照票据法第一百零八条以及经国务院批准的《票据管理实施办法》的规定，票据当事人使用的不是中国人民银行规定的统一格式票据的，按照《票据管理实施办法》的规定认定，但在中国境外签发的票据除外。

第四十条 票据出票人在票据上的签章上不符合票据法以及下述规定的，该签章不具有票据法上的效力：

（一）商业汇票上的出票人的签章，为该法人或者该单位的财务专用章或者公章加其法定代表人、单位负责人或者其授权的代理人的签名或者盖章；

（二）银行汇票上的出票人的签章和银行承兑汇票的承兑人的签章，为该银行汇票专用章加其法定代表人或者其授权的代理人的签名或者盖章；

（三）银行本票上的出票人的签章，为该银行的本票专用章加其法定代表人或者其授权的代理人的签名或者盖章；

（四）支票上的出票人的签章，出票人为单位的，为与该单位在银行预留签章一致的财务专用章或者公章加其法定代表人或者其授权的代理人的签名或者盖章；出票人为个人的，为与该个人在银行预留签章一致的签名或者盖章。

第四十一条 银行汇票、银行本票的出票人以及银行承兑汇票的承兑人在票据上未加盖规定的专用章而加盖该银行的公章，支票的出票人在票据上未加盖与该单位在银行预留签章一致的财务专用章而加盖该出票人公章的，签章人应当承担票据责任。

第四十二条 依照票据法第九条以及《票据管理实施办法》的规定，票据金额的中文大写与数码不一致，或者票据载明的金额、出票日期或者签发日期、收款人名称更改，或者违反规定加盖银行部门印章代替专用章，付款人或者代理付款人对此类票据付款的，应当承担责任。

第四十三条　因更改银行汇票的实际结算金额引起纠纷而提起诉讼，当事人请求认定汇票效力的，人民法院应当认定该银行汇票无效。

第四十四条　空白授权票据的持票人行使票据权利时未对票据必须记载事项补充完全，因付款人或者代理付款人拒绝接收该票据而提起诉讼的，人民法院不予支持。

第四十五条　票据的背书人、承兑人、保证人在票据上的签章不符合票据法以及《票据管理实施办法》规定的，或者无民事行为能力人、限制民事行为能力人在票据上签章的，其签章无效，但不影响人民法院对票据上其他签章效力的认定。

适用本案由需要注意的问题

参见“340. 票据付款请求权纠纷”案由相关部分。

349. 票据代理纠纷

案由解析

票据代理是指票据代理人根据本人的授权，在票据上载明本人的名称，并表明代理的意思，在票据上签章的行为。

票据代理的形式要件：(1) 必须在票据上记明本人的姓名或名称。(2) 必须在票据上表明代理的意思。(3) 票据代理人应当在票据上签名或盖章。

票据代理的实质要件：票据代理人依法或者依本人授权而取得代理权。即票据代理人的代理权产生的原因有两个：委托代理与法定代理。

票据代理纠纷是指票据当事人作为委托人（被代理人）与其代理人、相对人之间因为代理关系而发生的纠纷。

常用法律条文及索引

《中华人民共和国票据法》（2004年8月28日修正）

第五条　票据当事人可以委托其代理人在票据上签章，并应当在票据上表明其代理关系。

没有代理权而以代理人名义在票据上签章的，应当由签章人承担票据责任；代理人超越代理权限的，应当就其超越权限的部分承担票据责任。

适用本案由需要注意的问题

参见“340. 票据付款请求权纠纷”案由相关部分。

350. 票据回购纠纷

案由解析

票据回购即回购式（返售式）票据（主要是商业汇票）转贴现。回购式商业汇票转贴现是指对金融机构合法取得、具备真实交易关系、尚未到期的商业汇票实施限时购买，持票人按约定的时间价格和方式将商业汇票买回的行为。

票据回购纠纷是指票据回购行将未到期的已贴现或转贴现的商业汇票以回购方式向其他商业银行或系统内进行融资的行为引起的纠纷。

常用法律条文及索引

目前，我国没有关于票据回购方面的法律、法规、规章或司法解释，在审判实践中可以参考有关银行规定的相关业务规则。

适用本案由需要注意的问题

参见“340. 票据付款请求权纠纷”案由相关部分。

二十九、信用证纠纷

351. 委托开立信用证纠纷

案由解析

信用证是银行（即开证行）依照进口商（即开证申请人）的要求和指示，对出口商（即受益人）发出的、授权出口商签发以银行或进口商为付款人的汇票，保证在交来符合信用证条款规定的汇票和单据时，必定承兑和付款的保证文件。信用证以其是否跟随单据，分为光票信用证和跟单信用证两大类，在国际贸易中主要使用的是跟单信用证。

委托开立信用证纠纷，是指委托人和受托人之间因委托开立信用证产生的纠纷，其实质是委托代理纠纷。

常用法律条文及索引

《最高人民法院关于审理信用证纠纷案件若干问题的规定》（法释〔2005〕13号　2020年12月23日修正）

第三条　开证申请人与开证行之间因申请开立信用证而产生的欠款纠纷、委托人和受托人之间因委托开立信用证产生的纠纷、担保人为申请开立信用证或者委托开立信用证提供担保而产生的纠纷以及信用证项下融资产生的纠纷，适用本规定。

第四条　因申请开立信用证而产生的欠款纠纷、委托开立信用证纠纷和因此产生的担保纠纷以及信用证项下融资产生的纠纷应当适用中华人民共和国相关法律。涉外合同当事人对法律适用另有约定的除外。

（另，关于委托合同相关规定，参见“119. 委托合同纠纷”之“常用法律条文及索引”。）

适用本案由需要注意的问题

◆委托开立信用证纠纷属于合同纠纷，该类纠纷案件的管辖适用合同纠纷案件的管辖的一般原则，根据《民事诉讼法》第24条的规定，由被告住所地或者合同履行地人民法院管辖。

352. 信用证开证纠纷

案由解析

信用证开证纠纷，是指开证申请人与开证行之间因申请以及受理并开立信用证等一系列行为而产生的纠纷。

开证行和开证申请人之间是授信和代为付款审单委托关系。

一般的理解是开证申请人是开证行的客户，开证申请人向开证行提出开证申请，或者开证申请人在开证行有授信额度，或者开证行从开证申请人获得足够的担保品，开证行才对外开立以货物的卖方为受益人的信用证，保证一旦受益人提交了符合信用证要求的合格单据，开证行将兑付交单。开证行当然是开证申请人的代理人，但是开证行开立的信用证是一个独立的有条件的付款保证。开证行以自己的信用向受益人作出独立的保证。开证行必须合理谨慎地严格按照信用证条件和条款的要求审查受益人提交的单据，以确定单据是否符合信用证的要求。如果开证行对不符合的单据作出兑付，开证行应该就自己的不当兑付承担责任。

开证行审查单据和对外拒付是开证行的独立权利，开证申请人无权强迫开证行接受不符单据。

开证行在开证时除了要求开证申请人提供足够的保证和担保之外，开证行还控制了清洁的不记名的提单作为自己垫款的附属保证，开证行在单据上具有担保权。如果开证行丢失受益人提交的相符单据，使开证申请人由于无法获得单据提货而导致损失，开证行应该负责赔偿。

常用法律条文及索引

《最高人民法院关于审理信用证纠纷案件若干问题的规定》（法释〔2005〕13号　2020年12月23日修正）

第三条　开证申请人与开证行之间因申请开立信用证而产生的欠款纠纷、委托人和受托人之间因委托开立信用证产生的纠纷、担保人为申请开立信用证或者委托开立信用证提供担保而产生的纠纷以及信用证项下融资产生的纠纷，适用本规定。

第四条　因申请开立信用证而产生的欠款纠纷、委托开立信用证纠纷和因此产生的担保纠纷以及信用证项下融资产生的纠纷应当适用中华人民共和国相关法律。涉外合同当事人对法律适用另有约定的除外。

第五条　开证行在作出付款、承兑或者履行信用证项下其他义务的承诺后，只要单据与信用证条款、单据与单据之间在表面上相符，开证行应当履行在信用证规定的期限内付款的义务。当事人以开证申请人与受益人之间的基础交易提出抗辩的，人民法院不予支持。具有本规定第八条的情形除外。

第六条　人民法院在审理信用证纠纷案件中涉及单证审查的，应当根据当事人约定适用的相关国际惯例或者其他规定进行；当事人没有约定的，应当按照国际商会《跟单信用证统一惯例》以及国际商会确定的相关标准，认定单据与信用证条款、单据与单据之间是否在表面上相符。

信用证项下单据与信用证条款之间、单据与单据之间在表面上不完全一致，但并不导致相互之间产生歧义的，不应认定为不符点。

第七条　开证行有独立审查单据的权利和义务，有权自行作出单据与信用证条款、单据与单据之间是否在表面上相符的决定，并自行决定接受或者拒绝接受单据与信用证条款、单据与单据之间的不符点。

开证行发现信用证项下存在不符点后，可以自行决定是否联系开证申请人接受不符点。开证申请人决定是否接受不符点，并不影响开证行最终决定是否接受不符点。开证行和开证申请人另有约定的除外。

开证行向受益人明确表示接受不符点的，应当承担付款责任。

开证行拒绝接受不符点时，受益人以开证申请人已接受不符点为由要求开证行承担信用证项下付款责任的，人民法院不予支持。

第八条　凡有下列情形之一的，应当认定存在信用证欺诈：

（一）受益人伪造单据或者提交记载内容虚假的单据；

（二）受益人恶意不交付货物或者交付的货物无价值；

（三）受益人和开证申请人或者其他第三方串通提交假单据，而没有真实的基础交易；

（四）其他进行信用证欺诈的情形。

第九条 开证申请人、开证行或者其他利害关系人发现有本规定第八条的情形，并认为将会给其造成难以弥补的损害时，可以向有管辖权的人民法院申请中止支付信用证项下的款项。

第十条 人民法院认定存在信用证欺诈的，应当裁定中止支付或者判决终止支付信用证项下款项，但有下列情形之一的除外：

（一）开证行的指定人、授权人已按照开证行的指令善意地进行了付款；

（二）开证行或者其指定人、授权人已对信用证项下票据善意地作出了承兑；

（三）保兑行善意地履行了付款义务；

（四）议付行善意地进行了议付。

《跟单信用证统一惯例》（UCP600）（2006 年国际商会修订 2007 年 7 月 1 日生效）[①]

第一条 UCP 的适用范围

《跟单信用证统一惯例——2007 年修订本，国际商会第 600 号出版物》（简称“UCP”）乃一套规则，适用于所有的其文本中明确表明受本惯例约束的跟单信用证（下称信用证）（在其可适用的范围内，包括备用信用证）。除非信用证明确修改或排除，本惯例各条文对信用证所有当事人均具有约束力。

第四条 信用证与合同

a. 就其性质而言，信用证与可能作为其开立基础的销售合同或其他合同是相互独立的交易，即使信用证中含有对此类合同的任何援引，银行也与该合同无关，且不受其约束。因此，银行关于承付、议付或履行信用证项下其他义务的承诺，不受申请人基于与开证行或与受益人之间的关系而产生的任何请求或抗辩的影响。

受益人在任何情况下不得利用银行之间或申请人与开证行之间的合同关系。

① 本书收录的是中国国际经济贸易仲裁委员会官网译本，网址：https：//www.cietac.org/articles/63，最后访问时间：2025 年 7 月 30 日。下文同。

b. 开证行应劝阻申请人试图将基础合同、形式发票等文件作为信用证组成部分的做法。

第七条　开证行责任

a. 只要规定的单据提交给指定银行或开证行，并且构成相符交单，则开证行必须承付，如果信用证为以下情形之一：

i. 信用证规定由开证行即期付款、延期付款或承兑；

ii. 信用证规定由指定银行即期付款但其未付款；

iii. 信用证规定由指定银行延期付款但其未承诺延期付款，或虽已承诺延期付款，但未在到期日付款；

iv. 信用证规定由指定银行承兑，但其未承兑以其为付款人的汇票，或虽承兑了汇票，但未在到期日付款；

v. 信用证规定由指定银行议付但其未议付。

b. 开证行自开立信用证之时起即不可撤销地承担承付责任。

c. 指定银行承付或议付相符交单并将单据转给开证行之后，开证行即承担偿付该指定银行的责任。对承兑或延期付款信用证下相符交单金额的偿付应在到期日办理，无论指定银行是否在到期日之前预付或购买了单据。开证行偿付指定银行的责任独立于开证行对受益人的责任。

适用本案由需要注意的问题

◆信用证开证纠纷属于合同纠纷，该类纠纷案件的管辖适用合同纠纷案件的管辖的一般原则，根据《民事诉讼法》第24条的规定，由被告住所地或者合同履行地人民法院管辖。

353. 信用证议付纠纷

案由解析

信用证议付，是指指定银行在相符交单下，在其应获偿付的银行工作日当天或之前向受益人预付或者同意预付款项，从而购买汇票（其付款人为指定银行以外的其他银行）及/或单据的行为。

信用证议付纠纷，是指受益人与议付行之间以及议付行与开证行之间因议付信用证而产生的纠纷。

常用法律条文及索引

《跟单信用证统一惯例》（UCP600）（2006年国际商会修订 2007年7月1日生效）

第二条 定义

就本惯例而言：

通知行 指应开证行的要求通知信用证的银行。

申请人 指要求开立信用证的一方。

银行工作日 指银行在其履行受本惯例约束的行为的地点通常开业的一天。

受益人 指接受信用证并享受其利益的一方。

相符交单 指与信用证条款、本惯例的相关适用条款以及国际标准银行实务一致的交单。

保兑 指保兑行在开证行承诺之外做出的承付或议付相符交单的确定承诺。

保兑行 指根据开证行的授权或要求对信用证加具保兑的银行。

信用证 指一项不可撤销的安排，无论其名称或描述如何，该项安排构成开证行对相符交单予以承付的确定承诺。

承付 指：

a. 如果信用证为即期付款信用证，则即期付款。

b. 如果信用证为延期付款信用证，则承诺延期付款并在承诺到期日付款。

c. 如果信用证为承兑信用证，则承兑受益人开出的汇票并在汇票到期日付款。

开证行 指应申请人要求或者代表自己开出信用证的银行。

议付 指指定银行在相符交单下，在其应获偿付的银行工作日当天或之前向受益人预付或者同意预付款项，从而购买汇票（其付款人为指定银行以外的其他银行）及/或单据的行为。

指定银行 指信用证可在其处兑用的银行，如信用证可在任一银行兑用，则任何银行均为指定银行。

交单 指向开证行或指定银行提交信用证项下单据的行为，或指按此方式提交的单据。

交单人 指实施交单行为的受益人、银行或其他人。

第十二条 指定

a. 除非指定银行为保兑行，对于承付或议付的授权并不赋予指定银行承付或议付的义务，除非该指定银行明确表示同意并且告知受益人。

b. 开证行指定一银行承兑汇票或做出延期付款承诺，即为授权该指定银行预付或购买其已承兑的汇票或已做出的延期付款承诺。

c. 非保兑行的指定银行收到或审核并转递单据的行为并不使其承担承付或议付的责任，也不构成其承付或议付的行为。

第十三条 银行之间的偿付安排

a. 如果信用证规定指定银行（“索偿行”）向另一方（“偿付行”）获取偿付时，必须同时规定该偿付是否按信用证开立时有效的ICC银行间偿付规则进行。

b. 如果信用证没有规定偿付遵守ICC银行间偿付规则，则按照以下规定：

i. 开证行必须给予偿付行有关偿付的授权，授权应符合信用证关于兑用方式的规定，且不应设定截止日。

ii. 开证行不应要求索偿行向偿付行提供与信用证条款相符的证明。

iii. 如果偿付行未按信用证条款见索即偿，开证行将承担利息损失以及产生的任何其他费用。

iv. 偿付行的费用应由开证行承担。然而，如果此项费用由受益人承担，开证行有责任在信用证及偿付授权中注明。如果偿付行的费用由受益人承担，该费用应在偿付时从付给索偿行的金额中扣取。如果偿付未发生，偿付行的费用仍由开证行负担。

c. 如果偿付行未能见索即偿，开证行不能免除偿付责任。

第十四条 单据审核标准

a. 按指定行事的指定银行、保兑行（如果有的话）及开证行须审核交单，并仅基于单据本身确定其是否在表面上构成相符交单。

b. 按指定行事的指定银行、保兑行（如有的话）及开证行各有从交单次日起的至多五个银行工作日用以确定交单是否相符。这一期限不因在交单日当天或之后信用证截止日或最迟交单日届至而受到缩减或影响。

c. 如果单据中包含一份或多份受第十九、二十、二十一、二十二、二十三、二十四或二十五条规制的正本运输单据，则须由受益人或其代表在不迟于本惯例所指的发运日之后的二十一个日历日内交单，但是在任何情况下都不得迟于信用证的截止日。

d. 单据中的数据，在与信用证、单据本身以及国际标准银行实务参照解读时，无须与该单据本身中的数据、其他要求的单据或信用证中的数据等同一致，但不得矛盾。

e. 除商业发票外，其他单据中的货物、服务或履约行为的描述，如果有的话，可使用与信用证中的描述不矛盾的概括性用语。

f. 如果信用证要求提交运输单据、保险单据或者商业发票之外的单据，却未规定出单人或其数据内容，则只要提交的单据内容看似满足所要求单据的功能，且其他方面符合第十四条 d 款，银行将接受该单据。

g. 提交的非信用证所要求的单据将被不予理会，并可被退还给交单人。

h. 如果信用证含有一项条件，但未规定用以表明该条件得到满足的单据，银行将视为未作规定并不予理会。

i. 单据日期可以早于信用证的开立日期，但不得晚于交单日期。

j. 当受益人和申请人的地址出现在任何规定的单据中时，无须与信用证或其他规定单据中所载相同，但必须与信用证中规定的相应地址同在一国。联络细节（传真、电话、电子邮件及类似细节）作为受益人和申请人地址的一部分时将被不予理会。然而，如果申请人的地址和联络细节为第十九、二十、二十一、二十二、二十三、二十四或二十五条规定的运输单据上的收货人或通知方细节的一部分时，应与信用证规定的相同。

k. 在任何单据中注明的托运人或发货人无须为信用证的受益人。

l. 运输单据可以由任何人出具，无须为承运人、船东、船长或租船人，只要其符合第十九、二十、二十一、二十二、二十三或二十四条的要求。

第十五条　相符交单

a. 当开证行确定交单相符时，必须承付。

b. 当保兑行确定交单相符时，必须承付或者议付并将单据转递给开证行。

c. 当指定银行确定交单相符并承付或议付时，必须将单据转递给保兑行或开证行。

第十六条　不符单据、放弃及通知

a. 当按照指定行事的指定银行、保兑行（如有的话）或者开证行确定交单不符时，可以拒绝承付或议付。

b. 当开证行确定交单不符时，可以自行决定联系申请人放弃不符点。然而这并不能延长第十四条 b 款所指的期限。

c. 当按照指定行事的指定银行、保兑行（如有的话）或开证行决定拒绝承付或议付时，必须给予交单人一份单独的拒付通知。

该通知必须声明：

i. 银行拒绝承付或议付；及

ii. 银行拒绝承付或者议付所依据的每一个不符点；及

iii. a）银行留存单据听候交单人的进一步指示；或者

b）开证行留存单据直到其从申请人处接到放弃不符点的通知并同意接受该放弃，或者其同意接受对不符点的放弃之前从交单人处收到其进一步指示；或者

c）银行将退回单据；或者

d）银行将按之前从交单人处获得的指示处理。

d. 第十六条 c 款要求的通知必须以电讯方式，如不可能，则以其他快捷方式，在不迟于自交单之翌日起第五个银行工作日结束前发出。

e. 按照指定行事的指定银行、保兑行（如有的话）或开证行在按照第十六条 c 款 iii 项 a）或 b）发出了通知之后，可以在任何时候将单据退还交单人。

f. 如果开证行或保兑行未能按照本条行事，则无权宣称交单不符。

g. 当开证行拒绝承付或保兑行拒绝承付或者议付，并且按照本条发出了拒付通知后，有权要求返还已偿付的款项及利息。

《最高人民法院关于审理信用证纠纷案件若干问题的规定》（法释〔2005〕13 号　2020 年 12 月 23 日修正）

第十条　人民法院认定存在信用证欺诈的，应当裁定中止支付或者判决终止支付信用证项下款项，但有下列情形之一的除外：

（一）开证行的指定人、授权人已按照开证行的指令善意地进行了付款；

（二）开证行或者其指定人、授权人已对信用证项下票据善意地作出了承兑；

（三）保兑行善意地履行了付款义务；

（四）议付行善意地进行了议付。

第十四条　人民法院在审理信用证欺诈案件过程中，必要时可以将信用证纠纷与基础交易纠纷一并审理。

当事人以基础交易欺诈为由起诉的，可以将与案件有关的开证行、议付行或者其他信用证法律关系的利害关系人列为第三人；第三人可以申请参加诉讼，人民法院也可以通知第三人参加诉讼。

适用本案由需要注意的问题

◆ 信用证议付纠纷案件一般是涉外案件。在当事人没有明确选择的情况下，由被告住所地或者合同履行地人民法院管辖。此外，根据《民事诉讼法》第276条规定，因涉外民事纠纷，对在中华人民共和国领域内没有住所的被告提起除身份关系以外的诉讼，如果合同签订地、合同履行地、诉讼标的物所在地、可供扣押财产所在地、侵权行为地、代表机构住所地位于中华人民共和国领域内的，可以由合同签订地、合同履行地、诉讼标的物所在地、可供扣押财产所在地、侵权行为地、代表机构住所地人民法院管辖。

◆ 根据《最高人民法院关于适用〈中华人民共和国民事诉讼法〉的解释》第529条第1款的规定，涉外合同或者其他财产权益纠纷的当事人，可以书面协议选择被告住所地、合同履行地、合同签订地、原告住所地、标的物所在地、侵权行为地等与争议有实际联系地点的外国法院管辖。

354. 信用证欺诈纠纷

案由解析

信用证欺诈纠纷，是指当事人在信用证交易过程中欺诈行为的确认以及欺诈一方的民事责任承担方面的纠纷。

对于信用证欺诈问题，《跟单信用证统一惯例》并未作出规定，这是留待各国国内法解决的问题。

典型形态

在实践中，信用证欺诈纠纷主要有通过伪造信用证项下的单据，达到单单相符、单证相符的要求，从而使开证行支付信用证项下款项或者成为付款责任人，给开证行或相关利益当事人带来损失而产生的纠纷。

常用法律条文及索引

《最高人民法院关于审理信用证纠纷案件若干问题的规定》（法释〔2005〕13号　2020年12月23日修正）

第八条　凡有下列情形之一的，应当认定存在信用证欺诈：

（一）受益人伪造单据或者提交记载内容虚假的单据；

（二）受益人恶意不交付货物或者交付的货物无价值；

（三）受益人和开证申请人或者其他第三方串通提交假单据，而没有真实的基础交易；

（四）其他进行信用证欺诈的情形。

第九条　开证申请人、开证行或者其他利害关系人发现有本规定第八条的情形，并认为将会给其造成难以弥补的损害时，可以向有管辖权的人民法院申请中止支付信用证项下的款项。

第十条　人民法院认定存在信用证欺诈的，应当裁定中止支付或者判决终止支付信用证项下款项，但有下列情形之一的除外：

（一）开证行的指定人、授权人已按照开证行的指令善意地进行了付款；

（二）开证行或者其指定人、授权人已对信用证项下票据善意地作出了承兑；

（三）保兑行善意地履行了付款义务；

（四）议付行善意地进行了议付。

第十四条　人民法院在审理信用证欺诈案件过程中，必要时可以将信用证纠纷与基础交易纠纷一并审理。

当事人以基础交易欺诈为由起诉的，可以将与案件有关的开证行、议付行或者其他信用证法律关系的利害关系人列为第三人；第三人可以申请参加诉讼，人民法院也可以通知第三人参加诉讼。

第十五条　人民法院通过实体审理，认定构成信用证欺诈并且不存在本规定第十条的情形的，应当判决终止支付信用证项下的款项。

适用本案由需要注意的问题

◆人民法院在审理信用证欺诈案件过程中，必要时可以将信用证纠纷与基础交易纠纷一并审理。因此，可以根据基础交易纠纷确定信用证欺诈纠纷的管辖法院。基础交易一般是国际买卖合同。这类案件一般是涉外案件，在当事人没有明确选择的情况下，由被告住所地或者合同履行地人民法院管辖。此外，根据《民事诉讼法》第276条规定，因涉外民事纠纷，对在中华人民共和国领域内没有住所的被告提起除身份关系以外的诉讼，如果合同签订地、合同履行地、诉讼标的物所在地、可供扣押财产所在地、侵权行为地、代表机构住所地位于中华人民共和国领域内的，可以由合同签订地、合同履行地、诉讼标的物所在地、可供扣押财产所在地、侵权行为地、代表机构住所地人民法院管辖。

◆根据《最高人民法院关于适用〈中华人民共和国民事诉讼法〉的解释》第529条第1款的规定，涉外合同或者其他财产权益纠纷的当事人，可以书面协议选择被告住所地、合同履行地、合同签订地、原告住所地、标的物所在地、侵权行为地等与争议有实际联系地点的外国法院管辖。

355. 信用证融资纠纷

案由解析

信用证融资是国际贸易中使用最为广泛的融资产品，信用证的优点及生命力正是能为买卖双方提供融资服务。信用证融资是银行一项影响较大、利润丰厚、周转期短的融资业务，银行都把贸易融资放在重要地位。

信用证融资的主要方式有：（1）银行向进口商提供的贸易融资方式，主要包括提供信用证融资额度、担保提货、进口押汇、承兑信用额度。（2）银行向出口商提供的贸易融资方式，主要包括打包放款、票据贴现、出口押汇、福费廷（也称“包买票据”）、利用出口信用保险融资。

信用证融资纠纷，是指在信用证交易中因开证行与开证申请人之间特殊的融资安排而产生的纠纷。

常用法律条文及索引

《中华人民共和国民法典》（2020年5月28日公布　2021年1月1日施行）

第六百七十六条　借款人未按照约定的期限返还借款的，应当按照约定或者国家有关规定支付逾期利息。

第六百九十一条　保证的范围包括主债权及其利息、违约金、损害赔偿金和实现债权的费用。当事人另有约定的，按照其约定。

第六百九十九条　同一债务有两个以上保证人的，保证人应当按照保证合同约定的保证份额，承担保证责任；没有约定保证份额的，债权人可以请求任何一个保证人在其保证范围内承担保证责任。

适用本案由需要注意的问题

◆信用证融资纠纷实质是开证行与开证申请人之间的合同纠纷，该类纠纷案件的管辖适用合同纠纷案件的管辖的一般原则，根据《民事诉讼法》第24条的规定，由被告住所地或者合同履行地人民法院管辖。

◆《最高人民法院关于审理信用证纠纷案件若干问题的规定》第1条、第3条、第4条将信用证纠纷案件归纳为两大类，第一类为“信用证纠纷案件”，是“指在信用证开立、通知、修改、撤销、保兑、议付、偿付等环节产生的纠纷”；第二类是“与信用证相关的纠纷案件”，主要是指“开证申请人与开证行之间因申请开立信用证而产生的欠款纠纷、委托人和受托人之间因委托开立信用证产生的纠纷、担保人为申请开立信用证或者委托开立信用证提供担保而产生的纠纷以及信用证项下融资产生的纠纷”。第二类案件即“与信用证相关的纠纷案件”在法律适用上完全受国内法律的调整，应当适用《民法典》中有关的民商事法律以及相应的司法解释来认定合同的效力、违约责任、担保责任等。

356. 信用证转让纠纷

案由解析

信用证转让，是指可转让信用证的所有权力全部或是一部分转让给信用证受益者（第一受益人）所指定的第三者（第二受益人）。

信用证转让纠纷是指信用证在转让过程中产生的纠纷。

常用法律条文及索引

《跟单信用证统一惯例》（UCP600）（2006年国际商会修订　2007年7月1日生效）

第三十八条　可转让信用证

a. 银行无办理信用证转让的义务，除非其明确同意。

b. 就本条而言：

可转让信用证系指特别注明“可转让（transferable）”字样的信用证。可转让信用证可应受益人（第一受益人）的要求转为全部或部分由另一受益人（第二受益人）兑用。

转让行系指办理信用证转让的指定银行，或当信用证规定可在任一银行兑用时，指开证行特别如此授权并实际办理转让的银行。开证行也可担任转让行。

已转让信用证指已由转让行转为可由第二受益人兑用的信用证。

c. 除非转让时另有约定，有关转让的所有费用（诸如佣金、手续费，成本或开支）须由第一受益人支付。

d. 只要信用证允许部分支款或部分发运，信用证可以分部分地转让给数名第二受益人。

已转让信用证不得应第二受益人的要求转让给任何其后受益人。第一受益人不视为其后受益人。

e. 任何转让要求须说明是否允许及在何条件下允许将修改通知第二受益人。已转让信用证须明确说明该项条件。

f. 如果信用证转让给数名第二受益人，其中一名或多名第二受益人对信用证修改的拒绝并不影响其他第二受益人接受修改。对接受者而言该已转让信用证即被相应修改，而对拒绝修改的第二受益人而言，该信用证未被修改。

g. 已转让信用证须准确转载原证条款，包括保兑（如果有的话），但下列项目除外：

——信用证金额，

——规定的任何单价，

——截止日，

——交单期限，或

——最迟发运日或发运期间。

以上任何一项或全部均可减少或缩短。

必须投保的保险比例可以增加，以达到原信用证或本惯例规定的保险金额。

可用第一受益人的名称替换原证中的开证申请人名称。

如果原证特别要求开证申请人名称应在除发票以外的任何单据中出现时，已转让信用证必须反映该项要求。

h. 第一受益人有权以自己的发票和汇票（如有的话）替换第二受益人的发票和汇票，其金额不得超过原信用证的金额。经过替换后，第一受益人可在原信用证项下支取自己发票与第二受益人发票间的差价（如有的话）。

i. 如果第一受益人应提交其自己的发票和汇票（如有的话），但未能在第一次要求时照办，或第一受益人提交的发票导致了第二受益人的交单中本不存在的不符点，而其未能在第一次要求时修正，转让行有权将从第二受益人处收到的单据照交开证行，并不再对第一受益人承担责任。

j. 在要求转让时，第一受益人可以要求在信用证转让后的兑用地点，在原信用证的截止日之前（包括截止日），对第二受益人承付或议付。本规定并不损害第一受益人在第三十八条 h 款下的权利。

k. 第二受益人或代表第二受益人的交单必须交给转让行。

适用本案由需要注意的问题

◆ 信用证转让纠纷案件一般是涉外案件。在当事人没有明确选择的情况下，由被告住所地或者合同履行地人民法院管辖。此外，根据《民事诉讼法》第 276 条规定，因涉外民事纠纷，对在中华人民共和国领域内没有住所的被告提起除身份关系以外的诉讼，如果合同签订地、合同履行地、诉讼标的物所在地、可供扣押财产所在地、侵权行为地、代表机构住所地位于中华人民共和国领域内的，可以由合同签订地、合同履行地、诉讼标的物所在地、可供扣押财产所在地、侵权行为地、代表机构住所地人民法院管辖。

◆ 根据《最高人民法院关于适用〈中华人民共和国民事诉讼法〉的解释》第 529 条第 1 款的规定，涉外合同或者其他财产权益纠纷的当事人，可以书面协议选择被告住所地、合同履行地、合同签订地、原告住所地、标的物所在地、侵权行为地等与争议有实际联系地点的外国法院管辖。

三十、独立保函纠纷

357. 独立保函开立纠纷

案由解析

独立保函开立纠纷，是指因担保人开立独立保函发生的纠纷，主要为独立保函申请人与开立人之间因申请、受理并开立独立保函而产生的纠纷。

常用法律条文及索引

《最高人民法院关于审理独立保函纠纷案件若干问题的规定》（法释〔2016〕24 号　2020 年 12 月 23 日修正）

第一条　本规定所称的独立保函，是指银行或非银行金融机构作为开立人，以书面形式向受益人出具的，同意在受益人请求付款并提交符合保函要求的单据时，向其支付特定款项或在保函最高金额内付款的承诺。

前款所称的单据，是指独立保函载明的受益人应提交的付款请求书、违约声明、第三方签发的文件、法院判决、仲裁裁决、汇票、发票等表明发生付款到期事件的书面文件。

独立保函可以依保函申请人的申请而开立，也可以依另一金融机构的指示而开立。开立人依指示开立独立保函的，可以要求指示人向其开立用以保障追偿权的独立保函。

第二条　本规定所称的独立保函纠纷，是指在独立保函的开立、撤销、修改、转让、付款、追偿等环节产生的纠纷。

第三条　保函具有下列情形之一，当事人主张保函性质为独立保函的，人民法院应予支持，但保函未载明据以付款的单据和最高金额的除外：

（一）保函载明见索即付；

（二）保函载明适用国际商会《见索即付保函统一规则》等独立保函交易示范规则；

（三）根据保函文本内容，开立人的付款义务独立于基础交易关系及保函申请法律关系，其仅承担相符交单的付款责任。

当事人以独立保函记载了对应的基础交易为由，主张该保函性质为一般保证或连带保证的，人民法院不予支持。

当事人主张独立保函适用民法典关于一般保证或连带保证规定的，人民法院不予支持。

第四条　独立保函的开立时间为开立人发出独立保函的时间。

独立保函一经开立即生效，但独立保函载明生效日期或事件的除外。

独立保函未载明可撤销，当事人主张独立保函开立后不可撤销的，人民法院应予支持。

第五条　独立保函载明适用《见索即付保函统一规则》等独立保函交易示范规则，或开立人和受益人在一审法庭辩论终结前一致援引的，人民法院应当认定交易示范规则的内容构成独立保函条款的组成部分。

不具有前款情形，当事人主张独立保函适用相关交易示范规则的，人民法院不予支持。

第六条 受益人提交的单据与独立保函条款之间、单据与单据之间表面相符，受益人请求开立人依据独立保函承担付款责任的，人民法院应予支持。

开立人以基础交易关系或独立保函申请关系对付款义务提出抗辩的，人民法院不予支持，但有本规定第十二条情形的除外。

第七条 人民法院在认定是否构成表面相符时，应当根据独立保函载明的审单标准进行审查；独立保函未载明的，可以参照适用国际商会确定的相关审单标准。

单据与独立保函条款之间、单据与单据之间表面上不完全一致，但并不导致相互之间产生歧义的，人民法院应当认定构成表面相符。

第八条 开立人有独立审查单据的权利与义务，有权自行决定单据与独立保函条款之间、单据与单据之间是否表面相符，并自行决定接受或拒绝接受不符点。

开立人已向受益人明确表示接受不符点，受益人请求开立人承担付款责任的，人民法院应予支持。

开立人拒绝接受不符点，受益人以保函申请人已接受不符点为由请求开立人承担付款责任的，人民法院不予支持。

第九条 开立人依据独立保函付款后向保函申请人追偿的，人民法院应予支持，但受益人提交的单据存在不符点的除外。

第十条 独立保函未同时载明可转让和据以确定新受益人的单据，开立人主张受益人付款请求权的转让对其不发生效力的，人民法院应予支持。独立保函对受益人付款请求权的转让有特别约定的，从其约定。

第十一条 独立保函具有下列情形之一，当事人主张独立保函权利义务终止的，人民法院应予支持：

（一）独立保函载明的到期日或到期事件届至，受益人未提交符合独立保函要求的单据；

（二）独立保函项下的应付款项已经全部支付；

（三）独立保函的金额已减额至零；

（四）开立人收到受益人出具的免除独立保函项下付款义务的文件；

（五）法律规定或者当事人约定终止的其他情形。

独立保函具有前款权利义务终止的情形，受益人以其持有独立保函文本为由主张享有付款请求权的，人民法院不予支持。

第十二条 具有下列情形之一的，人民法院应当认定构成独立保函欺诈：

（一）受益人与保函申请人或其他人串通，虚构基础交易的；

（二）受益人提交的第三方单据系伪造或内容虚假的；

（三）法院判决或仲裁裁决认定基础交易债务人没有付款或赔偿责任的；

（四）受益人确认基础交易债务已得到完全履行或者确认独立保函载明的付款到期事件并未发生的；

（五）受益人明知其没有付款请求权仍滥用该权利的其他情形。

第十三条 独立保函的申请人、开立人或指示人发现有本规定第十二条情形的，可以在提起诉讼或申请仲裁前，向开立人住所地或其他对独立保函欺诈纠纷案件具有管辖权的人民法院申请中止支付独立保函项下的款项，也可以在诉讼或仲裁过程中提出申请。

第十四条 人民法院裁定中止支付独立保函项下的款项，必须同时具备下列条件：

（一）止付申请人提交的证据材料证明本规定第十二条情形的存在具有高度可能性；

（二）情况紧急，不立即采取止付措施，将给止付申请人的合法权益造成难以弥补的损害；

（三）止付申请人提供了足以弥补被申请人因止付可能遭受损失的担保。

止付申请人以受益人在基础交易中违约为由请求止付的，人民法院不予支持。

开立人在依指示开立的独立保函项下已经善意付款的，对保障该开立人追偿权的独立保函，人民法院不得裁定止付。

第十五条 因止付申请错误造成损失，当事人请求止付申请人赔偿的，人民法院应予支持。

第十六条 人民法院受理止付申请后，应当在四十八小时内作出书面裁定。裁定应当列明申请人、被申请人和第三人，并包括初步查明的事实和是否准许止付申请的理由。

裁定中止支付的，应当立即执行。

止付申请人在止付裁定作出后三十日内未依法提起独立保函欺诈纠纷诉讼或申请仲裁的，人民法院应当解除止付裁定。

第十七条 当事人对人民法院就止付申请作出的裁定有异议的，可以在裁定书送达之日起十日内向作出裁定的人民法院申请复议。复议期间不停止裁定的执行。

人民法院应当在收到复议申请后十日内审查，并询问当事人。

第十八条　人民法院审理独立保函欺诈纠纷案件或处理止付申请，可以就当事人主张的本规定第十二条的具体情形，审查认定基础交易的相关事实。

第十九条　保函申请人在独立保函欺诈诉讼中仅起诉受益人的，独立保函的开立人、指示人可以作为第三人申请参加，或由人民法院通知其参加。

第二十条　人民法院经审理独立保函欺诈纠纷案件，能够排除合理怀疑地认定构成独立保函欺诈，并且不存在本规定第十四条第三款情形的，应当判决开立人终止支付独立保函项下被请求的款项。

第二十一条　受益人和开立人之间因独立保函而产生的纠纷案件，由开立人住所地或被告住所地人民法院管辖，独立保函载明由其他法院管辖或提交仲裁的除外。当事人主张根据基础交易合同争议解决条款确定管辖法院或提交仲裁的，人民法院不予支持。

独立保函欺诈纠纷案件由被请求止付的独立保函的开立人住所地或被告住所地人民法院管辖，当事人书面协议由其他法院管辖或提交仲裁的除外。当事人主张根据基础交易合同或独立保函的争议解决条款确定管辖法院或提交仲裁的，人民法院不予支持。

第二十二条　涉外独立保函未载明适用法律，开立人和受益人在一审法庭辩论终结前亦未就适用法律达成一致的，开立人和受益人之间因涉外独立保函而产生的纠纷适用开立人经常居所地法律；独立保函由金融机构依法登记设立的分支机构开立的，适用分支机构登记地法律。

涉外独立保函欺诈纠纷，当事人就适用法律不能达成一致的，适用被请求止付的独立保函的开立人经常居所地法律；独立保函由金融机构依法登记设立的分支机构开立的，适用分支机构登记地法律；当事人有共同经常居所地的，适用共同经常居所地法律。

涉外独立保函止付保全程序，适用中华人民共和国法律。

第二十三条　当事人约定在国内交易中适用独立保函，一方当事人以独立保函不具有涉外因素为由，主张保函独立性的约定无效的，人民法院不予支持。

第二十四条　对于按照特户管理并移交开立人占有的独立保函开立保证金，人民法院可以采取冻结措施，但不得扣划。保证金账户内的款项丧失开立保证金的功能时，人民法院可以依法采取扣划措施。

开立人已履行对外支付义务的，根据该开立人的申请，人民法院应当解除对开立保证金相应部分的冻结措施。

适用本案由需要注意的问题

◆ 独立保函可以依保函申请人的申请而开立，也可以依另一金融机构的指示而开立。开立人依指示开立独立保函的，可以要求指示人向其开立用以保障追偿权的独立保函。独立保函的开立时间为开立人发出独立保函的时间。

◆ 独立保函一经开立即生效，但独立保函载明生效日期或事件的除外。

◆ 独立保函未载明可撤销的，一般不可撤销。

358. 独立保函付款纠纷

案由解析

独立保函付款纠纷，是指受益人请求担保人按照独立保函付款而发生的纠纷。

常用法律条文及索引

参见“357. 独立保函开立纠纷”案由相关部分。

适用本案由需要注意的问题

◆ 适用本案由，须注意其与“独立保函追偿纠纷”的区别，本案由通常是独立保函的受益人起诉开立人，涉及是否付款、付款数额、付款对象、付款方式、独立保函效力等争议，“独立保函追偿纠纷”适用于开立人付款后向保函申请人追偿的情形，通常为开立人起诉独立保函申请人。

359. 独立保函追偿纠纷

案由解析

独立保函追偿纠纷，是指担保人依据独立保函付款后向保函申请人追偿的纠纷。

典型形态

实践中，独立保函追偿纠纷一般包括以下两种情形：

（1）直开保函追偿纠纷，是指保函开立人向受益人付款后向申请人请求付款而产生的纠纷；

（2）转开保函追偿纠纷，是指反担保保函开立人向反担保保函受益人付款后向保函申请人请求付款而产生的纠纷。

常用法律条文及索引

参见“357. 独立保函开立纠纷”案由相关部分。

适用本案由需要注意的问题

◆ 本案由涉及的争议焦点主要包括开立人是否尽到审查义务、是否构成相符索赔等。

360. 独立保函欺诈纠纷

案由解析

独立保函欺诈纠纷，是指保函申请人、开立人或指示人认为保函受益人的索赔构成欺诈，请求法院终止开立人向受益人支付保函项下款项的纠纷。

常用法律条文及索引

参见“357. 独立保函开立纠纷”案由相关部分。

适用本案由需要注意的问题

◆ 适用本案由要注意审查相符索赔、独立保函独立性原则、欺诈例外情形、善意付款、付款请求权转让等问题。

◆ 独立保函欺诈纠纷案件由被请求止付的独立保函的开立人住所地或被告住所地人民法院管辖，也可以适用协议管辖。

361. 独立保函转让纠纷

案由解析

独立保函转让纠纷，是指因独立保函的受益人将其在保函项下可能有权或可能将要有权获得的任何款项让渡给他人，或者变更保函的受益人发生的纠纷。

常用法律条文及索引

参见“357. 独立保函开立纠纷”案由相关部分。

适用本案由需要注意的问题

◆ 适用本案由注意审查独立保函对付款请求权转让是否有具体约定。

362. 独立保函通知纠纷

案由解析

独立保函通知纠纷，是指因担保人准备签发保函、收到索赔请求等情形时应履行的通知义务而发生的纠纷。

常用法律条文及索引

参见“357. 独立保函开立纠纷”案由相关部分。

适用本案由需要注意的问题

◆ 适用本案由注意审查独立保函对通知方式、期限、义务、免责事由等是否有具体约定。

363. 独立保函撤销纠纷

案由解析

独立保函撤销纠纷，是指保函申请人与开立人或开立人与受益人之间就保函撤销而发生的纠纷。

常用法律条文及索引

参见“357. 独立保函开立纠纷”案由相关部分。

适用本案由需要注意的问题

◆ 适用本案由注意审查独立保函是否可撤销、约定的撤销条件是否成就等。

第九部分　侵权责任纠纷

三十一、侵权责任纠纷

364. 监护人责任纠纷

案由解析

监护人责任，是指监护人因被监护人实施的侵权行为而应承担的侵权责任。监护人责任纠纷，是指无民事行为能力人、限制民事行为能力人造成他人损害，依法应由监护人承担民事责任所引发的纠纷。

监护人责任是一种替代责任。监护人责任的特点主要有：（1）监护人责任是无过错的特殊侵权责任。（2）监护人责任以被监护人实施侵权行为为前提。（3）监护人责任是一种替代责任，是对他人行为的责任。（4）监护人责任属于补充责任，被监护人有财产的，从其本人的财产中支付赔偿费用，不足部分，由监护人承担。

典型形态

在实践中，监护人责任纠纷主要有未成年人致人损害责任纠纷和精神病病人致人损害责任纠纷等。

常用法律条文及索引

《中华人民共和国民法典》（2020 年 5 月 28 日公布　2021 年 1 月 1 日施行）

第二十六条　父母对未成年子女负有抚养、教育和保护的义务。

成年子女对父母负有赡养、扶助和保护的义务。

第二十七条 父母是未成年子女的监护人。

未成年人的父母已经死亡或者没有监护能力的，由下列有监护能力的人按顺序担任监护人：

（一）祖父母、外祖父母；

（二）兄、姐；

（三）其他愿意担任监护人的个人或者组织，但是须经未成年人住所地的居民委员会、村民委员会或者民政部门同意。

第二十八条 无民事行为能力或者限制民事行为能力的成年人，由下列有监护能力的人按顺序担任监护人：

（一）配偶；

（二）父母、子女；

（三）其他近亲属；

（四）其他愿意担任监护人的个人或者组织，但是须经被监护人住所地的居民委员会、村民委员会或者民政部门同意。

第三十四条 监护人的职责是代理被监护人实施民事法律行为，保护被监护人的人身权利、财产权利以及其他合法权益等。

监护人依法履行监护职责产生的权利，受法律保护。

监护人不履行监护职责或者侵害被监护人合法权益的，应当承担法律责任。

因发生突发事件等紧急情况，监护人暂时无法履行监护职责，被监护人的生活处于无人照料状态的，被监护人住所地的居民委员会、村民委员会或者民政部门应当为被监护人安排必要的临时生活照料措施。

第三十五条 监护人应当按照最有利于被监护人的原则履行监护职责。监护人除为维护被监护人利益外，不得处分被监护人的财产。

未成年人的监护人履行监护职责，在作出与被监护人利益有关的决定时，应当根据被监护人的年龄和智力状况，尊重被监护人的真实意愿。

成年人的监护人履行监护职责，应当最大程度地尊重被监护人的真实意愿，保障并协助被监护人实施与其智力、精神健康状况相适应的民事法律行为。对被监护人有能力独立处理的事务，监护人不得干涉。

第一百二十条 民事权益受到侵害的，被侵权人有权请求侵权人承担侵权责任。

第一千一百八十八条 无民事行为能力人、限制民事行为能力人造成他人损害的，由监护人承担侵权责任。监护人尽到监护职责的，可以减轻其侵权责任。

有财产的无民事行为能力人、限制民事行为能力人造成他人损害的，从本人财产中支付赔偿费用；不足部分，由监护人赔偿。

适用本案由需要注意的问题

◆监护人责任纠纷案件的管辖，适用《民事诉讼法》第29条的规定，即由侵权行为地或者被告住所地人民法院管辖。根据《最高人民法院关于适用〈中华人民共和国民事诉讼法〉的解释》第24条的规定，《民事诉讼法》第29条规定的侵权行为地，包括侵权行为实施地、侵权结果发生地。根据《最高人民法院关于军事法院管辖民事案件若干问题的规定》第1条的规定，当事人一方为军人或者军队单位，侵权行为发生在营区内的侵权责任纠纷案件，由军事法院管辖。该管辖原则适用于一级案由“侵权责任纠纷”下的所有案件，下文不赘。

◆本案由的确定，特别应当同监护权纠纷相区别。监护权纠纷与监护人责任纠纷的法律基础不同，前者是就监护权本身产生的争议，而后者并不涉及监护权本身，是在监护关系存在的情况下，关于是否由监护人承担侵权责任的问题。

◆在适用本案由时，要注意区分监护人责任纠纷与教育机构校园事故责任纠纷的竞合问题。无民事行为能力人、限制民事行为能力人在学校、幼儿园学习生活期间致人损害的，应当由其法定监护人承担监护责任。同时，教育机构未尽到保护义务的，依据《民法典》侵权责任编第1199—1201条的规定承担责任。

365. 用人单位责任纠纷

案由解析

用人单位责任，是指用人单位因其单位工作人员基于执行工作任务而造成他人损失，所应承担的责任。

用人单位责任纠纷，是指用人单位的工作人员基于执行工作任务造成他人损害，依法应由用人单位承担侵权责任而引发的纠纷。

用人单位责任的特点主要有：（1）前提是单位工作人员执行工作任务。（2）适用无过错责任原则。（3）是一种替代责任，用人单位责任是对他人行为责任。（4）在工作人员存在故意或重大过失时，用人单位享有追偿权。

典型形态

在实践中，用人单位责任纠纷主要有工作人员在职权范围内以用人单位名义实施的行为致人损害赔偿的纠纷、工作人员超越职权范围以用人单位名义实施的行为致人损害赔偿的纠纷、工作人员以用人单位名义实施的超出用人单位经营范围的行为致人损害赔偿的纠纷等。

常用法律条文及索引

《中华人民共和国民法典》（2020年5月28日公布　2021年1月1日施行）

第一百二十条　民事权益受到侵害的，被侵权人有权请求侵权人承担侵权责任。

第一千一百九十一条第一款　用人单位的工作人员因执行工作任务造成他人损害的，由用人单位承担侵权责任。用人单位承担侵权责任后，可以向有故意或者重大过失的工作人员追偿。

适用本案由需要注意的问题

◆用人单位责任纠纷案件的管辖，适用《民事诉讼法》第29条的规定，即由侵权行为地或者被告住所地人民法院管辖。根据《最高人民法院关于适用〈中华人民共和国民事诉讼法〉的解释》第24条的规定，《民事诉讼法》第29条规定的侵权行为地，包括侵权行为实施地、侵权结果发生地。根据《最高人民法院关于军事法院管辖民事案件若干问题的规定》第2条的规定，军人或者军队单位执行职务过程中造成他人损害的侵权责任纠纷案件，有关军事法院与地方人民法院都有权管辖，地方当事人向军事法院提起诉讼的，军事法院应当受理。

◆本案由下的用人单位，不限于《劳动合同法》领域下的用人单位，而是包括企业、事业单位、国家机关、社会团体、个人经济组织等。

◆本案由下的工作人员，不限于《劳动合同法》领域下的劳动者，还包括公务员、参照公务员进行管理的其他工作人员、事业单位实行聘任制的人员等；不仅包括一般工作人员，还包括用人单位的法定代表人、负责人，公司董事、监事、经理、清算人等；不仅包括正式在编人员，还包括临时雇佣人员。

◆由于本案由下的用人单位包括国家机关，故适用本案由时要注意区分与国家赔偿责任的关系。广义的国家赔偿责任包括立法损害责任、国家行政赔偿责任、国家司法赔偿责任和国家民事责任。目前，我国立法尚未规定立法损害责任，国家行政赔偿责任、国家司法赔偿责任规定在《国家赔偿法》中，本案由下的国家机关作为用人单位的责任仅指国家民事责任，适用的情形是在从事非行使公共管理职权的行为。也就是说，只有在侵权人行使公共管理职权过程中发生的或者与行使公共管理职权有直接关系的情况下，受害人才能依据《国家赔偿法》提起诉讼。

366. 劳务派遣工作人员侵权责任纠纷

案由解析

劳务派遣，是指由劳务派遣机构与派遣劳工订立劳动合同，并支付报酬，把劳动者派向其他用工单位，再由其用工单位向派遣机构支付一笔服务费用的一种用工形式。劳动力给付的事实发生于派遣劳工与要派企业（实际用工单位）之间，要派企业向劳务派遣机构支付服务费，劳务派遣机构向劳动者支付劳动报酬。

劳务派遣工作人员侵权责任纠纷，是指劳务派遣工作人员因执行职务致人损害，依法应由接受劳务派遣的单位承担侵权责任所引发的纠纷。

劳务派遣工作人员侵权责任是用人单位侵权责任的特殊形式，其特点主要有：(1) 前提是劳务派遣工作人员执行的是工作任务。(2) 适用无过错责任原则。(3) 是一种替代责任。

常用法律条文及索引

《中华人民共和国民法典》（2020年5月28日公布　2021年1月1日施行）

第一百二十条　民事权益受到侵害的，被侵权人有权请求侵权人承担侵权责任。

第一千一百九十一条第二款　劳务派遣期间，被派遣的工作人员因执行工作任务造成他人损害的，由接受劳务派遣的用工单位承担侵权责任；劳务派遣单位有过错的，承担相应的责任。

适用本案由需要注意的问题

◆劳务派遣工作人员侵权责任纠纷案件的管辖，适用《民事诉讼法》第29条的规定，即由侵权行为地或者被告住所地人民法院管辖。根据《最高人民法院关于适用〈中华人民共和国民事诉讼法〉的解释》第24条的规定，《民事诉讼法》第29条规定的侵权行为地，包括侵权行为实施地、侵权结果发生地。

◆在适用本案由时，受害人可以单独起诉直接侵权责任人用工单位，也可以以用人单位和派遣单位为共同被告。

367. 提供劳务者致害责任纠纷

案由解析

提供劳务者致害责任，是指个人之间形成劳务关系，接受劳务一方，在劳务的提供者因劳务活动造成他人损害时，依法应当承担的侵权责任。

提供劳务者致害责任纠纷，是指个人之间形成劳务关系，劳务的提供者因劳务活动造成他人损害，依法应由接受劳务一方承担侵权责任所引发的纠纷。

提供劳务者致害责任的特点主要有：（1）前提是提供劳务一方根据接受劳务一方的指示进行劳动并接受其管理，提供劳务一方的劳动成果也由接受劳务一方享有。（2）适用的是无过错的特殊责任原则。（3）是一种替代性责任。

典型形态

在实践中，提供劳务者致害责任纠纷主要有雇佣的保姆为完成工作对第三人造成损害的赔偿责任纠纷、雇佣的建筑物装修工人为完成工作对第三人造成损害的赔偿责任纠纷、承揽人为完成工作对第三人造成损害的赔偿责任纠纷、帮工人在帮工活动中对第三人造成损害的赔偿责任纠纷等。

常用法律条文及索引

《中华人民共和国民法典》（2020年5月28日公布　2021年1月1日施行）

第一百二十条　民事权益受到侵害的，被侵权人有权请求侵权人承担侵

权责任。

第一千一百七十三条 被侵权人对同一损害的发生或者扩大有过错的，可以减轻侵权人的责任。

第一千一百七十九条 侵害他人造成人身损害的，应当赔偿医疗费、护理费、交通费、营养费、住院伙食补助费等为治疗和康复支出的合理费用，以及因误工减少的收入。造成残疾的，还应当赔偿辅助器具费和残疾赔偿金；造成死亡的，还应当赔偿丧葬费和死亡赔偿金。

第一千一百八十三条 侵害自然人人身权益造成严重精神损害的，被侵权人有权请求精神损害赔偿。

因故意或者重大过失侵害自然人具有人身意义的特定物造成严重精神损害的，被侵权人有权请求精神损害赔偿。

第一千一百九十二条 个人之间形成劳务关系，提供劳务一方因劳务造成他人损害的，由接受劳务一方承担侵权责任。接受劳务一方承担侵权责任后，可以向有故意或者重大过失的提供劳务一方追偿。提供劳务一方因劳务受到损害的，根据双方各自的过错承担相应的责任。

提供劳务期间，因第三人的行为造成提供劳务一方损害的，提供劳务一方有权请求第三人承担侵权责任，也有权请求接受劳务一方给予补偿。接受劳务一方补偿后，可以向第三人追偿。

《最高人民法院关于审理人身损害赔偿案件适用法律若干问题的解释》（法释〔2003〕20号　2022年2月15日修正）

第四条 无偿提供劳务的帮工人，在从事帮工活动中致人损害的，被帮工人应当承担赔偿责任。被帮工人承担赔偿责任后向有故意或者重大过失的帮工人追偿的，人民法院应予支持。被帮工人明确拒绝帮工的，不承担赔偿责任。

适用本案由需要注意的问题

◆提供劳务者致害责任纠纷案件的管辖，适用《民事诉讼法》第29条的规定，即由侵权行为地或者被告住所地人民法院管辖。根据《最高人民法院关于适用〈中华人民共和国民事诉讼法〉的解释》第24条的规定，《民事诉讼法》第29条规定的侵权行为地，包括侵权行为实施地、侵权结果发生地。

◆在适用本案由时，要注意区分其与用人单位责任纠纷。用人单位责任纠纷中，责任主体是用人单位，而本案由下的责任主体是作为接受劳务一方的个人。

368. 提供劳务者受害责任纠纷

案由解析

提供劳务者受害责任，是指个人之间形成劳务关系，在劳务的提供者因劳务活动自身受到损害的，提供劳务一方向接受劳务一方主张损害赔偿时，由双方根据各自的过错程度承担相应的民事责任。

提供劳务者受害责任纠纷，是指个人之间形成劳务关系，提供劳务一方与接受劳务一方，在劳务提供者因劳务活动自身受到损害时，由双方根据各自的过错程度承担相应的民事责任所引发的纠纷。

提供劳务者受害责任的特点主要有：(1) 前提是提供劳务一方根据接受劳务一方的指示进行劳动并接受其管理，提供劳务一方的劳动成果也由接受劳务一方享有，形成劳务关系。(2) 适用过错责任原则。(3) 劳务者是在提供劳务过程中自身受到损害。

典型形态

在实践中，提供劳务者受害责任纠纷主要有雇佣的保姆为完成工作受到损害的赔偿责任纠纷、雇佣的建筑物装修工为完成工作受到损害的赔偿责任纠纷、承揽人为完成工作受到损害的赔偿责任纠纷等。

常用法律条文及索引

参见“367. 提供劳务者致害责任纠纷”案由相关部分。

适用本案由需要注意的问题

◆提供劳务者受害责任纠纷案件的管辖，适用《民事诉讼法》第 29 条的规定，即由侵权行为地或者被告住所地人民法院管辖。根据《最高人民法院关于适用〈中华人民共和国民事诉讼法〉的解释》第 24 条的规定，《民事诉讼法》第 29 条规定的侵权行为地，包括侵权行为实施地、侵权结果发生地。

369. 网络侵权责任纠纷

（1）网络侵害虚拟财产纠纷

案由解析

网络侵权责任，是指网络用户、网络服务提供者利用网络作为手段和工具侵害他人民事权益，所应承担的民事责任。

网络侵权责任纠纷，是指网络用户、网络服务提供者通过利用网络作为手段和工具侵害他人民事权益，依法应承担民事责任所引发的纠纷。

网络侵权责任的特点主要有：（1）主体的特殊性。网络侵权责任的主体是网络用户或网络服务提供者。（2）侵权手段的特殊性。行为人利用网络作为手段和工具侵害他人的民事权益。（3）适用过错责任原则。

典型形态

在实践中，网络侵权责任纠纷主要有网络隐私权侵权责任纠纷、网络名誉权侵权责任纠纷、网络著作权侵权责任纠纷等。

常用法律条文及索引

《中华人民共和国民法典》（2020年5月28日公布　2021年1月1日施行）

第一百一十一条　自然人的个人信息受法律保护。任何组织或者个人需要获取他人个人信息的，应当依法取得并确保信息安全，不得非法收集、使用、加工、传输他人个人信息，不得非法买卖、提供或者公开他人个人信息。

第一百二十条　民事权益受到侵害的，被侵权人有权请求侵权人承担侵权责任。

第一千一百九十四条　网络用户、网络服务提供者利用网络侵害他人民事权益的，应当承担侵权责任。法律另有规定的，依照其规定。

第一千一百九十五条　网络用户利用网络服务实施侵权行为的，权利人有权通知网络服务提供者采取删除、屏蔽、断开链接等必要措施。通知应当包括构成侵权的初步证据及权利人的真实身份信息。

网络服务提供者接到通知后，应当及时将该通知转送相关网络用户，并根据构成侵权的初步证据和服务类型采取必要措施；未及时采取必要措施的，对损害的扩大部分与该网络用户承担连带责任。

权利人因错误通知造成网络用户或者网络服务提供者损害的，应当承担侵权责任。法律另有规定的，依照其规定。

第一千一百九十六条　网络用户接到转送的通知后，可以向网络服务提供者提交不存在侵权行为的声明。声明应当包括不存在侵权行为的初步证据及网络用户的真实身份信息。

网络服务提供者接到声明后，应当将该声明转送发出通知的权利人，并告知其可以向有关部门投诉或者向人民法院提起诉讼。网络服务提供者在转送声明到达权利人后的合理期限内，未收到权利人已经投诉或者提起诉讼通知的，应当及时终止所采取的措施。

第一千一百九十七条　网络服务提供者知道或者应当知道网络用户利用其网络服务侵害他人民事权益，未采取必要措施的，与该网络用户承担连带责任。

《中华人民共和国网络安全法》（2016 年 11 月 7 日公布　2017 年 6 月 1 日施行）

第四十四条　任何个人和组织不得窃取或者以其他非法方式获取个人信息，不得非法出售或者非法向他人提供个人信息。

第四十五条　依法负有网络安全监督管理职责的部门及其工作人员，必须对在履行职责中知悉的个人信息、隐私和商业秘密严格保密，不得泄露、出售或者非法向他人提供。

第七十四条　违反本法规定，给他人造成损害的，依法承担民事责任。

违反本法规定，构成违反治安管理行为的，依法给予治安管理处罚；构成犯罪的，依法追究刑事责任。

第七十六条　本法下列用语的含义：

（一）网络，是指由计算机或者其他信息终端及相关设备组成的按照一定的规则和程序对信息进行收集、存储、传输、交换、处理的系统。

（二）网络安全，是指通过采取必要措施，防范对网络的攻击、侵入、干扰、破坏和非法使用以及意外事故，使网络处于稳定可靠运行的状态，以及保障网络数据的完整性、保密性、可用性的能力。

（三）网络运营者，是指网络的所有者、管理者和网络服务提供者。

（四）网络数据，是指通过网络收集、存储、传输、处理和产生的各种电子数据。

（五）个人信息，是指以电子或者其他方式记录的能够单独或者与其他信息结合识别自然人个人身份的各种信息，包括但不限于自然人的姓名、出生日期、身份证件号码、个人生物识别信息、住址、电话号码等。

《中华人民共和国涉外民事关系法律适用法》（2010 年 10 月 28 日公布 2011 年 4 月 1 日施行）

第四十六条 通过网络或者采用其他方式侵害姓名权、肖像权、名誉权、隐私权等人格权的，适用被侵权人经常居所地法律。

《最高人民法院关于审理利用信息网络侵害人身权益民事纠纷案件适用法律若干问题的规定》（法释〔2014〕11 号 2020 年 12 月 23 日修正）

第一条 本规定所称的利用信息网络侵害人身权益民事纠纷案件，是指利用信息网络侵害他人姓名权、名称权、名誉权、荣誉权、肖像权、隐私权等人身权益引起的纠纷案件。

第二条 原告依据民法典第一千一百九十五条、第一千一百九十七条的规定起诉网络用户或者网络服务提供者的，人民法院应予受理。

原告仅起诉网络用户，网络用户请求追加涉嫌侵权的网络服务提供者为共同被告或者第三人的，人民法院应予准许。

原告仅起诉网络服务提供者，网络服务提供者请求追加可以确定的网络用户为共同被告或者第三人的，人民法院应予准许。

第三条 原告起诉网络服务提供者，网络服务提供者以涉嫌侵权的信息系网络用户发布为由抗辩的，人民法院可以根据原告的请求及案件的具体情况，责令网络服务提供者向人民法院提供能够确定涉嫌侵权的网络用户的姓名（名称）、联系方式、网络地址等信息。

网络服务提供者无正当理由拒不提供的，人民法院可以依据民事诉讼法第一百一十四条的规定对网络服务提供者采取处罚等措施。

原告根据网络服务提供者提供的信息请求追加网络用户为被告的，人民法院应予准许。

第四条 人民法院适用民法典第一千一百九十五条第二款的规定，认定网络服务提供者采取的删除、屏蔽、断开链接等必要措施是否及时，应当根据网络服务的类型和性质、有效通知的形式和准确程度、网络信息侵害权益的类型和程度等因素综合判断。

第五条 其发布的信息被采取删除、屏蔽、断开链接等措施的网络用户，主张网络服务提供者承担违约责任或者侵权责任，网络服务提供者以收到民法典第一千一百九十五条第一款规定的有效通知为由抗辩的，人民法院应予支持。

第六条　人民法院依据民法典第一千一百九十七条认定网络服务提供者是否“知道或者应当知道”，应当综合考虑下列因素：

（一）网络服务提供者是否以人工或者自动方式对侵权网络信息以推荐、排名、选择、编辑、整理、修改等方式作出处理；

（二）网络服务提供者应当具备的管理信息的能力，以及所提供服务的性质、方式及其引发侵权的可能性大小；

（三）该网络信息侵害人身权益的类型及明显程度；

（四）该网络信息的社会影响程度或者一定时间内的浏览量；

（五）网络服务提供者采取预防侵权措施的技术可能性及其是否采取了相应的合理措施；

（六）网络服务提供者是否针对同一网络用户的重复侵权行为或者同一侵权信息采取了相应的合理措施；

（七）与本案相关的其他因素。

第七条　人民法院认定网络用户或者网络服务提供者转载网络信息行为的过错及其程度，应当综合以下因素：

（一）转载主体所承担的与其性质、影响范围相适应的注意义务；

（二）所转载信息侵害他人人身权益的明显程度；

（三）对所转载信息是否作出实质性修改，是否添加或者修改文章标题，导致其与内容严重不符以及误导公众的可能性。

第八条　网络用户或者网络服务提供者采取诽谤、诋毁等手段，损害公众对经营主体的信赖，降低其产品或者服务的社会评价，经营主体请求网络用户或者网络服务提供者承担侵权责任的，人民法院应依法予以支持。

第九条　网络用户或者网络服务提供者，根据国家机关依职权制作的文书和公开实施的职权行为等信息来源所发布的信息，有下列情形之一，侵害他人人身权益，被侵权人请求侵权人承担侵权责任的，人民法院应予支持：

（一）网络用户或者网络服务提供者发布的信息与前述信息来源内容不符；

（二）网络用户或者网络服务提供者以添加侮辱性内容、诽谤性信息、不当标题或者通过增删信息、调整结构、改变顺序等方式致人误解；

（三）前述信息来源已被公开更正，但网络用户拒绝更正或者网络服务提供者不予更正；

（四）前述信息来源已被公开更正，网络用户或者网络服务提供者仍然发布更正之前的信息。

第十条 被侵权人与构成侵权的网络用户或者网络服务提供者达成一方支付报酬，另一方提供删除、屏蔽、断开链接等服务的协议，人民法院应认定为无效。

擅自篡改、删除、屏蔽特定网络信息或者以断开链接的方式阻止他人获取网络信息，发布该信息的网络用户或者网络服务提供者请求侵权人承担侵权责任的，人民法院应予支持。接受他人委托实施该行为的，委托人与受托人承担连带责任。

第十一条 网络用户或者网络服务提供者侵害他人人身权益，造成财产损失或者严重精神损害，被侵权人依据民法典第一千一百八十二条和第一千一百八十三条的规定，请求其承担赔偿责任的，人民法院应予支持。

第十二条 被侵权人为制止侵权行为所支付的合理开支，可以认定为民法典第一千一百八十二条规定的财产损失。合理开支包括被侵权人或者委托代理人对侵权行为进行调查、取证的合理费用。人民法院根据当事人的请求和具体案情，可以将符合国家有关部门规定的律师费用计算在赔偿范围内。

被侵权人因人身权益受侵害造成的财产损失以及侵权人因此获得的利益难以确定的，人民法院可以根据具体案情在 50 万元以下的范围内确定赔偿数额。

第十三条 本规定施行后人民法院正在审理的一审、二审案件适用本规定。

本规定施行前已经终审，本规定施行后当事人申请再审或者按照审判监督程序决定再审的案件，不适用本规定。

适用本案由需要注意的问题

◆网络侵权责任纠纷案件的管辖，适用《民事诉讼法》第 29 条的规定，即由侵权行为地或者被告住所地人民法院管辖。根据《最高人民法院关于适用〈中华人民共和国民事诉讼法〉的解释》第 24 条的规定，《民事诉讼法》第 29 条规定的侵权行为地，包括侵权行为实施地、侵权结果发生地。该解释第 25 条规定，信息网络侵权行为实施地包括实施被诉侵权行为的计算机等信息设备所在地，侵权结果发生地包括被侵权人住所地。

◆网络侵权责任纠纷案件具有不同于其他类型案件的一些显著特征，如网络空间的全球化、虚拟化、传播不受地域限制和网站之间的无限链接等特点，从网络的特性来看，由于侵权行为通过网络来实施，使侵权行为的影响力不断扩大，被告通过其侵权行为侵害了原告的利益，其侵权后果往往在原告所在地最为严重，该地法院应该拥有优先的管辖权。

◆本案由下的侵权人之一的网络服务提供者包括技术服务提供者和内容服务提供者。技术服务提供者主要是指接入、缓存、信息存储空间、搜索以及连接等服务类型的网络主体，如微博空间、BBS空间、服务器空间出租者、电信运营商等。内容服务提供者是指主动向网络用户提供内容的网络主体。

370. 违反安全保障义务责任纠纷

（1）经营场所、公共场所的经营者、管理者责任纠纷

（2）群众性活动组织者责任纠纷

案由解析

安全保障义务，是指宾馆、商场、银行、车站、娱乐场所等公共场所的管理人或者群众性活动的组织者，所负有的在合理限度范围内保护他人人身和财产安全的义务。

违反安全保障义务责任，是指宾馆、商场、银行、车站、娱乐场所等公共场所的管理人或者群众性活动的组织者，未尽到其依法所负有的在合理限度范围内保护他人人身和财产安全的义务，致他人人身财产损害依法所应承担的责任。

违反安全保障义务责任纠纷，是指宾馆、商场、银行、车站、娱乐场所等公共场所的管理人或者群众性活动的组织者，未尽到其依法所负有的在合理限度范围内保护他人人身和财产安全的义务，致他人人身财产损害所引发的纠纷。

违反安全保障义务责任的特点主要有：（1）责任主体的特殊性。违反安全保障义务责任的主体是宾馆、商场、银行、车站、娱乐场所等公共场所的管理人或者群众性活动的组织者。（2）适用过错责任原则，而且在责任承担上又有直接责任和补充责任两种情形。

典型形态

在实践中，违反安全保障义务责任纠纷主要有：

（1）经营场所、公共场所的经营者、管理者责任纠纷，是指宾馆、商场、银行、车站、娱乐场所等经营场所、公共场所的经营者、管理者，未尽到其依法所负有的在合理限度范围内保护他人人身和财产安全的义务，致他人人身财产损害所引发的纠纷。

（2）群众性活动组织者责任纠纷，是指群众性活动的组织者，未尽到其依法所负有的在合理限度范围内保护他人人身和财产安全的义务，致他人人身财产损害所引发的纠纷。

常用法律条文及索引

《中华人民共和国民法典》（2020年5月28日公布　2021年1月1日施行）

第一百二十条　民事权益受到侵害的，被侵权人有权请求侵权人承担侵权责任。

第一千一百九十八条　宾馆、商场、银行、车站、机场、体育场馆、娱乐场所等经营场所、公共场所的经营者、管理者或者群众性活动的组织者，未尽到安全保障义务，造成他人损害的，应当承担侵权责任。

因第三人的行为造成他人损害的，由第三人承担侵权责任；经营者、管理者或者组织者未尽到安全保障义务的，承担相应的补充责任。经营者、管理者或者组织者承担补充责任后，可以向第三人追偿。

适用本案由需要注意的问题

◆违反安全保障义务责任纠纷案件的管辖，适用《民事诉讼法》第29条的规定，即由侵权行为地或者被告住所地人民法院管辖。根据《最高人民法院关于适用〈中华人民共和国民事诉讼法〉的解释》第24条的规定，《民事诉讼法》第29条规定的侵权行为地，包括侵权行为实施地、侵权结果发生地。

◆在适用本案由时，要特别注意其与教育机构责任纠纷的区别。二者的主要区别在于责任主体的不同。教育机构责任的责任主体是幼儿园、学校和其他教育机构；而违反安全保障义务责任的责任主体是宾馆、商场、银行、车站、娱乐场所等公共场所的管理人或者群众性活动的组织者，这里所指的公共场所和群众性活动都不包括教育机构。

◆从事经营活动或者其他社会活动组织者违反应负的安全保障义务，造成消费者和其他社会活动参与者人身、财产损害，应当承担侵权责任。经营者与其他社会活动参与者违反安全保障义务应承担的侵权责任分为两种情况：一是由于自身未尽合理限度范围内的安全保障义务致使他人遭受人身损害，应当承担侵权责任；二是因第三人侵权导致损害结果发生的，由实施侵权行为的第三人承担赔偿责任。由于安全保障义务人有过错的，应当在其能够防止或者制止损害的范围内承担补充责任。安全保障义务人承担补充责任后，可以向第三人追偿。安全保障义务人的责任是一种替代责任。

371. 教育机构责任纠纷

案由解析

教育机构责任，是指在幼儿园、学校和其他教育机构的教育、教学活动中或者在其负有管理责任的校舍、场地、其他教学设施、生活设施中，由于幼儿园、学校或者其他教育机构未尽教育、管理职责，致使在其中学习或者生活的无民事行为能力人和限制民事行为能力人遭受人身损害的，学校、幼儿园或者其他教育机构依法应当承担的侵权责任。

教育机构责任纠纷，是指幼儿园、学校或其他教育机构，未尽其应尽的教育、管理职责，致使在其中学习或者生活的无民事行为能力人和限制民事行为能力人遭受人身损害，教育机构应当承担相应的侵权责任而引发的纠纷。

教育机构责任的特点主要有：（1）教育机构侵权责任的受害人具有特定性。教育机构侵权责任的受害人是在教育机构学习、生活的未成年学生，即《民法典》第1199条和第1200条规定的在学校学习和生活期间的无民事行为能力人和限制民事行为能力人。（2）教育机构侵权责任的侵权行为人具有不特定性。教育机构侵权责任的侵权行为人可以是教育机构的从业人员（如教师等），也可以是在教育机构学习、生活的无民事行为能力人或者限制民事行为能力人（如学生等），还有可能是教育机构以外的自然人（如校外人员等）。（3）教育机构侵权责任的损害后果具有多重性。受害人在教育机构学习、生活期间所可能遭受的损害后果包括人身损害、财产损害和精神损害等多种损害类型。（4）教育机构侵权责任的方式具有多样性。教育机构侵权责任包括人身损害赔偿责任、财产损害赔偿责任、精神损害赔偿责任，在责任方式上既包括财产责任（如赔偿损失），也包括非财产责任（如赔礼道歉、停止侵害等）。（5）教育机构侵权责任的救济途径具有可选择性。解决教育机构侵权责任的途径包括和解、协商、调解、诉讼等多种途径。

典型形态

在实践中，教育机构责任纠纷主要有无民事行为能力学生在校园受到人身损害的赔偿责任纠纷、限制民事行为能力学生在校园受到人身损害的赔偿责任纠纷等。

常用法律条文及索引

《中华人民共和国民法典》（2020 年 5 月 28 日公布　2021 年 1 月 1 日施行）

第一百二十条　民事权益受到侵害的，被侵权人有权请求侵权人承担侵权责任。

第一千一百九十九条　无民事行为能力人在幼儿园、学校或者其他教育机构学习、生活期间受到人身损害的，幼儿园、学校或者其他教育机构应当承担侵权责任；但是，能够证明尽到教育、管理职责的，不承担侵权责任。

第一千二百条　限制民事行为能力人在学校或者其他教育机构学习、生活期间受到人身损害，学校或者其他教育机构未尽到教育、管理职责的，应当承担侵权责任。

第一千二百零一条　无民事行为能力人或者限制民事行为能力人在幼儿园、学校或者其他教育机构学习、生活期间，受到幼儿园、学校或者其他教育机构以外的第三人人身损害的，由第三人承担侵权责任；幼儿园、学校或者其他教育机构未尽到管理职责的，承担相应的补充责任。幼儿园、学校或者其他教育机构承担补充责任后，可以向第三人追偿。

适用本案由需要注意的问题

◆教育机构责任纠纷案件的管辖，适用《民事诉讼法》第 29 条的规定，即由侵权行为地或者被告住所地人民法院管辖。根据《最高人民法院关于适用〈中华人民共和国民事诉讼法〉的解释》第 24 条的规定，《民事诉讼法》第 29 条规定的侵权行为地，包括侵权行为实施地、侵权结果发生地。

◆在适用本案由时，要注意区分其与违反安全保障义务责任纠纷的区别（见“违反安全保障义务责任纠纷”中“适用本案由需要注意的问题”部分）。

372. 性骚扰损害责任纠纷

案由解析

性骚扰损害责任纠纷，是指违背他人意愿，以言语、文字、图像、肢体行为等方式对他人实施与性有关的性骚扰而引发的民事纠纷。

常用法律条文及索引

《中华人民共和国民法典》（2020 年 5 月 28 日公布　2021 年 1 月 1 日施行）

第一千零一十条　违背他人意愿，以言语、文字、图像、肢体行为等方式对他人实施性骚扰的，受害人有权依法请求行为人承担民事责任。

机关、企业、学校等单位应当采取合理的预防、受理投诉、调查处置等措施，防止和制止利用职权、从属关系等实施性骚扰。

《中华人民共和国妇女权益保障法》（2022 年 10 月 30 日修订）

第二十三条　禁止违背妇女意愿，以言语、文字、图像、肢体行为等方式对其实施性骚扰。

受害妇女可以向有关单位和国家机关投诉。接到投诉的有关单位和国家机关应当及时处理，并书面告知处理结果。

受害妇女可以向公安机关报案，也可以向人民法院提起民事诉讼，依法请求行为人承担民事责任。

第八十条　违反本法规定，对妇女实施性骚扰的，由公安机关给予批评教育或者出具告诫书，并由所在单位依法给予处分。

学校、用人单位违反本法规定，未采取必要措施预防和制止性骚扰，造成妇女权益受到侵害或者社会影响恶劣的，由上级机关或者主管部门责令改正；拒不改正或者情节严重的，依法对直接负责的主管人员和其他直接责任人员给予处分。

《最高人民法院关于审理人身损害赔偿案件适用法律若干问题的解释》（法释〔2003〕20 号　2022 年 2 月 15 日修正）

第一条　因生命、身体、健康遭受侵害，赔偿权利人起诉请求赔偿义务人赔偿物质损害和精神损害的，人民法院应予受理。

本条所称“赔偿权利人”，是指因侵权行为或者其他致害原因直接遭受人身损害的受害人以及死亡受害人的近亲属。

本条所称“赔偿义务人”，是指因自己或者他人的侵权行为以及其他致害原因依法应当承担民事责任的自然人、法人或者非法人组织。

《最高人民法院关于确定民事侵权精神损害赔偿责任若干问题的解释》（法释〔2001〕7号 2020年12月23日修正）

第三条 死者的姓名、肖像、名誉、荣誉、隐私、遗体、遗骨等受到侵害，其近亲属向人民法院提起诉讼请求精神损害赔偿的，人民法院应当依法予以支持。

第五条 精神损害的赔偿数额根据以下因素确定：

（一）侵权人的过错程度，但是法律另有规定的除外；

（二）侵权行为的目的、方式、场合等具体情节；

（三）侵权行为所造成的后果；

（四）侵权人的获利情况；

（五）侵权人承担责任的经济能力；

（六）受理诉讼法院所在地的平均生活水平。

适用本案由需要注意的问题

◆适用本案由时应注意，虽然在性骚扰行为中，人格尊严、隐私权、身体权都有可能受到侵犯，但涉及与性有关的性骚扰行为引发的侵权责任应当适用本案由，而非适用人格权纠纷。

373. 产品责任纠纷

（1）产品生产者责任纠纷

（2）产品销售者责任纠纷

（3）产品运输者责任纠纷

（4）产品仓储者责任纠纷

案由解析

产品责任，是指因产品存在缺陷，造成了产品的消费者、使用者或第三人的人身、财产受到损害，或者有使他人遭受人身、财产损害的危险的，依法应由生产者或销售者分别或共同负责赔偿的一种民事责任。

产品责任纠纷，是指因产品存在缺陷，造成了他人人身、财产受到损害，或者有使他人遭受人身、财产损害的危险的，依法应由生产者或销售者分别或共同承担民事责任所引发的纠纷。

产品责任的特点主要有：（1）产品责任发生在产品流通领域。产品进入流通领域的标志，是产品经过交易、转让等合同行为，由制造、生产者之手，转由消费者之手，中间可以经过若干个流通环节，即批发、销售、仓储、运输等过程。（2）致人损害的产品必须存在缺陷。产品责任并不是产品质量问题和自身损坏造成的产品本身的财产损失，而是产品因缺陷造成使用人的人身伤害或者缺陷产品以外的财产损害。这个问题关系到产品责任的性质是侵权责任还是合同责任。（3）产品责任是特殊侵权责任。产品致人损害时，与该致害产品有关联的人，即制造者、销售者等须对所造成的损害承担赔偿责任。

典型形态

在实践中，产品责任纠纷主要有：

（1）产品生产者责任纠纷，是指因产品存在缺陷，造成他人人身、财产遭受损害，产品的生产者（即为流通目的而加工、制作产品的人）应当承担民事责任所引发的纠纷。

（2）产品销售者责任纠纷，是指因产品存在缺陷，造成他人人身、财产遭受损害，产品的销售者（实施使产品流通的行为的人）应当承担民事责任所引发的纠纷。

（3）产品运输者责任纠纷，是指因产品的运输者的过错导致产品存在缺陷而致他人人身、财产遭受损害时，其依法应当承担相应责任所引发的纠纷。

（4）产品仓储者责任纠纷，是指因产品的仓储者的过错导致产品存在缺陷而致他人人身、财产遭受损害时，其依法应当承担相应责任所引发的纠纷。

常用法律条文及索引

《中华人民共和国民法典》（2020 年 5 月 28 日公布　2021 年 1 月 1 日施行）

第一千二百零四条　因运输者、仓储者等第三人的过错使产品存在缺陷，造成他人损害的，产品的生产者、销售者赔偿后，有权向第三人追偿。

第一千二百零五条 因产品缺陷危及他人人身、财产安全的，被侵权人有权请求生产者、销售者承担停止侵害、排除妨碍、消除危险等侵权责任。

第一千二百零六条 产品投入流通后发现存在缺陷的，生产者、销售者应当及时采取停止销售、警示、召回等补救措施；未及时采取补救措施或者补救措施不力造成损害扩大的，对扩大的损害也应当承担侵权责任。

依据前款规定采取召回措施的，生产者、销售者应当负担被侵权人因此支出的必要费用。

第一千二百零七条 明知产品存在缺陷仍然生产、销售，或者没有依据前条规定采取有效补救措施，造成他人死亡或者健康严重损害的，被侵权人有权请求相应的惩罚性赔偿。

《中华人民共和国产品质量法》（2018 年 12 月 29 日修正）

第四十一条 因产品存在缺陷造成人身、缺陷产品以外的其他财产（以下简称他人财产）损害的，生产者应当承担赔偿责任。

生产者能够证明有下列情形之一的，不承担赔偿责任：

（一）未将产品投入流通的；

（二）产品投入流通时，引起损害的缺陷尚不存在的；

（三）将产品投入流通时的科学技术水平尚不能发现缺陷的存在的。

第四十二条 由于销售者的过错使产品存在缺陷，造成人身、他人财产损害的，销售者应当承担赔偿责任。

销售者不能指明缺陷产品的生产者也不能指明缺陷产品的供货者的，销售者应当承担赔偿责任。

第四十三条 因产品存在缺陷造成人身、他人财产损害的，受害人可以向产品的生产者要求赔偿，也可以向产品的销售者要求赔偿。属于产品的生产者的责任，产品的销售者赔偿的，产品的销售者有权向产品的生产者追偿。属于产品的销售者的责任，产品的生产者赔偿的，产品的生产者有权向产品的销售者追偿。

第四十四条 因产品存在缺陷造成受害人人身伤害的，侵害人应当赔偿医疗费、治疗期间的护理费、因误工减少的收入等费用；造成残疾的，还应当支付残疾者生活自助具费、生活补助费、残疾赔偿金以及由其扶养的人所必需的生活费等费用；造成受害人死亡的，并应当支付丧葬费、死亡赔偿金以及由死者生前扶养的人所必需的生活费等费用。

因产品存在缺陷造成受害人财产损失的，侵害人应当恢复原状或者折价赔偿。受害人因此遭受其他重大损失的，侵害人应当赔偿损失。

第四十五条　因产品存在缺陷造成损害要求赔偿的诉讼时效期间为二年，自当事人知道或者应当知道其权益受到损害时起计算。

因产品存在缺陷造成损害要求赔偿的请求权，在造成损害的缺陷产品交付最初消费者满十年丧失；但是，尚未超过明示的安全使用期的除外。

《中华人民共和国电子商务法》（2018 年 8 月 31 日公布　2019 年 1 月 1 日施行）

第三十八条　电子商务平台经营者知道或者应当知道平台内经营者销售的商品或者提供的服务不符合保障人身、财产安全的要求，或者有其他侵害消费者合法权益行为，未采取必要措施的，依法与该平台内经营者承担连带责任。

对关系消费者生命健康的商品或者服务，电子商务平台经营者对平台内经营者的资质资格未尽到审核义务，或者对消费者未尽到安全保障义务，造成消费者损害的，依法承担相应的责任。

《中华人民共和国涉外民事关系法律适用法》（2010 年 10 月 28 日公布　2011 年 4 月 1 日施行）

第四十二条　消费者合同，适用消费者经常居所地法律；消费者选择适用商品、服务提供地法律或者经营者在消费者经常居所地没有从事相关经营活动的，适用商品、服务提供地法律。

第四十五条　产品责任，适用被侵权人经常居所地法律；被侵权人选择适用侵权人主营业地法律、损害发生地法律的，或者侵权人在被侵权人经常居所地没有从事相关经营活动的，适用侵权人主营业地法律或者损害发生地法律。

《最高人民法院关于审理食品安全民事纠纷案件适用法律若干问题的解释（一）》（法释〔2020〕14 号　2020 年 12 月 8 日公布）

为正确审理食品安全民事纠纷案件，保障公众身体健康和生命安全，根据《中华人民共和国民法典》《中华人民共和国食品安全法》《中华人民共和国消费者权益保护法》《中华人民共和国民事诉讼法》等法律的规定，结合民事审判实践，制定本解释。

第一条　消费者因不符合食品安全标准的食品受到损害，依据食品安全法第一百四十八条第一款规定诉请食品生产者或者经营者赔偿损失，被诉的生产者或者经营者以赔偿责任应由生产经营者中的另一方承担为由主张免责的，人民法院不予支持。属于生产者责任的，经营者赔偿后有权向生产者追偿；属于经营者责任的，生产者赔偿后有权向经营者追偿。

第二条　电子商务平台经营者以标记自营业务方式所销售的食品或者虽未标记自营但实际开展自营业务所销售的食品不符合食品安全标准，消费者依据食品安全法第一百四十八条规定主张电子商务平台经营者承担作为食品经营者的赔偿责任的，人民法院应予支持。

电子商务平台经营者虽非实际开展自营业务，但其所作标识等足以误导消费者让消费者相信系电子商务平台经营者自营，消费者依据食品安全法第一百四十八条规定主张电子商务平台经营者承担作为食品经营者的赔偿责任的，人民法院应予支持。

第三条　电子商务平台经营者违反食品安全法第六十二条和第一百三十一条规定，未对平台内食品经营者进行实名登记、审查许可证，或者未履行报告、停止提供网络交易平台服务等义务，使消费者的合法权益受到损害，消费者主张电子商务平台经营者与平台内食品经营者承担连带责任的，人民法院应予支持。

第四条　公共交通运输的承运人向旅客提供的食品不符合食品安全标准，旅客主张承运人依据食品安全法第一百四十八条规定承担作为食品生产者或者经营者的赔偿责任的，人民法院应予支持；承运人以其不是食品的生产经营者或者食品是免费提供为由进行免责抗辩的，人民法院不予支持。

第五条　有关单位或者个人明知食品生产经营者从事食品安全法第一百二十三条第一款规定的违法行为而仍为其提供设备、技术、原料、销售渠道、运输、储存或者其他便利条件，消费者主张该单位或者个人依据食品安全法第一百二十三条第二款的规定与食品生产经营者承担连带责任的，人民法院应予支持。

第六条　食品经营者具有下列情形之一，消费者主张构成食品安全法第一百四十八条规定的“明知”的，人民法院应予支持：

（一）已过食品标明的保质期但仍然销售的；

（二）未能提供所售食品的合法进货来源的；

（三）以明显不合理的低价进货且无合理原因的；

（四）未依法履行进货查验义务的；

（五）虚假标注、更改食品生产日期、批号的；

（六）转移、隐匿、非法销毁食品进销货记录或者故意提供虚假信息的；

（七）其他能够认定为明知的情形。

第七条　消费者认为生产经营者生产经营不符合食品安全标准的食品同时构成欺诈的，有权选择依据食品安全法第一百四十八条第二款或者消费者权益保护法第五十五条第一款规定主张食品生产者或者经营者承担惩罚性赔偿责任。

第八条　经营者经营明知是不符合食品安全标准的食品，但向消费者承诺的赔偿标准高于食品安全法第一百四十八条规定的赔偿标准，消费者主张经营者按照承诺赔偿的，人民法院应当依法予以支持。

第九条　食品符合食品安全标准但未达到生产经营者承诺的质量标准，消费者依照民法典、消费者权益保护法等法律规定主张生产经营者承担责任的，人民法院应予支持，但消费者主张生产经营者依据食品安全法第一百四十八条规定承担赔偿责任的，人民法院不予支持。

第十条　食品不符合食品安全标准，消费者主张生产者或者经营者依据食品安全法第一百四十八条第二款规定承担惩罚性赔偿责任，生产者或者经营者以未造成消费者人身损害为由抗辩的，人民法院不予支持。

第十一条　生产经营未标明生产者名称、地址、成分或者配料表，或者未清晰标明生产日期、保质期的预包装食品，消费者主张生产者或者经营者依据食品安全法第一百四十八条第二款规定承担惩罚性赔偿责任的，人民法院应予支持，但法律、行政法规、食品安全国家标准对标签标注事项另有规定的除外。

第十二条　进口的食品不符合我国食品安全国家标准或者国务院卫生行政部门决定暂予适用的标准，消费者主张销售者、进口商等经营者依据食品安全法第一百四十八条规定承担赔偿责任，销售者、进口商等经营者仅以进口的食品符合出口地食品安全标准或者已经过我国出入境检验检疫机构检验检疫为由进行免责抗辩的，人民法院不予支持。

第十三条　生产经营不符合食品安全标准的食品，侵害众多消费者合法权益，损害社会公共利益，民事诉讼法、消费者权益保护法等法律规定的机关和有关组织依法提起公益诉讼的，人民法院应予受理。

第十四条　本解释自2021年1月1日起施行。

本解释施行后人民法院正在审理的一审、二审案件适用本解释。

本解释施行前已经终审，本解释施行后当事人申请再审或者按照审判监督程序决定再审的案件，不适用本解释。

最高人民法院以前发布的司法解释与本解释不一致的，以本解释为准。

适用本案由需要注意的问题

◆产品责任纠纷案件的管辖，适用《民事诉讼法》第29条的规定，即由侵权行为地或者被告住所地人民法院管辖。根据《最高人民法院关于适用〈中华人民共和国民事诉讼法〉的解释》第24条的规定，《民事诉讼法》第29条规定的侵权行为地，包括侵权行为实施地、侵权结果发生地。该解释第26条规定，因产品、服务质量不合格造成他人财产、人身损害提起的诉讼，产品制造地、产品销售地、服务提供地、侵权行为地和被告住所地人民法院都有管辖权。

◆在因产品缺陷造成他人人身、财产损害的情况下，往往会产生违约责任与侵权责任的竞合。根据《民法典》第186条的规定，权利人只能选择一个请求权主张权利。因此，如果权利人提起违约之诉，则原告只能是合同一方当事人而不能是其他受害人，被告只能是产品的销售者，由被告住所地、合同履行地或者当事人协议确定的人民法院管辖，诉讼时效一般为3年，但出售质量不合格的商品未声明的案件为1年。如果权利人提起侵权之诉，则构成本案由所规定的产品责任纠纷，凡受害人均可成为原告，被告可以是生产者或者销售者，诉讼时效为3年。

◆因产品缺陷侵害消费者权益引起的纠纷是产品责任纠纷中的主要类型，由此引发的诉讼是侵害消费者权益诉讼的主要表现形式。对此，根据《民事诉讼法》第58条的规定，如果侵权行为侵害了众多消费者的合法权益，并且损害了公共利益，法律规定的机关和有关组织则可基于维护社会公共利益的目的提起公益诉讼。对此类诉讼，需要注意如下主要问题：(1) 如果针对侵害消费者合法权益的行为，直接请求保护个体利益，即使如代表人诉讼涉及众多当事人，但受害人可以确定，则属于一般普通民事诉讼即私益诉讼，而非公益诉讼的范围。(2) 起诉主体为“法律规定的机关和有关组织”，可以提起公益诉讼的机关，其可以提起公益诉讼的权利要由法律明确规定；“有关组织”则不受“法律规定”的限制，但应当与起诉事项有一定的关联。(3) 该类诉讼原则上由侵权行为地或者被告住所地中级人民法院受理。(4) 人民法院受理民事公益诉讼时，除核对起诉人是否具备《民事诉讼法》第122条第2项至第4项规定的条件外，还应当注意根据《民事诉讼法》第124条关于起诉状的规定，要求起诉人提供初步证据证明环境污染或者侵害众多消费者合法权益等侵权行为及其对社会公共利益的危害性，并说明其诉讼请求的合理性。(5) 原告可以依据《民法典》第179条的规定，请求责任人承担停止侵害、排除妨碍、消除危险、恢复原状、赔偿损失等责任。但该类诉讼的性质决定了原告不能通过诉讼获得私利，故人民法院判决责任人承担赔偿责任的，应一并判决原告受领赔款后向国库交纳。原告申请人民法院执行有关生效判决时，人民法院应当要求其提供财政部门指定的收款账户。(6) 人民法院受理法律规定的机关或者有关组织提起的民事公益诉讼后，其他法律规定的机关或者有关组织又就同一损害社会公共利益的行为，对同一被告提出相同或者同类诉讼请求的，人民法院不宜受理；法律规定的机关或者有关组织就同一环境污染事故，对同一责任人分别起诉提出不同种类的请求，或者分别起诉不同责任人的，符合合并审理条件的，人民法院应合并审理。

374. 机动车交通事故责任纠纷

案由解析

机动车交通事故责任，是指机动车的所有人或使用人在机动车发生交通事故，过失或者意外造成他人人身伤害或者财产损失所应承担的相应的民事侵权责任。

机动车交通事故责任纠纷，是指机动车的所有人或使用人在机动车发生交通事故，造成他人人身伤害或者财产损失所应承担的相应的民事侵权责任所引发的纠纷。

交通事故责任的特点主要有：(1) 发生在道路交通领域。(2) 责任人与受害人在事故发生之前不存在相对性的民事法律关系。(3) 主要形式是人身损害赔偿，但也包括财产损害赔偿。(4) 责任主体具有多样性。

典型形态

在实践中，机动车交通事故损害责任纠纷主要有驾驶人为机动车所有人的机动车交通事故责任纠纷，租赁、借用等机动车所有人与使用人分离的情形下的机动车交通事故责任纠纷，转让并交付但未办理登记情形下的机动车交通事故责任纠纷，转让拼装或者已达到报废标准的机动车情形下的机动车交通事故责任纠纷，盗抢的机动车发生交通事故的损害赔偿责任纠纷等。

常用法律条文及索引

《中华人民共和国民法典》（2020 年 5 月 28 日公布　2021 年 1 月 1 日施行）

第一百二十条　民事权益受到侵害的，被侵权人有权请求侵权人承担侵

权责任。

第一千二百零八条　机动车发生交通事故造成损害的，依照道路交通安全法律和本法的有关规定承担赔偿责任。

第一千二百零九条　因租赁、借用等情形机动车所有人、管理人与使用人不是同一人时，发生交通事故造成损害，属于该机动车一方责任的，由机动车使用人承担赔偿责任；机动车所有人、管理人对损害的发生有过错的，承担相应的赔偿责任。

第一千二百一十条　当事人之间已经以买卖或者其他方式转让并交付机动车但是未办理登记，发生交通事故造成损害，属于该机动车一方责任的，由受让人承担赔偿责任。

第一千二百一十一条　以挂靠形式从事道路运输经营活动的机动车，发生交通事故造成损害，属于该机动车一方责任的，由挂靠人和被挂靠人承担连带责任。

第一千二百一十二条　未经允许驾驶他人机动车，发生交通事故造成损害，属于该机动车一方责任的，由机动车使用人承担赔偿责任；机动车所有人、管理人对损害的发生有过错的，承担相应的赔偿责任，但是本章另有规定的除外。

第一千二百一十三条　机动车发生交通事故造成损害，属于该机动车一方责任的，先由承保机动车强制保险的保险人在强制保险责任限额范围内予以赔偿；不足部分，由承保机动车商业保险的保险人按照保险合同的约定予以赔偿；仍然不足或者没有投保机动车商业保险的，由侵权人赔偿。

第一千二百一十四条　以买卖或者其他方式转让拼装或者已经达到报废标准的机动车，发生交通事故造成损害的，由转让人和受让人承担连带责任。

第一千二百一十五条　盗窃、抢劫或者抢夺的机动车发生交通事故造成损害的，由盗窃人、抢劫人或者抢夺人承担赔偿责任。盗窃人、抢劫人或者抢夺人与机动车使用人不是同一人，发生交通事故造成损害，属于该机动车一方责任的，由盗窃人、抢劫人或者抢夺人与机动车使用人承担连带责任。

保险人在机动车强制保险责任限额范围内垫付抢救费用的，有权向交通事故责任人追偿。

第一千二百一十六条　机动车驾驶人发生交通事故后逃逸，该机动车参加强制保险的，由保险人在机动车强制保险责任限额范围内予以赔偿；机动车不明、该机动车未参加强制保险或者抢救费用超过机动车强制保险责任限额，需要支付被侵权人人身伤亡的抢救、丧葬等费用的，由道路交通事故社会救助基金垫付。道路交通事故社会救助基金垫付后，其管理机构有权向交通事故责任人追偿。

第一千二百一十七条　非营运机动车发生交通事故造成无偿搭乘人损害，属于该机动车一方责任的，应当减轻其赔偿责任，但是机动车使用人有故意或者重大过失的除外。

《中华人民共和国道路交通安全法》（2021 年 4 月 29 日修正）

第七十六条　机动车发生交通事故造成人身伤亡、财产损失的，由保险公司在机动车第三者责任强制保险责任限额范围内予以赔偿；不足的部分，按照下列规定承担赔偿责任：

（一）机动车之间发生交通事故的，由有过错的一方承担赔偿责任；双方都有过错的，按照各自过错的比例分担责任。

（二）机动车与非机动车驾驶人、行人之间发生交通事故，非机动车驾驶人、行人没有过错的，由机动车一方承担赔偿责任；有证据证明非机动车驾驶人、行人有过错的，根据过错程度适当减轻机动车一方的赔偿责任；机动车一方没有过错的，承担不超过百分之十的赔偿责任。

交通事故的损失是由非机动车驾驶人、行人故意碰撞机动车造成的，机动车一方不承担赔偿责任。

《最高人民法院关于审理道路交通事故损害赔偿案件适用法律若干问题的解释》（法释〔2012〕19 号　2020 年 12 月 23 日修正）

第一条　机动车发生交通事故造成损害，机动车所有人或者管理人有下列情形之一，人民法院应当认定其对损害的发生有过错，并适用民法典第一千二百零九条的规定确定其相应的赔偿责任：

（一）知道或者应当知道机动车存在缺陷，且该缺陷是交通事故发生原因之一的；

（二）知道或者应当知道驾驶人无驾驶资格或者未取得相应驾驶资格的；

（三）知道或者应当知道驾驶人因饮酒、服用国家管制的精神药品或者麻醉药品，或者患有妨碍安全驾驶机动车的疾病等依法不能驾驶机动车的；

（四）其他应当认定机动车所有人或者管理人有过错的。

第二条　被多次转让但是未办理登记的机动车发生交通事故造成损害，属于该机动车一方责任，当事人请求由最后一次转让并交付的受让人承担赔偿责任的，人民法院应予支持。

第三条 套牌机动车发生交通事故造成损害，属于该机动车一方责任，当事人请求由套牌机动车的所有人或者管理人承担赔偿责任的，人民法院应予支持；被套牌机动车所有人或者管理人同意套牌的，应当与套牌机动车的所有人或者管理人承担连带责任。

第四条 拼装车、已达到报废标准的机动车或者依法禁止行驶的其他机动车被多次转让，并发生交通事故造成损害，当事人请求由所有的转让人和受让人承担连带责任的，人民法院应予支持。

第五条 接受机动车驾驶培训的人员，在培训活动中驾驶机动车发生交通事故造成损害，属于该机动车一方责任，当事人请求驾驶培训单位承担赔偿责任的，人民法院应予支持。

第六条 机动车试乘过程中发生交通事故造成试乘人损害，当事人请求提供试乘服务者承担赔偿责任的，人民法院应予支持。试乘人有过错的，应当减轻提供试乘服务者的赔偿责任。

第七条 因道路管理维护缺陷导致机动车发生交通事故造成损害，当事人请求道路管理者承担相应赔偿责任的，人民法院应予支持。但道路管理者能够证明已经依照法律、法规、规章的规定，或者按照国家标准、行业标准、地方标准的要求尽到安全防护、警示等管理维护义务的除外。

依法不得进入高速公路的车辆、行人，进入高速公路发生交通事故造成自身损害，当事人请求高速公路管理者承担赔偿责任的，适用民法典第一千二百四十三条的规定。

第八条 未按照法律、法规、规章或者国家标准、行业标准、地方标准的强制性规定设计、施工，致使道路存在缺陷并造成交通事故，当事人请求建设单位与施工单位承担相应赔偿责任的，人民法院应予支持。

第九条 机动车存在产品缺陷导致交通事故造成损害，当事人请求生产者或者销售者依照民法典第七编第四章的规定承担赔偿责任的，人民法院应予支持。

第十条 多辆机动车发生交通事故造成第三人损害，当事人请求多个侵权人承担赔偿责任的，人民法院应当区分不同情况，依照民法典第一千一百七十条、第一千一百七十一条、第一千一百七十二条的规定，确定侵权人承担连带责任或者按份责任。

第十一条 道路交通安全法第七十六条规定的“人身伤亡”，是指机动车发生交通事故侵害被侵权人的生命权、身体权、健康权等人身权益所造成的损害，包括民法典第一千一百七十九条和第一千一百八十三条规定的各项损害。

道路交通安全法第七十六条规定的“财产损失”，是指因机动车发生交通事故侵害被侵权人的财产权益所造成的损失。

第十二条　因道路交通事故造成下列财产损失，当事人请求侵权人赔偿的，人民法院应予支持：

（一）维修被损坏车辆所支出的费用、车辆所载物品的损失、车辆施救费用；

（二）因车辆灭失或者无法修复，为购买交通事故发生时与被损坏车辆价值相当的车辆重置费用；

（三）依法从事货物运输、旅客运输等经营性活动的车辆，因无法从事相应经营活动所产生的合理停运损失；

（四）非经营性车辆因无法继续使用，所产生的通常替代性交通工具的合理费用。

第十三条　同时投保机动车第三者责任强制保险（以下简称交强险）和第三者责任商业保险（以下简称商业三者险）的机动车发生交通事故造成损害，当事人同时起诉侵权人和保险公司的，人民法院应当依照民法典第一千二百一十三条的规定，确定赔偿责任。

被侵权人或者其近亲属请求承保交强险的保险公司优先赔偿精神损害的，人民法院应予支持。

第十四条　投保人允许的驾驶人驾驶机动车致使投保人遭受损害，当事人请求承保交强险的保险公司在责任限额范围内予以赔偿的，人民法院应予支持，但投保人为本车上人员的除外。

第十五条　有下列情形之一导致第三人人身损害，当事人请求保险公司在交强险责任限额范围内予以赔偿，人民法院应予支持：

（一）驾驶人未取得驾驶资格或者未取得相应驾驶资格的；

（二）醉酒、服用国家管制的精神药品或者麻醉药品后驾驶机动车发生交通事故的；

（三）驾驶人故意制造交通事故的。

保险公司在赔偿范围内向侵权人主张追偿权的，人民法院应予支持。追偿权的诉讼时效期间自保险公司实际赔偿之日起计算。

第十六条　未依法投保交强险的机动车发生交通事故造成损害，当事人请求投保义务人在交强险责任限额范围内予以赔偿的，人民法院应予支持。

投保义务人和侵权人不是同一人，当事人请求投保义务人和侵权人在交强险责任限额范围内承担相应责任的，人民法院应予支持。

第十七条 具有从事交强险业务资格的保险公司违法拒绝承保、拖延承保或者违法解除交强险合同，投保义务人在向第三人承担赔偿责任后，请求该保险公司在交强险责任限额范围内承担相应赔偿责任的，人民法院应予支持。

第十八条 多辆机动车发生交通事故造成第三人损害，损失超出各机动车交强险责任限额之和的，由各保险公司在各自责任限额范围内承担赔偿责任；损失未超出各机动车交强险责任限额之和，当事人请求由各保险公司按照其责任限额与责任限额之和的比例承担赔偿责任的，人民法院应予支持。

依法分别投保交强险的牵引车和挂车连接使用时发生交通事故造成第三人损害，当事人请求由各保险公司在各自的责任限额范围内平均赔偿的，人民法院应予支持。

多辆机动车发生交通事故造成第三人损害，其中部分机动车未投保交强险，当事人请求先由已承保交强险的保险公司在责任限额范围内予以赔偿的，人民法院应予支持。保险公司就超出其应承担的部分向未投保交强险的投保义务人或者侵权人行使追偿权的，人民法院应予支持。

第十九条 同一交通事故的多个被侵权人同时起诉的，人民法院应当按照各被侵权人的损失比例确定交强险的赔偿数额。

第二十条 机动车所有权在交强险合同有效期内发生变动，保险公司在交通事故发生后，以该机动车未办理交强险合同变更手续为由主张免除赔偿责任的，人民法院不予支持。

机动车在交强险合同有效期内发生改装、使用性质改变等导致危险程度增加的情形，发生交通事故后，当事人请求保险公司在责任限额范围内予以赔偿的，人民法院应予支持。

前款情形下，保险公司另行起诉请求投保义务人按照重新核定后的保险费标准补足当期保险费的，人民法院应予支持。

第二十一条 当事人主张交强险人身伤亡保险金请求权转让或者设定担保的行为无效的，人民法院应予支持。

第二十二条 人民法院审理道路交通事故损害赔偿案件，应当将承保交强险的保险公司列为共同被告。但该保险公司已经在交强险责任限额范围内予以赔偿且当事人无异议的除外。

人民法院审理道路交通事故损害赔偿案件，当事人请求将承保商业三者险的保险公司列为共同被告的，人民法院应予准许。

第二十三条 被侵权人因道路交通事故死亡，无近亲属或者近亲属不明，未经法律授权的机关或者有关组织向人民法院起诉主张死亡赔偿金的，人民法院不予受理。

侵权人以已向未经法律授权的机关或者有关组织支付死亡赔偿金为理由，请求保险公司在交强险责任限额范围内予以赔偿的，人民法院不予支持。

被侵权人因道路交通事故死亡，无近亲属或者近亲属不明，支付被侵权人医疗费、丧葬费等合理费用的单位或者个人，请求保险公司在交强险责任限额范围内予以赔偿的，人民法院应予支持。

第二十四条 公安机关交通管理部门制作的交通事故认定书，人民法院应依法审查并确认其相应的证明力，但有相反证据推翻的除外。

第二十五条 机动车在道路以外的地方通行时引发的损害赔偿案件，可以参照适用本解释的规定。

第二十六条 本解释施行后尚未终审的案件，适用本解释；本解释施行前已经终审，当事人申请再审或者按照审判监督程序决定再审的案件，不适用本解释。

适用本案由需要注意的问题

◆机动车交通事故责任纠纷案件的管辖，适用《民事诉讼法》第 29 条的规定，即由侵权行为地或者被告住所地人民法院管辖。根据《最高人民法院关于适用〈中华人民共和国民事诉讼法〉的解释》第 24 条的规定，《民事诉讼法》第 29 条规定的侵权行为地，包括侵权行为实施地、侵权结果发生地。

◆对于责任明确、原告主张的损失金额确定的机动车交通事故责任纠纷案件，标的额为各省、自治区、直辖市上年度就业人员年平均工资 50%以下的，根据《民事诉讼法》第 165 条的规定，应适用小额诉讼程序进行审理。

375. 非机动车交通事故责任纠纷

案由解析

非机动车交通事故损害责任，是指行人与行人、行人与非机动车、非机动车与非机动车之间发生交通事故造成人身伤害或者财产损失所应承担的民事侵权责任。

非机动车交通事故损害责任纠纷，是指行人与行人、行人与非机动车、非机动车与非机动车之间发生交通事故造成人身伤害或者财产损失所应承担民事侵权责任所引发的纠纷。

典型形态

非机动车交通事故责任纠纷主要包含行人与行人、行人与非机动车、非机动车与非机动车之间发生交通事故造成人身损害引发的纠纷。

常用法律条文及索引

《中华人民共和国道路交通安全法》（2021年4月29日修正）

第十八条 依法应当登记的非机动车，经公安机关交通管理部门登记后，方可上道路行驶。

依法应当登记的非机动车的种类，由省、自治区、直辖市人民政府根据当地实际情况规定。

非机动车的外形尺寸、质量、制动器、车铃和夜间反光装置，应当符合非机动车安全技术标准。

第三十五条 机动车、非机动车实行右侧通行。

第三十六条 根据道路条件和通行需要，道路划分为机动车道、非机动车道和人行道的，机动车、非机动车、行人实行分道通行。没有划分机动车道、非机动车道和人行道的，机动车在道路中间通行，非机动车和行人在道路两侧通行。

第五十七条 驾驶非机动车在道路上行驶应当遵守有关交通安全的规定。非机动车应当在非机动车道内行驶；在没有非机动车道的道路上，应当靠车行道的右侧行驶。

第五十八条 残疾人机动轮椅车、电动自行车在非机动车道内行驶时，最高时速不得超过十五公里。

第五十九条 非机动车应当在规定地点停放。未设停放地点的，非机动车停放不得妨碍其他车辆和行人通行。

第六十条 驾驭畜力车，应当使用驯服的牲畜；驾驭畜力车横过道路时，驾驭人应当下车牵引牲畜；驾驭人离开车辆时，应当拴系牲畜。

第六十一条 行人应当在人行道内行走，没有人行道的靠路边行走。

第六十二条　行人通过路口或者横过道路，应当走人行横道或者过街设施；通过有交通信号灯的人行横道，应当按照交通信号灯指示通行；通过没有交通信号灯、人行横道的路口，或者在没有过街设施的路段横过道路，应当在确认安全后通过。

第六十三条　行人不得跨越、倚坐道路隔离设施，不得扒车、强行拦车或者实施妨碍道路交通安全的其他行为。

第六十四条　学龄前儿童以及不能辨认或者不能控制自己行为的精神疾病患者、智力障碍者在道路上通行，应当由其监护人、监护人委托的人或者对其负有管理、保护职责的人带领。

盲人在道路上通行，应当使用盲杖或者采取其他导盲手段，车辆应当避让盲人。

第六十五条　行人通过铁路道口时，应当按照交通信号或者管理人员的指挥通行；没有交通信号和管理人员的，应当在确认无火车驶临后，迅速通过。

第六十六条　乘车人不得携带易燃易爆等危险物品，不得向车外抛洒物品，不得有影响驾驶人安全驾驶的行为。

适用本案由需要注意的问题

◆2008年《民事案件案由规定》中的“道路交通事故人身损害赔偿纠纷”案由，系根据《道路交通安全法》的规定而制定，包括机动车交通事故人身损害赔偿纠纷与非机动车交通事故人身损害赔偿纠纷两种情形，而2011年版《民事案件案由规定》将之修改为“机动车交通事故责任纠纷”，显然严格按照当时的《侵权责任法》的条文规定进行了修改，涵盖机动车交通事故责任的内容更广，但是，却将非机动车交通事故人身损害赔偿纠纷这种情形排除在该案由之外。由此，在确定非机动车交通事故人身损害赔偿纠纷具体案由时，只能选择“生命权、健康权、身体权”案由。既不符合传统的习惯做法，也不利于对该类案由进行准确的司法统计。因此，最新的《民事案件案由规定》增加了本案由。

376. 医疗损害责任纠纷

（1）侵害患者知情同意权责任纠纷

（2）医疗产品责任纠纷

案由解析

医疗损害责任，是指医疗机构及其从业人员在医疗护理活动中发生过错，并因这种过错导致患者在医疗机构就医时受到人身损害，医疗机构依法所应承担的民事法律责任。

医疗损害责任纠纷，是指由于医疗机构及其从业人员在医疗护理活动中发生过错，导致患者在医疗机构就医时受到人身损害，医疗机构依法应承担侵权赔偿责任所引起的民事纠纷。

医疗损害责任的特点主要有：（1）责任主体是医疗机构，行为主体是医务人员。（2）损害责任发生在医疗护理活动中。（3）患者是由于医疗机构或医务人员的过错遭受损害。（4）是一种替代责任，即由医疗机构对其医务人员给患者造成的损害承担赔偿责任。

典型形态

在实践中，医疗损害责任纠纷主要有：

（1）侵害患者知情同意权责任纠纷，是指医疗机构的医务人员在诊疗活动中，应当向患者说明病情和医疗措施等情况而未予说明，或者在实施手术、特殊检查和特殊治疗时，应当向患者或其近亲属说明医疗风险、替代医疗方案等情况并取得其书面同意而未尽到义务的，医疗机构应当对患者由此造成的损害承担赔偿责任。

（2）医疗产品责任纠纷，是指医疗机构在诊疗过程中使用有缺陷的药品、消毒药剂、医疗器械等医疗产品，或者输入不合格的血液等，因此造成患者人身损害的，医疗机构或者医疗产品的生产者、血液提供机构所应当承担的侵权损害赔偿责任。

常用法律条文及索引

《中华人民共和国民法典》（2020年5月28日公布　2021年1月1日施行）

第一百二十条　民事权益受到侵害的，被侵权人有权请求侵权人承担侵权责任。

第一千二百一十八条　患者在诊疗活动中受到损害，医疗机构或者其医务人员有过错的，由医疗机构承担赔偿责任。

第一千二百一十九条　医务人员在诊疗活动中应当向患者说明病情和医疗措施。需要实施手术、特殊检查、特殊治疗的，医务人员应当及时向患者具体说明医疗风险、替代医疗方案等情况，并取得其明确同意；不能或者不宜向患者说明的，应当向患者的近亲属说明，并取得其明确同意。

医务人员未尽到前款义务，造成患者损害的，医疗机构应当承担赔偿责任。

第一千二百二十条　因抢救生命垂危的患者等紧急情况，不能取得患者或者其近亲属意见的，经医疗机构负责人或者授权的负责人批准，可以立即实施相应的医疗措施。

第一千二百二十一条　医务人员在诊疗活动中未尽到与当时的医疗水平相应的诊疗义务，造成患者损害的，医疗机构应当承担赔偿责任。

第一千二百二十二条　患者在诊疗活动中受到损害，有下列情形之一的，推定医疗机构有过错：

（一）违反法律、行政法规、规章以及其他有关诊疗规范的规定；

（二）隐匿或者拒绝提供与纠纷有关的病历资料；

（三）遗失、伪造、篡改或者违法销毁病历资料。

第一千二百二十三条　因药品、消毒产品、医疗器械的缺陷，或者输入不合格的血液造成患者损害的，患者可以向药品上市许可持有人、生产者、血液提供机构请求赔偿，也可以向医疗机构请求赔偿。患者向医疗机构请求赔偿的，医疗机构赔偿后，有权向负有责任的药品上市许可持有人、生产者、血液提供机构追偿。

第一千二百二十四条　患者在诊疗活动中受到损害，有下列情形之一的，医疗机构不承担赔偿责任：

（一）患者或者其近亲属不配合医疗机构进行符合诊疗规范的诊疗；

（二）医务人员在抢救生命垂危的患者等紧急情况下已经尽到合理诊疗义务；

（三）限于当时的医疗水平难以诊疗。

前款第一项情形中，医疗机构或者其医务人员也有过错的，应当承担相应的赔偿责任。

第一千二百二十五条　医疗机构及其医务人员应当按照规定填写并妥善保管住院志、医嘱单、检验报告、手术及麻醉记录、病理资料、护理记录等病历资料。

患者要求查阅、复制前款规定的病历资料的，医疗机构应当及时提供。

第一千二百二十六条　医疗机构及其医务人员应当对患者的隐私和个人信息保密。泄露患者的隐私和个人信息，或者未经患者同意公开其病历资料的，应当承担侵权责任。

第一千二百二十七条　医疗机构及其医务人员不得违反诊疗规范实施不必要的检查。

第一千二百二十八条　医疗机构及其医务人员的合法权益受法律保护。

干扰医疗秩序，妨碍医务人员工作、生活，侵害医务人员合法权益的，应当依法承担法律责任。

《最高人民法院关于审理医疗损害责任纠纷案件适用法律若干问题的解释》（法释〔2017〕20号　2020年12月23日修正）

第二条　患者因同一伤病在多个医疗机构接受诊疗受到损害，起诉部分或者全部就诊的医疗机构的，应予受理。

患者起诉部分就诊的医疗机构后，当事人依法申请追加其他就诊的医疗机构为共同被告或者第三人的，应予准许。必要时，人民法院可以依法追加相关当事人参加诉讼。

第三条　患者因缺陷医疗产品受到损害，起诉部分或者全部医疗产品的生产者、销售者、药品上市许可持有人和医疗机构的，应予受理。

患者仅起诉医疗产品的生产者、销售者、药品上市许可持有人、医疗机构中部分主体，当事人依法申请追加其他主体为共同被告或者第三人的，应予准许。必要时，人民法院可以依法追加相关当事人参加诉讼。

患者因输入不合格的血液受到损害提起侵权诉讼的，参照适用前两款规定。

第四条　患者依据民法典第一千二百一十八条规定主张医疗机构承担赔偿责任的，应当提交到该医疗机构就诊、受到损害的证据。

患者无法提交医疗机构或者其医务人员有过错、诊疗行为与损害之间具有因果关系的证据，依法提出医疗损害鉴定申请的，人民法院应予准许。

医疗机构主张不承担责任的，应当就民法典第一千二百二十四条第一款规定情形等抗辩事由承担举证证明责任。

第五条 患者依据民法典第一千二百一十九条规定主张医疗机构承担赔偿责任的，应当按照前条第一款规定提交证据。

实施手术、特殊检查、特殊治疗的，医疗机构应当承担说明义务并取得患者或者患者近亲属明确同意，但属于民法典第一千二百二十条规定情形的除外。医疗机构提交患者或者患者近亲属明确同意证据的，人民法院可以认定医疗机构尽到说明义务，但患者有相反证据足以反驳的除外。

第六条 民法典第一千二百二十二条规定的病历资料包括医疗机构保管的门诊病历、住院志、体温单、医嘱单、检验报告、医学影像检查资料、特殊检查（治疗）同意书、手术同意书、手术及麻醉记录、病理资料、护理记录、出院记录以及国务院卫生行政主管部门规定的其他病历资料。

患者依法向人民法院申请医疗机构提交由其保管的与纠纷有关的病历资料等，医疗机构未在人民法院指定期限内提交的，人民法院可以依照民法典第一千二百二十二条第二项规定推定医疗机构有过错，但是因不可抗力等客观原因无法提交的除外。

第七条 患者依据民法典第一千二百二十三条规定请求赔偿的，应当提交使用医疗产品或者输入血液、受到损害的证据。

患者无法提交使用医疗产品或者输入血液与损害之间具有因果关系的证据，依法申请鉴定的，人民法院应予准许。

医疗机构，医疗产品的生产者、销售者、药品上市许可持有人或者血液提供机构主张不承担责任的，应当对医疗产品不存在缺陷或者血液合格等抗辩事由承担举证证明责任。

第八条 当事人依法申请对医疗损害责任纠纷中的专门性问题进行鉴定的，人民法院应予准许。

当事人未申请鉴定，人民法院对前款规定的专门性问题认为需要鉴定的，应当依职权委托鉴定。

第九条 当事人申请医疗损害鉴定的，由双方当事人协商确定鉴定人。

当事人就鉴定人无法达成一致意见，人民法院提出确定鉴定人的方法，当事人同意的，按照该方法确定；当事人不同意的，由人民法院指定。

鉴定人应当从具备相应鉴定能力、符合鉴定要求的专家中确定。

第十条 委托医疗损害鉴定的，当事人应当按照要求提交真实、完整、充分的鉴定材料。提交的鉴定材料不符合要求的，人民法院应当通知当事人更换或者补充相应材料。

在委托鉴定前，人民法院应当组织当事人对鉴定材料进行质证。

第十一条　委托鉴定书，应当有明确的鉴定事项和鉴定要求。鉴定人应当按照委托鉴定的事项和要求进行鉴定。

下列专门性问题可以作为申请医疗损害鉴定的事项：

（一）实施诊疗行为有无过错；

（二）诊疗行为与损害后果之间是否存在因果关系以及原因力大小；

（三）医疗机构是否尽到了说明义务、取得患者或者患者近亲属明确同意的义务；

（四）医疗产品是否有缺陷、该缺陷与损害后果之间是否存在因果关系以及原因力的大小；

（五）患者损伤残疾程度；

（六）患者的护理期、休息期、营养期；

（七）其他专门性问题。

鉴定要求包括鉴定人的资质、鉴定人的组成、鉴定程序、鉴定意见、鉴定期限等。

第十二条　鉴定意见可以按照导致患者损害的全部原因、主要原因、同等原因、次要原因、轻微原因或者与患者损害无因果关系，表述诊疗行为或者医疗产品等造成患者损害的原因力大小。

第十三条　鉴定意见应当经当事人质证。

当事人申请鉴定人出庭作证，经人民法院审查同意，或者人民法院认为鉴定人有必要出庭的，应当通知鉴定人出庭作证。双方当事人同意鉴定人通过书面说明、视听传输技术或者视听资料等方式作证的，可以准许。

鉴定人因健康原因、自然灾害等不可抗力或者其他正当理由不能按期出庭的，可以延期开庭；经人民法院许可，也可以通过书面说明、视听传输技术或者视听资料等方式作证。

无前款规定理由，鉴定人拒绝出庭作证，当事人对鉴定意见又不认可的，对该鉴定意见不予采信。

第十四条　当事人申请通知一至二名具有医学专门知识的人出庭，对鉴定意见或者案件的其他专门性事实问题提出意见，人民法院准许的，应当通知具有医学专门知识的人出庭。

前款规定的具有医学专门知识的人提出的意见，视为当事人的陈述，经质证可以作为认定案件事实的根据。

第十五条　当事人自行委托鉴定人作出的医疗损害鉴定意见，其他当事人认可的，可予采信。

当事人共同委托鉴定人作出的医疗损害鉴定意见，一方当事人不认可的，应当提出明确的异议内容和理由。经审查，有证据足以证明异议成立的，对鉴定意见不予采信；异议不成立的，应予采信。

第十六条　对医疗机构或者其医务人员的过错，应当依据法律、行政法规、规章以及其他有关诊疗规范进行认定，可以综合考虑患者病情的紧急程度、患者个体差异、当地的医疗水平、医疗机构与医务人员资质等因素。

第十七条　医务人员违反民法典第一千二百一十九条第一款规定义务，但未造成患者人身损害，患者请求医疗机构承担损害赔偿责任的，不予支持。

第十八条　因抢救生命垂危的患者等紧急情况且不能取得患者意见时，下列情形可以认定为民法典第一千二百二十条规定的不能取得患者近亲属意见：

（一）近亲属不明的；

（二）不能及时联系到近亲属的；

（三）近亲属拒绝发表意见的；

（四）近亲属达不成一致意见的；

（五）法律、法规规定的其他情形。

前款情形，医务人员经医疗机构负责人或者授权的负责人批准立即实施相应医疗措施，患者因此请求医疗机构承担赔偿责任的，不予支持；医疗机构及其医务人员怠于实施相应医疗措施造成损害，患者请求医疗机构承担赔偿责任的，应予支持。

第十九条　两个以上医疗机构的诊疗行为造成患者同一损害，患者请求医疗机构承担赔偿责任的，应当区分不同情况，依照民法典第一千一百六十八条、第一千一百七十一条或者第一千一百七十二条的规定，确定各医疗机构承担的赔偿责任。

第二十条　医疗机构邀请本单位以外的医务人员对患者进行诊疗，因受邀医务人员的过错造成患者损害的，由邀请医疗机构承担赔偿责任。

第二十一条　因医疗产品的缺陷或者输入不合格血液受到损害，患者请求医疗机构，缺陷医疗产品的生产者、销售者、药品上市许可持有人或者血液提供机构承担赔偿责任的，应予支持。

医疗机构承担赔偿责任后，向缺陷医疗产品的生产者、销售者、药品上市许可持有人或者血液提供机构追偿的，应予支持。

因医疗机构的过错使医疗产品存在缺陷或者血液不合格，医疗产品的生产者、销售者、药品上市许可持有人或者血液提供机构承担赔偿责任后，向医疗机构追偿的，应予支持。

第二十二条 缺陷医疗产品与医疗机构的过错诊疗行为共同造成患者同一损害，患者请求医疗机构与医疗产品的生产者、销售者、药品上市许可持有人承担连带责任的，应予支持。

医疗机构或者医疗产品的生产者、销售者、药品上市许可持有人承担赔偿责任后，向其他责任主体追偿的，应当根据诊疗行为与缺陷医疗产品造成患者损害的原因力大小确定相应的数额。

输入不合格血液与医疗机构的过错诊疗行为共同造成患者同一损害的，参照适用前两款规定。

第二十三条 医疗产品的生产者、销售者、药品上市许可持有人明知医疗产品存在缺陷仍然生产、销售，造成患者死亡或者健康严重损害，被侵权人请求生产者、销售者、药品上市许可持有人赔偿损失及二倍以下惩罚性赔偿的，人民法院应予支持。

第二十四条 被侵权人同时起诉两个以上医疗机构承担赔偿责任，人民法院经审理，受诉法院所在地的医疗机构依法不承担赔偿责任，其他医疗机构承担赔偿责任的，残疾赔偿金、死亡赔偿金的计算，按下列情形分别处理：

（一）一个医疗机构承担责任的，按照该医疗机构所在地的赔偿标准执行；

（二）两个以上医疗机构均承担责任的，可以按照其中赔偿标准较高的医疗机构所在地标准执行。

第二十五条 患者死亡后，其近亲属请求医疗损害赔偿的，适用本解释；支付患者医疗费、丧葬费等合理费用的人请求赔偿该费用的，适用本解释。

本解释所称的“医疗产品”包括药品、消毒产品、医疗器械等。

《第八次全国法院民事商事审判工作会议（民事部分）纪要》（法〔2016〕399号 2016年11月21日公布）

11. 患者一方请求医疗机构承担侵权责任，应证明与医疗机构之间存在医疗关系及受损害的事实。对于是否存在医疗关系，应综合挂号单、交费单、病历、出院证明以及其他能够证明存在医疗行为的证据加以认定。

12. 对当事人所举证据材料，应根据法律、法规及司法解释的相关规定进行综合审查。因当事人采取伪造、篡改、涂改等方式改变病历资料内容，或者遗失、销毁、抢夺病历，致使医疗行为与损害后果之间的因果关系或医疗机构及其医务人员的过错无法认定的，改变或者遗失、销毁、抢夺病历资料一方当事人应承担相应的不利后果；制作方对病历资料内容存在的明显矛盾或错误不能作出合理解释的，应承担相应的不利后果；病历仅存在错别字、未按病历规范格式书写等形式瑕疵的，不影响对病历资料真实性的认定。

适用本案由需要注意的问题

◆医疗损害责任纠纷案件的管辖，适用《民事诉讼法》第 29 条的规定，即由侵权行为地或者被告住所地人民法院管辖。根据《最高人民法院关于适用〈中华人民共和国民事诉讼法〉的解释》第 24 条的规定，《民事诉讼法》第 29 条规定的侵权行为地，包括侵权行为实施地、侵权结果发生地。

◆在适用本案由时，要注意其与医疗违约之诉的区别。

◆对于责任明确、原告主张的损失金额确定的医疗损害责任纠纷案件，标的额为各省、自治区、直辖市上年度就业人员年平均工资 50%以下的，根据《民事诉讼法》第 165 条的规定，应适用小额诉讼程序进行审理。

377. 环境污染责任纠纷

（1）大气污染责任纠纷

（2）水污染责任纠纷

（3）土壤污染责任纠纷

（4）电子废物污染责任纠纷

（5）固体废物污染责任纠纷

（6）噪声污染责任纠纷

（7）光污染责任纠纷

（8）放射性污染责任纠纷

案由解析

环境污染责任，是指因工业活动或是其他人为的原因，污染者以作为或者不作为方式，污染环境造成他人人身财产损害，或者其他公共环境、公共财产遭受损害，或者有造成损害的危险时，依法应当承担损害赔偿的特殊侵权责任。

环境污染责任纠纷，是指责任人因工业活动或是其他人为的原因，污染生活环境、生态环境，造成他人人身财产损害，或者其他公共环境、公共财产遭受损害，或者有造成损害的危险时，依法应当承担侵权责任所引发的纠纷。

环境污染责任的特点主要有：（1）具有承担环境法律责任的特殊性。（2）侵害时间的长期性。（3）适用无过错责任原则。

典型形态

在实践中，环境污染责任纠纷主要有：

（1）大气污染责任纠纷，是指因工业活动或是其他人为的原因，引起某些物质进入大气中，呈现出足够的浓度，达到足够的时间，造成大气质量下降，引起污染，使他人人身财产损害，或者公共财产遭受损害，或者有造成损害的危险时，责任人依法应当承担侵权责任所引发的纠纷。

（2）水污染责任纠纷，是指由于人类排放的各种外源性物质（包括自然界中原先就有的和没有的），进入水体后，超出了水体本身自净作用（就是江河湖海可以通过各种物理、化学、生物方法来消除外源性物质）所能承受的范围，造成水体污染，使他人人身财产损害，或者公共财产遭受损害，或者有造成损害的危险时，责任人依法应当承担侵权责任所引发的纠纷。

（3）土壤污染责任纠纷，是指由于人类活动产生的污染物进入土壤并积累到一定程度，引起土壤质量恶化，并进而造成农作物中某些指标超过国家标准，使他人人身财产受到损害，或者其他公共环境、公共财产遭受损害，或者有造成损害的危险时，责任人依法应当承担侵权责任所引发的纠纷。

（4）电子废物污染责任纠纷，是指电子废物由于人类活动排入环境所引起的环境质量下降而造成他人人身财产受到损害，或者其他公共环境、公共财产遭受损害，或者有造成损害的危险时，责任人依法应当承担侵权责任所引发的纠纷。

（5）固体废物污染责任纠纷，是指固体废物由于人类活动排入环境所引起的环境质量下降而造成他人人身财产受到损害，或者其他公共环境、公共财产遭受损害，或者有造成损害的危险时，责任人依法应当承担侵权责任所引发的纠纷。

（6）噪声污染责任纠纷，是指责任人因工业活动或是其他人为的原因，排放噪声造成污染，使他人人身财产受到损害，或者其他公共环境、公共财产遭受损害，或者有造成损害的危险时，依法应当承担侵权责任所引发的纠纷。

（7）光污染责任纠纷，是指由于工业活动或其他人为原因造成一定数量和特定方向的光害侵犯他人人身或财产权利而引发的民事纠纷。

（8）放射性污染责任纠纷，是指由于人类活动造成物料、人体、场所、环境介质表面或者内部出现超过国家标准的放射性物质或者射线造成污染，使他人人身财产受到损害，或者其他公共环境、公共财产遭受损害，或者有造成损害的危险时，责任人依法应当承担侵权责任所引发的纠纷。

常用法律条文及索引

《中华人民共和国民法典》（2020年5月28日公布　2021年1月1日施行）

第一百二十条　民事权益受到侵害的，被侵权人有权请求侵权人承担侵权责任。

第一千二百二十九条　因污染环境、破坏生态造成他人损害的，侵权人应当承担侵权责任。

第一千二百三十条　因污染环境、破坏生态发生纠纷，行为人应当就法律规定的不承担责任或者减轻责任的情形及其行为与损害之间不存在因果关系承担举证责任。

第一千二百三十一条　两个以上侵权人污染环境、破坏生态的，承担责任的大小，根据污染物的种类、浓度、排放量，破坏生态的方式、范围、程度，以及行为对损害后果所起的作用等因素确定。

第一千二百三十二条　侵权人违反法律规定故意污染环境、破坏生态造成严重后果的，被侵权人有权请求相应的惩罚性赔偿。

第一千二百三十三条　因第三人的过错污染环境、破坏生态的，被侵权人可以向侵权人请求赔偿，也可以向第三人请求赔偿。侵权人赔偿后，有权向第三人追偿。

《中华人民共和国海洋环境保护法》（2023年10月24日修订）

第一百一十四条　对污染海洋环境、破坏海洋生态，造成他人损害的，依照《中华人民共和国民法典》等法律的规定承担民事责任。

对污染海洋环境、破坏海洋生态，给国家造成重大损失的，由依照本法规定行使海洋环境监督管理权的部门代表国家对责任者提出损害赔偿要求。

前款规定的部门不提起诉讼的，人民检察院可以向人民法院提起诉讼。前款规定的部门提起诉讼的，人民检察院可以支持起诉。

《中华人民共和国土壤污染防治法》（2018 年 8 月 31 日公布　2019 年 1 月 1 日施行）

第二条　在中华人民共和国领域及管辖的其他海域从事土壤污染防治及相关活动，适用本法。

本法所称土壤污染，是指因人为因素导致某种物质进入陆地表层土壤，引起土壤化学、物理、生物等方面特性的改变，影响土壤功能和有效利用，危害公众健康或者破坏生态环境的现象。

第九十六条　污染土壤造成他人人身或者财产损害的，应当依法承担侵权责任。

土壤污染责任人无法认定，土地使用权人未依照本法规定履行土壤污染风险管控和修复义务，造成他人人身或者财产损害的，应当依法承担侵权责任。

土壤污染引起的民事纠纷，当事人可以向地方人民政府生态环境等主管部门申请调解处理，也可以向人民法院提起诉讼。

第九十七条　污染土壤损害国家利益、社会公共利益的，有关机关和组织可以依照《中华人民共和国环境保护法》《中华人民共和国民事诉讼法》《中华人民共和国行政诉讼法》等法律的规定向人民法院提起诉讼。

《中华人民共和国固体废物污染环境防治法》（2020 年 4 月 29 日修订）

第二条　固体废物污染环境的防治适用本法。

固体废物污染海洋环境的防治和放射性固体废物污染环境的防治不适用本法。

第五条　固体废物污染环境防治坚持污染担责的原则。

产生、收集、贮存、运输、利用、处置固体废物的单位和个人，应当采取措施，防止或者减少固体废物对环境的污染，对所造成的环境污染依法承担责任。

第一百二十一条　固体废物污染环境、破坏生态，损害国家利益、社会公共利益的，有关机关和组织可以依照《中华人民共和国环境保护法》、《中华人民共和国民事诉讼法》、《中华人民共和国行政诉讼法》等法律的规定向人民法院提起诉讼。

适用本案由需要注意的问题

◆环境污染责任纠纷案件的管辖，适用《民事诉讼法》第 29 条的规定，即由侵权行为地或者被告住所地人民法院管辖。根据《最高人民法院关于适用〈中华人民共和国民事诉讼法〉的解释》第24条的规定，《民事诉讼法》第29条规定的侵权行为地，包括侵权行为实施地、侵权结果发生地。

◆居民之间生活污染适用过错责任，主要由《民法典》物权编规定的相邻关系解决。而企业生产污染等污染环境的适用无过错责任，主要由《民法典》《环境保护法》《海洋环境保护法》《大气污染防治法》《水污染防治法》等相关法律调整。

◆对于责任明确、原告主张的损失金额确定的环境污染责任纠纷案件，标的额为各省、自治区、直辖市上年度就业人员年平均工资50%以下的，根据《民事诉讼法》第165条的规定，应适用小额诉讼程序进行审理。

378. 生态破坏责任纠纷

案由解析

生态破坏责任，是指在侵权导致生态环境受到损害至修复完成期间服务功能丧失的赔偿及对生态环境功能永久性赔偿，以及相关费用支出的赔偿。生态破坏赔偿不是对民事主体私益的救济，而是对公共利益损害的赔偿。生态破坏责任纠纷，就是有关国家机关或者组织，因生态环境损害的事实，为公共利益需要追究损害赔偿责任，经过磋商或者磋商无果后产生的损害赔偿纠纷。

常用法律条文及索引

《中华人民共和国民法典》（2020年5月28日公布 2021年1月1日施行）

第一千二百三十四条 违反国家规定造成生态环境损害，生态环境能够修复的，国家规定的机关或者法律规定的组织有权请求侵权人在合理期限内承担修复责任。侵权人在期限内未修复的，国家规定的机关或者法律规定的组织可以自行或者委托他人进行修复，所需费用由侵权人负担。

第一千二百三十五条 违反国家规定造成生态环境损害的，国家规定的机关或者法律规定的组织有权请求侵权人赔偿下列损失和费用：

（一）生态环境受到损害至修复完成期间服务功能丧失导致的损失；

（二）生态环境功能永久性损害造成的损失；

（三）生态环境损害调查、鉴定评估等费用；

（四）清除污染、修复生态环境费用；

（五）防止损害的发生和扩大所支出的合理费用。

《最高人民法院关于审理生态环境损害赔偿案件的若干规定（试行）》（法释〔2019〕8号 2020年12月23日修正）

第一条 具有下列情形之一，省级、市地级人民政府及其指定的相关部门、机构，或者受国务院委托行使全民所有自然资源资产所有权的部门，因与造成生态环境损害的自然人、法人或者其他组织经磋商未达成一致或者无法进行磋商的，可以作为原告提起生态环境损害赔偿诉讼：

（一）发生较大、重大、特别重大突发环境事件的；

（二）在国家和省级主体功能区规划中划定的重点生态功能区、禁止开发区发生环境污染、生态破坏事件的；

（三）发生其他严重影响生态环境后果的。

前款规定的市地级人民政府包括设区的市，自治州、盟、地区，不设区的地级市，直辖市的区、县人民政府。

第二条 下列情形不适用本规定：

（一）因污染环境、破坏生态造成人身损害、个人和集体财产损失要求赔偿的；

（二）因海洋生态环境损害要求赔偿的。

第三条 第一审生态环境损害赔偿诉讼案件由生态环境损害行为实施地、损害结果发生地或者被告住所地的中级以上人民法院管辖。

经最高人民法院批准，高级人民法院可以在辖区内确定部分中级人民法院集中管辖第一审生态环境损害赔偿诉讼案件。

中级人民法院认为确有必要的，可以在报请高级人民法院批准后，裁定将本院管辖的第一审生态环境损害赔偿诉讼案件交由具备审理条件的基层人民法院审理。

生态环境损害赔偿诉讼案件由人民法院环境资源审判庭或者指定的专门法庭审理。

第四条 人民法院审理第一审生态环境损害赔偿诉讼案件，应当由法官和人民陪审员组成合议庭进行。

第五条 原告提起生态环境损害赔偿诉讼，符合民事诉讼法和本规定并提交下列材料的，人民法院应当登记立案：

（一）证明具备提起生态环境损害赔偿诉讼原告资格的材料；

（二）符合本规定第一条规定情形之一的证明材料；

（三）与被告进行磋商但未达成一致或者因客观原因无法与被告进行磋商的说明；

（四）符合法律规定的起诉状，并按照被告人数提出副本。

第六条　原告主张被告承担生态环境损害赔偿责任的，应当就以下事实承担举证责任：

（一）被告实施了污染环境、破坏生态的行为或者具有其他应当依法承担责任的情形；

（二）生态环境受到损害，以及所需修复费用、损害赔偿等具体数额；

（三）被告污染环境、破坏生态的行为与生态环境损害之间具有关联性。

第七条　被告反驳原告主张的，应当提供证据加以证明。被告主张具有法律规定的不承担责任或者减轻责任情形的，应当承担举证责任。

第八条　已为发生法律效力的刑事裁判所确认的事实，当事人在生态环境损害赔偿诉讼案件中无须举证证明，但有相反证据足以推翻的除外。

对刑事裁判未予确认的事实，当事人提供的证据达到民事诉讼证明标准的，人民法院应当予以认定。

第九条　负有相关环境资源保护监督管理职责的部门或者其委托的机构在行政执法过程中形成的事件调查报告、检验报告、检测报告、评估报告、监测数据等，经当事人质证并符合证据标准的，可以作为认定案件事实的根据。

第十条　当事人在诉前委托具备环境司法鉴定资质的鉴定机构出具的鉴定意见，以及委托国务院环境资源保护监督管理相关主管部门推荐的机构出具的检验报告、检测报告、评估报告、监测数据等，经当事人质证并符合证据标准的，可以作为认定案件事实的根据。

第十一条　被告违反国家规定造成生态环境损害的，人民法院应当根据原告的诉讼请求以及具体案情，合理判决被告承担修复生态环境、赔偿损失、停止侵害、排除妨碍、消除危险、赔礼道歉等民事责任。

第十二条　受损生态环境能够修复的，人民法院应当依法判决被告承担修复责任，并同时确定被告不履行修复义务时应承担的生态环境修复费用。

生态环境修复费用包括制定、实施修复方案的费用，修复期间的监测、监管费用，以及修复完成后的验收费用、修复效果后评估费用等。

原告请求被告赔偿生态环境受到损害至修复完成期间服务功能损失的，人民法院根据具体案情予以判决。

第十三条　受损生态环境无法修复或者无法完全修复，原告请求被告赔偿生态环境功能永久性损害造成的损失的，人民法院根据具体案情予以判决。

第十四条 原告请求被告承担下列费用的，人民法院根据具体案情予以判决：

（一）实施应急方案、清除污染以及为防止损害的发生和扩大所支出的合理费用；

（二）为生态环境损害赔偿磋商和诉讼支出的调查、检验、鉴定、评估等费用；

（三）合理的律师费以及其他为诉讼支出的合理费用。

第十五条 人民法院判决被告承担的生态环境服务功能损失赔偿资金、生态环境功能永久性损害造成的损失赔偿资金，以及被告不履行生态环境修复义务时所应承担的修复费用，应当依照法律、法规、规章予以缴纳、管理和使用。

第十六条 在生态环境损害赔偿诉讼案件审理过程中，同一损害生态环境行为又被提起民事公益诉讼，符合起诉条件的，应当由受理生态环境损害赔偿诉讼案件的人民法院受理并由同一审判组织审理。

第十七条 人民法院受理因同一损害生态环境行为提起的生态环境损害赔偿诉讼案件和民事公益诉讼案件，应先中止民事公益诉讼案件的审理，待生态环境损害赔偿诉讼案件审理完毕后，就民事公益诉讼案件未被涵盖的诉讼请求依法作出裁判。

第十八条 生态环境损害赔偿诉讼案件的裁判生效后，有权提起民事公益诉讼的国家规定的机关或者法律规定的组织就同一损害生态环境行为有证据证明存在前案审理时未发现的损害，并提起民事公益诉讼的，人民法院应予受理。

民事公益诉讼案件的裁判生效后，有权提起生态环境损害赔偿诉讼的主体就同一损害生态环境行为有证据证明存在前案审理时未发现的损害，并提起生态环境损害赔偿诉讼的，人民法院应予受理。

第十九条 实际支出应急处置费用的机关提起诉讼主张该费用的，人民法院应予受理，但人民法院已经受理就同一损害生态环境行为提起的生态环境损害赔偿诉讼案件且该案原告已经主张应急处置费用的除外。

生态环境损害赔偿诉讼案件原告未主张应急处置费用，因同一损害生态环境行为实际支出应急处置费用的机关提起诉讼主张该费用的，由受理生态环境损害赔偿诉讼案件的人民法院受理并由同一审判组织审理。

第二十条 经磋商达成生态环境损害赔偿协议的，当事人可以向人民法院申请司法确认。

人民法院受理申请后，应当公告协议内容，公告期间不少于三十日。公告期满后，人民法院经审查认为协议的内容不违反法律法规强制性规定且不损害国家利益、社会公共利益的，裁定确认协议有效。裁定书应当写明案件的基本事实和协议内容，并向社会公开。

第二十一条 一方当事人在期限内未履行或者未全部履行发生法律效力的生态环境损害赔偿诉讼案件裁判或者经司法确认的生态环境损害赔偿协议的，对方当事人可以向人民法院申请强制执行。需要修复生态环境的，依法由省级、市地级人民政府及其指定的相关部门、机构组织实施。

第二十二条 人民法院审理生态环境损害赔偿案件，本规定没有规定的，参照适用《最高人民法院关于审理环境民事公益诉讼案件适用法律若干问题的解释》《最高人民法院关于审理环境侵权责任纠纷案件适用法律若干问题的解释》等相关司法解释的规定。

适用本案由需要注意的问题

◆适用本案由时应注意，承担生态破坏责任，应当有以下证据证明：一是有污染破坏行为，即实施了污染环境、破坏生态的行为或者具有其他应当依法承担责任的情形；二是有损害事实和修复赔偿数额，即生态环境受到损害，以及所需修复费用、损害赔偿等具体数额；三是污染环境、破坏生态行为与生态环境损害之间具有因果关系。

379. 高度危险责任纠纷

(1) 民用核设施、核材料损害责任纠纷
(2) 民用航空器损害责任纠纷
(3) 占有、使用高度危险物损害责任纠纷
(4) 高度危险活动损害责任纠纷
(5) 遗失、抛弃高度危险物损害责任纠纷
(6) 非法占有高度危险物损害责任纠纷

案由解析

高度危险责任，是指高度危险行为人实施高度危险活动或者管理高度危

险物，造成他人人身损害或者财产损害，应当承担损害赔偿责任的特殊侵权责任。

高度危险责任纠纷，是指高度危险行为人实施高度危险活动或者管理高度危险物，造成他人人身损害或者财产损害，依法应当承担的损害赔偿责任所引发的纠纷。

高度危险责任的特点主要有：（1）责任主体是实施高度危险活动或者管理高度危险物的高度危险行为人。（2）责任的前提是高度危险行为人实施的高度危险活动或者管理高度危险物与造成他人人身损害或者财产损害有因果关系。（3）适用无过错责任原则。

典型形态

在实践中，高度危险责任纠纷主要有：

（1）民用核设施、核材料损害责任纠纷，是指民用核设施、核材料发生核事故造成他人损害的，民用核设施、核材料的经营者、保管者依法所应当承担的侵权责任所引发的纠纷。根据《民用核设施安全监督管理条例》的规定，民用核设施包括核动力厂（核电厂、核热电厂、核供气供热厂），其他反应堆、核燃料生产、加工、贮存及处理设施、放射性废物的处理和处置设施以及其他需要严格监督的核设施；而核事故是指核设施内的核燃料、放射性产物、废料或运入运出核设施的核材料所发生的放射性、毒害性、爆炸性或其他危害性事故，或一系列事故。

（2）民用航空器损害责任纠纷，民用航空器损害责任是指除用于执行军事、海关、警察飞行任务之外的航空器（包括飞机、飞艇、气球等）造成他人损害的，航空器的经营者依法所应当承担的侵权责任所引发的纠纷。

（3）占有、使用高度危险物损害责任纠纷，是指占有或者使用易燃、易爆、剧毒、放射性等高度危险物品造成他人损害的，物品占有人或者使用人就其依法所应当承担的侵权责任所引发的纠纷。

（4）高度危险活动损害责任纠纷，是指从事高空、高压、地下挖掘或者高速轨道运输工具等高度危险活动造成他人损害的，高度危险活动的经营者就其所应当承担的侵权责任所引发的纠纷。

（5）遗失、抛弃高度危险物损害责任纠纷，是指遗失、抛弃易燃、易爆、剧毒、放射性等高度危险物品造成他人损害的，物品的所有人或管理人就其依法应当承担的侵权责任所引发的纠纷。

（6）非法占有高度危险物损害责任纠纷，是指非法占有易燃、易爆、剧毒、放射性等高度危险物品造成他人损害的，非法占有人就其依法应承担的侵权责任所引发的纠纷。

常用法律条文及索引

《中华人民共和国民法典》（2020 年 5 月 28 日公布　2021 年 1 月 1 日施行）

第一百二十条　民事权益受到侵害的，被侵权人有权请求侵权人承担侵权责任。

第一千二百三十六条　从事高度危险作业造成他人损害的，应当承担侵权责任。

第一千二百三十七条　民用核设施或者运入运出核设施的核材料发生核事故造成他人损害的，民用核设施的营运单位应当承担侵权责任；但是，能够证明损害是因战争、武装冲突、暴乱等情形或者受害人故意造成的，不承担责任。

第一千二百三十八条　民用航空器造成他人损害的，民用航空器的经营者应当承担侵权责任；但是，能够证明损害是因受害人故意造成的，不承担责任。

第一千二百三十九条　占有或者使用易燃、易爆、剧毒、高放射性、强腐蚀性、高致病性等高度危险物造成他人损害的，占有人或者使用人应当承担侵权责任；但是，能够证明损害是因受害人故意或者不可抗力造成的，不承担责任。被侵权人对损害的发生有重大过失的，可以减轻占有人或者使用人的责任。

第一千二百四十条　从事高空、高压、地下挖掘活动或者使用高速轨道运输工具造成他人损害的，经营者应当承担侵权责任；但是，能够证明损害是因受害人故意或者不可抗力造成的，不承担责任。被侵权人对损害的发生有重大过失的，可以减轻经营者的责任。

第一千二百四十一条　遗失、抛弃高度危险物造成他人损害的，由所有人承担侵权责任。所有人将高度危险物交由他人管理的，由管理人承担侵权责任；所有人有过错的，与管理人承担连带责任。

第一千二百四十二条　非法占有高度危险物造成他人损害的，由非法占有人承担侵权责任。所有人、管理人不能证明对防止非法占有尽到高度注意义务的，与非法占有人承担连带责任。

第一千二百四十三条　未经许可进入高度危险活动区域或者高度危险物存放区域受到损害，管理人能够证明已经采取足够安全措施并尽到充分警示义务的，可以减轻或者不承担责任。

第一千二百四十四条 承担高度危险责任，法律规定赔偿限额的，依照其规定，但是行为人有故意或者重大过失的除外。

适用本案由需要注意的问题

◆高度危险责任纠纷案件的管辖，一般适用《民事诉讼法》第29条的规定，即由侵权行为地或者被告住所地人民法院管辖。根据《最高人民法院关于适用〈中华人民共和国民事诉讼法〉的解释》第24条的规定，《民事诉讼法》第29条规定的侵权行为地，包括侵权行为实施地、侵权结果发生地。需要注意的是，对于民用核设施损害责任纠纷，国务院1986年3月29日《关于处理第三方核责任问题给核工业部、国家核安全局、国务院核电领导小组的批复》第7条规定："由于在中华人民共和国境内发生核事故造成核损害而引起的有关第三方核责任的一切诉讼，都必须遵照中华人民共和国法律规定，提请对该核事故发生地有管辖权的人民法院受理。"

◆在适用本案由时，要注意高度危险作业责任纠纷与环境污染责任纠纷、破坏生态责任纠纷竞合时的处理。高度危险作业造成损害一般有两种情况：一种是危险物质直接作用于人体或者财产，造成人身、财产损失。如运送硫酸的汽车发生事故使硫酸溢出，灼伤人体。另一种是危险物质溢出，污染环境或破坏生态，造成人身、财产损失。在第二种情形下，既符合高度危险责任构成要件，又符合环境污染责任、破坏生态责任构成要件，因此，构成法规竞合。此时，由权利人选择适用其中一种规定主张权利。

◆在适用本案由时，要注意非法占有高度危险物造成他人损害与未经许可进入高度危险活动区域或者高度危险物存放区域遭受损害的区别。首先，赔偿权利人不同。前者的权利人是除非法占有人以外的人，当然也有可能造成所有人、管理人自身的损害；而后者的权利人是非法进入者本身。其次，责任主体不同。前者责任主体是非法占有人，如果所有人、管理人不能证明对防止他人非法占有尽到高度注意义务的，也要承担责任；后者是高度危险活动或者高度危险物的管理者。最后，免责事由不同。前者是所有人、管理人尽到高度注意义务；后者是管理人采取安全措施并尽到警示义务，并经许可进入高度危险活动区域或者高度危险物存放区域的，可以看作受害人的故意行为，而构成高度危险责任的免责事由。

◆对于责任明确、原告主张的损失金额确定的高度危险责任纠纷案件，标的额为各省、自治区、直辖市上年度就业人员年平均工资50%以下的，根据《民事诉讼法》第165条的规定，应适用小额诉讼程序进行审理。

380. 饲养动物损害责任纠纷

案由解析

饲养动物损害责任，是指动物的饲养人或管理人因为其饲养或管理的动物造成他人损害的，依法应当承担的侵权责任。

饲养动物损害责任纠纷，是指动物的饲养人或管理人因为其饲养或管理的动物造成他人损害的，就其依法应当承担侵权责任而与他人引发的纠纷。

饲养动物损害责任的特征主要有：（1）责任主体是动物的饲养人或管理人。（2）适用无过错责任原则。

典型形态

在实践中，饲养动物损害责任纠纷主要有：

（1）一般的饲养动物损害责任纠纷，是指违反《民法典》第1245条规定产生的饲养的动物致人损害责任的纠纷。

（2）违反管理规定的动物损害责任纠纷，是指在违反有关饲养人资格、登记、办证、年检及缴费、注销、犬只安全性维持义务及犬只伤人时的救助和危险预防义务等饲养动物的管理规定的情形下，饲养的动物致人损害责任的纠纷。

（3）禁养的危险饲养动物损害责任纠纷，是指禁止在居民区、商业区、工业区以及有关主管部门划定的其他禁止饲养的区域饲养的具有较强攻击性和野性的危险动物致人损害责任的纠纷。

（4）动物园的动物损害责任纠纷，是指综合性动物园、专业性动物园、野生动物园、城市公园的动物展区、珍稀濒危动物饲养繁殖研究场所等饲养的动物致人损害责任的纠纷。

（5）遗弃、逃逸的动物损害责任纠纷，是指遗弃、逃逸的动物在遗弃、逃逸期间致人损害责任的纠纷。

常用法律条文及索引

《中华人民共和国民法典》（2020年5月28日公布　2021年1月1日施行）

第一百二十条　民事权益受到侵害的，被侵权人有权请求侵权人承担侵

权责任。

第一千二百四十五条　饲养的动物造成他人损害的，动物饲养人或者管理人应当承担侵权责任；但是，能够证明损害是因被侵权人故意或者重大过失造成的，可以不承担或者减轻责任。

第一千二百四十六条　违反管理规定，未对动物采取安全措施造成他人损害的，动物饲养人或者管理人应当承担侵权责任；但是，能够证明损害是因被侵权人故意造成的，可以减轻责任。

第一千二百四十七条　禁止饲养的烈性犬等危险动物造成他人损害的，动物饲养人或者管理人应当承担侵权责任。

第一千二百四十八条　动物园的动物造成他人损害的，动物园应当承担侵权责任；但是，能够证明尽到管理职责的，不承担侵权责任。

第一千二百四十九条　遗弃、逃逸的动物在遗弃、逃逸期间造成他人损害的，由动物原饲养人或者管理人承担侵权责任。

第一千二百五十条　因第三人的过错致使动物造成他人损害的，被侵权人可以向动物饲养人或者管理人请求赔偿，也可以向第三人请求赔偿。动物饲养人或者管理人赔偿后，有权向第三人追偿。

第一千二百五十一条　饲养动物应当遵守法律法规，尊重社会公德，不得妨碍他人生活。

适用本案由需要注意的问题

◆饲养动物损害责任纠纷案件的管辖，适用《民事诉讼法》第 29 条的规定，即由侵权行为地或者被告住所地人民法院管辖。根据《最高人民法院关于适用〈中华人民共和国民事诉讼法〉的解释》第 24 条的规定，《民事诉讼法》第 29 条规定的侵权行为地，包括侵权行为实施地、侵权结果发生地。

◆野生动物保护区的动物造成他人损害的，依法应当属于国家赔偿的范围，不是本案由适用的情形。

◆动物园饲养的动物在逃逸期间造成他人损害的，应当适用《民法典》第 1249 条关于遗弃、逃逸的动物侵权的规定。

◆对于责任明确、原告主张的损失金额确定的饲养动物损害责任纠纷案件，标的额为各省、自治区、直辖市上年度就业人员年平均工资 50%以下的，根据《民事诉讼法》第 165 条的规定，应适用小额诉讼程序进行审理。

381. 建筑物和物件损害责任纠纷

(1) 物件脱落、坠落损害责任纠纷
(2) 建筑物、构筑物倒塌、塌陷损害责任纠纷
(3) 高空抛物、坠物损害责任纠纷
(4) 堆放物倒塌、滚落、滑落损害责任纠纷
(5) 公共道路妨碍通行损害责任纠纷
(6) 林木折断、倾倒、果实坠落损害责任纠纷
(7) 地面施工、地下设施损害责任纠纷

案由解析

建筑物和物件损害责任，是自己管领下的物件造成他人损害，应当由物件的所有人、管理人或者使用人承担侵权责任的特殊侵权责任。这种为自己管领下的物件损害承担的侵权责任，也称为对物的替代责任。物件造成他人损害，不是指责任人使用物件或者以自己的意志支配物件造成他人损害，而是物件本身对受害人的权利的侵害，责任人只有对物件的管理、管束等具有过失，才承担赔偿责任。《民法典》侵权责任编对物件损害责任的主要修改之一，就是将“物件损害责任”修改为“建筑物和物件损害责任”，体现出将不动产损害责任包含在内。

建筑物和物件损害责任纠纷，是指因建筑物、构筑物、抛掷物、坠落物、堆放物或者公共道路、地面施工、地下设施等致人损害时，建筑物和物件的所有人、管理人或者使用人所应当承担的侵权责任所引发的纠纷。

典型形态

在实践中，建筑物和物件损害责任纠纷主要有：

(1) 物件脱落、坠落损害责任纠纷，是指因建筑物、构筑物或者其他设施及其搁置物、悬挂物发生脱落、坠落造成他人损害的，所有人、管理人或者使用人所应当承担的侵权责任所引发的纠纷。

(2) 建筑物、构筑物倒塌、塌陷损害责任纠纷，是指因建筑物、构筑物及其他设施倒塌、塌陷造成他人损害的，建设单位、施工单位或者其他责任

人依法应当承担侵权责任所引发的纠纷。

（3）高空抛物、坠物损害责任纠纷，是指从建筑物中抛掷物品或者从建筑物上坠落的物品造成他人损害的，可能加害的建筑物的使用人需要依法承担补偿责任（能够证明自己不是侵权人的除外）所引发的纠纷。

（4）堆放物倒塌、滚落、滑落损害责任纠纷，是指堆放物倒塌、滚落、滑落造成他人损害的，堆放人依法所应当承担的侵权责任所引发的纠纷。

（5）公共道路妨碍通行损害责任纠纷，是指因在公共道路上堆放、倾倒、遗撒妨碍通行的物品造成他人损害，有关责任人依法所应当承担的侵权责任而引发的纠纷。

（6）林木折断、倾倒、果实坠落损害责任纠纷，是指因林木折断、倾倒、果实坠落造成他人损害的，林木的所有人或者管理人依法应当承担的侵权责任而引发的纠纷。

（7）地面施工、地下设施损害责任纠纷，是指在公共场所或者道路上施工、安装地下设施等没有设置明显标志和采取安全措施而造成他人损害的，或者窨井等地下设施造成他人损害的，施工人、管理人依法应当承担的侵权责任所引发的纠纷。

常用法律条文及索引

《中华人民共和国民法典》（2020年5月28日公布　2021年1月1日施行）

第一百二十条　民事权益受到侵害的，被侵权人有权请求侵权人承担侵权责任。

第一千二百五十二条　建筑物、构筑物或者其他设施倒塌、塌陷造成他人损害的，由建设单位与施工单位承担连带责任，但是建设单位与施工单位能够证明不存在质量缺陷的除外。建设单位、施工单位赔偿后，有其他责任人的，有权向其他责任人追偿。

因所有人、管理人、使用人或者第三人的原因，建筑物、构筑物或者其他设施倒塌、塌陷造成他人损害的，由所有人、管理人、使用人或者第三人承担侵权责任。

第一千二百五十三条　建筑物、构筑物或者其他设施及其搁置物、悬挂物发生脱落、坠落造成他人损害，所有人、管理人或者使用人不能证明自己没有过错的，应当承担侵权责任。所有人、管理人或者使用人赔偿后，有其他责任人的，有权向其他责任人追偿。

第一千二百五十四条　禁止从建筑物中抛掷物品。从建筑物中抛掷物品或者从建筑物上坠落的物品造成他人损害的，由侵权人依法承担侵权责任；经调查难以确定具体侵权人的，除能够证明自己不是侵权人的外，由可能加害的建筑物使用人给予补偿。可能加害的建筑物使用人补偿后，有权向侵权人追偿。

物业服务企业等建筑物管理人应当采取必要的安全保障措施防止前款规定情形的发生；未采取必要的安全保障措施的，应当依法承担未履行安全保障义务的侵权责任。

发生本条第一款规定的情形的，公安等机关应当依法及时调查，查清责任人。

第一千二百五十五条 堆放物倒塌、滚落或者滑落造成他人损害，堆放人不能证明自己没有过错的，应当承担侵权责任。

第一千二百五十六条 在公共道路上堆放、倾倒、遗撒妨碍通行的物品造成他人损害的，由行为人承担侵权责任。公共道路管理人不能证明已经尽到清理、防护、警示等义务的，应当承担相应的责任。

第一千二百五十七条 因林木折断、倾倒或者果实坠落等造成他人损害，林木的所有人或者管理人不能证明自己没有过错的，应当承担侵权责任。

第一千二百五十八条 在公共场所或者道路上挖掘、修缮安装地下设施等造成他人损害，施工人不能证明已经设置明显标志和采取安全措施的，应当承担侵权责任。

窨井等地下设施造成他人损害，管理人不能证明尽到管理职责的，应当承担侵权责任。

《最高人民法院关于依法妥善审理高空抛物、坠物案件的意见》（法发〔2019〕25号 2019年10月21日公布）

10. 综合运用民事诉讼证据规则。人民法院在适用侵权责任法第八十七条裁判案件时，对能够证明自己不是侵权人的“可能加害的建筑物使用人”，依法予以免责。要加大依职权调查取证力度，积极主动向物业服务企业、周边群众、技术专家等询问查证，加强与公安部门、基层组织等沟通协调，充分运用日常生活经验法则，最大限度查找确定直接侵权人并依法判决其承担侵权责任。

11. 区分坠落物、抛掷物的不同法律适用规则。建筑物及其搁置物、悬挂物发生脱落、坠落造成他人损害的，所有人、管理人或者使用人不能证明自己没有过错的，人民法院应当适用侵权责任法第八十五条的规定，依法判决其承担侵权责任；有其他责任人的，所有人、管理人或者使用人赔偿后向其他责任人主张追偿权的，人民法院应予支持。从建筑物中抛掷物品造成他人损害的，应当尽量查明直接侵权人，并依法判决其承担侵权责任。

12. 依法确定物业服务企业的责任。物业服务企业不履行或者不完全履行物业服务合同约定或者法律法规规定、相关行业规范确定的维修、养护、管理和维护义务，造成建筑物及其搁置物、悬挂物发生脱落、坠落致使他人损害的，人民法院依法判决其承担侵权责任。有其他责任人的，物业服务企业承担责任后，向其他责任人行使追偿权的，人民法院应予支持。物业服务企业隐匿、销毁、篡改或者拒不向人民法院提供相应证据，导致案件事实难以认定的，应当承担相应的不利后果。

适用本案由需要注意的问题

◆建筑物和物件损害责任纠纷案件的管辖，适用《民事诉讼法》第29条的规定，即由侵权行为地或者被告住所地人民法院管辖。根据《最高人民法院关于适用〈中华人民共和国民事诉讼法〉的解释》第24条的规定，《民事诉讼法》第29条规定的侵权行为地，包括侵权行为实施地、侵权结果发生地。

◆在适用本案由时，要注意公共道路妨碍通行损害责任纠纷和相邻关系纠纷的区别。相邻关系纠纷，是指相互毗邻的不动产所有人、用益物权人或占有人之间在行使该不动产的所有权或使用权时，包括了因用水、排水、通行、通风和采光等行为而引起的纠纷。而公共道路妨碍通行损害责任是指因在公共道路上堆放、倾倒、遗撒物品，妨碍他人通行，造成他人损害，有关责任人依法所应当承担的侵权责任而引发的纠纷。这里的损害仅指通行，不包括用水、排水、通风、采光等。而且相邻关系纠纷属于所有权纠纷，公共道路妨碍通行损害责任纠纷属于侵权责任纠纷。

◆对于责任明确、原告主张的损失金额确定的建筑物和物件损害责任纠纷案件，标的额为各省、自治区、直辖市上年度就业人员年平均工资50%以下的，根据《民事诉讼法》第165条的规定，应适用小额诉讼程序进行审理。

382. 触电人身损害责任纠纷

案由解析

触电人身损害责任，是指受害人因触电导致人身遭受损害的，该电力设施的产权人依法应当承担的损害赔偿责任。

触电人身损害责任纠纷，是指受害人因触电导致人身遭受损害的，该电力设施的产权人就其依法应当承担的损害赔偿责任而与他人引发的纠纷。

触电人身损害责任的特点主要有：（1）承担责任的前提是受害人是因为触电遭受人身损害。（2）责任主体是电力设施的产权人。（3）不是单一适用某一侵权责任归责原则，而是根据电力设施输送的电力的电压等级的不同，适用不同的侵权责任归责原则。

常用法律条文及索引

《中华人民共和国民法典》（2020年5月28日公布　2021年1月1日施行）

第一百二十条　民事权益受到侵害的，被侵权人有权请求侵权人承担侵权责任。

《中华人民共和国电力法》（2018年12月29日修正）

第五十九条　电力企业或者用户违反供用电合同，给对方造成损失的，应当依法承担赔偿责任。

电力企业违反本法第二十八条、第二十九条第一款的规定，未保证供电质量或者未事先通知用户中断供电，给用户造成损失的，应当依法承担赔偿责任。

第六十条　因电力运行事故给用户或者第三人造成损害的，电力企业应当依法承担赔偿责任。

电力运行事故由下列原因之一造成的，电力企业不承担赔偿责任：

（一）不可抗力；

（二）用户自身的过错。

因用户或者第三人的过错给电力企业或者其他用户造成损害的，该用户或者第三人应当依法承担赔偿责任。

适用本案由需要注意的问题

◆触电人身损害责任纠纷案件的管辖，适用《民事诉讼法》第29条的规定，即由侵权行为地或者被告住所地人民法院管辖。根据《最高人民法院关于适用〈中华人民共和国民事诉讼法〉的解释》第24条的规定，《民事诉讼法》第29条规定的侵权行为地，包括侵权行为实施地、侵权结果发生地。

◆归责原则：在触电人身损害赔偿案件中，根据案件性质的不同，采用不同的归责原则。在低压（小于1000伏）触电案件中，适用过错归责原则，即根据各方当事人在事故中所存在的过错程度划分责任。在高压（大于或等于1000伏）触电案件中，适用无过错责任原则。

◆对于责任明确、原告主张的损失金额确定的触电人身损害责任纠纷案件，标的额为各省、自治区、直辖市上年度就业人员年平均工资50%以下的，根据《民事诉讼法》第165条的规定，应适用小额诉讼程序进行审理。

383. 义务帮工人受害责任纠纷

案由解析

义务帮工人受害责任纠纷，是指为他人无偿提供劳务的义务帮工人，在其义务劳动中遭受人身财产的损害，就接受其无偿提供劳务的一方依法应当承担的损害赔偿责任所引发的纠纷。

义务帮工人受害责任的特点主要有：（1）前提是受害人无偿为他人提供劳务。（2）责任主体是接受无偿提供劳务的一方。（3）适用无过错责任原则和公平责任原则。

常用法律条文及索引

《中华人民共和国民法典》（2020年5月28日公布　2021年1月1日施行）

第一百二十条　民事权益受到侵害的，被侵权人有权请求侵权人承担侵权责任。

《最高人民法院关于审理人身损害赔偿案件适用法律若干问题的解释》（法释〔2003〕20号　2022年2月15日修正）

第四条　无偿提供劳务的帮工人，在从事帮工活动中致人损害的，被帮工人应当承担赔偿责任。被帮工人承担赔偿责任后向有故意或者重大过失的帮工人追偿的，人民法院应予支持。被帮工人明确拒绝帮工的，不承担赔偿责任。

第五条 无偿提供劳务的帮工人因帮工活动遭受人身损害的，根据帮工人和被帮工人各自的过错承担相应的责任；被帮工人明确拒绝帮工的，被帮工人不承担赔偿责任，但可以在受益范围内予以适当补偿。

帮工人在帮工活动中因第三人的行为遭受人身损害的，有权请求第三人承担赔偿责任，也有权请求被帮工人予以适当补偿。被帮工人补偿后，可以向第三人追偿。

适用本案由需要注意的问题

◆义务帮工人受害责任纠纷案件的管辖，适用《民事诉讼法》第 29 条的规定，即由侵权行为地或者被告住所地人民法院管辖。根据《最高人民法院关于适用〈中华人民共和国民事诉讼法〉的解释》第 24 条的规定，《民事诉讼法》第 29 条规定的侵权行为地，包括侵权行为实施地、侵权结果发生地。

◆在适用本案由时，要注意提供劳务者致害责任纠纷与义务帮工致人损害法律责任的区别。在劳务关系中，提供劳务的一方（雇工）履行职务过程中受害或致害，应由接受劳务的一方（雇主）承担无过错责任，雇工有过错的可适当减轻雇主责任，而无偿为他人提供劳务的帮工，在从事帮工活动中受到损害或者致人损害的，由义工使用人承担赔偿责任。义工使用人与受益人不一致的，可以酌情由受益人适当补偿。义工有故意或者重大过失的，应当适当承担责任。

◆在适用本案由时，在帮工人因帮工受到第三人侵害时，如果第三人因下落不明不能确定，则不列其为当事人；第三人确定但没有赔偿能力的，第三人与被帮工人为共同被告。

◆对于责任明确、原告主张的损失金额确定的义务帮工人受害责任纠纷案件，标的额为各省、自治区、直辖市上年度就业人员年平均工资 50%以下的，根据《民事诉讼法》第 165 条的规定，应适用小额诉讼程序进行审理。

384. 见义勇为人受害责任纠纷

案由解析

见义勇为人受害责任，是指见义勇为人在实施见义勇为行为时，其自身的人身财产遭受到他人损害的，侵权人或受益人对其承担的侵权损害赔偿责任。在这里，见义勇为是指行为人没有约定或法定义务，为了保护国家利益、公共利益或他人的合法权益不受或免受损害，而实施的制止侵害、防止损失的行为。

见义勇为人受害责任纠纷，是指见义勇为人在实施见义勇为行为时，其自身的人身财产遭受到他人损害的，就该损害赔偿责任所引发的纠纷。在这里，见义勇为是指行为人没有约定或法定义务，为了保护国家利益、公共利益或他人的合法权益不受或免受损害，而实施的制止侵害、防止损失的行为。

见义勇为受害责任的特点主要有：（1）前提是见义勇为人是在实施见义勇为行为过程中，自身遭受损害。（2）见义勇为人没有法定或约定的义务。（3）责任主体包括侵权人和受益人。

典型形态

（1）见义勇为行为人与侵权人之间的赔偿纠纷，即见义勇为行为人为制止侵权行为而实施见义勇为行为时，见义勇为行为人对侵权人存在的损害赔偿请求权所引发的纠纷。

（2）见义勇为行为人与受益人之间的补偿纠纷，即没有侵权人，不能确定侵权人或侵权人没有赔偿能力的情况下，行为人有权主张受益人对其遭受的损害进行适当补偿所引发的纠纷。

常用法律条文及索引

《中华人民共和国民法典》（2020 年 5 月 28 日公布　2021 年 1 月 1 日施行）

第一百八十三条　因保护他人民事权益使自己受到损害的，由侵权人承担民事责任，受益人可以给予适当补偿。没有侵权人、侵权人逃逸或者无力承担民事责任，受害人请求补偿的，受益人应当给予适当补偿。

适用本案由需要注意的问题

◆见义勇为人受害责任纠纷案件的管辖，适用《民事诉讼法》第29条的规定，即由侵权行为地或者被告住所地人民法院管辖。根据《最高人民法院关于适用〈中华人民共和国民事诉讼法〉的解释》第24条的规定，《民事诉讼法》第29条规定的侵权行为地，包括侵权行为实施地、侵权结果发生地。

◆对于责任明确、原告主张的损失金额确定的见义勇为人受害责任纠纷案件，标的额为各省、自治区、直辖市上年度就业人员年平均工资50%以下的，根据《民事诉讼法》第165条的规定，应适用小额诉讼程序进行审理。

385. 公证损害责任纠纷

案由解析

公证损害责任，是指公证机构及其公证人员在履行公证职务的过程中，给公证人、当事人或者公证事项的利害关系人造成损失的，公证机构依法所应当承担的损害赔偿责任。

公证损害责任纠纷，是指因公证机构及其公证人员在履行公证职务的过程中，给公证人、当事人或者公证事项的利害关系人造成损失，公证机构依法所应当承担的损害赔偿责任所引发的纠纷。

公证损害责任的特点主要有：（1）责任主体是公证机构及其公证员。（2）责任性质是侵权责任而非违约责任。公证民事法律责任的产生是由于公证机构和公证员违反了法定义务，而不是基于公证机构与公证申请人的约定。当证明行为为不法行为损害到他们的利益，就会产生民事侵权责任即公证民事法律责任。（3）责任内容主要是财产赔偿。（4）是一种替代责任。

常用法律条文及索引

《中华人民共和国民法典》（2020年5月28日公布　2021年1月1日施行）

第一百二十条　民事权益受到侵害的，被侵权人有权请求侵权人承担侵权责任。

《中华人民共和国公证法》（2017 年 9 月 1 日修正）

第四十三条　公证机构及其公证员因过错给当事人、公证事项的利害关系人造成损失的，由公证机构承担相应的赔偿责任；公证机构赔偿后，可以向有故意或者重大过失的公证员追偿。

当事人、公证事项的利害关系人与公证机构因赔偿发生争议的，可以向人民法院提起民事诉讼。

《中华人民共和国行政诉讼法》（2017 年 6 月 27 日修正）

第七十条　行政行为有下列情形之一的，人民法院判决撤销或者部分撤销，并可以判决被告重新作出行政行为：

（一）主要证据不足的；

（二）适用法律、法规错误的；

（三）违反法定程序的；

（四）超越职权的；

（五）滥用职权的；

（六）明显不当的。

第七十六条　人民法院判决确认违法或者无效的，可以同时判决责令被告采取补救措施；给原告造成损失的，依法判决被告承担赔偿责任。

第七十八条　被告不依法履行、未按照约定履行或者违法变更、解除本法第十二条第一款第十一项规定的协议的，人民法院判决被告承担继续履行、采取补救措施或者赔偿损失等责任。

被告变更、解除本法第十二条第一款第十一项规定的协议合法，但未依法给予补偿的，人民法院判决给予补偿。

《最高人民法院关于审理涉及公证活动相关民事案件的若干规定》（法释〔2014〕6 号　2020 年 12 月 23 日修正）

第一条　当事人、公证事项的利害关系人依照公证法第四十三条规定向人民法院起诉请求民事赔偿的，应当以公证机构为被告，人民法院应作为侵权责任纠纷案件受理。

第二条　当事人、公证事项的利害关系人起诉请求变更、撤销公证书或者确认公证书无效的，人民法院不予受理，告知其依照公证法第三十九条规定可以向出具公证书的公证机构提出复查。

第三条　当事人、公证事项的利害关系人对公证书所公证的民事权利义务有争议的，可以依照公证法第四十条规定就该争议向人民法院提起民事诉讼。

当事人、公证事项的利害关系人对具有强制执行效力的公证债权文书的民事权利义务有争议直接向人民法院提起民事诉讼的，人民法院依法不予受理。但是，公证债权文书被人民法院裁定不予执行的除外。

第四条 当事人、公证事项的利害关系人提供证据证明公证机构及其公证员在公证活动中具有下列情形之一的，人民法院应当认定公证机构有过错：

（一）为不真实、不合法的事项出具公证书的；

（二）毁损、篡改公证书或者公证档案的；

（三）泄露在执业活动中知悉的商业秘密或者个人隐私的；

（四）违反公证程序、办证规则以及国务院司法行政部门制定的行业规范出具公证书的；

（五）公证机构在公证过程中未尽到充分的审查、核实义务，致使公证书错误或者不真实的；

（六）对存在错误的公证书，经当事人、公证事项的利害关系人申请仍不予纠正或者补正的；

（七）其他违反法律、法规、国务院司法行政部门强制性规定的情形。

第五条 当事人提供虚假证明材料申请公证致使公证书错误造成他人损失的，当事人应当承担赔偿责任。公证机构依法尽到审查、核实义务的，不承担赔偿责任；未依法尽到审查、核实义务的，应当承担与其过错相应的补充赔偿责任；明知公证证明的材料虚假或者与当事人恶意串通的，承担连带赔偿责任。

第六条 当事人、公证事项的利害关系人明知公证机构所出具的公证书不真实、不合法而仍然使用造成自己损失，请求公证机构承担赔偿责任的，人民法院不予支持。

适用本案由需要注意的问题

◆公证损害责任纠纷案件的管辖，适用《民事诉讼法》第 29 条的规定，即由侵权行为地或者被告住所地人民法院管辖。根据《最高人民法院关于适用〈中华人民共和国民事诉讼法〉的解释》第 24 条的规定，《民事诉讼法》第 29 条规定的侵权行为地，包括侵权行为实施地、侵权结果发生地。

◆在适用本案由时，要特别注意公证损害责任纠纷与用人单位责任纠纷的区别。公证损害责任与用人单位责任具有一定的相似性，即都属于单位为其工作人员的行为承担责任，在性质上都属于替代责任。二者之区别在于，用人单位责任中，单位对其工作人员对外应承担的侵权责任适用无过错责任原则，其工作人员是否构成侵权则依照《民法典》侵权责任编的相关规定来确定；公证损害责任中，依《公证法》的规定，公证机构对其公证人员对他人的侵权责任以及公证人员是否构成侵权，均适用过错责任原则。

386. 防卫过当损害责任纠纷

案由解析

防卫过当，是指防卫行为明显超过必要限度，给实施不法侵害行为的人造成重大人身财产损害。防卫过当具有两方面的特征：（1）在客观上表现为防卫行为明显超过了必要限度并造成了重大损害；（2）防卫行为必须明显超过必要限度且对实施不法侵害行为的人造成重大损害。

防卫过当损害责任，是指行为人实施防卫行为明显超过必要限度，给实施不法侵害行为的人造成重大人身财产损害，依法需要承担的民事侵权责任。

防卫过当损害责任纠纷，是指因行为人实施防卫行为明显超过必要限度，给实施不法侵害行为的人造成重大人身财产损害，行为人依法应当承担的民事侵权责任所引发的纠纷。防卫过当，是指防卫行为明显超过必要限度，给实施不法侵害行为的人造成重大人身财产损害。防卫过当具有两方面的特征：一是在客观上表现为防卫行为明显超过了必要限度并造成了重大损害，二是防卫行为必须明显超过必要限度且对实施不法侵害行为的人造成重大损害。

防卫过当损害责任的特点主要有：（1）前提是防卫行为明显超过了必要限度并造成了重大损害。（2）适用过错责任原则。

常用法律条文及索引

《中华人民共和国民法典》（2020 年 5 月 28 日公布　2021 年 1 月 1 日施行）

第一百八十一条　因正当防卫造成损害的，不承担民事责任。

正当防卫超过必要的限度，造成不应有的损害的，正当防卫人应当承担适当的民事责任。

适用本案由需要注意的问题

◆防卫过当损害责任纠纷案件的管辖，适用《民事诉讼法》第29条的规定，即由侵权行为地或者被告住所地人民法院管辖。根据《最高人民法院关于适用〈中华人民共和国民事诉讼法〉的解释》第24条的规定，《民事诉讼法》第29条规定的侵权行为地，包括侵权行为实施地、侵权结果发生地。

◆在适用本案由时，要特别注意其与紧急避险损害责任纠纷的区别。紧急避险，是指为了使国家、公共利益、本人或者他人的人身、财产和其他权利免受正在发生的危险，不得已采取的紧急避险行为。紧急避险损害责任纠纷，是指因紧急避险造成损害所引起的纠纷。这里造成损害的原因是避险超过必要限度。而防卫过当损害责任纠纷的前提是正当防卫超出必要限度。正当防卫与紧急避险的区别主要体现在：第一，危险的来源不同。正当防卫的危险来源是人的不法侵害行为；而紧急避险的危险来源比较广泛，可以是不法侵害，也可以是自然灾害、动物的侵袭。在遭遇到人的不法侵害时，如果行为人是对不法侵害人进行反击，属于正当防卫的范畴；如果为了躲避不法侵害，而损害第三人（不法侵害之外的人）利益的，属于紧急避险的范畴。第二，紧急避险必须是出于迫不得已，而正当防卫无此要求。第三，对主体的要求不同。紧急避险要求主体不能有特定的身份（如警察、军人或消防队员等）。而正当防卫就没有这样的要求。任何人均有正当防卫的权利。第四，避险保护的是合法利益，损害的也是合法的利益（第三者的利益），在这种情况下法律怎么样选择，避险所保护的利益必须要大于避险行为所损害的第三者的利益，如果等于或者小于所损害的利益，避险就没有意义，法律也就没有保护的必要。第五，实施对象不同。正当防卫只能对不法侵害人实施，而紧急避险必须是向第三者实施。

◆对于责任明确、原告主张的损失金额确定的防卫过当损害责任纠纷案件，标的额为各省、自治区、直辖市上年度就业人员年平均工资50%以下的，根据《民事诉讼法》第165条的规定，应适用小额诉讼程序进行审理。

387. 紧急避险损害责任纠纷

案由解析

紧急避险，是指为了使国家、公共利益、本人或者他人的人身、财产和其他权利免受正在发生的危险，不得已采取的紧急避险行为。

紧急避险损害责任，是指行为人实施紧急避险超过必要限度，造成他人人身财产受到损害，行为人依法应承担的民事侵权责任。

紧急避险损害责任纠纷，是指因行为人实施紧急避险超过必要限度，而造成他人人身财产受到损害，行为人依法应承担的民事侵权责任所引发的纠纷。

紧急避险损害责任的特点主要有：（1）前提是行为人实施紧急避险超过必要限度并造成他人人身、财产受到损害。（2）适用过错责任原则。

常用法律条文及索引

《中华人民共和国民法典》（2020 年 5 月 28 日公布　2021 年 1 月 1 日施行）

第一百八十二条　因紧急避险造成损害的，由引起险情发生的人承担民事责任。

危险由自然原因引起的，紧急避险人不承担民事责任，可以给予适当补偿。

紧急避险采取措施不当或者超过必要的限度，造成不应有的损害的，紧急避险人应当承担适当的民事责任。

适用本案由需要注意的问题

◆紧急避险损害责任纠纷案件的管辖，适用《民事诉讼法》第 29 条的规定，即由侵权行为地或者被告住所地人民法院管辖。根据《最高人民法院关于适用〈中华人民共和国民事诉讼法〉的解释》第 24 条的规定，《民事诉讼法》第 29 条规定的侵权行为地，包括侵权行为实施地、侵权结果发生地。

◆在适用本案由时，要注意其与防卫过当损害责任纠纷的区别。参见本书案由“386. 防卫过当损害责任纠纷”中“适用本案由需要注意的问题”部分。

◆对于责任明确、原告主张的损失金额确定的紧急避险损害责任纠纷案件，标的额为各省、自治区、直辖市上年度就业人员年平均工资50%以下的，根据《民事诉讼法》第165条的规定，应适用小额诉讼程序进行审理。

388. 驻香港、澳门特别行政区军人执行职务侵权责任纠纷

案由解析

驻香港、澳门特别行政区军人执行职务侵权责任，是指驻香港、澳门特别行政区军人在执行职务的过程中侵害他人合法权益依法应当承担的民事侵权责任。

驻香港、澳门特别行政区军人执行职务侵权责任纠纷，是指因驻香港、澳门特别行政区军人在执行职务的过程中侵害他人合法权益，造成他人人身、财产的损害，依法应当承担民事侵权责任所引发的纠纷。

驻香港、澳门特别行政区军人执行职务侵权责任的特点主要是：（1）责任主体的特殊性。责任主体是驻香港、澳门特别行政区军人。（2）是一种特殊的职务侵权责任。

常用法律条文及索引

《中华人民共和国香港特别行政区驻军法》（1996年12月30日公布 1997年7月1日施行）

第二十三条　香港驻军人员违反香港特别行政区的法律，侵害香港居民、香港驻军以外的其他人的民事权利的，当事人可以通过协商、调解解决；不愿通过协商、调解解决或者协商、调解不成的，被侵权人可以向法院提起诉讼。香港驻军人员非执行职务的行为引起的民事侵权案件，由香港特别行政区法院管辖；执行职务的行为引起的民事侵权案件，由中华人民共和国最高人民法院管辖，侵权行为的损害赔偿适用香港特别行政区法律。

《中华人民共和国澳门特别行政区驻军法》（1999年6月28日公布 1999年12月20日施行）

第二十三条　澳门驻军人员违反澳门特别行政区的法律，侵害澳门居民、澳门驻军以外的其他人的民事权利的，当事人可以通过协商、调解解决；不愿通过协商、调解解决或者协商、调解不成的，被侵权人可以向法院

提起诉讼。澳门驻军人员非执行职务的行为引起的民事侵权案件，由澳门特别行政区法院管辖；执行职务的行为引起的民事侵权案件，由中华人民共和国最高人民法院管辖，侵权行为的损害赔偿适用澳门特别行政区法律。

适用本案由需要注意的问题

◆香港驻军人员非执行职务的行为引起的民事侵权案件，由香港特别行政区法院管辖；执行职务的行为引起的民事侵权案件，由中华人民共和国最高人民法院管辖，侵权行为的损害赔偿适用香港特别行政区法律。

◆澳门驻军人员非执行职务的行为引起的民事侵权案件，由澳门特别行政区法院管辖；执行职务的行为引起的民事侵权案件，由中华人民共和国最高人民法院管辖，侵权行为的损害赔偿适用澳门特别行政区法律。

389. 铁路运输损害责任纠纷

（1）铁路运输人身损害责任纠纷

（2）铁路运输财产损害责任纠纷

案由解析

铁路运输损害责任，是指铁路运输企业发生铁路行车事故或者发生其他铁路运营事故，造成他人人身伤害和财产损失，依法应当承担的损害赔偿责任。

铁路运输损害责任纠纷，是指因铁路运输企业发生铁路行车事故或者发生其他铁路运营事故，造成他人人身伤害和财产损失，依法应当承担的损害赔偿责任所引发的纠纷。

铁路运输损害责任的特点主要有：（1）是在铁路运输过程中发生事故，造成他人人身损害和财产损失。（2）责任主体是铁路运输企业。（3）适用无过错责任原则。

典型形态

在实践中，铁路运输损害责任纠纷主要有：

（1）铁路运输人身损害责任纠纷，是指因发生行车事故或者其他铁路运营事故造成路外人员或乘客人身伤害的，铁路运输企业依法所应当承担的损害赔偿责任。

（2）铁路运输财产损害责任纠纷，是指因发生行车事故或者其他铁路运营事故造成他人财产损失或者承运的货物损失的，铁路运输企业所应当承担的损害赔偿责任。

常用法律条文及索引

《中华人民共和国民法典》（2020 年 5 月 28 日公布　2021 年 1 月 1 日施行）

第一百二十条　民事权益受到侵害的，被侵权人有权请求侵权人承担侵权责任。

《中华人民共和国铁路法》（2015 年 4 月 24 日修正）

第五十八条　因铁路行车事故及其他铁路运营事故造成人身伤亡的，铁路运输企业应当承担赔偿责任；如果人身伤亡是因不可抗力或者由于受害人自身的原因造成的，铁路运输企业不承担赔偿责任。

违章通过平交道口或者人行过道，或者在铁路线路上行走、坐卧造成的人身伤亡，属于受害人自身的原因造成的人身伤亡。

《最高人民法院关于审理铁路运输人身损害赔偿纠纷案件适用法律若干问题的解释》（法释〔2010〕5 号　2021 年 11 月 24 日修正）

第一条　人民法院审理铁路行车事故及其他铁路运营事故造成的铁路运输人身损害赔偿纠纷案件，适用本解释。

铁路运输企业在客运合同履行过程中造成旅客人身损害的赔偿纠纷案件，不适用本解释；与铁路运输企业建立劳动合同关系或者形成劳动关系的铁路职工在执行职务中发生的人身损害，依照有关调整劳动关系的法律规定及其他相关法律规定处理。

第二条　铁路运输人身损害的受害人以及死亡受害人的近亲属为赔偿权利人，有权请求赔偿。

第三条　赔偿权利人要求对方当事人承担侵权责任的，由事故发生地、列车最先到达地或者被告住所地铁路运输法院管辖。

前款规定的地区没有铁路运输法院的，由高级人民法院指定的其他人民法院管辖。

第四条　铁路运输造成人身损害的，铁路运输企业应当承担赔偿责任；法律另有规定的，依照其规定。

第五条　铁路行车事故及其他铁路运营事故造成人身损害，有下列情形之一的，铁路运输企业不承担赔偿责任：

（一）不可抗力造成的；

（二）受害人故意以卧轨、碰撞等方式造成的；

（三）法律规定铁路运输企业不承担赔偿责任的其他情形造成的。

第六条 因受害人的过错行为造成人身损害，依照法律规定应当由铁路运输企业承担赔偿责任的，根据受害人的过错程度可以适当减轻铁路运输企业的赔偿责任，并按照以下情形分别处理：

（一）铁路运输企业未充分履行安全防护、警示等义务，铁路运输企业承担事故主要责任的，应当在全部损害的百分之九十至百分之六十之间承担赔偿责任；铁路运输企业承担事故同等责任的，应当在全部损害的百分之六十至百分之五十之间承担赔偿责任；铁路运输企业承担事故次要责任的，应当在全部损害的百分之四十至百分之十之间承担赔偿责任；

（二）铁路运输企业已充分履行安全防护、警示等义务，受害人仍施以过错行为的，铁路运输企业应当在全部损害的百分之十以内承担赔偿责任。

铁路运输企业已充分履行安全防护、警示等义务，受害人不听从值守人员劝阻强行通过铁路平交道口、人行过道，或者明知危险后果仍然无视警示规定沿铁路线路纵向行走、坐卧故意造成人身损害的，铁路运输企业不承担赔偿责任，但是有证据证明并非受害人故意造成损害的除外。

第七条 铁路运输造成无民事行为能力人人身损害的，铁路运输企业应当承担赔偿责任；监护人有过错的，按照过错程度减轻铁路运输企业的赔偿责任。

铁路运输造成限制民事行为能力人人身损害的，铁路运输企业应当承担赔偿责任；监护人或者受害人自身有过错的，按照过错程度减轻铁路运输企业的赔偿责任。

第八条 铁路机车车辆与机动车发生碰撞造成机动车驾驶人员以外的人人身损害的，由铁路运输企业与机动车一方对受害人承担连带赔偿责任。铁路运输企业与机动车一方之间的责任份额根据各自责任大小确定；难以确定责任大小的，平均承担责任。对受害人实际承担赔偿责任超出应当承担份额的一方，有权向另一方追偿。

铁路机车车辆与机动车发生碰撞造成机动车驾驶人员人身损害的，按照本解释第四条至第六条的规定处理。

第九条 在非铁路运输企业实行监护的铁路无人看守道口发生事故造成人身损害的，由铁路运输企业按照本解释的有关规定承担赔偿责任。道口管理单位有过错的，铁路运输企业对赔偿权利人承担赔偿责任后，有权向道口管理单位追偿。

第十条　对于铁路桥梁、涵洞等设施负有管理、维护等职责的单位，因未尽职责使该铁路桥梁、涵洞等设施不能正常使用，导致行人、车辆穿越铁路线路造成人身损害的，铁路运输企业按照本解释有关规定承担赔偿责任后，有权向该单位追偿。

第十一条　有权作出事故认定的组织依照《铁路交通事故应急救援和调查处理条例》等有关规定制作的事故认定书，经庭审质证，对于事故认定书所认定的事实，当事人没有相反证据和理由足以推翻的，人民法院应当作为认定事实的根据。

第十二条　在专用铁路及铁路专用线上因运输造成人身损害，依法应当由肇事工具或者设备的所有人、使用人或者管理人承担赔偿责任的，适用本解释。

第十三条　本院以前发布的司法解释与本解释不一致的，以本解释为准。

适用本案由需要注意的问题

◆铁路运输损害责任纠纷案件的管辖，适用《民事诉讼法》第29条的规定，即由侵权行为地或者被告住所地人民法院管辖。根据《最高人民法院关于适用〈中华人民共和国民事诉讼法〉的解释》第24条的规定，《民事诉讼法》第29条规定的侵权行为地包括侵权行为实施地、侵权结果发生地。

◆根据《民事诉讼法》第30条的规定，因铁路、公路、水上和航空事故请求损害赔偿提起的诉讼，由事故发生地或者车辆、船舶最先到达地、航空器最先降落地或者被告住所地人民法院管辖。赔偿权利人要求对方当事人承担侵权责任的，由事故发生地、列车最先到达地或者被告住所地铁路运输法院管辖。前款规定的地区没有铁路运输法院的，由高级人民法院指定的其他人民法院管辖。

◆在适用本案由时，要注意其与产品运输者责任纠纷的区别。产品运输者责任中，造成他人人身财产损害的原因主要是由于运输者的过错导致产品存在缺陷；而铁路运输损害责任中造成他人人身财产损害的原因主要是因为发生铁路行车事故或者发生其他铁路运营事故。

◆铁路运输损害责任纠纷的侵权行为归责原则适用无过错责任原则。所谓无过错责任原则，是指当事人实施了加害行为，虽然其主观上无过错，但根据法律规定仍应承担责任的归责原则。《最高人民法院关于审理铁路运输人身损害赔偿纠纷案件适用法律若干问题的解释》第 4 条规定，铁路运输造成人身损害的，铁路运输企业应当承担赔偿责任；法律另有规定的，依照其规定。该条明确了铁路运输人身损害赔偿纠纷适用无过错责任原则。

◆对于责任明确、原告主张的损失金额确定的铁路运输损害责任纠纷案件，标的额为各省、自治区、直辖市上年度就业人员年平均工资 50%以下的，根据《民事诉讼法》第 165 条的规定，应适用小额诉讼程序进行审理。

390. 水上运输损害责任纠纷

（1）水上运输人身损害责任纠纷

（2）水上运输财产损害责任纠纷

案由解析

水上运输损害责任，是指在水路运输过程中，水上运输的经营者对他人或者其承运的旅客、货物造成损害，依法应当承担的民事侵权责任。

水上运输损害责任纠纷，是指因在水路运输过程中，水上运输的经营者对他人或者其承运的旅客、货物造成损害，依法应当承担民事侵权责任所引发的纠纷。

水上运输损害责任的特点主要有：（1）前提是在水路运输过程中，造成他人损害。（2）责任人是水上运输的经营者。

典型形态

在实践中，水上运输损害责任纠纷主要有：

（1）水上运输人身损害责任纠纷，是指因在水路运输过程中，水上运输的经营者对他人或者其承运的旅客的人身造成损害，依法应当承担民事侵权责任所引发的纠纷。

（2）水上运输财产损害责任纠纷，是指因在水路运输过程中，水上运输的经营者对他人或者其承运的旅客的财产、承运的货物造成损失，依法应当承担民事侵权责任所引发的纠纷。

常用法律条文及索引

《中华人民共和国民法典》（2020年5月28日公布 2021年1月1日施行）

第一百二十条 民事权益受到侵害的，被侵权人有权请求侵权人承担侵权责任。

第一千一百六十五条 行为人因过错侵害他人民事权益造成损害的，应当承担侵权责任。

依照法律规定推定行为人有过错，其不能证明自己没有过错的，应当承担侵权责任。

第一千一百六十六条 行为人造成他人民事权益损害，不论行为人有无过错，法律规定应当承担侵权责任的，依照其规定。

第一千一百六十七条 侵权行为危及他人人身、财产安全的，被侵权人有权请求侵权人承担停止侵害、排除妨碍、消除危险等侵权责任。

第一千一百八十四条 侵害他人财产的，财产损失按照损失发生时的市场价格或者其他合理方式计算。

适用本案由需要注意的问题

◆水上运输损害责任纠纷案件的管辖，适用《民事诉讼法》第29条的规定，即由侵权行为地或者被告住所地人民法院管辖。根据《最高人民法院关于适用〈中华人民共和国民事诉讼法〉的解释》第24条的规定，《民事诉讼法》第29条规定的侵权行为地，包括侵权行为实施地、侵权结果发生地。根据《民事诉讼法》第30条的规定，因铁路、公路、水上和航空事故请求损害赔偿提起的诉讼，由事故发生地或者车辆、船舶最先到达地、航空器最先降落地或者被告住所地人民法院管辖。

◆在适用本案由时，要注意其与海事海商纠纷案由的区别。海事海商纠纷案由仅适用于海事法院专属管辖的案件；而水上运输损害责任纠纷适用于普通法院管辖的侵权案件。

◆对于责任明确、原告主张的损失金额确定的水上运输损害责任纠纷案件，标的额为各省、自治区、直辖市上年度就业人员年平均工资50%以下的，根据《民事诉讼法》第165条的规定，应适用小额诉讼程序进行审理。

391. 航空运输损害责任纠纷

（1）航空运输人身损害责任纠纷

（2）航空运输财产损害责任纠纷

案由解析

航空运输损害责任，是指在民用航空器运行过程中，造成航空器内部或者地面、水面的他人的人身或财产遭受损失，承运人依法应当承担的民事侵权责任。

航空运输损害责任纠纷，是指因民用航空器运行过程中，造成航空器内部或者地面、水面的他人的人身或财产遭受损失，承运人依法应当承担的民事侵权责任所引发的纠纷。

航空运输损害责任的特点主要有：（1）前提是在民用航空器的运行过程中造成他人人身或财产的损失。（2）责任人是民用航空器的承运人。

典型形态

在实践中，航空运输损害责任纠纷主要有：

（1）航空运输人身损害责任纠纷，是指因民用航空器运行过程中，造成航空器内部或者地面、水面的他人的人身伤害，承运人依法应当承担的民事侵权责任所引发的纠纷。

（2）航空运输财产损害责任纠纷，是指因民用航空器运行过程中，造成航空器内部乘客的财产、货物，或者地面、水面的他人的财产损失，承运人依法应当承担的民事侵权责任所引发的纠纷。

常用法律条文及索引

《中华人民共和国民法典》（2020年5月28日公布　2021年1月1日施行）

第一百二十条　民事权益受到侵害的，被侵权人有权请求侵权人承担侵权责任。

《中华人民共和国民用航空法》（2021年4月29日修正）

第一百二十四条　因发生在民用航空器上或者在旅客上、下民用航空器过程中的事件，造成旅客人身伤亡的，承运人应当承担责任；但是，旅客的人身伤亡完全是由于旅客本人的健康状况造成的，承运人不承担责任。

第一百二十五条　因发生在民用航空器上或者在旅客上、下民用航空器过程中的事件，造成旅客随身携带物品毁灭、遗失或者损坏的，承运人应当承担责任。因发生在航空运输期间的事件，造成旅客的托运行李毁灭、遗失或者损坏的，承运人应当承担责任。

旅客随身携带物品或者托运行李的毁灭、遗失或者损坏完全是由于行李本身的自然属性、质量或者缺陷造成的，承运人不承担责任。

本章所称行李，包括托运行李和旅客随身携带的物品。

因发生在航空运输期间的事件，造成货物毁灭、遗失或者损坏的，承运人应当承担责任；但是，承运人证明货物的毁灭、遗失或者损坏完全是由于下列原因之一造成的，不承担责任：

（一）货物本身的自然属性、质量或者缺陷；

（二）承运人或者其受雇人、代理人以外的人包装货物的，货物包装不良；

（三）战争或者武装冲突；

（四）政府有关部门实施的与货物入境、出境或者过境有关的行为。

本条所称航空运输期间，是指在机场内、民用航空器上或者机场外降落的任何地点，托运行李、货物处于承运人掌管之下的全部期间。

航空运输期间，不包括机场外的任何陆路运输、海上运输、内河运输过程；但是，此种陆路运输、海上运输、内河运输是为了履行航空运输合同而装载、交付或者转运，在没有相反证据的情况下，所发生的损失视为在航空运输期间发生的损失。

第一百二十六条　旅客、行李或者货物在航空运输中因延误造成的损失，承运人应当承担责任；但是，承运人证明本人或者其受雇人、代理人为了避免损失的发生，已经采取一切必要措施或者不可能采取此种措施的，不承担责任。

第一百二十七条　在旅客、行李运输中，经承运人证明，损失是由索赔人的过错造成或者促成的，应当根据造成或者促成此种损失的过错的程度，相应免除或者减轻承运人的责任。旅客以外的其他人就旅客死亡或者受伤提出赔偿请求时，经承运人证明，死亡或者受伤是旅客本人的过错造成或者促成的，同样应当根据造成或者促成此种损失的过错的程度，相应免除或者减轻承运人的责任。

在货物运输中，经承运人证明，损失是由索赔人或者代行权利人的过错造成或者促成的，应当根据造成或者促成此种损失的过错的程度，相应免除或者减轻承运人的责任。

第一百二十八条 国内航空运输承运人的赔偿责任限额由国务院民用航空主管部门制定，报国务院批准后公布执行。

旅客或者托运人在交运托运行李或者货物时，特别声明在目的地点交付时的利益，并在必要时支付附加费的，除承运人证明旅客或者托运人声明的金额高于托运行李或者货物在目的地点交付时的实际利益外，承运人应当在声明金额范围内承担责任；本法第一百二十九条的其他规定，除赔偿责任限额外，适用于国内航空运输。

第一百二十九条 国际航空运输承运人的赔偿责任限额按照下列规定执行：

（一）对每名旅客的赔偿责任限额为16600计算单位；但是，旅客可以同承运人书面约定高于本项规定的赔偿责任限额。

（二）对托运行李或者货物的赔偿责任限额，每公斤为17计算单位。旅客或者托运人在交运托运行李或者货物时，特别声明在目的地点交付时的利益，并在必要时支付附加费的，除承运人证明旅客或者托运人声明的金额高于托运行李或者货物在目的地点交付时的实际利益外，承运人应当在声明金额范围内承担责任。

托运行李或者货物的一部分或者托运行李、货物中的任何物件毁灭、遗失、损坏或者延误的，用以确定承运人赔偿责任限额的重量，仅为该一包件或者数包件的总重量；但是，因托运行李或者货物的一部分或者托运行李、货物中的任何物件的毁灭、遗失、损坏或者延误，影响同一份行李票或者同一份航空货运单所列其他包件的价值的，确定承运人的赔偿责任限额时，此种包件的总重量也应当考虑在内。

（三）对每名旅客随身携带的物品的赔偿责任限额为332计算单位。

第一百三十条 任何旨在免除本法规定的承运人责任或者降低本法规定的赔偿责任限额的条款，均属无效；但是，此种条款的无效，不影响整个航空运输合同的效力。

第一百三十一条 有关航空运输中发生的损失的诉讼，不论其根据如何，只能依照本法规定的条件和赔偿责任限额提出，但是不妨碍谁有权提起诉讼以及他们各自的权利。

第一百三十二条 经证明，航空运输中的损失是由于承运人或者其受雇人、代理人的故意或者明知可能造成损失而轻率地作为或者不作为造成的，承运人无权援用本法第一百二十八条、第一百二十九条有关赔偿责任限制的规定；证明承运人的受雇人、代理人有此种作为或者不作为的，还应当证明该受雇人、代理人是在受雇、代理范围内行事。

第一百三十三条　就航空运输中的损失向承运人的受雇人、代理人提起诉讼时，该受雇人、代理人证明他是在受雇、代理范围内行事的，有权援用本法第一百二十八条、第一百二十九条有关赔偿责任限制的规定。

在前款规定情形下，承运人及其受雇人、代理人的赔偿总额不得超过法定的赔偿责任限额。

经证明，航空运输中的损失是由于承运人的受雇人、代理人的故意或者明知可能造成损失而轻率地作为或者不作为造成的，不适用本条第一款和第二款的规定。

第一百三十四条　旅客或者收货人收受托运行李或者货物而未提出异议，为托运行李或者货物已经完好交付并与运输凭证相符的初步证据。

托运行李或者货物发生损失的，旅客或者收货人应当在发现损失后向承运人提出异议。托运行李发生损失的，至迟应当自收到托运行李之日起七日内提出；货物发生损失的，至迟应当自收到货物之日起十四日内提出。托运行李或者货物发生延误的，至迟应当自托运行李或者货物交付旅客或者收货人处置之日起二十一日内提出。

任何异议均应当在前款规定的期间内写在运输凭证上或者另以书面提出。

除承运人有欺诈行为外，旅客或者收货人未在本条第二款规定的期间内提出异议的，不能向承运人提出索赔诉讼。

第一百三十五条　航空运输的诉讼时效期间为二年，自民用航空器到达目的地点、应当到达目的地点或者运输终止之日起计算。

第一百三十六条　由几个航空承运人办理的连续运输，接受旅客、行李或者货物的每一个承运人应当受本法规定的约束，并就其根据合同办理的运输区段作为运输合同的订约一方。

对前款规定的连续运输，除合同明文约定第一承运人应当对全程运输承担责任外，旅客或者其继承人只能对发生事故或者延误的运输区段的承运人提起诉讼。

托运行李或者货物的毁灭、遗失、损坏或者延误，旅客或者托运人有权对第一承运人提起诉讼，旅客或者收货人有权对最后承运人提起诉讼，旅客、托运人和收货人均可以对发生毁灭、遗失、损坏或者延误的运输区段的承运人提起诉讼。上述承运人应当对旅客、托运人或者收货人承担连带责任。

第一百五十七条 因飞行中的民用航空器或者从飞行中的民用航空器上落下的人或者物，造成地面（包括水面，下同）上的人身伤亡或者财产损害的，受害人有权获得赔偿；但是，所受损害并非造成损害的事故的直接后果，或者所受损害仅是民用航空器依照国家有关的空中交通规则在空中通过造成的，受害人无权要求赔偿。

前款所称飞行中，是指自民用航空器为实际起飞而使用动力时起至着陆冲程终了时止；就轻于空气的民用航空器而言，飞行中是指自其离开地面时起至其重新着地时止。

第一百五十八条 本法第一百五十七条规定的赔偿责任，由民用航空器的经营人承担。

前款所称经营人，是指损害发生时使用民用航空器的人。民用航空器的使用权已经直接或者间接地授予他人，本人保留对该民用航空器的航行控制权的，本人仍被视为经营人。

经营人的受雇人、代理人在受雇、代理过程中使用民用航空器，无论是否在其受雇、代理范围内行事，均视为经营人使用民用航空器。

民用航空器登记的所有人应当被视为经营人，并承担经营人的责任；除非在判定其责任的诉讼中，所有人证明经营人是他人，并在法律程序许可的范围内采取适当措施使该人成为诉讼当事人之一。

第一百五十九条 未经对民用航空器有航行控制权的人同意而使用民用航空器，对地面第三人造成损害的，有航行控制权的人除证明本人已经适当注意防止此种使用外，应当与该非法使用人承担连带责任。

第一百六十条 损害是武装冲突或者骚乱的直接后果，依照本章规定应当承担责任的人不承担责任。

依照本章规定应当承担责任的人对民用航空器的使用权业经国家机关依法剥夺的，不承担责任。

第一百六十一条 依照本章规定应当承担责任的人证明损害是完全由于受害人或者其受雇人、代理人的过错造成的，免除其赔偿责任；应当承担责任的人证明损害是部分由于受害人或者其受雇人、代理人的过错造成的，相应减轻其赔偿责任。但是，损害是由于受害人的受雇人、代理人的过错造成时，受害人证明其受雇人、代理人的行为超出其所授权的范围的，不免除或者不减轻应当承担责任的人的赔偿责任。

一人对另一人的死亡或者伤害提起诉讼，请求赔偿时，损害是该另一人或者其受雇人、代理人的过错造成的，适用前款规定。

第一百六十二条　两个以上的民用航空器在飞行中相撞或者相扰，造成本法第一百五十七条规定的应当赔偿的损害，或者两个以上的民用航空器共同造成此种损害的，各有关民用航空器均应当被认为已经造成此种损害，各有关民用航空器的经营人均应当承担责任。

第一百六十三条　本法第一百五十八条第四款和第一百五十九条规定的人，享有依照本章规定经营人所能援用的抗辩权。

第一百六十四条　除本章有明确规定外，经营人、所有人和本法第一百五十九条规定的应当承担责任的人，以及他们的受雇人、代理人，对于飞行中的民用航空器或者从飞行中的民用航空器上落下的人或者物造成的地面上的损害不承担责任，但是故意造成此种损害的人除外。

第一百六十五条　本章不妨碍依照本章规定应当对损害承担责任的人向他人追偿的权利。

第一百六十六条　民用航空器的经营人应当投保地面第三人责任险或者取得相应的责任担保。

第一百六十七条　保险人和担保人除享有与经营人相同的抗辩权，以及对伪造证件进行抗辩的权利外，对依照本章规定的提出的赔偿请求只能进行下列抗辩：

（一）损害发生在保险或者担保终止有效后；然而保险或者担保在飞行中期满的，该项保险或者担保在飞行计划中所载下一次降落前继续有效，但是不得超过二十四小时；

（二）损害发生在保险或者担保所指定的地区范围外，除非飞行超出该范围是由于不可抗力、援助他人所必需，或者驾驶、航行或者领航上的差错造成的。

前款关于保险或者担保继续有效的规定，只在对受害人有利时适用。

第一百六十八条　仅在下列情形下，受害人可以直接对保险人或者担保人提起诉讼，但是不妨碍受害人根据有关保险合同或者担保合同的法律规定提起直接诉讼的权利：

（一）根据本法第一百六十七条第（一）项、第（二）项规定，保险或者担保继续有效的；

（二）经营人破产的。

除本法第一百六十七条第一款规定的抗辩权，保险人或者担保人对受害人依照本章规定提起的直接诉讼不得以保险或者担保的无效或者追溯力终止为由进行抗辩。

第一百六十九条 依照本法第一百六十六条规定提供的保险或者担保，应当被专门指定优先支付本章规定的赔偿。

第一百七十条 保险人应当支付给经营人的款项，在本章规定的第三人的赔偿请求未满足前，不受经营人的债权人的扣留和处理。

第一百七十一条 地面第三人损害赔偿的诉讼时效期间为二年，自损害发生之日起计算；但是，在任何情况下，时效期间不得超过自损害发生之日起三年。

第一百七十二条 本章规定不适用于下列损害：

（一）对飞行中的民用航空器或者对该航空器上的人或者物造成的损害；

（二）为受害人同经营人或者同发生损害时对民用航空器有使用权的人订立的合同所约束，或者为适用两方之间的劳动合同的法律有关职工赔偿的规定所约束的损害；

（三）核损害。

适用本案由需要注意的问题

◆航空运输损害责任纠纷案件的管辖，适用《民事诉讼法》第29条的规定，即由侵权行为地或者被告住所地人民法院管辖。根据《最高人民法院关于适用〈中华人民共和国民事诉讼法〉的解释》第24条的规定，《民事诉讼法》第29条规定的侵权行为地，包括侵权行为实施地、侵权结果发生地。根据《民事诉讼法》第30条的规定，因铁路、公路、水上和航空事故请求损害赔偿提起的诉讼，由事故发生地或者车辆、船舶最先到达地、航空器最先降落地或者被告住所地人民法院管辖。

◆对于航空运输损害责任的归责问题，我国适用的是过错推定责任原则。过错责任原则一般实行“谁主张、谁举证”的原则，但在过错推定责任的情况下，对过错的认定则实行举证责任倒置原则。受害人只需要证明加害人实施了加害行为，造成了损害后果，加害行为与损害后果存在因果关系，无须对加害人的主观过错情况进行证明，就可推定加害人主观上有过错，应承担相应的责任。加害人要想免除其责任，则需要证明自己主观上无过错。

◆对于责任明确、原告主张的损失金额确定的航空运输损害责任纠纷案件，标的额为各省、自治区、直辖市上年度就业人员年平均工资50%以下的，根据《民事诉讼法》第 165 条的规定，应适用小额诉讼程序进行审理。

392. 因申请财产保全损害责任纠纷

案由解析

财产保全，是指人民法院对于可能因当事人一方行为或者其他原因，使判决不能执行或难以执行的案件，在对该案判决前，依法对诉讼标的物或与本案有关的财物采取的强制性措施。

因申请财产保全损害责任纠纷，是指财产保全的申请人申请财产保全措施错误或在申请保全后未依法提起诉讼，造成被保全人财产损失而引起的纠纷。

常用法律条文及索引

《中华人民共和国民法典》（2020 年 5 月 28 日公布　2021 年 1 月 1 日施行）

第一百二十条　民事权益受到侵害的，被侵权人有权请求侵权人承担侵权责任。

《中华人民共和国民事诉讼法》（2023 年 9 月 1 日修正）

第一百零四条　利害关系人因情况紧急，不立即申请保全将会使其合法权益受到难以弥补的损害的，可以在提起诉讼或者申请仲裁前向被保全财产所在地、被申请人住所地或者对案件有管辖权的人民法院申请采取保全措施。申请人应当提供担保，不提供担保的，裁定驳回申请。

人民法院接受申请后，必须在四十八小时内作出裁定；裁定采取保全措施的，应当立即开始执行。

申请人在人民法院采取保全措施后三十日内不依法提起诉讼或者申请仲裁的，人民法院应当解除保全。

第一百零八条　申请有错误的，申请人应当赔偿被申请人因保全所遭受的损失。

适用本案由需要注意的问题

◆因申请财产保全损害责任纠纷案件的管辖，适用《民事诉讼法》第 29 条的规定，即由侵权行为地或者被告住所地人民法院管辖。根据《最高人民法院关于适用〈中华人民共和国民事诉讼法〉的解释》第24条的规定，《民事诉讼法》第29条规定的侵权行为地，包括侵权行为实施地、侵权结果发生地。根据上述解释第27条规定，当事人申请诉前保全后没有在法定期间起诉或者申请仲裁，给被申请人、利害关系人造成损失引起的诉讼，由采取保全措施的人民法院管辖。当事人申请诉前保全后在法定期间内起诉或者申请仲裁，被申请人、利害关系人因保全受到损失提起的诉讼，由受理起诉的人民法院或者采取保全措施的人民法院管辖。

◆需要注意的是，本案由解决的是因申请人错误申请造成被申请人损害的情形，因法院错误依职权采取保全措施造成被申请人损害的，应当根据国家赔偿法规定申请国家赔偿。《国家赔偿法》第38条规定，人民法院在民事诉讼、行政诉讼过程中，违法采取对妨害民事诉讼的强制措施、保全措施或者对判决、裁定及其他生效法律文书执行错误，造成损害的，赔偿请求人要求赔偿的程序，适用本法刑事赔偿程序的规定。

393. 因申请行为保全损害责任纠纷

案由解析

行为保全，是指在民事诉讼中，为了避免当事人或者利害关系人的利益受到不应有的损害或进一步的损害，法院有权根据他们的申请对相关当事人的行为采取强制措施。

因申请行为保全损害责任纠纷，是指行为保全的申请人申请行为保全措施错误或在申请保全后未依法提起诉讼，造成被保全人财产损失而引起的纠纷。

常用法律条文及索引

《最高人民法院关于审查知识产权纠纷行为保全案件适用法律若干问题的规定》（法释〔2018〕21号 2018年12月12日公布）

为正确审查知识产权纠纷行为保全案件，及时有效保护当事人的合法权益，根据《中华人民共和国民事诉讼法》《中华人民共和国专利法》《中华人民共和国商标法》《中华人民共和国著作权法》等有关法律规定，结合审判、执行工作实际，制定本规定。

第一条　本规定中的知识产权纠纷是指《民事案件案由规定》中的知识产权与竞争纠纷。

第二条　知识产权纠纷的当事人在判决、裁定或者仲裁裁决生效前，依据民事诉讼法第一百条、第一百零一条规定申请行为保全的，人民法院应当受理。

知识产权许可合同的被许可人申请诉前责令停止侵害知识产权行为的，独占许可合同的被许可人可以单独向人民法院提出申请；排他许可合同的被许可人在权利人不申请的情况下，可以单独提出申请；普通许可合同的被许可人经权利人明确授权以自己的名义起诉的，可以单独提出申请。

第三条　申请诉前行为保全，应当向被申请人住所地具有相应知识产权纠纷管辖权的人民法院或者对案件具有管辖权的人民法院提出。

当事人约定仲裁的，应当向前款规定的人民法院申请行为保全。

第四条　向人民法院申请行为保全，应当递交申请书和相应证据。申请书应当载明下列事项：

（一）申请人与被申请人的身份、送达地址、联系方式；

（二）申请采取行为保全措施的内容和期限；

（三）申请所依据的事实、理由，包括被申请人的行为将会使申请人的合法权益受到难以弥补的损害或者造成案件裁决难以执行等损害的具体说明；

（四）为行为保全提供担保的财产信息或资信证明，或者不需要提供担保的理由；

（五）其他需要载明的事项。

第五条　人民法院裁定采取行为保全措施前，应当询问申请人和被申请人，但因情况紧急或者询问可能影响保全措施执行等情形除外。

人民法院裁定采取行为保全措施或者裁定驳回申请的，应当向申请人、被申请人送达裁定书。向被申请人送达裁定书可能影响采取保全措施的，人民法院可以在采取保全措施后及时向被申请人送达裁定书，至迟不得超过五日。

当事人在仲裁过程中申请行为保全的，应当通过仲裁机构向人民法院提交申请书、仲裁案件受理通知书等相关材料。人民法院裁定采取行为保全措施或者裁定驳回申请的，应当将裁定书送达当事人，并通知仲裁机构。

第六条　有下列情况之一，不立即采取行为保全措施即足以损害申请人利益的，应当认定属于民事诉讼法第一百条、第一百零一条规定的“情况紧急”：

（一）申请人的商业秘密即将被非法披露；

（二）申请人的发表权、隐私权等人身权利即将受到侵害；

（三）诉争的知识产权即将被非法处分；

（四）申请人的知识产权在展销会等时效性较强的场合正在或者即将受到侵害；

（五）时效性较强的热播节目正在或者即将受到侵害；

（六）其他需要立即采取行为保全措施的情况。

第七条　人民法院审查行为保全申请，应当综合考量下列因素：

（一）申请人的请求是否具有事实基础和法律依据，包括请求保护的知识产权效力是否稳定；

（二）不采取行为保全措施是否会使申请人的合法权益受到难以弥补的损害或者造成案件裁决难以执行等损害；

（三）不采取行为保全措施对申请人造成的损害是否超过采取行为保全措施对被申请人造成的损害；

（四）采取行为保全措施是否损害社会公共利益；

（五）其他应当考量的因素。

第八条　人民法院审查判断申请人请求保护的知识产权效力是否稳定，应当综合考量下列因素：

（一）所涉权利的类型或者属性；

（二）所涉权利是否经过实质审查；

（三）所涉权利是否处于宣告无效或者撤销程序中以及被宣告无效或者撤销的可能性；

（四）所涉权利是否存在权属争议；

（五）其他可能导致所涉权利效力不稳定的因素。

第九条　申请人以实用新型或者外观设计专利权为依据申请行为保全的，应当提交由国务院专利行政部门作出的检索报告、专利权评价报告或者专利复审委员会维持该专利权有效的决定。申请人无正当理由拒不提交的，人民法院应当裁定驳回其申请。

第十条　在知识产权与不正当竞争纠纷行为保全案件中，有下列情形之一的，应当认定属于民事诉讼法第一百零一条规定的“难以弥补的损害”：

（一）被申请人的行为将会侵害申请人享有的商誉或者发表权、隐私权等人身性质的权利且造成无法挽回的损害；

（二）被申请人的行为将会导致侵权行为难以控制且显著增加申请人损害；

（三）被申请人的侵害行为将会导致申请人的相关市场份额明显减少；

（四）对申请人造成其他难以弥补的损害。

第十一条 申请人申请行为保全的，应当依法提供担保。

申请人提供的担保数额，应当相当于被申请人可能因执行行为保全措施所遭受的损失，包括责令停止侵权行为所涉产品的销售收益、保管费用等合理损失。

在执行行为保全措施过程中，被申请人可能因此遭受的损失超过申请人担保数额的，人民法院可以责令申请人追加相应的担保。申请人拒不追加的，可以裁定解除或者部分解除保全措施。

第十二条 人民法院采取的行为保全措施，一般不因被申请人提供担保而解除，但是申请人同意的除外。

第十三条 人民法院裁定采取行为保全措施的，应当根据申请人的请求或者案件具体情况等因素合理确定保全措施的期限。

裁定停止侵害知识产权行为的效力，一般应当维持至案件裁判生效时止。

人民法院根据申请人的请求、追加担保等情况，可以裁定继续采取保全措施。申请人请求续行保全措施的，应当在期限届满前七日内提出。

第十四条 当事人不服行为保全裁定申请复议的，人民法院应当在收到复议申请后十日内审查并作出裁定。

第十五条 人民法院采取行为保全的方法和措施，依照执行程序相关规定处理。

第十六条 有下列情形之一的，应当认定属于民事诉讼法第一百零五条规定的“申请有错误”：

（一）申请人在采取行为保全措施后三十日内不依法提起诉讼或者申请仲裁；

（二）行为保全措施因请求保护的知识产权被宣告无效等原因自始不当；

（三）申请责令被申请人停止侵害知识产权或者不正当竞争，但生效裁判认定不构成侵权或者不正当竞争；

（四）其他属于申请有错误的情形。

第十七条 当事人申请解除行为保全措施，人民法院收到申请后经审查符合《最高人民法院关于适用〈中华人民共和国民事诉讼法〉的解释》第一百六十六条规定的情形的，应当在五日内裁定解除。

申请人撤回行为保全申请或者申请解除行为保全措施的，不因此免除民事诉讼法第一百零五条规定的赔偿责任。

第十八条 被申请人依据民事诉讼法第一百零五条规定提起赔偿诉讼，申请人申请诉前行为保全后没有起诉或者当事人约定仲裁的，由采取保全措施的人民法院管辖；申请人已经起诉的，由受理起诉的人民法院管辖。

第十九条 申请人同时申请行为保全、财产保全或者证据保全的，人民法院应当依法分别审查不同类型保全申请是否符合条件，并作出裁定。

为避免被申请人实施转移财产、毁灭证据等行为致使保全目的无法实现，人民法院可以根据案件具体情况决定不同类型保全措施的执行顺序。

第二十条 申请人申请行为保全，应当依照《诉讼费用交纳办法》关于申请采取行为保全措施的规定交纳申请费。

第二十一条 本规定自2019年1月1日起施行。最高人民法院以前发布的相关司法解释与本规定不一致的，以本规定为准。

适用本案由需要注意的问题

参见“392. 因申请财产保全损害责任纠纷”案由相关部分。

394. 因申请证据保全损害责任纠纷

案由解析

因申请证据保全损害责任纠纷，是指因申请人的申请行为致使人民法院采取证据保全措施错误造成他人损害，依法应当承担损害赔偿责任而引起的纠纷。

常用法律条文及索引

《中华人民共和国民法典》（2020年5月28日公布 2021年1月1日施行）

第一百二十条 民事权益受到侵害的，被侵权人有权请求侵权人承担侵权责任。

《中华人民共和国民事诉讼法》（2023年9月1日修正）

第八十四条 在证据可能灭失或者以后难以取得的情况下，当事人可以在诉讼过程中向人民法院申请保全证据，人民法院也可以主动采取保全措施。

因情况紧急，在证据可能灭失或者以后难以取得的情况下，利害关系人可以在提起诉讼或者申请仲裁前向证据所在地、被申请人住所地或者对案件有管辖权的人民法院申请保全证据。

证据保全的其他程序，参照适用本法第九章保全的有关规定。

第一百零八条　申请有错误的，申请人应当赔偿被申请人因保全所遭受的损失。

适用本案由需要注意的问题

◆因申请证据保全损害责任纠纷案件的管辖，适用《民事诉讼法》第 29 条的规定，即由侵权行为地或者被告住所地人民法院管辖。根据《最高人民法院关于适用〈中华人民共和国民事诉讼法〉的解释》第 24 条的规定，《民事诉讼法》第 29 条规定的侵权行为地，包括侵权行为实施地、侵权结果发生地。根据上述解释第 27 条规定，当事人申请保全后没有在法定期间起诉或者申请仲裁，给被申请人、利害关系人造成损失引起的诉讼，由采取保全措施的人民法院管辖。当事人申请保全后在法定期间内起诉或者申请仲裁，被申请人、利害关系人因保全受到损失提起的诉讼，由受理起诉的人民法院或者采取保全措施的人民法院管辖。

◆需要注意的是，本案由解决的是因申请人错误申请造成被申请人损害的情形，因法院错误依职权采取保全措施造成被申请人损害的，应当根据国家赔偿法规定申请国家赔偿。《国家赔偿法》第 38 条规定，人民法院在民事诉讼、行政诉讼过程中，违法采取对妨害民事诉讼的强制措施、保全措施或者对判决、裁定及其他生效法律文书执行错误，造成损害的，赔偿请求人要求赔偿的程序，适用本法刑事赔偿程序的规定。

395. 因申请先予执行损害责任纠纷

案由解析

先予执行，是指人民法院在终局判决之前，根据一方当事人的申请，为解决其生活或生产经营的急需，依法裁定对方当事人预先履行一定数额的金钱、财物或者立即停止实施某种行为的制度。

因申请先予执行损害责任纠纷，是指当事人因申请财产先予执行给对方当事人造成财产损失，依法应当承担侵权责任所引起的纠纷。

常用法律条文及索引

《中华人民共和国民法典》（2020 年 5 月 28 日公布　2021 年 1 月 1 日施行）

第一百二十条　民事权益受到侵害的，被侵权人有权请求侵权人承担侵权责任。

《中华人民共和国民事诉讼法》（2023 年 9 月 1 日修正）

第一百零九条　人民法院对下列案件，根据当事人的申请，可以裁定先予执行：

（一）追索赡养费、扶养费、抚养费、抚恤金、医疗费用的；

（二）追索劳动报酬的；

（三）因情况紧急需要先予执行的。

适用本案由需要注意的问题

◆因申请先予执行损害责任纠纷案件的管辖，适用《民事诉讼法》第 29 条的规定，即由侵权行为地或者被告住所地人民法院管辖。根据《最高人民法院关于适用〈中华人民共和国民事诉讼法〉的解释》第 24 条的规定，《民事诉讼法》第 29 条规定的侵权行为地，包括侵权行为实施地、侵权结果发生地。

第十部分　非讼程序案件案由

三十二、选民资格案件

396. 申请确定选民资格

案由解析

根据《宪法》和《全国人民代表大会和地方各级人民代表大会选举法》的规定，凡年满 18 周岁的中华人民共和国公民不分民族、种族、性别、职业、社会出身、宗教信仰、教育程度、财产状况和居住期限，都有选举权和被选举权，都是本选区的选民。经过登记的选民，选举委员会应当根据审查登记的情况，制作选民名单，在选举日前 20 日内公布，并发给选民证，承认其选民资格。

申请确定选民资格案件是指公民认为选举委员会公布的选民名单有误，向选举委员会申请处理后，对选举委员会作出的处理决定不服，向人民法院提起诉讼的案件。所谓选民名单有误，是指应当列入选民资格名单的人没有列入，或不应列入的人却列入了选民名单。人民法院审理选民资格案件，通过对公民提出的申请进行审查，判明选举委员会对公民的申诉所作的决定是否正确、合法，并以判决的形式予以确认。

申请确定选民资格案件的主要特征是：（1）选民资格案件以公民对选民名单申诉为前置程序。（2）提起案件的主体应为有民事诉讼能力的公民。（3）选民资格案件的起诉与裁判均有时间限制。

典型形态

在实践中，申请确定选民资格的典型形态主要有：

(1) 有利害关系的公民申请确定选民资格，是指有利害关系的公民对选举委员会确定的选民资格名单有不同意见时，经向选举委员会申诉，仍不服选举委员会所作的处理决定，依法向人民法院起诉的案件。

(2) 其他公民申请确定选民资格纠纷，是指与选民名单无利害关系的公民对选举委员会确定的选民资格名单有不同意见时，经向选举委员会申诉，仍不服选举委员会所作的处理决定，依法向人民法院起诉的案件。

常用法律条文及索引

《中华人民共和国民事诉讼法》（2023 年 9 月 1 日修正）

第一百八十八条 公民不服选举委员会对选民资格的申诉所作的处理决定，可以在选举日的五日以前向选区所在地基层人民法院起诉。

第一百八十九条 人民法院受理选民资格案件后，必须在选举日前审结。

审理时，起诉人、选举委员会的代表和有关公民必须参加。

人民法院的判决书，应当在选举日前送达选举委员会和起诉人，并通知有关公民。

《中华人民共和国全国人民代表大会和地方各级人民代表大会选举法》（2020 年 10 月 17 日修正）

第二十七条 选民登记按选区进行，经登记确认的选民资格长期有效。每次选举前对上次选民登记以后新满十八周岁的、被剥夺政治权利期满后恢复政治权利的选民，予以登记。对选民经登记后迁出原选区的，列入新迁入的选区的选民名单；对死亡的和依照法律被剥夺政治权利的人，从选民名单上除名。

精神病患者不能行使选举权利的，经选举委员会确认，不列入选民名单。

第二十八条 选民名单应在选举日的二十日以前公布，实行凭选民证参加投票选举的，并应当发给选民证。

第二十九条 对于公布的选民名单有不同意见的，可以在选民名单公布之日起五日内向选举委员会提出申诉。选举委员会对申诉意见，应在三日内作出处理决定。申诉人如果对处理决定不服，可以在选举日的五日以前向人民法院起诉，人民法院应在选举日以前作出判决。人民法院的判决为最后决定。

适用本案由需要注意的问题

◆根据《民事诉讼法》第 188 条规定，公民不服选举委员会对选民资格的申诉所作的处理决定，可以在选举日的五日以前向选区所在地基层人民法院起诉。根据《最高人民法院关于军事法院管辖民事案件若干问题的规定》第 1 条的规定，军队设立选举委员会的选民资格案件，由军事法院管辖。

◆提起选民资格案件诉讼的人可以是与选民资格名单有直接利害关系的公民，也可以是与选民资格名单无直接利害关系的公民，任何有诉讼行为能力的公民，只要认为公布的选民资格名单存有错误，都有起诉的权利。选民资格案件关系到一个公民的政治权利，人民法院审理选民资格案件，必须由审判员组织合议庭进行审理。人民法院对选民资格案件经过审理，认为选民名单没有错误，应当判决维持选举委员会的处理决定，驳回起诉人的诉讼请求；认为选民名单和选举委员会的处理决定确有错误的，应当直接以判决的方式纠正错误。

三十三、宣告失踪、宣告死亡案件

397. 申请宣告自然人失踪

案由解析

宣告失踪，是指自然人离开自己的住所下落不明，经过法律规定的期限仍无音讯，利害关系人申请人民法院宣告该自然人为失踪人的一项制度。

申请宣告自然人失踪案件，是指自然人离开自己的住所或经常居住地，下落不明达到一定的期限，经利害关系人的申请，人民法院宣告该自然人为失踪人的案件。

宣告自然人失踪案件的主要特征是：（1）由利害关系人向人民法院提出申请。（2）必须有下落不明满两年的事实。（3）宣告失踪案件必须以书面形式向人民法院提出申请，经过法院依据法定程序宣告。

常用法律条文及索引

《中华人民共和国民法典》（2020 年 5 月 28 日公布　2021 年 1 月 1 日施行）

第四十条　自然人下落不明满二年的，利害关系人可以向人民法院申请宣告该自然人为失踪人。

第四十一条　自然人下落不明的时间自其失去音讯之日起计算。战争期间下落不明的，下落不明的时间自战争结束之日或者有关机关确定的下落不明之日起计算。

《中华人民共和国民事诉讼法》（2023 年 9 月 1 日修正）

第一百九十条　公民下落不明满二年，利害关系人申请宣告其失踪的，向下落不明人住所地基层人民法院提出。

申请书应当写明失踪的事实、时间和请求，并附有公安机关或者其他有关机关关于该公民下落不明的书面证明。

第一百九十二条　人民法院受理宣告失踪、宣告死亡案件后，应当发出寻找下落不明人的公告。宣告失踪的公告期间为三个月，宣告死亡的公告期间为一年。因意外事件下落不明，经有关机关证明该公民不可能生存的，宣告死亡的公告期间为三个月。

公告期间届满，人民法院应当根据被宣告失踪、宣告死亡的事实是否得到确认，作出宣告失踪、宣告死亡的判决或者驳回申请的判决。

第三百四十六条　人民法院受理宣告失踪、宣告死亡案件后，作出判决前，申请人撤回申请的，人民法院应当裁定终结案件，但其他符合法律规定的利害关系人加入程序要求继续审理的除外。

《中华人民共和国涉外民事关系法律适用法》（2010 年 10 月 28 日公布　2011 年 4 月 1 日施行）

第十三条　宣告失踪或者宣告死亡，适用自然人经常居所地法律。

《最高人民法院关于适用〈中华人民共和国民事诉讼法〉的解释》（法释〔2015〕5 号　2022 年 3 月 22 日修正）

第二百一十七条　夫妻一方下落不明，另一方诉至人民法院，只要求离婚，不申请宣告下落不明人失踪或者死亡的案件，人民法院应当受理，对下落不明人公告送达诉讼文书。

第三百四十一条 宣告失踪或者宣告死亡案件，人民法院可以根据申请人的请求，清理下落不明人的财产，并指定案件审理期间的财产管理人。公告期满后，人民法院判决宣告失踪的，应当同时依照民法典第四十二条的规定指定失踪人的财产代管人。

第三百四十二条 失踪人的财产代管人经人民法院指定后，代管人申请变更代管的，比照民事诉讼法特别程序的有关规定进行审理。申请理由成立的，裁定撤销申请人的代管人身份，同时另行指定财产代管人；申请理由不成立的，裁定驳回申请。

失踪人的其他利害关系人申请变更代管的，人民法院应当告知其以原指定的代管人为被告起诉，并按普通程序进行审理。

第三百四十三条 人民法院判决宣告公民失踪后，利害关系人向人民法院申请宣告失踪人死亡，自失踪之日起满四年的，人民法院应当受理，宣告失踪的判决即是该公民失踪的证明，审理中仍应依照民事诉讼法第一百九十二条规定进行公告。

第三百四十四条 符合法律规定的多个利害关系人提出宣告失踪、宣告死亡申请的，列为共同申请人。

第三百四十五条 寻找下落不明人的公告应当记载下列内容：

（一）被申请人应当在规定期间内向受理法院申报其具体地址及其联系方式。否则，被申请人将被宣告失踪、宣告死亡；

（二）凡知悉被申请人生存现状的人，应当在公告期间内将其所知道情况向受理法院报告。

第三百四十六条 人民法院受理宣告失踪、宣告死亡案件后，作出判决前，申请人撤回申请的，人民法院应当裁定终结案件，但其他符合法律规定的利害关系人加入程序要求继续审理的除外。

适用本案由需要注意的问题

◆根据《民事诉讼法》第 190 条第 1 款的规定，公民下落不明满两年，利害关系人申请宣告其失踪的，向下落不明人住所地基层人民法院提出。根据《最高人民法院关于军事法院管辖民事案件若干问题的规定》第 1 条的规定，申请宣告军人失踪或者死亡的案件，由军事法院管辖。该管辖原则适用于本二级案由“宣告失踪、宣告死亡案件”下的所有案件，下文不赘。

◆在适用本案由时，要注意其与申请宣告自然人死亡案由的区别。申请宣告自然人失踪与申请宣告自然人死亡的条件和法律后果均有不同，且申请宣告自然人死亡不以申请宣告自然人失踪为条件。

◆宣告自然人失踪，必须由利害关系人向人民法院申请。利害关系人，是指与被申请宣告失踪的公民之间存在民事权利义务的人，主要包括被申请宣告失踪公民的配偶、父母、子女、兄弟姐妹、祖父母、外祖父母、孙子女、外孙子女以及被申请宣告失踪自然人的债权人、合伙人等。没有利害关系人的申请，人民法院不能依职权主动宣告自然人为失踪人。

◆人民法院受理宣告自然人失踪案件后，应当发出寻找下落不明人的公告，公告期间为3个月，从公告之日起计算。公告是人民法院审理宣告自然人失踪案件的必经程序。宣告自然人失踪的判决生效后，人民法院应当同时为失踪人的财产指定财产代管人。

398. 申请撤销宣告失踪判决

案由解析

申请撤销宣告失踪判决，是指当被宣告失踪的公民重新出现时，经该公民本人或者利害关系人的申请，人民法院在查证属实后，应当撤销原判决。

申请撤销宣告失踪案件，是指被宣告失踪的人重新出现或他人确知失踪人的下落的，本人或利害关系人向人民法院申请撤销对宣告失踪人的判决，以恢复该公民失踪前的事实状态和法律状态的案件。

申请撤销宣告失踪案件的主要特征是：（1）申请撤销宣告失踪要以宣告失踪为前提。（2）经本人或者利害关系人的申请。

常用法律条文及索引

《中华人民共和国民法典》（2020年5月28日公布　2021年1月1日施行）

第四十五条　失踪人重新出现，经本人或者利害关系人申请，人民法院应当撤销失踪宣告。

失踪人重新出现，有权请求财产代管人及时移交有关财产并报告财产代管情况。

《中华人民共和国民事诉讼法》（2023年9月1日修正）

第一百九十三条　被宣告失踪、宣告死亡的公民重新出现，经本人或者利害关系人申请，人民法院应当作出新判决，撤销原判决。

《最高人民法院关于适用〈中华人民共和国民事诉讼法〉的解释》（法释〔2015〕5号　2022年3月22日修正）

第三百四十六条　人民法院受理宣告失踪、宣告死亡案件后，作出判决前，申请人撤回申请的，人民法院应当裁定终结案件，但其他符合法律规定的利害关系人加入程序要求继续审理的除外。

适用本案由需要注意的问题

◆《民法典》以及《民事诉讼法》并没有明确申请撤销宣告失踪的管辖法院。根据《民事诉讼法》的规定，被宣告失踪的公民重新出现，经本人或者利害关系人的申请，人民法院应当作出新判决、撤销原判决。这里的“人民法院”应当是指作出宣告失踪判决的人民法院。

◆在确定本案由时，尤其要注意其与申请宣告公民失踪案由的区别。申请撤销宣告失踪案件以宣告失踪案件为前提。

◆在判决宣告公民失踪后，如果经该公民或者利害关系人申请，人民法院查证属实后，应当作出新判决，撤销原判决。与撤销宣告失踪有密切联系的失踪人的财产代管人的代管职责也相应消灭。财产代管人应当将代管的财产及其收益返还给重新出现的失踪人，代管人因代管而支出的必要费用，有权要求失踪人偿付。

399. 申请为失踪人财产指定、变更代管人

案由解析

申请为失踪人财产指定代管人，是指人民法院作出宣告失踪的判决后，失踪人的财产应由其配偶、父母、成年子女或者关系密切的亲属、朋友代管，对财产代管发生争议的，上述人员可以向人民法院申请为失踪人指定财产代管人，失踪人无财产代管人或虽有但不宜作为财产代管人的，有关组织可以申请人民法院指定该组织为代管人。

申请为失踪人财产变更代管人，是指人民法院判决指定失踪人财产代管人后，代管人认为无力履行代管职责或者利害关系人认为失踪人的财产代管人不履行代管职责，损害失踪人的财产利益的，可以申请人民法院变更代管人。

法院在宣告失踪的判决中，为失踪人指定财产代管人。按照有利于管理

失踪人的财产来确定财产代管人。财产代管人在涉及失踪人的诉讼里面是直接作为原告或者被告的身份出现，而不是以失踪人的代理人的身份出现。这里的代管就是暂时的看管，比如若失踪人之前有债务，在债务到期时，代管人必须用失踪人的财产来还债。相反，若有人欠失踪人的钱，代管人也可以以失踪人的名义要求他还款。若失踪人有另外一些费用需要缴纳，比如税，代管人还必须从失踪人的财产中，替失踪人支付。

常用法律条文及索引

《中华人民共和国民法典》（2020 年 5 月 28 日公布　2021 年 1 月 1 日施行）

第四十二条　失踪人的财产由其配偶、成年子女、父母或者其他愿意担任财产代管人的人代管。

代管有争议，没有前款规定的人，或者前款规定的人无代管能力的，由人民法院指定的人代管。

第四十四条　财产代管人不履行代管职责、侵害失踪人财产权益或者丧失代管能力的，失踪人的利害关系人可以向人民法院申请变更财产代管人。

财产代管人有正当理由的，可以向人民法院申请变更财产代管人。

人民法院变更财产代管人的，变更后的财产代管人有权请求原财产代管人及时移交有关财产并报告财产代管情况。

《最高人民法院关于适用〈中华人民共和国民事诉讼法〉的解释》（法释〔2015〕5 号　2022 年 3 月 22 日修正）

第三百四十一条　宣告失踪或者宣告死亡案件，人民法院可以根据申请人的请求，清理下落不明人的财产，并指定案件审理期间的财产管理人。公告期满后，人民法院判决宣告失踪的，应当同时依照民法典第四十二条的规定指定失踪人的财产代管人。

第三百四十二条　失踪人的财产代管人经人民法院指定后，代管人申请变更代管的，比照民事诉讼法特别程序的有关规定进行审理。申请理由成立的，裁定撤销申请人的代管人身份，同时另行指定财产代管人；申请理由不成立的，裁定驳回申请。

失踪人的其他利害关系人申请变更代管的，人民法院应当告知其以原指定的代管人为被告起诉，并按普通程序进行审理。

第三百四十三条　人民法院判决宣告公民失踪后，利害关系人向人民法院申请宣告失踪人死亡，自失踪之日起满四年的，人民法院应当受理，宣告失踪的判决即是该公民失踪的证明，审理中仍应依照民事诉讼法第一百九十二条规定进行公告。

适用本案由需要注意的问题

◆申请为失踪人财产变更代管人案件的管辖问题应当根据不同的申请主体确定不同的管辖法院。原财产代管人申请变更代管人的，按照特别程序审理，由原作出指定失踪人的财产代管人决定的法院管辖。而失踪人的其他利害关系人申请变更代管的，应当适用《最高人民法院关于适用〈中华人民共和国民事诉讼法〉的解释》的规定，其他利害关系人申请变更失踪人的财产代管人的，应当以原财产代管人为被告按照普通程序审理。同时，根据普通程序的管辖原则，应当由被告住所地法院管辖，即应当由原财产代管人的住所地或者经常居住地人民法院管辖。

◆在确定本案由时，尤其要注意区分其与申请宣告公民失踪案由的关系。申请变更失踪人财产代管人以宣告公民失踪为前提。

◆需要说明的是，《最高人民法院关于适用〈中华人民共和国民事诉讼法〉的解释》第 341 条规定："宣告失踪或者宣告死亡案件，人民法院可以根据申请人的请求，清理下落不明人的财产，并指定案件审理期间的财产管理人。公告期满后，人民法院判决宣告失踪的，应司时依照民法典第四十二条的规定指定失踪人的财产代管人。"人民法院在宣告公民失踪或者死亡的同时，应当为失踪人指定财产代管人。也就是说，为失踪人财产指定代管人的，附属于申请宣告失踪或者死亡案件，无须单独立案，故严格而言，并不需要"申请为失踪人财产指定代管人"这一案由，本案由表述为"申请变更失踪人财产代管人"更为科学合理。

400. 申请宣告自然人死亡

案由解析

宣告自然人死亡，是法律上的一种推定死亡，是自然人自然死亡的对称。自然人因法律上规定的下落不明的事实状态，持续一定期间，经利害关系人的申请，法院依法查清事实，确认宣告死亡的事实存在，作出判决，从法律上推定该自然人死亡的，称为宣告死亡。

申请宣告自然人死亡案件，是指自然人离开自己的住所地或者最后居住地，下落不明满法定期限，利害关系人向人民法院申请宣告自然人死亡的案件。

申请宣告自然人死亡的主要特征是：（1）有下落不明的事实且必须达到法定期限。（2）申请宣告自然人死亡的主体是利害关系人。（3）有利害关系人的书面申请。

常用法律条文及索引

《中华人民共和国民法典》（2020 年 5 月 28 日公布　2021 年 1 月 1 日施行）

第四十六条　自然人有下列情形之一的，利害关系人可以向人民法院申请宣告该自然人死亡：

（一）下落不明满四年；

（二）因意外事件，下落不明满二年。

因意外事件下落不明，经有关机关证明该自然人不可能生存的，申请宣告死亡不受二年时间的限制。

第四十七条　对同一自然人，有的利害关系人申请宣告死亡，有的利害关系人申请宣告失踪，符合本法规定的宣告死亡条件的，人民法院应当宣告死亡。

第四十八条　被宣告死亡的人，人民法院宣告死亡的判决作出之日视为其死亡的日期；因意外事件下落不明宣告死亡的，意外事件发生之日视为其死亡的日期。

第四十九条　自然人被宣告死亡但是并未死亡的，不影响该自然人在被宣告死亡期间实施的民事法律行为的效力。

《中华人民共和国民事诉讼法》（2023 年 9 月 1 日修正）

第一百九十一条第二款　申请书应当写明下落不明的事实、时间和请求，并附有公安机关或者其他有关机关关于该公民下落不明的书面证明。

第一百九十二条　人民法院受理宣告失踪、宣告死亡案件后，应当发出寻找下落不明人的公告。宣告失踪的公告期间为三个月，宣告死亡的公告期间为一年。因意外事故下落不明，经有关机关证明该公民不可能生存的，宣告死亡的公告期间为三个月。

公告期间届满，人民法院应当根据被宣告失踪、宣告死亡的事实是否得到确认，作出宣告失踪、宣告死亡的判决或者驳回申请的判决。

适用本案由需要注意的问题

◆根据《民法典》第 46 条及《民事诉讼法》第 191 条第 1 款的规定，自然人下落不明满 4 年，或者因意外事件下落不明满 2 年，或者因意外事件下落不明经有关机关证明该自然人不可能生存，利害关系人申请宣告其死亡的，向下落不明人所在地基层人民法院提出。

◆申请人必须向人民法院提交申请书。申请书应当写明该自然人下落不明的事实、时间和请求，并附有公安机关或者其他机关关于该公民下落不明的书面证明。

◆宣告死亡是法律上的推定死亡，产生同自然人自然死亡同样的法律后果。申请宣告自然人死亡有一定的顺序限制，法定顺序是：第一，配偶；第二，父母、子女；第三，兄弟姐妹、祖父母、外祖父母、孙子女、外孙子女；第四，其他有民事权利义务关系的人。同一顺序的利害关系人，有的申请宣告死亡，有的不同意宣告死亡的，法院应当宣告死亡。

401. 申请撤销宣告自然人死亡判决

案由解析

撤销宣告自然人死亡判决，是指被宣告死亡的公民重新出现或他人确知其生存的，经本人或者利害关系人的申请，法院应当作出新的判决，撤销原判决。

申请撤销宣告自然人死亡案件，是指被宣告死亡的人重新出现或他人确知其生存的，本人或利害关系人向人民法院申请，撤销宣告自然人死亡的判决，恢复被宣告死亡人权利的案件。

撤销宣告自然人死亡案件的主要特征是：(1) 申请撤销宣告死亡要以已经宣告死亡为前提。(2) 有本人或者利害关系人的申请。(3) 如果自然人并未死亡，自然人被宣告死亡期间所从事的民事法律行为仍然有效。

典型形态

在实践中，申请撤销宣告自然人死亡主要有：

(1) 本人申请撤销宣告自然人死亡，是指被宣告死亡的人重新出现或他人确知其生存的，本人向人民法院申请，撤销宣告自然人死亡的判决，恢复被宣告死亡人权利的案件。

（2）其他利害关系人申请撤销宣告自然人死亡，是指被宣告死亡的人重新出现或他人确知其生存的，利害关系人向人民法院申请，撤销宣告自然人死亡的判决，恢复被宣告死亡人权利的案件。

常用法律条文及索引

《中华人民共和国民法典》（2020年5月28日公布　2021年1月1日施行）

第五十条　被宣告死亡的人重新出现，经本人或者利害关系人申请，人民法院应当撤销死亡宣告。

第五十一条　被宣告死亡的人的婚姻关系，自死亡宣告之日起消除。死亡宣告被撤销的，婚姻关系自撤销死亡宣告之日起自行恢复。但是，其配偶再婚或者向婚姻登记机关书面声明不愿意恢复的除外。

第五十二条　被宣告死亡的人在被宣告死亡期间，其子女被他人依法收养的，在死亡宣告被撤销后，不得以未经本人同意为由主张收养行为无效。

第五十三条　被撤销死亡宣告的人有权请求依照本法第六编取得其财产的民事主体返还财产；无法返还的，应当给予适当补偿。

利害关系人隐瞒真实情况，致使他人被宣告死亡而取得其财产的，除应当返还财产外，还应当对由此造成的损失承担赔偿责任。

《中华人民共和国民事诉讼法》（2023年9月1日修正）

第一百九十三条　被宣告失踪、宣告死亡的公民重新出现，经本人或者利害关系人申请，人民法院应当作出新判决，撤销原判决。

《最高人民法院关于适用〈中华人民共和国民事诉讼法〉的解释》（法释〔2015〕5号　2022年3月22日修正）

第三百四十六条　人民法院受理宣告失踪、宣告死亡案件后，作出判决前，申请人撤回申请的，人民法院应当裁定终结案件，但其他符合法律规定的利害关系人加入程序要求继续审理的除外。

适用本案由需要注意的问题

◆根据《民事诉讼法》的规定，被宣告死亡的自然人重新出现的，经本人或者利害关系人的申请，人民法院应当作出新判决、撤销原判决。这里的“人民法院”应当是指作出宣告死亡判决的人民法院。因此，申请撤销宣告死亡案件应当由作出宣告死亡判决的人民法院管辖。

三十四、认定自然人无民事行为能力、限制民事行为能力案件

402. 申请宣告自然人无民事行为能力

案由解析

申请宣告自然人无民事行为能力，是指法院根据利害关系人的申请，依照法定程序，对不能辨认自己行为的精神病病人，依法予以认定，并判决宣告其为无民事行为能力人。

申请宣告自然人无民事行为能力案件，是指申请人依据一定的事实依据，请求人民法院宣告特定自然人为无民事行为能力人的案件。

申请宣告自然人无民事行为能力的主要特征是：（1）该案件由其近亲属或其他利害关系人申请。（2）被申请的自然人是精神病病人且有不能辨认自己的行为的事实存在。（3）申请必须采用书面形式。

常用法律条文及索引

《中华人民共和国民法典》（2020 年 5 月 28 日公布　2021 年 1 月 1 日施行）

第二十四条　不能辨认或者不能完全辨认自己行为的成年人，其利害关系人或者有关组织，可以向人民法院申请认定该成年人为无民事行为能力人或者限制民事行为能力人。

被人民法院认定为无民事行为能力人或者限制民事行为能力人的，经本人、利害关系人或者有关组织申请，人民法院可以根据其智力、精神健康恢复的状况，认定该成年人恢复为限制民事行为能力人或者完全民事行为能力人。

本条规定的有关组织包括：居民委员会、村民委员会、学校、医疗机构、妇女联合会、残疾人联合会、依法设立的老年人组织、民政部门等。

《中华人民共和国民事诉讼法》（2023年9月1日修正）

第一百九十八条 申请认定公民无民事行为能力或者限制民事行为能力，由利害关系人或者有关组织向该公民住所地基层人民法院提出。

申请书应当写明该公民无民事行为能力或者限制民事行为能力的事实和根据。

第一百九十九条 人民法院受理申请后，必要时应当对被请求认定为无民事行为能力或者限制民事行为能力的公民进行鉴定。申请人已提供鉴定意见的，应当对鉴定意见进行审查。

第二百条 人民法院审理认定公民无民事行为能力或者限制民事行为能力的案件，应当由该公民的近亲属为代理人，但申请人除外。近亲属互相推诿的，由人民法院指定其中一人为代理人。该公民健康情况许可的，还应当询问本人的意见。

人民法院经审理认定申请有事实根据的，判决该公民为无民事行为能力或者限制民事行为能力人；认定申请没有事实根据的，应当判决予以驳回。

《最高人民法院关于适用〈中华人民共和国民事诉讼法〉的解释》（法释〔2015〕5号 2022年3月22日修正）

第三百四十七条 在诉讼中，当事人的利害关系人或者有关组织提出该当事人不能辨认或者不能完全辨认自己的行为，要求宣告该当事人无民事行为能力或者限制民事行为能力的，应由利害关系人或者有关组织向人民法院提出申请，由受诉人民法院按照特别程序立案审理，原诉讼中止。

第三百五十条 申请认定公民无民事行为能力或者限制民事行为能力的案件，被申请人没有近亲属的，人民法院可以指定经被申请人住所地的居民委员会、村民委员会或者民政部门同意，且愿意担任代理人的个人或者组织为代理人。

没有前款规定的代理人的，由被申请人住所地的居民委员会、村民委员会或者民政部门担任代理人。

代理人可以是一人，也可以是同一顺序中的两人。

适用本案由需要注意的问题

◆根据《最高人民法院关于军事法院管辖民事案件若干问题的规定》第1条的规定，申请认定军人无民事行为能力或者限制民事行为能力的案件，由军事法院管辖。该管辖原则适用于本二级案由“认定公民无民事行为能力、限制民事行为能力案件”下的所有案件，下文不赘。

◆在实践中，申请宣告自然人无民事行为能力有两种情况：一种是利害关系人单独向人民法院申请宣告自然人无民事行为能力，法院根据特别程序审理；另一种是在诉讼过程中，当事人及利害关系人提出一方当事人患有精神病的情况，人民法院认为有必要对其行为予以确认的，应按照《民事诉讼法》的特别程序处理，先作出当事人有无民事行为能力的判决，原诉讼中止。诉讼中人民法院对民事行为能力认定判决与原诉是两个不同的诉，分属于不同的民事案件案由。

403. 申请宣告自然人限制民事行为能力

案由解析

申请宣告自然人限制民事行为能力，是指法院根据利害关系人的申请，依照法定程序，对不能完全辨认自己行为的精神病人，依法予以认定，并判决宣告其为限制民事行为能力人。

申请宣告自然人限制民事行为能力案件，是指申请人依据一定的事实依据，请求人民法院宣告特定自然人为限制民事行为能力人的案件。

申请宣告自然人限制民事行为能力的主要特征是：（1）该案件由其近亲属或其他利害关系人申请。（2）被申请的自然人是精神病人且有不能完全辨认自己的行为的事实存在。（3）申请必须采用书面形式。

常用法律条文及索引

参见“402. 申请宣告自然人无民事行为能力”案由相关部分。

适用本案由需要注意的问题

◆根据《民事诉讼法》第198条第1款的规定，申请认定公民无民事行为能力或者限制民事行为能力，由利害关系人或者有关组织向该公民住所地基层人民法院提出。

◆《民法典》规定了8周岁以上的未成年人和不能完全辨认自己行为的精神病人是限制民事行为能力人。申请人民法院认定的受宣告人必须是不能完全辨认自己行为的精神病人，申请人是精神病人的利害关系人。人民法院审理认定公民限制民事行为能力案件，应当由该公民的近亲属为代理人，但申请人除外。近亲属互相推诿的，由人民法院指定其中一人为代理人。如果该自然人健康状况许可，还应当询问本人的意见。

404. 申请宣告自然人恢复限制民事行为能力

案由解析

申请宣告自然人恢复限制民事行为能力，是指人民法院依法作出宣告公民为无民事行为能力的判决后，该自然人经过治疗，由不能辨认自己的行为转变为不能完全辨认自己的行为，造成无民事行为能力的原因部分消灭，本人或者其利害关系人向人民法院提出申请宣告自然人恢复限制民事行为能力。申请宣告自然人恢复限制民事行为能力是通过法定程序恢复无民事行为能力人为限制民事行为能力人，使其能够参与一定的民事活动。

申请宣告自然人恢复限制民事行为能力案件，是指人民法院作出宣告公民为无民事行为能力的判决后，符合法定条件又经申请宣告其为限制民事行为能力的案件。

申请宣告自然人恢复限制民事行为能力的主要特征是：(1) 该案件由本人或利害关系人申请。(2) 申请宣告自然人恢复限制民事行为能力通过医院鉴定予以确认。(3) 申请采用书面形式。(4) 申请宣告自然人恢复限制行为能力的对象是经人民法院宣告的无民事行为能力人。

常用法律条文及索引

《中华人民共和国民法典》（2020 年 5 月 28 日公布　2021 年 1 月 1 日施行）

第二十四条　不能辨认或者不能完全辨认自己行为的成年人，其利害关系人或者有关组织，可以向人民法院申请认定该成年人为无民事行为能力人或者限制民事行为能力人。

被人民法院认定为无民事行为能力人或者限制民事行为能力人的，经本人、利害关系人或者有关组织申请，人民法院可以根据其智力、精神健康恢复的状况，认定该成年人恢复为限制民事行为能力人或者完全民事行为能力人。

本条规定的有关组织包括：居民委员会、村民委员会、学校、医疗机构、妇女联合会、残疾人联合会、依法设立的老年人组织、民政部门等。

《中华人民共和国民事诉讼法》（2023 年 9 月 1 日修正）

第二百零一条 人民法院根据被认定为无民事行为能力人、限制民事行为能力人本人、利害关系人或者有关组织的申请，证实该公民无民事行为能力或者限制民事行为能力的原因已经消除的，应当作出新判决，撤销原判决。

适用本案由需要注意的问题

◆申请宣告自然人恢复限制民事行为能力案件应由原作出宣告自然人无民事行为能力判决的基层人民法院管辖。

405. 申请宣告自然人恢复完全民事行为能力

案由解析

申请宣告自然人恢复完全民事行为能力，是指人民法院依法作出宣告自然人为无民事行为能力人或限制民事行为能力人的判决后，如果造成该自然人无民事行为能力或限制民事行为能力的原因已经消除的，其本人或者其他利害关系人可以申请人民法院宣告该自然人恢复为完全民事行为能力人。人民法院根据本人或利害关系人的申请，经查证属实的，应当作出新判决，撤销原判决。

申请宣告自然人恢复完全民事行为能力案件，是指人民法院作出宣告自然人为无民事行为能力或者限制民事行为能力的判决后，符合法定条件又经申请宣告其为完全民事行为能力的案件。

申请宣告自然人恢复完全民事行为能力案件的主要特征是：（1）该案件由本人或利害关系人申请。（2）申请宣告自然人恢复完全民事行为能力通过医院鉴定予以确认。（3）申请应当采用书面形式。（4）申请宣告自然人恢复完全行为能力的对象是经人民法院宣告的无民事行为能力人或者限制民事行为能力人。

常用法律条文及索引

参见“404. 申请宣告自然人恢复限制民事行为能力”案由相关部分。

适用本案由需要注意的问题

◆申请宣告自然人恢复完全民事行为能力案件应由原作出宣告自然人无民事行为能力或者限制民事行为能力判决的基层人民法院管辖。

三十五、指定遗产管理人案件

406. 申请指定遗产管理人

案由解析

申请指定遗产管理人是指继承开始后、遗产交付前，利害关系人对遗产管理人的确定有争议时，向人民法院提出申请由人民法院指定遗产管理人的制度。

典型形态

实践中，一般下述情况可申请由法院指定遗产管理人：

（1）遗嘱未指定遗嘱执行人或者遗产管理人。若遗嘱未指定遗嘱执行人或遗产管理人，继承人或者其他利害关系人对遗产管理人的选任存在争议，利害关系人可以向法院起诉，请求法院指定遗产管理人。

（2）被继承人没有继承人或者继承人下落不明。遗嘱未指定遗嘱执行人或遗产管理人，被继承人没有继承人或者继承人下落不明的，都等于没有遗产管理人，利害关系人可以向法院请求指定遗产管理人。例如，被继承人的债权人为实现自己的债权，当然可以向法院提出指定遗产管理人的请求。

（3）对指定遗产管理人的遗嘱效力有争议。遗嘱人在遗嘱中指定了遗产管理人，但是，继承人或利害关系人对该遗嘱的效力，或者对该遗嘱指定遗产管理人的效力有争议的，可以向法院起诉，请求指定遗产管理人。对此，法院应当首先确定遗嘱效力或者遗嘱指定遗产管理人的效力，认定遗嘱有效或者遗嘱确定遗产管理人部分有效的，驳回其诉讼请求；遗嘱无效或者指定遗产管理人无效的，应当指定遗产管理人。

（4）被继承人的债权人认为继承人的行为损害其债权利益。没有产生遗产管理人，被继承人的债权人有证据证明继承人的行为已经或将要损害其债权利益的，被继承人的债权人可以向法院起诉，请求指定遗产管理人对遗产进行管理、保全遗产，以便实现债权。

常用法律条文及索引

《中华人民共和国民法典》（2020年5月28日公布 2021年1月1日施行）

第一千一百四十五条 继承开始后，遗嘱执行人为遗产管理人；没有遗嘱执行人的，继承人应当及时推选遗产管理人；继承人未推选的，由继承人共同担任遗产管理人；没有继承人或者继承人均放弃继承的，由被继承人生前住所地的民政部门或者村民委员会担任遗产管理人。

第一千一百四十六条 对遗产管理人的确定有争议的，利害关系人可以向人民法院申请指定遗产管理人。

第一千一百四十七条 遗产管理人应当履行下列职责：

（一）清理遗产并制作遗产清单；

（二）向继承人报告遗产情况；

（三）采取必要措施防止遗产毁损、灭失；

（四）处理被继承人的债权债务；

（五）按照遗嘱或者依照法律规定分割遗产；

（六）实施与管理遗产有关的其他必要行为。

第一千一百四十八条 遗产管理人应当依法履行职责，因故意或者重大过失造成继承人、受遗赠人、债权人损害的，应当承担民事责任。

第一千一百四十九条 遗产管理人可以依照法律规定或者按照约定获得报酬。

适用本案由需要注意的问题

◆适用本案由注意区分遗产管理人、遗产保管人、遗产执行人之间的区别与联系。遗产执行人只适用于遗嘱中指定了遗产执行人的情况，不适用于法定继承以及遗嘱中没有指定遗产执行人的情况。遗产保管人，仅仅需要对自己保存着的遗产部分进行妥善保管即可，没有其他的责任和义务。而遗产管理人不仅负有保管遗产的义务，还有清理遗产并制作遗产清单、向继承人报告遗产情况、采取必要措施防止遗产毁损、处理被继承人的债权债务、按照遗嘱或者依照法律规定分割遗产、实施与管理遗产有关的其他必要行为的职责。

三十六、认定财产无主案件

407. 申请认定财产无主

案由解析

申请认定财产无主，是指公民、法人或者其他组织向人民法院申请，通过法定程序将某项所有人归属不明或者所有人不存在的财产认定为无主财产，并判决国家或者集体所有。

申请认定财产无主案件，是指法院根据公民、法人或者其他组织的申请，依据法律将某项财产宣布为无主财产，并收归国家或者集体所有的案件。

申请认定财产无主案件的主要特征是：（1）被认定的无主财产，以有形财产为限。无形财产或精神财富，不属于认定无主财产的范围。（2）申请的理由是被认定财产的权利主体不明。主要包括财产所有权人不明确、所有权人不明的埋藏物、遗失物等，有明确权利主体的财产不能被申请认定财产无主。（3）财产没有所有人或者所有人不明的状态持续满法定期间。（4）申请应当以书面形式提出。

常用法律条文及索引

《中华人民共和国民事诉讼法》（2023年9月1日修正）

第二百零二条　申请认定财产无主，由公民、法人或者其他组织向财产所在地基层人民法院提出。

申请书应当写明财产的种类、数量以及要求认定财产无主的根据。

第二百零三条 人民法院受理申请后，经审查核实，应当发出财产认领公告。公告满一年无人认领的，判决认定财产无主，收归国家或者集体所有。

《最高人民法院关于适用〈中华人民共和国民事诉讼法〉的解释》（法释〔2015〕5号 2022年3月22日修正）

第三百四十八条 认定财产无主案件，公告期间有人对财产提出请求的，人民法院应当裁定终结特别程序，告知申请人另行起诉，适用普通程序审理。

第三百七十二条 适用特别程序作出的判决、裁定，当事人、利害关系人认为有错误的，可以向作出该判决、裁定的人民法院提出异议。人民法院经审查，异议成立或者部分成立的，作出新的判决、裁定撤销或者改变原判决、裁定；异议不成立的，裁定驳回。

对人民法院作出的确认调解协议、准许实现担保物权的裁定，当事人有异议的，应当自收到裁定之日起十五日内提出；利害关系人有异议的，自知道或者应当知道其民事权益受到侵害之日起六个月内提出。

第四百六十条第二款 认定财产无主的判决，由作出判决的人民法院将无主财产收归国家或者集体所有。

适用本案由需要注意的问题

◆根据《民事诉讼法》第202条的规定，申请认定财产无主的案件，由财产所在地的基层人民法院管辖。根据《最高人民法院关于军事法院管辖民事案件若干问题的规定》第1条的规定，认定营区内无主财产案件，由军事法院管辖，该管辖原则适用于本二级案由“认定财产无主案件”下的所有案件，下文不赘。

◆《民事诉讼法》对认定财产无主案件的申请人没有作严格限制，公民、法人或者其他组织均可以向人民法院提出认定财产无主的申请。在实践中，认定财产无主案件的申请人主要有：该项财产的发现人、保管人、该项财产原所有人所在的单位或基层组织等。

408. 申请撤销认定财产无主判决

案由解析

申请撤销财产无主判决，是指在人民法院作出认定财产无主的判决后，原财产所有人或者继承人出现，在法律规定的诉讼时效期间内，对财产提出诉讼请求，要求撤销认定财产无主判决。

申请撤销认定财产无主判决案件是指在人民法院作出认定财产无主的判决后，原财产所有人或者其继承人出现，可以在法律规定的诉讼时效期间主张权利的案件。

申请撤销认定财产无主判决的主要特征是：（1）申请撤销认定财产无主要在人民法院作出认定财产无主的判决后作出。（2）申请撤销认定财产无主必须在法律规定的期间内提出，原财产所有人或者其继承人从知道或者应当知道人民法院判决认定财产无主之日起，必须在 2 年内行使请求权，申请法院撤销原判决，作出新判决。超过该诉讼时效期间，原财产所有人或者继承人请求返还财产的，不予保护。（3）提起申请的主体为原财产所有人或者继承人。

常用法律条文及索引

《中华人民共和国民事诉讼法》（2023 年 9 月 1 日修正）

第二百零四条 判决认定财产无主后，原财产所有人或者继承人出现，在民法典规定的诉讼时效期间可以对财产提出请求，人民法院审查属实后，应当作出新判决，撤销原判决。

适用本案由需要注意的问题

◆申请撤销认定财产无主案件由作出认定财产无主案件的基层人民法院管辖。

三十七、确认调解协议案件

409. 申请司法确认调解协议

案由解析

申请司法确认人民调解协议，是指对于涉及当事人之间民事权利义务的纠纷，经人民调解组织和其他依法成立的具有调解职能的组织调解达成具有民事合同性质的协议后，由双方当事人共同到人民法院申请确认调解协议的法律效力的一种新的案件类型。

人民调解协议司法确认有着克服人民调解协议的效力局限，保障人民调解制度的应有功能，节约司法资源，提高司法效率，最终从制度上建立健全我国诉讼与非诉讼相衔接的矛盾纠纷解决机制，推动司法改革的积极意义。2009 年 7 月，最高人民法院出台了《关于建立健全诉讼与非诉讼相衔接的矛盾纠纷解决机制的若干意见》，人民调解协议的司法确认有了明确的政策参考，2011 年实施的《人民调解法》及《最高人民法院关于人民调解协议司法确认程序的若干规定》分别从立法和司法的层面对人民调解协议进行了规定，2012 年修订的《民事诉讼法》在此基础上进一步将此类案件确立为一类民事案件。2015 年实施的《最高人民法院关于适用〈中华人民共和国民事诉讼法〉的解释》对该类民事案件的审查程序进一步进行了细化。

常用法律条文及索引

《中华人民共和国民事诉讼法》（2023 年 9 月 1 日修正）

第二百零五条　经依法设立的调解组织调解达成调解协议，申请司法确认的，由双方当事人自调解协议生效之日起三十日内，共同向下列人民法院提出：

（一）人民法院邀请调解组织开展先行调解的，向作出邀请的人民法院提出；

（二）调解组织自行开展调解的，向当事人住所地、标的物所在地、调解组织所在地的基层人民法院提出；调解协议所涉纠纷应当由中级人民法院管辖的，向相应的中级人民法院提出。

第二百零六条 人民法院受理申请后，经审查，符合法律规定的，裁定调解协议有效，一方当事人拒绝履行或者未全部履行的，对方当事人可以向人民法院申请执行；不符合法律规定的，裁定驳回申请，当事人可以通过调解方式变更原调解协议或者达成新的调解协议，也可以向人民法院提起诉讼。

《中华人民共和国人民调解法》（2010年8月28日公布 2011年1月1日施行）

第三十三条 经人民调解委员会调解达成调解协议后，双方当事人认为有必要的，可以自调解协议生效之日起三十日内共同向人民法院申请司法确认，人民法院应当及时对调解协议进行审查，依法确认调解协议的效力。

人民法院依法确认调解协议有效，一方当事人拒绝履行或者未全部履行的，对方当事人可以向人民法院申请强制执行。

人民法院依法确认调解协议无效的，当事人可以通过人民调解方式变更原调解协议或者达成新的调解协议，也可以向人民法院提起诉讼。

《最高人民法院关于人民调解协议司法确认程序的若干规定》（法释〔2011〕5号 2011年3月23日公布）

第一条 当事人根据《中华人民共和国人民调解法》第三十三条的规定共同向人民法院申请确认调解协议的，人民法院应当依法受理。

第二条 当事人申请确认调解协议的，由主持调解的人民调解委员会所在地基层人民法院或者它派出的法庭管辖。

人民法院在立案前委派人民调解委员会调解并达成调解协议，当事人申请司法确认的，由委派的人民法院管辖。

第三条 当事人申请确认调解协议，应当向人民法院提交司法确认申请书、调解协议和身份证明、资格证明，以及与调解协议相关的财产权利证明等证明材料，并提供双方当事人的送达地址、电话号码等联系方式。委托他人代为申请的，必须向人民法院提交由委托人签名或者盖章的授权委托书。

第四条 人民法院收到当事人司法确认申请，应当在三日内决定是否受理。人民法院决定受理的，应当编立“调确字”案号，并及时向当事人送达受理通知书。双方当事人同时到法院申请司法确认的，人民法院可以当即受理并作出是否确认的决定。

有下列情形之一的，人民法院不予受理：

（一）不属于人民法院受理民事案件的范围或者不属于接受申请的人民法院管辖的；

（二）确认身份关系的；

（三）确认收养关系的；

（四）确认婚姻关系的。

第五条　人民法院应当自受理司法确认申请之日起十五日内作出是否确认的决定。因特殊情况需要延长的，经本院院长批准，可以延长十日。

在人民法院作出是否确认的决定前，一方或者双方当事人撤回司法确认申请的，人民法院应当准许。

第六条　人民法院受理司法确认申请后，应当指定一名审判人员对调解协议进行审查。人民法院在必要时可以通知双方当事人同时到场，当面询问当事人。当事人应当向人民法院如实陈述申请确认的调解协议的有关情况，保证提交的证明材料真实、合法。人民法院在审查中，认为当事人的陈述或者提供的证明材料不充分、不完备或者有疑义的，可以要求当事人补充陈述或者补充证明材料。当事人无正当理由未按时补充或者拒不接受询问的，可以按撤回司法确认申请处理。

第七条　具有下列情形之一的，人民法院不予确认调解协议效力：

（一）违反法律、行政法规强制性规定的；

（二）侵害国家利益、社会公共利益的；

（三）侵害案外人合法权益的；

（四）损害社会公序良俗的；

（五）内容不明确，无法确认的；

（六）其他不能进行司法确认的情形。

第八条　人民法院经审查认为调解协议符合确认条件的，应当作出确认决定书；决定不予确认调解协议效力的，应当作出不予确认决定书。

第九条　人民法院依法作出确认决定后，一方当事人拒绝履行或者未全部履行的，对方当事人可以向作出确认决定的人民法院申请强制执行。

第十条　案外人认为经人民法院确认的调解协议侵害其合法权益的，可以自知道或者应当知道权益被侵害之日起一年内，向作出确认决定的人民法院申请撤销确认决定。

第十一条　人民法院办理人民调解协议司法确认案件，不收取费用。

第十二条 人民法院可以将调解协议不予确认的情况定期或者不定期通报同级司法行政机关和相关人民调解委员会。

第十三条 经人民法院建立的调解员名册中的调解员调解达成协议后，当事人申请司法确认的，参照本规定办理。人民法院立案后委托他人调解达成的协议的司法确认，按照《最高人民法院关于人民法院民事调解工作若干问题的规定》（法释〔2004〕12号）的有关规定办理。

《最高人民法院关于审理劳动争议案件适用法律问题的解释（一）》（法释〔2020〕26号 2020年12月29日公布）

第五十二条 当事人在人民调解委员会主持下仅就给付义务达成的调解协议，双方认为有必要的，可以共同向人民调解委员会所在地的基层人民法院申请司法确认。

《最高人民法院关于适用〈中华人民共和国民事诉讼法〉的解释》（法释〔2015〕5号 2022年3月22日修正）

第三百五十一条 申请司法确认调解协议的，双方当事人应当本人或者由符合民事诉讼法第六十一条规定的代理人依照民事诉讼法第二百零一条的规定提出申请。

第三百五十二条 调解组织自行开展的调解，有两个以上调解组织参与的，符合民事诉讼法第二百零一条规定的各调解组织所在地人民法院均有管辖权。

双方当事人可以共同向符合民事诉讼法第二百零一条规定的其中一个有管辖权的人民法院提出申请；双方当事人共同向两个以上有管辖权的人民法院提出申请的，由最先立案的人民法院管辖。

第三百五十三条 当事人申请司法确认调解协议，可以采用书面形式或者口头形式。当事人口头申请的，人民法院应当记入笔录，并由当事人签名、捺印或者盖章。

第三百五十四条 当事人申请司法确认调解协议，应当向人民法院提交调解协议、调解组织主持调解的证明，以及与调解协议相关的财产权利证明等材料，并提供双方当事人的身份、住所、联系方式等基本信息。

当事人未提交上述材料的，人民法院应当要求当事人限期补交。

第三百五十五条 当事人申请司法确认调解协议，有下列情形之一的，人民法院裁定不予受理：

（一）不属于人民法院受理范围的；

（二）不属于收到申请的人民法院管辖的；

（三）申请确认婚姻关系、亲子关系、收养关系等身份关系无效、有效或者解除的；

（四）涉及适用其他特别程序、公示催告程序、破产程序审理的；

（五）调解协议内容涉及物权、知识产权确权的。

人民法院受理申请后，发现有上述不予受理情形的，应当裁定驳回当事人的申请。

第三百五十六条 人民法院审查相关情况时，应当通知双方当事人共同到场对案件进行核实。

人民法院经审查，认为当事人的陈述或者提供的证明材料不充分、不完备或者有疑义的，可以要求当事人限期补充陈述或者补充证明材料。必要时，人民法院可以向调解组织核实有关情况。

第三百五十七条 确认调解协议的裁定作出前，当事人撤回申请的，人民法院可以裁定准许。

当事人无正当理由未在限期内补充陈述、补充证明材料或者拒不接受询问的，人民法院可以按撤回申请处理。

第三百五十八条 经审查，调解协议有下列情形之一的，人民法院应当裁定驳回申请：

（一）违反法律强制性规定的；

（二）损害国家利益、社会公共利益、他人合法权益的；

（三）违背公序良俗的；

（四）违反自愿原则的；

（五）内容不明确的；

（六）其他不能进行司法确认的情形。

适用本案由需要注意的问题

◆关于申请司法确认人民调解协议案件的管辖，根据《民事诉讼法》第205条的规定，由双方当事人依照人民调解法等法律，自调解协议生效之日起30日内，共同向调解组织所在地基层人民法院提出。根据《最高人民法院关于适用〈中华人民共和国民事诉讼法〉的解释》第351条、第352条的规定，申请司法确认调解协议的，双方当事人应当本人或者由符合《民事诉讼法》第61条规定的代理人向调解组织所在地基层人民法院或者人民法庭提出申请。两个以上调解组织参与调解的，各调解组织所在地基层人民法院均有管辖权。双方当事人可以共同向其中一个调解组织所在地基层人民法院提出申请；双方当事人共同向两个以上调解组织所在地基层人民法院提出申请的，由最先立案的人民法院管辖。

◆关于申请司法确认人民调解协议的范围。对此，有两种理解：一种理解是，只有人民调解法和其他由全国人大常委会通过的法律明确规定可以申请司法确认的调解协议才能申请确认；另一种理解是，除了人民调解法规定可以申请确认的以外，其他法律、行政法规、地方性法规、行政规章以及中央批准的司法改革方案中明确规定可以确认的调解协议，均属于《民事诉讼法》第205条规定的申请确认范围。例如，《最高人民法院关于建立健全诉讼与非诉讼相衔接的矛盾纠纷解决机制的若干意见》第20条规定，经行政机关、人民调解组织、商事调解组织、行业调解组织或者其他具有调解职能的组织调解达成的具有民事合同性质的协议，经调解组织和调解员签字盖章后，当事人可以申请有管辖权的人民法院确认其效力。我们认为，在当前我国深入推进社会管理体制改革、为社会管理提供充分司法保障的形势下，特别是多元纠纷解决机制改革迅速推进的大背景下，第二种理解更符合民事诉讼法的立法原意。

◆关于申请司法确认人民调解协议案件的申请程序。根据《民事诉讼法》第205条及最高人民法院司法解释的相关规定，申请司法确认调解协议，由双方当事人依照人民调解法等法律，自调解协议生效之日起30日内，共同向调解组织所在地基层人民法院提出。当事人申请司法确认调解协议，可以采用书面形式或者口头形式。当事人口头申请的，人民法院应当记入笔录，并由当事人签名、捺印或者盖章。当事人请求确认人民调解协议效力，应当向人民法院提交调解协议、调解组织主持调解的证明，以及与调解协议相关的财产权利证明等材料，并提供双方当事人的身份、住所、联系方式等基本信息。当事人未提交上述材料的，人民法院应当要求当事人限期补交。

◆关于申请司法确认人民调解协议案件的受理程序。人民法院受理申请后，发现有不属于人民法院受理范围等五种不予受理情形的，应当裁定驳回当事人的申请。人民法院审查相关情况时，应当通知双方当事人共同到场对案件进行核实。人民法院经审查，认为当事人的陈述或者提供的证明材料不充分、不完备或者有疑义的，可以要求当事人限期补充陈述或者补充证明材料。必要时，人民法院可以向调解组织核实有关情况。经审查，调解协议有违反法律强制性规定等六种不能进行司法确认情形的，人民法院应当裁定驳回申请。

410. 申请撤销确认调解协议裁定

案由解析

申请撤销确认调解协议裁定，是指当事人、案外人认为人民法院作出的司法确认调解协议裁定有错误时，在法律规定的期限内向作出该裁定的人民法院提出异议，要求撤销该裁定。人民法院经审查，认为当事人或利害关系人的异议成立或者部分成立的，裁定撤销原裁定；认为异议不成立的，裁定驳回异议。

常用法律条文及索引

参见“409. 申请司法确认调解协议”案由相关部分。

适用本案由需要注意的问题

◆适用本案由时需注意，《民事诉讼法》司法解释对当事人和利害关系人提出异议的期限作了不同规定，当事人异议自收到裁定之日起15日内提出；利害关系人的异议自知道或应当知道其民事权益受到侵害之日起6个月内提出。

三十八、实现担保物权案件

411. 申请实现担保物权

案由解析

申请实现担保物权，是指由担保物权人以及其他有权请求实现担保物权的权利人依法向担保财产所在地或担保物权登记地基层人民法院提出申请，人民法院经审查后认为符合法律规定的，作出拍卖、变卖担保财产裁定；不符合法律规定的，作出驳回申请裁定的特别程序。

常用法律条文及索引

《中华人民共和国民事诉讼法》（2023年9月1日修正）

第二百零七条　申请实现担保物权，由担保物权人以及其他有权请求实现担保物权的人依照民法典等法律，向担保财产所在地或者担保物权登记地基层人民法院提出。

第二百零八条　人民法院受理申请后，经审查，符合法律规定的，裁定拍卖、变卖担保财产，当事人依据该裁定可以向人民法院申请执行；不符合法律规定的，裁定驳回申请，当事人可以向人民法院提起诉讼。

《最高人民法院关于适用〈中华人民共和国民事诉讼法〉的解释》（法释〔2015〕5号　2022年3月22日修正）

第三百五十九条　民事诉讼法第二百零三条规定的担保物权人，包括抵押权人、质权人、留置权人；其他有权请求实现担保物权的人，包括抵押人、出质人、财产被留置的债务人或者所有权人等。

第三百六十条　实现票据、仓单、提单等有权利凭证的权利质权案件，可以由权利凭证持有人住所地人民法院管辖；无权利凭证的权利质权，由出质登记地人民法院管辖。

第三百六十一条　实现担保物权案件属于海事法院等专门人民法院管辖的，由专门人民法院管辖。

第三百六十二条　同一债权的担保物有多个且所在地不同，申请人分别向有管辖权的人民法院申请实现担保物权的，人民法院应当依法受理。

第三百六十三条　依照民法典第三百九十二条的规定，被担保的债权既有物的担保又有人的担保，当事人对实现担保物权的顺序有约定，实现担保物权的申请违反该约定的，人民法院裁定不予受理；没有约定或者约定不明的，人民法院应当受理。

第三百六十四条　同一财产上设立多个担保物权，登记在先的担保物权尚未实现的，不影响后顺位的担保物权人向人民法院申请实现担保物权。

第三百六十五条　申请实现担保物权，应当提交下列材料：

（一）申请书。申请书应当记明申请人、被申请人的姓名或者名称、联系方式等基本信息，具体的请求和事实、理由；

（二）证明担保物权存在的材料，包括主合同、担保合同、抵押登记证明或者他项权利证书，权利质权的权利凭证或者质权出质登记证明等；

（三）证明实现担保物权条件成就的材料；

（四）担保财产现状的说明；

（五）人民法院认为需要提交的其他材料。

第三百六十六条　人民法院受理申请后，应当在五日内向被申请人送达申请书副本、异议权利告知书等文书。

被申请人有异议的，应当在收到人民法院通知后的五日内向人民法院提出，同时说明理由并提供相应的证据材料。

第三百六十七条　实现担保物权案件可以由审判员一人独任审查。担保财产标的额超过基层人民法院管辖范围的，应当组成合议庭进行审查。

第三百六十八条　人民法院审查实现担保物权案件，可以询问申请人、被申请人、利害关系人，必要时可以依职权调查相关事实。

第三百六十九条　人民法院应当就主合同的效力、期限、履行情况，担保物权是否有效设立、担保财产的范围、被担保的债权范围、被担保的债权是否已届清偿期等担保物权实现的条件，以及是否损害他人合法权益等内容进行审查。

被申请人或者利害关系人提出异议的，人民法院应当一并审查。

第三百七十条　人民法院审查后，按下列情形分别处理：

（一）当事人对实现担保物权无实质性争议且实现担保物权条件成就的，裁定准许拍卖、变卖担保财产；

（二）当事人对实现担保物权有部分实质性争议的，可以就无争议部分裁定准许拍卖、变卖担保财产；

（三）当事人对实现担保物权有实质性争议的，裁定驳回申请，并告知申请人向人民法院提起诉讼。

第三百七十一条　人民法院受理申请后，申请人对担保财产提出保全申请的，可以按照民事诉讼法关于诉讼保全的规定办理。

适用本案由需要注意的问题

◆适用本案由时需注意，申请实现担保物权适用特别程序，实行一审终审，由审判员一人独任审理，重大疑难的案件组成合议庭审理，审限30日，需要延长的，经院长批准。

◆关于申请实现担保物权案件的管辖，根据《民事诉讼法》的规定，由担保财产所在地或者担保物权登记地基层人民法院管辖。实践中，对于担保物为多个物且分散在数个法院辖区内的，应当根据《民事诉讼法》的现有规定确定管辖法院，即如果各个法院都有管辖权的，申请人可以选择向其中一个有管辖权的法院提出申请。

◆关于申请实现担保物权案件的申请主体，根据《民事诉讼法》的规定，是“担保物权人”和“其他有权请求实现担保物权的人”。

◆关于申请实现担保物权的案件受理费用。我们认为，从实现担保物权的案件的分类看，其属于《民事诉讼法》规定的特别程序，故应当参照《诉讼费用交纳办法》的相关规定按件收取申请费，而不应以申请实现抵押物权标的额为依据收取。人民法院作出拍卖、变卖担保物的裁定后，申请人向人民法院申请强制执行的，则应按执行金额收取执行申请费，并由被执行人负担。

412. 申请撤销准许实现担保物权裁定

案由解析

申请撤销准许实现担保物权裁定，是指当事人、案外人认为人民法院作出的准许担保物权人实现担保物权的裁定有错误时，在法律规定的期限内向作出该裁定的人民法院提出异议，要求撤销该裁定，人民法院经审查，认为异议成立或部分成立的，裁定撤销已经作出的准许实现担保物权的裁定；认为异议不成立的，裁定驳回异议。

常用法律条文及索引

《最高人民法院关于适用〈中华人民共和国民事诉讼法〉的解释》（法释〔2015〕5号　2022年3月22日修正）

第三百七十二条　适用特别程序作出的判决、裁定，当事人、利害关系人认为有错误的，可以向作出该判决、裁定的人民法院提出异议。人民法院经审查，异议成立或者部分成立的，作出新的判决、裁定撤销或者改变原判决、裁定；异议不成立的，裁定驳回。

对人民法院作出的确认调解协议、准许实现担保物权的裁定，当事人有异议的，应当自收到裁定之日起十五日内提出；利害关系人有异议的，自知道或者应当知道其民事权益受到侵害之日起六个月内提出。

适用本案由需要注意的问题

◆适用本案由时需注意，《民事诉讼法》司法解释对当事人和利害关系人提出异议的期限作出了不同规定，即人民法院作出的确认调解协议、准许实现担保物权的裁定，当事人有异议的，应当自收到裁定之日起15日内提出；利害关系人有异议的，自知道或者应当知道其民事权益受到侵害之日起6个月内提出。

◆关于申请撤销准许实现担保物权裁定案件的管辖，根据《最高人民法院关于适用〈中华人民共和国民事诉讼法〉的解释》的规定，应当由作出该裁定的人民法院管辖。

◆申请撤销准许实现担保物权裁定案件，是对申请实现担保物权案件的救济程序。对此种情形，民事诉讼法相关司法解释在特别程序部分，已经明确了独立的救济程序，不能适用诉讼程序中的审判监督程序和第三人撤销之诉程序。

三十九、监护权特别程序案件

413. 申请确定监护人

案由解析

如果对担任法律规定的未成年人、无民事行为能力人、限制民事行为能力人的监护人有争议的，由被监护人住所地的居民委员会、村民委员会或者民政部门指定，对前述指定不服的，可以向人民法院申请确定监护人。

申请确定监护人案件，是指对被监护人住所地的居民委员会、村民委员会或者民政部门指定的监护人不服的，可以向人民法院申请确定监护人的案件。

申请确定监护人的主要特征有：(1) 必须先由有关组织予以指定，对指定不服的，才可以向人民法院起诉，未经指定而向人民法院起诉的，人民法院不予受理。(2) 人民法院确定监护人按照法律规定的顺序指定。

常用法律条文及索引

《中华人民共和国民法典》（2020 年 5 月 28 日公布　2021 年 1 月 1 日施行）

第二十七条　父母是未成年子女的监护人。

未成年人的父母已经死亡或者没有监护能力的，由下列有监护能力的人按顺序担任监护人：

（一）祖父母、外祖父母；

（二）兄、姐；

（三）其他愿意担任监护人的个人或者组织，但是须经未成年人住所地的居民委员会、村民委员会或者民政部门同意。

第二十八条　无民事行为能力或者限制民事行为能力的成年人，由下列有监护能力的人按顺序担任监护人：

（一）配偶；

（二）父母、子女；

（三）其他近亲属；

（四）其他愿意担任监护人的个人或者组织，但是须经被监护人住所地的居民委员会、村民委员会或者民政部门同意。

第二十九条　被监护人的父母担任监护人的，可以通过遗嘱指定监护人。

第三十条　依法具有监护资格的人之间可以协议确定监护人。协议确定监护人应当尊重被监护人的真实意愿。

第三十一条　对监护人的确定有争议的，由被监护人住所地的居民委员会、村民委员会或者民政部门指定监护人，有关当事人对指定不服的，可以向人民法院申请指定监护人；有关当事人也可以直接向人民法院申请指定监护人。

居民委员会、村民委员会、民政部门或者人民法院应当尊重被监护人的真实意愿，按照最有利于被监护人的原则在依法具有监护资格的人中指定监护人。

依据本条第一款规定指定监护人前，被监护人的人身权利、财产权利以及其他合法权益处于无人保护状态的，由被监护人住所地的居民委员会、村民委员会、法律规定的有关组织或者民政部门担任临时监护人。

监护人被指定后，不得擅自变更；擅自变更的，不免除被指定的监护人的责任。

第三十二条　没有依法具有监护资格的人的，监护人由民政部门担任，也可以由具备履行监护职责条件的被监护人住所地的居民委员会、村民委员会担任。

第三十三条　具有完全民事行为能力的成年人，可以与其近亲属、其他愿意担任监护人的个人或者组织事先协商，以书面形式确定自己的监护人，在自己丧失或者部分丧失民事行为能力时，由该监护人履行监护职责。

第三十四条　监护人的职责是代理被监护人实施民事法律行为，保护被监护人的人身权利、财产权利以及其他合法权益等。

监护人依法履行监护职责产生的权利，受法律保护。

监护人不履行监护职责或者侵害被监护人合法权益的，应当承担法律责任。

因发生突发事件等紧急情况，监护人暂时无法履行监护职责，被监护人的生活处于无人照料状态的，被监护人住所地的居民委员会、村民委员会或者民政部门应当为被监护人安排必要的临时生活照料措施。

第三十五条　监护人应当按照最有利于被监护人的原则履行监护职责。监护人除为维护被监护人利益外，不得处分被监护人的财产。

未成年人的监护人履行监护职责，在作出与被监护人利益有关的决定时，应当根据被监护人的年龄和智力状况，尊重被监护人的真实意愿。

成年人的监护人履行监护职责，应当最大程度地尊重被监护人的真实意愿，保障并协助被监护人实施与其智力、精神健康状况相适应的民事法律行为。对被监护人有能力独立处理的事务，监护人不得干涉。

第三十六条　监护人有下列情形之一的，人民法院根据有关个人或者组织的申请，撤销其监护人资格，安排必要的临时监护措施，并按照最有利于被监护人的原则依法指定监护人：

（一）实施严重损害被监护人身心健康的行为；

（二）怠于履行监护职责，或者无法履行监护职责且拒绝将监护职责部分或者全部委托给他人，导致被监护人处于危困状态；

（三）实施严重侵害被监护人合法权益的其他行为。

本条规定的有关个人、组织包括：其他依法具有监护资格的人，居民委员会、村民委员会、学校、医疗机构、妇女联合会、残疾人联合会、未成年人保护组织、依法设立的老年人组织、民政部门等。

前款规定的个人和民政部门以外的组织未及时向人民法院申请撤销监护人资格的，民政部门应当向人民法院申请。

第三十七条 依法负担被监护人抚养费、赡养费、扶养费的父母、子女、配偶等，被人民法院撤销监护人资格后，应当继续履行负担的义务。

第三十八条 被监护人的父母或者子女被人民法院撤销监护人资格后，除对被监护人实施故意犯罪的外，确有悔改表现的，经其申请，人民法院可以在尊重被监护人真实意愿的前提下，视情况恢复其监护人资格，人民法院指定的监护人与被监护人的监护关系同时终止。

第三十九条 有下列情形之一的，监护关系终止：

（一）被监护人取得或者恢复完全民事行为能力；

（二）监护人丧失监护能力；

（三）被监护人或者监护人死亡；

（四）人民法院认定监护关系终止的其他情形。

监护关系终止后，被监护人仍然需要监护的，应当依法另行确定监护人。

《最高人民法院关于适用〈中华人民共和国民事诉讼法〉的解释》（法释〔2015〕5号 2022年3月22日修正）

第三百四十九条 被指定的监护人不服居民委员会、村民委员会或者民政部门指定，应当自接到通知之日起三十日内向人民法院提出异议。经审理，认为指定并无不当的，裁定驳回异议；指定不当的，判决撤销指定，同时另行指定监护人。判决书应当送达异议人、原指定单位及判决指定的监护人。

有关当事人依照民法典第三十一条第一款规定直接向人民法院申请指定监护人的，适用特别程序审理，判决指定监护人。判决书应当送达申请人、判决指定的监护人。

适用本案由需要注意的问题

◆根据《最高人民法院关于适用〈中华人民共和国民事诉讼法〉的解释》第10条的规定，不服指定监护或者变更监护关系的案件，可以由被监护人住所地人民法院管辖。

◆申请确定监护人的，并不必然经过有关组织指定。对监护人的确定有争议的，由被监护人住所地的居民委员会、村民委员会或者民政部门指定监护人，有关当事人对指定不服的，可以向人民法院申请指定监护人；有关当事人也可以直接向人民法院申请指定监护人。

414. 申请指定监护人

案由解析

申请指定监护人，是指当事人对担任法律规定的未成年人、无民事行为能力人、限制民事行为能力人的监护人有争议的，由被监护人所在地居民委员会、村民委员会或民政部门指定，对指定不服的，可以向人民法院申请确定监护人；有关当事人也可以直接向人民法院申请指定监护人。

常用法律条文及索引

《中华人民共和国民法典》（2020年5月28日公布　2021年1月1日施行）

第二十九条　被监护人的父母担任监护人的，可以通过遗嘱指定监护人。

第三十条　依法具有监护资格的人之间可以协议确定监护人。协议确定监护人应当尊重被监护人的真实意愿。

第三十一条　对监护人的确定有争议的，由被监护人住所地的居民委员会、村民委员会或者民政部门指定监护人，有关当事人对指定不服的，可以向人民法院申请指定监护人；有关当事人也可以直接向人民法院申请指定监护人。

居民委员会、村民委员会、民政部门或者人民法院应当尊重被监护人的真实意愿，按照最有利于被监护人的原则在依法具有监护资格的人中指定监护人。

依据本条第一款规定指定监护人前，被监护人的人身权利、财产权利以及其他合法权益处于无人保护状态的，由被监护人住所地的居民委员会、村民委员会、法律规定的有关组织或者民政部门担任临时监护人。

监护人被指定后，不得擅自变更；擅自变更的，不免除被指定的监护人的责任。

第三十二条　没有依法具有监护资格的人的，监护人由民政部门担任，也可以由具备履行监护职责条件的被监护人住所地的居民委员会、村民委员会担任。

第三十三条 具有完全民事行为能力的成年人，可以与其近亲属、其他愿意担任监护人的个人或者组织事先协商，以书面形式确定自己的监护人，在自己丧失或者部分丧失民事行为能力时，由该监护人履行监护职责。

第三十四条 监护人的职责是代理被监护人实施民事法律行为，保护被监护人的人身权利、财产权利以及其他合法权益等。

监护人依法履行监护职责产生的权利，受法律保护。

监护人不履行监护职责或者侵害被监护人合法权益的，应当承担法律责任。

因发生突发事件等紧急情况，监护人暂时无法履行监护职责，被监护人的生活处于无人照料状态的，被监护人住所地的居民委员会、村民委员会或者民政部门应当为被监护人安排必要的临时生活照料措施。

第三十五条 监护人应当按照最有利于被监护人的原则履行监护职责。监护人除为维护被监护人利益外，不得处分被监护人的财产。

未成年人的监护人履行监护职责，在作出与被监护人利益有关的决定时，应当根据被监护人的年龄和智力状况，尊重被监护人的真实意愿。

成年人的监护人履行监护职责，应当最大程度地尊重被监护人的真实意愿，保障并协助被监护人实施与其智力、精神健康状况相适应的民事法律行为。对被监护人有能力独立处理的事务，监护人不得干涉。

适用本案由需要注意的问题

◆根据《最高人民法院关于适用〈中华人民共和国民事诉讼法〉的解释》第10条的规定，不服指定监护或者变更监护关系的案件，可以由被监护人住所地人民法院管辖。

◆申请指定监护人的，必须要满足以下几个条件：(1) 法院要根据《民法典》第27条第2款或第28条第1款规定，确定指定监护人的顺序。(2) 如果被指定人不服的，还应当在接到有关组织关于指定监护的通知的次日起30日内向人民法院起诉。逾期起诉的，按变更监护关系处理。

415. 申请变更监护人

案由解析

被申请人的监护人不能履行监护职责，或者不服有关组织指定的监护人且又未在法律规定期限内起诉的，其他有监护资格的人员或者有关单位可以向人民法院提出申请变更被申请人的监护人。

申请变更监护人案件，是指在出现法定情况时，有监护资格的人员或者有关单位向人民法院提出申请变更被申请人的监护人案件。

申请变更监护人的主要特征有：（1）申请变更监护人的主体是有监护资格的人员或者有关单位。（2）申请变更监护人以监护人已经确定为前提。

常用法律条文及索引

《中华人民共和国民法典》（2020 年 5 月 28 日公布　2021 年 1 月 1 日施行）

第三十一条第四款　监护人被指定后，不得擅自变更，擅自变更的，不免除被指定的监护人的责任。

《最高人民法院关于适用〈中华人民共和国民事诉讼法〉的解释》（法释〔2015〕5 号　2022 年 3 月 22 日修正）

第十条　不服指定监护或者变更监护关系的案件，可以由被监护人住所地人民法院管辖。

适用本案由需要注意的问题

◆根据《最高人民法院关于适用〈中华人民共和国民事诉讼法〉的解释》第 10 条的规定，不服指定监护或者变更监护关系的案件，可以由被监护人住所地人民法院管辖。

◆在适用本案由时，尤其要注意区分其与申请撤销监护人资格案由的关系。申请撤销监护人资格是指监护人不履行监护职责，或者侵害被监护人的合法权益的，人民法院可以根据有关人员或者有关单位的申请，撤销监护人资格。申请变更监护人是指被申请人的监护人不能履行监护职责，或者不服有关组织指定的监护人且又未在法律规定期限内起诉的，其他有监护资格的人员或者有关单位向人民法院提出申请变更被申请人的监护人。两者的主要区别是发生的事由不同。申请变更监护人的事由也可以是监护人不履行监护职责，申请人同时要求撤销监护人资格并变更监护人。

416. 申请撤销监护人资格

案由解析

申请撤销监护人资格，是指监护人不履行监护职责或侵害被监护人的合法权益的，其他有监护资格的人员或者有关单位可以申请撤销监护人的监护资格。监护人应当履行保护被监护人的人身、财产及其他合法权益的职责。

申请撤销监护人资格案件，是指监护人不履行监护职责或侵害被监护人的合法权益的，其他有监护资格的人员或者有关单位可以申请撤销监护人的监护资格的案件。

申请撤销监护人资格的主要特征有：（1）申请撤销监护人资格的主体是有监护资格的人员或者有关单位。（2）申请撤销监护人资格以监护人已经确定为前提。

常用法律条文及索引

《中华人民共和国民法典》（2020 年 5 月 28 日公布　2021 年 1 月 1 日施行）

第三十六条　监护人有下列情形之一的，人民法院根据有关个人或者组织的申请，撤销其监护人资格，安排必要的临时监护措施，并按照最有利于被监护人的原则依法指定监护人：

（一）实施严重损害被监护人身心健康的行为；

（二）怠于履行监护职责，或者无法履行监护职责且拒绝将监护职责部分或者全部委托给他人，导致被监护人处于危困状态；

（三）实施严重侵害被监护人合法权益的其他行为。

本条规定的有关个人、组织包括：其他依法具有监护资格的人，居民委员会、村民委员会、学校、医疗机构、妇女联合会、残疾人联合会、未成年人保护组织、依法设立的老年人组织、民政部门等。

前款规定的个人和民政部门以外的组织未及时向人民法院申请撤销监护人资格的，民政部门应当向人民法院申请。

《最高人民法院关于适用〈中华人民共和国民事诉讼法〉的解释》（法释〔2015〕5 号　2022 年 3 月 22 日修正）

第三百四十九条　被指定的监护人不服居民委员会、村民委员会或者民政部门指定，应当自接到通知之日起三十日内向人民法院提出异议。经审理，认为指定并无不当的，裁定驳回异议；指定不当的，判决撤销指定，同时另行指定监护人。判决书应当送达异议人、原指定单位及判决指定的监护人。

有关当事人依照民法典第三十一条第一款规定直接向人民法院申请指定监护人的，适用特别程序审理，判决指定监护人。判决书应当送达申请人、判决指定的监护人。

《最高人民法院、最高人民检察院、公安部、民政部关于依法处理监护人侵害未成年人权益行为若干问题的意见》（法发〔2014〕24号　2014年12月18日公布）

27. 下列单位和人员（以下简称有关单位和人员）有权向人民法院申请撤销监护人资格：

（一）未成年人的其他监护人，祖父母、外祖父母、兄、姐，关系密切的其他亲属、朋友；

（二）未成年人住所地的村（居）民委员会，未成年人父、母所在单位；

（三）民政部门及其设立的未成年人救助保护机构；

（四）共青团、妇联、关工委、学校等团体和单位。

申请撤销监护人资格，一般由前款中负责临时照料未成年人的单位和人员提出，也可以由前款中其他单位和人员提出。

28. 有关单位和人员向人民法院申请撤销监护人资格的，应当提交相关证据。

有包含未成年人基本情况、监护存在问题、监护人悔过情况、监护人接受教育辅导情况、未成年人身心健康状况以及未成年人意愿等内容的调查评估报告的，应当一并提交。

29. 有关单位和人员向公安机关、人民检察院申请出具相关案件证明材料的，公安机关、人民检察院应当提供证明案件事实的基本材料或者书面说明。

30. 监护人因监护侵害行为被提起公诉的案件，人民检察院应当书面告知未成年人及其临时照料人有权依法申请撤销监护人资格。

对于监护侵害行为符合本意见第35条规定情形而相关单位和人员没有提起诉讼的，人民检察院应当书面建议当地民政部门或者未成年人救助保护机构向人民法院申请撤销监护人资格。

31. 申请撤销监护人资格案件，由未成年人住所地、监护人住所地或者侵害行为地基层人民法院管辖。

人民法院受理撤销监护人资格案件，不收取诉讼费用。

32. 人民法院审理撤销监护人资格案件，比照民事诉讼法规定的特别程序进行，在一个月内审理结案。有特殊情况需要延长的，由本院院长批准。

33. 人民法院应当全面审查调查评估报告等证据材料，听取被申请人、有表达能力的未成年人以及村（居）民委员会、学校、邻居等的意见。

34. 人民法院根据案件需要可以聘请适当的社会人士对未成年人进行社会观护，并可以引入心理疏导和测评机制，组织专业社会工作者、儿童心理问题专家等专业人员参与诉讼，为未成年人和被申请人提供心理辅导和测评服务。

35. 被申请人有下列情形之一的，人民法院可以判决撤销其监护人资格：

（一）性侵害、出卖、遗弃、虐待、暴力伤害未成年人，严重损害未成年人身心健康的；

（二）将未成年人置于无人监管和照看的状态，导致未成年人面临死亡或者严重伤害危险，经教育不改的；

（三）拒不履行监护职责长达六个月以上，导致未成年人流离失所或者生活无着的；

（四）有吸毒、赌博、长期酗酒等恶习无法正确履行监护职责或者因服刑等原因无法履行监护职责，且拒绝将监护职责部分或者全部委托给他人，致使未成年人处于困境或者危险状态的；

（五）胁迫、诱骗、利用未成年人乞讨，经公安机关和未成年人救助保护机构等部门三次以上批评教育拒不改正，严重影响未成年人正常生活和学习的；

（六）教唆、利用未成年人实施违法犯罪行为，情节恶劣的；

（七）有其他严重侵害未成年人合法权益行为的。

36. 判决撤销监护人资格，未成年人有其他监护人的，应当由其他监护人承担监护职责。其他监护人应当采取措施避免未成年人继续受到侵害。

没有其他监护人的，人民法院根据最有利于未成年人的原则，在民法通则第十六条第二款、第四款规定的人员和单位中指定监护人。指定个人担任监护人的，应当综合考虑其意愿、品行、身体状况、经济条件、与未成年人的生活情感联系以及有表达能力的未成年人的意愿等。

没有合适人员和其他单位担任监护人的，人民法院应当指定民政部门担任监护人，由其所属儿童福利机构收留抚养。

37. 判决不撤销监护人资格的，人民法院可以根据需要走访未成年人及其家庭，也可以向当地民政部门、辖区公安派出所、村（居）民委员会、共青团、妇联、未成年人所在学校、监护人所在单位等发出司法建议，加强对未成年人的保护和对监护人的监督指导。

38. 被撤销监护人资格的侵害人，自监护人资格被撤销之日起三个月至一年内，可以书面向人民法院申请恢复监护人资格，并应当提交相关证据。

人民法院应当将前款内容书面告知侵害人和其他监护人、指定监护人。

39. 人民法院审理申请恢复监护人资格案件，按照变更监护关系的案件审理程序进行。

人民法院应当征求未成年人现任监护人和有表达能力的未成年人的意见，并可以委托申请人住所地的未成年人救助保护机构或者其他未成年人保护组织，对申请人监护意愿、悔改表现、监护能力、身心状况、工作生活情况等进行调查，形成调查评估报告。

申请人正在服刑或者接受社区矫正的，人民法院应当征求刑罚执行机关或者社区矫正机构的意见。

40. 人民法院经审理认为申请人确有悔改表现并且适宜担任监护人的，可以判决恢复其监护人资格，原指定监护人的监护人资格终止。

申请人具有下列情形之一的，一般不得判决恢复其监护人资格：

（一）性侵害、出卖未成年人的；

（二）虐待、遗弃未成年人六个月以上、多次遗弃未成年人，并且造成重伤以上严重后果的；

（三）因监护侵害行为被判处五年有期徒刑以上刑罚的。

41. 撤销监护人资格诉讼终结后六个月内，未成年人及其现任监护人可以向人民法院申请人身安全保护裁定。

42. 被撤销监护人资格的父、母应当继续负担未成年人的抚养费用和因监护侵害行为产生的各项费用。相关单位和人员起诉的，人民法院应予支持。

43. 民政部门应当根据有关规定，将符合条件的受监护侵害的未成年人纳入社会救助和相关保障范围。

44. 民政部门担任监护人的，承担抚养职责的儿童福利机构可以送养未成年人。

送养未成年人应当在人民法院作出撤销监护人资格判决一年后进行。侵害人有本意见第 40 条第 2 款规定情形的，不受一年后送养的限制。

适用本案由需要注意的问题

◆根据《最高人民法院关于适用〈中华人民共和国民事诉讼法〉的解释》第10条的规定，不服指定监护或者变更监护关系的案件，可以由被监护人住所地人民法院管辖。

417. 申请恢复监护人资格

案由解析

申请恢复监护人资格，是指被监护人的父母或子女被人民法院撤销监护人资格后，确有悔改情形的，经其申请，人民法院可以在尊重被监护人真实意愿的前提下，视情况恢复其监护人资格。

常用法律条文及索引

《中华人民共和国民法典》（2020年5月28日公布　2021年1月1日施行）

第三十八条　被监护人的父母或者子女被人民法院撤销监护人资格后，除对被监护人实施故意犯罪的外，确有悔改表现的，经其申请，人民法院可以在尊重被监护人真实意愿的前提下，视情况恢复其监护人资格，人民法院指定的监护人与被监护人的监护关系同时终止。

适用本案由需要注意的问题

◆适用本案由时需注意，申请人确有悔改表现并且适宜担任监护人的，可以判决恢复其监护人资格。但具有下列情形之一的不可以恢复：(1)性侵害、出卖未成年人的；(2)虐待、遗弃未成年人6个月以上、多次遗弃未成年人，并且造成重伤以上严重后果的；(3)因监护侵害行为被判处5年有期徒刑以上刑罚的。

四十、督促程序案件

418. 申请支付令

案由解析

支付令的申请，是指债权人向人民法院提出书面文件，请求人民法院签发支付令，要求债务人履行债务。提出申请的债权人称为申请人，被请求履行义务的债务人称为被申请人。申请支付令的案件是指债权人依法请求法院发出支付令的案件。

申请支付令的条件是：（1）请求支付令的标的是金钱或者汇票、本票、支票以及股票、债券、国库券、可转让的存款单等有价证券。（2）请求给付的金钱或有价证券已到期且数额确定，并写明了请求所根据的事实和证据。（3）债权人与债务人之间没有其他债务纠纷，即债权人没有对待给付义务。（4）支付令必须能够送达债务人。能够送达，主要指能够通过法定的送达方式将支付令实际送达债务人，主要包括直接送达、留置送达等法定送达方式。人民法院对于债务人不在我国境内，需要域外送达，或者虽在我国境内，但需要公告送达支付令的，不适用督促程序。

常用法律条文及索引

《中华人民共和国民事诉讼法》（2023年9月1日修正）

第二百二十五条　债权人请求债务人给付金钱、有价证券，符合下列条件的，可以向有管辖权的基层人民法院申请支付令：

（一）债权人与债务人没有其他债务纠纷的；

（二）支付令能够送达债务人的。

申请书应当写明请求给付金钱或者有价证券的数量和所根据的事实、证据。

第二百二十六条 债权人提出申请后，人民法院应当在五日内通知债权人是否受理。

第二百二十七条 人民法院受理申请后，经审查债权人提供的事实、证据，对债权债务关系明确、合法的，应当在受理之日起十五日内向债务人发出支付令；申请不成立的，裁定予以驳回。

债务人应当自收到支付令之日起十五日内清偿债务，或者向人民法院提出书面异议。

债务人在前款规定的期间不提出异议又不履行支付令的，债权人可以向人民法院申请执行。

第二百二十八条 人民法院收到债务人提出的书面异议后，经审查，异议成立的，应当裁定终结督促程序，支付令自行失效。

支付令失效的，转入诉讼程序，但申请支付令的一方当事人不同意提起诉讼的除外。

《最高人民法院关于适用〈中华人民共和国民事诉讼法〉的解释》（法释〔2015〕5号 2022年3月22日修正）

第四百二十五条 两个以上人民法院都有管辖权的，债权人可以向其中一个基层人民法院申请支付令。

债权人向两个以上有管辖权的基层人民法院申请支付令的，由最先立案的人民法院管辖。

第四百二十六条 人民法院收到债权人的支付令申请书后，认为申请书不符合要求的，可以通知债权人限期补正。人民法院应当自收到补正材料之日起五日内通知债权人是否受理。

第四百二十七条 债权人申请支付令，符合下列条件的，基层人民法院应当受理，并在收到支付令申请书后五日内通知债权人：

（一）请求给付金钱或者汇票、本票、支票、股票、债券、国库券、可转让的存款单等有价证券；

（二）请求给付的金钱或者有价证券已到期且数额确定，并写明了请求所根据的事实、证据；

（三）债权人没有对待给付义务；

（四）债务人在我国境内且未下落不明；

（五）支付令能够送达债务人；

（六）收到申请书的人民法院有管辖权；

（七）债权人未向人民法院申请诉前保全。

不符合前款规定的，人民法院应当在收到支付令申请书后五日内通知债权人不予受理。

基层人民法院受理申请支付令案件，不受债权金额的限制。

第四百二十八条　人民法院受理申请后，由审判员一人进行审查。经审查，有下列情形之一的，裁定驳回申请：

（一）申请人不具备当事人资格的；

（二）给付金钱或者有价证券的证明文件没有约定逾期给付利息或者违约金、赔偿金，债权人坚持要求给付利息或者违约金、赔偿金的；

（三）要求给付的金钱或者有价证券属于违法所得的；

（四）要求给付的金钱或者有价证券尚未到期或者数额不确定的。

人民法院受理支付令申请后，发现不符合本解释规定的受理条件的，应当在受理之日起十五日内裁定驳回申请。

第四百二十九条　向债务人本人送达支付令，债务人拒绝接收的，人民法院可以留置送达。

第四百三十条　有下列情形之一的，人民法院应当裁定终结督促程序，已发出支付令的，支付令自行失效：

（一）人民法院受理支付令申请后，债权人就同一债权债务关系又提起诉讼的；

（二）人民法院发出支付令之日起三十日内无法送达债务人的；

（三）债务人收到支付令前，债权人撤回申请的。

第四百三十一条　债务人在收到支付令后，未在法定期间提出书面异议，而向其他人民法院起诉的，不影响支付令的效力。

债务人超过法定期间提出异议的，视为未提出异议。

第四百三十二条　债权人基于同一债权债务关系，在同一支付令申请中向债务人提出多项支付请求，债务人仅就其中一项或者几项请求提出异议的，不影响其他各项请求的效力。

第四百三十三条　债权人基于同一债权债务关系，就可分之债向多个债务人提出支付请求，多个债务人中的一人或者几人提出异议的，不影响其他请求的效力。

第四百三十四条　对设有担保的债务的主债务人发出的支付令，对担保人没有拘束力。

债权人就担保关系单独提起诉讼的，支付令自人民法院受理案件之日起失效。

第四百三十五条 经形式审查，债务人提出的书面异议有下列情形之一的，应当认定异议成立，裁定终结督促程序，支付令自行失效：

（一）本解释规定的不予受理申请情形的；

（二）本解释规定的裁定驳回申请情形的；

（三）本解释规定的应当裁定终结督促程序情形的；

（四）人民法院对是否符合发出支付令条件产生合理怀疑的。

第四百三十六条 债务人对债务本身没有异议，只是提出缺乏清偿能力、延缓债务清偿期限、变更债务清偿方式等异议的，不影响支付令的效力。

人民法院经审查认为异议不成立的，裁定驳回。

债务人的口头异议无效。

第四百三十七条 人民法院作出终结督促程序或者驳回异议裁定前，债务人请求撤回异议的，应当裁定准许。

债务人对撤回异议反悔的，人民法院不予支持。

第四百三十八条 支付令失效后，申请支付令的一方当事人不同意提起诉讼的，应当自收到终结督促程序裁定之日起七日内向受理申请的人民法院提出。

申请支付令的一方当事人不同意提起诉讼的，不影响其向其他有管辖权的人民法院提起诉讼。

第四百三十九条 支付令失效后，申请支付令的一方当事人自收到终结督促程序裁定之日起七日内未向受理申请的人民法院表明不同意提起诉讼的，视为向受理申请的人民法院起诉。

债权人提出支付令申请的时间，即为向人民法院起诉的时间。

第四百四十条 债权人向人民法院申请执行支付令的期间，适用民事诉讼法第二百四十六条的规定。

第四百四十一条 人民法院院长发现本院已经发生法律效力的支付令确有错误，认为需要撤销的，应当提交本院审判委员会讨论决定后，裁定撤销支付令，驳回债权人的申请。

第四百四十二条 民事诉讼法第二百二十五条规定的票据持有人，是指票据被盗、遗失或者灭失前的最后持有人。

第四百四十三条 人民法院收到公示催告的申请后，应当立即审查，并决定是否受理。经审查认为符合受理条件的，通知予以受理，并同时通知支付人停止支付；认为不符合受理条件的，七日内裁定驳回申请。

《中华人民共和国劳动合同法》（2012年12月28日修正）

第三十条　用人单位应当按照劳动合同约定和国家规定，向劳动者及时足额支付劳动报酬。

用人单位拖欠或者未足额支付劳动报酬的，劳动者可以依法向当地人民法院申请支付令，人民法院应当依法发出支付令。

适用本案由需要注意的问题

◆申请支付令案件，根据《最高人民法院关于适用〈中华人民共和国民事诉讼法〉的解释》第23条的规定，由债务人住所地的基层人民法院管辖。

◆债权人向人民法院提出支付令申请，必须提交申请书，其内容应包括：(1)债权人、债务人双方的姓名或名称等基本情况。(2)债权人要求债务人给付的金钱或有价证券的种类、数量。(3)债权人请求所依据的事实和证据。(4)债务人的财产状况和可供执行的财产。债权人向人民法院提交申请书的同时，应提交必要的证据材料，如证明债权债务关系存在的合同、收据等。

◆支付令失效后，申请支付令的一方当事人不同意提起诉讼的，应当自收到终结督促程序裁定之日起7日内向受理申请的人民法院提出，如未向受理申请的人民法院表明不同意提起诉讼的，视为向受理申请的人民法院起诉。申请支付令的一方当事人不同意提起诉讼的，不影响其向其他有管辖权的人民法院提起诉讼。

四十一、公示催告程序案件

419. 申请公示催告

案由解析

公示催告程序，是指在票据持有人之票据被盗、遗失或者灭失的情况下，人民法院根据当事人的申请，以公告的方式催告利害关系人在一定期间内申报权利，如果逾期无人申报，根据申请人的申请，依法作出除权判决的程序。

申请公示催告案件，是指人民法院根据票据持有人的申请，以公告的方式通知并催促不明确的利害关系人在规定的期间内申报权利，如果逾期不申报权利，则判决宣告其丧失某项民事权利的案件。

公示催告程序的主要特征有：（1）适用范围的限定性。公示催告程序仅适用于可以背书转让的票据被盗、遗失或者灭失的案件以及法律明确规定的可以申请公示催告的其他事项。（2）程序制度的非诉性。公示催告程序过程中，只有申请人而无被申请人，不存在利害关系对立的双方当事人。（3）申请人的特定性。公示催告程序的申请人，只能是票据的最后合法持有人，即票据被盗、遗失或丢失前的最后持票人。（4）审判组织和审理方式的独特性。公示催告程序分为两个阶段，分别由不同的审判组织来审理，即在公示催告阶段以及申请人逾期不申请除权判决的，可由一名审判员独任审理，但申请除权判决的，则应当由合议庭进行审理。公示催告以书面审查和公告的方式进行审理。

常用法律条文及索引

《中华人民共和国民事诉讼法》（2023 年 9 月 1 日修正）

第二百二十九条 按照规定可以背书转让的票据持有人，因票据被盗、遗失或者灭失，可以向票据支付地的基层人民法院申请公示催告。依照法律规定可以申请公示催告的其他事项，适用本章规定。

申请人应当向人民法院递交申请书，写明票面金额、发票人、持票人、背书人等票据主要内容和申请的理由、事实。

第二百三十条 人民法院决定受理申请，应当同时通知支付人停止支付，并在三日内发出公告，催促利害关系人申报权利。公示催告的期间，由人民法院根据情况决定，但不得少于六十日。

第二百三十一条 支付人收到人民法院停止支付的通知，应当停止支付，至公示催告程序终结。

公示催告期间，转让票据权利的行为无效。

第二百三十二条 利害关系人应当在公示催告期间向人民法院申报。

人民法院收到利害关系人的申报后，应当裁定终结公示催告程序，并通知申请人和支付人。

申请人或者申报人可以向人民法院起诉。

第二百三十三条　没有人申报的，人民法院应当根据申请人的申请，作出判决，宣告票据无效。判决应当公告，并通知支付人。自判决公告之日起，申请人有权向支付人请求支付。

第二百三十四条　利害关系人因正当理由不能在判决前向人民法院申报的，自知道或者应当知道判决公告之日起一年内，可以向作出判决的人民法院起诉。

《中华人民共和国票据法》（2004年8月28日修正）

第十五条　票据丧失，失票人可以及时通知票据的付款人挂失止付，但是，未记载付款人或者无法确定付款人及其代理付款人的票据除外。

收到挂失止付通知的付款人，应当暂停支付。

失票人应当在通知挂失止付后三日内，也可以在票据丧失后，依法向人民法院申请公示催告，或者向人民法院提起诉讼。

《最高人民法院关于适用〈中华人民共和国民事诉讼法〉的解释》（法释〔2015〕5号　2022年3月22日修正）

第四百四十四条　因票据丧失，申请公示催告的，人民法院应结合票据存根、丧失票据的复印件、出票人关于签发票据的证明、申请人合法取得票据的证明、银行挂失止付通知书、报案证明等证据，决定是否受理。

第四百四十五条　人民法院依照民事诉讼法第二百二十六条规定发出的受理申请的公告，应当写明下列内容：

（一）公示催告申请人的姓名或者名称；

（二）票据的种类、号码、票面金额、出票人、背书人、持票人、付款期限等事项以及其他可以申请公示催告的权利凭证的种类、号码、权利范围、权利人、义务人、行权日期等事项；

（三）申报权利的期间；

（四）在公示催告期间转让票据等权利凭证，利害关系人不申报的法律后果。

第四百四十六条　公告应当在有关报纸或者其他媒体上刊登，并于同日公布于人民法院公告栏内。人民法院所在地有证券交易所的，还应当同日在该交易所公布。

第四百四十七条　公告期间不得少于六十日，且公示催告期间届满日不得早于票据付款日后十五日。

第四百四十八条　在申报期届满后、判决作出之前，利害关系人申报权利的，应当适用民事诉讼法第二百二十八条第二款、第三款规定处理。

第四百四十九条 利害关系人申报权利，人民法院应当通知其向法院出示票据，并通知公示催告申请人在指定的期间查看该票据。公示催告申请人申请公示催告的票据与利害关系人出示的票据不一致的，应当裁定驳回利害关系人的申报。

第四百五十条 在申报权利的期间无人申报权利，或者申报被驳回的，申请人应当自公示催告期间届满之日起一个月内申请作出判决。逾期不申请判决的，终结公示催告程序。

裁定终结公示催告程序的，应当通知申请人和支付人。

第四百五十一条 判决公告之日起，公示催告申请人有权依据判决向付款人请求付款。

付款人拒绝付款，申请人向人民法院起诉，符合民事诉讼法第一百二十二条规定的起诉条件的，人民法院应予受理。

第四百五十二条 适用公示催告程序审理案件，可由审判员一人独任审理；判决宣告票据无效的，应当组成合议庭审理。

第四百五十三条 公示催告申请人撤回申请，应在公示催告前提出；公示催告期间申请撤回的，人民法院可以径行裁定终结公示催告程序。

第四百五十四条 人民法院依照民事诉讼法第二百二十七条规定通知支付人停止支付，应当符合有关财产保全的规定。支付人收到停止支付通知后拒不止付的，除可依照民事诉讼法第一百一十四条、第一百一十七条规定采取强制措施外，在判决后，支付人仍应承担付款义务。

第四百五十五条 人民法院依照民事诉讼法第二百二十八条规定终结公示催告程序后，公示催告申请人或者申报人向人民法院提起诉讼，因票据权利纠纷提起的，由票据支付地或者被告住所地人民法院管辖；因非票据权利纠纷提起的，由被告住所地人民法院管辖。

第四百五十六条 依照民事诉讼法第二百二十八条规定制作的终结公示催告程序的裁定书，由审判员、书记员署名，加盖人民法院印章。

第四百五十七条 依照民事诉讼法第二百三十条的规定，利害关系人向人民法院起诉的，人民法院可按票据纠纷适用普通程序审理。

第四百五十八条 民事诉讼法第二百三十条规定的正当理由，包括：

（一）因发生意外事件或者不可抗力致使利害关系人无法知道公告事实的；

（二）利害关系人因被限制人身自由而无法知道公告事实，或者虽然知道公告事实，但无法自己或者委托他人代为申报权利的；

（三）不属于法定申请公示催告情形的；

（四）未予公告或者未按法定方式公告的；

（五）其他导致利害关系人在判决作出前未能向人民法院申报权利的客观事由。

第四百五十九条 根据民事诉讼法第二百三十条的规定，利害关系人请求人民法院撤销除权判决的，应当将申请人列为被告。

利害关系人仅诉请确认其为合法持票人的，人民法院应当在裁判文书中写明，确认利害关系人为票据权利人的判决作出后，除权判决即被撤销。

适用本案由需要注意的问题

◆根据《民事诉讼法》第26条的规定，因票据纠纷提起的诉讼，由票据支付地或者被告住所地人民法院管辖。

◆当事人申请公示催告，必须符合下列条件：(1) 申请人必须是享有申请权的票据持有人。所谓票据持有人，是指可以背书转让的票据失票前记载的权利的最后合法持有人。(2) 具有明确、合法的申请形式和理由。明确、合法的申请形式和理由的要求有：申请公示催告的票据必须是按规定可以背书转让的票据；申请人应当递交申请书，并写明票面金额、出票人、持票人、背书人等主要内容；申请公示催告的原因必须是可以背书转让的票据被盗、遗失或者灭失。(3) 相对利害关系人是否存在处于不明确状态。公示催告程序属于非讼程序，不解决纠纷，在申请公示催告时如果明确存在相对利害关系人，这实际上是一种票据纠纷，只能通过普通审判程序解决，不能申请公示催告。(4) 向有管辖权的人民法院申请，即向票据支付地或被告住所地基层人民法院管辖。所谓票据支付地，是指票据载明的票据付款人的住所地。(5) 应当向法院提交书面申请。申请书中应当写明票面金额、发票人、持票人、背书人等票据主要内容和申请的理由、事实。

◆公示催告程序分为公示催告阶段和作出除权判决阶段。在公示催告阶段，法院对申请人的申请及证据材料进行审查并决定受理案件后，即应根据法律的规定发出公告，催促利害关系人申报权利。在除权判决阶段，公示催告期间届满，没有利害关系人申报权利的，公示催告申请人应当在申报权利期间届满的次日起1个月内申请法院作出判决，法院根据申请人的申请，作出判决，宣告票据无效。公示催告是法院作出除权判决的必经程序。

◆根据《最高人民法院关于适用〈中华人民共和国民事诉讼法〉的解

释》第453条的规定，人民法院因利害关系人申报权利终结公示催告程序后，公示催告申请人或者申报人向人民法院提起诉讼的，因票据权利纠纷提起的，由票据支付地或者被告住所地人民法院管辖；因非票据权利纠纷提起的，由被告住所地人民法院管辖。

◆根据《最高人民法院关于适用〈中华人民共和国民事诉讼法〉的解释》第457条的规定，利害关系人因正当理由未在除权判决前申报权利的，自知道或应当知道判决公告之日起1年内，可以向作出判决的人民法院请求人民法院撤销除权判决，此时应当将申请人列为被告。利害关系人仅诉请确认其为合法持票人的，人民法院应当在裁判文书中写明，确认利害关系人为票据权利人的判决作出后，除权判决即被撤销。

四十二、公司清算案件

420. 申请公司清算

案由解析

公司清算是指在公司面临解散的情况下，负有清算义务的主体依照法定程序了结公司事务，收回债权、清偿债务并分配财产，终止公司法律人格的行为。公司清算分为普通清算和特别清算，普通清算是指公司在解散后依法自行组织清算机构按照法定程序进行的清算；特别清算是指公司因某些法定事由解散或者被宣告破产后，或者在普通清算发生显著障碍无法继续进行时，由政府有关部门或者法院介入而进行的清算。

申请公司清算是指在公司特别清算过程中，公司董事、控股股东和实际控制人在公司解散后，怠于履行职责，未在公司法规定的期限内组成清算组进行清算，或者虽然成立清算组但故意拖延清算，或者存在其他违法清算可能严重损害公司股东或者债权人利益的行为，公司股东或者债权人依法向人民法院申请对公司进行清算。

常用法律条文及索引

《中华人民共和国民法典》（2020年5月28日公布　2021年1月1日施行）

第六十八条　有下列原因之一并依法完成清算、注销登记的，法人终止：

（一）法人解散；

（二）法人被宣告破产；

（三）法律规定的其他原因。

法人终止，法律、行政法规规定须经有关机关批准的，依照其规定。

《中华人民共和国公司法》（2023年12月29日修订）

第二百二十九条　公司因下列原因解散：

（一）公司章程规定的营业期限届满或者公司章程规定的其他解散事由出现；

（二）股东会决议解散；

（三）因公司合并或者分立需要解散；

（四）依法被吊销营业执照、责令关闭或者被撤销；

（五）人民法院依照本法第二百三十一条的规定予以解散。

公司出现前款规定的解散事由，应当在十日内将解散事由通过国家企业信用信息公示系统予以公示。

第二百三十条　公司有前条第一款第一项、第二项情形，且尚未向股东分配财产的，可以通过修改公司章程或者经股东会决议而存续。

依照前款规定修改公司章程或者经股东会决议，有限责任公司须经持有三分之二以上表决权的股东通过，股份有限公司须经出席股东会会议的股东所持表决权的三分之二以上通过。

第二百三十一条　公司经营管理发生严重困难，继续存续会使股东利益受到重大损失，通过其他途径不能解决的，持有公司百分之十以上表决权的股东，可以请求人民法院解散公司。

第二百三十二条　公司因本法第二百二十九条第一款第一项、第二项、第四项、第五项规定而解散的，应当清算。董事为公司清算义务人，应当在解散事由出现之日起十五日内组成清算组进行清算。

清算组由董事组成，但是公司章程另有规定或者股东会决议另选他人的除外。

清算义务人未及时履行清算义务，给公司或者债权人造成损失的，应当承担赔偿责任。

第二百三十三条 公司依照前条第一款的规定应当清算，逾期不成立清算组进行清算或者成立清算组后不清算的，利害关系人可以申请人民法院指定有关人员组成清算组进行清算。人民法院应当受理该申请，并及时组织清算组进行清算。

公司因本法第二百二十九条第一款第四项的规定而解散的，作出吊销营业执照、责令关闭或者撤销决定的部门或者公司登记机关，可以申请人民法院指定有关人员组成清算组进行清算。

第二百三十四条 清算组在清算期间行使下列职权：

（一）清理公司财产，分别编制资产负债表和财产清单；

（二）通知、公告债权人；

（三）处理与清算有关的公司未了结的业务；

（四）清缴所欠税款以及清算过程中产生的税款；

（五）清理债权、债务；

（六）分配公司清偿债务后的剩余财产；

（七）代表公司参与民事诉讼活动。

第二百三十五条 清算组应当自成立之日起十日内通知债权人，并于六十日内在报纸上或者国家企业信用信息公示系统公告。债权人应当自接到通知之日起三十日内，未接到通知的自公告之日起四十五日内，向清算组申报其债权。

债权人申报债权，应当说明债权的有关事项，并提供证明材料。清算组应当对债权进行登记。

在申报债权期间，清算组不得对债权人进行清偿。

第二百三十六条 清算组在清理公司财产、编制资产负债表和财产清单后，应当制订清算方案，并报股东会或者人民法院确认。

公司财产在分别支付清算费用、职工的工资、社会保险费用和法定补偿金，缴纳所欠税款，清偿公司债务后的剩余财产，有限责任公司按照股东的出资比例分配，股份有限公司按照股东持有的股份比例分配。

清算期间，公司存续，但不得开展与清算无关的经营活动。公司财产在未依照前款规定清偿前，不得分配给股东。

第二百三十七条 清算组在清理公司财产、编制资产负债表和财产清单后，发现公司财产不足清偿债务的，应当依法向人民法院申请破产清算。

人民法院受理破产申请后，清算组应当将清算事务移交给人民法院指定的破产管理人。

第二百三十八条　清算组成员履行清算职责，负有忠实义务和勤勉义务。

清算组成员怠于履行清算职责，给公司造成损失的，应当承担赔偿责任；因故意或者重大过失给债权人造成损失的，应当承担赔偿责任。

第二百三十九条　公司清算结束后，清算组应当制作清算报告，报股东会或者人民法院确认，并报送公司登记机关，申请注销公司登记。

《最高人民法院关于审理公司强制清算案件工作座谈会纪要》（法发〔2009〕52号　2009年11月4日公布）

7. 公司债权人或者股东向人民法院申请强制清算应当提交清算申请书。申请书应当载明申请人、被申请人的基本情况和申请的事实和理由。同时，申请人应当向人民法院提交被申请人已经发生解散事由以及申请人对被申请人享有债权或者股权的有关证据。公司解散后已经自行成立清算组进行清算，但债权人或者股东以其故意拖延清算，或者存在其他违法清算可能严重损害债权人或者股东利益为由，申请人民法院强制清算的，申请人还应当向人民法院提交公司故意拖延清算，或者存在其他违法清算行为可能严重损害其利益的相应证据材料。

8. 申请人提交的材料需要更正、补充的，人民法院应当责令申请人于七日内予以更正、补充。申请人由于客观原因无法按时更正、补充的，应当向人民法院予以书面说明并提出延期申请，由人民法院决定是否延长期限。

9. 审理强制清算案件的审判庭审查决定是否受理强制清算申请时，一般应当召开听证会。对于事实清楚、法律关系明确、证据确实充分的案件，经书面通知被申请人，其对书面审查方式无异议的，也可决定不召开听证会，而采用书面方式进行审查。

10. 人民法院决定召开听证会的，应当于听证会召开五日前通知申请人、被申请人，并送达相关申请材料。公司股东、实际控制人等利害关系人申请参加听证的，人民法院应予准许。听证会中，人民法院应当组织有关利害关系人对申请人是否具备申请资格、被申请人是否已经发生解散事由、强制清算申请是否符合法律规定等内容进行听证。因补充证据等原因需要再次召开听证会的，应在补充期限届满后十日内进行。

11. 人民法院决定不召开听证会的，应当及时通知申请人和被申请人，并向被申请人送达有关申请材料，同时告知被申请人若对申请人的申请有异议，应当自收到人民法院通知之日起七日内向人民法院书面提出。

12. 人民法院应当在听证会召开之日或者自异议期满之日起十日内，依法作出是否受理强制清算申请的裁定。

13. 被申请人就申请人对其是否享有债权或者股权，或者对被申请人是否发生解散事由提出异议的，人民法院对申请人提出的强制清算申请应不予受理。申请人可就有关争议单独提起诉讼或者仲裁予以确认后，另行向人民法院提起强制清算申请。但对上述异议事项已有生效法律文书予以确认，以及发生被吊销企业法人营业执照、责令关闭或者被撤销等解散事由有明确、充分证据的除外。

14. 申请人提供被申请人自行清算中故意拖延清算，或者存在其他违法清算可能严重损害债权人或者股东利益的相应证据材料后，被申请人未能举出相反证据的，人民法院对申请人提出的强制清算申请应予受理。债权人申请强制清算，被申请人的主要财产、账册、重要文件等灭失，或者被申请人人员下落不明，导致无法清算的，人民法院不得以此为由不予受理。

15. 人民法院受理强制清算申请后，经审查发现强制清算申请不符合法律规定的，可以裁定驳回强制清算申请。

16. 人民法院裁定不予受理或者驳回受理申请，申请人不服的，可以向上一级人民法院提起上诉。

17. 人民法院裁定受理公司强制清算申请前，申请人请求撤回其申请的，人民法院应予准许。

18. 公司因公司章程规定的营业期限届满或者公司章程规定的其他解散事由出现，或者股东会、股东大会决议自愿解散的，人民法院受理强制清算申请后，清算组对股东进行剩余财产分配前，申请人以公司修改章程，或者股东会、股东大会决议公司继续存续为由，请求撤回强制清算申请的，人民法院应予准许。

19. 公司因依法被吊销营业执照、责令关闭或者被撤销，或者被人民法院判决强制解散的，人民法院受理强制清算申请后，清算组对股东进行剩余财产分配前，申请人向人民法院申请撤回强制清算申请的，人民法院应不予准许。但申请人有证据证明相关行政决定被撤销，或者人民法院作出解散公司判决后当事人又达成公司存续和解协议的除外。

21. 人民法院裁定受理强制清算申请前，申请人请求撤回申请，人民法院准许的，强制清算案件的申请费不再从被申请人财产中予以拨付；人民法院受理强制清算申请后，申请人请求撤回申请，人民法院准许的，已经从被申请人财产中优先拨付的强制清算案件申请费不予退回。

30. 人民法院受理强制清算申请前已经开始，人民法院受理强制清算申请时尚未审结的有关被强制清算公司的民事诉讼，由原受理法院继续审理，但应依法将原法定代表人变更为清算组负责人。

31. 人民法院受理强制清算申请后，就强制清算公司的权利义务产生争议的，应当向受理强制清算申请的人民法院提起诉讼，并由清算组负责人代表清算中公司参加诉讼活动。受理强制清算申请的人民法院对此类案件，可以适用民事诉讼法第三十七条和第三十九条的规定确定审理法院。

上述案件在受理法院内部各审判庭之间按照业务分工进行审理。人民法院受理强制清算申请后，就强制清算公司的权利义务产生争议，当事人双方就产生争议约定有明确有效的仲裁条款的，应当按照约定通过仲裁方式解决。

适用本案由需要注意的问题

◆因申请公司清算提起的诉讼，应以《民事诉讼法》规定的关于地域管辖的一般原则为基础，并结合《民事诉讼法》第 27 条的规定综合考虑确定管辖法院。

◆适用本案由时，需要注意的是，公司清算案件受理的理论前提是公司财产足以偿还全部债务，故在债权人或者股东向人民法院申请对公司进行强制清算时，如果公司已经出现明显的破产原因的，从公司强制清算程序启动的原因和节约诉讼成本、提高清算效率的角度看，则不宜按照公司清算案件受理，而应当告知其根据企业破产法的规定直接向人民法院申请破产清算。

四十三、破产程序案件

421. 申请破产清算

破产清算是指当债务人不能清偿到期债务时，由法院根据债权人或债务人的申请，依法宣告债务人破产，并将其全部财产公平分配给全体债权人的法律制度。

申请破产清算是指当事人或者利害关系人向法院提出申请，要求宣告债务人破产清算以清偿债务。

破产清算的主要特征：（1）破产清算程序乃狭义上的破产程序，故在我国破产法上，法院对破产清算申请的受理被称为“破产宣告”，而破产重整申请与破产和解申请的受理则被称为“债务人重整”与“裁定和解”。（2）破产重整程序与破产和解程序相对于破产清算程序有优先适用的效力，但这种优先性主要表现为适用不同破产程序的申请一并提出时，应优先适用破产重整或破产和解程序。（3）在破产清算程序中，债务人彻底丧失了对破产财产的管理与处分权，破产财产将依法定程序变价和分配。（4）绝大多数国家和地区的破产法都规定，破产程序非经当事人申请不得启动，但许多国家和地区的破产法都有特定情况下法院依职权宣告破产的规定。

常用法律条文及索引

《中华人民共和国民法典》（2020 年 5 月 28 日公布　2021 年 1 月 1 日施行）

第六十八条　有下列原因之一并依法完成清算、注销登记的，法人终止：

（一）法人解散；

（二）法人被宣告破产；

（三）法律规定的其他原因。

法人终止，法律、行政法规规定须经有关机关批准的，依照其规定。

第六十九条　有下列情形之一的，法人解散：

（一）法人章程规定的存续期间届满或者法人章程规定的其他解散事由出现；

（二）法人的权力机构决议解散；

（三）因法人合并或者分立需要解散；

（四）法人依法被吊销营业执照、登记证书，被责令关闭或者被撤销；

（五）法律规定的其他情形。

第七十条　法人解散的，除合并或者分立的情形外，清算义务人应当及时组成清算组进行清算。

法人的董事、理事等执行机构或者决策机构的成员为清算义务人。法律、行政法规另有规定的，依照其规定。

清算义务人未及时履行清算义务，造成损害的，应当承担民事责任；主管机关或者利害关系人可以申请人民法院指定有关人员组成清算组进行清算。

第七十一条 法人的清算程序和清算组职权，依照有关法律的规定；没有规定的，参照适用公司法律的有关规定。

第七十二条 清算期间法人存续，但是不得从事与清算无关的活动。

法人清算后的剩余财产，按照法人章程的规定或者法人权力机构的决议处理。法律另有规定的，依照其规定。

清算结束并完成法人注销登记时，法人终止；依法不需要办理法人登记的，清算结束时，法人终止。

第七十三条 法人被宣告破产的，依法进行破产清算并完成法人注销登记时，法人终止。

《中华人民共和国公司法》（2023 年 12 月 29 日修订）

第二百三十七条 清算组在清理公司财产、编制资产负债表和财产清单后，发现公司财产不足清偿债务的，应当依法向人民法院申请破产清算。

人民法院受理破产申请后，清算组应当将清算事务移交给人民法院指定的破产管理人。

《中华人民共和国企业破产法》（2006 年 8 月 27 日公布 2007 年 6 月 1 日施行）

第二条 企业法人不能清偿到期债务，并且资产不足以清偿全部债务或者明显缺乏清偿能力的，依照本法规定清理债务。

企业法人有前款规定情形，或者有明显丧失清偿能力可能的，可以依照本法规定进行重整。

第七条 债务人有本法第二条规定的情形，可以向人民法院提出重整、和解或者破产清算申请。

债务人不能清偿到期债务，债权人可以向人民法院提出对债务人进行重整或者破产清算的申请。

企业法人已解散但未清算或者未清算完毕，资产不足以清偿债务的，依法负有清算责任的人应当向人民法院申请破产清算。

第九条 人民法院受理破产申请前，申请人可以请求撤回申请。

第一百三十四条 商业银行、证券公司、保险公司等金融机构有本法第二条规定情形的，国务院金融监督管理机构可以向人民法院提出对该金融机构进行重整或者破产清算的申请。国务院金融监督管理机构依法对出现重大经营风险的金融机构采取接管、托管等措施的，可以向人民法院申请中止以该金融机构为被告或者被执行人的民事诉讼程序或者执行程序。

金融机构实施破产的，国务院可以依据本法和其他有关法律的规定制定实施办法。

《全国法院破产审判工作会议纪要》（法〔2018〕53号 2018年3月4日公布）

23. 破产宣告的条件。人民法院受理破产清算申请后，第一次债权人会议上无人提出重整或和解申请的，管理人应当在债权审核确认和必要的审计、资产评估后，及时向人民法院提出宣告破产的申请。人民法院受理破产和解或重整申请后，债务人出现应当宣告破产的法定原因时，人民法院应当依法宣告债务人破产。

24. 破产宣告的程序及转换限制。相关主体向人民法院提出宣告破产申请的，人民法院应当自收到申请之日起七日内作出破产宣告裁定并进行公告。债务人被宣告破产后，不得再转入重整程序或和解程序。

30. 破产清算程序的终结。人民法院终结破产清算程序应当以查明债务人财产状况、明确债务人财产的分配方案、确保破产债权获得依法清偿为基础。破产申请受理后，经管理人调查，债务人财产不足以清偿破产费用且无人代为清偿或垫付的，人民法院应当依管理人申请宣告破产并裁定终结破产清算程序。

《最高人民法院关于适用〈中华人民共和国企业破产法〉若干问题的规定（二）》（法释〔2013〕22号 2020年12月23日修正）

第五条 破产申请受理后，有关债务人财产的执行程序未依照企业破产法第十九条的规定中止的，采取执行措施的相关单位应当依法予以纠正。依法执行回转的财产，人民法院应当认定为债务人财产。

第六条 破产申请受理后，对于可能因有关利益相关人的行为或者其他原因，影响破产程序依法进行的，受理破产申请的人民法院可以根据管理人的申请或者依职权，对债务人的全部或者部分财产采取保全措施。

第七条 对债务人财产已采取保全措施的相关单位，在知悉人民法院已裁定受理有关债务人的破产申请后，应当依照企业破产法第十九条的规定及时解除对债务人财产的保全措施。

第八条 人民法院受理破产申请后至破产宣告前裁定驳回破产申请，或者依据企业破产法第一百零八条的规定裁定终结破产程序的，应当及时通知原已采取保全措施并已依法解除保全措施的单位按照原保全顺位恢复相关保全措施。

在已依法解除保全的单位恢复保全措施或者表示不再恢复之前，受理破产申请的人民法院不得解除对债务人财产的保全措施。

第四十七条　人民法院受理破产申请后，当事人提起的有关债务人的民事诉讼案件，应当依据企业破产法第二十一条的规定，由受理破产申请的人民法院管辖。

受理破产申请的人民法院管辖的有关债务人的第一审民事案件，可以依据民事诉讼法第三十八条的规定，由上级人民法院提审，或者报请上级人民法院批准后交下级人民法院审理。

受理破产申请的人民法院，如对有关债务人的海事纠纷、专利纠纷、证券市场因虚假陈述引发的民事赔偿纠纷等案件不能行使管辖权的，可以依据民事诉讼法第三十七条的规定，由上级人民法院指定管辖。

《最高人民法院关于适用〈中华人民共和国企业破产法〉若干问题的规定（一）》（法释〔2011〕22号　2011年9月9日公布）

第五条　企业法人已解散但未清算或者未在合理期限内清算完毕，债权人申请债务人破产清算的，除债务人在法定异议期限内举证证明其未出现破产原因外，人民法院应当受理。

第六条　债权人申请债务人破产的，应当提交债务人不能清偿到期债务的有关证据。债务人对债权人的申请未在法定期限内向人民法院提出异议，或者异议不成立的，人民法院应当依法裁定受理破产申请。

受理破产申请后，人民法院应当责令债务人依法提交其财产状况说明、债务清册、债权清册、财务会计报告等有关材料，债务人拒不提交的，人民法院可以对债务人的直接责任人员采取罚款等强制措施。

第七条　人民法院收到破产申请时，应当向申请人出具收到申请及所附证据的书面凭证。

人民法院收到破产申请后应当及时对申请人的主体资格、债务人的主体资格和破产原因，以及有关材料和证据等进行审查，并依据企业破产法第十条的规定作出是否受理的裁定。

人民法院认为申请人应当补充、补正相关材料的，应当自收到破产申请之日起五日内告知申请人。当事人补充、补正相关材料的期间不计入企业破产法第十条规定的期限。

适用本案由需要注意的问题

◆关于申请破产清算案件的地域管辖，根据《企业破产法》第3条、《最高人民法院关于审理企业破产案件若干问题的规定》第1条的规定，破产案件由债务人住所地人民法院管辖。《最高人民法院关于审理企业破产案件若干问题的规定》第 1 条进一步规定："……债务人住所地指债务人的主要办事机构所在地。债务人无办事机构的，由其住所地人民法院管辖。"关于申请破产清算案件的级别管辖，《最高人民法院关于审理企业破产案件若干问题的规定》第 2 条规定："基层人民法院一般管辖县、县级市或者区的工商行政管理机关核准登记企业的破产案件；中级人民法院一般管辖地区、地级市（含本级）以上工商行政管理机关核准登记企业的破产案件；纳入国家计划调整的企业破产案件，由中级人民法院管辖。"

◆应当注意的是，依我国《企业破产法》第 134 条之规定，商业银行、证券公司、保险公司等金融机构有《企业破产法》规定的情形的，国务院金融管理机构可以向人民法院提出对该金融机构进行重整或者破产清算的申请。只有国务院金融管理机构才有金融机构破产清算申请权，并且其具体规则适用国务院另行制定的实施办法，而不直接适用《企业破产法》的一般规定。

◆《企业破产法》规定的破产法律制度包括了破产清算、破产和解和破产重整。在适用本案由时，一定要明确的是，当事人提出的申请材料明确为对债务人进行清算的申请，而非破产重整或破产和解的申请。

422. 申请破产重整

案由解析

破产重整是指经由利害关系人的申请，在法院的主持和利害关系人的参与下，对具有重整原因和重整能力的债务人进行经营上的整顿和债权债务关系上的清理，以使其摆脱财务困境，重获经营能力的破产预防制度。

申请破产重整案件是指当事人或利害关系人向人民法院提出对债务人破产重整申请引起的案件。

破产重整的主要特征：（1）重整的对象一般为大型企业。重整虽可积极拯救企业，但其程序比较复杂、费用较高、社会代价较大，因此，多数国家的破产立法均将其对象限制在较小的范围之内，即一般适用于大型企业。（2）重整的原因比较宽泛。在债务人发生破产原因时或者有可能发生破产原因时，即可申请开始进行。（3）重整的措施具有多样性。重整的措施除包括债权人对债务人的妥协让步外，还包括企业的部分或整体出让、合并与分立、追加投资、租赁经营等。(4) 参与重整程序的主体具有广泛性。在重整程序中，其参与者不仅包括债权人和债务人，还包括股东（出资人）。股东不仅可以申请企业重整，而且对重整计划草案的通过有表决权。(5) 重整程序优先适用。在同时存在破产、和解与重整申请的情况下，重整申请优先受理。重整程序启动后，所有执行程序、清算程序和和解程序均中止或终结，重整程序优先适用。

常用法律条文及索引

《中华人民共和国企业破产法》（2006 年 8 月 27 日公布　2007 年 6 月 1 日施行）

第二条　企业法人不能清偿到期债务，并且资产不足以清偿全部债务或者明显缺乏清偿能力的，依照本法规定清理债务。

企业法人有前款规定情形，或者有明显丧失清偿能力可能的，可以依照本法规定进行重整。

第七条　债务人有本法第二条规定的情形，可以向人民法院提出重整、和解或者破产清算申请。

债务人不能清偿到期债务，债权人可以向人民法院提出对债务人进行重整或者破产清算的申请。

企业法人已解散但未清算或者未清算完毕，资产不足以清偿债务的，依法负有清算责任的人应当向人民法院申请破产清算。

第八条　向人民法院提出破产申请，应当提交破产申请书和有关证据。

破产申请书应当载明下列事项：

（一）申请人、被申请人的基本情况；

（二）申请目的；

（三）申请的事实和理由；

（四）人民法院认为应当载明的其他事项。

债务人提出申请的，还应当向人民法院提交财产状况说明、债务清册、债权清册、有关财务会计报告、职工安置预案以及职工工资的支付和社会保险费用的缴纳情况。

第九条　人民法院受理破产申请前，申请人可以请求撤回申请。

第七十条　债务人或者债权人可以依照本法规定，直接向人民法院申请对债务人进行重整。

债权人申请对债务人进行破产清算的，在人民法院受理破产申请后、宣告债务人破产前，债务人或者出资额占债务人注册资本十分之一以上的出资人，可以向人民法院申请重整。

第七十一条　人民法院经审查认为重整申请符合本法规定的，应当裁定债务人重整，并予以公告。

第一百三十四条　商业银行、证券公司、保险公司等金融机构有本法第二条规定情形的，国务院金融监督管理机构可以向人民法院提出对该金融机构进行重整或者破产清算的申请。国务院金融监督管理机构依法对出现重大经营风险的金融机构采取接管、托管等措施的，可以向人民法院申请中止以该金融机构为被告或者被执行人的民事诉讼程序或者执行程序。

金融机构实施破产的，国务院可以依据本法和其他有关法律的规定制定实施办法。

《最高人民法院关于适用〈中华人民共和国企业破产法〉若干问题的规定（二）》（法释〔2013〕22号　2020年12月23日修正）

第四条　债务人对按份享有所有权的共有财产的相关份额，或者共同享有所有权的共有财产的相应财产权利，以及依法分割共有财产所得部分，人民法院均应认定为债务人财产。

人民法院宣告债务人破产清算，属于共有财产分割的法定事由。人民法院裁定债务人重整或者和解的，共有财产的分割应当依据民法典第三百零三条的规定进行；基于重整或者和解的需要必须分割共有财产，管理人请求分割的，人民法院应予准许。

因分割共有财产导致其他共有人损害产生的债务，其他共有人请求作为共益债务清偿的，人民法院应予支持。

第四十条　债务人重整期间，权利人要求取回债务人合法占有的权利人的财产，不符合双方事先约定条件的，人民法院不予支持。但是，因管理人或者自行管理的债务人违反约定，可能导致取回物被转让、毁损、灭失或者价值明显减少的除外。

《全国法院破产审判工作会议纪要》（法〔2018〕53号　2018年3月4日公布）

14. 重整企业的识别审查。破产重整的对象应当是具有挽救价值和可能的困境企业；对于僵尸企业，应通过破产清算，果断实现市场出清。人民法院在审查重整申请时，根据债务人的资产状况、技术工艺、生产销售、行业前景等因素，能够认定债务人明显不具备重整价值以及拯救可能性的，应裁定不予受理。

15. 重整案件的听证程序。对于债权债务关系复杂、债务规模较大，或者涉及上市公司重整的案件，人民法院在审查重整申请时，可以组织申请人、被申请人听证。债权人、出资人、重整投资人等利害关系人经人民法院准许，也可以参加听证。听证期间不计入重整申请审查期限。

16. 重整计划的制定及沟通协调。人民法院要加强与管理人或债务人的沟通，引导其分析债务人陷于困境的原因，有针对性地制定重整计划草案，促使企业重新获得盈利能力，提高重整成功率。人民法院要与政府建立沟通协调机制，帮助管理人或债务人解决重整计划草案制定中的困难和问题。

17. 重整计划的审查与批准。重整不限于债务减免和财务调整，重整的重点是维持企业的营运价值。人民法院在审查重整计划时，除合法性审查外，还应审查其中的经营方案是否具有可行性。重整计划中关于企业重新获得盈利能力的经营方案具有可行性、表决程序合法、内容不损害各表决组中反对者的清偿利益的，人民法院应当自收到申请之日起三十日内裁定批准重整计划。

18. 重整计划草案强制批准的条件。人民法院应当审慎适用企业破产法第八十七条第二款，不得滥用强制批准权。确需强制批准重整计划草案的，重整计划草案除应当符合企业破产法第八十七条第二款规定外，如债权人分多组的，还应当至少有一组已经通过重整计划草案，且各表决组中反对者能够获得的清偿利益不低于依照破产清算程序所能获得的利益。

19. 重整计划执行中的变更条件和程序。债务人应严格执行重整计划，但因出现国家政策调整、法律修改变化等特殊情况，导致原重整计划无法执行的，债务人或管理人可以申请变更重整计划一次。债权人会议决议同意变更重整计划的，应自决议通过之日起十日内提请人民法院批准。债权人会议决议不同意或者人民法院不批准变更申请的，人民法院经管理人或者利害关系人请求，应当裁定终止重整计划的执行，并宣告债务人破产。

20. 重整计划变更后的重新表决与裁定批准。人民法院裁定同意变更重整计划的，债务人或者管理人应当在六个月内提出新的重整计划。变更后的重整计划应提交给因重整计划变更而遭受不利影响的债权人组和出资人组进行表决。表决、申请人民法院批准以及人民法院裁定是否批准的程序与原重整计划的相同。

21. 重整后企业正常生产经营的保障。企业重整后，投资主体、股权结构、公司治理模式、经营方式等与原企业相比，往往发生了根本变化，人民法院要通过加强与政府的沟通协调，帮助重整企业修复信用记录，依法获取税收优惠，以利于重整企业恢复正常生产经营。

22. 探索推行庭外重组与庭内重整制度的衔接。在企业进入重整程序之前，可以先由债权人与债务人、出资人等利害关系人通过庭外商业谈判，拟定重组方案。重整程序启动后，可以重组方案为依据拟定重整计划草案提交人民法院依法审查批准。

适用本案由需要注意的问题

◆关于申请破产重整案件的管辖，与前述申请破产清算案件相同，参见本书案由“421. 申请破产清算”中的相关部分。

◆我国《企业破产法》第70条第1款和第2款均包含了对债务人破产重整申请权的规定，但前者未对重整申请时间作明确规定，后者则将申请时间限定在“人民法院受理破产案件后、宣告债务人破产前”。如果该条第1款所规定的债务人重整申请权的行使期限同样为人民法院“宣告债务人破产前”，则该条第2款规定的债务人重整申请权就属于重复规定，从逻辑上讲就是矛盾的。由此可见，《企业破产法》第70条第1款所谓“债务人或者债权人可以依照本法规定，直接向人民法院申请对债务人进行重整”，其含义应为债务人或者债权人可在债务人具备破产要件时，直接提出破产重整申请，而不是在破产程序进行过程中可随时提出破产重整申请。

◆《企业破产法》规定的破产法律制度包括了破产清算、破产和解和破产重整。在适用本案由时，一定要明确的是，当事人提出的申请材料明确为对债务人进行重整的申请，而非破产清算或破产和解的申请。

◆破产重整申请受理后会产生一系列的法律效力，除一般破产程序启动后所具有的效力外，还具有以下效力：(1) 在重整期间，经债务人申请，人民法院批准，债务人可以在破产管理人的监督下自行管理财产和营业事务。已接管债务人财产和营业事务的破产管理人应当向债务人移交财产和营业事务，破产管理人的职权由债务人行使。(2) 破产管理人负责管理财产和营业事务的，可以聘任债务人的经营管理人员负责营业事务。(3) 在重整期间，对债务人的特定财产享有的担保权暂停行使。但是，担保物有损坏或者价值明显减少的可能，足以危害担保权人权利的，担保权人可以向人民法院请求行使担保权。债务人或者管理人为继续营业而借款的，可以为该借款设定担保。(4) 债务人合法占有的他人财产，该财产的权利人在重整期间要求取回的，应当符合事先约定的条件。(5) 在重整期间，债务人的出资人不得请求投资收益分配。(6) 在重整期间，债务人的董事、监事、高级管理人员不得向第三人转让其持有的债务人的股权，经人民法院同意的除外。

423. 申请破产和解

案由解析

破产和解是指经由具备破产原因或已进入破产程序的债务人申请，在法院的主持下，由债务人与债权人会议达成协议，就债务人延期清偿债务、减免债务等事项达成协议，以了结债权债务关系从而避免进入破产清算程序或进行破产分配的破产预防制度。

申请破产和解案件是指债务人向法院提出和解申请而引起的案件。

破产和解的主要特征：（1）和解的目的是避免破产清算。债务人与债权人会议达成的减少、延缓债务或者第三人承担清偿的和解协议生效后，破产程序即予中止。只要债务人履行和解协议约定的义务，就可避免破产清算，并可终结破产程序。（2）和解的成立一般由债务人向法院提出申请并经债权人会议同意，债权人以及其他利害关系人通常不能申请和解。（3）破产和解须由债务人与债权人会议之间达成协议。和解协议草案应由债务人提出，经由债权人会议表决通过，达成和解协议。（4）和解协议须经法院裁定认可后才能生效。为防止和解协议违反法律，尤其是损害少数债权人的利益，在债务人与债权人会议达成和解协议后，必须报请法院裁定认可。

常用法律条文及索引

《中华人民共和国企业破产法》（2006 年 8 月 27 日公布　2007 年 6 月 1 日施行）

第二条　企业法人不能清偿到期债务，并且资产不足以清偿全部债务或者明显缺乏清偿能力的，依照本法规定清理债务。

企业法人有前款规定情形，或者有明显丧失清偿能力可能的，可以依照本法规定进行重整。

第七条　债务人有本法第二条规定的情形，可以向人民法院提出重整、和解或者破产清算申请。

债务人不能清偿到期债务，债权人可以向人民法院提出对债务人进行重整或者破产清算的申请。

企业法人已解散但未清算或者未清算完毕，资产不足以清偿债务的，依法负有清算责任的人应当向人民法院申请破产清算。

第九十五条 债务人可以依照本法规定，直接向人民法院申请和解；也可以在人民法院受理破产申请后、宣告债务人破产前，向人民法院申请和解。

债务人申请和解，应当提出和解协议草案。

第九十六条 人民法院经审查认为和解申请符合本法规定的，应当裁定和解，予以公告，并召集债权人会议讨论和解协议草案。

对债务人的特定财产享有担保权的权利人，自人民法院裁定和解之日起可以行使权利。

《最高人民法院关于适用〈中华人民共和国企业破产法〉若干问题的规定（二）》（法释〔2013〕22号　2020年12月23日修正）

第四条 债务人对按份享有所有权的共有财产的相关份额，或者共同享有所有权的共有财产的相应财产权利，以及依法分割共有财产所得部分，人民法院均应认定为债务人财产。

人民法院宣告债务人破产清算，属于共有财产分割的法定事由。人民法院裁定债务人重整或者和解的，共有财产的分割应当依据民法典第三百零三条的规定进行；基于重整或者和解的需要必须分割共有财产，管理人请求分割的，人民法院应予准许。

因分割共有财产导致其他共有人损害产生的债务，其他共有人请求作为共益债务清偿的，人民法院应予支持。

第四十条 债务人重整期间，权利人要求取回债务人合法占有的权利人的财产，不符合双方事先约定条件的，人民法院不予支持。但是，因管理人或者自行管理的债务人违反约定，可能导致取回物被转让、毁损、灭失或者价值明显减少的除外。

适用本案由需要注意的问题

◆关于申请破产和解案件的管辖，与前述申请破产清算案件相同，参见案由“421. 申请破产清算”中的相关部分。

◆《企业破产法》规定的破产法律制度包括了破产清算、破产和解和破产重整。在适用本案由时，一定要明确的是，当事人提出的申请材料明确为对债务人进行和解的申请，而非破产清算或破产重整的申请。

◆债务人申请破产和解，应当提交和解协议草案。在司法实践中，和解协议草案一般包括以下内容：（1）债务人财务状况说明。（2）债务承认。

(3) 债务清偿的方式和期限。(4) 确保执行和解协议的措施。和解协议草案只是债务人申请和解时提交的供债权人会议讨论、评价的各项和解条件，并不妨碍债务人与债权人会议期间对和解协议草案予以适当的变更，以使和解协议草案的内容更加完善。

424. 申请对破产财产追加分配

案由解析

对破产财产追加分配，是指在破产程序终结以后，对新发现的属于破产人的可用于破产分配的财产，由人民法院按照破产分配方案对尚未获得完全清偿的债权人所进行的补充分配。破产财产追加分配是对破产财产一般分配的补救。在一般情况下，最后分配结束后，即可终结破产程序。但在某些情况下，可供分配的财产在最后分配以后才被法院发现追回，同时先前分配中破产债权尚未得到满足，此时，就应采取补救措施，将剩余的破产财产再进行分配。

常用法律条文及索引

《中华人民共和国企业破产法》(2006 年 8 月 27 日公布　2007 年 6 月 1 日施行)

第一百二十三条　自破产程序依照本法第四十三条第四款或者第一百二十条的规定终结之日起二年内，有下列情形之一的，债权人可以请求人民法院按照破产财产分配方案进行追加分配：

(一) 发现有依照本法第三十一条、第三十二条、第三十三条、第三十六条规定应当追回的财产的；

(二) 发现破产人有应当供分配的其他财产的。

有前款规定情形，但财产数量不足以支付分配费用的，不再进行追加分配，由人民法院将其上交国库。

适用本案由需要注意的问题

◆追加分配的财产的来源有两种：第一种是发现有应当追回的财产：破产人因其本身可撤销、无效的行为而能被追回的财产，或者是破产人的高管有不当行为损害破产人的利益而能被追回的财产；第二种是发现破产人有应分配的其他财产，如发现破产人有能够从第三人处取回的财产等。

◆债权人应当在法院裁定破产程序终结之日起两年内请求人民法院追加分配。

◆追加分配财产的数量超过支付分配费用的才能被追加分配给债权人，否则没有追加分配的意义。

四十四、申请诉前停止侵害知识产权案件

425. 申请诉前停止侵害专利权

案由解析

申请诉前停止侵害专利权，是指专利权人或者利害关系人在起诉前向人民法院申请采取责令停止侵害专利权行为的措施。

申请诉前停止侵害专利权的特点主要有：（1）只有专利权人或者利害关系人才可以在起诉前向人民法院提出申请。（2）申请人提出申请时，要提供申请书、申请人的权利证明、被申请人实施侵权行为的证据以及担保。

常用法律条文及索引

《中华人民共和国专利法》（2020 年 10 月 17 日修正）

第七十二条　专利权人或者利害关系人有证据证明他人正在实施或者即将实施侵犯专利权、妨碍其实现权利的行为，如不及时制止将会使其合法权益受到难以弥补的损害的，可以在起诉前依法向人民法院申请采取财产保全、责令作出一定行为或者禁止作出一定行为的措施。

《最高人民法院关于审查知识产权纠纷行为保全案件适用法律若干问题的规定》（法释〔2018〕21 号　2018 年 12 月 12 日公布）

第二条　知识产权纠纷的当事人在判决、裁定或者仲裁裁决生效前，依

据民事诉讼法第一百条、第一百零一条规定申请行为保全的，人民法院应当受理。

知识产权许可合同的被许可人申请诉前责令停止侵害知识产权行为的，独占许可合同的被许可人可以单独向人民法院提出申请；排他许可合同的被许可人在权利人不申请的情况下，可以单独提出申请；普通许可合同的被许可人经权利人明确授权以自己的名义起诉的，可以单独提出申请。

第三条　申请诉前行为保全，应当向被申请人住所地具有相应知识产权纠纷管辖权的人民法院或者对案件具有管辖权的人民法院提出。

当事人约定仲裁的，应当向前款规定的人民法院申请行为保全。

第四条　向人民法院申请行为保全，应当递交申请书和相应证据。申请书应当载明下列事项：

（一）申请人与被申请人的身份、送达地址、联系方式；

（二）申请采取行为保全措施的内容和期限；

（三）申请所依据的事实、理由，包括被申请人的行为将会使申请人的合法权益受到难以弥补的损害或者造成案件裁决难以执行等损害的具体说明；

（四）为行为保全提供担保的财产信息或资信证明，或者不需要提供担保的理由；

（五）其他需要载明的事项。

第五条　人民法院裁定采取行为保全措施前，应当询问申请人和被申请人，但因情况紧急或者询问可能影响保全措施执行等情形除外。

人民法院裁定采取行为保全措施或者裁定驳回申请的，应当向申请人、被申请人送达裁定书。向被申请人送达裁定书可能影响采取保全措施的，人民法院可以在采取保全措施后及时向被申请人送达裁定书，至迟不得超过五日。

当事人在仲裁过程中申请行为保全的，应当通过仲裁机构向人民法院提交申请书、仲裁案件受理通知书等相关材料。人民法院裁定采取行为保全措施或者裁定驳回申请的，应当将裁定书送达当事人，并通知仲裁机构。

第六条　有下列情况之一，不立即采取行为保全措施即足以损害申请人利益的，应当认定属于民事诉讼法第一百条、第一百零一条规定的“情况紧急”：

（一）申请人的商业秘密即将被非法披露；

（二）申请人的发表权、隐私权等人身权利即将受到侵害；

（三）诉争的知识产权即将被非法处分；

（四）申请人的知识产权在展销会等时效性较强的场合正在或者即将受到侵害；

（五）时效性较强的热播节目正在或者即将受到侵害；

（六）其他需要立即采取行为保全措施的情况。

第七条　人民法院审查行为保全申请，应当综合考量下列因素：

（一）申请人的请求是否具有事实基础和法律依据，包括请求保护的知识产权效力是否稳定；

（二）不采取行为保全措施是否会使申请人的合法权益受到难以弥补的损害或者造成案件裁决难以执行等损害；

（三）不采取行为保全措施对申请人造成的损害是否超过采取行为保全措施对被申请人造成的损害；

（四）采取行为保全措施是否损害社会公共利益；

（五）其他应当考量的因素。

第八条　人民法院审查判断申请人请求保护的知识产权效力是否稳定，应当综合考量下列因素：

（一）所涉权利的类型或者属性；

（二）所涉权利是否经过实质审查；

（三）所涉权利是否处于宣告无效或者撤销程序中以及被宣告无效或者撤销的可能性；

（四）所涉权利是否存在权属争议；

（五）其他可能导致所涉权利效力不稳定的因素。

第九条　申请人以实用新型或者外观设计专利权为依据申请行为保全的，应当提交由国务院专利行政部门作出的检索报告、专利权评价报告或者专利复审委员会维持该专利权有效的决定。申请人无正当理由拒不提交的，人民法院应当裁定驳回其申请。

第十条　在知识产权与不正当竞争纠纷行为保全案件中，有下列情形之一的，应当认定属于民事诉讼法第一百零一条规定的“难以弥补的损害”：

（一）被申请人的行为将会侵害申请人享有的商誉或者发表权、隐私权等人身性质的权利且造成无法挽回的损害；

（二）被申请人的行为将会导致侵权行为难以控制且显著增加申请人损害；

（三）被申请人的侵害行为将会导致申请人的相关市场份额明显减少；

（四）对申请人造成其他难以弥补的损害。

第十一条　申请人申请行为保全的，应当依法提供担保。

申请人提供的担保数额，应当相当于被申请人可能因执行行为保全措施所遭受的损失，包括责令停止侵权行为所涉产品的销售收益、保管费用等合理损失。

在执行行为保全措施过程中，被申请人可能因此遭受的损失超过申请人担保数额的，人民法院可以责令申请人追加相应的担保。申请人拒不追加的，可以裁定解除或者部分解除保全措施。

第十二条　人民法院采取的行为保全措施，一般不因被申请人提供担保而解除，但是申请人同意的除外。

第十三条　人民法院裁定采取行为保全措施的，应当根据申请人的请求或者案件具体情况等因素合理确定保全措施的期限。

裁定停止侵害知识产权行为的效力，一般应当维持至案件裁判生效时止。

人民法院根据申请人的请求、追加担保等情况，可以裁定继续采取保全措施。申请人请求续行保全措施的，应当在期限届满前七日内提出。

第十四条　当事人不服行为保全裁定申请复议的，人民法院应当在收到复议申请后十日内审查并作出裁定。

第十五条　人民法院采取行为保全的方法和措施，依照执行程序相关规定处理。

第十六条　有下列情形之一的，应当认定属于民事诉讼法第一百零五条规定的“申请有错误”：

（一）申请人在采取行为保全措施后三十日内不依法提起诉讼或者申请仲裁；

（二）行为保全措施因请求保护的知识产权被宣告无效等原因自始不当；

（三）申请责令被申请人停止侵害知识产权或者不正当竞争，但生效裁判认定不构成侵权或者不正当竞争；

（四）其他属于申请有错误的情形。

第十七条　当事人申请解除行为保全措施，人民法院收到申请后经审查符合《最高人民法院关于适用〈中华人民共和国民事诉讼法〉的解释》第一百六十六条规定的情形的，应当在五日内裁定解除。

申请人撤回行为保全申请或者申请解除行为保全措施的，不因此免除民事诉讼法第一百零五条规定的赔偿责任。

第十八条　被申请人依据民事诉讼法第一百零五条规定提起赔偿诉讼，申请人申请诉前行为保全后没有起诉或者当事人约定仲裁的，由采取保全措施的人民法院管辖；申请人已经起诉的，由受理起诉的人民法院管辖。

第十九条　申请人同时申请行为保全、财产保全或者证据保全的，人民法院应当依法分别审查不同类型保全申请是否符合条件，并作出裁定。

为避免被申请人实施转移财产、毁灭证据等行为致使保全目的无法实现，人民法院可以根据案件具体情况决定不同类型保全措施的执行顺序。

适用本案由需要注意的问题

◆申请诉前停止侵害专利权的案件，应由有专利侵权案件管辖权的人民法院专属管辖。

426. 申请诉前停止侵害注册商标专用权

案由解析

申请诉前停止侵害注册商标专用权，是指商标注册人或者利害关系人在起诉前向人民法院申请采取责令停止侵害注册商标专用权行为的措施。

申请诉前停止侵害注册商标专用权的特点主要有：（1）只有商标注册人或者利害关系人才可以在起诉前向人民法院提出申请。（2）申请人提出申请时，要提供申请书、申请人的权利证明、被申请人实施侵权行为的证据以及担保。（3）当事人对诉前责令停止侵犯注册商标专用权行为裁定不服的，可以在收到裁定之日起10日内申请复议一次。复议期间不停止裁定的执行。

常用法律条文及索引

《中华人民共和国商标法》（2019年4月23日修正）

第六十五条　商标注册人或者利害关系人有证据证明他人正在实施或者即将实施侵犯其注册商标专用权的行为，如不及时制止将会使其合法权益受到难以弥补的损害的，可以依法在起诉前向人民法院申请采取责令停止有关行为和财产保全的措施。

《最高人民法院关于审查知识产权纠纷行为保全案件适用法律若干问题的规定》（法释〔2018〕21号　2018年12月12日公布）

第二条～第十九条，见本书“425. 申请诉前停止侵害专利权”案由相关部分。

适用本案由需要注意的问题

◆对于诉前停止侵害注册商标专用权的案件，应当由侵权行为地或者被申请人住所地对商标案件有管辖权的人民法院管辖。

427. 申请诉前停止侵害著作权

案由解析

申请诉前停止侵害著作权，是指著作权人或者与著作权有关的权利人及其利害关系人在起诉前，向人民法院申请采取责令停止侵害著作权行为或责令停止侵害邻接权行为的措施。

申请诉前停止侵害著作权的特征主要有：(1) 只有著作权人、利害关系人或者邻接权人才可以在起诉前向人民法院提出该申请。(2) 申请人提出申请时，要提供申请书、申请人的权利证明、被申请人实施侵权行为的证据以及担保。

常用法律条文及索引

《中华人民共和国著作权法》(2020年11月11日修正)

第五十六条 著作权人或者与著作权有关的权利人有证据证明他人正在实施或者即将实施侵犯其权利、妨碍其实现权利的行为，如不及时制止将会使其合法权益受到难以弥补的损害的，可以在起诉前依法向人民法院申请采取财产保全、责令作出一定行为或者禁止作出一定行为等措施。

《计算机软件保护条例》(2013年1月30日修订)

第二十六条 软件著作权人有证据证明他人正在实施或者即将实施侵犯其权利的行为，如不及时制止，将会使其合法权益受到难以弥补的损害的，可以依照《中华人民共和国著作权法》第五十条的规定，在提起诉讼前向人民法院申请采取责令停止有关行为和财产保全的措施。

《最高人民法院关于审理著作权民事纠纷案件适用法律若干问题的解释》(法释〔2002〕31号 2020年12月23日修正)

第二十八条 人民法院采取保全措施的，依据民事诉讼法及《最高人民法院关于审查知识产权纠纷行为保全案件适用法律若干问题的规定》的有关规定办理。

《最高人民法院关于审查知识产权纠纷行为保全案件适用法律若干问题的规定》（法释〔2018〕21号　2018年12月12日公布）

第二条～第十九条，见本书“425. 申请诉前停止侵害专利权”案由相关部分。

适用本案由需要注意的问题

◆对于申请诉前停止侵害著作权的案件，应当由侵权行为地或者被申请人住所地对著作权案件有管辖权的人民法院管辖。

428. 申请诉前停止侵害植物新品种权

案由解析

申请诉前停止侵害植物新品种权，是指植物新品种权人或者利害关系人在起诉前向人民法院申请采取责令停止侵害植物新品种权行为的措施。

申请诉前停止侵害植物新品种权的特征主要有：（1）只有植物新品种权人或利害关系人才可以在起诉前向人民法院提出该申请。（2）申请人提出申请时，要提供申请书、申请人的权利证明、被申请人实施侵权行为的证据以及担保。

常用法律条文及索引

《最高人民法院关于审理侵害植物新品种权纠纷案件具体应用法律问题的若干规定》（法释〔2007〕1号　2020年12月23日修正）

第五条　品种权人或者利害关系人向人民法院提起侵害植物新品种权诉讼前，可以提出行为保全或者证据保全请求，人民法院经审查作出裁定。

人民法院采取证据保全措施时，可以根据案件具体情况，邀请有关专业技术人员按照相应的技术规程协助取证。

《最高人民法院关于审查知识产权纠纷行为保全案件适用法律若干问题的规定》（法释〔2018〕21号　2018年12月12日公布）

第二条～第十九条，见本书“425. 申请诉前停止侵害专利权”案由相关部分。

适用本案由需要注意的问题

◆对于申请诉前停止侵害植物新品种权的案件，应当由侵权行为地或者被申请人住所地对植物新品种权案件有管辖权的人民法院管辖。

429. 申请诉前停止侵害计算机软件著作权

案由解析

申请诉前停止侵害计算机软件著作权，是指计算机软件著作权人或者计算机软件著作权有关的权利人及其利害关系人在起诉前向人民法院申请采取责令停止侵害计算机软件著作权行为或责令停止侵害邻接权行为的措施。

常用法律条文及索引

《计算机软件保护条例》（2013 年 1 月 30 日修订）

第八条　软件著作权人享有下列各项权利：

（一）发表权，即决定软件是否公之于众的权利；

（二）署名权，即表明开发者身份，在软件上署名的权利；

（三）修改权，即对软件进行增补、删节，或者改变指令、语句顺序的权利；

（四）复制权，即将软件制作一份或者多份的权利；

（五）发行权，即以出售或者赠与方式向公众提供软件的原件或者复制件的权利；

（六）出租权，即有偿许可他人临时使用软件的权利，但是软件不是出租的主要标的的除外；

（七）信息网络传播权，即以有线或者无线方式向公众提供软件，使公众可以在其个人选定的时间和地点获得软件的权利；

（八）翻译权，即将原软件从一种自然语言文字转换成另一种自然语言文字的权利；

（九）应当由软件著作权人享有的其他权利。

软件著作权人可以许可他人行使其软件著作权，并有权获得报酬。

软件著作权人可以全部或者部分转让其软件著作权，并有权获得报酬。

第二十三条 除《中华人民共和国著作权法》或者本条例另有规定外，有下列侵权行为的，应当根据情况，承担停止侵害、消除影响、赔礼道歉、赔偿损失等民事责任：

（一）未经软件著作权人许可，发表或者登记其软件的；

（二）将他人软件作为自己的软件发表或者登记的；

（三）未经合作者许可，将与他人合作开发的软件作为自己单独完成的软件发表或者登记的；

（四）在他人软件上署名或者更改他人软件上的署名的；

（五）未经软件著作权人许可，修改、翻译其软件的；

（六）其他侵犯软件著作权的行为。

第二十四条 除《中华人民共和国著作权法》、本条例或者其他法律、行政法规另有规定外，未经软件著作权人许可，有下列侵权行为的，应当根据情况，承担停止侵害、消除影响、赔礼道歉、赔偿损失等民事责任；同时损害社会公共利益的，由著作权行政管理部门责令停止侵权行为，没收违法所得，没收、销毁侵权复制品，可以并处罚款；情节严重的，著作权行政管理部门并可以没收主要用于制作侵权复制品的材料、工具、设备等；触犯刑律的，依照刑法关于侵犯著作权罪、销售侵权复制品罪的规定，依法追究刑事责任：

（一）复制或者部分复制著作权人的软件的；

（二）向公众发行、出租、通过信息网络传播著作权人的软件的；

（三）故意避开或者破坏著作权人为保护其软件著作权而采取的技术措施的；

（四）故意删除或者改变软件权利管理电子信息的；

（五）转让或者许可他人行使著作权人的软件著作权的。

有前款第一项或者第二项行为的，可以并处每件100元或者货值金额1倍以上5倍以下的罚款；有前款第三项、第四项或者第五项行为的，可以并处20万元以下的罚款。

第二十五条 侵犯软件著作权的赔偿数额，依照《中华人民共和国著作权法》第四十九条的规定确定。

第二十六条 软件著作权人有证据证明他人正在实施或者即将实施侵犯其权利的行为，如不及时制止，将会使其合法权益受到难以弥补的损害的，可以依照《中华人民共和国著作权法》第五十条的规定，在提起诉讼前向人民法院申请采取责令停止有关行为和财产保全的措施。

第二十七条　为了制止侵权行为，在证据可能灭失或者以后难以取得的情况下，软件著作权人可以依照《中华人民共和国著作权法》第五十一条的规定，在提起诉讼前向人民法院申请保全证据。

《最高人民法院关于审查知识产权纠纷行为保全案件适用法律若干问题的规定》（法释〔2018〕21号　2018年12月12日公布）

第二条～第十九条，见本书“425.申请诉前停止侵害专利权”案由相关部分。

适用本案由需要注意的问题

◆对于申请诉前停止侵害计算机软件著作权的案件，应当由侵权行为地或者被申请人住所地对计算机软件著作权案件有管辖权的人民法院管辖。

430. 申请诉前停止侵害集成电路布图设计专用权

案由解析

申请诉前停止侵害集成电路布图设计专用权，是指集成电路布图设计专用权人或者利害关系人在起诉前向人民法院申请采取责令停止侵害集成电路布图设计专用权行为的措施。

常用法律条文及索引

《集成电路布图设计保护条例》（2001年4月2日公布　2001年10月1日施行）

第三十条　除本条例另有规定的外，未经布图设计权利人许可，有下列行为之一的，行为人必须立即停止侵权行为，并承担赔偿责任：

（一）复制受保护的布图设计的全部或者其中任何具有独创性的部分的；

（二）为商业目的进口、销售或者以其他方式提供受保护的布图设计、含有该布图设计的集成电路或者含有该集成电路的物品的。

侵犯布图设计专有权的赔偿数额，为侵权人所获得的利益或者被侵权人所受到的损失，包括被侵权人为制止侵权行为所支付的合理开支。

第三十一条　未经布图设计权利人许可，使用其布图设计，即侵犯其布图设计专有权，引起纠纷的，由当事人协商解决；不愿协商或者协商不成的，布图设计权利人或者利害关系人可以向人民法院起诉，也可以请求国务院知识产权行政部门处理。国务院知识产权行政部门处理时，认定侵权行为成立的，可以责令侵权人立即停止侵权行为，没收、销毁侵权产品或者物品。当事人不服的，可以自收到处理通知之日起15日内依照《中华人民共和国行政诉讼法》向人民法院起诉；侵权人期满不起诉又不停止侵权行为的，国务院知识产权行政部门可以请求人民法院强制执行。应当事人的请求，国务院知识产权行政部门可以就侵犯布图设计专有权的赔偿数额进行调解；调解不成的，当事人可以依照《中华人民共和国民事诉讼法》向人民法院起诉。

第三十二条 布图设计权利人或者利害关系人有证据证明他人正在实施或者即将实施侵犯其专有权的行为，如不及时制止将会使其合法权益受到难以弥补的损害的，可以在起诉前依法向人民法院申请采取责令停止有关行为和财产保全的措施。

第三十三条 在获得含有受保护的布图设计的集成电路或者含有该集成电路的物品时，不知道也没有合理理由应当知道其中含有非法复制的布图设计，而将其投入商业利用的，不视为侵权。

前款行为人得到其中含有非法复制的布图设计的明确通知后，可以继续将现有的存货或者此前的订货投入商业利用，但应当向布图设计权利人支付合理的报酬。

第三十四条 国务院知识产权行政部门的工作人员在布图设计管理工作中玩忽职守、滥用职权、徇私舞弊，构成犯罪的，依法追究刑事责任；尚不构成犯罪的，依法给予行政处分。

《最高人民法院关于审查知识产权纠纷行为保全案件适用法律若干问题的规定》（法释〔2018〕21号　2018年12月12日公布）

第二条～第十九条，见本书“425. 申请诉前停止侵害专利权”案由相关部分。

适用本案由需要注意的问题

◆根据《最高人民法院关于北京、上海、广州知识产权法院案件管辖的规定》，北京、上海、广州知识产权法院对其所在市辖区内的专利、植物新品种、集成电路布图设计、技术秘密、计算机软件民事一审案件进行集中管辖，广州知识产权法院对广东省内的上述案件实行跨区域管辖。

四十五、申请保全案件

431. 申请诉前财产保全

案由解析

申请诉前财产保全，是指在起诉前，利害关系人的合法权益面临紧急情况，需要采取保护性的临时措施，使其合法权益免受难以弥补的损害，人民法院根据利害关系人的申请对被申请人的财产采取的强制性措施。

申请诉前财产保全的条件主要有：（1）必须是情况紧急，不立即采取保全措施，将会使申请人的合法权益受到难以弥补的损害。（2）必须由利害关系人提出保全财产的申请。“利害关系人”指与被申请一方存在民事权益争议的人。没有申请诉前财产保全的，人民法院不能依职权主动进行。（3）申请人必须提供担保。这与诉讼财产保全不同，诉讼财产保全不是必须提供担保，只有在人民法院责令提供担保的时候，提供担保才成为必要条件，而且这种担保必须与所保全的财产相适应，不能小于所保全的财产。申请人不提供担保的，应当驳回申请。

常用法律条文及索引

《中华人民共和国民事诉讼法》（2023 年 9 月 1 日修正）

第一百零三条　人民法院对于可能因当事人一方的行为或者其他原因，使判决难以执行或者造成当事人其他损害的案件，根据对方当事人的申请，可以裁定对其财产进行保全、责令其作出一定行为或者禁止其作出一定行为；当事人没有提出申请的，人民法院在必要时也可以裁定采取保全措施。

人民法院采取保全措施，可以责令申请人提供担保，申请人不提供担保的，裁定驳回申请。

人民法院接受申请后，对情况紧急的，必须在四十八小时内作出裁定；

裁定采取保全措施的，应当立即开始执行。

第一百零四条 利害关系人因情况紧急，不立即申请保全将会使其合法权益受到难以弥补的损害的，可以在提起诉讼或者申请仲裁前向被保全财产所在地、被申请人住所地或者对案件有管辖权的人民法院申请采取保全措施。申请人应当提供担保，不提供担保的，裁定驳回申请。

人民法院接受申请后，必须在四十八小时内作出裁定；裁定采取保全措施的，应当立即开始执行。

申请人在人民法院采取保全措施后三十日内不依法提起诉讼或者申请仲裁的，人民法院应当解除保全。

第一百零五条 保全限于请求的范围，或者与本案有关的财物。

第一百零六条 财产保全采取查封、扣押、冻结或者法律规定的其他方法。人民法院保全财产后，应当立即通知被保全财产的人。

财产已被查封、冻结的，不得重复查封、冻结。

第一百零七条 财产纠纷案件，被申请人提供担保的，人民法院应当裁定解除保全。

第一百零八条 申请有错误的，申请人应当赔偿被申请人因保全所遭受的损失。

《中华人民共和国商标法》（2019 年 4 月 23 日修正）

第六十五条 商标注册人或者利害关系人有证据证明他人正在实施或者即将实施侵犯其注册商标专用权的行为，如不及时制止将会使其合法权益受到难以弥补的损害的，可以依法在起诉前向人民法院申请采取责令停止有关行为和财产保全的措施。

《中华人民共和国著作权法》（2020 年 11 月 11 日修正）

第五十六条 著作权人或者与著作权有关的权利人有证据证明他人正在实施或者即将实施侵犯其权利、妨碍其实现权利的行为，如不及时制止将会使其合法权益受到难以弥补的损害的，可以在起诉前依法向人民法院申请采取财产保全、责令作出一定行为或者禁止作出一定行为等措施。

《最高人民法院关于适用〈中华人民共和国民事诉讼法〉的解释》（法释〔2015〕5 号　2022 年 3 月 22 日修正）

第一百五十二条 人民法院依照民事诉讼法第一百零三条、第一百零四条规定，在采取诉前保全、诉讼保全措施时，责令利害关系人或者当事人提供担保的，应当书面通知。

利害关系人申请诉前保全的，应当提供担保。申请诉前财产保全的，应当提供相当于请求保全数额的担保；情况特殊的，人民法院可以酌情处理。申请诉前行为保全的，担保的数额由人民法院根据案件的具体情况决定。

在诉讼中，人民法院依申请或者依职权采取保全措施的，应当根据案件的具体情况，决定当事人是否应当提供担保以及担保的数额。

第一百五十三条　人民法院对季节性商品、鲜活、易腐烂变质以及其他不宜长期保存的物品采取保全措施时，可以责令当事人及时处理，由人民法院保存价款；必要时，人民法院可予以变卖，保存价款。

第一百五十四条　人民法院在财产保全中采取查封、扣押、冻结财产措施时，应当妥善保管被查封、扣押、冻结的财产。不宜由人民法院保管的，人民法院可以指定被保全人负责保管；不宜由被保全人保管的，可以委托他人或者申请保全人保管。

查封、扣押、冻结担保物权人占有的担保财产，一般由担保物权人保管；由人民法院保管的，质权、留置权不因采取保全措施而消灭。

第一百五十五条　由人民法院指定被保全人保管的财产，如果继续使用对该财产的价值无重大影响，可以允许被保全人继续使用；由人民法院保管或者委托他人、申请保全人保管的财产，人民法院和其他保管人不得使用。

第一百五十六条　人民法院采取财产保全的方法和措施，依照执行程序相关规定办理。

第一百五十七条　人民法院对抵押物、质押物、留置物可以采取财产保全措施，但不影响抵押权人、质权人、留置权人的优先受偿权。

第一百五十八条　人民法院对债务人到期应得的收益，可以采取财产保全措施，限制其支取，通知有关单位协助执行。

第一百五十九条　债务人的财产不能满足保全请求，但对他人有到期债权的，人民法院可以依债权人的申请裁定该他人不得对本案债务人清偿。该他人要求偿付的，由人民法院提存财物或者价款。

第一百六十条　当事人向采取诉前保全措施以外的其他有管辖权的人民法院起诉的，采取诉前保全措施的人民法院应当将保全手续移送受理案件的人民法院。诉前保全的裁定视为受移送人民法院作出的裁定。

第一百六十一条　对当事人不服一审判决提起上诉的案件，在第二审人民法院接到报送的案件之前，当事人有转移、隐匿、出卖或者毁损财产等行为，必须采取保全措施的，由第一审人民法院依当事人申请或者依职权采取。第一审人民法院的保全裁定，应当及时报送第二审人民法院。

第一百六十二条　第二审人民法院裁定对第一审人民法院采取的保全措

施予以续保或者采取新的保全措施的，可以自行实施，也可以委托第一审人民法院实施。

再审人民法院裁定对原保全措施予以续保或者采取新的保全措施的，可以自行实施，也可以委托原审人民法院或者执行法院实施。

第一百六十三条　法律文书生效后，进入执行程序前，债权人因对方当事人转移财产等紧急情况，不申请保全将可能导致生效法律文书不能执行或者难以执行的，可以向执行法院申请采取保全措施。债权人在法律文书指定的履行期间届满后五日内不申请执行的，人民法院应当解除保全。

第一百六十四条　对申请保全人或者他人提供的担保财产，人民法院应当依法办理查封、扣押、冻结等手续。

第一百六十五条　人民法院裁定采取保全措施后，除作出保全裁定的人民法院自行解除或者其上级人民法院决定解除外，在保全期限内，任何单位不得解除保全措施。

第一百六十六条　裁定采取保全措施后，有下列情形之一的，人民法院应当作出解除保全裁定：

（一）保全错误的；

（二）申请人撤回保全申请的；

（三）申请人的起诉或者诉讼请求被生效裁判驳回的；

（四）人民法院认为应当解除保全的其他情形。

解除以登记方式实施的保全措施的，应当向登记机关发出协助执行通知书。

第一百六十七条　财产保全的被保全人提供其他等值担保财产且有利于执行的，人民法院可以裁定变更保全标的物为被保全人提供的担保财产。

第一百六十八条　保全裁定未经人民法院依法撤销或者解除，进入执行程序后，自动转为执行中的查封、扣押、冻结措施，期限连续计算，执行法院无需重新制作裁定书，但查封、扣押、冻结期限届满的除外。

第一百六十九条　民事诉讼法规定的先予执行，人民法院应当在受理案件后终审判决作出前采取。先予执行应当限于当事人诉讼请求的范围，并以当事人的生活、生产经营的急需为限。

第一百七十条　民事诉讼法第一百零九条第三项规定的情况紧急，包括：

（一）需要立即停止侵害、排除妨碍的；

（二）需要立即制止某项行为的；

（三）追索恢复生产、经营急需的保险理赔费的；

（四）需要立即返还社会保险金、社会救助资金的；

（五）不立即返还款项，将严重影响权利人生活和生产经营的。

第一百七十一条 当事人对保全或者先予执行裁定不服的，可以自收到裁定书之日起五日内向作出裁定的人民法院申请复议。人民法院应当在收到复议申请后十日内审查。裁定正确的，驳回当事人的申请；裁定不当的，变更或者撤销原裁定。

第一百七十二条 利害关系人对保全或者先予执行的裁定不服申请复议的，由作出裁定的人民法院依照民事诉讼法第一百一十一条规定处理。

《最高人民法院关于人民法院办理财产保全案件若干问题的规定》（法释〔2016〕22号 2020年12月23日修正）

第一条 当事人、利害关系人申请财产保全，应当向人民法院提交申请书，并提供相关证据材料。

申请书应当载明下列事项：

（一）申请保全人与被保全人的身份、送达地址、联系方式；

（二）请求事项和所根据的事实与理由；

（三）请求保全数额或者争议标的；

（四）明确的被保全财产信息或者具体的被保全财产线索；

（五）为财产保全提供担保的财产信息或资信证明，或者不需要提供担保的理由；

（六）其他需要载明的事项。

法律文书生效后，进入执行程序前，债权人申请财产保全的，应当写明生效法律文书的制作机关、文号和主要内容，并附生效法律文书副本。

第二条 人民法院进行财产保全，由立案、审判机构作出裁定，一般应当移送执行机构实施。

第三条 仲裁过程中，当事人申请财产保全的，应当通过仲裁机构向人民法院提交申请书及仲裁案件受理通知书等相关材料。人民法院裁定采取保全措施或者裁定驳回申请的，应当将裁定书送达当事人，并通知仲裁机构。

第四条 人民法院接受财产保全申请后，应当在五日内作出裁定；需要提供担保的，应当在提供担保后五日内作出裁定；裁定采取保全措施的，应当在五日内开始执行。对情况紧急的，必须在四十八小时内作出裁定；裁定采取保全措施的，应当立即开始执行。

第五条 人民法院依照民事诉讼法第一百条规定责令申请保全人提供财

产保全担保的，担保数额不超过请求保全数额的百分之三十；申请保全的财产系争议标的的，担保数额不超过争议标的的价值的百分之三十。

利害关系人申请诉前财产保全的，应当提供相当于请求保全数额的担保；情况特殊的，人民法院可以酌情处理。

财产保全期间，申请保全人提供的担保不足以赔偿可能给被保全人造成的损失的，人民法院可以责令其追加相应的担保；拒不追加的，可以裁定解除或者部分解除保全。

第六条 申请保全人或第三人为财产保全提供财产担保的，应当向人民法院出具担保书。担保书应当载明担保人、担保方式、担保范围、担保财产及其价值、担保责任承担等内容，并附相关证据材料。

第三人为财产保全提供保证担保的，应当向人民法院提交保证书。保证书应当载明保证人、保证方式、保证范围、保证责任承担等内容，并附相关证据材料。

对财产保全担保，人民法院经审查，认为违反民法典、公司法等有关法律禁止性规定的，应当责令申请保全人在指定期限内提供其他担保；逾期未提供的，裁定驳回申请。

第七条 保险人以其与申请保全人签订财产保全责任险合同的方式为财产保全提供担保的，应当向人民法院出具担保书。

担保书应当载明，因申请财产保全错误，由保险人赔偿被保全人因保全所遭受的损失等内容，并附相关证据材料。

第八条 金融监管部门批准设立的金融机构以独立保函形式为财产保全提供担保的，人民法院应当依法准许。

第九条 当事人在诉讼中申请财产保全，有下列情形之一的，人民法院可以不要求提供担保：

（一）追索赡养费、扶养费、抚育费、抚恤金、医疗费用、劳动报酬、工伤赔偿、交通事故人身损害赔偿的；

（二）婚姻家庭纠纷案件中遭遇家庭暴力且经济困难的；

（三）人民检察院提起的公益诉讼涉及损害赔偿的；

（四）因见义勇为遭受侵害请求损害赔偿的；

（五）案件事实清楚、权利义务关系明确，发生保全错误可能性较小的；

（六）申请保全人为商业银行、保险公司等由金融监管部门批准设立的具有独立偿付债务能力的金融机构及其分支机构的。

法律文书生效后，进入执行程序前，债权人申请财产保全的，人民法院可以不要求提供担保。

第十条 当事人、利害关系人申请财产保全，应当向人民法院提供明确的被保全财产信息。

当事人在诉讼中申请财产保全，确因客观原因不能提供明确的被保全财产信息，但提供了具体财产线索的，人民法院可以依法裁定采取财产保全措施。

第十一条 人民法院依照本规定第十条第二款规定作出保全裁定的，在该裁定执行过程中，申请保全人可以向已经建立网络执行查控系统的执行法院，书面申请通过该系统查询被保全人的财产。

申请保全人提出查询申请的，执行法院可以利用网络执行查控系统，对裁定保全的财产或者保全数额范围内的财产进行查询，并采取相应的查封、扣押、冻结措施。

人民法院利用网络执行查控系统未查询到可供保全财产的，应当书面告知申请保全人。

第十二条 人民法院对查询到的被保全人财产信息，应当依法保密。除依法保全的财产外，不得泄露被保全人其他财产信息，也不得在财产保全、强制执行以外使用相关信息。

第十三条 被保全人有多项财产可供保全的，在能够实现保全目的的情况下，人民法院应当选择对其生产经营活动影响较小的财产进行保全。

人民法院对厂房、机器设备等生产经营性财产进行保全时，指定被保全人保管的，应当允许其继续使用。

第十四条 被保全财产系机动车、航空器等特殊动产的，除被保全人下落不明的以外，人民法院应当责令被保全人书面报告该动产的权属和占有、使用等情况，并予以核实。

第十五条 人民法院应当依据财产保全裁定采取相应的查封、扣押、冻结措施。

可供保全的土地、房屋等不动产的整体价值明显高于保全裁定载明金额的，人民法院应当对该不动产的相应价值部分采取查封、扣押、冻结措施，但该不动产在使用上不可分或者分割会严重减损其价值的除外。

对银行账户内资金采取冻结措施的，人民法院应当明确具体的冻结数额。

第十六条 人民法院在财产保全中采取查封、扣押、冻结措施，需要有关单位协助办理登记手续的，有关单位应当在裁定书和协助执行通知书送达后立即办理。针对同一财产有多个裁定书和协助执行通知书的，应当按照送达的时间先后办理登记手续。

第十七条　利害关系人申请诉前财产保全，在人民法院采取保全措施后三十日内依法提起诉讼或者申请仲裁的，诉前财产保全措施自动转为诉讼或仲裁中的保全措施；进入执行程序后，保全措施自动转为执行中的查封、扣押、冻结措施。

依前款规定，自动转为诉讼、仲裁中的保全措施或者执行中的查封、扣押、冻结措施的，期限连续计算，人民法院无需重新制作裁定书。

第十八条　申请保全人申请续行财产保全的，应当在保全期限届满七日前向人民法院提出；逾期申请或者不申请的，自行承担不能续行保全的法律后果。

人民法院进行财产保全时，应当书面告知申请保全人明确的保全期限届满日以及前款有关申请续行保全的事项。

第十九条　再审审查期间，债务人申请保全生效法律文书确定给付的财产的，人民法院不予受理。

再审审理期间，原生效法律文书中止执行，当事人申请财产保全的，人民法院应当受理。

第二十条　财产保全期间，被保全人请求对被保全财产自行处分，人民法院经审查，认为不损害申请保全人和其他执行债权人合法权益的，可以准许，但应当监督被保全人按照合理价格在指定期限内处分，并控制相应价款。

被保全人请求对作为争议标的的被保全财产自行处分的，须经申请保全人同意。

人民法院准许被保全人自行处分被保全财产的，应当通知申请保全人；申请保全人不同意的，可以依照民事诉讼法第二百二十五条规定提出异议。

第二十一条　保全法院在首先采取查封、扣押、冻结措施后超过一年未对被保全财产进行处分的，除被保全财产系争议标的外，在先轮候查封、扣押、冻结的执行法院可以商请保全法院将被保全财产移送执行。但司法解释另有特别规定的，适用其规定。

保全法院与在先轮候查封、扣押、冻结的执行法院就移送被保全财产发生争议的，可以逐级报请共同的上级法院指定该财产的执行法院。

共同的上级法院应当根据被保全财产的种类及所在地、各债权数额与被保全财产价值之间的关系等案件具体情况指定执行法院，并督促其在指定期限内处分被保全财产。

第二十二条 财产纠纷案件，被保全人或第三人提供充分有效担保请求解除保全，人民法院应当裁定准许。被保全人请求对作为争议标的的财产解除保全的，须经申请保全人同意。

第二十三条 人民法院采取财产保全措施后，有下列情形之一的，申请保全人应当及时申请解除保全：

（一）采取诉前财产保全措施后三十日内不依法提起诉讼或者申请仲裁的；

（二）仲裁机构不予受理仲裁申请、准许撤回仲裁申请或者按撤回仲裁申请处理的；

（三）仲裁申请或者请求被仲裁裁决驳回的；

（四）其他人民法院对起诉不予受理、准许撤诉或者按撤诉处理的；

（五）起诉或者诉讼请求被其他人民法院生效裁判驳回的；

（六）申请保全人应当申请解除保全的其他情形。

人民法院收到解除保全申请后，应当在五日内裁定解除保全；对情况紧急的，必须在四十八小时内裁定解除保全。

申请保全人未及时申请人民法院解除保全，应当赔偿被保全人因财产保全所遭受的损失。

被保全人申请解除保全，人民法院经审查认为符合法律规定的，应当在本条第二款规定的期间内裁定解除保全。

第二十四条 财产保全裁定执行中，人民法院发现保全裁定的内容与被保全财产的实际情况不符的，应当予以撤销、变更或补正。

第二十五条 申请保全人、被保全人对保全裁定或者驳回申请裁定不服的，可以自裁定书送达之日起五日内向作出裁定的人民法院申请复议一次。人民法院应当自收到复议申请后十日内审查。

对保全裁定不服申请复议的，人民法院经审查，理由成立的，裁定撤销或变更；理由不成立的，裁定驳回。

对驳回申请裁定不服申请复议的，人民法院经审查，理由成立的，裁定撤销，并采取保全措施；理由不成立的，裁定驳回。

第二十六条 申请保全人、被保全人、利害关系人认为保全裁定实施过程中的执行行为违反法律规定提出书面异议的，人民法院应当依照民事诉讼法第二百二十五条规定审查处理。

第二十七条 人民法院对诉讼争议标的以外的财产进行保全，案外人对保全裁定或者保全裁定实施过程中的执行行为不服，基于实体权利对被保全财产提出书面异议的，人民法院应当依照民事诉讼法第二百二十七条规定审查处理并作出裁定。案外人、申请保全人对该裁定不服的，可以自裁定送达之日起十五日内向人民法院提起执行异议之诉。

人民法院裁定案外人异议成立后，申请保全人在法律规定的期间内未提起执行异议之诉的，人民法院应当自起诉期限届满之日起七日内对该被保全财产解除保全。

第二十八条 海事诉讼中，海事请求人申请海事请求保全，适用《中华人民共和国海事诉讼特别程序法》及相关司法解释。

《最高人民法院关于审查知识产权纠纷行为保全案件适用法律若干问题的规定》（法释〔2018〕21号 2018年12月12日公布）

第十九条 申请人同时申请行为保全、财产保全或者证据保全的，人民法院应当依法分别审查不同类型保全申请是否符合条件，并作出裁定。

为避免被申请人实施转移财产、毁灭证据等行为致使保全目的无法实现，人民法院可以根据案件具体情况决定不同类型保全措施的执行顺序。

适用本案由需要注意的问题

◆对于申请诉前财产保全案件的管辖，当事人应当向被保全财产所在地、被申请人住所地或者对案件有管辖权的人民法院申请。

432. 申请诉前行为保全

案由解析

申请诉前行为保全，是指人民法院在民事案件受理前，因情况紧急，为避免当事人或者利害关系人的利益受到不应有的损害或进一步的损害，利害关系人及其委托的代理人请求人民法院责令被申请人作出一定行为或禁止其作出一定行为的保全制度。

常用法律条文及索引

《最高人民法院关于审查知识产权纠纷行为保全案件适用法律若干问题的规定》（法释〔2018〕21号 2018年12月12日公布）

第二条～第十九条，见本书“425. 申请诉前停止侵害专利权”案由相关部分。

适用本案由需要注意的问题

◆适用本案由时需注意，涉及知识产权纠纷诉前行为保全的案件，应当适用“申请诉前停止侵害知识产权案件”项下的案由；涉及诉前海事强制令的，应当适用“申请海事强制令”案由；涉及其他诉前行为保全的，适用本案由。

433. 申请诉前证据保全

案由解析

申请诉前证据保全，是指在证据有可能灭失或以后难以取得的情况下，利害关系人及其委托的代理人请求人民法院保全证据，对证据加以固定和保全的制度。

申请诉前证据保全的适用条件主要有：(1) 诉前证据保全的申请人必须而且只能是利害关系人或其有权代理人，否则无权申请诉前证据保全。(2) 确实有申请保全的必要。即若不及时加以提取、固定、保存备用，就可能因物理或者化学变化甚至人为原因遭到毁损，一旦灭失将无法恢复，无法再现或者是提取困难，如证人即将出国，如果不及时取证，将来再获取将会增加很大的难度，又或者是一旦诉讼发生后证人证言可能因各种因素发生变化，无法真实反映案件事实。(3) 申请人在申请诉前证据保全时应提供初步证据以证明保全的必要。

常用法律条文及索引

《中华人民共和国民事诉讼法》(2023 年 9 月 1 日修正)

第八十四条　在证据可能灭失或者以后难以取得的情况下，当事人可以在诉讼过程中向人民法院申请保全证据，人民法院也可以主动采取保全措施。

因情况紧急，在证据可能灭失或者以后难以取得的情况下，利害关系人可以在提起诉讼或者申请仲裁前向证据所在地、被申请人住所地或者对案件有管辖权的人民法院申请保全证据。

证据保全的其他程序，参照适用本法第九章保全的有关规定。

《中华人民共和国商标法》（2019 年 4 月 23 日修正）

第六十六条 为制止侵权行为，在证据可能灭失或者以后难以取得的情况下，商标注册人或者利害关系人可以依法在起诉前向人民法院申请保全证据。

《中华人民共和国著作权法》（2020 年 11 月 11 日修正）

第五十七条 为制止侵权行为，在证据可能灭失或者以后难以取得的情况下，著作权人或者与著作权有关的权利人可以在起诉前依法向人民法院申请保全证据。

《计算机软件保护条例》（2013 年 1 月 30 日修订）

第二十七条 为了制止侵权行为，在证据可能灭失或者以后难以取得的情况下，软件著作权人可以依照《中华人民共和国著作权法》第五十一条的规定，在提起诉讼前向人民法院申请保全证据。

《最高人民法院关于审理著作权民事纠纷案件适用法律若干问题的解释》（法释〔2002〕31 号 2020 年 12 月 23 日修正）

第二十八条 人民法院采取保全措施的，依据民事诉讼法及《最高人民法院关于审查知识产权纠纷行为保全案件适用法律若干问题的规定》的有关规定办理。

《最高人民法院关于审理侵害植物新品种权纠纷案件具体应用法律问题的若干规定》（法释〔2007〕1 号 2020 年 12 月 23 日修正）

第五条 品种权人或者利害关系人向人民法院提起侵害植物新品种权诉讼前，可以提出行为保全或者证据保全请求，人民法院经审查作出裁定。

人民法院采取证据保全措施时，可以根据案件具体情况，邀请有关专业技术人员按照相应的技术规程协助取证。

《最高人民法院关于审查知识产权纠纷行为保全案件适用法律若干问题的规定》（法释〔2018〕21 号 2018 年 12 月 12 日公布）

第十九条 申请人同时申请行为保全、财产保全或者证据保全的，人民法院应当依法分别审查不同类型保全申请是否符合条件，并作出裁定。

为避免被申请人实施转移财产、毁灭证据等行为致使保全目的无法实现，人民法院可以根据案件具体情况决定不同类型保全措施的执行顺序。

《最高人民法院关于民事诉讼证据的若干规定》（法释〔2001〕33 号 2019 年 10 月 14 日修正）

第二十九条 人民法院采取诉前证据保全措施后，当事人向其他有管辖权的人民法院提起诉讼的，采取保全措施的人民法院应当根据当事人的申请，将保全的证据及时移交受理案件的人民法院。

第三十一条 当事人申请鉴定，应当在人民法院指定期间内提出，并预交鉴定费用。逾期不提出申请或者不预交鉴定费用的，视为放弃申请。

对需要鉴定的待证事实负有举证责任的当事人，在人民法院指定期间内无正当理由不提出鉴定申请或者不预交鉴定费用，或者拒不提供相关材料，致使待证事实无法查明的，应当承担举证不能的法律后果。

适用本案由需要注意的问题

◆申请诉前证据保全案件，根据《民事诉讼法》第 84 条第 2 款的规定，利害关系人可以在提起诉讼前向证据所在地、被申请人住所地或者对案件有管辖权的人民法院申请保全证据。

434. 申请仲裁前财产保全

案由解析

申请仲裁前财产保全，是指利害关系人因情况紧急，不立即申请财产保全将会使其合法权益受到难以弥补的损害的，可以在申请仲裁前向有管辖权的人民法院申请，由人民法院所采取的一种财产保全措施。

常用法律条文及索引

《中华人民共和国仲裁法》（2017 年 9 月 1 日修正）

第二十八条 一方当事人因另一方当事人的行为或者其他原因，可能使裁决不能执行或者难以执行的，可以申请财产保全。

当事人申请财产保全的，仲裁委员会应当将当事人的申请依照民事诉讼法的有关规定提交人民法院。

申请有错误的，申请人应当赔偿被申请人因财产保全所遭受的损失。

适用本案由需要注意的问题

◆申请仲裁前财产保全案件，根据《民事诉讼法》第 104 条的规定，利害关系人可以在申请仲裁前向被保全财产所在地、被申请人住所地或者对案件有管辖权的人民法院申请采取保全措施。

435. 申请仲裁前行为保全

案由解析

申请仲裁前行为保全，是指利害关系人在申请仲裁前，因情况紧急，为避免当事人或者利害关系人的利益受到不应有的损害或进一步的损害，利害关系人及其委托的代理人请求人民法院责令被申请人作出一定行为或禁止其作出一定行为的保全制度。

常用法律条文及索引

《最高人民法院关于审查知识产权纠纷行为保全案件适用法律若干问题的规定》（法释〔2018〕21号　2018年12月12日公布）

第二条～第十九条，见本书“425. 申请诉前停止侵害专利权”案由相关部分。

适用本案由需要注意的问题

◆申请仲裁前财产保全案件，一般由被申请人住所地人民法院管辖。

436. 申请仲裁前证据保全

案由解析

申请仲裁前证据保全，是指在证据有可能灭失或以后难以取得的情况下，利害关系人及其委托的代理人在申请仲裁前请求人民法院保全证据，对证据加以固定和保全的制度。

常用法律条文及索引

《中华人民共和国仲裁法》（2017年9月1日修正）

第四十六条　在证据可能灭失或者以后难以取得的情况下，当事人可以申请证据保全。当事人申请证据保全的，仲裁委员会应当将当事人的申请提交证据所在地的基层人民法院。

第六十八条　涉外仲裁的当事人申请证据保全的，涉外仲裁委员会应当将当事人的申请提交证据所在地的中级人民法院。

适用本案由需要注意的问题

◆申请仲裁前证据保全案件，根据《民事诉讼法》第 84 条第 2 款的规定，利害关系人可以在申请仲裁前向证据所在地、被申请人住所地或者对案件有管辖权的人民法院申请保全证据。

437. 仲裁程序中的财产保全

案由解析

仲裁程序中的财产保全，指财产权益纠纷申请仲裁后，仲裁庭作出裁决前，因某种原因可能发生财产的转移、消耗、毁损、灭失或变质、腐烂等情况，经一方当事人申请保全，仲裁委员会将当事人申请依照《民事诉讼法》的有关规定转交人民法院，请求人民法院采取的某种强制措施。我国《仲裁法》第 28 条第 1 款规定："一方当事人因另一方当事人的行为或者其他原因，可能使裁决不能执行或者难以执行的，可以申请财产保全。"

仲裁程序中的财产保全的特点主要有：(1) 具有临时性和强制性。财产一经保全，当事人在一段时间内，就无权使用、处分。只有在被申请人提供足够的担保后，或者案件仲裁结束，裁决已执行完毕，保全措施才能解除。(2) 保全的财产范围，仅限于申请人请求的范围，与本仲裁案件或者将来要仲裁的案件有关的财产。与本仲裁案件无关的财产不能采取保全措施。被采取保全的财产的价值，不能超过也不能太小于仲裁请求的范围，超过仲裁请求的范围，就会给被申请保全人的合法权益带来损失，是法律不允许的；保全的财产价值过于小于仲裁请求的范围，不利于将来裁决的执行，不利于维护申请人的合法权利。(3) 保全的对象只能是有形的财产，而不能是人身权利。

仲裁程序中的财产保全的条件主要有：(1) 申请财产保全的争议案件应当是具有财产给付内容的案件。(2) 申请财产保全须具有法定的事实和理由。根据我国《仲裁法》规定，只有出现因一方当事人的行为或者其他原因，如当事人隐匿、转移、毁损、变卖财物，以逃避所应承担的实体义务以及争议的标的物系鲜活物品或者季节性很强的物品等，可能使仲裁裁决不能执行或难以执行时才可以申请财产保全。（3）财产保全申请须在一定期间内提出。一般应当在争议案件受理后，仲裁庭作出仲裁裁决之前提出。（4）财产保全申请应当向受理争议案件的仲裁委员会提出，而不得直接向有关的人民法院提出。

常用法律条文及索引

《中华人民共和国仲裁法》（2017 年 9 月 1 日修正）

第二十八条 一方当事人因另一方当事人的行为或者其他原因，可能使裁决不能执行或者难以执行的，可以申请财产保全。

当事人申请财产保全的，仲裁委员会应当将当事人的申请依照民事诉讼法的有关规定提交人民法院。

申请有错误的，申请人应当赔偿被申请人因财产保全所遭受的损失。

《中华人民共和国民事诉讼法》（2023 年 9 月 1 日修正）

第一百零三条 人民法院对于可能因当事人一方的行为或者其他原因，使判决难以执行或者造成当事人其他损害的案件，根据对方当事人的申请，可以裁定对其财产进行保全、责令其作出一定行为或者禁止其作出一定行为；当事人没有提出申请的，人民法院在必要时也可以裁定采取保全措施。

人民法院采取保全措施，可以责令申请人提供担保，申请人不提供担保的，裁定驳回申请。

人民法院接受申请后，对情况紧急的，必须在四十八小时内作出裁定；裁定采取保全措施的，应当立即开始执行。

第一百零四条 利害关系人因情况紧急，不立即申请保全将会使其合法权益受到难以弥补的损害的，可以在提起诉讼或者申请仲裁前向被保全财产所在地、被申请人住所地或者对案件有管辖权的人民法院申请采取保全措施。申请人应当提供担保，不提供担保的，裁定驳回申请。

人民法院接受申请后，必须在四十八小时内作出裁定；裁定采取保全措施的，应当立即开始执行。

申请人在人民法院采取保全措施后三十日内不依法提起诉讼或者申请仲裁的，人民法院应当解除保全。

第一百零五条 保全限于请求的范围，或者与本案有关的财物。

第一百零六条 财产保全采取查封、扣押、冻结或者法律规定的其他方法。人民法院保全财产后，应当立即通知被保全财产的人。

财产已被查封、冻结的，不得重复查封、冻结。

第一百零七条　财产纠纷案件，被申请人提供担保的，人民法院应当裁定解除保全。

第一百零八条　申请有错误的，申请人应当赔偿被申请人因保全所遭受的损失。

第一百零九条　人民法院对下列案件，根据当事人的申请，可以裁定先予执行：

（一）追索赡养费、扶养费、抚养费、抚恤金、医疗费用的；

（二）追索劳动报酬的；

（三）因情况紧急需要先予执行的。

第一百一十条　人民法院裁定先予执行的，应当符合下列条件：

（一）当事人之间权利义务关系明确，不先予执行将严重影响申请人的生活或者生产经营的；

（二）被申请人有履行能力。

人民法院可以责令申请人提供担保，申请人不提供担保的，驳回申请。申请人败诉的，应当赔偿被申请人因先予执行遭受的财产损失。

第一百一十一条　当事人对保全或者先予执行的裁定不服的，可以申请复议一次。复议期间不停止裁定的执行。

第二百八十八条　涉外经济贸易、运输和海事中发生的纠纷，当事人在合同中订有仲裁条款或者事后达成书面仲裁协议，提交中华人民共和国涉外仲裁机构或者其他仲裁机构仲裁的，当事人不得向人民法院起诉。

当事人在合同中没有订有仲裁条款或者事后没有达成书面仲裁协议的，可以向人民法院起诉。

第二百八十九条　当事人申请采取保全的，中华人民共和国的涉外仲裁机构应当将当事人的申请，提交被申请人住所地或者财产所在地的中级人民法院裁定。

第二百九十条　经中华人民共和国涉外仲裁机构裁决的，当事人不得向人民法院起诉。一方当事人不履行仲裁裁决的，对方当事人可以向被申请人住所地或者财产所在地的中级人民法院申请执行。

第二百九十一条　对中华人民共和国涉外仲裁机构作出的裁决，被申请人提出证据证明仲裁裁决有下列情形之一的，经人民法院组成合议庭审查核实，裁定不予执行：

（一）当事人在合同中没有订有仲裁条款或者事后没有达成书面仲裁协议的；

（二）被申请人没有得到指定仲裁员或者进行仲裁程序的通知，或者由于其他不属于被申请人负责的原因未能陈述意见的；

（三）仲裁庭的组成或者仲裁的程序与仲裁规则不符的；

（四）裁决的事项不属于仲裁协议的范围或者仲裁机构无权仲裁的。

人民法院认定执行该裁决违背社会公共利益的，裁定不予执行。

《最高人民法院关于适用〈中华人民共和国民事诉讼法〉的解释》（法释〔2015〕5号　2022年3月22日修正）

第五百四十条　依照民事诉讼法第二百七十九条规定，中华人民共和国涉外仲裁机构将当事人的保全申请提交人民法院裁定的，人民法院可以进行审查，裁定是否进行保全。裁定保全的，应当责令申请人提供担保，申请人不提供担保的，裁定驳回申请。

当事人申请证据保全，人民法院经审查认为无需提供担保的，申请人可以不提供担保。

适用本案由需要注意的问题

◆仲裁程序中的财产保全分为两种：一是国内仲裁机构的财产保全；二是涉外仲裁机构的财产保全。

对于国内仲裁机构的财产保全管辖问题，我国法律及相关司法解释暂时还没有明确规定，我们认为，国内仲裁程序中的财产保全参照涉外仲裁机构的财产保全管辖规定，即由被申请人住所地或者财产所在地的基层人民法院管辖比较合理。

对于涉外仲裁机构的财产保全管辖问题，根据《民事诉讼法》的规定，中华人民共和国的涉外仲裁机构应当将当事人的申请，提交被申请人住所地或者财产所在地的中级人民法院裁定。

438. 仲裁程序中的证据保全

案由解析

仲裁程序中的证据保全，是指根据仲裁当事人的申请，在证据可能灭失或以后难以取得的情况下，由人民法院对证据及时采取保护措施，以保存证据证明力的活动。

申请仲裁程序中的证据保全的特点主要有：(1) 申请仲裁证据保全的只能是仲裁当事人。(2) 是由人民法院采取保护措施。(3) 前提是证据可能灭失或以后难以取得。(4) 保全的对象是证据。申请仲裁程序中的证据保全的条件有：(1) 证据可能灭失。如证人因年事已高，患有疾病，有可能即将死亡，应及时取证；作为证据的物品有将腐坏、变质、消灭的可能，应及时将物品的外形、特征等记成笔录，或进行拍照和录像，并将物品及时处理。(2) 证据在将来难以取得。例如，证人将要出国等情况。虽然难以取得并不等于无法取得，但如果不进行保全将会影响到案件的及时审理甚至影响到办案的质量。

常用法律条文及索引

《中华人民共和国仲裁法》（2017 年 9 月 1 日修正）

第四十六条　在证据可能灭失或者以后难以取得的情况下，当事人可以申请证据保全。当事人申请证据保全的，仲裁委员会应当将当事人的申请提交证据所在地的基层人民法院。

第六十八条　涉外仲裁的当事人申请证据保全的，涉外仲裁委员会应当将当事人的申请提交证据所在地的中级人民法院。

适用本案由需要注意的问题

◆仲裁程序中的证据保全分为两种：一是国内仲裁机构的证据保全；二是涉外仲裁机构的证据保全。

对国内仲裁案件证据保全有管辖权的法院，依《最高人民法院关于人民法院执行工作若干问题的规定（试行）》第 11 条之规定，由证据所在地的基层人民法院对符合证据保全条件的申请作出裁定，并予以执行，不符合条件的，裁定驳回申请。

对涉外仲裁过程中当事人提出的证据保全申请由证据所在地的中级人民法院裁定。由此可见，证据保全在国内仲裁和涉外仲裁中的地域管辖是一致的，不同的是级别管辖，一个是基层人民法院，一个是中级人民法院。

439. 申请执行前财产保全

案由解析

申请执行前财产保全，是指作为民事执行依据的法律文书生效后至申请执行前，可能因债务人的行为或者其他原因，使法律文书不能执行或者难以执行，债权人可以向有执行管辖权的人民法院申请保全债务人的财产。是否裁定采取财产保全措施，由人民法院审查决定。

常用法律条文及索引

参见“431. 申请诉前财产保全”案由相关部分。

适用本案由需要注意的问题

◆适用本案由时应注意，生效法律文书确定的履行期限尚未到期，或者申请执行的条件不成就，不能申请执行；被告存在转移财产的可能或者发现被告有可供执行的财产，申请财产保全，法院可以不要求提供担保。生效后执行前的空档期，如果存在财产被转移的情况，可以申请法院保全，且无须提供担保。但因条件不成就可能损害对方利益的情况，法院会要求申请人提供担保。

440. 申请中止支付信用证项下款项

案由解析

申请中止支付信用证项下款项，是指信用证的开证申请人，开证行或者其他利害关系人认为信用证交易存在法律规定的信用证欺诈情形，如不采取中止支付信用证项下款项的措施，将会使申请人的合法权益受到难以弥补的损害，在诉讼前或诉讼过程中向人民法院申请采取财产保全措施，暂时中止信用证项下的款项支付。

申请中止支付信用证项下款项的特点主要有：（1）申请人是信用证的开

证申请人，开证行或者其他利害关系人。(2) 前提是当事人认为信用证交易存在法律规定的信用证欺诈情形。(3) 是一种特殊的财产保全措施。

申请中止支付信用证项下款项应符合以下条件：(1) 向有管辖权的法院提出申请。(2) 存有信用证欺诈事实。所谓信用证欺诈事实包括三种主要情形：受益人伪造单据或者提交记载内容虚假的单据；受益人恶意不交付货物或交付的货物无价值；受益人和开证申请人或者其他第三方串通提交假单据，而没有真实的基础交易。(3) 如不采取中止支付信用证项下款项的措施，将会使申请人的合法权益受到难以弥补的损害。(4) 申请人提供可靠、充分的担保。

常用法律条文及索引

《最高人民法院关于审理信用证纠纷案件若干问题的规定》（法释〔2005〕13号　2020年12月23日修正）

第八条　凡有下列情形之一的，应当认定存在信用证欺诈：

（一）受益人伪造单据或者提交记载内容虚假的单据；

（二）受益人恶意不交付货物或者交付的货物无价值；

（三）受益人和开证申请人或者其他第三方串通提交假单据，而没有真实的基础交易；

（四）其他进行信用证欺诈的情形。

第九条　开证申请人、开证行或者其他利害关系人发现有本规定第八条的情形，并认为将会给其造成难以弥补的损害时，可以向有管辖权的人民法院申请中止支付信用证项下的款项。

第十条　人民法院认定存在信用证欺诈的，应当裁定中止支付或者判决终止支付信用证项下款项，但有下列情形之一的除外：

（一）开证行的指定人、授权人已按照开证行的指令善意地进行了付款；

（二）开证行或者其指定人、授权人已对信用证项下票据善意地作出了承兑；

（三）保兑行善意地履行了付款义务；

（四）议付行善意地进行了议付。

第十一条　当事人在起诉前申请中止支付信用证项下款项符合下列条件的，人民法院应予受理：

（一）受理申请的人民法院对该信用证纠纷案件享有管辖权；

（二）申请人提供的证据材料证明存在本规定第八条的情形；

（三）如不采取中止支付信用证项下款项的措施，将会使申请人的合法权益受到难以弥补的损害；

（四）申请人提供了可靠、充分的担保；

（五）不存在本规定第十条的情形。

当事人在诉讼中申请中止支付信用证项下款项的，应当符合前款第（二）、（三）、（四）、（五）项规定的条件。

第十二条 人民法院接受中止支付信用证项下款项申请后，必须在四十八小时内作出裁定；裁定中止支付的，应当立即开始执行。

人民法院作出中止支付信用证项下款项的裁定，应当列明申请人、被申请人和第三人。

第十三条 当事人对人民法院作出中止支付信用证项下款项的裁定有异议的，可以在裁定书送达之日起十日内向上一级人民法院申请复议。上一级人民法院应当自收到复议申请之日起十日内作出裁定。

复议期间，不停止原裁定的执行。

适用本案由需要注意的问题

◆级别管辖：根据《最高人民法院关于涉外民商事案件诉讼管辖若干问题的规定》，申请中止支付信用证项下款项案件应当由国务院批准设立的经济技术开发区人民法院，省会、自治区首府、直辖市所在地的中级人民法院，经济特区、计划单列市中级人民法院，最高人民法院指定的其他中级人民法院，高级人民法院管辖。①

◆地域管辖：申请中止支付信用证项下款项实质上是信用证纠纷当中的诉前、诉中财产保全程序，因此，可参照申请诉前、诉中财产保全程序的关于管辖的有关规定。对于申请诉前财产保全案件的管辖，当事人应当向财产所在地的人民法院申请。人民法院采取诉前财产保全后，申请人起诉的，可以向采取诉前财产保全的人民法院或者其他有管辖权的人民法院提起；对于申请诉中财产保全案件，由正在审理该案件的人民法院管辖。

① 信用证纠纷是指在国际贸易中，信用证各方当事人在信用证开立和履行过程中发生的纠纷。由于信用证作为国际贸易支付方式，其在运作过程及适用法律方面均具有涉外性，因此信用证纠纷案件不论其主体是否涉外，都应当予以集中管辖。

441. 申请中止支付保函项下款项

案由解析

保函，又称保证书，是指银行、保险公司、担保公司或个人应申请人的请求，向第三方开立的一种书面信用担保凭证。保证在申请人未能按双方协议履行责任或义务时，由担保人代其履行一定金额、一定期限范围内的某种支付责任或经济赔偿责任。

申请中止支付保函项下款项，是指当事人在认为保函存在欺诈行为时，在向人民法院起诉前或诉讼中，向人民法院申请采取保全措施，请求银行中止支付保函项下款项，以避免造成损失的一种特殊保全措施。

申请中止支付保函项下款项的特点主要有：（1）申请人是与保函有关的利害关系人。（2）前提是当事人认为保函存在欺诈行为。（3）是一种特殊的财产保全。

常用法律条文及索引

《中华人民共和国民事诉讼法》（2023 年 9 月 1 日修正）

第一百零四条　利害关系人因情况紧急，不立即申请保全将会使其合法权益受到难以弥补的损害的，可以在提起诉讼或者申请仲裁前向被保全财产所在地、被申请人住所地或者对案件有管辖权的人民法院申请采取保全措施。申请人应当提供担保，不提供担保的，裁定驳回申请。

人民法院接受申请后，必须在四十八小时内作出裁定；裁定采取保全措施的，应当立即开始执行。

申请人在人民法院采取保全措施后三十日内不依法提起诉讼或者申请仲裁的，人民法院应当解除保全。

第一百零五条　保全限于请求的范围，或者与本案有关的财物。

第一百零六条　财产保全采取查封、扣押、冻结或者法律规定的其他方法。人民法院保全财产后，应当立即通知被保全财产的人。

财产已被查封、冻结的，不得重复查封、冻结。

《最高人民法院关于审理独立保函纠纷案件若干问题的规定》（法释〔2016〕24号 2020年12月23日修正）

第十二条 具有下列情形之一的，人民法院应当认定构成独立保函欺诈：

（一）受益人与保函申请人或其他人串通，虚构基础交易的；

（二）受益人提交的第三方单据系伪造或内容虚假的；

（三）法院判决或仲裁裁决认定基础交易债务人没有付款或赔偿责任的；

（四）受益人确认基础交易债务已得到完全履行或者确认独立保函载明的付款到期事件并未发生的；

（五）受益人明知其没有付款请求权仍滥用该权利的其他情形。

第十三条 独立保函的申请人、开立人或指示人发现有本规定第十二条情形的，可以在提起诉讼或申请仲裁前，向开立人住所地或其他对独立保函欺诈纠纷案件具有管辖权的人民法院申请中止支付独立保函项下的款项，也可以在诉讼或仲裁过程中提出申请。

第十四条 人民法院裁定中止支付独立保函项下的款项，必须同时具备下列条件：

（一）止付申请人提交的证据材料证明本规定第十二条情形的存在具有高度可能性；

（二）情况紧急，不立即采取止付措施，将给止付申请人的合法权益造成难以弥补的损害；

（三）止付申请人提供了足以弥补被申请人因止付可能遭受损失的担保。

止付申请人以受益人在基础交易中违约为由请求止付的，人民法院不予支持。

开立人在依指示开立的独立保函项下已经善意付款的，对保障该开立人追偿权的独立保函，人民法院不得裁定止付。

第十五条 因止付申请错误造成损失，当事人请求止付申请人赔偿的，人民法院应予支持。

第十六条 人民法院受理止付申请后，应当在四十八小时内作出书面裁定。裁定应当列明申请人、被申请人和第三人，并包括初步查明的事实和是否准许止付申请的理由。

裁定中止支付的，应当立即执行。

止付申请人在止付裁定作出后三十日内未依法提起独立保函欺诈纠纷诉讼或申请仲裁的，人民法院应当解除止付裁定。

第十七条　当事人对人民法院就止付申请作出的裁定有异议的，可以在裁定书送达之日起十日内向作出裁定的人民法院申请复议。复议期间不停止裁定的执行。

人民法院应当在收到复议申请后十日内审查，并询问当事人。

第十八条　人民法院审理独立保函欺诈纠纷案件或处理止付申请，可以就当事人主张的本规定第十二条的具体情形，审查认定基础交易的相关事实。

适用本案由需要注意的问题

◆申请中止支付保函项下款项实质上是特殊的申请诉前、诉中财产保全程序，因此，可参照申请诉前、诉中财产保全程序的关于管辖的有关规定。对于申请诉前财产保全案件的管辖，当事人应当向财产所在地的人民法院申请。人民法院采取诉前财产保全后，申请人起诉的，可以向采取诉前财产保全的人民法院或者其他有管辖权的人民法院提起；对于申请诉中财产保全案件，由正在审理该案件的人民法院管辖。

四十六、申请人身安全保护令案件

442. 申请人身安全保护令

案由解析

人身安全保护令，是一种民事强制措施，是法院为了保护家庭暴力受害人及其子女和特定亲属的人身安全或确保婚姻案件诉讼程序的正常进行而作出的民事裁定。2016 年 3 月 1 日，《反家庭暴力法》正式施行，标志着我国首次以国家立法形式建立了人身安全保护令制度。申请人身安全保护令，是指申请人因遭受家庭暴力或面临家庭暴力的现实危险而申请人民法院出具的禁止或责令被申请人为一定行为的裁定。

常用法律条文及索引

《中华人民共和国反家庭暴力法》（2015 年 12 月 27 日公布　2016 年 3 月 1 日施行）

第二十三条　当事人因遭受家庭暴力或者面临家庭暴力的现实危险，向人民法院申请人身安全保护令的，人民法院应当受理。

当事人是无民事行为能力人、限制民事行为能力人，或者因受到强制、威吓等原因无法申请人身安全保护令的，其近亲属、公安机关、妇女联合会、居民委员会、村民委员会、救助管理机构可以代为申请。

第二十四条　申请人身安全保护令应当以书面方式提出；书面申请确有困难的，可以口头申请，由人民法院记入笔录。

第二十五条　人身安全保护令案件由申请人或者被申请人居住地、家庭暴力发生地的基层人民法院管辖。

第二十六条　人身安全保护令由人民法院以裁定形式作出。

第二十七条　作出人身安全保护令，应当具备下列条件：

（一）有明确的被申请人；

（二）有具体的请求；

（三）有遭受家庭暴力或者面临家庭暴力现实危险的情形。

第二十八条　人民法院受理申请后，应当在七十二小时内作出人身安全保护令或者驳回申请；情况紧急的，应当在二十四小时内作出。

第二十九条　人身安全保护令可以包括下列措施：

（一）禁止被申请人实施家庭暴力；

（二）禁止被申请人骚扰、跟踪、接触申请人及其相关近亲属；

（三）责令被申请人迁出申请人住所；

（四）保护申请人人身安全的其他措施。

第三十条　人身安全保护令的有效期不超过六个月，自作出之日起生效。人身安全保护令失效前，人民法院可以根据申请人的申请撤销、变更或者延长。

第三十一条　申请人对驳回申请不服或者被申请人对人身安全保护令不服的，可以自裁定生效之日起五日内向作出裁定的人民法院申请复议一次。人民法院依法作出人身安全保护令的，复议期间不停止人身安全保护令的执行。

第三十二条　人民法院作出人身安全保护令后，应当送达申请人、被申请人、公安机关以及居民委员会、村民委员会等有关组织。人身安全保护令由人民法院执行，公安机关以及居民委员会、村民委员会等应当协助执行。

第三十四条　被申请人违反人身安全保护令，构成犯罪的，依法追究刑事责任；尚不构成犯罪的，人民法院应当给予训诫，可以根据情节轻重处以一千元以下罚款、十五日以下拘留。

适用本案由需要注意的问题

◆人身安全保护令案件单独立案，不以申请人提起离婚诉讼等为前提。申请人不想离婚，仍可以单独提出人身安全保护令申请。

◆人身安全保护令是程序性的民事强制措施，因其不仅制止正在进行的家庭暴力行为，还预防即将发生或者有可能发生的家庭暴力行为，所以发出人身安全保护令，不能当然推定家庭暴力客观存在。是否构成《民法典》规定的离婚法定事由等情形下的家庭暴力，仍然应当由人民法院根据《民法典》等实体法的规定来审查、认定。

◆申请人可以向受害人居住地、致害人居住地、家庭暴力发生地的基层人民法院提出申请。以上地址不一致时，可以向以上任何一地的基层人民法院提起申请。

四十七、申请人格权侵害禁令案件

443. 申请人格权侵害禁令

案由解析

申请人格权侵害禁令，是指民事主体有证据证明行为人正在实施或者即将实施侵害其人格权的违法行为，不及时制止将使其合法权益受到难以弥补的损害的，申请人民法院作出责令行为人停止有关行为的裁定。《民法典》首次规定了针对侵害人格权行为的禁令制度，有利于及时制止侵害人格权的行为，防止侵害人格权的损害后果发生，或者防止侵害人格权的损害后果扩大，具有事前对人格权保护、预防的功能，从禁令制度的目的和功能来看，能够有效避免侵害人格权的行为造成不可逆转的损害后果，可以强化对人格权的保护。

常用法律条文及索引

《中华人民共和国民法典》（2020年5月28日公布　2021年1月1日施行）

第九百九十七条　民事主体有证据证明行为人正在实施或者即将实施侵害其人格权的违法行为，不及时制止将使其合法权益受到难以弥补的损害的，有权依法向人民法院申请采取责令行为人停止有关行为的措施。

《中华人民共和国反家庭暴力法》（2015年12月27日公布　2016年3月1日施行）

第二十三条　当事人因遭受家庭暴力或者面临家庭暴力的现实危险，向人民法院申请人身安全保护令的，人民法院应当受理。

当事人是无民事行为能力人、限制民事行为能力人，或者因受到强制、威吓等原因无法申请人身安全保护令的，其近亲属、公安机关、妇女联合会、居民委员会、村民委员会、救助管理机构可以代为申请。

第二十四条　申请人身安全保护令应当以书面方式提出；书面申请确有困难的，可以口头申请，由人民法院记入笔录。

第二十五条　人身安全保护令案件由申请人或者被申请人居住地、家庭暴力发生地的基层人民法院管辖。

第二十六条　人身安全保护令由人民法院以裁定形式作出。

第二十七条　作出人身安全保护令，应当具备下列条件：

（一）有明确的被申请人；

（二）有具体的请求；

（三）有遭受家庭暴力或者面临家庭暴力现实危险的情形。

第二十八条　人民法院受理申请后，应当在七十二小时内作出人身安全保护令或者驳回申请；情况紧急的，应当在二十四小时内作出。

第二十九条　人身安全保护令可以包括下列措施：

（一）禁止被申请人实施家庭暴力；

（二）禁止被申请人骚扰、跟踪、接触申请人及其相关近亲属；

（三）责令被申请人迁出申请人住所；

（四）保护申请人人身安全的其他措施。

第三十条　人身安全保护令的有效期不超过六个月，自作出之日起生效。人身安全保护令失效前，人民法院可以根据申请人的申请撤销、变更或者延长。

第三十一条　申请人对驳回申请不服或者被申请人对人身安全保护令不服的，可以自裁定生效之日起五日内向作出裁定的人民法院申请复议一次。人民法院依法作出人身安全保护令的，复议期间不停止人身安全保护令的执行。

第三十二条　人民法院作出人身安全保护令后，应当送达申请人、被申请人、公安机关以及居民委员会、村民委员会等有关组织。人身安全保护令由人民法院执行，公安机关以及居民委员会、村民委员会等应当协助执行。

《最高人民法院关于人身安全保护令案件相关程序问题的批复》（法释〔2016〕15 号　2016 年 7 月 11 日公布）

北京市高级人民法院：

你院《关于人身安全保护令案件相关程序问题的请示》（京高法〔2016〕45 号）收悉。经研究，批复如下：

一、关于人身安全保护令案件是否收取诉讼费的问题。同意你院倾向性意见，即向人民法院申请人身安全保护令，不收取诉讼费用。

二、关于申请人身安全保护令是否需要提供拒保的问题。同意你院倾向性意见，即根据《中华人民共和国反家庭暴力法》请求人民法院作出人身安全保护令的，申请人不需要提供担保。

三、关于人身安全保护令案件适用程序等问题。人身安全保护令案件适用何种程序，反家庭暴力法中没有作出直接规定。人民法院可以比照特别程序进行审理。家事纠纷案件中的当事人向人民法院申请人身安全保护令的，由审理该案的审判组织作出是否发出人身安全保护令的裁定；如果人身安全保护令的申请人在接受其申请的人民法院并无正在进行的家事案件诉讼，由法官以独任审理的方式审理。至于是否需要就发出人身安全保护令问题听取被申请人的意见，则由承办法官视案件的具体情况决定。

四、关于复议问题。对于人身安全保护令的被申请人提出的复议申请和人身安全保护令的申请人就驳回裁定提出的复议申请，可以由原审判组织进行复议；人民法院认为必要的，也可以另行指定审判组织进行复议。

此复。

适用本案由需要注意的问题

◆申请人格权侵害禁令，由申请人或者被申请人居住地、侵害人格权行为发生地的基层人民法院管辖。

◆申请人格权侵害禁令，申请人需要提供：（1）申请人的主体身份证明；（2）申请人的人格权益存在被侵害或将被侵害的初步证据；（3）人格权侵害禁令申请书，并在申请书中阐明请求事项、具体的事实和理由。

◆人格权侵害禁令失效前，人民法院可以根据申请人的申请撤销、变更或者延长。

四十八、仲裁程序案件

444. 申请确认仲裁协议效力

案由解析

申请确认仲裁协议效力，是指订有仲裁协议或仲裁条款的当事人因仲裁协议发生争议，向人民法院提出确认之诉，请求人民法院依法确认当事人订立的仲裁协议是否有效。

申请确认仲裁协议效力的特点主要有：（1）是确认之诉。（2）前提是双方当事人因仲裁协议发生争议。

根据《仲裁法》第17条的规定，有下列三种情况之一的，仲裁协议无效：（1）约定的仲裁事项超出法律规定的仲裁范围的仲裁协议。这种协议违反法律对仲裁范围的强制性规范，认定为无效，理所当然。因为仲裁事项的约定范围不能超过法定范围。（2）限制民事行为能力人或无民事行为能力人订立的仲裁协议，即当事人不能的仲裁协议。（3）一方采取胁迫手段，迫使对方订立的仲裁协议，即意思表示不真实的仲裁协议。

常用法律条文及索引

《中华人民共和国仲裁法》（2017年9月1日修正）

第十六条 仲裁协议包括合同中订立的仲裁条款和以其他书面方式在纠纷发生前或者纠纷发生后达成的请求仲裁的协议。

仲裁协议应当具有下列内容：

（一）请求仲裁的意思表示；

（二）仲裁事项；

（三）选定的仲裁委员会。

第十七条　有下列情形之一的，仲裁协议无效：

（一）约定的仲裁事项超出法律规定的仲裁范围的；

（二）无民事行为能力人或者限制民事行为能力人订立的仲裁协议；

（三）一方采取胁迫手段，迫使对方订立仲裁协议的。

第十八条　仲裁协议对仲裁事项或者仲裁委员会没有约定或者约定不明确的，当事人可以补充协议；达不成补充协议的，仲裁协议无效。

第十九条　仲裁协议独立存在，合同的变更、解除、终止或者无效，不影响仲裁协议的效力。

仲裁庭有权确认合同的效力。

第二十条　人对仲裁协议的效力有异议的，可以请求仲裁委员会作出决定或者请求人民法院作出裁定。一方请求仲裁委员会作出决定，另一方请求人民法院作出裁定的，由人民法院裁定。

当事人对仲裁协议的效力有异议，应当在仲裁庭首次开庭前提出。

《最高人民法院关于适用〈中华人民共和国仲裁法〉若干问题的解释》（法释〔2006〕7 号　2008 年 12 月 16 日调整）

第十三条　依照仲裁法第二十条第二款的规定，当事人在仲裁庭首次开庭前没有对仲裁协议的效力提出异议，而后向人民法院申请确认仲裁协议无效的，人民法院不予受理。

仲裁机构对仲裁协议的效力作出决定后，当事人向人民法院申请确认仲裁协议效力或者申请撤销仲裁机构的决定的，人民法院不予受理。

第十四条　仲裁法第二十六条规定的“首次开庭”是指答辩期满后人民法院组织的第一次开庭审理，不包括审前程序中的各项活动。

第十五条　人民法院审理仲裁协议效力确认案件，应当组成合议庭进行审查，并询问当事人。

第十六条　对涉外仲裁协议的效力审查，适用当事人约定的法律；当事人没有约定适用的法律但约定了仲裁地的，适用仲裁地法律；没有约定适用的法律也没有约定仲裁地或者仲裁地约定不明的，适用法院地法律。

适用本案由需要注意的问题

◆ 根据《最高人民法院关于适用〈中华人民共和国仲裁法〉若干问题

的解释》第 12 条的规定，当事人向人民法院申请确认仲裁协议效力的案件，由仲裁协议约定的仲裁机构所在地的中级人民法院管辖；仲裁协议约定的仲裁机构不明确的，由仲裁协议签订地或者被申请人住所地的中级人民法院管辖。申请确认涉外仲裁协议效力的案件，由仲裁协议约定的仲裁机构所在地、仲裁协议签订地、申请人或者被申请人住所地的中级人民法院管辖。涉及海事海商纠纷仲裁协议效力的案件，由仲裁协议约定的仲裁机构所在地、仲裁协议签订地、申请人或者被申请人住所地的海事法院管辖；上述地点没有海事法院的，由就近的海事法院管辖。

445. 申请撤销仲裁裁决

案由解析

申请撤销仲裁裁决，是指仲裁案件的一方当事人认为仲裁机构作出的仲裁裁决存在法律规定的可以撤销的事由，向人民法院申请撤销仲裁裁决的案件。

申请撤销仲裁裁决必须符合下列条件：（1）提出撤销仲裁裁决申请的主体必须是仲裁当事人。由于仲裁当事人与仲裁裁决的结果有直接的利害关系，仲裁裁决也决定着当事人的合法权益是否得到了保护或者受到了侵害。因此，法律规定提出申请撤销仲裁裁决的主体必须是当事人，包括仲裁申请人和被申请人。（2）必须向有管辖权的人民法院提出撤销仲裁裁决的申请。当事人申请撤销仲裁裁决，必须向仲裁委员会所在地的中级人民法院提出；向其他人民法院提出的，人民法院不予受理。（3）必须在法定的期限内提出撤销仲裁裁决的申请。根据我国《仲裁法》的规定，当事人申请撤销仲裁裁决的，应当自收到裁决书之日起 6 个月内提出。如果当事人在规定的期限内没有提出撤销仲裁裁决的申请，则表明当事人放弃了此项权利，双方当事人都应自觉履行裁决书中所规定的各自的义务，否则，权利方当事人可以向法院申请强制执行。（4）必须有证据证明仲裁裁决有法律规定的应予撤销的情形。仲裁当事人提出申请撤销仲裁裁决时必须有证据对该仲裁裁决具有法律规定的应予撤销的情形加以证明；没有证据的，人民法院不予受理。当事人所提供的证据能否证明，则需要人民法院的审查认定。

当事人申请撤销仲裁裁决，必须具有法定理由。根据《仲裁法》的规定，有下列情形之一的，当事人可以申请撤销仲裁裁决：（1）没有仲裁协议。（2）仲裁的事项不属于仲裁协议的范围或者仲裁委员会无权仲裁。（3）仲裁庭的组成或者仲裁的程序违反法定程序。（4）仲裁裁决所依据的证据是伪造的。（5）对方当事人隐瞒了足以影响公正裁决的证据。（6）仲裁员在仲裁该案时有索贿受贿、徇私舞弊、枉法裁决的行为。

常用法律条文及索引

《中华人民共和国仲裁法》（2017年9月1日修正）

第五十八条　当事人提出证据证明裁决有下列情形之一的，可以向仲裁委员会所在地的中级人民法院申请撤销裁决：

（一）没有仲裁协议的；

（二）裁决的事项不属于仲裁协议的范围或者仲裁委员会无权仲裁的；

（三）仲裁庭的组成或者仲裁的程序违反法定程序的；

（四）裁决所根据的证据是伪造的；

（五）对方当事人隐瞒了足以影响公正裁决的证据的；

（六）仲裁员在仲裁该案时有索贿受贿，徇私舞弊，枉法裁决行为的。

人民法院经组成合议庭审查核实裁决有前款规定情形之一的，应当裁定撤销。

人民法院认定该裁决违背社会公共利益的，应当裁定撤销。

第五十九条　当事人申请撤销裁决的，应当自收到裁决书之日起六个月内提出。

第六十条　人民法院应当在受理撤销裁决申请之日起两个月内作出撤销裁决或者驳回申请的裁定。

第六十一条　人民法院受理撤销裁决的申请后，认为可以由仲裁庭重新仲裁的，通知仲裁庭在一定期限内重新仲裁，并裁定中止撤销程序。仲裁庭拒绝重新仲裁的，人民法院应当裁定恢复撤销程序。

第七十条　当事人提出证据证明涉外仲裁裁决有民事诉讼法第二百五十八条第一款规定的情形之一的，经人民法院组成合议庭审查核实，裁定撤销。[①]

---

①　本条规定援引的2007年《民事诉讼法》第258条，现为《民事诉讼法》（2023年修正）第291条，除条文序号外，法条内容未改动。特此说明，下同。

《中华人民共和国民事诉讼法》（2023年9月1日修正）

第二百九十一条 对中华人民共和国涉外仲裁机构作出的裁决，被申请人提出证据证明仲裁裁决有下列情形之一的，经人民法院组成合议庭审查核实，裁定不予执行：

（一）当事人在合同中没有订有仲裁条款或者事后没有达成书面仲裁协议的；

（二）被申请人没有得到指定仲裁员或者进行仲裁程序的通知，或者由于其他不属于被申请人负责的原因未能陈述意见的；

（三）仲裁庭的组成或者仲裁的程序与仲裁规则不符的；

（四）裁决的事项不属于仲裁协议的范围或者仲裁机构无权仲裁的。

人民法院认定执行该裁决违背社会公共利益的，裁定不予执行。

《最高人民法院关于适用〈中华人民共和国仲裁法〉若干问题的解释》（法释〔2006〕7号 2008年12月16日调整）

第十七条 当事人以不属于仲裁法第五十八条或者民事诉讼法第二百五十八条规定的事由申请撤销仲裁裁决的，人民法院不予支持。

第十八条 仲裁法第五十八条第一款第一项规定的“没有仲裁协议”是指当事人没有达成仲裁协议。仲裁协议被认定无效或者被撤销的，视为没有仲裁协议。

第十九条 当事人以仲裁裁决事项超出仲裁协议范围为由申请撤销仲裁裁决，经审查属实的，人民法院应当撤销仲裁裁决中的超裁部分。但超裁部分与其他裁决事项不可分的，人民法院应当撤销仲裁裁决。

第二十一条 当事人申请撤销国内仲裁裁决的案件属于下列情形之一的，人民法院可以依照仲裁法第六十一条的规定通知仲裁庭在一定期限内重新仲裁：

（一）仲裁裁决所根据的证据是伪造的；

（二）对方当事人隐瞒了足以影响公正裁决的证据的。

人民法院应当在通知中说明要求重新仲裁的具体理由。

第二十二条 仲裁庭在人民法院指定的期限内开始重新仲裁的，人民法院应当裁定终结撤销程序；未开始重新仲裁的，人民法院应当裁定恢复撤销程序。

第二十三条 当事人对重新仲裁裁决不服的，可以在重新仲裁裁决书送达之日起六个月内依据仲裁法第五十八条规定向人民法院申请撤销。

第二十四条 当事人申请撤销仲裁裁决的案件，人民法院应当组成合议庭审理，并询问当事人。

第二十五条　人民法院受理当事人撤销仲裁裁决的申请后，另一方当事人申请执行同一仲裁裁决的，受理执行申请的人民法院应当在受理后裁定中止执行。

第二十六条　当事人向人民法院申请撤销仲裁裁决被驳回后，又在执行程序中以相同理由提出不予执行抗辩的，人民法院不予支持。

第二十七条　当事人在仲裁程序中未对仲裁协议的效力提出异议，在仲裁裁决作出后以仲裁协议无效为由主张撤销仲裁裁决或者提出不予执行抗辩的，人民法院不予支持。

当事人在仲裁程序中对仲裁协议的效力提出异议，在仲裁裁决作出后又以此为由主张撤销仲裁裁决或者提出不予执行抗辩，经审查符合仲裁法第五十八条或者民事诉讼法第二百一十三条、第二百五十八条规定的，人民法院应予支持。

适用本案由需要注意的问题

◆对于申请撤销国内仲裁裁决案件的管辖，应根据《仲裁法》第 58 条的规定：当事人申请撤销仲裁裁决的应当由仲裁委员会所在地的中级人民法院管辖。对于申请撤销国际仲裁裁决案件的管辖，应根据《最高人民法院关于涉外民商事案件诉讼管辖若干问题的规定》第 1 条和第 3 条的规定，申请撤销国际仲裁裁决案件应当由国务院批准设立的经济技术开发区人民法院，省会、自治区首府、直辖市所在地的中级人民法院，经济特区、计划单列市中级人民法院，最高人民法院指定的其他中级人民法院，高级人民法院管辖。

四十九、海事诉讼特别程序案件

446. 申请海事请求保全

（1）申请扣押船舶
（2）申请拍卖扣押船舶
（3）申请扣押船载货物
（4）申请拍卖扣押船载货物
（5）申请扣押船用燃油及船用物料
（6）申请拍卖扣押船用燃油及船用物料

案由解析

申请海事请求保全是指海事法院根据海事请求人的申请或者仲裁委员会的提交，为保障其海事请求的实现，对被请求人的财产所采取的强制措施。海事请求保全是民事诉讼中财产保全的一种特殊形态。

海事请求保全的特征是：（1）海事请求保全以海上财产，尤其是船舶、船载货物为主要的保全对象。（2）海事请求保全只能以请求人的申请进行，海事法院不能依职权实施。（3）海事请求保全的对象是被申请人所有的或光船承租的船舶以及依法可以采取保全措施的其他船舶，属于被申请人所有的货物，被申请人有权收取的运费、租金，以及可以依法采取保全措施的其他财产。

典型形态

在实践中，申请海事请求保全的典型形态主要有：

（1）申请扣押船舶，是指司法机关在诉讼或仲裁之前或之中依法强制滞留船舶。包括当事船和姐妹船，当事船是指导致申请扣船的海事请求发生的船舶；姐妹船是指同一船舶所有人所有的不同船舶。扣押船舶的方式包括“死扣押”和“活扣押”，“死扣押”是指将被扣押的船舶就地扣住，使船舶不能驶离港口，不能投入营运，更不能处分或者设置抵押权。“活扣押”是指仅限制被扣押船舶的处分权和抵押权，不限制被扣押船舶的使用权而允许该船舶继续营运的扣押方式。

（2）申请拍卖扣押船舶，是指海事法院扣船后，实体案件审结之前，为避免因长期扣押造成监管费用过高或船舶毁损等经济损失，根据扣船申请人的申请，依照法定程序对被扣船舶实行强制出售，所得价款作为对海事请求的保全，以备偿付债权人债权的制度。

（3）申请扣押船载货物，是指海事法院依据海事请求人的申请，在诉讼或仲裁之前或之中滞留船舶运载的货物（包括货物收益）的保全措施。

（4）申请拍卖扣押船载货物，是指海事法院对被扣押的船载货物，依一定的程序，以出售方式，强制转移其所有权。

（5）申请扣押船用燃油及船用物料，是指海事法院依据海事请求人的申请，在诉前、诉中、裁前、裁中滞留船舶船用燃油及船用物料的保全措施。

（6）申请拍卖扣押船用燃油及船用物料，是指海事法院对被扣押的船用燃油及物料依法定程序实行强制出售。

常用法律条文及索引

《中华人民共和国海事诉讼特别程序法》（1999年12月25日公布　2000年7月1日施行）

第十二条　海事请求保全是指海事法院根据海事请求人的申请，为保障其海事请求的实现，对被请求人的财产所采取的强制措施。

第十三条　当事人在起诉前申请海事请求保全，应当向被保全的财产所在地海事法院提出。

第十四条　海事请求保全不受当事人之间关于该海事请求的诉讼管辖协议或者仲裁协议的约束。

第十五条　海事请求人申请海事请求保全，应当向海事法院提交书面申请。申请书应当载明海事请求事项、申请理由、保全的标的物以及要求提供担保的数额，并附有关证据。

第十六条　海事法院受理海事请求保全申请，可以责令海事请求人提供担保。海事请求人不提供的，驳回其申请。

第十七条　海事法院接受申请后，应当在四十八小时内作出裁定。裁定采取海事请求保全措施的，应当立即执行；对不符合海事请求保全条件的，裁定驳回其申请。

当事人对裁定不服的，可以在收到裁定书之日起五日内申请复议一次。海事法院应当在收到复议申请之日起五日内作出复议决定。复议期间不停止裁定的执行。

利害关系人对海事请求保全提出异议，海事法院经审查，认为理由成立的，应当解除对其财产的保全。

第十八条 被请求人提供担保，或者当事人有正当理由申请解除海事请求保全的，海事法院应当及时解除保全。

海事请求人在本法规定的期间内，未提起诉讼或者未按照仲裁协议申请仲裁的，海事法院应当及时解除保全或者返还担保。

第十九条 海事请求保全执行后，有关海事纠纷未进入诉讼或者仲裁程序的，当事人就该海事请求，可以向采取海事请求保全的海事法院或者其他有管辖权的海事法院提起诉讼，但当事人之间订有诉讼管辖协议或者仲裁协议的除外。

第二十条 海事请求人申请海事请求保全错误的，应当赔偿被请求人或者利害关系人因此所遭受的损失。

第二十一条 下列海事请求，可以申请扣押船舶：

（一）船舶营运造成的财产灭失或者损坏；

（二）与船舶营运直接有关的人身伤亡；

（三）海难救助；

（四）船舶对环境、海岸或者有关利益方造成的损害或者损害威胁；为预防、减少或者消除此种损害而采取的措施；为此种损害而支付的赔偿；为恢复环境而实际采取或者准备采取的合理措施的费用；第三方因此种损害而蒙受或者可能蒙受的损失；以及与本项所指的性质类似的损害、费用或者损失；

（五）与起浮、清除、回收或者摧毁沉船、残骸、搁浅船、被弃船或者使其无害有关的费用，包括与起浮、清除、回收或者摧毁仍在或者曾在该船上的物件或者使其无害的费用，以及与维护放弃的船舶和维持其船员有关的费用；

（六）船舶的使用或者租用的协议；

（七）货物运输或者旅客运输的协议；

（八）船载货物（包括行李）或者与其有关的灭失或者损坏；

（九）共同海损；

（十）拖航；

（十一）引航；

（十二）为船舶营运、管理、维护、维修提供物资或者服务；

（十三）船舶的建造、改建、修理、改装或者装备；

（十四）港口、运河、码头、港湾以及其他水道规费和费用；

（十五）船员的工资和其他款项，包括应当为船员支付的遣返费和社会保险费；

（十六）为船舶或者船舶所有人支付的费用；

（十七）船舶所有人或者光船承租人应当支付或者他人为其支付的船舶保险费（包括互保会费）；

（十八）船舶所有人或者光船承租人应当支付的或者他人为其支付的与船舶有关的佣金、经纪费或者代理费；

（十九）有关船舶所有权或者占有的纠纷；

（二十）船舶共有人之间有关船舶的使用或者收益的纠纷；

（二十一）船舶抵押权或者同样性质的权利；

（二十二）因船舶买卖合同产生的纠纷。

第二十二条　非因本法第二十一条规定的海事请求不得申请扣押船舶，但为执行判决、仲裁裁决以及其他法律文书的除外。

第二十三条　有下列情形之一的，海事法院可以扣押当事船舶：

（一）船舶所有人对海事请求负有责任，并且在实施扣押时是该船的所有人；

（二）船舶的光船承租人对海事请求负有责任，并且在实施扣押时是该船的光船承租人或者所有人；

（三）具有船舶抵押权或者同样性质的权利的海事请求；

（四）有关船舶所有权或者占有的海事请求；

（五）具有船舶优先权的海事请求。

海事法院可以扣押对海事请求负有责任的船舶所有人、光船承租人、定期租船人或者航次租船人在实施扣押时所有的其他船舶，但与船舶所有权或者占有有关的请求除外。

从事军事、政府公务的船舶不得被扣押。

第二十四条　海事请求人不得因同一海事请求申请扣押已被扣押过的船舶，但有下列情形之一的除外：

（一）被请求人未提供充分的担保；

（二）担保人有可能不能全部或者部分履行担保义务；

（三）海事请求人因合理的原因同意释放被扣押的船舶或者返还已提供的担保；或者不能通过合理措施阻止释放被扣押的船舶或者返还已提供的担保。

第二十五条 海事请求人申请扣押当事船舶，不能立即查明被请求人名称的，不影响申请的提出。

第二十六条 海事法院在发布或者解除扣押船舶命令的同时，可以向有关部门发出协助执行通知书，通知书应当载明协助执行的范围和内容，有关部门有义务协助执行。海事法院认为必要，可以直接派员登轮监护。

第二十七条 海事法院裁定对船舶实施保全后，经海事请求人同意，可以采取限制船舶处分或者抵押等方式允许该船舶继续营运。

第二十八条 海事请求保全扣押船舶的期限为三十日。

海事请求人在三十日内提起诉讼或者申请仲裁以及在诉讼或者仲裁过程中申请扣押船舶的，扣押船舶不受前款规定期限的限制。

第二十九条 船舶扣押期间届满，被请求人不提供担保，而且船舶不宜继续扣押的，海事请求人可以在提起诉讼或者申请仲裁后，向扣押船舶的海事法院申请拍卖船舶。

第三十条 海事法院收到拍卖船舶的申请后，应当进行审查，作出准予或者不准予拍卖船舶的裁定。

当事人对裁定不服的，可以在收到裁定书之日起五日内申请复议一次。海事法院应当在收到复议申请之日起五日内作出复议决定。复议期间停止裁定的执行。

第三十一条 海事请求人提交拍卖船舶申请后，又申请终止拍卖的，是否准许由海事法院裁定。海事法院裁定终止拍卖船舶的，为准备拍卖船舶所发生的费用由海事请求人承担。

第三十三条 海事法院应当在拍卖船舶三十日前，向被拍卖船舶登记国的登记机关和已知的船舶优先权人、抵押权人和船舶所有人发出通知。

通知内容包括被拍卖船舶的名称、拍卖船舶的时间和地点、拍卖船舶的理由和依据以及债权登记等。

通知方式包括书面方式和能够确认收悉的其他适当方式。

第三十四条 拍卖船舶由拍卖船舶委员会实施。拍卖船舶委员会由海事法院指定的本院执行人员和聘请的拍卖师、验船师三人或者五人组成。

拍卖船舶委员会组织对船舶鉴定、估价；组织和主持拍卖；与竞买人签订拍卖成交确认书；办理船舶移交手续。

拍卖船舶委员会对海事法院负责，受海事法院监督。

第三十七条 买受人在签署拍卖成交确认书后，应当立即交付不低于百分之二十的船舶价款，其余价款在成交之日起七日内付清，但拍卖船舶委员会与买受人另有约定的除外。

第三十八条 买受人付清全部价款后，原船舶所有人应当在指定的期限内于船舶停泊地以船舶现状向买受人移交船舶。拍卖船舶委员会组织和监督船舶的移交，并在船舶移交后与买受人签署船舶移交完毕确认书。

移交船舶完毕，海事法院发布解除扣押船舶命令。

第三十九条 船舶移交后，海事法院应当通过报纸或者其他新闻媒体发布公告，公布船舶已经公开拍卖并移交给买受人。

第四十条 买受人接收船舶后，应当持拍卖成交确认书和有关材料，向船舶登记机关办理船舶所有权登记手续。原船舶所有人应当向原船舶登记机关办理船舶所有权注销登记。原船舶所有人不办理船舶所有权注销登记的，不影响船舶所有权的转让。

第四十一条 竞买人之间恶意串通的，拍卖无效。参与恶意串通的竞买人应当承担拍卖船舶费用并赔偿有关损失。海事法院可以对参与恶意串通的竞买人处最高应价百分之十以上百分之三十以下的罚款。

第四十二条 除本节规定的以外，拍卖适用《中华人民共和国拍卖法》的有关规定。

第四十三条 执行程序中拍卖被扣押船舶清偿债务的，可以参照本节有关规定。

第四十四条 海事请求人为保障其海事请求的实现，可以申请扣押船载货物。

申请扣押的船载货物，应当属于被请求人所有。

第四十五条 海事请求人申请扣押船载货物的价值，应当与其债权数额相当。

第四十六条 海事请求保全扣押船载货物的期限为十五日。

海事请求人在十五日内提起诉讼或者申请仲裁以及在诉讼或者仲裁过程中申请扣押船载货物的，扣押船载货物不受前款规定期限的限制。

第四十七条 船载货物扣押期间届满，被请求人不提供担保，而且货物不宜继续扣押的，海事请求人可以在提起诉讼或者申请仲裁后，向扣押船载货物的海事法院申请拍卖货物。

对无法保管、不易保管或者保管费用可能超过其价值的物品，海事请求人可以申请提前拍卖。

第四十八条 海事法院收到拍卖船载货物的申请后，应当进行审查，在七日内作出准予或者不准予拍卖船载货物的裁定。

当事人对裁定不服的，可以在收到裁定书之日起五日内申请复议一次。海事法院应当在收到复议申请之日起五日内作出复议决定。复议期间停止裁定的执行。

第四十九条 拍卖船载货物由海事法院指定的本院执行人员和聘请的拍卖师组成的拍卖组织实施，或者由海事法院委托的机构实施。

拍卖船载货物，本节没有规定的，参照本章第二节拍卖船舶的有关规定。

第五十条 海事请求人对与海事请求有关的船用燃油、船用物料申请海事请求保全，适用本节规定。

《最高人民法院关于适用〈中华人民共和国海事诉讼特别程序法〉若干问题的解释》（法释〔2003〕3号 2008年12月16日调整）

第十五条 除海事法院及其上级人民法院外，地方人民法院对当事人提出的船舶保全申请应不予受理；地方人民法院为执行生效法律文书需要扣押和拍卖船舶的，应当委托船籍港所在地或者船舶所在地的海事法院执行。

第十八条 海事诉讼特别程序法第十二条规定的被请求人的财产包括船舶、船载货物、船用燃油以及船用物料。对其他财产的海事请求保全适用民事诉讼法有关财产保全的规定。

第十九条 海事诉讼特别程序法规定的船载货物指处于承运人掌管之下，尚未装船或者已经装载于船上以及已经卸载的货物。

第二十条 海事诉讼特别程序法第十三条规定的被保全的财产所在地指船舶的所在地或者货物的所在地。当事人在诉讼前对已经卸载但在承运人掌管之下的货物申请海事请求保全，如果货物所在地不在海事法院管辖区域的，可以向卸货港所在地的海事法院提出，也可以向货物所在地的地方人民法院提出。

第二十一条 诉讼或者仲裁前申请海事请求保全适用海事诉讼特别程序法第十四条的规定。

外国法院已受理相关海事案件或者有关纠纷已经提交仲裁，但涉案财产在中华人民共和国领域内，当事人向财产所在地的海事法院提出海事请求保全申请的，海事法院应当受理。

《最高人民法院关于扣押与拍卖船舶适用法律若干问题的规定》（法释〔2015〕6号　2015年2月28日公布）

第一条　海事请求人申请对船舶采取限制处分或者抵押等保全措施的，海事法院可以依照民事诉讼法的有关规定，裁定准许并通知船舶登记机关协助执行。

前款规定的保全措施不影响其他海事请求人申请扣押船舶。

第二条　海事法院应不同海事请求人的申请，可以对本院或其他海事法院已经扣押的船舶采取扣押措施。

先申请扣押船舶的海事请求人未申请拍卖船舶的，后申请扣押船舶的海事请求人可以依据海事诉讼特别程序法第二十九条的规定，向准许其扣押申请的海事法院申请拍卖船舶。

第三条　船舶因光船承租人对海事请求负有责任而被扣押的，海事请求人依据海事诉讼特别程序法第二十九条的规定，申请拍卖船舶用于清偿光船承租人经营该船舶产生的相关债务的，海事法院应予准许。

第四条　海事请求人申请扣押船舶的，海事法院应当责令其提供担保。但因船员劳务合同、海上及通海水域人身损害赔偿纠纷申请扣押船舶，且事实清楚、权利义务关系明确的，可以不要求提供担保。

第五条　海事诉讼特别程序法第七十六条第二款规定的海事请求人提供担保的具体数额，应当相当于船舶扣押期间可能产生的各项维持费用与支出、因扣押造成的船期损失和被请求人为使船舶解除扣押而提供担保所支出的费用。

船舶扣押后，海事请求人提供的担保不足以赔偿可能给被请求人造成损失的，海事法院应责令其追加担保。

第六条　案件终审后，海事请求人申请返还其所提供担保的，海事法院应将该申请告知被请求人，被请求人在三十日内未提起相关索赔诉讼的，海事法院可以准许海事请求人返还担保的申请。

被请求人同意返还，或生效法律文书认定被请求人负有责任，且赔偿或给付金额与海事请求人要求被请求人提供担保的数额基本相当的，海事法院可以直接准许海事请求人返还担保的申请。

第七条　船舶扣押期间由船舶所有人或光船承租人负责管理。

船舶所有人或光船承租人不履行船舶管理职责的，海事法院可委托第三人或者海事请求人代为管理，由此产生的费用由船舶所有人或光船承租人承担，或在拍卖船舶价款中优先拨付。

第八条　船舶扣押后，海事请求人依据海事诉讼特别程序法第十九条的规定，向其他有管辖权的海事法院提起诉讼的，可以由扣押船舶的海事法院继续实施保全措施。

第九条　扣押船舶裁定执行前，海事请求人撤回扣押船舶申请的，海事法院应当裁定予以准许，并终结扣押船舶裁定的执行。

扣押船舶裁定作出后因客观原因无法执行的，海事法院应当裁定终结执行。

第十条　船舶拍卖未能成交，需要再次拍卖的，适用拍卖法第四十五条关于拍卖日七日前发布拍卖公告的规定。

第十一条　拍卖船舶由拍卖船舶委员会实施，海事法院不另行委托拍卖机构进行拍卖。

第十二条　海事法院拍卖船舶应当依据评估价确定保留价。保留价不得公开。

第一次拍卖时，保留价不得低于评估价的百分之八十；因流拍需要再行拍卖的，可以酌情降低保留价，但降低的数额不得超过前次保留价的百分之二十。

第十三条　对经过两次拍卖仍然流拍的船舶，可以进行变卖。变卖价格不得低于评估价的百分之五十。

第十四条　依照本规定第十三条变卖仍未成交的，经已受理登记债权三分之二以上份额的债权人同意，可以低于评估价的百分之五十进行变卖处理。仍未成交的，海事法院可以解除船舶扣押。

第十五条　船舶经海事法院拍卖、变卖后，对该船舶已采取的其他保全措施效力消灭。

第十六条　海事诉讼特别程序法第一百一十一条规定的申请债权登记期间的届满之日，为拍卖船舶公告最后一次发布之日起第六十日。

前款所指公告为第一次拍卖时的拍卖船舶公告。

第十七条　海事法院受理债权登记申请后，应当在船舶被拍卖、变卖成交后，依照海事诉讼特别程序法第一百一十四条的规定作出是否准予的裁定。

第十八条　申请拍卖船舶的海事请求人未经债权登记，直接要求参与拍卖船舶价款分配的，海事法院应予准许。

第十九条　海事法院裁定终止拍卖船舶的，应当同时裁定终结债权登记受偿程序，当事人已经缴纳的债权登记申请费予以退还。

第二十条　当事人在债权登记前已经就有关债权提起诉讼的，不适用海事诉讼特别程序法第一百一十六条第二款的规定，当事人对海事法院作出的判决、裁定可以依法提起上诉。

第二十一条　债权人依照海事诉讼特别程序法第一百一十六条第一款的规定提起确权诉讼后，需要判定碰撞船舶过失程度比例的，当事人对海事法院作出的判决、裁定可以依法提起上诉。

第二十二条　海事法院拍卖、变卖船舶所得价款及其利息，先行拨付海事诉讼特别程序法第一百一十九条第二款规定的费用后，依法按照下列顺序进行分配：

（一）具有船舶优先权的海事请求；

（二）由船舶留置权担保的海事请求；

（三）由船舶抵押权担保的海事请求；

（四）与被拍卖、变卖船舶有关的其他海事请求。

依据海事诉讼特别程序法第二十三条第二款的规定申请扣押船舶的海事请求人申请拍卖船舶的，在前款规定海事请求清偿后，参与船舶价款的分配。

依照前款规定分配后的余款，按照民事诉讼法及相关司法解释的规定执行。

第二十三条　当事人依照民事诉讼法第十五章第七节的规定，申请拍卖船舶实现船舶担保物权的，由船舶所在地或船籍港所在地的海事法院管辖，按照海事诉讼特别程序法以及本规定关于船舶拍卖受偿程序的规定处理。

第二十四条　海事法院的上级人民法院扣押与拍卖船舶的，适用本规定。

执行程序中拍卖被扣押船舶清偿债务的，适用本规定。

适用本案由需要注意的问题

◆根据《最高人民法院关于适用〈中华人民共和国海事诉讼特别程序法〉若干问题的解释》和《最高人民法院关于海事法院受理案件范围的规定》的规定，申请海事请求保全由海事法院专门管辖，同时根据《海事诉讼特别程序法》的规定，申请海事请求保全由被保全的财产所在地海事法院管辖，被保全的财产所在地指船舶所在地或货物所在地。当事人在诉讼前对已经卸载但在承运人掌管之下的货物申请海事请求保全，如果货物所在地不在海事法院管辖区域内，可以向卸货港所在地海事法院提出，也可以向货物所在地的地方人民法院提出。

◆海事请求人因情况紧急，不立即申请海事请求保全将会使其合法权益受到难以弥补的损害，因此，请求人可以在诉讼或仲裁之前或之中向海事法院提出申请。除海事法院及其上级人民法院外，地方人民法院对当事人提出的船舶保全申请应不予受理；地方人民法院为执行生效法律文书需要扣押和拍卖船舶的，应当委托船籍港所在地或船舶所在地海事法院执行。

447. 申请海事支付令

案由解析

申请海事支付令是指海事法院基于债权人有关海事事由的申请，责令债务人给付金钱或有价证券的命令。

申请海事支付令的特征是：（1）必须是以金钱、有价证券为标的物的给付之诉。（2）债权人和债务人之间无其他债务纠纷。（3）支付令能够送达债务人。

常用法律条文及索引

《中华人民共和国海事诉讼特别程序法》（1999年12月25日公布　2000年7月1日施行）

第九十九条　债权人基于海事事由请求债务人给付金钱或者有价证券，符合《中华人民共和国民事诉讼法》有关规定的，可以向有管辖权的海事法院申请支付令。

债务人是外国人、无国籍人、外国企业或者组织，但在中华人民共和国领域内有住所、代表机构或者分支机构并能够送达支付令的，债权人可以向有管辖权的海事法院申请支付令。

适用本案由需要注意的问题

◆根据《海事诉讼特别程序法》第99条和《最高人民法院关于海事法院受理案件范围的规定》的相关规定，申请海事支付令由海事法院专门管辖。债权人基于海事事由请求债务人给付金钱或者有价证券，符合《民事诉讼法》有关规定的，可以向有管辖权的海事法院申请支付令。债务人是外国人、无国籍人、外国企业或者组织，但在中华人民共和国领域内有住所、代表机构或者分支机构并能够送达支付令的，债权人可以向有管辖权的海事法院申请支付令。

448. 申请海事强制令

案由解析

申请海事强制令是指海事法院根据海事请求人的申请，为使其合法权益免受侵害，采取责令被请求人作为或不作为的强制措施。

海事强制令的特征是：(1) 海事强制令既可以在诉前向海事纠纷发生地的海事法院提出，也可以在实体诉讼后向受诉的海事法院提出。(2) 海事强制令是一种行为保全，具有保全的特征和属性。(3) 海事强制令在所有符合条件的海事案件中都可适用。

典型形态

在实践中，申请海事强制令主要有：

(1) 强制放货，是指一方当事人（包括承运人及场站等负有放货义务的人）对持有提单的另一方当事人应当放货而不放货的，应申请人即提单持有人的申请，海事法院签发海事强制令，责令被申请人在限期内向申请人放货。

(2) 强制放船，是指在光船承租合同到期或因其他原因解除承租关系后，光船承租人拒不向出租人交船的，光船出租人也可以申请海事法院签发海事强制令，责令被申请人在限期内向申请人放船。

(3) 强制放单，是指一方当事人（包括收到货物后负有签发提单义务的人，一般指承运人）收到另一方当事人货物，后经其要求仍拒不签发提单的，应货方的申请，海事法院签发海事强制令，责令被申请人在限期内向申请人签发提单。

常用法律条文及索引

《中华人民共和国海事诉讼特别程序法》（1999 年 12 月 25 日公布　2000 年 7 月 1 日施行）

第五十一条　海事强制令是指海事法院根据海事请求人的申请，为使其合法权益免受侵害，责令被请求人作为或者不作为的强制措施。

第五十二条　当事人在起诉前申请海事强制令，应当向海事纠纷发生地海事法院提出。

第五十三条　海事强制令不受当事人之间关于该海事请求的诉讼管辖协议或者仲裁协议的约束。

第五十四条　海事请求人申请海事强制令，应当向海事法院提交书面申请。申请书应当载明申请理由，并附有关证据。

第五十五条　海事法院受理海事强制令申请，可以责令海事请求人提供担保。海事请求人不提供的，驳回其申请。

第五十六条　作出海事强制令，应当具备下列条件：

（一）请求人有具体的海事请求；

（二）需要纠正被请求人违反法律规定或者合同约定的行为；

（三）情况紧急，不立即作出海事强制令将造成损害或者使损害扩大。

第五十七条　海事法院接受申请后，应当在四十八小时内作出裁定。裁定作出海事强制令的，应当立即执行；对不符合海事强制令条件的，裁定驳回其申请。

第五十八条　当事人对裁定不服的，可以在收到裁定书之日起五日内申请复议一次。海事法院应当在收到复议申请之日起五日内作出复议决定。复议期间不停止裁定的执行。

利害关系人对海事强制令提出异议，海事法院经审查，认为理由成立的，应当裁定撤销海事强制令。

第五十九条　被请求人拒不执行海事强制令的，海事法院可以根据情节轻重处以罚款、拘留；构成犯罪的，依法追究刑事责任。

对个人的罚款金额，为一千元以上三万元以下。对单位的罚款金额，为三万元以上十万元以下。

拘留的期限，为十五日以下。

第六十条　海事请求人申请海事强制令错误的，应当赔偿被请求人或者利害关系人因此所遭受的损失。

第六十一条　海事强制令执行后，有关海事纠纷未进入诉讼或者仲裁程序的，当事人就该海事请求，可以向作出海事强制令的海事法院或者其他有管辖权的海事法院提起诉讼，但当事人之间订有诉讼管辖协议或者仲裁协议的除外。

《最高人民法院关于适用〈中华人民共和国海事诉讼特别程序法〉若干问题的解释》（法释〔2003〕3号 2008年12月16日调整）

第四十一条 诉讼或者仲裁前申请海事强制令的，适用海事诉讼特别程序法第五十三条的规定。

外国法院已受理相关海事案件或者有关纠纷已经提交仲裁的，当事人向中华人民共和国的海事法院提出海事强制令申请，并向法院提供可以执行海事强制令的相关证据的，海事法院应当受理。

第四十二条 海事法院根据海事诉讼特别程序法第五十七条规定，准予申请人海事强制令申请的，应当制作民事裁定书并发布海事强制令。

第四十三条 海事强制令由海事法院执行。被申请人、其他相关单位或者个人不履行海事强制令的，海事法院应当依据民事诉讼法的有关规定强制执行。

第四十四条 利害关系人对海事法院作出海事强制令的民事裁定提出异议，海事法院经审查认为理由不成立的，应当书面通知利害关系人。

第四十五条 海事强制令发布后十五日内，被请求人未提出异议，也未就相关的海事纠纷提起诉讼或者申请仲裁的，海事法院可以应申请人的请求，返还其提供的担保。

第四十六条 被请求人依据海事诉讼特别程序法第六十条的规定要求海事请求人赔偿损失的，由发布海事强制令的海事法院受理。

适用本案由需要注意的问题

◆关于申请海事强制令案件的管辖，根据《海事诉讼特别程序法》第52条和第53条的规定，当事人在诉前申请海事强制令的，应当向海事纠纷发生地海事法院提出，且该强制令不受当事人之间关于该海事请求的诉讼管辖协议或仲裁协议约束。当事人对未进入诉讼或仲裁程序的海事纠纷可以在海事强制令执行后向作出强制令的海事法院或其他有管辖权的海事法院提起诉讼，但当事人之间有管辖协议或仲裁协议的除外。

449. 申请海事证据保全

案由解析

申请海事证据保全是指海事请求人向海事法院提出申请，请求海事法院对有关海事请求的证据予以提取、保存或者封存的民事强制措施。

海事证据保全的特征是：（1）海事证据保全只能依海事请求人的申请，海事法院不能依职权采取海事证据保全措施。（2）海事证据保全不仅限于诉讼中证据保全，还包括诉前证据保全。

海事证据保全具备的条件有：（1）请求人是海事请求的当事人。（2）请求保全的证据对该海事请求具有证明作用。（3）被请求人是与请求保全的证据有关的人。（4）情况紧急，不立即采取证据保全就会使该海事请求的证据灭失或者难取得。应在48小时内作出裁定。对裁定不服，可申请复议一次，期间不停止裁定的执行。

常用法律条文及索引

《中华人民共和国海事诉讼特别程序法》（1999年12月25日公布　2000年7月1日施行）

第六十二条　海事证据保全是指海事法院根据海事请求人的申请，对有关海事请求的证据予以提取、保存或者封存的强制措施。

第六十三条　当事人在起诉前申请海事证据保全，应当向被保全的证据所在地海事法院提出。

第六十四条　海事证据保全不受当事人之间关于该海事请求的诉讼管辖协议或者仲裁协议的约束。

第六十五条　海事请求人申请海事证据保全，应当向海事法院提交书面申请。申请书应当载明请求保全的证据、该证据与海事请求的联系、申请理由。

第六十六条　海事法院受理海事证据保全申请，可以责令海事请求人提供担保。海事请求人不提供的，驳回其申请。

第六十七条　采取海事证据保全，应当具备下列条件：

（一）请求人是海事请求的当事人；

（二）请求保全的证据对该海事请求具有证明作用；

（三）被请求人是与请求保全的证据有关的人；

（四）情况紧急，不立即采取证据保全就会使该海事请求的证据灭失或者难以取得。

第六十八条　海事法院接受申请后，应当在四十八小时内作出裁定。裁定采取海事证据保全措施的，应当立即执行；对不符合海事证据保全条件的，裁定驳回其申请。

第六十九条 当事人对裁定不服的，可以在收到裁定书之日起五日内申请复议一次。海事法院应当在收到复议申请之日起五日内作出复议决定。复议期间不停止裁定的执行。被请求人申请复议的理由成立的，应当将保全的证据返还被请求人。

利害关系人对海事证据保全提出异议，海事法院经审查，认为理由成立的，应当裁定撤销海事证据保全；已经执行的，应当将与利害关系人有关的证据返还利害关系人。

第七十条 海事法院进行海事证据保全，根据具体情况，可以对证据予以封存，也可以提取复制件、副本，或者进行拍照、录相，制作节录本、调查笔录等。确有必要的，也可以提取证据原件。

第七十一条 海事请求人申请海事证据保全错误的，应当赔偿被请求人或者利害关系人因此所遭受的损失。

第七十二条 海事证据保全后，有关海事纠纷未进入诉讼或者仲裁程序的，当事人就该海事请求，可以向采取证据保全的海事法院或者其他有管辖权的海事法院提起诉讼，但当事人之间订有诉讼管辖协议或者仲裁协议的除外。

《最高人民法院关于适用〈中华人民共和国海事诉讼特别程序法〉若干问题的解释》（法释〔2003〕3号　2008年12月16日调整）

第四十七条 诉讼前申请海事证据保全，适用海事诉讼特别程序法第六十四条的规定。

外国法院已受理相关海事案件或者有关纠纷已经提交仲裁，当事人向中华人民共和国的海事法院提出海事证据保全申请，并提供被保全的证据在中华人民共和国领域内的相关证据的，海事法院应当受理。

第四十八条 海事请求人申请海事证据保全，申请书除应当依照海事诉讼特别程序法第六十五条的规定载明相应内容外，还应当载明证据收集、调取的有关线索。

第四十九条 海事请求人在采取海事证据保全的海事法院提起诉讼后，可以申请复制保全的证据材料；相关海事纠纷在中华人民共和国领域内的其他海事法院或者仲裁机构受理的，受诉法院或者仲裁机构应海事请求人的申请可以申请复制保全的证据材料。

第五十条 利害关系人对海事法院作出的海事证据保全裁定提出异议，海事法院经审查认为理由不成立的，应当书面通知利害关系人。

第五十一条 被请求人依据海事诉讼特别程序法第七十一条的规定要求

海事请求人赔偿损失的，由采取海事证据保全的海事法院受理。

适用本案由需要注意的问题

◆申请人申请海事证据保全应当保证承担因申请证据保全错误而给被申请人造成的损失，海事法院认为采取海事证据保全措施可能造成被申请人损失的，可以责令申请人提供担保。根据《海事诉讼特别程序法》及《最高人民法院关于适用〈中华人民共和国海事诉讼特别程序法〉若干问题的解释》，当事人在起诉前申请海事证据保全，应当向被保全的证据所在地海事法院提出，该保全不受当事人之间关于该海事请求的诉讼管辖协议或者仲裁协议的约束。海事证据保全后，有关海事纠纷未进入诉讼或者仲裁程序的，当事人就该海事请求，可以向采取证据保全的海事法院或者其他有管辖权的海事法院提起诉讼，但当事人之间订有诉讼管辖协议或者仲裁协议的除外。

450. 申请设立海事赔偿责任限制基金

案由解析

申请设立海事赔偿责任限制基金是指船舶所有人、承租人、经营人、救助人、保险人在发生海事事故后，依法申请责任限制的，可以向海事法院申请设立海事赔偿责任限制基金。

海事赔偿责任限制基金的特征是：（1）海事赔偿责任限制是指船舶所有人、救助或保险人依据法律规定限制其赔偿责任数额的一项海商法特有制度。（2）基金设立的主体是海事赔偿责任人，其目的是在法院作出判决或裁定对基金予以分配后，不论其涉及的每一项本航次限制性债权是否均已登记，或者能否得到满足，该债权都由于债权人因法律规定不得再行起诉而消灭，从而使责任人利益得到进一步保护。

常用法律条文及索引

《中华人民共和国海事诉讼特别程序法》（1999 年 12 月 25 日公布　2000 年 7 月 1 日施行）

第一百零一条　船舶所有人、承租人、经营人、救助人、保险人在发生海事事故后，依法申请责任限制的，可以向海事法院申请设立海事赔偿责任限制基金。

船舶造成油污损害的，船舶所有人及其责任保险人或者提供财务保证的其他人为取得法律规定的责任限制的权利，应当向海事法院设立油污损害的海事赔偿责任限制基金。

设立责任限制基金的申请可以在起诉前或者诉讼中提出，但最迟应当在一审判决作出前提出。

第一百零二条　当事人在起诉前申请设立海事赔偿责任限制基金的，应当向事故发生地、合同履行地或者船舶扣押地海事法院提出。

第一百零三条　设立海事赔偿责任限制基金，不受当事人之间关于诉讼管辖协议或者仲裁协议的约束。

第一百零四条　申请人向海事法院申请设立海事赔偿责任限制基金，应当提交书面申请。申请书应当载明申请设立海事赔偿责任限制基金的数额、理由，以及已知的利害关系人的名称、地址和通讯方法，并附有关证据。

第一百零五条　海事法院受理设立海事赔偿责任限制基金申请后，应当在七日内向已知的利害关系人发出通知，同时通过报纸或者其他新闻媒体发布公告。

通知和公告包括下列内容：

（一）申请人的名称；

（二）申请的事实和理由；

（三）设立海事赔偿责任限制基金事项；

（四）办理债权登记事项；

（五）需要告知的其他事项。

第一百零六条　利害关系人对申请人申请设立海事赔偿责任限制基金有异议的，应当在收到通知之日起七日内或者未收到通知的在公告之日起三十日内，以书面形式向海事法院提出。

海事法院收到利害关系人提出的书面异议后，应当进行审查，在十五日内作出裁定。异议成立的，裁定驳回申请人的申请；异议不成立的，裁定准予申请人设立海事赔偿责任限制基金。

当事人对裁定不服的，可以在收到裁定书之日起七日内提起上诉。第二审人民法院应当在收到上诉状之日起十五日内作出裁定。

第一百零七条　利害关系人在规定的期间内没有提出异议的，海事法院裁定准予申请人设立海事赔偿责任限制基金。

第一百零八条　准予申请人设立海事赔偿责任限制基金的裁定生效后，

申请人应当在海事法院设立海事赔偿责任限制基金。

设立海事赔偿责任限制基金可以提供现金，也可以提供经海事法院认可的担保。

海事赔偿责任限制基金的数额，为海事赔偿责任限额和自事故发生之日起至基金设立之日止的利息。以担保方式设立基金的，担保数额为基金数额及其在基金设立期间的利息。

以现金设立基金的，基金到达海事法院指定帐户之日为基金设立之日。以担保设立基金的，海事法院接受担保之日为基金设立之日。

第一百零九条 设立海事赔偿责任限制基金以后，当事人就有关海事纠纷应当向设立海事赔偿责任限制基金的海事法院提起诉讼，但当事人之间订有诉讼管辖协议或者仲裁协议的除外。

第一百一十条 申请人申请设立海事赔偿责任限制基金错误的，应当赔偿利害关系人因此所遭受的损失。

《最高人民法院关于适用〈中华人民共和国海事诉讼特别程序法〉若干问题的解释》（法释〔2003〕3号 2008年12月16日调整）

第七十九条 海事诉讼特别程序法第一百零一条规定的船舶所有人指有关船舶证书上载明的船舶所有人。

第八十条 海事事故发生在中华人民共和国领域外的，船舶发生事故后进入中华人民共和国领域内的第一到达港视为海事诉讼特别程序法第一百零二条规定的事故发生地。

第八十一条 当事人在诉讼中申请设立海事赔偿责任限制基金的，应当向受理相关海事纠纷案件的海事法院提出，但当事人之间订有有效诉讼管辖协议或者仲裁协议的除外。

第八十二条 设立海事赔偿责任限制基金应当通过报纸或者其他新闻媒体连续公告三日。如果涉及的船舶是可以航行于国际航线的，应当通过对外发行的报纸或者其他新闻媒体发布公告。

第八十三条 利害关系人依据海事诉讼特别程序法第一百零六条的规定对申请人设立海事赔偿责任限制基金提出异议的，海事法院应当对设立基金申请人的主体资格、事故所涉及的债权性质和申请设立基金的数额进行审查。

第八十四条 准予申请人设立海事赔偿责任限制基金的裁定生效后，申请人应当在三日内在海事法院设立海事赔偿责任限制基金。申请人逾期未设立基金的，按自动撤回申请处理。

第八十五条　海事诉讼特别程序法第一百零八条规定的担保指中华人民共和国境内的银行或者其他金融机构所出具的担保。

第八十六条　设立海事赔偿责任限制基金后，向基金提出请求的任何人，不得就该项索赔对设立或以其名义设立基金的人的任何其他财产，行使任何权利。

《最高人民法院关于审理海事赔偿责任限制相关纠纷案件的若干规定》（法释〔2010〕11号　2020年12月23日修正）

第二条　同一海事事故中，不同的责任人在起诉前依据海事诉讼特别程序法第一百零二条的规定向不同的海事法院申请设立海事赔偿责任限制基金的，后立案的海事法院应当依照民事诉讼法的规定，将案件移送先立案的海事法院管辖。

第三条　责任人在诉讼中申请设立海事赔偿责任限制基金的，应当向受理相关海事纠纷案件的海事法院提出。

相关海事纠纷由不同海事法院受理，责任人申请设立海事赔偿责任限制基金的，应当依据诉讼管辖协议向最先立案的海事法院提出；当事人之间未订立诉讼管辖协议的，向最先立案的海事法院提出。

第四条　海事赔偿责任限制基金设立后，设立基金的海事法院对海事请求人就与海事事故相关纠纷向责任人提起的诉讼具有管辖权。

海事请求人向其他海事法院提起诉讼的，受理案件的海事法院应当依照民事诉讼法的规定，将案件移送设立海事赔偿责任限制基金的海事法院，但当事人之间订有诉讼管辖协议的除外。

第五条　海事诉讼特别程序法第一百零六条第二款规定的海事法院在十五日内作出裁定的期间，自海事法院受理设立海事赔偿责任限制基金申请的最后一次公告发布之次日起第三十日开始计算。

第六条　海事诉讼特别程序法第一百一十二条规定的申请债权登记期间的届满之日，为海事法院受理设立海事赔偿责任限制基金申请的最后一次公告发布之次日起第六十日。

第七条　债权人申请登记债权，符合有关规定的，海事法院应当在海事赔偿责任限制基金设立后，依照海事诉讼特别程序法第一百一十四条的规定作出裁定；海事赔偿责任限制基金未依法设立的，海事法院应当裁定终结债权登记程序。债权人已经交纳的申请费由申请设立海事赔偿责任限制基金的人负担。

第八条　海事赔偿责任限制基金设立后，海事请求人基于责任人依法不能援引海事赔偿责任限制抗辩的海事赔偿请求，可以对责任人的财产申请保全。

第九条 海事赔偿责任限制基金设立后，海事请求人就同一海事事故产生的属于海商法第二百零七条规定的可以限制赔偿责任的海事赔偿请求，以行使船舶优先权为由申请扣押船舶的，人民法院不予支持。

第十条 债权人提起确权诉讼时，依据海商法第二百零九条的规定主张责任人无权限制赔偿责任的，应当以书面形式提出。案件的审理不适用海事诉讼特别程序法规定的确权诉讼程序，当事人对海事法院作出的判决、裁定可以依法提起上诉。

两个以上债权人主张责任人无权限制赔偿责任的，海事法院可以将相关案件合并审理。

第十一条 债权人依据海事诉讼特别程序法第一百一十六条第一款的规定提起确权诉讼后，需要判定碰撞船舶过失程度比例的，案件的审理不适用海事诉讼特别程序法规定的确权诉讼程序，当事人对海事法院作出的判决、裁定可以依法提起上诉。

第十二条 海商法第二百零四条规定的船舶经营人是指登记的船舶经营人，或者接受船舶所有人委托实际使用和控制船舶并应当承担船舶责任的人，但不包括无船承运业务经营者。

第十三条 责任人未申请设立海事赔偿责任限制基金，不影响其在诉讼中对海商法第二百零七条规定的海事请求提出海事赔偿责任限制抗辩。

第十四条 责任人未提出海事赔偿责任限制抗辩的，海事法院不应主动适用海商法关于海事赔偿责任限制的规定进行裁判。

第十五条 责任人在一审判决作出前未提出海事赔偿责任限制抗辩，在二审、再审期间提出的，人民法院不予支持。

第十六条 责任人对海商法第二百零七条规定的海事赔偿请求未提出海事赔偿责任限制抗辩，债权人依据有关生效裁判文书或者仲裁裁决书，申请执行责任人海事赔偿责任限制基金以外的财产的，人民法院应予支持，但债权人以上述文书作为债权证据申请登记债权并经海事法院裁定准予的除外。

第十七条 海商法第二百零七条规定的可以限制赔偿责任的海事赔偿请求不包括因沉没、遇难、搁浅或者被弃船舶的起浮、清除、拆毁或者使之无害提起的索赔，或者因船上货物的清除、拆毁或者使之无害提起的索赔。

由于船舶碰撞致使责任人遭受前款规定的索赔，责任人就因此产生的损失向对方船舶追偿时，被请求人主张依据海商法第二百零七条的规定限制赔偿责任的，人民法院应予支持。

第十八条　海商法第二百零九条规定的“责任人”是指海事事故的责任人本人。

第十九条　海事请求人以发生海事事故的船舶不适航为由主张责任人无权限制赔偿责任，但不能证明引起赔偿请求的损失是由于责任人本人的故意或者明知可能造成损失而轻率地作为或者不作为造成的，人民法院不予支持。

第二十条　海事赔偿责任限制基金应当以人民币设立，其数额按法院准予设立基金的裁定生效之日的特别提款权对人民币的换算办法计算。

第二十一条　海商法第二百一十三条规定的利息，自海事事故发生之日起至基金设立之日止，按同期全国银行间同业拆借中心公布的贷款市场报价利率计算。

以担保方式设立海事赔偿责任限制基金的，基金设立期间的利息按同期全国银行间同业拆借中心公布的贷款市场报价利率计算。

第二十二条　本规定施行前已经终审的案件，人民法院进行再审时，不适用本规定。

第二十三条　本规定施行前本院发布的司法解释与本规定不一致的，以本规定为准。

适用本案由需要注意的问题

◆根据《海事诉讼特别程序法》及《最高人民法院关于适用〈中华人民共和国海事诉讼特别程序法〉若干问题的解释》的规定，当事人在起诉前申请设立海事赔偿责任限制基金的，应当向事故发生地、合同履行地或船舶扣押地海事法院提出。海事事故发生在中华人民共和国领域外的，船舶发生事故后进入中华人民共和国领域内的第一到达港视为事故发生地。

451. 申请船舶优先权催告

案由解析

申请船舶优先权催告是指船舶转让时，受让人向海事法院申请船舶优先权催告，催促船舶优先权人尽快行使其海事请求权，使船舶无辜买方免受船舶上可能存在的船舶优先权困扰。

船舶优先权催告的特征是：（1）船舶优先权是海商法中特有的一种担保物权，自动产生，不必经过登记，无须占有船舶，除权利人行使该权利外，第三人无从获悉该权利的存在。具有隐蔽性和附着性，对船舶的受让人可能构成很大的威胁。（2）受让人申请船舶优先权的催告，进而使船舶优先权归于消灭来达到保护自己的权益的目的。（3）在赔偿顺序上，船舶优先权先于船舶留置权、抵押权以及普通债权受偿。

常用法律条文及索引

《中华人民共和国海事诉讼特别程序法》（1999 年 12 月 25 日公布　2000 年 7 月 1 日施行）

第一百二十条　船舶转让时，受让人可以向海事法院申请船舶优先权催告，催促船舶优先权人及时主张权利，消灭该船舶附有的船舶优先权。

第一百二十一条　受让人申请船舶优先权催告的，应当向转让船舶交付地或者受让人住所地海事法院提出。

第一百二十二条　申请船舶优先权催告，应当向海事法院提交申请书、船舶转让合同、船舶技术资料等文件。申请书应当载明船舶的名称、申请船舶优先权催告的事实和理由。

第一百二十三条　海事法院在收到申请书以及有关文件后，应当进行审查，在七日内作出准予或者不准予申请的裁定。

受让人对裁定不服的，可以申请复议一次。

第一百二十四条　海事法院在准予申请的裁定生效后，应当通过报纸或者其他新闻媒体发布公告，催促船舶优先权人在催告期间主张船舶优先权。

船舶优先权催告期间为六十日。

第一百二十五条　船舶优先权催告期间，船舶优先权人主张权利的，应当在海事法院办理登记；不主张权利的，视为放弃船舶优先权。

第一百二十六条　船舶优先权催告期间届满，无人主张船舶优先权的，海事法院应当根据当事人的申请作出判决，宣告该转让船舶不附有船舶优先权。判决内容应当公告。

《最高人民法院关于适用〈中华人民共和国海事诉讼特别程序法〉若干问题的解释》（法释〔2003〕3 号　2008 年 12 月 16 日调整）

第九十二条　船舶转让合同订立后船舶实际交付前，受让人即可申请船舶优先权催告。

受让人不能提供原船舶证书的，不影响船舶优先权催告申请的提出。

第九十三条　海事诉讼特别程序法第一百二十条规定的受让人指船舶转让中的买方和有买船意向的人，但受让人申请海事法院作出除权判决时，必须提交其已经实际受让船舶的证据。

第九十四条　船舶受让人对不准予船舶优先权催告申请的裁定提出复议的，海事法院应当在七日内作出复议决定。

第九十五条　海事法院准予船舶优先权催告申请的裁定生效后，应当通过报纸或者其他新闻媒体连续公告三日。优先权催告的船舶为可以航行于国际航线的，应当通过对外发行的报纸或者其他新闻媒体发布公告。

第九十六条　利害关系人在船舶优先权催告期间提出优先权主张的，海事法院应当裁定优先权催告程序终结。

适用本案由需要注意的问题

◆根据《最高人民法院关于适用〈中华人民共和国海事诉讼特别程序法〉若干问题的解释》和《最高人民法院关于海事法院受理案件范围的规定》的规定，申请船舶优先权催告由海事法院专门管辖。同时根据《海事诉讼特别程序法》的规定，受让人申请船舶优先权催告的，应当向转让船舶交付地或者受让人住所地海事法院提出。

452. 申请海事债权登记与受偿

案由解析

申请海事债权登记与受偿是指海事法院强制拍卖船舶和设立海事赔偿责任限制基金时，债权人依法定程序向海事法院申请债权登记，海事法院按照《海商法》或者其他有关法律规定，裁定债权人按照一定顺序受偿。

海事债权登记与受偿的特征是：（1）债权人向海事法院申请登记债权时需提供有关债权证据，包括证明债权具有法律效力的判决书、裁定书、调解书、仲裁裁决书和公证债权文书以及其他证明具有海事请求的证据材料。（2）关于受偿的债权人名单由海事法院确定，并组织召开债权人会议。

常用法律条文及索引

《中华人民共和国海事诉讼特别程序法》（1999 年 12 月 25 日公布 2000 年 7 月 1 日施行）

第一百一十一条 海事法院裁定强制拍卖船舶的公告发布后，债权人应当在公告期间，就与被拍卖船舶有关的债权申请登记。公告期间届满不登记的，视为放弃在本次拍卖船舶价款中受偿的权利。

第一百一十二条 海事法院受理设立海事赔偿责任限制基金的公告发布后，债权人应当在公告期间就与特定场合发生的海事事故有关的债权申请登记。公告期间届满不登记的，视为放弃债权。

第一百一十三条 债权人向海事法院申请登记债权的，应当提交书面申请，并提供有关债权证据。

债权证据，包括证明债权的具有法律效力的判决书、裁定书、调解书、仲裁裁决书和公证债权文书，以及其他证明具有海事请求的证据材料。

第一百一十四条 海事法院应当对债权人的申请进行审查，对提供债权证据的，裁定准予登记；对不提供债权证据的，裁定驳回申请。

第一百一十五条 债权人提供证明债权的判决书、裁定书、调解书、仲裁裁决书或者公证债权文书的，海事法院经审查认定上述文书真实合法的，裁定予以确认。

第一百一十六条 债权人提供其他海事请求证据的，应当在办理债权登记以后，在受理债权登记的海事法院提起确权诉讼。当事人之间有仲裁协议的，应当及时申请仲裁。

海事法院对确权诉讼作出的判决、裁定具有法律效力，当事人不得提起上诉。

第一百一十七条 海事法院审理并确认债权后，应当向债权人发出债权人会议通知书，组织召开债权人会议。

第一百一十八条 债权人会议可以协商提出船舶价款或者海事赔偿责任限制基金的分配方案，签订受偿协议。

受偿协议经海事法院裁定认可，具有法律效力。

债权人会议协商不成的，由海事法院依照《中华人民共和国海商法》以及其他有关法律规定的受偿顺序，裁定船舶价款或者海事赔偿责任限制基金的分配方案。

第一百一十九条 拍卖船舶所得价款及其利息，或者海事赔偿责任限制基金及其利息，应当一并予以分配。

分配船舶价款时，应当由责任人承担的诉讼费用，为保存、拍卖船舶和分配船舶价款产生的费用，以及为债权人的共同利益支付的其他费用，应当从船舶价款中先行拨付。

清偿债务后的余款，应当退还船舶原所有人或者海事赔偿责任限制基金设立人。

《最高人民法院关于适用〈中华人民共和国海事诉讼特别程序法〉若干问题的解释》（法释〔2003〕3号　2008年12月16日调整）

第八十七条　海事诉讼特别程序法第一百一十一条规定的与被拍卖船舶有关的债权指与被拍卖船舶有关的海事债权。

第八十八条　海事诉讼特别程序法第一百一十五条规定的判决书、裁定书、调解书和仲裁裁决书指我国国内的判决书、裁定书、调解书和仲裁裁决书。对于债权人提供的国外的判决书、裁定书、调解书和仲裁裁决书，适用民事诉讼法第二百六十六条和第二百六十七条规定的程序审查。

第八十九条　在债权登记前，债权人已向受理债权登记的海事法院以外的海事法院起诉的，受理案件的海事法院应当将案件移送至登记债权的海事法院一并审理，但案件已经进入二审的除外。

第九十条　债权人依据海事诉讼特别程序法第一百一十六条规定向受理债权登记的海事法院提起确权诉讼的，应当在办理债权登记后七日内提起。

第九十一条　海事诉讼特别程序法第一百一十九条第二款规定的三项费用按顺序拨付。

适用本案由需要注意的问题

◆申请海事债权登记与受偿应由海事法院专门管辖，在债权登记前，债权人已向受理债权登记的海事法院以外的海事法院起诉的，受理案件的海事法院应当将案件移送至登记债权的海事法院一并审理，但案件已进入二审的除外。

五十、申请承认与执行法院判决、仲裁裁决案件

453. 申请执行海事仲裁裁决

案由解析

申请执行海事仲裁裁决是指海事仲裁案件的当事人通过法定程序向法院提出申请，对海事仲裁机构作出的海事仲裁裁决予以执行。

申请执行海事仲裁裁决的特征是：（1）须在海事仲裁裁决没有自动履行的前提下，才能够申请执行海事仲裁裁决。（2）无论是国内海事案件的仲裁裁决、涉外因素海事案件的仲裁裁决和外国海事仲裁机构在我国境外作出的海事仲裁裁决，在向我国法院申请执行时，被执行人可供执行的财产必须在我国境内。

常用法律条文及索引

《中华人民共和国海事诉讼特别程序法》（1999 年 12 月 25 日公布　2000 年 7 月 1 日施行）

第十一条　当事人申请执行海事仲裁裁决，申请承认和执行外国法院判决、裁定以及国外海事仲裁裁决的，向被执行的财产所在地或者被执行人住所地海事法院提出。被执行的财产所在地或者被执行人住所地没有海事法院的，向被执行的财产所在地或者被执行人住所地的中级人民法院提出。

《最高人民法院关于适用〈中华人民共和国海事诉讼特别程序法〉若干问题的解释》（法释〔2003〕3 号　2008 年 12 月 16 日调整）

第十三条　当事人根据海事诉讼特别程序法第十一条的规定申请执行海事仲裁裁决，申请承认和执行国外海事仲裁裁决的，由被执行的财产所在地或者被执行人住所地的海事法院管辖；被执行的财产为船舶的，无论该船舶

是否在海事法院管辖区域范围内，均由海事法院管辖。船舶所在地没有海事法院的，由就近的海事法院管辖。

前款所称财产所在地和被执行人住所地是指海事法院行使管辖权的地域。

第十四条　认定海事仲裁协议效力案件，由被申请人住所地、合同履行地或者约定的仲裁机构所在地的海事法院管辖。

《中华人民共和国民事诉讼法》（2023 年 9 月 1 日修正）

第二百八十八条　涉外经济贸易、运输和海事中发生的纠纷，当事人在合同中订有仲裁条款或者事后达成书面仲裁协议，提交中华人民共和国涉外仲裁机构或者其他仲裁机构仲裁的，当事人不得向人民法院起诉。

当事人在合同中没有订有仲裁条款或者事后没有达成书面仲裁协议的，可以向人民法院起诉。

第二百九十条　经中华人民共和国涉外仲裁机构裁决的，当事人不得向人民法院起诉。一方当事人不履行仲裁裁决的，对方当事人可以向被申请人住所地或者财产所在地的中级人民法院申请执行。

《中华人民共和国仲裁法》（2017 年 9 月 1 日修正）

第六十二条　当事人应当履行裁决。一方当事人不履行的，另一方当事人可以依照民事诉讼法的有关规定向人民法院申请执行。受申请的人民法院应当执行。

第七十二条　涉外仲裁委员会作出的发生法律效力的仲裁裁决，当事人请求执行的，如果被执行人或者其财产不在中华人民共和国领域内，应当由当事人直接向有管辖权的外国法院申请承认和执行。

《最高人民法院关于适用〈中华人民共和国仲裁法〉若干问题的解释》（法释〔2006〕7 号　2008 年 12 月 16 日调整）

第十二条　当事人向人民法院申请确认仲裁协议效力的案件，由仲裁协议约定的仲裁机构所在地的中级人民法院管辖；仲裁协议约定的仲裁机构不明确的，由仲裁协议签订地或者被申请人住所地的中级人民法院管辖。

申请确认涉外仲裁协议效力的案件，由仲裁协议约定的仲裁机构所在地、仲裁协议签订地、申请人或者被申请人住所地的中级人民法院管辖。

涉及海事海商纠纷仲裁协议效力的案件，由仲裁协议约定的仲裁机构所在地、仲裁协议签订地、申请人或者被申请人住所地的海事法院管辖；上述地点没有海事法院的，由就近的海事法院管辖。

适用本案由需要注意的问题

◆根据《海事诉讼特别程序法》和《最高人民法院关于适用〈中华人民共和国海事诉讼特别程序法〉若干问题的解释》的规定，当事人申请执行国内外海事仲裁裁决的，应当向被执行的财产所在地或被执行人住所地海事法院提出，若被执行的财产所在地或被执行人住所地没有海事法院的，则向被执行的财产所在地或被执行人住所地的中级人民法院提出。被执行财产所在地和被执行人住所地是指海事法院行使管辖权的地域。若被执行的财产是船舶的，则无论该船舶是否在海事法院管辖范围内，均由海事法院管辖。船舶所在地没有海事法院的，由就近的海事法院管辖。

454. 申请执行知识产权仲裁裁决

案由解析

申请执行知识产权仲裁裁决是指国内仲裁庭对当事人之间的知识产权争议所作出的裁决。

申请执行知识产权仲裁裁决的特征是：（1）申请执行知识产权仲裁裁决仅适用于国内仲裁庭所作的知识产权仲裁裁决和国内仲裁庭所作的涉外知识产权仲裁裁决。（2）国内仲裁庭所作的知识产权仲裁裁决无须经过人民法院认可，可以直接申请执行。

常用法律条文及索引

《中华人民共和国仲裁法》（2017 年 9 月 1 日修正）

第六十二条　当事人应当履行裁决。一方当事人不履行的，另一方当事人可以依照民事诉讼法的有关规定向人民法院申请执行。受申请的人民法院应当执行。

第六十三条　被申请人提出证据证明裁决有民事诉讼法第二百一十三条第二款规定的情形之一的，经人民法院组成合议庭审查核实，裁定不予执行。

第六十四条　一方当事人申请执行裁决，另一方当事人申请撤销裁决的，人民法院应当裁定中止执行。

人民法院裁定撤销裁决的，应当裁定终结执行。撤销裁决的申请被裁定驳回的，人民法院应当裁定恢复执行。

《中华人民共和国民事诉讼法》（2023 年 9 月 1 日修正）

第二百九十一条 对中华人民共和国涉外仲裁机构作出的裁决，被申请人提出证据证明仲裁裁决有下列情形之一的，经人民法院组成合议庭审查核实，裁定不予执行：

（一）当事人在合同中没有订有仲裁条款或者事后没有达成书面仲裁协议的；

（二）被申请人没有得到指定仲裁员或者进行仲裁程序的通知，或者由于其他不属于被申请人负责的原因未能陈述意见的；

（三）仲裁庭的组成或者仲裁的程序与仲裁规则不符的；

（四）裁决的事项不属于仲裁协议的范围或者仲裁机构无权仲裁的。

人民法院认定执行该裁决违背社会公共利益的，裁定不予执行。

适用本案由需要注意的问题

◆仲裁裁决的审查往往涉及实体问题的审查，目前法律或司法解释均未对申请执行国内知识产权仲裁裁决案件的管辖作出特别规定，为确保这类案件的顺利审查，一般应当由具有相应知识产权案件管辖权的法院管辖为宜。申请执行知识产权仲裁裁决这一案由不适用于港澳台地区仲裁机构和外国仲裁机构所作出的仲裁裁决。

455. 申请执行涉外仲裁裁决

案由解析

申请执行涉外仲裁裁决是指一方当事人不自动履行已生效的涉外仲裁裁决时，另一方当事人向人民法院申请执行该仲裁裁决，人民法院依法对该涉外仲裁裁决进行司法审查后，裁定是否予以执行。涉外仲裁裁决，一般是指当事人根据合同约定或书面协议，将涉外经济贸易、运输和海事中发生涉外仲裁的纠纷，提交中国涉外仲裁机构进行裁决的制度。

涉外仲裁裁决的特征是：（1）涉外仲裁机构属民间性质，它的仲裁员也由民间推荐选任，涉外仲裁属于国际商事仲裁裁决的范畴。（2）若该仲裁中的当事人、争议标的物以及产生、变更、终止法律关系的法律事实这三个因素中有一项是境外的，则对该仲裁的裁决就属于涉外仲裁裁决。

常用法律条文及索引

《中华人民共和国民事诉讼法》（2023 年 9 月 1 日修正）

第二百八十八条 涉外经济贸易、运输和海事中发生的纠纷，当事人在合同中订有仲裁条款或者事后达成书面仲裁协议，提交中华人民共和国涉外仲裁机构或者其他仲裁机构仲裁的，当事人不得向人民法院起诉。

当事人在合同中没有订有仲裁条款或者事后没有达成书面仲裁协议的，可以向人民法院起诉。

第二百八十九条 当事人申请采取保全的，中华人民共和国的涉外仲裁机构应当将当事人的申请，提交被申请人住所地或者财产所在地的中级人民法院裁定。

第二百九十条 经中华人民共和国涉外仲裁机构裁决的，当事人不得向人民法院起诉。一方当事人不履行仲裁裁决的，对方当事人可以向被申请人住所地或者财产所在地的中级人民法院申请执行。

第二百九十一条 对中华人民共和国涉外仲裁机构作出的裁决，被申请人提出证据证明仲裁裁决有下列情形之一的，经人民法院组成合议庭审查核实，裁定不予执行：

（一）当事人在合同中没有订有仲裁条款或者事后没有达成书面仲裁协议的；

（二）被申请人没有得到指定仲裁员或者进行仲裁程序的通知，或者由于其他不属于被申请人负责的原因未能陈述意见的；

（三）仲裁庭的组成或者仲裁的程序与仲裁规则不符的；

（四）裁决的事项不属于仲裁协议的范围或者仲裁机构无权仲裁的。

人民法院认定执行该裁决违背社会公共利益的，裁定不予执行。

《中华人民共和国仲裁法》（2017 年 9 月 1 日修正）

第六十五条 涉外经济贸易、运输和海事中发生的纠纷的仲裁，适用本章规定。本章没有规定的，适用本法其他有关规定。

第六十六条 涉外仲裁委员会可以由中国国际商会组织设立。

涉外仲裁委员会由主任一人、副主任若干人和委员会若干人组成。

涉外仲裁委员会的主任、副主任和委员可以由中国国际商会聘任。

第六十七条 涉外仲裁委员会可以从具有法律、经济贸易、科学技术等专门知识的外籍人士中聘任仲裁员。

第六十八条 涉外仲裁的当事人申请证据保全的，涉外仲裁委员会应当将当事人的申请提交证据所在地的中级人民法院。

第六十九条 涉外仲裁的仲裁庭可以将开庭情况记入笔录。或者作出笔录要点，笔录要点可以由当事人和其他仲裁参与人签字或者盖章。

第七十条 当事人提出证据证明涉外仲裁裁决有民事诉讼法第二百五十八条第一款规定的情形之一的，经人民法院组成合议庭审查核实，裁定撤销。

第七十一条 被申请人提出证据证明涉外仲裁裁决有民事诉讼法第二百五十八条第一款规定的情形之一的，经人民法院组成合议庭审查核实，裁定不予执行。

第七十二条 涉外仲裁委员会作出的发生法律效力的仲裁裁决，当事人请求执行的，如果被执行人或者其财产不在中华人民共和国领域内，应当由当事人直接向有管辖权的外国法院申请承认和执行。

第七十三条 涉外仲裁规则可以由中国国际商会依照本法和民事诉讼法的有关规定制定。

适用本案由需要注意的问题

◆根据《民事诉讼法》第290条的规定，申请执行涉外仲裁裁决的案件，由被申请执行人住所地或财产所在地的中级人民法院管辖。

456. 申请认可和执行香港特别行政区法院民事判决

案由解析

申请认可和执行香港特别行政区法院民事判决是指当事人向内地法院提出申请，请求内地法院认可香港特别行政区法院作出的民事判决，对有执行内容的请求予以执行。

申请认可和执行香港特别行政区法院民事判决的特征是：（1）对于香港特别行政区法院的判决，采用“认可”方式，而非“承认”。（2）认可和执行香港特别行政区民事判决属于我国区际民商事司法协助范畴，所谓香港特别行政区法院民事判决包括香港特别行政区法院作出的判决书、命令和诉讼费评定证明书等。

常用法律条文及索引

《最高人民法院关于内地与香港特别行政区法院相互认可和执行民商事案件判决的安排》（法释〔2024〕2号　2024年1月25日公布）

第一条　内地与香港特别行政区法院民商事案件生效判决的相互认可和执行，适用本安排。

刑事案件中有关民事赔偿的生效判决的相互认可和执行，亦适用本安排。

第二条　本安排所称“民商事案件”是指依据内地和香港特别行政区法律均属于民商事性质的案件，不包括香港特别行政区法院审理的司法复核案件以及其他因行使行政权力直接引发的案件。

第三条　本安排暂不适用于就下列民商事案件作出的判决：

（一）内地人民法院审理的赡养、兄弟姐妹之间扶养、解除收养关系、成年人监护权、离婚后损害责任、同居关系析产案件，香港特别行政区法院审理的应否裁判分居的案件；

（二）继承案件、遗产管理或者分配的案件；

（三）内地人民法院审理的有关发明专利、实用新型专利侵权的案件，香港特别行政区法院审理的有关标准专利（包括原授专利）、短期专利侵权的案件，内地与香港特别行政区法院审理的有关确认标准必要专利许可费率的案件，以及有关本安排第五条未规定的知识产权案件；

（四）海洋环境污染、海事索赔责任限制、共同海损、紧急拖航和救助、船舶优先权、海上旅客运输案件；

（五）破产（清盘）案件；

（六）确定选民资格、宣告自然人失踪或者死亡、认定自然人限制或者无民事行为能力的案件；

（七）确认仲裁协议效力、撤销仲裁裁决案件；

（八）认可和执行其他国家和地区判决、仲裁裁决的案件。

第四条　本安排所称“判决”，在内地包括判决、裁定、调解书、支付令，不包括保全裁定；在香港特别行政区包括判决、命令、判令、讼费评定证明书，不包括禁诉令、临时济助命令。

本安排所称“生效判决”：

（一）在内地，是指第二审判决，依法不准上诉或者超过法定期限没有上诉的第一审判决，以及依照审判监督程序作出的上述判决；

（二）在香港特别行政区，是指终审法院、高等法院上诉法庭及原讼法庭、区域法院以及劳资审裁处、土地审裁处、小额钱债审裁处、竞争事务审裁处作出的已经发生法律效力的判决。

第五条　本安排所称“知识产权”是指《与贸易有关的知识产权协定》第一条第二款规定的知识产权，以及《中华人民共和国民法典》第一百二十三条第二款第七项、香港《植物品种保护条例》规定的权利人就植物新品种享有的知识产权。

第六条　本安排所称“住所地”，当事人为自然人的，是指户籍所在地或者永久性居民身份所在地、经常居住地；当事人为法人或者其他组织的，是指注册地或者登记地、主要办事机构所在地、主要营业地、主要管理地。

第七条　申请认可和执行本安排规定的判决：

（一）在内地，向申请人住所地或者被申请人住所地、财产所在地的中级人民法院提出；

（二）在香港特别行政区，向高等法院提出。

申请人应当向符合前款第一项规定的其中一个人民法院提出申请。向两个以上有管辖权的人民法院提出申请的，由最先立案的人民法院管辖。

第八条　申请认可和执行本安排规定的判决，应当提交下列材料：

（一）申请书；

（二）经作出生效判决的法院盖章的判决副本；

（三）作出生效判决的法院出具的证明书，证明该判决属于生效判决，判决有执行内容的，还应当证明在原审法院地可以执行；

（四）判决为缺席判决的，应当提交已经合法传唤当事人的证明文件，但判决已经对此予以明确说明或者缺席方提出认可和执行申请的除外；

（五）身份证明材料：

1. 申请人为自然人的，应当提交身份证件复印件；

2. 申请人为法人或者其他组织的，应当提交注册登记证书的复印件以及法定代表人或者主要负责人的身份证件复印件。

上述身份证明材料，在被请求方境外形成的，应当依据被请求方法律规定办理证明手续。

向内地人民法院提交的文件没有中文文本的，应当提交准确的中文译本。

第九条　申请书应当载明下列事项：

（一）当事人的基本情况：当事人为自然人的，包括姓名、住所、身份证件信息、通讯方式等；当事人为法人或者其他组织的，包括名称、住所及其法定代表人或者主要负责人的姓名、职务、住所、身份证件信息、通讯方式等；

（二）请求事项和理由；申请执行的，还需提供被申请人的财产状况和财产所在地；

（三）判决是否已在其他法院申请执行以及执行情况。

第十条　申请认可和执行判决的期间、程序和方式，应当依据被请求方法律的规定。

第十一条　符合下列情形之一，且依据被请求方法律有关诉讼不属于被请求方法院专属管辖的，被请求方法院应当认定原审法院具有管辖权：

（一）原审法院受理案件时，被告住所地在该方境内；

（二）原审法院受理案件时，被告在该方境内设有代表机构、分支机构、办事处、营业所等不属于独立法人的机构，且诉讼请求是基于该机构的活动；

（三）因合同纠纷提起的诉讼，合同履行地在该方境内；

（四）因侵权行为提起的诉讼，侵权行为实施地在该方境内；

（五）合同纠纷或者其他财产权益纠纷的当事人以书面形式约定由原审法院地管辖，但各方当事人住所地均在被请求方境内的，原审法院地应系合同履行地、合同签订地、标的物所在地等与争议有实际联系地；

（六）当事人未对原审法院提出管辖权异议并应诉答辩，但各方当事人住所地均在被请求方境内的，原审法院地应系合同履行地、合同签订地、标的物所在地等与争议有实际联系地。

前款所称“书面形式”是指合同书、信件和数据电文（包括电报、电传、传真、电子数据交换和电子邮件）等可以有形地表现所载内容的形式。

知识产权侵权纠纷案件以及内地人民法院审理的《中华人民共和国反不正当竞争法》第六条规定的不正当竞争纠纷民事案件、香港特别行政区法院审理的假冒纠纷案件，侵权、不正当竞争、假冒行为实施地在原审法院地境内，且涉案知识产权权利、权益在该方境内依法应予保护的，才应当认定原审法院具有管辖权。

除第一款、第三款规定外，被请求方法院认为原审法院对于有关诉讼的管辖符合被请求方法律规定的，可以认定原审法院具有管辖权。

第十二条　申请认可和执行的判决，被申请人提供证据证明有下列情形之一的，被请求方法院审查核实后，应当不予认可和执行：

（一）原审法院对有关诉讼的管辖不符合本安排第十一条规定的；

（二）依据原审法院地法律，被申请人未经合法传唤，或者虽经合法传唤但未获得合理的陈述、辩论机会的；

（三）判决是以欺诈方法取得的；

（四）被请求方法院受理相关诉讼后，原审法院又受理就同一争议提起的诉讼并作出判决的；

（五）被请求方法院已经就同一争议作出判决，或者已经认可其他国家和地区就同一争议作出的判决的；

（六）被请求方已经就同一争议作出仲裁裁决，或者已经认可其他国家和地区就同一争议作出的仲裁裁决的。

内地人民法院认为认可和执行香港特别行政区法院判决明显违反内地法律的基本原则或者社会公共利益，香港特别行政区法院认为认可和执行内地人民法院判决明显违反香港特别行政区法律的基本原则或者公共政策的，应当不予认可和执行。

第十三条　申请认可和执行的判决，被申请人提供证据证明在原审法院进行的诉讼违反了当事人就同一争议订立的有效仲裁协议或者管辖协议的，被请求方法院审查核实后，可以不予认可和执行。

第十四条　被请求方法院不能仅因判决的先决问题不属于本安排适用范围，而拒绝认可和执行该判决。

第十五条　对于原审法院就知识产权有效性、是否成立或者存在作出的判项，不予认可和执行，但基于该判项作出的有关责任承担的判项符合本安排规定的，应当认可和执行。

第十六条　相互认可和执行的判决内容包括金钱判项、非金钱判项。

判决包括惩罚性赔偿的，不予认可和执行惩罚性赔偿部分，但本安排第十七条规定的除外。

第十七条　知识产权侵权纠纷案件以及内地人民法院审理的《中华人民共和国反不正当竞争法》第六条规定的不正当竞争纠纷民事案件、香港特别行政区法院审理的假冒纠纷案件，内地与香港特别行政区法院相互认可和执行判决的，限于根据原审法院地发生的侵权行为所确定的金钱判项，包括惩罚性赔偿部分。

有关商业秘密侵权纠纷案件判决的相互认可和执行，包括金钱判项（含惩罚性赔偿）、非金钱判项。

第十八条　内地与香港特别行政区法院相互认可和执行的财产给付范围，包括判决确定的给付财产和相应的利息、诉讼费、迟延履行金、迟延履行利息，不包括税收、罚款。

前款所称“诉讼费”，在香港特别行政区是指讼费评定证明书核定或者命令支付的费用。

第十九条　被请求方法院不能认可和执行判决全部判项的，可以认可和执行其中的部分判项。

第二十条　对于香港特别行政区法院作出的判决，一方当事人已经提出上诉，内地人民法院审查核实后，中止认可和执行程序。经上诉，维持全部或者部分原判决的，恢复认可和执行程序；完全改变原判决的，终止认可和执行程序。

内地人民法院就已经作出的判决裁定再审的，香港特别行政区法院审查核实后，中止认可和执行程序。经再审，维持全部或者部分原判决的，恢复认可和执行程序；完全改变原判决的，终止认可和执行程序。

第二十一条　被申请人在内地和香港特别行政区均有可供执行财产的，申请人可以分别向两地法院申请执行。

应对方法院要求，两地法院应当相互提供本方执行判决的情况。

两地法院执行财产的总额不得超过判决确定的数额。

第二十二条　在审理民商事案件期间，当事人申请认可和执行另一地法院就同一争议作出的判决的，应当受理。受理后，有关诉讼应当中止，待就认可和执行的申请作出裁定或者命令后，再视情终止或者恢复诉讼。

第二十三条　审查认可和执行判决申请期间，当事人就同一争议提起诉讼的，不予受理；已经受理的，驳回起诉。

判决全部获得认可和执行后，当事人又就同一争议提起诉讼的，不予受理。

判决未获得或者未全部获得认可和执行的，申请人不得再次申请认可和执行，但可以就同一争议向被请求方法院提起诉讼。

第二十四条　申请认可和执行判决的，被请求方法院在受理申请之前或者之后，可以依据被请求方法律规定采取保全或者强制措施。

第二十五条　法院应当尽快审查认可和执行的申请，并作出裁定或者命令。

第二十六条　被请求方法院就认可和执行的申请作出裁定或者命令后，当事人不服的，在内地可以于裁定送达之日起十日内向上一级人民法院申请复议，在香港特别行政区可以依据其法律规定提出上诉。

第二十七条　申请认可和执行判决的，应当依据被请求方有关诉讼收费的法律和规定交纳费用。

第二十八条　本安排签署后，最高人民法院和香港特别行政区政府经协商，可以就第三条所列案件判决的认可和执行以及第四条所涉保全、临时济助的协助问题签署补充文件。

本安排在执行过程中遇有问题或者需要修改的，由最高人民法院和香港特别行政区政府协商解决。

第二十九条　内地与香港特别行政区法院自本安排生效之日起作出的判决，适用本安排。

第三十条　本安排生效之日，《最高人民法院关于内地与香港特别行政区法院相互认可和执行当事人协议管辖的民商事案件判决的安排》同时废止。

本安排生效前，当事人已签署《最高人民法院关于内地与香港特别行政区法院相互认可和执行当事人协议管辖的民商事案件判决的安排》所称“书面管辖协议”的，仍适用该安排。

第三十一条　本安排生效后，《最高人民法院关于内地与香港特别行政区法院相互认可和执行婚姻家庭民事案件判决的安排》继续施行。

第三十二条　本安排自2024年1月29日起施行。

《最高人民法院关于内地与香港特别行政区法院相互认可和执行婚姻家庭民事案件判决的安排》（法释〔2022〕4号　2022年2月14日公布）

根据《中华人民共和国香港特别行政区基本法》第九十五条的规定，最高人民法院与香港特别行政区政府经协商，现就婚姻家庭民事案件判决的认可和执行问题作出如下安排。

第一条　当事人向香港特别行政区法院申请认可和执行内地人民法院就婚姻家庭民事案件作出的生效判决，或者向内地人民法院申请认可和执行香港特别行政区法院就婚姻家庭民事案件作出的生效判决的，适用本安排。

当事人向香港特别行政区法院申请认可内地民政部门所发的离婚证，或者向内地人民法院申请认可依据《婚姻制度改革条例》（香港法例第178章）第Ⅴ部、第ⅤA部规定解除婚姻的协议书、备忘录的，参照适用本安排。

第二条　本安排所称生效判决：

（一）在内地，是指第二审判决，依法不准上诉或者超过法定期限没有上诉的第一审判决，以及依照审判监督程序作出的上述判决；

（二）在香港特别行政区，是指终审法院、高等法院上诉法庭及原讼法庭和区域法院作出的已经发生法律效力的判决，包括依据香港法律可以在生效后作出更改的命令。

前款所称判决，在内地包括判决、裁定、调解书，在香港特别行政区包括判决、命令、判令、讼费评定证明书、定额讼费证明书，但不包括双方依据其法律承认的其他国家和地区法院作出的判决。

第三条　本安排所称婚姻家庭民事案件：

（一）在内地是指：

1. 婚内夫妻财产分割纠纷案件；

2. 离婚纠纷案件；

3. 离婚后财产纠纷案件；

4. 婚姻无效纠纷案件；

5. 撤销婚姻纠纷案件；

6. 夫妻财产约定纠纷案件；

7. 同居关系子女抚养纠纷案件；

8. 亲子关系确认纠纷案件；

9. 抚养纠纷案件；

10. 扶养纠纷案件（限于夫妻之间扶养纠纷）；

11. 确认收养关系纠纷案件；

12. 监护权纠纷案件（限于未成年子女监护权纠纷）；

13. 探望权纠纷案件；

14. 申请人身安全保护令案件。

（二）在香港特别行政区是指：

1. 依据香港法例第 179 章《婚姻诉讼条例》第 III 部作出的离婚绝对判令；

2. 依据香港法例第 179 章《婚姻诉讼条例》第 IV 部作出的婚姻无效绝对判令；

3. 依据香港法例第 192 章《婚姻法律程序与财产条例》作出的在讼案待决期间提供赡养费令；

4. 依据香港法例第 13 章《未成年人监护条例》、第 16 章《分居令及赡养令条例》、第 192 章《婚姻法律程序与财产条例》第 II 部、第 IIA 部作出的赡养令；

5. 依据香港法例第 13 章《未成年人监护条例》、第 192 章《婚姻法律程序与财产条例》第 II 部、第 IIA 部作出的财产转让及出售财产令；

6. 依据香港法例第 182 章《已婚者地位条例》作出的有关财产的命令；

7. 依据香港法例第 192 章《婚姻法律程序与财产条例》在双方在生时作出的修改赡养协议的命令；

8. 依据香港法例第 290 章《领养条例》作出的领养令；

9. 依据香港法例第 179 章《婚姻诉讼条例》、第 429 章《父母与子女条例》作出的父母身份、婚生地位或者确立婚生地位的宣告；

10. 依据香港法例第 13 章《未成年人监护条例》、第 16 章《分居令及赡养令条例》、第 192 章《婚姻法律程序与财产条例》作出的管养令；

11. 就受香港法院监护的未成年子女作出的管养令；

12. 依据香港法例第 189 章《家庭及同居关系暴力条例》作出的禁制骚扰令、驱逐令、重返令或者更改、暂停执行就未成年子女的管养令、探视令。

第四条　申请认可和执行本安排规定的判决：

（一）在内地向申请人住所地、经常居住地或者被申请人住所地、经常居住地、财产所在地的中级人民法院提出；

（二）在香港特别行政区向区域法院提出。

申请人应当向符合前款第一项规定的其中一个人民法院提出申请。向两个以上有管辖权的人民法院提出申请的，由最先立案的人民法院管辖。

第五条　申请认可和执行本安排第一条第一款规定的判决的，应当提交下列材料：

（一）申请书；

（二）经作出生效判决的法院盖章的判决副本；

（三）作出生效判决的法院出具的证明书，证明该判决属于本安排规定的婚姻家庭民事案件生效判决；

（四）判决为缺席判决的，应当提交法院已经合法传唤当事人的证明文件，但判决已经对此予以明确说明或者缺席方提出申请的除外；

（五）经公证的身份证件复印件。

申请认可本安排第一条第二款规定的离婚证或者协议书、备忘录的，应当提交下列材料：

（一）申请书；

（二）经公证的离婚证复印件，或者经公证的协议书、备忘录复印件；

（三）经公证的身份证件复印件。

向内地人民法院提交的文件没有中文文本的，应当提交准确的中文译本。

第六条 申请书应当载明下列事项：

（一）当事人的基本情况，包括姓名、住所、身份证件信息、通讯方式等；

（二）请求事项和理由，申请执行的，还需提供被申请人的财产状况和财产所在地；

（三）判决是否已在其他法院申请执行和执行情况。

第七条 申请认可和执行判决的期间、程序和方式，应当依据被请求方法律的规定。

第八条 法院应当尽快审查认可和执行的请求，并作出裁定或者命令。

第九条 申请认可和执行的判决，被申请人提供证据证明有下列情形之一的，法院审查核实后，不予认可和执行：

（一）根据原审法院地法律，被申请人未经合法传唤，或者虽经合法传唤但未获得合理的陈述、辩论机会的；

（二）判决是以欺诈方法取得的；

（三）被请求方法院受理相关诉讼后，请求方法院又受理就同一争议提起的诉讼并作出判决的；

（四）被请求方法院已经就同一争议作出判决，或者已经认可和执行其他国家和地区法院就同一争议所作出的判决的。

内地人民法院认为认可和执行香港特别行政区法院判决明显违反内地法律的基本原则或者社会公共利益，香港特别行政区法院认为认可和执行内地人民法院判决明显违反香港特别行政区法律的基本原则或者公共政策的，不予认可和执行。

申请认可和执行的判决涉及未成年子女的，在根据前款规定审查决定是否认可和执行时，应当充分考虑未成年子女的最佳利益。

第十条 被请求方法院不能对判决的全部判项予以认可和执行时，可以认可和执行其中的部分判项。

第十一条 对于香港特别行政区法院作出的判决，一方当事人已经提出上诉，内地人民法院审查核实后，可以中止认可和执行程序。经上诉，维持全部或者部分原判决的，恢复认可和执行程序；完全改变原判决的，终止认可和执行程序。

内地人民法院就已经作出的判决裁定再审的，香港特别行政区法院审查核实后，可以中止认可和执行程序。经再审，维持全部或者部分原判决的，恢复认可和执行程序；完全改变原判决的，终止认可和执行程序。

第十二条 在本安排下，内地人民法院作出的有关财产归一方所有的判项，在香港特别行政区将被视为命令一方向另一方转让该财产。

第十三条 被申请人在内地和香港特别行政区均有可供执行财产的，申请人可以分别向两地法院申请执行。

两地法院执行财产的总额不得超过判决确定的数额。应对方法院要求，两地法院应当相互提供本院执行判决的情况。

第十四条 内地与香港特别行政区法院相互认可和执行的财产给付范围，包括判决确定的给付财产和相应的利息、迟延履行金、诉讼费，不包括税收、罚款。

前款所称诉讼费，在香港特别行政区是指讼费评定证明书、定额讼费证明书核定或者命令支付的费用。

第十五条 被请求方法院就认可和执行的申请作出裁定或者命令后，当事人不服的，在内地可以于裁定送达之日起十日内向上一级人民法院申请复议，在香港特别行政区可以依据其法律规定提出上诉。

第十六条 在审理婚姻家庭民事案件期间，当事人申请认可和执行另一地法院就同一争议作出的判决的，应当受理。受理后，有关诉讼应当中止，待就认可和执行的申请作出裁定或者命令后，再视情终止或者恢复诉讼。

第十七条 审查认可和执行判决申请期间，当事人就同一争议提起诉讼的，不予受理；已经受理的，驳回起诉。

判决获得认可和执行后，当事人又就同一争议提起诉讼的，不予受理。

判决未获认可和执行的，申请人不得再次申请认可和执行，但可以就同一争议向被请求方法院提起诉讼。

第十八条 被请求方法院在受理认可和执行判决的申请之前或者之后，可以依据其法律规定采取保全或者强制措施。

第十九条 申请认可和执行判决的，应当依据被请求方有关诉讼收费的法律和规定交纳费用。

第二十条 内地与香港特别行政区法院自本安排生效之日起作出的判决，适用本安排。

第二十一条　本安排在执行过程中遇有问题或者需要修改的，由最高人民法院和香港特别行政区政府协商解决。

第二十二条　本安排自2022年2月15日起施行。

适用本案由需要注意的问题

◆根据《最高人民法院关于内地与香港特别行政区法院相互认可和执行民商事案件判决的安排》的规定，当事人在内地申请执行香港特别行政区法院作出的判决、裁定、调解书、支付令，应当向申请人住所地或者被申请人住所地、财产所在地的中级人民法院提出。向两个以上有管辖权的人民法院提出申请的，由最先立案的人民法院管辖。

457. 申请认可和执行香港特别行政区仲裁裁决

案由解析

申请认可和执行香港特别行政区仲裁裁决是指当事人向内地法院申请认可和执行在香港特别行政区作出的仲裁裁决。

申请认可和执行香港特别行政区仲裁裁决的特征是：(1) 香港特别行政区仲裁裁决同样需要经过“认可”程序才可以得到内地法院的认可和执行。(2) 对香港特别行政区的仲裁裁决进行审查不仅仅局限于香港仲裁机构作出的仲裁裁决。

常用法律条文及索引

《最高人民法院关于内地与香港特别行政区相互执行仲裁裁决的安排》（法释〔2000〕3号　2000年1月24日公布）

一、在内地或者香港特区作出的仲裁裁决，一方当事人不履行仲裁裁决的，另一方当事人可以向被申请人住所地或者财产所在地的有关法院申请执行。

二、上条所述的有关法院，在内地指被申请人住所地或者财产所在地的中级人民法院，在香港特区指香港特区高等法院。

被申请人住所地或者财产所在地在内地不同的中级人民法院辖区内的，申请人可以选择其中一个人民法院申请执行裁决，不得分别向两个或者两个以上人民法院提出申请。

被申请人的住所地或者财产所在地，既在内地又在香港特区的，申请人不得同时分别向两地有关法院提出申请。只有一地法院执行不足以偿还其债务时，才可就不足部分向另一地法院申请执行。两地法院先后执行仲裁裁决的总额，不得超过裁决数额。

三、申请人向有关法院申请执行在内地或者香港特区作出的仲裁裁决的，应当提交以下文书：

（一）执行申请书；

（二）仲裁裁决书；

（三）仲裁协议。

四、执行申请书的内容应当载明下列事项：

（一）申请人为自然人的情况下，该人的姓名、地址；申请人为法人或者其他组织的情况下，该法人或其他组织的名称、地址及法定代表人姓名；

（二）被申请人为自然人的情况下，该人的姓名、地址；被申请人为法人或者其他组织的情况下，该法人或其他组织的名称、地址及法定代表人姓名；

（三）申请人为法人或者其他组织的，应当提交企业注册登记的副本。申请人是外国籍法人或者其他组织的，应当提交相应的公证和认证材料；

（四）申请执行的理由与请求的内容，被申请人的财产所在地及财产状况；

执行申请书应当以中文文本提出，裁决书或者仲裁协议没有中文文本的，申请人应当提交正式证明的中文译本。

五、申请人向有关法院申请执行内地或者香港特区仲裁裁决的期限依据执行地法律有关时限的规定。

六、有关法院接到申请人申请后，应当按执行地法律程序处理及执行。

七、在内地或者香港特区申请执行的仲裁裁决，被申请人接到通知后，提出证据证明有下列情形之一的，经审查核实，有关法院可裁定不予执行：

（一）仲裁协议当事人依对其适用的法律属于某种无行为能力的情形；或者该项仲裁协议依约定的准据法无效；或者未指明以何种法律为准时，依仲裁裁决地的法律是无效的；

（二）被申请人未接到指派仲裁员的适当通知，或者因他故未能陈述意见的；

（三）裁决所处理的争议不是交付仲裁的标的或者不在仲裁协议条款之

内，或者裁决载有关于交付仲裁范围以外事项的决定的；但交付仲裁事项的决定可与未交付仲裁的事项划分时，裁决中关于交付仲裁事项的决定部分应当予以执行；

（四）仲裁庭的组成或者仲裁庭程序与当事人之间的协议不符，或者在有关当事人没有这种协议时与仲裁地的法律不符的；

（五）裁决对当事人尚无约束力，或者业经仲裁地的法院或者按仲裁地的法律撤销或者停止执行的。

有关法院认定依执行地法律，争议事项不能以仲裁解决的，则可不予执行该裁决。

内地法院认定在内地执行该仲裁裁决违反内地社会公共利益，或者香港特区法院决定在香港特区执行该仲裁裁决违反香港特区的公共政策，则可不予执行该裁决。

八、申请人向有关法院申请执行在内地或者香港特区作出的仲裁裁决，应当根据执行地法院有关诉讼收费的办法交纳执行费用。

九、1997 年 7 月 1 日以后申请执行在内地或者香港特区作出的仲裁裁决按本安排执行。

十、对 1997 年 7 月 1 日至本安排生效之日的裁决申请问题，双方同意：1997 年 7 月 1 日至本安排生效之日因故未能向内地或者香港特区法院申请执行，申请人为法人或者其他组织的，可以在本安排生效后六个月内提出；如申请人为自然人的，可以在本安排生效后一年内提出。

对于内地或香港特区法院在 1997 年 7 月 1 日至本安排生效之日拒绝受理或者拒绝执行仲裁裁决的案件，应允许当事人重新申请。

《最高人民法院关于内地与香港特别行政区相互执行仲裁裁决的补充安排》（法释〔2020〕13 号　2020 年 11 月 26 日公布）

依据《最高人民法院关于内地与香港特别行政区相互执行仲裁裁决的安排》（以下简称《安排》）第十一条的规定，最高人民法院与香港特别行政区政府经协商，作出如下补充安排：

一、《安排》所指执行内地或者香港特别行政区仲裁裁决的程序，应解释为包括认可和执行内地或者香港特别行政区仲裁裁决的程序。

二、将《安排》序言及第一条修改为："根据《中华人民共和国香港特别行政区基本法》第九十五条的规定，经最高人民法院与香港特别行政区（以下简称香港特区）政府协商，现就仲裁裁决的相互执行问题作出如下安排：

“一、内地人民法院执行按香港特区《仲裁条例》作出的仲裁裁决，香港特区法院执行按《中华人民共和国仲裁法》作出的仲裁裁决，适用本安排。”

三、将《安排》第二条第三款修改为：“被申请人在内地和香港特区均有住所地或者可供执行财产的，申请人可以分别向两地法院申请执行。应对方法院要求，两地法院应当相互提供本方执行仲裁裁决的情况。两地法院执行财产的总额，不得超过裁决确定的数额。”

四、在《安排》第六条中增加一款作为第二款：“有关法院在受理执行仲裁裁决申请之前或者之后，可以依申请并按照执行地法律规定采取保全或者强制措施。”

五、本补充安排第一条、第四条自 2020 年 11 月 27 日起施行，第二条、第三条在香港特别行政区完成有关程序后，由最高人民法院公布施行日期。①

适用本案由需要注意的问题

◆根据《最高人民法院关于内地与香港特别行政区相互执行仲裁裁决的安排》的规定，当事人申请认可和执行香港特别行政区仲裁裁决的案件，应当由被申请人住所地或财产所在地的中级人民法院管辖。

◆香港国际仲裁中心、外国仲裁机构、临时仲裁庭等根据香港特别行政区《仲裁条例》在香港特别行政区作出的民商事仲裁裁决均可根据《最高人民法院关于内地与香港特别行政区相互执行仲裁裁决的安排》向内地法院申请认可和执行。

458. 申请认可和执行澳门特别行政区法院民事判决

案由解析

申请认可和执行澳门特别行政区法院民事判决是指当事人向内地有管辖权的法院申请认可和执行澳门特别行政区法院作出的具有民事判决性质的法律文书的案件。

---

①　最高人民法院于 2021 年 5 月 18 日发布公告：“现香港特别行政区已完成有关程序，本司法解释第二条、第三条自 2021 年 5 月 19 日起施行。”

申请认可和执行澳门特别行政区法院民事判决的特征是：（1）该判决与申请认可和执行香港特别行政区民事判决的效力认定一样，须经过特定的“认可”程序。（2）澳门特别行政区法院民事判决包括澳门特别行政区法院作出的裁判、判决、确认和解的裁定、法官的决定或批示。

常用法律条文及索引

《最高人民法院关于内地与澳门特别行政区相互认可和执行民商事判决的安排》（法释〔2006〕2号　2006年3月21日公布）

第一条　内地与澳门特别行政区民商事案件（在内地包括劳动争议案件，在澳门特别行政区包括劳动民事案件）判决的相互认可和执行，适用本安排。

本安排亦适用于刑事案件中有关民事损害赔偿的判决、裁定。

本安排不适用于行政案件。

第二条　本安排所称“判决”，在内地包括：判决、裁定、决定、调解书、支付令；在澳门特别行政区包括：裁判、判决、确认和解的裁定、法官的决定或者批示。

本安排所称“被请求方”，指内地或者澳门特别行政区双方中，受理认可和执行判决申请的一方。

第三条　一方法院作出的具有给付内容的生效判决，当事人可以向对方有管辖权的法院申请认可和执行。

没有给付内容，或者不需要执行，但需要通过司法程序予以认可的判决，当事人可以向对方法院单独申请认可，也可以直接以该判决作为证据在对方法院的诉讼程序中使用。

第四条　内地有权受理认可和执行判决申请的法院为被申请人住所地、经常居住地或者财产所在地的中级人民法院。两个或者两个以上中级人民法院均有管辖权的，申请人应当选择向其中一个中级人民法院提出申请。

澳门特别行政区有权受理认可判决申请的法院为中级法院，有权执行的法院为初级法院。

第五条　被申请人在内地和澳门特别行政区均有可供执行财产的，申请人可以向一地法院提出执行申请。

申请人向一地法院提出执行申请的同时，可以向另一地法院申请查封、扣押或者冻结被执行人的财产。待一地法院执行完毕后，可以根据该地法院出具的执行情况证明，就不足部分向另一地法院申请采取处分财产的执行措施。

两地法院执行财产的总额，不得超过依据判决和法律规定所确定的数额。

第六条　请求认可和执行判决的申请书，应当载明下列事项：

（一）申请人或者被申请人为自然人的，应当载明其姓名及住所；为法人或者其它组织的，应当载明其名称及住所，以及其法定代表人或者主要负责人的姓名、职务和住所；

（二）请求认可和执行的判决的案号和判决日期；

（三）请求认可和执行判决的理由、标的，以及该判决在判决作出地法院的执行情况。

第七条　申请书应当附生效判决书副本，或者经作出生效判决的法院盖章的证明书，同时应当附作出生效判决的法院或者有权限机构出具的证明下列事项的相关文件：

（一）传唤属依法作出，但判决书已经证明的除外；

（二）无诉讼行为能力人依法得到代理，但判决书已经证明的除外；

（三）根据判决作出地的法律，判决已经送达当事人，并已生效；

（四）申请人为法人的，应当提供法人营业执照副本或者法人登记证明书；

（五）判决作出地法院发出的执行情况证明。

如被请求方法院认为已充分了解有关事项时，可以免除提交相关文件。

被请求方法院对当事人提供的判决书的真实性有疑问时，可以请求作出生效判决的法院予以确认。

第八条　申请书应当用中文制作。所附司法文书及其相关文件未用中文制作的，应当提供中文译本。其中法院判决书未用中文制作的，应当提供由法院出具的中文译本。

第九条　法院收到申请人请求认可和执行判决的申请后，应当将申请书送达被申请人。

被申请人有权提出答辩。

第十条　被请求方法院应当尽快审查认可和执行的请求，并作出裁定。

第十一条　被请求方法院经审查核实存在下列情形之一的，裁定不予认可：

（一）根据被请求方的法律，判决所确认的事项属被请求方法院专属管辖；

（二）在被请求方法院已存在相同诉讼，该诉讼先于待认可判决的诉讼提起，且被请求方法院具有管辖权；

（三）被请求方法院已认可或者执行被请求方法院以外的法院或仲裁机构就相同诉讼作出的判决或仲裁裁决；

（四）根据判决作出地的法律规定，败诉的当事人未得到合法传唤，或者无诉讼行为能力人未依法得到代理；

（五）根据判决作出地的法律规定，申请认可和执行的判决尚未发生法律效力，或者因再审被裁定中止执行；

（六）在内地认可和执行判决将违反内地法律的基本原则或者社会公共利益；在澳门特别行政区认可和执行判决将违反澳门特别行政区法律的基本原则或者公共秩序。

第十二条 法院就认可和执行判决的请求作出裁定后，应当及时送达。

当事人对认可与否的裁定不服的，在内地可以向上一级人民法院提请复议，在澳门特别行政区可以根据其法律规定提起上诉；对执行中作出的裁定不服的，可以根据被请求方法律的规定，向上级法院寻求救济。

第十三条 经裁定予以认可的判决，与被请求方法院的判决具有同等效力。判决有给付内容的，当事人可以向该方有管辖权的法院申请执行。

第十四条 被请求方法院不能对判决所确认的所有请求予以认可和执行时，可以认可和执行其中的部分请求。

第十五条 法院受理认可和执行判决的申请之前或者之后，可以按照被请求方法律关于财产保全的规定，根据申请人的申请，对被申请人的财产采取保全措施。

第十六条 在被请求方法院受理认可和执行判决的申请期间，或者判决已获认可和执行，当事人再行提起相同诉讼的，被请求方法院不予受理。

第十七条 对于根据本安排第十一条（一）、（四）、（六）项不予认可的判决，申请人不得再行提起认可和执行的申请。但根据被请求方的法律，被请求方法院有管辖权的，当事人可以就相同案件事实向当地法院另行提起诉讼。

本安排第十一条（五）项所指的判决，在不予认可的情形消除后，申请人可以再行提起认可和执行的申请。

第十八条 为适用本安排，由一方有权限公共机构（包括公证员）作成或者公证的文书正本、副本及译本，免除任何认证手续而可以在对方使用。

第十九条 申请人依据本安排申请认可和执行判决，应当根据被请求方法律规定，交纳诉讼费用、执行费用。

申请人在生效判决作出地获准缓交、减交、免交诉讼费用的，在被请求方法院申请认可和执行判决时，应当享有同等待遇。

第二十条　对民商事判决的认可和执行，除本安排有规定的以外，适用被请求方的法律规定。

适用本案由需要注意的问题

◆根据《最高人民法院关于内地与澳门特别行政区相互认可和执行民商事判决的安排》的规定，当事人申请认可和执行澳门特别行政区法院民事判决的案件，应当由被申请人住所地、经常居住地或财产所在地的中级人民法院管辖。

459. 申请认可和执行澳门特别行政区仲裁裁决

案由解析

申请认可和执行澳门特别行政区仲裁裁决是指当事人向内地法院申请认可和执行在澳门特别行政区作出的仲裁裁决的案件。

申请认可和执行澳门特别行政区仲裁裁决的主要特征是，申请澳门特别行政区仲裁裁决在内地的认可和执行同样需要经过特定的程序。

常用法律条文及索引

《最高人民法院关于内地与澳门特别行政区相互认可和执行仲裁裁决的安排》（法释〔2007〕17号　2007年12月12日公布）

第一条　内地人民法院认可和执行澳门特别行政区仲裁机构及仲裁员按照澳门特别行政区仲裁法规在澳门作出的民商事仲裁裁决，澳门特别行政区法院认可和执行内地仲裁机构依据《中华人民共和国仲裁法》在内地作出的民商事仲裁裁决，适用本安排。

本安排没有规定的，适用认可和执行地的程序法律规定。

第二条　在内地或者澳门特别行政区作出的仲裁裁决，一方当事人不履行的，另一方当事人可以向被申请人住所地、经常居住地或者财产所在地的有关法院申请认可和执行。

内地有权受理认可和执行仲裁裁决申请的法院为中级人民法院。两个或者两个以上中级人民法院均有管辖权的，当事人应当选择向其中一个中级人民法院提出申请。

澳门特别行政区有权受理认可仲裁裁决申请的法院为中级法院，有权执行的法院为初级法院。

第三条 被申请人的住所地、经常居住地或者财产所在地分别在内地和澳门特别行政区的，申请人可以向一地法院提出认可和执行申请，也可以分别向两地法院提出申请。

当事人分别向两地法院提出申请的，两地法院都应当依法进行审查。予以认可的，采取查封、扣押或者冻结被执行人财产等执行措施。仲裁地法院应当先进行执行清偿；另一地法院在收到仲裁地法院关于经执行债权未获清偿情况的证明后，可以对申请人未获清偿的部分进行执行清偿。两地法院执行财产的总额，不得超过依据裁决和法律规定所确定的数额。

第四条 申请人向有关法院申请认可和执行仲裁裁决的，应当提交以下文件或者经公证的副本：

（一）申请书；

（二）申请人身份证明；

（三）仲裁协议；

（四）仲裁裁决书或者仲裁调解书。

上述文件没有中文文本的，申请人应当提交经正式证明的中文译本。

第五条 申请书应当包括下列内容：

（一）申请人或者被申请人为自然人的，应当载明其姓名及住所；为法人或者其他组织的，应当载明其名称及住所，以及其法定代表人或者主要负责人的姓名、职务和住所；申请人是外国籍法人或者其他组织的，应当提交相应的公证和认证材料；

（二）请求认可和执行的仲裁裁决书或者仲裁调解书的案号或识别资料和生效日期；

（三）申请认可和执行仲裁裁决的理由及具体请求，以及被申请人财产所在地、财产状况及该仲裁裁决的执行情况。

第六条 申请人向有关法院申请认可和执行内地或者澳门特别行政区仲裁裁决的期限，依据认可和执行地的法律确定。

第七条 对申请认可和执行的仲裁裁决，被申请人提出证据证明有下列情形之一的，经审查核实，有关法院可以裁定不予认可：

（一）仲裁协议一方当事人依对其适用的法律在订立仲裁协议时属于无行为能力的；或者依当事人约定的准据法，或当事人没有约定适用的准据法而依仲裁地法律，该仲裁协议无效的；

（二）被申请人未接到选任仲裁员或者进行仲裁程序的适当通知，或者因他故未能陈述意见的；

（三）裁决所处理的争议不是提交仲裁的争议，或者不在仲裁协议范围之内；或者裁决载有超出当事人提交仲裁范围的事项的决定，但裁决中超出提交仲裁范围的事项的决定与提交仲裁事项的决定可以分开的，裁决中关于提交仲裁事项的决定部分可以予以认可；

（四）仲裁庭的组成或者仲裁程序违反了当事人的约定，或者在当事人没有约定时与仲裁地的法律不符的；

（五）裁决对当事人尚无约束力，或者业经仲裁地的法院撤销或者拒绝执行的。

有关法院认定，依执行地法律，争议事项不能以仲裁解决的，不予认可和执行该裁决。

内地法院认定在内地认可和执行该仲裁裁决违反内地法律的基本原则或者社会公共利益，澳门特别行政区法院认定在澳门特别行政区认可和执行该仲裁裁决违反澳门特别行政区法律的基本原则或者公共秩序，不予认可和执行该裁决。

第八条　申请人依据本安排申请认可和执行仲裁裁决的，应当根据执行地法律的规定，交纳诉讼费用。

第九条　一方当事人向一地法院申请执行仲裁裁决，另一方当事人向另一地法院申请撤销该仲裁裁决，被执行人申请中止执行且提供充分担保的，执行法院应当中止执行。

根据经认可的撤销仲裁裁决的判决、裁定，执行法院应当终结执行程序；撤销仲裁裁决申请被驳回的，执行法院应当恢复执行。

当事人申请中止执行的，应当向执行法院提供其他法院已经受理申请撤销仲裁裁决案件的法律文书。

第十条　受理申请的法院应当尽快审查认可和执行的请求，并作出裁定。

第十一条　法院在受理认可和执行仲裁裁决申请之前或者之后，可以依当事人的申请，按照法院地法律规定，对被申请人的财产采取保全措施。

第十二条　由一方有权限公共机构（包括公证员）作成的文书正本或者

经公证的文书副本及译本，在适用本安排时，可以免除认证手续在对方使用。

第十三条 本安排实施前，当事人提出的认可和执行仲裁裁决的请求，不适用本安排。

自 1999 年 12 月 20 日至本安排实施前，澳门特别行政区仲裁机构及仲裁员作出的仲裁裁决，当事人向内地申请认可和执行的期限，自本安排实施之日起算。

适用本案由需要注意的问题

◆根据《最高人民法院关于内地与澳门特别行政区相互认可和执行仲裁裁决的安排》的规定，当事人申请认可和执行澳门特别行政区法院仲裁裁决的案件，应当由被申请人住所地、经常居住地或财产所在地的中级人民法院管辖。

460. 申请认可和执行台湾地区法院民事判决

案由解析

申请认可和执行台湾地区法院民事判决是指当事人向人民法院申请认可和执行台湾地区法院作出的具有判决性质的司法文书的案件。

申请认可和执行台湾地区法院民事判决的特征是：（1）对台湾地区法院民事判决申请“认可”和“执行”的程序是可以分开进行的。（2）台湾地区的民事判决包括台湾地区法院作出的民事判决、民事裁定、支付命令及其确定证明书、民事调解书以及对商事、知识产权、海事等民事纠纷作出的判决。

常用法律条文及索引

《最高人民法院关于认可和执行台湾地区法院民事判决的规定》（法释〔2015〕13 号　2024 年 10 月 29 日修正）

第一条 台湾地区法院民事判决的当事人以及当事人的继承人、权利承受人可以根据本规定，作为申请人向人民法院申请认可和执行该判决，该判决中的对方当事人为被申请人。双方当事人都提出认可和执行申请的，均列为申请人。

第二条　本规定所称台湾地区法院民事判决，包括台湾地区法院作出的生效民事判决、裁定、和解笔录、调解笔录、支付命令等。

申请认可台湾地区法院在刑事案件中作出的有关民事损害赔偿的生效判决、裁定、和解笔录的，适用本规定。

申请认可由台湾地区乡镇市调解委员会等出具并经台湾地区法院核定，与台湾地区法院生效民事判决具有同等效力的调解文书的，参照适用本规定。

第三条　申请人同时提出认可和执行台湾地区法院民事判决申请的，人民法院先按照认可程序进行审查，裁定认可后，由人民法院执行机构执行。

申请人仅提出认可台湾地区法院民事判决申请，人民法院对应否认可进行审查并作出裁定；台湾地区法院民事判决具有给付内容的，人民法院在受理认可申请及作出认可裁定时，应当向申请人释明其可以向人民法院申请执行。

申请人直接申请执行的，人民法院应当告知其一并提交认可申请；坚持不申请认可的，裁定驳回其申请。

第四条　申请认可台湾地区法院民事判决的案件，由申请人住所地、经常居住地或者被申请人住所地、经常居住地、财产所在地中级人民法院或者专门人民法院受理。

申请人向两个以上有管辖权的人民法院申请认可的，由最先立案的人民法院管辖。

申请人向被申请人财产所在地人民法院申请认可的，应当提供财产存在的相关证据。

第五条　申请人委托他人代理申请认可台湾地区法院民事判决的，应当向人民法院提交由委托人签名或者盖章的授权委托书。

台湾地区当事人签名或者盖章的授权委托书应当履行相关公证或者查明手续，但授权委托书经人民法院法官线上视频或者线下见证签署，或者经中国大陆公证机关公证证明是在中国大陆签署的除外。

持有台湾居民居住证的台湾地区当事人委托中国大陆执业律师或者其他人代理的，代理人向人民法院转交的授权委托书无需公证或者履行相关查明手续。

第六条　申请认可台湾地区法院民事判决，应当提交下列材料：

（一）申请书，并按照被申请人人数提交副本；

（二）判决正本或者经证明无误的副本；

（三）判决确定证明书正本或者经证明无误的副本，依据台湾地区有关规定不需另行出具证明书的调解笔录等除外；

（四）身份证明材料（申请人为自然人的，应当提交居民身份证、台湾居民居住证、台湾居民来往大陆通行证等身份证件复印件；申请人为法人或者非法人组织的，应当提交注册登记证书的复印件以及法定代表人或者主要负责人的身份证件复印件；申请人为当事人的继承人、权利承受人的，应当提交证明其继承人、权利承受人身份的证明材料）。

身份证明材料在中国大陆以外形成的，申请人应当依据民事诉讼法及相关司法解释的规定履行证明手续。

第七条 申请书应当载明下列事项：

（一）申请人和被申请人的基本情况：申请人或者被申请人为自然人的，包括姓名、住所、身份证件信息、通讯方式等；申请人或者被申请人为法人或者非法人组织的，包括名称、住所及其法定代表人或者主要负责人的姓名、职务、住所、身份证件信息、通讯方式等；

（二）作出判决的台湾地区法院名称、裁判文书案号、诉讼程序开始日期和判决日期；

（三）请求事项和理由；

（四）申请认可的判决的执行情况；

（五）其他需要说明的情况。

第八条 对于符合本规定第四条至第七条规定条件的申请，人民法院应当在收到申请后七日内立案，并通知申请人和被申请人。对于不符合上述规定的申请，人民法院应当在七日内裁定不予受理，同时说明不予受理的理由。已经受理的，裁定驳回申请。申请人对裁定不服的，可以提起上诉。

申请人提交的材料不符合要求的，人民法院应当一次性书面告知在指定期限内补正。在指定期限内补正的，人民法院决定是否立案的期间，自收到补正材料之日起计算。在指定期限内没有补正的，退回申请并记录在册；坚持提出申请的，裁定不予受理。经补正仍不符合要求的，裁定不予受理。

人民法院裁定不予受理或者驳回申请后，申请人再次申请并符合受理条件的，人民法院应予受理。

第九条 人民法院应当在立案之日起五日内将申请书副本送达被申请人。被申请人应当在收到申请书副本之日起十五日内提交意见；被申请人在中国大陆没有住所的，应当在收到申请书副本之日起三十日内提交意见。被申请人在上述期限内不提交意见的，不影响人民法院审查。被申请人申请延期的，是否准许，由人民法院决定。

第十条　对申请认可台湾地区法院民事判决的案件，人民法院应当组成合议庭进行审查。

第十一条　申请人申请认可台湾地区法院民事判决，应当提供相关证明文件，以证明该判决真实并且已经生效。台湾地区法院民事判决为缺席判决的，申请人应当同时提交台湾地区法院已经合法传唤当事人的证明文件，但判决已经对此予以明确说明的除外。

申请人可以申请人民法院通过海峡两岸调查取证司法互助途径查明台湾地区法院民事判决的真实性和是否生效以及当事人得到合法传唤的证明文件；人民法院认为必要时，也可以就有关事项依职权通过海峡两岸司法互助途径向台湾地区请求调查取证。

第十二条　申请人提供的台湾地区法院民事判决以及相关证明文件等证据，系通过海峡两岸公证书使用查证渠道转递的，人民法院应当确认其真实性，但有相反证据足以推翻的除外。

第十三条　人民法院受理认可台湾地区法院民事判决的申请之前或者之后，可以依据民事诉讼法及相关司法解释的规定，根据申请人的申请，裁定采取保全措施。

第十四条　人民法院受理认可台湾地区法院民事判决的申请后，作出裁定前，申请人请求撤回申请的，可以裁定准许。

第十五条　人民法院受理认可台湾地区法院民事判决的申请后，应当在立案之日起六个月内审结。有特殊情况需要延长的，报请上一级人民法院批准。

通过海峡两岸司法互助途径送达文书和调查取证的期间，不计入审查期限。

第十六条　台湾地区法院民事判决具有下列情形之一的，裁定不予认可：

（一）申请认可的民事判决，是在被申请人缺席且未经合法传唤，或者在被申请人无诉讼行为能力且未得到适当代理的情况下作出的；

（二）案件系人民法院专属管辖的；

（三）案件双方当事人订有有效仲裁协议，且无放弃仲裁管辖情形的；

（四）判决是通过欺诈方式取得的；

（五）人民法院已经就同一纠纷作出裁判，或者已经承认或认可其他国家或地区就同一纠纷作出的裁判的；

（六）仲裁庭在中国大陆已经就同一纠纷作出仲裁裁决，或者人民法院已经承认或认可仲裁庭在其他国家或地区就同一纠纷作出的仲裁裁决的。

认可该民事判决将违反一个中国原则等国家法律的基本原则或者损害国家主权、安全、社会公共利益的，人民法院应当裁定不予认可。

第十七条　人民法院经审查能够确认台湾地区法院民事判决真实并且已经生效，而且不具有本规定第十六条所列情形的，裁定认可其效力。不能认可判决全部判项的，可以认可其中的部分判项。不能确认该民事判决的真实性或者已经生效的，裁定驳回申请人的申请。

裁定驳回申请的案件，申请人再次申请并符合受理条件的，人民法院应予受理。

第十八条　经人民法院裁定认可的台湾地区法院民事判决，与人民法院作出的生效判决具有同等效力。

第十九条　人民法院依据本规定第十六条、第十七条作出的裁定，一经送达即发生法律效力。

申请人或者被申请人对裁定不服的，可以自裁定送达之日起十日内向上一级人民法院申请复议。

第二十条　申请人向人民法院申请认可台湾地区法院民事判决，该判决涉及的纠纷与人民法院正在审理的纠纷属于同一纠纷的，人民法院可以裁定中止诉讼。

经审查，裁定不予认可台湾地区法院民事判决的，恢复已经中止的诉讼；裁定认可的，对已经中止的诉讼，裁定驳回起诉。

第二十一条　审查认可台湾地区法院民事判决申请期间，申请人或者被申请人就同一纠纷向人民法院起诉的，裁定不予受理；已经受理的，裁定中止诉讼。

第二十二条　台湾地区法院民事判决已经被人民法院裁定全部或者部分认可，申请人或者被申请人对已经获得认可的部分又向人民法院起诉的，裁定不予受理；已经受理的，裁定驳回起诉。

台湾地区法院民事判决已经被人民法院裁定不予认可或者部分不予认可的，申请人对不予认可部分再次申请认可的，裁定不予受理；已经受理的，裁定驳回申请。但申请人可以对不予认可部分向人民法院起诉。

第二十三条　台湾地区法院民事判决被人民法院裁定全部或者部分认可后，申请人对认可部分申请执行的，依据民事诉讼法关于执行程序的规定予以执行。

第二十四条　申请人申请认可和执行台湾地区法院民事判决的期间，适用民事诉讼法第二百五十条的规定，但申请认可台湾地区法院有关身份关系的判决除外。

申请人仅申请认可而未同时申请执行的，申请执行的期间自人民法院对认可申请作出的裁定生效之日起重新计算。

第二十五条　人民法院在办理申请认可和执行台湾地区法院民事判决案件中作出的法律文书，应当依法送达申请人和被申请人。

第二十六条　申请认可和执行台湾地区法院民事判决，应当参照《诉讼费用交纳办法》的规定，交纳相关费用。

第二十七条　本规定自 2015 年 7 月 1 日起施行。《最高人民法院关于人民法院认可台湾地区有关法院民事判决的规定》（法释〔1998〕11 号）、《最高人民法院关于当事人持台湾地区有关法院民事调解书或者有关机构出具或确认的调解协议书向人民法院申请认可人民法院应否受理的批复》（法释〔1999〕10 号）、《最高人民法院关于当事人持台湾地区有关法院支付命令向人民法院申请认可人民法院应否受理的批复》（法释〔2001〕13 号）和《最高人民法院关于人民法院认可台湾地区有关法院民事判决的补充规定》（法释〔2009〕4 号）同时废止。

适用本案由需要注意的问题

◆根据《最高人民法院关于认可和执行台湾地区法院民事判决的规定》第 4 条的规定，申请认可和执行台湾地区法院民事判决的案件，应当由申请人住所地、经常居住地或被申请人住所地、经常居住地、财产所在地中级人民法院或者专门人民法院管辖。

◆当事人单独申请“认可”，而没有“执行”内容的民事判决，可以确定为申请认可台湾地区民事判决案件。

461. 申请认可和执行台湾地区仲裁裁决

案由解析

申请认可和执行台湾地区仲裁裁决是指当事人向人民法院申请认可和执

行台湾地区仲裁机构作出的仲裁裁决的案件。

申请认可和执行台湾地区仲裁裁决的主要特征与申请认可和执行台湾地区民事判决类似，处于单方制定规范的状态中，并无统一的安排。

常用法律条文及索引

《最高人民法院关于认可和执行台湾地区仲裁裁决的规定》（法释〔2015〕14号 2015年6月29日公布）

第一条 台湾地区仲裁裁决的当事人可以根据本规定，作为申请人向人民法院申请认可和执行台湾地区仲裁裁决。

第二条 本规定所称台湾地区仲裁裁决是指，有关常设仲裁机构及临时仲裁庭在台湾地区按照台湾地区仲裁规定就有关民商事争议作出的仲裁裁决，包括仲裁判断、仲裁和解和仲裁调解。

第三条 申请人同时提出认可和执行台湾地区仲裁裁决申请的，人民法院先按照认可程序进行审查，裁定认可后，由人民法院执行机构执行。

申请人直接申请执行的，人民法院应当告知其一并提交认可申请；坚持不申请认可的，裁定驳回其申请。

第四条 申请认可台湾地区仲裁裁决的案件，由申请人住所地、经常居住地或者被申请人住所地、经常居住地、财产所在地中级人民法院或者专门人民法院受理。

申请人向两个以上有管辖权的人民法院申请认可的，由最先立案的人民法院管辖。

申请人向被申请人财产所在地人民法院申请认可的，应当提供财产存在的相关证据。

第五条 对申请认可台湾地区仲裁裁决的案件，人民法院应当组成合议庭进行审查。

第六条 申请人委托他人代理申请认可台湾地区仲裁裁决的，应当向人民法院提交由委托人签名或者盖章的授权委托书。

台湾地区、香港特别行政区、澳门特别行政区或者外国当事人签名或者盖章的授权委托书应当履行相关的公证、认证或者其他证明手续，但授权委托书在人民法院法官的见证下签署或者经中国大陆公证机关公证证明是在中国大陆签署的除外。

第七条 申请人申请认可台湾地区仲裁裁决，应当提交以下文件或者经证明无误的副本：

（一）申请书；

（二）仲裁协议；

（三）仲裁判断书、仲裁和解书或者仲裁调解书。

申请书应当记明以下事项：

（一）申请人和被申请人姓名、性别、年龄、职业、身份证件号码、住址（申请人或者被申请人为法人或者其他组织的，应当记明法人或者其他组织的名称、地址、法定代表人或者主要负责人姓名、职务）和通讯方式；

（二）申请认可的仲裁判断书、仲裁和解书或者仲裁调解书的案号或者识别资料和生效日期；

（三）请求和理由；

（四）被申请人财产所在地、财产状况及申请认可的仲裁裁决的执行情况；

（五）其他需要说明的情况。

第八条　对于符合本规定第四条和第七条规定条件的申请，人民法院应当在收到申请后七日内立案，并通知申请人和被申请人，同时将申请书送达被申请人；不符合本规定第四条和第七条规定条件的，应当在七日内裁定不予受理，同时说明不予受理的理由；申请人对裁定不服的，可以提起上诉。

第九条　申请人申请认可台湾地区仲裁裁决，应当提供相关证明文件，以证明该仲裁裁决的真实性。

申请人可以申请人民法院通过海峡两岸调查取证司法互助途径查明台湾地区仲裁裁决的真实性；人民法院认为必要时，也可以就有关事项依职权通过海峡两岸司法互助途径向台湾地区请求调查取证。

第十条　人民法院受理认可台湾地区仲裁裁决的申请之前或者之后，可以按照民事诉讼法及相关司法解释的规定，根据申请人的申请，裁定采取保全措施。

第十一条　人民法院受理认可台湾地区仲裁裁决的申请后，当事人就同一争议起诉的，不予受理。

当事人未申请认可，而是就同一争议向人民法院起诉的，亦不予受理，但仲裁协议无效的除外。

第十二条　人民法院受理认可台湾地区仲裁裁决的申请后，作出裁定前，申请人请求撤回申请的，可以裁定准许。

第十三条　人民法院应当尽快审查认可台湾地区仲裁裁决的申请，决定予以认可的，应当在立案之日起两个月内作出裁定；决定不予认可或者驳回申请的，应当在作出决定前按有关规定自立案之日起两个月内上报最高人民法院。

通过海峡两岸司法互助途径送达文书和调查取证的期间，不计入审查期限。

第十四条　对申请认可和执行的仲裁裁决，被申请人提出证据证明有下列情形之一的，经审查核实，人民法院裁定不予认可：

（一）仲裁协议一方当事人依对其适用的法律在订立仲裁协议时属于无行为能力的；或者依当事人约定的准据法，或当事人没有约定适用的准据法而依台湾地区仲裁规定，该仲裁协议无效的；或者当事人之间没有达成书面仲裁协议的，但申请认可台湾地区仲裁调解的除外；

（二）被申请人未接到选任仲裁员或进行仲裁程序的适当通知，或者由于其他不可归责于被申请人的原因而未能陈述意见的；

（三）裁决所处理的争议不是提交仲裁的争议，或者不在仲裁协议范围之内；或者裁决载有超出当事人提交仲裁范围的事项的决定，但裁决中超出提交仲裁范围的事项的决定与提交仲裁事项的决定可以分开的，裁决中关于提交仲裁事项的决定部分可以予以认可；

（四）仲裁庭的组成或者仲裁程序违反当事人的约定，或者在当事人没有约定时与台湾地区仲裁规定不符的；

（五）裁决对当事人尚无约束力，或者业经台湾地区法院撤销或者驳回执行申请的。

依据国家法律，该争议事项不能以仲裁解决的，或者认可该仲裁裁决将违反一个中国原则等国家法律的基本原则或损害社会公共利益的，人民法院应当裁定不予认可。

第十五条　人民法院经审查能够确认台湾地区仲裁裁决真实，而且不具有本规定第十四条所列情形的，裁定认可其效力；不能确认该仲裁裁决真实性的，裁定驳回申请。

裁定驳回申请的案件，申请人再次申请并符合受理条件的，人民法院应予受理。

第十六条　人民法院依据本规定第十四条和第十五条作出的裁定，一经送达即发生法律效力。

第十七条　一方当事人向人民法院申请认可或者执行台湾地区仲裁裁决，另一方当事人向台湾地区法院起诉撤销该仲裁裁决，被申请人申请中止认可或者执行并且提供充分担保的，人民法院应当中止认可或者执行程序。

申请中止认可或者执行的，应当向人民法院提供台湾地区法院已经受理撤销仲裁裁决案件的法律文书。

台湾地区法院撤销该仲裁裁决的，人民法院应当裁定不予认可或者裁定终结执行；台湾地区法院驳回撤销仲裁裁决请求的，人民法院应当恢复认可或者执行程序。

第十八条　对人民法院裁定不予认可的台湾地区仲裁裁决，申请人再次提出申请的，人民法院不予受理。但当事人可以根据双方重新达成的仲裁协议申请仲裁，也可以就同一争议向人民法院起诉。

第十九条　申请人申请认可和执行台湾地区仲裁裁决的期间，适用民事诉讼法第二百三十九条的规定。

申请人仅申请认可而未同时申请执行的，申请执行的期间自人民法院对认可申请作出的裁定生效之日起重新计算。

第二十条　人民法院在办理申请认可和执行台湾地区仲裁裁决案件中所作出的法律文书，应当依法送达案件当事人。

适用本案由需要注意的问题

◆根据《最高人民法院关于认可和执行台湾地区仲裁裁决的规定》，申请认可和执行台湾地区仲裁裁决的案件，应当由申请人住所地、经常居住地或者被申请人住所地、经常居住地、财产所在地中级人民法院或者专门人民法院管辖。申请人向两个以上有管辖权的人民法院申请认可的，由最先立案的人民法院管辖。申请人向被申请人财产所在地人民法院申请认可的，应当提供财产存在的相关证据。

462. 申请承认和执行外国法院民事判决、裁定

案由解析

申请承认和执行外国法院民事判决、裁定是指外国法院民事判决、裁定的当事人或作出该判决、裁定的外国法院通过特定途径向我国相关人民法院提出请求，要求承认该民事判决、裁定在我国的效力，并对于具有执行内容的判决、裁定予以执行。

申请承认和执行外国法院民事判决、裁定的特征是：(1) 外国法院民事判决想要得到我国法院的承认的前提是该外国与我国有缔结或共同参加的国际条约关系或互惠关系。(2) 外国法院的民事判决是依照法定程序作出的，并且已经发生法律效力。(3) 被执行人或被执行财产在我国境内。(4) 承认与执行外国法院的判决、裁定不违反我国法律的基本原则，不损害我国主权、安全和社会公共利益。

常用法律条文及索引

《中华人民共和国民事诉讼法》（2023 年 9 月 1 日修正）

第二百九十八条 外国法院作出的发生法律效力的判决、裁定，需要人民法院承认和执行的，可以由当事人直接向有管辖权的中级人民法院申请承认和执行，也可以由外国法院依照该国与中华人民共和国缔结或者参加的国际条约的规定，或者按照互惠原则，请求人民法院承认和执行。

第二百九十九条 人民法院对申请或者请求承认和执行的外国法院作出的发生法律效力的判决、裁定，依照中华人民共和国缔结或者参加的国际条约，或者按照互惠原则进行审查后，认为不违反中华人民共和国法律的基本原则且不损害国家主权、安全、社会公共利益的，裁定承认其效力；需要执行的，发出执行令，依照本法的有关规定执行。

《最高人民法院关于适用〈中华人民共和国民事诉讼法〉的解释》（法释〔2015〕5 号 2022 年 3 月 22 日修正）

第五百四十一条 申请人向人民法院申请承认和执行外国法院作出的发生法律效力的判决、裁定，应当提交申请书，并附外国法院作出的发生法律效力的判决、裁定正本或者经证明无误的副本以及中文译本。外国法院判决、裁定为缺席判决、裁定的，申请人应当同时提交该外国法院已经合法传唤的证明文件，但判决、裁定已经对此予以明确说明的除外。

中华人民共和国缔结或者参加的国际条约对提交文件有规定的，按照规定办理。

第五百四十二条 当事人向中华人民共和国有管辖权的中级人民法院申请承认和执行外国法院作出的发生法律效力的判决、裁定的，如果该法院所在国与中华人民共和国没有缔结或者共同参加国际条约，也没有互惠关系的，裁定驳回申请，但当事人向人民法院申请承认外国法院作出的发生法律效力的离婚判决的除外。

承认和执行申请被裁定驳回的，当事人可以向人民法院起诉。

第五百四十三条　对临时仲裁庭在中华人民共和国领域外作出的仲裁裁决，一方当事人向人民法院申请承认和执行的，人民法院应当依照民事诉讼法第二百九十条规定处理。

第五百四十四条　对外国法院作出的发生法律效力的判决、裁定或者外国仲裁裁决，需要中华人民共和国法院执行的，当事人应当先向人民法院申请承认。人民法院经审查，裁定承认后，再根据民事诉讼法第三编的规定予以执行。

当事人仅申请承认而未同时申请执行的，人民法院仅对应否承认进行审查并作出裁定。

第五百四十五条　当事人申请承认和执行外国法院作出的发生法律效力的判决、裁定或者外国仲裁裁决的期间，适用民事诉讼法第二百四十六条的规定。

当事人仅申请承认而未同时申请执行的，申请执行的期间自人民法院对承认申请作出的裁定生效之日起重新计算。

第五百四十六条　承认和执行外国法院作出的发生法律效力的判决、裁定或者外国仲裁裁决的案件，人民法院应当组成合议庭进行审查。

人民法院应当将申请书送达被申请人。被申请人可以陈述意见。

人民法院经审查作出的裁定，一经送达即发生法律效力。

适用本案由需要注意的问题

◆根据《民事诉讼法》的规定，申请承认和执行外国法院民事判决、裁定案件，由被执行人住所地或其财产所在地的中级人民法院管辖。

◆当事人向我国有管辖权的法院申请承认和执行外国法院作出的发生法律效力的判决、裁定的，如果该法院所在国与我国没有缔结或者共同参加国际条约，也没有互惠关系的，当事人可以向我国法院起诉，由有管辖权的法院作出判决，予以执行。

463. 申请承认和执行外国仲裁裁决

案由解析

申请承认和执行外国仲裁裁决是指仲裁案件中的当事人通过特定途径向

我国法院申请承认和执行外国仲裁机构在我国境外作出的仲裁裁决。

申请承认和执行外国仲裁裁决的特征是：（1）该外国与我国有缔结或共同参加的国际条约关系或互惠关系；（2）被执行人或被执行财产在我国境内；（3）外国仲裁机构的仲裁是依照法定程序作出的，并且已经发生法律效力。

常用法律条文及索引

《中华人民共和国民事诉讼法》（2023 年 9 月 1 日修正）

第三百零四条 在中华人民共和国领域外作出的发生法律效力的仲裁裁决，需要人民法院承认和执行的，当事人可以直接向被执行人住所地或者其财产所在地的中级人民法院申请。被执行人住所地或者其财产不在中华人民共和国领域内的，当事人可以向申请人住所地或者与裁决的纠纷有适当联系的地点的中级人民法院申请。人民法院应当依照中华人民共和国缔结或者参加的国际条约，或者按照互惠原则办理。

《最高人民法院关于适用〈中华人民共和国民事诉讼法〉的解释》（法释〔2015〕5 号 2022 年 3 月 22 日修正）

第五百四十三条 对临时仲裁庭在中华人民共和国领域外作出的仲裁裁决，一方当事人向人民法院申请承认和执行的，人民法院应当依照民事诉讼法第二百九十条规定处理。

第五百四十四条 对外国法院作出的发生法律效力的判决、裁定或者外国仲裁裁决，需要中华人民共和国法院执行的，当事人应当先向人民法院申请承认。人民法院经审查，裁定承认后，再根据民事诉讼法第三编的规定予以执行。

当事人仅申请承认而未同时申请执行的，人民法院仅对应否承认进行审查并作出裁定。

第五百四十五条 当事人申请承认和执行外国法院作出的发生法律效力的判决、裁定或者外国仲裁裁决的期间，适用民事诉讼法第二百四十六条的规定。

当事人仅申请承认而未同时申请执行的，申请执行的期间自人民法院对承认申请作出的裁定生效之日起重新计算。

第五百四十六条 承认和执行外国法院作出的发生法律效力的判决、裁定或者外国仲裁裁决的案件，人民法院应当组成合议庭进行审查。

人民法院应当将申请书送达被申请人。被申请人可以陈述意见。

人民法院经审查作出的裁定，一经送达即发生法律效力。

《承认及执行外国仲裁裁决公约》（1958 年 6 月 10 日订于纽约）

第一条 一、仲裁裁决，因自然人或法人间之争议而产生且在声请承认及执行地所在国以外之国家领土内作成者，其承认及执行适用本公约。本公约对于仲裁裁决经声请承认及执行地所在国认为非内国裁决者，亦适用之。

二、“仲裁裁决”一词不仅指专案选派之仲裁员所作裁决，亦指当事人提请仲裁之常设仲裁机关所作裁决。

三、任何国家得于签署、批准或加入本公约时，或于本公约第十条通知推广适用时，本交互原则声明该国适用本公约，以承认及执行在另一缔约国领土内作成之裁决为限。任何国家亦得声明，该国唯于争议起于法律关系，不论其为契约性质与否，而依提出声明国家之国内法认为系属商事关系者，始适用本公约。

第二条 一、当事人以书面协定承允彼此间所发生或可能发生之一切或任何争议，如关涉可以仲裁解决事项之确定法律关系，不论为契约性质与否，应提交仲裁时，各缔约国应承认此项协定。

二、称“书面协定”者，谓当事人所签订或在互换函电中所载明之契约仲裁条款或仲裁协定。

三、当事人就诉讼事项订有本条所称之协定者，缔约国法院受理诉讼时应依当事人一造之请求，命当事人提交仲裁，但前述协定经法院认定无效、失效或不能实行者不在此限。

第三条 各缔约国应承认仲裁裁决具有拘束力，并依援引裁决地之程序规则及下列各条所载条件执行之。承认或执行适用本公约之仲裁裁决时，不得较承认或执行内国仲裁裁决附加过苛之条件或征收过多之费用。

适用本案由需要注意的问题

◆根据《民事诉讼法》的规定，申请承认和执行外国仲裁裁决案件，应当由被执行人住所地或其财产所在地的中级人民法院管辖。

◆只有在《承认及执行外国仲裁裁决公约》适用范围内的仲裁裁决，才可以适用该公约进行司法审查。

第十一部分　特殊诉讼程序案件案由

五十一、与宣告失踪、宣告死亡案件有关的纠纷

464. 失踪人债务支付纠纷

案由解析

失踪人债务支付纠纷，是指失踪人在失踪前负有债务，由财产代管人从失踪人的财产中支付，代管人拒绝支付的，债权人可以以代管人为被告提起诉讼或代管人作为原告起诉要求失踪人的债务人清偿债务的纠纷。失踪人的财产代管人应当尽职尽责管理好失踪人的财产。人民法院作出宣告失踪的判决后失踪人的财产代管人应当清理失踪人的债权债务，对失踪人所欠税款、债务和应当支付的其他费用，由代管人从失踪人的财产中支付。如果代管人拒绝从失踪人财产中支付失踪人所欠税款、债务及其他应付费用，债权人有权以代管人为被告向人民法院起诉；代管人也可以作为原告向人民法院起诉，要求失踪人的债务人清偿债务。

常用法律条文及索引

《中华人民共和国民法典》（2020 年 5 月 28 日公布　2021 年 1 月 1 日施行）

第四十三条　财产代管人应当妥善管理失踪人的财产，维护其财产权益。

失踪人所欠税款、债务和应付的其他费用，由财产代管人从失踪人的财

产中支付。

财产代管人因故意或者重大过失造成失踪人财产损失的，应当承担赔偿责任。

适用本案由需要注意的问题

◆失踪人债务支付纠纷应按照《民事诉讼法》普通程序审理，因此，适用《民事诉讼法》关于级别管辖、地域管辖的规定。

465. 被撤销死亡宣告人请求返还财产纠纷

案由解析

被撤销死亡宣告人请求返还财产纠纷，是指人民法院判决撤销死亡宣告后，被撤销死亡宣告人可以向取得其财产的第三人请求返还财产而产生的纠纷。对返还财产有争议的，可以向人民法院提起诉讼。

常用法律条文及索引

《中华人民共和国民法典》（2020年5月28日公布　2021年1月1日施行）

第五十三条　被撤销死亡宣告的人有权请求依照本法第六编取得其财产的民事主体返还财产；无法返还的，应当给予适当补偿。

利害关系人隐瞒真实情况，致使他人被宣告死亡而取得其财产的，除应当返还财产外，还应当对由此造成的损失承担赔偿责任。

适用本案由需要注意的问题

◆被撤销死亡宣告人请求返还财产纠纷按照《民事诉讼法》普通程序审理，因此适用《民事诉讼法》关于级别管辖、地域管辖的规定，即一般由被告住所地人民法院管辖。请求返还财产涉及不动产的，可以由不动产所在地法院管辖。

五十二、公益诉讼

466. 生态环境保护民事公益诉讼

（1）环境污染民事公益诉讼
（2）生态破坏民事公益诉讼
（3）生态环境损害赔偿诉讼

案由解析

生态环境保护民事公益诉讼，是指国家规定的机关或法律规定的组织对污染环境、破坏生态等损害环境公共利益的行为向人民法院提起的诉讼。

生态环境保护民事公益诉讼的特征是：（1）诉讼目的具有特殊性。诉讼的目的是维护环境公共利益。具体来说，是为了保护国家环境利益、社会环境利益及不特定多数人的环境利益，追求社会公正、公平，保障社会可持续发展；（2）主体具有特定性。根据民事诉讼法相关规定，提起生态环境保护民事公益诉讼的主体是法律规定的机关和有关组织，除此之外的机关、组织和个人不是适格主体；（3）预防性及补救功能。生态环境保护民事公益诉讼的提起及最终裁决并不要求一定有损害事实发生，只要能根据有关情况合理判断出可能使社会公益受到侵害，即可提起诉讼，由违法行为人承担相应的法律责任。这样可以有效地保护国家利益和社会秩序不受违法侵害行为的侵害，把违法行为消灭在萌芽状态。

典型形态

实践中，生态环境保护民事公益诉讼一般包括以下几种情形：

（1）环境污染民事公益诉讼，是指法律规定的机关和有关组织依据民事诉讼法和环境保护法等法律的规定，对已经损害社会公共利益或者具有损害社会公共利益重大风险的污染环境行为提起的诉讼。

（2）生态破坏民事公益诉讼，是指法律规定的机关和有关组织依据民事诉讼法和环境保护法等法律的规定，对已经损害社会公共利益或者具有损害社会公共利益重大风险的破坏生态行为提起的诉讼。

（3）生态环境损害赔偿诉讼，是指法律规定的机关和有关组织依据民事诉讼法和环境保护法等法律的规定，对造成生态环境损害的自然人、法人或非法人组织或其他应当承担责任的主体提起的主张生态环境损害赔偿的诉讼。

常用法律条文及索引

《中华人民共和国民事诉讼法》（2023 年 9 月 1 日修正）

第五十八条　对污染环境、侵害众多消费者合法权益等损害社会公共利益的行为，法律规定的机关和有关组织可以向人民法院提起诉讼。

人民检察院在履行职责中发现破坏生态环境和资源保护、食品药品安全领域侵害众多消费者合法权益等损害社会公共利益的行为，在没有前款规定的机关和组织或者前款规定的机关和组织不提起诉讼的情况下，可以向人民法院提起诉讼。前款规定的机关或者组织提起诉讼的，人民检察院可以支持起诉。

《中华人民共和国环境保护法》（2014 年 4 月 24 日修订）

第五十八条　对污染环境、破坏生态，损害社会公共利益的行为，符合下列条件的社会组织可以向人民法院提起诉讼：

（一）依法在设区的市级以上人民政府民政部门登记；

（二）专门从事环境保护公益活动连续五年以上且无违法记录。

符合前款规定的社会组织向人民法院提起诉讼，人民法院应当依法受理。

提起诉讼的社会组织不得通过诉讼牟取经济利益。

《中华人民共和国海洋环境保护法》（2023 年 10 月 24 日修订）

第一百一十四条　对污染海洋环境、破坏海洋生态，造成他人损害的，依照《中华人民共和国民法典》等法律的规定承担民事责任。

对污染海洋环境、破坏海洋生态，给国家造成重大损失的，由依照本法规定行使海洋环境监督管理权的部门代表国家对责任者提出损害赔偿要求。

前款规定的部门不提起诉讼的，人民检察院可以向人民法院提起诉讼。前款规定的部门提起诉讼的，人民检察院可以支持起诉。

《最高人民法院关于适用〈中华人民共和国民事诉讼法〉的解释》（法释〔2015〕5 号　2022 年 3 月 22 日修正）

第二百八十二条　环境保护法、消费者权益保护法等法律规定的机关和有关组织对污染环境、侵害众多消费者合法权益等损害社会公共利益的行为，根据民事诉讼法第五十八条规定提起公益诉讼，符合下列条件的，人民法院应当受理：

（一）有明确的被告；

（二）有具体的诉讼请求；

（三）有社会公共利益受到损害的初步证据；

（四）属于人民法院受理民事诉讼的范围和受诉人民法院管辖。

第二百八十三条 公益诉讼案件由侵权行为地或者被告住所地中级人民法院管辖，但法律、司法解释另有规定的除外。

因污染海洋环境提起的公益诉讼，由污染发生地、损害结果地或者采取预防污染措施地海事法院管辖。

对同一侵权行为分别向两个以上人民法院提起公益诉讼的，由最先立案的人民法院管辖，必要时由它们的共同上级人民法院指定管辖。

第二百八十四条 人民法院受理公益诉讼案件后，应当在十日内书面告知相关行政主管部门。

第二百八十五条 人民法院受理公益诉讼案件后，依法可以提起诉讼的其他机关和有关组织，可以在开庭前向人民法院申请参加诉讼。人民法院准许参加诉讼的，列为共同原告。

第二百八十六条 人民法院受理公益诉讼案件，不影响同一侵权行为的受害人根据民事诉讼法第一百二十二条规定提起诉讼。

第二百八十七条 对公益诉讼案件，当事人可以和解，人民法院可以调解。

当事人达成和解或者调解协议后，人民法院应当将和解或者调解协议进行公告。公告期间不得少于三十日。

公告期满后，人民法院经审查，和解或者调解协议不违反社会公共利益的，应当出具调解书；和解或者调解协议违反社会公共利益的，不予出具调解书，继续对案件进行审理并依法作出裁判。

第二百八十八条 公益诉讼案件的原告在法庭辩论终结后申请撤诉的，人民法院不予准许。

第二百八十九条 公益诉讼案件的裁判发生法律效力后，其他依法具有原告资格的机关和有关组织就同一侵权行为另行提起公益诉讼的，人民法院裁定不予受理，但法律、司法解释另有规定的除外。

《最高人民法院关于审理环境民事公益诉讼案件适用法律若干问题的解释》（法释〔2015〕1号　2020年12月23日修正）

第一条 法律规定的机关和有关组织依据民事诉讼法第五十五条、环境保护法第五十八条等法律的规定，对已经损害社会公共利益或者具有损害社会公共利益重大风险的污染环境、破坏生态的行为提起诉讼，符合民事诉讼法第一百一十九条第二项、第三项、第四项规定的，人民法院应予受理。

第二条　依照法律、法规的规定，在设区的市级以上人民政府民政部门登记的社会团体、基金会以及社会服务机构等，可以认定为环境保护法第五十八条规定的社会组织。

第三条　设区的市，自治州、盟、地区，不设区的地级市，直辖市的区以上人民政府民政部门，可以认定为环境保护法第五十八条规定的“设区的市级以上人民政府民政部门”。

第四条　社会组织章程确定的宗旨和主要业务范围是维护社会公共利益，且从事环境保护公益活动的，可以认定为环境保护法第五十八条规定的“专门从事环境保护公益活动”。

社会组织提起的诉讼所涉及的社会公共利益，应与其宗旨和业务范围具有关联性。

第五条　社会组织在提起诉讼前五年内未因从事业务活动违反法律、法规的规定受过行政、刑事处罚的，可以认定为环境保护法第五十八条规定的“无违法记录”。

第六条　第一审环境民事公益诉讼案件由污染环境、破坏生态行为发生地、损害结果地或者被告住所地的中级以上人民法院管辖。

中级人民法院认为确有必要的，可以在报请高级人民法院批准后，裁定将本院管辖的第一审环境民事公益诉讼案件交由基层人民法院审理。

同一原告或者不同原告对同一污染环境、破坏生态行为分别向两个以上有管辖权的人民法院提起环境民事公益诉讼的，由最先立案的人民法院管辖，必要时由共同上级人民法院指定管辖。

第七条　经最高人民法院批准，高级人民法院可以根据本辖区环境和生态保护的实际情况，在辖区内确定部分中级人民法院受理第一审环境民事公益诉讼案件。

中级人民法院管辖环境民事公益诉讼案件的区域由高级人民法院确定。

第八条　提起环境民事公益诉讼应当提交下列材料：

（一）符合民事诉讼法第一百二十一条规定的起诉状，并按照被告人数提出副本；

（二）被告的行为已经损害社会公共利益或者具有损害社会公共利益重大风险的初步证明材料；

（三）社会组织提起诉讼的，应当提交社会组织登记证书、章程、起诉前连续五年的年度工作报告书或者年检报告书，以及由其法定代表人或者负责人签字并加盖公章的无违法记录的声明。

第九条　人民法院认为原告提出的诉讼请求不足以保护社会公共利益的，可以向其释明变更或者增加停止侵害、修复生态环境等诉讼请求。

第十条　人民法院受理环境民事公益诉讼后，应当在立案之日起五日内将起诉状副本发送被告，并公告案件受理情况。

有权提起诉讼的其他机关和社会组织在公告之日起三十日内申请参加诉讼，经审查符合法定条件的，人民法院应当将其列为共同原告；逾期申请的，不予准许。

公民、法人和其他组织以人身、财产受到损害为由申请参加诉讼的，告知其另行起诉。

第十一条　检察机关、负有环境资源保护监督管理职责的部门及其他机关、社会组织、企业事业单位依据民事诉讼法第十五条的规定，可以通过提供法律咨询、提交书面意见、协助调查取证等方式支持社会组织依法提起环境民事公益诉讼。

第十二条　人民法院受理环境民事公益诉讼后，应当在十日内告知对被告行为负有环境资源保护监督管理职责的部门。

第十三条　原告请求被告提供其排放的主要污染物名称、排放方式、排放浓度和总量、超标排放情况以及防治污染设施的建设和运行情况等环境信息，法律、法规、规章规定被告应当持有或者有证据证明被告持有而拒不提供，如果原告主张相关事实不利于被告的，人民法院可以推定该主张成立。

第十四条　对于审理环境民事公益诉讼案件需要的证据，人民法院认为必要的，应当调查收集。

对于应当由原告承担举证责任且为维护社会公共利益所必要的专门性问题，人民法院可以委托具备资格的鉴定人进行鉴定。

第十五条　当事人申请通知有专门知识的人出庭，就鉴定人作出的鉴定意见或者就因果关系、生态环境修复方式、生态环境修复费用以及生态环境受到损害至修复完成期间服务功能丧失导致的损失等专门性问题提出意见的，人民法院可以准许。

前款规定的专家意见经质证，可以作为认定事实的根据。

第十六条　原告在诉讼过程中承认的对己方不利的事实和认可的证据，人民法院认为损害社会公共利益的，应当不予确认。

第十七条　环境民事公益诉讼案件审理过程中，被告以反诉方式提出诉讼请求的，人民法院不予受理。

第十八条　对污染环境、破坏生态，已经损害社会公共利益或者具有损害社会公共利益重大风险的行为，原告可以请求被告承担停止侵害、排除妨碍、消除危险、修复生态环境、赔偿损失、赔礼道歉等民事责任。

第十九条　原告为防止生态环境损害的发生和扩大，请求被告停止侵害、排除妨碍、消除危险的，人民法院可以依法予以支持。

原告为停止侵害、排除妨碍、消除危险采取合理预防、处置措施而发生的费用，请求被告承担的，人民法院可以依法予以支持。

第二十条　原告请求修复生态环境的，人民法院可以依法判决被告将生态环境修复到损害发生之前的状态和功能。无法完全修复的，可以准许采用替代性修复方式。

人民法院可以在判决被告修复生态环境的同时，确定被告不履行修复义务时应承担的生态环境修复费用；也可以直接判决被告承担生态环境修复费用。

生态环境修复费用包括制定、实施修复方案的费用，修复期间的监测、监管费用，以及修复完成后的验收费用、修复效果后评估费用等。

第二十一条　原告请求被告赔偿生态环境受到损害至修复完成期间服务功能丧失导致的损失、生态环境功能永久性损害造成的损失的，人民法院可以依法予以支持。

第二十二条　原告请求被告承担以下费用的，人民法院可以依法予以支持：

（一）生态环境损害调查、鉴定评估等费用；

（二）清除污染以及防止损害的发生和扩大所支出的合理费用；

（三）合理的律师费以及为诉讼支出的其他合理费用。

第二十三条　生态环境修复费用难以确定或者确定具体数额所需鉴定费用明显过高的，人民法院可以结合污染环境、破坏生态的范围和程度，生态环境的稀缺性，生态环境恢复的难易程度，防治污染设备的运行成本，被告因侵害行为所获得的利益以及过错程度等因素，并可以参考负有环境资源保护监督管理职责的部门的意见、专家意见等，予以合理确定。

第二十四条　人民法院判决被告承担的生态环境修复费用、生态环境受到损害至修复完成期间服务功能丧失导致的损失、生态环境功能永久性损害造成的损失等款项，应当用于修复被损害的生态环境。

其他环境民事公益诉讼中败诉原告所需承担的调查取证、专家咨询、检验、鉴定等必要费用，可以酌情从上述款项中支付。

第二十五条 环境民事公益诉讼当事人达成调解协议或者自行达成和解协议后，人民法院应当将协议内容公告，公告期间不少于三十日。

公告期满后，人民法院审查认为调解协议或者和解协议的内容不损害社会公共利益的，应当出具调解书。当事人以达成和解协议为由申请撤诉的，不予准许。

调解书应当写明诉讼请求、案件的基本事实和协议内容，并应当公开。

第二十六条 负有环境资源保护监督管理职责的部门依法履行监管职责而使原告诉讼请求全部实现，原告申请撤诉的，人民法院应予准许。

第二十七条 法庭辩论终结后，原告申请撤诉的，人民法院不予准许，但本解释第二十六条规定的情形除外。

第二十八条 环境民事公益诉讼案件的裁判生效后，有权提起诉讼的其他机关和社会组织就同一污染环境、破坏生态行为另行起诉，有下列情形之一的，人民法院应予受理：

（一）前案原告的起诉被裁定驳回的；

（二）前案原告申请撤诉被裁定准许的，但本解释第二十六条规定的情形除外。

环境民事公益诉讼案件的裁判生效后，有证据证明存在前案审理时未发现的损害，有权提起诉讼的机关和社会组织另行起诉的，人民法院应予受理。

第二十九条 法律规定的机关和社会组织提起环境民事公益诉讼的，不影响因同一污染环境、破坏生态行为受到人身、财产损害的公民、法人和其他组织依据民事诉讼法第一百一十九条的规定提起诉讼。

第三十条 已为环境民事公益诉讼生效裁判认定的事实，因同一污染环境、破坏生态行为依据民事诉讼法第一百一十九条规定提起诉讼的原告、被告均无需举证证明，但原告对该事实有异议并有相反证据足以推翻的除外。

对于环境民事公益诉讼生效裁判就被告是否存在法律规定的不承担责任或者减轻责任的情形、行为与损害之间是否存在因果关系、被告承担责任的大小等所作的认定，因同一污染环境、破坏生态行为依据民事诉讼法第一百一十九条规定提起诉讼的原告主张适用的，人民法院应予支持，但被告有相反证据足以推翻的除外。被告主张直接适用对其有利的认定的，人民法院不予支持，被告仍应举证证明。

第三十一条 被告因污染环境、破坏生态在环境民事公益诉讼和其他民事诉讼中均承担责任，其财产不足以履行全部义务的，应当先履行其他民事诉讼生效裁判所确定的义务，但法律另有规定的除外。

第三十二条　发生法律效力的环境民事公益诉讼案件的裁判，需要采取强制执行措施的，应当移送执行。

第三十三条　原告交纳诉讼费用确有困难，依法申请缓交的，人民法院应予准许。

败诉或者部分败诉的原告申请减交或者免交诉讼费用的，人民法院应当依照《诉讼费用交纳办法》的规定，视原告的经济状况和案件的审理情况决定是否准许。

第三十四条　社会组织有通过诉讼违法收受财物等牟取经济利益行为的，人民法院可以根据情节轻重依法收缴其非法所得、予以罚款；涉嫌犯罪的，依法移送有关机关处理。

社会组织通过诉讼牟取经济利益的，人民法院应当向登记管理机关或者有关机关发送司法建议，由其依法处理。

第三十五条　本解释施行前最高人民法院发布的司法解释和规范性文件，与本解释不一致的，以本解释为准。

适用本案由需要注意的问题

◆环境污染公益诉讼案件和破坏生态公益诉讼案件的管辖，根据《最高人民法院关于审理环境民事公益诉讼案件适用法律若干问题的解释》的规定，第一审环境民事公益诉讼案件由污染环境、破坏生态行为发生地、损害结果地或者被告住所地的中级以上人民法院管辖。根据《最高人民法院关于适用〈中华人民共和国民事诉讼法〉的解释》的规定，因污染海洋环境提起的公益诉讼，由污染发生地、损害结果地或者采取预防污染措施地海事法院管辖。

◆根据《最高人民法院关于审理环境民事公益诉讼案件适用法律若干问题的解释》的规定，提起环境民事公益诉讼应当提交下列材料：符合《民事诉讼法》规定的起诉状，并按照被告人数提出副本；被告的行为已经损害社会公共利益或者具有损害社会公共利益重大风险的初步证明材料；社会组织提起诉讼的，应当提交社会组织登记证书、章程、起诉前连续5年的年度工作报告书或者年检报告书，以及由其法定代表人或者负责人签字并加盖公章的无违法记录的声明。

◆生态环境损害赔偿诉讼由省级、地市级人民政府及其指定的相关部门、机构，或者受国务院委托行使全民所有自然资源所有权的部门提起，且有政府诉前磋商程序。

467. 英雄烈士保护民事公益诉讼

案由解析

英雄烈士保护民事公益诉讼，是指检察机关对侵害英雄烈士的姓名、肖像、名誉、荣誉，损害社会公共利益的行为向人民法院提起的诉讼。

常用法律条文及索引

《中华人民共和国民法典》（2020年5月28日公布　2021年1月1日施行）

第一百八十五条　侵害英雄烈士等的姓名、肖像、名誉、荣誉，损害社会公共利益的，应当承担民事责任。

《中华人民共和国英雄烈士保护法》（2018年4月27日公布　2018年5月1日施行）

第二十五条　对侵害英雄烈士的姓名、肖像、名誉、荣誉的行为，英雄烈士的近亲属可以依法向人民法院提起诉讼。

英雄烈士没有近亲属或者近亲属不提起诉讼的，检察机关依法对侵害英雄烈士的姓名、肖像、名誉、荣誉，损害社会公共利益的行为向人民法院提起诉讼。

负责英雄烈士保护工作的部门和其他有关部门在履行职责过程中发现第一款规定的行为，需要检察机关提起诉讼的，应当向检察机关报告。

英雄烈士近亲属依照第一款规定提起诉讼的，法律援助机构应当依法提供法律援助服务。

第二十六条　以侮辱、诽谤或者其他方式侵害英雄烈士的姓名、肖像、名誉、荣誉，损害社会公共利益的，依法承担民事责任；构成违反治安管理行为的，由公安机关依法给予治安管理处罚；构成犯罪的，依法追究刑事责任。

适用本案由需要注意的问题

◆英雄烈士保护民事公益诉讼案件，一般由侵权行为地或被告住所地的中级人民法院管辖。但人民检察院提起的刑事附带民事公益诉讼案件也可能由审理刑事案件的基层人民法院管辖。

468. 未成年人保护民事公益诉讼

案由解析

未成年人保护民事公益诉讼，是指由于自然人、法人、或其他组织的违法行为或不作为，使不特定的未成年人身心健康，合法权益遭受侵害的风险和侵害时，法律规定的机关和有关组织可以为维护未成年人利益而向人民法院提起的诉讼。

常用法律条文及索引

《中华人民共和国未成年人保护法》（2024 年 4 月 26 日修正）

第一百零六条　未成年人合法权益受到侵犯，相关组织和个人未代为提起诉讼的，人民检察院可以督促、支持其提起诉讼；涉及公共利益的，人民检察院有权提起公益诉讼。

适用本案由需要注意的问题

◆未成年人保护民事公益诉讼案件，一般由侵权行为地或被告住所地的中级人民法院管辖。

469. 消费者权益保护民事公益诉讼

案由解析

消费者权益保护民事公益诉讼，是指法律规定的机关和有关组织依据民事诉讼法和消费者权益保护法等法律的规定，对侵害众多消费者合法权益的损害社会公共利益行为提起的诉讼。

常用法律条文及索引

《中华人民共和国消费者权益保护法》（2013 年 10 月 25 日修正）

第四十七条　对侵害众多消费者合法权益的行为，中国消费者协会以及在省、自治区、直辖市设立的消费者协会，可以向人民法院提起诉讼。

《最高人民法院关于审理消费民事公益诉讼案件适用法律若干问题的解释》（法释〔2016〕10号　2020年12月23日修正）

第二条　经营者提供的商品或者服务具有下列情形之一的，适用消费者权益保护法第四十七条规定：

（一）提供的商品或者服务存在缺陷，侵害众多不特定消费者合法权益的；

（二）提供的商品或者服务可能危及消费者人身、财产安全，未作出真实的说明和明确的警示，未标明正确使用商品或者接受服务的方法以及防止危害发生方法的；对提供的商品或者服务质量、性能、用途、有效期限等信息作虚假或引人误解宣传的；

（三）宾馆、商场、餐馆、银行、机场、车站、港口、影剧院、景区、体育场馆、娱乐场所等经营场所存在危及消费者人身、财产安全危险的；

（四）以格式条款、通知、声明、店堂告示等方式，作出排除或者限制消费者权利、减轻或者免除经营者责任、加重消费者责任等对消费者不公平、不合理规定的；

（五）其他侵害众多不特定消费者合法权益或者具有危及消费者人身、财产安全危险等损害社会公共利益的行为。

第三条　消费民事公益诉讼案件管辖适用《最高人民法院关于适用〈中华人民共和国民事诉讼法〉的解释》第二百八十五条的有关规定。

经最高人民法院批准，高级人民法院可以根据本辖区实际情况，在辖区内确定部分中级人民法院受理第一审消费民事公益诉讼案件。

第四条　提起消费民事公益诉讼应当提交下列材料：

（一）符合民事诉讼法第一百二十一条规定的起诉状，并按照被告人数提交副本；

（二）被告的行为侵害众多不特定消费者合法权益或者具有危及消费者人身、财产安全危险等损害社会公共利益的初步证据；

（三）消费者组织就涉诉事项已按照消费者权益保护法第三十七条第四项或者第五项的规定履行公益性职责的证明材料。

第五条　人民法院认为原告提出的诉讼请求不足以保护社会公共利益的，可以向其释明变更或者增加停止侵害等诉讼请求。

第六条　人民法院受理消费民事公益诉讼案件后，应当公告案件受理情况，并在立案之日起十日内书面告知相关行政主管部门。

第七条　人民法院受理消费民事公益诉讼案件后，依法可以提起诉讼的其他机关或者社会组织，可以在一审开庭前向人民法院申请参加诉讼。

人民法院准许参加诉讼的，列为共同原告；逾期申请的，不予准许。

第八条　有权提起消费民事公益诉讼的机关或者社会组织，可以依据民事诉讼法第八十一条规定申请保全证据。

第九条　人民法院受理消费民事公益诉讼案件后，因同一侵权行为受到损害的消费者申请参加诉讼的，人民法院应当告知其根据民事诉讼法第一百一十九条规定主张权利。

第十条　消费民事公益诉讼案件受理后，因同一侵权行为受到损害的消费者请求对其根据民事诉讼法第一百一十九条规定提起的诉讼予以中止，人民法院可以准许。

第十一条　消费民事公益诉讼案件审理过程中，被告提出反诉的，人民法院不予受理。

第十二条　原告在诉讼中承认对己方不利的事实，人民法院认为损害社会公共利益的，不予确认。

第十三条　原告在消费民事公益诉讼案件中，请求被告承担停止侵害、排除妨碍、消除危险、赔礼道歉等民事责任的，人民法院可予支持。

经营者利用格式条款或者通知、声明、店堂告示等，排除或者限制消费者权利、减轻或者免除经营者责任、加重消费者责任，原告认为对消费者不公平、不合理主张无效的，人民法院应依法予以支持。

第十四条　消费民事公益诉讼案件裁判生效后，人民法院应当在十日内书面告知相关行政主管部门，并可发出司法建议。

第十五条　消费民事公益诉讼案件的裁判发生法律效力后，其他依法具有原告资格的机关或者社会组织就同一侵权行为另行提起消费民事公益诉讼的，人民法院不予受理。

第十六条　已为消费民事公益诉讼生效裁判认定的事实，因同一侵权行为受到损害的消费者根据民事诉讼法第一百一十九条规定提起的诉讼，原告、被告均无需举证证明，但当事人对该事实有异议并有相反证据足以推翻的除外。

消费民事公益诉讼生效裁判认定经营者存在不法行为，因同一侵权行为受到损害的消费者根据民事诉讼法第一百一十九条规定提起的诉讼，原告主张适用的，人民法院可予支持，但被告有相反证据足以推翻的除外。被告主张直接适用对其有利认定的，人民法院不予支持，被告仍应承担相应举证证明责任。

第十七条 原告为停止侵害、排除妨碍、消除危险采取合理预防、处置措施而发生的费用，请求被告承担的，人民法院应依法予以支持。

适用本案由需要注意的问题

◆消费者权益保护民事公益诉讼案件的管辖，根据《最高人民法院关于适用〈中华人民共和国民事诉讼法〉的解释》的规定，由侵权行为地或者被告住所地中级人民法院管辖。

◆根据《消费者权益保护法》第47条的规定，中国消费者协会以及在省、自治区、直辖市设立的消费者协会均是提起侵害消费者权益公益诉讼的适格主体。

◆根据《最高人民法院关于适用〈中华人民共和国民事诉讼法〉的解释》的规定，符合有明确的被告、有具体的诉讼请求、有社会公共利益受到损害的初步证据、属于人民法院受理民事诉讼的范围和受诉人民法院管辖四个条件的，人民法院应当受理。

◆关于如何判断“众多消费者”的问题，“众多”即10人以上，侵害消费者权益公益诉讼的受害人数量不应少于10人。只要受害的消费者的数量达到该标准，就可以适用公益诉讼制度制止侵权行为。

五十三、第三人撤销之诉

470. 第三人撤销之诉

案由解析

第三人撤销之诉，是指能够成为本诉适格当事人的第三人，因不可归责于本人的原因未能参加原诉讼，以已发生之诉讼的原、被告双方为被申请人，旨在全部或部分地改变原来的判决、裁定或调解书所确定的法律状态或权利义务关系而提起的诉讼。

《民事诉讼法》设置这一诉讼的主要目的：一是给因故未能参加诉讼而没有获得程序保障却可能受到判决既判力扩张效果拘束的第三人提供救济途径；二是防止第三人的合法权益受到他人通过利用诉讼审判骗取法院生效法律文书等方式的不当侵害。

第三人撤销之诉的特点是：（1）第三人撤销之诉属于形成之诉。形成之诉是指原告要求人民法院用判决使法律关系发生、变更或消灭之诉，分为实体法上的形成之诉和诉讼法上的形成之诉。后者是指旨在变更或形成某种诉讼法上的诉讼，主要包括撤销裁判之诉和再审之诉。案外人撤销之诉便属于后者。（2）第三人撤销之诉的提起主体具有法定性和特定性。即有权提起该诉的适格主体是由法律明确规定的，只能是前诉当事人以外的人，并且须满足一定条件。（3）第三人撤销之诉的诉讼客体是人民法院作出的生效判决、裁定、调解书。（4）第三人撤销之诉的诉讼标的是提起该诉的当事人要求法院撤销原审判决、裁定、调解书的诉讼权利主张。

常用法律条文及索引

《中华人民共和国民事诉讼法》（2023 年 9 月 1 日修正）

第五十九条　对当事人双方的诉讼标的，第三人认为有独立请求权的，有权提起诉讼。

对当事人双方的诉讼标的，第三人虽然没有独立请求权，但案件处理结果同他有法律上的利害关系的，可以申请参加诉讼，或者由人民法院通知他参加诉讼。人民法院判决承担民事责任的第三人，有当事人的诉讼权利义务。

前两款规定的第三人，因不能归责于本人的事由未参加诉讼，但有证据证明发生法律效力的判决、裁定、调解书的部分或者全部内容错误，损害其民事权益的，可以自知道或者应当知道其民事权益受到损害之日起六个月内，向作出该判决、裁定、调解书的人民法院提起诉讼。人民法院经审理，诉讼请求成立的，应当改变或者撤销原判决、裁定、调解书；诉讼请求不成立的，驳回诉讼请求。

《最高人民法院关于适用〈中华人民共和国民事诉讼法〉的解释》（法释〔2015〕5 号　2022 年 3 月 22 日修正）

第二百九十条　第三人对已经发生法律效力的判决、裁定、调解书提起撤销之诉的，应当自知道或者应当知道其民事权益受到损害之日起六个月内，向作出生效判决、裁定、调解书的人民法院提出，并应当提供存在下列情形的证据材料：

（一）因不能归责于本人的事由未参加诉讼；

（二）发生法律效力的判决、裁定、调解书的全部或者部分内容错误；

（三）发生法律效力的判决、裁定、调解书内容错误损害其民事权益。

第二百九十一条 人民法院应当在收到起诉状和证据材料之日起五日内送交对方当事人，对方当事人可以自收到起诉状之日起十日内提出书面意见。

人民法院应当对第三人提交的起诉状、证据材料以及对方当事人的书面意见进行审查。必要时，可以询问双方当事人。

经审查，符合起诉条件的，人民法院应当在收到起诉状之日起三十日内立案。不符合起诉条件的，应当在收到起诉状之日起三十日内裁定不予受理。

第二百九十二条 人民法院对第三人撤销之诉案件，应当组成合议庭开庭审理。

第二百九十三条 民事诉讼法第五十九条第三款规定的因不能归责于本人的事由未参加诉讼，是指没有被列为生效判决、裁定、调解书当事人，且无过错或者无明显过错的情形。包括：

（一）不知道诉讼而未参加的；

（二）申请参加未获准许的；

（三）知道诉讼，但因客观原因无法参加的；

（四）因其他不能归责于本人的事由未参加诉讼的。

第二百九十四条 民事诉讼法第五十九条第三款规定的判决、裁定、调解书的部分或者全部内容，是指判决、裁定的主文，调解书中处理当事人民事权利义务的结果。

第二百九十五条 对下列情形提起第三人撤销之诉的，人民法院不予受理：

（一）适用特别程序、督促程序、公示催告程序、破产程序等非讼程序处理的案件；

（二）婚姻无效、撤销或者解除婚姻关系等判决、裁定、调解书中涉及身份关系的内容；

（三）民事诉讼法第五十七条规定的未参加登记的权利人对代表人诉讼案件的生效裁判；

（四）民事诉讼法第五十八条规定的损害社会公共利益行为的受害人对公益诉讼案件的生效裁判。

第二百九十六条　第三人提起撤销之诉，人民法院应当将该第三人列为原告，生效判决、裁定、调解书的当事人列为被告，但生效判决、裁定、调解书中没有承担责任的无独立请求权的第三人列为第三人。

第二百九十七条　受理第三人撤销之诉案件后，原告提供相应担保，请求中止执行的，人民法院可以准许。

第二百九十八条　对第三人撤销或者部分撤销发生法律效力的判决、裁定、调解书内容的请求，人民法院经审理，按下列情形分别处理：

（一）请求成立且确认其民事权利的主张全部或部分成立的，改变原判决、裁定、调解书内容的错误部分；

（二）请求成立，但确认其全部或部分民事权利的主张不成立，或者未提出确认其民事权利请求的，撤销原判决、裁定、调解书内容的错误部分；

（三）请求不成立的，驳回诉讼请求。

对前款规定裁判不服的，当事人可以上诉。

原判决、裁定、调解书的内容未改变或者未撤销的部分继续有效。

第二百九十九条　第三人撤销之诉案件审理期间，人民法院对生效判决、裁定、调解书裁定再审的，受理第三人撤销之诉的人民法院应当裁定将第三人的诉讼请求并入再审程序。但有证据证明原审当事人之间恶意串通损害第三人合法权益的，人民法院应当先行审理第三人撤销之诉案件，裁定中止再审诉讼。

第三百条　第三人诉讼请求并入再审程序审理的，按照下列情形分别处理：

（一）按照第一审程序审理的，人民法院应当对第三人的诉讼请求一并审理，所作的判决可以上诉；

（二）按照第二审程序审理的，人民法院可以调解，调解达不成协议的，应当裁定撤销原判决、裁定、调解书，发回一审法院重审，重审时应当列明第三人。

第三百零一条　第三人提起撤销之诉后，未中止生效判决、裁定、调解书执行的，执行法院对第三人依照民事诉讼法第二百三十四条规定提出的执行异议，应予审查。第三人不服驳回执行异议裁定，申请对原判决、裁定、调解书再审的，人民法院不予受理。

案外人对人民法院驳回其执行异议裁定不服，认为原判决、裁定、调解书内容错误损害其合法权益的，应当根据民事诉讼法第二百三十四条规定申请再审，提起第三人撤销之诉的，人民法院不予受理。

《全国法院民商事审判工作会议纪要》（法〔2019〕254号　2019年11月8日公布）

120.【债权人能否提起第三人撤销之诉】第三人撤销之诉中的第三人仅局限于《民事诉讼法》第56条规定的有独立请求权及无独立请求权的第三人，而且一般不包括债权人。但是，设立第三人撤销之诉的目的在于，救济第三人享有的因不能归责于本人的事由未参加诉讼但因生效裁判文书内容错误受到损害的民事权益，因此，债权人在下列情况下可以提起第三人撤销之诉：

（1）该债权是法律明确给予特殊保护的债权，如《合同法》第286条规定的建设工程价款优先受偿权，《海商法》第22条规定的船舶优先权；

（2）因债务人与他人的权利义务被生效裁判文书确定，导致债权人本来可以对《合同法》第74条和《企业破产法》第31条规定的债务人的行为享有撤销权而不能行使的；

（3）债权人有证据证明，裁判文书主文确定的债权内容部分或者全部虚假的。

债权人提起第三人撤销之诉还要符合法律和司法解释规定的其他条件。对于除此之外的其他债权，债权人原则上不得提起第三人撤销之诉。

适用本案由需要注意的问题

◆关于第三人撤销之诉案件的管辖，根据《民事诉讼法》和《最高人民法院关于适用〈中华人民共和国民事诉讼法〉的解释》的规定，应当由作出生效判决、裁定、调解书的人民法院管辖。

◆关于第三人提起撤销之诉的起诉期间，应当自知道或者应当知道民事权益受到损害之日起6个月内起诉。该6个月为除斥期间，不适用中止、中断、延长的规定，起算点应参考送达、执行等具体情形。

◆关于第三人撤销之诉的主体，应当符合以下条件：（1）不是原诉中的当事人或具有相当于当事人地位的人，前者如原告、被告，后者如法定代理人；（2）受原诉裁判效力的扩张并有不利影响，即其民事权益受到原诉已发生法律效力的判决、裁定或调解书的损害；（3）因不可归责于己的原因没有参加原诉。上述条件必须全部具备，缺一不可。

◆关于诉讼费用的收取问题，由于第三人撤销之诉属于新诉，故应根据

《诉讼费用交纳办法》第2条的规定缴纳相关诉讼费用。由于该办法尚未根据《民事诉讼法》的修改而作相应修订，故诉讼费用的缴纳可根据一般规定计算，具体可以以案外人提出的撤销请求范围涉及的金额或价款为基数加以计算，即参照该办法第13条的规定办理。另外，为了防止案外人滥用权利以及避免撤销之诉形成新的虚假诉讼，在案外人的主张未得到法院支持的情况下，案外人应当承担诉讼费用。在此情况下，原案当事人还有要求案外人赔偿损失的权利，可就不当提出撤销之诉的案外人提起侵权责任之诉。

◆在适用本案由时，应注意其与案外人执行异议之诉的区别。鉴于第三人撤销之诉和执行异议之诉都是为了给受到损害的第三人提供救济，两者在功能上存在相似之处，为了避免裁判之间的冲突并出于节约司法资源的考虑，根据《最高人民法院关于适用〈中华人民共和国民事诉讼法〉的解释》的规定，当事人只能选择一种救济程序，且一旦选定便不许变更。先启动执行异议程序的，对驳回其执行异议裁定不服的，按照《民事诉讼法》的规定通过审判监督程序予以救济，先启动第三人撤销之诉程序的，即使第三人又在执行程序中提出执行异议，第三人也不能按照《民事诉讼法》的规定申请再审。

◆关于第三人撤销之诉的性质，应当注意第三人撤销之诉与再审的区别。第三人撤销之诉是赋予案外人对错误生效裁判的自我救济程序，相对于再审程序而言，相同点都在于否认生效裁判的效力；不同点在于，再审既是纠正错误，也是对原案件的继续审理，而第三人撤销之诉则是基于新的事实主张撤销原生效裁判，是一个新的诉讼。因此，《最高人民法院关于适用〈中华人民共和国民事诉讼法〉的解释》将第三人撤销之诉规定在第一审程序之后作为单独一节，未特别规定的均可适用普通程序的规定。还应当注意到，第三人撤销之诉作为一种非常的救济程序，具有最后给予第三人寻求救济机会的特性，如果法律规定了另行起诉、申请再审等其他救济程序的，第三人应当根据法律规定依据其他程序寻求救济，而不能提起第三人撤销之诉。

五十四、执行程序中的异议之诉

471. 执行异议之诉

（1）案外人执行异议之诉

案由解析

执行异议是指案外人对执行标的的全部或一部分主张实体权利，而请求法院对该实体上法律关系进行裁判，阻止法院对执行标的进行强制执行的救济方法。其特征包括：（1）有权提出异议的主体限于案外人，即当事人以外的，认为其法律权益因执行行为而受损害的利害关系人。（2）异议理由应当是案外人对执行标的主张自己的权利，既包括主张全部权利，也包括主张部分权利，对执行程序提出的意见，不属于执行异议。（3）案外人提出执行异议一般应当采用书面形式，并提供相应证据；以书面形式提出确有困难的，可以允许口头提出。

案外人执行异议之诉是指执行程序的案外人基于对执行的标的物有足以排除执行的实体权益，从而在强制执行程序终结前，提出不允许对执行标的物强制执行的诉讼。在学理上又称为第三人异议之诉，由于该诉系基于第三人就强制执行标的物有妨碍强制执行之权利，故亦称“关于执行标的物之异议”。

案外人执行异议之诉的特征包括：（1）诉因的公法性。一般情况下，当事人提起民事诉讼是因为其私法上的权利受到对方当事人行为的侵害，为维护其私法权利选择向法院提起诉讼。而案外人执行异议之诉的原告是因为其合法财产权受到不当执行行为的侵害，为阻止执行行为不得已向法院提起诉讼。可见，普通民事诉讼的起因是个人的私法行为，而案外人执行异议之诉的起因是执行机关的公法行为，其诉讼目的在于通过诉讼阻却或恢复对特定标的物的执行。(2)诉讼的派生性。执行程序中的实体争议是在执行程序推进过程中产生的新争议，它和执行程序相伴而生，从属于执行程序。(3)诉讼当事人的特定性。普通民事诉讼对诉讼当事人没有特殊的要求，诉讼当事人是符合一般当事人诉讼资格要件的当事人。而提起案外人执行异议之诉的主体必须是执行当事人以外的第三人，即对执行的标的物有足以排除执行的实体权益的人。(4)管辖法院的专属性。案外人执行异议之诉的管辖也具有特殊性，管辖法院专属于"作出执行异议裁定的执行法院"。(5)受理程序的前置性。在我国，案外人必须是在其提出的书面异议被执行法院裁定驳回后，其主张的权利与原判决、裁定无关的，才可以提起异议之诉。

常用法律条文及索引

《中华人民共和国民事诉讼法》(2023年9月1日修正)

第二百三十八条　执行过程中，案外人对执行标的提出书面异议的，人民法院应当自收到书面异议之日起十五日内审查，理由成立的，裁定中止对该标的的执行；理由不成立的，裁定驳回。案外人、当事人对裁定不服，认为原判决、裁定错误的，依照审判监督程序办理；与原判决、裁定无关的，可以自裁定送达之日起十五日内向人民法院提起诉讼。

《最高人民法院关于适用〈中华人民共和国民事诉讼法〉的解释》(法释〔2015〕5号　2022年3月22日修正)

第三百零二条　根据民事诉讼法第二百三十四条规定，案外人、当事人对执行异议裁定不服，自裁定送达之日起十五日内向人民法院提起执行异议之诉的，由执行法院管辖。

第三百零三条　案外人提起执行异议之诉，除符合民事诉讼法第一百二十二条规定外，还应当具备下列条件：

(一)案外人的执行异议申请已经被人民法院裁定驳回；

(二)有明确的排除对执行标的执行的诉讼请求，且诉讼请求与原判决、裁定无关；

(三)自执行异议裁定送达之日起十五日内提起。

人民法院应当在收到起诉状之日起十五日内决定是否立案。

第三百零四条　申请执行人提起执行异议之诉，除符合民事诉讼法第一百二十二条规定外，还应当具备下列条件：

(一)依案外人执行异议申请，人民法院裁定中止执行；

(二)有明确的对执行标的继续执行的诉讼请求，且诉讼请求与原判决、裁定无关；

（三）自执行异议裁定送达之日起十五日内提起。

人民法院应当在收到起诉状之日起十五日内决定是否立案。

第三百零五条 案外人提起执行异议之诉的，以申请执行人为被告。被执行人反对案外人异议的，被执行人为共同被告；被执行人不反对案外人异议的，可以列被执行人为第三人。

第三百零六条 申请执行人提起执行异议之诉的，以案外人为被告。被执行人反对申请执行人主张的，以案外人和被执行人为共同被告；被执行人不反对申请执行人主张的，可以列被执行人为第三人。

第三百零七条 申请执行人对中止执行裁定未提起执行异议之诉，被执行人提起执行异议之诉的，人民法院告知其另行起诉。

第三百零八条 人民法院审理执行异议之诉案件，适用普通程序。

第三百零九条 案外人或者申请执行人提起执行异议之诉的，案外人应当就其对执行标的享有足以排除强制执行的民事权益承担举证证明责任。

第三百一十条 对案外人提起的执行异议之诉，人民法院经审理，按照下列情形分别处理：

（一）案外人就执行标的享有足以排除强制执行的民事权益的，判决不得执行该执行标的；

（二）案外人就执行标的不享有足以排除强制执行的民事权益的，判决驳回诉讼请求。

案外人同时提出确认其权利的诉讼请求的，人民法院可以在判决中一并作出裁判。

第三百一十一条 对申请执行人提起的执行异议之诉，人民法院经审理，按照下列情形分别处理：

（一）案外人就执行标的不享有足以排除强制执行的民事权益的，判决准许执行该执行标的；

（二）案外人就执行标的享有足以排除强制执行的民事权益的，判决驳回诉讼请求。

第三百一十二条 对案外人执行异议之诉，人民法院判决不得对执行标的的执行的，执行异议裁定失效。

对申请执行人执行异议之诉，人民法院判决准许对该执行标的的执行的，执行异议裁定失效，执行法院可以根据申请执行人的申请或者依职权恢复执行。

第三百一十三条　案外人执行异议之诉审理期间，人民法院不得对执行标的进行处分。申请执行人请求人民法院继续执行并提供相应担保的，人民法院可以准许。

被执行人与案外人恶意串通，通过执行异议、执行异议之诉妨害执行的，人民法院应当依照民事诉讼法第一百一十六条规定处理。申请执行人因此受到损害的，可以提起诉讼要求被执行人、案外人赔偿。

第三百一十四条　人民法院对执行标的裁定中止执行后，申请执行人在法律规定的期间内未提起执行异议之诉的，人民法院应当自起诉期限届满之日起七日内解除对该执行标的采取的执行措施。

第四百六十二条　根据民事诉讼法第二百三十四条规定，案外人对执行标的提出异议的，应当在该执行标的执行程序终结前提出。

第四百六十三条　案外人对执行标的提出的异议，经审查，按照下列情形分别处理：

（一）案外人对执行标的不享有足以排除强制执行的权益的，裁定驳回其异议；

（二）案外人对执行标的享有足以排除强制执行的权益的，裁定中止执行。

驳回案外人执行异议裁定送达案外人之日起十五日内，人民法院不得对执行标的进行处分。

《最高人民法院关于审理执行异议之诉案件适用法律问题的解释》（法释〔2025〕10号　2025年7月23日公布）

为正确审理执行异议之诉案件，依法保护当事人合法权益，根据《中华人民共和国民法典》《中华人民共和国民事诉讼法》《中华人民共和国企业破产法》等法律规定，结合审判实践，制定本解释。

第一条　案外人依照民事诉讼法第二百三十八条规定，在执行过程中就执行标的提出执行异议，由提出异议时负责执行该执行标的的人民法院审查处理；案外人、当事人对执行异议裁定不服，自裁定送达之日起十五日内向作出执行异议裁定的执行法院提起执行异议之诉的，人民法院应予受理。

案外人未在《最高人民法院关于人民法院办理执行异议和复议案件若干问题的规定》第六条规定的期限内提出异议，人民法院裁定不予受理的，可以依法另行向申请执行人、被执行人等主张权利。

第二条　金钱债权纠纷的财产保全、执行中，执行标的存在轮候查封、扣押、冻结的，案外人提起执行异议之诉，以首先查封、享有担保物权等优先受偿权的申请保全人、申请执行人为被告，以其他已知的轮候查封的申请保全人、申请执行人为第三人。

第三条 案外人就执行标的享有足以排除强制执行的民事权益，人民法院判决不得执行该执行标的的，同时判决解除执行措施并写明相关查封、扣押、冻结裁定书案号。案外人可以持生效判决请求相关执行法院解除执行措施。

第四条 案外人提起执行异议之诉并依照《民法典》第二百三十四条等规定就执行标的的归属提出确权请求的，以被执行人为被告。

第五条 案外人提起执行异议之诉并以被执行人等为被告提出返还原物、返还价款或者交付标的物、办理转移登记手续等给付请求的，人民法院可以合并审理，法律另有规定不宜合并审理的，应当分别立案。

第六条 案外人执行异议之诉案件审理期间，申请执行人请求人民法院继续执行并提供相应担保的，由负责审理执行异议之诉的人民法院裁定是否准许。执行法院依法继续执行的，案外人执行异议之诉案件按照下列情形分别处理：

（一）案外人就执行标的不享有足以排除强制执行的民事权益的，判决驳回诉讼请求；

（二）案外人就执行标的享有足以排除强制执行的民事权益，执行标的由申请执行人通过拍卖、抵债等执行程序受让的，判决不得执行该执行标的，并撤销相关拍卖或者抵债裁定；已向申请执行人交付的，同时判决申请执行人返还，拒绝返还的，强制执行；

（三）案外人就执行标的享有足以排除强制执行的民事权益，执行标的已由他人通过拍卖、变卖等执行程序合法取得的，判决不得执行该执行标的变价款，执行法院向案外人发放变价款；已向申请执行人发放变价款或者已向被执行人退还剩余变价款的，同时判决申请执行人、被执行人返还，拒绝返还的，强制执行；执行法院向案外人释明执行标的已由他人合法取得而案外人拒绝受领变价款的，应当将变价款予以提存，并告知案外人自提存之日起五年内可以随时领取。

在前款第二项、第三项规定情形下，案外人认为申请执行人请求继续执行错误，给其造成损失的，可以依法另行向申请执行人、执行担保人等主张权利。

第七条 案外人执行异议之诉案件审理或者再审申请审查期间，执行案件已经结案，执行法院未对执行标的进行处分且执行措施已经解除的，人民法院应当裁定终结诉讼或者终结审查。原由执行法院作出的执行异议裁定失效。案外人根据本解释第四条、第五条提出的确权、给付请求，人民法院可以继续审理或者审查。

第八条　执行异议之诉案件审理或者再审申请审查期间，人民法院对作为执行依据的原判决、裁定等依法决定再审，执行标的系原判决、裁定等所涉争议标的以外的财产，或者案外人可能享有足以排除担保物权等优先受偿权的强制执行的民事权益的，执行异议之诉案件可以继续审理或者审查，不能认定案外人享有足以排除强制执行的民事权益的，执行异议之诉案件应当中止审理或者审查。

第九条　执行异议之诉案件审理或者再审申请审查期间，人民法院裁定受理被执行人破产案件的，执行异议之诉案件应当中止审理或者审查，管理人接管债务人财产后，执行异议之诉案件可以继续审理或者审查。

第十条　案外人执行异议之诉案件经审判监督程序发现支持案外人排除强制执行确有错误，人民法院认定案外人不享有足以排除强制执行的民事权益，判决驳回案外人诉讼请求的，原相关执行法院按照原顺位恢复执行；执行标的已合法转让给他人，人民法院裁定撤销原判决、终结诉讼的，申请执行人可以依法另行向被执行人、案外人等主张权利。

第十一条　人民法院对登记在被执行的房地产开发企业名下的新建商品房实施强制执行，案外人以其系商品房消费者为由，提起执行异议之诉，请求排除建设工程价款优先受偿权、抵押权以及一般金钱债权的强制执行，并能够证明其主张同时符合下列条件的，人民法院应予支持：

（一）查封前，案外人已与房地产开发企业等签订合法有效的书面买卖合同；

（二）查封前，案外人已支付全部价款，或者已按照合同约定支付部分价款且查封后至一审法庭辩论终结前已将剩余价款交付人民法院执行；

（三）所购商品房系用于满足家庭居住生活需要。

案外人起诉请求被执行人办理商品房所有权转移登记手续，符合前款规定的，人民法院依法予以支持。

人民法院判决驳回案外人诉讼请求的，案外人交付执行的剩余价款应予及时退还。

第十二条　执行法院冻结被执行的房地产开发企业的预售资金监管账户，案外人以其已向该账户交付购房款，且房屋买卖合同已经解除为由，提起执行异议之诉，请求排除相应购房款的强制执行并申请向其发放，事由成立的，人民法院应予支持。

执行法院对被执行的房地产开发企业的建筑物及其占用范围内建设用地使用权实施强制执行，符合前条第一款第一项、第三项规定的商品房消费者因房屋不能交付且无实际交付可能导致房屋买卖合同已经解除，提起执行异议之诉，请求在建筑物及其建设用地使用权的变价款中排除相对应的强制执行并申请向其发放的，人民法院应予支持。

第十三条 人民法院对登记在被执行人名下的不动产实施强制执行，案外人以其系不动产的买受人为由，提起执行异议之诉，请求排除建设工程价款优先受偿权、抵押权以及一般金钱债权的强制执行，案外人与被执行人签订合法有效的书面买卖合同且在一审法庭辩论终结前交付执行法院的价款足以代为清偿相应主债权的，人民法院应予支持。

符合前款规定的案外人起诉请求抵押权人按套办理抵押权注销登记手续的，人民法院应予支持。

人民法院按照本条第一款规定判决不得执行，申请执行人可以申请将案外人依本条第一款交付的价款替代被执行人清偿相应债务。

人民法院判决驳回案外人诉讼请求的，案外人交付执行的价款应予及时退还。

第十四条 人民法院对登记在被执行人名下的不动产实施强制执行，案外人以其系该不动产买受人为由，提起执行异议之诉，请求排除一般金钱债权的强制执行，并能够证明其主张同时符合下列条件的，人民法院应予支持：

（一）查封前，案外人已与被执行人签订合法有效的书面买卖合同；

（二）查封前，案外人已支付全部价款，或者已按照合同约定支付部分价款且查封后至一审法庭辩论终结前已将剩余价款交付人民法院执行；

（三）查封前，案外人已合法占有该不动产；

（四）非因案外人自身原因未办理不动产所有权转移登记。

人民法院判决驳回案外人诉讼请求的，案外人交付执行的剩余价款应予及时退还。

第十五条 人民法院对登记在被执行人名下的不动产实施强制执行，案外人以被执行人已将该不动产向其抵偿债务为由，提起执行异议之诉，请求排除一般金钱债权的强制执行，并能够证明其主张同时符合下列条件的，人民法院应予支持：

（一）案外人与被执行人存在真实的债权债务关系且债务履行期限已届满，案外人与被执行人在查封前已签订合法有效的以不动产抵债协议；

（二）有证据证明抵债金额与抵债时执行标的的实际价值基本相当；

（三）案外人在查封前已合法占有该不动产；

（四）非因案外人自身原因未办理不动产所有权转移登记。

第十六条　人民法院查封前，符合下列情形之一，可以认定为本解释第十四条、第十五条中的“非因案外人自身原因”：

（一）案外人与被执行人已共同向不动产登记机构提交办理所有权转移登记申请；

（二）案外人已请求被执行人履行办理所有权转移登记手续等合同义务，或者因办理所有权转移登记与被执行人发生纠纷并已起诉或者申请仲裁等；

（三）新建商品房尚不符合首次登记条件；

（四）已办理买卖合同网签备案；

（五）被执行人等通知案外人办理不动产所有权转移登记而其未怠于办理；

（六）其他非因案外人自身原因的情形。

第十七条　人民法院对登记在被执行的发包人名下的不动产实施强制执行，案外人以其与被执行人约定以不动产折抵工程债务为由，提起执行异议之诉，请求排除抵押权和一般金钱债权的强制执行，并能够证明其主张同时符合下列条件的，人民法院应予支持：

（一）案外人依据《民法典》第八百零七条规定，在查封前行使建设工程价款优先受偿权，与被执行的发包人签订合法有效的以不动产折价协议；

（二）有证据证明抵债金额与抵债时执行标的的实际价值基本相当。

案外人起诉请求被执行人办理不动产所有权转移登记手续，符合前款规定的，人民法院依法予以支持。

第十八条　人民法院对登记在被执行人名下的不动产实施强制执行，案外人以该不动产系用于产权调换的征收补偿为由，提起执行异议之诉，请求排除建设工程价款优先受偿权、抵押权以及其他债权的强制执行，并能够证明其主张同时符合下列条件的，人民法院应予支持：

（一）查封前，案外人已与房屋征收部门、房屋征收实施单位等依法签订征收补偿性质的协议；

（二）用于征收补偿的不动产的位置明确特定。

案外人起诉请求被执行人办理不动产所有权转移登记手续，符合前款规定的，人民法院依法予以支持。

第十九条　人民法院对登记在被执行人名下的不动产实施强制执行，案外人以在查封前已与被执行人签订合法有效的书面买卖合同且已按照合同约定支付价款，并已办理了合法有效的不动产预告登记为由，提起执行异议之诉，请求停止处分，事由成立的，人民法院应予支持；符合物权登记条件，案外人请求排除强制执行的，人民法院应予支持。

第二十条 不带租拍卖、变卖等情况下的强制执行中，案外人以在查封前已与被执行人签订合法有效的书面租赁合同并合法占有使用执行标的，且已按照合同约定支付租金为由，提起执行异议之诉，请求在租赁期内排除一般债权的不带租强制执行，事由成立的，人民法院应予支持；符合上述规定条件的案外人签订租赁合同及合法占有使用执行标的均在抵押权设立之前，请求在租赁期内排除抵押权的不带租强制执行的，人民法院应予支持。

申请执行人可以对带租拍卖、变卖等情况下的强制执行提出书面异议。执行法院作出执行裁定后，案外人不服，自裁定送达之日起十五日内向执行法院提起诉讼的，按前款规定处理。

申请执行人对执行裁定不服，可以自裁定送达之日起十五日内以承租人、被执行人为被告向执行法院提起诉讼，请求不带租强制执行执行标的的，人民法院经审理，按照下列情形分别处理：

（一）承租人符合本条第一款规定的，判决驳回诉讼请求；

（二）承租人不符合本条第一款规定的，判决准许不带租强制执行该执行标的。

第二十一条 案外人与被执行人、申请执行人之间恶意串通，通过伪造证据，或者单方捏造案件基本事实，以执行异议之诉妨碍依法执行的，人民法院应当驳回其诉讼请求，并根据情节轻重予以罚款、拘留；涉嫌刑事犯罪的，人民法院应当将犯罪线索移送公安机关。

诉讼代理人、证人、鉴定人等诉讼参与人适用前款规定。

案外人等通过虚假诉讼等方式致使执行标的无法执行或者价值减损等，给申请执行人造成损失的，应当依法予以赔偿。

第二十二条 申请执行人依照民事诉讼法第二百三十八条规定提起执行异议之诉的，参照本解释的相关规定处理。

第二十三条 本解释自2025年7月24日起施行。

《最高人民法院关于适用〈中华人民共和国民事诉讼法〉执行程序若干问题的解释》（法释〔2008〕13号　2020年12月23日修正）

第二十一条 生效法律文书规定债务人负有不作为义务的，申请执行时效期间从债务人违反不作为义务之日起计算。

第二十二条 执行员依照民事诉讼法第二百四十条规定立即采取强制执行措施的，可以同时或者自采取强制执行措施之日起三日内发送执行通知书。

第二十三条　依照民事诉讼法第二百五十五条规定对被执行人限制出境的，应当由申请执行人向执行法院提出书面申请；必要时，执行法院可以依职权决定。

第二十四条　被执行人为单位的，可以对其法定代表人、主要负责人或者影响债务履行的直接责任人员限制出境。

被执行人为无民事行为能力人或者限制民事行为能力人的，可以对其法定代理人限制出境。

《最高人民法院关于民事执行中变更、追加当事人若干问题的规定》（法释〔2016〕21 号　2020 年 12 月 23 日修正）

第三十二条　被申请人或申请人对执行法院依据本规定第十四条第二款、第十七条至第二十一条规定作出的变更、追加裁定或驳回申请裁定不服的，可以自裁定书送达之日起十五日内，向执行法院提起执行异议之诉。

被申请人提起执行异议之诉的，以申请人为被告。申请人提起执行异议之诉的，以被申请人为被告。

第三十三条　被申请人提起的执行异议之诉，人民法院经审理，按照下列情形分别处理：

（一）理由成立的，判决不得变更、追加被申请人为被执行人或者判决变更责任范围；

（二）理由不成立的，判决驳回诉讼请求。

诉讼期间，人民法院不得对被申请人争议范围内的财产进行处分。申请人请求人民法院继续执行并提供相应担保的，人民法院可以准许。

第三十四条　申请人提起的执行异议之诉，人民法院经审理，按照下列情形分别处理：

（一）理由成立的，判决变更、追加被申请人为被执行人并承担相应责任或者判决变更责任范围；

（二）理由不成立的，判决驳回诉讼请求。

适用本案由需要注意的问题

◆案外人执行异议之诉案件的管辖，根据《民事诉讼法》第 238 条和《最高人民法院关于适用〈中华人民共和国民事诉讼法〉的解释》第 302 条的规定，案外人、当事人对执行异议裁定不服，自裁定送达之日起 15 日内向人民法院提起执行异议之诉的，由执行法院管辖。《最高人民法院关于审理执行异议之诉案件适用法律问题的解释》第 1 条第 1 款重申了执行异议之诉应当向“作出执行异议裁定的执行法院”提起。

◆案外人主张的实体权利必须是依法可以阻止该标的物执行的实体权利，并非所有的实体权利，它包括所有权、建设用地使用权、宅基地使用权等用益物权或其对标的物占有、使用的权利因强制执行而受到妨害或其他足以阻止标的物交付或者让与的权利。案外人必须先对执行标的提出异议，对法院所作裁定不服的，才可以起诉，同时起诉要受15日期间的限制。而针对案外人未在执行终结前提出异议的权利救济途径，《最高人民法院关于审理执行异议之诉案件适用法律问题的解释》第1条第2款首次作出了明确规定，案外人可根据具体情况及主张权利对象，基于违约、侵权或不当得利等不同请求权进行救济。

◆根据《最高人民法院关于适用〈中华人民共和国民事诉讼法〉的解释》第310条，执行异议之诉中确认案外人就执行标的享有足以排除强制执行的民事权益的，判决不得执行该执行标的。至于该判决生效后的执行行为，基于审执分离原则，判决主文并不涉及。《最高人民法院关于审理执行异议之诉案件适用法律问题的解释》第3条在上述规定基础上，首次规定“人民法院判决不得执行该执行标的的，同时判决解除执行措施并写明相关查封、扣押、冻结裁定书案号”，如此一来可以迅速落实解除执行标的上的执行措施，但以判决约束执行行为这一程序性事项，还有待于实践中与执行程序进一步协调。

◆为了达到一次性解决纠纷的效果，《最高人民法院关于审理执行异议之诉案件适用法律问题的解释》第4条规定了案外人可以在提起执行异议之诉的同时就执行标的的归属提出确权请求，此时应以被执行人为被告。同时该解释第5条规定案外人可以同时提出返还原物、返还价款或者交付标的物、办理转移登记手续等给付请求，人民法院可以合并审理，但法律另有规定不宜合并审理的，应当分别立案。

◆关于案外人执行异议之诉的当事人，根据《最高人民法院关于适用〈中华人民共和国民事诉讼法〉的解释》第305条的规定：“案外人提起执行异议之诉的，以申请执行人为被告。被执行人反对案外人异议的，被执行人为共同被告；被执行人不反对案外人异议的，可以列被执行人为第三人。”而《最高人民法院关于审理执行异议之诉案件适用法律问题的解释》第2条规定了“金钱债权纠纷的财产保全、执行中，执行标的存在轮候查封、扣押、冻结”的特殊情形，此时案外人提起执行异议之诉的，“以首先查封、享有担保物权等优先受偿权的申请保全人、申请执行人为被告，以其他已知的轮候查封的申请保全人、申请执行人为第三人”。这是因为，对于轮候查封，一般认为不发生正式查封效力，故如无特殊情形并不允许案外人对其提出异议。案外人若要排除在执行标的上的多个查封，需要逐一针对特定查封再提起执行异议之诉。这既影响当事人权益的实现，徒增讼累，又不利于法院执行工作的高效推进以及纠纷的一次性解决。而本条规定的这种程序安排，执行异议之诉判决的效力将可及于参加诉讼的多个申请保全人、申请执行人。

（2）申请执行人执行异议之诉

案由解析

申请执行人执行异议之诉是指案外人提出的执行异议在执行程序中为执行法院所支持的情况下，申请执行人对这一处理不服而提起的诉讼。根据《民事诉讼法》第238条的规定，执行过程中，案外人对执行标的提出书面异议的，人民法院应当自收到书面异议之日起十五日内审查，理由成立的，裁定中止对该标的的执行；理由不成立的，裁定驳回。申请执行人对中止标的的执行的裁定不服，与原判决、裁定无关的，可以提起申请执行人执行异议之诉。根据《最高人民法院关于适用〈中华人民共和国民事诉讼法〉的解释》第306条的规定：“申请执行人提起执行异议之诉的，以案外人为被告。被执行人反对申请执行人主张的，以案外人和被执行人为共同被告；被执行人不反对申请执行人主张的，可以列被执行人为第三人。”

常用法律条文及索引

参见“471. 执行异议之诉（1）案外人执行异议之诉”案由相关部分。

适用本案由需要注意的问题

◆根据《民事诉讼法》和《最高人民法院关于适用〈中华人民共和国民事诉讼法〉执行程序若干问题的解释》的规定，申请执行人异议之诉应当由执行法院管辖。

◆申请执行人执行异议之诉，实际上与案外人执行异议之诉一样，均是基于对执行标的权益而对执行异议裁定不服之后提出的诉讼，实系“一枚硬币之两面”或案外人执行异议之诉的“镜像”，在绝大多数问题上应当按照相同标准进行审查，因此对于申请执行人执行异议之诉的相关问题，可以参照案外人执行之诉予以考虑。

472. 追加、变更被执行人异议之诉

案由解析

追加、变更被执行人异议之诉，是指依据《最高人民法院关于民事执行中变更、追加当事人若干问题的规定》，对执行法院作出关于变更、追加执行当事人的裁定不服而提起的异议之诉，主要包括被申请人执行异议之诉和申请人执行异议之诉。

典型形态

实践中，追加、变更被执行人异议之诉一般包括以下两种：

（1）被申请人执行异议之诉。被申请人不服执行法院变更、追加执行当事人的裁定，可以提起执行异议之诉。

（2）申请人执行异议之诉。申请人不服执行法院驳回其变更、追加执行当事人申请的裁定，或者不服执行法院变更、追加执行当事人的裁定，认为该变更、追加裁定遗漏责任主体或认定债务人责任范围有误的，可以提起申请人执行异议之诉。

常用法律条文及索引

《最高人民法院关于民事执行中变更、追加当事人若干问题的规定》（法释〔2016〕21号　2020年12月23日修正）

为正确处理民事执行中变更、追加当事人问题，维护当事人、利害关系人的合法权益，根据《中华人民共和国民事诉讼法》等法律规定，结合执行实践，制定本规定。

第一条　执行过程中，申请执行人或其继承人、权利承受人可以向人民法院申请变更、追加当事人。申请符合法定条件的，人民法院应予支持。

第二条　作为申请执行人的自然人死亡或被宣告死亡，该自然人的遗产管理人、继承人、受遗赠人或其他因该自然人死亡或被宣告死亡依法承受生效法律文书确定权利的主体，申请变更、追加其为申请执行人的，人民法院

应予支持。

作为申请执行人的自然人被宣告失踪，该自然人的财产代管人申请变更、追加其为申请执行人的，人民法院应予支持。

第三条　作为申请执行人的自然人离婚时，生效法律文书确定的权利全部或部分分割给其配偶，该配偶申请变更、追加其为申请执行人的，人民法院应予支持。

第四条　作为申请执行人的法人或非法人组织终止，因该法人或非法人组织终止依法承受生效法律文书确定权利的主体，申请变更、追加其为申请执行人的，人民法院应予支持。

第五条　作为申请执行人的法人或非法人组织因合并而终止，合并后存续或新设的法人、非法人组织申请变更其为申请执行人的，人民法院应予支持。

第六条　作为申请执行人的法人或非法人组织分立，依分立协议约定承受生效法律文书确定权利的新设法人或非法人组织，申请变更、追加其为申请执行人的，人民法院应予支持。

第七条　作为申请执行人的法人或非法人组织清算或破产时，生效法律文书确定的权利依法分配给第三人，该第三人申请变更、追加其为申请执行人的，人民法院应予支持。

第八条　作为申请执行人的机关法人被撤销，继续履行其职能的主体申请变更、追加其为申请执行人的，人民法院应予支持，但生效法律文书确定的权利依法应由其他主体承受的除外；没有继续履行其职能的主体，且生效法律文书确定权利的承受主体不明确，作出撤销决定的主体申请变更、追加其为申请执行人的，人民法院应予支持。

第九条　申请执行人将生效法律文书确定的债权依法转让给第三人，且书面认可第三人取得该债权，该第三人申请变更、追加其为申请执行人的，人民法院应予支持。

第十条　作为被执行人的自然人死亡或被宣告死亡，申请执行人申请变更、追加该自然人的遗产管理人、继承人、受遗赠人或其他因该自然人死亡或被宣告死亡取得遗产的主体为被执行人，在遗产范围内承担责任的，人民法院应予支持。

作为被执行人的自然人被宣告失踪，申请执行人申请变更该自然人的财产代管人为被执行人，在代管的财产范围内承担责任的，人民法院应予支持。

第十一条　作为被执行人的法人或非法人组织因合并而终止，申请执行人申请变更合并后存续或新设的法人、非法人组织为被执行人的，人民法院应予支持。

第十二条　作为被执行人的法人或非法人组织分立，申请执行人申请变更、追加分立后新设的法人或非法人组织为被执行人，对生效法律文书确定的债务承担连带责任的，人民法院应予支持。但被执行人在分立前与申请执行人就债务清偿达成的书面协议另有约定的除外。

第十三条　作为被执行人的个人独资企业，不能清偿生效法律文书确定的债务，申请执行人申请变更、追加其出资人为被执行人的，人民法院应予支持。个人独资企业出资人作为被执行人的，人民法院可以直接执行该个人独资企业的财产。

个体工商户的字号为被执行人的，人民法院可以直接执行该字号经营者的财产。

第十四条　作为被执行人的合伙企业，不能清偿生效法律文书确定的债务，申请执行人申请变更、追加普通合伙人为被执行人的，人民法院应予支持。

作为被执行人的有限合伙企业，财产不足以清偿生效法律文书确定的债务，申请执行人申请变更、追加未按期足额缴纳出资的有限合伙人为被执行人，在未足额缴纳出资的范围内承担责任的，人民法院应予支持。

第十五条　作为被执行人的法人分支机构，不能清偿生效法律文书确定的债务，申请执行人申请变更、追加该法人为被执行人的，人民法院应予支持。法人直接管理的责任财产仍不能清偿债务的，人民法院可以直接执行该法人其他分支机构的财产。

作为被执行人的法人，直接管理的责任财产不能清偿生效法律文书确定债务的，人民法院可以直接执行该法人分支机构的财产。

第十六条　个人独资企业、合伙企业、法人分支机构以外的非法人组织作为被执行人，不能清偿生效法律文书确定的债务，申请执行人申请变更、追加依法对该非法人组织的债务承担责任的主体为被执行人的，人民法院应予支持。

第十七条　作为被执行人的营利法人，财产不足以清偿生效法律文书确定的债务，申请执行人申请变更、追加未缴纳或未足额缴纳出资的股东、出资人或依公司法规定对该出资承担连带责任的发起人为被执行人，在尚未缴纳出资的范围内依法承担责任的，人民法院应予支持。

第十八条　作为被执行人的营利法人，财产不足以清偿生效法律文书确定的债务，申请执行人申请变更、追加抽逃出资的股东、出资人为被执行人，在抽逃出资的范围内承担责任的，人民法院应予支持。

第十九条　作为被执行人的公司，财产不足以清偿生效法律文书确定的债务，其股东未依法履行出资义务即转让股权，申请执行人申请变更、追加该原股东或依公司法规定对该出资承担连带责任的发起人为被执行人，在未依法出资的范围内承担责任的，人民法院应予支持。

第二十条　作为被执行人的一人有限责任公司，财产不足以清偿生效法律文书确定的债务，股东不能证明公司财产独立于自己的财产，申请执行人申请变更、追加该股东为被执行人，对公司债务承担连带责任的，人民法院应予支持。

第二十一条　作为被执行人的公司，未经清算即办理注销登记，导致公司无法进行清算，申请执行人申请变更、追加有限责任公司的股东、股份有限公司的董事和控股股东为被执行人，对公司债务承担连带清偿责任的，人民法院应予支持。

第二十二条　作为被执行人的法人或非法人组织，被注销或出现被吊销营业执照、被撤销、被责令关闭、歇业等解散事由后，其股东、出资人或主管部门无偿接受其财产，致使该被执行人无遗留财产或遗留财产不足以清偿债务，申请执行人申请变更、追加该股东、出资人或主管部门为被执行人，在接受的财产范围内承担责任的，人民法院应予支持。

第二十三条　作为被执行人的法人或非法人组织，未经依法清算即办理注销登记，在登记机关办理注销登记时，第三人书面承诺对被执行人的债务承担清偿责任，申请执行人申请变更、追加该第三人为被执行人，在承诺范围内承担清偿责任的，人民法院应予支持。

第二十四条　执行过程中，第三人向执行法院书面承诺自愿代被执行人履行生效法律文书确定的债务，申请执行人申请变更、追加该第三人为被执行人，在承诺范围内承担责任的，人民法院应予支持。

第二十五条　作为被执行人的法人或非法人组织，财产依行政命令被无偿调拨、划转给第三人，致使该被执行人财产不足以清偿生效法律文书确定的债务，申请执行人申请变更、追加该第三人为被执行人，在接受的财产范围内承担责任的，人民法院应予支持。

第二十六条　被申请人在应承担责任范围内已承担相应责任的，人民法院不得责令其重复承担责任。

第二十七条 执行当事人的姓名或名称发生变更的，人民法院可以直接将姓名或名称变更后的主体作为执行当事人，并在法律文书中注明变更前的姓名或名称。

第二十八条 申请人申请变更、追加执行当事人，应当向执行法院提交书面申请及相关证据材料。

除事实清楚、权利义务关系明确、争议不大的案件外，执行法院应当组成合议庭审查并公开听证。经审查，理由成立的，裁定变更、追加；理由不成立的，裁定驳回。

执行法院应当自收到书面申请之日起六十日内作出裁定。有特殊情况需要延长的，由本院院长批准。

第二十九条 执行法院审查变更、追加被执行人申请期间，申请人申请对被申请人的财产采取查封、扣押、冻结措施的，执行法院应当参照民事诉讼法第一百条的规定办理。

申请执行人在申请变更、追加第三人前，向执行法院申请查封、扣押、冻结该第三人财产的，执行法院应当参照民事诉讼法第一百零一条的规定办理。

第三十条 被申请人、申请人或其他执行当事人对执行法院作出的变更、追加裁定或驳回申请裁定不服的，可以自裁定书送达之日起十日内向上一级人民法院申请复议，但依据本规定第三十二条的规定应当提起诉讼的除外。

第三十一条 上一级人民法院对复议申请应当组成合议庭审查，并自收到申请之日起六十日内作出复议裁定。有特殊情况需要延长的，由本院院长批准。

被裁定变更、追加的被申请人申请复议的，复议期间，人民法院不得对其争议范围内的财产进行处分。申请人请求人民法院继续执行并提供相应担保的，人民法院可以准许。

第三十二条 被申请人或申请人对执行法院依据本规定第十四条第二款、第十七条至第二十一条规定作出的变更、追加裁定或驳回申请裁定不服的，可以自裁定书送达之日起十五日内，向执行法院提起执行异议之诉。

被申请人提起执行异议之诉的，以申请人为被告。申请人提起执行异议之诉的，以被申请人为被告。

第三十三条 被申请人提起的执行异议之诉，人民法院经审理，按照下列情形分别处理：

（一）理由成立的，判决不得变更、追加被申请人为被执行人或者判决变更责任范围；

（二）理由不成立的，判决驳回诉讼请求。

诉讼期间，人民法院不得对被申请人争议范围内的财产进行处分。申请人请求人民法院继续执行并提供相应担保的，人民法院可以准许。

第三十四条　申请人提起的执行异议之诉，人民法院经审理，按照下列情形分别处理：

（一）理由成立的，判决变更、追加被申请人为被执行人并承担相应责任或者判决变更责任范围；

（二）理由不成立的，判决驳回诉讼请求。

适用本案由需要注意的问题

◆与案外人执行异议之诉不同，变更、追加被执行人异议之诉的提起，不以先行提出执行异议为前提。被申请人不服变更、追加裁定，或者申请人不服驳回申请裁定或变更、追加裁定，可以直接向执行法院提起执行异议之诉，并没有设置异议审查程序，故执行异议不是被申请人执行异议之诉和申请人执行异议之诉的前提。

473. 执行分配方案异议之诉

案由解析

执行分配方案异议之诉是指在多个债权人对同一被执行人申请执行或参与分配的案件中，执行法院作出分配方案后，如果债权人或被执行人对分配方案提出书面异议，未提出异议的债权人、被执行人对异议人的意见提出反对意见，异议人有权以提出反对意见的债权人、被执行人为被告，向执行法院提出诉讼。

执行分配方案异议之诉的特征是：（1）该异议不是单纯的程序上的异议，而涉及实体争议，应当通过诉讼程序解决。（2）该异议之诉是有异议的债权人、被执行人与无异议的债权人、被执行人之间的诉讼。

常用法律条文及索引

《中华人民共和国民事诉讼法》（2023年9月1日修正）

第二百三十六条 当事人、利害关系人认为执行行为违反法律规定的，可以向负责执行的人民法院提出书面异议。当事人、利害关系人提出书面异议的，人民法院应当自收到书面异议之日起十五日内审查，理由成立的，裁定撤销或者改正；理由不成立的，裁定驳回。当事人、利害关系人对裁定不服的，可以自裁定送达之日起十日内向上一级人民法院申请复议。

《最高人民法院关于适用〈中华人民共和国民事诉讼法〉执行程序若干问题的解释》（法释〔2008〕13号 2020年12月23日修正）

第十七条 多个债权人对同一被执行人申请执行或者对执行财产申请参与分配的，执行法院应当制作财产分配方案，并送达各债权人和被执行人。债权人或者被执行人对分配方案有异议的，应当自收到分配方案之日起十五日内向执行法院提出书面异议。

第十八条 债权人或者被执行人对分配方案提出书面异议的，执行法院应当通知未提出异议的债权人或被执行人。

未提出异议的债权人、被执行人收到通知之日起十五日内未提出反对意见的，执行法院依异议人的意见对分配方案审查修正后进行分配；提出反对意见的，应当通知异议人。异议人可以自收到通知之日起十五日内，以提出反对意见的债权人、被执行人为被告，向执行法院提起诉讼；异议人逾期未提起诉讼的，执行法院依原分配方案进行分配。

诉讼期间进行分配的，执行法院应当将与争议债权数额相应的款项予以提存。

适用本案由需要注意的问题

◆《最高人民法院关于适用〈中华人民共和国民事诉讼法〉的解释》第510条规定，执行分配方案异议之诉应当由执行法院管辖。

◆如债权人、被执行人提起的异议之诉不涉及分配方案中实体问题的争议，只涉及法院在分配程序中实施的执行行为违反有关程序性规定，则应当适用《民事诉讼法》第236条的规定。